westermann

Jürgen Kaese, Dr. Uwe Kirschberg, Lutz Langanke, Günther Tiedt

Unter Mitarbeit von: Friedrich-Wilhelm Gieseke, Matthias Petter, Andy Richter, Mario Richter

Metalltechnik

für die gesamte Ausbildung

5. Auflage

Bestellnummer 55213

Zusatzmaterialien zu Metalltechnik für die gesamte Ausbildung

Für Lehrerinnen und Lehrer:

Lösungen zum Schulbuch: 978-3-427-55219-2
Lösungen zum Schulbuch Download: 978-3-427-55216-1

BiBox Einzellizenz für Lehrer/-innen (Dauerlizenz)
BiBox Klassenlizenz Premium für Lehrer/-innen und bis zu 35 Schüler/-innen (1 Schuljahr)
BiBox Kollegiumslizenz für Lehrer/-innen (Dauerlizenz)
BiBox Kollegiumslizenz für Lehrer/-innen (1 Schuljahr)

Für Schülerinnen und Schüler:

BiBox Einzellizenz für Schüler/-innen (1 Schuljahr)
BiBox Einzellizenz für Schüler/-innen (4 Schuljahre)
BiBox Klassensatz PrintPlus (1 Schuljahr)

Druck und Bindung: Westermann Druck GmbH, Georg-Westermann-Allee 66, 38104 Braunschweig

ISBN 978-3-427-55213-0

VORWORT UND NUTZERHINWEISE

Der Schülerband vermittelt die berufsbezogenen Lerninhalte für die Ausbildungsberufe Fachkraft für Metalltechnik, Maschinen- und Anlagenführer/-in für Metall-/Kunststofftechnik und Metallbearbeiter/-in. Das Unterrichtswerk beinhaltet alle Themen der Rahmenlehrpläne, die nach der Zusammenfassung der drei Berufe während der gesamten Ausbildung zu vermitteln sind.

ARBEITSAUFTRAG

Für die Fertigung des Türschlossriegels liegen einige technische Unterlagen vor, nach denen das Bauteil hergestellt werden soll.

Um die Einzelteile fertigen und alle Einzelteile funktionsgerecht montieren zu können, muss man die technischen Unterlagen auswerten und eventuell durch Zusatzinformationen ergänzen.

Ermitteln Sie alle für die Fertigung und Montage notwendigen Informationen.

In den Kapiteln werden die berufsbezogenen Lerninhalte anhand von Aufträgen, die sich beispielhaft auf ausgewählte praxisorientierte Projekte beziehen, dargestellt. Die grundlegenden kommunikativen, technologischen und mathematischen Sachverhalte werden herausgearbeitet und umfassend beschrieben. Hierbei wird auch auf sicherheitstechnische und umweltbezogene Aspekte eingegangen. Durch das Konzept werden fachsystematische und handlungssystematische Strukturen miteinander verschränkt.

Fertigen

Die einzelnen Abschnitte der Kapitel sind entsprechend ihrem fachlichen Schwerpunkt durch Hinweise am Seitenrand gegliedert. Abschnitte, in denen beispielsweise die einzusetzenden Verfahren, Werkzeuge und Maschinen zum Durchführen einer Arbeitshandlung beschrieben werden, sind mit dem Hinweis „Fertigen" gekennzeichnet.

Die Sachverhalte sind in einfacher Sprache beschrieben. Aufzählungen, tabellarische Darstellungen, kursive Hervorhebungen und Verweise auf die zugehörigen Abbildungen unterstützen das selbstständige Lernen.

Grundlagen

Naturwissenschaftliche Grundlagen zum vertiefenden Verständnis technologischer Sachverhalte sind im entsprechenden Zusammenhang dargestellt. Es werden dabei allgemeingültige Prinzipien und Gesetzmäßigkeiten herausgearbeitet und erläutert. Diese sind auf andere Zusammenhänge übertragbar und durch einen blau unterlegten Hinweis am Seitenrand hervorgehoben.

Farbige Merksätze und Zusammenfassungen dienen der schnellen Orientierung und Wiederholung.

! Stahl ist eine Eisen-Kohlenstofflegierung mit einem Kohlenstoffgehalt bis 2,06 %.

Zusammenfassung

Die mathematische Darstellung technologischer Sachverhalte erfolgt immer auch an durchgerechneten Beispielen. Sie sind durch blaue Unterlegungen gekennzeichnet.

Beispiel:

Auf einer Tischbohrmaschine sollen in eine Platte aus C10 mit einem Spiralbohrer aus Schnellarbeitsstahl Bohrungen mit einem Durchmesser von 10 mm gebohrt werden. An der Maschine können folgende Umdrehungsfrequenzen eingestellt werden: n = 63 – 90 – 125 – 180 – 250 – 355 – 500 – 710 – 1000 – 1400 1/min.

Wie groß sind die an der Maschine einzustellenden Arbeitswerte zu wählen?

Hinweise zur Arbeitssicherheit und zum Umweltschutz sind durch eine rote Unterlegung hervorgehoben.

Unfallverhütung
- Schutzkleidung und Schutzbrille tragen.
- Für gute Belüftung sorgen, da Lot- und Flussmitteldämpfe gesundheitsschädigend sind.
- Hautkontakt mit den Flussmitteln vermeiden.

Auf die Darstellung umfangreicher Tabellenwerte, die in Tabellenbüchern nachgeschlagen werden können, wurde bewusst verzichtet. Stattdessen wird im Text auf das Tabellenbuch verwiesen. Durch das Nachschlagen von Informationen soll zum selbstständigen Arbeiten mit Informationsquellen angehalten werden.

Am Ende eines Kapitels kann am Beispiel eines kleineren technischen Systems eine Gesamtaufgabe gestellt werden. Sie enthält Aufgaben zum selbstständigen Informieren, Planen und Reflektieren.

Gesamtaufgabe

Ein umfangreiches Sachwortverzeichnis und die Kolumnentitel in deutscher und englischer Sprache sollen den Fremdsprachenerwerb in der Berufsschule unterstützen.

Für Hinweise und Anregungen sind der Verlag und die Autoren jederzeit aufgeschlossen und dankbar.

Autoren und Verlag
Braunschweig 2024

Inhaltsverzeichnis table of contents

1 Manuelles Fertigen von Bauteilen — manual producing of components

Inhaltsverzeichnis — table of contents

2 Maschinelles Fertigen von Bauteilen — mechanical producing of components

Inhaltsverzeichnis — table of contents

5 Überwachen und Inbetriebnehmen steuerungstechnischer Systeme

6 Montieren und Demontieren von Maschinenteilen

7 Instandhalten von Werkzeugmaschinen

8 Fertigen auf numerisch gesteuerten Werkzeugmaschinen

Inhaltsverzeichnis — table of contents

9 Überwachen der Produkt- und Prozessqualität

In diesem Fachbuch sind **Zusatzinhalte** enthalten, welche über den auf den Seiten enthaltenen **QR-Code** oder über den **Link** *www.westermann.de/links/55213* aufgerufen werden können.

TÜRSCHLOSSRIEGEL

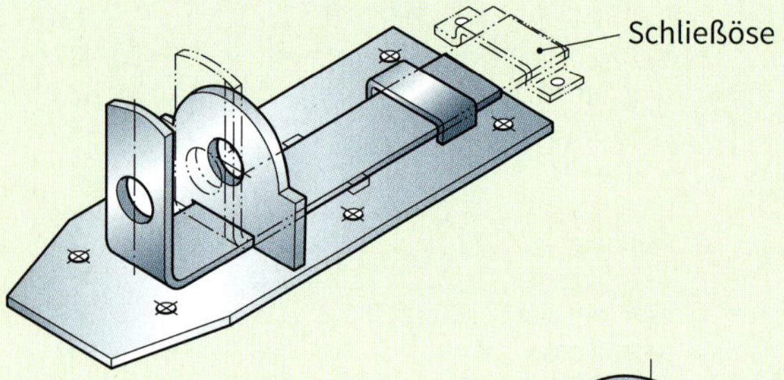

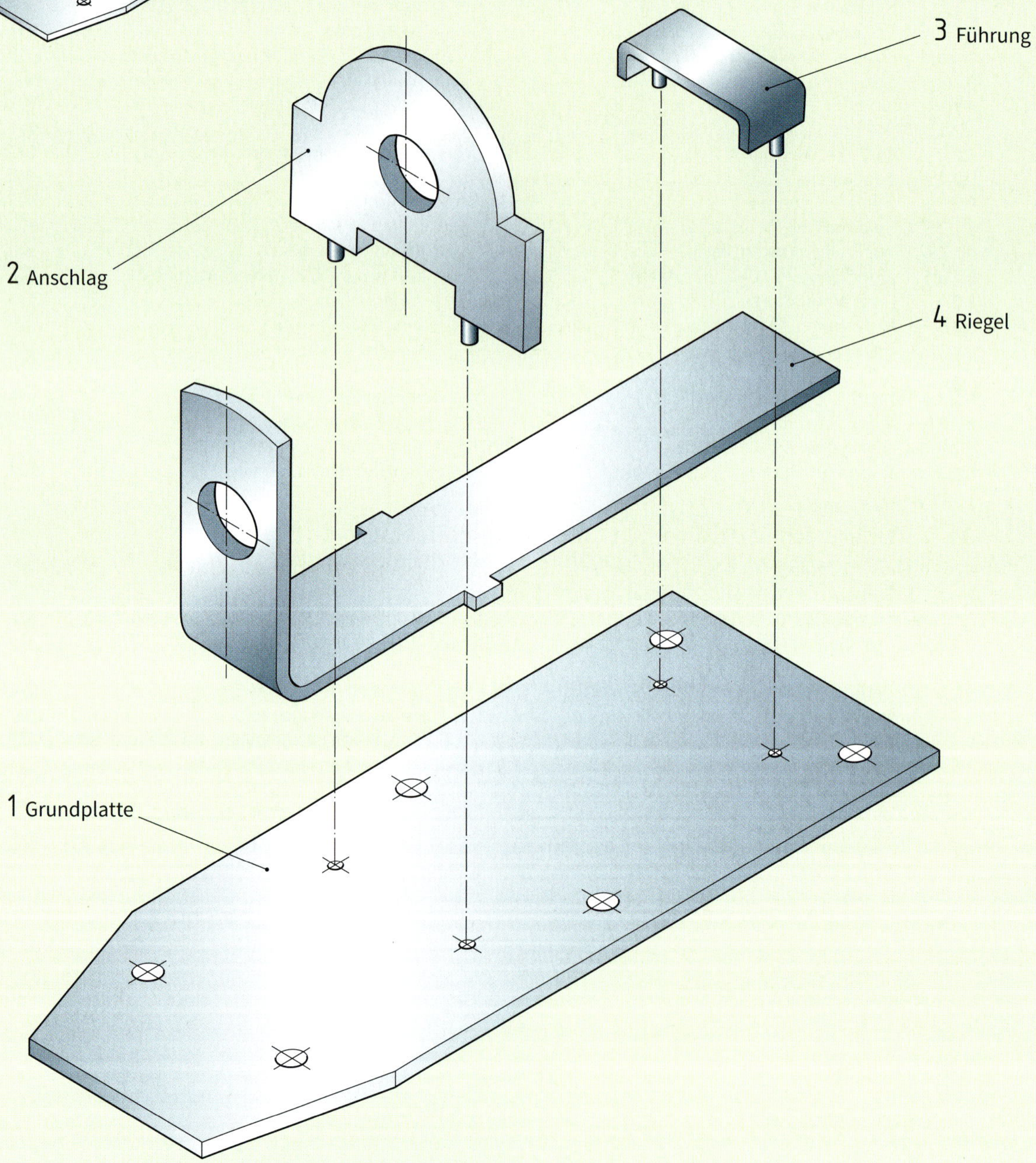

GESAMTAUFTRAG

Der abgebildete Türschlossriegel kann zum Versperren einer Tür, z. B. in einem Schuppen, oder einer Gartenpforte verwendet werden.

Die Grundplatte wird auf das Türblatt geschraubt, am Türpfosten wird die Schließöse befestigt. Nach dem Schließen der Tür wird der Riegel in die Schließöse geschoben. Dadurch wird die Tür versperrt. Riegel und Anschlag haben eine Bohrung, sodass mit einem Vorhängeschloss ein Bewegen des Riegels und damit ein Öffnen der Tür verhindert werden kann.

ANALYSE

Technische Unterlagen

Zur Vorbereitung der Fertigung stehen folgende technische Unterlagen zur Verfügung:

- die *Gesamtzeichnung*, die den Türschlossriegel im zusammengebauten Zustand zeigt,
- die *Stückliste*, in der alle zum Erzeugnis gehörenden Gegenstände mit Angabe der Bezeichnung, der Menge und der Einheit aufgezählt sind, und
- die *Einzelteilzeichnungen*, die die einzelnen Bauteile fertigungsgerecht darstellen.

Diese Unterlagen sind zuerst auszuwerten. Reichen die dort gemachten Angaben nicht aus, sind weitere Unterlagen heranzuziehen, z. B. das Tabellenbuch.

Aus der Gesamtzeichnung und der dazu gehörenden Stückliste kann man den Aufbau des Türschlossriegels erkennen. Der Aufbau ergibt sich aus

- der Art und der Anzahl der Einzelteile und
- der räumlichen Anordnung der Teile zueinander.

Aufbau des Türschlossriegels

Der Türschlossriegel besteht aus der Grundplatte (Pos. 1), dem Riegel (Pos. 4), dem Anschlag (Pos. 2) und der Führung (Pos. 3).

In der Grundplatte befinden sich sechs Bohrungen, um mit den passenden Schrauben den Türschlossriegel an einer Tür zu befestigen.

Der Riegel wird durch den Anschlag und die Führung geführt und lässt sich hin- und herbewegen. Anschlag und Führung sind mit der Grundplatte vernietet. Durch eine Verbreiterung am Riegel wird ein völliges Herausziehen aus dem Anschlag verhindert.

Die Schließöse, die am Türpfosten mit Schrauben befestigt werden kann, hat zwei dafür notwendige Bohrungen.

Fertigung

Die Einzelteile Pos. 1 bis Pos. 4 des Türschlossriegels werden manuell gefertigt.

Die Grundplatte wird aus Stahlblech hergestellt. Dieses wird durch *Scherschneiden* in die vorgegebene Form geschnitten. Um Anschlag und Führung mit der Grundplatte zu fügen, werden in diese vier Durchgangslöcher gebohrt, die von der Rückseite angesenkt sind. Für die Verschraubung werden sechs Durchgangslöcher gebohrt.

Die Führung wird auch aus Stahlblech geschnitten und durch *Feilen* und *Biegen* in die erforderliche Form gebracht.

Der Anschlag wird aus Flachstahl durch *Sägen*, *Feilen* und *Bohren* gefertigt.

Der Riegel wird durch *Sägen*, *Feilen* und *Bohren* vorgefertigt und dann durch *Biegen* in seine endgültige Form gebracht.

ANALYSE

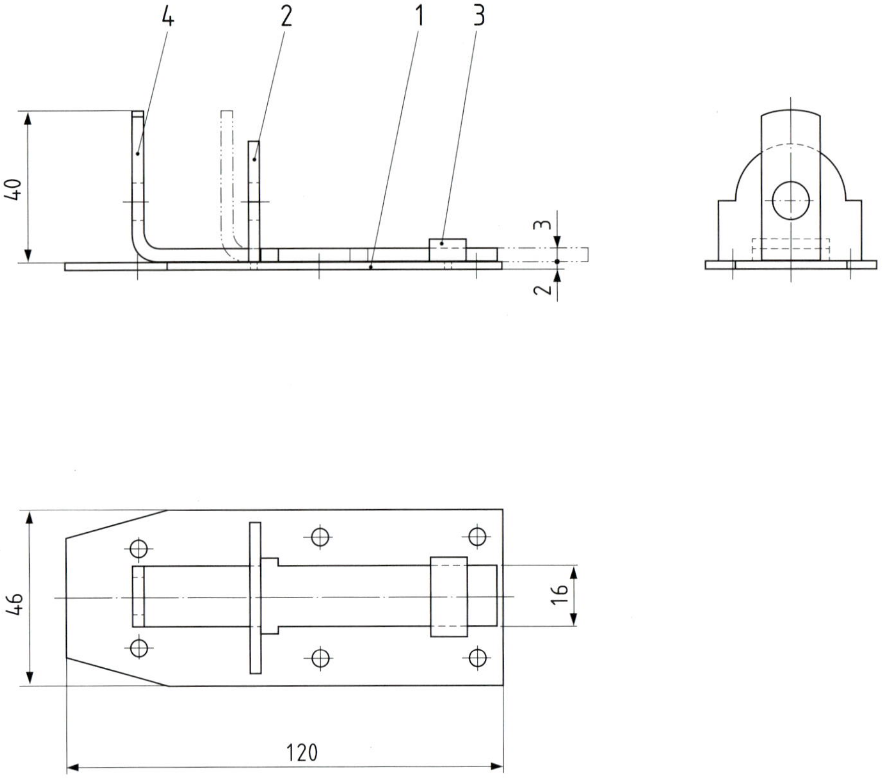

4	1	Stck.	Riegel	1.004	
3	1	Stck.	Führung	1.003	
2	1	Stck.	Anschlag	1.002	
1	1	Stck.	Grundplatte ④	1.001	
Pos.	**Menge**	**Einheit**	**Benennung**	**Sachnummer/Norm-Kurzbezeichnung**	**Bemerkung**
1	2	3	4	5	6

	Datum	Name	
Bearb.	③		Türschlossriegel ①
Geprüft			
Norm			
westermann			1.000 ②

Zust.	Änderung	Datum	Name	Blatt

1.1 Auswerten von technischen Unterlagen

ARBEITSAUFTRAG

Für die Fertigung des Türschlossriegels liegen einige technische Unterlagen vor, nach denen das Bauteil hergestellt werden soll.

Um die Einzelteile fertigen und alle Einzelteile funktionsgerecht montieren zu können, muss man die technischen Unterlagen auswerten und eventuell durch Zusatzinformationen ergänzen.

Ermitteln Sie alle für die Fertigung und Montage notwendigen Informationen.

1.1.1 Technische Unterlagen

Für die Fertigung, die Qualitätskontrolle und die Montage des Türschlossriegels gibt es folgende technische Unterlagen:

- eine **Gesamtzeichnung**, um die Lage der Einzelteile zueinander und die Funktion der Vorrichtung zu erkennen,
- eine **Stückliste**, um die Anzahl der Einzelteile zu erfassen und eine Mengen- und Preiskalkulation vornehmen zu können,
- die **Einzelteilzeichnungen** mit allen für die Fertigung notwendigen Angaben und
- eine **Anordnungszeichnung** (Explosionszeichnung), um die Einzelteile funktionsgerecht montieren zu können.

Neben den genannten technischen Unterlagen werden noch weitere Informationen benötigt, z. B. aus

- **Normen**, um den Durchmesser der Durchgangslöcher für die Schrauben festzulegen,
- **Tabellen**, um Werkzeuge und Fertigungsdaten zu ermitteln,
- **Plänen**, um den Ablauf der Fertigung festzulegen,
- **Firmenkatalogen**, um geeignete Bauteile und Werkzeuge mit deren Eigenschaften, Abmessungen und Preisen herauszufinden,
- **Internetveröffentlichungen**, um Daten, Untersuchungen und Erfahrungen anderer nutzen zu können und
- **Lehrbüchern und Nachschlagewerken**, um Informationen aufbereitet und in verständlicher oder kurzer Form erhalten zu können.

Viele Informationen kann man dem Tabellenbuch entnehmen.

! **Technische Unterlagen** sind Informationsträger, z. B. Zeichnungen, Stücklisten, Pläne und Normen, die für die Produktion notwendig sind.

1.1.2 Gesamtzeichnung und Stückliste

Die Gesamtzeichnung des Türschlossriegels zeigt die einzelnen Bauteile im Zusammenbau. Das Lesen und Verstehen der Gesamtzeichnung ist Voraussetzung für die Montage und im Falle einer Wartung der Demontage einer komplexen Baugruppe. Es wird der Funktionszusammenhang der Einzelteile und die Gesamtfunktion der Konstruktion erkennbar. Die vorliegende Gesamtzeichnung enthält auch die Stückliste.

Das Schriftfeld (→📖) unten auf der Seite gibt die Leselage der Zeichnung vor. Die Buchstaben und Zahlen der Zeichnung sind von unten und von rechts lesbar. Im Schriftfeld sind angeben:

① der Name des Gegenstandes: Türschlossriegel,

② die Zeichnungsnummer: 1.000,

③ die Angaben zur Bearbeitung, Prüfung und Normenkontrolle.

Daneben gibt es weitere Angaben, die den Umgang mit der Zeichnung erleichtern.

Die kurze Stückliste ④ ist hier über dem Schriftfeld angeordnet. Es werden hier angegeben:

- die Positionsnummern,
- die Menge der Einzelteile einschließlich der Mengeneinheit,
- die Benennung der Einzelteile,
- die Sach- oder Zeichnungsnummer und
- (wenn notwendig) Bemerkungen.

Besteht der dargestellte Gegenstand aus vielen Einzelteilen und wird die Stückliste dadurch länger, wird sie auf einem besonderen Formular geschrieben. Während hier die Einzelteile von unten nach oben angeordnet sind, werden sie auf einem Stücklistenformular von oben nach unten sortiert. Man erkennt dieses an der Anordnung der Positionsnummern (Pos.).

Der Türschlossriegel ist in der Gesamtzeichnung in drei Ansichten dargestellt, in der Vorderansicht, der Draufsicht und der Seitenansicht von links (→📖).

In der Zeichnung sind die Grundmaße des Türschlossriegels angegeben. Grundmaße sind Länge, Breite und Höhe. Dadurch ist es möglich, den Einbauraum für den Türschlossriegel festzulegen.

In der Gesamtzeichnung kann man die Lage der einzelnen Bauteile zueinander erkennen. Die Bauteile sind durch Positionsnummern geken zeichnet. Mithilfe der Stückliste sind sie eindeutig zu identifizieren.

Für die Montage des Türschlossriegels aus den einzelnen Bauteilen ist die Gesamtzeichnung eine Grundlage. Es kann auch die Anordnungszeichnung (Explosionszeichnung) (→📖) für die Montage verwendet werden.

1.1.3 Einzelteilzeichnung

Die Einzelteilzeichnung des Riegels (Abb. 1) muss alle notwendigen Informationen für die Fertigung und die Qualitätskontrolle enthalten. Dazu zählen:

- **Informationen des Schriftfeldes**, z. B. Benennung, Halbzeug und Werkstoff, Maßstab der Darstellung, Angaben zur Oberflächenbeschaffenheit und zu den Allgemeintoleranzen,
- **Informationen der Darstellung**, z. B. Grundformen, Bearbeitungsformen,
- **Informationen der Bemaßung**, z. B. Größe und Formen, besondere Abmaße und
- **Informationen durch Symbole**, z. B. Angaben zur Oberflächenbeschaffenheit und Allgemeintoleranzen.

Im Schriftfeld sind angegeben:

- ① die Benennung des Einzelteils: Riegel
- ② die Zeichnungsnummer: 1.004
- ③ die Angaben für das Halbzeug:
  Flach EN 10278 - 20h11x3x138
  EN 10277 - S235JR
- ④ der Zeichnungsmaßstab: 1:2
- ⑤ der Hinweis auf die Norm für die Oberflächenbeschaffenheit: **DIN EN ISO 1302**
- ⑥ der Hinweis auf die Norm für die Allgemeintoleranzen: **DIN ISO 2768 - c**

Im ersten Produktionsschritt sind das angegebene Halbzeug bereitzustellen und dessen Rohmaße zu überprüfen.

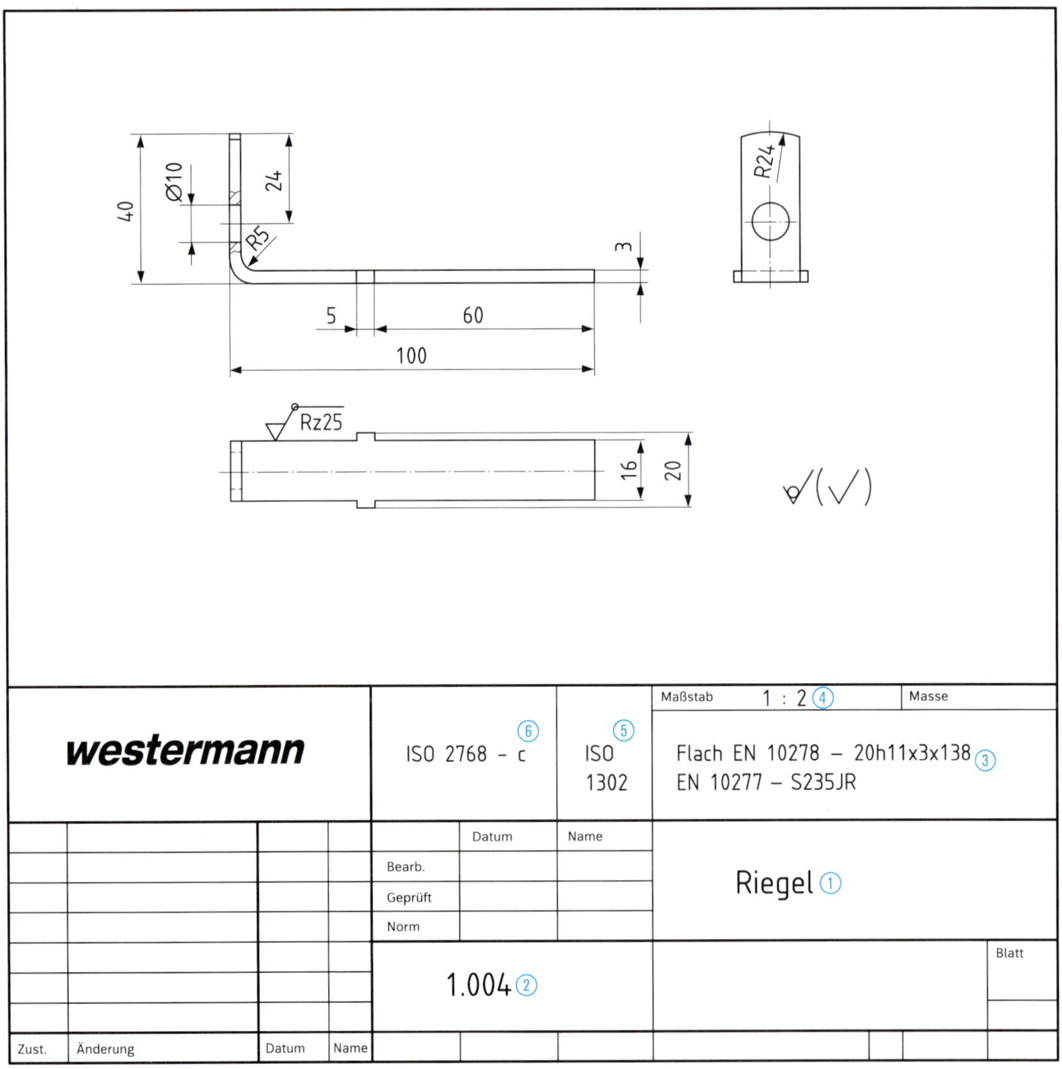

Abb. 1: Einzelteilzeichnung Riegel

1.2 Halbzeuge und Werkstoffe

ARBEITSAUFTRAG

Für die Fertigung der Einzelteile des Türschlossriegels sind geeignete Halbzeuge zu verwenden.

Aus der Stückliste oder den jeweiligen Einzelteilzeichnungen kann man die Bezeichnung für die Halbzeuge und die dazugehörigen Werkstoffe entnehmen. Das Material ist zu beschaffen. Dazu sind Kenntnisse über die Bezeichnung der Halbzeuge und der Werkstoffe notwendig.

1.2.1 Halbzeuge

! *Halbzeuge* sind im Allgemeinen Flacherzeugnisse und Profile, z. B. Stahlblech oder Stahlprofile.

Informieren

Halbzeugbezeichnung

Für den Riegel (Pos. 1) findet man in der Einzelteilzeichnung im Schriftfeld die Angabe für die Bezeichnung des Halbzeuges und den dazugehörigen Werkstoff.

Vielfach werden die Benennungen für Halbzeuge auch abgekürzt oder die Halbzeuge werden mithilfe eines Bildzeichens benannt.

Beispiel: Flach oder **FL** oder ▭

Weitere Angaben findet man im Tabellenbuch (→📖). Halbzeuge gibt es in unterschiedlichen Erzeugnisformen (Tab. 1).

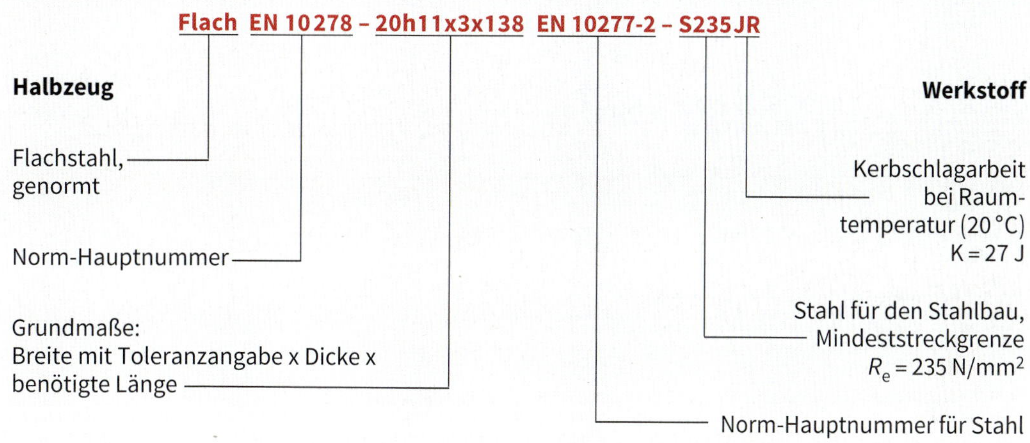

Tab. 1: Erzeugnisformen

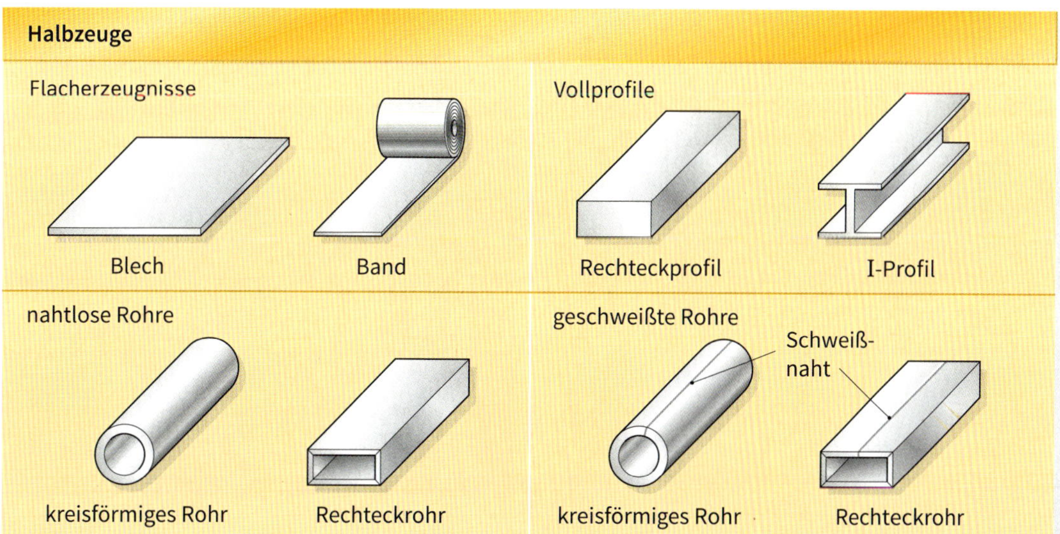

Informieren

1.2.1.1 Flacherzeugnisse aus Stahl

Bleche und Bänder können aus legiertem und unlegiertem Stahl hergestellt werden. Sie sind warm- oder kaltgewalzt.

Bänder haben eine Breite < 600 mm.

Halbzeuge mit einer Breite ≥ 600 mm bis 2000 mm werden als Blech oder Breitband bezeichnet.

Nach der Dicke werden unterschieden:

- Fein-Bleche 0,5 bis 3 mm Stärke,
- Mittel-Bleche 3 ≤ 4,75 mm und
- Grob-Bleche > 5 mm.

Unlegierte Stahlbleche und -bänder werden in verschiedenen Qualitäten geliefert.

Außerdem werden Bleche und Bänder mit Farbbeschichtungen oder metallischen Schutzüberzügen versehen.

Die Kanten der Bänder und Bleche bleiben naturgewalzt (NK) oder sind geschnitten (GK).

Die Benennungen für die Halbzeuge können ausgeschrieben oder abgekürzt werden, z. B. für Bleche Bl und für Bänder Bd (→).

Blech EN 10 051 - 4 x 1041 x 3312 - GK **Stahl EN 10 025 - S235 JR**

Halbzeug
- Halbzeugbenennung: Blech
- Norm-Hauptnummer: EN 10 051
- Maße Dicke x Breite x Länge*: 4 x 1041 x 3312
- Kantenbeschaffenheit, geschnitten: GK

Werkstoff
- Werkstoffbenennung: Stahl
- Norm-Hauptnummer: EN 10 025
- Stahl für den Stahlbau: S235
- Kerbschlagarbeit K = 27 J bei Raumtemperatur: JR

* Die Angaben entsprechen den Zuschnittmaßen.

Tab. 1: Oberflächenqualitäten

Blechoberfläche	Oberflächenqualität
ohne Schutz (Schwarzblech)	- unbehandelte Oberfläche - entzunderte Oberfläche - geölte Oberfläche - entzunderte und geölte Oberfläche
mit nichtmetallischen Beschichtungen	- entzundert und mit Farbbeschichtung
mit metallischen Schutzüberzügen	- feuerbeschichtet - galvanisiert - plattiert - metalllackiert - metallbeschichtet

Tafelgrößen

Rechteckige Bleche werden als Tafel bezeichnet. Folgende Tafelgrößen sind Standard:

Normaltafel: 1000 x 2000 mm
Mitteltafel: 1250 x 2500 mm
Großtafel: 1500 x 3000 mm

Tafelgrößen sind bis maximal 4500 x 20000 mm möglich.

Abb. 1: Blechtafeln

Warmgewalzte Bleche und Bänder

Die Bleche und Bänder werden bei ca. 1200 °C in mehreren Durchgängen ausgewalzt. Dabei entstehen Bleche und Bänder bis 3 mm Dicke mit einer glatten oder gemusterten Oberfläche.

Aufgrund der hohen Arbeitstemperatur entstehen trotz der großen Walzkräfte nur geringe Spannungen im Gefüge der Bleche und Bänder. Diese werden durch Wärmebehandlung ausgeglichen. Nach dem Richten erfolgt eine korrosionsschützende Oberflächenbehandlung durch Beizen und Ölen. Anschließend wird das Blech in Tafeln von Größen bis zu 7500 x 2000 mm geschnitten.

Bezeichnungsbeispiel für warmgewalzte Bleche mit glatter Oberfläche:

Blech EN 10 051 - 4 x 1041 x 3312 -
Stahl EN 10 025 - S235 JR ( )

In Stücklisten findet man häufig eine verkürzte Schreibweise mit der Angabe der Werkstoffnummer:

Bl 4 x 1041 x 3312 - 1.0038

Sonderformen bilden die Bleche aus Stahl mit Muster. Das Muster erhält das Blech im letzten Walzdurchgang.

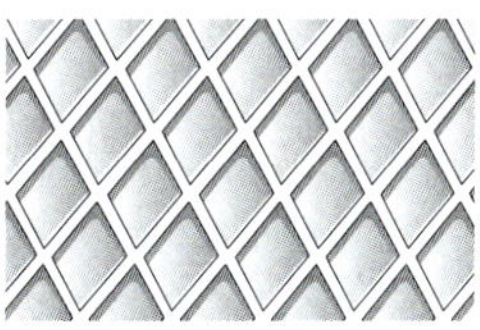

Abb. 2: Riffelblech (R)

Abb. 3:Tränenblech (T)

Riffel- oder Tränenbleche werden überall dort eingesetzt, wo es auf Standsicherheit ankommt (Abb. 2 und 3). Deshalb wird der Auftritt für das Bedienpersonal aus Tränenblech gefertigt (Abb. 4).

Abb. 4: Auftritt aus Tränenblech

Bezeichnungsbeispiel des Tränenbleches:

Blech DIN 59220 - T-3x500x600 -
Stahl EN 10025 - S235 JR ( )

In verkürzter Schreibweise:

Bl T-3 x 500 x 600 - 1.0038

Die Anforderungen an den Behälterwerkstoff resultieren zum einen aus seinem Einsatz und zum anderen aus seiner Verarbeitung. Das Blech muss thermisch getrennt und anschließend wieder geschweißt werden. Besondere Anforderungen an die Oberflächenqualität und eine geringe Toleranz werden nicht gestellt.

Aus den genannten Gründen wird der Behälter der mobilen Abfüllanlage aus warmgewalzten Blechen hergestellt.

Kaltgewalztes Blech

Nachdem die Bleche im Warmwalzverfahren auf etwa 2 bis 5 mm ausgewalzt und anschließend entzundert sind, werden sie auf Dicken zwischen 0,15 mm bis 3 mm kalt ausgewalzt.

Beim Kaltwalzen unterliegen die Gefüge der Feinbleche einer sehr starken Verformung und damit einer Kaltverfestigung. Diese unerwünschte Verfestigung wird durch Glühen bei ca. 700 °C reduziert. Um ein erneutes Verzundern zu verhindern, erfolgt das Glühen unter einer Schutzgasatmosphäre, d. h unerwünschte Reaktionen des Bleches mit dem Luftsauerstoff werden verhindert.

Bezeichnungsbeispiel für kaltgewalzte Bleche:

Blech EN 10131-1x1700x2200 -
Stahl EN 10130 - DC 03+ZE

D – Flacherzeugnis aus weichem Stahl zum Kaltumformen
C – kaltgewalzt
03 – Kennzahl für die Stahlsorte
+ZE – elektrolytisch verzinkt ( )

In verkürzter Schreibweise:

Bl 1 x 1700 x 2200 - 1.0347 +ZE

Kaltgewalzte Bleche und Bänder haben eine geringe Dickentoleranz, die Oberflächenqualität ist verbessert. Im Vergleich mit warmgewalzten Blechen ist die Struktur der Oberfläche sichtbar feiner. Die dichte Oberfläche führt dazu, dass kaltgewalzte Bleche langsamer korrodieren als warmgewalzte Bleche. Die niedrige Zugfestigkeit und eine hohe Bruchdehnung machen sie besonders zum Kaltumformen geeignet.

Schutzüberzüge können Bearbeitungsverfahren unter Wärmeeinfluss behindern.

An die Einhausung des Stromaggregates werden andere Anforderungen als an den Behälter gestellt. Die Einhausung ist in erster Linie Wetter- und Lärmschutz. Die Bearbeitung erfolgt zumeist durch Scheren und Kaltumformen. Der elektrolytische Zinküberzug macht die Einhausung besonders widerstandsfähig gegen Korrosion. Daher werden kaltgewalzte, verzinkte Stahlbleche verwendet.

Weißblech

Es gibt kaltgewalztes Feinstblech in Nenndicken von 0,17 bis 0,49 mm und doppeltreduziertes Feinstblech in Nenndicken von 0,14 bis 0,29 mm, aus weichem, unlegiertem Stahl mit einer Zinnauflage. Dieses wird als Weißblech bezeichnet. Das Verzinnen kann ein- oder beidseitig erfolgen. Dabei liegt die Zinnauflage zwischen 1,0 und 10 g/m². Bei beidseitiger Zinnauflage können die Auflagedicken auf den Seiten unterschiedlich sein.

Bezeichnungsbeispiel einer Tafel aus Weißblech:

Weißblech – Tafel EN 10202-TH520 – CA – ST-E2,0/2,0 – 311 – 0,22x600x800

TH520	– Weißblech mit Rp0,2 = 520 MPa
CA	– kontinuierlich geglüht
ST	– gerichtete Oberflächenstruktur
E2,0/2,0	– beidseitig elektrolytisch verzinnt Auflage 2,0 mmg/m²
311	– passiviert in Natriumdichromatlösung (→📖)

In verkürzter Schreibweise:

Tafel EN 10202 – 1.0384 – CA – ST-E2,0/2,0 – 311 – 0,22x600x800

Weißblech wird vor allem bei der Verpackung von Lebensmitteln eingesetzt. Drei Eigenschaften sind dabei von besonderer Bedeutung. Das Weißblech ist durch den Überzug sehr korrosionsbeständig und ungiftig. Außerdem lässt sich Weißblech besonders gut wiederverwerten.

Bleche aus nichtrostenden Stählen

Bleche und Bänder aus nichtrostenden Stählen werden in vielen Bereichen der Industrie, des Bauwesens, der Medizin, aber auch in Privathaushalten verwendet (Abb. 1).

Ihre wesentliche Eigenschaft „rostfrei“ erhalten die Stähle durch die Legierung mit einem hohen Chromgehalt.

Bezeichnung für Bleche aus nichtrostendem Stahl:

Bl EN 10 131 x 1700 x 2000 – Stahl EN 10088-3 – X5 CrNi 18-10 (→📖)

In verkürzter Schreibweise:

Bl EN 10131– 1x1700x2000 – 1.4301

Nach den Gefügen werden im Wesentlichen ferritische und martensitische Stähle sowie austenitische Stähle unterschieden.

Ferritische und martensitische Stahlbleche sind in ihrer Korrosionsbeständigkeit begrenzt, schlecht umformbar und nur bedingt schweißbar. Sie sind nickelfrei oder haben nur geringe Nickelanteile. Ihr Einsatzbereich liegt vor allem in der Lebensmittelindustrie und im medizinischen Apparatebau.

Austenitische Bleche und Bänder sind nicht magnetisch, gut umformbar und gut schweißbar. Die Legierungselemente Chrom und Nickel bewirken eine hohe Festigkeit und Härte. Die Bleche sind warmfest. Wegen dieser Eigenschaften kommen überwiegend diese Bleche im Handwerk zum Einsatz.

Nichtrostende Bleche und Bänder werden nur mit blanker Oberfläche geliefert. Die Oberfläche ist von einer dünnen, fest haftenden Oxidschicht überzogen, der sogenannten Passivschicht. Diese ist für das Nichtrosten verantwortlich. Bei mechanischen Beschädigungen erneuert sich die Passivschicht. Verunreinigungen wie Zunder oder Stahlspäne, aber auch Anlauffarben beeinträchtigen die Korrosionsbeständigkeit.

Für die Lieferung oder während der Be- und Verarbeitung können die Bleche und Bänder mit Folien oder Abziehlacken geschützt werden.

Abb. 1: Kücheneinrichtung aus nichtrostenden Stahlblechen

1.2.1.2 Flacherzeugnisse aus Nichteisen-Metallen

Wie bei den Flacherzeugnissen aus Stahl werden auch bei den Nichteisen (NE)-Metallen Bänder und Bleche unterschieden, wobei ebenfalls die Lieferbreite ausschlaggebend ist.
Die Bleche und Bänder werden aus Aluminium, Kupfer, Zink und deren Legierungen hergestellt.

Für den Einsatz von Aluminium sprechen unter anderem

- das geringe Gewicht,
- die Korrosionsbeständigkeit und
- die gute Verformbarkeit.

Bezeichnungsbeispiel für Bleche aus Aluminium:

Blech EN 485-4 – 1x1700x2200 – EN AW - 5754 [AlMg 3]

A – Aluminium
W – Knetlegierung
5754 – Legierungsgruppe (→📖)

In verkürzter Schreibweise:

Bl EN 485-4 – 0,7x 1x1700x2200 – EN AW - 5754

Aluminiumbleche werden durch Warm- oder Kaltwalzen in Dicken zwischen 0,2 bis 100 mm, Aluminiumfolien bis 0,005 mm hergestellt.

Um die Festigkeit zu erhöhen, setzt man dem Reinaluminium Legierungselemente zu. Am gebräuchlichsten sind Mangan (Mn), Magnesium (Mg), Kupfer (Cu) und Silizium (Si). Mit zunehmender Festigkeit nimmt die Korrosionsbeständigkeit ab.

Aus Gewichts- und Korrosionsschutzgründen wird z. B. die Einhausung eines Hydraulikaggregates aus Aluminiumblech gefertigt (Abb. 2).

Abb. 2: Einhausung eines Hydraulikaggregates

Auch Al-Bleche gibt es mit eingewalzten Mustern. Man unterscheidet z. B. die Musterarten

- Duett (two bar) (Abb. 3),
- Quintett (five bar) (Abb. 4),
- Träne (Abb. 5) und
- Gerstenkorn (Abb. 6).

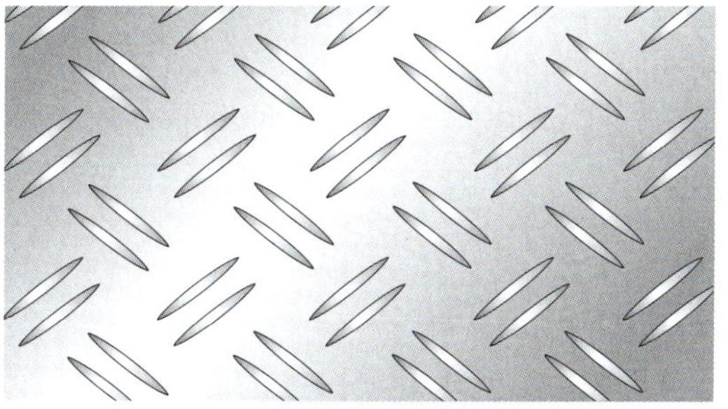

Abb. 3: Aluminiumblech Duett

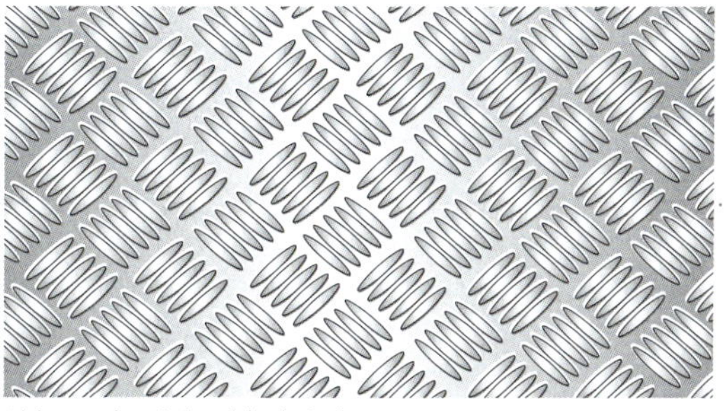

Abb. 4: Aluminiumblech Quintett

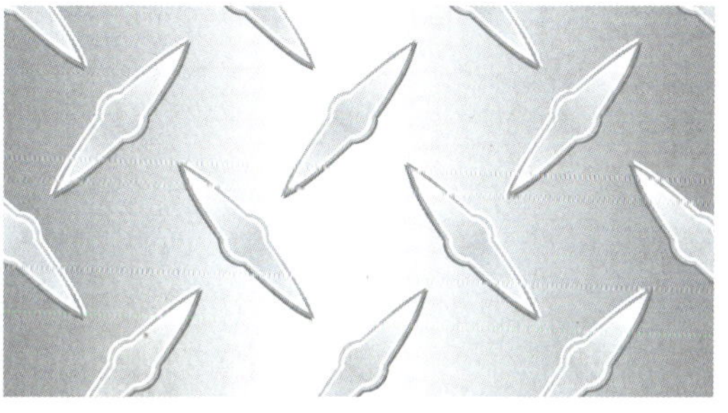

Abb. 5: Aluminiumblech Träne

Abb. 6: Aluminiumblech Gerstenkorn

Grundlagen

Volumen und Masse

Volumen

Volumen haben drei Ausdehnungen. Diese werden mit Längenmaßen angegeben. Die Einheit für das Volumen V ist der Kubikmeter (m^3). Kleine oder große Volumen gibt man mit Vorsatzzeichen (➔📖) als Teil oder Vielfaches hiervon an. Eine besondere Einheit für das Volumen ist der Liter (l).

Berechnet wird das Volumen mit der Formel:

$$V = A \cdot h$$

V – Volumen
A – (Werkstück-) Grundfläche
h – (Werkstück-) Höhe

Masse

Die SI-Basiseinheit für die Masse m ist das Kilogramm (kg). Größere Massen gibt man in der Maßeinheit Tonnen (t) an (1 t = 1000 kg). Kleinere Massen gibt man in der Maßeinheit Gramm (g) und in den dezimalen Teilen von Gramm an.

1 t = 1000 kg
1 kg = 1000 g
1 g = 1000 mg

Körper aus unterschiedlichen Stoffen haben bei gleichen Volumen unterschiedliche Massen. Körper aus unterschiedlichen Stoffen haben bei gleicher Masse unterschiedliche Volumen.

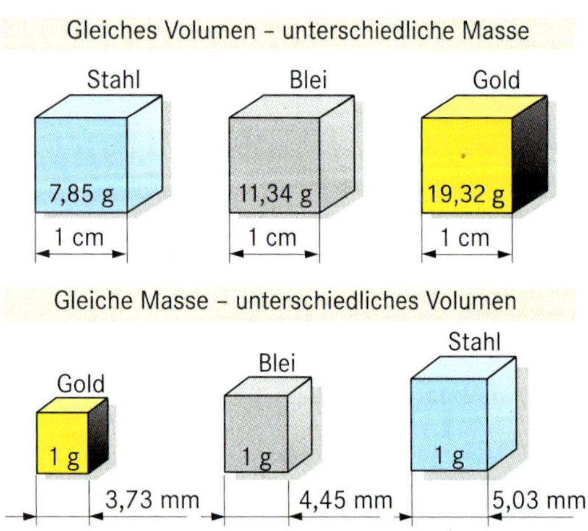

Der Quotient aus der Masse m und dem Volumen V ist die Dichte ϱ (rho) des Stoffes.

$$\text{Dichte} = \frac{\text{Masse}}{\text{Volumen}}$$

$$\varrho = \frac{m}{V}$$

Die Dichte ϱ (➔📖) gibt an, welche Masse in Kilogramm ein Würfel mit einer Kantenlänge von 1 Dezimeter hat. Maßeinheiten der Dichte für feste und flüssige Stoffe sind g/cm^3 oder kg/dm^3 oder t/m^3. Die Dichte gasförmiger Stoffe wird in kg/m^3 angegeben.

Berechnung mit der flächenbezogenen Masse

Die Preise für Bleche und Bänder werden nach der Masse berechnet. Für eine richtige Preiskalkulation ist die Bestimmung der Masse die Grundlage.

Eine Möglichkeit, die Masse eines Blechbauteils zu bestimmen, ist die Berechnung mithilfe der flächenbezogenen Masse m''.

Masse = flächenbezogene Masse · Werkstückfläche

$$m = m'' \cdot A_W$$

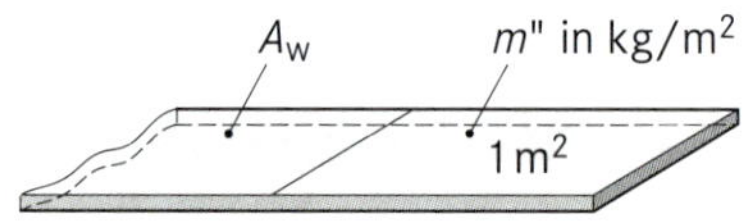

Die flächenbezogene Masse m'' bezieht sich immer auf einen Quadratmeter Blech oder Band (➔📖).

Die flächenbezogene Masse m'' eines 1 mm dicken Bleches entspricht dem Zahlenwert der Dichte des Werkstoffs, aus dem es gefertigt wurde.

Für andere Blechdicken gilt:

flächenbezogene Masse = Dichte · Werkstückdicke

$$m'' = \varrho \cdot t$$

ϱ in $\frac{kg}{dm^3}$, t in mm

Blech EN 10 051– 4 x 1000 x 1000 – Stahl EN 10 025– S235 JRG2

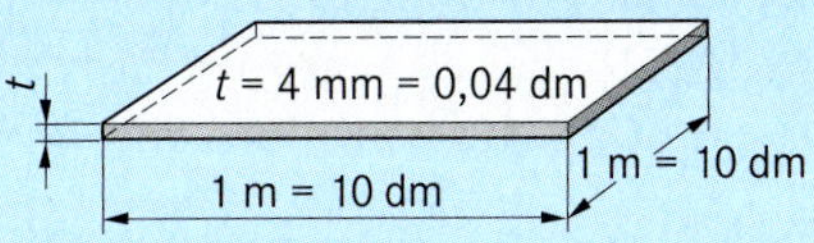

$m'' = \varrho \cdot t$
$m'' = 7{,}85\ kg/dm^3 \cdot 4\ mm$
$[7{,}85\ kg/dm^3 \cdot 0{,}04\ dm = 0{,}314\ kg/dm^2]$
$m'' = 0{,}314\ kg/dm^2 = 31{,}4\ kg/m^2$

$$m = m'' \cdot A_W$$

A_W ist die Werkstückfläche. Durchbrüche, Bohrungen u. Ä. werden von der Werkstückfläche A_W abgezogen.

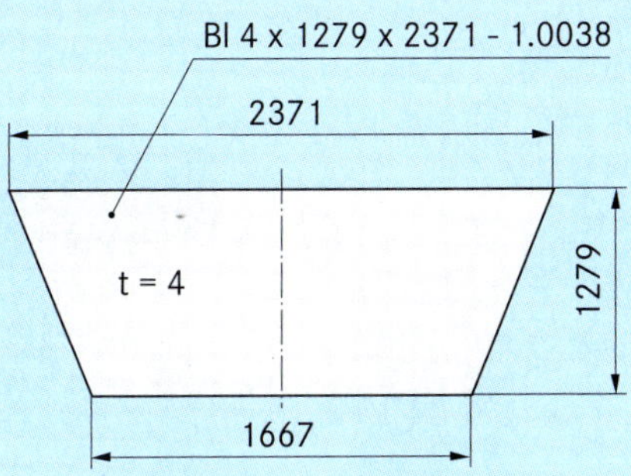

$$A_W = \frac{(l_1 + l_2)}{2} \cdot h$$

$$A_W = \frac{2371\ mm + 1667\ mm}{2} \cdot 1279\ mm$$

$A_W = 2\,582\,301\ mm^2$
$A_W \approx 2{,}58\ m^2$

Die flächenbezogene Masse m'' beträgt nach vorstehender Berechnung $m'' = 31{,}4\ kg/m^2$.

$m = m'' \cdot A_W$

$m = 31{,}4\ kg/m^2 \cdot 2{,}58\ m^2$

$m = 81{,}012\ kg$

Die Rückwand des Behälters hat eine Masse von 81,012 kg.

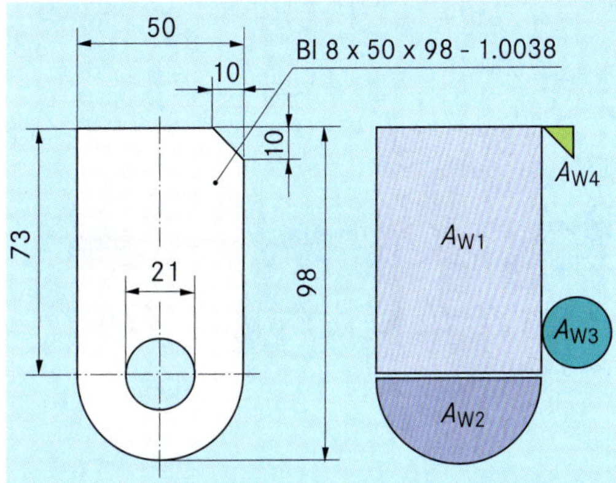

Die Fläche des Scharniers setzt sich aus mehreren Teilflächen zusammen:

$A_W = A_{W1} + A_{W2} - A_{W3} - A_{W4}$

$A_W = 3650\ mm^2 + \frac{1963{,}5\ mm^2}{2} - 346{,}4\ mm^2 - 50\ mm^2$

$A_W = 4235{,}35\ mm^2 \approx 0{,}00424\ m^2$

$m'' = \varrho \cdot t$

$m'' = 7{,}85\ kg/dm^3 \cdot 8\ mm$

$m'' = 62{,}8\ kg/m^2$

$m = m'' \cdot A_W$

$m – 62{,}8\ kg/m^2 \cdot 0{,}00424\ m^2$

$m = 0{,}266\ kg$

Ein Scharnier hat eine Masse von 0,266 kg.

Informieren

1.2.2 Werkstoffe

1.2.2.1 Einteilung der Werkstoffe

In der Metalltechnik werden verschiedene metallische Werkstoffe verwendet. Die Kenntnis über die Werkstoffe spielt für deren Weiterverarbeitung eine große Rolle.

Werkstoffe unterteilt man in drei Gruppen (Tab. 1):

Tab. 1: Einteilung der Werkstoffe

Werkstoffe		
Metalle	**Nichtmetalle**	**Verbundwerkstoffe**
• Eisen • Aluminium	• Kunststoffe • Glas	• Metallkeramik

Metalle untereilt man in Eisenmetalle und Nichteisenmetalle (Tab. 2).

Tab. 2: Einteilung der metallischen Werkstoffe

Metalle			
Eisenmetalle		**Nichteisenmetalle**	
Stahl	Eisengusswerkstoffe	Schwermetalle	Leichtmetalle
• Baustahl • Werkzeugstahl • Stahlguss	• Grauguss • Kugelgraphitguss • Temperguss • Hartguss	• Blei • Kupfer • Zink • Zinn	• Aluminium • Magnesium • Titan

Für die Fertigung werden Hilfsstoffe und Betriebsstoffe benötigt. Diese gehen nicht in das Fertigprodukt ein (Tab. 3).

Tab. 3: Einteilung der Hilfs- und Betriebsstoffe

Hilfsstoffe/Betriebsstoffe	
Hilfsstoffe	**Betriebsstoffe**
• Schmierstoffe z. B. Öle, Fette • Kühlschmierstoffe • Schleifmittel und Poliermittel • Flussmittel zum Löten • Reinigungsmittel • Wasser	• Elektroenergie • Benzin • Dieselkraftstoff • Druckluft

Arbeits- und Umweltschutz

Der Umgang mit Hilfsstoffen muss sehr sorgfältig erfolgen. Sie schädigen bei unsachgemäßem Umgang die Gesundheit und die Umwelt.

So verunreinigt z. B. 1 Liter Öl 1 Mio. Liter Grundwasser.

Schmierfette und Schmieröle können Hautreizungen auslösen.

Abb. 1: Öl in Wasser

1.2.2.2 Bezeichnung der Eisenmetalle

Stahl ist ein Eisenwerkstoff mit einem Kohlenstoffgehalt bis 2,06 %. Ist der Kohlenstoffgehalt höher, handelt es sich um Gusseisen. Die Bezeichnung der Stähle kann nach der Verwendung, der chemischen Zusammensetzung oder einem Nummernsystem erfolgen (→).

Bezeichnung der Stähle nach der Verwendung

Die Bezeichnung der Stähle nach der Verwendung erfolgt mittels Kurznamen gemäß **DIN EN 10027-1**.

Die Kurznamen der Stähle geben Auskunft über deren Verwendung sowie deren mechanischen, physikalischen und chemischen Eigenschaften. Die Bezeichnung setzt sich dabei aus dem Hauptsymbol und dem Zusatzsymbol zusammen (Tab. 4).

Für den Riegel ist in der Zeichnung die Werkstoffbezeichnung S235JR angegeben.

Diese Werkstoffbezeichnung ist eine Bezeichnung nach Kurznamen und enthält folgende Informationen:

Hauptsymbole: Angabe der Stahlgruppe – z. B. **S**; Kennzahl der kennzeichnenden Eigenschaft – **235**

Zusatzsymbole: Gruppe 1 und 2 – **JR**

Dabei bedeuten die Symbole:
S – Stähle für den Stahlbau

235 – Mindeststreckgrenze
$R_e = 235\ N/mm^2$

JR – Angabe der Kerbschlagarbeit
JR = 27 J bei +20 °C

Die Streckgrenze ist ein Festigkeitsgrenzwert, bei dessen Überschreitung sich der Stahl dauerhaft verformt. Aus diesem Grund ist die Streckgrenze für Festigkeitsberechnungen wichtig.

Tab. 4: Buchstaben für die Stahlgruppe (Auszug)

B	Betonstähle
D	Flacherzeugnisse aus weichen Stählen zum Kaltumformen
E	Maschinenbaustähle
H	Kaltgewalzte Flacherzeugnisse aus höherfesten Stählen zum Kaltumformen
L	Stähle für den Rohrleitungsbau
P	Stähle für den Druckbehälterbau
S	Stähle für den Stahlbau
G	Stahlguss

Bezeichnung eines Stahls für den Stahlbau:

S 420 N

- S – Stahl für den Stahlbau
- 420 – Streckgrenze $R_e = 420\ N/mm^2$
- N – normalgeglüht

Diese Stähle werden für Profile verwendet und sind gut schweißbar.

Bezeichnung eines Stahls für den Maschinenbau:

E 295

- E – Stahl für den Maschinenbau
- 295 – Streckgrenze $R_e = 295\ N/mm^2$

Diese Stähle werden im Maschinenbau verwendet und sind gut spanbar.

Bezeichnung eines Stahls für den Druckbehälterbau:

P 355 B X

- Stahl für den Druckbehälterbau — P
- Mindeststreckgrenze $R_e = 355\ N/mm^2$ — 355
- B – Gasflaschen — B
- X – Hoch- und Tieftemperatur — X

Diese Stähle werden für Behälter, Gasflaschen (Abb. 1) und Rohre verwendet. Sie weisen eine hohe Zähigkeit auf.

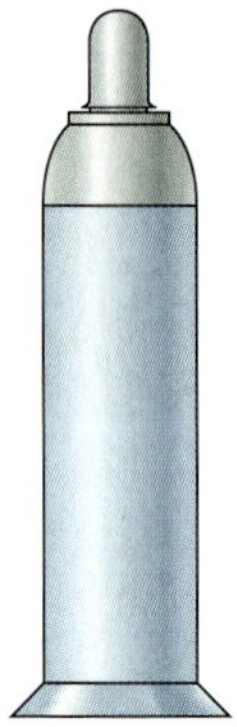

Abb. 1: Gasflasche

Bezeichnung der Stähle nach der chemischen Zusammensetzung

Bei der Bezeichnung der Stähle nach der chemischen Zusammensetzung wird in unlegierte und legierte Stähle unterschieden **(DIN EN 10027)** (➜).

- **Bezeichnung unlegierte Stähle**

Unlegierte Stähle haben den Kennbuchstaben C.

Sie werden entsprechend dem Kohlenstoffgehalt gekennzeichnet.

Bezeichnung eines unlegierten Stahles

C 45 E

- Chemisches Symbol für Kohlenstoff — C
- Kennzahl für den Kohlenstoffgehalt $\frac{45}{100} = 0{,}45\,\%$ — 45
- Zusatzsymbol für den maximalen Schwefelgehalt — E

Bei unlegierten Stählen wird die Kennzahl für den Kohlenstoffgehalt durch 100 dividiert und man erhält den Kohlenstoffgehalt in Prozent.

Diese Stähle lassen sich gut wärmebehandeln. Aus diesem Grund werden aus diesen Stählen einfache Werkzeuge hergestellt, z. B. Meißel (Abb. 2).

Abb. 2: Flachmeißel

- **Bezeichnung legierter Stähle**

Legierte Stähle enthalten zur Verbesserung der Stahleigenschaften neben Eisen und Kohlenstoff Zusätze von mindestens einem weiteren chemischen Element (Legierungselement).

- **Niedriglegierte Stähle**

Der Gehalt aller Legierungselemente beträgt bis zu 5 %.

Diese Stähle haben keinen Kennbuchstaben. Die Bezeichnung erfolgt mit Kennzahlen für die Gehalte an Legierungsbestandteilen und mit chemischen Symbolen. Der Anteil der Legierungsbestandteile wird über einen Teiler ermittelt. Er kann Tabellen entnommen werden (Tab. 1).

Bezeichnung eines niedriglegierten Stahles:

31 Cr Mo 12

- Kennzahl für den Kohlenstoffgehalt $\frac{31}{100} = 0{,}31\,\%$ — 31
- Angabe der Legierungselemente — Cr Mo
- Kennzahl für den Gehalt der Legierungselemente $\frac{12}{4} = 3\,\%$ Chrom — 12

Tab. 1: Teiler für Stähle mit Anteil von Legierungselementen < 5 %

Legierungselement	Teiler
Cr, Co, Mn, Si, Ni, W	4
Al, Cu, Mo, Ta, Ti, V, Pb	10
C, N, P, S	100

Das Legierungselement Molybdän ist in der Legierung vorhanden. Es wird aufgrund seines geringen Anteils nicht extra als Kennzahl angegeben.

Wird der Stahl als Stahlguss hergestellt, wird der Bezeichnung ein G voran gestellt, z. B. G 20 Mo 5.

Legierte Stähle mit einem Anteil von Legierungselementen < 5 % haben eine gute Schneidhaltigkeit. Sie werden z. B. für Schneideisen verwendet (Abb. 3).

Abb. 3: Schneideisen

- **Hochlegierte Stähle**

Die hochlegierten Stähle enthalten in der Summe mehr als 5 % Legierungselemente. Bei der Bezeichnung wird der Gehalt an Legierungselementen, mit Ausnahme von Kohlenstoff, direkt ohne Umrechnung in Prozent angegeben.

Die Kennzahl für den Kohlenstoffgehalt wird wieder durch 100 dividiert.

Hochlegierte Stähle haben den Kennbuchstaben X.

Bezeichnung eines hochlegierten Stahles:

X 6 Cr Ni Ti 18 - 10

Kennbuchstabe für hochlegierte Stähle (X)

Kennzahl für den Kohlenstoffgehalt (6)

$\frac{6}{100} = 0{,}06\,\%$

Angabe der Legierungsbestandteile (Cr Ni Ti)

Gehalt der Legierungselemente (18 - 10)
18 % Chrom
10 % Nickel

Titan ist in geringen Mengen enthalten. Es wird nicht extra als Kennzahl angegeben.

Die Legierungselemente werden in fallender Reihenfolge vom prozentual höchsten zum prozentual niedrigsten Legierungselement angegeben. Bei mehr als einem Legierungselement werden die Zahlen durch Bindestriche getrennt.

Wird der Stahl als Stahlguss hergestellt, stellt man der Bezeichnung ein G voran.

Hochlegierte Stähle werden bei hochwertigen Anforderungen verwendet. Sie sind in der Regel hochfest, schweißbar und vielfach sehr korrosionsbeständig. Hochlegierte Stähle werden für hochbeanspruchte Maschinenteile, Werkzeuge und nichtrostende Bauteile eingesetzt (Abb. 4).

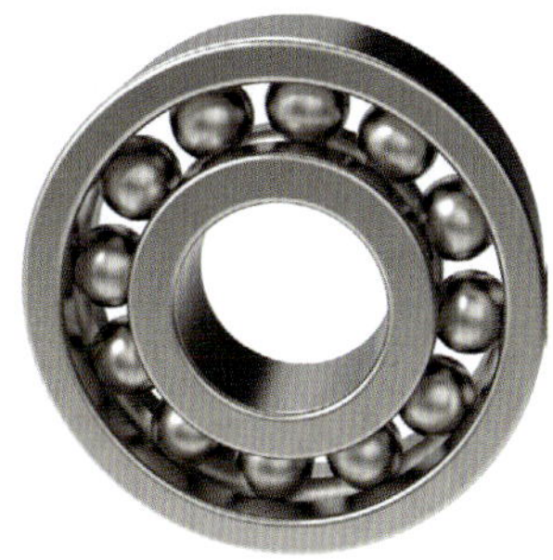

Abb. 4: Rillenkugellager

- **Schnellarbeitsstähle**

Die Legierungselemente werden wie bei hochlegierten Stählen ohne Umrechnung direkt in Prozent angegeben.

Schnellarbeitsstähle haben den Kennbuchstaben HS.

Bezeichnung eines Schnellarbeitsstahles:

HS 2 - 9 - 1 - 8

Kennbuchstaben für Schnellarbeitsstähle (HS)

Wolframgehalt W = 2 %

Molybdängehalt Mo = 9 %

Vanadiumgehalt V = 1 %

Kobaltgehalt Co = 8 %

Die Legierungselemente werden immer in der Reihenfolge Wolfram (W), Molybdän (Mo), Vanadium (V) und Kobalt (Co) angegeben. Die Zahlen werden durch Bindestriche getrennt.

Haben Schnellarbeitsstähle weniger als 4,5 % Co und weniger als 2,6 % V, werden sie mit HSS bezeichnet.

Schnellarbeitsstähle verfügen über eine gute Schneidhaltigkeit bei höheren Temperaturen. Sie werden für hochbeanspruchte, hitzebeständige Werkzeuge verwendet (Abb. 1).

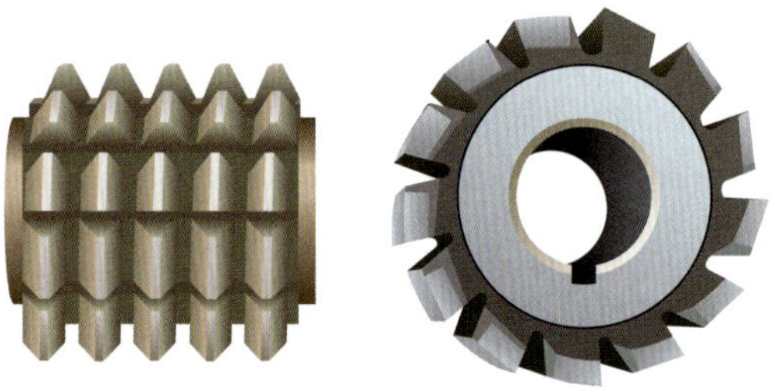

Abb. 1: Wälzfräser aus Schnellarbeitsstahl

Bezeichnung der Stähle mit Werkstoffnummern

Eisenmetalle können durch Werkstoffnummern gekennzeichnet werden **(DIN EN 10027-2)**. Jedem Werkstoff ist eine Nummer zugeordnet. Diese Werkstoffnummern sind vorteilhaft beim Einsatz in der Datenverarbeitung (→📖).

Erklärung der Werkstoffnummerbezeichnung:

1. XX XX

Werkstoffhauptgruppennummer 1 = Stahl

Stahlgruppennummer

Zählernummer

Bezeichnung eines Stahles mit Werkstoffnummer:

1.0143

Werkstoffhauptgruppennummer 1 = Stahl

Stahlgruppennummer 01 = allgemeiner Baustahl

43 Zählernummer für S275JO

Bezeichnung der Eisengusswerkstoffe

Im Gegensatz zu den Stählen lassen sich Eisengusswerkstoffe nicht spanlos umformen. Sie werden nach ihrer Gefügestruktur, der Härte und der Zugfestigkeit bezeichnet (→📖).

Nach ihrer Gefügestruktur bezeichnet man Eisengusswerkstoffe als:

- Gusseisen mit Lamellengraphit nach **DIN EN 1561**
- Temperguss nach **DIN EN 1562**
  entkohlend geglüht
  W = white = weiß
  nicht entkohlend geglüht
  B = black = schwarz
- Gusseisen mit Kugelgraphit nach **DIN EN 1563**

- **Bezeichnung der Eisengusswerkstoffe mit Kurzzeichen**

Bei der Bezeichnung der Eisengusswerkstoffe steht an erster Stelle EN für Europäische Norm. Danach folgt das Kurzzeichen GJ (G = Guss, J = Eisen). Es folgt ein Buchstabe für die Graphitstruktur und in bestimmten Fällen ein Buchstabe für die Mikro- oder Makrostruktur. Nach dem Bindestrich folgen Angaben zu mechanischen Eigenschaften oder zur chemischen Zusammensetzung.

Bezeichnung eines Eisengusswerkstoffes:

EN - GJL - 300

Europäische Norm

Gusseisen mit Lamellengraphit

Mindestzugfestigkeit R_m = 300 N/mm²

- **Bezeichnung der Eisengusswerkstoffe mit Werkstoffnummern**

Nach DIN EN 1560 können Eisengusswerkstoffe auch durch Werkstoffnummern gekennzeichnet werden. Die Werkstoffgruppe hat die Ziffer 5. Nach einem Punkt folgen Ziffern für Graphitstruktur, z. B. lamellar oder kugelig, für das Gefüge (Matrixstruktur) und danach eine laufende Nummer.

Bezeichnung eines Eisengusswerkstoffes mit Werkstoffnummer:

5.1302

Werkstoffgruppe

Graphitstruktur: lamellar

Matrixstruktur: Perlit

laufende Nummer

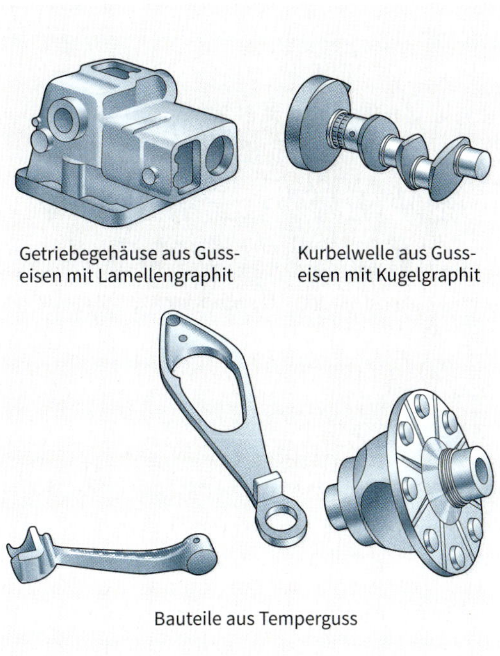

Abb. 2: Gussteile

Zusammenfassung

Die Bezeichnung der Eisenmetalle erfolgt durch

- ein Bezeichnungssystem mit Kurzzeichen EN 10027-1 oder
- ein Bezeichnungssystem mit Werkstoffnummern EN 10027-2.

Stähle bezeichnet man

- nach der Verwendung,
- nach der chemischen Zusammensetzung oder
- mit Werkstoffnummern.

Man unterscheidet:

- legierte Stähle mit einem Gehalt an Legierungselementen < 5 % oder
- hochlegierte Stähle mit mehr als 5 % Legierungselementen.

Eisengusswerkstoffe werden nach ihrer Gefügestruktur, der Zugfestigkeit oder der Härte bezeichnet.

Eisengusswerkstoffe können auch mit einer Werkstoffnummer gekennzeichnet werden.

Aufgaben

1. Was ist Stahl?

2. Wie ist die Streckgrenze bei Stählen definiert?

3. Was bedeuten die Buchstaben S, L, P, H bei der Bezeichnung der Stahlgruppen?

4. Nennen Sie vier wichtige Legierungselemente für Stahl.

5. Ermitteln Sie mithilfe des Tabellenbuches die Umrechnungsfaktoren für die Legierungselemente C, Mn, V, Ta, Cr, Cu und S.

6. Wann gilt ein Stahl als hochlegierter Stahl?

7. Wie werden hochlegierte Stähle in der Bezeichnung gekennzeichnet?

8. In welcher Reihenfolge werden die Legierungselemente bei hochlegierten Stählen angegeben?

9. Erläutern Sie mithilfe des Tabellenbuches folgende Kurznamen: S 235 J0, S 420 NC, E 295, C 15 E, 34 Cr Ni Mo 6, X 8 Cr Ni Ti 18-10, EN-GJL-300, HS 7-4-2-5.

10. Welche Besonderheiten weisen Schnellarbeitsstähle auf?

11. Welchem Zweck dienen Werkstoffnummern bei der Bezeichnung von Stahl und Eisengusswerkstoffen?

12. Wie werden Halbzeuge benannt?

13. Nennen Sie vier Erzeugnisformen für Halbzeuge.

14. Erläutern Sie mithilfe des Tabellenbuches die Benennung des Halbzeuges:

Blech EN 10131 – 2x130x465

Stahl EN 10130 – DC-04 Am

15. Worin unterscheiden sich Hilfsstoffe von Werkstoffen?

16. Nennen Sie jeweils zwei Hilfsstoffe und Betriebsstoffe, die für die Fertigung von Werkstoffen und zum Antrieb von Maschinen notwendig sind.

17. Warum muss der Umgang mit Hilfsstoffen sehr sorgfältig erfolgen?

18. Welche Probleme können bei Menschen beim Kontakt mit Schmierölen und Schmierfetten auftreten?

19. Wie viel Liter Trinkwasser können durch ein Liter Öl verunreinigt werden?

1.2.2.3 Einteilung und Verwendung von Stahl

Stahl ist eine Eisen-Kohlenstofflegierung mit einem Kohlenstoffgehalt bis 2,06 %.

Einteilung der Stähle nach der Verwendung:

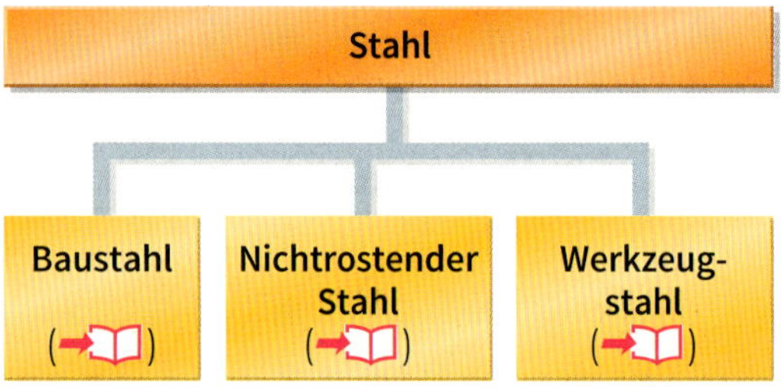

Baustahl

Baustahl wird wie folgt eingeteilt:

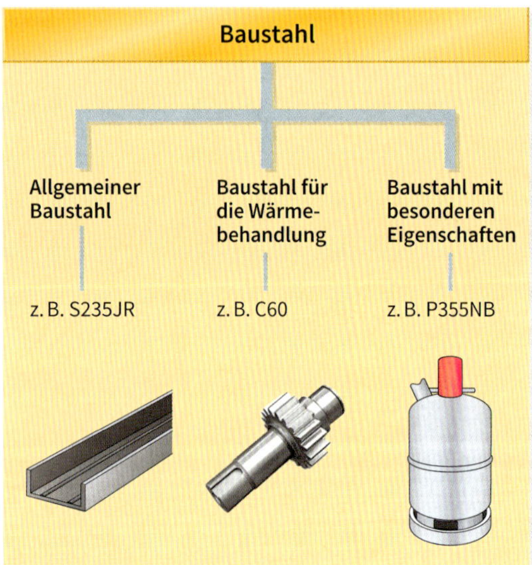

- **Allgemeiner Baustahl**

Es ist Stahl mit mittlerer Festigkeits- und Streckgrenze nach **DIN EN 10025**.

Aus ihm werden z. B. Geländer, Gerüste, Stahltreppen und Maschinengestelle gefertigt. Baustahl kommt als warmgewalztes Erzeugnis (z. B. Bleche, Rohre, Profile) zum Einsatz.

- **Baustahl für Wärmebehandlung**

Vergütungsstahl nach **DIN EN ISO 683-1,2** ist unlegierter bzw. legierter Stahl, der zum Vergüten geeignet ist. Vergüten ist eine Wärmebehandlung zur Verbesserung der Eigenschaften von Stahl. Vergütungsstahl wird eingesetzt für Bauteile, die

Abb. 1: Zahnrad

stoß- und schlagartiger Beanspruchung ausgesetzt sind z. B. Bolzen und Zahnräder (Abb. 1).

Einsatzstahl nach **DIN EN ISO 683-3** hat einen Kohlenstoffgehalt unter 0,22 %. Durch ein besonderes Verfahren wird die Randschicht härtbar und somit verschleißfest. Einsatzstahl wird z. B. für Nockenwellen und Zahnräder verwendet (Abb. 2).

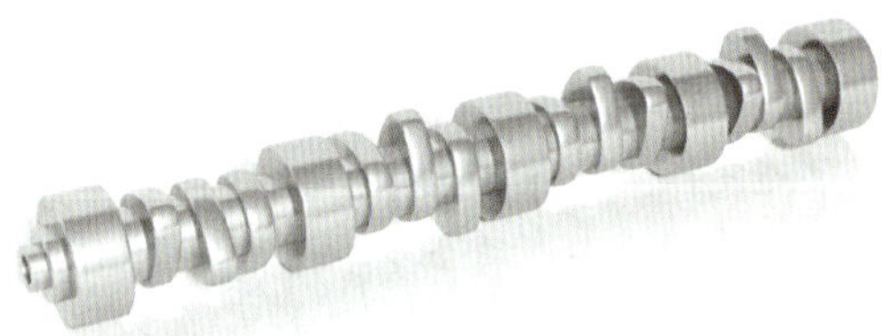

Abb. 2: Nockenwelle

- **Baustahl mit besonderen Eigenschaften**

Schweißgeeigneter Feinkornbaustahl nach **DIN EN 10025-3,4** hat ein feines Korn und ist besonders fest und zäh. Angewendet wird er für große Stahlkonstruktionen und tragende Karosserieteile (Abb. 3).

Abb. 3: Geschweißte Stahlbrücke

Nichtrostender Stahl

Der nichtrostende Stahl nach DIN EN 10088-3 ist ein hochlegierter Chrom-Nickel-Stahl. Damit der Stahl korrosionsfrei wird, muss sein Chromgehalt mindestens 13 % betragen.

Verwendet wird dieser Stahl für z. B. Bleche, Rohre, Fassadenverkleidungen und in der Sanitär- und Heizungstechnik (Abb. 4).

Abb. 4: Schornstein aus nichtrostendem Stahl

Werkzeugstahl

Aus diesem Werkstoff werden Werkzeuge hergestellt. Werkzeugstahl nach **DIN EN ISO 4957** kann unlegierter und legierter Edelstahl sein. Er muss folgende Anforderungen erfüllen:

Hohe Werte für:

- Härte und Druckfestigkeit
- Biegefestigkeit und Zähigkeit
- Warmfestigkeit
- Schneidkantenfestigkeit
- Zunderbeständigkeit
- Wärmeleitfähigkeit

Geringe Werte für:

- Wärmedehnung
- Klebeneigung gegenüber den zu bearbeitenden Werkstoffen
- Diffusionsneigung
- Schlagempfindlichkeit

Werkzeugstahl wird wie folgt eingeteilt:

- **Kaltarbeitsstahl**

Unlegierter Kaltarbeitsstahl (z. B. C 80 U)

Er kann bis zu einer Arbeitstemperatur von 200 °C eingesetzt werden. Aus ihm werden z. B. Hämmer, Sägeblätter undStemmeisen gefertigt.

Legierter Kaltarbeitsstahl (z. B. 102 Cr 6)

Er enthält zur Verbesserung der Schneideigenschaften Legierungselemente.

Durch den Zusatz von Chrom und Wolfram wird die Verschleißfestigkeit erhöht.

Aus legiertem Kaltarbeitsstahl werden z. B. Schneidwerkzeuge, Bohrer, Gewindebohrer und Messer hergestellt (Abb. 5).

Abb. 5: Messer für Handhebelschere

- **Warmarbeitsstahl**

Warmarbeitsstahl ist ein hochlegierter Stahl, mit dem bis zu einer Arbeitstemperatur von ca. 600 °C gearbeitet werden kann (z. B. X 40 Cr MO V 5-1). Diesen Stahl kann man gut wärmebehandeln. Aus diesem Stahl werden z. B. Gießformen und Schmiedegesenke hergestellt (Abb. 6).

Abb. 6: Gießform

- **Schnellarbeitsstahl**

Schnellarbeitsstahl ist legierter Stahl mit besonders hartem Gefüge (z. B. HS 2-9-1-8) und besitzt eine besonders gute Warmhärte und Anlassbeständigkeit. Er kann bis zu einer Arbeitstemperatur von ca. 600 °C verwendet werden. Schnellarbeitsstahl wird als Material für Werkzeuge wie z. B. Spiralbohrer, Fräser und Drehmeißel verwendet (Abb. 7).

Abb. 7: Fräser aus Schnellarbeitsstahl

1.2.2.4 Einteilung und Verwendung der Eisengusswerkstoffe

! Gusseisen ist eine Eisen-Kohlenstofflegierung mit einem Kohlenstoffanteil über 2,06 %. Gusseisen hat eine geringe Zähigkeit und Dehnung. Es ist nicht spanlos umformbar.

Abb. 1: Lamellenstruktur

Nach der Gefügestruktur werden Eisengusswerkstoffe wie folgt unterschieden (➜📖):

- **Gusseisen mit Lamellengraphit**

Der Kohlenstoff liegt im Gefüge lamellenförmig vor (Abb. 1). Dieses Gusseisen ist sehr druckfest und dämpft Schwingungen. Gegen stoß- und schlagartige Beanspruchungen ist es sehr empfindlich. Gusseisen mit Lammellengraphit wird z. B. für Werkzeugmaschinengestelle und Getriebegehäuse verwendet (Abb. 2).

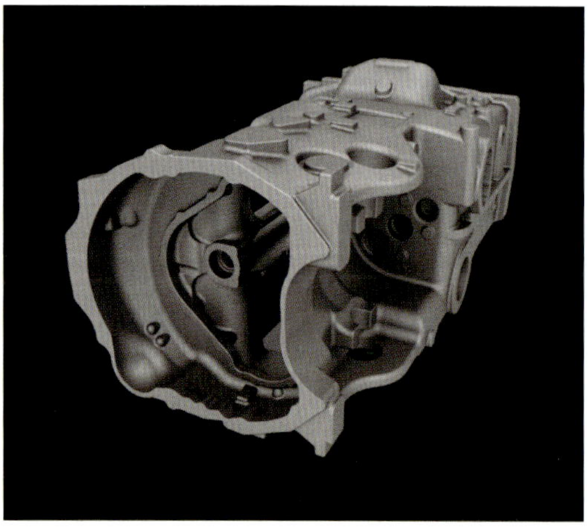

Abb. 2: Getriebegehäuse

Wird Gusseisen mit Lamellengraphit einer besonderen Wärmebehandlung unterzogen, werden die Lamellen im Gefüge feinblättriger. Dadurch erhöht sich die Festigkeit. Diesen Werkstoff nennt man Meehanite-Guss (Abb. 3).

Der Meehanite-Guss wird für besonders hoch beanspruchte Bauteile verwendet.

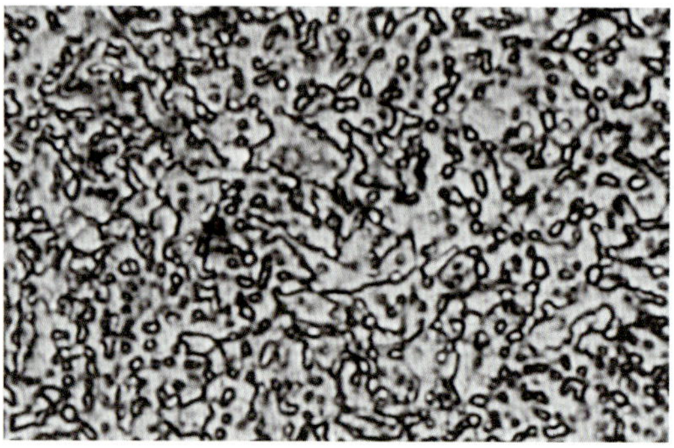

Abb. 3: Feinkörnige Struktur (Meehanite-Guss)

- **Gusseisen mit Kugelgraphit**

Der Kohlenstoff ist im Gefüge kugelförmig eingelagert (Abb. 4). Dieses Gusseisen ist z. B. auf Zugbelastung höher beanspruchbar. Gusseisen mit Kugelgraphit wird z. B. für Zahnräder und Kurbelwellen verwendet.

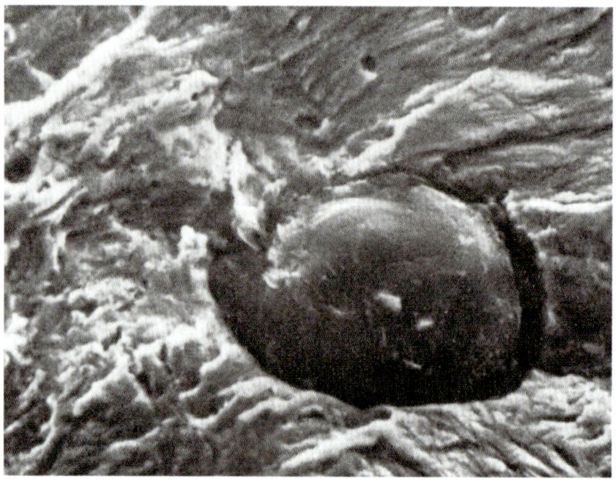

Abb. 4: Struktur mit Kugelgraphit

- **Temperguss**

Tempern ist eine Wärmebehandlung der Eisengusswerkstoffe.

Weißer Temperguss

Bei der Wärmebehandlung wird der Oberfläche des Gussstückes durch Zugabe von Sauerstoff bei ca. 1000 °C der Kohlenstoff entzogen (Abb. 5).

Abb. 5: Kohlenstoffentzug

Schwarzer Temperguss

Bei diesem Gusswerkstoff wird durch die Wärmebehandlung der Kohlenstoffgehalt nicht verändert. Die sehr harte Eisen-Kohlenstoffverbindung wird durch mehrtägiges Glühen getrennt (Abb. 6).

Abb. 6: Kohlenstofftrennung

Durch das Tempern entsteht ein zäher, gut spanbarer Eisengusswerkstoff. Er ist härtbar und lötbar.

Temperguss wird z. B. für Fittings (Formstücke), Bremstrommeln und Ringschlüssel verwendet (Abb. 7).

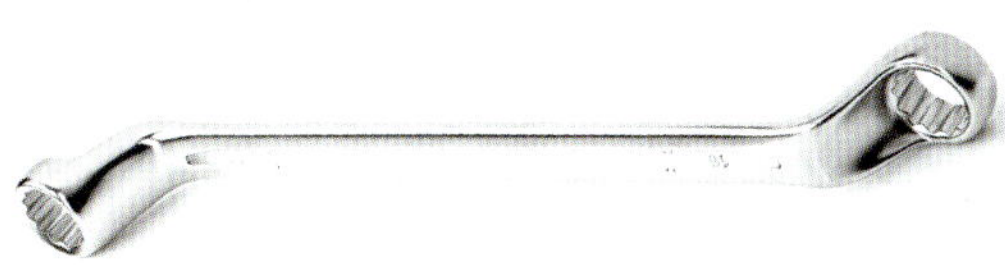

Abb. 7: Ringschlüssel

Aufgaben

1. In welche Gruppen teilt man Stähle ein?
2. Wodurch unterscheiden sich Einsatzstähle von Vergütungsstählen?
3. Wodurch wird erreicht, dass nichtrostender Stahl korrosionsfrei wird?
4. Welche besonderen Anforderungen werden allgemein an die Werkzeugstähle gestellt?
5. Bis zu welchen Arbeitstemperaturen können Kaltarbeitsstähle bzw. Warmarbeitsstähle eingesetzt werden?
6. Werkzeuge wie Spiralbohrer und Fräser werden aus Schnellarbeitsstählen hergestellt. Begründen Sie die Werkstoffauswahl.
7. Wann wird ein Eisenwerkstoff als Gusseisen bezeichnet?
8. Worin besteht der Unterschied zwischen Gusseisen mit Lammellengraphit und Gusseisen mit Kugelgraphit?
9. Was ist Meehanite-Guss?

1.2.2.5 Einteilung und Verwendung der Nichteisenmetalle

! Die Nichteisenmetalle (NE-Metalle) lassen sich aufgrund ihrer jeweiligen Dichte in Leichtmetalle und Schwermetalle unterteilen.

Leichtmetalle haben eine Dichte bis 5 kg/dm^3 und Schwermetalle haben eine Dichte über 5 kg/dm^3 (Tab. 1).

Tab. 1: Einteilung der NE-Metalle

Nichteisenmetalle (NE-Metalle)	
Schwermetalle Dichte $\rho > 5$ kg/dm^3	Leichtmetalle Dichte $\rho < 5$ kg/dm^3
Kupfer	Aluminium
Zinn	Magnesium
Zink	Titan
Blei	
Nickel	

Nichteisenmetalle werden in reiner Form oder als Legierung verwendet.

Wichtige Nichteisenmetalle und deren Legierungen

- **Kupfer**

Kupfer ist ein rotbraunes Metall mit guten technologischen und chemischen Eigenschaften. Es wird als reines Metall oder als Legierung mit Zink, Zinn, Aluminium, Nickel und Blei verwendet.

Eigenschaften	Anwendung
Dichte 8,9 kg/dm^3 Schmelzpunkt 1083 °C gute Kaltverformbarkeit große Dehnbarkeit gute Gießbarkeit gute Wärmeleitfähigkeit gute elektrische Leitfähigkeit korrosionsträge	Rohre Profile Bleche

Kupfer reagiert mit der Luft und bildet eine dichte Schutzschicht aus, genannt Patina (Kupfercarbonat). Sie ist grün und nicht giftig. Reagiert Kupfer mit Essigsäure, bildet sich ebenfalls eine grüne Schicht, der Grünspan (Kupferacetat). Grünspan ist giftig.

- **Kupfer-Zink-Legierung (Messing)**

Eine Legierung aus Kupfer und Zink wird als Messing bezeichnet.

Eigenschaften	Anwendung
fester und härter als Kupfer korrosionsbeständig gut spanbar gut gießbar	Armaturen (Abb. 1) Schrauben und Muttern Wälzlagerkäfige, Membranen und Hartlote

Abb. 1: Messingarmatur

- **Kupfer-Zinn-Legierung (Bronze)**

Eine Legierung aus Kupfer und Zinn wird als Zinnbronze bezeichnet.

Eigenschaften	Anwendung
hohe Festigkeit korrosionsbeständig hart verschleißfest gute chemische Beständigkeit	Blattfedern Membranen Glocken (Abb. 2)

Abb. 2: Kirchenglocke

- **Kupfer-Zinn-Zink-Legierung (Rotguss)**

Wird bei Zinnbronze ein Teil des Zinns durch das billigere Zink ersetzt, handelt es sich um Rotguss. Dieser Werkstoff hat annähernd die gleichen Eigenschaften wie Zinnbronze.

Eigenschaften	Anwendung
korrosionsbeständig gut gießbar hart verschleißfest	Federn Armaturen hochbeanspruchte Schneckenräder (Abb. 3)

Abb. 3: Schneckengetriebe

- **Zink**

Zink ist ein silberglänzendes Metall, welches mit Luft reagiert und sich mit einer dichten, grauen Schutzschicht überzieht.

Eigenschaften	Anwendung
Dichte 7,1 kg/dm^3 Schmelzpunkt 419 °C korrosionsbeständig schlecht kaltverformbar gut gießbar geringe Dehnbarkeit	Legierungsmetall Korrosionsschutzüberzüge (Abb. 4)

Abb. 4: Verzinkte Dachrinne

- **Aluminium**

Aluminium ist silberglänzend und hat als reines Metall eine geringe Zugfestigkeit sowie eine geringe Dichte. Aluminium ist ein relativ weiches und zähes Metall.

Eigenschaften:

- Dichte 2,7 kg/dm^3
- Schmelzpunkt 659 °C
- gute Verformbarkeit
- gute Schweißbarkeit
- gute Lötbarkeit
- gute Klebbarkeit
- gute Zerspanbarkeit bei hoher Schnittgeschwindigkeit
- gute Leitfähigkeit für Wärme
- gute Korrosionsbeständigkeit an der Luft

Es wird hauptsächlich als Legierung verwendet.

- **Aluminiumlegierungen**

Die Festigkeitseigenschaften von Aluminium werden durch die Zugabe der Legierungselemente Magnesium, Kupfer, Silizium und Zink wesentlich verbessert.

Besonders häufig werden Aluminium-Magnesium-Verbindungen verwendet.

Eigenschaften	Anwendung
hohe Festigkeit korrosionsbeständig gut spanbar gut spanlos verformbar	Fahrzeugbau Apparatebau Schiffsbau Flugzeugbau (Abb. 5)

Abb. 5: Flugzeug

- **Magnesium**

Magnesium ist silberglänzend und wird aufgrund seiner Werkstoffeigenschaften als reines Metall nicht in der Metalltechnik eingesetzt.

Eigenschaften:

- Dichte 1,74 kg/dm^3
- Schmelzpunkt 650 °C
- geringe Festigkeit
- nicht korrosionsbeständig
- geringe Kaltverformbarkeit

Der Körper eines Bleistiftanspitzers besteht aus reinem Magnesium (Abb. 6).

Abb. 6: Anspitzer aus Magnesium

- **Magnesiumlegierungen**

Die Eigenschaften von Magnesium werden durch die Legierungselemente Aluminium, Zink und Mangan verbessert.

Eigenschaften	Anwendung
hohe Festigkeit korrosionsbeständig gut spanbar gut gießbar	Druckgussteile (Abb. 7)

Abb. 7: Felge aus Magnesiumlegierung

- **Titan**

Titan ist ein silberweißes, leichtes Metall.

Titan ist fest, gut kaltumformbar und korrosionsbeständig. Es ist schweißbar unter Schutzgas.

Eigenschaften	Anwendung
Dichte 4,5 kg/dm^3 korrosionsbeständig hohe Festigkeit gute Wärmebeständigkeit gute Schweißbarkeit	Apparatebau chemischen Industrie (Abb. 1)

Abb. 1: Chemische Anlage

- **Titan-Aluminiumlegierungen**

Die Entwicklung von Titanlegierungen war eine Voraussetzung zum Bau von Düsentriebwerken für Luft- und Raumfahrt. Insbesondere Titanaluminid-Werkstoffe sind für Betriebstemperaturen von Flugzeugturbinen geeignet.

Eigenschaften	Anwendung
hohe Festigkeit korrosionsbeständig schlecht kaltverformbar sehr warmfest	Fahrzeugindustrie Flugzeugindustrie Raumfahrt (Abb. 2)

Abb. 2: Raumschiff

- **Bezeichnung der Nichteisenmetalle**

Die Bezeichnung der Nichteisenmetalle ist genormt (→📖).

Die Bezeichnung kann durch

- Angabe des Grundwerkstoffes und der Legierungsbestandteile oder durch
- Werkstoffnummern erfolgen.

Beispiele:

EN AW-5019 (Al Mg 5)	oder	EN AW-5019
Cu Zn 40	oder	CW 509 L
EN-MC Mg1Al 8 Zn 1	oder	EN-MC 21110
Ti Al 5 Sn 2,5 F79	oder	3.7115.10

Je nach Werkstoff werden noch weitere Angaben gemacht.

Aufgabe

1. Was ist ein Leicht- bzw. Schwermetall? Nennen Sie je zwei Beispiele.

2. Welche Eigenschaften hat Kupfer?

3. Wie nennt man die Korrosionsschutzschicht die sich an der Luft, z. B. auf Dächern, bildet?

4. Nennen Sie für die drei gebräuchlichsten Kupferlegierungen je zwei ihrer Eigenschaften.

5. Welche Eigenschaften hat Aluminium?

6. Warum werden in der Technik Aluminiumlegierungen verwendet?

7. Nennen Sie Beispiele, wo Titan eingesetzt wird, und begründen Sie Ihre Antwort.

1.2.2.6 Einteilung und Verwendung der Kunststoffe

Kunststoffe werden hauptsächlich aus Erdöl oder Erdgas durch chemische Verfahren hergestellt. Neben diesen Ausgangsstoffen können auch noch andere Rohstoffe wie z. B. Kohle verarbeitet werden. Kunststoffe sind organische d. h. naturverwandte Verbindungen.

Kunststoffe werden nach ihrem mechanischen Verhalten in Abhängigkeit von der Temperatur wie folgt eingeteilt:

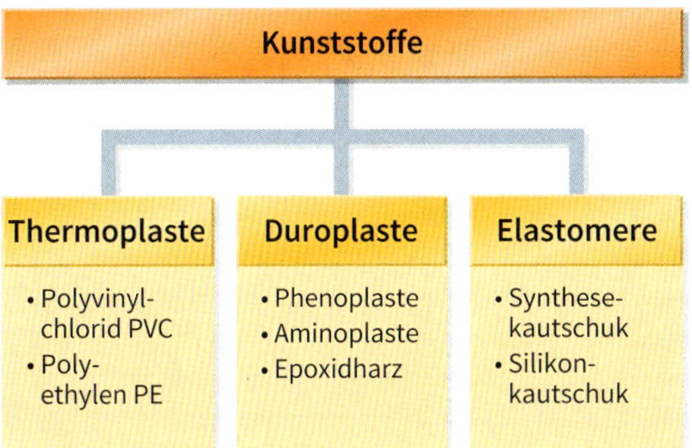

Thermoplaste

Thermoplaste bestehen aus fadenförmigen, nicht vernetzten Makromolekülen (Abb. 3).

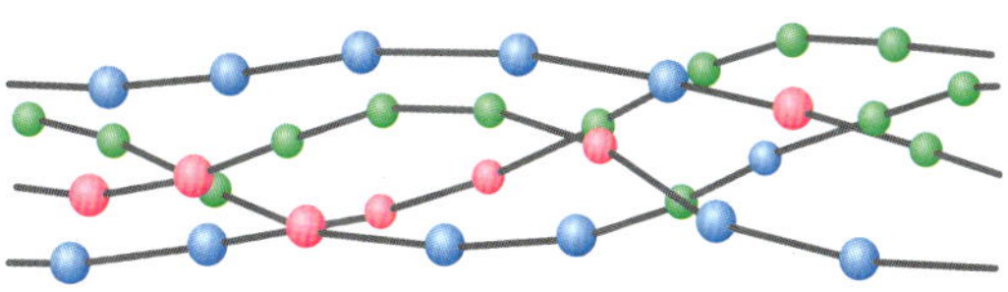

Abb. 3: Nicht vernetzte Makromoleküle

Thermoplaste sind bei Raumtemperatur fest und elastisch. Bei höheren Temperaturen werden sie weich und umformbar. Thermoplaste können wiederholt umgeformt werden. Sie sind schmelzbar und schweißbar. Bei tiefen Temperaturen werden sie spröde und brechen leicht (Abb. 4).

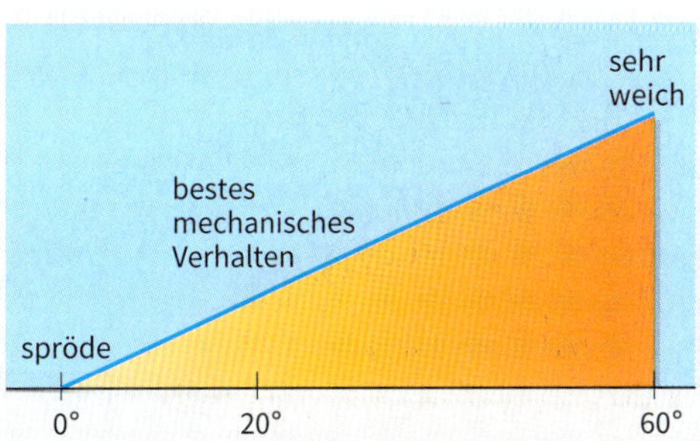

Abb. 4: Temperaturverlauf für PVC-hart

- **Polyvinylchlorid PVC**

PVC ist ein Kunststoff mit geringer Festigkeit, der leicht und preisgünstig herzustellen ist. Er ist hart und spröde und wird erst durch Zugabe von Weichmachern weich, formbar und für technische Anwendungen nutzbar. Wie fast alle Kunststoffe ist PVC ein guter Isolator.

Diesen Werkstoff gibt es in drei Arten:

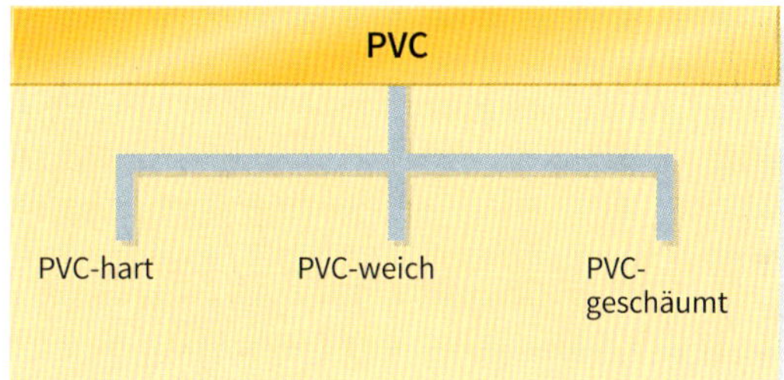

PVC-hart

Die Festigkeit dieses Kunststoffes ist stark von der Temperatur abhängig. Bei Temperaturen unter +5 °C wird er spröde und bei Temperaturen über 60 °C so weich, dass er in vielen Fällen nicht mehr eingesetzt werden kann. Seine besten Eigenschaften hat PVC-hart bei Raumtemperatur. Er ist schwer entflammbar.

Eigenschaften	Anwendung
geringe Festigkeit	Haushaltsgeräte
säurebeständig	Rohre
laugenbeständig	Behälter
gut klebbar	Armaturen
gut schweißbar	Systembauteile (Abb. 5)
spanlos verformbar	
spanabhebend bearbeitbar	

Abb. 5: Systembauteil aus Thermoplast

PVC-weich

Dieser Werkstoff enthält ca. 20-40% Weichmacher. Durch den Weichmacher werden die mechanischen Eigenschaften verändert.

Eigenschaften	Anwendung
weich flexibel gummielastisch	Schläuche Kabelisolierungen Fußbodenbeläge Folien (Abb. 1)

Abb. 1: Folienzelt

PVC-geschäumt

Diesem Werkstoff werden Treibmittel zugesetzt. Dadurch entsteht ein poröser Werkstoff mit geringer Dichte, der kein Wasser aufnimmt.

Eigenschaften	Anwendung
leicht leicht brennbar korrosionsbeständig	Dämmstoff (Abb. 2) Verpackungsmaterial

Abb. 2: PVC-Hartschaumplatte

- **Polyethylen PE**

Bei Polyethylen wird zwischen Hochdruckpolyethylen HD und Niederdruckpolyethylen LD unterschieden (Tab. 1).

Tab. 1: Polyethylen (Eigenschaften)

	PE-HD	PE-LD
Dichte in kg/dm^3	0,92	0,95
Zugefestigkeit in N/mm^2	9...14	22...34
Temperaturbeständigkeit in °C	80	100
Versprödungstemperatur in °C	-50	-30

Das Hochdruckpolyethylen ist aufgrund seines chemischen Aufbaus weicher und beweglicher, hat aber eine geringere Zugfestigkeit gegenüber dem Niederdruckpolyethylen. Hochdruckpolyethylen wird erst bei tieferen Temperaturen spröde. Polyethylen ist leicht entflammbar.

Eigenschaften	Anwendung
säurebeständig laugenbeständig gut schweißbar spanlos verformbar spanabhebend bearbeitbar	Rohre Behälter Folien Schläuche Dichtungen Kabelisolierungen (Abb. 3)

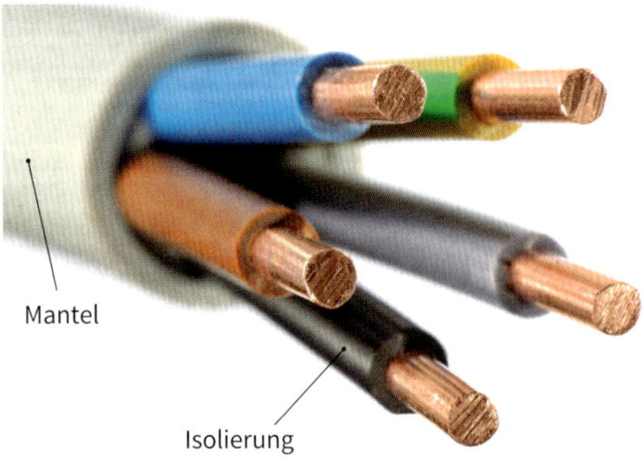

Abb. 3: Kabelisolierung

Duroplaste

Duroplaste bestehen aus eng vernetzten Makromolekülen (Abb. 4).

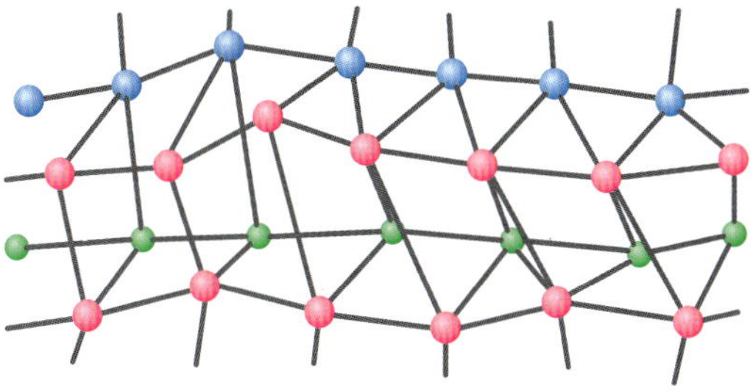

Abb. 4: Vernetzte Makromoleküle

Nach dem Aushärten können die Duroplaste im Gegensatz zu den Thermoplasten nicht mehr spanlos verformt werden. Bei höheren Temperaturen erweichen sie nicht, sondern werden zersetzt. Die spanabhebende Bearbeitung ist möglich. In Lösungsmitteln werden sie nicht gelöst und quellen nicht.

Abb. 5: Zahnrad aus Duroplast

Werden Duroplaste mit Füllstoffen wie z.B. Holzmehl oder Graphit versetzt, kann ihre Härte und Dichte erhöht werden. Durch Zugabe von Verstärkungsstoffen wie Glasfasern, Kohlefasern und Holzfasern in die Kunststoffe erhöhen sich die Zugfestigkeit und die Scherfestigkeit.

Eine weitere Möglichkeit ist das Herstellen von Schichtpressstoffen. Hierbei werden Textil- oder Papierbahnen mit Phenol- oder Melaminharzen getränkt, übereinander geschichtet und mit hohem Druck und Wärme zusammengepresst. Dabei härtet das Harz aus und es entsteht ein fester, formstabiler Kunststoff in Plattenform. Aus diesen Platten können z.B. Zahnräder hergestellt werden, die im Gegensatz zu metallischen Zahnrädern leicht sind und einen geräuschärmeren Lauf haben (Abb. 5).

Wichtige duroplastische Werkstoffe

- **Phenolharze PF**

Phenolharze sind Duroplaste aus reinen Harzen.

Eigenschaften	Anwendung
säurebeständig laugenbeständig lösungsmittelbeständig hart schlagfest	Gehäuse Lager Zahnräder (Abb. 5) Bindemittel in Farben Holzbeschichtungsmittel

- **Epoxidharze EP**

Zur Herstellung von Epoxidharz wird einem Harz ein Härter zugegeben. Durch Füllstoffe wie z.B. Graphitpulver werden seine Eigenschaften verbessert.

Eigenschaften	Anwendung
säurebeständig laugenbeständig gut spanbar hart zäh	Klebstoff Beschichtungen (Abb. 6) Gleitlager

Abb. 6: Epoxidharzbeschichtung auf Gehäuse

Elastomere

Elastomere sind weitmaschig vernetzte Kunststoffe (Abb.7). Sie verhalten sich bis zu ihrer Zerset-zungstemperatur gummielastisch. Elastomere sind nicht schmelzbar, nicht schweißbar und nicht warm umformbar. Ihre Eigenschaften werden durch Einwirkung von Wärme wenig verändert, sie werden nur etwas weicher.

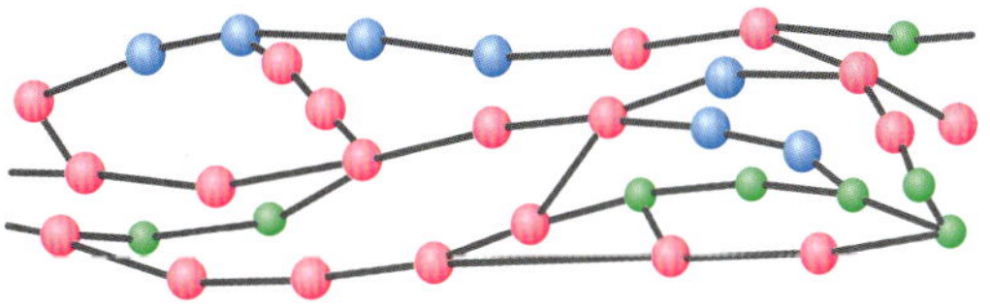

Abb. 7: Weitmaschig vernetzte Makromoleküle

- **Synthesekautschuk**

Synthesekautschuk wird aus Erdöl hergestellt. Durch ein chemisches Verfahren, dem Vulkanisieren, wird Schwefel eingelagert und der Werkstoff elastisch.

Eigenschaften	Anwendung
weich elastisch zäh schwingungsdämpfend	Schläuche Dichtungen Maschinenfüße Fahrzeugreifen (Abb. 1)

Abb. 1: Fahrzeugreifen

- **Silikonkautschuk**

Er wird auf der Basis von Silikonen hergestellt. Im Gegensatz zum Synthesekautschuk kann dieser Werkstoff in einem größeren Temperaturbereich zwischen – 60 °C und + 200 °C eingesetzt werden.

Eigenschaften	Anwendung
ölbeständig temperaturbeständig elastisch geringe Festigkeit unbeständig gegen Säuren, Laugen und Lösungsmittel	Dichtungen (Abb. 2) Fugenfüllmassen Anstriche Isolatoren

Abb. 2: Dichtungen

Bezeichnung von Kunststoffen

Für Kunststoffe gibt es keine systematisch aufgebaute Bezeichnung. Oft wird ein Kurzzeichen von dem chemischen Namen des Kunststoffes (genormte Benennung) abgeleitet. Die Hersteller legen einen Handelsnamen für das jeweilige Produkt fest. Daher kann es für denselben Kunststoff unterschiedliche Handelsnamen geben.

Beispiele:

Benennung: Polyvinylchlorid
Kurzzeichen: **PVC**
Handelsname: Vinnol, Hostalit, Vinoflex, Vestolit

Benennung: Epoxidharz
Kurzzeichen: **EP**
Handelsname: Duralit, Epilox

Benennung: Silikonkautschuk
Kurzzeichen: **VM Q**
Handelsname: Silopren, Silastic

Benennung: Polytetrafluorethylen
Kurzzeichen: **PTFE**
Handelsname: Hostaflon TF, Teflon

Aufgabe

1. Wie werden Kunststoffe eingeteilt?
2. Wodurch unterscheiden sich Thermoplaste und Duroplaste?
3. Welche Eigenschaften hat der Kunststoff PVC-hart?
4. Welcher Zusatz verändert die mechanischen Eigenschaften bei PVC-weich?
5. Warum sollte PVC-geschäumt im Wohnungsbau nicht als Dämmstoff eingesetzt werden?
6. Welche Vorteile bezüglich des Temperatureinsatzes hat Polyethylen gegenüber Polyvinylchlorid?
7. Welche Eigenschaften haben Phenolharze?
8. Welche besonderen Eigenschaften haben Elastomere?
9. Wo wird Silikonkautschuk eingesetzt?
10. Welche Vorteile hat ein Zahnrad aus Kunststoff gegenüber einem Zahnrad aus Metall?

1.2.2.7 Werkstoffe und Umwelt

Bei der Verarbeitung und Verwendung von Werk- und Hilfsstoffen werden auch Stoffe eingesetzt, die gesundheitsgefährdend und umweltbelastend sind.

Durch den sachgemäßen Umgang mit diesen Stoffen und deren richtige Auswahl können Gesundheitsgefährdungen und Umweltbelastungen vermindert werden. Die entsprechenden Betriebsanweisungen der jeweiligen Stoffe sind zu beachten.

Bei der Werkstoff- und Hilfsstoffauswahl sollte an deren Wiederverwendbarkeit (Recycling) nach Ablauf ihrer Nutzung gedacht werden (Abb. 3). Durch eine Wiederverwendbarkeit können Energie und Rohstoffe und damit Kosten gespart werden. Durch die Einsparung von Energie wird die Umwelt entlastet.

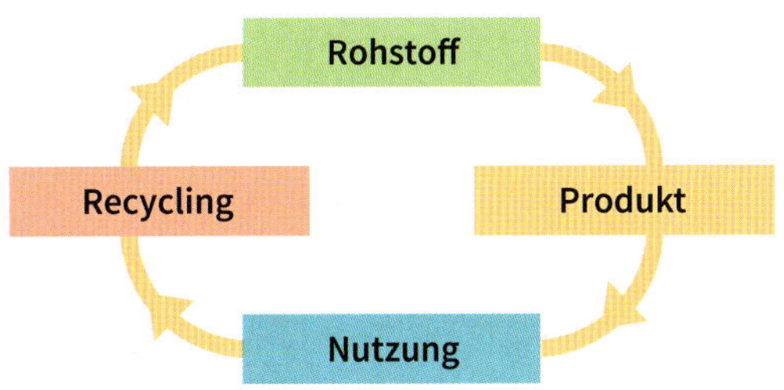

Abb. 3: Materialkreislauf

Beim Umgang mit Kühlschmierstoffen können gesundheitliche Schäden, wie Hauterkrankungen oder Augenreizungen, auftreten (Abb. 4).

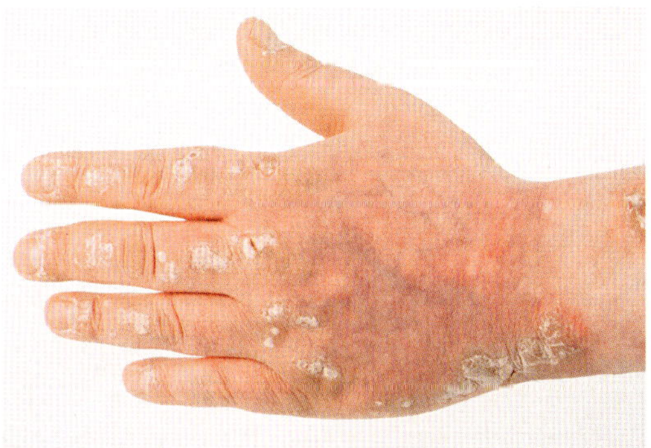

Abb. 4: Hautkrankheit

Die Haut wird bei lang andauernden Kontakt mit Kühlschmierstoffen entfettet und entwässert. Das Tragen einer persönlichen Schutzausrüstung (PSA), wie Handschuhe und Schürze, sowie die Verwendung von Hautschutzcreme erhöhen den Gesundheitsschutz.

Nach dem Kontakt mit Kühlschmierstoffen müssen die Hände sorgfältig gewaschen und die durchnässte Arbeitskleidung gewechselt werden. Bei Augenkontakt ist sofort ein Augenarzt aufzusuchen.

Abb. 5: Kühlschmiermittel im Einsatz

Um Umweltschäden zu vermeiden, werden Werk- und Hilfsstoffe nach deren Gebrauch entsprechend dem Abfallgesetz entsorgt. Verbrauchte Hilfsstoffe und Chemikalien dürfen nur in den dafür vorgesehenen Behältern entsorgt werden. Sie dürfen weder in die Kanalisation geschüttet werden, noch in die Gewässer oder in den Erdboden gelangen.

Metallische Abfälle werden in Behältern getrennt nach dem Werkstoff gesammelt und dem Stoffkreislauf wieder zugeführt (Abb. 6).

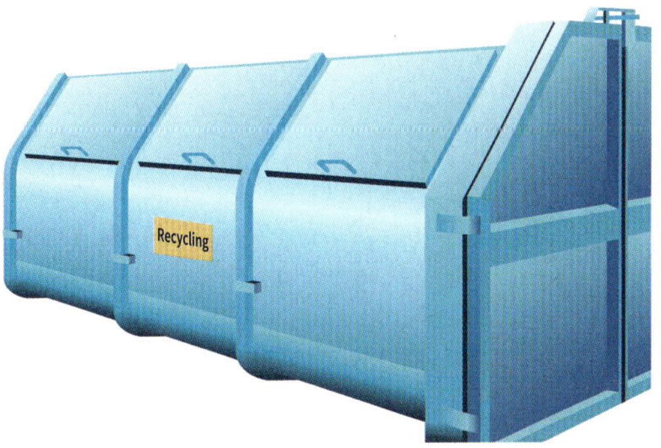

Abb. 6: Behälter für metallische Abfälle

Bei der Entsorgung von Kunststoffen ist eine möglichst sortenreine Trennung zu beachten. Kunststoffe sind gekennzeichnet, um ein sinnvolles Recycling zu ermöglichen (Tab. 1).

Tab. 1: Kennzeichnung von Kunststoffen

Kunststoffart	Kurzzeichen	Zusatzbezeichnung
Polyethylenterephthalat	PET	01
Polyethylen hoher Dichte	PE-HD	02
Polyvinylchlorid	PVC	03
Polyethylen niedriger Dichte	PE-LD	04
Polypropylen	PP	05
Polystyrol	PS	06

Beispiel: 02 Kunststoffart: PE-HD

PE — zusätzliche Angabe Polyethylen

Die Wiederverwendbarkeit von thermoplastischen Kunststoffen ist am weitesten entwickelt. Sie lassen sich leicht zerkleinern und zu Granulat verarbeiten (Abb. 1). Dieses Granulat wird durch Erwärmen plastisch und kann mithilfe von Spritzgussmaschinen verarbeitet werden. Daraus werden dann neue Bauteile gefertigt.

Abb. 1: Granulat

Beispiel:

Recycling von PET-Flaschen

Zerkleinern zu Granulat

Plastifizieren

Weiterverarbeiten zu

PET-Einwegflaschen

Bauzubehör für die Wärmedämmung

Schulranzen Rucksäcke

Zusamm fassung

- Werkstoffe und Hilfsstoffe sind auch nach ihrer Wiederverwendbarkeit auszuwählen.
- Recycling (Wiederverwendbarkeit) und Entsorgung müssen so erfolgen, dass die Umwelt nicht geschädigt wird.
- Werkstoffe und Hilfsstoffe können bei nicht sachgemäßer Anwendung Menschen und Umwelt gefährden.
- Vermeidung einer Gesundheitsgefährdung durch eine persönliche Schutzausrüstung (PSA).

Aufgaben

1. Was ist bei der Auswahl eines Werkstoffes und Hilfsstoffes im Betrieb zu beachten?

2. Wie werden in Ihrem Betrieb metallische Abfälle gesammelt und entsorgt?

3. Wie können Thermoplaste wiederverwendet werden?

4. Was ist bei der Entsorgung von Kühlschmiermitteln zu beachten?

5. Wie können Sie sich an Ihrem Arbeitsplatz vor Gesundheitsschäden schützen?

1.2.2.8 Werkstoffeigenschaften

Für die Fertigung des Riegels muss der Werkstoff gut schneidbar und leicht biegbar sein und eine ausreichende Festigkeit besitzen. Für den Riegel wurde der Stahl S235JR gewählt.

! Maßgebend für die Auswahl der Werkstoffe sind deren Eigenschaften für Fertigung und Funktion.

Die Eigenschaften der Werkstoffe kann man einteilen in

- physikalische Eigenschaften,
- technologische Eigenschaften,
- chemische Eigenschaften und
- ökologische Eigenschaften.

- **Physikalische Eigenschaften**

Zu den physikalischen Eigenschaften der Werkstoffe zählt man

- mechanische Eigenschaften,
- thermische Eigenschaften und
- elektrische Eigenschaften.

Die physikalischen Eigenschaften beschreiben das Verhalten der Werkstoffe unter Einwirkung von Kraft, Wärme oder elektrischem Strom.

Dichte

Soll ein Bauteil ein möglichst geringes Eigengewicht haben, werden überall dort, wo es möglich ist, leichte Werkstoffe verwendet. Dies sind Werkstoffe mit einer geringen *Dichte* ρ (→📖).

Im Fahrzeugbau, im Flugzeugbau, bei der Konstruktion von vorgehängten Fassaden u.ä. werden Werkstoffe mit geringer Dichte verwendet.

! Die *Dichte* ist bei der Auswahl der Werkstoffe immer dann von Bedeutung, wenn es um Gewichtsersparnis geht.

Elastizität – Plastizität

Ein Bauteil, z.B. eine Feder, wird durch Einwirken einer Kraft gebogen. Nimmt das Werkstück nach Entlastung seine ursprüngliche Form wieder an, so verhält sich der Werkstoff elastisch.

! *Elastizität* ist die Eigenschaft eines Werkstoffes, nach Entlastung seine ursprüngliche Form wieder anzunehmen.

Stahl zeigt ein besseres elastisches Verhalten als Kupfer oder Aluminium.

Nimmt ein Werkstück nach der Entlastung seine ursprüngliche Form nicht wieder an, so verhält sich der Werkstoff plastisch.

! *Plastizität* ist die Eigenschaft eines Werkstoffes, nach Entlastung eine bleibende Formänderung beizubehalten.

Die Plastizität ist aber die Voraussetzung für alle Umformvorgänge, z.B. Biegen. Werden Werkstücke plastisch verformt, so ist in der Regel auch ein elastisches Verhalten des Werkstoffes zu beobachten. Beim Kaltbiegen eines Flachstahls wird dies als Rückfederung deutlich (Abb. 2).

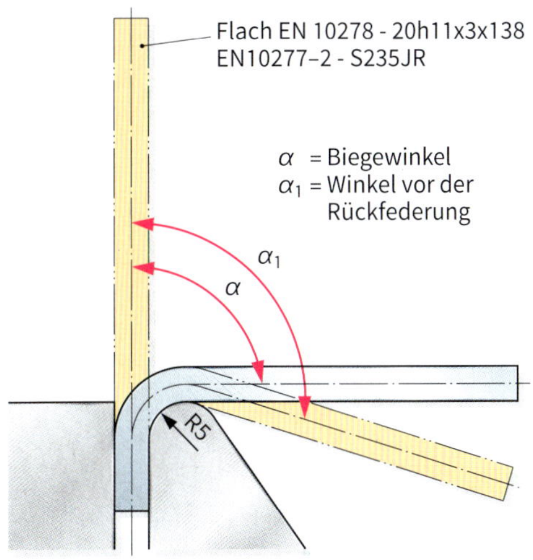

Abb. 2: Rückfederung

auch über Web-Link

! Um einen Biegewinkel von $\alpha = 90°$ zu erreichen, muss der Flachstahl um $\alpha_1 = 92°$ gebogen werden.

Zähigkeit – Sprödigkeit

Wird ein Bauteil schlagartigen Beanspruchungen ausgesetzt, muss der Werkstoff zäh sein. Bei einer Überbelastung soll sich der Werkstoff erst spürbar verformen, ehe er bricht.

! Werkstoffe sind *zäh*, wenn sie erst nach einer starken Verformung brechen.

Vergütungsstähle, nichtrostende Stähle oder Kupfer sind zähe Werkstoffe.

! Ein Werkstoff ist *spröde*, wenn er bei Belastung plötzlich ohne nennenswerte Verformung bricht.

Spröde Werkstoffe sind u.a. gehärteter Stahl, Gusseisen, Glas und Diamant. Zähigkeit und Sprödigkeit sind einander ausschließende Eigenschaften.

Festigkeit

Wirken auf einen Körper von außen Kräfte, wird diesen ein innerer Widerstand entgegengesetzt. Ursache dafür sind die Bindungskräfte zwischen den Atomen und Molekülen.

Diese Bindungskräfte werden als *Kohäsionskraft* bezeichnet. Übersteigt die äußere Beanspruchung die Kohäsionskraft, werden die Werkstoffteilchen voneinander getrennt. Beim Zerspanen oder Zerteilen ist dies notwendig.

Die *Festigkeit* eines Werkstoffes ist der größtmögliche innere Widerstand gegen äußere Kräfte.

Eine Kenngröße für die Festigkeit eines Werkstoffes ist die Zugfestigkeit (➔📖). Sie ist die Kraft *F*, die zur Überwindung der Kohäsionskraft in einem Werkstück mit einem Querschnitt $A = 1\ mm^2$ notwendig ist (Abb. 1).

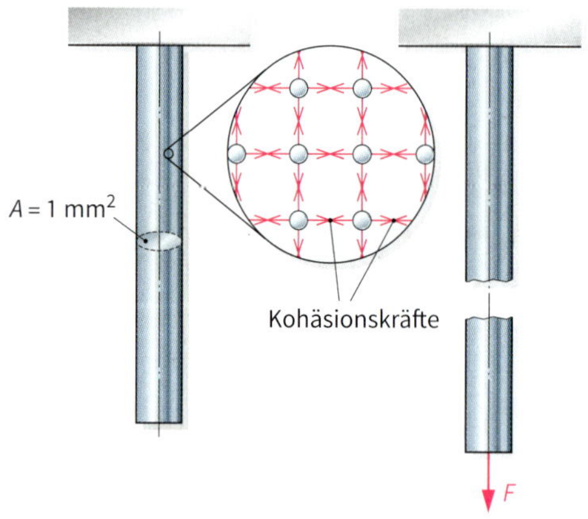

Abb. 1: Kohäsionskraft – Mindestzugfestigkeit

Härte

Werkstoffe sind unterschiedlich hart. Diese Eigenschaft spielt neben der Festigkeit besonders bei Werkzeugen eine große Rolle. Beim Bohren eines Loches setzt der Werkstoff des Werkstückes dem Bohrer einen Widerstand entgegen. Damit der Bohrer in das Werkstück eindringen und Teilchen abtragen kann, muss der Werkstoff eines Bohrers härter sein als der zu bearbeitende Werkstoff.

Härte ist der Widerstand eines Werkstoffes gegen das Eindringen eines anderen Körpers.

Werkzeuge und alle Bauteile, die auf Verschleiß beansprucht werden, z. B. Bohrer oder Feilen, müssen aus harten Werkstoffen bestehen. Man verwendet dazu u. a. gehärteten Stahl.

Wärmedehnung

Jeder Körper dehnt sich bei Erwärmung aus und zieht sich beim Abkühlen wieder zusammen. Diesen Vorgang nennt man Wärmedehnung. Sie ist bei allen Werkstoffen unterschiedlich (Abb. 2).

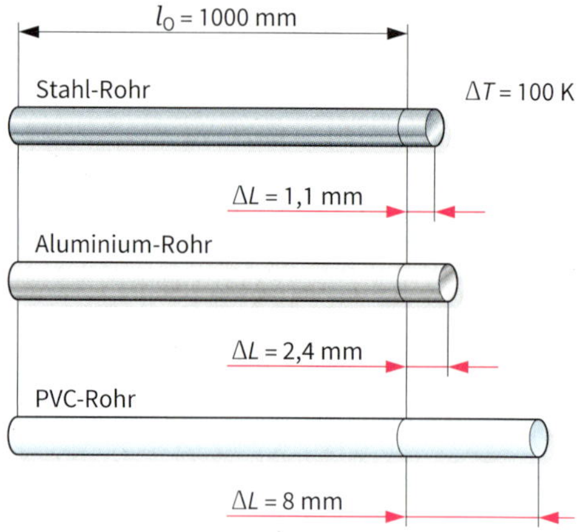

Abb. 2: Wärmedehnung

Die *Wärmedehnung* ist die Eigenschaft eines Werkstoffes, sein Volumen bei Temperaturänderung zu verändern.

Ein Maß für die Ausdehnung ist der *Längenausdehnungskoeffizient α* (➔📖).

Beim Sägen erwärmen sich durch die Reibung das Sägeblatt und das zu trennende Werkstück. Sägeblatt und Werkstück dehnen sich aus. Der Sägeschlitz muss daher breiter sein als das Sägeblatt, da dieses sonst eingeklemmt würde. Man erreicht dieses durch eine besondere Form des Sägeblattes.

Elektrische Leitfähigkeit

Elektrische Leiter sind aus Kupferdrähten gefertigt. Dieser Werkstoff leitet den elektrischen Strom besonders gut.

Die *elektrische Leitfähigkeit* ist die Eigenschaft eines Werkstoffes, den elektrischen Strom leiten zu können.

In der Elektrotechnik werden Silber, Kupfer und Aluminium als Leiterwerkstoffe eingesetzt. Stähle sind keine guten elektrischen Leiter.

Andere Werkstoffe, z. B. Kunststoffe, Glas und Keramik leiten den elektrischen Strom nicht. Sie werden Isolierstoffe genannt. Deshalb ist auch die elektrische Leitung der Bohrmaschine mit Kunststoff ummantelt.

Zusammenfassung

Physikalische Eigenschaften der Werkstoffe:
- Dichte
- Elastizität – Plastizität
- Zähigkeit – Sprödigkeit
- Festigkeit
- Härte
- Wärmedehnung

Außerdem zählen zu den physikalischen Eigenschaften die Wärmeleitfähigkeit und die elektrische Leitfähigkeit.

Diese Eigenschaften sind bedeutend für die Verwendung der Werkstoffe.

- **Technologische Eigenschaften**

Die technologischen Eigenschaften beschreiben das Verhalten der Werkstoffe bei der Herstellung von Werkstücken.

Gießbarkeit

Werkstücke mit komplizierten Formen werden durch Gießen hergestellt (Abb. 3). Bedingung dafür ist eine ausreichende Gießbarkeit des Werkstoffes.

Der flüssige Werkstoff muss die Gussform völlig ausfüllen, das Gefüge soll gleichmäßig erkalten. Bei der Abkühlung sollen nur geringe Spannungen aufgrund der Schrumpfung entstehen.

! *Gießbarkeit* ist die Eigenschaft eines Werkstoffes, sich in Formen zu fertigen Werkstücken gießen zu lassen.

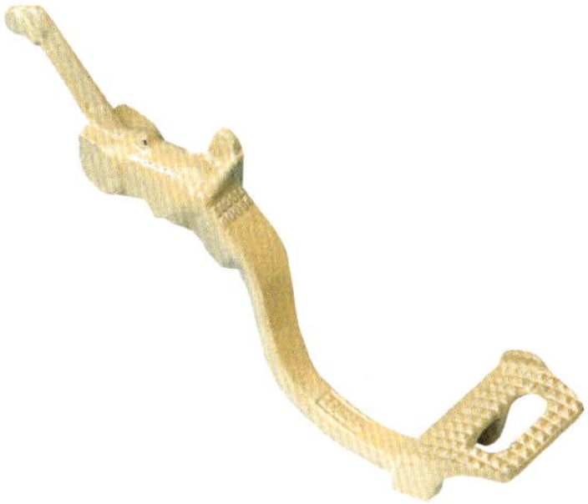

Abb. 3: Gegossener Hebel

Gut gießbare Werkstoffe sind Gusseisensorten, Aluminium-Gusslegierungen und Kupfer-Zink-Legierungen.

Schlecht gießbare Werkstoffe sind u. a. Stähle, unlegiertes Aluminium und Kupfer.

Umformbarkeit

Werkstücke lassen sich durch Umformen, z. B. Biegen, in eine andere Form bringen. Die Umformbarkeit der Werkstoffe ist unterschiedlich und hängt von der Plastizität ab. Durch Umformen wird das Werkstoffgefüge nicht zerstört.

! *Umformbarkeit* ist die Eigenschaft eines Werkstoffes, sich durch Belastung bleibend in eine andere Form bringen zu lassen.

Gut umformbar sind u. a. kohlenstoffarmer Stahl, Aluminium, Kupferknetlegierungen und Blei (Abb. 4).

Schlecht umformbar ist Zink. Nicht umformbar ist Gusseisen.

Die Umformbarkeit hängt wesentlich von der Temperatur ab. Man unterscheidet Kaltumformen bei Raumtemperatur und Warmumformen bei erhöhter Temperatur.

Abb. 4: Gebogener Riegel

Zerspanbarkeit

In den Riegel muss ein Loch gebohrt werden (Abb. 4). Bohren, Drehen, Fräsen und Schleifen sind spanende Fertigungsverfahren.

! *Zerspanbarkeit* ist die Eigenschaft eines Werkstoffes, sich durch spanende Bearbeitung in eine gewünschte Form bringen zu lassen.

Werkstoffe lassen sich unterschiedlich gut zerspanen.

Gut spanend zu bearbeiten sind u. a. unlegierte und niedrig legierte Stähle, Gusseisen-Werkstoffe und Aluminiumlegierungen. Schwierig zu spanen sind zähe Werkstoffe, z. B. nichtrostende Stähle und Kupfer, sowie sehr harte Werkstoffe, z. B. gehärteter Stahl.

Zusammenfassung

Technologische Eigenschaften der Werkstoffe:
- Gießbarkeit
- Umformbarkeit
- Zerspanbarkeit

Außerdem zählen zu den technologischen Eigenschaften die Schweißbarkeit und die Härtbarkeit.

Diese Eigenschaften sind bedeutend für die Herstellung von Werkstücken.

- **Chemische Eigenschaften**

Werkstoffe können sich in der Luft, im Wasser oder bei Erwärmung verändern. Allgemeiner Baustahl rostet, Kunststoffe zerfallen oder verbrennen. Diese chemischen Eigenschaften spielen bei der Auswahl der Werkstoffe eine wesentliche Rolle.

Korrosionsbeständigkeit

Unter Korrosion versteht man die Zerstörung der metallischen Werkstoffe durch chemische oder elektrochemische Vorgänge (Abb. 1).

! *Korrosionsbeständigkeit* ist der Widerstand gegen die zerstörende Wirkung der feuchten Luft, der schadstoffhaltigen Luft, des Wassers und chemisch aggressiver Stoffe.

Korrosionsbeständige Metalle sind nichtrostende Stähle, Kupfer- und Aluminium-Werkstoffe, Zinn und Zink. Nicht korrosionsbeständig sind unlegierte und niedriglegierte Stähle und Eisen-Guss-Werkstoffe.

! Da die volkswirtschaftlichen Schäden durch Korrosion sehr hoch sind, ist bei der Konstruktion und Fertigung von Bauteilen besonders auf den Korrosionsschutz zu achten.

Abb. 1: Korrodierter Flansch

Giftigkeit

Metalle können durch chemische Reaktionen schädliche Produkte bilden. Daher sind u. a. beim Umgang mit Blei und Cadmium besondere Unfallverhütungsvorschriften (UVV) zu beachten.

Auch Nichtmetalle, wie Öle, Schmierstoffe, Kühlschmierstoffe und Reinigungsmittel, sind vielfach giftig. Sie können bei unsachgemäßem Umgang gesundheitliche Schäden hervorrufen.

Brennbarkeit

Metalle brennen im Allgemeinen nicht. Magnesium jedoch oxidiert sehr leicht und ist deshalb brennbar. Bei der Verarbeitung und dem Einsatz von Nichtmetallen muss die Anwendungstemperatur genau eingehalten werden.

Dies gilt auch besonders für Kunststoffe, weil sie z. T. leicht brennbar sind (→📖). Sicherheitsvorschriften sind zu beachten.

Zusammenfassung

Chemischen Eigenschaften der Werkstoffe:
- Korrosionsbeständigkeit
- Giftigkeit
- Brennbarkeit

Diese Eigenschaften sind bedeutend für die Verwendung.

Sicherheitsvorschriften sind zu beachten.

- **Ökologische Eigenschaften**

Bei der Auswahl der Werkstoffe sind Umweltaspekte zu berücksichtigen. Die Belastung der Menschen und der Umwelt ist bei der Herstellung, der Verarbeitung und der Verwendung der Werkstoffe möglichst gering zu halten. Bei der *Herstellung* der Werkstoffe werden umfangreiche Schutzmaßnahmen ergriffen, z. B. werden staubhaltige Gase gefiltert und schädliche Gase verbrannt.

Bei der *Verarbeitung* der Werkstoffe werden Hilfsstoffe benötigt. Diese sind vielfach gesundheits- und umweltschädlich. Unfallverhütungsvorschriften und Entsorgungsvorschriften sind zu beachten. Die *Verwendung* der meisten metallischen Werkstoffe, z. B. Stahl, Eisen-Guss-Werkstoffe, Aluminium- und Kupferwerkstoffe ist umweltverträglich.

Nach Gebrauch lassen sich Metalle mithilfe geeigneter Recycling-Verfahren aufbereiten und dann wiederverwenden. Unter Umweltgesichtspunkten ist die Verwendung von Kunststoffen, z. B. PVC, PTFE und Epoxidharz, problematischer.

Sowohl bei der Herstellung vieler Kunststoffe, als auch bei der Verbrennung von Kunststoffabfällen können gesundheitsschädliche Stoffe entstehen. Ein Recycling ist oft aufwendig. Da die Kunststoffe nicht verrotten, benötigen sie ein großes Deponievolumen. Die Verwendung stark gesundheitsschädlicher Stoffe, z. B. Asbest, ist verboten. Bei der Entsorgung der Werkstoffe sind das Abfallgesetz und die Abfallbestimmungsverordnung zu beachten.

Bei der Auswahl von Werkstoffen haben Wiederverwendbarkeit und Recycling eine große Bedeutung. !

Zusammenfassung

Werkstoffeigenschaften

Physikalische Eigenschaften	Technologische Eigenschaften	Chemische Eigenschaften	Ökologische Eigenschaften
• Dichte • Elastizität – Plastizität • Zähigkeit – Sprödigkeit • Festigkeit • Härte • Wärmedehnung • Wärmeleitfähigkeit • Elektrische Leitfähigkeit	• Gießbarkeit • Umformbarkeit • Zerspanbarkeit • Schweißbarkeit • Härtbarkeit	• Korrosions-beständigkeit • Giftigkeit • Brennbarkeit	• Wiederver-wendbarkeit • Möglichkeit der Entsorgung
bedeutend für			
Verwendung	Verarbeitbarkeit	Verwendung und Schutzmaßnahmen	Verwendung und Recycling

Aufgaben

1. Warum werden die Halbzeuge genormt?

2. Erläutern Sie den Unterschied zwischen Stahl und Gusseisen.

3. Wodurch unterscheiden sich unlegierte von legierten Stählen?

4. Warum wird nach DIN EN anstelle der Zugfestigkeit die Streckgrenze der Stähle angegeben?

5. Warum werden Gusswerkstoffe nicht auch nach der Streckgrenze bezeichnet?

6. Ermitteln Sie mithilfe des Tabellenbuches die Gruppen bei der Bezeichnung von Stählen nach DIN EN 10027-1.

7. Erläutern Sie die folgenden Werkstoffbezeichnungen:

S 185	36NiCrMo16
S 275J2	X 45 NiMo 16
16 MnCr5	X 40 CrMoV5-1
50CrMo4	EN-GJS – 400-15
EN-GJL – 250	

8. Warum werden für Gehäuse von Handbohrmaschinen Kunststoffe verwendet?

9. Ein Zahnrad soll aus Kunststoff hergestellt werden. Welche Vorteile und welche Nachteile ergeben sich gegenüber der Herstellung des Zahnrades aus Stahl?

10. Warum werden elektrische Leitungen aus Kupfer hergestellt?

11. Nennen Sie je zwei Anwendungsmöglichkeiten für die Werkstoffe: Kupfer, Kupfer-Zink-Legierungen, Kupfer-Zink-Zinn-Legierungen und Aluminiumlegierungen.

12. Nach welchen Kriterien werden Kunststoffe bezeichnet?

13. Begründen Sie, warum Bohrfutter und Bohrspindel einer Bohrmaschine aus Stahl gefertigt werden.

14. Was ist in ökologischer Hinsicht bei der Auswahl von Werkstoffen von Bedeutung?

1.2.3 Wärmebehandlung von Stahl

ARBEITSAUFTRAG

Die Schließöse des Riegels muss in ein Mauerwerk eingelassen werden. Der benötigte Ausbruch ist mit einen Maurermeißel herzustellen. Die Schneide des Meißels muss eine ausreichende Härte haben, sie wird daher wärmebehandelt.

Durch die Wärmebehandlung von Stählen werden ihre Gebrauchseigenschaften wie Härte, Festigkeit und Bearbeitbarkeit verändert. Diese Verbesserung erfolgt durch eine Gefügeveränderung des Werkstückes.

1.2.3.1 Gefügeaufbau von Stahl

Mikroskopisch betrachtet besteht das Stahlgefüge aus Gitterzellen, die gleichmäßig aus Eisen-Atomen aufgebaut sind. Bei Raumtemperatur besitzt Stahl ein kubisch-raumzentriertes (krz) Gitter (Ferrit). Ein Eisen-Atom liegt in der Mitte. Bei Erwärmung wandelt sich das krz-Gitter in ein kubisch-flächenzentriertes (kfz) Gitter (Austenit) um. Das Gitter besitzt in der Mitte seiner Außenflächen Eisen-Atome (Abb. 1). In der Mitte des kfz-Gitters befindet sich kein Atom.

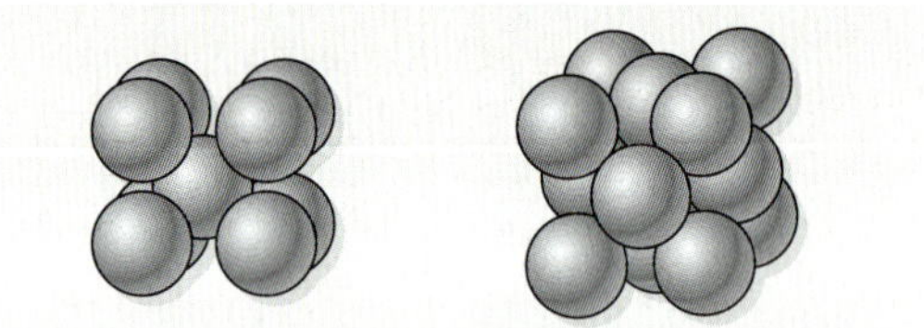

Abb. 1: krz- und kfz-Gitterzelle

Der Stahl kann einen Kohlenstoffgehalt bis 2,06 % besitzen. Der Kohlenstoff ist bei Temperaturen unter 721 °C chemisch gebunden als Fe_3C (Zementit). Die Umwandlung der Gitterzelle ist von der Temperatur und dem Kohlenstoffgehalt im Stahl abhängig (Abb. 2).

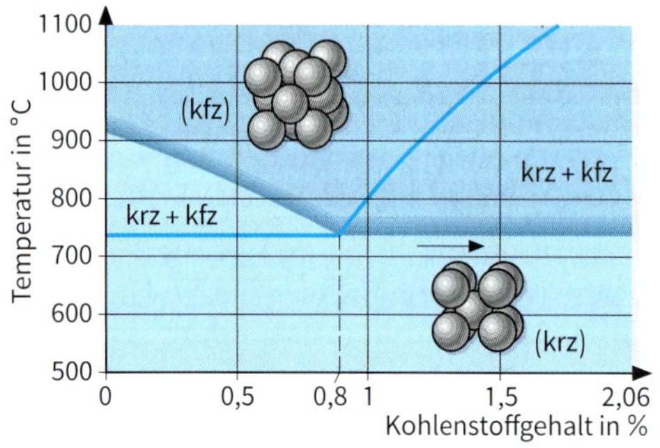

Abb. 2: Gitterstruktur des Stahls in Abhängigkeit der Temperatur und des C-Gehaltes

1.2.3.2 Härten

Härten ist eine Wärmebehandlung von Stählen, die eine verschleißfestere Oberfläche und eine Erhöhung der Festigkeit bewirkt. Gleichzeitig nimmt die Zähigkeit und Dehnbarkeit des Werkstoffes ab.

Voraussetzung für das Härten ist ein Kohlenstoffgehalt von mindestens 0,2 % C.

Das Härten eines Werkstückes erfolgt in den Schritten (Abb. 3):

- Erwärmen,
- Halten auf Härtetemperatur,
- Abschrecken und
- Anlassen.

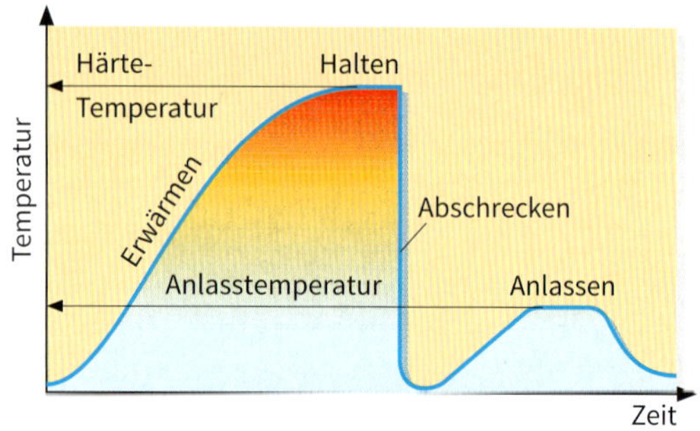

Abb. 3: Temperaturverlauf beim Härten

Beim *Erwärmen* wird die Temperatur des Stahls so weit erhöht, bis sich sein Gefüge vollständig von einem krz-Gitter in ein kfz-Gitter umgewandelt hat.

Durch das *Halten auf Härtetemperatur* werden die Kohlenstoffverbindungen aufgelöst. Die Kohlenstoff-Atome diffundieren in die Mitte des kfz-Gitters.

Das *Abschrecken* bewirkt eine schnelle Abkühlung des Werkstückes. Je nach erforderlicher Abkühlungsgeschwindigkeit und Zusammensetzung des Stahls kommen als Abschreckmittel Wasser, Öl oder Luft zum Einsatz. Das Gefüge wandelt sich wieder zu einem krz-Gitter um. Das Umklappen des Gefüges geschieht so schnell, dass die Kohlenstoff-Atome keine chemische Verbindung Fe_3C eingehen können. Sie bleiben auf Zwischengitterplätzen und verzerren das Gefüge (Martensit). Der Stahl besitzt eine hohe Härte und eine Sprödigkeit, die ihn zunächst für eine Verwendung unbrauchbar machen.

Regeln für das Abschrecken

- Längliche und flächige Werkstücke zuerst mit der Stirnseite eintauchen.
- Werkstücköffnungen müssen nach oben zeigen, damit Dampfblasen entweichen können.

Beim *Anlassen* wird das Werkstück erneut erwärmt. Dadurch kann ein Teil der Kohlenstoff-Atome aus ihrer Zwangslage diffundieren. Dies führt zu einem geringfügigen Härteverlust, steigert aber die Zähigkeit des Werkstoffes und gibt dem Stahl seine Gebrauchshärte.

Randschichthärten

Beim Randschichthärten erhält das Bauteil eine harte verschleißfeste Oberfläche, der Kern bleibt weich und zäh. Bauteile mit wechselnder, stoßartiger Belastung wie Zahnräder und Kupplungsteile werden randschichtgehärtet. Zum Randschichthärten eignen sich Vergütungsstähle.

Nach der Art der Erwärmung unterscheidet man:

- Flammhärten und
- Induktionshärten.

Beim *Flammhärten* wird die Werkstückoberfläche mit einer Gasflamme auf die Härtetemperatur erwärmt. Bevor die Wärme in das Werkstückinnere dringen kann, wird durch eine nachfolgende Wasserbrause der erwärmte Bereich abgeschreckt (Abb. 4). Die Dicke der gehärteten Schicht ist von der Brennerleistung und der Vorschubgeschwindigkeit abhängig.

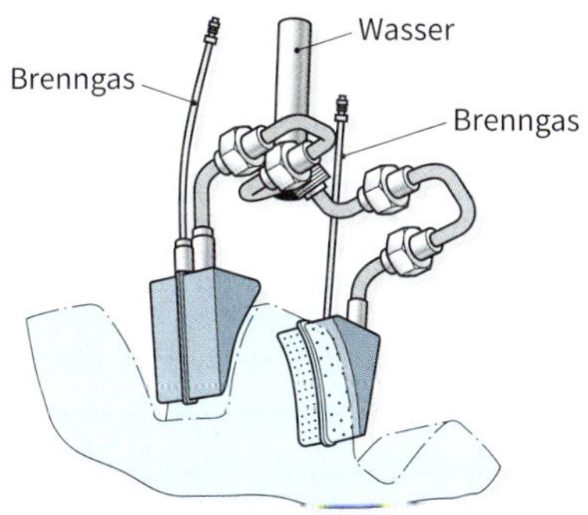

Abb. 4: Flammhärten einer Zahnradflanke

Beim *Induktionshärten* wird die Werkstückoberfläche durch eine von hochfrequentem Wechselstrom durchflossene Kupferspule erwärmt. Eine anschließende Wasserbrause schreckt den erwärmten Bereich ab. Die Spule muss der Werkstückform angepasst sein. Mit dem Induktionshärten werden hohe Aufheizgeschwindigkeiten und eine exakte Begrenzung der Wärmezone erreicht. Die Härtetiefe wird maßgeblich von der Frequenz des Wechselstroms und der Vorschubgeschwindigkeit bestimmt.

Einsatzhärten

Einsatzhärten ist eine Wärmebehandlung von kohlenstoffarmen Stählen mit einem Kohlenstoffgehalt von 0,05 – 0,2 %. Sie werden mit Kohlenstoff angereichert und anschließend gehärtet. Einsatzgehärtete Werkstücke, wie Ritzelwellen, besitzen eine verschleißfeste Oberfläche und einen zähen Kern.

Die Bauteile werden in einem Glühofen mit einem kohlenstoffabgebenden Medium eingesetzt und bei einer Temperatur zwischen 880 – 980 °C mehrere Stunden geglüht. Zum Aufkohlen verwendet man:

- feste Einsatzmittel (Holzkohle, Bariumkarbonat),
- flüssige Einsatzmittel (Cyansalze mit Chloriden) oder
- gasförmige Einsatzmittel (neutrales Trägergas unter Zusatz von Propan).

Je nach Einsatzmittel, Glühtemperatur und Dauer erhöht sich der Kohlenstoffgehalt in der Randschicht des Bauteils auf 0,6 – 0,8 %.

! Beim *Aufkohlen* mit flüssigen und gasförmigen Einsatzmitteln sind strenge Sicherheitsmaßnahmen einzuhalten, da die verwendeten Stoffe giftig oder explosiv sind.

Nach dem Aufkohlen des Stahls wird die aufgekohlte Randschicht gehärtet und angelassen. Man unterscheidet beim Einsatzhärten (Abb. 5):

- Direkthärten,
- Einfachhärten und
- Doppelhärten.

Verfahren mit Temperaturverlauf	Eigenschaften und Anwendung
Direkthärten 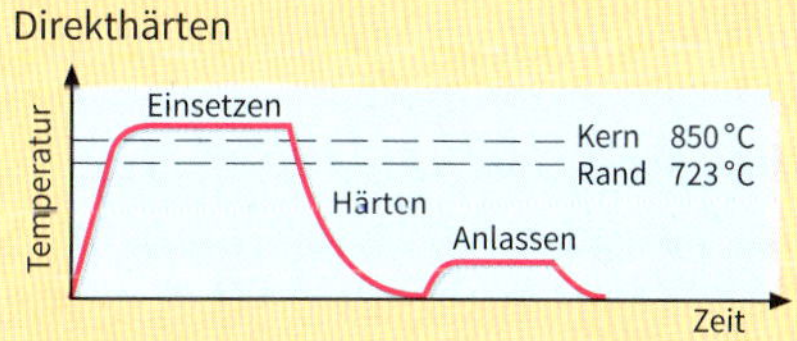	geringer Verzug, grobkörniger Kern, für Feinkornstähle
Einfachhärten 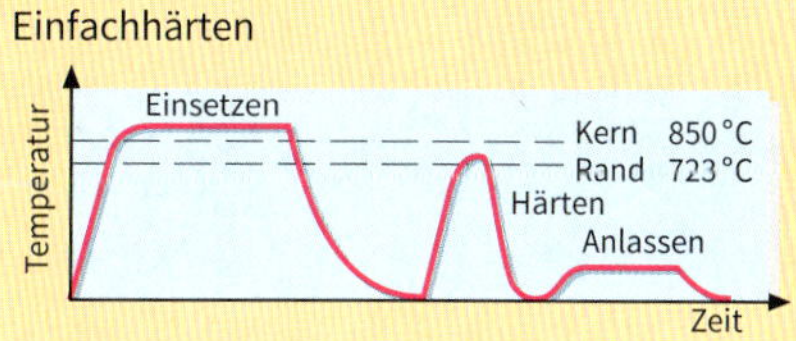	feinkörnige Randschicht, Werkstück muss höher aufgekohlt werden, für unlegierte und legierte Stähle
Doppelhärten 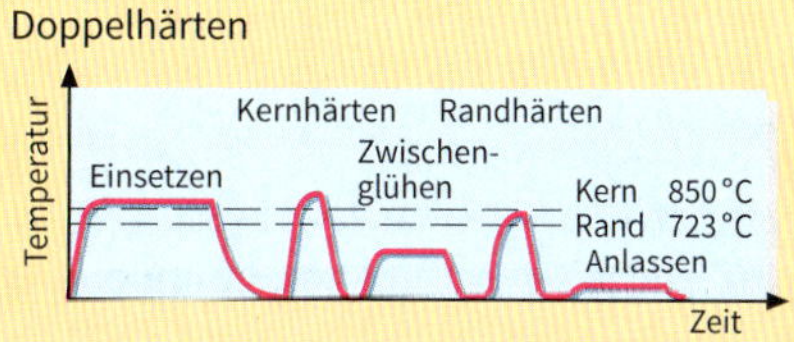	normalisierter Kern, harte Randschicht, für legierte Stähle

Abb. 5: Verschiedene Einsatz-Härteverfahren

1.2.3.3 Nitrieren

Durch das Nitrieren entsteht an Bauteilen wie Messspindeln und Steuernocken eine dünne gehärtete Randschicht. Zum Einsatz kommen legierte Nitrierstähle. Die Härtebildung erfolgt beim Nitrieren durch die Bildung von sehr harten Stickstoffverbindungen.

Beim Nitrieren wird das Werkstück in stickstoffabgebenden Gasen (Gasnitrieren) oder Bädern (Badnitrieren) bei 520 – 580 °C in einem Glühofen mehrere Stunden erwärmt. Die Stickstoffatome diffundieren in die Randschicht und bilden sehr harte Nitritverbindungen. Anschließend erfolgt eine langsame Abkühlung.

! Cyansalze und Dämpfe der Bäder sind hochgiftig und lebensgefährlich. Deshalb müssen die Unfallverhütungsvorschriften und die Entsorgungsvorschriften gebrauchter Bäder strengstens eingehalten werden.

Die niedrigen Temperaturen und die langsame Abkühlung haben einen geringen Verzug zur Folge. Deshalb können die Werkstücke bereits vor dem Nitrieren fertig bearbeitet werden. Durch Nitrieren werden die Verschleißfestigkeit und die Korrosionsbeständigkeit der Stähle verbessert. Nitrierte Bauteile verlieren ihre Härte erst bei einer Temperatur über 500 °C.

1.2.3.4 Vergüten

Vergüten ist ein Wärmebehandlungsverfahren für Bauteile, die hohen und stoßartigen Belastungen ausgesetzt sind, z. B. Getriebewellen und Schrauben. Es werden unlegierte und legierte Vergütungsstähle verwendet.

Vergüten bezeichnet die Kombination aus Härten und Anlassen von Stahl. Beim Vergüten wird das Werkstück nach dem Härten bei höheren Temperaturen (550 – 650°C) angelassen (Abb. 1).

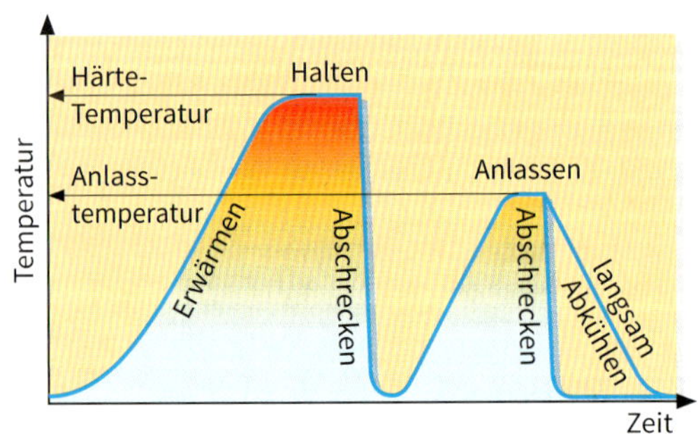

Abb. 1: Temperaturverlauf beim Vergüten

Dies führt zu einer Abnahme der Härte. Die steigende Kerbschlagzähigkeit und die Bruchdehnung erhöhen jedoch die Gebrauchseigenschaften des Bauteils. Anhand von *Vergütungsschaubildern* ist

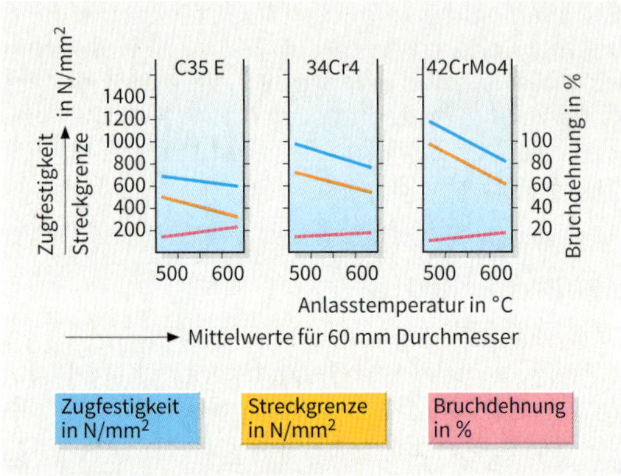

Abb. 2: Vergütungsschaubild

die Änderung der Eigenschaften in Abhängigkeit von der Anlasstemperatur zu erkennen (Abb. 2).

Als Abschreckmedium kommen je nach Werkstoff entweder Wasser, Öl, Salzbad oder Luft in Betracht.

Wärmebehandlung des Maurermeißels

Der Maurermeißel wird aus einem unlegierten Vergütungsstahl C 60 hergestellt. Während die Meißelschneide eine ausreichende Härte haben muss, soll der Meißelkopf weich bleiben. Dadurch wird ein Absplittern von Werkstoffteilen verhindert. Daher wird nur die Meißelschneide vergütet. Sie wird in einem Wärmeofen auf die Wärmetemperatur von 800 – 840°C erwärmt (Abb. 3). Die Temperatur wird eine Zeit lang gehalten, damit der Schneidenbereich gleichmäßig durchwärmt wird.

Das Abschrecken erfolgt im Wasserbad, in dem der Meißel bis zur Hälfte eintaucht wird. Eine pendelnde Bewegung löst die Luftblasen von der Oberfläche und verhindert somit Flecken, die weich bleiben (Weichfleckigkeit).

Anschließend wird der Maurermeißel zum Anlassen zwischen 550 – 660°C erwärmt und eine Stunde gehalten. Danach kühlt der Meißel an der Luft langsam ab.

Abb. 3: Maurermeißel im Wärmeofen

Fertigen

1.2.3.5 Glühen

Das Glühen ist eine Wärmebehandlung von Stählen mit dem Ziel, ihre Gebrauchseigenschaften, z. B. Zerspanbarkeit, zu verbessern. Nach der gewünschten Eigenschaft unterscheidet man folgende Verfahren:

- Spannungsarmglühen,
- Normalglühen,
- Weichglühen,
- Rekristallisationsglühen und
- Diffusionsglühen.

Je nach Verfahren und Kohlenstoffgehalt des Stahls erfolgt ein Erwärmen und Halten auf unterschiedliche Glühtemperatur und das langsame Abkühlen auf Raumtemperatur (Abb. 4).

Folgende Tabelle beschreibt die einzelnen Glühverfahren (Tab. 1).

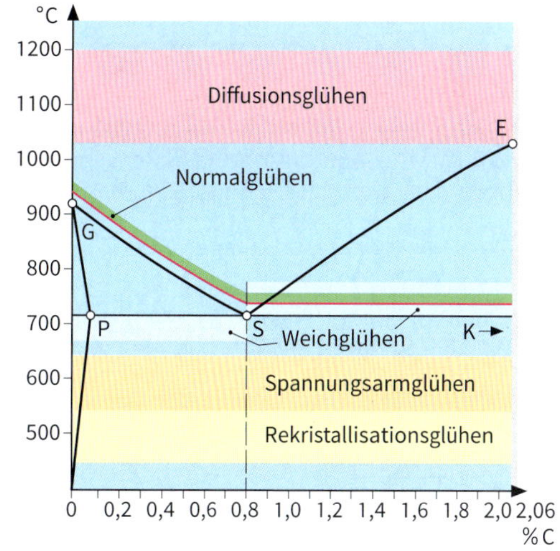

Abb. 4: Temperaturbereiche für Glühverfahren

Tab. 1: Glühverfahren

Verfahren	Temperaturen und Glühzeiten	Erzielte Eigenschaften	Anwendung
Spannungsarmglühen	550 - 650 °C, 1 - 2 Stunden	Abbau von inneren Spannungen	Guss-, kaltgezogene oder Schweißteile
Normalglühen	Kurzzeitig auf 820 - 920 °C	Umwandlung eines grobkörnigen, unregelmäßigen Gefüges in ein feinkörniges, gleichmäßiges Gefüge	Guss-, kaltgezogene oder Schweißteile
Weichglühen	680 - 750 °C, mehrere Stunden	Verringerung der Härte und Verbesserung der Zerspanbarkeit	Werkstücke für die zerspanende Bearbeitung
Rekristallisationsglühen	550 - 650 °C, mehrere Stunden	Abbau der Kaltverfestigung und Neuausrichtung des Gefüges	Stark verformte Werkstücke
Diffusionsglühen	950 - 1250 °C, mehrere Stunden	Ausgleich von Konzentrationsunterschieden von Legierungselementen	Guss- und Schmiedeteile

Aufgaben

1. Nennen Sie drei typische Bauteile, die gehärtet werden.

2. Auf welche Temperatur muss ein Stahl mit 0,5 % Kohlenstoffgehalt erwärmt werden, damit ein kfz-Gefüge vorliegt?

3. Ab welchem Kohlenstoffgehalt ist ein Stahl härtbar?

4. Erklären Sie, wie es zur Martensitbildung kommt.

5. Warum wird nach dem Abschrecken das Werkstück noch einmal angelassen?

6. Erläutern Sie die Regeln zum Abschrecken von Werkstücken.

7. Geben Sie die Streckgrenze für den Vergütungsstahl C 35 E an, der bei 600 °C angelassen wurde.

8. Warum werden Zahnräder randschichtgehärtet?

9. Beschreiben Sie den Vorgang des Aufkohlens beim Einsatzhärten.

10. Nennen Sie die Vorteile des Nitrierens.

11. Was ist beim Umgang mit kohlenstoff- und stickstoffabgebenden Mitteln zu beachten?

12. Wählen Sie für folgende Werkstücke ein geeignetes Glühverfahren:

- geschweißtes Getriebegehäuse und
- Regalwinkel aus gebogenem Flachstahl.

1.3 Spanen

ARBEITSAUFTRAG

Der Riegel ist aus Flachstahl herzustellen. Der Flachstahl wird vom Stahlwerk in 6 m langen Stangen mit dem Querschnitt 20 mm x 3 mm geliefert. In der Werkstatt wird der Riegel durch Sägen und Feilen endgefertigt.

Die Länge des benötigten Rohteiles ist in der Einzelteilzeichnung des Riegels festgelegt. Daneben enthält die Zeichnung alle für die Fertigung notwendigen Angaben.

Die für die Fertigung angegebenen Maße sind der Zeichnung zu entnehmen und durch Anreißen auf das Rohteil zu übertragen.

Nach dem Zuschneiden auf die angegebene Länge ist der Riegel auf die angegebene Breite zu feilen und mit dem Radius an der Stirnfläche zu versehen. Danach ist vor dem Biegen die Bohrung zu fertigen.

1.3.1 Zeichnungsanalyse

Flache Werkstücke, z. B. Platten oder Biegeteile, werden aus Blechen oder Flachprofilen gefertigt. Der Riegel wird aus Flachstahl vorgefertigt und durch Biegen in die vorgesehene Form gebracht.

1.3.1.1 Darstellen flacher Werkstücke

Der Riegel ist in der Perspektive gezeichnet. Die Form des Riegels ist in dieser Darstellung gut zu erkennen.

Bauteile werden in technischen Zeichnungen in der Regel in mehreren Ansichten gezeichnet, flache Werkstücke nur in einer Ansicht. Hier ist der Riegel in einer Ansicht als Zuschnittzeichnung dargestellt. Diese Zeichnung zeigt Form und Abmessung des Riegels vor dem Biegen (Abb. 1).

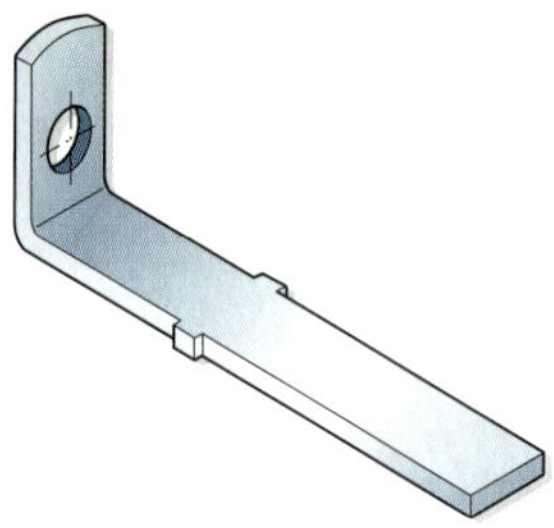

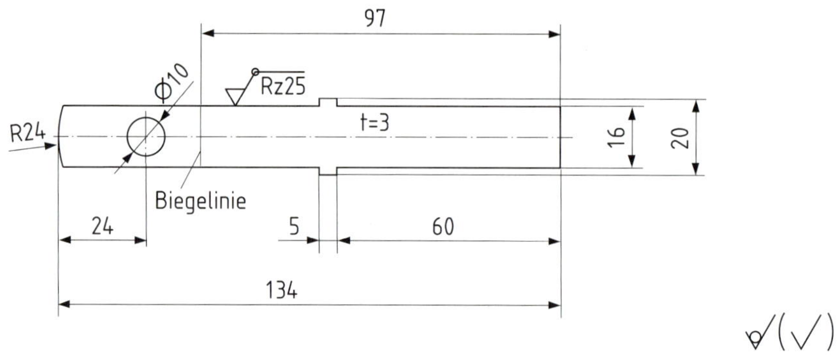

westermann	ISO 2768 - c	ISO 1302	Maßstab 1:2 / Masse Flach EN 10278 – 20h11x3x138 EN 10277-2 – S235JR
		Datum	Name
	Bearb.		
	Geprüft		Riegel
	Norm		
	1.004		Blatt
Zust. / Änderung / Datum / Name			

Abb. 1: Zeichnung Riegel

Linienarten

Die zeichnerische Darstellung von Werkstücken erfolgt nach **ISO 128-2** (➜📖) in unterschiedlichen Linienarten und Linienbreiten (Tab. 1). Dadurch wird gewährleistet, dass Darstellungen einheitlich und eindeutig sind, Lese- und Interpretationsfehler werden vermieden.

Verschiedene Linienbreiten sind in Liniengruppen zusammengefasst. Die meistens verwendete Gruppe ist die Liniengruppe 0,5.

Tab. 1: Linienarten nach ISO 128-2

Linienarten (Auswahl)	Liniengruppe 0,5	Anwendungsbeispiele
Volllinie, breit	0,50	sichtbare Kanten, Umrisse
Volllinie, schmal	0,25	Maßlinien, Maßhilfslinien, Biegelinien
Freihandlinie	0,25	Begrenzung von unterbrochen dargestellten Konturen
Strichlinie	0,25	verdeckte Kanten und Umrisse
Strichpunktlinie – schmal –	0,25	Mittellinien
Strichpunktlinie – breit –	0,50	Kennzeichnung von Schnittebenen

1.3.1.2 Maßeintragung

Zusätzlich zur Darstellung sind Informationen über die Größe des Werkstückes und seine Formen notwendig. Hierzu werden in Fertigungszeichnungen alle Maße eingetragen, die zur Herstellung notwendig sind. Die Regeln der Maßeintragung sind in **DIN EN ISO 129-1** festgelegt (➜📖).

Eine Maßeintragung besteht aus den Elementen

- Maßlinie,
- Maßlinienbegrenzung,
- Maßhilfslinien,
- Maßzahl (Abb. 2).

① Die *Maßlinie* verläuft parallel zur Werkstückkante im Abstand von ca. 10 mm, sie schließt an die Maßhilfslinien an.

② Mehrere parallele Maßlinien haben zueinander einen Abstand von jeweils 10 mm.

③ Die *Maßhilfslinien* stehen ca. 2 mm über die Maßlinie hinaus und stehen senkrecht zur Maßlinie. Sie schließen an das zu bemaßende Element an. Maßlinien und Maßhilfslinien von unterschiedlichen Maßen sollen sich möglichst nicht kreuzen.

④ Als *Maßlinienbegrenzung* werden im Maschinenbau ausgefüllte Maßpfeile verwendet. Bei der Liniengruppe 0,5 sind sie ca. 2,5 mm lang und haben einen Öffnungswinkel von 15°.

⑤ *Maßpfeile* werden in der Regel zwischen die Maßhilfslinien gezeichnet. Bei Platzmangel werden sie von außen an die Maßhilfslinie geführt.

⑥ Die *Maßzahl* steht über der Maßlinie und zwischen den Maßhilfslinien. Maßzahlen haben die Einheit mm, diese wird jedoch nicht angegeben. Die Maße sind so einzutragen, dass sie von unten und von rechts lesbar sind. Die Schriftgröße beträgt 3,5 mm, die Linienbreite 0,35 mm (➜📖).

⑦ Bei Platzmangel wird die Maßzahl außerhalb über eine verlängerte Maßlinie geschrieben.

⑧ *Rundungen* werden durch Angabe des Radius (R) oder des Durchmessers (Ø) bemaßt. Der Mittelpunkt der Rundung wird nur dann gekennzeichnet, wenn seine Lage aus Funktions- oder Fertigungsgründen festgelegt sein muss.

⑨ Durchmessermaßen von *Bohrungen* wird immer das Symbol Ø vorangestellt.

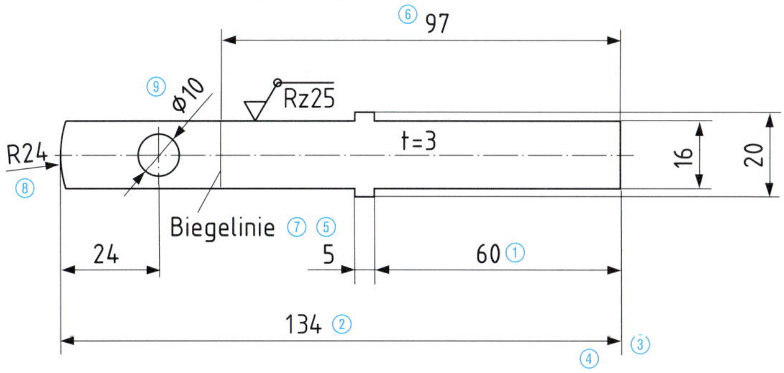

Abb. 2: Maßeintragung

1.3.1.3 Toleranzangaben

Die in technischen Zeichnungen angegebenen Maße können bei der Fertigung des Werkstückes nicht genau eingehalten werden. Daher werden zulässige Maßabweichungen angegeben.

Die Größe der Maßabweichungen richtet sich nach der Funktion des Werkstückes. Aus wirtschaftlichen Gründen gilt folgender Grundsatz:

! Die Fertigung soll so genau wie nötig und so grob wie möglich erfolgen.

In der Zuschnittzeichnung (Abb. 1) ist das Maß 100 mit einer Toleranzangabe versehen.

Das Maß 100 heißt nach **DIN EN ISO 286-1** *Nennmaß* (➔📖). Die zulässigen Abweichungen vom Nennmaß werden durch die *Grenzabmaße* angegeben.

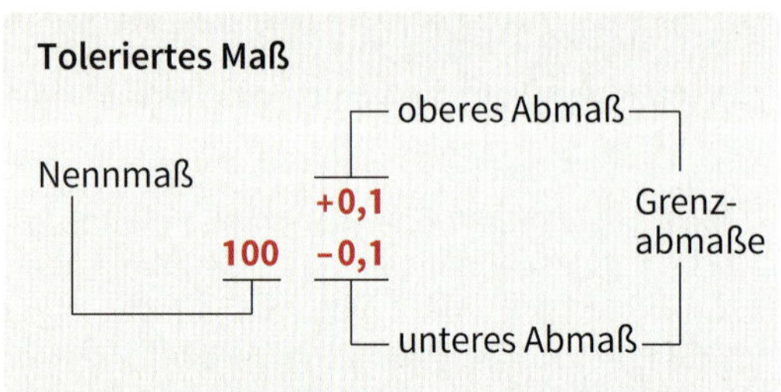

Bei den Grenzabmaßen unterscheidet man zwischen dem oberen und dem unteren Abmaß. Das *obere Abmaß ES* (+0,1) begrenzt die zulässige Abweichung vom Nennmaß nach oben. Das *untere Abmaß EI* (−0,1) begrenzt die zulässige Abweichung vom Nennmaß *N* nach unten. Eine aus Nennmaß und Abmaßen gebildete Maßangabe nennt man toleriertes Maß. Aus dem Nennmaß und den Abmaßen ergeben sich die *Grenzmaße*. Das Grenzmaß für das größte zulässige Maß heißt *Höchstmaß* G_o, das kleinste zulässige Maß heißt *Mindestmaß* G_u.

$$G_o = N + ES$$

$$G_u = N + EI$$

Tab. 1: Toleranzangaben (Beispiel)

Toleriertes Maß	100 +0,1 −0,1
Nennmaß	100
oberes Abmaß *ES*	+ 0,1
unteres Abmaß *EI*	− 0,1
Höchstmaß G_o	100,1
Mindestmaß G_u	99,9
Toleranz *T*	0,2

Die Grenzmaße geben die maßlichen Grenzen an, zwischen denen das Istmaß des Werkstückes liegen muss. Das Istmaß ist das am Werkstück gemessene Maß.

Der Unterschied zwischen dem Höchstmaß und dem Mindestmaß entspricht der Maßtoleranz oder *Toleranz T*.

$$T = G_o - G_u$$

1.3.1.4 Eintragen von Toleranzen

In technischen Zeichnungen werden tolerierte Maße angegeben durch

- Grenzabmaße,
- Allgemeintoleranzen oder
- Kurzzeichen der Toleranzklasse.

• Toleranzangaben durch Grenzabmaße

Das Eintragen von tolerierten Maßen wird nach **DIN EN ISO 129-1** vorgenommen (➔📖). Grenzabmaße stehen hinter dem Nennmaß mit dem Vorzeichen + oder −. Sind oberes und unteres Abmaß gleich groß, so kann der Wert nur einmal mit den beiden Vorzeichen eingetragen werden. Die Grenzabmaße werden in derselben Einheit angegeben wie das Nennmaß.

Nennmaß und Abmaße werden in derselben Schriftgröße in die Zeichnung eingetragen (Abb. 1).

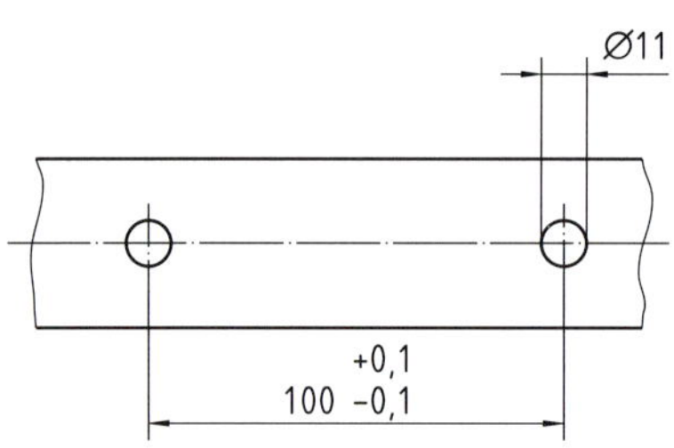

Abb. 1: Eintragen von Grenzabmaßen

Toleranzangaben durch Grenzabmaße werden dann gemacht, wenn die genormten Allgemeintoleranzen für die Funktion des Bauteiles nicht ausreichen oder zu genau sind.

• Toleranzangaben durch Allgemeintoleranzen

In **DIN ISO 2768-1** sind Allgemeintoleranzen genormt für

- Längenmaße,
- Rundungshalbmesser und Fasen sowie
- Winkelmaße.

Diese Norm dient der Vereinfachung von Toleranzangaben. An die Nennmaße werden in der technischen Zeichnung keine Grenzabmaße angetragen.

Die Abmaße sind Tabellen für Allgemeintoleranzen zu entnehmen (➜📖). Oberes und unteres Abmaß sind dabei gleich groß. Die Größe der Toleranz hängt von der Größe des Nennmaßes und von der Toleranzklasse ab. In abgestuften Nennmaßbereichen sind vier Toleranzklassen genormt:

- f (fein),
- c (grob),
- m (mittel),
- v (sehr grob).

Je größer das Nennmaß, desto größer ist die Toleranz innerhalb einer Toleranzklasse.

Ein Verweis auf die Norm und die Toleranzklasse, die für die in der Zeichnung angegebenen Maße gelten soll, ist im Schriftfeld anzugeben (Abb. 2).

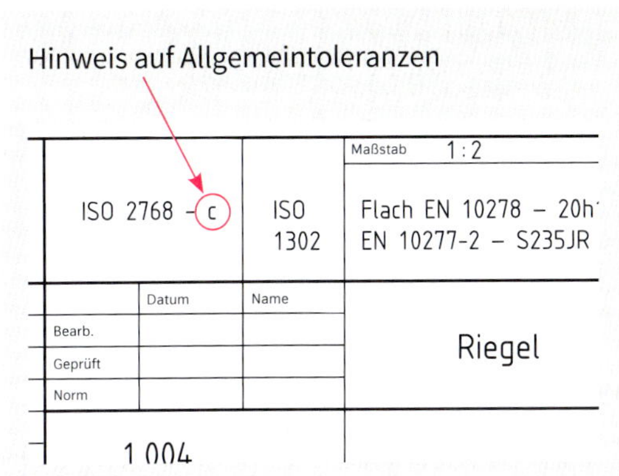

Abb. 2: Angaben im Schriftfeld

Für das Maß 60 ergäben sich nach der Norm die Abmaße ± 0,8 mm.

- **Toleranzangaben durch Toleranzklassen**

Toleranzangaben durch Toleranzklassen werden dann gewählt, wenn Nennmaße mit Toleranzen im Mikrometerbereich (1/1000 mm) gefertigt werden müssen.

Die Toleranzangabe durch Toleranzklassen darf nur angewendet werden bei

- kreiszylindrischen Formen, z. B. Bohrungen und Wellen, oder
- parallelen ebenen Flächen, z. B. Nuten.

Das Kurzzeichen für die Toleranzklasse setzt sich aus Buchstaben und Zahlen zusammen (Abb. 3).

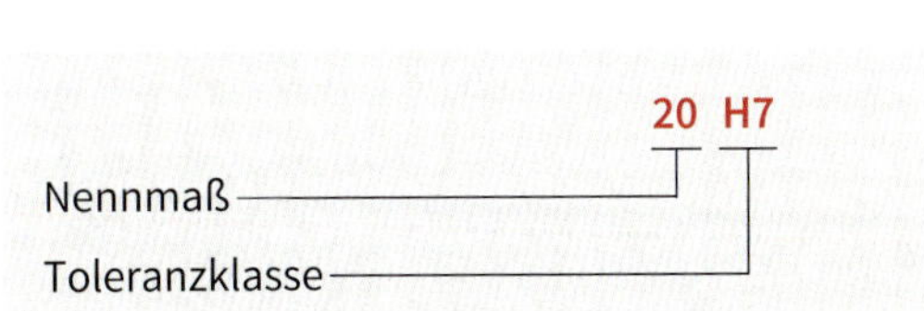

Abb. 3: Angabe der Toleranzklasse

Die Zahlen stehen für die Größe der Maßtoleranz (Toleranzintervall). Die Buchstaben geben die Lage des Toleranzintervalls zum Nennmaß an (Abb. 4).

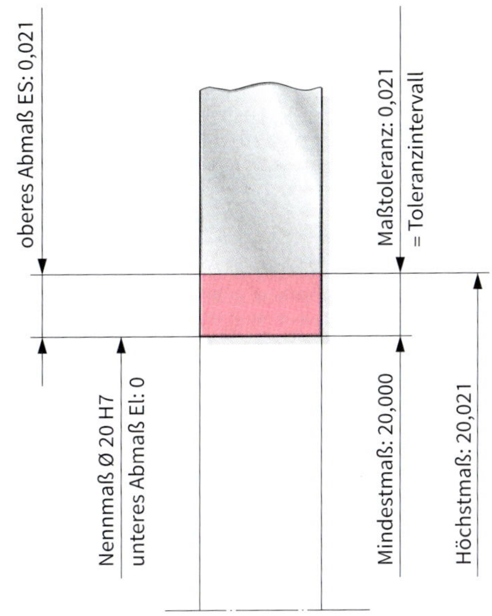

Abb. 4: Toleranzintervall und Abmaße

Man verwendet

- Großbuchstaben für Innenmaße, z. B. Bohrungsdurchmesser (20 H7) und
- Kleinbuchstaben für Außenmaße, z. B. Wellendurchmesser (10 h11).

Die Kurzzeichen der Toleranzklasse geben die Abmaße indirekt an. Die Abmaße sind Tabellen nach **DIN EN ISO 286-2** zu entnehmen (➜📖).

Die Kurzzeichen werden in technischen Zeichnungen hinter dem Nennmaß eingetragen. Sie werden vorzugsweise in derselben Schriftgröße wie das Nennmaß geschrieben.

Damit die Abmaße bei der Fertigung und Kontrolle eines Werkstückes nicht aus Tabellen herausgesucht werden müssen, können sie direkt in die Zeichnung eingetragen werden (Abb. 5).

Die Abmaße können in Form einer Tabelle in der Nähe des Schriftfeldes einer Zeichnung angegeben sein.

Nennmaß Tol.-Klasse	Abmaße
20H7	$\binom{+0{,}021}{0}$

Abb. 5: Angabe der Abmaße bei Toleranzklassen

1.3.2 Anreißen

Die Grundlage für die Fertigung von Werkstücken ist die technische Zeichnung. Sie enthält alle notwendigen Angaben über Größe und Form eines Werkstückes. Das Übertragen von Maßen und Formen auf das Rohteil mithilfe von Messzeugen und Anreißwerkzeugen nennt man Anreißen.

! Anreißen ist das Übertragen von Maßen und Formen aus der Fertigungszeichnung auf das zu bearbeitende Rohteil oder Halbfertigteil.

Die Anrisslinien sollen gut sichtbar sein. Deshalb wird das Rohteil vor dem Anreißen häufig mit einem Anstrich versehen. Die Reißnadel ritzt die aufgetragene Schicht. Dadurch hebt sich die Anrisslinie deutlich von der Oberfläche ab. Als Anstrichmittel verwendet man z. B. Schlämmkreide oder Anreißlack. Wird kein Anstrichmittel verwendet, ritzt beim Anreißen die Reißnadel die Oberfläche des Rohteiles ein. Dies führt zur Beschädigung der Oberfläche. Beim Biegen im Bereich des Anrisses können dünne Werkstücke brechen. Deshalb dürfen Biegeteile nur auf der Seite des Innenradius angerissen werden.

auch über Web-Link

Zur Herstellung des Reigels wird ein Flachstahl verwendet. Die Profilflachen des Flachstahls sind im Stahlwerk in ausreichender Genauigkeit und Oberflächengüte vorgefertigt. Vor dem Anreißen werden die Flächen evtl. mit einer Bürste entrostet. Dann wird eine Stirnfläche so bearbeitet, dass sie eben und rechtwinklig zu den Seitenflächen ist. Auf diese Fläche werden die Längenmaße bezogen, man nennt sie Maßbezugsebene (Abb. 1).

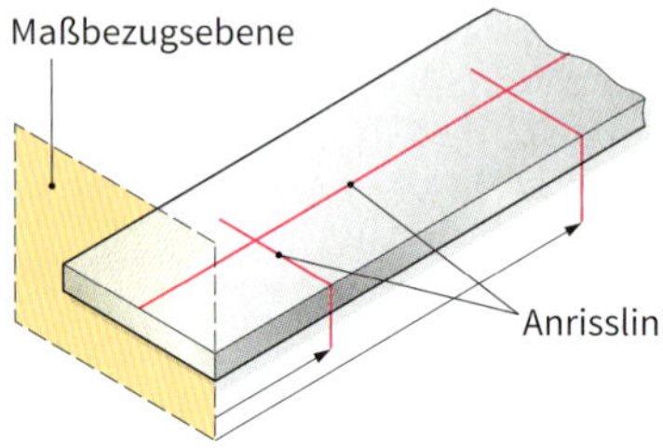

Abb. 1: Maßbezugsebene

1.3.2.1 Werkzeuge zum Anreißen

Als Anreißwerkzeuge werden Reißnadeln verwendet (Abb. 2). Der Werkstoff der Reißnadeln richtet sich nach dem Werkstoff und der Oberflächenbeschaffenheit der anzureißenden Werkstücke (Tab. 1).

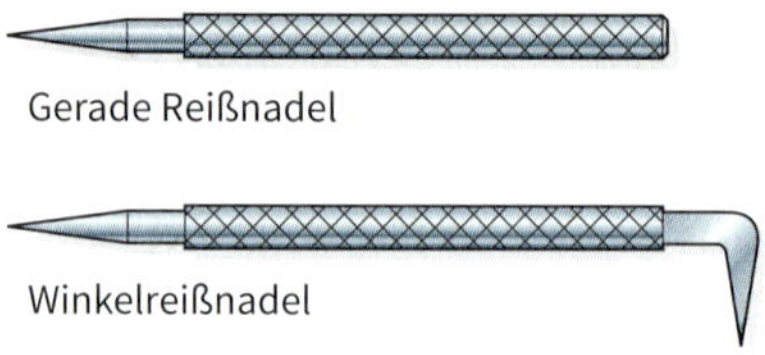

Abb. 2: Reißnadeln

Einfache Anreißarbeiten werden meistens auf der Werkbank ausgeführt. Für genauere oder umfangreiche Anreißarbeiten wird eine Anreißplatte verwendet.

Die Anreißplatte darf nicht für andere Arbeiten oder als Ablage für Werkstücke und Werkzeuge benutzt werden.

Tab. 1: Anreißwerkzeuge

Anreißwerkzeug	Verwendung	Eigenschaften
Stahlreißnadel mit gehärteter Spitze	angestrichene Rohteile und Halbteile aus Stahl	Spitze härter als Werkstück, geringe Abnutzung der Reißnadel, Werkstückoberfläche wird geritzt, Kerbwirkung
Stahlreißnadel mit Hartmetallspitze	Werkstücke mit Rost- und Zunderschichten	Spitze härter als Werkstück, sehr geringe Abnutzung der Reißnadel, Werkstückoberfläche wird geritzt, Kerbwirkung
Messingreißnadel	beschichtete Oberfläche, harte Werkstücke, Anreißen von Biegelinien	Spitze weicher als Werkstück, hohe Abnutzung der Reißnadel, Werkstückoberfläche wird nicht geritzt, geringe Kerbwirkung, messingfarbene Anreißspur auf der Oberfläche des Werkstückes
Bleistift	dünne Bleche aus weichen Werkstoffen (Aluminium, Zink und deren Legierungen), beschichtete, oberflächenveredelte Werkstücke, Kunststoffe	Spitze weicher als Werkstück, sehr hohe Abnutzung, Werkstückoberfläche wird nicht geritzt, keine Kerbwirkung, Graphitspur auf der Oberfläche des Werkstückes

Für das Anreißen gerader Linien verwendet man neben dem Lineal unterschiedliche Anreißwerkzeuge (Abb. 3a).

Zum Anreißen von Kreisen verwendet man Anreißzirkel mit zwei geschliffenen und gehärteten Metallspitzen (Abb. 3b).

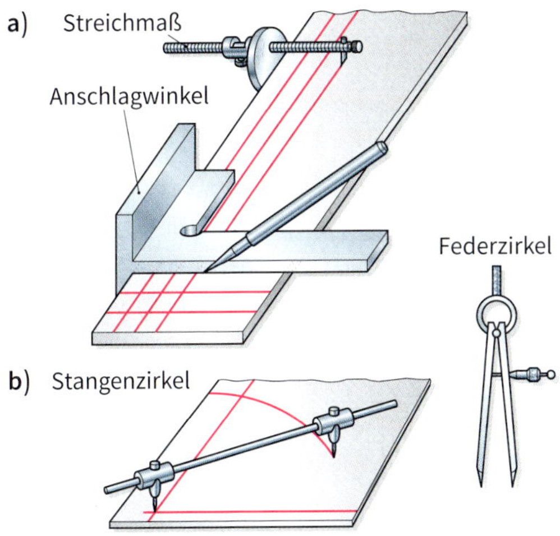

Abb. 3: Anreißwerkzeuge

1.3.2.2 Körner

Der Körner ist ein Werkzeug mit gehärteter Spitze (Abb. 4), die in das Werkstück eindringt. Die Spitze muss härter als der zu körnende Werkstoff sein.

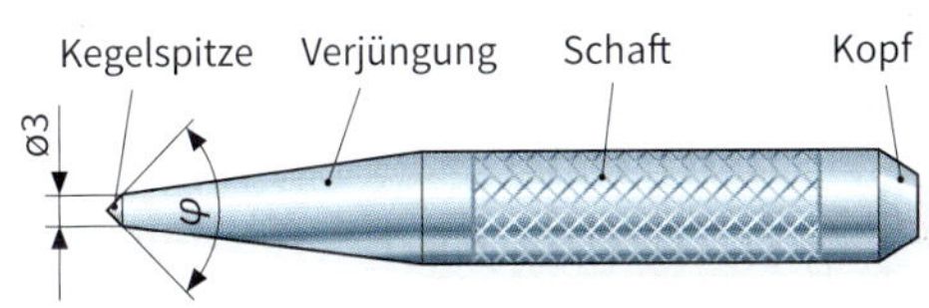

Abb. 4: Körner

Der Spitzenwinkel der Körnerspitze richtet sich nach dem Verwendungszweck des Körners. Dabei unterscheidet man folgende Körnerarten:

- **Anreißkörner**
  Der Spitzenwinkel beträgt bei diesen Körnern $\varphi = 30° \ldots 40°$. Diese Körner ermöglichen eine gute Genauigkeit der Körnung und beschädigen die Oberfläche des Werkstücks nur gering.
- **Bohrkörner**
  Mit dem Bohrkörner werden Anreißkörnungen aufgeweitet, um an dieser Stelle einen Bohrer zu führen. Der Spitzenwinkel beträgt $\varphi = 90°$.
- **Körner für Brennschnitte**
  Aufgrund der eingeschränkten Sicht beim Brennschneidvorgang müssen die Körnerpunkte gut sichtbar sein. Das wird durch einen größeren Spitzenwinkel $\varphi = 60° \ldots 75°$ erreicht. Dieser größere Winkel ergibt auch einen größeren Durchmesser der Körnung.

Mit fortschreitender Bearbeitung sind Anreißlinien häufig nicht mehr genau zu erkennen. Sie werden deshalb nach dem Anreißen durch Körnungen ergänzt (Abb. 5). Nach der Bearbeitung bis zur Anreißlinie sind noch Teile der Körnerpunkte zu erkennen. Körnungen werden auch bei der Herstellung von Bohrungen angebracht. Die Körnung des Mittelpunktes gibt der Zirkelspitze beim Anreißen und der Bohrerspitze beim Anbohren die notwendige Führung. Der Kontrollkreis mit der Größe der herzustellenden Bohrung zeigt, ob der Mittelpunkt der angebohrten Bohrung mit dem Mittelpunkt des Anrisses übereinstimmt. Nach dem Bohren zeigen die stehengebliebenen halben Körnerpunkte, ob die Lage der Bohrung einwandfrei ist.

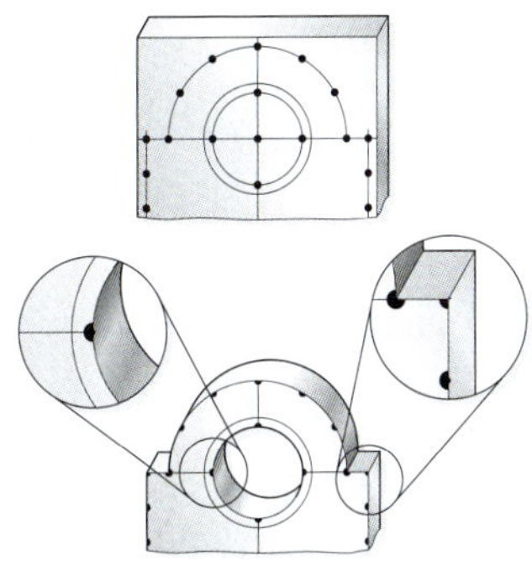

Abb. 5: Körnen von Anreißlinien

Bei schwierigen Werkstückumrissen oder höheren Stückzahlen arbeitet man mit Anreißschablonen (Abb. 6).

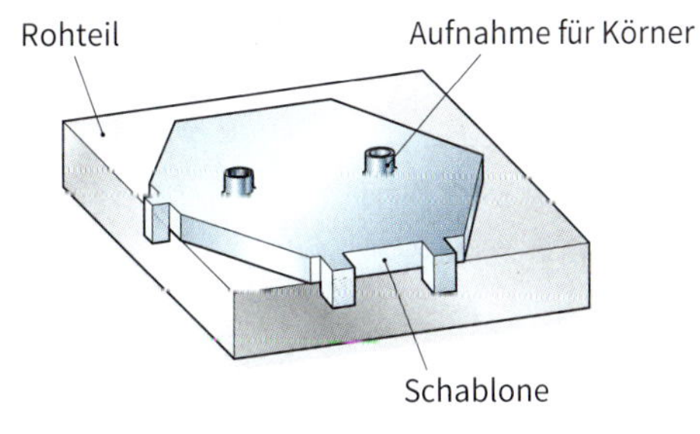

Abb. 6: Anreißschablone

Aufgaben

1. Maße sollen durch Anreißen auf ein Stahlblech und ein Aluminiumblech übertragen werden. Wählen Sie die zu verwendenden Anreißwerkzeuge und begründen Sie Ihre Wahl.

2. Biegeteile sollen nur auf der Seite des Innenradius angerissen werden. Begründen Sie diese Aussage.

3. Beschreiben Sie das Anreißen des Riegels. Geben Sie die notwendigen Anreißwerkzeuge, Hilfsmittel und Hilfsstoffe an.

Berechnung von Längenteilungen

Werden gestreckte Bauteile mit z.B. Bohrungen versehen, die in gleichen Abständen voneinander gefertigt werden sollen, müssen die Teilungen berechnet werden. Man muss unterscheiden, ob Teilungen und Randabstände gleich oder ungleich sind.

- **Teilungen und Randabstände sind gleich**

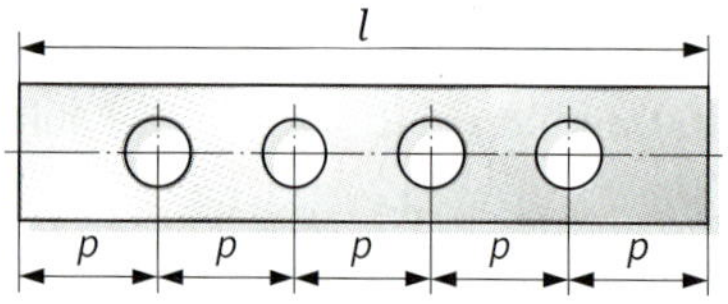

Gesamtlänge = Anzahl der Teilungen · Teilung

$$\boldsymbol{l = z \cdot p}$$

$$\text{Teilung} = \frac{\text{Gesamtlänge}}{\text{Anzahl der Teilungen}}$$

$$\boldsymbol{p = \frac{l}{z}}$$

Anzahl der Teilungen = Anzahl der Teilungspunkte + 1

$$\boldsymbol{z = n + 1}$$

Dabei bedeuten:
l = Gesamtlänge des Werkstückes
z = Anzahl der Teilungen
p = Teilung
n = Anzahl der Teilungspunkte

Beispiel:

Ein Winkelstahl soll 10 Bohrungen im Abstand von 300 mm enthalten. Die Randabstände haben ebenfalls eine Länge von 300 mm.

Berechnen Sie die Anzahl der Teilungen und die Länge des Werkstückes.

Geg.: $p = 300$ mm
$n = 10$

Ges.: z, l in mm

Lösung: $z = n + 1 = 10 + 1 = \underline{\underline{11}}$
$l = z \cdot p = 11 \cdot 300 \text{ mm} = \underline{\underline{3300 \text{ mm}}}$

- **Teilungen und Randabstände sind ungleich**

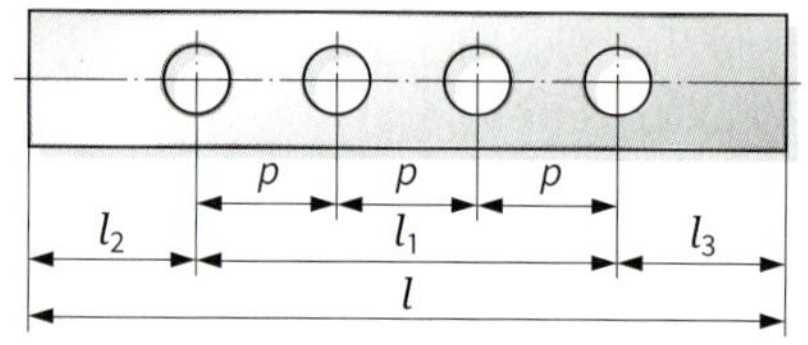

Gesamtlänge l =
Teilungslänge l_1 + Randabstand l_2 + Randabstand l_3

$$\boldsymbol{l = l_1 + l_2 + l_3}$$

Teilungslänge = Anzahl der Teilungen · Teilungen

$$\boldsymbol{l_1 = z \cdot p}$$

Anzahl der Teilungen =
Anzahl der Teilungspunkte – 1

$$\boldsymbol{z = n - 1}$$

Dabei bedeuten:
l = Gesamtlänge des Werkstückes
l_1 = Teilungslänge
l_2 = Länge eines Randabstandes
l_3 = Länge eines Randabstandes
z = Anzahl der Teilungen
p = Teilung
n = Anzahl der Teilungspunkte

Beispiel:

Ein U-Stahl hat eine Länge von 900 mm. Es sollen 22 Löcher im gleichen Abstand gebohrt werden, die Randabstände betragen jeweils 30 mm.

Berechnen Sie die Teilungslänge und die Teilung p.

Geg.: $l = 900$ mm
$l_2 = 30$ mm
$l_3 = 30$ mm
$n = 22$ mm

Ges.: l_1 in mm, z, p in mm

Lösung: $l_1 = l - l_2 - l_3$
$l_1 = 900 \text{ mm} - 30 \text{ mm} - 30 \text{ mm}$
$l_1 = \underline{\underline{840 \text{ mm}}}$
$z = n - 1$
$z = 22 - 1$
$z = \underline{\underline{21}}$
$p = \frac{l}{z} \qquad p = \frac{840}{21}$
$p = \underline{\underline{40 \text{ mm}}}$

Fertigen

1.3.3 Grundlagen des Spanens

Beim manuellen Spanen werden die Trennkräfte durch Muskelkraft aufgebracht und die Bewegungen des Werkzeuges von Hand ausgeführt.

Manuelles Spanen ist kraft- und zeitaufwendig. Deshalb wird es immer mehr durch maschinelle Verfahren ersetzt.

Dennoch wird z.B. bei Reparaturarbeiten und in der Einzelfertigung manuelles Spanen mit Handwerkzeugen angewandt. Dazu zählen u.a. Sägen und Feilen.

Beim Spanen werden durch keilförmige Schneiden Werkstoffteile schichtweise vom Werkstück abgetrennt. Die mit dem Werkzeug aufgebrachten Trennkräfte heben den Werkstoffzusammenhalt auf. Es wird ein Span abgehoben.

Der Schneidkeil des Werkzeuges bewegt sich dabei entlang der zu bearbeitenden Fläche des Werkstückes (Abb. 1). Diese Bewegung heißt *Schnittbewegung*.

- **Schneidengeometrie des spanenden Keils**

Die Keilfläche, vor der die Späne entstehen, heißt *Spanfläche*. Die Keilfläche, die zur erzeugten Werkstückoberfläche hin zeigt, heißt *Freifläche*.

Die beim Spanen am Werkstück erzeugte Werkstückoberfläche heißt *Schnittfläche*.

Die Lage der Flächen zueinander und zum Werkstück wird durch Winkel beschrieben:

Der Winkel zwischen der Freifläche und der Spanfläche ist der *Keilwinkel* β. Er beschreibt die Größe des Schneidkeils.

Der Winkel zwischen der Schnittfläche und der Freifläche ist der *Freiwinkel* α.

Der Winkel zwischen der Spanfläche und der Senkrechten auf die Schnittfläche ist der *Spanwinkel* γ.

Die *Summe* von Freiwinkel α, Keilwinkel β und Spanwinkel γ *am spanenden Keil* beträgt immer 90°. !

Die Größenänderung eines Winkels hat immer eine weitere Winkeländerung zur Folge.

- **Schneidengeometrie und Zerspanungsvorgang**

Die Größe des Freiwinkels α, des Keilwinkels β und des Spanwinkels γ beeinflussen den Zerspanungsvorgang.

Davon abhängig sind

- die Spanbildung und der dabei entstehende Span,
- die Oberflächengüte des Werkstückes,
- die Haltbarkeit der Schneide und damit die Standzeit des Werkzeuges (Abb. 2).

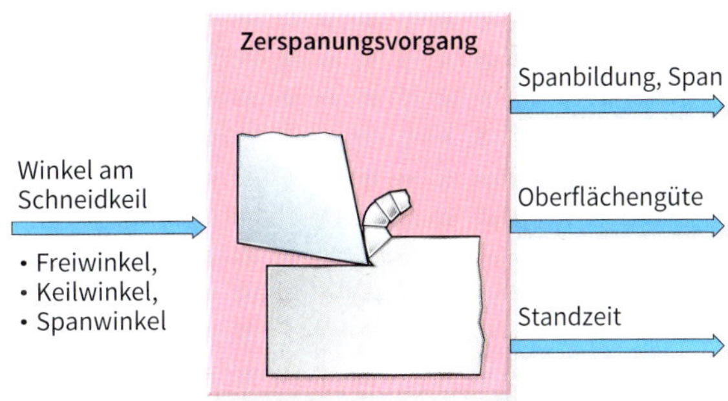

Abb. 2: Zerspanungsvorgang

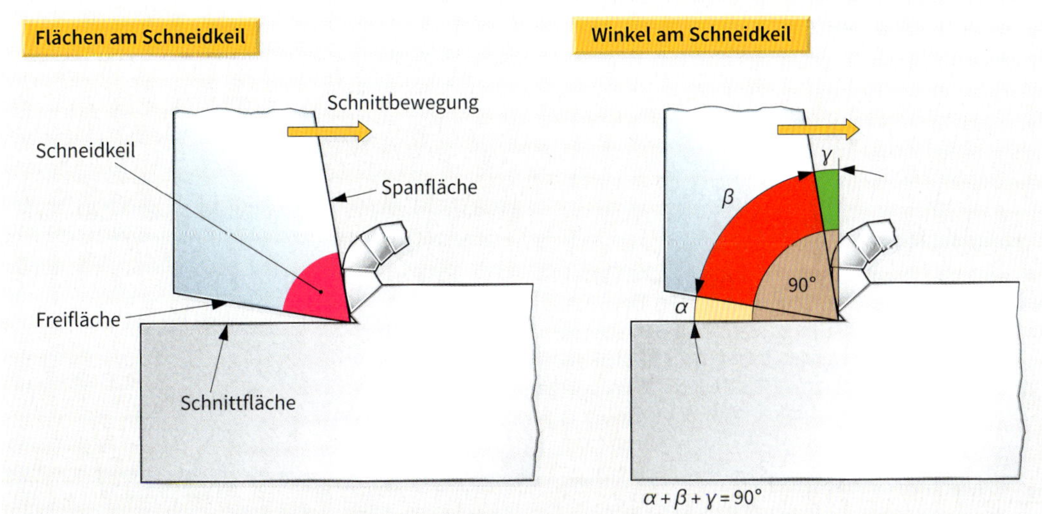

Abb. 1: Flächen und Winkel am Schneidkeil

Fertigen

1.3.4 Feilen

Feilen ist ein spanendes Trennverfahren zum Bearbeiten ebener Flächen und unterschiedlicher Werkstückformen (Rundungen, Nuten). Feilen wird vornehmlich bei handwerklicher Fertigung, bei Reparaturarbeiten und zum Entgraten von Werkstücken angewandt.

Abb. 1: Feilen einer Fläche

Die Spanabnahme erfolgt bei der Vorwärtsbewegung in Schnittrichtung unter Druck der Feile gegen das Werkstück.

Die Schneidenzähne der Feile dringen in das Werkstück ein und heben kleine Späne ab. Die Späne sammeln sich in den Zahnlücken und werden über die Werkstückkanten abgeführt. Die Rückbewegung erfolgt ohne Druck, um ein vorzeitiges Stumpfwerden der Feilenzähne zu vermeiden.

Feilen sind vielschneidige Werkzeuge zum Abtragen geringer Werkstoffmengen. Im Vergleich zur Säge sind die Schneidenzähne bei der Feile nicht nur hintereinander, sondern auch nebeneinander angeordnet.

! *Feilen* ist ein Spanen mit vielen hinter- und nebeneinanderliegenden Schneidenzähnen von geringer Höhe.

- **Zahnformen**

Man unterscheidet gehauene und gefräste Feilen. *Gehauene Feilenzähne* haben einen großen Keilwinkel β von fast 70°. Der Schneidkeil ist sehr stabil. Gehauene Feilen werden daher zum Bearbeiten von Werkstoffen höherer Festigkeit eingesetzt (Stahl, Gusseisen). Freiwinkel α und Keilwinkel β betragen zusammen über 90°. Der Spanwinkel γ ist negativ. Er kann bis zu –15° betragen. Die Spanfläche ist in Schnittrichtung geneigt. Gehauene Feilenzähne haben dadurch eine *schabende Wirkung* (Abb. 2a).

Gefräste Feilenzähne haben einen positiven Spanwinkel γ bis 5°. Der Keilwinkel β ist kleiner und beträgt etwa 50°. Der Schneidkeil ist dadurch weniger stabil. Gefräste Feilen werden zur Grobbearbeitung weicher Werkstoffe verwendet (Aluminium, Kupfer).

Gefräste Feilenzähne dringen leichter in den Werkstoff ein. Es können so größere Spanmengen abgenommen werden (Abb. 2b).

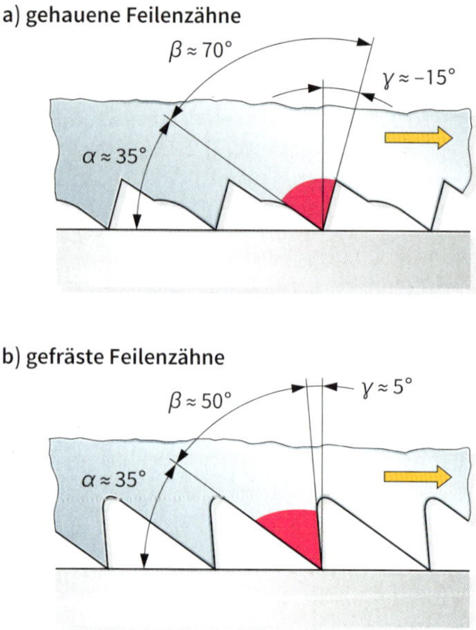

Abb. 2: Zahnformen

- **Hiebarten**

Die einzelnen Schneidenzähne einer Feile liegen in Reihen hintereinander. Sie werden als Hieb bezeichnet.

Gefräste Feilen haben meist *Einhieb*. Die Hiebe sind dabei zur besseren Spanabfuhr schräg zum Feilenblatt (Abb. 3) oder bogenförmig angeordnet. Bei einhiebigen Feilen sieht man zur besseren Spanabnahme sogenannte Spanbrechernuten vor.

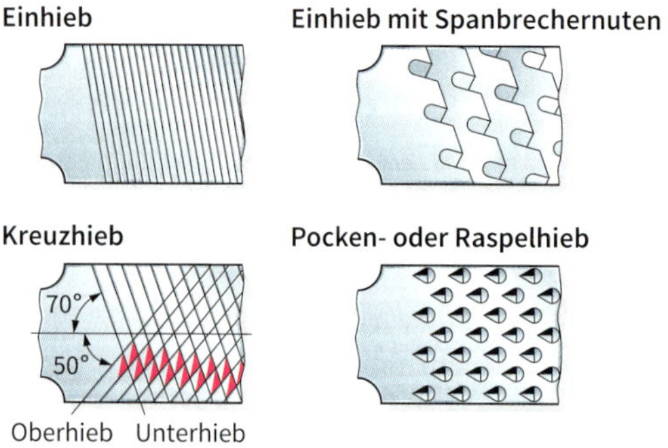

Abb. 3: Hiebarten

Gehauene Feilen haben *Kreuzhieb*. Bei kreuzhiebigen Feilen wird ein zweiter Hieb schräg zum ersten eingeschlagen. Sie werden als Unterhieb und Oberhieb bezeichnet. Unterhieb und Oberhieb sind in unterschiedlichen Winkeln zueinander angeordnet. Dadurch entstehen einzelne rautenförmige Zähne, die seitlich versetzt hintereinanderliegen. Die Riefenbildung wird dadurch vermindert.

Beim *Raspelhieb* sind die einzeln gehauenen Zähne verhältnismäßig weit auseinander auf dem Feilenblatt angeordnet. Man verwendet sie zum Bearbeiten von Kunststoff oder Holz.

- **Hiebzahl und Hiebnummer**

Die Anzahl der Feilenzähne (Hiebe) je cm Feilenlänge ergibt die Hiebzahl. Die Hiebzahl wird mit Hiebnummern gekennzeichnet (Tab. 1). Bei kleinen Hiebnummern ist die Anzahl der Hiebe je cm Feilenlänge gering. Die Hiebzahl ist klein. Die Anzahl der Hiebe ist auch abhängig von der Feilengröße.

Tab. 1: Hiebnummern und Oberflächengüte

Hieb-Nr.	Hieb-zahl	Feilen-bezeichnung	Erreichbare Oberflächengüte
0	4,5 - 10	Grobfeile	*Rz* = 25 – 160 µm
1	6,3 - 16	Bastardfeile	
2	10 - 25	Halb-schlichtfeile	*Rz* = 10 – 40 µm
3	14 - 35,5	Schlichtfeile	
4	25 - 50	Doppel-schlichtfeile	*Rz* = 2,5 – 16 µm
5	40 - 71	Fein-schlichtfeile	

Bei gleicher Hiebnummer (z. B. 1) haben große Feilen eine kleinere Hiebzahl (6,3) und kleine Feilen eine größere Hiebzahl (16).

Bei Feilen mit kleiner Hiebnummer ist der Hiebabstand groß. Solche Feilen erzeugen große Späne und damit raue Oberflächen. Sie werden zum Vorfeilen (Schruppen) eingesetzt.

Bei Feilen mit großer Hiebnummer ist der Hiebabstand klein. Solche Feilen nehmen kleine Späne ab. Sie erzeugen glatte Oberflächen. Sie werden zum Fertigfeilen (Schlichten) eingesetzt.

- **Auswahl von Feilen**

Feilen unterscheiden sich neben dem Hieb vor allem in der Form und Größe (Abb. 4). Die Auswahl einer Feile richtet sich nach der

- Größe und Form der Bearbeitungsfläche am Werkstück,
- Art des Werkstoffes,
- abzutragenden Werkstoffmenge und
- geforderten Oberflächengüte.

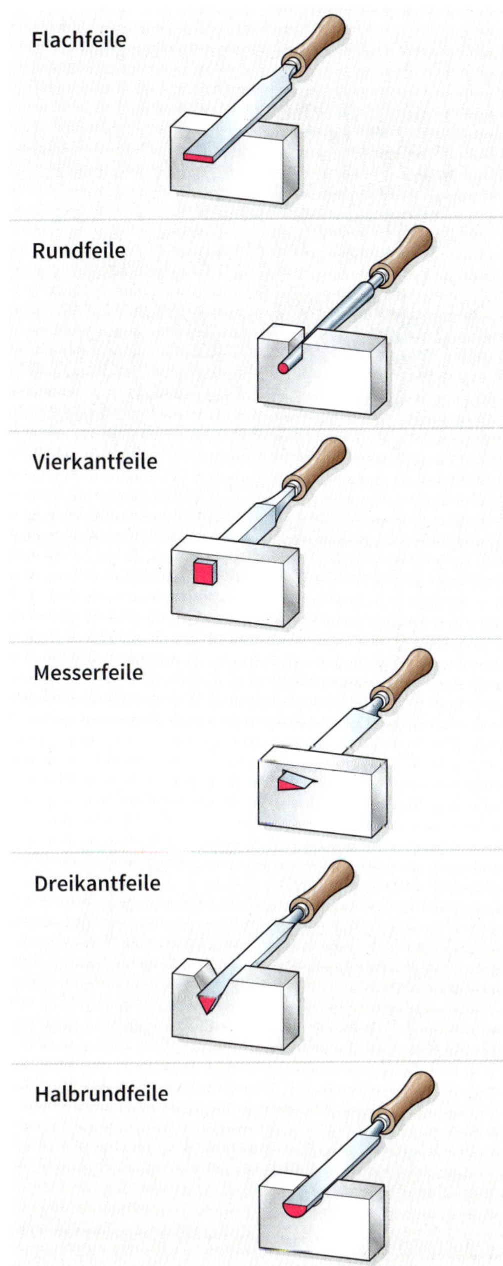

Abb. 4: Feilenformen

Fertigen

1.3.5 Sägen

Sägen ist ein spanendes Trennverfahren zum Ablängen von Halbzeugen (Abtrennen), Ausarbeiten von unterschiedlichen Formen (Formsägen) und zum Einarbeiten von schmalen Nuten in Werkstücke (Schlitzen).

Sägeblätter schneiden nur in einer Richtung. Beim Sägen wechseln ein Arbeitshub mit Druck und ein Rückhub ohne Druck miteinander ab.

Sägeblätter haben viele kleine hintereinander angeordnete keilförmige Schneiden. Die keilförmigen Schneiden der Säge nennt man Zähne.

Abb. 1: Abtrennen mit einer Handbügelsäge

! Sägen ist ein Spanen mit einem vielzahnigen Werkzeug von geringer Schnittbreite.

Beim Sägen wird der Werkstoff in der Schnittfuge durch die Zähne in mehreren Schichten zerspant (Abb. 2). Dabei nehmen die Zahnzwischenräume (Zahnlücken) die Späne auf und führen sie aus der Schnittfuge heraus.

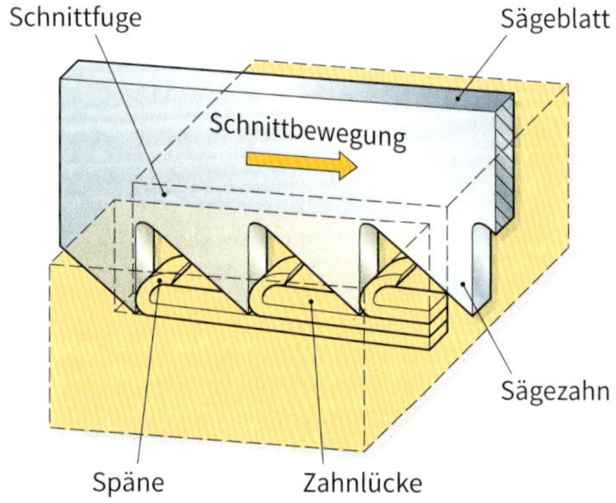

Abb. 2: Sägevorgang

Längere Profile, z. B. Flachstahl oder Rohre, werden auf der Maschinensäge auf Länge geschnitten (Abb. 3). Die notwendige Hubkraft wird durch einen Elektromotor erzeugt. Eine Spannvorrichtung und eine Auflage für lange Werkstücke befinden sich an der Säge.

Abb. 3: Maschinensäge

- **Zahnformen**

Handsägeblätter haben in der Regel Winkelzähne (Abb. 4a). Der Freiwinkel α beträgt im Allgemeinen etwa 40°. Der Freiwinkel α wird so groß gewählt, damit die Zahnlücken entsprechend groß sind. Nur große Zahnlücken können die Späne problemlos aus der Schnittfuge transportieren. Der Keilwinkel β beträgt etwa 50°. Damit ergibt sich ein ausreichend stabiler Schneidkeil. Freiwinkel und Keilwinkel betragen zusammen etwa 90°. Der Spanwinkel γ beträgt dann etwa 0°.

Maschinensägeblätter haben meist Bogenzähne (Abb. 4b). Bei ihnen können die Winkel am Schneidkeil den Schnittbedingungen besser angepasst werden. Bogenzähne sind stabiler als Winkelzähne und haben trotzdem große Zahnlücken.

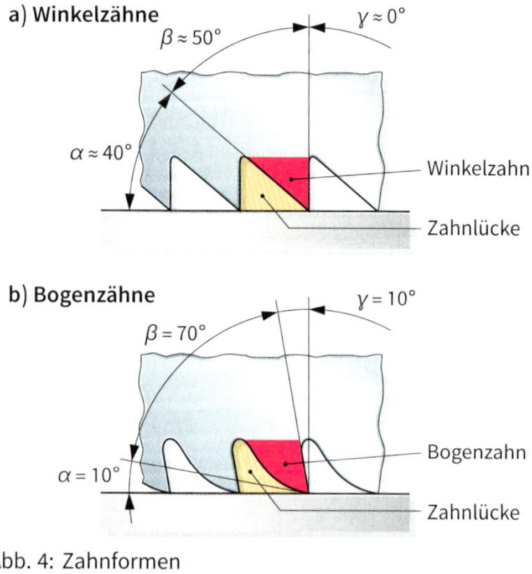

Abb. 4: Zahnformen

- **Steigung**

Den Abstand von Zahn zu Zahn bezeichnet man als Zahnteilung oder Steigung.

Zur Kennzeichnung der Sägeblätter wird u. a. die Steigung angegeben. Diese ergibt sich aus der Anzahl der Zähne auf 25 mm Länge (Tab. 1) (→).

Tab. 1: Steigung bei Handsägeblättern

Steigung		Anwendung
1,4	**große Steigung** 18 Zähne pro 25 mm	weiche Werkstoffe: Aluminium, Kupfer
1,0	**mittlere Steigung** 24 Zähne pro 25 mm	Werkstoffe mit mittlerer Festigkeit: CuZn-Legierungen, Baustahl, z. B. S 235
0,8	**kleine Steigung** 32 Zähne pro 25 mm	harte Werkstoffe: Vergütungsstahl, z. B. C 60 legierte Stähle, dünnwandige Profile, Bleche

Die Auswahl der Sägeblätter für eine Sägearbeit richtet sich nach

- der Festigkeit des zu sägenden Werkstoffes und
- der Dicke des Werkstückes.

Sägeblätter mit einer Steigung 1,4 verwendet man bei weichen Werkstoffen. Diese lassen sich leichter zerspanen. Es fallen mehr Späne an. Die größeren Zahnlücken können die anfallende Spanmenge besser aus der Schnittfuge transportieren.

Sägeblätter mit einer Steigung 1,0 verwendet man bei Werkstoffen mittlerer Festigkeit und bei Werkstücken mittlerer Breite (bis 40 mm).

Sägeblätter mit einer Steigung 0,8 verwendet man bei harten Werkstoffen. Harte Werkstoffe lassen sich schwerer zerspanen. Es fallen weniger Späne an. Bei kleiner Steigung schneiden mehr Zähne gleichzeitig den Werkstoff. Der Schnittdruck verteilt sich dadurch auf mehr Zähne. Die einzelnen Sägezähne werden weniger stark belastet. Die Schneiden werden nicht so schnell stumpf.

Sägeblätter mit kleiner Steigung verwendet man auch bei dünnen Werkstücken und dünnwandigen Hohlprofilen (z. B. Rohre). Das gilt unabhängig vom Werkstoff des Werkstückes.

Das Sägeblatt hakt nicht und bricht nicht aus, da immer mehrere Zähne gleichzeitig im Eingriff sind (Abb. 5).

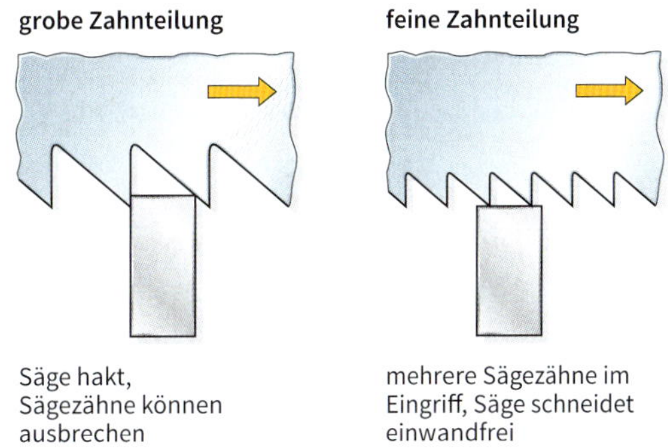

Abb. 5: Sägen dünner Werkstoffe

Feine Steigung wird für harte Werkstoffe und dünne Werkstücke eingesetzt, grobe Steigung für weiche Werkstoffe und breite Werkstücke.

- **Freischneiden**

Beim Sägen muss die Schnittfuge breiter sein als der Sägeblattkörper. Das Sägeblatt würde sonst in der Schnittfuge reiben und sich stark erwärmen. Es könnte in der Schnittfuge verklemmen.

Um die unerwünschte Reibung zu verringern, müssen die Sägeblätter eine breitere Schnittfuge schneiden als die Blätter selbst breit sind.

Das Freischneiden eines Sägeblattes erreicht man z. B. durch Schränken, Wellen oder Stauchen der Sägezähne (Abb. 6).

Das Freischneiden des Sägeblattes vermindert die Reibung in der Schnittfuge.

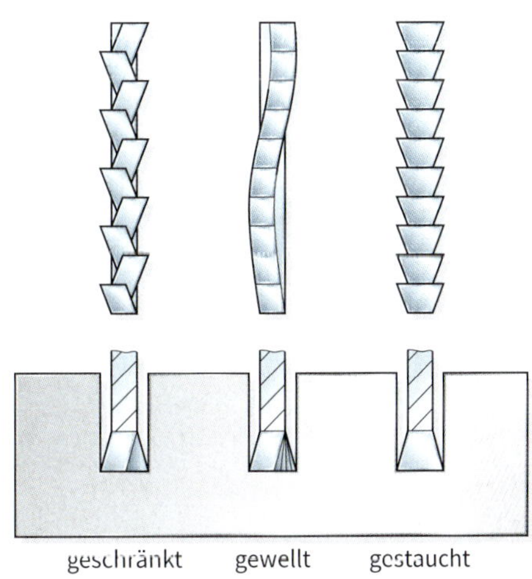

Abb. 6: Freischneiden

Fertigen

1.3.5.1 Elektrohandsägen

In der Praxis werden vielfach handgeführte Elektrosägen eingesetzt, die nach unterschiedlichen Verfahren arbeiten.

Es werden folgende Verfahren unterschieden:

- Hubsägen
- Kreissägen

Bei den Verfahren des Hubsägens ist die Schnittbewegung geradlinig. Diese teilt sich in einen Arbeitshub und einen Rückhub.

Kreissägen haben eine kreisfömige Schnittbewegung. Die Rotation ermöglicht eine kontinuierliche Spanabnahme.

Bei der Bearbeitung von Blechen werden sowohl Hubsägen als auch Kreissägen benutzt.

Hubsägen

Bei der Arbeit in der Werkstatt und auf der Baustelle werden Stichsägen verwendet (Abb. 1).

Stichsägen sind sehr handlich und dadurch vielseitig einsetzbar. Mit ihr können problemlos lange gerade Schnitte und Kurvenschnitte mit kleinen Radien durchgeführt werden.

Abb. 1: Stichsäge

Typisch für Stichsägen ist die rechtwinklige Anordnung von Motor und Sägeblatt. Das Motor- und das Getriebegehäuse dienen als Handgriff.

Durch die schwenkbare Fußplatte lässt sich die Stichsäge auch zum Herstellen von Gehrungsschnitten bis 45° einsetzen (Abb. 2).

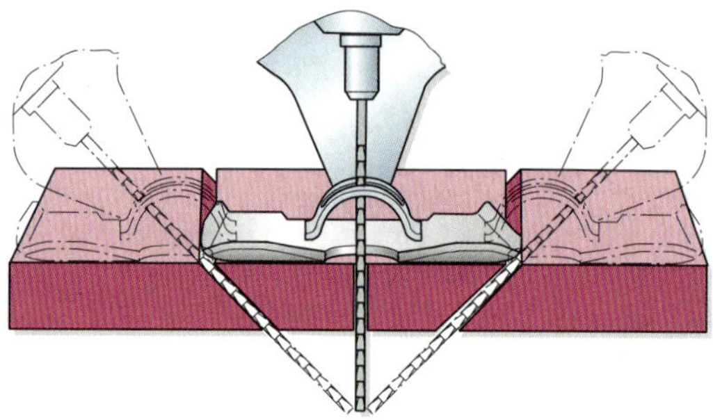

Abb. 2: Gehrungsschnitt

Der Arbeitshub bei Stichsägen ist die ziehende Bewegung des Sägeblattes. Der Vorschub wird durch den Bediener erzeugt. Um den Arbeitsfortschritt zu erhöhen, kann bei den meisten Maschinen eine mehrstufige Pendelbewegung des Sägeblattes in Vorschubrichtung zugeschaltet werden (Abb. 3).

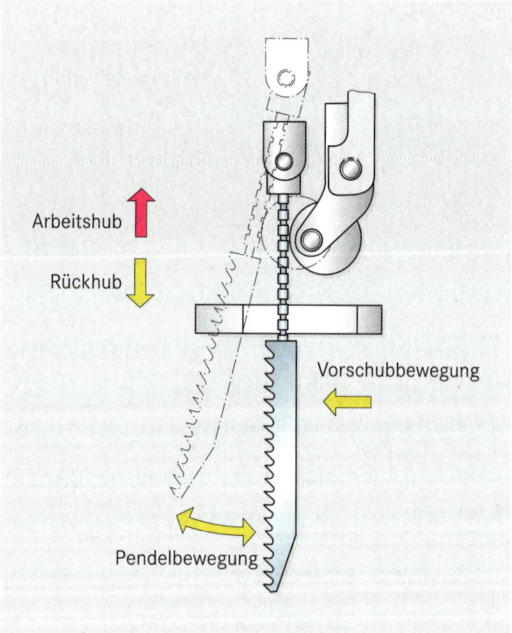

Abb. 3: Bewegungen des Sägeblattes

Sägeblätter werden bei gleicher Zahnteilung in verschiedenen Formen angeboten (Abb. 4).

Breite Blätter eignen sich besonders für lange, gerade Schnitte. Der breite Zahnrücken sorgt für eine gute Geradeausführung. Für enge Kurven gibt es spezielle Kurvensägeblätter. Schmale Blätter werden bei kombinierten Schnitten eingesetzt. Die Geradeausführung ist zufriedenstellend und Kurven mit großen Radien sind möglich.

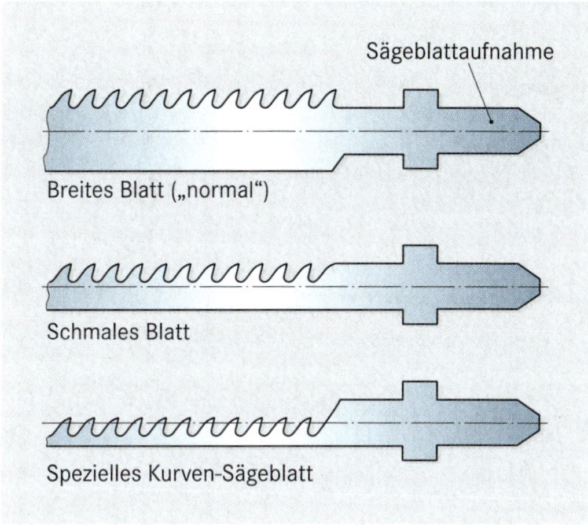

Abb. 4: Sägeblattformen

Die Form der Sägeblattaufnahme ist herstellerspezifisch.

Der Freischnitt wird durch Schränken erreicht.

Die Länge der Sägeblätter ist unterschiedlich. Je größer die Schnitttiefe ist, umso schwieriger ist der Abtransport der Späne. Die Hersteller von Sägeblättern bieten Blätter zwischen 50 und 150 mm Länge an. Die maximale Schnitttiefe muss den Herstellerempfehlungen entnommen werden.

Am häufigsten werden Sägeblätter aus Schnellarbeitsstählen verwendet. Sie sind belastbar und haben auch bei höheren Temperaturen eine gute Standzeit. Nachteilig ist die Sprödigkeit des Werkstoffs. Dies führt schon bei leichtem Verkanten zum Bruch des Sägeblattes.

Diesen Nachteil gleichen Bimetallsägeblätter aus. Das Sägeblatt besteht aus zwei (bi) unterschiedlichen Werkstoffen: der Zahnrücken besteht aus einem zähen Werkzeugstahl. Die Zähne dagegen bestehen aus HSS (Abb. 5).

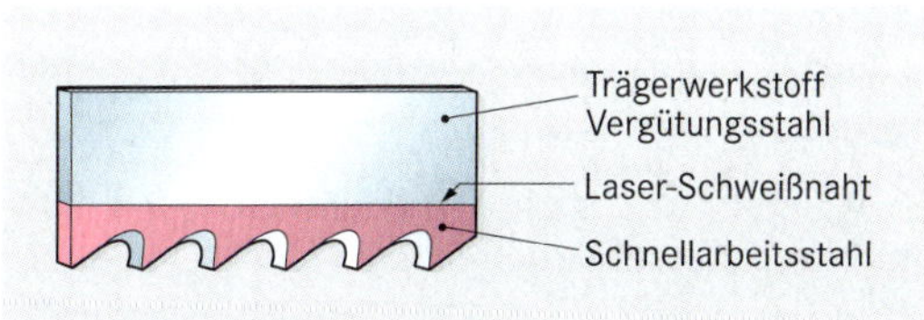

Abb. 5: Sägeblatt aus Bimetall

Diese Vielfältigkeit an Sägeblättern macht die Stichsäge zu einem universellen Werkzeug.

Handkreissäge

Handkreissägen werden für lange gerade Schnitte eingesetzt. Das Sägeblatt ist rund, die Zähne sind auf dem Umfang angeordnet. Die Rotationsbewegung des Sägeblattes ermöglicht hohe Schnittgeschwindigkeiten, einen ununterbrochenen Schnittvorgang und eine hohe Schnittqualität.

Der Aufbau ermöglicht die Einstellung der Schnitttiefe und des Schnittwinkels (Abb. 6).

Abb. 6: Handkreissäge

Bei Kreissägeblättern werden auf das Stammblatt aus HSS Hartmetallplättchen aufgelötet. Diese bilden dann die Zähne (Abb. 7). Der Freischnitt wird durch die Form der Zähne erzielt. Pro Zahn werden nur wenige 1/10 mm abgespant.

Der Vorschub wird durch den Bediener mit der Maschine ausgeführt. Vorschubrichtung und Rotationsrichtung des Sägeblattes sind entgegengesetzt, d. h. im Gegenlauf (Abb. 7). Bei elektronisch geregelten Handkreissägen kann die Umdrehungsfrequenz genau eingestellt und dem zu sägenden Werkstoff angepasst werden.

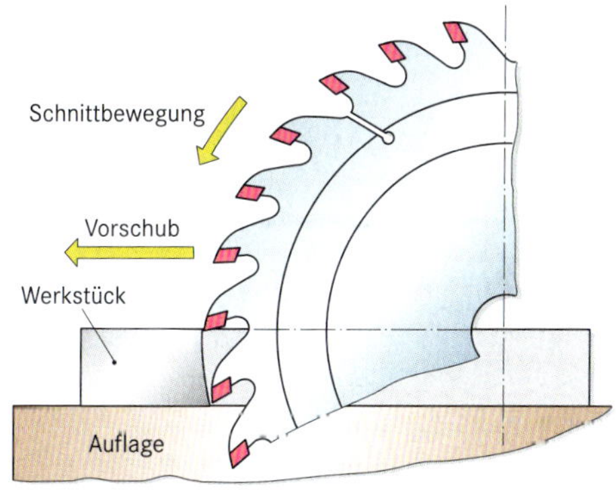

Abb. 7: Arbeitsbewegungen der Kreissäge

Arbeitssicherheit

Bei den beschriebenen Maschinen zum Sägen liegen die Werkzeuge frei. Sie sind sehr scharf und haben hohe Schnittgeschwindigkeiten. Die Bedienungsanleitung des Herstellers ist einzuhalten, vorhandene Schutzeinrichtungen dürfen nicht entfernt werden.

In jedem Fall muss eine Schutzbrille und bei längerem Arbeiten ein Gehörschutz getragen werden. Die Arbeitskleidung muss eng anliegen.

Nach Beendigung der Arbeit sollen das Sägeblatt, mit Ausnahme der Kreissäge, aus der Maschine entfernt werden. Das schützt den Bediener und das Sägeblatt.

Zusammenfassung

Winkel am spanenden Keil

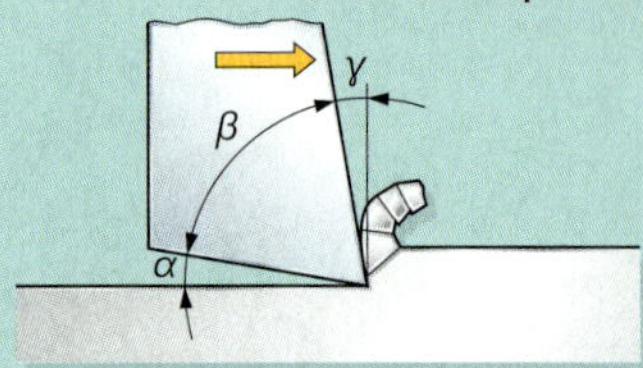

α = Freiwinkel
β = Keilwinkel
γ = Spanwinkel

$\alpha + \beta + \gamma = 90°$

$\alpha + \beta < 90°$
Handsägeblatt

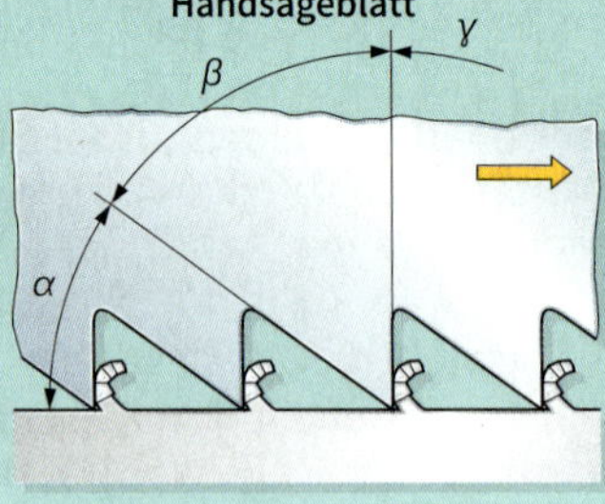

- viele hintereinander liegende schmale Schneidkeile,
- für alle Werkstoffe gleiche Winkel,
- unterschiedliche Steigung (Zahnteilung) für unterschiedliche Werkstoffe und Werkstückdicken:
  große Steigung
  für weiche Werkstoffe,
  kleine Steigung
  für harte Werkstoffe,
  für dünne Werkstücke

$\alpha + \beta > 90°$
gehauene Feile

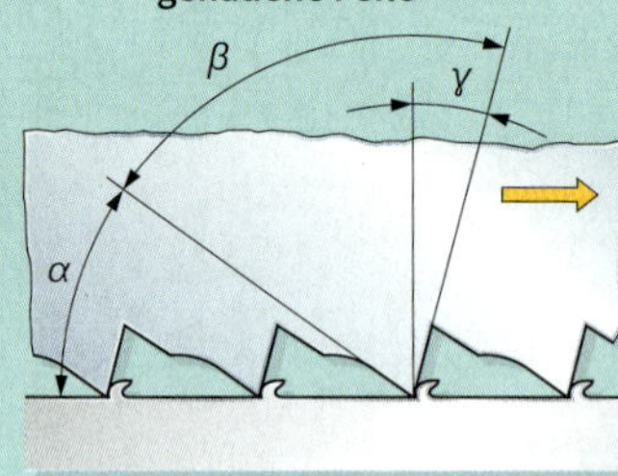

- viele kleine hinter- und nebeneinanderliegende Schneidkeile,
- stabiler Keil für harte Werkstoffe,
- negativer Spanwinkel γ ergibt schabende Wirkung,
- Hiebzahl beeinflusst die zerspante Werkstoffmenge und erreichbare Oberflächengüte:
  kleine Hiebzahl für Schruppen,
  große Hiebzahl für Schlichten

Aufgaben

1. Geben Sie die Herstellungsarten von Feilenzähnen an. Beschreiben Sie

a) die jeweilige Zahnform und

b) die Verwendung der Feilen.

2. Aus welchem Grund haben Feilen einen großen Freiwinkel?

3. Weshalb sind bei gehauenen Feilen Unterhieb und Oberhieb in unterschiedlichen Winkeln auf dem Feilenblatt angeordnet?

4. Was geben die Hiebnummern bei Feilen an?

5. Beschreiben Sie den Einfluss der Hiebteilung auf eine Feilarbeit.

6. Wählen Sie für folgende Feilarbeiten das entsprechende Werkzeug aus:

a) Vorfeilen der abgesägten Fläche eines Flachstahls Flach EN 10278 - 20h11x3x138 EN 10277-2 - S235JR,
Oberflächengüte Rz = 120,

b) Feilen einer ebenen Fläche 20 x 30 aus AlMg3, Oberflächengüte Rz = 16.

7. Skizzieren Sie die Zahnform eines Handsägeblattes und tragen Sie die Winkel und deren Größe ein.

8. Erläutern Sie die Gestaltung der Sägezähne beim Handsägeblatt.

9. Welche Abhängigkeit besteht zwischen Steigung und zu sägendem Werkstoff?

10. Welche Steigung ist zum Sägen dünnwandiger Stahlrohre sinnvoll?

11. Begründen Sie, weshalb man für das Sägen

a) weicher Werkstoffe eine große Steigung verwendet und

b) harter Werkstoffe eine kleine Steigung verwendet.

1.3.6 Arbeiten mit elektrischen Werkzeugen

ARBEITSAUFTRAG

Damit der Riegel des Türschlossriegels mit der Schließöse fluchtet, muss unter der Grundplatte eine Hartholzplatte unterfüttert werden. Das Zusägen erfolgt mit einer Stichsäge.

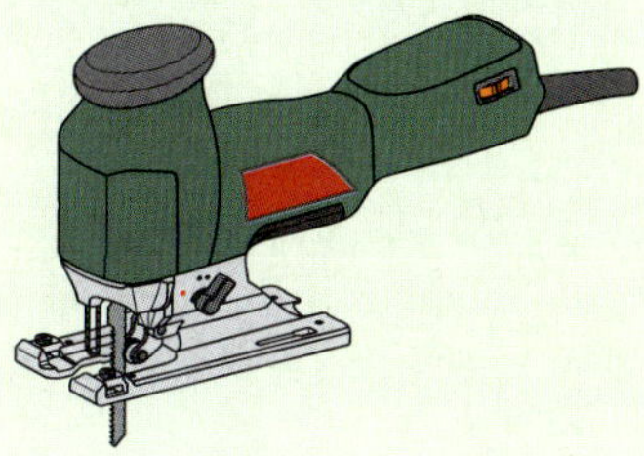

Aufgrund schlechter Lichtverhältnisse wird ein Halogenstrahler benötigt. Die Stromversorgung beider Geräte erfolgt über eine Kabeltrommel. Beim Arbeiten mit elektrischen Geräten sind die Sicherheitsvorschriften einzuhalten.

1.3.6.1 Kennzeichnung elektrischer Geräte

Die Stichsäge besitzt ein Typenschild, das die Grundlage für den fachgerechten Einsatz bietet. Es enthält neben der Maschinencodierung und den elektrischen Kennwerten auch Hinweise zum Arbeitsschutz (Abb. 1).

Die Herstellerangaben (1) kennzeichnen das Gerät eindeutig. Diese Angaben sind z. B. bei einer Ersatzteilbestellung erforderlich.

Die Stichsäge wird mit 230 Volt Wechselspannung (~) betrieben (2).

Die elektrische Energieversorgung in Werkstätten und im Außengelände von Firmen erfogt über Stromverteilerkästen (Abb. 2).
In den Stromverteilern gibt es Anschlussmöglichkeiten für Geräte, die eine Spannung von 230 V benötigen, und für Geräte, die mit Spannungen von 400 V arbeiten.

Abb. 2: Stromverteilerkasten

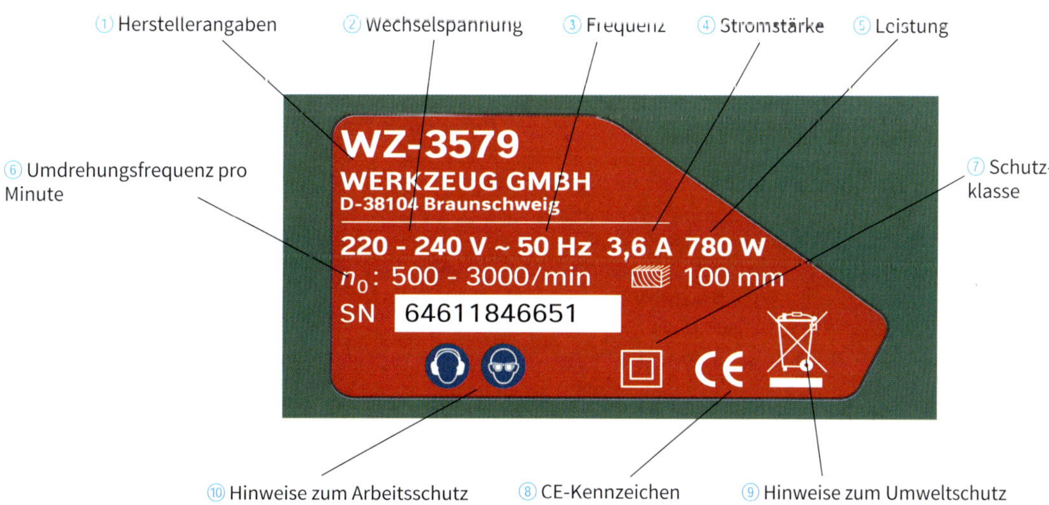

Abb. 1: Typenschild Kennzeichung der Stichsäge

Der Stromverteiler verfügt über eine Fehlerstromschutzeinrichtung. Sie hat die Aufgabe, den Stromkreis bei Berührung eines spannungsführenden Leiters oder Gegenstandes abzuschalten, um das Entstehen gefährlicher Körperströme zu verhindern.

Wenn zu viele gleichzeitig eingeschaltete Geräte eine Überlastung des Stromkreises bewirken, schaltet eine Sicherung den Stromverteiler stromlos. Dies erfolgt durch Schmelzsicherungen oder durch Leitungsschutzschalter (Abb. 3).

a) Schmelzsicherung **b) Leitungsschutzschalter**

Abb. 3: Sicherungen

Bei einer Schmelzsicherung schmilzt bei zu hoher Stromstärke ein drahtförmiger Schmelzleiter. Der Stromkreis wird unterbrochen und die Sicherung muss nach Beseitigung des Fehlers erneuert werden.

Leitungsschutzschalter unterbrechen bei zu hoher Stromstärke den Stromkreis. Sie können nach Beseitigung des Fehlers wieder eingeschaltet werden.

Der Stromverteiler stellt neben der 230-Volt-Spannung für Kleingeräte auch eine Drehstromspannung von 400 Volt für leistungsstarke Geräte wie Schweißanlagen zur Verfügung. Anschlüsse und Leitungen haben eine besondere Steckvorrichtung (Abb. 4).

Abb. 4: Drehstromanschlussleitung

Die Angabe 50 Hz (Hertz) ③ bedeutet, dass die Spannung 50 mal in der Sekunde die Richtung im Stromkreis wechselt.

Neben dem Wechselstrom gibt es auch Werkzeuge, die mit Gleichstrom (=) angetrieben werden. Batterien oder Akkumulatoren (Akkus) stellen die Spannung, meist 9, 12, 18 Volt, zur Verfügung. Ein Akkuschrauber wird mit Gleichstrom angetrieben.

Wenn die Stichsäge unter Nennlast im Einsatz ist, fließt durch das Gerät und durch die Stromleitung ein Strom von 3,6 Ampere ④.

Der Stromfluss wird durch Sicherungen begrenzt. Nehmen einzelne oder mehrere gleichzeitig eingeschaltete Geräte zu viel Strom auf, springt die Leitungssicherung an. Sie unterbricht den Strom, um die Leitung vor Überhitzung zu schützen (Abb. 5).

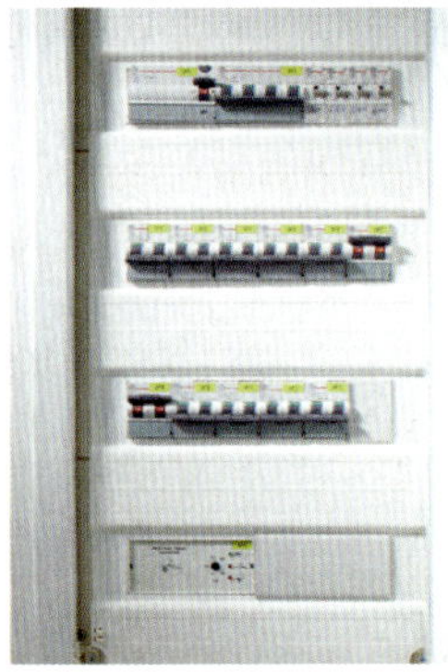

Abb. 5: Sicherungskasten

Die elektrische Leistung ⑤ der Stichsäge wird mit 780 Watt angegeben.

Die Stichsäge kann maximal eine elektrische Leistung von P_{exi} = 780 Watt erbringen. Die Leistung ist belastungsabhängig und hängt von der Schnittkraft und der Drehfrequenz des Motors ab. Vereinfacht lässt sich die aufgenommene Leistung der Stichsäge wie folgt errechnen:

$$P_{ing} = U \cdot I \text{ in Watt}$$
$$P_{ing} = 230\,\text{V} \cdot 3{,}6\,\text{A}$$
$$P_{ing} = 828\,\text{W}$$

Die maximale Leistung beträgt 828 Watt. Aufgrund der Verluste, wie durch Reibung durch sich bewegender Bauteile, ist die aufgenommene Leistung größer als die abgegebene Leistung.

Je länger die Stichsäge im Einsatz ist, umso mehr elektrische Arbeit W verrichtet sie. Die Arbeit wird in Kilowattstunden kWh angegeben und bildet die Grundlage für die Berechnung der Stromkosten.

Beispiel:

Wenn die Stichsäge 1 ½ Stunden ununterbrochen im Einsatz ist, erbringt sie folgende elektrische Arbeit:

$$W = P_{ing} \cdot t$$
$$W = 828\,\text{W} \cdot 1{,}5\,\text{h}$$
$$W = 1242\,\text{Wh}$$
$$W = 1{,}242\,\text{kWh}$$

Die Kosten für den Einsatz richten sich nach dem jeweiligen Strompreis.

1 kWh = 0,40 €

1,242 kWh · 0,40 € ≈ 0,50 €

Beim Einsatz der Stichsäge fallen Stromkosten in Höhe von 0,50 € an.

Die Umdrehungsfrequenz pro Minute ⑥ der Stichsäge lässt sich stufenlos verstellen. Darüber wird die Hubgeschwindigkeit geregelt.
Elektrische Geräte müssen so ausgeführt sein, dass von ihnen keine Gefahren für den Menschen ausgehen. Es gelten nach DIN VDE 0100-410 grundsätzlich folgende Schutzmaßnahmen (Tab.1).

Tab. 1: Schutzmaßnahmen

Basisschutz	Fehlerschutz
Schutz gegen direktes Berühren	Schutz bei indirektem Berühren
Gefährliche, unter Spannung stehende Teile dürfen nicht berührbar sein z. B. Leiter müssen isoliert sein	Berührbare, leitfähige Teile dürfen auch nicht im Fehlerfall zu gefährlichen aktiven Teilen werden z. B. metallene Gehäuse werden mit dem Schutzleiter verbunden

Zusätzlich werden elektrische Betriebsmittel in Schutzklassen eingeteilt (Tab. 2).

Die Stichsäge entspricht der Schutzklasse ⑦. Ihre elektrischen Anschlussleitungen und das Gehäuse bestehen aus nichtleitendem Material.

Elektrische Geräte dürfen nicht in feuchter Umgebung verwendet werden und sind trocken zu lagern. Weiter sind sie gegen Spritzwasser zu schützen, da sonst ein lebensgefährlicher Stromschlag droht.

Mit dem CE-Kennzeichen ⑧ bestätigt der Hersteller, dass das Produkt den geltenden europäischen Richtlinien entspricht.

Die Hinweise zum Umweltschutz ⑨ fordern den sorgsamen Umgang mit Rohstoffen und verringern die Belastung der Umwelt. Die Stichsäge besteht aus wiederverwertbaren Werkstoffen und soll im Handel wieder abgegeben werden, wenn sie nicht mehr gebrauchsfähig ist.

Den Hinweisen der Bedienungsanleitung ⑩ ist-Folge zu leisten.

1.3.6.2 Sicherheitsmaßnahmen vor dem Arbeiten

Vor dem Arbeiten mit der Stichsäge sind die elektrischen Anschlüsse zu überprüfen. Schäden am Stecker oder der Leitung können zu lebensgefährlichen Stromstößen führen (Abb. 6).

Nach der Sichtkontrolle der elektrischen Leitung ist das Gerät auf lockere Gehäuseteile und fehlende Sicherheitseinrichtungen wie Sägeblattabdeckung zu untersuchen. Gibt es Beanstandungen, ist das Gerät auf keinen Fall in Betrieb zu nehmen.

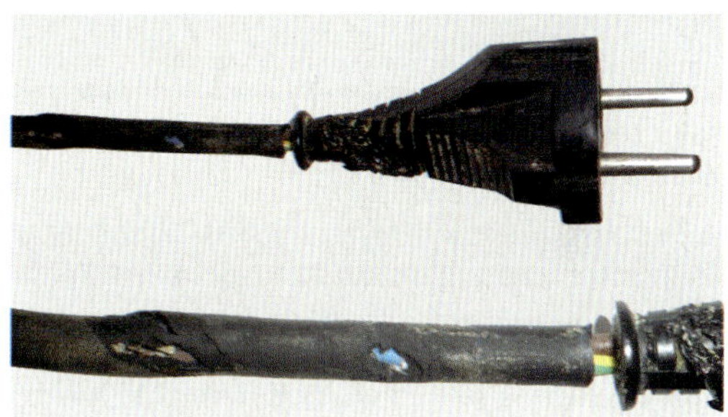

Abb. 6: Defekte Zuleitung

Schutzzeichen

Elektrische Geräte müssen so ausgeführt sein, dass von ihnen keine Gefahren für den Menschen ausgehen. Daher unterliegen Elektrogeräte, Steckverbindungen und Leitungen den VDE-Bestimmungen (VDE = Verein deutscher Elektrotechniker). Sie werden mit einem VDE-, dem CE- und/oder einem GS-Zeichen gekennzeichnet (Abb. 7).

Abb. 7: Kennzeichnung elektrischer Geräte

Tab. 2: Schutzklassen elektrischer Betriebsmittel nach DIN VDE 0100-410

Schutzklasse I	Schutzklasse II	Schutzklasse III
Schutzleiter Kennzeichen:	Schutzisolierung Kennzeichen:	Schutzkleinspannung Kennzeichen:
Betriebsmittel mit Metallgehäuse Fehlerstrom fließt über Schutzleiter ab	Betriebsmittel mit Kunststoffgehäuse Vollständige elektrische Isolierung	Betriebsmittel mit Nennspannungen bis 25 V ~ bzw. bis 50 V ~ und bis 60 V – bzw. 120 V – Reduzierte Spannung Sicherheitstransformator
z. B. Elektromotor	z. B. Elektrische Haushaltsgeräte	z. B. Elektrische Handleuchten

Grundlagen

Elektrischer Stromkreis

Ein elektrischer Stromkreis besteht aus einer Spannungsquelle, den elektrischen Leitungen und einem Verbraucher.

Teile eines Stromkreises	Beispiele
Spannungsquelle	Netzgerät, Generator, Batterie, Akkumulator
Leiter	elektrische Leitungen
Verbraucher	Magnetventil, Glühlampe, Motor

Für die grafische Darstellung des Stromkreises mit den Bauelementen verwendet man die Schaltzeichen nach **DIN EN 60 617** (➜📖).

Elektrische Spannung entsteht durch Trennen von elektrischen Ladungen. Am Minuspol einer Spannungsquelle überwiegen negativ geladene Teilchen, die Elektronen. Am Pluspol überwiegen die positiv geladenen Teilchen, dort herrscht Elektronenmangel. Werden die Pole einer Spannungsquelle durch einen elektrischen Leiter verbunden, fließen die Elektronen vom Minuspol zum Pluspol. Es ist festgelegt, dass der *elektrische Strom* vom Pluspol zum Minuspol fließt. Dies nennt man die technische Stromrichtung. Die Höhe des Unterschiedes der Ladungsträger entspricht dabei der elektrischen Spannung.

! Die *technische Stromrichtung* geht vom Pluspol zum Minuspol.

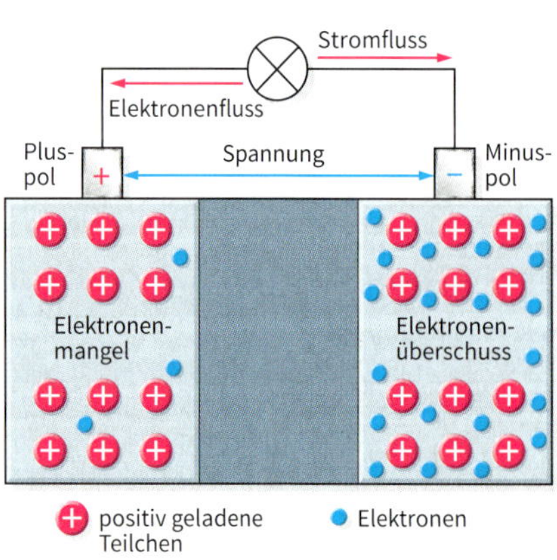

Entstehen der Spannung

Bewegen sich die Elektronen stets in die gleiche Richtung, so spricht man von Gleichstrom (Direct Current, DC). Batterien und Akkumulatoren liefern Gleichstrom. In einem Diagramm, in dem der Strom in Abhängigkeit von der Zeit dargestellt wird, ergibt sich eine Parallele zur Zeitachse. In grafischen Darstellungen verwendet man für den Gleichstrom das Symbol — .

Ändert der Strom in regelmäßigen Zeitabständen seine Größe und Richtung, spricht man von Wechselstrom (Alternating Current, AC). In einem Diagramm, in welchem der Strom in Abhängigkeit von der Zeit dargestellt wird, ergibt sich eine Sinuskurve. In grafischen Darstellungen verwendet man für den Wechselstrom das Symbol ~.

! Gleichstrom fließt stets in die gleiche Richtung. Wechselstrom ändert seine Größe und Richtung.

Wechselstrom verwendet man im Haushalt und in der Industrie. Er wird durch Generatoren in Kraftwerken erzeugt. Der Strom wechselt 50 mal in der Sekunde seine Richtung. Er hat eine Frequenz von $f = 50$ Hertz.

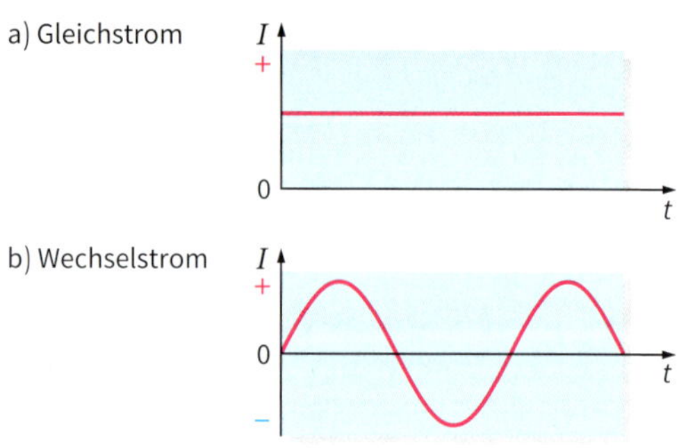

Stromarten

In einem Stromkreis hemmen Leiter und Verbraucher den Stromfluss. Diese Eigenschaft wird als *elektrischer Widerstand* bezeichnet. In der grafischen Darstellung eines Stromkreises wird an die Stelle eines Verbrauchers ein Widerstand gezeichnet.

In einem geschlossenen Stromkreis gibt es einen Zusammenhang zwischen der Spannung U und der Stromstärke I. Hat der Verbraucher einen konstanten Widerstand R, kann die Stromstärke mit der Formel

$$I = U/R$$

bestimmt werden. Diesen Zusammenhang nennt man das *ohmsche Gesetz*.

1.3.6.3 Anschließen der Stichsäge

Für elektrische Geräte, die einen konstanten Widerstand R besitzen, wird die Stromstärke wie folgt berechnet:

$$I = U/R$$

mit I = Strom
U = Spannung
R = elektrischer Widerstand

Die Stromstärke ist umso höher, je kleiner der Widerstand oder je höher die Spannung ist. Diesen Zusammenhang nennt man das *ohmsche Gesetz*. Der Widerstand R wird in Ohm (Ω) gemessen.

Die abgewickelte Kabeltrommel ist ein elektrischer Leiter. Der Widerstand hängt von seinem spezifischen Widerstand ρ (rho) ab. Er gibt an, wie gut ein Werkstoff den Strom leitet (➡📖). Weiter ist der Widerstand der abgewickelten Kabeltrommel von der Länge und des Durchmessers des Leiters abhängig.

Beispiel:

Leiterwiderstand

Die abgewickelte Kabeltrommel hat eine Länge von 40 Metern und einem Leiterquerschnitt von 1,5 mm². Der spezifische Widerstand des Leiters beträgt 0,018 Ωmm²/m. Wie groß ist der Widerstand der abgewickelten Kabeltrommel?

Geg.: $\rho = 0{,}018\ \Omega mm^2/m$;
$l = 40\ m$;
$S = 1{,}5\ mm^2$

Ges.: Leiterwiderstand R in Ω

$$R = \rho \cdot \frac{l}{S}$$

$$R = 0{,}018\ \Omega mm^2/m \cdot \frac{40\ m}{1{,}5\ mm^2}$$

$$\underline{\underline{R = 0{,}48\ \Omega}}$$

Der Leiterwiderstand der abgewickelten Kabeltrommel beträgt 0,48 Ω.

Elektrische Geräte können entweder in einer

- Reihenschaltung oder
- Parallelschaltung

angeschlossen werden.

Reihenschaltung

Die Stichsäge wird über eine Kabeltrommel mit dem Stromnetz verbunden. Vereinfacht wird angenommen, dass die Stichsäge und die Kabeltrommel je einen konstanten Widerstand besitzen. Die Stichsäge und die Kabeltrommel liegen hintereinander und sind in Reihe geschaltet (Abb. 1).

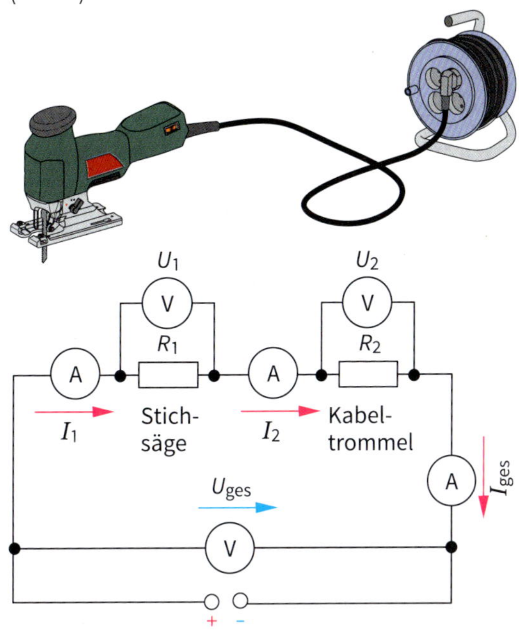

Abb. 1: Skizze und Schaltplan Reihenschaltung Stichsäge und Kabeltrommel

Für die Reihenschaltung gelten folgende Regeln:
In der Reihenschaltung fließt durch beide Widerstände der gleiche Strom.

Werden *Widerstände in Reihe* geschaltet und an eine Spannungsquelle angeschlossen, fließt durch alle Widerstände der gleiche Strom. **!**

$$I_{ges} = I_1 = I_2$$

Die Spannung U = 230 Volt verteilt sich auf beide Geräte.

In der *Reihenschaltung* ist die Gesamtspannung die Summe der Teilspannungen. **!**

$$U_{ges} = U_1 + U_2$$

Die Widerstände beider Geräte addieren sich.

In der *Reihenschaltung* ist der Gesamtwiderstand so groß wie die Summe der Teilwiderstände. **!**

$$R_{ges} = R_1 + R_2$$

Strommessgeräte werden mit einem Verbraucher in Reihe geschaltet. **!**

Beispiel:

Elektrische Größen in der Reihenschaltung

Die abgewickelte Kabeltrommel besitzt laut Herstellerangaben einen Widerstand von 0,5 Ω, die Stichsäge besitzt vereinfacht einen Widerstand von 64 Ω. Die Spannung beträgt 230 Volt.

Wie groß ist die Stromstärke I_{ges}?

Geg.: $R_1 = 0{,}5\ \Omega$; $R_2 = 64\ \Omega$; $U = 230$ Volt
Ges.: Stromstärke I in A

$R_{ges} = R_1 + R_2 = 0{,}5\ \Omega + 64{,}5\ \Omega$
$R_{ges} = 64{,}5\ \Omega$

$I_{ges} = U_{ges} / R_{ges} = 230\ \text{V} / 64{,}5\ \Omega$
$I_{ges} = 3{,}6\ \text{A}$

Die Stromstärke beträgt $I = 3{,}6$ A

Wird ein weiteres Verlängerungskabel zur Stromversorgung benötigt, so liegen drei Widerstände in Reihe.

Parallelschaltung

Aufgrund der Lichtverhältnisse wird ein Halogenstrahler an die Kabeltrommel geschlossen. Der Halogenstrahler liegt parallel zur Stichsäge (Abb. 1).

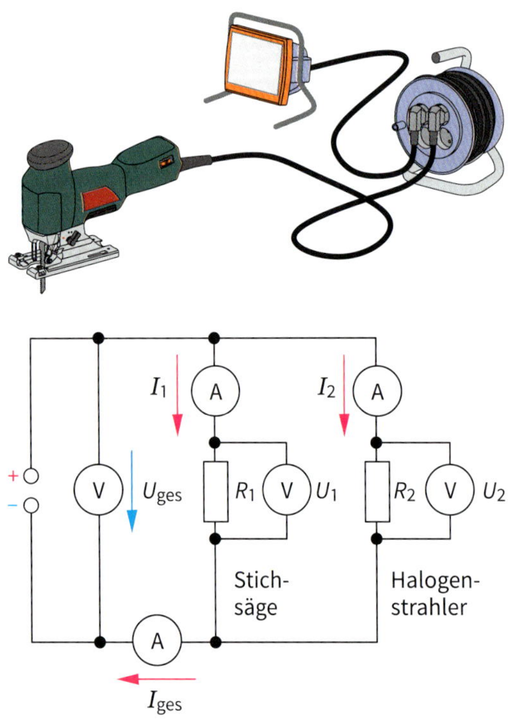

Abb. 1: Skizze und Schaltplan Parallelschaltung Stichsäge und Halogenstrahler

Für die Parallelschaltung gelten folgende Regeln: In der Parallelschaltung liegt an jedem Gerät die gleiche Spannung.

Werden Widerstände parallel geschaltet und an eine Spannungsquelle angeschlossen, liegt an allen Widerständen die gleiche Spannung an. **!**

$$U_{ges} = U_1 = U_2$$

Der Gesamtstrom ergibt sich aus der Summe beider Geräteströme.

In der Parallelschaltung ist die Gesamtstromstärke die Summe der Teilstromstärken. **!**

$$I_{ges} = I_1 + I_2$$

Der Gesamtwiderstand ist kleiner als der kleinste Einzelwiderstand.

Der Kehrwert des Gesamtwiderstandes ist die Summe der Kehrwerte der Teilwiderstände. **!**

$$\frac{1}{R_{ges}} = \frac{1}{R_1} + \frac{1}{R_2}$$

Spannungsmessgeräte werden parallel zu einem Verbraucher geschaltet. **!**

Beispiel:

Elektrische Größen in der Parallelschaltung

Der Halogenstrahler besitzt laut Herstellerangaben einen Widerstand von 100 Ω, die Stichsäge einen Widerstand von 64 Ω. Die Spannung beträgt 230 Volt.

Wie groß ist die Stromstärke I?

Geg.: $R_1 = 100\ \Omega$; $R_2 = 64\ \Omega$; $U = 230$ Volt
Ges.: Stromstärke I in A

$1/R_{ges} = 1/R_1 + 1/R_2$
$1/R_{ges} = 1/100\ \Omega + 1/64\ \Omega$
$R_{ges} = 39\ \Omega$

$I_{ges} = U_{ges} / R_{ges}$
$I_{ges} = 230\ \text{V} / 39\ \Omega$
$I_{ges} = 5{,}9\ \text{A}$

Die Stromstärke beträgt $I = 5{,}9$ A

Wird zur Stichsäge und dem Halogenstrahler noch zusätzlich eine Absaugeinrichtung an die Kabeltrommel angeschlossen, so liegen drei Widerstände parallel zueinander.

Wirkungen des elektrischen Stromes bei Stromunfällen

Der elektrische Strom ist für den Menschen gefährlich. Fast alle menschlichen Organe, z. B. das Herz oder das Gehirn, funktionieren aufgrund elektrischer Impulse. Durch die Berührung von spannungsführenden Teilen fließt Strom durch den menschlichen Körper.

Ist dieser Strom größer als der körpereigene Strom, beeinträchtigt er die Funktion der Organe. Es kann zu Verletzungen oder tödlichen Unfällen kommen.

Die unterschiedlichen Wirkungen des elektrischen Stromes auf eine Person sind von der Stromstärke, die durch den menschlichen Körper fließt, und der Dauer der Einwirkzeit abhängig. In Abbildung 1 sind beide Größen mit den Auswirkungen grafisch dargestellt. Die hier dargestellten Auswirkungen sind statistische Angaben. Sie hängen außerdem ab von

- dem Körperaufbau (Masse),
- der Hautbeschaffenheit (feuchte oder trockene Hände) und
- der körperlichen Verfassung der Person.

Auch kurzzeitige Stromeinwirkungen können negative Folgen haben, z. B. ein Sturz von der Leiter. Auch längere Einwirkzeiten bei geringen Stromstärken sind gefährlich, denn elektrischer Strom zersetzt die Zellflüssigkeit und kann damit nachträglich zu einer Vergiftung führen.

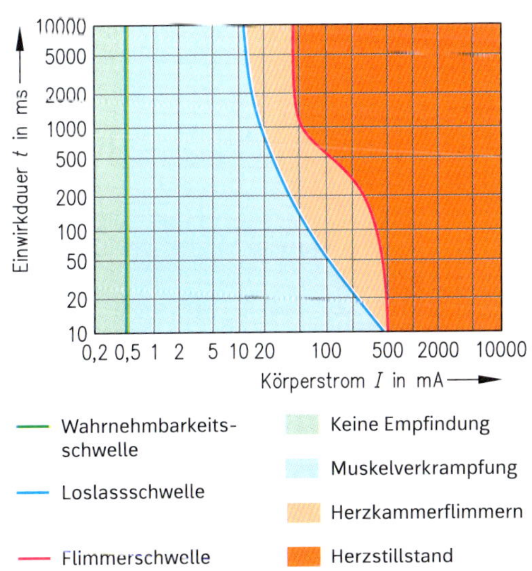

Abb. 1: Art der Gefährdung in Abhängigkeit von Stromstärke und Einwirkzeit

Erst-Maßnahmen bei Stromunfällen

Bei Eintritt eines Stromunfalls sind unverzüglich die aufgeführten Maßnahmen zu ergreifen (Abb. 2).

1. Stromlos schalten.
2. verunglückte Person aus dem Gefahrenbereich bringen.
3. Arzt oder Rettungsdienst rufen.
4. Verletzung feststellen.
5. Bei Atmung verunglückte Person in stabile Seitenlage bringen.
6. Bei Atem- oder Kreislaufstillstand Atemspende oder Herzmassage veranlassen.
7. Bei Schock verunglückte Person in Schocklage bringen.

Abb. 2: Erst-Maßnahmen bei Stromunfällen

Unfallverhütungsmaßnahmen

- Defekte Elektrogeräte und defekte elektrische Anlagen sofort stilllegen.
- Reparaturen an elektrischen Leitungen und Geräten sind nur von Fachleuten auszuführen.
- Nur Elektrogeräte mit VDE, CE und GS-Zeichen benutzen.

Zusammenfassung

Der elektrische Stromkreis besteht aus einer Spannungsquelle, den Leitungen und einem Verbraucher.

Die technische Stromrichtung geht vom Pluspol zum Minuspol.

Gleichstrom fließt stets in die gleiche Richtung.

Wechselstrom ändert ständig seine Größe und Richtung.

In einem Stromkreis können gemessen werden:

- Strom
- Spannung
- Widerstand

Widerstände können geschaltet werden:

- parallel
- in Reihe

Zwischen Spannung, Strömstärke und Widerstand besteht in einem elektrischen Stromkreis folgende Beziehung:

$$\textit{Stromstärke} = \frac{\textit{Spannung}}{\textit{Widerstand}}$$

$$I = \frac{U}{R}$$

Strommessgeräte werden mit einem Verbraucher in Reihe geschaltet.

Spannungsmessgeräte werden parallel zu einem Verbraucher angeschlossen.

Die elektrische Leistung ist abhängig von der Stromstärke und der Spannung.

Die elektrische Arbeit ist das Produkt aus der elektrischen Leistung und der Zeit.

Um gefährliche Körperströme zu vermeiden, müssen Schutzmaßnahmen zur Gewährleistung des Personenschutzes ergriffen werden.

Aufgaben

1. Welche Aufgabe besitzt eine Fehlerstromschutzeinrichtung?

2. An einem Kabel für eine Schleifmaschine wurde bei einer Spannung von 230 Volt eine Stromstärke von 12 Ampere gemessen. Welchen Widerstand hat das Kabel?

3. Mit wie viel Ampere muss ein 230 Volt Stromkreis abgesichert werden, wenn eine Säge mit 2 KW angeschlossen werden soll?

Sicherungen mit 6A, 10A, 20A, 25A stehen zur Auswahl.

4. An einem Stromkreis mit einer Netzspannung von 230 Volt sollen 60-W-Halogenlampen angeschlossen werden. Der Stromkreis ist mit einer 10 Ampere Sicherung abgesichert.

Wie viele Halogenlampen können maximal in Reihe geschaltet werden, damit die Sicherung nicht überlastet wird?

5. Wie groß ist die Stromstärke in Ampere in einem elektrischen Stromkreis bei einer Spannung von 230 V und einem Widerstand von 50 Ω?

6. Wie ist die technische Stromrichtung definiert?

7. Welche Bauteile gehören zu einem elektrischen Stromkreis?

8. Welche Vorteile hat die Parallelschaltung von elektrischen Verbrauchern?

9. Welche Folgen hat der Ausfall einer Halogenlampe in der Reihenschaltung der Partybeleuchtung?

10. Erläutern Sie zwei Schutzmaßnahmen gegen die gefährliche Wirkung des elektrischen Stromes.

11. Welche Maßnahmen zur Ersten Hilfe sind bei Auffinden eines durch elektrischen Strom Verunglückten einzuleiten?

12. Wer darf Reparaturen an elektrischen Leitungen und Geräten ausführen?

13. Wie sind defekte Elektrogeräte und defekte elektrische Anlagen im Betrieb und im Haushalt zu behandeln?

14. Mit welchem Schutzzeichen müssen Elektrogeräte gekennzeichnet sein?

15. Erläutern Sie die Schutzklassen-Kennzeichnung für elektrische Betriebsmittel.

Prüfen

1.3.7 Prüfen von Längen, Winkeln und Formen

Eine Grundlage für die maßgenaue Fertigung des Riegels ist die genaue Prüfung der geforderten Maße. Diese Prüfung erfolgt unter definierten Bedingungen, um später die Funktion der Bauteile zu gewährleisten.

Prüfen unterscheidet sich in folgende Arten:

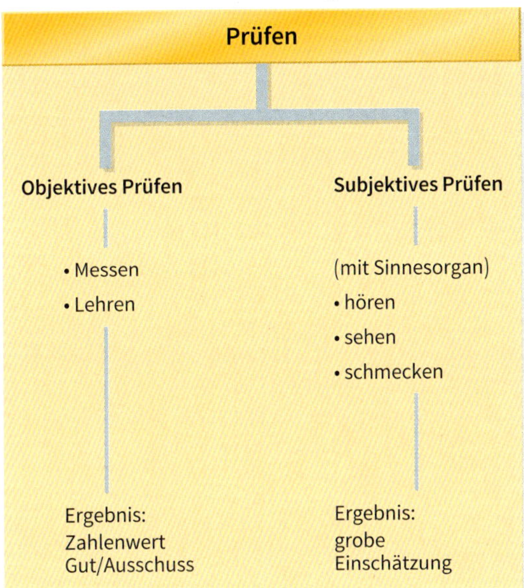

Subjektives Prüfen

Das subjektive Prüfen ist ein Feststellen von Werkstoffeigenschaften mit Sinnesorganen.

Dabei kann kein genauer Wert oder keine genaue Eigenschaft festgestellt werden. Für die Fertigung von Bauteilen ist diese Art von Prüfen nur zum Feststellen grober Unterschiede zum Endzustand von Bedeutung.

Nur durch die Anwendung von Prüfmitteln kann ein exaktes Prüfen von Werkstücken erfolgen.

Objektives Prüfen

Das objektive Prüfen erfolgt mittels Messen und Lehren, wobei immer ein konkretes Ergebnis ermittelt wird.

Zum objektiven Prüfen werden Prüfmittel verwendet, die einen unterschiedlichen Genauigkeitsgrad haben.

Die Auswahl der Prüfmittel richtet sich nach den Anforderungen an die Genauigkeit der Bauteile. Die Anforderungen an die Genauigkeit werden durch Toleranzangaben in technischen Zeichnungen vorgegeben.

Prüfmittel werden wie folgt eingeteilt:

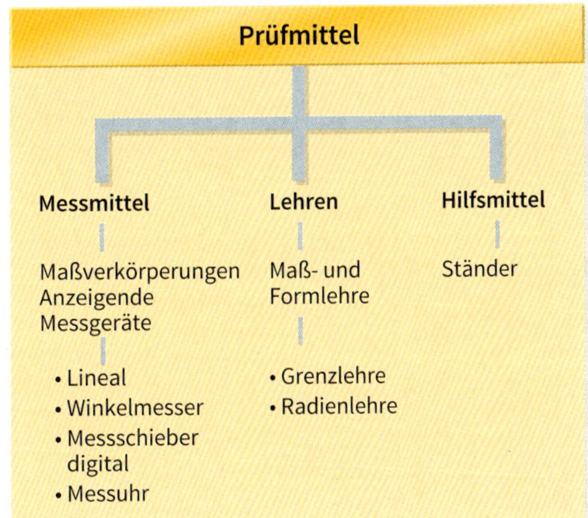

Messen

Das Messen ist das Vergleichen einer Maßverkörperung mit einem zu messenden Gegenstand. Im Ergebnis dieses Vorganges erhält man einen konkreten Zahlenwert (Abb. 1).

Messgeräte sind universell einsetzbar und ermitteln die Maße der Werkstücke. Messungen sind während des gesamten Fertigungsprozesses notwendig.

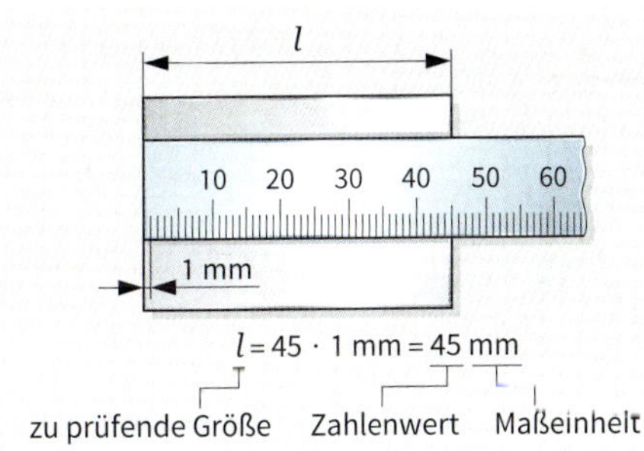

Abb. 1: Messen

Lehren

Das Lehren ist das Vergleichen eines festen Maßes der Lehre mit dem zu messenden Gegenstand. Das Ergebnis ist kein Zahlenwert, sondern die Aussage, ob das Werkstück gut oder Ausschuss ist.

Der Einsatz von Lehren ist zeitsparender, da sie nicht auf den einzelnen Messvorgang eingestellt werden müssen. Auch das aufwendige Ablesen von Messwerten entfällt, da sie nur ein festes Maß und/oder eine Form verkörpern. Ihr Einsatz ist bei der Kontrolle großer Stückzahlen in der Fertigung von Bauteilen zweckmäßig. Hier kann relativ schnell ermittelt werden, ob das jeweilige Werkstück den Anforderungen entspricht, d. h., ob es gut oder Ausschuss ist.

Nach Fertigen der geforderten Länge und der Rundungen der Halterung sind Maße und Form zu prüfen. Dieses geschieht durch Messen und Lehren.

Messen ist das Vergleichen einer Länge oder eines Winkels mit einem Messgerät. Man erhält einem Messwert.
Lehren ist das Vergleichen eines Gegenstandes mit einer Lehre. Man stellt dabei fest, ob der Prüfgegenstand gut oder Ausschuss ist.

1.3.7.1 Auswahl von Prüfgeräten

Der Zeichnung des Riegels kann man folgende Informationen entnehmen:

- größte Länge: 136 mm,
- kleinste Länge: 3 mm.

Die durch den Hinweis auf die Allgemeintoleranzen geforderte Genauigkeit liegt zwischen ± 0,2 und ± 1,2 mm.

Für das Messen der Gesamtlänge ist ein Messgerät mit einem Messbereich 300 mm und einer Messgenauigkeit von 1 mm erforderlich. Dafür eignet sich ein *Stahlmaßstab*.

Das Messen der Breite des Flachstahls von 20 mm und der Dicke von 3 mm erfolgt mit einem *Messschieber* mit einer Messgenauigkeit von 0,1 mm.

Zum Prüfen der Bogenformen benötigt man Prüfgeräte, welche die jeweiligen Bogen darstellen. Gefordert ist ein Kreisbogen mit dem Radius 24 mm. Zum Prüfen verwendet man eine *Radienlehre* mit einem Radius 24 mm. Ist eine geeignete Lehre nicht vorhanden, muss man sich eine solche selbst aus Blech herstellen.

1.3.7.2 Stahlmaßstab

Stahlmaßstäbe aus Federbandstahl gibt es mit Messbereichen von 300 mm und 500 mm (Abb. 1). Sie werden ohne optische Vergrößerung abgelesen. Deshalb haben sie meistens nur eine Messgenauigkeit von 1 mm. Beim Messen muss darauf geachtet werden, dass die Nullmarke genau mit der Kante des zu messenden Werkstückes abschließt (Abb. 1a).

Deshalb wird beim Messen häufig ein Anschlagstück verwendet.

Stahlmaßstäbe sind Maßverkörperungen.

Um Ablesefehler zu vermeiden, muss unter einem Blickwinkel senkrecht zur Skale abgelesen werden (Abb. 1b).

Stahlmaßstäbe werden für Messungen mit großen Toleranzen und für Anreißarbeiten verwendet.

Neben dem Stahlmaßstab verwendet man weitere Strichmaße. Diese sind der Gliedermaßstab mit einem Messbereich von 2 m und das Bandmaß mit einem Messbereich von bis zu 50 m. Sie haben beide eine Ablesegenauigkeit von 1 mm (Abb. 2).

Gliedermaßstäbe und Bandmaße werden für Messungen großer Längen verwendet. Die Toleranzen spielen dabei eine untergeordnete Rolle.

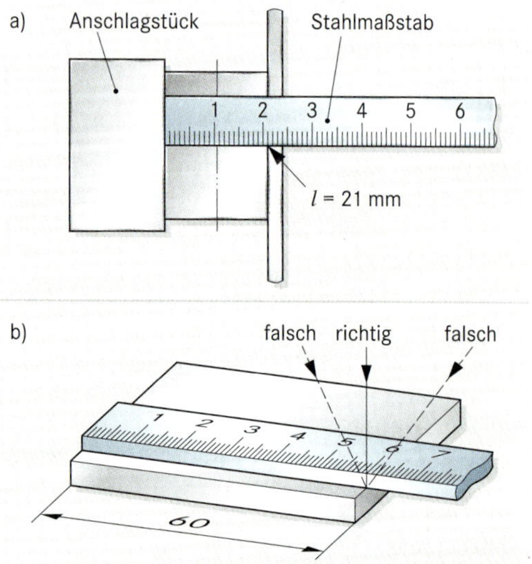

Abb. 1: Ablesen des Stahlmaßstabes

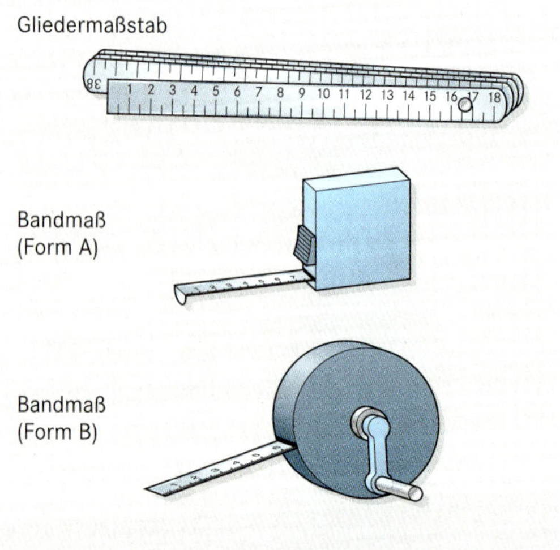

Abb. 2: Strichmaße

1.3.7.3 Messschieber

Messschieber sind die in der Metalltechnik am häufigsten verwendeten Längenmessgeräte (Abb. 3). Messschieber sind anzeigende Messgeräte.

Mit ihnen können schnell und sicher Außen-, Innen- und Tiefenmessungen ausgeführt werden. Längenmaße können mit einer Genauigkeit von 1/10 mm oder 1/20 mm abgelesen werden. Diese Messgenauigkeit wird dadurch erreicht, dass der Messschieber mit einem zusätzlichen Hilfsmaßstab ausgestattet ist. Dieser Hilfsmaßstab wird als *Nonius* bezeichnet.

Bei dem einfachen 1/10-Nonius sind 9 mm in 10 gleiche Teile unterteilt (Abb. 4). Der Abstand von einem Teilstrich zum nächsten beträgt daher auf dem Nonius 9/10 mm = 0,9 mm. Auf der Millimeterskale der Schiene beträgt der Teilstrichabstand 1 mm. Der Unterschied zwischen einem Teilstück der Millimeterskale und einem Teilstück des Nonius beträgt 1 mm – 0,9 mm = 0,1 mm.

! Die Messgenauigkeit des *Messschiebers mit 1/10-Nonius* beträgt Now = 1/10 mm = 0,1 mm. Dieser Wert heißt Noniuswert.

Wird der Messschieber so weit geöffnet, dass sich z. B. Teilstrich 2 des Nonius mit Teilstrich 2 der Millimeterskale deckt, so ist der bewegliche Messschenkel gegenüber dem festen Messschenkel um 0,2 mm verschoben worden (Abb. 5). Der Messwert beträgt Mw = 0,2 mm.

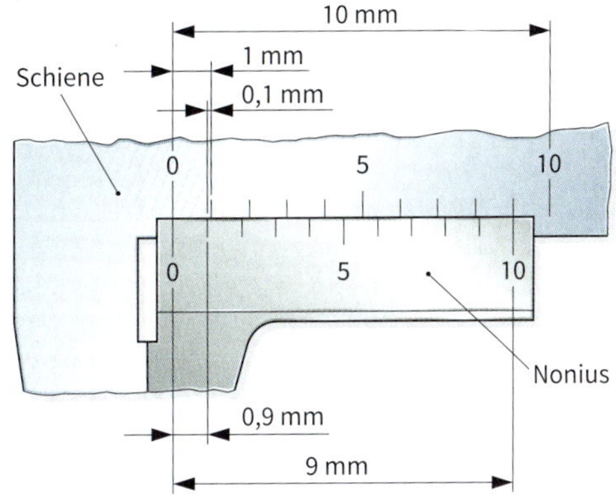

Abb. 4: Einfacher 1/10-Nonius

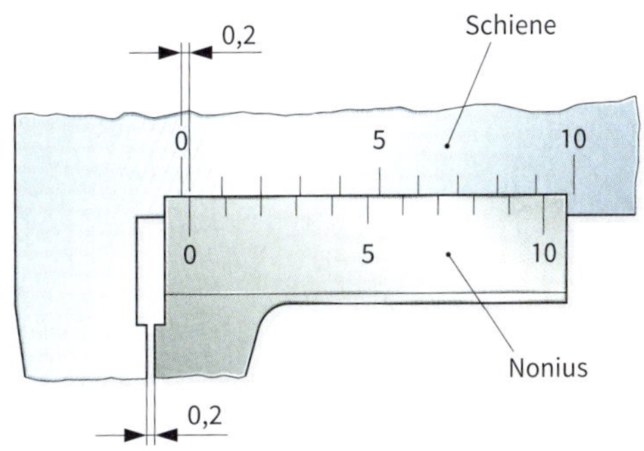

Abb. 5: Ablesen des einfachen 1/10-Nonius

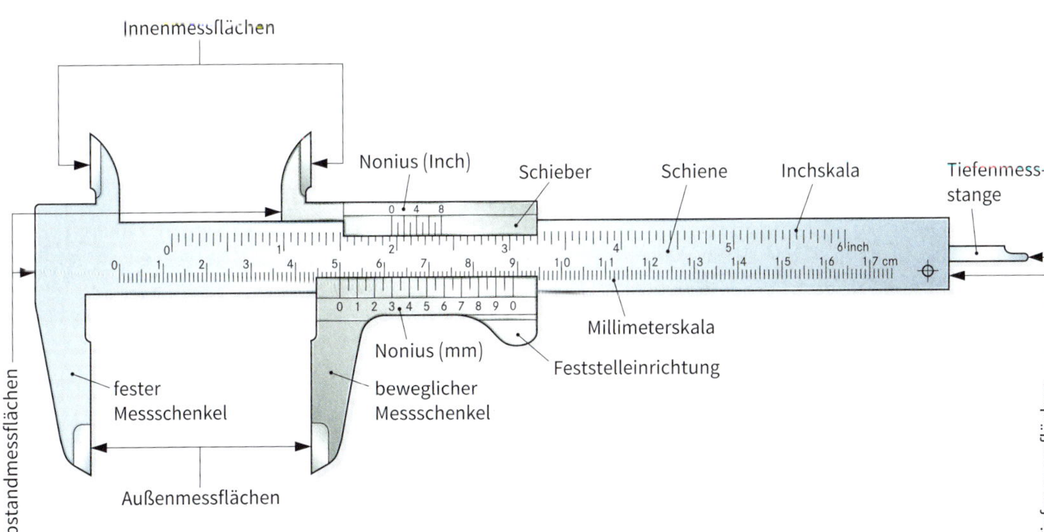

Abb. 3: Messschieber – Form A

auch über Web-Link

Beim Ablesen des Messschiebers kommt es darauf an, denjenigen Teilstrich des Nonius zu bestimmen, der mit einem Teilstrich der Millimeterskale zusammenfällt. Das Ablesen wird optisch erleichtert, wenn der Abstand der Teilstriche auf dem Nonius vergrößert wird (Abb. 1). Man erreicht dies beim erweiterten 1/10-Nonius dadurch, dass 19 mm in 10 gleiche Teile unterteilt werden. Der Abstand von einem Teilstrich zum nächsten beträgt dann auf dem Nonius 19/10 mm = 1,9 mm. Der Unterschied zwischen einem Teilstück der Millimeterskale und einem Teilstück des Nonius beträgt wie beim einfachen 1/10-Nonius 0,1 mm (2 mm - 1,9 mm = 0,1 mm).

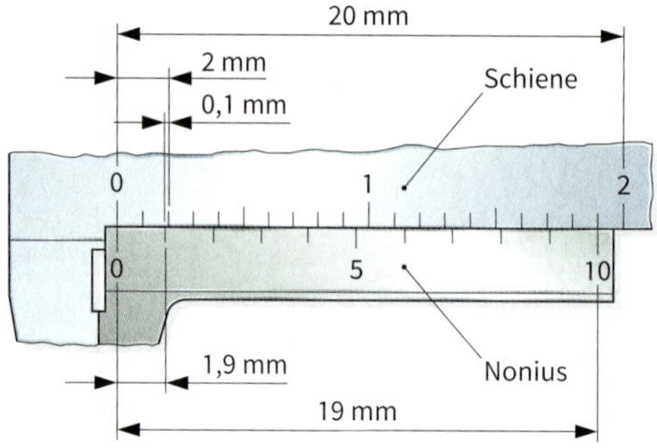

Abb. 1: Erweiterter 1/10-Nonius

! Die Messgenauigkeit des Messschiebers mit erweitertem 1/10-Nonius beträgt Now = 1/10 mm = 0,1 mm.

Eine größere Messgenauigkeit wird mit dem Messschieber mit 1/20-Nonius erreicht (Abb. 2).

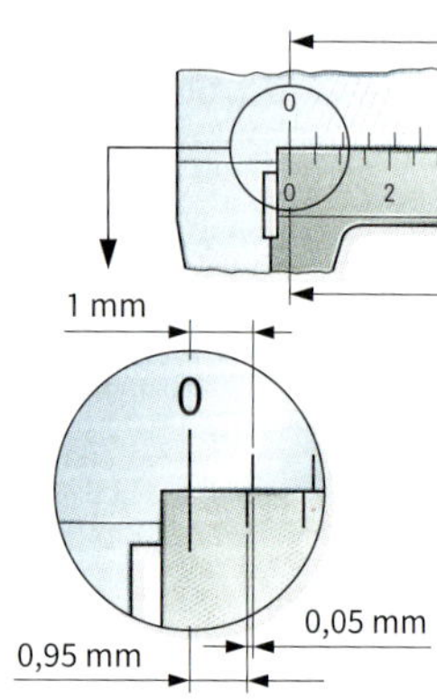

Abb. 2: 1/20-Nonius

Beim Messschieber mit einem 1/20-Nonius werden 19 mm in 20 gleiche Teile unterteilt. Der Abstand von einem Teilstrich zum nächsten beträgt bei diesem Nonius 19/20 mm = 0,95 mm. Auf der Millimeterskale der Schiene beträgt der Teilstrichabstand 1 mm. Der Unterschied zwischen einem Teilstück der Millimeterskale und einem Teilstück des Nonius beträgt daher Now = 1 mm - 0,95 mm = 0,05 mm = 1/20 mm.

! Die Messgenauigkeit des Messschiebers mit erweitertem 1/20-Nonius beträgt Now = 1/20 mm = 0,05 mm.

Den 1/20-Nonius gibt es auch als erweiterten 1/20-Nonius. Dabei sind 39 mm in 20 gleiche Teile unterteilt. Der Noniuswert beträgt hierbei Now = 2 mm - 1,95 mm = 0,05 mm = 1/20 mm.

Das *Ablesen eines Messwertes* erfolgt in drei Schritten (Abb. 3):

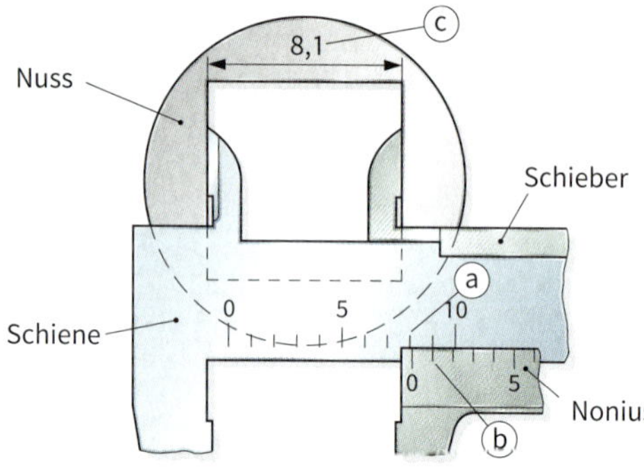

Abb. 3: Ablesen eines Messwertes

a) Ablesen der vollen Millimeter links von der Nonius-Null auf der Millimeterskale der Schiene (8 mm).

b) Bestimmen desjenigen Teilstrichs des Nonius, der mit einem Teilstrich der Millimeterskale übereinstimmt (1. Teilstrich). Dieser Nonius-Teilstrich gibt die Zehntelmillimeter an (0,1 mm).

c) Volle Millimeter und Zehntelmillimeter werden addiert (8 mm + 0,1 mm = 8,1 mm). Die Summe der beiden Werte ergibt den Messwert Mw = 8,1 mm.

Messschieber mit *Rundskale* (Abb. 4a) haben ein Zifferblatt mit Zeiger und eine Messgenauigkeit (= Skalenteilungswert Skw) bis zu 1/100 mm. *Tiefenmessschieber* (Abb. 4b) haben einen beweglichen Schenkel in Form einer Brücke. Damit hat man am Werkstück eine bessere Anlage als bei der Tiefenmessstange des Messschiebers Form A.

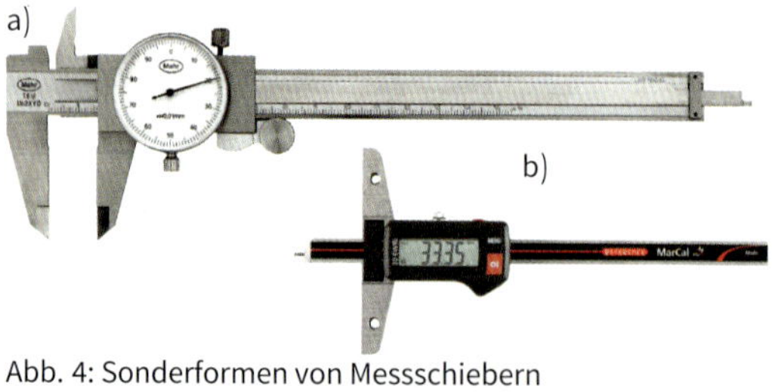

Abb. 4: Sonderformen von Messschiebern

Messschieber mit Ziffernanzeige (Digitalmessschieber) setzen sich immer mehr durch (Abb. 5). Die Messgenauigkeit (= Ziffernschrittwert Zw) beträgt 1/100 mm. Der Messwert kann direkt abgelesen werden.

Längenmessungen mit Messschiebern müssen bei der genormten Bezugstemperatur von 20 °C durchgeführt werden. Abweichungen hiervon verursachen Messfehler.

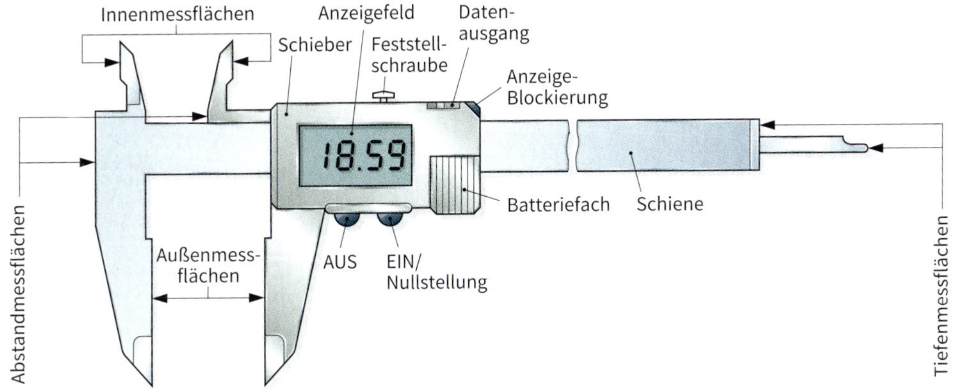

Abb. 5: Digitalmessschieber

1.3.7.4 Geräte zum Prüfen von Winkeln

Winkel werden häufig mit Lehren geprüft. Hierfür verwendet man *feste Winkel* (Abb. 6), die jeweils nur für die Prüfung eines bestimmten Winkels geeignet sind. Die gebräuchlichsten 90°-Winkel sind

- Flachwinkel,
- Haarwinkel und
- Anschlagwinkel.

Mit Flach- und Haarwinkeln prüft man die Lage von Kanten und Flächen zueinander. Anschlagwinkel verwendet man zum Ausrichten und Anreißen.

120°-Winkel werden zum Anreißen und Prüfen von Sechskanten, 135°-Winkel für Achtkante und Gehrungen verwendet.

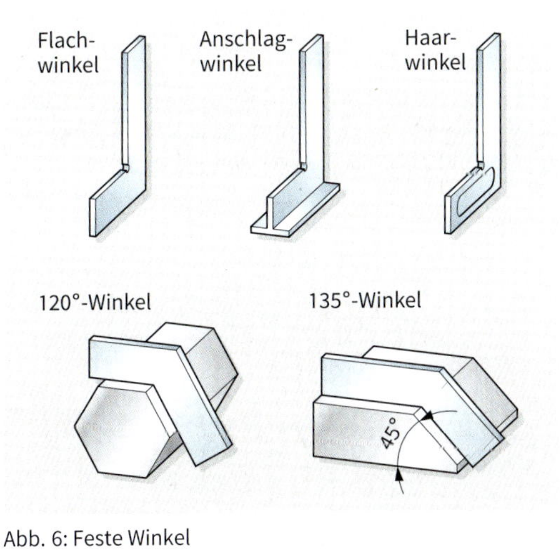

Abb. 6: Feste Winkel

Schmiegen sind verstellbare Lehren, die für das Prüfen und Übertragen von Winkeln verwendet werden.

Mithilfe des beweglichen Schenkels sind sie auf jedes beliebige Winkelmaß einstellbar (Abb. 7).

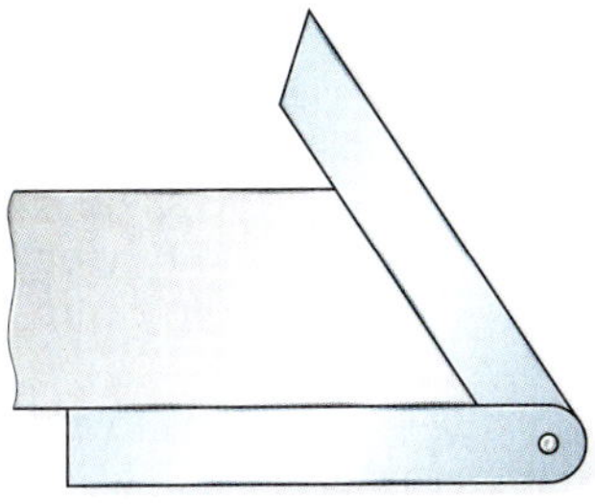

Abb. 7: Schmiege

Einfache Winkelmesser werden für Messungen mit Messgenauigkeiten von 1° eingesetzt. Der Skalenteilungswert beträgt 1°. Der Messbereich reicht von 0° bis 180° (Abb. 8).

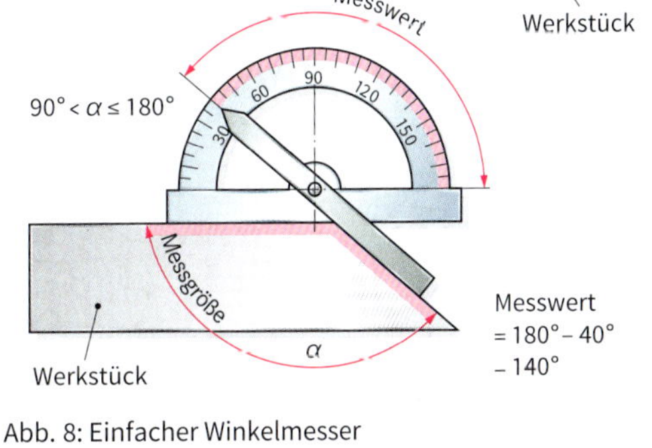

Abb. 8: Einfacher Winkelmesser

Universalwinkelmesser werden für Winkelmessungen mit Ablesegenauigkeiten von 5' eingesetzt. Der Skalenteilungswert beträgt 5'. Der Messbereich reicht von 0° bis 360°.

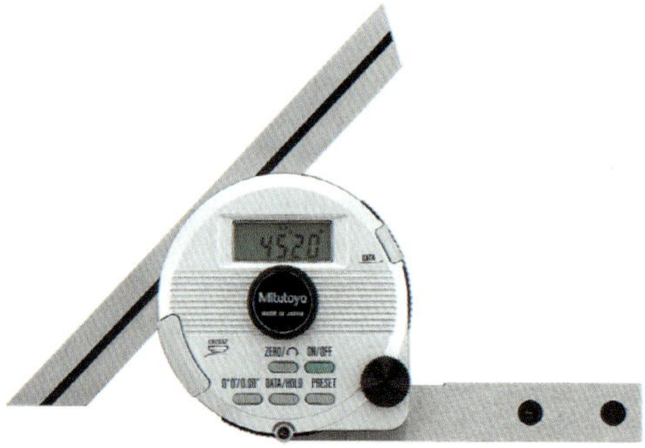

Abb. 1: Digitaler Universalwinkelmesser

1.3.7.5 Prüfen mit Formlehren

Mit einer Formlehre wird festgestellt, ob die Istform eines Werkstückes mit der Sollform einer Lehre, die die Form des zu prüfenden Werkstückes verkörpert, übereinstimmt. Diese Überprüfung erfolgt nach der Lichtspaltmethode. Hierbei hält man Werkstück und Lehre gegen das Licht. Sieht man den Lichtspalt gleichmäßig, ist das Werkstück „gut".

Folgende Formlehren werden verwendet:

Radienlehre

Mit Radienlehren kann die Form von Rundungen überprüft werden (Abb. 2). Dazu zählen Innenradien und Außenradien. Die Radienlehre gibt es in verschiedenen Abstufungen, wobei auf der einen Seite die Innenradien und auf der anderen Seite die Außenradien angebracht sind.

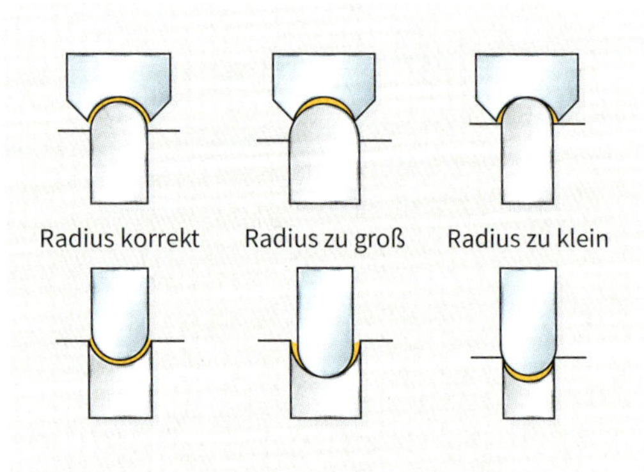

Abb. 2: Radienlehren

Haarlineale/Haarwinkel

Haarlineale und Haarwinkel werden zum Prüfen von Flächen auf deren Ebenheit verwendet. Sie können Unebenheiten von 1/1000 mm erfassen (Abb. 3).

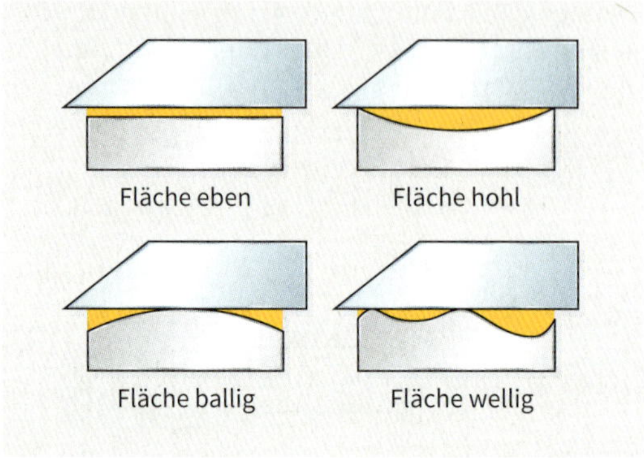

Abb. 3: Haarlineale

Gewindelehren

Die Gewindelehre wird zum Prüfen von Gewinden verwendet. Mit dieser Lehre kann das Innengewinde (Gewindelehrdorn) oder das Außengewinde (Gewindelehrring) überprüft werden (Abb. 4).

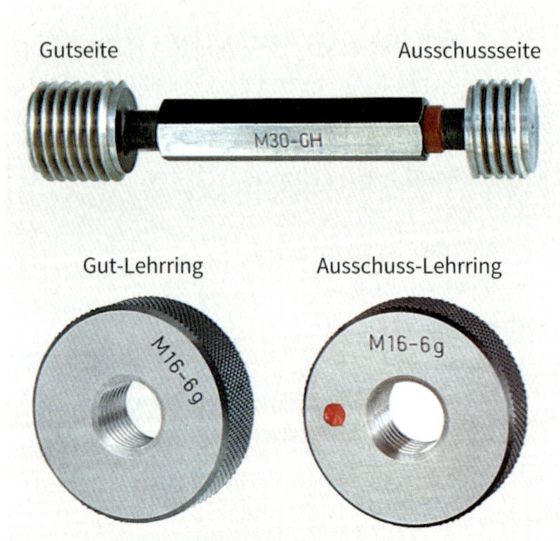

Abb. 4: Gewindelehrdorn und Gewindelehrringe

Gewindeschablone

Gewindeschablonen werden zur einfachen Prüfung von wichtigen Gewindemaßen z. B. Flankenwinkel und Steigung eingesetzt (Abb. 5).

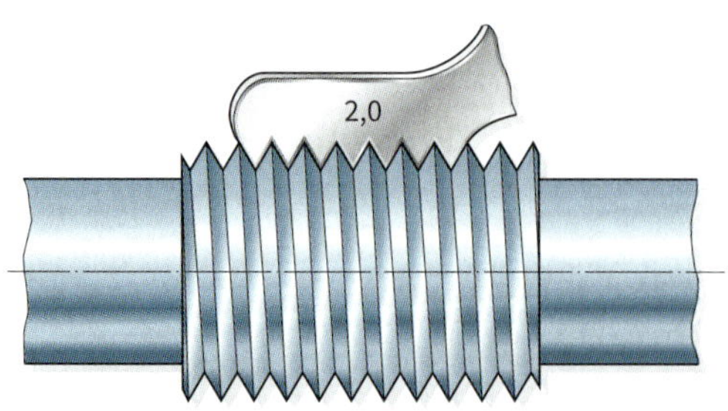

Abb. 5: Gewindeschablone

Prüfvorgang

Durch Prüfen soll festgestellt werden, ob ein Produkt die geforderten Eigenschaften hat.
Durch die *Eingangsprüfung* vor der Fertigung werden Werkstoff und Maße des Rohteils geprüft. Durch die *Zwischenprüfung* während der Fertigung werden fortlaufend Maße, Formen und Oberflächenbeschaffenheit des Werkstücks geprüft. Durch die *Endprüfung* nach der Fertigung werden alle von dem Werkstück geforderten Eigenschaften geprüft. Das Ergebnis des Prüfens erhält man immer durch eine JA-NEIN-Entscheidung (Abb. 3).

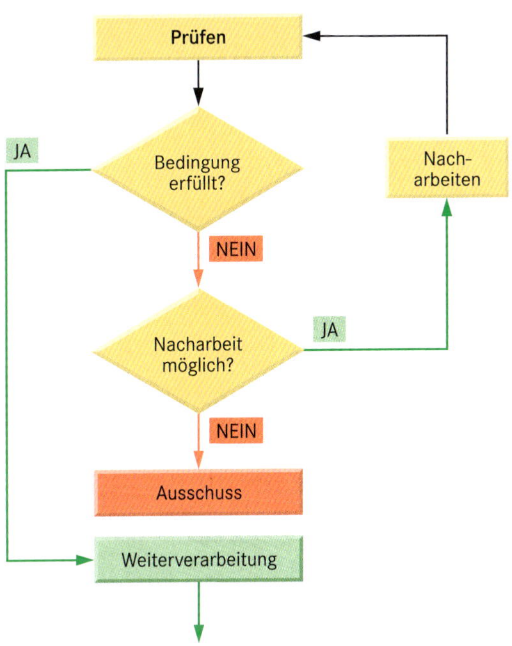

Abb. 3: Ablaufplan für einen Prüfvorgang

Das Prüfen von Werkstücken kann durch Messen oder durch Lehren erfolgen.
Beim *Messen* wird ein unbekanntes Maß am Werkstück mit einem festgelegten Maß verglichen (Abb. 4). Die durch den Stahlmaßstab festgelegte Maßeinheit ist das Millimeter. Beim Messen wird das Maß am Werkstück mit dem Maß am Stahlmaßstab verglichen. Das Ergebnis des Messens ist das Istmaß. Es wird angegeben als Produkt aus Zahlenwert und Maßeinheit.
Beim *Lehren* wird ein Maß oder eine Form des Werkstückes mit einer Maßlehre oder einer Formlehre verglichen. Die Lehre verkörpert ein gefordertes Sollmaß oder eine geforderte Sollform. Beim Prüfen durch Lehren wird festgestellt, ob Istmaß oder Istform des Werkstückes von dem idealen Maß oder von der idealen Form der Lehre abweichen oder nicht. Ein Zahlenwert für die Größe der Abweichung wird beim Lehren nicht ermittelt.

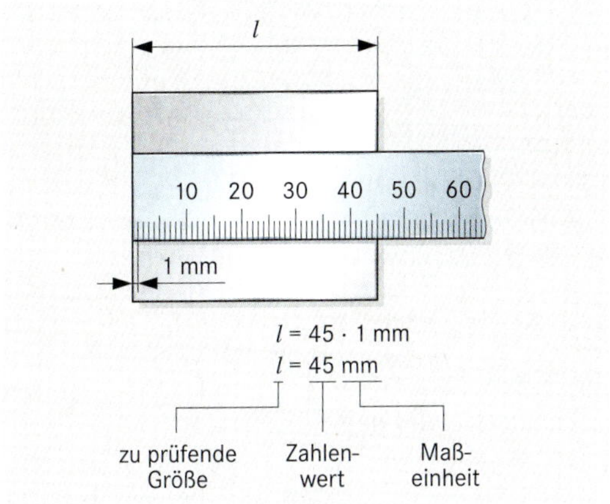

Abb. 4: Messen

Prüfabweichungen

Das Nennmaß eines Werkstückes kann nie hundertprozentig exakt hergestellt werden. Deshalb werden Maßtoleranzen zugelassen. Dies trifft auch für die Herstellung der Prüfmittel zu. Jedes Prüfmittel kann deshalb als „fehlerbehaftet" angesehen werden.

Ebenso wenig kann das Istmaß eines Werkstückes hundertprozentig exakt ermittelt werden. Das führt zwangsläufig zu Unterschieden zwischen dem Prüfergebnis und dem tatsächlich vorhandenen Istmaß, wenn Prüfmittel eingesetzt werden. Ungenügende Übung des Prüfers kann ebenfalls zu Unterschieden zwischen Prüfergebnis und tatsächlichem Maß führen. Der Unterschied zwischen gemessener Größe und tatsächlicher Größe heißt *Messabweichung*.

Messabweichung = gemessene Größe – tatsächliche Größe

- **Ursachen von Abweichungen**

Abweichungen der gemessenen Größe von der tatsächlichen Größe beruhen auf unterschiedlichen Ursachen. Fehlerquellen, die Abweichungen beim Prüfen verursachen können, liegen bei

- den Prüfmitteln → Gerätefehler,
- den Werkstücken → Prüflingfehler,
- den Umgebungsbedingungen → umweltbedingte Fehler oder
- dem Prüfer → persönliche Fehler.

Gerätefehler (z. B. bei Messgeräten und Lehren) ergeben sich durch Fertigungstoleranzen oder durch Justierfehler bei der Montage. Typische Gerätefehler sind Teilungsfehler an den Skalen von Messschiebern und Verschleiß der Messflächen.

Prüflingfehler ergeben sich z.B. durch Grat oder Zunder, durch Reste von Kühlschmierstoffen oder Anreißlack, durch Verschmutzungen mit Öl, Fett oder Staub. Zu große Messkraft kann zu Verformungen des Werkstückes und damit zu Prüfabwei-chungen führen.

Umweltbedingte Fehler ergeben sich z. B. durch Schwankungen der Temperatur, unzureichende Beleuchtung, hohe Staubbelastung und Erschütterungen. Ein besonders wichtiger Umwelteinfluss ist die Temperatur. Metallische Werkstoffe dehnen sich bei Erwärmung aus und ziehen sich bei Abkühlung zusammen.

Zur Vermeidung von Temperatureinflüssen sollten Prüfgeräte und Werkstücke während des Prüfvorganges die vorgeschriebene Bezugstemperatur von 20 °C haben.

Persönliche Fehler ergeben sich z.B. durch unsachgemäßes oder falsches Anwenden von Prüfgeräten, durch ungenügende Übung beim Ablesen des Messwertes, durch schräge Blickrichtung beim Ablesen (Parallaxe) oder unzureichende Sichtverhältnisse.

- **Arten von Abweichungen**

Prüfabweichungen werden unterteilt in

- systematische Abweichungen und
- zufällige Abweichungen.

Systematische Abweichungen entstehen z.B. durch fertigungsbedingte Teilungsabweichungen bei Skalen, durch Abnutzung der Prüfmittel und durch gleichbleibende Abweichungen von der genormten Bezugstemperatur von 20 °C.

Systematische Abweichungen haben unter gleichen Prüfbedingungen immer die gleiche Größe und das gleiche Vorzeichen. Gleiche Prüfbedingungen bedeutet: gleiches Prüfgerät, gleiche Prüfstelle, gleicher Prüfer. Systematische Abweichungen ergeben einen falschen Prüfwert. Sie können jedoch als Korrekturwert erfasst werden. Der Korrekturwert kann bei jeder Prüfung berücksichtigt werden.

Zufällige Abweichungen entstehen z.B. durch Verformungen von Werkstück oder Prüfgerät während des Prüfens. Je nach aufgebrachter Messkraft wird die Anzeige am Messschieber größer oder kleiner (Abb. 1). Grat und anhaftender Schmutz am Werkstück beeinflussen ebenfalls das Messergebnis.

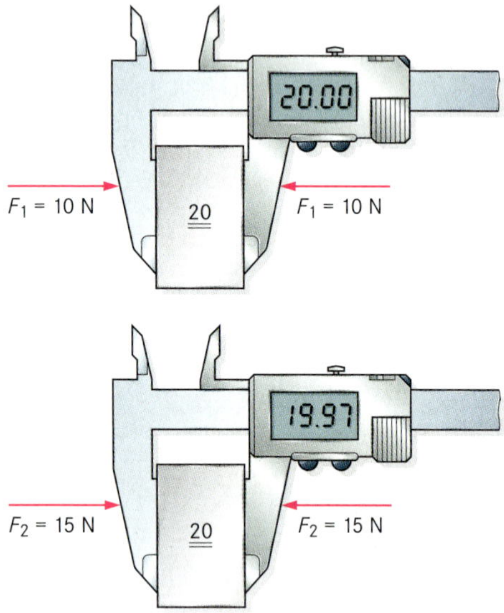

Abb. 1: Zufällige Abweichungen durch Messkraftschwankung

Zufällige Abweichungen treten unregelmäßig auf. Sie schwanken selbst unter gleichen Messbedingungen. Sie können beim Prüfen nicht durch einen Korrekturwert berücksichtigt werden. Man kann jedoch versuchen, sie durch ein statistisches Verfahren zu erfassen. Hierbei werden für eine Messgröße mehrere Messungen unter gleichen Bedingungen durchgeführt. Aus der so ermittelten Messreihe wird ein Mittelwert gebildet. Dieser Mittelwert stimmt annähernd mit dem tatsächlichen Wert überein.

Beispiel:

Ein Werkstück wurde 5-mal an der gleichen Stelle gemessen. Aus den aufgenommenen Messwerten ist der Mittelwert zu bilden.

Messwert Nr.	Messwert Mw in mm
1	30,04
2	29,99
3	30,09
4	30,06
5	30,07

$$\text{Mittelwert} = \frac{\text{Summe der Messwerte}}{\text{Anzahl der Messwerte}}$$

$$\text{Mittelwert} = \frac{150{,}25\ \text{mm}}{5\ \text{mm}}$$

$$\text{Mittelwert} = \underline{\underline{30{,}05\ \text{mm}}}$$

Zusammenfassung

Prüfen

Feststellen, ob ein Prüfgegenstand bestimmte vorgeschriebene Bedingungen erfüllt

Messen

Vergleichen einer physikalischen Größe mit einem Messgerät

Messgeräte:

- Stahlmaßstab
- Messschieber
- einfacher Winkelmesser
- Universalwinkelmesser

Lehren

Vergleichen eines Prüfgegenstandes mit einer Lehre

Lehren:

- Haarlineale
- Radienlehren
- feste Winkel

Bezugstemperatur: Die genormte Bezugstemperatur beim Prüfen beträgt 20 °C. Sie gilt für das Prüfgerät und das zu prüfende Werkstück.

Aufgaben

1. Ordnen Sie die folgenden Prüfgeräte den Verfahren Messen oder Lehren zu:

Stahlmaßstab, Messschieber, Radienlehre, Universalwinkelmesser, Haarlineal, Flachwinkel.

2. Nennen Sie Beispiele für die Anwendung einfacher Formlehren in Ihrem Ausbildungsbetrieb.

3. Erklären Sie den Aufbau des dargestellten Nonius. Wie groß ist bei diesem Messschieber der Abstand zwischen zwei Strichen des Nonius und der Noniuswert Now?

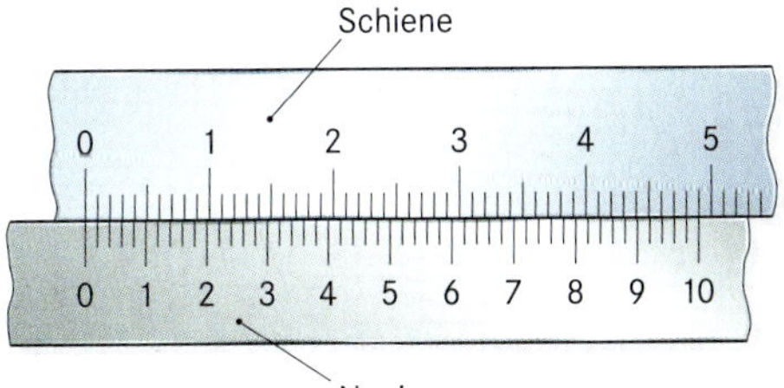

4. Unterscheiden Sie einen Messschieber mit einem erweiterten 1/10-Nonius von einem Messschieber mit einem 1/20-Nonius.

5. Beschreiben Sie zwei Möglichkeiten für das Messen des Mittenabstandes l_m.

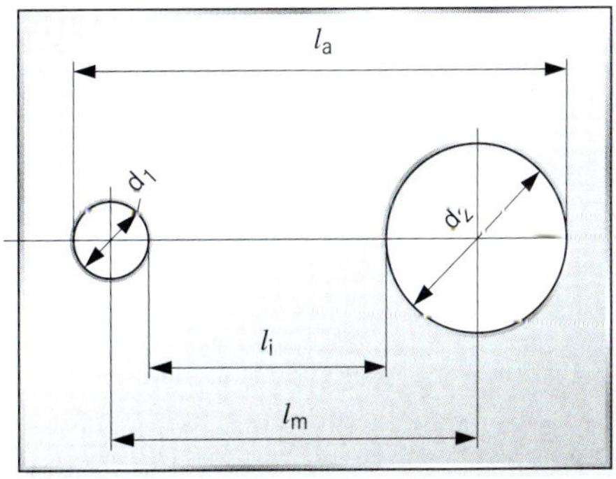

6. Lesen Sie die Messwerte an den Messschiebern ab.

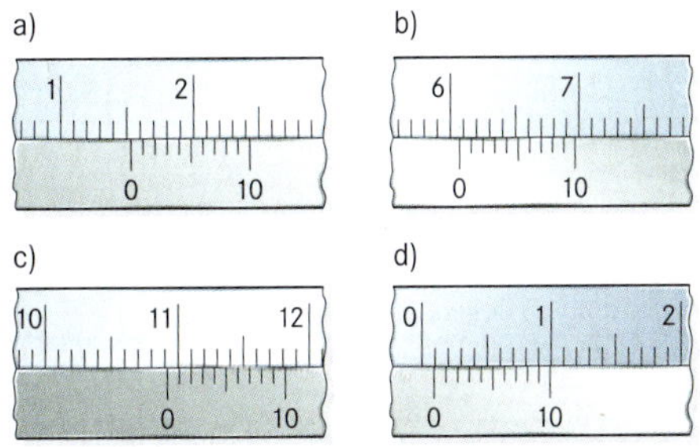

Planen/ Dokumentieren

1.3.8 Arbeitsplanung

Ein Arbeitsplan beschreibt, wie eine Arbeit durchgeführt werden soll. Je genauer er ist, umso eher können beim Durchführen der Arbeit Fehler vermieden werden.

Ein Arbeitsplan legt die Vorgehensweise für das Durchführen von Arbeitsaufgaben fest. Er gibt Informationen und Anweisungen zugleich.

Im Rahmen der Planung müssen Entscheidungen getroffen werden über

- die Fertigungsverfahren,
- die Arbeitsmittel wie Werkzeuge und Spannmittel und
- die Arbeitsfolge.

Diese Daten werden im Arbeitsplan tabellarisch zusammengefasst (Abb. 2).
Während und nach der Fertigung erfolgt die Kontrolle des Arbeitsergebnisses. Es wird überprüft, ob das Ergebnis mit den Vorgaben der Zeichnung übereinstimmt.

Bei der Planung und der Durchführung von Arbeitshandlungen sind grundsätzlich die Vorschriften zur Arbeitssicherheit und zum Umweltschutz einzuhalten.

Die wichtigste Grundlage für das Erstellen eines Arbeitsplanes ist die Einzelteilzeichnung (Abb. 1). Aus ihr können die Bearbeitungsformen mit ihren Abmessungen und der geforderten Genauigkeit entnommen werden. Der Riegel ist zunächst auf Länge und dann auf die vorgegebene Breite zu fertigen.

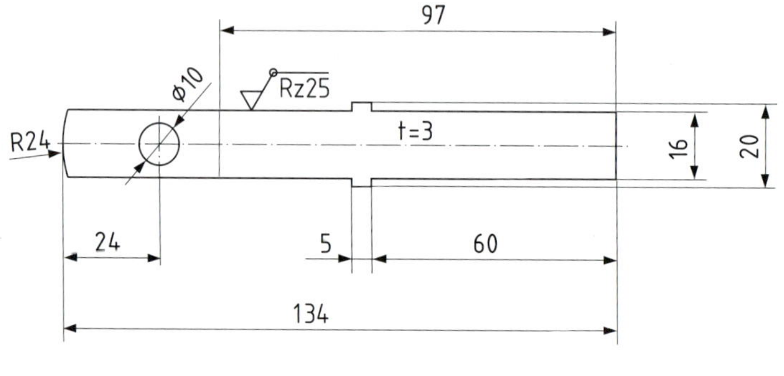

Abb. 1: Riegel

westermann	Arbeitsplan		Blatt-Nr. 1	Anzahl 1
Benennung: Riegel	**Zeichn.-Nr.** 1.004 **Sach.-Nr.**	**Auftragsnr.:**		**Name:**
Halbzeug: Flach EN 10278 – 20x3x138 Stahl EN 10277 – 2-S235JR		**Stückzahl:**		**Klasse/Gr.:**
[x] **Einzelteil**	[ ] **Montage/Demontage**	**Termin:**		**Kontr.-Nr.:**

Lfd. Nr.	Arbeitsvorgang	Arbeitsmittel	Arbeitswerte/ Bemerkungen
1	Rohteil entgraten und auf Länge prüfen	Flachfeile,Stahlmaßstab	Hieb-Nr. 1
2	Stirnfläche rechtwinklig zur Seitenfläche feilen	Flachfeile, Schraubstock	Hieb-Nr. 3
3	Rechtwinkligkeit prüfen	fester 90°-Winkel	
4	Länge anreißen	Stahlmaßstab, Reißnadel	
5	Rohteil auf Länge feilen	Flachfeile, Schraubstock	Hieb-Nr. 3
6	Rechtwinkligkeit prüfen	fester 90°-Winkel	
7	Breite anreißen	Stahlmaßstab, Reißnadel	
8	Rohteil auf Breite feilen	Flachfeile	Hieb-Nr. 3
9	Breite prüfen	Messschieber	
10	Rundung anreißen	Stahlmaßstab, Zirkel	
11	Rundung feilen und prüfen	Flachfeile, Radienlehre R24	Hieb-Nr. 3
12	Bohrung anreißen und körnen	Stahlmaßstab, Reißnadel, Körner	

Abb. 2: Arbeitsplan

1.4 Biegen

ARBEITSAUFTRAG

Der vorbereitete Riegel ist durch Biegen in seine endgültige Form zu bringen.

Informieren

1.4.1 Zeichnungsanalyse

In der Zuschnittzeichnung (Abb. 3a) ist der Riegel im gestreckten Zustand als Abwicklung dargestellt. Die Biegelinie ist als schmale Volllinie eingezeichnet und bemaßt. Die Biegelinie kennzeichnet die Mitte der Biegerundungen.

Ist eine Zuschnittzeichnung nicht vorhanden, wird in der Einzelteilzeichnung die Abwicklung durch eine Strich-Zweipunktlinie dargestellt und durch ein Hilfsmaß bemaßt (Abb. 3b). Das Maß für die Lage der Biegelinie muss dann errechnet werden.

Informieren

1.4.2 Gestreckte Länge

Die Berechnung der Gesamtlänge des Riegels und der Lage der Biegelinie wird über die Ermittlung der gestreckten Länge vorgenommen.

Die gestreckte Länge des abgewickelten Bauteiles entspricht der Länge der neutralen Faser, die sich während des Biegens nicht verändert.

Bei Biegeteilen mit kleinem Biegeradius berechnet man die gestreckte Länge oder Zuschnittlänge aus den jeweiligen Außenmaßen des Bauteiles unter Berücksichtigung eines Ausgleichswertes.

Entsprechendes gilt für die Berechnung der Abstände der Biegelinie von der Außenkante.

Man berechnet die gestreckte Länge bei Biegeteilen mit größerem Biegeradius aus den jeweiligen Maßen des Bauteiles bezogen auf die Maße des Profilschwerpunktes.

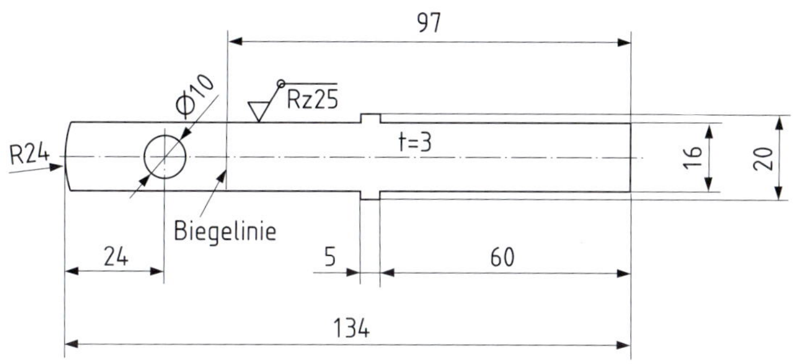

a) Zuschnittzeichnung

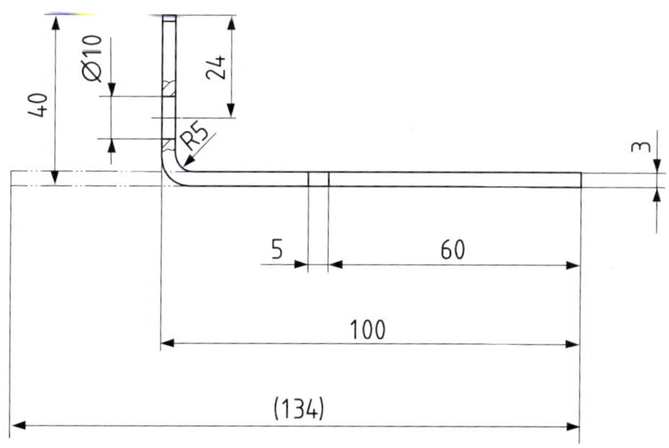

b) Vorderansicht mit Darstellung der Abwicklung

Abb. 3: Darstellung des Riegels

Grundlagen

Berechnung der gestreckten Länge

Die gestreckte Länge des Biegeteiles entspricht der Länge der neutralen Faser.

Die neutrale Faser verläuft durch den Schwerpunkt der Querschnittfläche. Die gestreckte Länge entspricht daher auch der Länge der Schwerpunktlinie. Bei rechteckigen, quadratischen und kreisförmigen Querschnitten liegt der Schwerpunkt in der Mitte der Querschnittfläche (→📖).

- **Biegeteile mit kleinem Biegeradius**

Die gestreckte Länge l kann ermittelt werden, indem man von der Summe aller Außenmaße des Bauteiles für jede Biegestelle einen entsprechenden Ausgleichswert v abzieht.

Der Ausgleichswert v berücksichtigt, dass sich die neutrale Faser beim Umformen zur Innenseite der Biegestelle verschiebt.

Der Ausgleichswert v ist abhängig von

- der Blechdicke t,
- dem Biegeradius r und
- dem Biegewinkel α.

Für den Biegewinkel $\alpha = 90°$ können die Ausgleichswerte direkt aus dem Tabellenbuch entnommen werden (→📖).

Die gestreckte Länge wird stets auf volle Millimeter aufgerundet.

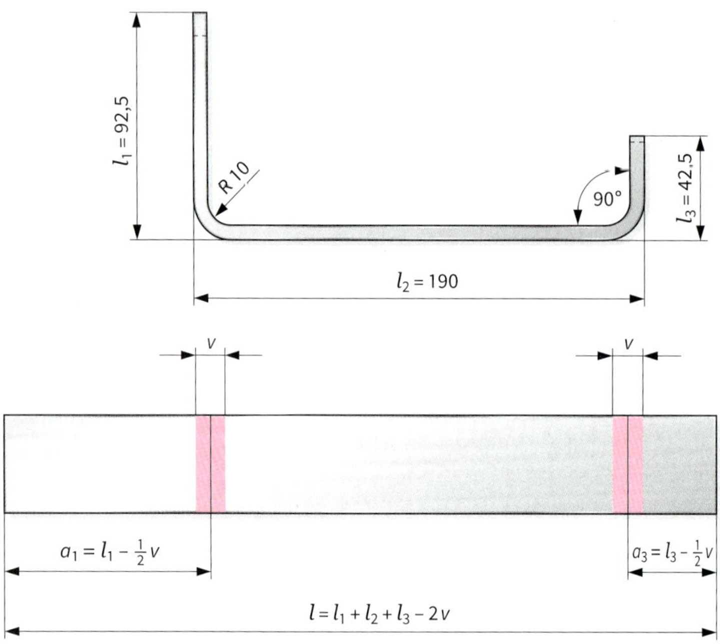

Blechdicke	$t = 6$ mm
Biegeradius	$r = 10$ mm
Biegewinkel	$\alpha = 90°$
Ausgleichswert	$v = 12{,}7$ mm

Gesamtlänge:

$l = 92{,}5\text{ mm} + 190\text{ mm} + 42{,}5\text{ mm} - 2 \cdot 12{,}7\text{ mm}$

$l = 299{,}6\text{ mm} \approx 300\text{ mm}$

Lage der Biegelinien:

$a_1 = 92{,}5\text{ mm} - 1/2 \cdot 12{,}7\text{ mm}$

$a_1 = 86{,}15\text{ mm} \approx 87\text{ mm}$

$a_3 = 42{,}5\text{ mm} - 1/2 \cdot 12{,}7\text{ mm}$

$a_3 = 36{,}15\text{ mm} \approx 37\text{ mm}$

- **Biegeteile mit größerem Biegeradius**

Für größere Biegeradien gibt es keinen Ausgleichswert. Daher muss die gestreckte Länge aus der Summe der Teillängen der neutralen Faser berechnet werden.

$l = l_1 + l_2 + l_3$

$l = l_1 + 1/4\, d\,\pi + l_3$

$l = 75\text{ mm} + 1/4\; 126\text{ mm}\; \pi + (270\text{ mm} - 66\text{ mm})$

$l = 377{,}96\text{ mm} \approx 378\text{ mm}$

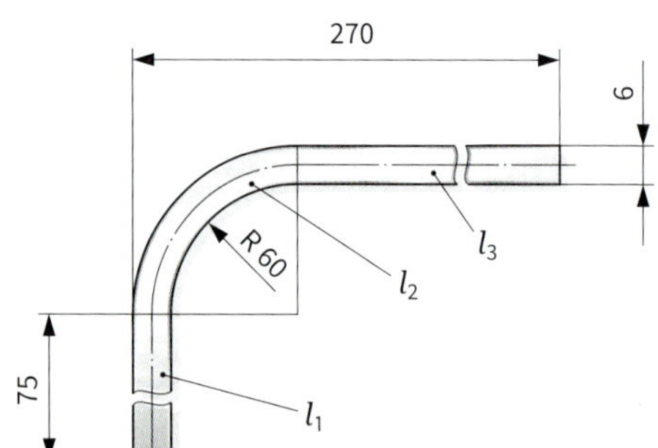

Fertigen

1.4.3 Biegevorgang

Der Flachstahl für den Riegel soll über einen Biegeklotz mit dem Radius R 5 zu einem 90°-Bogen gebogen werden (Abb. 1). Das Umformen erfolgt durch Aufbringen der Biegekraft *F*. Durch das Biegen wird der Werkstoff

- im äußeren Bereich auf Zug beansprucht und dadurch gestreckt (Zugzone),
- im inneren Bereich auf Druck beansprucht und dadurch gestaucht (Druckzone).

Zwischen der Zug- und der Druckzone liegt eine Werkstoffschicht, die weder gestreckt noch gestaucht wird. Sie wird als *neutrale Faser* bezeichnet.

Durch das Biegen ändert sich die Querschnittsform des Werkstückes. In der Zugzone entsteht durch die Werkstoffstreckung eine Einschnürung, in der Druckzone durch die Stauchung eine Verbreiterung.

! Beim Biegen werden die äußeren Werkstofffasern gestreckt und die inneren gestaucht. Dazwischen liegt die neutrale Faser, deren Ausgangslänge durch das Biegen nicht verändert wird.

Die Querschnittsveränderungen sind umso größer,

- je kleiner der Biegeradius,
- je größer der Biegewinkel und
- je größer die Dicke des Werkstückes ist.

Durch die Einschnürung können Risse, durch die Verbreiterung können Quetschfalten entstehen. Die Rissbildung muss auf jeden Fall vermieden werden, weil dadurch das Werkstück zerstört werden kann. Größere Querschnittsveränderungen müssen insbesondere beim Biegen von Rohren vermieden werden, weil hierdurch z. B. der Durchfluss von Flüssigkeiten behindert wird.

Aufgrund ihres *elastischen Verhaltens* federn Werkstücke nach dem Biegen etwas zurück. Um den geforderten Biegewinkel zu erhalten, muss das Werkstück so weit überbogen werden (Winkel α_1), dass nach der *Rückfederung* der richtige Biegewinkel vorhanden ist (➡📖) (Abb. 2).

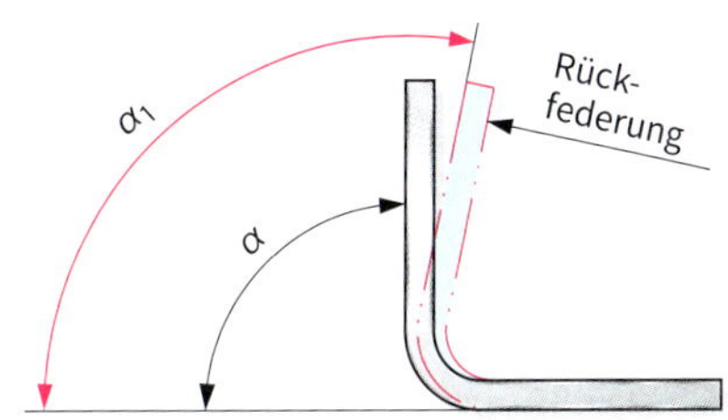

Abb. 2: Rückfederung

auch über Web-Link

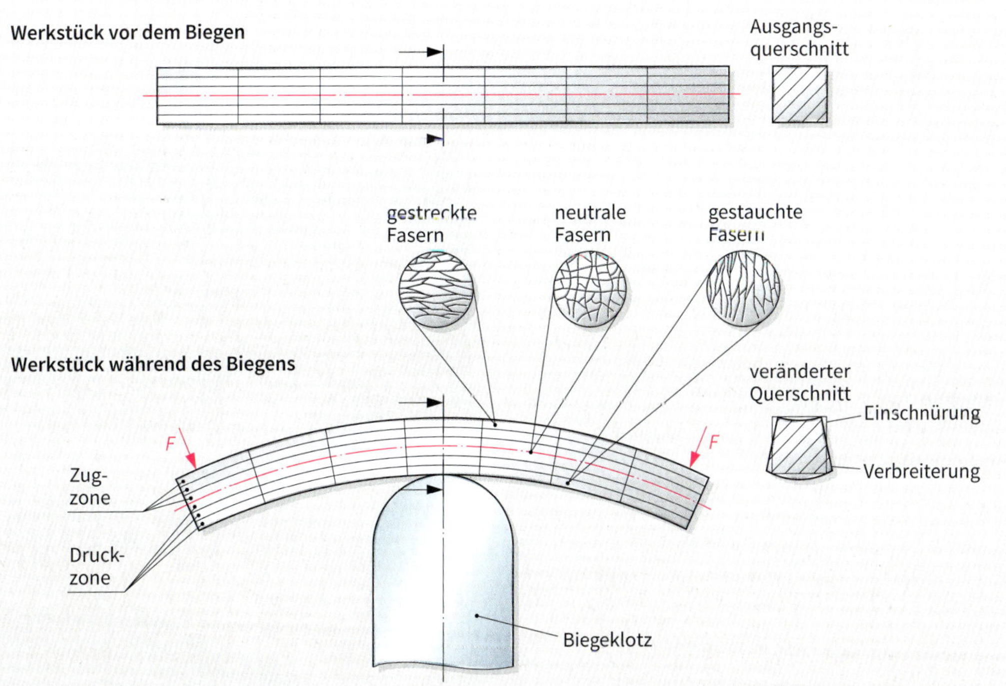

auch über Web-Link

Abb. 1: Biegevorgang

Fertigen

1.4.4 Mindestbiegeradius

Der an der Innenseite eines Biegeteiles liegende Radius heißt Biegeradius (Abb. 1). Um Risse in der Biegezone zu verhindern, sind Mindestbiegeradien vorgeschrieben (→📖). Die Größe des Biegeradius hängt ab von

- der Dehnbarkeit des Werkstoffes,
- der Dicke des Werkstückes und
- dem Biegewinkel.

Mit *steigender Festigkeit* nimmt die Dehnbarkeit von Werkstoffen ab. Deshalb muss der Biegeradius für Werkstoffe mit hoher Festigkeit größer sein als für solche mit niedriger Festigkeit.

Mit steigender Werkstückdicke werden die äußeren Werkstofffasern in der Zugzone immer mehr gestreckt. Bei zu kleinem Biegeradius kann der Werkstoff über die Zugfestigkeit hinaus belastet werden und dadurch einreißen. Deshalb muss der Biegeradius für Werkstücke mit großer Dicke größer sein als für solche mit kleiner Dicke.

Mit steigendem Biegewinkel werden die äußeren Werkstofffasern in der Zugzone immer mehr gestreckt. Bei zu großem Biegewinkel kann der Werkstoff über die Zugfestigkeit hinaus belastet werden und dadurch einreißen. Deshalb muss der Biegeradius für Werkstücke mit großem Biegewinkel größer sein als für solche mit kleinem Biegewinkel.

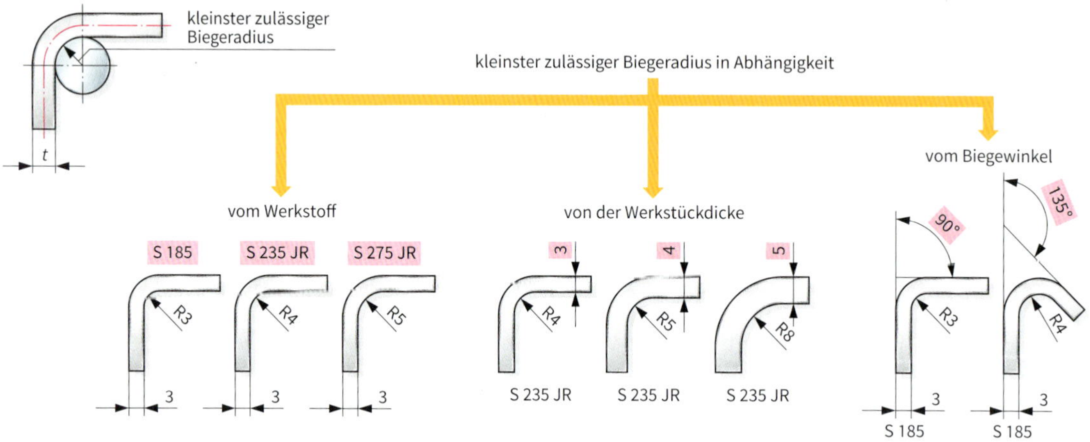

Abb. 1: Mindestbiegeradien

Fertigen

1.4.5 Biegen von Profilen

- **Biegen von Flachprofilen**

Der Flachstahl für den Riegel wird in einer Biegevorrichtung gebogen. Damit der vorgegebene Radius R 5 an der Biegestelle erreicht werden kann, ist ein entsprechender Biegeklotz zu verwenden (Abb. 2).

- **Biegen von Rohren**

Beim freien Biegen von Rohren ohne Hilfsmittel entstehen besonders große Querschnittsveränderungen. Am Außenbogen bilden sich durch die Zugbelastungen Einschnürungen und Risse in der Rohrwandung. Am Innenbogen bilden sich durch die Druckbelastungen Einknickungen und Falten. Das Rohr wird im Biegebereich abgeflacht und bekommt eine ovale Form (Abb. 3). Die Veränderungen sind bei Rohren deshalb besonders groß, weil sich die äußeren Fasern nicht an innen liegenden Fasern abstützen können.

Abb. 2: Biegevorrichtung

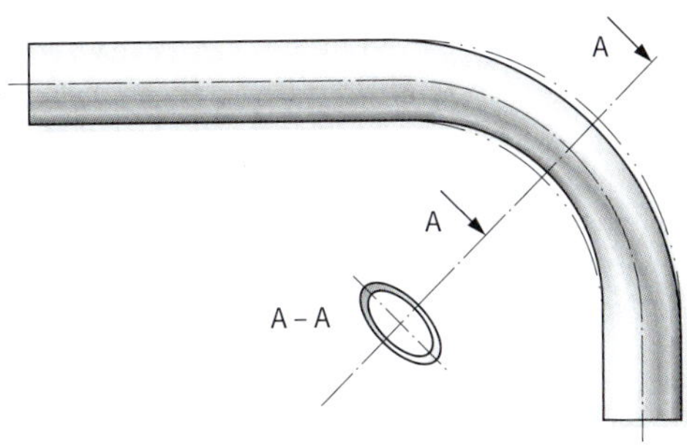

Abb. 3: Verformung des Rohrquerschnittes beim Biegen

Um unzulässige Querschnittsänderungen zu vermeiden, wird der Hohlraum eines Rohres vor dem Biegen ausgefüllt. Hierfür verwendet man

- trockenen Sand,
- Stoffe mit niedrigem Schmelzpunkt, z. B. Blei, Kunstharz oder Paraffin, oder
- eine eng gewickelte Zugfeder (Abb. 4).

Nach dem Biegen müssen die Füllungen wieder entfernt werden.

Beim Warmbiegen mit Sandfüllung besteht die Gefahr, dass Sandkörner an der Rohrwandung festbrennen. Wenn sich später Sandkörner von der Wandung lösen, kann die Funktion angeschlossener Aggregate gestört werden.

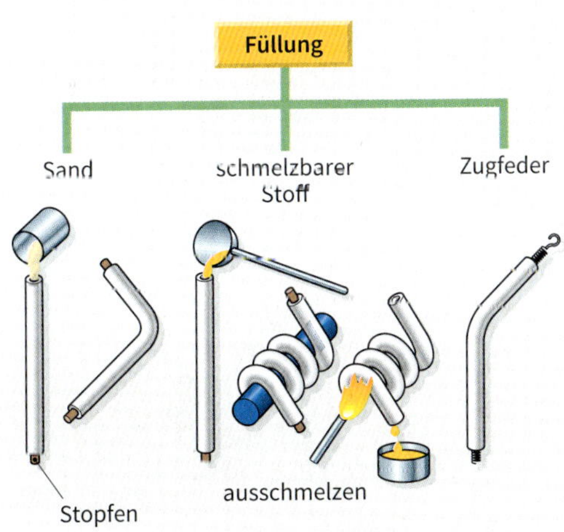

Abb. 4: Freies Biegen von Rohren

Die Füllstoffe müssen auf Schmelztemperatur erwärmt und ausgegossen werden. Die Zugfeder wird mit einer Dreh-Zug-Bewegung aus dem Rohr herausgezogen. Der Vorgang wird erleichtert, wenn die Feder gut eingefettet ist. Alle Verfahren sind sehr zeitaufwendig und werden daher nach Möglichkeit vermieden.

Freies Biegen von Rohren erfolgt mit Füllungen, die unzulässige Querschnittsveränderungen verhindern.

Einwandfreie Arbeitsergebnisse erzielt man bei der Verwendung von *Biegegeräten*, z. B. einer hydraulischen Rohrbiegemaschine (Abb. 5). Diese hat auswechselbare Biegesegmente und Rollen, die dem Durchmesser des zu biegenden Rohres angepasst werden. Das Biegesegment drückt durch die hydraulisch aufgebrachte Biegekraft das Rohr gegen die Rollen. Unzulässige Querschnittsveränderungen werden mit diesen Maschinen vermieden.

Abb. 5: Hydraulische Rohrbiegemaschine

Beim Biegen geschweißter Rohre muss die Schweißnaht in der Ebene der neutralen Faser liegen (Abb. 6).

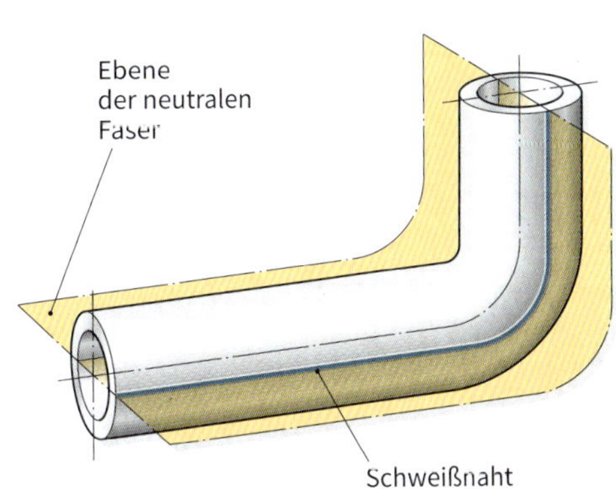

Abb. 6: Biegen eines geschweißten Rohres

Fertigen

1.4.6 Biegen von Blechen

Bleche werden durch das Umformverfahren Walzen hergestellt. Hierbei erhalten sie ein faserartiges Werkstoffgefüge, das nach der Walzrichtung ausgerichtet ist. Man spricht vom Faserverlauf des Blechs. Der Faserverlauf ist erkennbar an den parallel verlaufenden Riefen in der Blechoberfläche, die beim Walzen entstehen. Wenn ein Blechzuschnitt aus einer größeren Blechtafel herauszuschneiden ist, so soll seine Lage so gewählt werden, dass die spätere Biegekante senkrecht zur Walzrichtung verläuft (Abb. 1a). In Faserrichtung kann der Werkstoff größere Belastungen aufnehmen als quer zur Faserrichtung.

Wird der Blechzuschnitt so ausgeschnitten, dass die spätere Biegekante *längs* zur Walzrichtung verläuft, so besteht die Gefahr, dass sich an der Außenkante der Zugzone feine Risse bilden, die allmählich zur Zerstörung des gebogenen Werkstückes führen können (Abb. 1b). Muss aus bestimmten Gründen trotzdem längs zur Walzrichtung gebogen werden, so muss zur Sicherheit als kleinster zulässiger Biegeradius der Wert für die *nächsthöhere* Blechdicke gewählt werden (→📖).

Kommen an einem Werkstück Biegekanten in mehreren Richtungen vor, so wählt man ihre Lage schräg zur Walzrichtung (Abb. 1c).

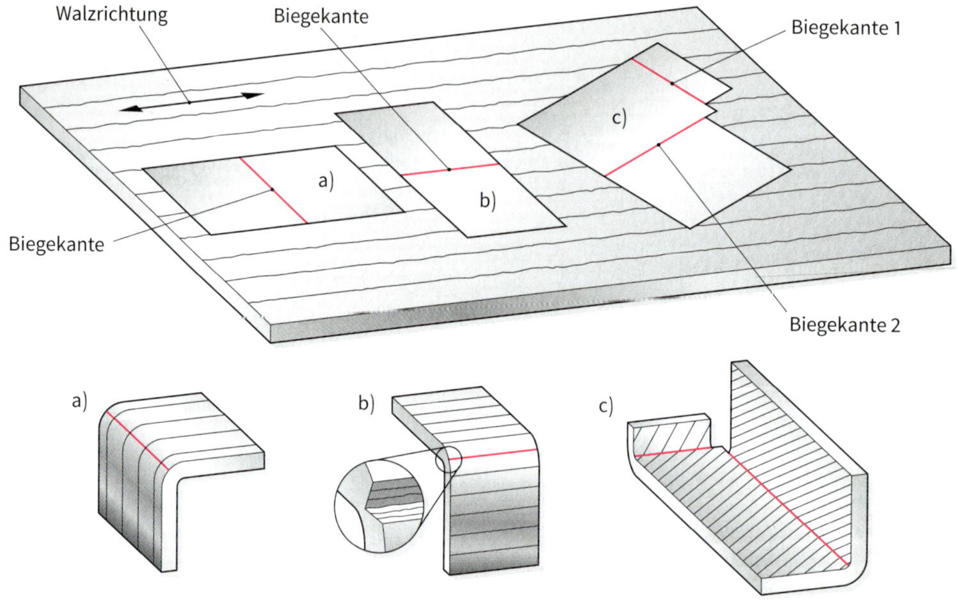

Abb. 1: Walzrichtung und Lage der Biegekante

Je nach Größe des Biegeradius werden beim Biegen von Werkstücken, z. B. einer Schelle, folgende Verfahren unterschieden:

- Runden: Umformen mit großem Biegeradius (Abb. 2a),
- Abkanten: Umformen mit kleinem Biegeradius (Abb. 2b).

Das Abkanten wird auch Umbödeln genannt.

Eine Blechbiegung mit einem Biegewinkel von 180° zur Herstellung eines Falzes wird als Umschlag bezeichnet.

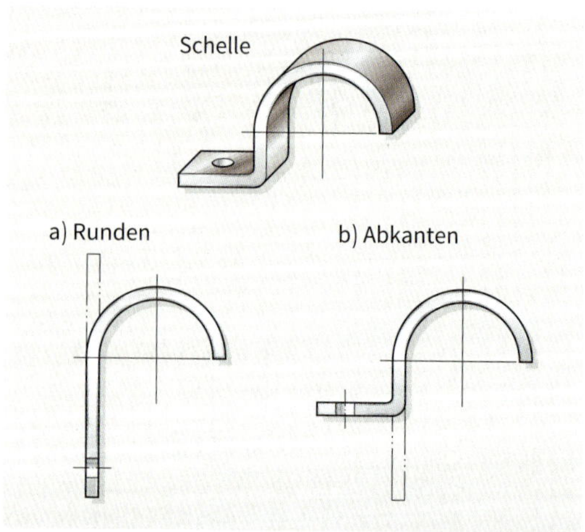

Abb. 2: Biegen einer Schelle

Durch *Runden* werden Bleche und Bänder zu offenen oder geschlossenen Werkstücken mit zylindrischen, kegeligen oder anderen Formen umgeformt. Dies erfolgt mit *Rundbiegemaschinen* (Abb. 3).

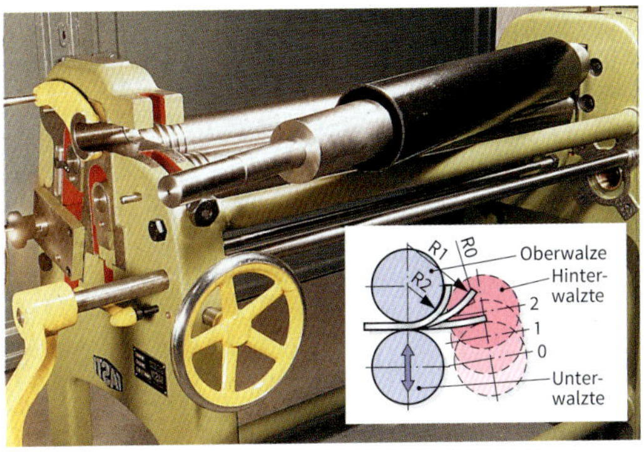

Abb. 3: Rundbiegemaschine

Das zu biegende Rohteil wird zwischen der dreh- und verstellbaren Unterwalze und der drehbaren Oberwalze eingespannt. Durch Drehen der beiden Walzen wird das Werkstück in Richtung der Hinterwalze vorgeschoben. Die Hinterwalze ist dreh- und verstellbar. So können unterschiedlich große Biegeradien gefertigt werden. Die Werkstücke werden in der Regel in mehreren Stufen vor- und fertiggerundet. Durch Schrägstellen der Hinterwalze können kegelige Werkstücke hergestellt werden. Zur Entnahme geschlossener Profile kann die Oberwalze nach vorn herausgeschwenkt werden.

Durch *Abkanten* werden längere Bleche zu Werkstücken mit scharfen Abbiegungen (= kleinster möglicher Mindestbiegeradius) umgeformt.

Bei sehr langen Biegekanten ist Umformen von Hand nicht mit ausreichender Qualität möglich. Solche Arbeiten werden durch *Schwenkbiegen* maschinell mithilfe von Schwenkbiegemaschinen ausgeführt (Abb. 4).

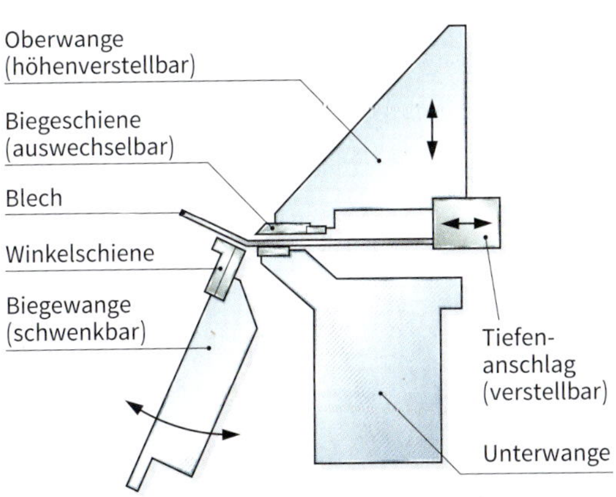

Abb. 4: Schwenkbiegemaschine

Bei der Schwenkbiegemaschine wird das Rohteil zwischen der feststehenden Unterwange und der höhenverstellbaren Oberwange eingespannt und durch die schwenkbare Biegewange umgeformt. An der Oberwange können unterschiedlich geformte Biegeschienen angebracht werden. Der am Werkstück erzeugte Biegeradius ist abhängig von der Form der verwendeten Biegeschiene.

Durch den verstellbaren Tiefenanschlag und eine Begrenzung des Schwenkwinkels der Biegewange ist gewährleistet, dass gleichartige Umformvorgänge mit gleicher Qualität beliebig oft ausgeführt werden können.

Zum Biegen von Blechen aus weicherem Werkstoff, z.B. Aluminium oder nichtrostendem Stahl, kommen handbetriebene Schwenkbiegemaschinen zum Einsatz (Abb. 5). Durch ihre Baugröße und die von Hand aufzubringende Kraft ist ihr Einsatz auf Feinbleche und kurze Biegelinien begrenzt.

Abb. 5: Handbetriebene Schwenkbiegemaschine

Müssen Bleche aus festerem Material, z.B. Stahl mit $R_m = 400\ N/mm^2$, und größerer Blechdicke gebogen werden, setzt man CNC-gesteuerte Universal-Schwenkbiegemaschinen ein (Abb. 6). Das hydraulische oder mechanische Einspannen der Bleche und die mit großer Kraft ausgeführte Schwenkbewegung der Biegewange ermöglicht auch lange Biegelinien.

Abb. 6: Universal-Schwenkbiegemaschine

Zusammenfassung

Biegen:
Umformen plastisch verformbarer Werkstoffe durch von außen angreifende Biegekräfte.

Durch das Biegen wird der Werkstoff

- im *äußeren* Bereich auf *Zug* beansprucht und dadurch *gestreckt* (Zugzone),
- im *inneren* Bereich auf Druck beansprucht und dadurch *gestaucht* (Druckzone).

Zwischen Zug- und Druckzone liegt die *neutrale Faser*, die weder gestreckt noch gestaucht wird.

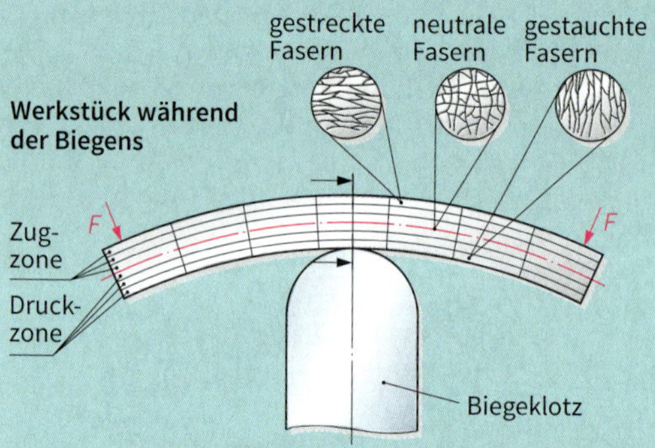

Die gestreckte Länge (= Ausgangslänge) eines Biegeteiles entspricht der Länge der neutralen Faser. Sie wird rechnerisch ermittelt.

Das Biegen von Profilen führt zu unzulässigen Querschnittsveränderungen, auch können Risse an der Biegestelle entstehen.

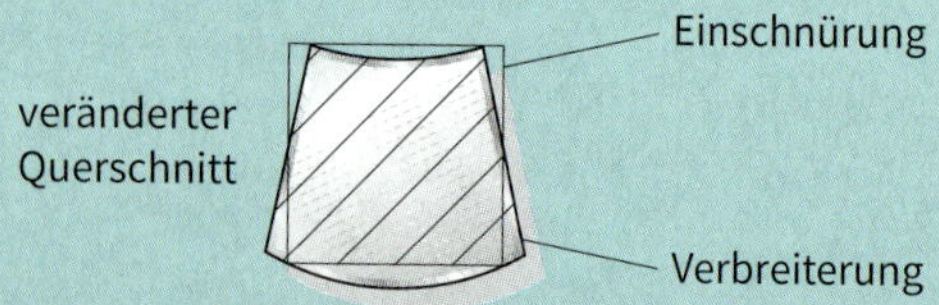

Querschnittsveränderungen und Risse werden durch *kleinste zulässige Biegeradien* verhindert (Mindestbiegeradien).

Ihre Größe ist abhängig von

- dem Werkstoff,
- der Werkstückdicke,
- dem Biegewinkel und
- der Lage der Biegekante in Bezug zur Walzrichtung.

Beim Biegen von *Rohren* werden Falten und Risse sowie unzulässige Querschnittsveränderungen vermieden durch

- Füllen der Rohre vor dem Biegen und
- Verwenden von Rohrbiegemaschinen.

Aufgaben

1. Erklären Sie den Begriff und die Bedeutung der neutralen Faser beim Biegen.

2. Bestimmen Sie den kleinsten zulässigen Biegeradius für das Kaltbiegen eines Bleches EN 10051–2 x 150 Stahl EN 10025–S 275 JR ; Biegewinkel > 120° .

3. Erklären Sie, in welcher Weise der kleinste zulässige Biegeradius beeinflusst wird durch

a) den Werkstoff,

b) die Werkstückdicke,

c) den Biegewinkel.

4. Wie muss die Rückfederung beim Biegen eines 90°-Bogens berücksichtigt werden?

5. Wie werden beim freien Biegen von Rohren unzulässige Querschnittsveränderungen und Einknickungen verhindert?

6. Wie kann man verhindern, dass beim Biegen geschweißter Rohre die Schweißnaht durch Zug- oder Druckspannungen unzulässig belastet wird?

7. Ermitteln Sie für das Biegeteil aus S235JR die Zuschnittlänge. Wurde die Vorgabe für den Mindestbiegeradius eingehalten?

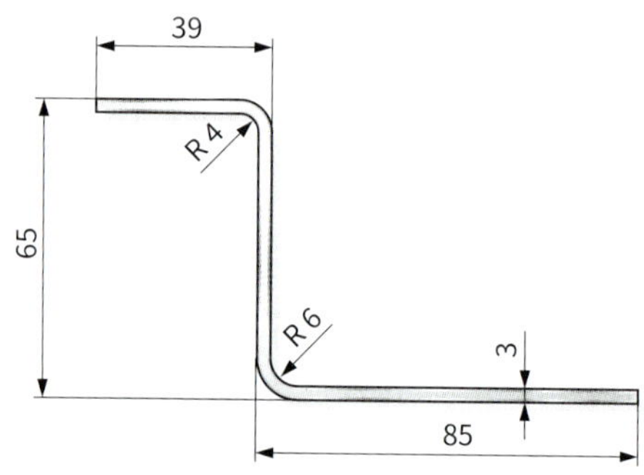

1.5 Scheren

ARBEITSAUFTRAG

Die Grundplatte (Pos. 1) des Türschlossriegels ist aus Blech herzustellen. Das Blech wird vom Stahlwerk in großen Tafeln in 1,5 mm Dicke geliefert.

In der Werkstatt ist die Grundplatte auf der Blechtafel anzureißen, durch Scheren auszuschneiden und durch Feilen und Bohren fertig zu stellen.

1.5.1 Zeichnungsanalyse

Fertigen

Flache Werkstücke, z. B. Platten oder Biegeteile, werden aus Blechen oder Flachprofilen gefertigt.

Bauteile werden in technischen Zeichnungen in der Regel in mehreren Ansichten gezeichnet, flache Werkstücke nur in einer Ansicht. Hier ist die Grundplatte in einer Ansicht dargestellt, sie zeigt Form und Abmessungen des fertigen Produktes (Abb. 1).

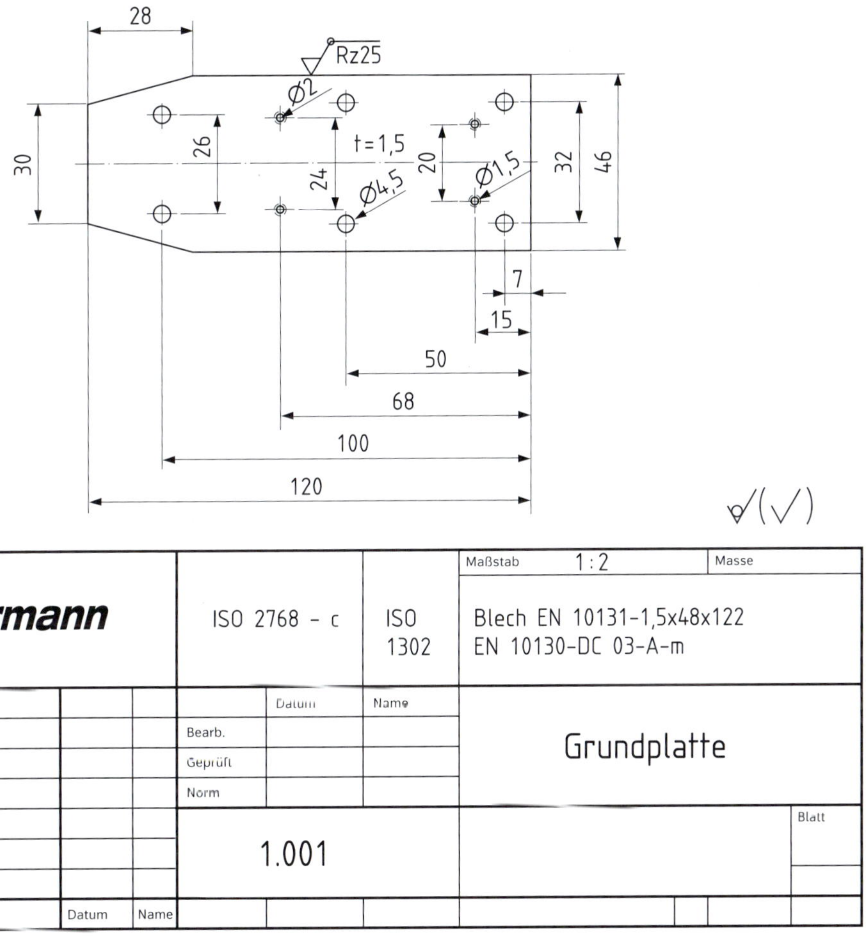

Abb. 1: Grundplatte

1.5.2 Blechbedarf

Bei dem Ausschneiden der Grundplatte aus einer Blechtafel entsteht Abfall. Dieser Abfall heißt auch Verschnitt. Aufgabe des Facharbeiters ist es, den Verschnitt möglichst gering zu halten.

Der Blechbedarf ergibt sich hier aus den Abmessungen des Halbzeuges.

$A_B = l \cdot b = 122\ \text{mm} \cdot 48\ \text{mm} = 5856\ \text{mm}^2$

Nach dem Abschneiden der Ecken und dem Feilen der Kanten auf das Fertigmaß der Grundplatte ergibt sich ein Verschnitt A_V.

$A_V = A_B - A_W$

$$A_W = 120\ \text{mm} \cdot 46\ \text{mm} - 2 \cdot \frac{28\ \text{mm} \cdot 8\ \text{mm}}{2} = 5296\ \text{mm}^2$$

$A_V = 5856\ \text{mm}^2 - 5296\ \text{mm}^2 = 560\ \text{mm}^2$

Grundlagen

Blechbedarf und Verschnitt

Bei der Fertigung von Werkstücken aus Blech entsteht beim Ausschneiden aus einer Blechtafel Abfall. Diesen Abfall nennt man Verschnitt A_V.

Der Verschnitt errechnet sich aus der Fläche des ausgeschnittenen Werkstückes A_W und der Fläche des dazu benötigten Rohteiles. Die Fläche des benötigten Rohteiles ist der Blechbedarf A_B.

Verschnitt = Fläche Blechbedarf – Fläche Werkstück

$$A_V = A_B - A_W$$

Vielfach wird der *Verschnitt in Prozent* angegeben. Dabei wird der Blechbedarf mit 100 % angenommen.

$$A_{V\%} = \frac{A_V \cdot 100\ \%}{A_B}$$

Werden mehrere Werkstücke aus einer Blechtafel herausgeschnitten, addiert man die einzelnen Flächen der Werkstücke.

Aus der Gesamtfläche der Werkstücke und dem Blechbedarf kann man den Werkstoffausnutzungsgrad η berechnen.

$$\eta = \frac{A_W}{A_B}$$

Beispiel:

Aus dem Blech sollen die Werkstücke ausgeschnitten werden. Der Verschnitt, der Verschnitt in Prozent und der Werkstoffnutzungsgrad sind zu ermitteln.

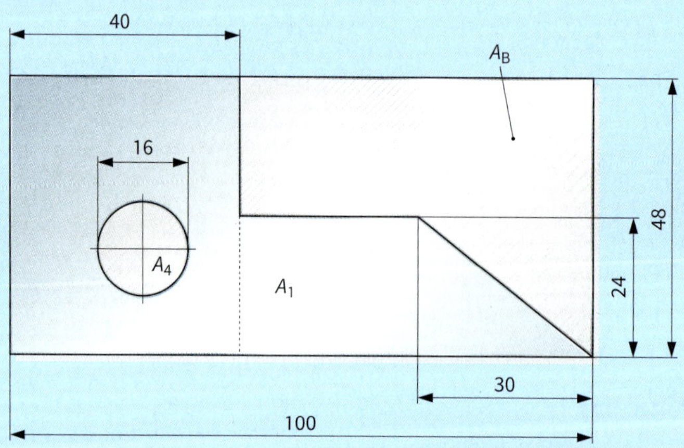

$$A_V = A_B - A_W$$

$$A_W = A_1 - A_4$$

$$A_1 = 40\ \text{mm} \cdot 48\ \text{mm} + 30\ \text{mm} \cdot 24\ \text{mm} + \frac{1}{2}\,30\ \text{mm} \cdot 24\ \text{mm}$$

$$A_1 = 1920\ \text{mm}^2 + 720\ \text{mm}^2 + 360\ \text{mm}^2$$

$$\underline{A_1 = 3000\ \text{mm}^2}$$

$$A_4 = \frac{\pi}{4}d^2 = \frac{\pi}{4} \cdot 16^2\ \text{mm}^2$$

$$\underline{A_4 = 201{,}1\ \text{mm}^2}$$

$$A_W = 3000\ \text{mm}^2 - 201{,}1\ \text{mm}^2$$

$$\underline{\underline{A_W = 2798{,}9\ \text{mm}^2}}$$

$$A_B = 100\ \text{mm} \cdot 48\ \text{mm}$$

$$A_B = 4800\ \text{mm}^2$$

$$A_V = 4800\ \text{mm}^2 - 2798{,}9\ \text{mm}^2$$

$$\underline{\underline{A_V = 2001{,}1\ \text{mm}^2}}$$

$$A_{V\%} = \frac{A_V \cdot 100\ \%}{A_B}$$

$$A_{V\%} = \frac{2001{,}1\ \text{mm}^2 \cdot 100\ \%}{4800\ \text{mm}^2}$$

$$\underline{\underline{A_{V\%} = 41{,}7\ \%}}$$

$$\eta = \frac{A_W}{A_B} = \frac{2798{,}9\ \text{mm}^2}{4800\ \text{mm}^2}$$

$$\underline{\underline{\eta = 0{,}583}}$$

1.5.3 Scherschneiden

Für das Zerteilen von Blechen werden vorteilhaft Scheren eingesetzt. Scheren haben zwei Schneidkeile. Die Schneiden der Schneidkeile bewegen sich während des Schneidvorganges *aneinander vorbei* (Abb. 1).

! Scherschneiden ist das Zerteilen von Werkstücken zwischen zwei Schneiden, die sich aneinander vorbeibewegen.

Abb. 1: Scherschneiden mit einer Handhebelschere

1.5.3.1 Scherschneidvorgang

Beim Scherschneiden drückt eine Fläche der Schneidkeile auf das Werkstück. Sie wird Druckfläche genannt. Über die Druckfläche wird die Scherkraft zum Zerteilen auf das Werkstück aufgebracht (Abb. 2a).

Die zweite Fläche der Schneidkeile gleitet beim Scherschneiden an der Schnittfläche vorbei. Sie wird *Freifläche* genannt. Die Freifläche soll die Schnittfläche möglichst nicht berühren.

Dazu ist die Freifläche hinterschliffen. Durch den Hinterschliff weist die Freifläche eine Neigung zur Senkrechten auf die Werkstückoberfläche auf. Es entsteht der *Freiwinkel* α (Abb. 2b). Der Freiwinkel beträgt $\alpha = 2 \ldots 3°$. Durch den Freiwinkel wird die Reibung zwischen Freifläche und Schnittfläche verringert und damit der Werkzeugverschleiß.

Der *Keilwinkel* beträgt $\beta = 75 \ldots 85°$. Dadurch ist der Schneidkeil ausreichend stabil.

Das Zerteilen des Werkstoffes erfolgt beim Scherschneiden in folgenden Phasen:

- Durch die Scherkräfte F_S dringen die Schneidkeile in den Werkstoff ein. Der Werkstoff verformt sich. Das Werkstück wird auf beiden Seiten eingekerbt (Abb. 1a, nächste Seite).
- Die Schneidkeile dringen weiter in den Werkstoff ein. Dabei wird der Werkstoff geschnitten (Abb. 1b, nächste Seite).

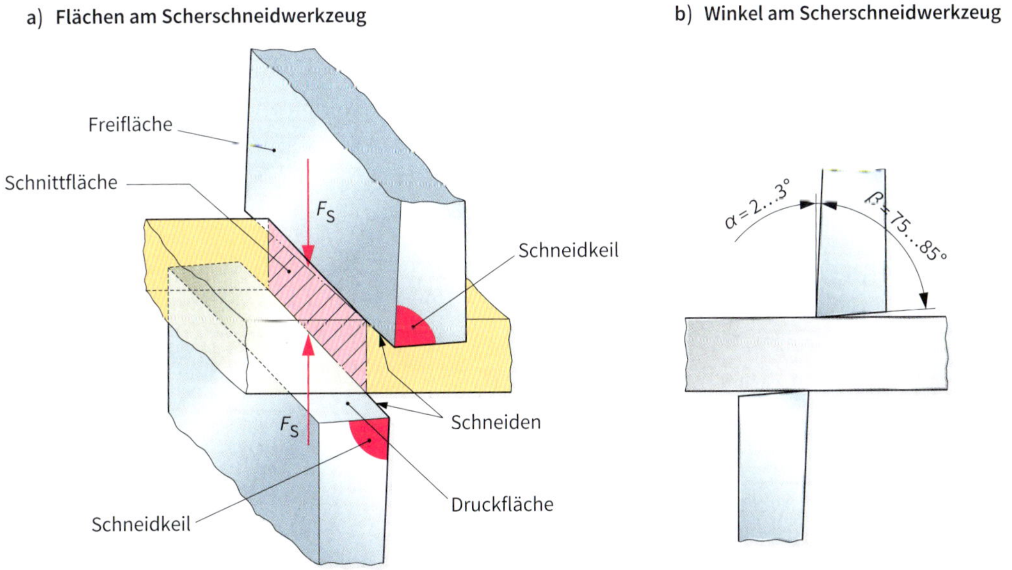

Abb. 2: Flächen und Winkel an Scherschneidwerkzeugen

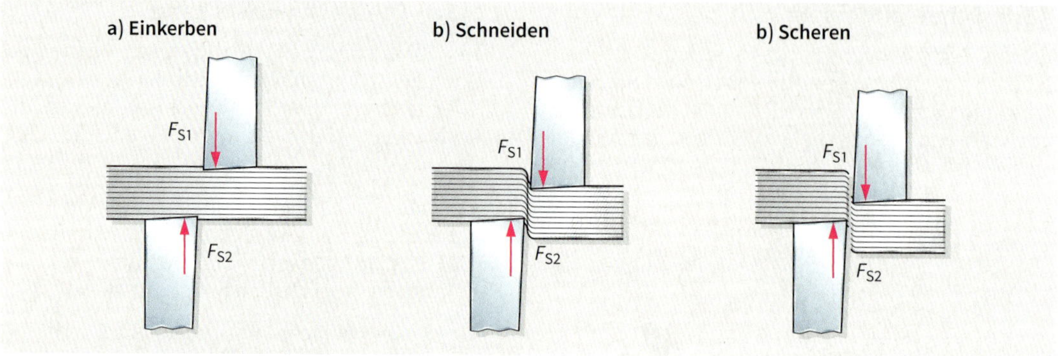

Abb. 1: Phasen des Schneidvorganges

- Die Schneidkeile dringen weiter in den Werkstoff ein. Dabei werden die Werkstoffteilchen durch die Druckfläche gegeneinander verschoben. Der Werkstoff gleitet an den Freiflächen der Schneidkeile vorbei. Diesen Vorgang nennt man Scheren (Abb. 1c).

Werkstoffe lassen sich unterschiedlich gut scherschneiden. Die Scherbarkeit eines Werkstoffes wirkt sich auf die Beschaffenheit der Schnittfläche aus:

- Harte und spröde Werkstoffe lassen sich schlecht scherschneiden. Der Anteil von Einkerben und Schneiden ist klein. Im Verlauf des Scherens wird der Werkstoff an der Schnittstelle brechen. Die Schnittfläche ist rau. Man benötigt große Scherkräfte.
- Weiche Werkstoffe lassen sich gut scherschneiden. Der Anteil von Einkerben und Schneiden ist groß. Die Schnittfläche ist glatt. Man benötigt geringere Scherkräfte.

Die Schnittflächen müssen vor der weiteren Verwendung des Werkstückes nachbearbeitet werden, z. B. durch Feilen.

Schneidspalt

Damit die Schneiden sich nicht gegenseitig beschädigen, sieht man einen geringen Abstand zwischen den beiden Schneidkeilen vor (Abb. 2). Diesen Abstand nennt man Schneidspalt.

Mit zunehmender Werkstückdicke und Festigkeit des Werkstoffes ist ein größerer Schneidspalt einzustellen (→📖).

Die Größe des Schneidspaltes beeinflusst auch die Genauigkeit des Werkstückes. Ein zu großer Schneidspalt führt zu starker Gratbildung und zu unebenen und rissigen Schnittflächen. Dünne Bleche können in den Schneidspalt gezogen werden. Dadurch ist ein einwandfreies Scherschneiden nicht mehr möglich.

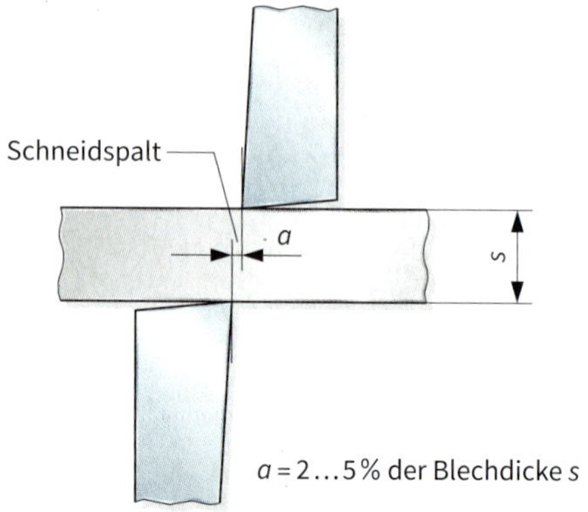

Abb. 2: Schneidspalt

Durch den Schneidspalt erzeugen die Scherkräfte F_S eine Drehwirkung, die das Werkstück zu kippen versucht. Die *Drehwirkung* ist umso größer, je größer der Schneidspalt ist. Diese störende und gefährliche Wirkung wird bei Handhebelscheren und maschinell angetriebenen Scheren durch *Niederhalter* unterbunden (Abb. 3).

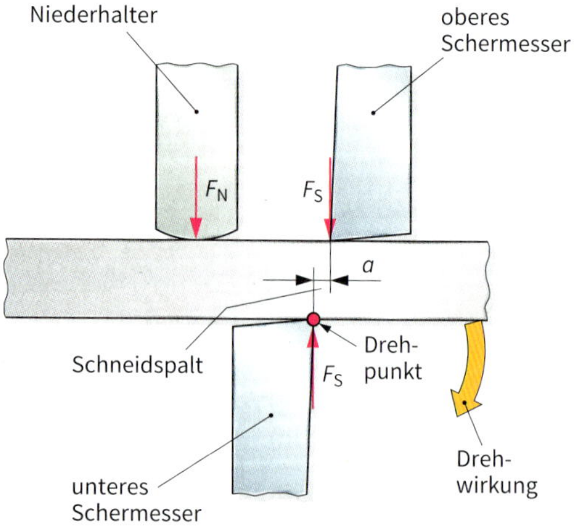

Abb. 3: Aufgaben eines Niederhalters

1.5.3.2 Scherschneidwerkzeuge

Zum Scherschneiden von Blechen verwendet man je nach Dicke und Material Handblechscheren oder Handhebelscheren.

Bei allen Handblechscheren und Handhebelscheren werden Bleche durch kreuzendes Schneiden getrennt. Die beiden Keilschneiden bewegen sich um einen Drehpunkt und dringen allmählich in den Werkstoff ein. Die notwendige Scherkraft wird durch die Handkraft des Menschen aufgebracht.

Mit *Handblechscheren* können Bleche bis zu einer Dicke von etwa 1,5 mm geschnitten werden. Sie haben keinen Schneidspalt und keinen Niederhalter. Damit die Schneiden sich nicht auf der gesamten Länge berühren und aneinander reiben, sind sie hohlgeschliffen. Durch den Hohlschliff sind die Schneiden leicht gegeneinander gekrümmt (Abb. 4).

Durch Anziehen der Gelenkschraube werden die Schermesser gegeneinander verspannt. Sie haben *Vorspannung*. Dadurch berühren sich die Schneiden lediglich an einer Stelle:

- Bei geschlossener Schere liegt diese Stelle an der Spitze der Schneiden.
- Bei geöffneter Schere verlagert sich die Berührungsstelle an die jeweilige Schnittstelle.

Hebelübersetzung bei der Handblechschere

Kurze Schneiden und lange Handgriffe der Handschere verringern die erforderliche Handkraft. Durch den Hebelarm des Griffes l_H wird die Handkraft F_H übersetzt. An der Schnittstelle wirkt eine größere Scherkraft F_S. Die Lage der Schnittstelle beeinflusst die zum Scherschneiden notwendigen Handkräfte.

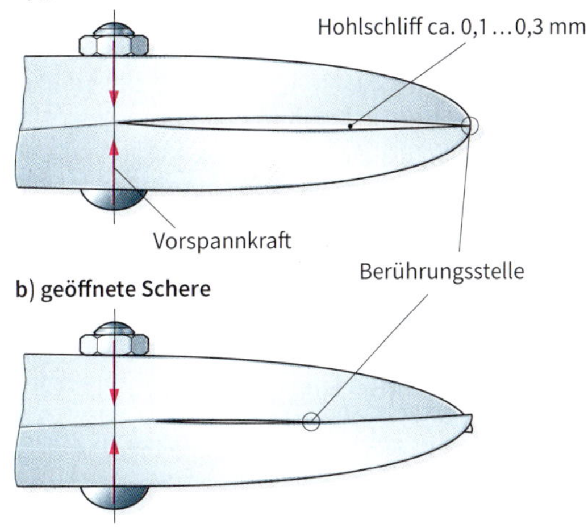

Abb. 4: Hohlschliff und Vorspannung bei Handblechscheren

Bei *weit geöffneter Schere* (großer Öffnungswinkel) liegt die Schnittstelle dicht am Drehpunkt (Abb. 5). Für das Schneiden wird eine geringe Handkraft F_H benötigt.

Beim Anschneiden greifen die Schneiden aber nicht, sondern drücken das Werkstück aus der Schere. Bei großen Öffnungswinkeln lässt sich die Schere außerdem schlecht in der Hand halten.

Bei *wenig geöffneter Schere* (kleiner Öffnungswinkel) liegt die Schnittstelle weit vom Drehpunkt. Für das Schneiden wird eine große Handkraft F_H benötigt. Das Werkstück wird nicht mehr aus der Schere gedrückt. Günstig ist ein Öffnungswinkel von 10° ... 15°.

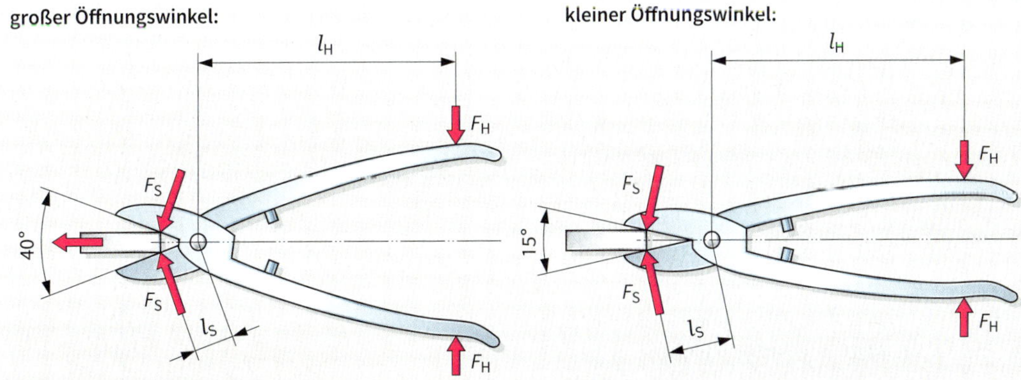

- Schnittstelle dicht am Drehpunkt,
- große Hebelübersetzung der Handkraft F_H,
- Werkstück wird aus der Schere gedrängt.

- Schnittstelle weit vom Drehpunkt,
- kleine Hebelübersetzung der Handkraft F_H,
- große Handkraft F_H erforderlich.

Abb. 5: Hebelübersetzung und Öffnungswinkel

Hebelgesetz

Die beim Scheren erforderlichen Scherkräfte F_S werden bei Handblechscheren durch Hebelübersetzung erreicht.

Griff und Schneide der Handschere drehen sich um die Gelenkschraube. Die Gelenkschraube bildet den Drehpunkt, Griff und Schneide bilden einen Hebel.

Ein *Hebel* ist ein drehbar gelagerter starrer Körper.

Am Griff der Handschere wirkt auf der einen Seite die Handkraft F_H. An den Schneiden muss auf der anderen Seite die Widerstandskraft des Werkstoffes gegen das Scherschneiden F_S überwunden werden. Handscheren bilden einen zweiseitigen Hebel.

Beim *zweiseitigen Hebel* wirken Kräfte auf beiden Seiten vom Drehpunkt.

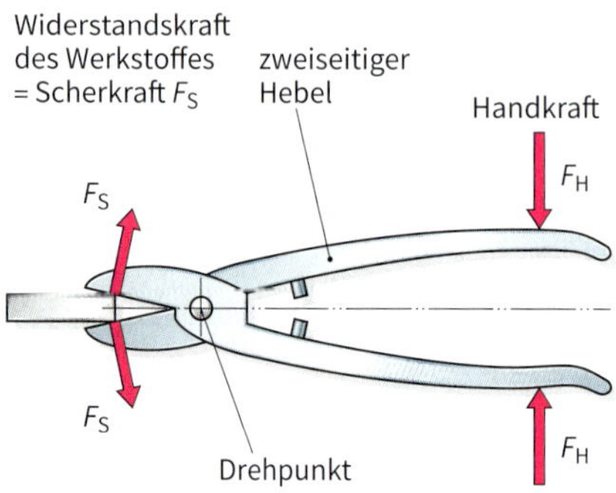

Handkraft F_H und Scherkraft F_S haben einen unterschiedlich großen Abstand vom Drehpunkt. Die Handkraft F_H hat den Abstand l_H vom Drehpunkt. Die Scherkraft F_S hat den Abstand l_S vom Drehpunkt.

Der *senkrechte Abstand* der Kraft vom Drehpunkt wird *Hebelarm* genannt.

Kräfte an einem Hebelarm erzeugen eine *Drehwirkung*. Die Drehwirkung hängt von der Größe der Kraft und von der Länge des Hebelarmes ab. Ein Maß für die Größe der Drehwirkung ist das Kraftmoment.

Das *Kraftmoment M* ist das Produkt aus der angreifenden Kraft *F* und dem Hebelarm *l*:

$$M = F \cdot l$$

Die Einheit des Kraftmomentes ist Nm.

Bei der Richtung der Drehwirkung muss man rechtsdrehende Momente und linksdrehende Momente unterscheiden.

Die Handkraft F_H am Hebelarm l_H dreht den zweiseitigen Hebel nach rechts. Die Scherkraft F_S am Hebelarm l_S dreht den zweiseitigen Hebel nach links.

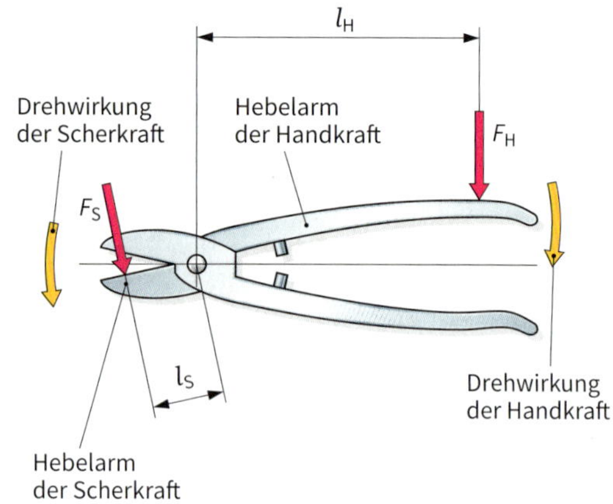

Das linksdrehende Moment der Scherkraft F_S am Hebelarm l_S ist gleich groß dem rechtsdrehenden Moment der Handkraft F_H am Hebelarm l_H.

$$F_S \cdot l_S = F_H \cdot l_H$$

Eine Kraft kann umso kleiner sein, je weiter sie vom Drehpunkt entfernt ist. Ein Hebel ermöglicht somit eine Kraftübersetzung.

Dieser Zusammenhang wird als Hebelgesetz bezeichnet:

Hebelgesetz: $M_l = M_r$

An einem Hebel herrscht Gleichgewicht, wenn das linksdrehende Moment gleich dem rechtsdrehenden Moment ist.

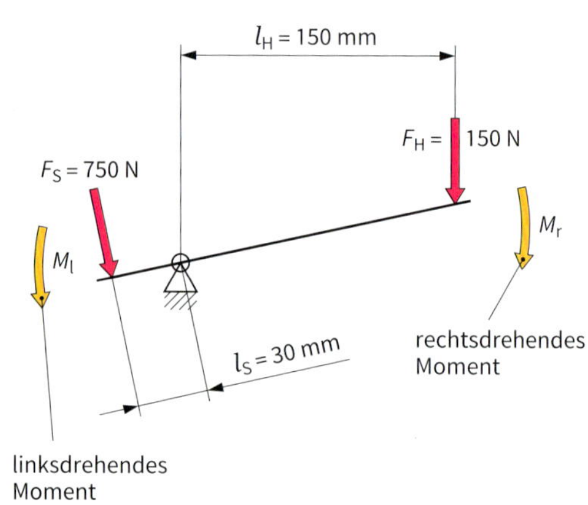

Je nach Arbeitsauftrag werden verschiedene Handblechscheren verwendet (Tab. 1).

Tab. 1: Verwendung von Handblechscheren

Scherenart	Handblechscheren	Verwendung
gerade Blechschere	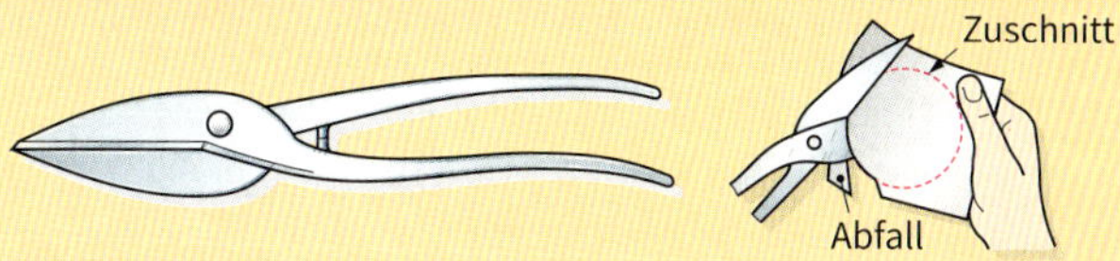	kurze Schnitte, Außenkreisformen
Durchlauf-schere	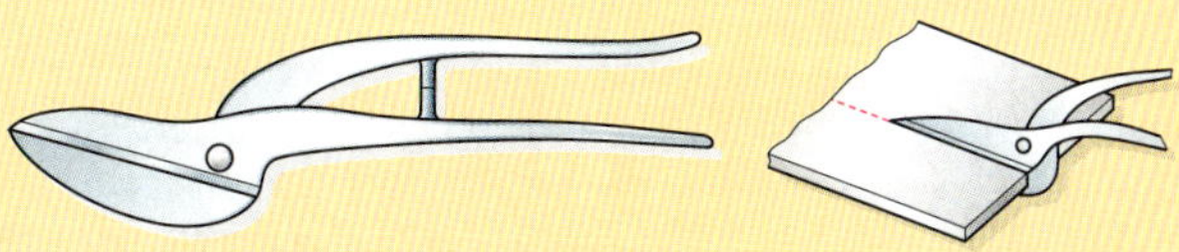	lange gerade Schnitte
Lochschere	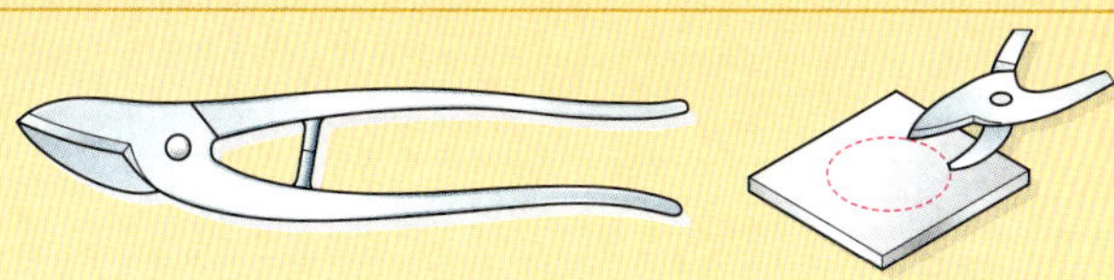	Innenkreisformen

Handhebelscheren

Mit *Handhebelscheren* können Bleche und Profile je nach Material bis etwa 15 mm Dicke geschnitten werden. Handhebelscheren haben einen Schneidspalt und sind mit einem Niederhalter ausgestattet.

Um dickere Bleche und festere Werkstoffe scheren zu können, benötigt man größere Scherkräfte. Diese werden bei der Handhebelschere durch einen längeren Handhebel und eine zusätzliche Kraftübersetzung erzeugt (Abb. 1). Handhebelscheren eignen sich für kurze Schnitte.

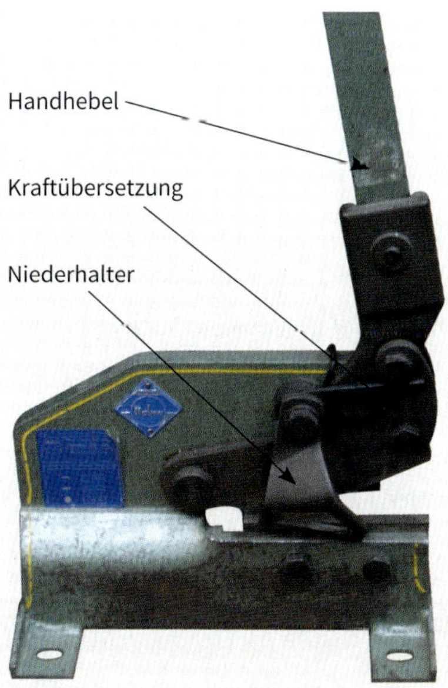

Abb. 1: Kraftübersetzung an der Handhebelschere

Handtafelscheren

Sind bei Blechkonstruktionen längere Schnitte erforderlich, verwendet man *Handtafelscheren* (Abb. 2).

Abb. 2: Handtafelschere

Das Obermesser einer Handtafelschere ist gekrümmt, die Bewegung ist nicht geradlinig, sondern kreisförmig um das Drehlager. Damit wird beim Schneiden ein konstanter Öffnungswinkel von ca. 14° erreicht.

Der ziehende Schnitt verringert die Schnittkraft. Er führt zu starken Verformungen des Werkstückes und macht ein späteres Richten notwendig.

Auf der Handtafelschere können nur gerade, offene Schnitte ausgeführt werden. Die Baugröße der Maschine bestimmt die Schnittlänge. Wegen der geringen Blechdicke bis etwa 2 mm ist ein Schneidspalt nicht notwendig. Damit die Messer nicht aneinander reiben, sind sie hohlgeschliffen.

Bei Hebelscheren und Tafelscheren ist eine Schneide, das Obermesser, beweglich.

Motorgetriebene Tafelscheren eignen sich für gerade, offene Schnitte.

Durch die Bewegung der Schneiden zueinander werden die Schneidverfahren unterschieden in

- vollkantiges Schneiden und
- kreuzendes Schneiden.

Die Schneidverfahren haben Auswirkungen auf die Scherkräfte *F* und auf die Verformung des Werkstückes während des Schervorgangs.

Welches Verfahren Anwendung findet, wird durch das zu bearbeitende Werkstück und die Auswahl des Werkzeugs bestimmt (Tab. 1).

Tab. 1: Vollkantiges und kreuzendes Schneiden

	Vollkantiges Schneiden	Kreuzendes Schneiden
Bewegung der Schneidkeile zueinander	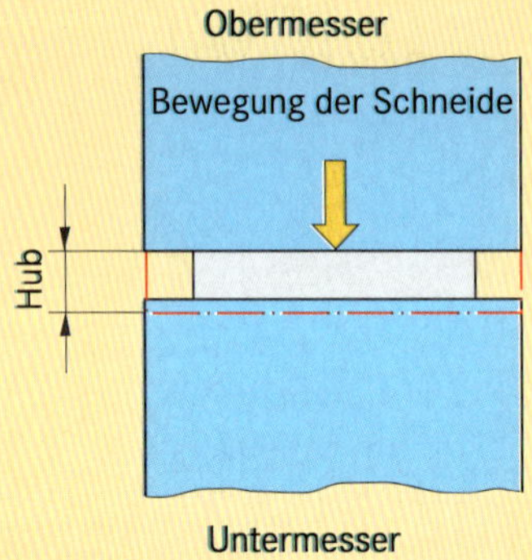 Ober- und Untermesser stehen parallel zueinander. Schneiden dringen auf der gesamten Werkstückbreite auf einmal in das Werkstück ein.	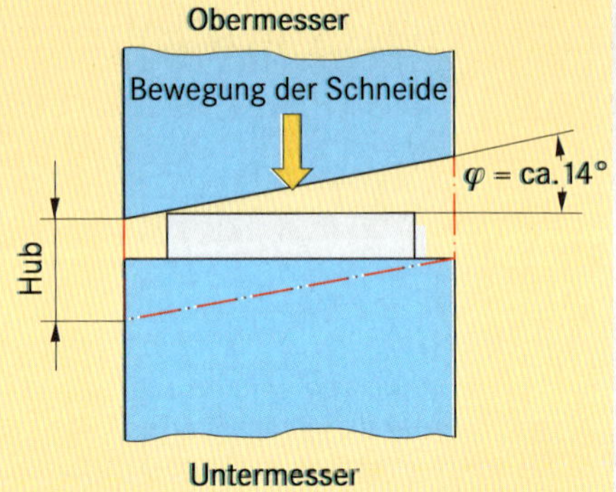 Das Obermesser ist um den Winkel φ = ca. 14° gegenüber dem Untermesser geneigt. Schneide dringt allmählich in das Werkstück ein.
Kraftwirkung	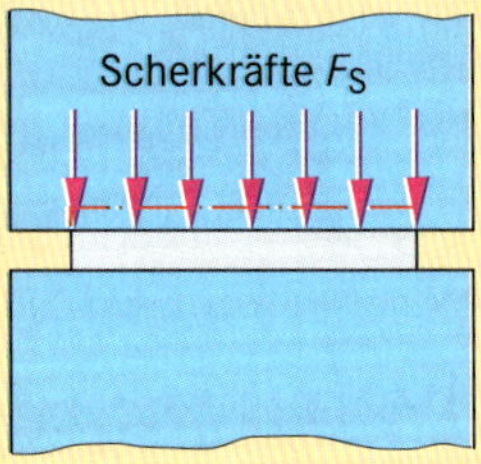 Schlagartig einsetzende und endende Scherkraft. Große Scherkraft entsprechend der Werkstückbreite.	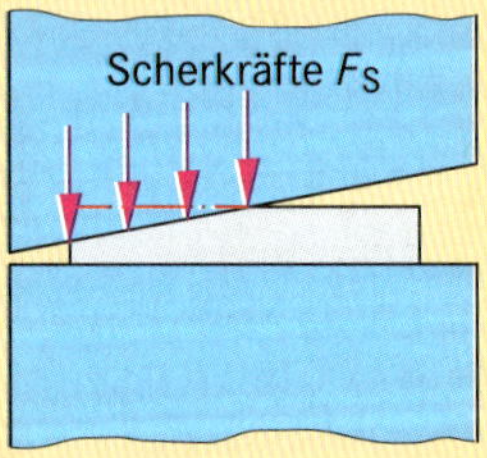 Scherkraft steigt allmählich auf einen Höchstwert und sinkt dann wieder. Insgesamt kleinere Scherkraft.
Auswirkungen	Kurzer Hub, geringe Verformung des Werkstückes. Werkstückbreite max. Messerbreite.	Großer Hub, starke Verformung des abgeschnittenen Werkstückteils. Werkstückbreite nicht begrenzt.
Werkzeuge	Tafelscheren, Schneidwerkzeuge	Handblechscheren, Handhebelscheren, Handtafelscheren, Elektrohandscheren

Elektrohandscheren und Kreisscheren

Für kurze Schnitte oder gekrümmte Außen- und Innenkonturen eignen sich Elektrohand- oder Kreisscheren.
Elektrohandscheren zeichnen sich durch geringes Maschinengewicht und große Kurvengängigkeit aus (Abb. 1).

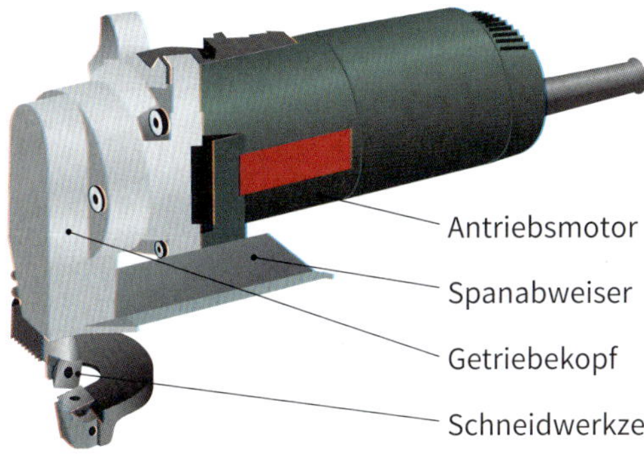

Abb. 1: Elektrohandschere

Elektrohandscheren eignen sich zum Ausschneiden von geraden und gekrümmten Kanten. Das beweg-liche Obermesser führt die Schnittbewegung aus. Die Vorschubbewegung wird durch den Bediener mit der Maschine ausgeführt (Abb. 2).

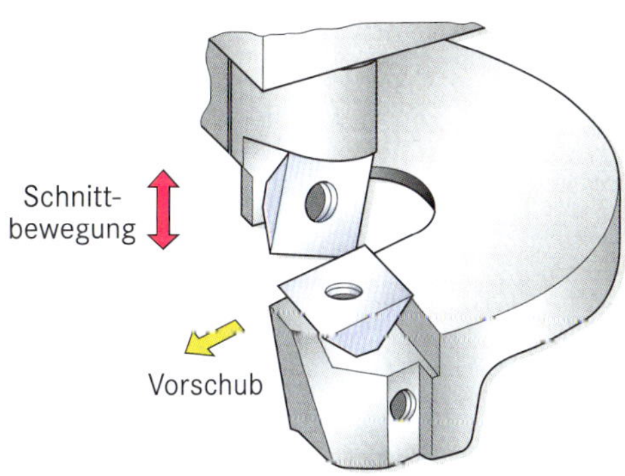

Abb. 2: Schnitt- und Vorschubbewegung

Der Schnitt ist ziehend. Mit Elektrohandscheren können Bleche bis zu einer Dicke von 2,5 mm geschnitten werden (Tab.1).

Tab.1: Größte Blechdicken

Werkstoff (Auswahl)	größte Blechdicke
Stahlblech 400 N/mm^2	2,5 mm
Stahlblech 600 N/mm^2	2,0 mm
Stahlblech 800 N/mm^2	1,6 mm
Aluminium 250 N/mm^2	2,5 mm

Zum Schutz der Maschine und des Bedieners sind Elektrohandscheren mit einem Spanabweiser ausgestattet (Abb. 3). Durch die beim Scheren wirkenden Kräfte wird der Verschnitt so verformt, dass er sich in Richtung Maschine biegt. Der Spanabweiser verhindert dies. Ohne ihn würde der scharfkantige Blechverschnitt die Maschine berühren und könnte das Gehäuse zerstören. Außerdem bestände für den Bediener ein hohes Verletzungsrisiko. Trotzdem muss der Verformung auch noch mit Muskelkraft entgegengewirkt werden.

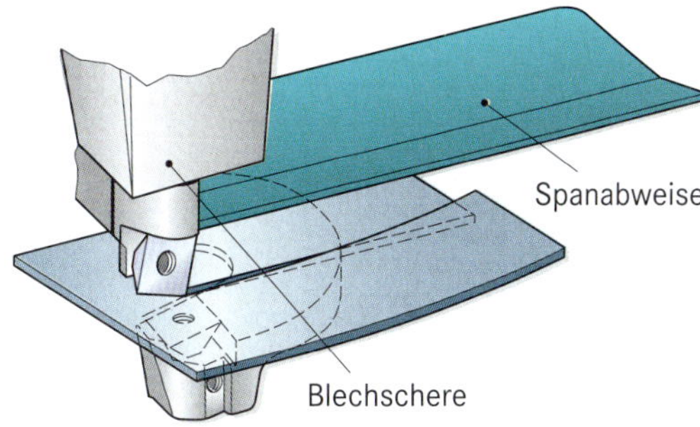

Abb. 3: Spanabweiser der Elektrohandschere

Das Trennen von dickeren Blechen ist mit handgeführten Blechscheren nicht möglich, da die Schnittkraft durch die Baugröße der Maschine begrenzt ist und die erforderliche Verformungsarbeit für den abgetrennten Streifen vom Bedienenden aufgebracht werden muss
Um eine Innenkontur, z. B. einen Ausschnitt, herzustellen, wird zunächst eine Bohrung hergestellt. Sie muss groß genug sein, damit das Schneidwerkzeug angesetzt werden kann. Dann kann der Schnitt in einer kontinuierlichen Vorschubbewegung erfolgen. Die Größe des Schneidwerkzeuges einer Elektrohandschere macht sie für bestimmte Einsatzbereiche ungeeignet. Aufgrund der großen Vorbohrung sind Elektrohandscheren für kleine Innenausschnitte (geschlossener Schnitt) nicht einsetzbar.

Eine weitere Bauform der Elektrohandscheren sind die Schlitzscheren (Abb. 4). Mehrere Vorteile gegenüber den herkömmlichen Elektrohandscheren machen sie zu einer echten Alternative.

Abb. 4: Schlitzschere

Sie sind handlich und die Schnitte sind nahezu verwindungsfrei. Die kompakte Bauweise bietet eine optimale Sicht auf die Schnittstelle. Die bearbeitbaren Blechdicken sind ca. 25 % geringer als bei Elektrohandscheren.

Das Werkzeug einer Schlitzschere zeigt Abbildung 1.

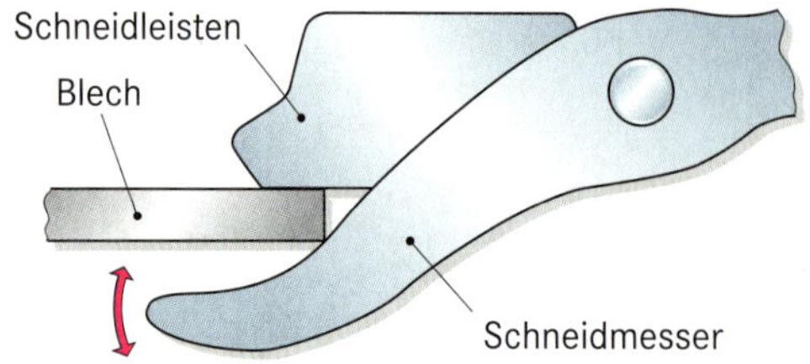

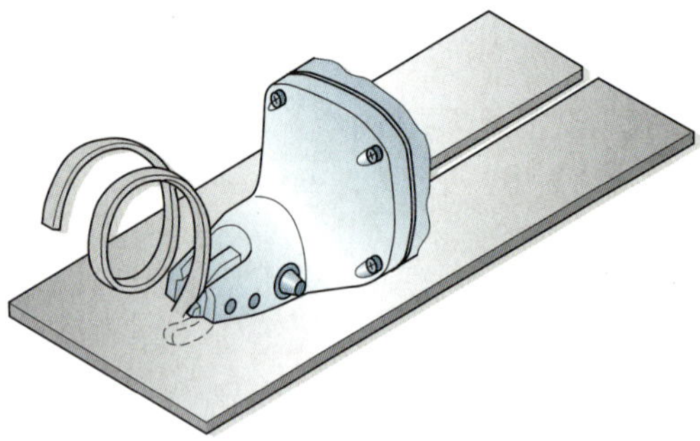

Abb. 1: Werkzeug einer Schlitzschere

Mit Kreisscheren (Abb. 2) schneidet man Ronden und Ringe aus Blechtafeln (Abb. 3). Zwei rotierende Messer, hier durch einen Elektromotor angetrieben, bilden das Schneidwerkzeug (Abb. 4).

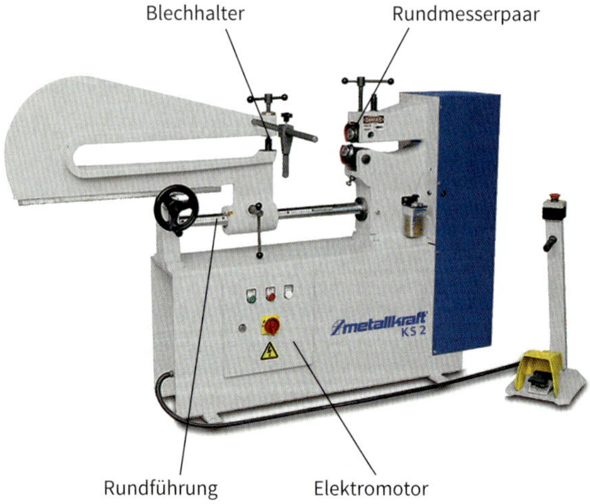

Abb. 2: Kreisschere

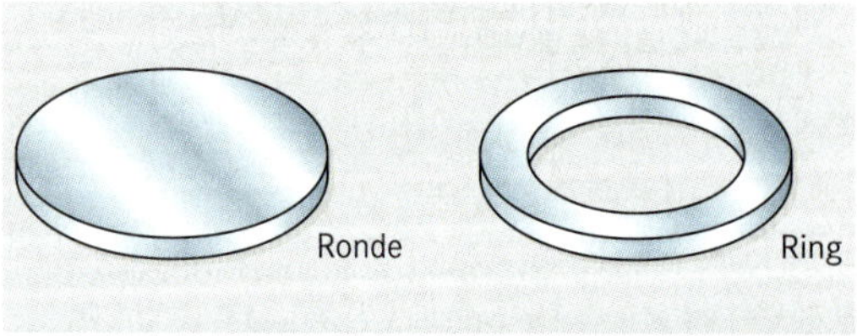

Abb. 3: Ronde und Ring

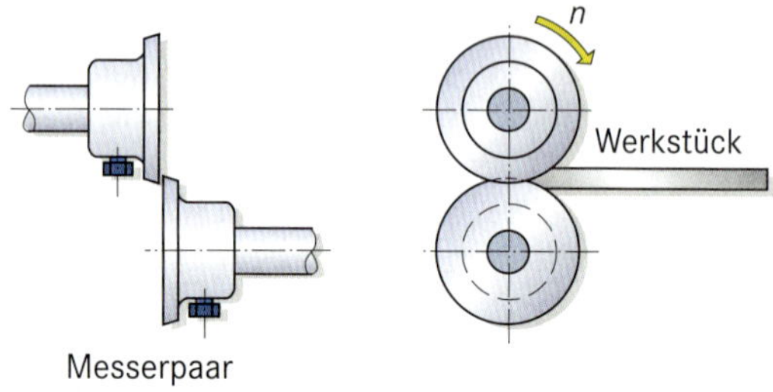

Abb. 4: Werkzeug der Kreisschere

Um die Qualität zu sichern, wird der Schneidspalt durch ein Handrad eingestellt. Der Durchmesser der Ronden wird durch den Abstand des Blechhalters und des Messerpaares bestimmt. Der Abstand kann durch Verschieben der Rundführung verändert werden.

Tab. 2: Besonderheiten von Werkstoffen

Werkstoff	Besonderheit	Folgen
Schwarzblech	sehr harte Walzhaut	höherer Verschleiß der Werkzeugschneiden
Nichtrostende Stähle	höhere Festigkeit	höhere Schnittkräfte
NE-Metalle	• geringere Festigkeit • starke Gratbildung	• geringere Schnittkräfte • „Verschmieren“ der Schneiden • erhöhte Reibung • Verkürzung der Standzeit

Arbeitssicherheit

Zur Sicherheit des Bedieners sind die Arbeitsbereiche von Tafelscheren mit Schutzvorrichtungen versehen, die das Durchgreifen während des Schneidvorganges verhindern sollen. Diese Vorrichtungen dürfen auf keinen Fall entfernt werden.

Das Obermesser der Handhebelschere muss gegen unbeabsichtigtes Scheren gesichert sein. Diese Sicherung darf erst unmittelbar vor dem Scheren gelöst werden.

Bei den elektrischen Blechscheren geht die Gefahr nicht von den Werkzeugen, sondern vom Grat der geschnittenen Blechtafeln aus. Es muss immer mit Handschuhen gearbeitet werden. Der Spanabweiser darf nicht entfernt werden. Die Anschlussleitungen sind vor jedem Einsatz auf mögliche Beschädigungen zu kontrollieren.

Zusammenfassung

Scherschneiden

Scherschneiden ist das Zerteilen von Werkstücken zwischen zwei Schneiden, die sich aneinander vorbeibewegen.

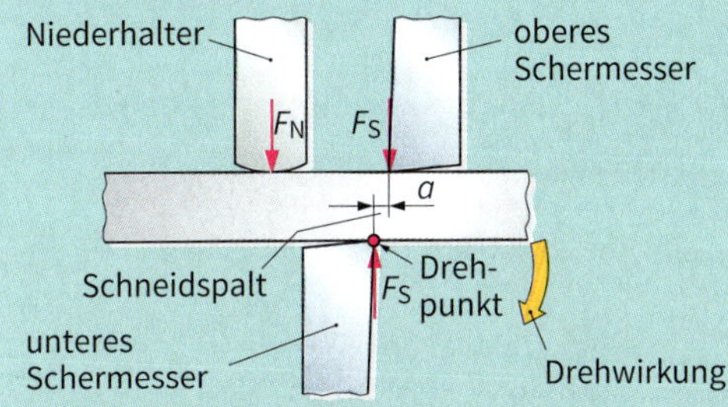

Der Schneispalt a soll 2...5 % der Blechdicke betragen. Der Niederhalter verhindert eine Drehbewegung des Werkstückes.

Scherschneidwerkzeuge

Handblechschere:
- Fertigen von kurzen bis langen Schnitten
- Außenformen
- Innenformen
- Blechdicke bis ca. 1,5 mm

Handhebelschere:
- kurze Schnitte von Blechen und Profilen bis ca. 15 mm Dicke

Handtafelschere:
- lange Schnitte von Blechen
- je nach Bauform der Maschine
- Blechdicken bis ca. 2 mm

Elektrohandschere:
- Fertigen von kurzen Schnitten
- Außen- und Innenkonturen
- Blechdicke bis 2,5 mm

Kreisschere
- Fertigen von Ronden und Ringen

Aufgaben

1. Geben Sie die Bezeichnungen an einem Scherschneidwerkzeug an.

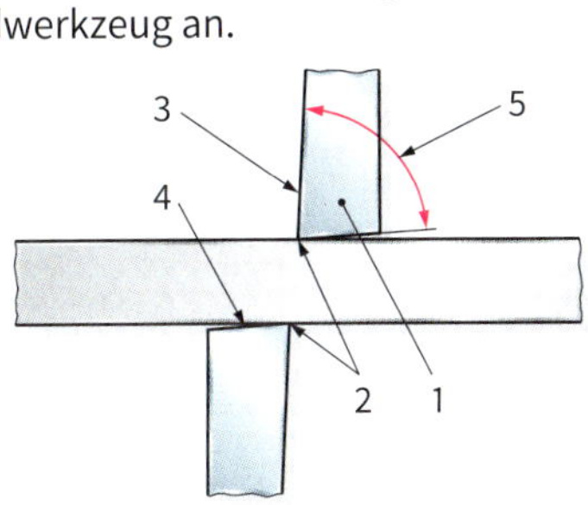

2. An der Schnittfläche eines durch Scherschneiden zerteilten Bleches sind die Vorgänge beim Scherschneiden ersichtlich.

a) Beschreiben Sie die Phasen des Scherschneidvorganges.

b) Wodurch wir ein Nacharbeiten der Schnittfläche notwendig?

3. Welche Aufgaben hat ein Niederhalter?

4. Wie sind die Handblechscheren gestaltet, damit sie praktisch keinen Schneidspalt aufweisen?

5. Beschreiben Sie, wie sich die Schnittbedingungen bei verändertem Öffnungswinkel einer Handblechschere ändern.

6. Beim Scherschneiden von 0,75 mm dickem Stahlblech wird das Blech in den Schneidspalt hineingezogen.

a) Geben Sie mögliche Ursachen dafür an.

b) Beschreiben Sie die Folgen.

c) Beschreiben Sie Maßnahmen, um den Fehler zu beheben.

7. Bestimmen Sie für folgende Scherarbeiten die notwendige Handkraft F_H.

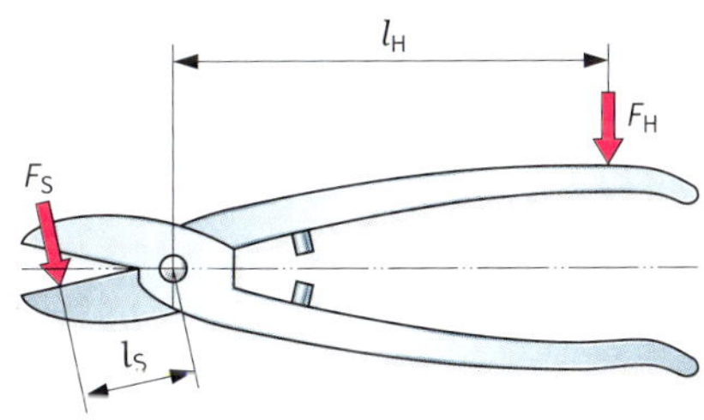

Halbzeug	F_S	l_S	l_H
Bl EN 10131-0,70-DC 01	450 N	30 mm	150 mm
Bl EN 485-1,2-AW-Al Mg3	330 N	40 mm	160 mm

8. Vergleichen Sie vollkantiges und kreuzendes Schneiden.

9. Vergleichen Sie an konkreten Beispielen die Einsatzmöglichkeiten einer Handtafelschere und einer motorbetriebenen Tafelschere. Informieren Sie sich dazu im Internet.

10. Beschreiben Sie die Fertigung eines Ausschnittes in einer Einhausung mit einer Elektrohandschere.

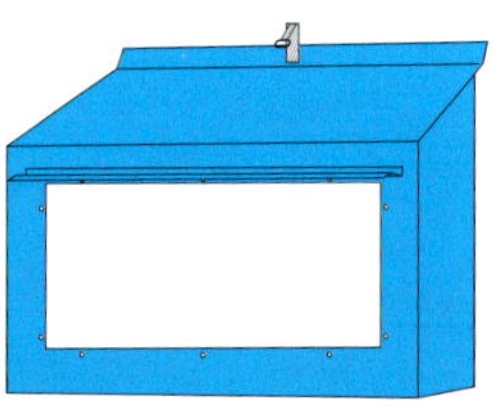

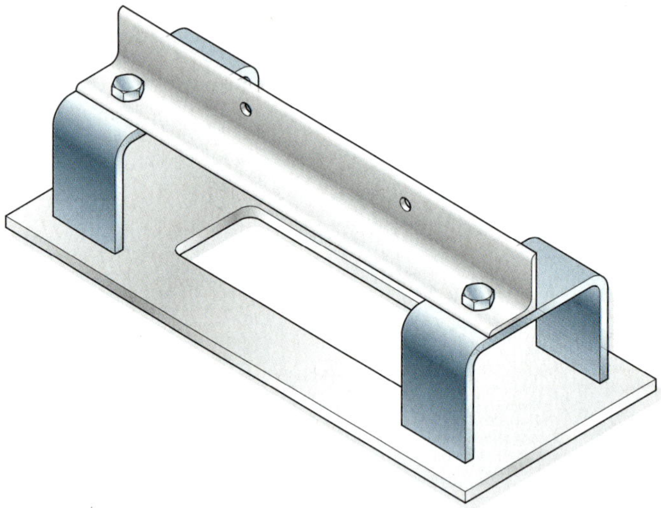

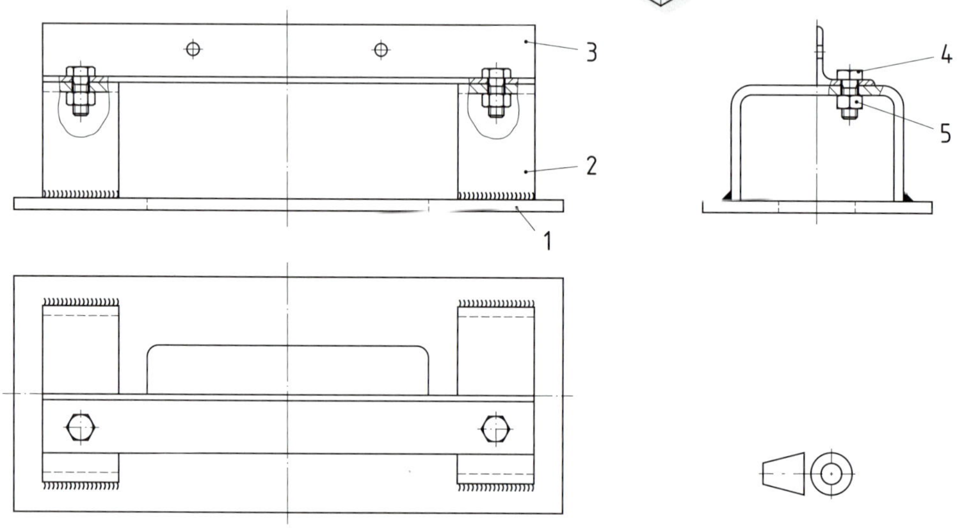

1	2	3	4	5	6
Pos.	Menge	Einheit	Benennung	Sachnummer / Norm-Kurzbezeichnung	Bemerkung
5	2	Stck.	Sechskantmutter	ISO 4032 – M8	8
4	2	Stck.	Sechskantschraube	ISO 4017 – M8x20	8.8
3	1	Stck.	Winkel	L EN 10056-1 – 30x30x3	Stahl EN 10025-S 235 JR
2	2	Stck.	Bügel	Fl EN 10058 – 40x5	Stahl EN 10025-S 235 JR
1	1	Stck.	Grundplatte	Band EN 10051 – 6x125x302	Stahl EN 10025-S 235 JR

	Datum	Name	
Bearb.		G. Tiedt	Konsole
Gepr.			
Norm			
Abt.			

westermann

Zust.	Änderung	Datum	Name	Ursprung	Ersatz für:	Ersetzt durch:	Blatt	Bl.

Die Konsole ist als Ständer für ein Funktionsmodell vorgesehen. Das Modell wird an dem Winkel mit Sechskantschrauben befestigt.

Die Grundplatte (Pos.1) wird aus Blech ausgeschnitten und im Rohzustand geliefert. Sie ist bereits mit einem Durchbruch versehen.

Auswertung der Zeichnung

1. Welche Informationen kann man der Stückliste über Teil 1 und Teil 4 entnehmen?

2. Erläutern Sie die Halbzeugangabe des Winkels (Pos. 3) und dessen Werkstoffbezeichnung.

3. Die Konsole ist in drei Ansichten nach der Projektionsmethode 1 dargestellt. Wie sind die Ansichten angeordnet?

Fertigen der Einzelteile

4. Die Grundplatte mit Durchbruch (Pos. 1) ist im Rohzustand angeliefert und muss nachbearbeitet werden. Wählen Sie ein Verfahren und ein geeignetes Werkzeug aus.

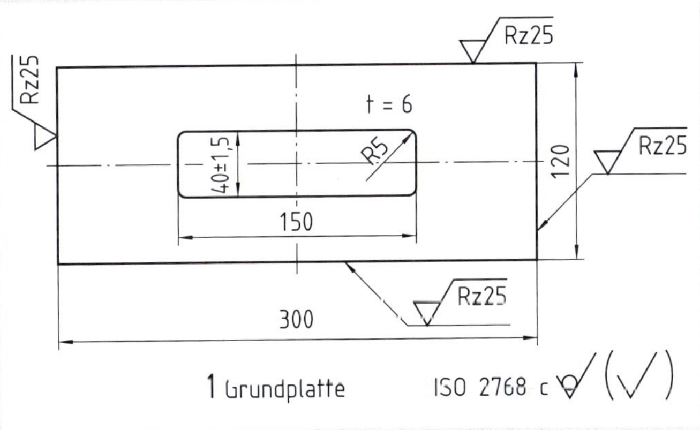

5. Die Bügel (Pos. 2) sind aus Flachstahl zu biegen. Ermitteln Sie mithilfe des Tabellenbuches den Mindestbiegeradius.

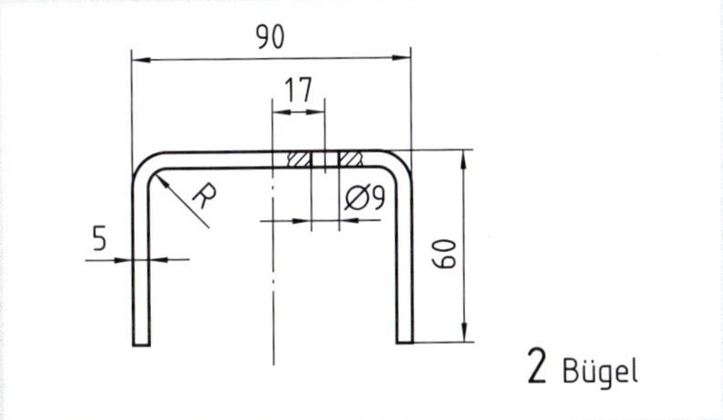

6. Berechnen Sie die notwendige Zuschnittlänge eines Bügels vor dem Biegen.

7. Skizzieren Sie den Zuschnitt eines Bügels und bemaßen Sie die Gesamtlänge und die Lage der Biegelinien.

8. Beschreiben Sie das Anreißen der Gesamtlänge und das Anreißen der Biegelinien.

9. Mit welchen Prüfgeräten werden die Maße des Bügels geprüft, wenn die Allgemeintoleranz mit ISO 2768 – c vorgegeben ist?

10. Beschreiben Sie den Biegevorgang für die Bügel.

11. Beim Biegen ergeben sich Querschnittsveränderungen. Worauf sind diese zurückzuführen?

12. Erstellen Sie einen Arbeitsplan für das vollständige Herstellen eines Bügel. Die Bohrung soll nur angerissen werden.

Konstruktive Veränderungen

13. Unter der Grundplatte sollen Füße nach DIN 6320 angebracht werden. Erläutern Sie die notwendigen Fertigungsmaßnahmen, um die Füße montieren zu können.

14. Die Bügel sollen nicht mehr auf die Grundplatte geschweißt, sondern auf der Platte mit Schrauben M8 befestigt werden. Skizzieren Sie die Grundplatte und einen Bügel in der veränderten Form und bemaßen Sie die Einzelteile.

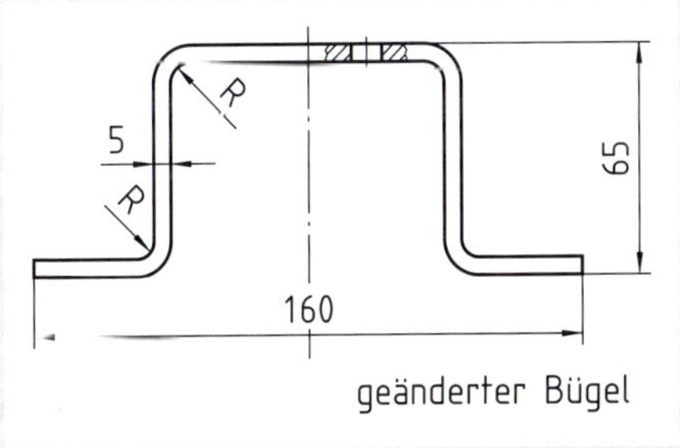

15. Berechnen Sie für den geänderten Bügel die Zuschnittlänge.

16. Die Ecken der Grundplatte sind abzurunden. Wählen Sie die jeweiligen Radien, beschreiben Sie die Fertigung und die anschließende Prüfung.

BIEGEVORRICHTUNG

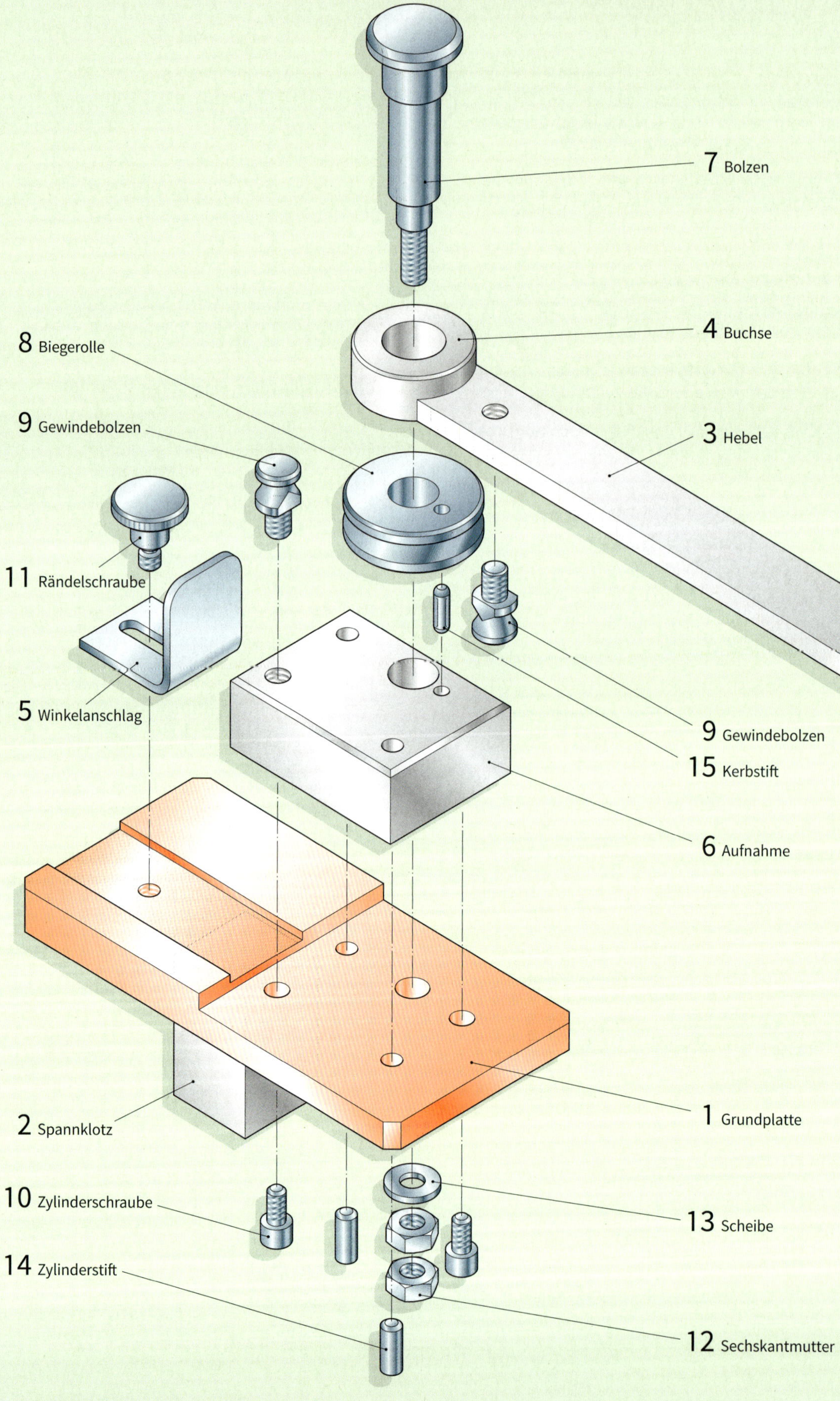

auch über Web-Link

GESAMTAUFTRAG

Die Biegevorrichtung dient zum Biegen von Rundstäben und Rohren mit einem größten Durchmesser von $d = 6$ mm. Es können Teile mit einem Biegeradius von 40 mm gebogen werden, wobei der Biegeradius durch den Durchmesser der Biegerolle (Pos. 8) bestimmt wird. Durch Verschieben des Winkelanschlags (Pos. 5) kann die Länge des zu fertigenden Bogens eingestellt werden. Der mögliche Biegewinkel beträgt $\alpha \leq 225°$. Die Vorrichtung kann über den Spannklotz (Pos. 2) in einen Schraubstock eingespannt werden.

Die Grundplatte der Biegevorrichtung ist in Einzelfertigung herzustellen.

ANALYSE

Technische Unterlagen

Die Vorbereitung einer Arbeitshandlung beginnt mit dem Auswerten der technischen Unterlagen. Für die Fertigung stehen dabei folgende technische Unterlagen zur Verfügung:

- Die *Gesamtzeichnung* zeigt alle zu einem Erzeugnis gehörenden Einzelteile in ihrer räumlichen Lage zueinander.
- Die *Stückliste* listet alle Einzelteile geordnet nach Fertigungsteilen und Normteilen in der erforderlichen Stückzahl auf. Sie ist auf der Gesamtzeichnung angeordnet.
- Die *Einzelteilzeichnungen* stellen die einzelnen Werkstücke mit allen für die Fertigung notwendigen Angaben dar.

Aus der Gesamtzeichnung kann im Zusammenhang mit der Stückliste der Aufbau und die Funktion eines Erzeugnisses wie der Biegevorrichtung bestimmt werden.

Der Aufbau eines Erzeugnisses ergibt sich aus

- der Art und Anzahl der Einzelteile,
- der räumlichen Anordnung der Teile zueinander und
- der Art der gewählten Verbindungen.

auch über Web-Link

ANALYSE

Fertigung

Die Einzelteile der Biegevorrichtung werden überwiegend durch maschinelles Spanen hergestellt. Je nach Fertigungsaufgabe werden dabei unterschiedliche Fertigungsverfahren eingesetzt:

- Bohren, Senken, Reiben oder Gewindebohren für Bohrungen unterschiedlicher Form, Maßgenauigkeit und Oberflächengüte,
- Drehen für zylindrische und kegelige Werkstückformen,
- Fräsen für ebene Flächen, Absätze und Nuten.

Beim maschinellen Spanen werden von der Werkzeugmaschine sowohl die Trennkräfte aufgebracht als auch die Bewegungen ausgeführt.

Durch den Einsatz von Werkzeugmaschinen ergeben sich kürzere Fertigungszeiten und höhere Maß- und Formgenauigkeiten.

Die körperliche Belastung der arbeitenden Menschen wird wesentlich verringert.

Bearbeitungsformen an der Biegevorrichtung

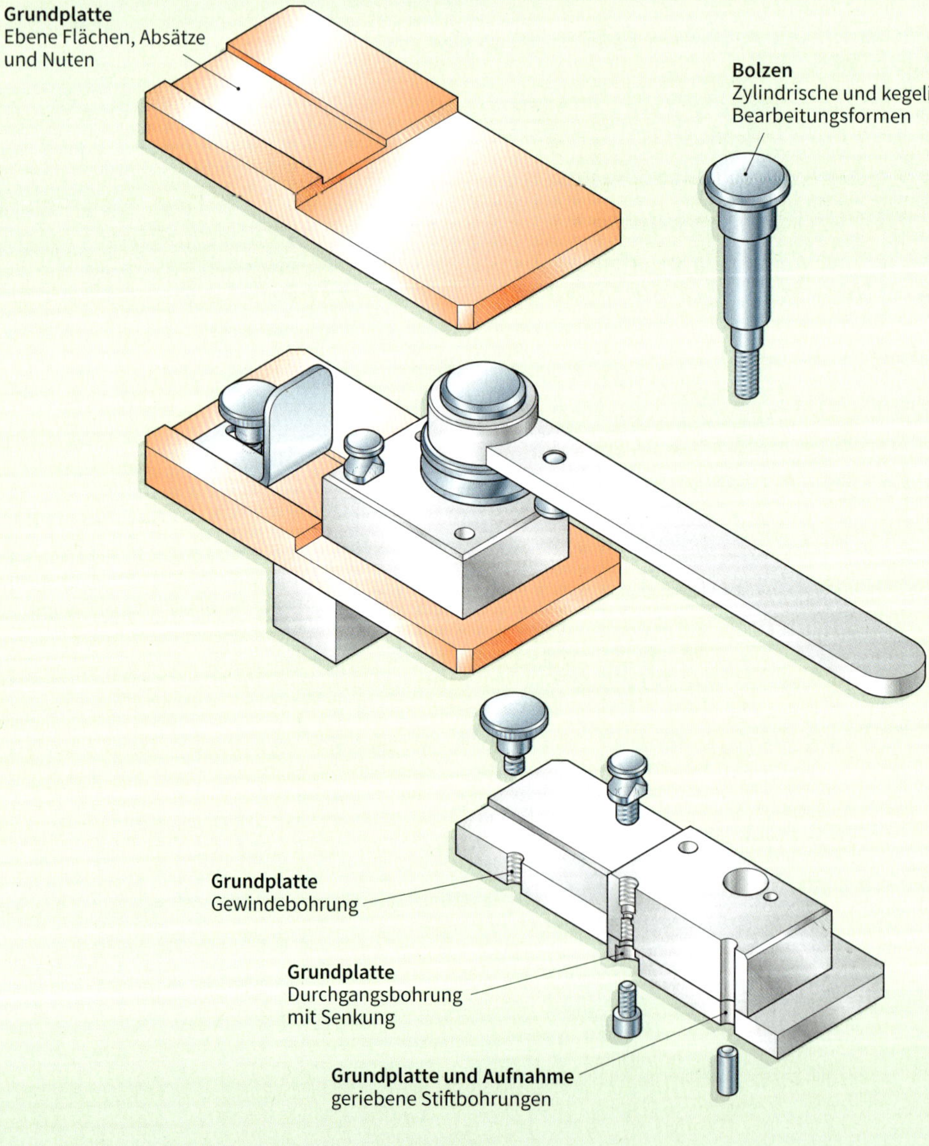

2.1 Bohren, Senken, Reiben

ARBEITSAUFTRAG

Damit die Grundplatte mit den anderen Einzelteilen zu einer funktionsfähigen Biegevorrichtung zusammengebaut werden kann, sind Bohrungen unterschiedlicher Form und Genauigkeit anzufertigen.

Die Form, Größe und Beschaffenheit der Bohrungen wird durch die Teilzeichnung der Grundplatte festgelegt und beschrieben.

Durch Lesen der Zeichnung erhält man ein Bild von dem Arbeitsauftrag.

Die Grundplatte ist ein prismatisches Werkstück. Sie ist in drei Ansichten dargestellt. Eine Ansicht ist im Schnitt gezeichnet, um die Bohrungen und Senkungen eindeutig darstellen und bemaßen zu können.

Die Teilzeichnung enthält außerdem alle zur Herstellung notwendigen Maße und Angaben zur Oberflächenbeschaffenheit.

Um die in einer Zeichnung enthaltenen Informationen richtig deuten zu können, ist ein genaues Verständnis der zugrunde liegenden Zeichenregeln und Normen notwendig.

Informieren

2.1.1 Zeichnungsanalyse

2.1.1.1 Prismatische Werkstücke

Prismatische Werkstücke werden aus Rechteckprofilen hergestellt, die in genormten Abmessungen vorliegen. Durch spanende Bearbeitung entstehen die notwendigen Bearbeitungsformen.

Für die Fertigung müssen Werkstücke mit allen Formen eindeutig dargestellt werden. Darum werden komplizierte Werkstücke in mehreren Ansichten gezeichnet (Abb. 1).

- **Ansichten**

Die unterschiedlichen Ansichten entstehen, indem man aus unterschiedlichen Richtungen jeweils rechtwinklig auf die Fläche eines Werkstückes blickt. Jede Ansicht zeigt dabei einen anderen Umriss (Abb. 1, folgende Seite). Es sind maximal sechs Ansichten möglich.

Grundsätzlich werden nur so viele Ansichten eines Werkstückes gezeichnet, wie für eine eindeutige Darstellung und Bemaßung erforderlich sind.

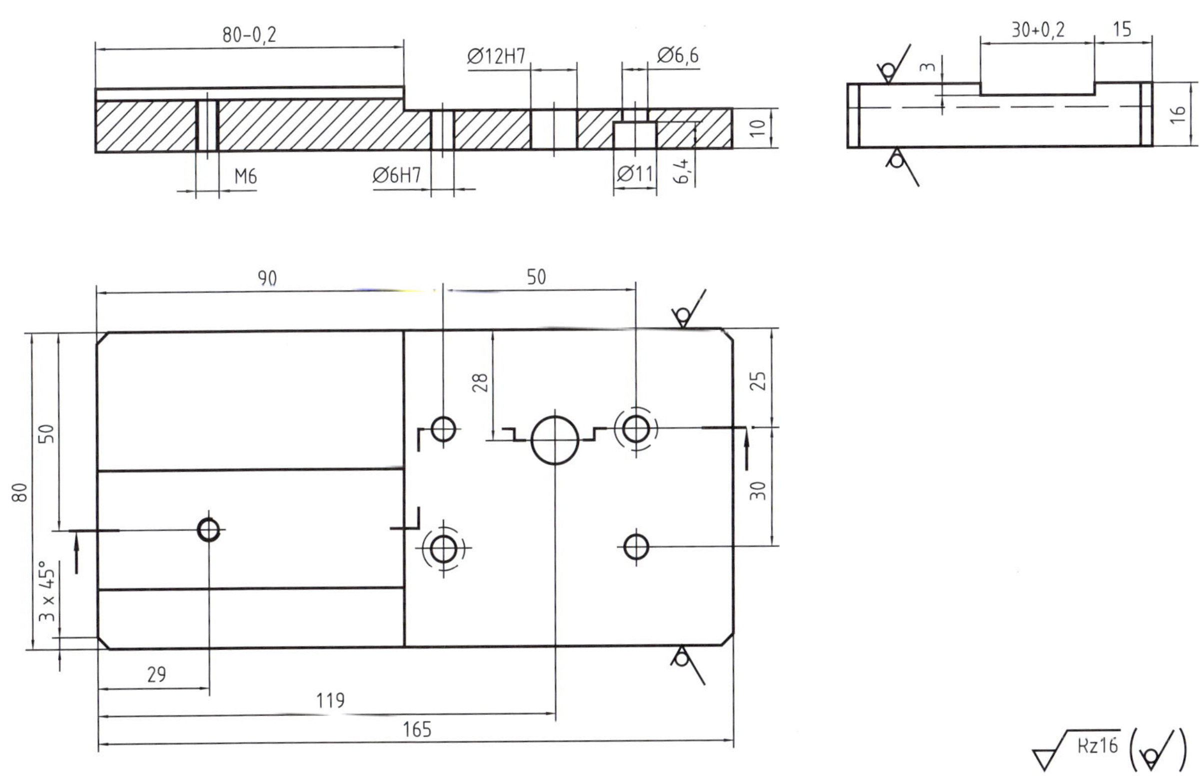

Abb. 1: Teilzeichnung der Grundplatte

Die am häufigsten verwendeten Ansichten sind Vorderansicht, Seitenansicht von links und Draufsicht. Damit lassen sich Werkstücke in der Regel eindeutig darstellen. Als Vorderansicht wird dabei die Ansicht gewählt, die wesentliche Formen des Werkstückes zeigt.

Auf einer Zeichnung sind die Ansichten eines Werkstückes nach einer bestimmten Systematik zueinander angeordnet.

- Von der Vorderansicht werden alle anderen Ansichten abgeleitet.
- Die Seitenansicht von links liegt rechts neben der Vorderansicht. Die Ansichten liegen auf gleicher Höhe.
- Die Seitenansicht von rechts liegt links neben der Vorderansicht.
- Die Draufsicht liegt senkrecht unter der Vorderansicht.
- Die Untersicht liegt oberhalb der Vorderansicht.
- Die Rückansicht liegt links oder rechts neben der Seitenansicht.

Die beschriebene Anordnung der Ansichten wird auch als die ISO-Projektionsmethode 1 bezeichnet. Die Projektionsmethode wird durch das Symbol eines Kegelstumpfes gekennzeichnet. Es steht entweder im Schriftfeld oder in dessen Nähe (➡📖).

Die Vorderansicht der Grundplatte ist dabei in Gebrauchslage gezeichnet. Die Gebrauchslage zeigt ein Werkstück, wie es in der Vorrichtung oder Maschine eingebaut ist.

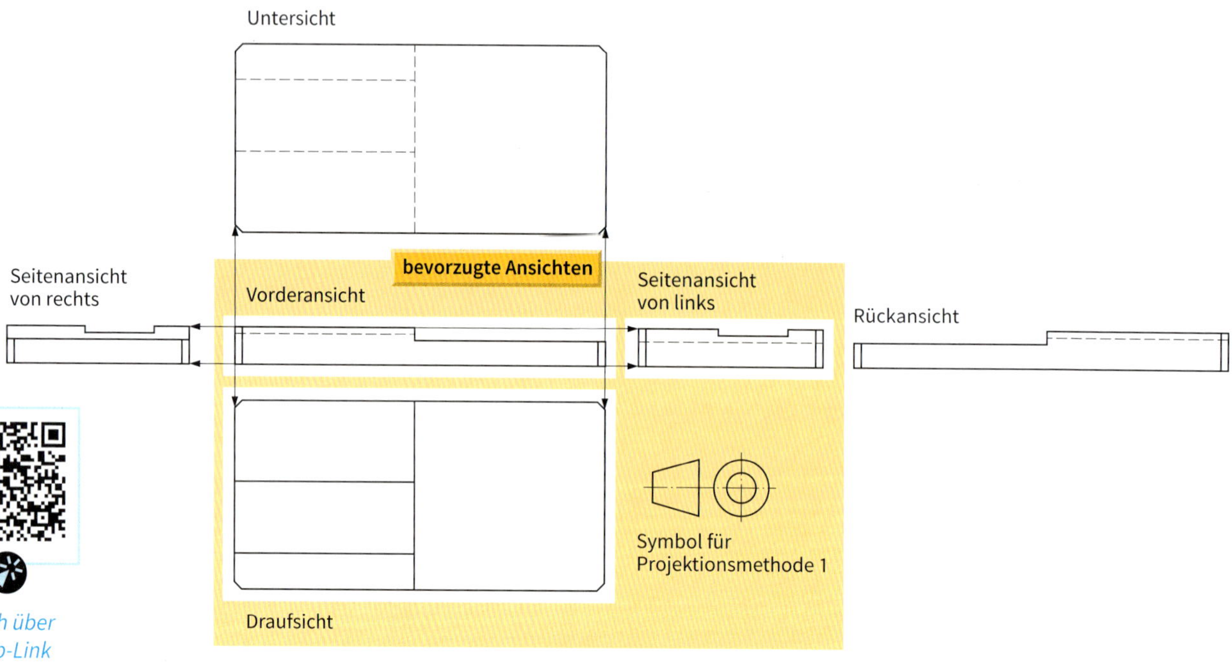

auch über Web-Link

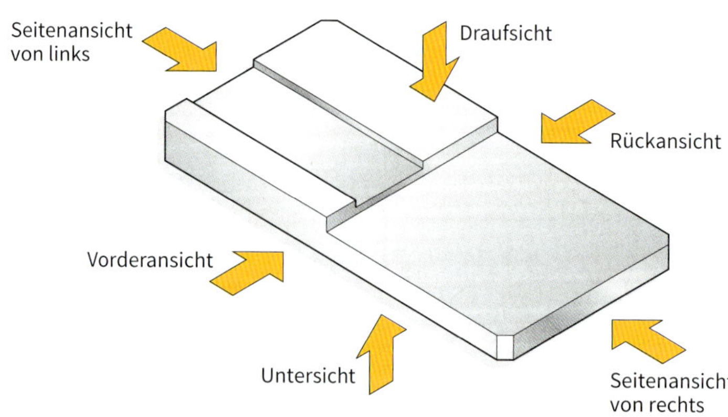

Abb. 1: Anordnung von Ansichten

- **Bearbeitungsformen – Darstellung**

Beim Fertigen der Grundplatte entstehen folgende Bearbeitungsformen (Abb. 3):

- Absätze,
- Abschrägungen (Fasen),
- Nuten und
- Bohrungen.

Werden mehrere Ansichten des Werkstückes gezeichnet, sind die zusätzlichen Kanten – je nach Blickrichtung – entweder sichtbar oder verdeckt.

Die Kanten liegen in den entsprechenden Ansichten auf gleicher Höhe oder Breite wie die der Bearbeitungsformen (Abb. 2).

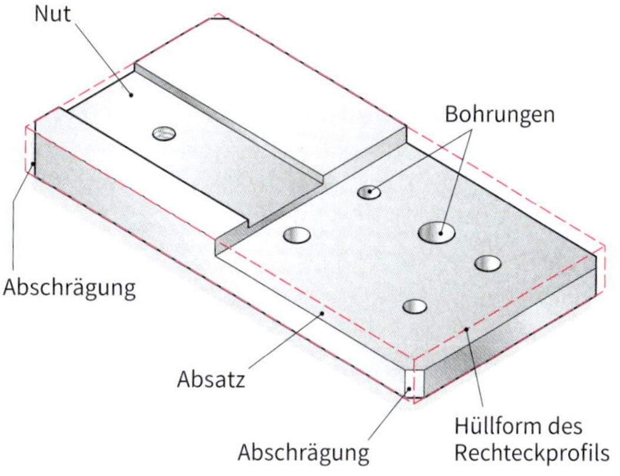

Abb. 3: Bearbeitungsformen an der Grundplatte

Absätze

① Ein Absatz in der Vorderansicht der Grundplatte erzeugt in der Draufsicht eine sichtbare Kante und in der Seitenansicht eine verdeckte Kante.

Abschrägungen (Fasen)

② Die Abschrägungen erzeugen in den anderen Ansichten neue sichtbare Kanten.

Nuten

③ Die Nut in der Seitenansicht erzeugt in der Vorderansicht eine neue verdeckte Kante (Nuttiefe). In der Draufsicht entstehen zwei neue sichtbare Kanten.

Bohrungen

④ Bohrungen erhalten in allen Ansichten Mittellinien. Eine Bohrung erhält dort, wo die Kreisform erkennbar ist, ein Mittellinienkreuz.

⑤ In der Ansicht, in der nicht die Kreisform erkennbar ist, wird nur eine Mittellinie gezeichnet. Sie kennzeichnet die Lage und den Verlauf der Bohrung im Werkstück. Die Bohrungswandungen werden mit verdeckten Kanten gezeichnet.

⑥ Die Mittellinien gehen ca. 2 mm über die Kontur hinaus.

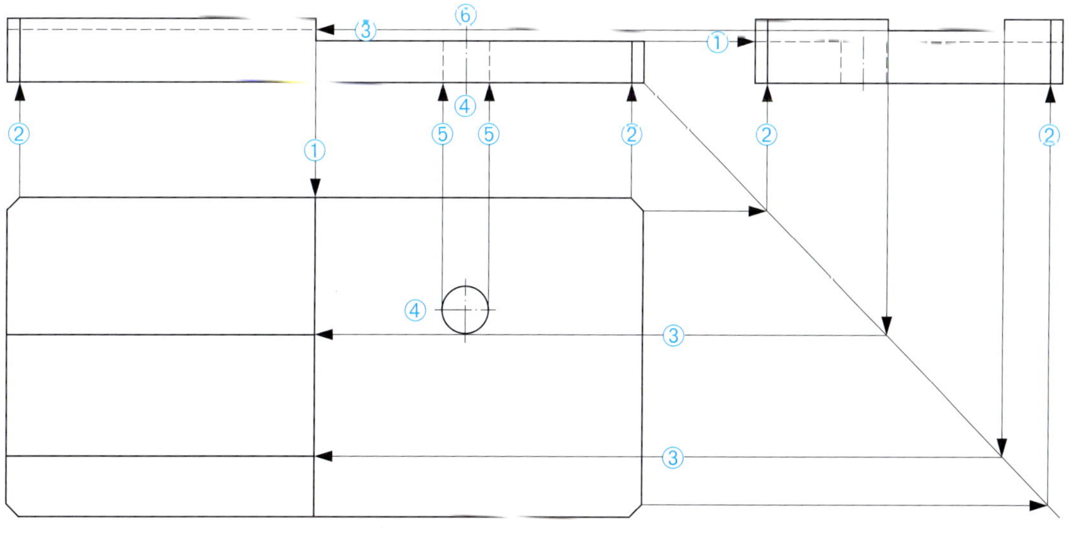

Abb. 2: Darstellung verschiedener Bearbeitungsformen

- **Bearbeitungsformen – Bemaßung**

Bei prismatischen Werkstücken müssen neben den Grundmaßen des Rechteckprofils die Bearbeitungsformen eindeutig bemaßt werden. Jede Bearbeitungsform benötigt bestimmte Maße für die Fertigung (Abb. 1). Dabei werden Form- und Lagemaße unterschieden.

Formmaße geben direkt die Größe der Bearbeitungsform an. Die Maße werden dort eingetragen, wo die Bearbeitungsform zu sehen ist. Mehrere Maße einer Bearbeitungsform sollten in einer Ansicht zusammen angegeben werden. Die Bemaßung verdeckter Kanten ist zu vermeiden.

Lagemaße geben die Position der Bearbeitungsform am Werkstück an.

Absätze

⑦ Absätze werden durch zwei Formmaße für die Breite und die Tiefe bestimmt. Dabei kann die Breite und die Tiefe des Absatzes selbst oder die am Werkstück verbleibende Breite und Dicke bemaßt sein.

Abschrägungen (Fasen)

⑧ Abschrägungen werden durch zwei Formmaße bestimmt. Das können entweder zwei Längenmaße oder ein Längenmaß zusammen mit einem Winkelmaß sein. Beträgt der Winkel 45°, kann die Winkelangabe mit auf der Maßlinie des Längenmaßes stehen.

Nuten

⑨ Nuten werden durch zwei Formmaße für die Breite und die Tiefe bestimmt.

⑩ Zusätzlich muss ein Lagemaß für die Position der Nut im Werkstück angegeben werden.

Bohrungen

⑪ Die Größe einer Bohrung wird durch ein Formmaß für den Durchmesser bestimmt. Der Maßzahl ist immer das Symbol für den Durchmesser voranzustellen.

⑫ Zwei Lagemaße bestimmen die Position der Bohrung im Werkstück. Sie beziehen sich auf den Bohrungsmittelpunkt und schließen an die Mittellinien an. Dieses ist eine fertigungsbezogene Bemaßung.

⑬ Bei mehreren Bohrungen können die Abstände der Bohrungen als Lagemaße angegeben werden.

Zusätzlich zu den Form- und Lagemaßen sind die Grundmaße des Rechteckprofils anzugeben. Die Grundmaße sind immer Breite, Höhe und Dicke des Werkstückes.

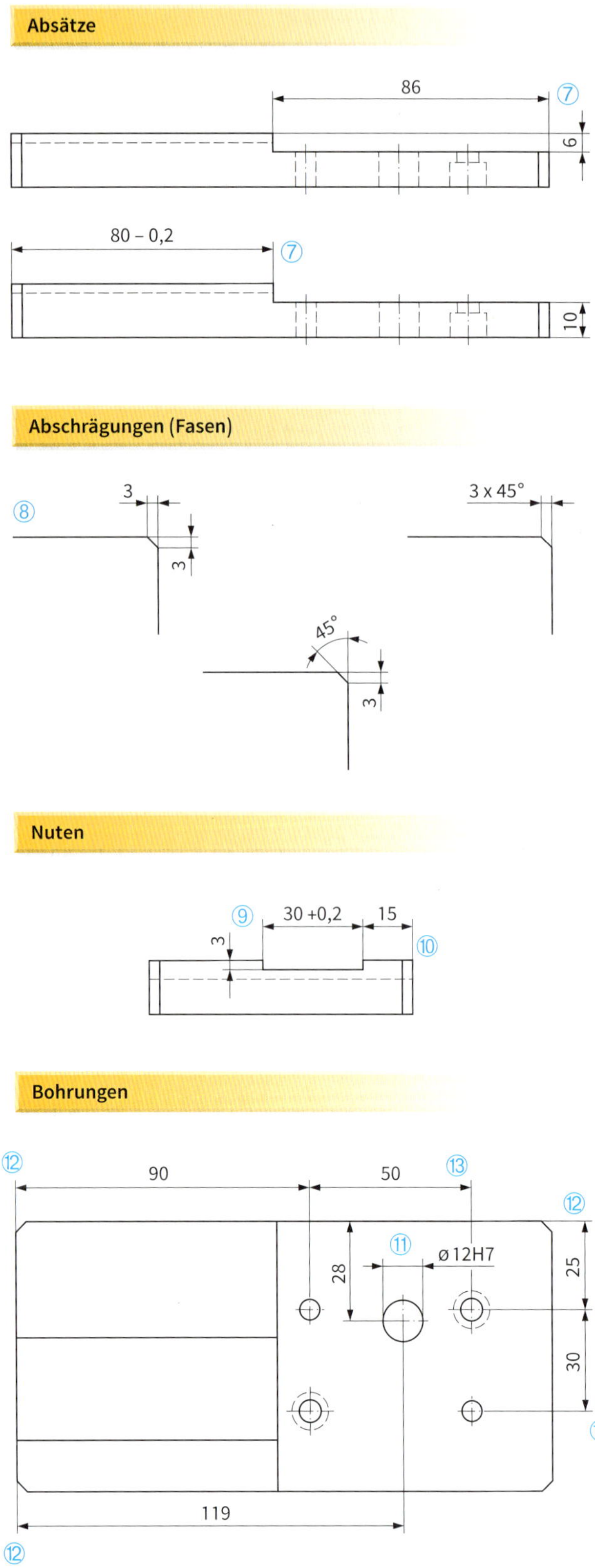

Abb. 1: Maße an Bearbeitungsformen

2.1.1.2 Schnittdarstellung

Die Vorderansicht der Grundplatte ist im Schnitt dargestellt (Abb. 1, S. 109). Schnittdarstellungen werden bei Werkstücken mit Hohlräumen z. B. Bohrungen angewendet, um die inneren Formen eindeutig darstellen und bemaßen zu können.

- **Schnittebene, Schnittfläche**

Bei einer Schnittdarstellung wird ein Werkstück in der Schnittebene gedanklich zerlegt (Abb. 2). Es wird die vor der Schnittebene liegende Hälfte des Werkstückes abgetrennt und nur die hintere Hälfte gezeichnet. Die Schnittebene wird vorzugsweise in die Längsachse des Werkstückes oder senkrecht zu ihr gelegt (→).

! Durch einen Schnitt werden innere Formen sichtbar und in breiter Volllinie dargestellt.

Durch den Schnitt entsteht die Schnittfläche. Sie wird mit einer Schraffur in schmalen Volllinien gekennzeichnet.

- Die Schraffurlinien werden unter einem Winkel von 45° zur Außenkontur des Werkstückes gezeichnet. Der Abstand der Schraffurlinien wird der Größe der zu schraffierenden Fläche angepasst und muss gleich groß sein.
- Wird ein Werkstück in mehreren Ansichten geschnitten dargestellt, sind die Schnittflächen in allen Ansichten mit gleichem Winkel und Schraffurlinienabstand zu zeichnen.
- Für Maßzahlen und Beschriftungen werden Schraffurlinien unterbrochen. Für Maßlinien erfolgt keine Unterbrechung.

Verdeckte Kanten werden im Allgemeinen nicht gezeichnet.

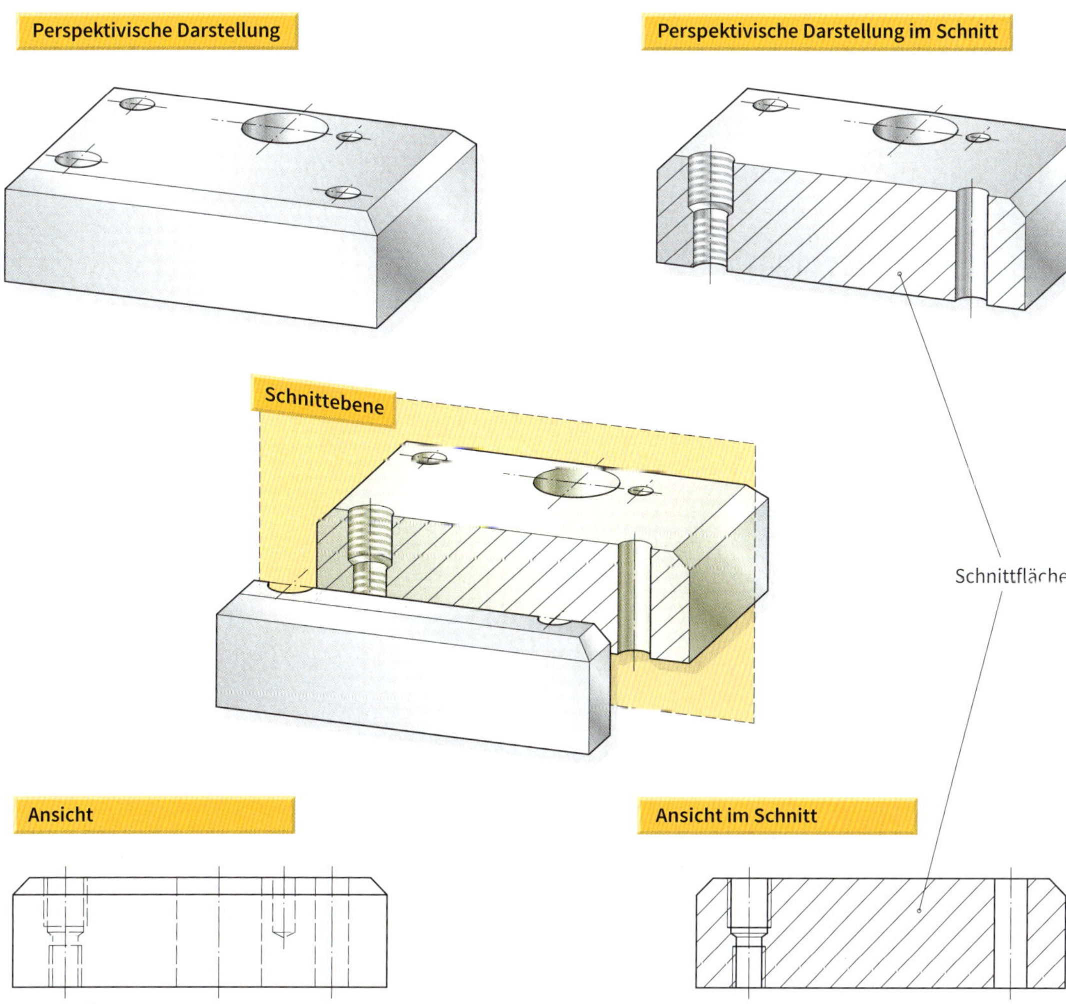

Abb. 2: Prinzip der Schnittdarstellung

auch über Web-Link

- **Schnittarten**

Nach Umfang und Lage des Schnittes unterscheidet man

- Vollschnitt,
- Halbschnitt und
- Teilschnitt.

auch über Web-Link

Vollschnitt

Beim Vollschnitt ist die vordere Hälfte des Werkstückes gedanklich abgetrennt und nur die hintere Hälfte gezeichnet (Abb. 2a).

Halbschnitt

Der Halbschnitt wird vorzugsweise bei symmetrischen Hohlkörpern angewendet. Beim Halbschnitt ist ein Viertel des Werkstückes gedanklich abgetrennt (Abb. 2b). In der Ansichtshälfte bleibt die äußere Form sichtbar. In der Schnitthälfte wird die innere Form dargestellt.

Die Schnitthälfte wird bei waagerechter Mittellinie unterhalb, bei senkrechter Mittellinie rechts von dieser angeordnet.

Bei der Bemaßung werden die Maße für die Innen- und Außenformen gruppiert (Abb. 1):

① Maße für die Außenformen sind in der Ansichtshälfte und

② die Maße für die Innenformen in der Schnitthälfte eingetragen.

③ Durchmessermaße für Innenformen erhalten nur eine Maßlinienbegrenzung.

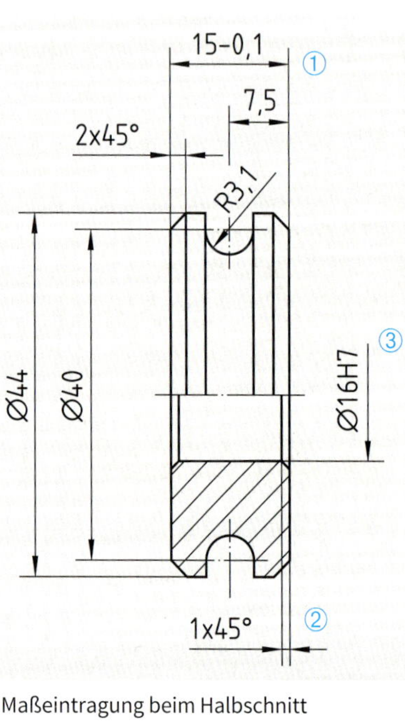

Abb. 1: Maßeintragung beim Halbschnitt

Perspektive

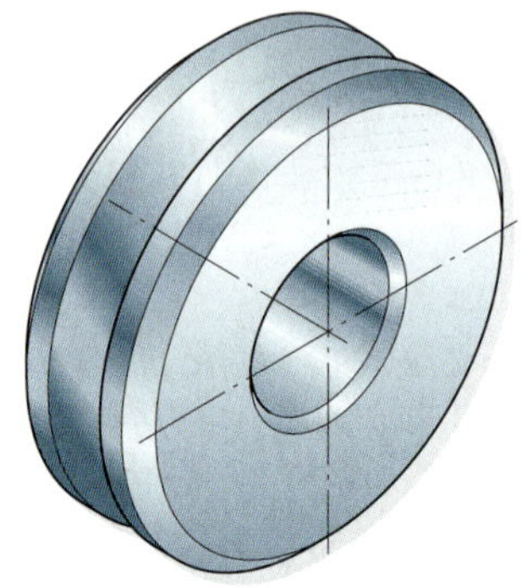

a) Vollschnitt

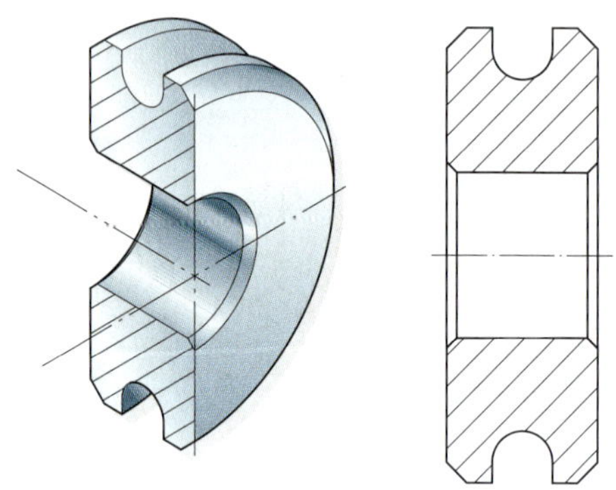

b) Halbschnitt

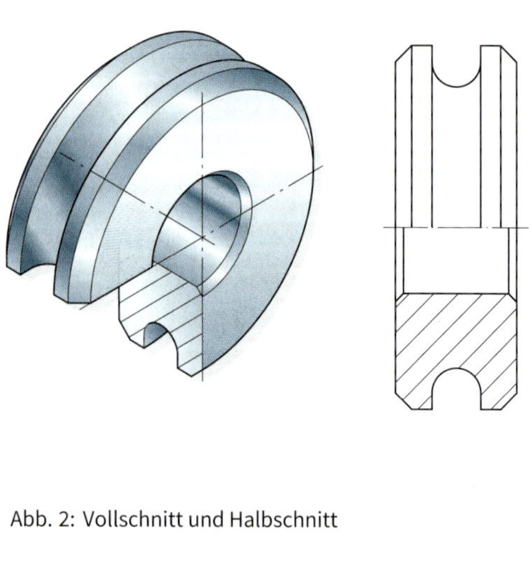

Abb. 2: Vollschnitt und Halbschnitt

Teilschnitt

Beim Teilschnitt ist nur ein Teilbereich eines Werkstückes im Schnitt dargestellt. Ein häufig angewendeter Teilschnitt ist der Ausbruch (Abb. 3).

Ein Ausbruch wird durch eine Freihandlinie in schmaler Volllinie begrenzt. Die Freihandlinie darf nicht mit Kanten oder Hilfslinien deckungsgleich sein.

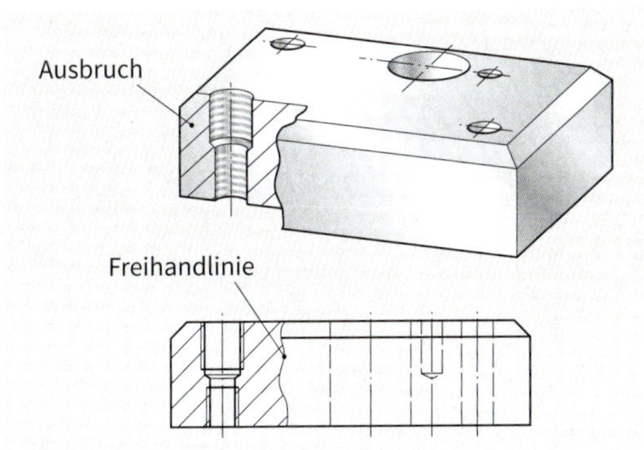

Abb. 3: Ausbruch

- **Schnittverlauf**

Bei der Grundplatte verläuft der Schnitt durch mehrere parallele Schnittebenen. Dadurch lassen sich die meisten Bohrungen der Grundplatte sichtbar darstellen und bemaßen.

Bei einem Schnitt in mehreren Ebenen wird der Schnittverlauf durch eine Schnittlinie angegeben (Abb. 4). Schnittlinien sind breite Strich-Punktlinien.

1. Schnittlinien werden nur im Bereich der Umrisslinien des Werkstückes und an den Knickstellen dargestellt.
2. Die Blickrichtung auf den Schnitt wird durch Pfeile angegeben. Die Pfeile haben die 1,5fache Länge von Maßpfeilen.
3. An den Knickstellen von versetzten Schnittebenen entstehen keine neuen Kanten, da es sich um eine gedachte Zerlegung handelt.

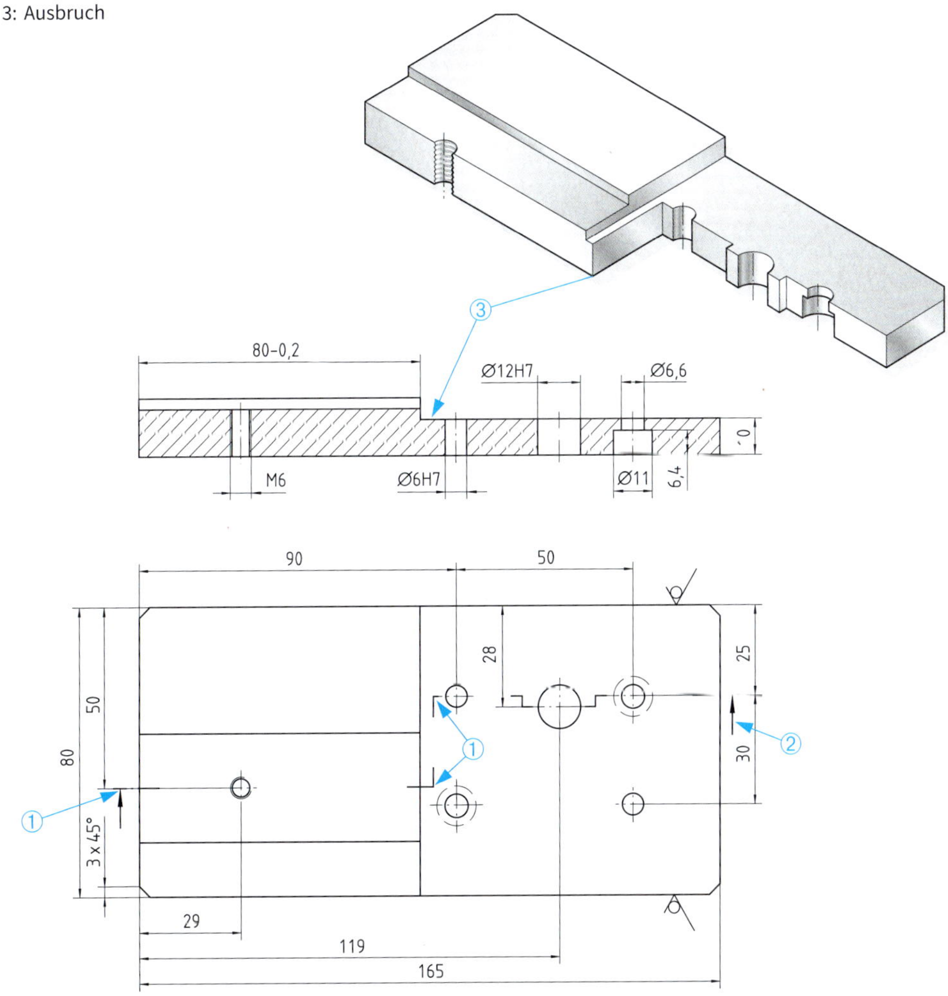

Abb. 4: Werkstück mit mehreren Schnittebenen

2.1.1.3 Oberflächenbeschaffenheit

Die Oberflächenbeschaffenheit wird nach der Funktion eines Werkstückes und nach wirtschaftlichen Gesichtspunkten vom Konstrukteur festgelegt.

Je glatter eine Oberfläche sein soll, desto größer wird der Aufwand bei der Fertigung. Darum werden Oberflächen nicht in der besten, sondern in der benötigten Qualität hergestellt.

Rauheitskenngrößen

Die Zahl und Tiefe von Bearbeitungsrillen und Riefen bestimmt die Oberflächenbeschaffenheit, die auch Rauheit genannt wird. Gute Oberflächen zeichnen sich durch eine hohe Anzahl von Rillen und Riefen mit geringer Tiefe aus.

Um die Oberflächenbeschaffenheit zu ermitteln wird das Oberflächenprofil über eine bestimmte Messstrecke, der Auswertelänge l_e, gemessen. Als Rauheitskenngrößen werden häufig die maximale Höhe Rz und der arithmetische Mittelwert der Höhe Ra ermittelt.

Die vorgeschriebenen Rauheitswerte müssen bei der Herstellung eingehalten werden.

Oberflächensymbole

Die Oberflächenbeschaffenheit von Werkstücken wird in technischen Zeichnungen vorgeschrieben. Die Kennzeichnung erfolgt durch Oberflächensymbole und zusätzliche Angaben nach **DIN EN ISO 21920-1** (→).

Die Oberflächensymbole bestehen aus einem 60°-Winkel mit ungleicher Schenkellänge. Die Form der graphischen Symbole legt Anforderungen an den Fertigungsprozess fest (Tab. 1). Der waagerechte Balken oberhalb des 60°-Winkles dient dazu, dieses Symbol von älteren Zeichnungsangaben nach **DIN EN ISO 1302** zu unterscheiden.

Durch Rauheitskenngrößen wird die zulässige Rauheit einer Oberfläche vorgeschrieben. Bei Kenngrößen mit festgelegten Standards (Default), wie Rz und Ra, reichen als Mindestangabe die Kenngröße und der Grenzwert aus (Abb. 1).

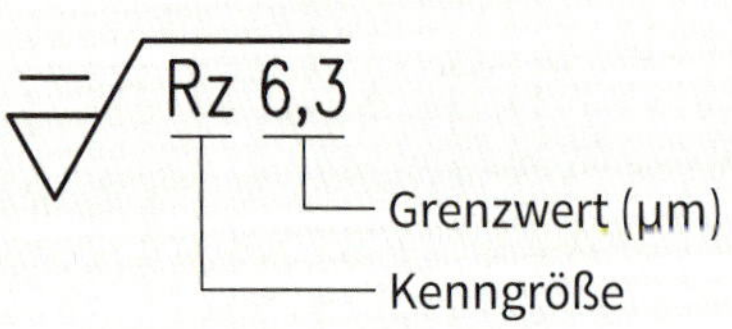

Abb. 1: Mindestangaben bei Kenngrößen mit festgelegten Standards

Tab. 1: Oberflächensymbole

Symbol	Bedeutung
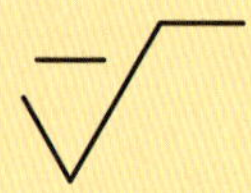	alle Fertigungsprozesse zulässig
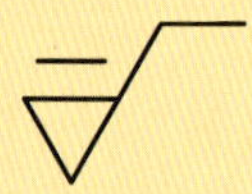	Material muss abgetragen werden
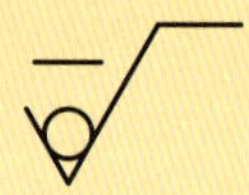	Materialabtrag ist unzulässig

Grenzwerte werden in µm angegeben. Bei der Mindestangabe entspricht der Grenzwert dem höchsten zugelassenen Rauheitswert der Oberfläche. Die Rauheitskenngrößen werden unterhalb der waagerechten Linie des Symbols angetragen.

Bei Rauheitskenngrößen ohne festgelegte Standards oder wenn von den Standards abgewichen werden soll, sind weitere Angaben erforderlich.

Solche Angaben können die anzuwendende Toleranzart (unterer oder oberer Grenzwert), akzeptierte Abweichungen bei den Grenzwerten (Toleranzakzeptanzregel) oder Vorgaben zum Messvorgang (Typ des Profil-Filters, Länge der Messstrecke) sein. Alle Angaben, die für eine Kenngröße gelten, stehen in der gleichen Zeile und in einer festgelegten Reihenfolge (→).

Am Symbol kann auch ein bestimmtes Fertigungsverfahren oder eine vorgesehene Oberflächenbehandlung vorgeschrieben werden. Diese werden oberhalb der waagerechten Linie des Symbols angetragen. Dort können auch Angaben zu Oberflächenrillen und der Richtung der Bearbeitungsspuren angegeben werden (Abb. 2).

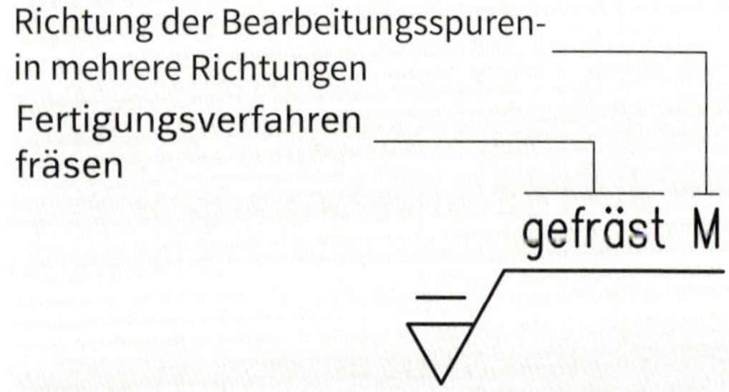

Abb. 2: Angabe zum Fertigungsverfahren und zu Oberflächenrillen

Eintragen von Oberflächensymbolen

Die Symbole zur Angabe der Oberflächenbeschaffenheit werden grundsätzlich so angeordnet, dass sie von unten oder von rechts lesbar sind (Abb. 3). Das Symbol für die Oberflächenbeschaffenheit trägt man für jede Oberfläche nur einmal in die Teilzeichnung ein. Eingetragen wird es in der Ansicht, in der die Bemaßung der Grund- bzw. Bearbeitungsformen vorgenommen wurde.

① Die Symbole berühren die Körperkanten, die die Werkstückoberfläche darstellen, oder deren Verlängerung durch Maßhilfslinien bzw. Hilfslinien.

② Die Symbole können durch Hilfslinien den Oberflächen zugeordnet werden. Die Hilfslinien enden mit einem Pfeil, der von außen auf die Fläche oder deren Verlängerung durch Hilfslinien oder Maßhilfslinien zeigt.

③ Die Symbole können auch auf Maßlinien von Grund- oder Bearbeitungsformen angegeben werden. Die Angabe sollte aber nur angewendet werden, wenn keine Fehlinterpretation möglich ist.

④ Das Symbol, welches für die Mehrzahl der Oberflächen gilt, wird nicht in die Ansichten der Teilzeichnung eingetragen. Es wird unter den Ansichten in der Nähe des Schriftfeldes gesetzt. Hinter dem Symbol werden in einer runden Klammer alle davon abweichenden Oberflächenbeschaffenheiten angegeben.

Die **DIN EN ISO 21920** unterscheidet sich im Oberflächensymbol und in der Eintragung von der ersetzten **DIN EN ISO 1302**. Man findet die Darstellung nach **DIN EN ISO 1302** aber noch in älteren, nicht überarbeiteten Zeichnungen und auch im vorliegenden Buch.

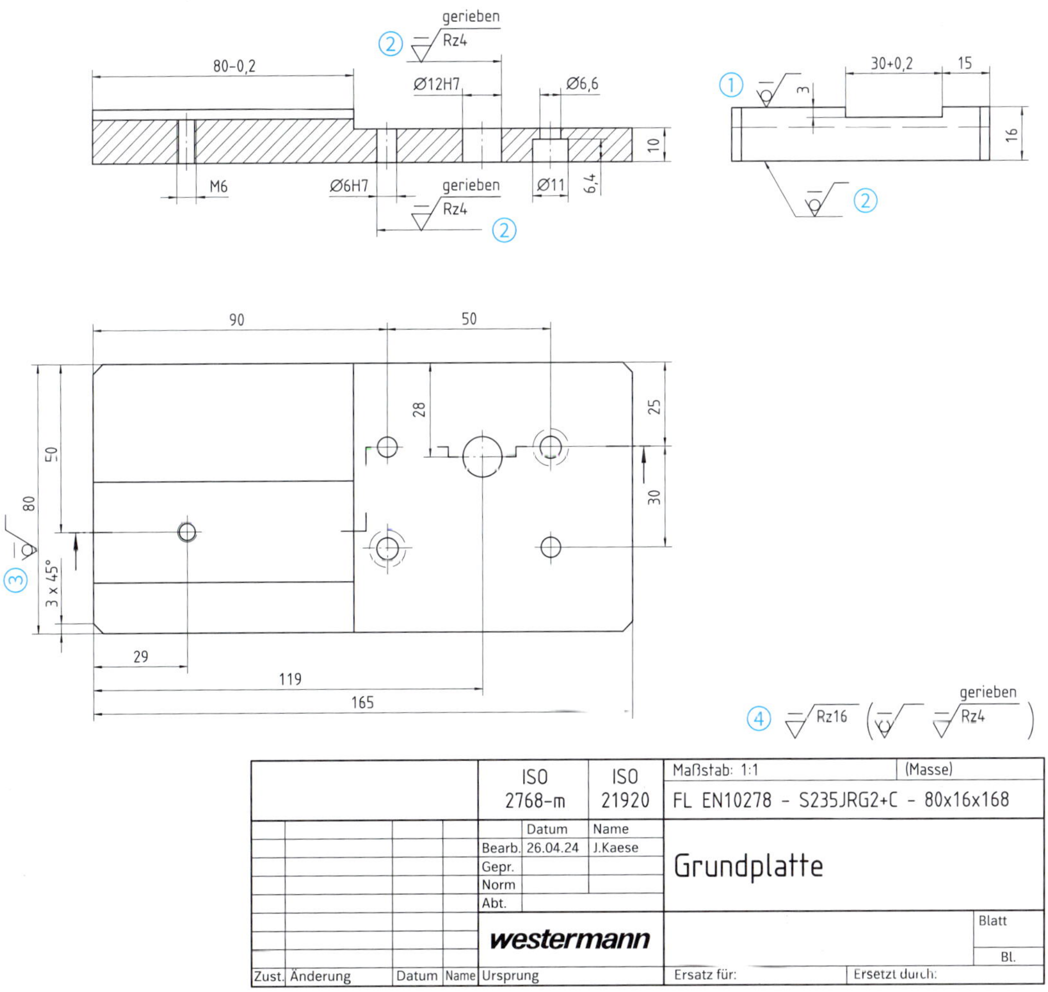

Abb. 3: Teilzeichnung der Grundplatte mit Oberflächenangaben

Fertigen

2.1.2 Bohrmaschinen

Zum Bohren von Werkstücken in der Werkstatt werden häufig Säulenbohrmaschinen verwendet (Abb. 1). Um Bohrmaschinen richtig handhaben und bedienen zu können, muss man deren Aufbau und Funktionsweise kennen.

Baueinheiten von Bohrmaschinen

Der *Bohrtisch* dient zur Aufnahme der Werkstücke. Kleinere Werkstücke werden in einem Maschinenschraubstock, größere Werkstücke direkt auf dem Tisch gespannt. Mit dem Bohrtisch wird das Werkstück über das Zahnstangengetriebe in der Höhe eingestellt. Vor dem Bohren muss der Tisch mit dem Werkstück festgeklemmt werden. Dazu dient der Feststellhebel.

Die *Säule* trägt die einzelnen Baueinheiten. Sie führt und hält auch den Bohrtisch. Die Fußplatte nimmt die Säule auf. Die Fußplatte kann außerdem als Aufspannung für große, hohe Werkstücke dienen.

Der *Elektromotor* liefert die Antriebsenergie für die Bohrmaschine.

Die Antriebsenergie wird über *Riemen- und Zahnradgetriebe* auf die Bohrspindel geleitet. Über das verstellbare Riemengetriebe lässt sich die Umdrehungsfrequenz (Drehzahl) der Bohrspindel stufenlos einstellen. Die eingestellte Umdrehungsfrequenz kann an einem Drehzahlmesser abgelesen werden.

Die *Bohrspindel* nimmt die Bohrwerkzeuge auf und überträgt die Arbeitsbewegungen auf das Werkzeug. Das Bohrwerkzeug führt beim Bohren eine Drehbewegung und gleichzeitig eine geradlinige Vorschubbewegung in Werkstückrichtung aus.

Die Vorschubbewegung kann von Hand über einen Hebel aufgebracht werden oder automatisch über das Zahnradgetriebe erfolgen. Über einen Tiefenanschlag kann die Bohrtiefe, z. B. für Grundlochbohrungen, eingestellt werden.

Zur *elektrischen Einrichtung* gehört neben dem Ein- und Ausschalter ein gut erreichbarer Not-Aus-Schalter, der die gesamte Maschine stillsetzt.

Zum Kühlen der Bohrwerkzeuge haben Bohrmaschinen im Allgemeinen eine *Einrichtung für Kühlschmierstoff*. Die Kühlmittelpumpe fördert den Kühlschmierstoff über den Kühlmittelschlauch zur Bohrstelle.

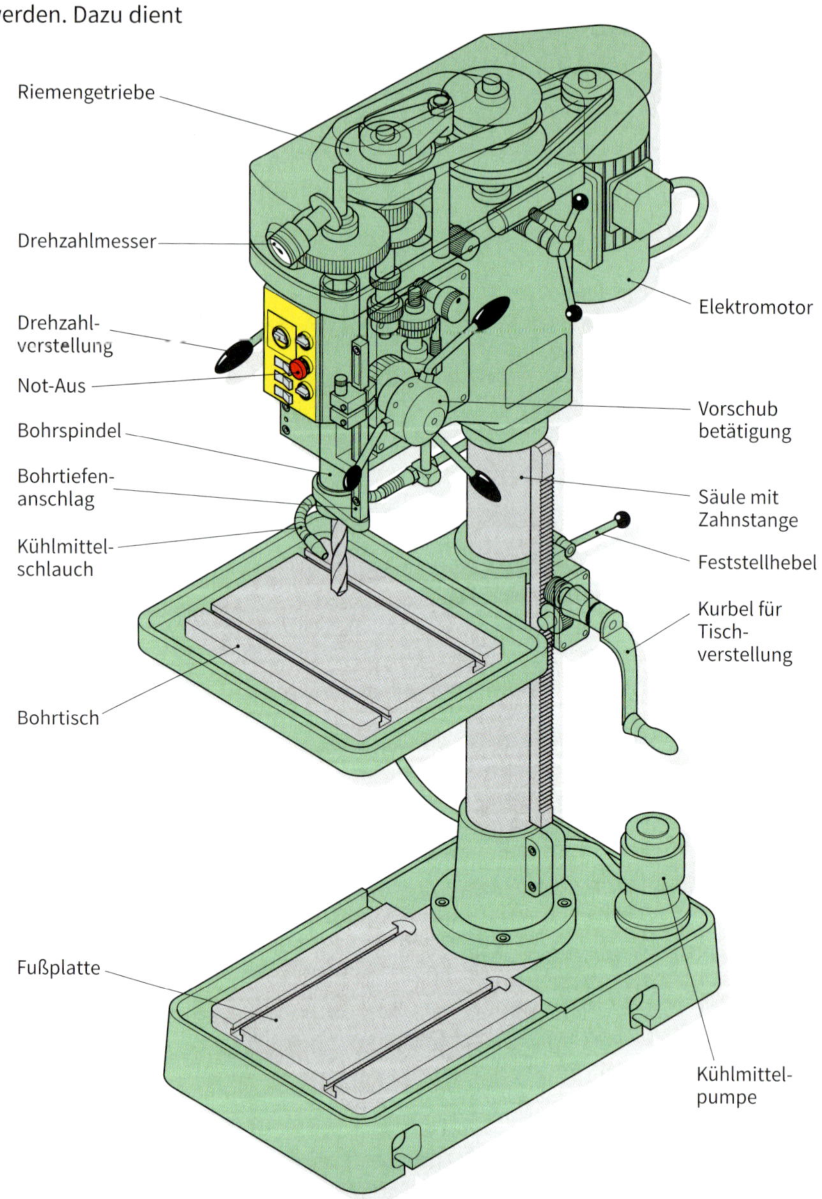

Abb. 1: Säulenbohrmaschine

Spannen der Bohrwerkzeuge

Bohrwerkzeuge bis zu einem Durchmesser von 13 mm haben meist einen Zylinderschaft, mit dem sie in einem Dreibacken-Bohrfutter gespannt werden (Abb. 2a). Das Bohrfutter ist mit einem kegeligen Schaft versehen, der in die Bohrspindel eingesetzt wird. Zum Befestigen wird der Schaft in den Kegel der Bohrspindel gestoßen.

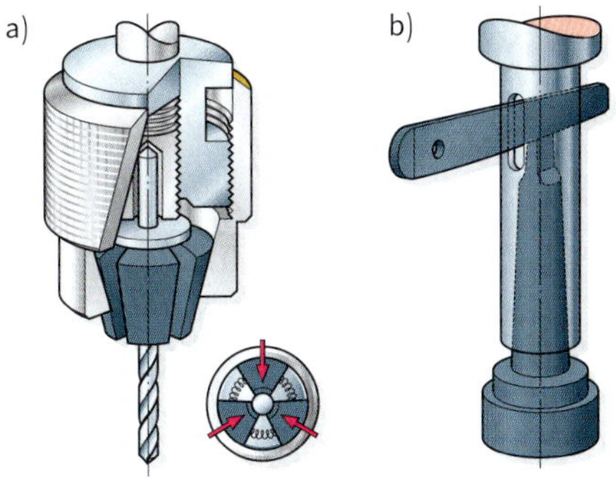

Abb. 2: Spannen von Bohrwerkzeugen

Die Kraftübertragung zwischen dem Innenkegel der Bohrspindel und dem Kegelschaft erfolgt durch Haftreibung. Der Kegelschaft darf nicht verschmutzt oder beschädigt sein, da sonst nicht die notwendige Haftreibung im Kegel der Bohrspindel erreicht wird.

Werkzeuge mit größerem Durchmesser haben einen Schaft mit einem genormten Werkzeugkegel, mit dem sie direkt in den Innenkegel der Bohrspindel gespannt werden. Hat das Bohrwerkzeug einen kleinen Werkzeugkegel, steckt man entsprechende Kegelhülsen (Reduzierhülsen) auf, um sie dem Innenkegel der Bohrspindel anzupassen.

Am Ende des Kegelschaftes sitzt der Austreiblappen zum Lösen des Bohrwerkzeuges aus der Bohrspindel mit einem keilförmigen Austreiber (Abb. 2b).

Spannen der Werkstücke

Die rotierenden Bohrwerkzeuge versuchen das Werkstück in Drehung zu versetzen. Werkstücke müssen daher sicher gespannt werden. Ein aus der Aufspannung herausgerissenes Werkstück kann das Werkzeug und die Maschine beschädigen und verursacht häufig schwere Unfälle. Das Spannen hängt von der Größe und der Form des Werkstückes sowie vom Durchmesser der Bohrung ab.

Kleinere prismatische oder zylindrische Werkstücke werden im Maschinenschraubstock gespannt. Prismatische Werkstücke werden dabei mit Parallelstücken unterlegt, um den Schraubstock vor Beschädigung beim Durchbohren zu schützen. Größere Werkstücke mit ebener Auflage werden direkt auf den Tisch gespannt.

Beim Fertigen größerer Bohrungen (ab 8 mm) sind Schraubstock oder Werkstück durch Spanneisen auf den Bohrtisch fest zu spannen (Abb. 3).

Damit die Bohrungen senkrecht in das Werkstück eingebracht werden, ist darauf zu achten, dass beim Spannen

- gleich dicke Parallelstücke verwendet werden und
- die Auflageflächen von Spannmittel und Werkstück frei von Spänen sind.

Das Ausrichten eines Werkstückes zum Bohrwerkzeug auf einer Säulenbohrmaschine erfolgt in drei Arbeitsschritten:

1. Ausrichten des Werkstückes im Maschinenschraubstock und Festspannen des Werkstückes,
2. Einrichten des Bohrtisches in der Höhe und
3. seitliches Ausrichten des Maschinenschraubstockes auf dem Bohrtisch und falls notwendig, Festspannen des Schraubstockes.

Abb. 3: Spannen im Maschinenschraubstock

Um Unfälle beim Bohren zu vermeiden, sind folgende Sicherheitsregeln zu beachten:

Unfallverhütung

- Eng anliegende Arbeitskleidung und Kopfbedeckung tragen.
- Beim Bohren kurzspanender, spröder Werkstoffe und beim Einsatz von Kühlschmierstoffen Schutzbrille tragen.
- Bohrspäne mit Besen oder Pinsel entfernen.
- Werkstücke fest spannen und gegen Herumreißen sichern.
- Werkzeugwechsel nur bei abgeschalteter und stillstehender Bohrspindel ausführen.
- Beim Bohren auf Tischbohrmaschinen keine Handschuhe tragen.
- Vor der Inbetriebnahme von Bohrmaschinen Leitungen und Stecker auf einwandfreien Zustand prüfen, insbesondere bei Handbohrmaschinen.

Fertigen

2.1.3 Arbeitsbewegungen

Damit ein Bohrwerkzeug vom Werkstück einen Span abnimmt, müssen bestimmte Arbeitsbewegungen ausführt werden. Beim Bohren, Senken und Reiben erfolgt die Spanabnahme durch das Zusammenwirken

- der kreisförmigen Schnittbewegung und
- der geradlinigen Vorschubbewegung (Abb. 1).

Ein Maß für die Größe der Schnittbewegung ist die *Schnittgeschwindigkeit* v_c in m/min.

Die Schnittgeschwindigkeit kann an der Bohrmaschine nicht direkt eingestellt werden. Eingestellt wird die *Umdrehungsfrequenz n*.

Ein Maß für die Größe der Vorschubbewegung ist der *Vorschub f* in mm.

Soll die Zeit, die für eine Bohrarbeit benötigt wird, errechnet werden, ist die *Vorschubgeschwindigkeit* v_f in mm/min zu ermitteln.

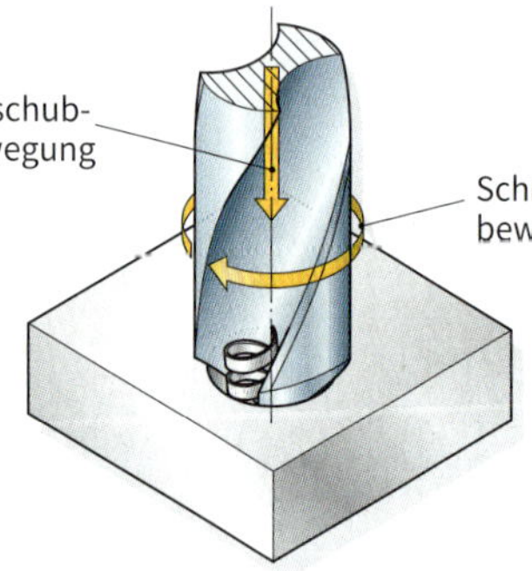

Abb. 1: Arbeitsbewegungen beim Bohren

Beispiel: Kreisförmige Bewegung

Beim Bohren der Bohrungen Ø 6,6 mm in die Grundplatte mit einem Spiralbohrer aus HS wurde eine Umdrehungsfrequenz von 1400 1/min eingestellt.

Ist die Maschine richtig eingestellt, wenn der Richtwert für die Schnittgeschwindigkeit 25…30 m/min beträgt?

Geg.: d = 6,6 mm
n = 1400 1/min
v_c = 25…30 m/min (Richtwert)

Ges.: v_c in m/min

Lösung: $v_c = d \cdot \pi \cdot n$

$$v_c = \frac{6{,}6 \text{ mm} \cdot \pi \cdot 1400 \cdot 1 \text{ m}}{\text{min } 1000 \text{ mm}}$$

$$\underline{\underline{v_c = 29 \text{ m/min}}}$$

Die Umdrehungsfrequenz ist richtig eingestellt.

Beispiel: Geradlinige Bewegung

In einer Platte sind 12 Durchgangsbohrungen von 6,6 mm Durchmesser herzustellen. Der gesamte Bohrweg für eine Bohrung beträgt 32 mm.

Wie lange dauert das Bohren, wenn an der Maschine ein Vorschub von 0,12 mm und eine Umdrehungsfrequenz von 1400 1/min eingestellt wurden?

Geg.: d = 6,6 mm
n = 1400 1/min
f = 0,12 mm
12 Bohrungen mit s = 32 mm

Ges.: t in min

Lösung: $v_f = f \cdot n$

v_f = 0,12 mm · 1400 1/min
= 168 mm/min

$$v = \frac{s}{t} \qquad t = \frac{s}{v_f}$$

$$\underline{\underline{t}} = \frac{12 \cdot 32 \text{ mm} \cdot \text{min}}{168 \text{ mm}} = \underline{\underline{2{,}29 \text{ min}}}$$

Aufgaben

1. Zählen Sie die wesentlichen Baueinheiten einer Säulenbohrmaschine auf und geben Sie deren Aufgabe an.

2. In die Grundplatte der Biegevorrichtung soll eine Bohrung Ø 12H7 gefertigt werden. Beschreiben Sie, wie die Grundplatte für die Bohrarbeit auszurichten und zu spannen ist.

3. Vor dem Bohren wurde die Auflagefläche des Bohrtisches nicht von Spänen gesäubert. Wie wird das Bohrergebnis beeinflusst?

4. Ein Bohrer erwärmt sich zu stark beim Bohren und glüht aus. Beschreiben Sie mögliche Ursachen.

5. Erläutern Sie eine der Unfallverhütungsvorschriften beim Bohren.

6. Durch welche Arbeitsbewegungen erfolgt die Spanabnahme beim Bohren?

7. Ein Spiralbohrer Ø 12 mm aus HS soll beim Bohren von Baustahl S235JR mit einer Schnittgeschwindigkeit von 30…40 m/min arbeiten. Bestimmen Sie die einzustellende Umdrehungsfrequenz.

8. Berechnen Sie die Bohrzeit für sechs Bohrungen, wenn der gesamte Bohrweg für eine Bohrung 25 mm beträgt und ein automatischer Vorschub von 0,10 mm und eine Umdrehungsfrequenz von 1200 1/min eingestellt wurden.

9. Mit welcher Geschwindigkeit schneidet ein Spiralbohrer in der Bohrermitte?

Geradlinige Bewegungen

Die Vorschubbewegung ist beim Bohren eine geradlinige Bewegung. Der Bohrer legt dabei in gleichen Zeiten *t* gleiche Wege *s* zurück.

Das Verhältnis von Weg *s* durch Zeit *t* ist die *Geschwindigkeit v*.

$$\text{Geschwindigkeit} = \frac{\text{Weg}}{\text{Zeit}} \qquad v = \frac{s}{t}$$

Maßeinheiten für Geschwindigkeiten an Werkzeugmaschinen sind m/min, m/s oder mm/min.

Die *Vorschubgeschwindigkeit* v_f wird berechnet aus dem Vorschub und der Anzahl der Umdrehungen in einer Zeiteinheit.

Der *Vorschub f* gibt an, wie groß der Weg bei einer Umdrehung des Werkzeuges ist.

Die *Umdrehungsfrequenz* (Drehzahl) *n* gibt an, wie groß die Anzahl der Umdrehungen eines Körpers in einer Zeiteinheit (z. B. einer Minute) ist.

Vorschubgeschwindigkeit =
Vorschub · Umdrehungsfrequenz

$$v_f = f \cdot n$$

Die Maßeinheit für die Vorschubgeschwindigkeit v_f ist mm/min.

Beim Bohren wird nicht die Vorschubgeschwindigkeit v_f eingestellt. Stattdessen stellt man den Vorschub *f* ein.

Bewegungen beim Bohren

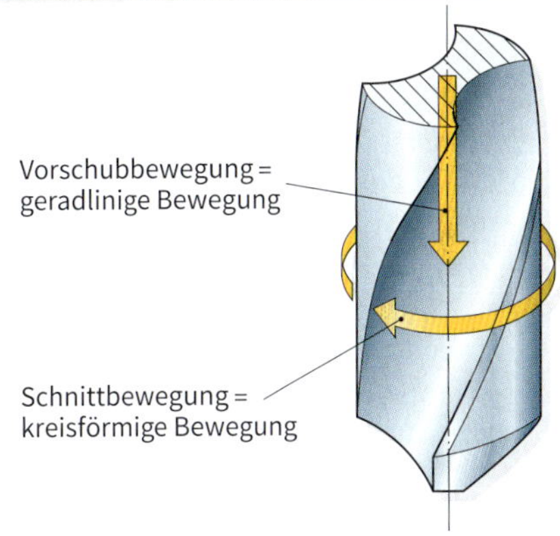

Vorschub pro Umdrehung

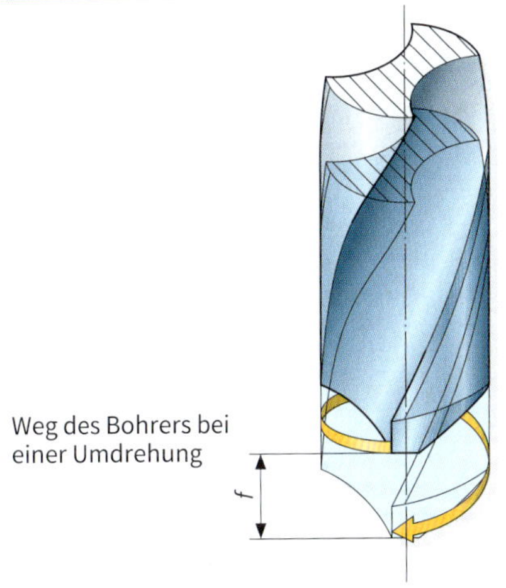

Kreisförmige Bewegungen

Die Schnittbewegung ist beim Bohren eine kreisförmige Bewegung (Drehbewegung).

Der zurückgelegte Weg *s* eines Punktes P auf einem Kreis entspricht bei einer Umdrehung dem Umfang *U*.

Multipliziert man den Umfang mit der Anzahl der Umdrehungen in einer Zeiteinheit (= Umdrehungsfrequenz *n*), so erhält man die *Umfangsgeschwindigkeit* des Punktes.

Die Umfangsgeschwindigkeit entspricht der *Schnittgeschwindigkeit* v_c des Bohrers, mit der ein Span abgenommen wird.

$$v_c = d \cdot \pi \cdot n$$

Die Maßeinheit für die Schnittgeschwindigkeit beim Bohren ist m/min.

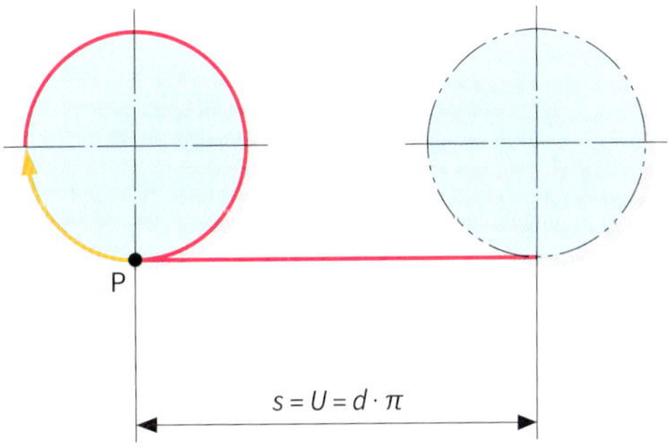

Weg bei 1 Umdrehung: ⇒ $s = U = d \cdot \pi$

Fertigen

2.1.4 Bohren

Bohren ist Spanen zum Herstellen kreisrunder Löcher (Bohrungen). Beim Bohren unterscheidet man Bohren ins Volle, Aufbohren und Profilbohren.

Beim *Bohren ins Volle* erzeugt der Bohrer auf einmal die Bohrung. Hierzu werden meist Spiralbohrer aus Schnellarbeitsstahl verwendet (Abb. 1a). Die zu bohrende Stelle ist vorher anzureißen und zu körnen.

Beim *Aufbohren* werden vorgefertigte Löcher zu einer Bohrung erweitert. Zum Aufbohren verwendet man Spiralbohrer oder Aufbohrer. Aufbohrer haben drei oder vier Schneiden. Sie sind stabiler als Spiralbohrer und werden besser in der Bohrung geführt (Abb. 1b, Tab. 1).

Beim *Profilbohren* werden mit besonders geformten Werkzeugen drehsymmetrische Innenformen erzeugt (Tab. 1).

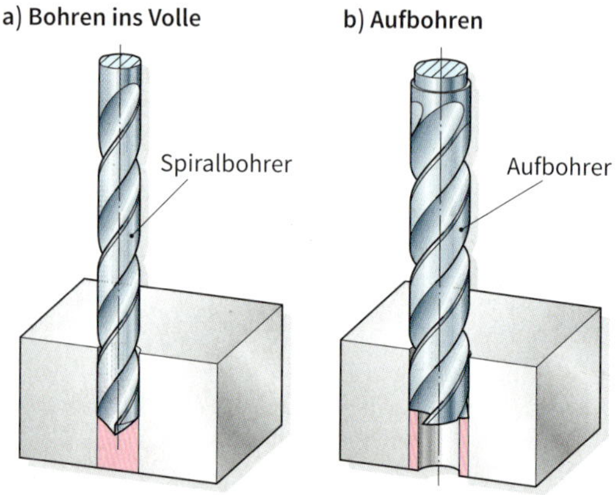

Abb. 1: Bohren ins Volle und Aufbohren

Bohrvorgang

Die *kreisförmige Schnittbewegung* und die *geradlinige Vorschubbewegung des Bohrers* ergeben eine *wendelförmige Wirkbewegung* (Abb. 2). Dies bewirkt eine fortlaufende Spanabnahme durch die Bohrerschneiden. Der Bohrerdurchmesser bestimmt den Durchmesser der Bohrung.

Beim Bohren entsteht Wärme, die abgeführt werden muss durch

- den Bohrer,
- das Werkstück,
- die Späne und
- den Kühlschmierstoff.

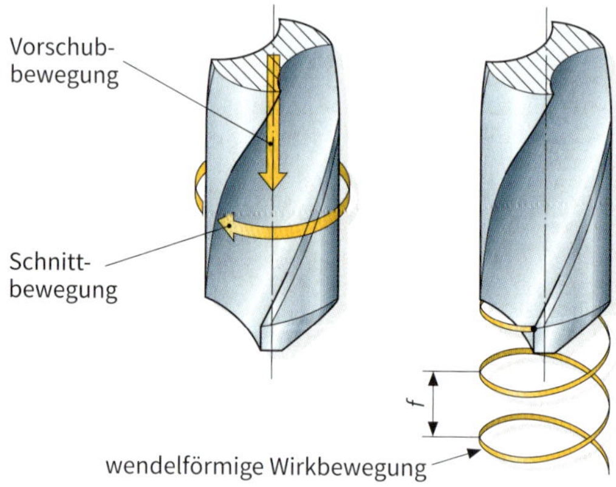

Abb. 2: Arbeitsbewegungen beim Bohren

Tab. 1: Bohrwerkzeuge zum Profilbohren und Aufbohren

Bohrerarten	Beispiele	
Schälaufbohrer 		Zum grat- und rattermarkenfreien *Aufbohren* größerer Löcher in dünnem Material, z. B. in Stahlblech 0,1 – 2 mm
Mehrfasen-Stufenbohrer 	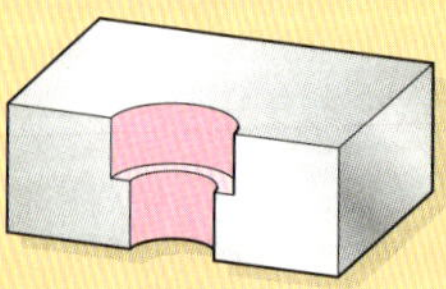	*Profilbohren* abgesetzter Bohrungen mit Senkungen in einem Arbeitsgang
Zentrierbohrer 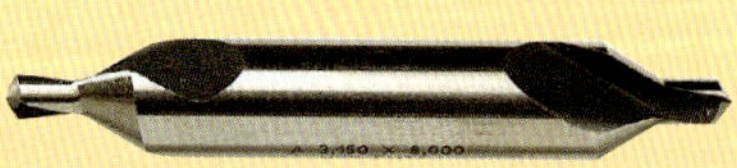	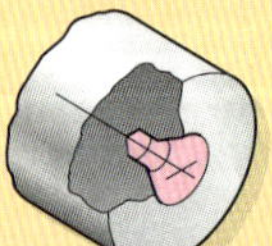	*Profilbohren* mit einem Zentrierbohrer, z. B. zum Zentrierbohren von Drehteilen

Spiralbohrer – Aufbau

In den Schneidteil des Bohrers sind zwei gegenüberliegende wendelförmige *Spannuten* eingearbeitet (Abb. 3). Dadurch entstehen die *Spanflächen*. In den Spannuten werden die Späne aus der Bohrung transportiert.

Durch den Anschliff entstehen die Hauptschneiden, die Querschneide und die Freiflächen an der Spitze des Bohrers. Die *Hauptschneiden* bewirken die Spanabnahme beim Bohren und zentrieren den Bohrer. Die beiden schmalen *Fasen der Nebenschneide* geben dem Bohrer eine zusätzliche seitliche Führung im Bohrloch. Die *Querschneide* befindet sich im Bereich des Bohrerkerns.

Bohrer bis zu einem Durchmesser von 13 mm haben meist einen Zylinderschaft, Bohrer mit größerem Durchmesser haben einen Kegelschaft.

Bohrer werden vorzugsweise aus Schnellarbeitsstahl (HS), aus Hartmetall oder mit Hartmetallschneiden hergestellt. Die Beanspruchung der Bohrer kann durch geeignete Werkzeugwinkel beeinflusst werden.

Spiralbohrer – Werkzeugwinkel

Am Spiralbohrer sind die Winkel am Schneidkeil nicht an jedem Punkt der Hauptschneide gleich groß. Die Winkel werden auf die Schneidenecke an der Seite des Bohrers bezogen. Man nennt sie deshalb Seitenfrei-, Seitenkeil- und Seitenspanwinkel. Beim Spiralbohrer werden zusätzlich der Spitzenwinkel und der Querschneidenwinkel angegeben (Abb. 4).

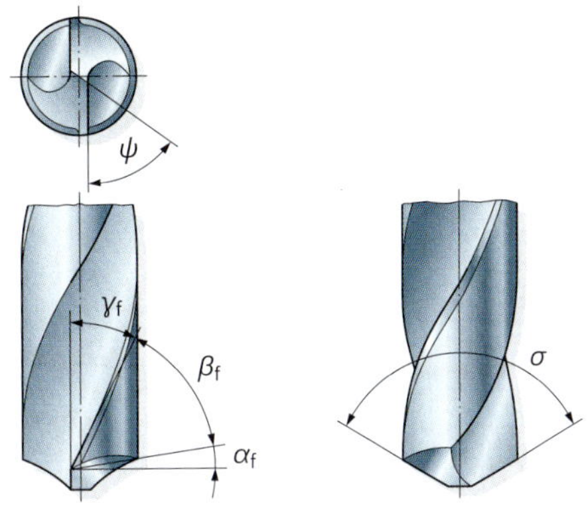

Abb. 4: Werkzeugwinkel am Spiralbohrer

Der *Seitenspanwinkel* γ_f ergibt sich aus der Steigung der Spannut.

Der *Seitenkeilwinkel* β_f ergibt sich aus der Steigung der Spannut und der Lage der Freifläche. Er entspricht der Größe des Schneidkeils.

Der *Seitenfreiwinkel* α_f entsteht durch Anschleifen der Freifläche. Er beträgt im Allgemeinen α_f = 6°– 8°. Dadurch kann der Bohrer in das Werkstück eindringen.

Der *Spitzenwinkel* σ (sigma) ergibt sich aus der Lage der beiden Hauptschneiden zueinander. Die Größe des Spitzenwinkels hängt von dem zu bearbeitenden Werkstoff ab. Er beträgt für Stahl $\sigma = 118°$.

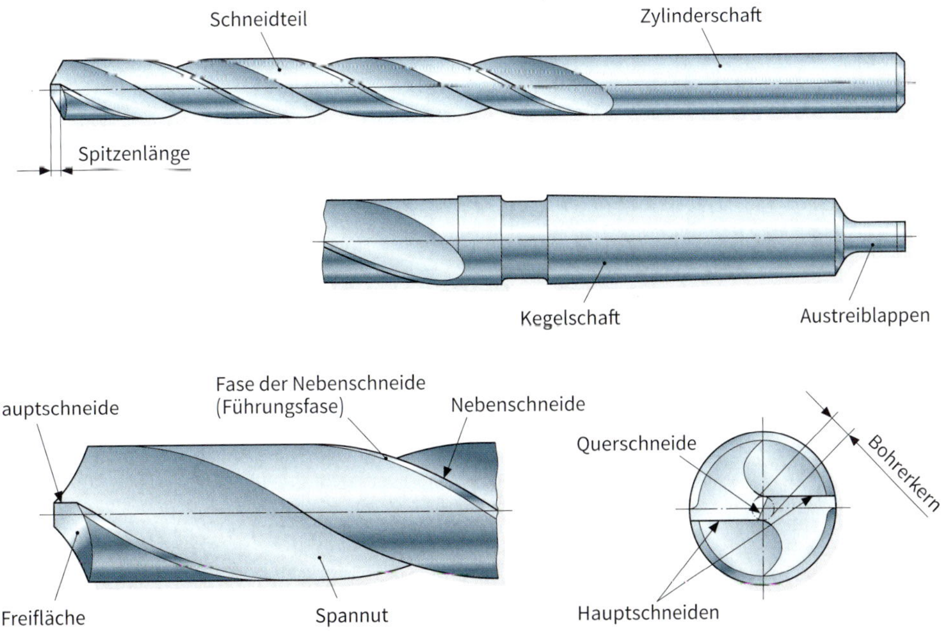

Abb. 3: Aufbau der Spiralbohrer

Der *Querschneidenwinkel* Ψ (psi) ist der Winkel zwischen Querschneide und Hauptschneide. Er entsteht durch den Anschliff der Freiflächen. Bei einem Anschliff für den Freiwinkel von $\alpha_f = 6° - 8°$ beträgt der Querschneidenwinkel $\Psi = 55°$.

Die Querschneide drückt und quetscht den Werkstoff. Dadurch dringt der Bohrer schlecht in den Werkstoff ein. Der Bohrer verläuft leicht. Es wird eine große Vorschubkraft benötigt.

Zur Verringerung der Vorschubkraft wird darum

- bei größeren Bohrungen ab etwa 8 mm vorgebohrt (Abb. 1a) oder
- die Querschneide ausgespitzt (Abb. 1b).

a) b)

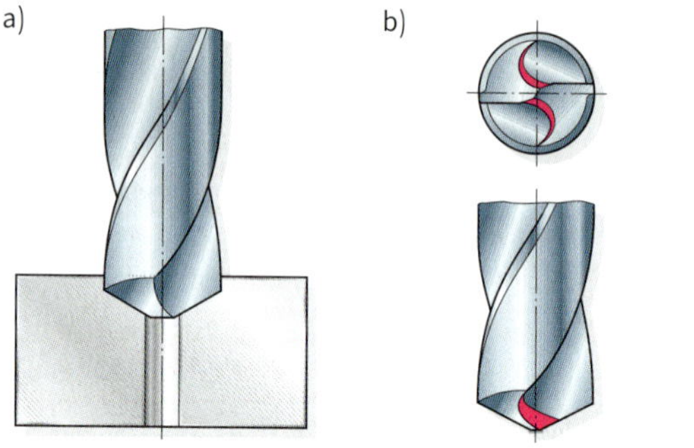

vorgebohrte Bohrung ausgespitzter Spiralbohrer

Abb. 1: Vorbohren und Ausspitzen der Querschneide

Spiralbohrertypen

Zum Bohren unterschiedlich harter und fester Werkstoffe werden verschiedene Bohrertypen verwendet (Tab. 1). Die verschiedenen Bohrertypen unterscheiden sich in der Steigung der Spannut. Dadurch ergeben sich unterschiedlich große Keilwinkel.

Spiralbohrer *Typ N* haben mittlere Keilwinkel. Sie werden zum Bohren von Werkstoffen mittlerer Festigkeit verwendet.

Spiralbohrer *Typ H* haben große Keilwinkel. Sie haben einen stabilen Schneidkeil und werden zum Bohren harter und kurzspanender Werkstoffe eingesetzt.

Spiralbohrer *Typ W* haben kleine Keilwinkel. Sie haben einen schlanken Schneidkeil und werden zum Bohren weicher, zäher Werkstoffe eingesetzt.

Die Größe des Spitzenwinkels beeinflusst die Länge der Hauptschneiden und die Stabilität der Bohrerspitze.

Kleine Spitzenwinkel ($\sigma = 80°$) ergeben lange Hauptschneiden, die die Zerspanungswärme besser ableiten. Lange Hauptschneiden eignen sich für Werkstoffe mit schlechter Wärmeleitfähigkeit (z. B. Kunststoffe).

Große Spitzenwinkel ($\sigma = 130°$) ergeben kurze Hauptschneiden und eine stabile Bohrerspitze. Große Spitzenwinkel eignen sich für harte, feste Werkstoffe (z. B. Hartguss).

Tab. 1: Bohrertypen

Bohrertyp	**Typ N**		**Typ H**			**Typ W**
	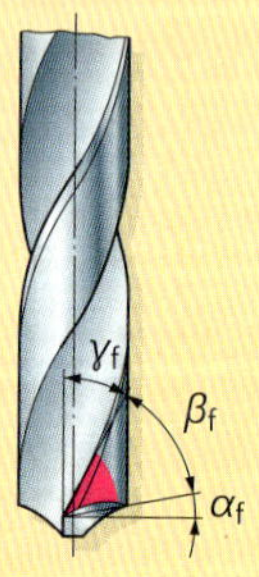		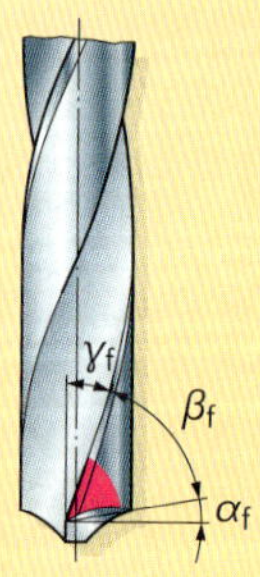			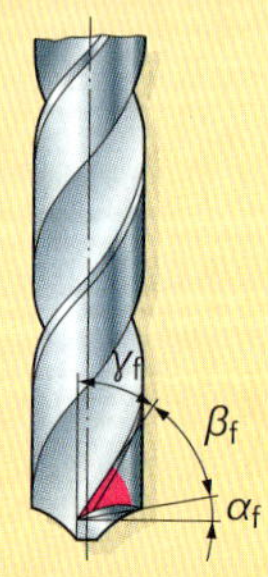
Spanwinkel	$\gamma_f = 19° - 40°$		$\gamma_f = 10° - 19°$			$\gamma_f = 27° - 45°$
Schneidkeil	mittlerer Schneidkeil		stabiler Schneidkeil			schlanker Schneidkeil
Verwendung	Werkstoffe mit mittlerer Härte und Festigkeit		harte und zähharte oder kurzspanende Werkstoffe			weiche und zähe oder langspanende Werkstoffe
Spitzenwinkel	118°	130°	80°	118°	130°	130°
Werkstoffbeispiele	unlegierter und niedrig legierter Stahl, Gusseisen	Kupferlegierungen hoher Festigkeit	Thermoplaste	hochlegierter Werkzeugstahl	Hartguss	Kupfer, Kupferlegierungen geringer Festigkeit, Blei, Zinn, Aluminium, Aluminiumlegierungen

Tab. 2: Zusammenhang zwischen Freiwinkel und Querschneidenwinkel

	$\psi = 55°$ (richtig)	$\psi < 55°$ (falsch)	$\psi > 55°$ (falsch)
Querschneidenwinkel	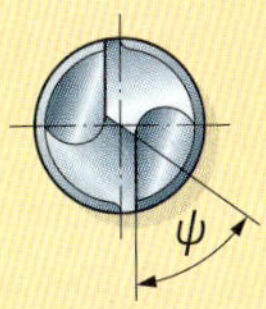	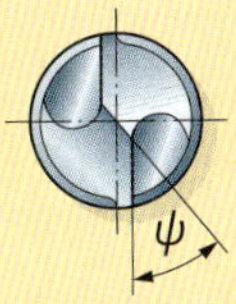	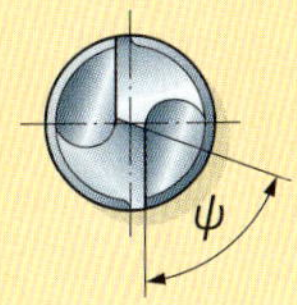
Freiwinkel	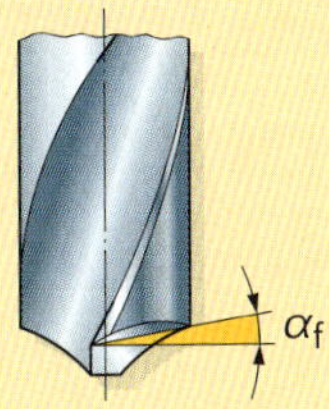	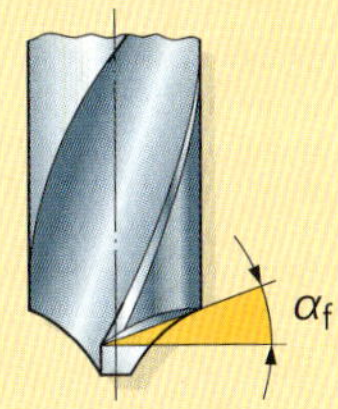	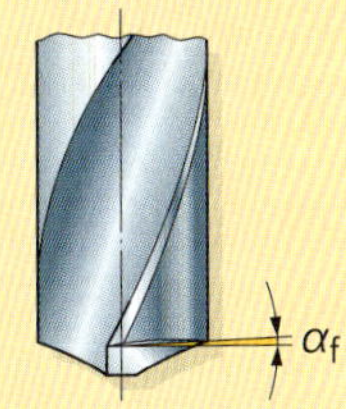
Folgen	Bohrer schneidet einwandfrei	Schneidkeil geschwächt, Hauptschneiden können ausbrechen	Freifläche drückt auf die Schnittfläche, Bohrer schneidet nicht

Scharfschleifen und Anschleiffehler

Beim Scharfschleifen werden die beiden Freiflächen hinterschliffen. Damit der Bohrer in den Werkstoff eindringt, muss der Freiwinkel $\alpha_f = 6° - 8°$ betragen. Die Größe des Freiwinkels kann man indirekt über das Maß des Querschneidenwinkels Ψ prüfen (Tab. 2). Er sollte $\Psi = 55°$ betragen.

Die beiden Hauptschneiden müssen gleich lang sein und symmetrisch zur Bohrerachse liegen.

Anschleiffehler, bei denen

- der Spitzenwinkel nicht symmetrisch zur Bohrerachse oder
- die Querschneide nicht in der Mitte liegt,

ergeben in jedem Fall zu große Bohrungen (Tab. 3).

Die Lage der Winkel und die Länge der Hauptschneiden prüft man mit Schleiflehren.

Durch Probebohrungen in ein Abfallteil kann man die Maßhaltigkeit einer Bohrung überprüfen.

Tab. 3: Anschleiffehler und deren Folgen

Anschleiffehler	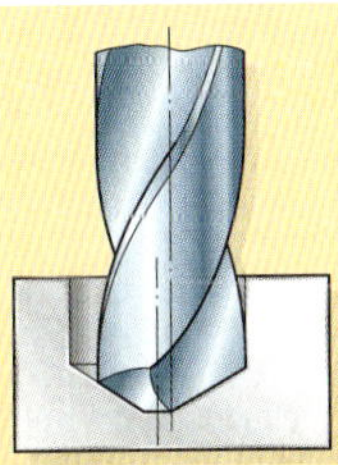 • Querschneide liegt nicht in der Mitte des Bohrers	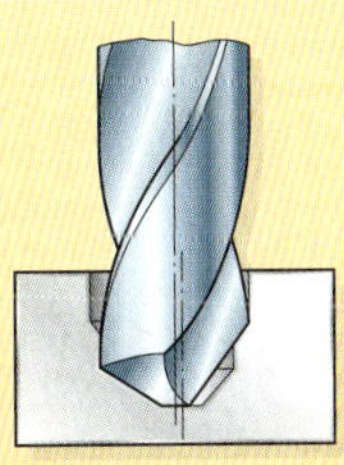 • Spitzenwinkel liegt nicht symmetrisch zur Bohrerachse	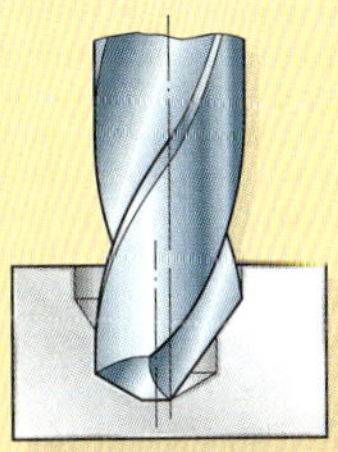 • Querschneide liegt nicht in der Mitte des Bohrers • Spitzenwinkel liegt nicht symmetrisch zur Bohrerachse
Folgen	• Hauptschneiden sind ungleich lang • Späne unterschiedlicher Breite entstehen • Bohrung wird zu groß		
Ursachen	außermittige Querschneide zentriert den Bohrer ⇒ die längere Hauptschneide vergrößert die Bohrung	Schnittkräfte wirken nur auf die kurze Hauptschneide, dadurch verläuft der Bohrer ⇒ die längere Hauptschneide vergrößert die Bohrung	außermittige Querschneide zentriert den Bohrer, zusätzlich verläuft der Bohrer ⇒ die längere Hauptschneide vergrößert die Bohrung

Fertigen

2.1.5 Senken

Durch Senken werden gebohrte Löcher weiterbearbeitet. Beim Senken unterscheidet man Plansenken und Profilsenken.

Durch *Plansenken* entstehen ebene Auflageflächen für Schraubenköpfe und Muttern oder zylindrische Einsenkungen (Abb. 1). Die Einsenkungen nehmen Schraubenköpfe von Zylinderschrauben auf.

Zum Plansenken verwendet man Flachsenker. Die Flachsenker haben feste oder auswechselbare Zapfen, die das Werkzeug in der Bohrung führen.

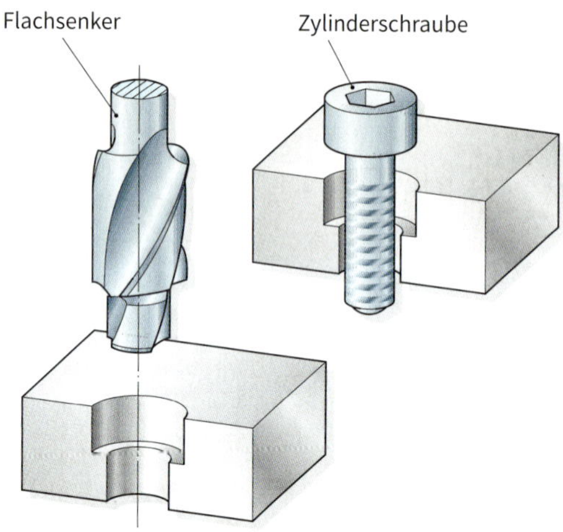

Abb. 1: Plansenken mit einem Flachsenker

Durch *Profilsenken* entstehen an Bohrungen kegelige Einsenkungen. Die Einsenkungen nehmen Schraubenköpfe von Senkschrauben oder Senkniete auf (Abb. 2).

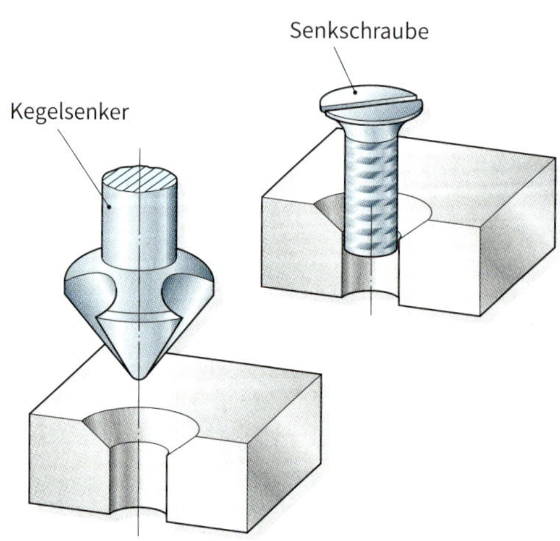

Abb. 2: Profilsenken mit einem Kegelsenker

Auch das Entgraten von Bohrungen oder Ansenken von Kernlochbohrungen für Innengewinde ist Profilsenken (Abb. 3).

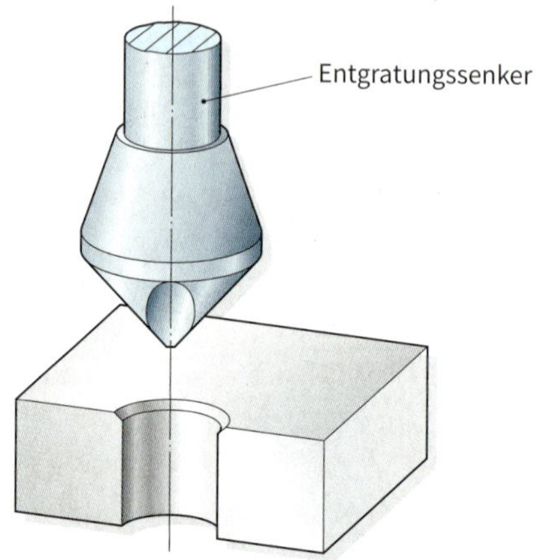

Abb. 3: Profilsenken mit Entgratungssenker

Zum Profilsenken werden Kegelsenker oder Entgratungssenker eingesetzt. Die *Kegelsenker* haben drei Schneiden. Für die verschiedenen Senkaufgaben haben sie unterschiedliche Senkwinkel (Tab. 1).

Die *Entgratungssenker* haben nur eine Schneide und einen Senkwinkel von 90°. Sie werden zum Entgraten von Bohrungen und zum Ansenken von Kernlochbohrungen verwendet.

Senkvorgang

Die Werkzeugbewegungen beim Senken sind die gleichen Bewegungen wie beim Bohren. Damit beim Senken glatte Oberflächen entstehen, soll die Schnittgeschwindigkeit halb so groß wie beim Bohren sein.

Senker haben im Vergleich zum Spiralbohrer mehr Schneiden. Der Entgratungssenker hat eine größere Freifläche. Dadurch wird das Werkzeug besser geführt und es entstehen glattere Flächen. Senker sind meist aus Schnellarbeitsstahl (HS) hergestellt.

Tab. 1: Senkwinkel von Kegelsenkern

Senkwinkel	Verwendungszweck
Kegelsenker 60°	Entgraten von Bohrungen, Senkungen für Senkschrauben bei Stahlkonstruktionen
Kegelsenker 75°	Senkungen für Senkniete, Senkungen für Senkschrauben bei Stahlkonstruktionen
Kegelsenker 90°	Entgraten von Bohrungen, Ansenken von Kernlochbohrungen, Senkungen für Senkschrauben

ertigen

2.1.6 Reiben

Mit Spiralbohrern gefertigte Bohrungen haben große Toleranzen und rauhe Oberflächen (R_z = 40 … 160 µm). Bohrungen zum Lagern und Führen von beweglichen Maschinenteilen oder zum passgenauen Fügen mit Verbindungselementen wie Zylinderstiften müssen daher durch Reiben nachgearbeitet werden.

In der Grundplatte (Pos. 1) für die Biegevorrichtung (s. S. 106) müssen die Bohrung zur Aufnahme des Bolzens (Pos. 7) und die beiden Stiftbohrungen für die Zylinderstifte (Pos. 14) gerieben werden (Abb. 5).

Durch Reiben werden vorgebohrte Löcher mit einem zusätzlichen Arbeitsgang spanend nachbearbeitet. Das Maß der Bohrung ergibt sich aus dem Durchmesser der Reibahle (Abb. 4). Beim Reiben erzielt man Bohrungen mit dem Toleranzgrad 7 (z. B. Ø 12H7) und einer Oberflächengüte von R_z = 4 ... 10 µm.

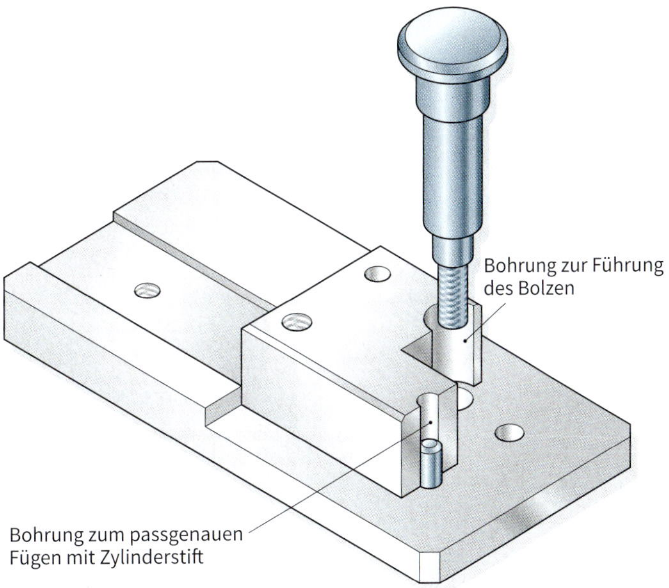

Abb. 5: Herstellen einer geriebenen Bohrung

! *Reiben* ist Spanen zum Fertigen maß- und formgenauer Bohrungen mit hoher Oberflächengüte.

Reibvorgang

Wie beim Bohren ist die Schnittbewegung beim Reiben kreisförmig und die Vorschubbewegung geradlinig in Richtung der Werkzeugachse. Die Schnittgeschwindigkeit soll kleiner sein als beim Bohren (➔📖).

Beim Reiben werden die Späne durch Schneiden am Umfang des Werkzeuges abgenommen (Abb. 6). Der Spanwinkel beträgt $\gamma \leq 0°$. Die Spanabnahme erfolgt dadurch schabend. Um eine hohe Oberflächengüte zu erreichen, muss der Werkstoff mit geringer Spandicke abgetragen werden.

Die Spandicke beträgt je nach Durchmesser, Werkstoff und Werkzeugart mehrere Hundertstel- bis einige Zehntelmillimeter. Die Bohrungen müssen um das Reibuntermaß kleiner gebohrt werden (➔📖). Den Hauptanteil der Spanens leistet der kegelförmige Anschnitt der Reibahle. Der zylindrische Teil glättet die Lochwandung. Die Oberflächengüte wird durch den Einsatz von Kühlschmierstoffen oder Schneidölen wesentlich verbessert.

Beim Reiben darf die Reibahle nicht zurückgedreht werden. Dadurch können sich Späne hinter der Freifläche verklemmen und Werkzeug und Bohrungsoberfläche beschädigen.

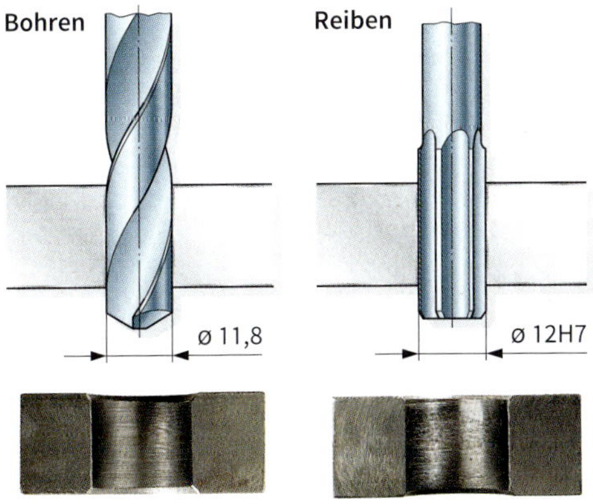

Abb. 4: Geriebene Bohrungen

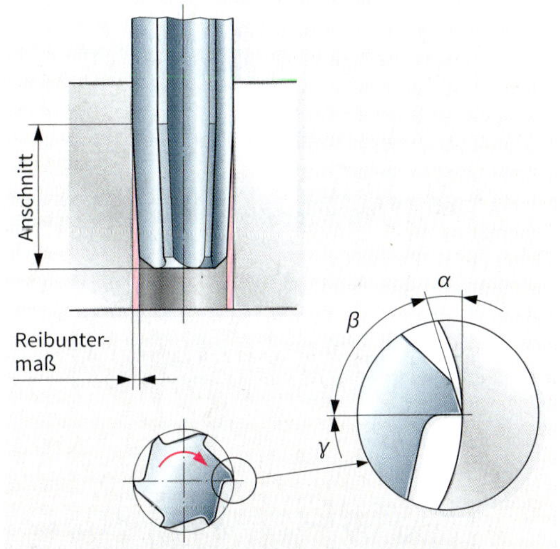

Abb. 6: Winkel am Schneidkeil

Reibwerkzeuge

Reibahlen sind mehrschneidige Werkzeuge mit 6 bis 14 am Umfang angeordneten Schneiden. Reibahlen haben eine gerade Schneidenzahl, aber eine ungleiche Teilung (Abb. 1). Die ungleiche Teilung ergibt sich aus den unterschiedlichen Winkeln zwischen den Schneiden. Gegenüberliegende Winkel sind gleich groß. Durch die ungleiche Teilung werden Rattermarken weitgehend vermieden. Die gerade Schneidenzahl bewirkt, dass sich zwei Schneiden gegenüberstehen. Dadurch kann der Durchmesser der Reibahlen mit einer Messschraube gemessen werden.

Reibahlen werden in der Regel aus Schnellarbeitsstahl (HS) hergestellt. Daneben gibt es Reibahlen mit Schneiden aus Hartmetall.

Nach dem *Einsatz* unterteilt man in Hand- und Maschinenreibahlen:

Handreibahlen haben einen zylindrischen Schaft mit Vierkantzapfen zum Ansetzen des Windeisens.

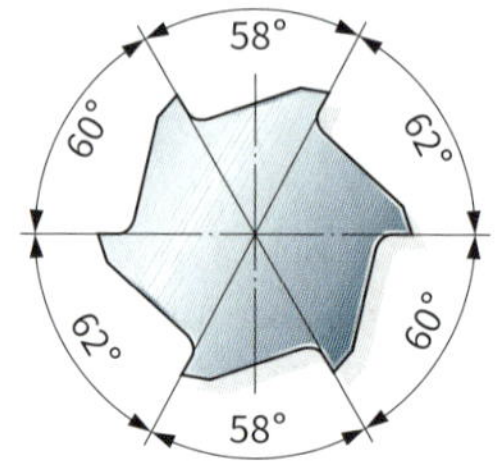

Abb. 1: Schneidenteilung einer Reibahle

Sie haben lange Schneiden mit langem Anschnitt zur besseren Führung der Reibahle in der Bohrung (Tab. 1).

Maschinenreibahlen haben je nach Größe einen zylindrischen oder kegeligen Schaft zum Spannen. Das Werkzeug wird in der Maschinenspindel geführt. Sie haben kurze Schneiden mit kurzem Anschnitt unter 45°. Durch den kurzen Anschnitt eignen sie sich auch zum Reiben von Grundlochbohrungen.

Tab. 1: Reibahlen

Werkzeug	Verwendungszweck
Handreibahle mit geraden Schneiden 	Reiben ununterbrochener Durchgangsbohrungen; wegen des langen Anschnittes nicht für Grundlochbohrungen geeignet
Handreibahle mit wendelförmigen Schneiden 	Reiben durchgehender Bohrungen mit Nuten; wegen des langen Anschnittes nicht für Grundlochbohrungen geeignet
Maschinenreibahle mit Kegelschaft und geraden Schneiden 	Reiben von Durchgangsbohrungen und Grundlochbohrungen
Nachstellbare Handreibahle mit geraden Schneiden 	Reiben von Durchgangsbohrungen mit unterschiedlichen Abmaßen
Verstellbare Handreibahle mit geraden Schneiden 	Reparaturarbeiten und zum Reiben von Zwischenabmessungen
Maschinen-Schälreibahle mit Kegelschaft 	Reiben durchgehender Bohrungen in weichen, langspanenden Werkstoffen

Nach dem Schneidenverlauf unterteilt man in Reibahlen mit geraden und gewendelten Schneiden:

Reibahlen mit geraden Schneiden eignen sich für Bohrungen ohne Unterbrechung und für Grundlochbohrungen.
Gewendelte Reibahlen eignen sich für Bohrungen mit Längsnut (Abb. 2). Die Schneiden verhaken nicht an der Nutkante. Die Wendelrichtung ist entgegengesetzt der Drehrichtung (Linksdrall). Dadurch werden die Reibahlen nicht in die Bohrung hineingezogen. Die Späne werden in Vorschubrichtung abgeführt.

Nach der *Verstellbarkeit* unterteilt man in feste und verstellbare Reibahlen:

Im Allgemeinen werden *feste Reibahlen* eingesetzt. Sie sind stabiler und preisgünstiger als verstellbare Reibahlen.
Verstellbare Reibahlen können je nach Größe um mehrere Zehntel- bis einige Millimeter im Durchmesser verstellt werden. Dadurch können mit der gleichen Reibahle unterschiedliche Durchmesser gerieben werden. Sie sind besonders für Reparaturarbeiten und zum Reiben von Zwischenabmessungen geeignet.
Verstellbare Reibahlen, die um etwa 1/100 mm des Reibahlendurchmessers aufgespreizt werden können, heißen *nachstellbare Reibahlen*. Eine nachstellbare Reibahle mit z. B. 15 mm Durchmesser kann um 0,15 mm verstellt werden.
Bei der Verwendung müssen Reibahlen hinsichtlich der Einsatzmöglichkeit, des Schneidenverlaufs und der Verstellbarkeit ausgewählt werden.

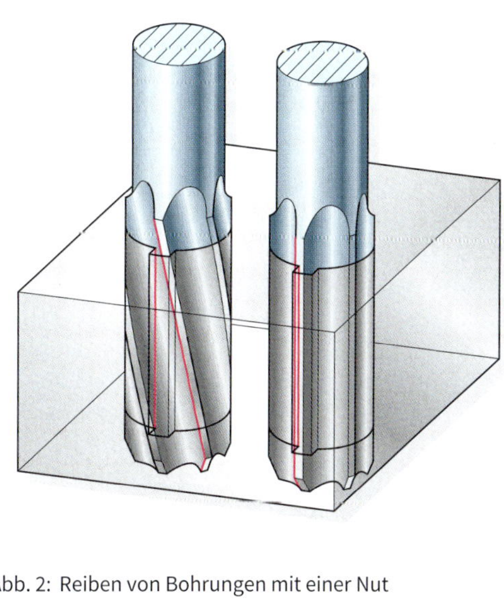

Abb. 2: Reiben von Bohrungen mit einer Nut

Aufgaben

1. Geben Sie an, welche Winkel durch das Anschleifen eines Spiralbohrers entstehen.

2. Beschreiben Sie den Zusammenhang zwischen Freiwinkel und Querschneidenwinkel.

3. Warum werden größere Bohrungen vorgebohrt?

4. Beschreiben Sie die Unterschiede zwischen den Spiralbohrertypen Typ H, Typ N und Typ W.

5. Erklären Sie, warum ein Spiralbohrer Typ H zum Bohren harter Werkstoffe eingesetzt wird.

6. a) Geben Sie mögliche Anschleiffehler am Spiralbohrer an.

b) Beschreiben Sie jeweils die Folgen der Anschleiffehler.

7. Wie kann man feststellen, ob ein Spiralbohrer richtig angeschliffen ist?

8. Nennen Sie die Fertigungsaufgaben, die durch das Verfahren Senken ausgeführt werden. Geben Sie auch die dabei jeweils eingesetzten Senkwerkzeuge an.

9. In einer Teilzeichnung sind die Senkungen für Senkschrauben vereinfacht durch genormte Kurzzeichen bemaßt:

a) Erklären Sie das genormte Kurzzeichen.

b) Skizzieren Sie die Senkung im Schnitt (Seitenansicht) mit allen Maßangaben.

c) Geben Sie die Werkzeuge zur Herstellung der Senkungen mit kennzeichnenden Maßen an.

10. Vergleichen Sie die Spanungsbedingungen zwischen Aufbohren und Reiben.

11. Warum haben Reibahlen gerade Zähnezahlen und eine ungleiche Teilung?

12. Geben Sie die Werkzeuge zur Herstellung einer Bohrung Ø 10H7 in der Reihenfolge ihrer Verwendung mit den kennzeichnenden Maßen an.

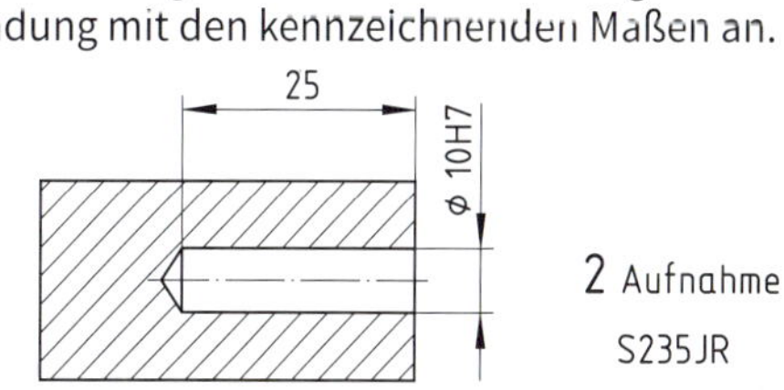

13. Warum ist beim Herstellen geriebener Bohrungen auf einwandfrei angeschliffene Spiralbohrer zu achten?

Planen

2.1.7 Arbeitswerte

An der Bohrmaschine müssen als Arbeitsbewegungen die Schnittbewegung und bei maschinellem Vorschub die Vorschubbewegung eingestellt werden. Die kreisförmige Schnittbewegung wird mit der *Umdrehungsfrequenz n* eingestellt. Die geradlinige Vorschubbewegung wird mit dem *Vorschub f* eingestellt (Abb. 1).

Die Arbeitsbewegungen beim Bohren dürfen nicht beliebig schnell erfolgen: Sind die Bewegungen zu schnell, erwärmt sich der Bohrer zu stark, glüht aus und wird stumpf. Sind die Bewegungen zu langsam, dauert die Fertigung sehr lange und ist unwirtschaftlich.

Die Schnittgeschwindigkeit ist vom zu bohrenden Werkstoff und dem Schneidstoff des Bohrers abhängig. In Versuchen sind Richtwerte für günstige Schnittgeschwindigkeiten ermittelt worden. Diese Richtwerte können Tabellen entnommen werden (➔📖).

Aus dem Bohrerdurchmesser d und dem Richtwert für die Schnittgeschwindigkeit v_c wird die an der Bohrmaschine einzustellende Umdrehungsfrequenz n ermittelt.

Die Umdrehungsfrequenz kann dabei berechnet werden oder aus dem Umdrehungsfrequenzdiagramm abgelesen werden. Lässt sich die ermittelte Umdrehungsfrequenz nicht an der Maschine einstellen, ist die nächstkleinere Umdrehungsfrequenz zu wählen, damit die maximal zulässige Schnittgeschwindigkeit nicht überschritten wird.

Soll an der Bohrmaschine auch der Vorschub maschinell ausgeführt werden, ist der Richtwert anhand von Tabellen zu ermitteln (➔📖). Der Vorschub ist von dem zu bohrenden Werkstoff, dem Schneidstoff des Bohrers und dem Bohrerdurchmesser d abhängig.

Beispiel:

Auf einer Tischbohrmaschine sollen in eine Platte aus C10 mit einem Spiralbohrer aus Schnellarbeitsstahl Bohrungen mit einem Durchmesser von 10 mm gebohrt werden. An der Maschine können folgende Umdrehungsfrequenzen eingestellt werden: n = 63 – 90 – 125 – 180 – 250 – 355 – 500 – 710 – 1000 – 1400 1/min.

Wie groß sind die an der Maschine einzustellenden Arbeitswerte zu wählen?

Geg.: Werkstück C 10; Spiralbohrer HS; $d = 10$ mm

Ges.: n in 1/min; f in mm

Lösung:

Tabellenbuch: $v_c = 30 \ldots 40$ m/min

$f = 0{,}16$ mm

Rechnung: $n = \frac{v_c}{d \cdot \pi} \cdot \frac{40\ \text{m} \quad 1000\ \text{mm}}{\text{min}\ 10\ \text{mm} \cdot \pi\ 1\ \text{m}}$

$n = 1273{,}9$ 1/min

eingestellt: $n = 1000$ 1/min

Umdrehungsfrequenzdiagramm:

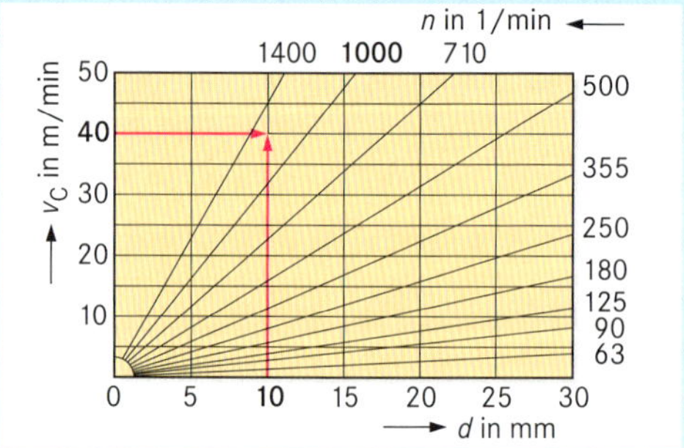

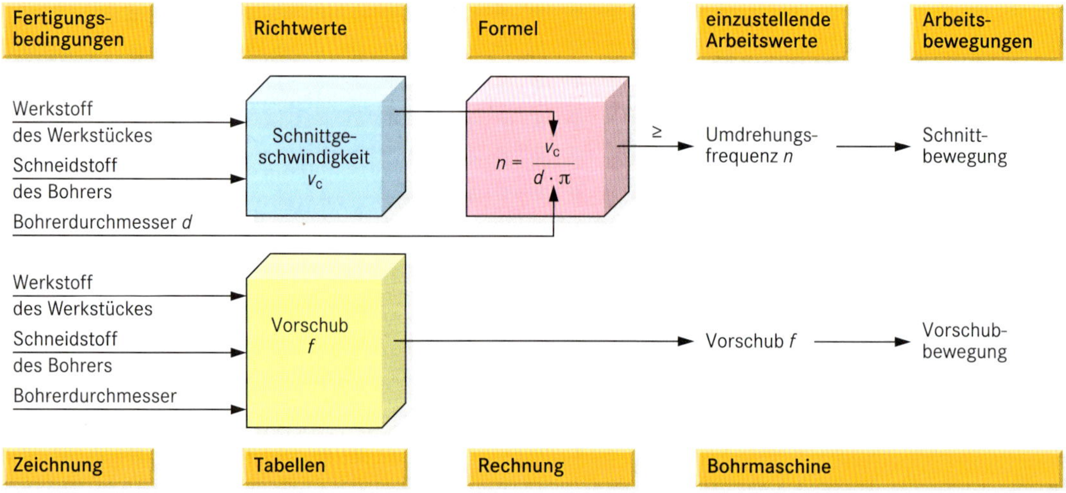

Abb. 1: Bestimmen von Arbeitswerten beim Bohren

2.1.8 Arbeitsplanung Bohren

Die wichtigste Grundlage für das Erstellen eines Arbeitsplanes bildet die Teilzeichnung. Aus ihr können die Bearbeitungsformen mit ihren Abmessungen, mit der geforderten Genauigkeit und der einzuhaltenden Oberflächenbeschaffenheit entnommen werden.

An der Grundplatte sind herzustellen:

- Durchgangsbohrungen mit Senkungen zur Aufnahme von Zylinderschrauben,
- geriebene Bohrungen für Zylinderstifte und
- Gewindebohrung für die Rändelschraube.

Das Fertigen solcher Bearbeitungsformen erfolgt dabei in gleicher Art und Weise und lässt sich durch eine festgelegte Folge von Arbeitsschritten angeben (Abb. 2). Diese ist bei Werkstücken mit gleichen Bearbeitungsformen anwendbar.

Für die einzelnen Arbeitsschritte werden bestimmte Arbeitsmittel benötigt. Bei der Wahl der Arbeitsmittel sind zu beachten:

- die Abmessungen der Bearbeitungsform,
- der zu bearbeitende Werkstoff,
- die einzuhaltende Maßtoleranzen und
- die zu erzielende Oberflächenbeschaffenheit.

Die planerischen Überlegungen werden in einem Arbeitsplan festgehalten. Im Arbeitsplan sind alle Arbeitsschritte fortlaufend nummeriert aufgeführt (Abb. 3). Zu jedem Arbeitsvorgang sind die benötigten Arbeitsmittel und die an der Maschine einzustellenden Arbeitswerte angegeben.

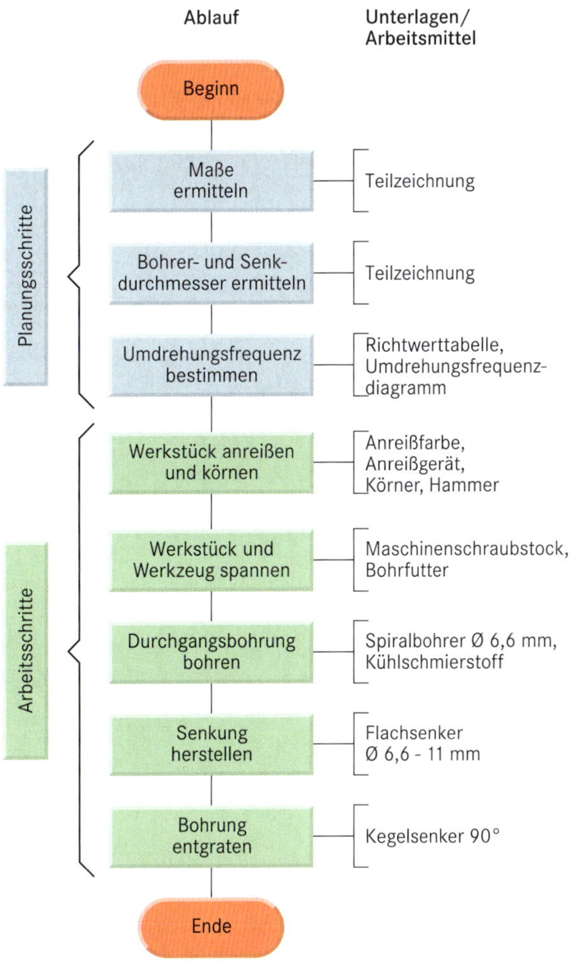

Abb. 2: Arbeitsstufen zum Herstellen einer Bohrung mit Senkung

westermann	**Arbeitsplan**	**Blatt-Nr.** 1	**Anzahl** 1
Benennung: Grundplatte; **Zeichn.Nr. Sach.-Nr.** —; **Halbzeug:** FL EN 10278-S235JRG1+C - 80x16x168	**Auftragsnr.:**; **Stückzahl:** 1; **Termin:**	**Name:**; **Klasse/Gr.:**; **Kontr.-Nr.:**	
[x] **Einzelteil** [ ] **Montage/Demontage**			

Lfd. Nr.	**Arbeitsvorgang**	**Arbeitsmittel**	**Arbeitswerte/ Bemerkungen**
4	Bohrungen anreißen und körnen	Anreißfarbe, Anreißgerät	
		Hammer, Körner	
5	Durchgangsbohrung bohren	Spiralbohrer Ø 6,6 mm	n = 1400 1/min
6	Flachsenkung herstellen	Flachsenker Ø 6,6 - 11 mm	n = 400 1/min
7	Bohrung entgraten	Kegelsenker 90°	n = 400 1/min

Abb. 3: Ausschnitt aus einem Arbeitsplan

2.2 Gewindeherstellung

ARBEITSAUFTRAG

Die Aufnahme (Pos. 6) wird an die Grundplatte (Pos. 1) mit zwei Zylinderschrauben (Pos. 10) festgeschraubt. Außerdem ist in der Aufnahme ein Gewindebolzen (Pos. 9) eingeschraubt. Dafür sind in der Aufnahme die entsprechenden Gewindebohrungen herzustellen.

Die Lage, Form und Größe der Gewindebohrungen kann der Teilzeichnung der Aufnahme entnommen werden (Abb. 1).

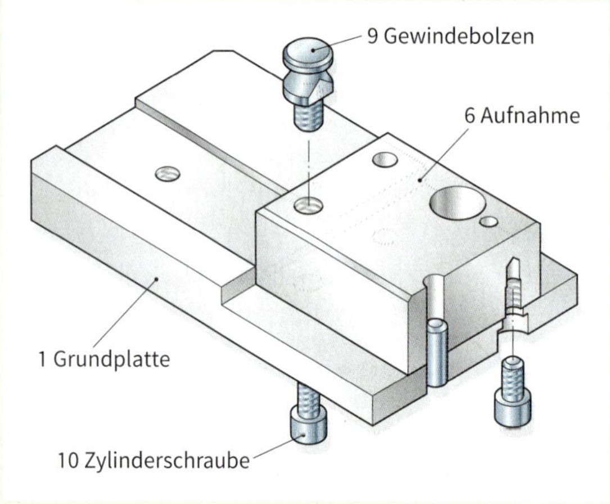

2.2.1 Gewindeabmessungen

Zum Verbinden von Bauteilen durch Gewinde werden Teile mit Außengewinde in Teile mit Innengewinde gedreht (Abb. 2). Außen- und Innengewinde bilden eine Funktionseinheit. Die Gewindeprofile und die Gewindemaße müssen zueinander passen.

Zum Befestigen von Bauteilen werden Spitzgewinde mit dreieckigem Gewindeprofil verwendet. Dabei werden überwiegend metrische ISO-Gewinde eingesetzt.

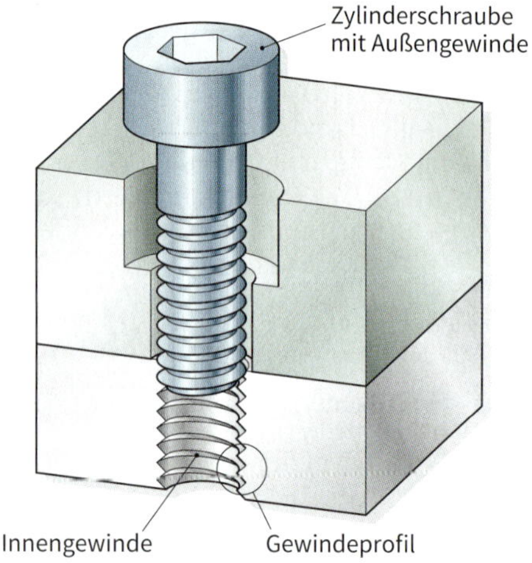

Abb. 2: Schraubenverbindung

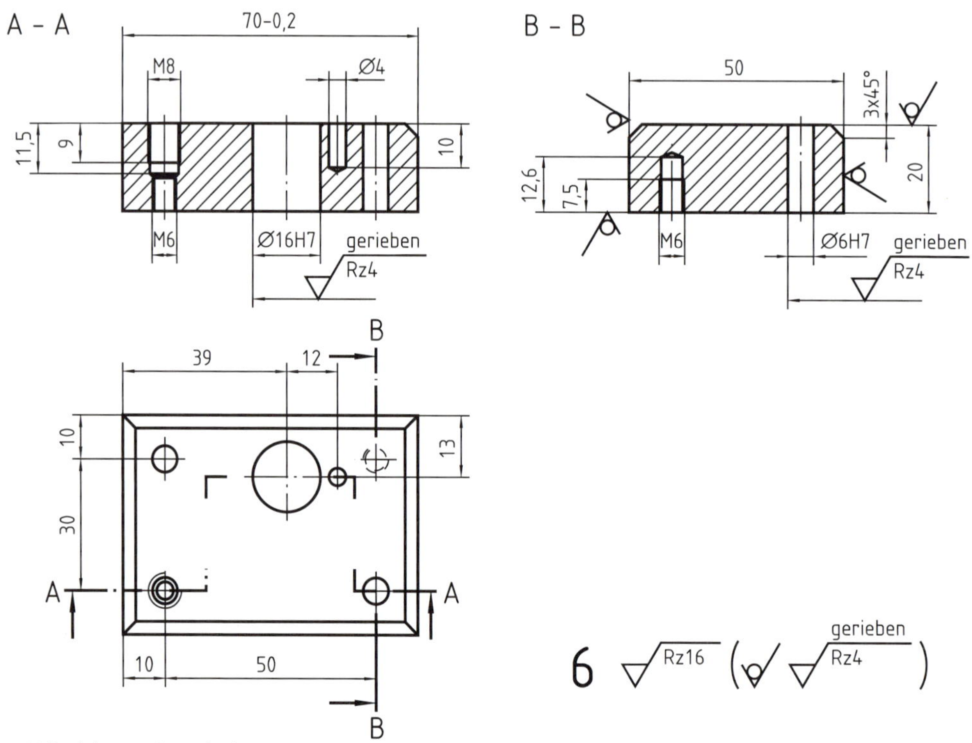

Abb. 1: Teilzeichnung der Aufnahme

An Gewinden (Abb. 3) sind unter anderem folgende Maße genormt (➜📖):

- der *Nenndurchmesser*, mit dem die Größe des Gewindes bezeichnet wird. Er entspricht bei einem Außengewinde dem Außendurchmesser.
- der *Kerndurchmesser*, nach dem sich bei der Herstellung von Innengewinden der Bohrerdurchmesser richtet.
- der *Flankenwinkel*, der die Neigung der Gewindeflanken angibt. Er bestimmt die Form des Gewindeprofils.
- die *Steigung*, als Abstand von einem Gewindegang zum nächsten.

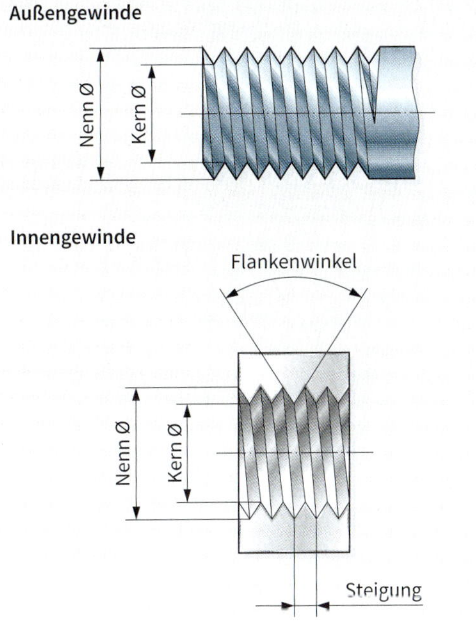

Abb. 3: Gewindeabmessungen

Gewinde werden durch Kurzzeichen nach **DIN 202** gekennzeichnet (➜📖).

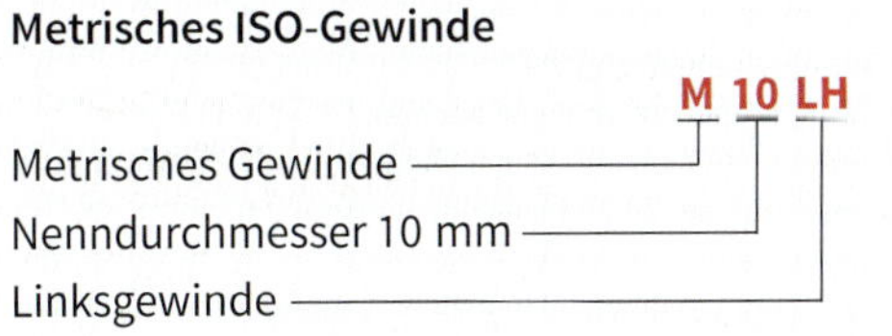

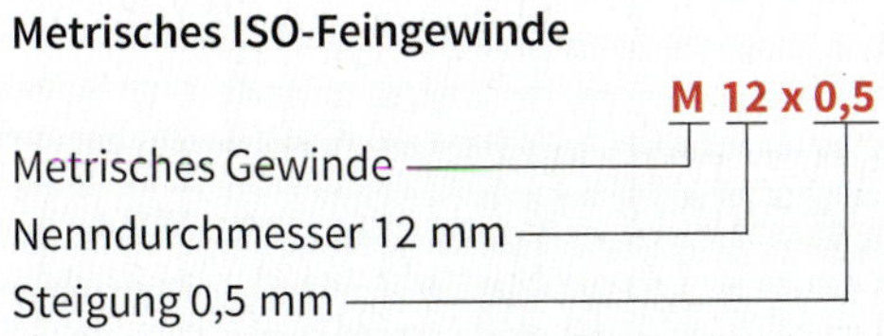

Informieren

2.2.2 Zeichnungsanalyse – Gewindedarstellung

Die bildliche Darstellung von Gewinden wäre sehr aufwendig. Deshalb werden Außen- und Innengewinde in technischen Zeichnungen vereinfacht, sinnbildlich dargestellt.

2.2.2.1 Außengewinde

Gewindedarstellung

Außengewinde werden mit unterschiedlichen Volllinien gezeichnet (Abb. 4):

- der Nenn- oder Außendurchmesser mit breiter Volllinie,
- der Kerndurchmesser mit schmaler Volllinie,
- die nutzbare Gewindelänge durch eine Gewindebegrenzungslinie als breite Volllinie,
- der Gewindeanfang in der Regel mit einer 45°-Fase bis zum Kerndurchmesser als breite Volllinie.

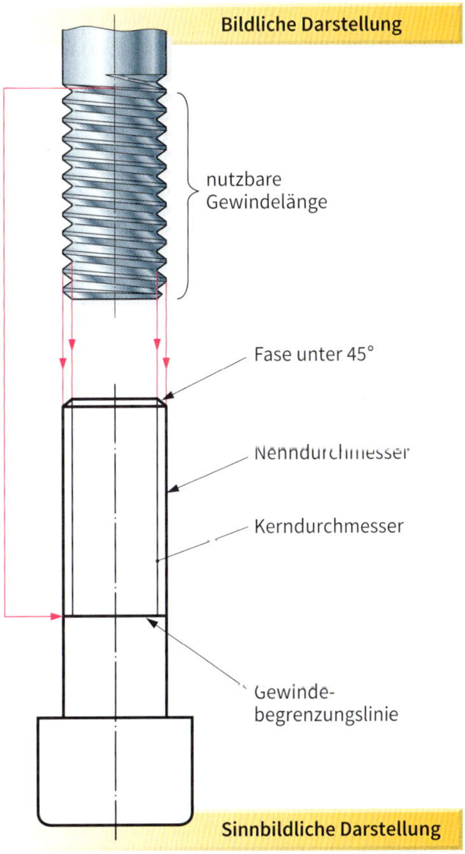

Abb. 4: Bildliche und sinnbildliche Darstellung von Außengewinden

Bei kleinen Gewinden wird der Kerndurchmesser mit einem Mindestabstand von 1 mm zum Nenndurchmesser gezeichnet.

Wird ein Außengewinde mit Blickrichtung auf die Kreisform dargestellt, so zeichnet man (Abb. 1):

① den Nenn- oder Außendurchmesser als Kreis in breiter Volllinie,

② den Kerndurchmesser als 3/4-Kreis in schmaler Volllinie. Der 3/4-Kreis kann dabei jede beliebige Lage im Achsenkreuz haben.

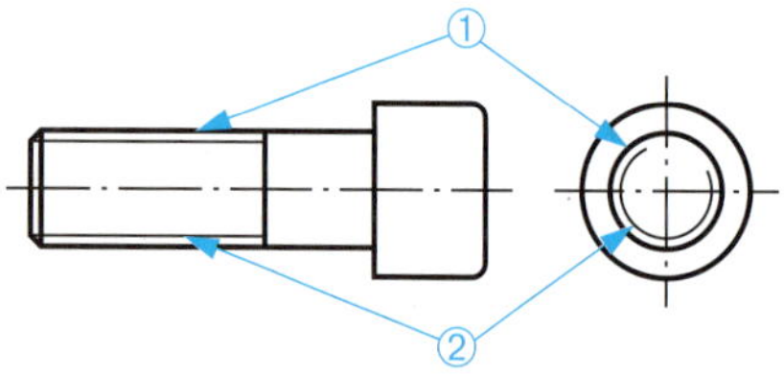

Abb. 1: Außengewindedarstellung

Gewindebemaßung

Bei einem Außengewinde (Abb. 2) bemaßt man:

③ den Nenndurchmesser mit dem Gewindekurzzeichen nach **DIN 202**,

④ die nutzbare Gewindelänge.

Die Fasen werden nur dann bemaßt, wenn ihr Durchmesser nicht dem Kerndurchmesser entspricht.

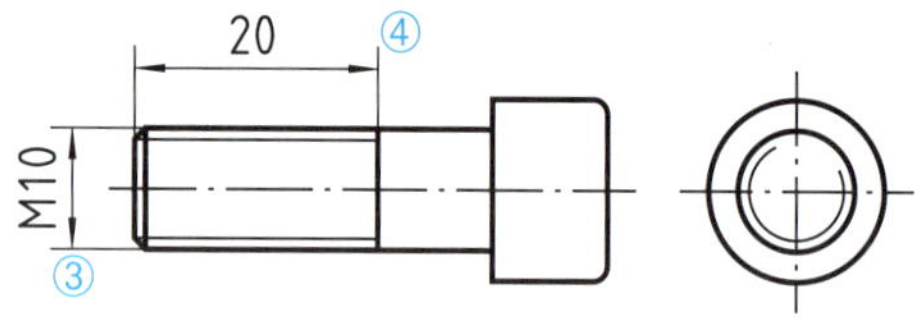

Abb. 2: Bemaßung von Außengewinden

Bei der maschinellen Herstellung werden Gewinde häufig mit einem genormten Gewindefreistich nach **DIN 76** versehen (→). Die Gewindelänge schließt dann die Breite des Gewindefreistiches mit ein. Der Gewindefreistich wird meist vereinfacht mit dem Normkurzzeichen gekennzeichnet.

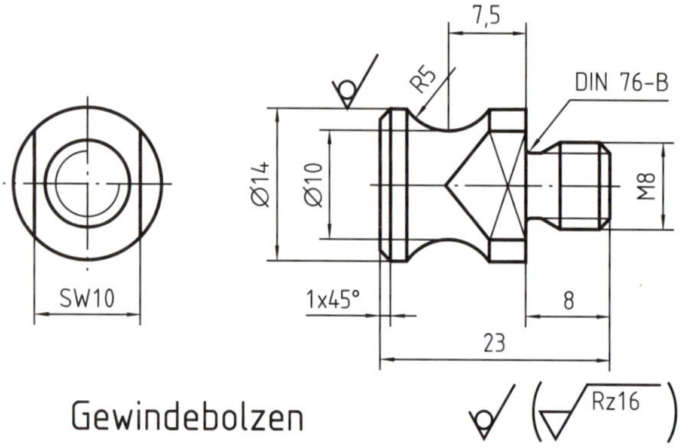

Abb. 3: Gewinde mit Gewindefreistich

2.2.2.2 Innengewinde

Innengewinde können in Durchgangsbohrungen oder in Grundlochbohrungen eingeschnitten sein. Bei Grundlochbohrungen ist die Bohrung tiefer zu zeichnen als die nutzbare Gewindetiefe (Abb. 4).

Gewindedarstellung

Innengewinde im Schnitt werden mit unterschiedlichen Volllinien gezeichnet:

⑤ der Nenndurchmesser mit schmaler Volllinie,

⑥ der Kerndurchmesser bzw. die Grundlochbohrung mit breiter Volllinie,

⑦ die nutzbare Gewindetiefe bei einer Grundlochgewindebohrung durch eine Gewindebegrenzungslinie als breite Volllinie,

⑧ die Schraffurlinien mit schmalen Volllinien bis zum Kerndurchmesser.

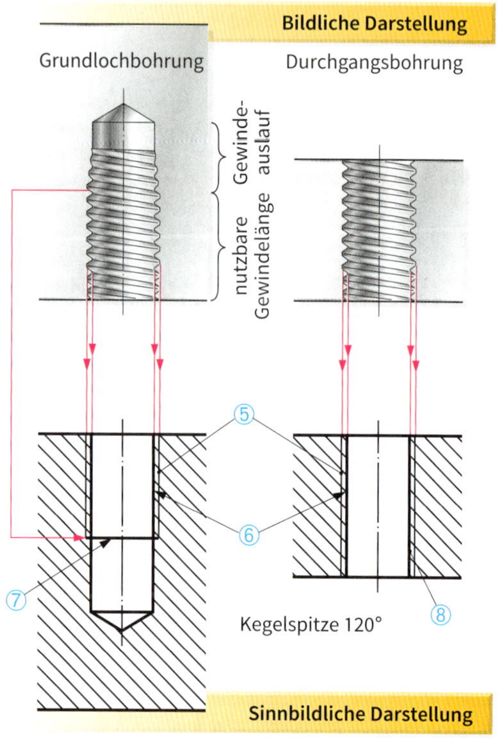

Abb. 4: Bildliche und sinnbildliche Darstellung von Innengewinden

Wird ein Innengewinde mit Blick auf die Kreisform dargestellt, so zeichnet man (Abb. 5):

⑨ den Nenndurchmesser als 3/4-Kreis in schmaler Volllinie,

⑩ den Kerndurchmesser als Kreis in breiter Volllinie.

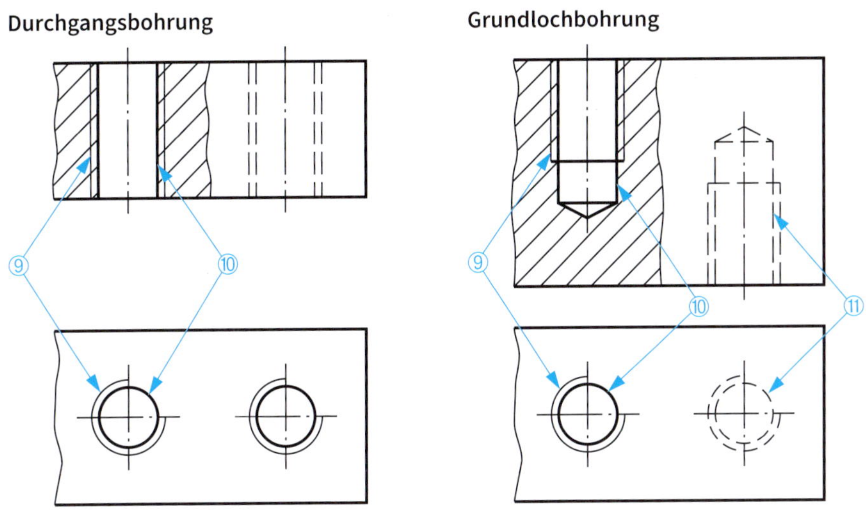

Abb. 5: Innengewindedarstellung

Wird das Innengewinde verdeckt dargestellt, so zeichnet man:

⑪ alle Gewindegrößen mit schmaler Strichlinie.

Gewindebemaßung

Bei einem Innengewinde mit Grundlochbohrung (Abb. 6a) bemaßt man:

⑫ den Nenndurchmesser mit dem Gewindekurzzeichen nach **DIN 202**,

⑬ die nutzbare Gewindetiefe,

⑭ die Tiefe der Kernlochbohrung (ohne Kegelspitze).

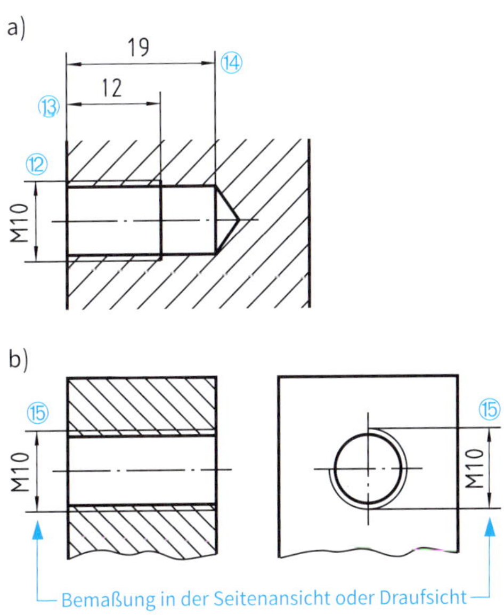

Abb. 6: Bemaßung von Innengewinden

Bei einer Durchgangsgewindebohrung (Abb. 6b) bemaßt man:

⑮ den Nenndurchmesser mit dem Gewindekurzzeichen nach **DIN 202**.

Bei Innengewinden werden übliche Fasen von 45° bis zum Kerndurchmesser weder dargestellt noch bemaßt.

Die Tiefe der Kernlochbohrung bei einem Gewindegrundloch ergibt sich aus der Gewindetiefe zuzüglich des Gewindeauslaufes. Das Maß für den Gewindeauslauf ist nach **DIN 76** genormt (→📖).

Aufgaben

1. Erklären Sie folgende Gewindeabmessungen:

a) den Nenndurchmesser,

b) den Kerndurchmesser und

c) die Steigung.

2. Geben Sie für ein Innengewinde M8 die Größen folgender Gewindeabmessungen an:

a) den Nenndurchmesser,

b) den Kerndurchmesser und

c) die Steigung.

3. Zeichnen und bemaßen Sie das vereinfacht dargestellte Innengewinde im Maßstab 2 : 1 in drei Ansichten. Die Vorderansicht ist im Schnitt zu zeichnen.

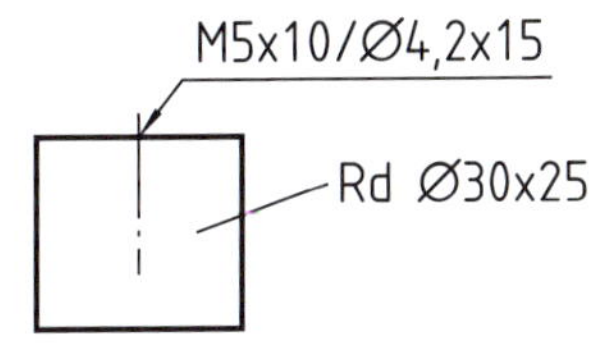

Fertigen

2.2.3 Gewindebohren

Durch Gewindebohren werden Innengewinde in vorgebohrte Löcher geschnitten. Dabei wird eine fortlaufende Rille in die Bohrung eingearbeitet. Es entsteht ein Gewindegang mit einem größeren Durchmesser. Der Gewindegang verläuft entlang einer wendelförmigen Linie, der Schraubenlinie.

Gewindebohrvorgang

Innengewinde mit kleineren Durchmessern werden kostengünstig mit Gewindebohrer gefertigt. Der Gewindebohrer führt eine kreisförmige Schnittbewegung aus und schraubt sich dabei in die Bohrung hinein (Abb. 1). Er sorgt selbst für die axiale Vorschubbewegung. Der Vorschub bei einer Umdrehung entspricht der Gewindesteigung.

Abb. 1: Gewindebohren

Der kegelige Anschnitt des Gewindebohrers zerspant den größten Teil des Werkstoffes, wobei die Spanabnahme auf mehrere Schneiden verteilt wird. Die Schneiden im zylindrischen Teil führen das Werkzeug in der Gewindebohrung.

Beim Spanen wird der Werkstoff auch geringfügig umgeformt. Der Werkstoff staucht auf und wird zur Bohrungsmitte gedrückt.

! Der *Durchmesser der Kernlochbohrung* ist etwas größer als der Kerndurchmesser des Gewindes zu bohren.

Arbeitsschritte beim Gewindebohren

Das Herstellen eines Gewindes erfolgt in den Schritten Kernlochbohren, Senken und Gewindebohren (Abb. 2):

1. Kernlochbohren

Zuerst ist mit einem Spiralbohrer die Kernlochbohrung zu bohren. Der Kernlochbohrerdurchmesser ist Gewindetabellen zu entnehmen (→). Ist die Steigung des Gewindes bekannt, kann der Kernlochbohrerdurchmesser auch berechnet werden:

Kernlochbohrer Ø = Nenn Ø – Steigung

2. Ansenken

Anschließend ist die Kernlochbohrung mit einem 90°-Kegelsenker bis auf den Nenndurchmesser des Gewindes anzusenken. Durch das Ansenken schneidet der Gewindebohrer besser an und die äußeren Gewindegänge werden nicht herausgedrückt.

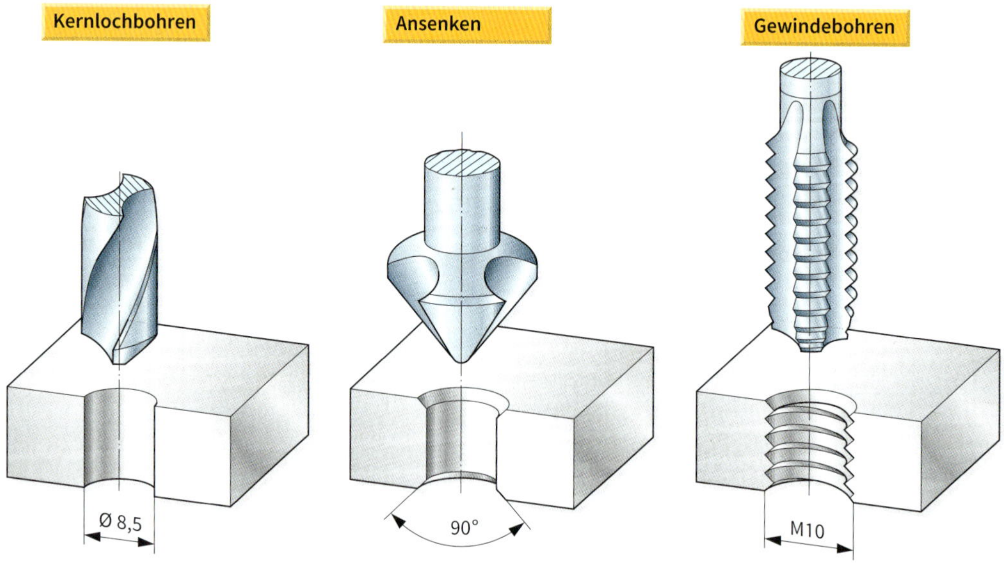

Abb. 2: Arbeitsschritte beim Gewindebohren

3. Gewindebohren

In die angesenkte Kernlochbohrung wird mit einem Gewindebohrer das Innengewinde geschnitten. Ein geeigneter Kühlschmierstoff erleichtert das Gewindebohren und verbessert die Oberflächengüte des Gewindes.

Beim Gewindebohren von Hand ist das Anschneiden der Gewindebohrer mit einem Flachwinkel zu überprüfen, damit die Gewindegänge rechtwinklig eingeschnitten werden. Durch kurzes Zurückdrehen des Handgewindebohrers um eine halbe Umdrehung wird der Span beim Gewindebohren gebrochen.

Beim Gewindebohren auf der Bohrmaschine ist ein Gewindeschneidapparat zu verwenden. Gewindeschneidapparate haben eine Sicherheitskupplung, die eine Überlastung der Gewindebohrer verhindert, und ein Wendegetriebe, das für einen automatischen Rücklauf des Gewindebohrers sorgt.

Gewindebohrerarten

Zum Gewindebohren verwendet man Handgewindebohrersätze oder Maschinengewindebohrer. In das Außengewinde der Gewindebohrer sind drei oder vier Spannuten eingearbeitet. Dadurch entstehen die Schneidkeile. Gewindebohrer bestehen meist aus Schnellarbeitsstahl (HS).

Gewindebohrer für harte, spröde Werkstoffe haben vier Spannuten und kleinere Spanwinkel (Abb. 3a). Gewindebohrer für weiche, langspanende Werkstoffe haben drei Spannuten und größere Spanwinkel (Abb. 3b).

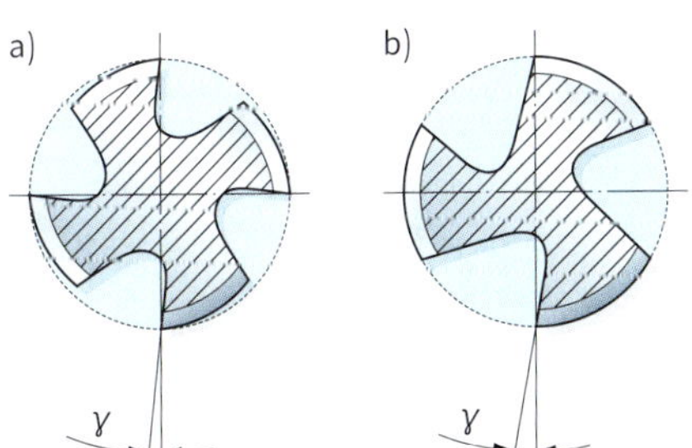

Abb. 3: Spannuten am Gewindebohrer

Gewindebohrer haben einen kegeligen Anschnitt. Der kegelige Anschnitt ermöglicht das leichtere Anschneiden des Gewindebohrers und verteilt die Spanabnahme auf mehrere Schneiden.

Handgewindebohrersätze bestehen aus Vorschneider, Mittelschneider und Fertigschneider. Sie unterscheiden sich in der Anschnittlänge und in der Gestaltung der Gewindegänge (Abb. 4).

Vorschneider und Mittelschneider zerspanen den größten Teil der Gewindegänge. Erst der Fertigschneider erzeugt das vollausgeschnittene Gewinde. Die Gewindebohrer müssen in der richtigen Reihenfolge eingesetzt werden.

Handgewindebohrer haben gerade Nuten. Sie werden für Durchgangsbohrungen und Grundlochbohrungen verwendet.

Gewindebohrer	Zerspanungsanteil
Vorschneider – 1 Ring 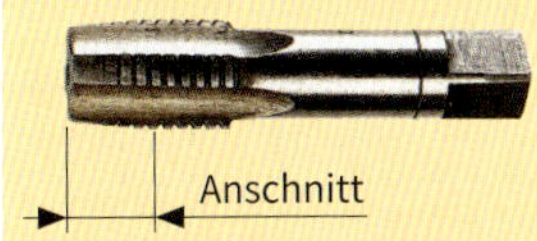	ca. 50 % 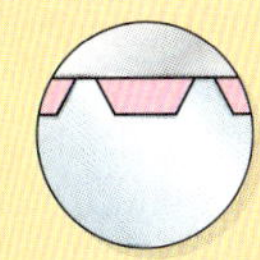
Mittelschneider – 2 Ringe 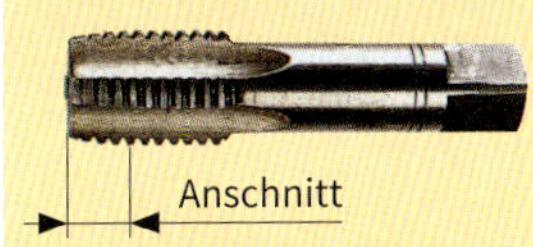	ca. 30 % 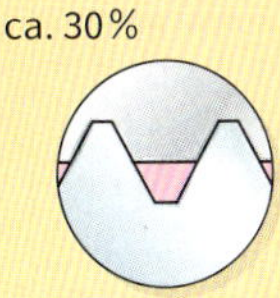
Fertigschneider – 3 Ringe o. keine 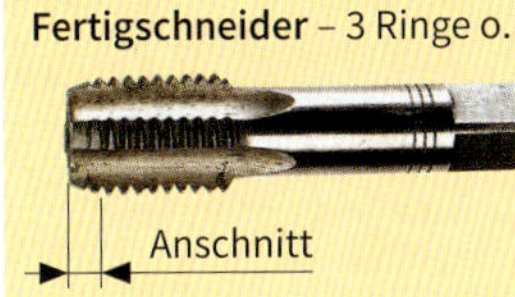	ca. 20 % 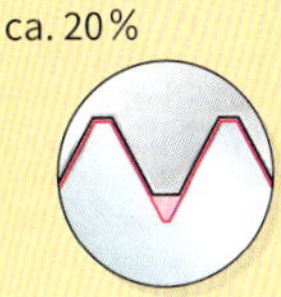

Abb. 4: Handgewindebohrersatz

Maschinengewindebohrer schneiden ein maßhaltiges Gewinde in einem Schnitt. Maschinengewindebohrer haben gerade oder wendelförmige Nuten.

Maschinengewindebohrer mit Linksdrall führen die Späne in Vorschubrichtung ab. Sie werden für Durchgangsbohrungen verwendet (Abb. 5a).

Maschinengewindebohrer mit Rechtsdrall führen die Späne in Schaftrichtung ab. Sie werden für Grundlochbohrungen verwendet (Abb. 5b).

Für Grundlochgewinde bohrt man die Kernlöcher tiefer als die nutzbare Gewindetiefe. Das Innengewinde kann nicht bis auf den Grund der Bohrung gebohrt werden.

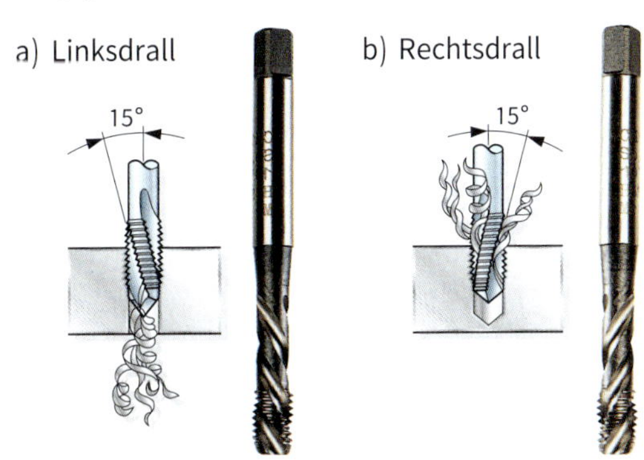

Abb. 5: Maschinengewindebohrer

Fertigen

2.2.4 Gewindeschneiden

Durch Gewindeschneiden werden Außengewinde hergestellt. Dabei wird eine fortlaufende Rille in einen zylindrischen Bolzen eingeschnitten. Es entsteht ein Gewindegang mit einem kleineren Durchmesser, dem Kerndurchmesser. Gewinde können von Hand und auf der Maschine geschnitten werden.

Gewindeschneidvorgang

Außengewinde werden häufig mit Schneideisen gefertigt. Das Schneideisen wird mit Schrauben im Schneideisenhalter befestigt. Mit dem Schneideisenhalter wird die erforderliche Schnittkraft auf das Werkstück übertragen (Abb. 1). Schneideisen schneiden das vollständige Gewinde in einem Arbeitsgang fertig, wobei die Spanabnahme auf mehrere Schneiden verteilt wird.

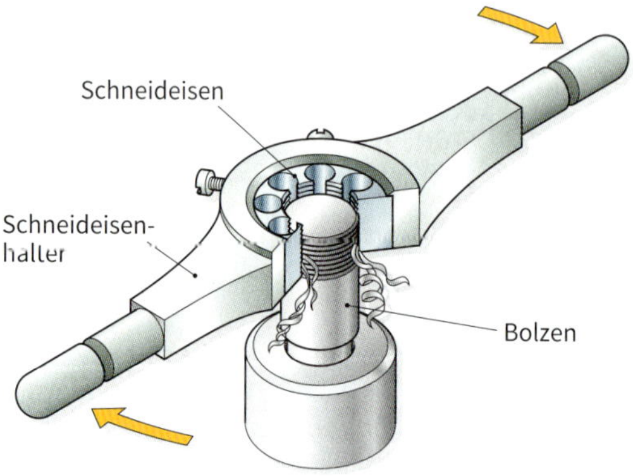

Abb. 1: Gewindeschneiden von Hand

Der kegelige Anschnitt des Schneideisens zerspant dabei den größten Teil des Werkstoffes. Die Schneiden im zylindrischen Teil führen das Werkzeug.

Beim Gewindeschneiden wird der Werkstoff auch geringfügig umgeformt. Der Werkstoff staucht auf und wird nach außen gedrückt.

! Der Bolzen muss einen etwas kleineren Durchmesser (0,1 ... 0,3 mm) haben als der zu schneidende Nenndurchmesser des Gewindes.

Das Schneideisen muss rechtwinklig angesetzt werden, damit das Gewinde nicht schief auf den Bolzen geschnitten wird. Eine 45°-Fase erleichtert dabei das Anschneiden. Die Oberflächengüte des Gewindes wird durch den Einsatz von Schneidölen oder Kühlschmierstoffen verbessert.

Beim Gewindeschneiden von Hand wird durch kurzes Zurückdrehen des Schneideisens um eine halbe Umdrehung der Span gebrochen. Aufgrund der großen Zerspanarbeit können mit Schneideisen nur Gewindedurchmesser bis etwa 16 mm von Hand geschnitten werden.

Schneideisen können auch zum Gewindeschneiden auf Drehmaschinen verwendet werden. Dabei stützt man das Schneideisen zum rechtwinkligen Anschneiden mit der Reitstockpinole ab. Da mit Schneideisen die gesamte Spanmenge in einem Arbeitsgang abgetragen wird, können größere Außengewinde mit Schneideisen selbst auf Drehmaschinen nicht mehr hergestellt werden.

Schneideisen

In das Innengewinde des Schneideisens sind vier oder fünf Spannuten eingearbeitet. Dadurch entstehen die Schneidkeile (Abb. 2). Zum Gewindeschneiden unterschiedlicher Werkstoffe haben die Schneidkeile unterschiedliche Spanwinkel γ. Schneideisen bestehen aus Schnellarbeitsstahl (HS).

Zum rechtwinkligen Ansetzen des Schneideisens sind jeweils auf beiden Seiten 1 ½ Gewindegänge kegelig angeschnitten.

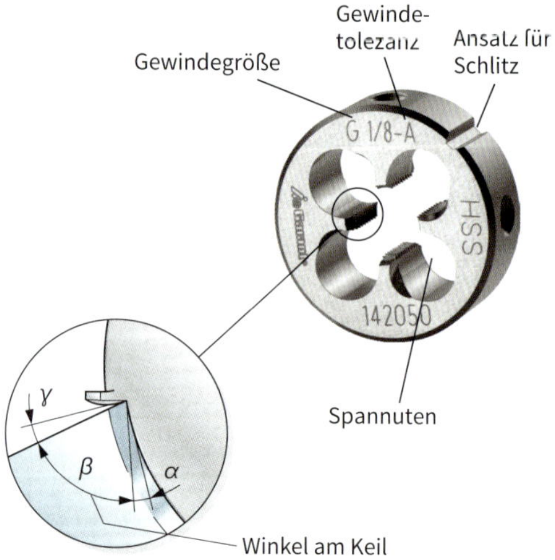

Abb. 2: Schneideisen

Schneideisen werden mit genormten Toleranzen geliefert (➜📖). Sollen abweichende Gewindetoleranzen geschnitten werden, können die Schneideisen an der vorgeschlitzten Stelle mit einer schmalen Schleifscheibe aufgetrennt werden. Geschlitzte Schneideisen können dann über Stellschrauben im Schneideisenhalter in engen Grenzen verstellt werden.

Auf dem Schneideisen sind immer Gewindegröße und Toleranz angegeben. Der Werkstoff wird dann angegeben, wenn das Schneideisen zum Schneiden besonderer Werkstoffe wie hochlegierte und hochfeste Stähle (VA) oder CuZn-Legierungen (Ms) vorgesehen ist.

Zusammenfassung

Bohren, Senken, Reiben

Spanabnahme erfolgt durch das Zusammenwirken
- der kreisförmigen Schnittbewegung und
- der geradlinigen Vorschubbewegung in Achsrichtung des Werkzeuges

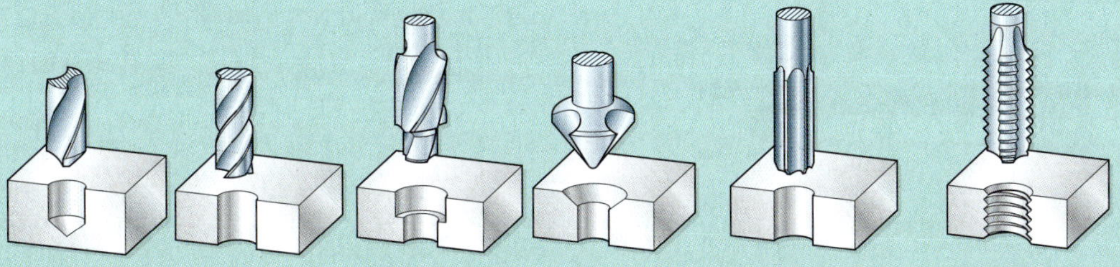

Bohren		Senken		Reiben	Gewindebohren
Fertigen kreisrunder Löcher mit geringer Oberflächengüte durch		Fertigen von Planflächen und kegeligen Flächen in Bohrungen durch		Herstellen maß- und formgenauer Bohrungen hoher Oberflächengüte bei geringer Spanabnahme	Fertigen von Innengewinden
• Bohren ins Volle	• Aufbohren	• Plansenken	• Profilsenken		
mit: • Spiralbohrer – Typ H – Typ N – Typ W	• Aufbohrer • Spiralbohrer	mit: • Flachsenker	• Kegelsenker • Entgratungswerkzeug	mit: • Handreibahle oder • Maschinenreibahle	mit: • Handgewindebohrersatz • Maschinengewindebohrer

Aufgaben

1. Geben Sie die Arbeitsschritte zur Herstellung einer Gewindebohrung M6 an, sowie die jeweils benötigten Werkzeuge mit den Abmessungen.

2. Warum müssen Gewindekernlochbohrungen angesenkt werden?

3. Es soll ein Innengewinde M10 x 1 hergestellt werden. Bestimmen Sie den Durchmesser für die Kernlochbohrung.

4. Beschreiben Sie die Folgen für die Herstellung und Haltbarkeit einer Gewindebohrung M10, wenn die Kernlochbohrung mit einem Spiralbohrer gebohrt wird von

a) 8 mm Durchmesser und

b) 9 mm Durchmesser.

5. Warum ist der Durchmesser der Kernlochbohrung etwas größer als der Kerndurchmesser des Gewindes zu bohren?

6. Beschreiben Sie den Einsatz der verschiedenen Maschinengewindebohrer mit wendelförmigen Nuten.

7. Warum muss bei einer Grundlochbohrung das Kernloch immer tiefer als die nutzbare Gewindetiefe gebohrt werden?

8. In einer Teilzeichnung sind die Gewindebohrungen vereinfacht dargestellt und bemaßt. Die Grundmaße des Werkstückes betragen Fl 25 x 30 x 120.

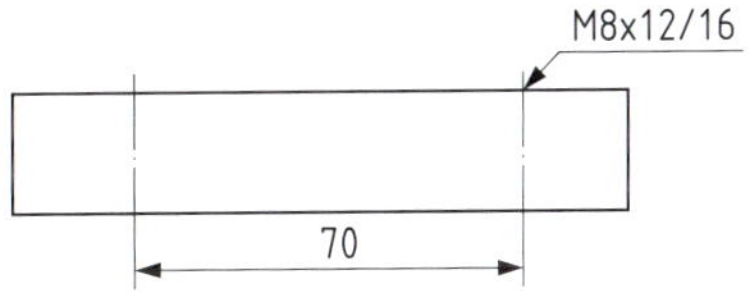

Skizzieren Sie das Werkstück mit Vorderansicht im Vollschnitt und in der Draufsicht. Bemaßen Sie das Werkstück vollständig.

9. Ermitteln Sie für ein Grundlochgewinde M8 die Bohrtiefe, wenn die nutzbare Gewindetiefe 12 mm betragen soll.

10. Warum ist der Außendurchmesser eines Bolzens vor dem Gewindeschneiden anzufasen?

11. Weshalb können größere Gewinde nicht mehr von Hand mit einem Schneideisen hergestellt werden?

12. Wie wird der Gewindeauslauf gestaltet, wenn ein Außengewinde auf der Maschine geschnitten wird?

13. Stellen Sie einen Arbeitsplan für das Schneiden eines Außengewindes M10 auf einen Bolzen mit einem Schneideisen auf.

Prüfen

2.2.5 Prüfen von Gewinden

Die Maßhaltigkeit von Innen- und Außengewinden kann durch Gewindelehren überprüft werden.

Innengewinde werden mit Gewindelehrdornen überprüft. Die Ausschussseite hat dabei ein kürzeres Gewinde und ist mit einem roten Ring gekennzeichnet (Abb. 1).

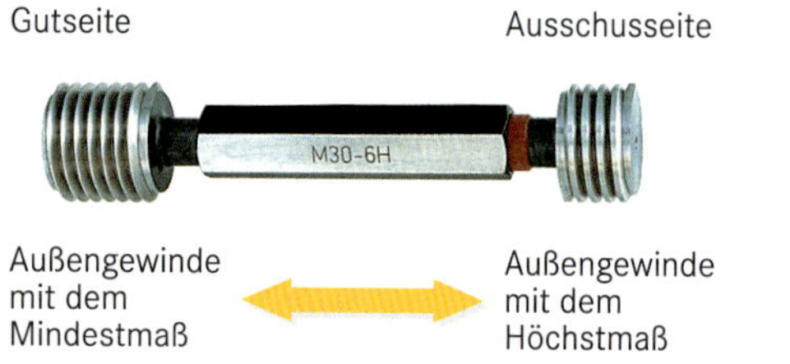

Abb. 1: Gewindelehrdorn

Das Istmaß eines Innengewindes liegt innerhalb der Toleranz,

- wenn sich die Gutseite in die Gewindebohrung einschrauben lässt und
- wenn sich die Ausschussseite nicht in die Gewindebohrung einschrauben lässt.

Außengewinde werden mit Gewindelehrringen überprüft. Es gibt einen Gut-Lehrring und einen Ausschuss-Lehrring. Der Ausschuss-Lehrring ist mit einem roten Punkt gekennzeichnet (Abb. 2).

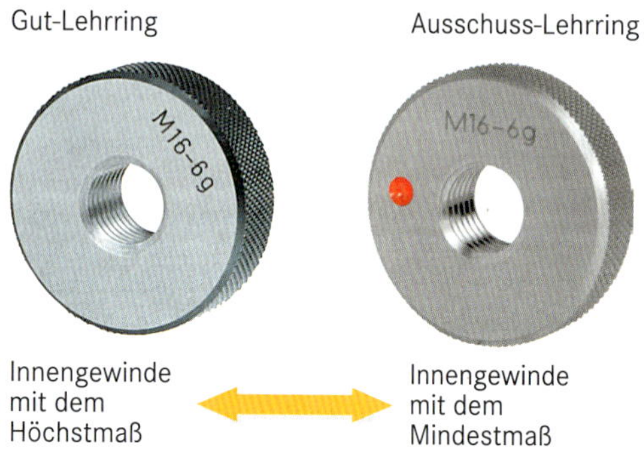

Abb. 2: Gewindelehrringe

Das Istmaß eines Außengewindes liegt innerhalb der Toleranz,

- wenn die Gutseite sich auf den Gewindebolzen schrauben lässt und
- wenn die Ausschussseite sich nicht auf das Bolzengewinde schrauben lässt.

Passt die Gutseite von Gewindelehren nicht, muss das Gewinde nachgeschnitten werden.

Passt die Ausschussseite von Gewindelehren, ist das Außengewinde zu klein oder das Innengewinde zu groß geschnitten. Die Gewinde sind Ausschuss.

Planen/ Dokumentieren

2.2.6 Arbeitsplanung Aufnahme

Beim Herstellen von Werkstücken sind die Anforderungen zu berücksichtigen, die sich aus der Funktion ergeben. Die Funktion ist aus der Gesamtzeichnung ersichtlich. Die Gesamtzeichnung der Biegevorrichtung zeigt, dass die Aufnahme (Pos. 6) und die Grundplatte (Pos. 1) den Bolzen (Pos. 7) führen (Abb. 3).

Die Bohrungen zur Aufnahme des Bolzens in der Aufnahme und in der Grundplatte müssen miteinander fluchten. Das erreicht man, indem man die beiden Bohrungen vor dem Fertigen der Passstiftbohrungen zueinander ausrichtet.

Die Aufnahme und die Grundplatte werden mit zwei Zylinderstiften (Pos. 14) und zwei Zylinderschrauben (Pos. 10) gefügt. Die Stifte legen die Lage der beiden Bauteile zueinander fest. Zum Herstellen einer solchen Passstiftverbindung sind beide Teile gemeinsam zu bohren und zu reiben.

Nachdem der Zeichnungssatz auf solche Anforderungen hin ausgewertet wurde, können Rückschlüsse für die Fertigung gezogen und die Fertigung der Einzelteile geplant werden.

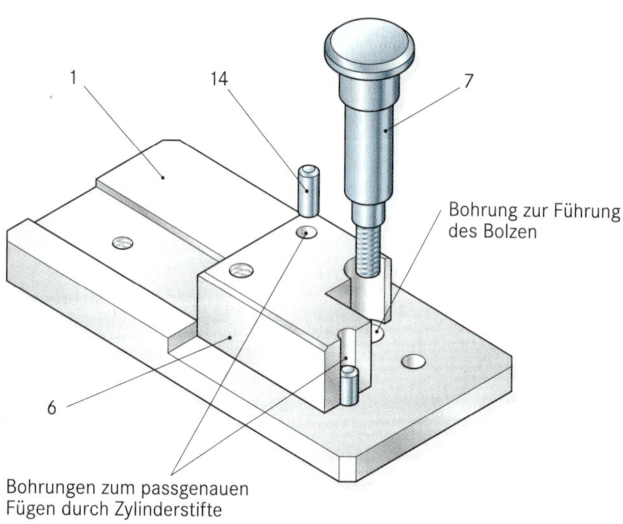

Abb. 3: Funktionsanforderungen an die Aufnahme

Die Arbeitsvorgänge zum Herstellen der Bohrungen sind zeichnerisch in Abb. 4 dargestellt.

Die notwendigen Arbeitsschritte, um die unterschiedlichen Bohrungen in der Aufnahme herzustellen, sind im Arbeitsplan festgehalten (Abb. 5). Zu jedem Arbeitsvorgang sind die benötigten Arbeitsmittel und die an der Maschine einzustellenden Arbeitswerte angegeben Der Arbeitsplan bildet so die Grundlage für die Fertigung.

Arbeitsplätze werden meist mit einem Textverarbeitungs-Programm erstellt und für die Fertigung ausgedruckt.

1. Bohrungen anreißen und körnen

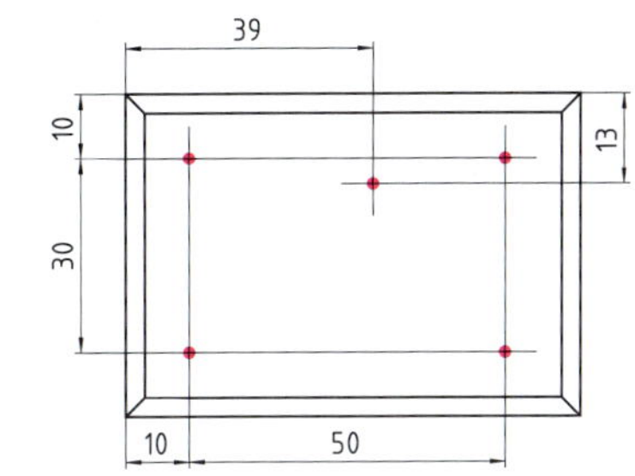

7. Grundplatte und Aufnahme ausrichten und verschrauben

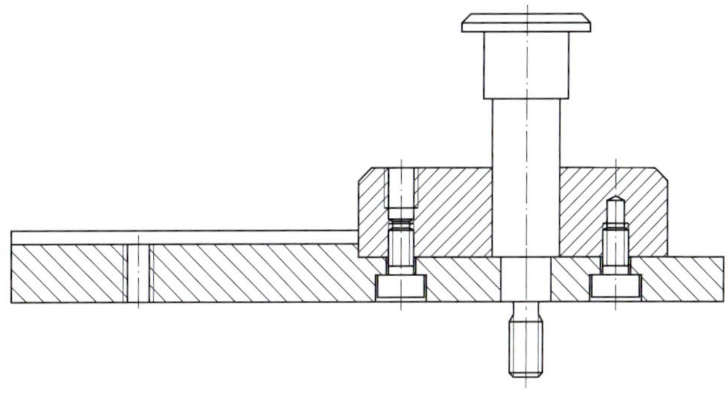

2. - 6. Bohrungen bohren, aufbohren, ansenken und reiben; Gewinde bohren

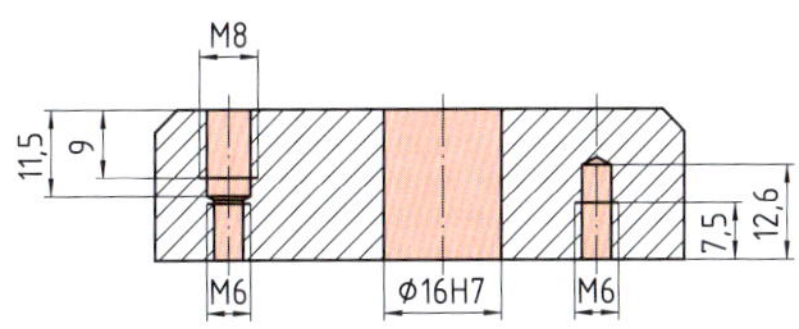

8. - 11. Passstiftbohrungen bohren, reiben und entgraten

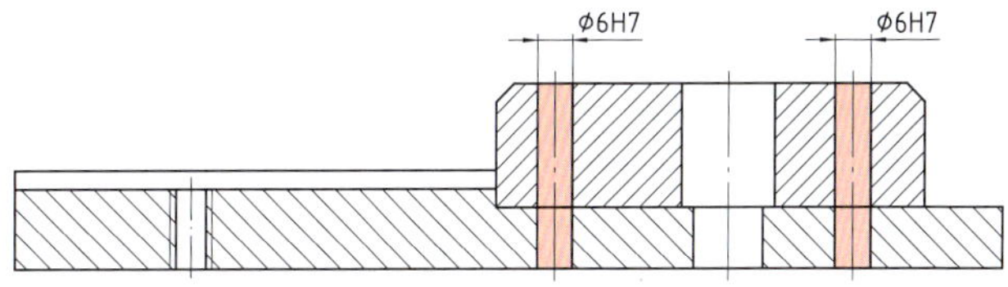

Abb. 4: Arbeitsvorgänge zum Bohren der Aufnahme

westermann	**Arbeitsplan**	**Blatt-Nr.** 1	**Anzahl** 1
Benennung: Aufnahme	**Zeichn.Nr. Sach.-Nr.**	**Auftragsnr.:**	**Name:**
Halbzeug: FL EN 10278 - S235JRG1 + C - 50 x 20 x 70		**Stückzahl:** 1	**Klasse/Gr.:**
[x] **Einzelteil**	[ ] **Montage/Demontage**	**Termin:**	**Kontr.-Nr.:**

Lfd. Nr.	Arbeitsvorgang	Arbeitsmittel	Arbeitswerte/ Bemerkungen
1	Bohrungen anreißen und körnen	Anreißfarbe, Anreißgerät	
		Hammer, Körner	
2	Kernbohrungen M8 bohren	Spiralbohrer Ø 5 mm, HS	n = 2240 1/min
3	Kernbohrung M8 aufbohren	Spiralbohrer Ø 6,8 mm, HS	n = 2240 1/min
4	Gewindebohrungen ansenken	Kegelsenker 90°, HS	n = 560 1/min
5	Gewinde M6 und M8 bohren	Maschinengewindebohrer M6, HS	n = 560 1/min
		Maschinengewindebohrer M8, HS	n = 560 1/min
6	Durchgangsbohrung Ø 16H7 vorbohren, aufbohren,	Spiralbohrer Ø 6 mm, HS	n = 2240 1/min
	reiben und entgraten	Spiralbohrer Ø 15,7 mm, HS	n = 560 1/min
		Maschinenreibahle Ø 16H7, HS	n = 200 1/min
7	Aufnahme und Grundplatte mit 2 Zylinderschrauben	Schraubendreher SW5	Ausrichten der Teile
	ISO 4762-M6 x 10 verschrauben		mit Bolzen
8	Stiftbohrungen bohren	Spiralbohrer Ø 5,8 mm, HS	n = 2240 1/min
9	Stiftbohrungen Ø H7 reiben	Maschinenreibahle Ø 6H7, HS	n = 560 1/min
10	Teile demontieren	Schraubendreher SW5	
11	Stiftbohrungen von Aufnahme und Grundplatte entgraten	Kegelsenker 90°, HS	n = 560 1/min
	Kerbstiftbohrung bei Montage mit Biegerolle fertigen		Montageplan

Abb. 5: Arbeitsplan

KLEMMVORRICHTUNG

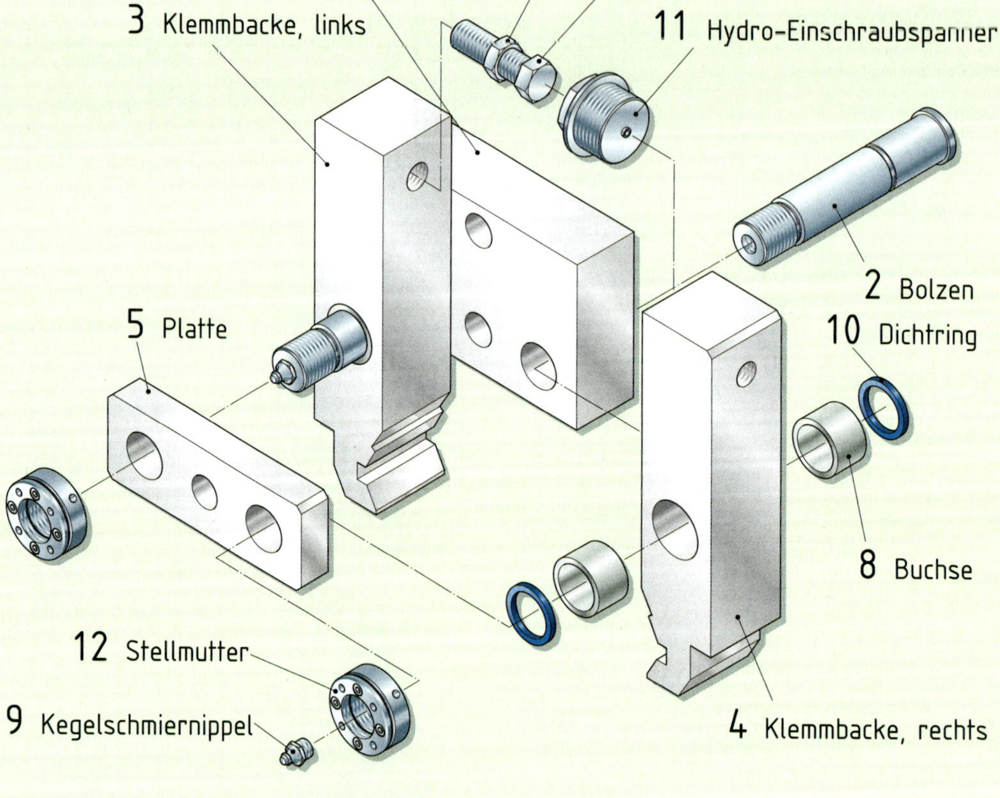

auch über Web-Link

GESAMTAUFTRAG

Die Klemmvorrichtung für den Sägetisch einer Steinsäge wurde aufgrund einer Funktionsstörung aus der Maschine ausgebaut und anschließend demontiert. Die Bolzen (Pos. 2) und die Buchsen (Pos. 8) weisen starke Verschleißspuren auf. Außerdem zeigen die Lagerstellen, insbesondere auch die Bohrungen in den Klemmbacken (Pos. 3 und 4), Rostansätze. Durch das Nassschneiden der Steine muss Spritzwasser eingedrungen sein und das Schmierfett ausgewaschen haben. Das deutet auf beschädigte Dichtringe (Pos. 10) hin.

Die beiden Bolzen, die vier Buchsen und die vier Dichtringe sowie die beiden Klemmbacken müssen ersetzt werden. Die beschädigten Dichtringe können schnell ausgetauscht werden, da sie als Normteile im Ersatzteillager vorrätig sind. Von den Fertigungsteilen sind keine Ersatzteile vorhanden. Um Lieferzeiten und somit eine Verzögerung der Instandsetzung zu vermeiden, sollen die Fertigungsteile selber hergestellt werden.

ANALYSE

Technische Unterlagen

Von der Klemmvorrichtung liegen die Gesamtzeichnung, die Stückliste und die Einzelteilzeichnungen vor.

- Die *Gesamtzeichnung* zeigt alle zur Klemmvorrichtung gehörenden Einzelteile im zusammengebauten Zustand.
- Die *Stückliste* listet alle Einzelteile der Vorrichtung geordnet nach Fertigungsteilen, Normteilen und Zulieferteilen auf. Sie ist als lose Stückliste der Gesamtzeichnung angehängt.
- Aus den *Einzelteilzeichnungen* können alle für die Fertigung der Ersatzteile notwendigen Angaben entnommen werden.

Anhand der Stücklisteneintragung können die Normbezeichnungen der schadhaften Normteile ermittelt und so die richtigen Ersatzteile beschafft werden.

Aus der Gesamtzeichnung kann im Zusammenhang mit der Stückliste der Aufbau und die Funktion der Klemmvorrichtung bestimmt werden.

Die technischen Unterlagen werden im Allgemeinen auf Rechneranlagen erstellt und achiviert. Für einen Auftrag werden die Unterlagen dann je nach Gegebenheit am Arbeitsplatz ausgedruckt oder auf einem Bildschirm oder Tablett digital bereitgestellt.

Aufbau der Klemmvorrichtung

Die Klemmvorrichtung besteht aus sechs verschiedenen Fertigungsteilen (Pos. 1 bis 5). Die Bolzen (Pos. 2) sind zweimal vorhanden. Für die Verbindung und Lagerung der Teile werden unterschiedliche Normteile (Pos. 6 bis 9) und Zulieferteile (Pos. 10 bis 12) verwendet.

Die beiden Bolzen (Pos. 2) sind in die Grundplatte (Pos. 1) eingepresst. Die Bolzen nehmen die beiden Klemmbacken (Pos. 3 und 4) und die Platte (Pos. 5) auf. Über die beiden Stellmuttern (Pos. 12) wird das Spiel zwischen den beiden Platten für die Bewegung der Klemmbacken eingestellt. Die Grundplatte ist mit zwei Zylinderschrauben am Maschinenkörper befestigt.

In die Klemmbacken sind jeweils zwei Buchsen (Pos. 8) als Lager eingepresst. Die Lagerstellen werden über Kegelschmiernippel (Pos. 9), die in die Stirnseiten der Bolzen eingeschraubt sind, mit Schmierfett versorgt. Abgedichtet werden die Lagerstellen durch je zwei Dichtringe (Pos. 10).

Ein Hydro-Einschraubspanner (Pos. 11) ist in die rechte Klemmbacke eingeschraubt. In die linke Klemmbacke ist eine Sechskantschraube (Pos. 6) mit einer Sechskantmutter (Pos. 7) montiert. Eine Verkleidung aus nichtrostendem Stahlblech umschließt die Klemmvorrichtung.

ANALYSE

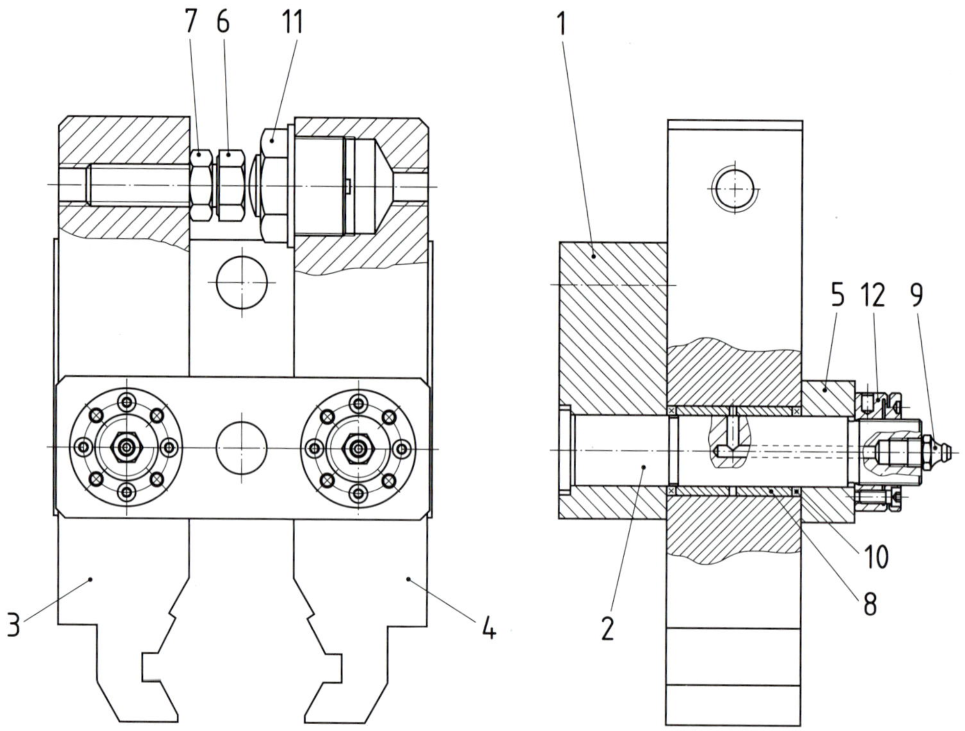

Pos.	Menge	Einh.	Benennung	Sachnummer/Norm-Kurzbezeichn.	Bemerkung
12	2	Stck.	Stellmutter	MSR 24 x 1,5	SPIETH
11	1	Stck.	Hydro-Einschraubspanner	HSE 24-5	HAWE
10	4	Stck.	Dichtring	G 25 x 32 x 4	INA
9	2	Stck.	Kegelschmiernippel	DIN 71412 - A M10x1	
8	4	Stck.	Buchse	ISO 4379 - C 25x32x20	CuSn8
7	1	Stck.	Sechskantmutter	ISO 4035 - M16	8
6	1	Stck.	Sechskantschraube	ISO 4017 - M16x50	8.8
5	1	Stck.	Platte		S 235 JRG1+C
4	1	Stck.	Klemmbacke, rechts		C45+C
3	1	Stck.	Klemmbacke, links		C45+C
2	2	Stck.	Bolzen		28Mn6+C
1	1	Stck.	Grundplatte		S 235 JRG1+C
1	2	3	4	5	6

Maßstab 1 : 2 (Masse)

Werkstoff, Halbzeug

	Datum	Name
Bearb.	05.01.17	J. Kaese
Gepr.		
Norm		
Abt.		

Klemmvorrichtung

westermann

176.0063.001

Blatt 1

Bl. 6

Zust. | Änderung | Datum | Name | Ursprung | Ersatz für : | Ersetzt durch :

ANALYSE

Funktion der Klemmvorrichtung

Die Klemmvorrichtung dient zum Feststellen des Sägetisches in Sägeposition. Dabei umschließen die beiden Klemmbacken ein Sechskantprofil. Die Klemmkraft von 4500 N wird durch den Hydro-Einschraubspanner bei einem Betriebsdruck von 100 bar aufgebracht. Der Kolben des Einschraubspanners drückt gegen den Kopf der Sechskantschraube in der gegenüberliegenden Klemmbacke.

Der Klemmweg der Klemmbacken kann über die Sechskantschraube eingestellt werden. Dazu wird die Sechskantmutter gelöst und die Sechskantschraube entsprechend verstellt. Im drucklosen Zustand wird der Kolben durch eine Rückholfeder selbsttätig in die Ausgangsstellung zurückgezogen.

Die Klemmbacken bewegen sich beim Klemmen um die Bolzen. Dazu sind in die Klemmbacken je zwei Buchsen aus CuSn8 als Lager eingepresst. Sie sind alle 40 Betriebsstunden mit Schmierfett zu schmieren.

Fertigung

Die Fertigung der Ersatzteile erfolgt nach den Einzelteilzeichnungen. Dort sind Werkstoff, Form und Abmessungen des herzustellenden Einzelteils mit den einzuhaltenden Toleranzen und Oberflächenbeschaffenheiten festgelegt.

Anforderungen an Toleranzen und Oberflächenbeschaffenheit ergeben sich aus der Funktion der Klemmvorrichtung. Diese Funktionsanforderungen können aus der Gesamtzeichnung entnommen werden.

Der Bolzen ist mit einer Übermaßpassung in der Platte gefügt. An der Lagerstelle zwischen dem Bolzen und den Buchsen liegt eine Spielpassung vor. Damit die entsprechende Passung erreicht wird, sind die Bauteile mit ISO-Toleranzen versehen.

Bei der Fertigung müssen diese Anforderungen eingehalten werden, damit das Einzelteil seine Funktion in einer Baugruppe erfüllt.

Es sind die geeigneten Fertigungsverfahren und Arbeitsvorgänge sowie entsprechenden Werkzeugmaschinen, Werkzeuge und Spannmittel auszuwählen und die einzustellenden Zerspanungsdaten festzulegen. Bei der Wahl der Fertigungsverfahren ist die Ausstattung der Werkstatt mit Maschinen, Vorrichtungen u. a. zu berücksichtigen.

Die Bolzen werden auf einer zyklengesteuerten Drehmaschine gedreht.

Die ebenen Flächen, die Absätze und Nuten der Klemmbacken sind auf einer Universalfräsmaschine herzustellen. Die Bohrungen werden ebenfalls auf der Fräsmaschine gefertigt.

Während und nach der Fertigung sind die Maße zu kontrollieren. Dazu sind die Prüfverfahren festzulegen und die erforderlichen Prüfmittel auszuwählen.

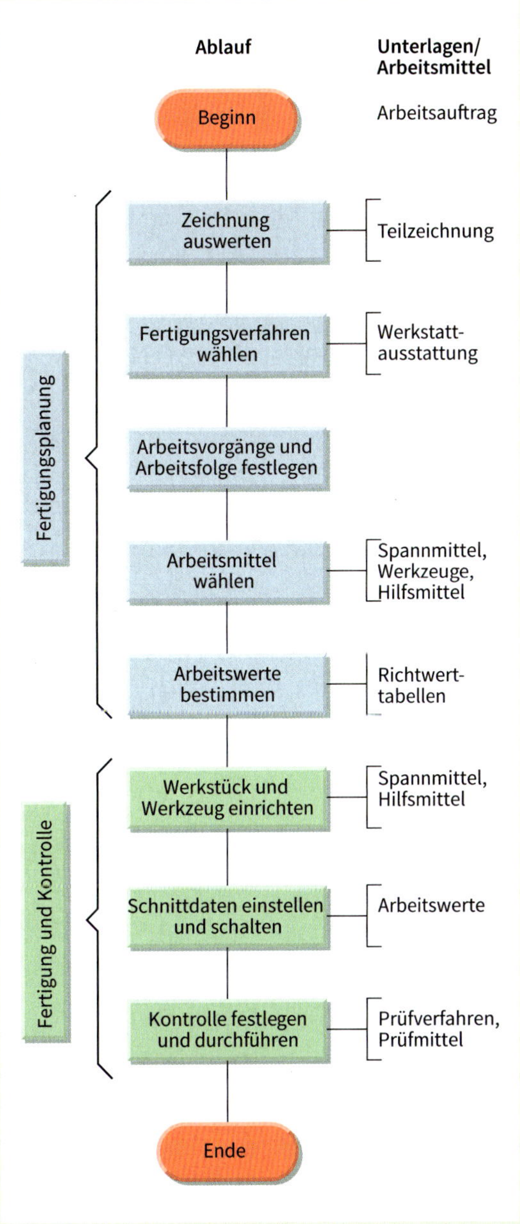

2.3 Drehen

ARBEITSAUFTRAG

Anstelle der beiden schadhaften Bolzen sollen neu anzufertigende Ersatzteile in die Klemmvorrichtung eingebaut werden. Für die Ersatzteilfertigung ist gezogenes Rundprofil aus Vergütungsstahl 28Mn6+C zu verwenden. Das Drehen der Bolzen soll auf einer zyklengesteuerten Drehmaschine erfolgen.

Der Einzelteilzeichnung können alle für die Fertigung notwendigen Angaben entnommen werden.

Informieren

2.3.1 Zeichnungsanalyse

In der Einzelteilzeichnung ist der Bolzen in Fertigungslage dargestellt. Neben den Maß- und Oberflächenangaben enthält die Zeichnung die vereinfachte Darstellung und Kennzeichnung genormter Formelemente sowie Angaben zu Form- und Lagetoleranzen (Abb. 1).

2.3.1.1 Genormte Formelemente

Die Form und die Maße von genormten Formelementen können Normtabellen entnommen werden. Solche genormten Formelemente sind:

- Freistiche und Gewindefreistiche,
- Zentrierbohrungen sowie
- Nuten für Passfedern und Sicherungsringe.

Freistiche

Der Bolzen weist am Absatz einen Freistich auf. Dadurch wird erreicht, dass die Planfläche des Absatzes einwandfrei an der Senkung in der Grundplatte anliegt.

Freistiche verringern auch die sonst an scharfkantigen Übergängen auftretenden Kerbwirkungen. Freistiche sind nach **DIN 509** genormt (→). Die Größe von Freistichen richtet sich nach dem Wellen- bzw. Bohrungsdurchmesser und nach der Beanspruchung des Bauteils.

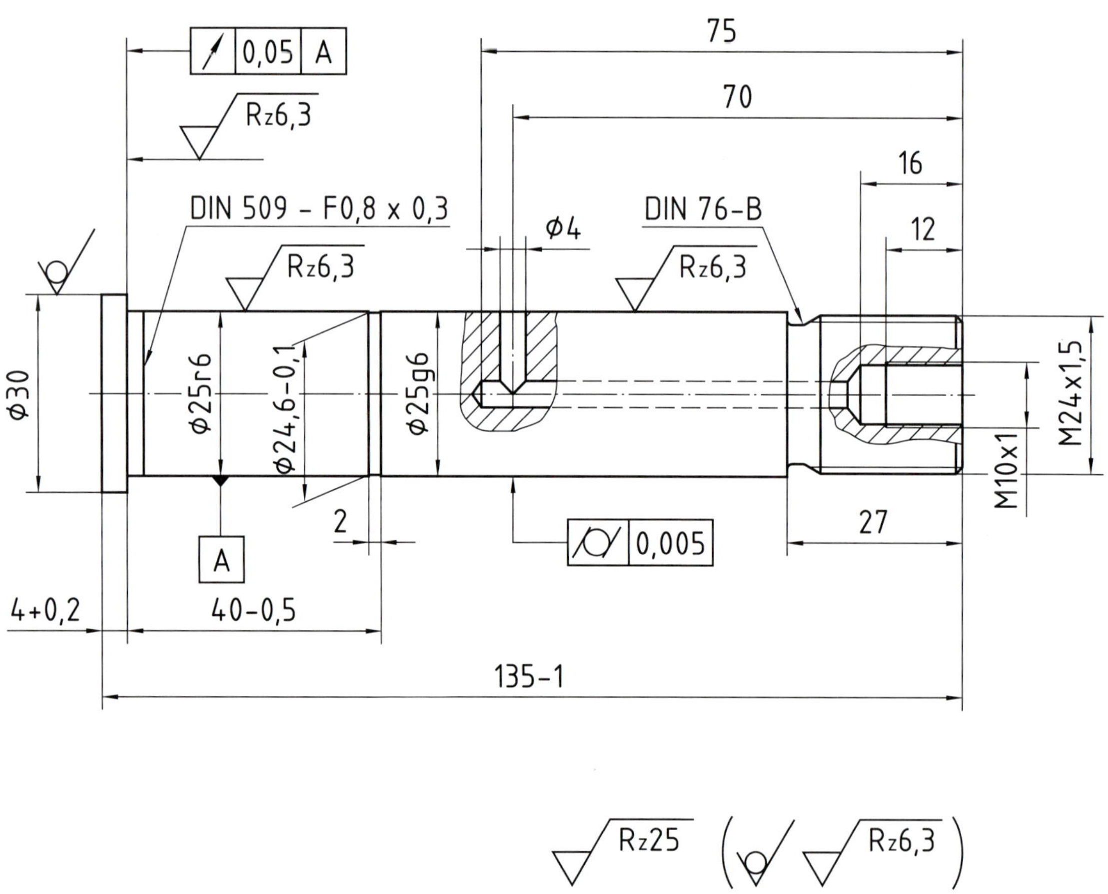

Abb. 1: Bolzen

Freistiche können vereinfacht oder ausführlich dargestellt werden. Bei der vereinfachten Darstellung wird die Stelle, an der der Freistich eingedreht werden soll, mit einer breiten Volllinie gekennzeichnet (Abb. 2). Der Abstand der Volllinie zum Absatz soll ungefähr der Breite des Freistiches entsprechen. Über eine Hinweislinie, die mit einem Pfeil an der Volllinie endet, wird die Normbezeichnung für den Freistich angegeben.

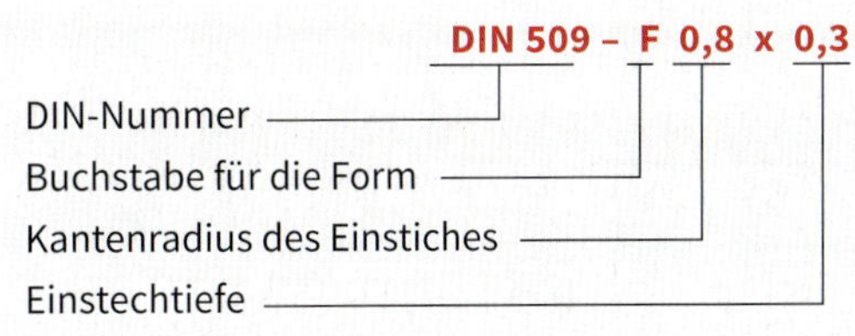

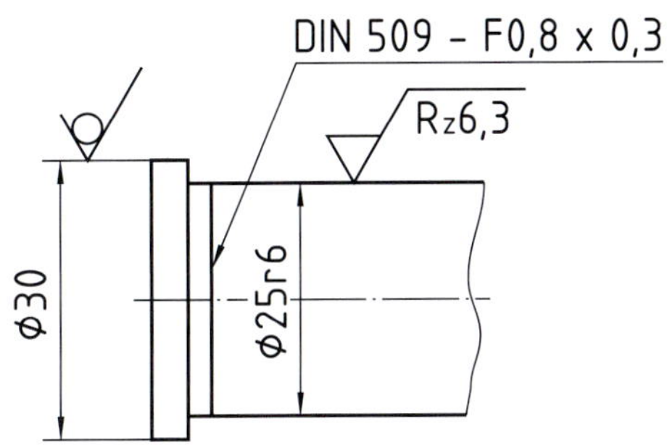

Abb. 2: Vereinfachte Darstellung von Freistichen

Bei der ausführlichen Darstellung wird der Freistich als Einzelheit vergrößert herausgezeichnet und bemaßt (Abb. 3).

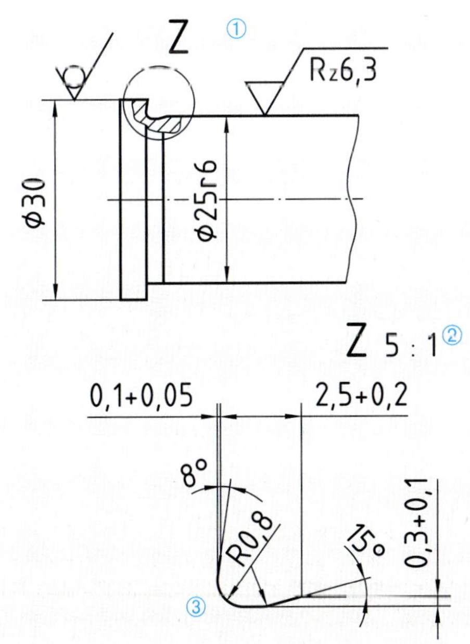

Abb. 3: Ausführliche Darstellung von Freistichen

① Der Freistich ist durch einen Kreis mit schmaler Volllinie und durch einen Großbuchstaben zu kennzeichnen.

② Der vergrößert gezeichnete Freistich ist durch den gleichen Großbuchstaben zu kennzeichnen. Außerdem ist der Maßstab für die Vergrößerung anzugeben.

③ Der Schnitt kann bei der Einzelheit ohne Schraffur gezeichnet werden.

Der ausführlichen Darstellung kann man alle Maße für die Fertigung entnehmen. Sie müssen nicht extra aus Tabellen herausgesucht werden.

Gewindefreistiche

Der Übergang vom Gewinde M24x1,5 zum Absatz des Bolzens ist mit einem Gewindefreistich versehen. Gewindefreistiche ermöglichen bei der Gewindeherstellung auf der Maschine den Auslauf des Drehmeißels.

Freistiche für Außen- und Innengewinde sind nach **DIN 76** genormt (→). Die Größe von Gewindefreistichen richtet sich nach dem Nenndurchmesser und der Gewindesteigung.

In Einzelteilzeichnungen können Gewindefreistiche ausführlich dargestellt und bemaßt werden (Abb. 4).

④ Der Gewindefreistich wird in seiner ungefähren Form in die Teilzeichnung eingezeichnet.

⑤ Die genaue Form wird als Einzelheit vergrößert herausgezeichnet und vollständig bemaßt.

⑥ Die Angabe der Gewindelänge schließt die Breite des Gewindefreistiches mit ein.

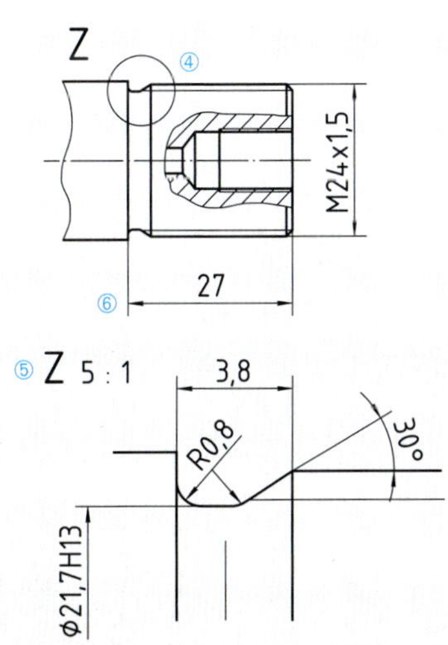

Abb. 4: Gewindefreistich als Einzelheit dargestellt

Aus der vollständigen Bemaßung des Gewindefreistiches können alle für die Fertigung erforderlichen Maße entnommen werden.

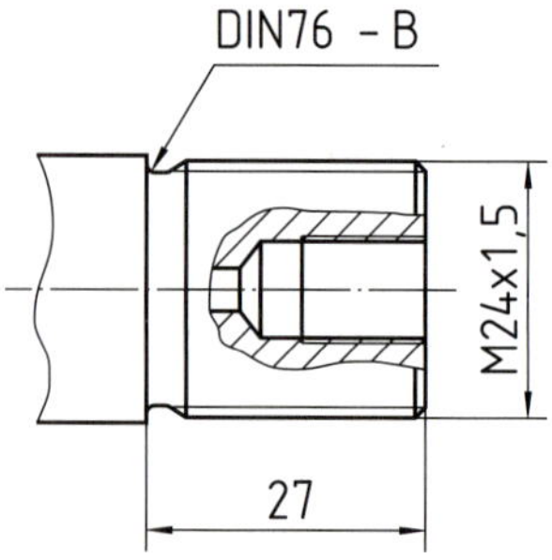

Gewindefreistiche können vereinfacht mit der Normkurzbezeichnung gekennzeichnet werden. Bei der vereinfachten Kennzeichnung wird die Normbezeichnung mit einem Hinweispfeil angegeben (Abb. 1).

Abb. 1: Vereinfachte Kennzeichnung von Gewindefreistichen

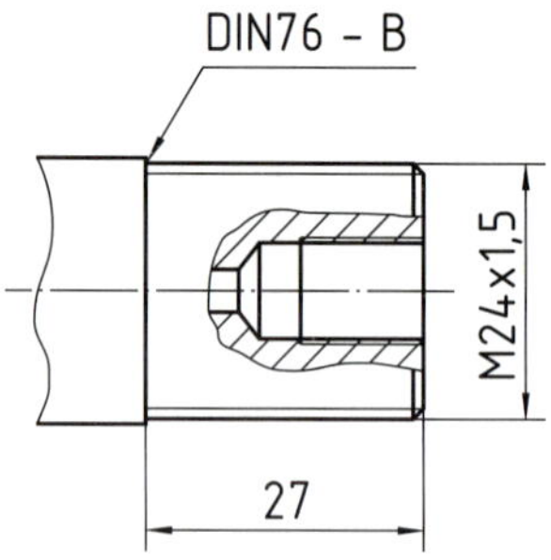

Die Bemaßung des Gewindefreistiches entfällt.

Bei der vereinfachten Darstellung wird auch der Gewindefreistich nicht dargestellt. Es wird nur die Normkurzbezeichnung angegeben (Abb. 2).

Abb. 2: Vereinfachte Darstellung von Gewindefreistichen

Zentrierbohrungen

Drehteile, die aus fertigungstechnischen Gründen mit Zentrierspitzen gespannt werden müssen, erhalten Zentrierbohrungen.

Zeichnungsangaben von Zentrierbohrungen können erfolgen als (➡📖):

- *ausführliche Darstellung* nach **DIN 332** oder
- *vereinfachte Darstellung* nach **DIN ISO 6411.**

Bei der *ausführlichen Darstellung* wird die Zentrierbohrung im Teilschnitt oder vergrößert als Einzelheit gezeichnet und vollständig bemaßt (Abb. 3).

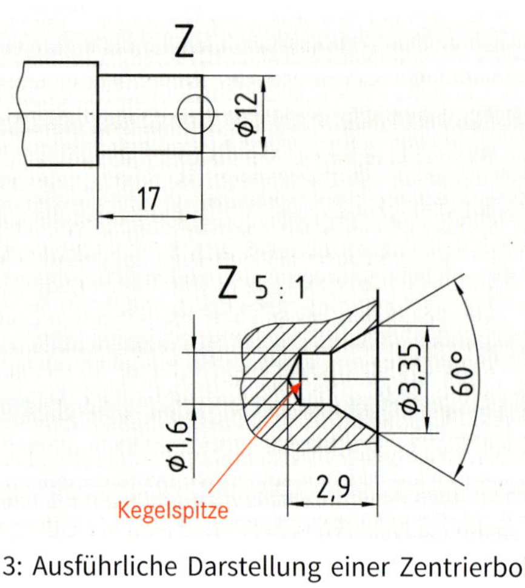

Abb. 3: Ausführliche Darstellung einer Zentrierbohrung

In der Regel reicht die vereinfachte Darstellung von Zentrierbohrungen aus, da Zentrierbohrungen mit genormten Zentrierbohrern hergestellt werden.

Bei der *vereinfachten Darstellung* wird eine Zentrierbohrung durch ein Symbol mit der Normbezeichnung gekennzeichnet. Das Symbol legt fest, ob die Zentrierbohrung am fertigen Teil verbleiben darf oder nicht (Abb. 4).

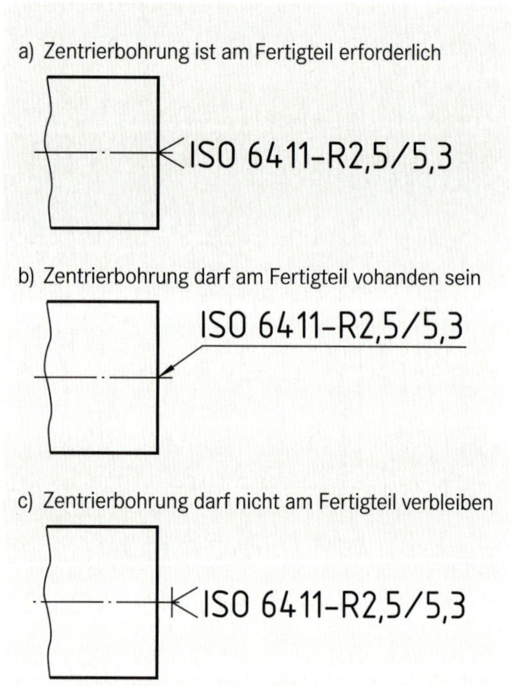

Abb. 4: Zeichnungsangaben bei vereinfachter Darstellung

An das Symbol wird die Normbezeichnung angetragen. Aus der Normbezeichnung können die Form und die Durchmesser der Zentrierbohrung entnommen werden.

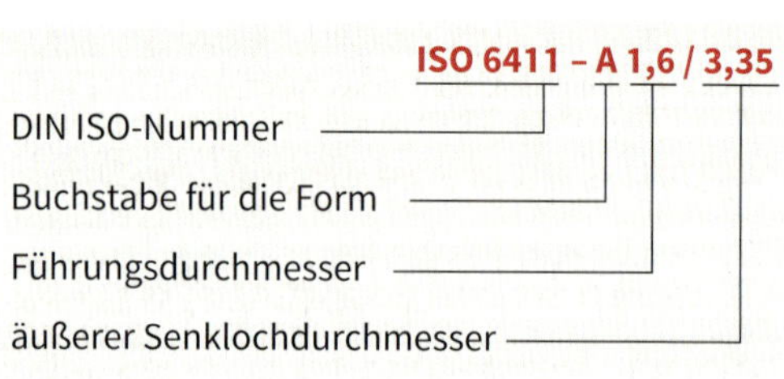

Um die Zentrierbohrung auf der Drehmaschine fertigen zu können, muss die Bohrungstiefe aus Tabellen bestimmt werden. Die Bohrungstiefe schließt die Länge der Kegelspitze mit ein (Abb. 3). Die Bohrungstiefe bestimmt den äußeren Senklochdurchmesser der Zentrierbohrung.

Nuten für Sicherungsringe

Maschinenteile wie Wälzlager und Zahnräder werden auf Wellen häufig durch Sicherungsringe gegen axiales Verschieben gesichert. Die Größe des Sicherungsringes richtet sich nach der Größe des Wellendurchmessers.

Die Aufnahme des Sicherungsringes erfolgt durch eine umlaufende Nut. Die Maße und Toleranzen für den Durchmesser und die Breite der Nut sind nach **DIN 471** genormt (→).

Nuten für Sicherungsringe werden in einer Ansicht dargestellt und bemaßt (Abb. 5).

① Bei Nuten für Sicherungsringe werden die Nutbreite und der Nutdurchmesser bemaßt und durch eine Toleranzangabe mit Toleranzklasse toleriert.

② Dabei kann der Nutdurchmesser vereinfacht hinter der Nutbreite angegeben werden.

③ Das Lagemaß der Nut ist funktionsbedingt von der Anlagefläche des zu sichernden Bauteils aus zu bemaßen und mit einer Plustoleranz zu versehen.

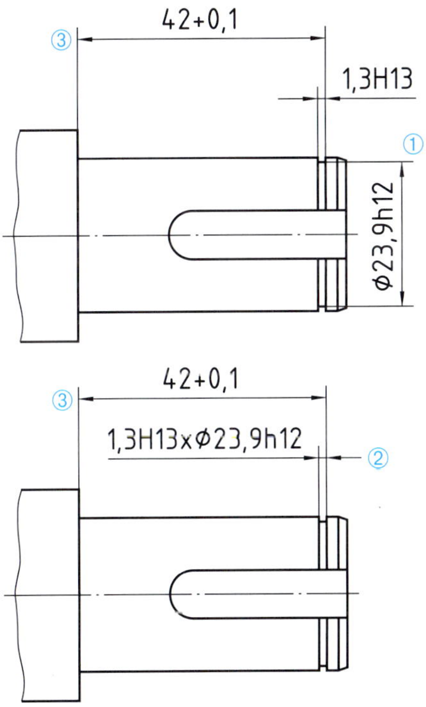

Abb. 5: Bemaßung von Nuten für Sicherungsringe

Nuten für Passfedern und Keile

Zum Übertragen von Drehmomenten zwischen Wellen und Zahnrädern werden Passfedern oder Keile eingesetzt. Dazu erhalten die Welle und die Nabe eine Nut, um die Passfeder oder den Keil aufzunehmen.

Die Maße und Toleranzen für die Breite und die Tiefe der Nuten sind genormt und vom Wellendurchmesser abhängig. Maße und Toleranzen für Passfedern und deren Nuten sind nach **DIN 6885** genormt (→).

In technischen Zeichnungen werden bei Wellennuten Länge, Breite und Tiefe bemaßt (Abb. 6).

④ Die Nutlänge wird als Gesamtlänge mit einer Plus-Toleranz angegeben.

⑤ Die Nutbreite und Nuttiefe werden in der Regel in einer zusätzlichen Schnittdarstellung angegeben. Die Breite wird durch eine Toleranzangabe mit Toleranzklasse, z. B. P9, toleriert.

⑥ Bei einer geschlossenen Wellennut wird die Nuttiefe bemaßt und mit einer Plus-Toleranz versehen.

⑦ Bei einer offenen Wellennut wird der Abstand vom Nutgrund bis zum gegenüberliegenden Wellendurchmesser bemaßt und mit einer Minus-Toleranz versehen.

⑧ Bei Nuten, die nur mit der Draufsicht dargestellt sind, wird die Nuttiefe vereinfacht mit einer Hinweislinie und dem Buchstaben h angegeben.

⑨ Bei der Darstellung nur mit der Draufsicht können Nutbreite und Nuttiefe auch vereinfacht zusammen angegeben werden.

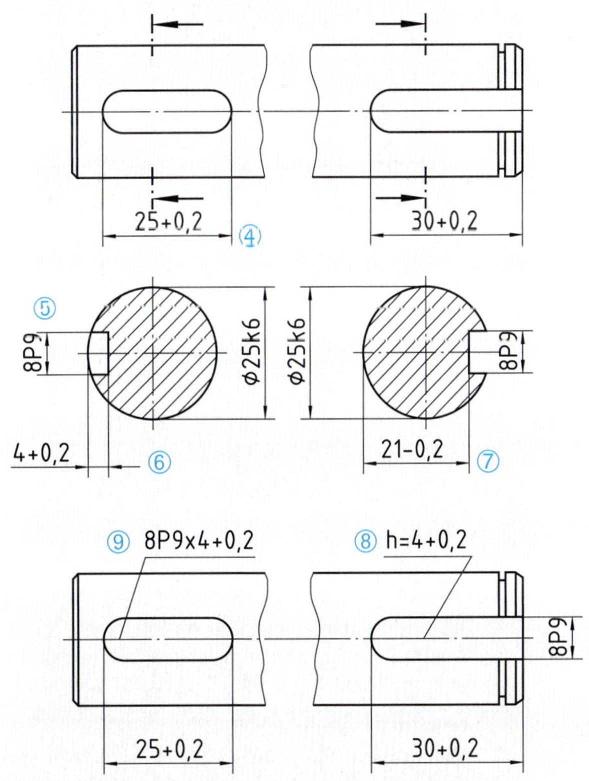

Abb. 6: Darstellung und Bemaßung von Wellennuten

2.3.1.2 Geometrische Tolerierung

Um die Funktion eines Werkstückes sicherzustellen, kann es notwendig sein,

- die Bearbeitungsformen von Werkstücken (z. B. die Zylinderform) oder
- die Lage von Bearbeitungsformen eines Werkstückes zueinander (z. B. die Parallelität zweier Flächen)

zu tolerieren.

Die Planfläche des Absatzes am Bolzen (Pos. 2) aus der Klemmvorrichtung ist mit einer Lagetoleranz versehen. Dadurch soll erreicht werden, dass die Planfläche bündig in der Senkung der Grundplatte (Pos. 1) anliegt.

Dieses ist notwendig, damit die Axialkräfte, die auf den Sägetisch wirken, von der Planfläche des Bolzens über die aufgeschraubte Stellmutter (Pos. 12) auf die Klemmbacken (Pos. 3 und 4) übertragen werden (Abb. 1).

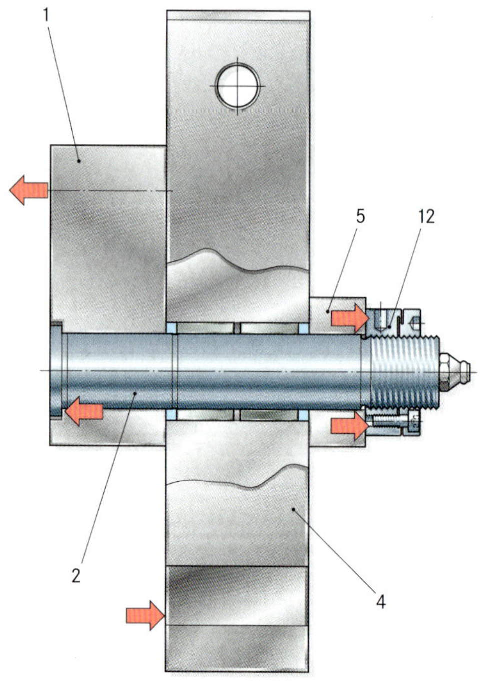

Abb. 1: Kraftübertragung in der Klemmvorrichtung

Am Bolzen ist für die Breite des Absatzes eine Maßtoleranz von 0,2 mm einzuhalten. Allein durch die Maßtoleranz ist nicht sichergestellt, dass die Planfläche bündig anliegt. Darum ist zusätzlich eine geometrische Tolerierung vorgeschrieben.

Maßtoleranzen und geometrische Tolerierungen müssen unabhängig voneinander eingehalten werden.

Zeichnungseintragung

Die Symbole für geometrische Tolerierungen sind nach **DIN EN ISO 1101** genormt (→). Man unterscheidet Form-, Richtungs-, Orts- und Lauftoleranzen.

Formtoleranzen legen die zulässige Abweichung eines Formelementes von seiner geometrisch idealen Form fest.

Formtoleranzen werden durch zweiteilige Toleranzrahmen gekennzeichnet. Im ersten Feld ist das Symbol für die tolerierte Eigenschaft angegeben, im zweiten Feld der Toleranzwert in Millimetern (Abb. 2). Eine Bezugslinie mit Bezugspfeil ordnet den Toleranzrahmen dem tolerierten Formelement zu.

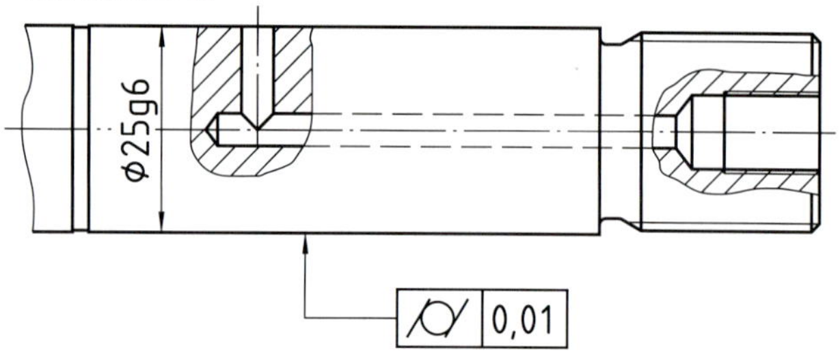

Abb. 2: Angabe von Formtoleranzen

Richtungs-, Orts- und Lauftoleranzen legen die zulässigen Abweichungen zweier oder mehrerer Formelemente von ihrer geometrisch idealen Lage zueinander fest.

Bei *Richtungs-, Orts- und Lauftoleranzen* wird ein Element des Werkstückes als Bezug festgelegt, auf den sich die Lage des tolerierten Elementes bezieht. Der Bezug wird mit Buchstaben gekennzeichnet. Der Bezugsbuchstabe steht in einem Bezugsrahmen, der mit einem Bezugsdreieck verbunden ist. Der Bezugsbuchstabe wird im Toleranzrahmen wiederholt (Abb. 3). Zur Kennzeichnung von Richtungs-, Orts- und Lauftoleranzen werden im Allgemeinen dreiteilige Toleranzrahmen verwendet.

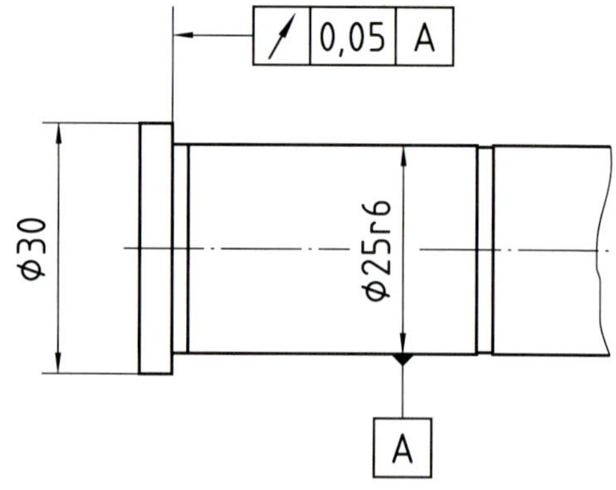

Abb. 3: Angabe einer Lauftoleranz mit Bezugsbuchstaben

Toleranzzonen

Die *Toleranzzone* ist der Bereich, in dem das tolerierte Element eines Werkstückes liegen muss.

Die Lage der Toleranzzone ergibt sich aus der Zuordnung des Toleranzrahmens (Tab. 1).

Die Art der Toleranzzone ist abhängig von der tolerierten Eigenschaft (Abb. 4).

Steht vor dem Toleranzwert ein Durchmesserzeichen, ergibt sich eine kreis- oder zylinderförmige Toleranzzone.

Bezug und Bezugselement

Je nach Anordnung des Bezugszeichens in der Einzelteilzeichnung ergeben sich unterschiedliche Bezüge (Tab. 1, nächste Seite). Der Bezug ist ein theoretisch genaues Element.

Die Lage eines Bezuges wird durch ein am Werkstück vorhandenes Element, das Bezugselement, bestimmt. So ergibt sich z. B. die Achse eines Zylinders als festgelegter Bezug aus der zugehörigen Zylindermantelfläche. Die Zylindermantelfläche bildet das Bezugselement.

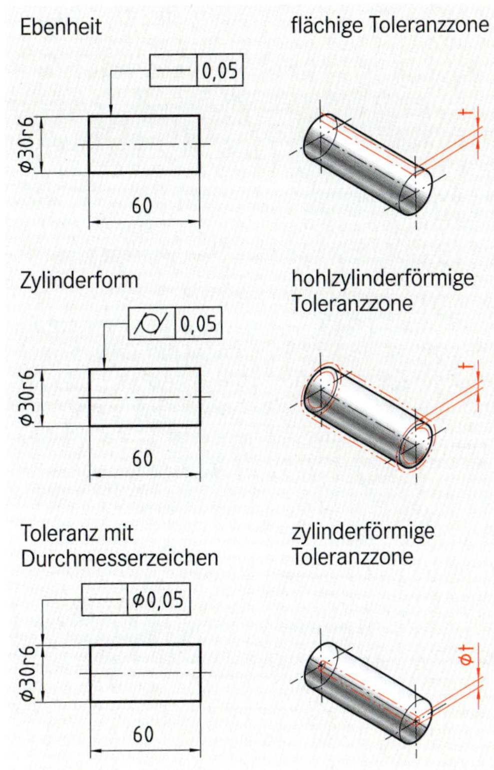

Abb. 4: Arten von Toleranzzonen

Tab. 1: Anordnung von Toleranzrahmen

1 Toleranzrahmen einer Fläche zugeordnet	**2** Toleranzrahmen einem Maß zugeordnet
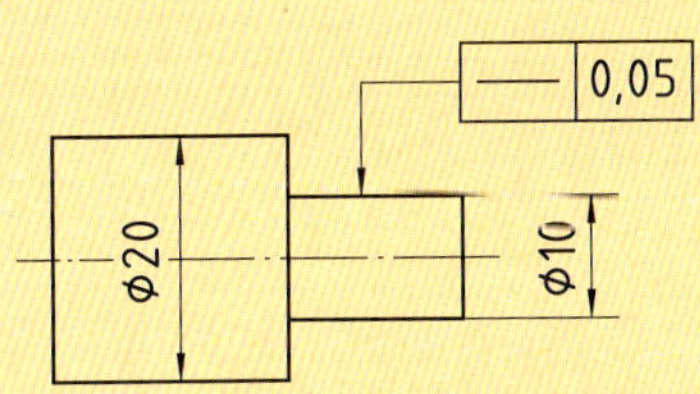 Die Geradheitstoleranz gilt für die gekennzeichnete Fläche.	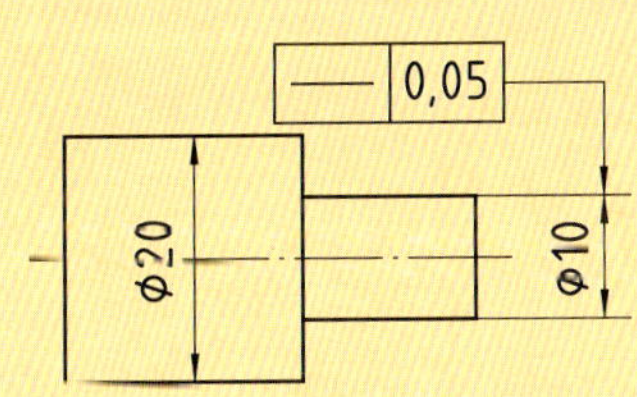 Die Geradheitstoleranz gilt für die Achse des bemaßten Elementes.
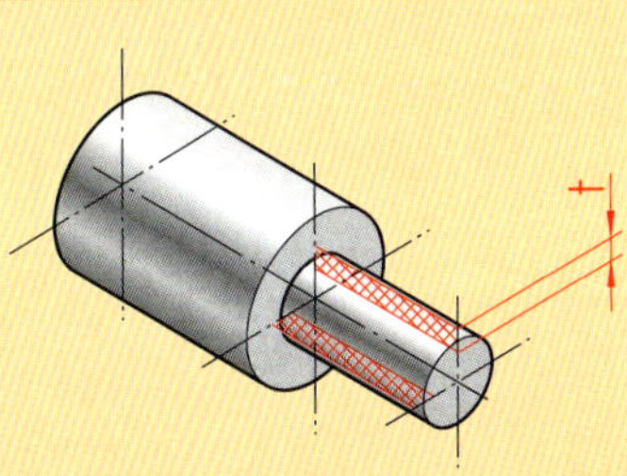 Jede beliebige Mantellinie der gekennzeichneten Zylindermantelfläche muss zwischen zwei parallelen Geraden vom Abstand $t = 0,05$ mm liegen	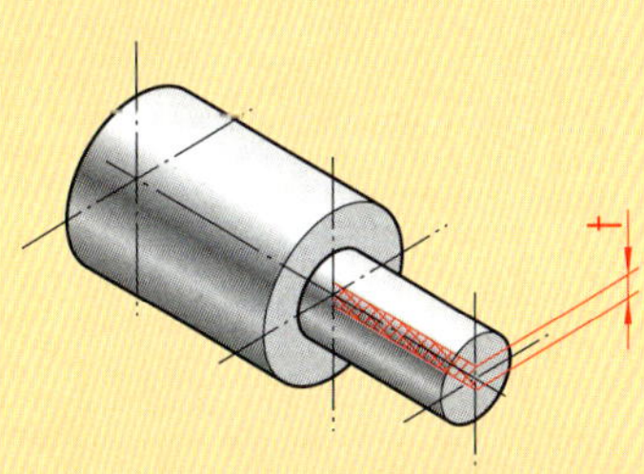 Die Achse des gekennzeichneten Zylindermanteldurchmessers muss in jeder beliebigen Lage zwischen zwei parallelen Geraden im Abstand $t = 0,05$ mm liegen.

Für Richtungs-, Orts- und Lauftoleranzen können zwei oder mehrere Bezüge festgelegt sein. Jeder Bezug ist dann mit einem eigenen Bezugsbuchstaben gekennzeichnet (Abb. 1 und 2).

Bilden zwei Bezüge einen *gemeinsamen* Bezug für ein toleriertes Element, werden die beiden Bezugsbuchstaben im Toleranzrahmen durch einen waagerechten Strich getrennt angegeben (Abb. 1). Beim Prüfen ist von beiden Bezugselementen gemeinsam auszugehen.

Gelten zwei Bezüge für ein toleriertes Element unabhängig voneinander, stehen die Bezugsbuchstaben in getrennten Kästchen (Abb. 2). Die Reihenfolge gibt dabei die Rangordnung an. Beim Prüfen sind die Bezugselemente in der Reihenfolge der Bezugsangabe auszurichten.

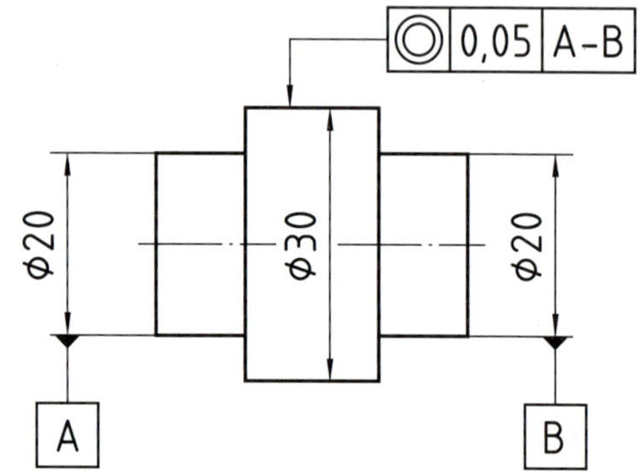

Abb. 1: Gemeinsamer Bezug einer Ortstoleranz

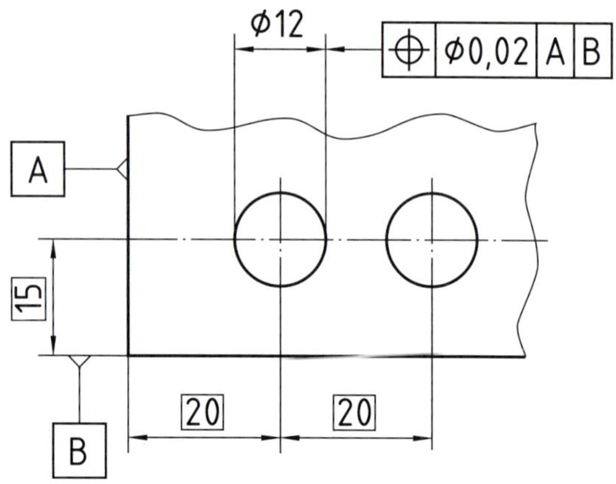

Abb. 2: Zwei unabhängige Bezüge einer Ortstoleranz

Theoretisch genaue Maße

Theoretisch genaue Maße treten bei der Anwendung von Positions-, Profilform- oder Neigungstoleranzen auf. Theoretisch genaue Maße werden in technischen Zeichnungen mit einem rechteckigen Rahmen versehen (Abb. 2). Sie geben die geometrisch ideale Form oder Lage von Formelementen an. Die Maße dürfen nicht toleriert werden.

! Durch die Anwendung von theoretisch genauen Maßen im Zusammenhang mit Positionstoleranzen addieren sich keine Maßtoleranzen.

Tab. 1: Anordnung von Bezugszeichen

1 Bezugszeichen einer Fläche zugeordnet	**2** Bezugszeichen einem Maß zugeordnet
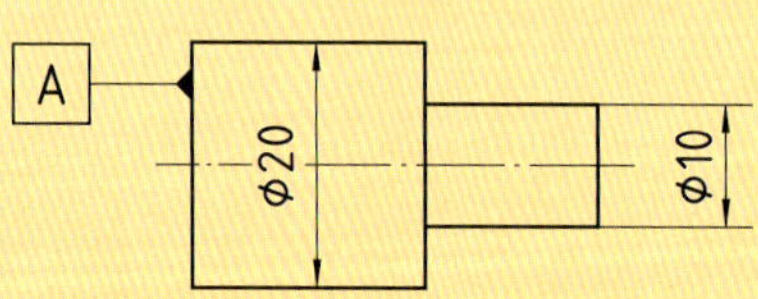 Der Bezug ist die gekennzeichnete Fläche.	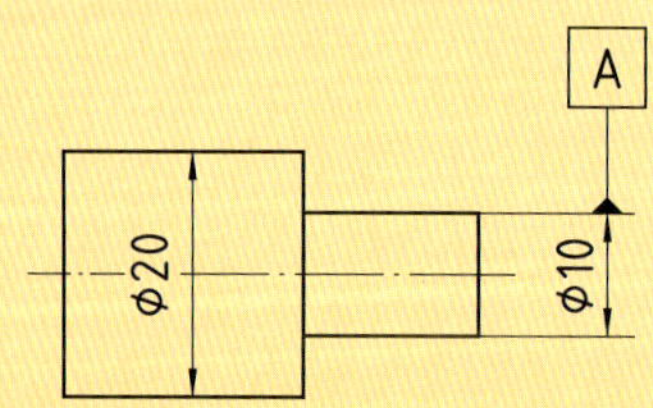 Der Bezug ist die Achse des gekennzeichneten Formelementes.
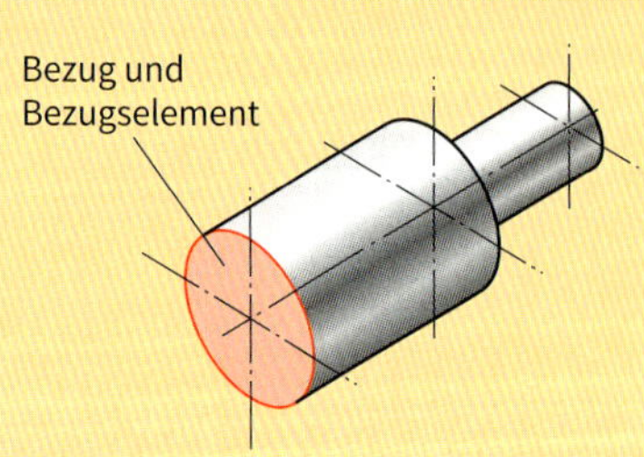 Das Bezugselement ist die tatsächliche Planfläche des Werkstückes.	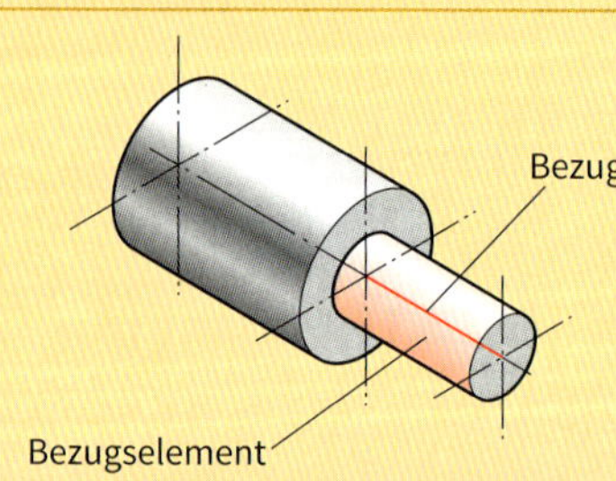 Das Bezugselement ist die Mantelfläche des Zylinders Ø10 mm.

2.3.2 Drehmaschinen

2.3.2.1 Universaldrehmaschinen

Um Drehmaschinen richtig handhaben und bedienen zu können, muss man deren Aufbau und Funktionsweise kennen (Abb. 3).

Baueinheiten

Ein *Elektromotor* liefert die Antriebsenergie für die Drehmaschine. Er kann in Rechts- oder Linkslauf geschaltet werden.

Das *Hauptgetriebe* überträgt die Antriebsenergie des Motors auf die Arbeitsspindel. Die Spindel nimmt das Spannfutter zum Spannen der Drehteile auf und leitet die Schnittbewegung auf das Werkstück. Mit dem *Vorschubgetriebe* wird die Vorschubbewegung eingestellt. Die Bewegung wird über Zugspindel oder Leitspindel auf den Werkzeugschlitten übertragen. Der Werkzeugschlitten kann auch von Hand verfahren werden. Die Leitspindel wird nur für das Drehen von Gewinden verwendet.

Das Haupt- und Vorschubgetriebe sind im *Maschinenbett* integriert. Das Bett trägt außerdem den Werkzeugschlitten und den Reitstock.

Der *Werkzeugschlitten* wird auf den Führungsbahnen des Drehmaschinenbettes geführt. Die Genauigkeit der Führungsbahnen beeinflusst die Arbeitsgenauigkeit der Drehmaschine beim Längsdrehen. Der Planschlitten dient zum Plandrehen. Er kann über die Zugspindel angetrieben oder von Hand bewegt werden. Der Oberschlitten nimmt den Werkzeughalter mit den Drehwerkzeugen auf. Er wird über eine Gewindespindel von Hand bewegt und kann um 360° geschwenkt werden. Mit ihm können kurze Kegel gedreht werden.

Der *Reitstock* dient zum Abstützen langer schlanker Drehteile. Außerdem kann die Reitstockpinole Werkzeuge zum Bohren, Reiben oder Gewindeschneiden aufnehmen. Die Vorschubbewegung für die Werkzeuge wird von Hand über die Pinole ausgeführt. Der Reitstock lässt sich auf dem Drehmaschinenbett verschieben und festklemmen.

Eine *Einrichtung für Kühlschmierstoffe* kühlt die Drehwerkzeuge. Die Kühlmittelpumpe fördert den Kühlschmierstoff über einen Kühlmittelschlauch zur Drehstelle.

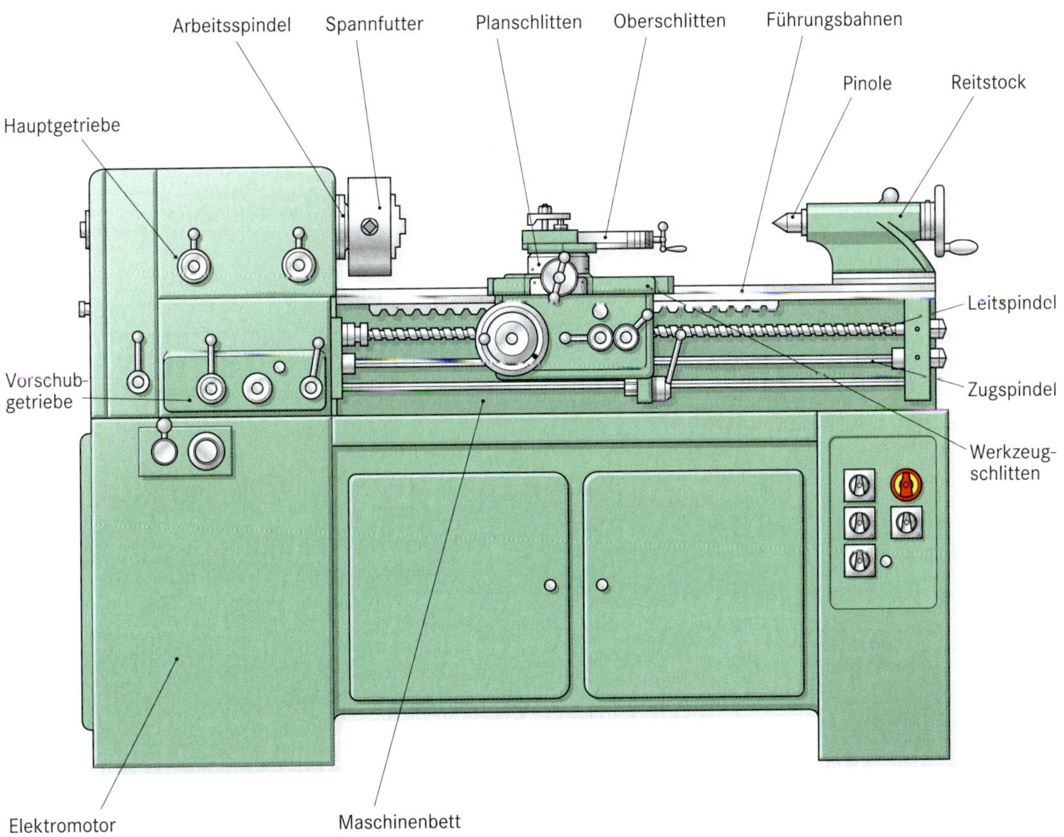

Abb. 3: Universaldrehmaschine

2.3.2.2 Zyklengesteuerte Drehmaschinen

Zyklengesteuerte Drehmaschinen sind ähnlich wie konventionelle Universaldrehmaschinen aufgebaut. Sie unterscheiden sich jedoch in den Baueinheiten und haben eine erweiterte Funktionalität, z. B. Drehzyklen. Die Bedienung kann manuell oder über eine integrierte Steuerung erfolgen (Abb. 1).

Baueinheiten

Als Hauptantrieb dient ein stufenlos regelbarer Elektromotor. Die Antriebsenergie erfolgt vom Hauptantrieb über einen Keilriemen zu einem Getriebe. Über das Getriebe wird die Arbeitsspindel angetrieben.

Der Vorschubantrieb des Werkzeugschlittens in Längsrichtung und des Planschlittens in Querrichtung erfolgt ebenfalls durch stufenlos regelbare Elektromotoren. Mechanische Getriebe sowie Zug- und Leitspindel entfallen.

Die Vorschubantriebe sind mit dem Hauptantrieb synchronisierbar. Dadurch können Vorschübe bezogen auf die Umdrehungsfrequenz der Arbeitsspindel (Vorschub je Umdrehung) realisiert werden. Das Verfahren von Werkzeug- und Planschlitten kann auch manuell über Handräder erfolgen. Die Bewegungen der Handräder werden dabei in elektrische Signale umgewandelt, welche die Vorschubmotoren steuern. Die Handräder sind nicht mechanisch mit den Vorschubspindeln verbunden.

Werkzeugschlitten und Reitstock werden auf den Führungsbahnen des Drehmaschinenbettes geführt. In den Maschinenkörper sind Hauptantrieb, Kühlmitteleinrichtung, Zentralschmierung sowie der Schaltschrank für die Steuerung integriert.

Die *Steuerung* steuert und regelt die Haupt- und Vorschubantriebe. Über die Bedienoberfläche des Bedienfeldes werden die notwendigen Bearbeitungsdaten eingegeben. Die integrierte Zyklenautomatik stellt dabei gängige Bearbeitungszyklen zur Verfügung. Dies sind z. B. Zyklen für das Gewindeschneiden, das Drehen von Freistichen oder das Abstechdrehen.

Eine *Schiebetür* schirmt den Arbeitsraum im Bereich des Drehfutters ab. Die Stellung der Schiebetür wird dabei durch einen Endschalter elektrisch überwacht.

2.3.3 Spannmittel

Spannmittel müssen die Werkstücke sicher und fest spannen. Sie müssen das Drehmoment auf das Werkstück übertragen und die Zerspankraft ohne Lageänderung des Werkstückes aufnehmen. Die Spannkraft sollte dabei so bemessen sein, dass keine unzulässige Beschädigung oder Verformung des Werkstückes auftritt.

Die Auswahl von Spannmitteln richtet sich im Allgemeinen nach der Form, der Größe und der Oberflächenbeschaffenheit des Werkstückes sowie nach der verlangten Genauigkeit.

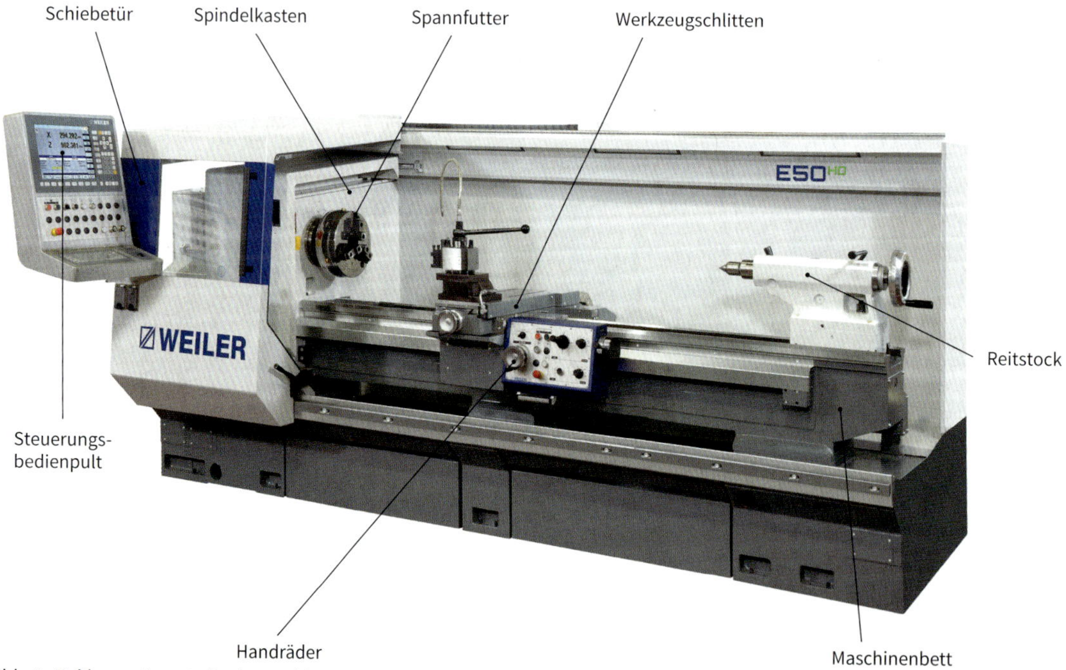

Abb. 1: Zyklengesteuerte Drehmaschine

Handspannfutter

Spannfutter gibt es als Zwei-, Drei- oder Vierbackenfutter. Am häufigsten werden Dreibackenfutter verwendet. Mit ihnen werden runde oder auch 6-kantige Werkstücke gespannt.

Die Backen werden mit einem Steckschlüssel über ein Plangewinde oder über ein Keilstangengetriebe verstellt (Abb. 2). Spannfutter mit Keilstangengetriebe haben eine höhere Spanngenauigkeit und ermöglichen größere Spannkräfte.

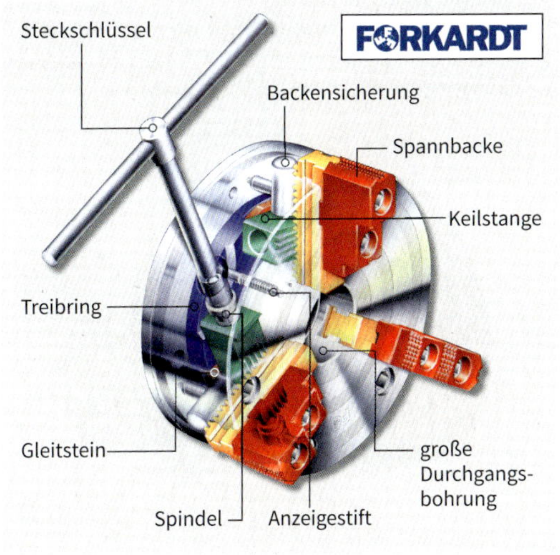

Abb. 2: Spannfutter mit Keilstangengetriebe

In Normalausführung haben Spannfutter umkehrbare, harte Stufenbacken. Aus Sicherheitsgründen dürfen die Spannbacken nichtweit aus dem Futterkörper herausragen. Zur Erweiterung des Spannbereiches können die außengestuften Spannbacken gegen innengestufte Spannbacken ausgetauscht werden (Abb. 3).

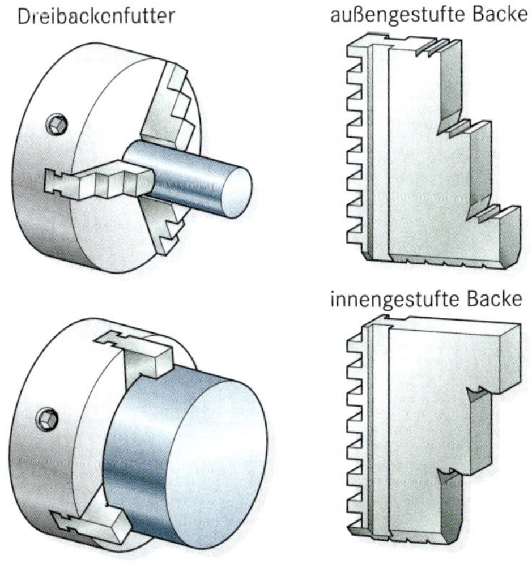

Abb. 3: Spannen im Dreibackenfutter

Tab. 1: Eigenschaften von Spannbacken

harte Backen	weiche Backen
sind verschleißfest und besitzen verzahnte Spannflächen,	sind im Durchmesser und in der Tiefe dem Werkstück angepasst,
eignen sich für große Spannkräfte,	haben eine hohe Spanngenauigkeit,
beschädigen die Werkstückoberfläche	beschädigen nicht die Werkstückoberfläche

Spannfutter müssen regelmäßig gewartet werden. Denn mit zunehmender Einsatzdauer steigt die Reibung im Spannmechanismus an, wodurch die Spannkraft sinkt.

Zentrierspitze und Stirnseitenmitnehmer

Zentrierspitzen verwendet man zum Spannen von Werkstücken zwischen der Arbeitsspindel und dem Reitstock, wenn eine hohe Rundlaufgenauigkeit erforderlich ist. Zum Spannen müssen die Werkstücke entsprechende Zentrierbohrungen besitzen.
Zentrierspitzen haben einen Spitzenwinkel von 60°. Zur Aufnahme in der Arbeitsspindel oder in der Reitstockpinole haben die Zentrierspitzen einen genormten Kegelschaft. Gebräuchliche Zentrierspitzen sind feste und mitlaufende Zentrierspitzen sowie Zentrierspitzen mit Stirnseitenmitnehmer (Abb. 4).

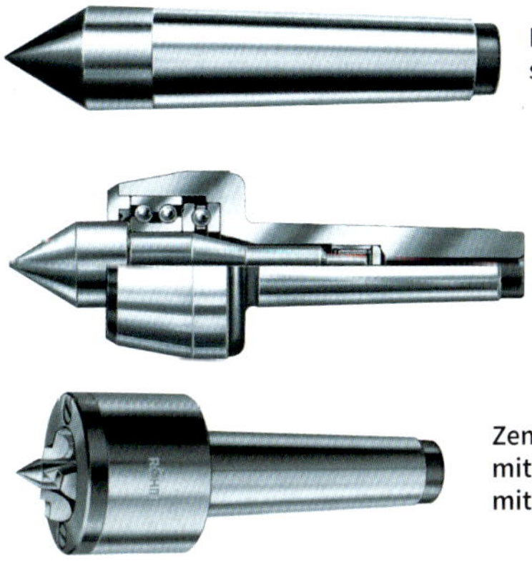

Abb. 4: Zentrierspitzen

Zentrierspitzen mit Stirnseitenmitnehmer werden in die Arbeitsspindel eingesetzt. Sie übertragen beim Spannen zwischen Spitzen das Drehmoment von der Arbeitsspindel auf das Werkstück. Die gehärteten, keilförmigen Mitnehmer werden beim Spannen in die Planfläche des Werkstückes gedrückt. Bei kleinen Drehzahlen werden meist feste Zentrierspitzen in die Reitstockpinole eingesetzt. Dabei muss die Zentrierbohrung vor dem Spannen mit Schmiermittel gefüllt werden. Bei höheren Drehzahlen verwendet man meist *mitlaufende Zentrierspitzen.*

Spannzange

Mit Spannzangen werden maßhaltige Werkstücke gespannt. Die Zangen umschließen fast das gesamte Werkstück, dadurch ergeben sich hohe Rundlaufgenauigkeiten und die Werkstückoberfläche wird nicht beschädigt.

Spannzangen haben einen eng begrenzten Spannbereich. Handelsübliche Spannzangen sind jeweils um 0,5 mm abgestuft. Deshalb ist für jeden Durchmesser eine besondere Spannzange erforderlich. Nach der Bauart unterscheidet man zwischen Zug-Spannzangen und Druck-Spannzangen.

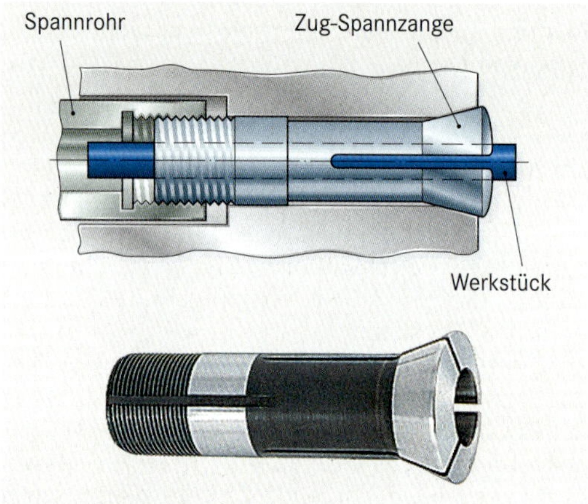

Abb. 1: Zug-Spannzange

Zug-Spannzangen werden im Innenkegel der Arbeitsspindel aufgenommen und über ein Spannrohr mit einem Spannhebel gespannt (Abb. 1). Für Druck-Spannzangen sind besondere Zangenfutter erforderlich.

Spanndorn

Werkstücke mit Bohrungen werden mit Spanndornen gespannt, wenn eine hohe Rundlaufgenauigkeit zwischen Bohrung und Außenfläche erreicht werden soll (Abb. 2). Dazu wird das Werkstück mit der fertig bearbeiteten Bohrung auf der Spannhülse aufgenommen. Zum Spannen unterschiedlicher Bohrungsdurchmesser können die Spannhülsen ausgewechselt werden.

Abb. 2: Handbetätigter Spanndorn

Grundlagen

Kräfte beim Drehen

Der Werkstoff setzt dem Eindringen des Werkzeuges bei der Spanabnahme einen Widerstand entgegen. Er entspricht der Zerspankraft F.

Die *Zerspankraft* lässt sich in die Schnittkraft F_c, die Vorschubkraft F_f und die Passivkraft F_p zerlegen. Die Teilkräfte wirken entgegengesetzt der jeweiligen Arbeitsbewegung.

Die *Schnittkraft* F_c ist die größte Teilkraft. Sie bestimmt das Drehmoment, das vom Spannfutter auf das Werkstück übertragen werden muss.

Die Größe der Schnittkraft hängt von der spezifischen Schnittkaft k_c in N/mm² und dem Spanungsquerschnitt $A = a_p \cdot f$ in mm² ab.

$$F_c = A \cdot k_c \cdot K$$

Die spezifische Schnittkraft wird in Versuchen ermittelt und kann Tabellen entnommen werden (➔📖). Einfluss auf die spezifische Schnittkraft haben neben dem Werkstoff auch die Spanungsdicke h, die Schneidengeometrie sowie die Schnittgeschwindigkeit v_c. Die Änderung der Schnittkraft mit der Schnittgeschwindigkeit wird durch den Korrekturfaktor K berücksichtigt.

Aus der Schnittkraft F_c und der Schnittgeschwindigkeit v_c ergibt sich die für die Zerspanung erforderliche Schnittleistung P, die vom Hauptantrieb der Drehmaschine aufgebracht werden muss.

$$P = F_c \cdot v_c$$

Die *Vorschubkraft* F_f ist wesentlich kleiner als die Schnittkraft F_c und kann bei der Wahl des Spannmittels vernachlässigt werden.

Beim Drehen langer schlanker Werkstücke kann die *Passivkraft* F_p in Verbindung mit der Schnittkraft zum Durchbiegen des Werkstückes und damit zu Toleranzüberschreitungen führen.

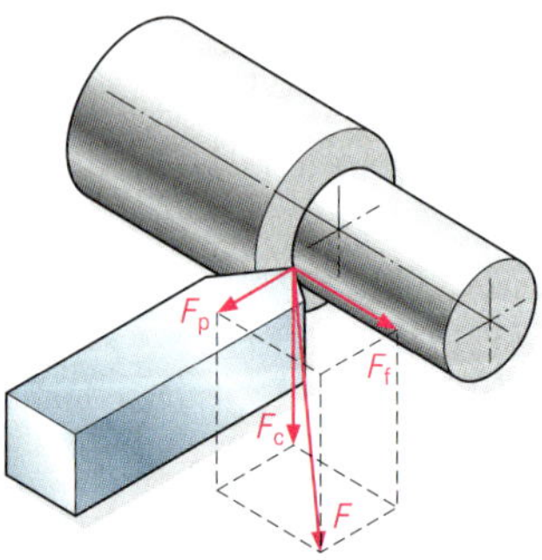

Setzstock

Beim Bearbeiten langer schlanker Werkstücke besteht die Gefahr, dass diese sich durchbiegen. Um das zu verhindern, werden die Werkstücke durch Setzstöcke (Lünetten) abgestützt (Abb. 3). Man unterscheidet zwischen feststehenden und mitlaufenden Setzstöcken.

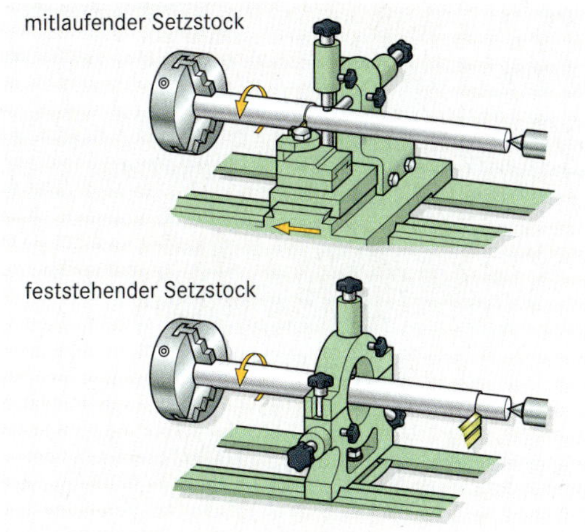

Abb. 3: Setzstock

Der *mitlaufende Setzstock* wird auf den Werkzeugschlitten der Drehmaschine befestigt. Das Abstützen sollte dabei dicht hinter dem Drehmeißel auf der bereits bearbeiteten Werkstückfläche erfolgen.

Der *feststehende Setzstock* wird auf das Maschinenbett gespannt. Die Gleitfläche am abzustützenden Werkstück sollte glatt sein und rund laufen. Feststehende Setzstöcke werden auch zum Spannen langer Werkstücke beim Plandrehen und bei der Innenbearbeitung eingesetzt.

Beispiel: Schnittkraft und Antriebsleistung

Ein Werkstück aus C60E soll mit einer Schnittgeschwindigkeit v_c von 100 m/min gedreht werden. Der Vorschub f beträgt 0,25 mm und die Schnitttiefe a_p ist 3 mm. Die Spanungsdicke ergibt sich zu $h = 0{,}20$ mm.

Es sind die Schnittkraft F_c und die erforderliche Antriebsleistung P_{ing} der Maschine zu bestimmen, wenn der Wirkungsgrad $\eta = 0{,}7$ beträgt.

Geg.: $h = 0{,}2$ mm; $a_p = 3$ mm; $f = 0{,}25$ mm; $v_c = 100$ m/min; $\eta = 0{,}7$

Ges.: F_c in N; P_{ing} in kW

Lösung:
nach Tabellenbuch $k_c = 2850\ \text{N/mm}^2$, $K = 1$

$$F_c = A \cdot k_c \cdot K = a_p \cdot f \cdot k_c \cdot 1$$

$$F_c = 3\ \text{mm} \cdot 0{,}25\ \text{mm} \cdot 2850\ \text{N/mm}^2 = \underline{\underline{2140\ \text{N}}}$$

$$P = F_c \cdot v_c$$

$$P = \frac{2140\ \text{N} \cdot 100\ \text{m}\ \ 1\ \text{min}}{\text{min}\ \ 60\ \text{s}} = \underline{\underline{3563\ \text{W}}}$$

$$P \approx 3{,}6\ \text{kW}$$

Diese Leistung muss mindestens von der Drehmaschine am Spannfutter abgegeben werden und entspricht der abzugebenden Leistung P_{exi}.

$$P_{ing} = \frac{P_{exi}}{\eta}$$

$$P_{ing} = \frac{3{,}6\ \text{kW}}{0{,}7} = \underline{\underline{5{,}1\ \text{kW}}}$$

Zusammenfassung

Spannmittel	Spannfutter mit Hartbacken	Spannfutter mit Weichbacken	Spannen zwischen Spitzen	Spannzange	Spanndorn
Anwendung	Spannen unbearbeiteter, gewalzter Oberflächen	Spannen maßhaltiger, fertig bearbeiteter Oberflächen	Spannen von Teilen mit kleinen Rundlauftoleranzen, die umgespannt werden müssen	Spannen von gezogenem Stangenmaterial oder von dünnwandigen Teilen	Spannen von Teilen mit kleinen Rundlauftoleranzen zwischen Bohrung und Außenflächen
Spannprinzip	zentrische Bewegung der Spannbacken über Plangewinde oder Keilstangengetriebe, Backen werden in die Werkstückoberfläche gedrückt	zentrische Bewegung der Spannbacken über Plangewinde oder Keilstangengetriebe, Backen sind dem Werkstückdurchmesser angepasst	Werkstückaufnahme über Zentrierbohrungen und Zentrierspitzen, Übertragung des Drehmomentes durch Stirnseitenmitnehmer	gleichmäßige Verteilung der Spannkräfte am Werkstückumfang, kegelförmige, geschlitzte Buchse wird elastisch verformt	Werkstückaufnahme in der bearbeiteten Bohrung, geschlitzte Spannhülse wird elastisch gespreizt
Spanngenauigkeit	0,1 mm	0,02 - 0,03 mm	0,01 mm	0,01 - 0,02 mm	0,01 mm

Fertigen

2.3.4 Drehmeißel

Schneidengeometrie

Drehmeißel bestehen aus Schaft und Schneidteil. Der Schneidteil wird durch den Schneidkeil mit der Haupt- und Nebenschneide gebildet (Abb. 1). Die Hauptschneide weist in Vorschubrichtung. Sie übernimmt die eigentliche Zerspanungsarbeit.

Neben den Werkzeugwinkeln Freiwinkel α, Keilwinkel β und Spanwinkel γ sind die Werkzeug-Lagewinkel der Schneiden zu unterscheiden (Abb. 3):

- *Einstellwinkel* $\varkappa$ (Kappa) ist der Winkel zwischen der Drehachse des Werkstückes und der Hauptschneide des Schneidkeils.
- *Eckenwinkel* ε (Epsilon) ist der Winkel zwischen Hauptschneide und Nebenschneide.

Der Einstellwinkel $\varkappa$ beeinflusst die Form des Spanungsquerschnittes *A* (Abb. 2). Bei kleinem Einstellwinkel ist bei gleicher Schnitttiefe a_p eine längere Schneidkante im Eingriff. Es ergibt sich ein schlanker Span. Durch die lange Schneidkante wird die Schneide weniger belastet und die Wärmeabfuhr verbessert.

Der Eckenwinkel ε beeinflusst die Stabilität des Schneidkeils. Bei großem Eckenwinkel verringert sich die Gefahr des Werkzeugbruchs und die Wärmeabfuhr wird verbessert.

Die Lage der Hauptschneide zur Drehachse beeinflusst die Größe des wirksamen Freiwinkels α und des wirksamen Spanwinkels γ. Es verändern sich dadurch die Zerspanungsbedingungen (Tab. 1).

! Drehmeißel sind so einzustellen, dass die Schneide auf Höhe der Drehachse (Werkstückmitte) liegt.

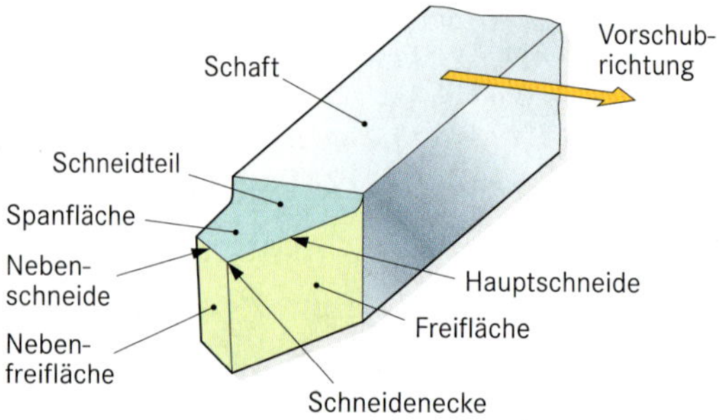

Abb. 1: Flächen und Schneiden am Drehmeißel

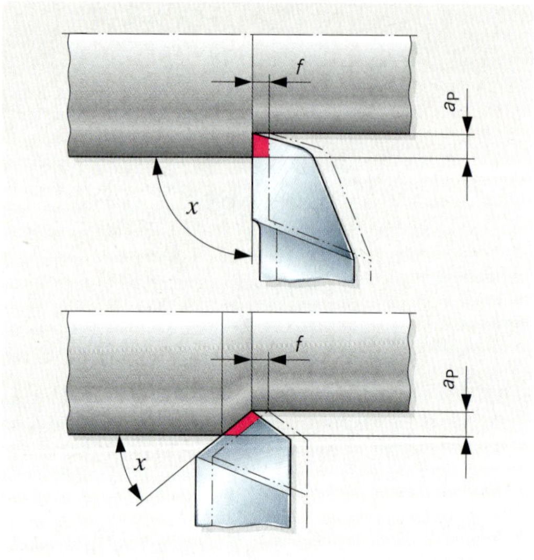

Abb. 2: Auswirkungen des Einstellwinkels

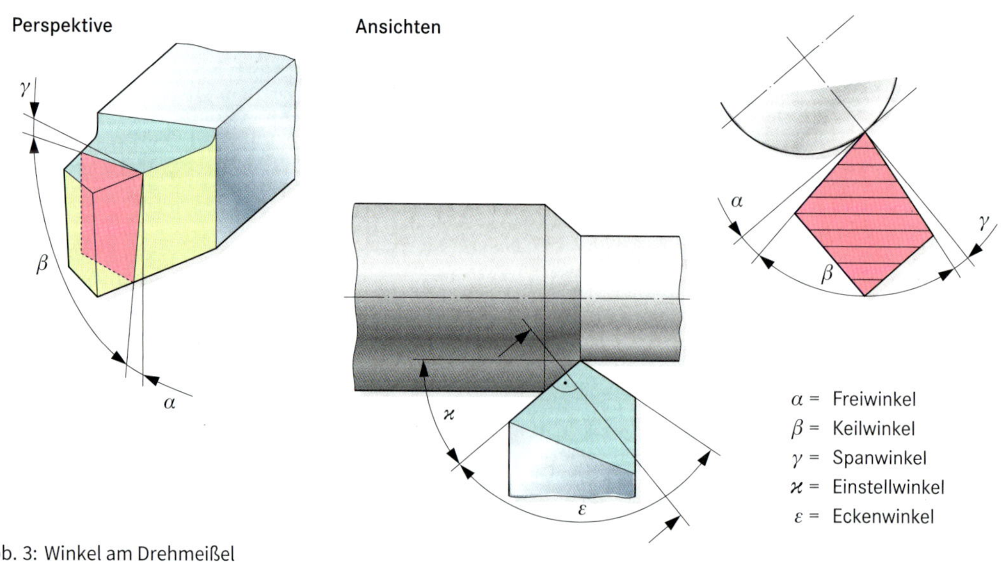

Abb. 3: Winkel am Drehmeißel

Tab. 1: Einfluss der Wirkwinkel

Drehmeißel	auf Drehmitte	über Drehmitte	unter Drehmitte
Winkeländerungen	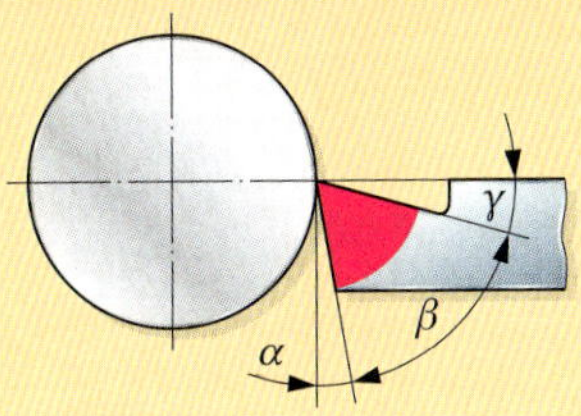 • wirksame Winkel gleich Werkzeugwinkel	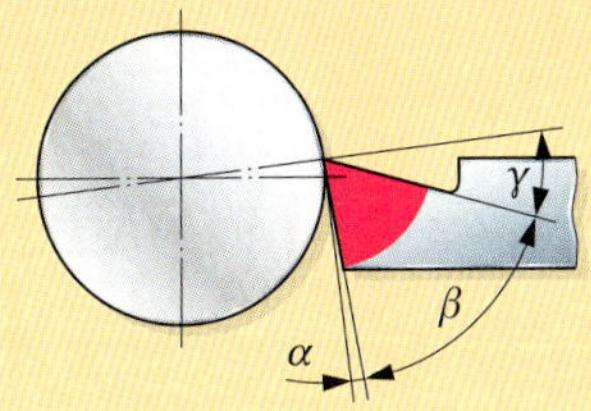 • wirksamer Spanwinkel größer, • wirksamer Freiwinkel kleiner	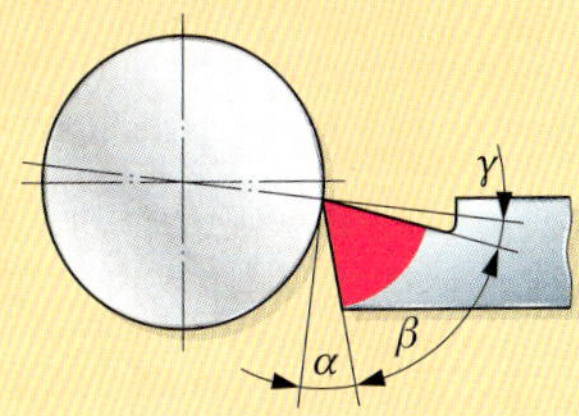 • wirksamer Spanwinkel kleiner, • wirksamer Freiwinkel größer
Auswirkungen	• Werkzeug schneidet einwandfrei, • ansatzfreie Planfläche beim Querplandrehen	• Span fließt besser ab, Spanbildung erleichtert, • Freifläche drückt, • Schneide hakt leicht in Schnittfläche, unsaubere Oberfläche, • beim Querplandrehen drückt der Drehmeißel den Ansatz weg, Bruchgefahr	• Span stark gestaucht, Spanbildung erschwert, • Werkstück wird hochgedrückt, Ratterneigung, unsaubere Oberfläche, • beim Querplandrehen bleibt in der Mitte ein Ansatz stehen

Einteilung der Drehmeißel

Für die unterschiedlichen Fertigungsaufgaben werden verschiedene Drehwerkzeuge eingesetzt. Drehmeißel können unterschieden werden

- nach der Lage des Schneidteils zum Schaft in gerade Drehmeißel, gebogene Drehmeißel und abgesetzte Drehmeißel,
- nach der Lage der Hauptschneiden in rechte Drehmeißel und linke Drehmeißel und
- nach den Schneidwerkstoffen in Drehmeißel aus Schnellarbeitsstahl (HS) und Drehmeißel mit aufgelöteter oder aufgeklemmter Schneidplatte aus Hartmetall (HM) oder Schneidkeramik.

Linke Drehmeißel arbeiten von links nach rechts. Rechte Drehmeißel arbeiten von rechts nach links.

Häufig verwendete Drehmeißelformen sind nach DIN genormt (➡📖). Abbildung 4 zeigt Drehmeißel mit aufgelöteten HM-Schneidplatten zum Außendrehen.

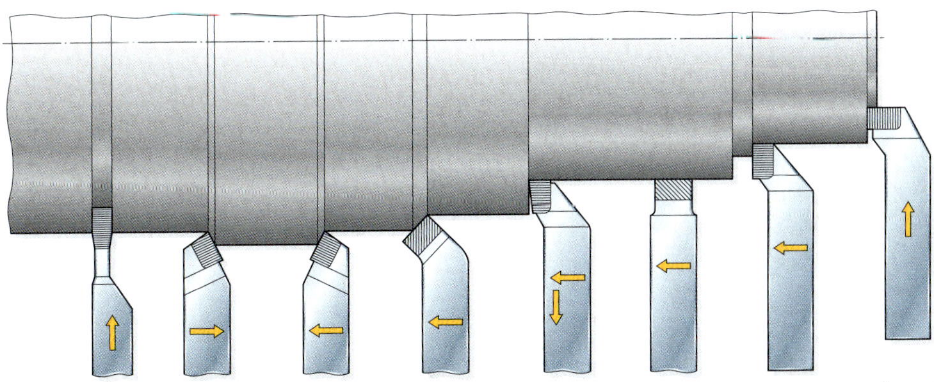

Abb. 4: Drehmeißel zum Außendrehen

Fertigen

2.3.5 Drehverfahren

Der abgebildete Bolzen ist durch Drehen herzustellen. Für die verschiedenen Bearbeitungsformen werden unterschiedliche Drehverfahren eingesetzt (Abb. 1).

! Beim Drehen werden drehsymmetrische Werkstücke mit kreisförmigen Querschnitten hergestellt.

Nach der zu erzeugenden Fläche unterteilt man die Drehverfahren unter anderem in Runddrehen, Plandrehen und Schraubdrehen.

Durch *Runddrehen* werden zylindrische Formen hergestellt.

Durch *Plandrehen* werden rechtwinklig zur Drehachse liegende ebene Flächen, die Planflächen, hergestellt. Auch *Abstechdrehen* ist Plandrehen. Beim Abstechdrehen wird das Werkstück vollständig vom Halbzeug abgetrennt. Am Werkstück entsteht die Planfläche.

Durch *Schraubdrehen* werden mit einem Profilwerkzeug (z. B. Schneideisen) die Gewindeflanken eines Gewindes hergestellt.

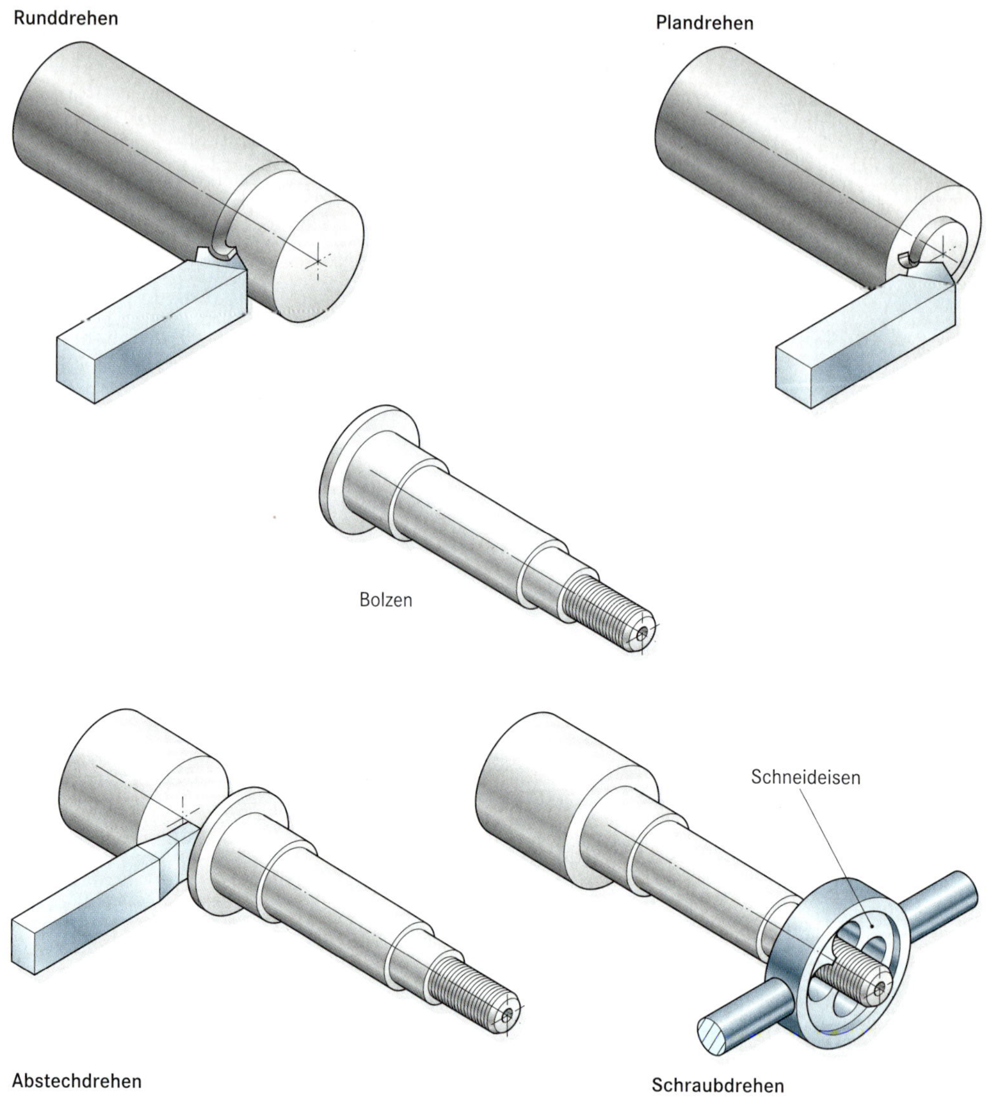

Abb. 1: Drehverfahren zum Herstellen des Bolzens

Drehvorgang

Das Werkstück führt eine kreisförmige Schnittbewegung aus. Gleichzeitig führt das Werkzeug eine geradlinige Vorschubbewegung aus. Beide Bewegungen bewirken eine fortlaufende Spanabnahme.

Je nach Richtung der Vorschubbewegung unterscheidet man Längsdrehen und Querdrehen.

! Beim Längsdrehen verläuft die Vorschubbewegung längs zur Drehachse des Werkstückes, beim Querdrehen quer dazu.

Durch die Zustellbewegung des Werkzeuges wird die Schnitttiefe a_p festgelegt. Die Schnitttiefe bestimmt die Dicke der abzuspanenden Schicht am Werkstück (Tab. 1).

Ein Maß für die Größe der Vorschubbewegung ist der Vorschub *f* in mm. Der Vorschub gibt an, um wie viel Millimeter sich der Drehmeißel bei einer Umdrehung des Werkstückes bewegt.

Tab. 1: Arbeitsbewegungen und Arbeitswerte

Arbeitsbewegungen	Arbeitswerte Bezeichnung	Formelzeichen	Einheit
Schnittbewegung	Schnittgeschwindigkeit	v_c	m/min
Vorschubbewegung	Vorschub	f	mm
Zustellbewegung	Schnitttiefe	a_p	mm

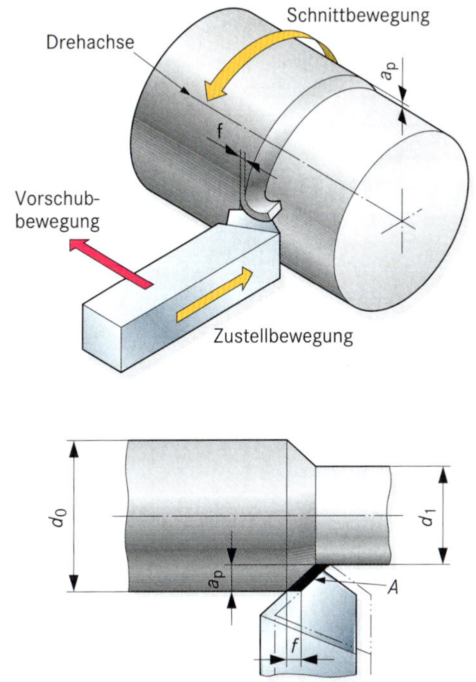

Abb. 2: Längsrunddrehen

Das Produkt aus Vorschub *f* und Schnitttiefe a_p ergibt die Größe des Spanungsquerschnittes *A* in mm².

$$A = f \cdot a_p$$

Der Spanungsquerschnitt ist ein Maß für die Größe der Spanabnahme.

Häufig angewendete Drehverfahren sind das Längsrunddrehen und das Querplandrehen.

Beim *Längsrunddrehen* erfolgt die Vorschubbewe-gung des Drehmeißels längs zur Drehachse des Werkstückes (Abb. 2). Dabei entsteht die zylindrische Form des Drehteils. Der Werkstückdurchmesser verringert sich um das Doppelte der eingestellten Schnitttiefe a_p. Die Schnittgeschwindigkeit ist konstant.

Beim *Querplandrehen* erfolgt die Vorschubbewegung des Drehmeißels quer zur Drehachse des Werkstückes (Abb. 3). Dabei entsteht die Planfläche. Die Werkstücklänge verringert sich um die eingestellte Schnitttiefe a_p. Die Schnittgeschwindigkeit wird bei gleichbleibender Umdrehungsfrequenz der Maschinenspindel zum Mittelpunkt des Werkstückes hin immer kleiner. In der Werkstückmitte hat die Schnittgeschwindigkeit den Wert $v_c = 0$ m/min.

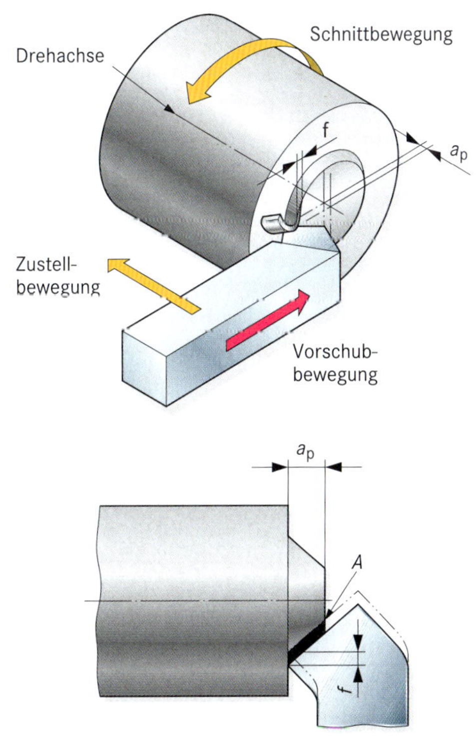

Abb. 3: Querplandrehen

2.3.6 Zerspanungsvorgang

Das Spanen erfolgt in folgenden Phasen:

- Beim Eindringen des Schneidkeiles staucht sich zunächst der Werkstoff vor der Spanfläche auf (Abb. 2a).
- Dringt der Schneidkeil weiter in den Werkstoff vor, so reißt der Werkstoff in Schnittrichtung ein. Es entsteht ein voreilender Riss (Abb. 2b).
- Bei weiterem Vordringen des Schneidkeils werden Spanelemente abgeschert. (Abb. 2c).
- Die abgescherten Spanelemente gleiten an der Spanfläche hoch. Aus vielen kleinen Spanelementen bildet sich ein zusammenhängender Span (Abb. 2d).

Der Zerspanungsvorgang beim Drehen wird beeinflusst durch

- die Schneidengeometrie des Drehmeißels,
- die Zerspanbarkeit des Werkstoffes und
- die eingestellten Arbeitswerte.

Sie sind wichtige Eingangsgrößen des Zerspanungsvorgangs (Abb. 1).

Wichtige Ausgangsgrößen beim Drehen sind

- die Oberflächengüte des Werkstückes,
- die Spanarten und Spanformen,
- der Verschleiß des Schneidkeils und damit die Standzeit des Drehmeißels und
- die Bearbeitungsdauer.

Sie sind das Ergebnis des Zerspanungsvorgangs.

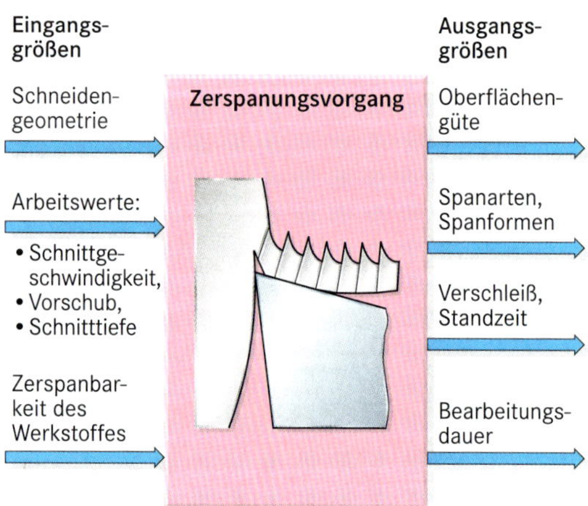

Abb. 1: Eingangs- und Ausgangsgrößen beim Drehen

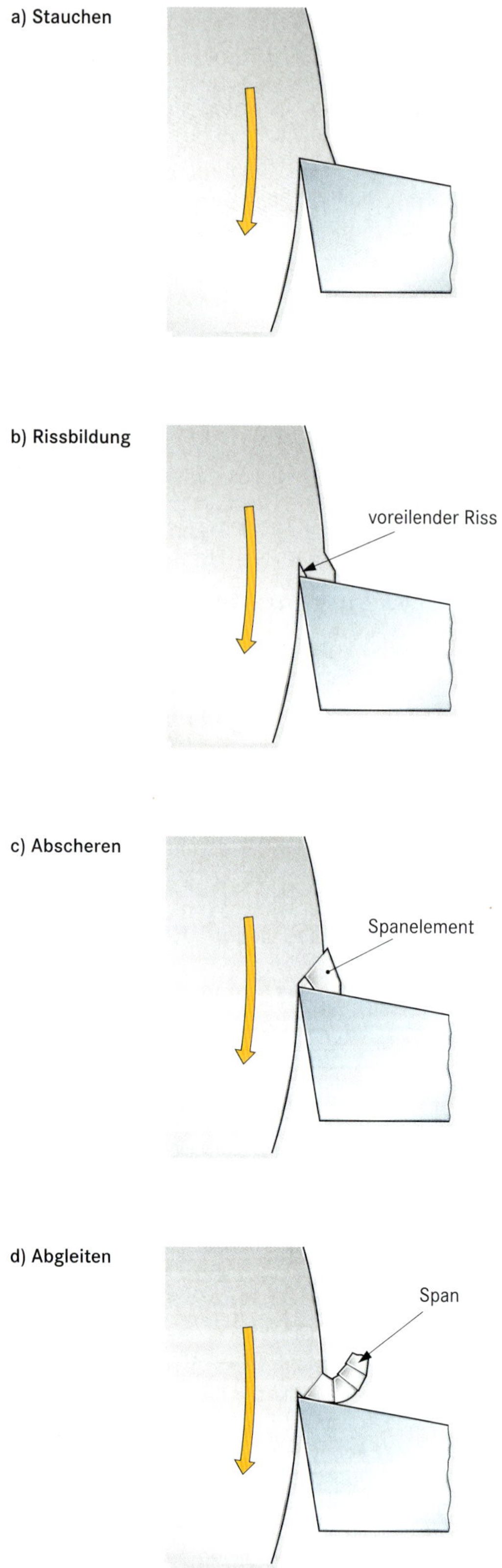

Abb. 2: Phasen des Zerspanungsvorgangs

Bedeutung der Ausgangsgrößen

Die *Oberflächengüte* wird in Teilzeichnungen vorgeschrieben. Je nach Funktion müssen die Oberflächen eines Werkstückes eine unterschiedliche Oberflächengüte aufweisen.

Nach Art der Spanbildung werden die Spanarten Reißspan, Scherspan und Fließspan unterschieden. Die Spanarten beeinflussen die Güte der Werkstückoberfläche.

Beim *Reißspan* reißen einzelne Spanteile beim Abscheren ab. Die abgescherten Spanteile hängen nicht zusammen. Es bilden sich sehr kurze unregelmäßige Späne. Durch das Stauchen und Abreißen der Spanelemente ist das Werkzeug ständig wechselnden Belastungen ausgesetzt. Beim Eindringen der Schneide wird der Werkstoff nur wenig gestaucht und es entsteht ein ausgeprägter voreilender Riss.

! Bei *Reißspänen* entstehen raue, unregelmäßige Schnittflächen.

Beim *Scherspan* verschweißen einzelne Spanteile nach dem Abscheren wieder. Es bildet sich ein längerer, mehr oder weniger fest zusammenhängender Span. Beim Eindringen der Schneide entsteht ein kurzer voreilender Riss.

Beim *Fließspan* gleiten die Spanteile vom Grundwerkstoff ab, ohne dass dabei eine Trennung eintritt. Es bildet sich ein langer, zusammenhängender Span. Beim Eindringen der Schneide entsteht kein voreilender Riss.

! Bei *Fließspänen* entstehen glatte, gleichmäßige Schnittflächen.

Besonders bei Fließspänen können unterschiedliche Spanformen auftreten. Beispiele für Spanformen sind Bandspäne, Wirrspäne, Spiralbruchspäne u. a. (Abb. 3).

Die Spanformen sind wichtig für das Abführen der Späne aus der Werkzeugmaschine. Der sich ergebende Span soll so kurz sein, dass der Maschinenbediener nicht gefährdet oder behindert, der Fertigungsablauf nicht gestört und die Werkstückoberfläche oder das Werkzeug nicht beschädigt werden.

Der *Schneidenverschleiß* bestimmt die Standzeit des Werkzeuges. Die Werkzeugschneide verschleißt und stumpft ab durch

- das Erwärmen des Schneidkeils beim Zerspanen,
- das Abgleiten des Spans auf der Spanfläche,
- die Reibung zwischen Freifläche und Schnittfläche,
- die Belastung aus den Schnittkräften.

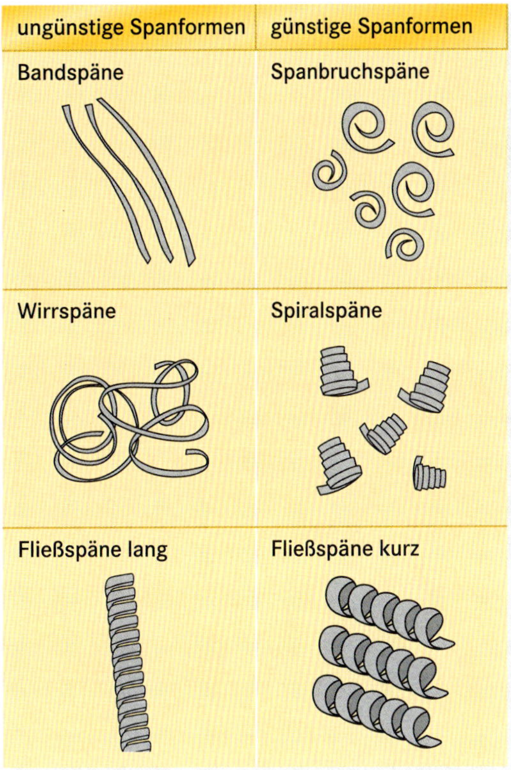

Abb. 3: Spanformen

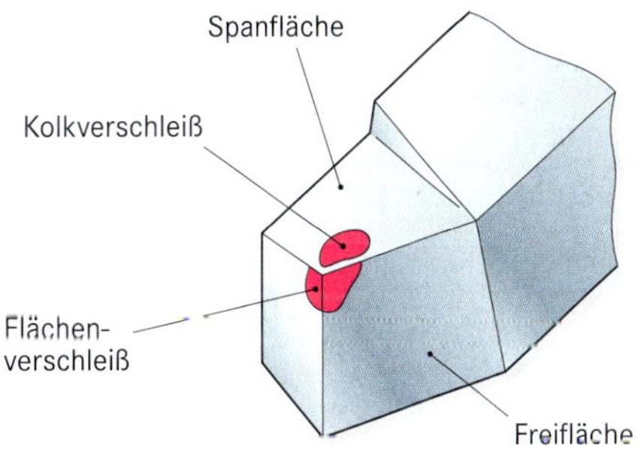

Abb. 4: Verschleiß am Drehmeißel

Am Drehmeißel tritt Reibverschleiß an der Freifläche und der Spanfläche auf (Abb. 4). Auf der Spanfläche gleitet der Span ab, das führt zum Kolkverschleiß. Durch Kolkverschleiß verändert sich der Spanwinkel. An der Freifläche reibt die Werkstückoberfläche aufgrund der Werkstückrückfederung. Die Freifläche nutzt sich ab. Werkstoffteilchen werden aus der Werkstückoberfläche herausgerissen.

Geringe Standzeiten ergeben hohe Werkzeugkosten.

Die Bearbeitungsdauer beeinflusst die Lohnkosten. Darum soll die Bearbeitungsdauer möglichst niedrig sein.

Tab. 1: Einfluss des Freiwinkels

Eingangsgrößen	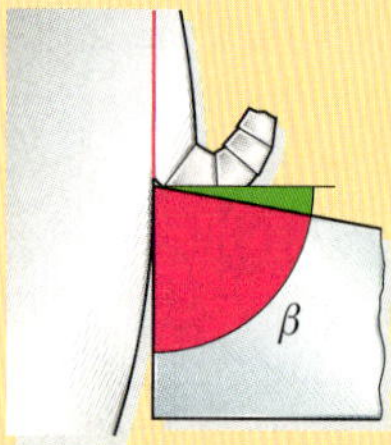 Freiwinkel α = 0°	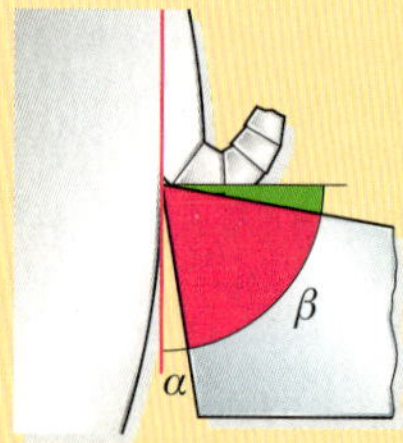 Freiwinkel α = 10°	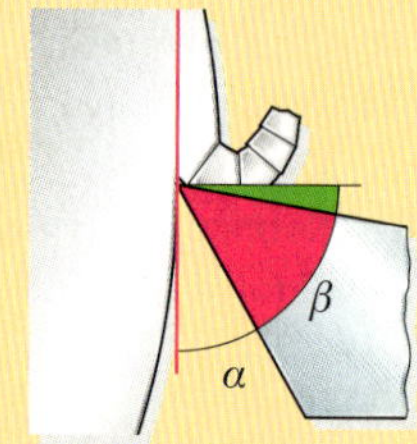 Freiwinkel α = 30°
Ausgangsgrößen	• Freifläche drückt und reibt auf der Schnittfläche, Werkzeug wird hochgedrückt, • großer Werkzeugverschleiß, geringe Standzeit	• Werkzeug schneidet frei, nur die Schneide berührt das Werkstück, glatte Schnittfläche, • geringer Werkzeugverschleiß, große Standzeit	• Werkzeug schneidet frei, • geschwächter Schneidkeil, geringe Standzeit

Einfluss der Eingangsgrößen

- **Schneidengeometrie**

Bei einem *kleinen Freiwinkel* α schneidet das Werkzeug nicht frei (Tab. 1). Die Freifläche drückt auf die Schnittfläche. Die Schnittfläche wird unsauber und rau. Durch die Reibung zwischen Freifläche und Schnittfläche erwärmt sich der Schneidkeil. Das Werkzeug wird schnell stumpf.

Ein *großer Freiwinkel* α verkleinert den Keilwinkel β. Der Schneidkeil wird weniger stabil. Dadurch kann die Schneide leichter ausbrechen.

! Der Freiwinkel α sollte je nach Werkstoff im Allgemeinen etwa 6° bis 10° betragen.

Bei einem *kleinen Spanwinkel* γ wird der Werkstoff stark gestaucht (Tab. 2). Die abgescherten Spanelemente gleiten kaum an der Spanfläche hoch und reißen ab. Es bilden sich Reißspäne.

Bei einem *großen Spanwinkel* γ dringt die Schneide leichter in den Werkstoff ein. Die Spanelemente können besser an der Spanfläche abgleiten. Es bilden sich Fließspäne. Mit größer werdendem Spanwinkel γ wird eine kleinere Schnittkraft benötigt. Ein großer Spanwinkel γ verkleinert aber den Keilwinkel β. Der Schneidkeil ist weniger stabil.

Große Keilwinkel β ergeben eine längere Haltbarkeit und eine größere Stabilität des Schneidkeils. Man erzielt eine längere Standzeit.

Tab. 2: Einfluss des Spanwinkels

Eingangsgrößen	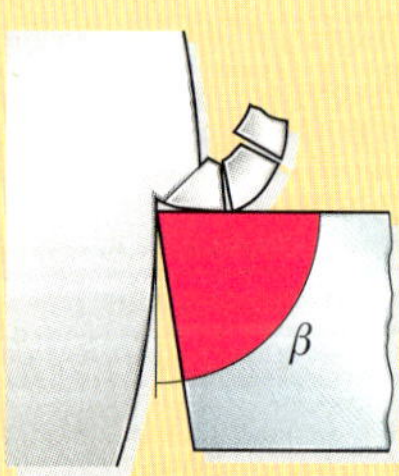 Spanwinkel γ = 0°	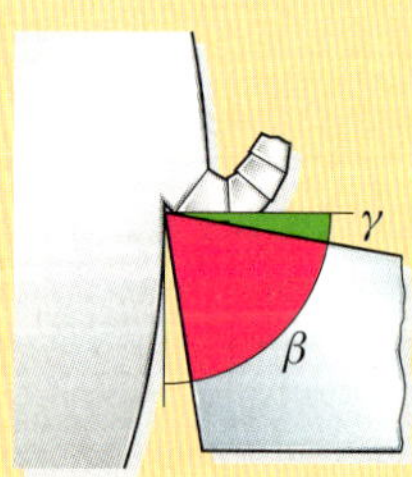 Spanwinkel γ = 10°	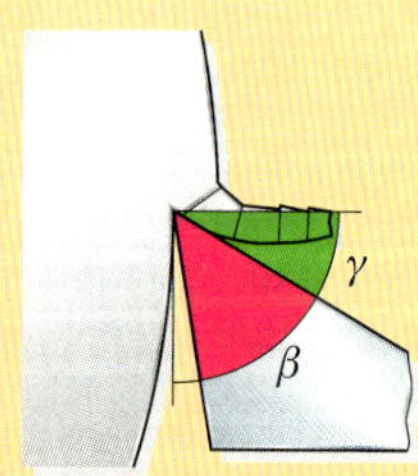 Spanwinkel γ = 30°
Ausgangsgrößen	• Keil dringt schlecht in den Werkstoff ein, • große Spanstauchung, Spanelemente reißen ab, • raue Schnittfläche, • stabiler Schneidkeil, große Standzeit	• Keil dringt leichter in den Werkstoff ein, • geringere Spanstauchung, Span gleitet ab, • glatte Schnittfläche, • Schneidkeil wird geschwächt, verringerte Standzeit	• Keil dringt leicht in den Werkstoff ein, • geringe Spanstauchung, Span gleitet gut ab, • geschwächter Schneidkeil, Schneide kann ausbrechen, geringe Standzeit

- **Arbeitswerte**

Die *Schnittgeschwindigkeit* ist die wichtigste Einflussgröße auf die Standzeit des Werkzeuges (Tab. 3). Hohe Schnittgeschwindigkeiten bewirken eine erhöhte Erwärmung, ein schnelleres Abgleiten des Spans und somit einen großen Verschleiß des Schneidkeils. Das Werkzeug muss häufiger angeschliffen und ausgewechselt werden. Es steigen die Werkzeugkosten. Mit zunehmender Schnittgeschwindigkeit sinkt die Bearbeitungsdauer. Es sinken die Lohnkosten für die Fertigung.

Bei niedrigen Schnittgeschwindigkeiten werden die Körner des Werkstoffes an der Schnittfläche eher aus dem Gefüge herausgerissen. Es ergeben sich raue Schnittflächen. Der Werkstoff neigt mehr zur Bildung von Reißspänen.

Bei hohen Schnittgeschwindigkeiten werden die einzelnen Körner zerteilt, die Kornreste bleiben im Gefügeverband. Es ergeben sich glatte Schnittflächen. Der Werkstoff neigt mehr zur Bildung von Fließspänen.

Tab. 3: Einfluss der Schnittgeschwindigkeit

Schnittgeschwindigkeit	
niedrig	hoch
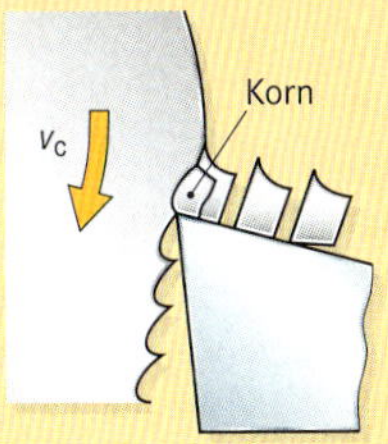	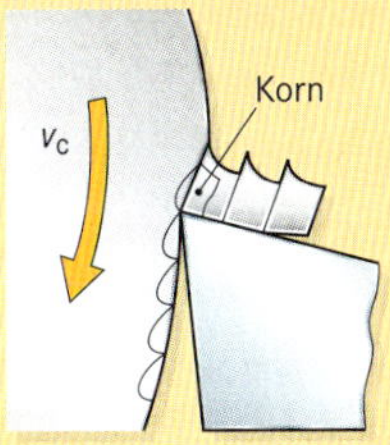
• geringer Werkzeugverschleiß und hohe Standzeit ergeben geringe Werkzeugkosten, • lange Bearbeitungsdauer ergibt hohe Lohnkosten, • bewirkt Reißspanbildung, Körner werden aus dem Werkstoff herausgerissen, • raue Schnittfläche	• höherer Werkzeugverschleiß und geringe Standzeit ergeben hohe Werkzeugkosten, • kurze Bearbeitungsdauer ergibt sinkende Lohnkosten, • bewirkt Fließspanbildung, Körner werden zerteilt, • glatte Schnittfläche

Die *Schnitttiefe* hat praktisch keine Auswirkungen auf den Verschleiß und die Standzeit. Große Schnitttiefen führen zu einer größeren Erwärmung und Belastung des Schneidkeils (Tab. 4). Da aber eine längere Schneide im Eingriff ist, gleicht sich die Belastung wieder aus. Die Standzeit verändert sich nicht.

Mit zunehmender Schnitttiefe sinken die Bearbeitungsdauer und damit die Lohnkosten für die Fertigung.

Eine Erhöhung der Schnitttiefe wirkt sich kaum auf die Oberflächengüte aus.

Tab. 4: Einfluss der Schnitttiefe

Schnitttiefe	
klein	groß
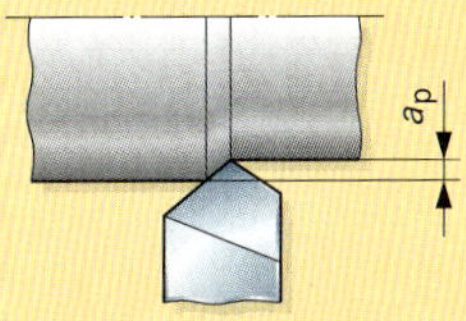	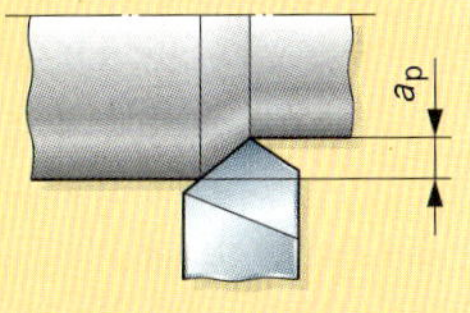
• geringe Belastung und Erwärmung, verteilt auf kurze Schneide, Standzeit verändert sich nicht, • lange Bearbeitungsdauer ergibt hohe Lohnkosten	• größere Belastung und Erwärmung, verteilt auf lange Schneide, Standzeit verändert sich nicht, • kurze Bearbeitungsdauer ergibt sinkende Lohnkosten
• kaum Einfluss auf die Oberflächengüte	

Wird der *Vorschub* erhöht, steigt die Schneidenbelastung und die Erwärmung an der Schneide geringfügig an (Tab. 5). Dadurch verringert sich die Standzeit. Mit zunehmendem Vorschub sinken die Bearbeitungsdauer und damit die Lohnkosten für die Fertigung.

Ein kleiner Vorschub ergibt schmale Rillen auf der Schnittfläche. Die Werkstückoberfläche wird glatt. Ein großer Vorschub ergibt breite, tiefe Rillen auf der Schnittfläche. Die Werkstückoberfläche wird rau.

Tab. 5: Einfluss des Vorschubs

Vorschub	
klein	groß
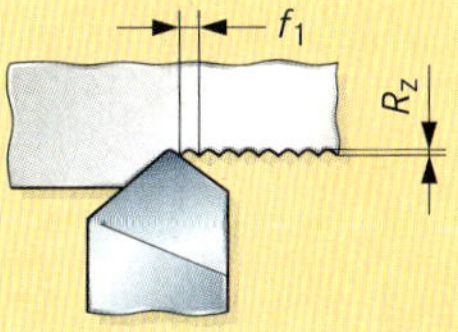	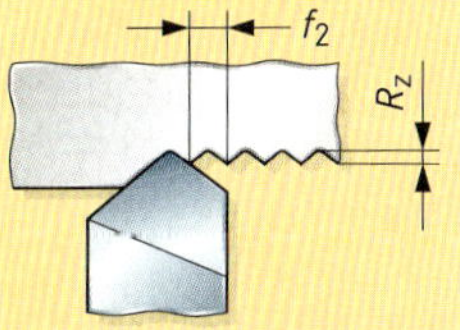
• geringe Schneidenbelastung und Erwärmung, größere Standzeit, • lange Bearbeitungsdauer ergibt hohe Lohnkosten, • schmale Rillen, glatte Oberfläche	• hohe Schneidenbelastung und Erwärmung, geringere Standzeit • kurze Bearbeitungsdauer ergibt sinkende Lohnkosten, • breite, tiefe Rillen, raue Oberfläche

Ein großer Spanungsquerschnitt lässt sich erreichen durch eine größere Schnitttiefe oder einen größeren Vorschub. Bei gleichem Spanungsquerschnitt ergibt sich eine geringere Schneidenbelastung, wenn die Schnitttiefe groß und der Vorschub klein wird (Abb. 1).

Die Schnitttiefe a_p sollte 4 bis 10 mal so groß wie der Vorschub f sein.

$$a_p : f = 4 : 1 \text{ bis } 10 : 1$$

a) große Schnitttiefe und kleiner Vorschub:

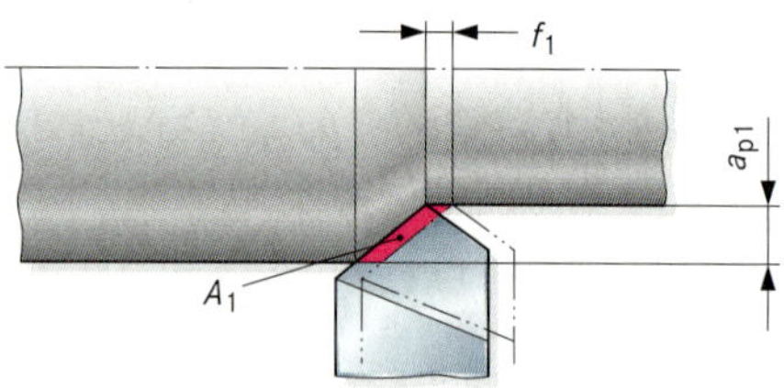

b) kleine Schnitttiefe und großer Vorschub:

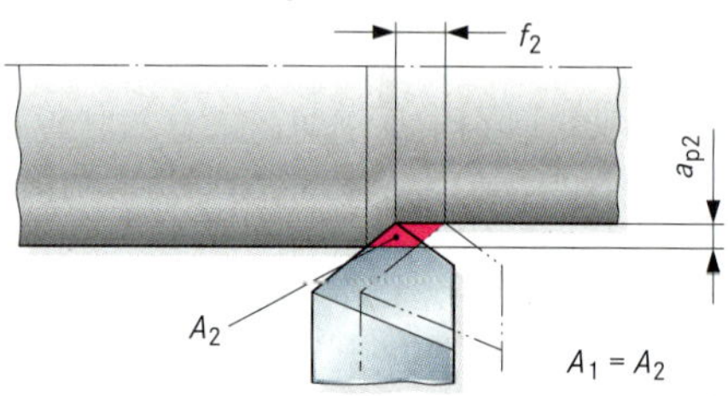

Abb. 1: Unterschiedliche Schneidenbelastung

Vordrehen und Fertigdrehen

Beim Drehen unterscheidet man Vordrehen (Schruppen) und Fertigdrehen (Schlichten).

Durch *Schruppen* soll in möglichst kurzer Zeit viel Werkstoff bei wirtschaftlicher Standzeit zerspant werden. Die erreichte Oberflächengüte ist von untergeordneter Bedeutung.

Beim Schruppen sind der Vorschub und entsprechend die Schnitttiefe möglichst groß zu wählen. Es ergibt sich ein großer Spanungsquerschnitt. Die Schnittgeschwindigkeit sollte klein sein, um eine wirtschaftliche Standzeit zu erzielen. Die Leistung der Werkzeugmaschine begrenzt die Größe der Arbeitswerte.

! Beim Schruppen wird mit großen Vorschüben und großen Schnitttiefen, aber kleinen Schnittgeschwindigkeiten gearbeitet. Es ergeben sich kurze Bearbeitungszeiten, aber geringe Oberflächengüten.

Durch *Schlichten* soll eine Werkstückoberfläche mit geringer Rautiefe R_z erreicht werden.

Beim Schlichten sind Vorschub und Schnitttiefe klein zu wählen. Es ergibt sich ein kleiner Spanungsquerschnitt. Die Schnittgeschwindigkeit dagegen soll möglichst groß sein.

! Beim Schlichten wird mit kleinen Vorschüben und Schnitttiefen, aber großen Schnittgeschwindigkeiten gearbeitet. Es wird eine hohe Oberflächengüte erreicht.

Tab. 1: Einfluss der Eingangsgrößen auf die Ausgangsgrößen

Eingangsgrößen	Zerspanungsvorgang		Ausgangsgrößen
• spröde Werkstoffe z. B. Gusseisen • geringe Schnittgeschwindigkeiten • kleine Spanwinkel		• voreilender Riss • geringe Spanstauchung	• Reißspan • raue Oberfläche
• leicht spröde bis zähe Werkstoffe, z. B. C 60 • mittlere Schnittgeschwindigkeiten • mittlere Spanwinkel		• kurzer, voreilender Riss • starke Spanstauchung	• Scherspan
• zähe Werkstoffe z. B. C 20 • hohe Schnittgeschwindigkeiten, • große Spanwinkel	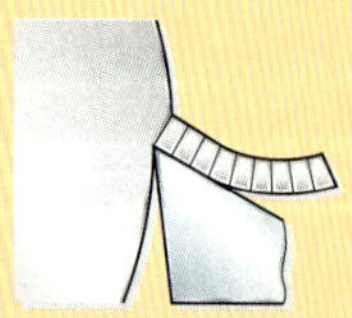	• kein voreilender Riss • geringe Spanstauchung	• Fließspan • glatte Oberfläche

Planen

2.3.7 Arbeitswerte

An der Drehmaschine müssen die Arbeitswerte für die Schnittbewegung, die Vorschubbewegung und die Zustellbewegung eingestellt werden. Die kreisförmige Schnittbewegung wird mit der Umdrehungsfrequenz n eingestellt. Die geradlinige Vorschubbewegung wird mit dem Vorschub f und die Zustellung mit der Schnitttiefe a_p eingestellt (Abb. 2).

Schnittgeschwindigkeit, Vorschub und Schnitttiefe sind abhängig von

- dem zu bearbeitenden Werkstoff,
- dem Schneidstoff des Drehmeißels,
- der Bearbeitung Schruppen oder Schlichten,
- der gewünschten Standzeit.

In Versuchen sind Richtwerte für Schnittgeschwindigkeit, Vorschub und Schnitttiefe ermittelt worden. Diese Richtwerte können Tabellen entnommen werden (→📖).

Der einzustellende Vorschub f und die entsprechende Schnitttiefe a_p können direkt den Richtwerttabellen entnommen und an der Maschine eingestellt werden. Aus dem Richtwert für die Schnittgeschwindigkeit v_c und dem Werkstückdurchmesser d wird die an der Drehmaschine einzustellende Umdrehungsfrequenz n ermittelt. Die Umdrehungsfrequenz kann dabei berechnet oder aus einem Umdrehungsfrequenzdiagramm abgelesen werden.

Lässt sich die ermittelte Umdrehungsfrequenz nicht an der Maschine einstellen, ist die nächstkleinere Umdrehungsfrequenz zu wählen. Sonst wird die maximal zulässige Schnittgeschwindigkeit überschritten.

Beispiel:

Der Absatz am Stufenbolzen soll mit einem Drehmeißel aus Schnellarbeitsstahl hergestellt werden. An der Drehmaschine können folgende Umdrehungsfrequenzen eingestellt werden:

n = ... - 500 – 710 – 1000 – 1400 – 2000 – 2800 1/min

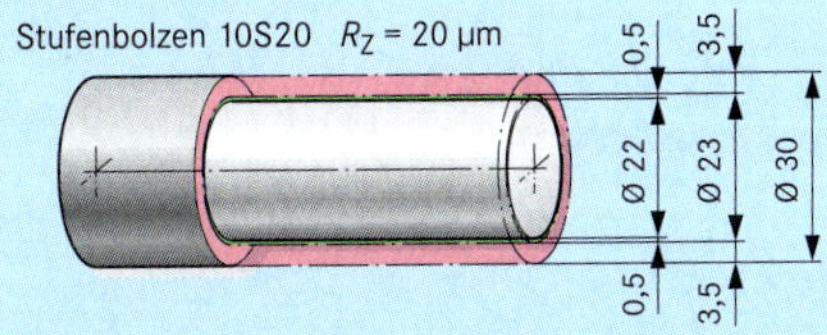

Vorüberlegung:
Der Absatz ist mit einem Schruppschnitt vor zu drehen und mit einem Schlichtschnitt fertig zu drehen.

Geg.: Drehmeißel HS, Werkstoff 10S20

Ges.: n in 1/min, f in mm, a_p in mm

Tabellenbuch:	Schruppen	Schlichten
	f = 0,33 mm	f = 0,1 mm
	a_p = 3,5 mm	a_p = 0,5 mm
	v_c = 75…50 m/min	v_c = 90…60 m/min
	d_1 = 30 mm	d_1 = 23 mm

$$n = \frac{v_c}{d \cdot \pi}$$

$$\text{Schruppen: } n = \frac{75\ \text{m} \cdot 1000\ \text{mm}}{\text{min}\ 30\ \text{mm} \cdot \pi \cdot 1\ \text{m}} = 762{,}2\ 1/\text{min}$$

eingestellt: $\underline{n = 710\ 1/\text{min}}$

$$\text{Schlichten: } n = \frac{90\ \text{m} \cdot 1000\ \text{mm}}{\text{min}\ 23\ \text{mm} \cdot \pi \cdot 1\ \text{m}} = 1246{,}1\ 1/\text{min}$$

eingestellt: $\underline{n = 1000\ 1/\text{min}}$

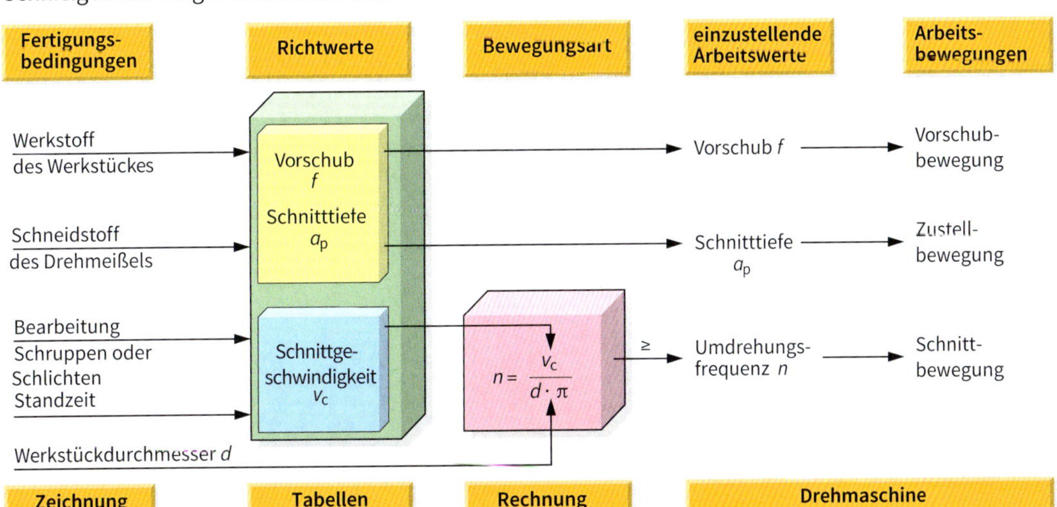

Abb. 2: Bestimmen von Arbeitswerten beim Drehen

Aufgaben

1. An einem Drehteil ist die Zentrierbohrung vereinfacht angegeben.

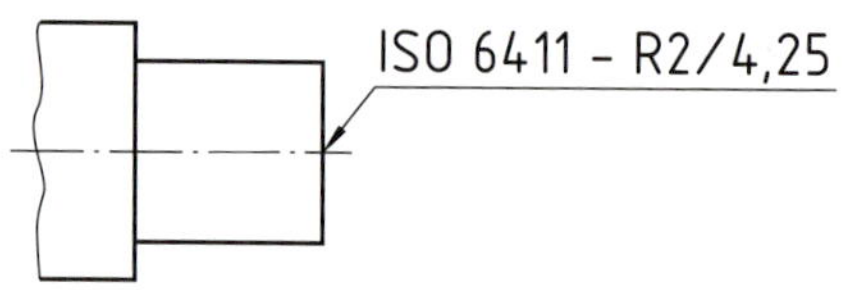

a) Erklären Sie die Angaben.

b) Wie tief muss gebohrt werden?

2. Aus welchen Baugruppen besteht eine Universaldrehmaschine?

3. Beschreiben Sie drei Unterschiede bei den Baueinheiten zum Antreiben und zum Energieübertragen zwischen einer Zyklen-Drehmaschine und einer Universaldrehmaschine.

4. Ein Drehteil muss beim Spannen auf einer fertig gedrehten Funktionsfläche gespannt werden. Erläutern Sie, welches Spannmittel Sie dazu einsetzen würden.

5. Die dargestellte Welle soll zum Drehen zwischen Spitzen gespannt werden.

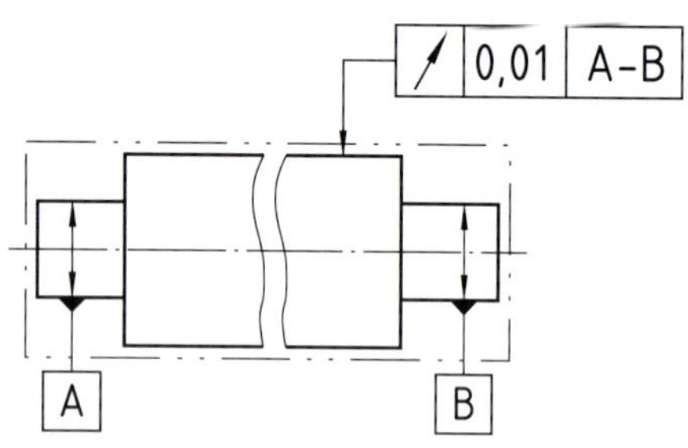

a) Geben Sie die benötigten Spannmittel an.

b) Beschreiben Sie den Spannvorgang.

c) Worauf müssen Sie beim Spannen achten, damit die Rundlauftoleranz eingehalten wird?

6. Beschreiben Sie mögliche Folgen einer ungenügenden Wartung von Spannfuttern.

7. Warum sollen Drehmeißel möglichst kurz eingespannt werden?

8. Welche Drehverfahren unterscheidet man

a) nach der hergestellten Werkstückform,

b) nach der Richtung des Vorschubs?

9. Skizzieren Sie einen im Schnitt befindlichen geraden linken Drehmeißel. Kennzeichnen Sie den Einstellwinkel und den Eckenwinkel.

10. Wie wirkt sich die Änderung des Einstellwinkels bei unverändertem Spanungsquerschnitt auf den Zerspanungsvorgang aus?

11. Beschreiben Sie die Phasen der Spanbildung beim Drehen.

12. In welcher Weise beeinflusst der Spanwinkel den Zerspanungsvorgang?

13. Beschreiben Sie die Auswirkungen einer Drehmeißelstellung „über Mitte" und „unter Mitte".

14. Beschreiben Sie, wodurch Drehmeißel verschleißen und abstumpfen.

15. In welchem Verhältnis sollen beim Drehen Schnitttiefe und Vorschub stehen?

16. Welche Spanarten können beim Drehen entstehen?

17. Welche Nachteile haben lange, zusammenhängende Fließspäne?

18. Geben Sie an, wie die Arbeitswerte jeweils zu wählen sind

a) beim Vordrehen (Schruppen),

b) beim Fertigdrehen (Schlichten).

19. Bestimmen Sie die Richtwerte für folgende Dreharbeiten:

	Drehmeißel-Schneidstoff	Werkstück-Werkstoff	Bearbeitung
a)	Schnellarbeitsstahl	46S20	Schruppen
b)	Schnellarbeitsstahl	EN AW-6012 [AlMgSiPb]	Schruppen
c)	Hartmetall	EN-GJL-250	Schlichten

20. Ein Werkstück aus 16MnCr5 soll mit einem HM-Drehmeißel und einer Schnittgeschwindigkeit von 120 m/min gedreht werden. An der Maschine sind die Arbeitswerte a_p = 4 mm und f = 0,25 mm einzustellen. Die Spanungsdicke beträgt 0,2 mm.

a) Bestimmen Sie die spezifische Schnittkraft.

b) Berechnen Sie die Schnittkraft.

c) Welche Leistung muss von der Maschine aufgebracht werden (η = 0,75)?

2.3.8 Drehwerkzeuge mit Wendeschneidplatten

Zunehmend werden Klemmhalter mit aufgeschraubten oder aufgeklemmten Wendeschneidplatten verwendet. Drehmeißel aus Schnellarbeitsstahl oder Drehmeißel mit aufgelöteten Hartmetallschneiden werden meist nur noch für besondere Anwendungen eingesetzt.

Für die verschiedenen Drehbearbeitungen wird eine große Auswahl genormter Formen von Wendeschneidplatten und Klemmhaltern angeboten (Abb. 1). Außerdem sind für spezielle Aufgaben wie Gewindedrehen oder Stechdrehen Wendeschneidplatten erhältlich. Die Form und die Größe von Schneidplatte und Klemmhalter bilden ein aufeinander abgestimmtes Werkzeugspannsystem.

2.3.8.1 Wendeschneidplatten

Wendeschneidplatten lassen sich auf den Klemmhaltern genau positionieren und schnell auswechseln. Sie werden nach Abnutzung einer Schneidkante gewendet, bis alle Schneidkanten eingesetzt wurden. Die verbrauchten Platten werden nicht nachgeschliffen, sondern an den Hersteller zurückgegeben.

Die *Auswahl von Wendeschneidplatte* und Klemmhalter ist vor allem von der Art der Bearbeitung (z. B. Längsdrehen, Plandrehen, Konturdrehen) und der Vorschubrichtung abhängig. Entsprechend der Vorschubrichtung sind Schneidplatten mit rechter (R), linker (L) oder neutraler (N) Schneidrichtung auszuwählen (Abb. 2).

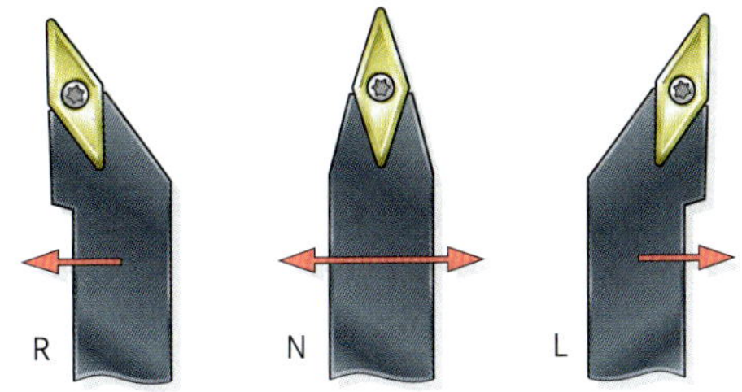

Abb. 2: Schneidrichtung von Klemmhaltern

Bei der Auswahl der Wendeschneidplatte ist auch die Größe der einzustellenden Arbeitswerte (Schruppdrehen, Schlichtdrehen) und der Werkstoff des Werkstückes zu berücksichtigen.

Für das Schruppdrehen werden Schneidplatten mit großem *Eckenwinkel* ε verwendet (Abb. 3a). Sie haben eine hohe Stabilität und eine gute Wärmeableitung. Für das Schlichtdrehen und für das Drehen von Konturen, z. B. Freistichen, müssen die Schneidplatten einen kleinen Eckenwinkel ε aufweisen (Abb. 3b).

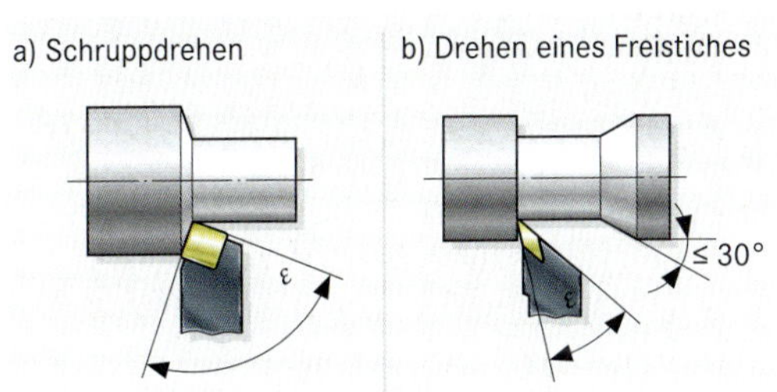

Abb. 3: Auswahl des Eckenwinkels

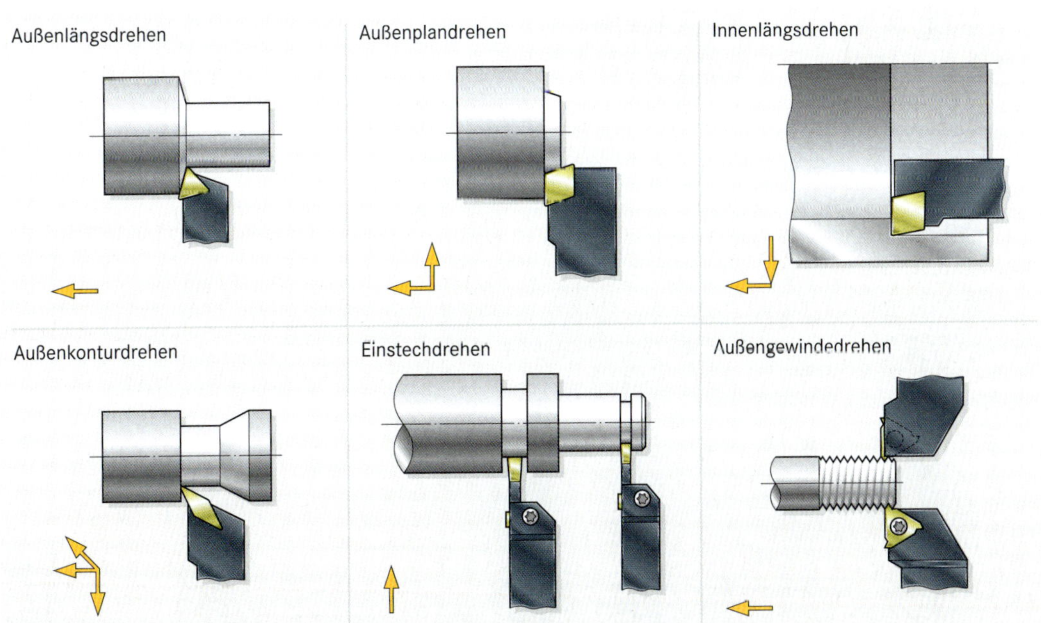

Abb. 1: Wendeschneidplatten für verschiedene Drehbearbeitungen

Zur Vermeidung von Schneidenausbrüchen ist die Schneidenecke gerundet (Abb. 1). Genormt sind *Eckenradien* r_ε von 0,4 bis 2,4 mm. Mit zunehmender Größe des Eckenradius erhöht sich die Stabilität der Schneide, die Standzeit verlängert sich und bei gleichbleibendem Vorschub wird die Rautiefe geringer.

Abb. 1: Eckenradius und Rautiefe

! Die Stabilität einer Wendeschneidplatte steigt mit zunehmendem Eckenwinkel und Eckenradius.

Zum Bearbeiten von zähen Werkstoffen werden meist Schneidplatten mit *Spanleitstufen* (Spanbrechernuten) eingesetzt (Abb. 2). Die Spanleitstufen beeinflussen den Spanfluss und brechen den Span so, dass kein ununterbrochener Fließspan mehr entsteht.

Außerdem ergeben die Spanleitstufen einen positiven Spanwinkel. Dadurch werden die Schnittkraft F_c und die erforderliche Antriebsleistung P der Werkzeugmaschine gesenkt.

Spanleitstufen für Schlichtdrehen | **Spanleitstufen für Schruppdrehen**

Abb. 2: Spanleitstufen an Wendeschneidplatten

Tab. 1: Schneidkantenausführung von Wendeschneidplatten

Schneidkante	Auswirkungen/Anwendung
gerundet (E) 	Schutz der Schneidkante, bei beschichteten Schneidplatten immer vorhanden *Zerspanung von Stahlwerkstoffen*
gefast (T) 	hohe Stabilität der Schneidkante, höhere Schnittkraft *Zerspanen von gehärtetem Stahl und Hartguss*
gefast und gerundet (S) 	höchste Stabilität, erhöhte Schnittkraft und Ratterneigung *sehr schwere Schnitte*

Die Schneiden von Wendeschneidplatten erhalten meist *Verrundungen* und *Fasen*, um die Stabilität der Schneide zu verbessern und die bei bestimmten Bearbeitungen auftretenden Schneidkantenausbrüche zu vermeiden (Tab. 1). Die Größe der Verrundungen und Fasen beträgt einige Zehntelmillimeter. Scharfkantige Schneidplatten erreicht man nur durch allseitiges Schleifen der Platten.

Wendeschneidplatten sind nach **DIN ISO 1832** genormt (→📖). Die Normbezeichnung besteht aus einer Kombination von Kennbuchstaben und Kennzahlen.

Schneidplatte ISO 3364 – T C E M 16 04 08 E R – HW-P20

- DIN-Nummer
- Schneidplattenform: *dreieckig*
- Normalfreiwinkel: *7°*
- Toleranzklasse: *± 0,025 mm*
- Spanbrecher: *auf einer Spanfläche*
- Befestigungsart: *mit Bohrung*
- Plattengröße: *l = 16,5 mm*
- Plattendicke: *s = 4,76 mm*
- Eckenradius: r_ε *= 0,8 mm*
- Schneide: *gerundet*
- Schneidrichtung: *nur rechtsschneidend*
- Schneidstoff: *unbeschichtetes Hartmetall P20*

2.3.8.2 Klemmhalter

Wendeschneidplatten werden auf Klemmhaltern mit unterschiedlichen Spannsystemen befestigt. Gebräuchliche Spannsysteme sind:

- Hebelspannsystem für Wendeplatten mit zylindrischer Befestigungsbohrung,
- Schraubspannsystem für Wendeplatten mit angesenkter Befestigungsbohrung und
- Spannfingersystem für Wendeplatten ohne Befestigungsbohrung.

Zum Schutz des Halters bei Plattenbruch dient eine Unterlage aus Hartmetall unter der Wendeschneidplatte.

Beim *Hebelspannsystem* drückt ein Kniehebel die Schneidplatte in den Plattensitz (Abb. 3). Dadurch wird eine hohe Positioniergenauigkeit erreicht. Es ist besonders für Lochwendeplatten ohne Normalfreiwinkel geeignet. Die Schneidplatte ist gegen das Werkstück geneigt.

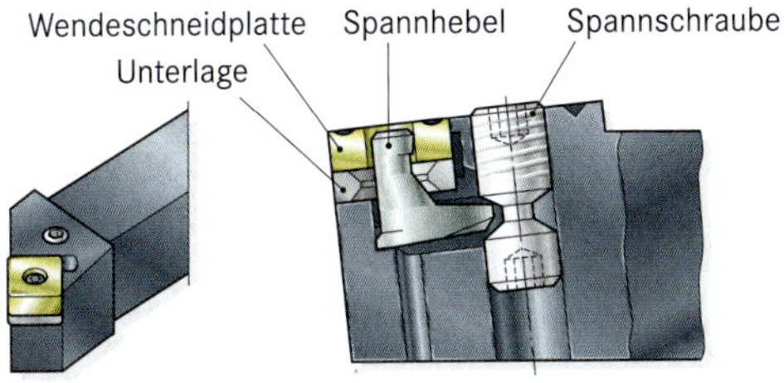

Abb. 3: Hebelspannsystem

Beim *Schraubspannsystem* wird die Schneidplatte mit Senkbohrung durch die Schraube auf den Plattensitz gepresst (Abb. 4). Da die Gewindebohrung im Halter leicht versetzt gegenüber der Senkbohrung in der Platte angeordnet ist, wird die Platte zusätzlich seitlich in den Plattensitz gedrückt. Die Lochwendeplatten müssen einen Freiwinkel haben. Das System eignet sich besonders bei begrenztem Platz zum Spannen, wie bei Klemmhaltern fürs Innendrehen.

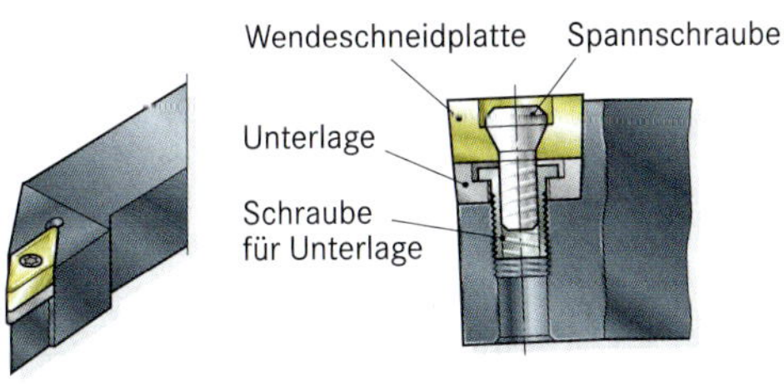

Abb. 4: Schraubspannsystem

Beim *Spannfingersystem* wird die Schneidplatte über einen Spannfinger oder eine Spannpratze geklemmt (Abb. 5). Es wird häufig zum Spannen von Wendeplatten aus Schneidkeramik eingesetzt, die aus Stabilitätsgründen keine Bohrung haben.

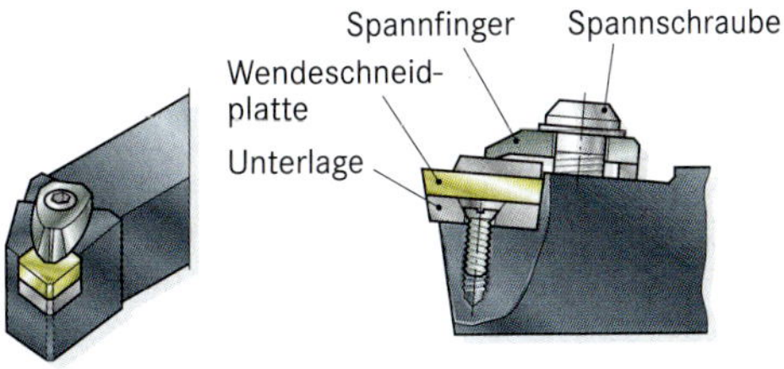

Abb. 5: Spannfingersystem

Mit dieser Art der Befestigung können keine schweren Schruppbearbeitungen durchgeführt werden, da die Wendeplatte aus der Klemmung gezogen werden kann.

Klemmhalter für Wendeschneidplatten sind nach **ISO 5608** genormt (➔📖).

Halter ISO 5611 -S T J C R 20 20 P 16

- DIN-Nummer
- Befestigungsart: *geschraubt durch Bohrung*
- Wendeschneidplattenform: *dreieckig*
- Form des Halters: *Einstellwinkel 93°*
- Normalfreiwinkel der Wendeschneidplatte: *7°*
- Ausführung: *rechter Halter*
- Schneideneckenhöhe: *20 mm*
- Schaftbreite: *20 mm*
- Halterlänge: *170 mm*
- Wendeschneidplattengröße: *16 mm*

Die Schneidplatten werden meist mit einer Neigung auf den Klemmhaltern festgespannt. Dadurch verändern sich die Winkel der Schneidplatte. Schneidplatten ohne Normalfreiwinkel erhalten durch die geneigte Einspannung positive Freiwinkel α an der Haupt- und Nebenschneide (Abb. 6).

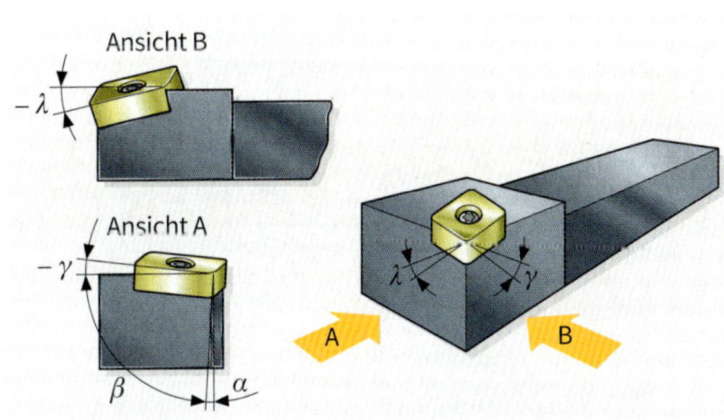

Abb. 6: Klemmhalter mit negativem Span- und Neigungswinkel

Bei entsprechender Gestaltung des Klemmhalters ergeben sich gleichzeitig ein negativer Spanwinkel γ und ein negativer Neigungswinkel λ. Negative Span- und Neigungswinkel ergeben stabile Schneiden.

2.3.8.3 Schneidstoffe

Eigenschaften

Schneidstoffe sind beim maschinellen Spanen hohen mechanischen und thermischen Belastungen ausgesetzt. Sie sollten daher folgende Eigenschaften besitzen:

- große Härte und Warmhärte,
- hohe Verschleißfestigkeit und Kantenfestigkeit,
- große Zähigkeit und Biegefestigkeit und
- große Wärmewechselbeständigkeit.

Die *Härte* eines Werkstoffes beeinflusst dessen Widerstand gegen mechanischen Verschleiß. Je höher die Härte ist, desto geringer wird der Verschleiß. Die *Warmhärte* kennzeichnet die Abhängigkeit der Härte von der Temperatur. Ab einem bestimmten Temperaturbereich ist der Schneidstoff für die Zerspanung nicht mehr einsetzbar.

Das *Zähigkeitsverhalten* eines Schneidstoffes wird durch dessen Biegefestigkeit beeinflusst. Gutes Zähigkeitsverhalten bedeutet, dass ein Schneidstoff schwere Schruppschnitte und starke Schnittunterbrechungen ohne Schaden für die Schneide ertragen kann.

Kein Schneidstoff besitzt gleichzeitig alle diese Eigenschaften. Für jeden Anwendungsfall ist daher der bestmögliche Schneidstoff auszuwählen (Abb. 1).

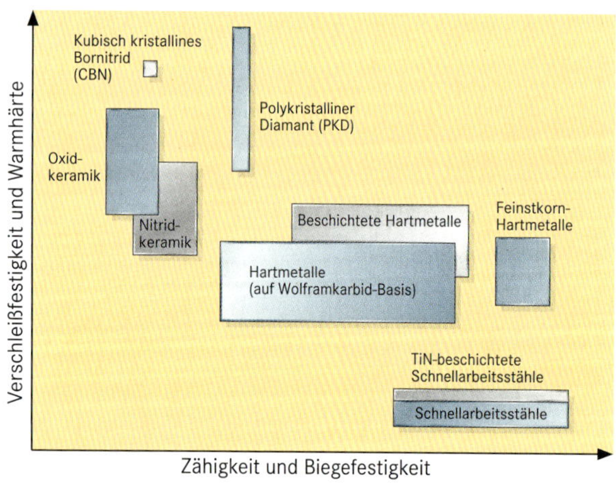

Abb. 1: Eigenschaften verschiedener Schneidstoffe

Schneidstoffsorten

- **Schnellarbeitsstähle**

Schnellarbeitsstähle sind hochlegierte Werkzeugstähle. Sie besitzen nur eine geringe Warmhärte bis 600 °C. Wegen ihrer hohen Zähigkeit werden Schnellarbeitsstähle für Wendelbohrer, Gewindebohrer oder Profildrehmeißel eingesetzt.

Werkzeuge aus Schnellarbeitsstahl können mit Titannitrid beschichtet sein. Die hohe Härte der Schicht verringert den Verschleiß an der Werkzeugschneide, setzt die Zerspankraft herab, schützt wegen ihres geringen Wärmeleitwertes das Werkzeug vor hohen Temperaturen und verbessert den Späneabfluss über die Spanfläche.

- **Hartmetalle**

Hartmetalle sind Sinterwerkstoffe aus sehr harten Metallkarbiden und anderen weicheren Metallen wie Kobalt und Nickel als Bindemittel. Hartmetalle behalten ihre Härte bis zu einer Temperatur von 900 °C. Sie besitzen eine hohe Verschleißfestigkeit bei ausreichender Biegefestigkeit.

Meist werden Hartmetalle mit überwiegend Wolframkarbiden und Kobalt als Bindemittel verwendet. Hartmetalle mit überwiegenden Anteilen an Titankarbiden und Titannitriden sowie Nickel, Kobalt und Molybdän als Bindemittel werden auch als *Cermets* bezeichnet. Sie haben eine höhere Verschleiß- und Kantenfestigkeit.

Neben der Zusammensetzung beeinflusst auch die Korngröße der Metallkarbide die Härte und Zähigkeit des Hartmetalls. Mit Feinstkornhartmetallen können Hartguss und einsatzgehärtete Werkstücke bearbeitet werden. Ganzhartmetallwerkzeuge zum Bohren und Formsenken sind ebenfalls aus Feinstkornhartmetallen.

Zur Erhöhung der Verschleißfestigkeit können Hartmetalle beschichtet werden. Auf ein zähes Grundhartmetall werden harte Schichten aus Titannitrid (TiN), Titankarbid (TiC) oder Aluminiumoxid (Al_2O_3) aufgebracht (Abb. 2).

Abb. 2: Wendeschneidplatten aus Hartmetall

- **Schneidkeramik**

Schneidkeramik wird wie Hartmetall zu Wendeschneidplatten geformt und gesintert (Abb. 3). Man unterscheidet

- Oxidkeramik vorwiegend aus Aluminiumoxid (Al_2O_3),
- Mischkeramik auf der Basis von Aluminiumoxid (Al_2O_3) mit anderen Bestandteilen (TiC und TiN) und
- Nitridkeramik vorwiegend aus Siliziumnitrid (Si_3N_4).

Schneidkeramik hat eine hohe Warmfestigkeit und Verschleißfestigkeit. Sie ist allerdings spröde und empfindlich gegen Schlag- und Biegebeanspruchung sowie gegen Temperaturschwankungen. Schneidkeramik hat eine hohe Warmhärte bis 1300 °C.

Abb. 3: Wendeschneidplatten aus Keramik

Keramische Schneidstoffe werden überwiegend zum Zerspanen von Gusswerkstoffen bis hin zur Hochgeschwindigkeitsbearbeitung verwendet. Dabei wird kein Kühlschmierstoff eingesetzt. Davon ausgenommen ist das Siliziumnitrid. Es ist gegen Temperaturschwankungen weniger empfindlich. Außerdem hat es eine ausreichende Schlagzähigkeit, sodass es sich auch zum Zerspanen mit unterbrochenem Schnitt eignet.

- **Hochharte Schneidstoffe**

Zu den hochharten Schneidstoffen zählen polykristalliner Diamant (PKD) und polykristallines kubisches Bornitrid (CBN). Auf eine tragende Hartmetallschneidplatte ist an einer Schneide eine dünne Diamant- oder Bornitridschicht aufgebracht (Abb. 4). Die Schneidstoffe besitzen eine hohe Warmhärte, sind aber sehr stoßempfindlich. Sie werden für höchste Schnittgeschwindigkeiten und Standzeiten sowie zur Erzeugung sehr guter Oberflächenqualitäten eingesetzt.

Abb. 4: Wendeschneidplatten aus hochharten Schneidstoffen

Polykristalliner Diamant wird bei der Feinbearbeitung von Nichteisenmetallen und nichtmetallischen harten Werkstoffen, z. B. Kunststoffe mit Füllstoffen, verwendet. Für die Zerspanung von Eisenwerkstoffen ist Diamant ungeeignet, da er dazu neigt, Kohlenstoff an die Eisenwerkstoffe abzugeben.

Mit Bornitrid können auch Eisenwerkstoffe bearbeitet werden. Es eignet sich besonders zum Schlichtdrehen einsatzgehärteter Stahlwerkstoffe mit einer Härte bis zu 65 HRC.

Tab. 1: Einsatzschwerpunkte für Schneidstoffe

Schneidstoff	Anwendung
Schnellarbeitsstahl HS	Formdrehen mit hohen Anforderungen an Schneidenschärfe und Schneidenstabilität
Hartmetall HW, HF	breiter Anwendungsbereich, häufige Verwendung
Cermets HT	Schlicht- und Feindrehen metallischer Werkstoffe
Oxidkeramik (Al_2O_3) CA	Zerspanen von Gusseisenwerkstoffen in der Großserienfertigung und zur Hochgeschwindigkeitsbearbeitung
Siliziumnitrid (Si_3N_4) CN	Schrupp- und Schlichtbearbeitung von Grauguss, auch mit Kühlschmierstoff
Bornitrid (CBN) BL,BH, BC	Schlichtbearbeitung gehärteter Eisenwerkstoffe bis 65 HRC
Diamant (PKD) DD, DP, DM	Zerspanen von Al-Legierungen, insbesondere mit hohem Siliziumanteil, sowie Nichteisenwerkstoffen und Nichtmetallen

Schneidstoffbezeichnung

Die verschiedenen Schneidstoffe werden in sechs Hauptanwendungsgruppen eingeteilt und mit Kennbuchstaben gekennzeichnet (→📖). Jede Hauptgruppe ist wiederum in Anwendungsgruppen mit entsprechenden Kenn-Nummern unterteilt. Sie kennzeichnen die Zähigkeit und die Verschleißfestigkeit des Schneidstoffes. Die Bezeichnung harter Schneidstoffe erfolgt mit Kennbuchstaben für den Schneidstoff, der Hauptanwendungsgruppe und der Anwendungsgruppe.

CA – K 20

Schneidstoff: *Oxidkeramik*

Hauptanwendungsgruppe: *kurzspanende Werkstoffe*

Anwendungsgruppe: *mittlere Zähigkeit u. Verschleißfestigkeit*

Aufgaben

1. Für eine Wendeschneidplatte ist folgende Normbezeichnung angegeben:

DIN 4969 – W N G M 16 04 03 E N – CN-K20

a) Entschlüsseln Sie die Bezeichnung.

b) Geben Sie an, welche Werkstoffe mit dem Schneidstoff vorwiegend zerspant werden.

2. Für einen Klemmhalter ist folgende Normbezeichnung angegeben:

Halter ISO 5611 – P C L N R 25 25 M 16

a) Entschlüsseln Sie die Bezeichnung.

b) Skizzieren Sie den Halter mit allen kennzeichnenden Maßen.

Fertigen

2.3.9 Dreharbeiten

2.3.9.1 Außendrehen

Runddrehen

Zum Runddrehen von Außenkonturen werden Drehmeißel mit *Einstellwinkeln* $\varkappa$ von 45° bis 107,5° eingesetzt. Drehmeißel mit einem Einstellwinkel von 45° bis 75° und großem *Eckenwinkel* ε werden für Schrupparbeiten verwendet. Rechtwinklige Absätze werden mit einem Einstellwinkel von 95° gedreht. Mit Schneidplatten, deren Eckenwinkel 60° bis 35° betragen, lassen sich Freistiche und Rundungen herstellen (Tab. 1).

Tab. 1: Drehmeißel für unterschiedliche Dreharbeiten

Drehmeißel	Dreharbeiten/Auswirkungen
$\varkappa$ = 45° bis 75° 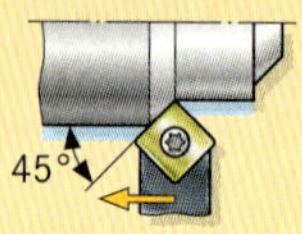	Schruppbearbeitung, *Schutz an der Schneidenecke beim Anschnitt*
$\varkappa$ = 90° 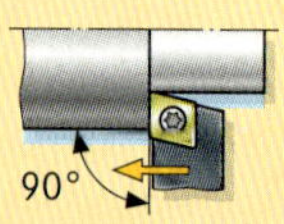	Schlichtbearbeitung, Drehen schlanker Wellen *kleine Passivkräfte, geringe Ratterneigung*
$\varkappa$ > 90°, ε = 35 - 60° 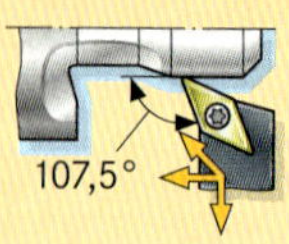	Drehen von Freistichen und Rundungen, *Bruchgefährdung der Schneidenecke*

Der Einstellwinkel hat Einfluss auf die Vorschub- und Passivkraft (Abb. 1). Mit zunehmendem Einstellwinkel nimmt die Passivkraft F_p ab und die Vorschubkraft F_v zu. Um die Gefahr des Durchbiegens beim Drehen langer schlanker Wellen zu verringern, wählt man Drehmeißel mit großem Einstellwinkel.

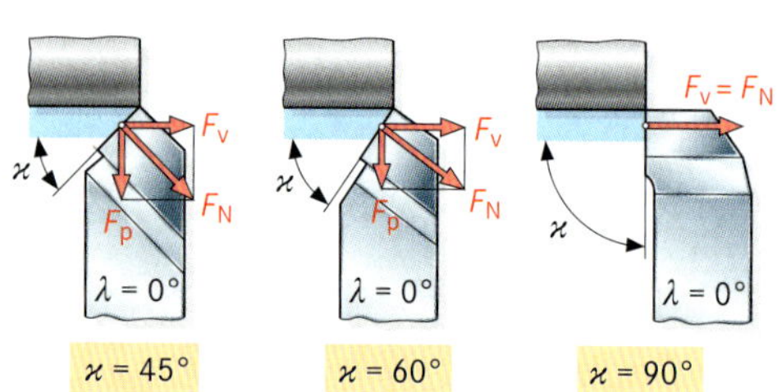

Abb. 1: Einstellwinkel und Passivkraft

Der *Neigungswinkel* λ der Schneidplatten kann je nach verwendetem Klemmhalter positiv oder negativ sein. Zur Schruppbearbeitung und bei unterbrochenem Schnitt sollte der Neigungswinkel λ negativ sein. Beim Anschnitt dringt dadurch nicht die Schneidenecke zuerst in den Werkstoff ein. Das schont die Schneide bei einer Schruppbearbeitung und besonders bei einem unterbrochenen Schnitt (Abb. 2). Die Gefahr, dass die Schneidenecke ausbricht, wird verringert.

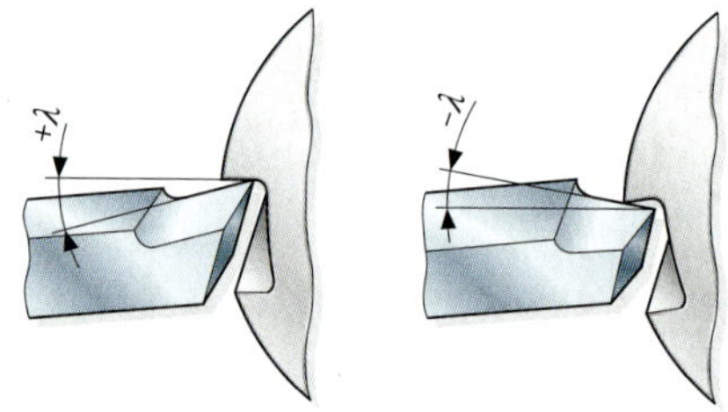

Abb. 2: Neigungswinkel und Schnittunterbrechung

Der Neigungswinkel λ beeinflusst auch den Spanfluss. Ein positiver Neigungswinkel bewirkt, dass der Span vom Werkstück weggelenkt wird (Abb. 3). Der ablaufende Span zerkratzt nicht die fertige Oberfläche. Bei Wendeschneidplatten mit Spanleitstufen wird der Spanfluss durch die eingesinterte Spanbrechergeometrie beeinflusst.

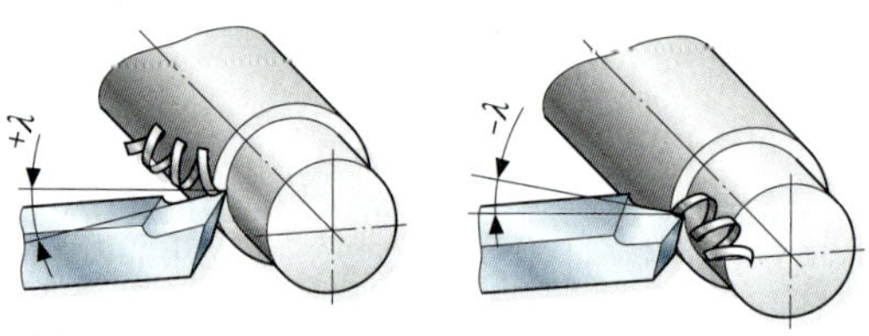

Abb. 3: Neigungswinkel und Spanfluss

Die Größe von Eckenradius r_ε und Vorschub f beeinflussen die Tiefe der Drehrillen am Werkstück und somit die Oberflächenqualität (Abb. 4).

$$R_t = \frac{f^2}{8 \cdot r_\varepsilon}$$

Die theoretische Rautiefe R_t nimmt ab mit abnehmendem Vorschub f und mit zunehmendem Eckenradius r_ε.

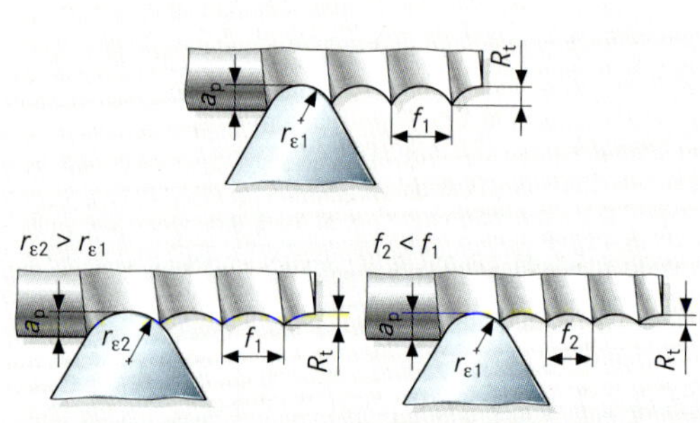

Abb. 4: Einfluss von Eckenradius und Vorschub

Die tatsächliche Rautiefe weicht allerdings von der theoretischen Rautiefe ab. Neben Vorschub und Eckenradius beeinflussen auch Schwingungen an der Maschine, der Schneidenverschleiß und die Spanbildung die Rautiefe am Werkstück.

So ergeben größere Eckenradien größere Passivkräfte, die zu Schwingungen führen können und dann schlechtere Oberflächen ergeben. Darum werden beim Schlichtdrehen meist Wendeplatten mit kleineren Eckenradien eingesetzt. Da beim Schlichtdrehen mit kleinen Vorschüben gearbeitet wird, ergeben selbst kleinere Eckenradien noch geringe Rautiefen.

Beispiel:

Welcher Vorschub *f* ist an der Drehmaschine einzustellen, wenn das Werkstück eine gemittelte Rautiefe Rz = 16 µm erhalten soll und die Wendeschneidplatte einen Radius r_ε = 0,8 mm aufweist?

Geg.: r_ε = 0,8 mm Ges.: *f* in mm

Rz ≈ Rt = 16 µm

Lösung:

$$Rt = \frac{f^2}{8 \cdot r_\varepsilon}$$

$$f = \sqrt{Rt \cdot 8 \cdot r_\varepsilon}$$

$$f = \sqrt{0{,}016 \text{ mm} \cdot 8 \cdot 0{,}8 \text{ mm}} = \underline{\underline{0{,}32 \text{ mm}}}$$

Beim Schruppdrehen wird wegen der großen Schneidenbelastung mit großen Eckenradien gearbeitet.

Plandrehen

Beim Plandrehen muss der Drehmeißel genau auf Mitte stehen. Steht der Drehmeißel tiefer, spant er nicht bis zur Mitte des Werkstückes. Es bleib Restmaterial stehen (Abb. 5a). Dadurch kann der Meißel unter das Werkstück gezogen werden und die Schneide ausbrechen. Steht der Drehmeißel höher, drückt er kurz vor Beendigung des Plandrehens nur noch mit der Freifläche gegen das Werkstück (Abb. 5b). Dadurch kann ebenfalls die Schneide ausbrechen.

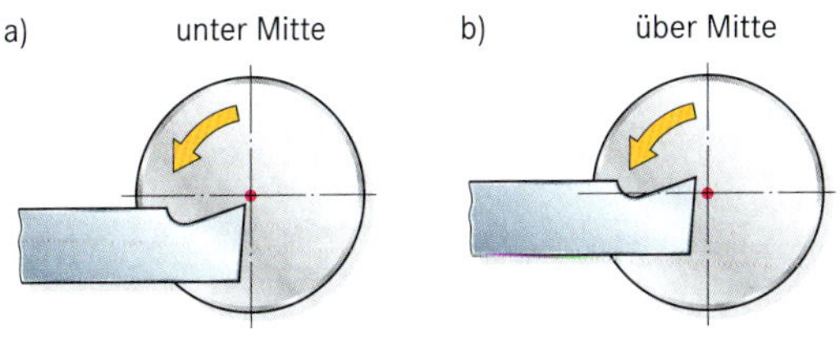

Abb. 5: Fehlerhafte Drehmeißelstellung beim Plandrehen

Einstech- und Abstechdrehen

Zum Einstechen von schmalen Nuten bzw. zum Abstechen des Werkstückes vom Stangenmaterial dienen Abstechdrehmeißel (Abb. 6). Da der Platz zur Befestigung der Abstechplatten klein ist, werden meist Klemmkonstruktionen eingesetzt. Die Spannlänge *l* der Abstechplatte sollte das 8-fache der Plattenbreite *b* nicht übersteigen.

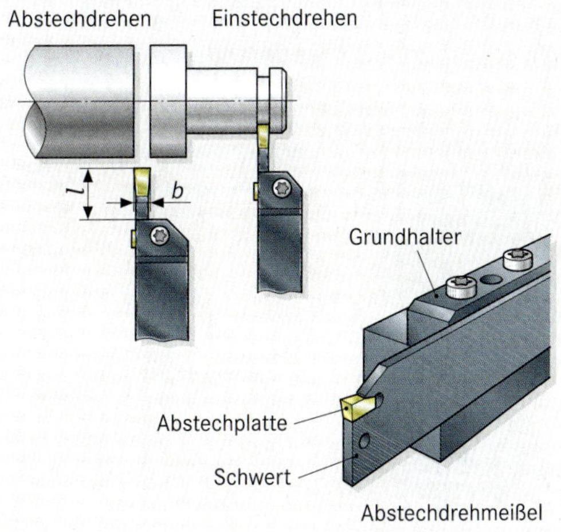

Abb. 6: Abstechdrehen

Beim Abstechen mit einem Einstellwinkel $\varkappa$ von 0° bleibt am abgestochenen Werkstück ein Abstechbutzen stehen (Abb. 7a). Beim Abstechen mit einem Einstellwinkel $\varkappa$ > 0° bleibt der Butzen am gespannten Stangenmaterial und kann durch Drehen über die Werkstückmitte entfernt werden (Abb. 7b). Allerdings wird der Abstechdrehmeißel durch die Zerspankräfte seitlich weggedrückt. Es entsteht eine leicht nach innen gewölbte Planfläche am Werkstück.

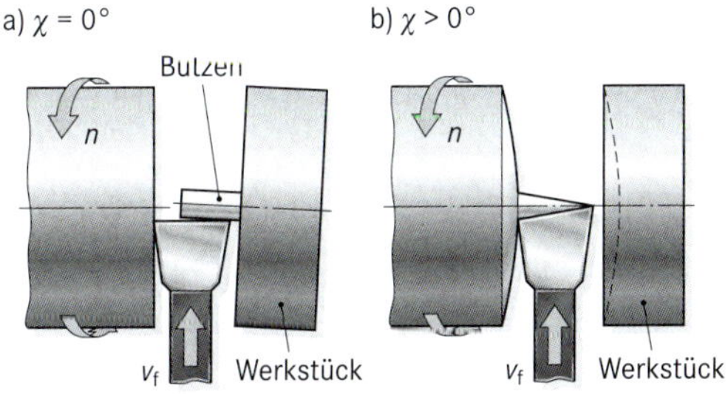

Abb. 7: Einstellwinkel beim Abstechdrehen

Beim Abstechdrehen treten ähnliche Schnittbedingungen wie beim Plandrehen auf. Je tiefer der Drehmeißel in das Werkstück eindringt, um so geringer wird die Schnittgeschwindigkeit, wenn mit gleichbleibender Umdrehungsfrequenz gearbeitet wird. Ist der Drehmeißel nicht genau auf Drehmitte ausgerichtet, besteht die Gefahr eines Werkzeugbruches.

2.3.9.2 Innendrehen

Für das Innendrehen sind ebenfalls unterschiedliche Werkzeugformen erforderlich. Die Einstellwinkel $\varkappa$ sind im Allgemeinen größer als beim Außendrehen (Tab. 1). Zum Drehen von rechtwinkligen Absätzen sind Einstellwinkel $\varkappa$ von mindestens 90° erforderlich. Für Einstiche und Hohlkehlen werden Wendeplatten mit kleinem Eckenwinkel ε benötigt.

Tab. 1: Drehmeißel für Innendreharbeiten

Drehmeißel	Dreharbeiten/Auswirkungen
$\varkappa$ = 75° bis 90° 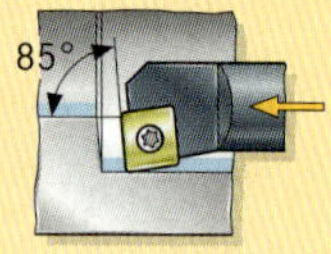	Schruppbearbeitung, *kleine Passivkräfte, geringe Ratterneigung*
$\varkappa$ = 90° bis 95° 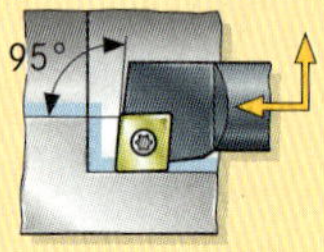	Schlichtbearbeitung, Drehen von Absätzen
$\varkappa$ > 90°, ε = 60 - 35° 	Drehen von Freistichen und Rundungen, *Bruchgefährdung der Schneidenecke*

Beim Drehen tiefer Bohrungen mit kleinen Durchmessern muss der Schaft des Innendrehmeißels lang und schlank sein. Durch die Schnittkraft F_c und die Passivkraft F_p wird die Bohrstange aus dem Schnitt gedrängt (Abb. 1). Dies kann unerwünschte Schwingungen hervorrufen. Durch Schwingungen können die Schneidkanten ausbrechen. Die Standzeit des Werkzeugs verringert sich und die Oberfläche des Werkstücks wird schlechter.

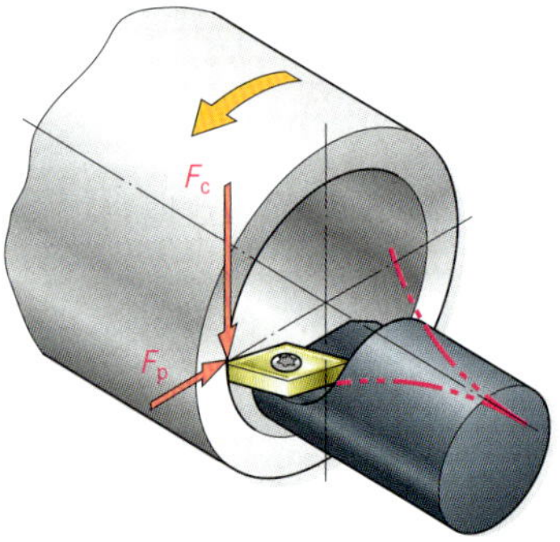

Abb. 1: Belastung der Bohrstange

Um die Schwingungsneigung zu verringern, müssen die Schnittkraft F_c und die Passivkraft F_p möglichst klein sein. Das kann durch geeignete Wahl der Schneidengeometrie und der Arbeitswerte erreicht werden (Tab. 2).

Tab. 2: Maßnahmen zum Verringern der Zerspankräfte

Zerspankräfte	Maßnahmen
Passivkraft F_p verringern	großen Einstellwinkel κ wählen
Schnittkraft F_c verringern	positiven Spanwinkel wählen, Vorschub f verkleinern, Schnitttiefe a_p verkleinern

Einfluss der Schneidengeometrie

Schneidengeometrie		Auswirkungen
Spanwinkel	positiv	- Span gleitet gut ab, geringe Spanstauchung, - kleine Schnittkräfte
	negativ	- starke Spanstauchung, - stabiler Schneidkeil, - große Schnittkräfte
Neigungswinkel	positiv	- Span wird vom Werkstück weg gelenkt
	negativ	- Schneidenecke wird geschont, geringe Bruchgefährdung der Schneidenecke
Einstellwinkel	klein	- längere Schneide im Eingriff, geringere Schneidenbelastung, - verbesserte Wärmeabfuhr, - schlanker Span
	groß	- kürzere Schneidkante im Eingriff, größere Schneidenbelastung, - kleine Passivkräfte, geringe Ratterneigung
Eckenwinkel	klein	- große Schneidenbelastung und Wärmestau an der Schneidenecke, - Bruchgefährdung der Schneidenecke
	groß	- geringe Bruchgefährdung der Schneidecke, - verbesserte Wärmeabfuhr
Schneidenradius	groß	- geringe theoretische Rautiefe, - stabilere Schneide, geringe Bruchgefährdung der Schneidecke, - große Passivkräfte, Ratterneigung
	klein	- große theoretische Rautiefe, - kleine Passivkräfte
Spanbrecher		- lenken den Spanfluss

2.3.9.3 Gewindedrehen

Durch Gewindedrehen lassen sich Außen- und Innengewinde mit unterschiedlichen Gewindegrößen und Gewindeausführungen herstellen. Dabei sind Schnitt- und Vorschubbewegung so aufeinander abzustimmen, dass der Vorschub *f* des Drehmeißels der Gewindesteigung *P* entspricht.

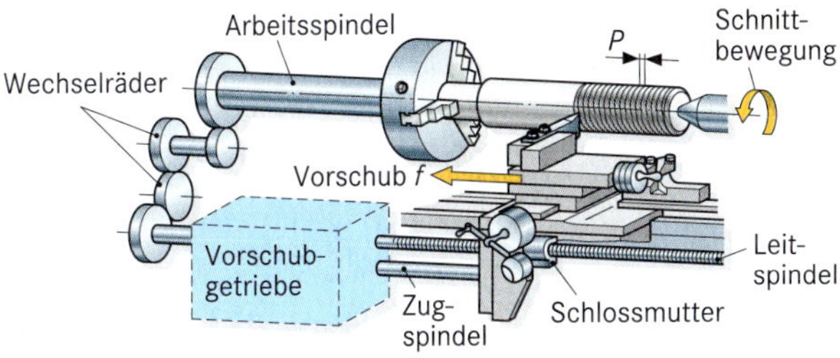

Abb. 2: Gewindedrehen auf Universaldrehmaschinen

Auf Universaldrehmaschinen erfolgt die Steuerung der Vorschubbewegung durch Wechselräder- und Vorschubgetriebe über Leitspindel und Schlossmutter auf den Werkzeugschlitten (Abb. 2). Während des Gewindedrehens darf die Schlossmutter nicht geöffnet werden.

Auf zyklengesteuerten Drehmaschinen und CNC-Drehmaschinen werden die Bewegungen durch Gewindeschneidzyklen gesteuert.

Zum Gewindedrehen werden meist Wendescheidplatten eingesetzt. Die Form der Schneidplatte erzeugt das Gewindeprofil. Die Schneidplatten werden in Abhängigkeit von der Steigung und damit vom Gewindenenndurchmesser gewählt.

Vollprofil-Schneidplatten schneiden ein komplettes Gewindeprofil einschließlich der Gewindespitzen. Das Werkstück muss nicht auf den genauen Durchmesser vorgedreht werden. Für jedes Gewindeprofil und für jede Steigung ist eine eigene Schneidplatte erforderlich (Abb. 3a).

Teilprofil-Schneidplatten können für einen größeren Steigungsbereich eingesetzt werden. Der Vordrehdurchmesser für das Gewinde muss allerdings genau eingehalten werden (Abb. 3b).

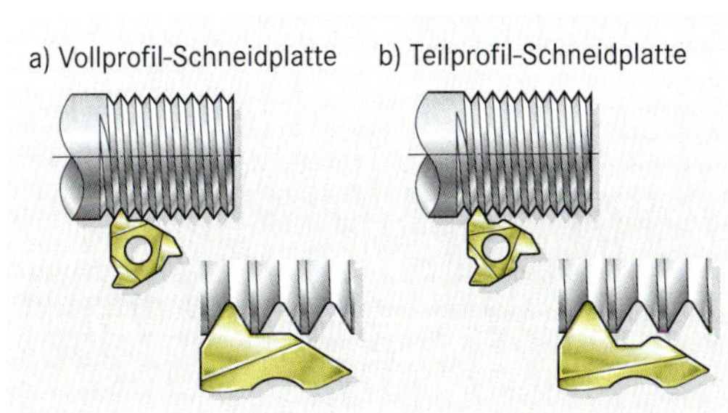

Abb. 3: Gewindeschneidplatten

Damit das Gewindeprofil ohne Profilabweichungen gefertigt wird, muss die Schneide auf Drehmitte stehen und der Spanwinkel $\gamma = 0°$ betragen (Abb. 4). Außerdem ist die Wendeschneidplatte um den Neigungswinkel λ zu neigen, damit der Flankenfreiwinkel α_2 ausreichend groß ist. Der Neigungswinkel λ muss dem Steigungswinkels φ des Gewindes entsprechen.

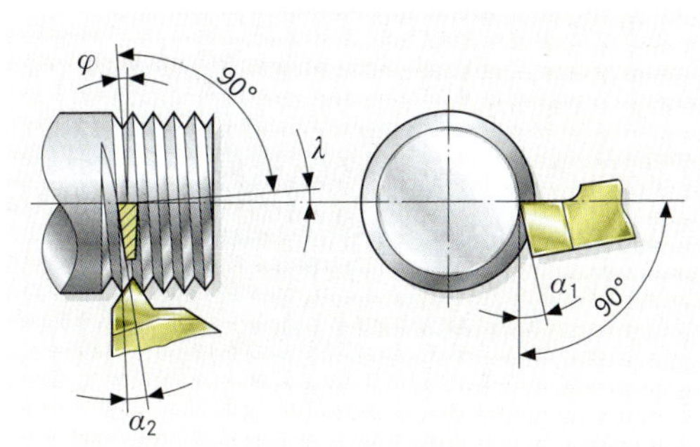

Abb. 4: Lage der Wendeschneidplatte für Gewindedrehen

Unter die eigentliche Schneidplatte werden dazu Unterlegplatten mit dem entsprechenden Neigungswinkel geklemmt (Abb. 5).

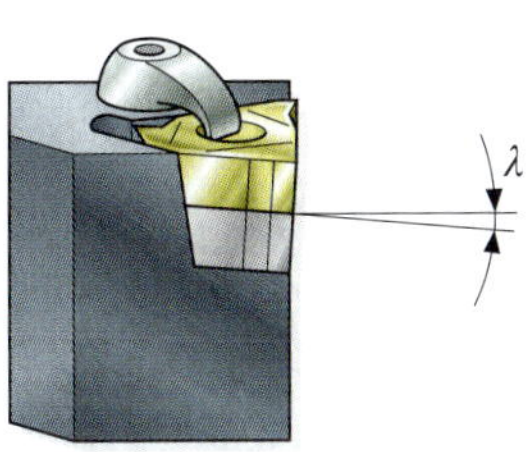

Abb. 5: Unterlegplatte mit Neigungswinkel

Gewinde werden in mehreren Schnitten gedreht. Die Anzahl der Schnitte ist von der Größe des Gewindeprofils und damit von der Steigung des Gewindes abhängig.

Je nach Gewindesteigung und zu bearbeitendem Werkstoff werden unterschiedliche Zustellarten angewendet.

Bei der *Radialzustellung* wird der Drehmeißel senkrecht zur Drehachse zugestellt (Abb. 6). Es entstehen an beiden Schneiden links und rechts Späne, die sich beim Abfließen behindern. Die Methode wird darum meist nur bei kleinen Gewindesteigungen bis 1,5 mm und bei kurzspanenden Werkstoffen eingesetzt.

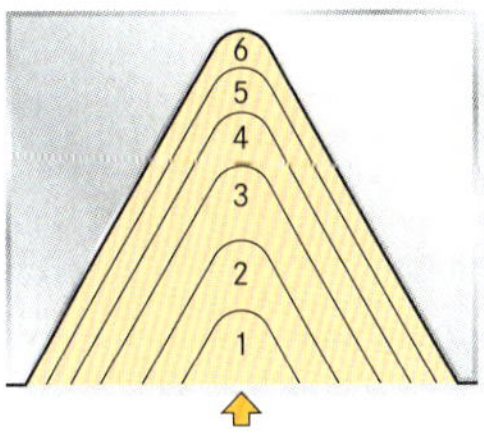

Abb. 6: Radialzustellung

Bei der *Flankenzustellung* wird gleichzeitig in radialer und axialer Richtung zugestellt (Abb. 1). Es entstehen nur an einer Schneide Späne. Sie wird bei Gewindesteigungen über 1,5 mm angewendet.

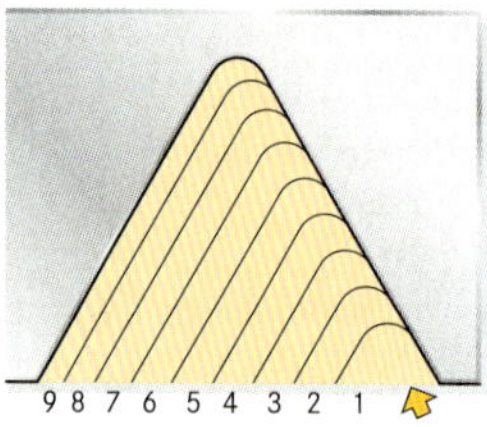

Abb. 1: Flankenzustellung

Bei den meisten CNC-Maschinen arbeitet der Gewindeschneidzyklus nach dieser Methode.

Bei der *wechselseitigen Zustellung* schneidet abwechselnd die linke und rechte Schneide des Drehmeißels (Abb. 2). Dadurch verschleißen die Schneiden gleichmäßig. Die Methode wird bei sehr großen Gewinden und langspanenden Werkstoffen angewendet.

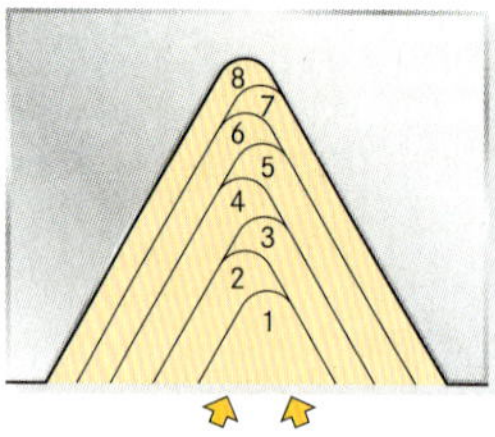

Abb. 2: wechselseitige Zustellung

2.3.9.4 Kegeldrehen

Auf Universaldrehmaschinen ist Kegeldrehen möglich durch:

- Oberschlittenverstellung und
- Reitstockverstellung.

Kegeldrehen durch *Oberschlittenverstellung* erfolgt durch Schwenken des Oberschlittens um den Einstellwinkel $\alpha/2$ (Abb. 3). Die Vorschubbewegung wird dabei von Hand ausgeführt. Fertigen lassen sich kurze Kegel mit unterschiedlichen Kegelwinkeln. Die Kegellänge ist durch den Vorschubweg des Oberschlittens begrenzt.

Da die Vorschubbewegung von Hand ausgeführt wird, ist sie nicht gleichmäßig. Es ergeben sich schlechte Oberflächenqualitäten.

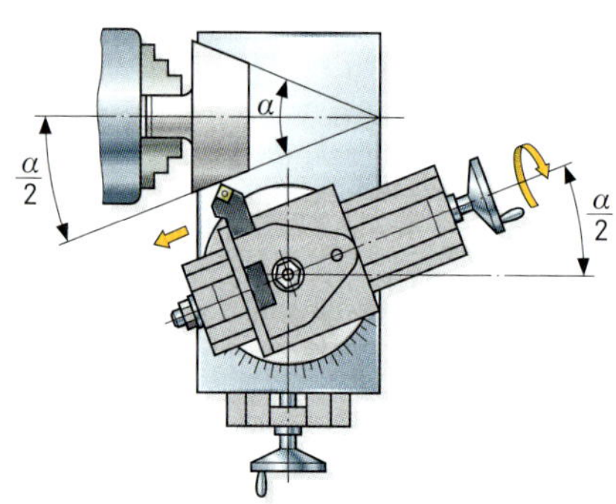

Abb. 3: Kegeldrehen durch Oberschlittenverstellung

Die *Winkelverstellung* des Oberschlittens wird überprüft durch:

- Winkelskaleneinteilung am Oberschlitten oder
- Kegellehrdorn und Messuhranzeige bei genauen Kegeln mit geringen Fertigungstoleranzen (Abb. 4).

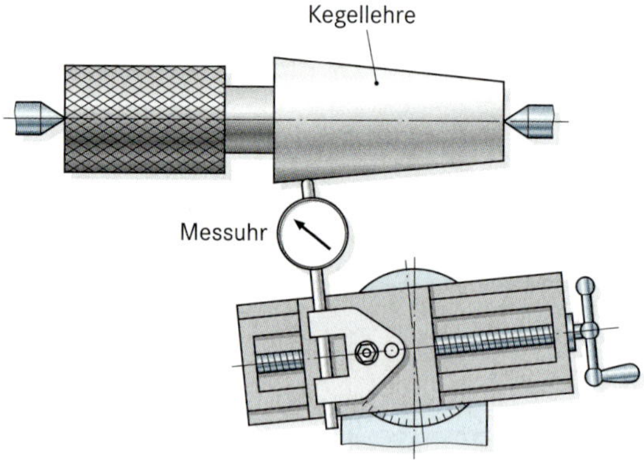

Abb. 4: Ausrichten des Oberschlittens

Kegeldrehen durch *Reitstockverstellung* erfolgt zwischen Spitzen. Der Reitstock wird so um das Verstellmaß l_V verschoben, dass der Vorschub des Drehmeißels parallel zur Kegelmantellinie verläuft (Abb. 5). Die Zentrierbohrungen zur Aufnahme des Werkstückes sollten eine gewölbte Lauffläche (Form R) haben. Die Vorschubbewegung erfolgt durch den Längsschlittenvorschub. Da die Einspannung des Werkstückes labil ist, kann nur mit kleinen Vorschüben und Schnitttiefen gearbeitet werden.

Es können nur kleine Kegelwinkel gefertigt werden. Die Querverstellung l_V des Reitstocks darf höchstens 1/50 der Werkstücklänge L_W betragen.

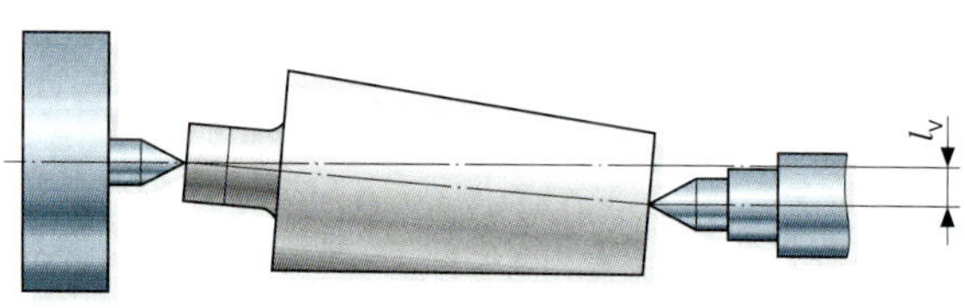

Abb. 5: Kegeldrehen durch Reitstockverstellung

Damit keine Maß- und Formfehler entstehen, muss der Drehmeißel bei allen Kegeldreharbeiten genau auf Drehmitte eingestellt werden.

Auf zyklengesteuerten Drehmaschinen und auf CNC-Drehmaschinen können Kegel einfacher gefertigt werden. Ein Programm steuert die gleichzeitige Bewegung des Werkzeugschlittens in Längs- und Querrichtung zur Erzeugung eines Kegels. Das Umrüsten der Maschine entfällt.

Berechnungen zum Kegeldrehen

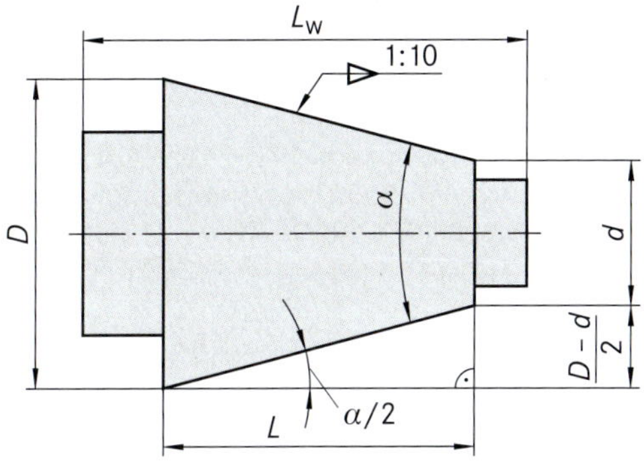

Die *Kegelverjüngung C* ist das Verhältnis aus der Differenz der beiden Kegeldurchmesser (*D* und *d*) und deren Abstand *L*.

$$C = \frac{D-d}{L}$$

Die Kegelverjüngung $C = 1 : 10$ gibt an, dass auf einer Länge von 10 mm der Durchmesser des Kegels um 1 mm abnimmt.

Der Einstellwinkel $\alpha/2$ entspricht dem halben Kegelwinkel α. Der Tangens des Einstellwinkels $\alpha/2$ entspricht der halben Kegelverjüngung *C*.

$$\tan \alpha/2 = \frac{C}{2} = \frac{D-d}{2 \cdot L}$$

Die *Reitstockverstellung* l_v kann angenähert aus der halben Differenz der Werkstückdurchmesser multipliziert mit dem Verhältnis Werkstücklänge L_W zu Kegellänge *L* ermittelt werden.

$$l_v \approx \frac{D-d}{2} \cdot \frac{L_W}{L}$$

Beispiel: Berechnung des Einstellwinkels

Um welchen Winkel ist der Oberschlitten einer Drehmaschine zu schwenken, wenn ein Kegelstumpf mit den Durchmessermaßen $D = 80$ mm, $d = 38$ mm und der Kegellänge $L = 120$ mm herzustellen ist?

Geg.: $D = 80$ mm, $d = 38$ mm, $L = 120$ mm

Ges.: $\alpha/2$ in °

Lösung:

$$\tan \alpha/2 = \frac{D-d}{2 \cdot L}$$

$$\tan \alpha/2 = \frac{80\text{ mm} - 38\text{ mm}}{2 \cdot 120\text{ mm}} = 0{,}175$$

$$\alpha/2 = \underline{\underline{9°5'}}$$

Beispiel:
Berechnung der Reitstockverstellung

Wie groß ist die erforderliche Reitstockverstellung zum Drehen des Kegels für das abgebildete Werkstück?

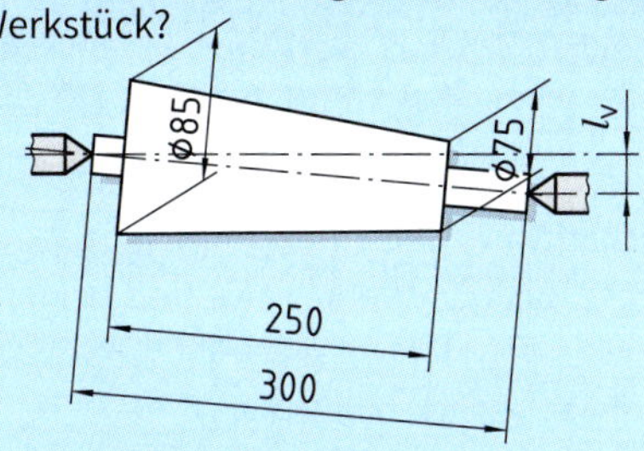

Geg.: $D = 85$ mm, $d = 75$ mm, $L = 250$ mm, $L_W = 300$ mm

Ges.: l_v in mm

Lösung:

$$l_v = \frac{D-d}{2} \cdot \frac{L_W}{L}$$

$$l_v = \frac{85\text{ mm} - 75\text{ mm}}{2} \cdot \frac{300\text{ mm}}{250\text{ mm}}$$

$$l_v = \frac{10\text{ mm}}{2} \cdot \frac{6}{5} = \underline{\underline{6\text{ mm}}}$$

Aufgaben

1. Beschreiben Sie die Schneidengeometrie eines Drehmeißels für eine Schruppbearbeitung.

2. Für welche Schnittbedingungen wählt man einen Drehmeißel mit negativem Neigungswinkel?

3. Der Schneidenradius einer Schneidplatte beträgt 0,4 mm. Welcher Vorschub ist an der Drehmaschine einzustellen, wenn die Rautiefe unter 6,3 µm liegen soll?

4. Wie muss eine Gewinde-Schneidplatte im Schneidhalter geklemmt werden, damit keine Profilabweichungen entstehen?

5. Das dargestellte Drehteil ist auf einer Universaldrehmaschine herzustellen.

a) Berechnen Sie die Kegelverjüngung.

b) Geben Sie das Symbol an, mit dem die Kegelverjüngung in die Zeichnung einzutragen ist.

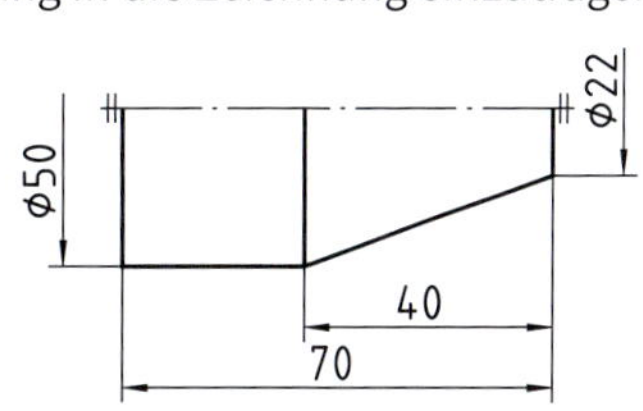

c) Welcher Einstellwinkel ist am Oberschlitten einzustellen?

Infor-
mieren

2.3.10 Werkzeugverschleiß

Bei der Zerspanung ist die Werkzeugschneide hohen mechanischen und thermischen Beanspruchungen ausgesetzt. Durch den Kontakt von Werkzeug und Werkstück können zudem Schneidstoff und Werkstoff chemisch miteinander reagieren. Dadurch nutzt sich das Werkzeug ab und verschleißt.

Verschleißmechanismen

Ursache für den Verschleiß sind folgende sich überlagernde Verschleißmechanismen:

- Adhäsionsverschleiß,
- Verschleiß durch mechanischen Abrieb,
- Diffusionsverschleiß und
- Verschleiß durch Verzunderung.

Der Einfluss dieser Verschleißmechanismen ist stark temperaturabhängig (Abb. 1).

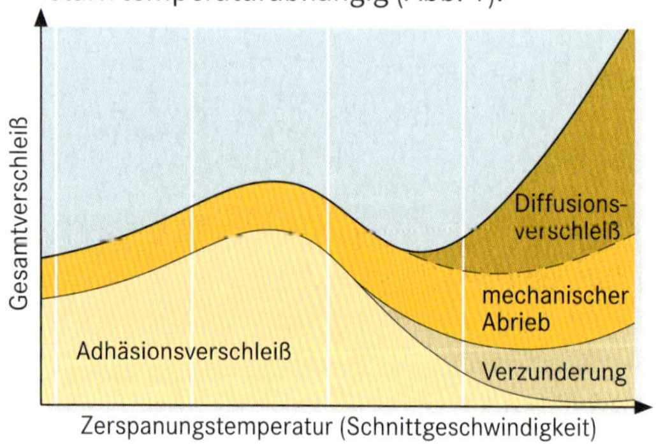

Abb. 1: Verschleißmechanismen

Adhäsionsverschleiß entsteht durch das Abscheren verschweißter Werkstoffteilchen auf der Spanfläche, wobei Teilchen aus dem Schneidstoff gerissen werden. Adhäsionsverschleiß tritt bei niedrigen Temperaturen auf.

Bei *mechanischem Abrieb* werden Teilchen durch Reibung aus dem Schneidstoff gerissen. Verursacht wird dieser Abrieb durch harte Teilchen im Werkstoff. Der mechanische Abrieb ist weitgehend unabhängig von der Zerspanungstemperatur.

Diffusionsverschleiß tritt bei hohen Temperaturen und chemischer Ähnlichkeit von Werkstoff und Schneidstoff auf. Es wechseln Atome zwischen Span und Werkzeug, wodurch sich Schneidstoffteilchen aus der Spanfläche lösen. Diffusionsverschleiß steigt stark mit zunehmender Temperatur.

Die *Verzunderung* des Werkzeuges entsteht aufgrund hoher Temperaturen in der Nähe der Schneidkanten. Der Schneidstoff reagiert mit dem Luftsauerstoff. Die sich bildenden Schichten sind sehr spröde und brechen bei Belastung des Werkzeuges aus.

Die Zerspanungsbedingungen sollten so gewählt werden, dass der mechanische Abrieb gegenüber den anderen Verschleißmechanismen überwiegt.

Verschleißformen

Die Verschleißmechanismen bewirken unterschiedliche am Schneidkeil sichtbare Verschleißerscheinungen (Abb. 2). Es treten vorwiegend folgende Verschleißformen auf:

- Aufbauschneide,
- Kolkverschleiß,
- Freiflächenverschleiß,
- Risse und
- Ausbrüche.

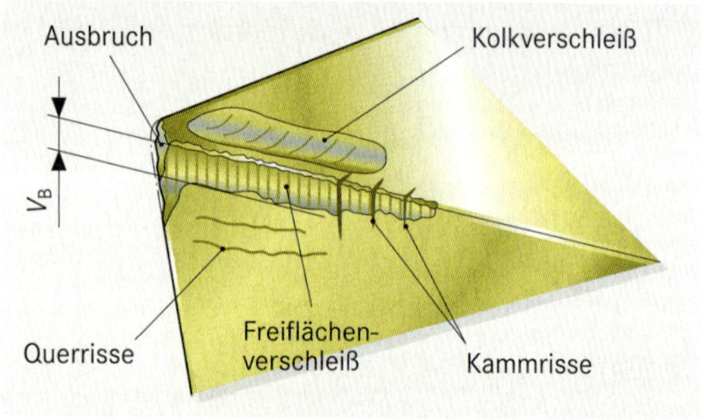

Abb. 2: Verschleißformen

Bei der *Aufbauschneide* verschweißen Werkstoffteilchen des zerspanten Materials durch den großen Schnittdruck auf der Schneidenkante (Abb. 3). Sie werden dabei stark verfestigt. Ihre Härte ist wesentlich höher als die des ursprünglichen Werkstoffes. Hat die Aufbauschneide eine gewisse Größe erreicht, bricht sie ab. Die abgebrochenen Teilchen werden sowohl zwischen dem ablaufenden Span und der Spanfläche abgeführt als auch an der Freifläche der Schneidkante entlang gedrückt.

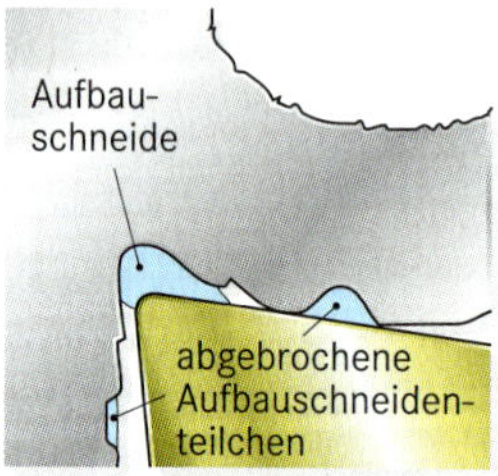

Abb. 3: Aufbauschneidenbildung

Die Aufbauschneide führt zu einer schlechten Oberflächengüte und beeinfusst die Maßhaltigkeit des Werkstückes. Beim Abbrechen der Aufbauschneide wird Material aus dem Schneidkeil gerissen und führt zu erhöhtem Werkzeugverschleiß.

Weiche, verfestigungsfähige Werkstoffe wie kohlenstoffarmer Stahl oder Aluminium neigen zur Aufbauschneidenbildung. Werkzeuge mit verrundeten Schneidkanten bilden eher Aufbauschneiden. Die Neigung zur Aufbauschneidenbildung nimmt mit positiven Spanwinkeln am Schneidkeil und mit höheren Zerspanungstemperaturen ab.

Der *Kolkverschleiß* entsteht im Kontaktbereich des Spanes mit der Spanfläche des Werkzeuges. Die Schnittkräfte und der ablaufende Span erzeugen mechanischen Abrieb und Zerspanungswärme. Die hohen Temperaturen bewirken Diffusionsverschleiß. Durch den Kolkverschleiß entsteht eine muldenartige Aushöhlung auf der Spanfläche (Abb. 4).

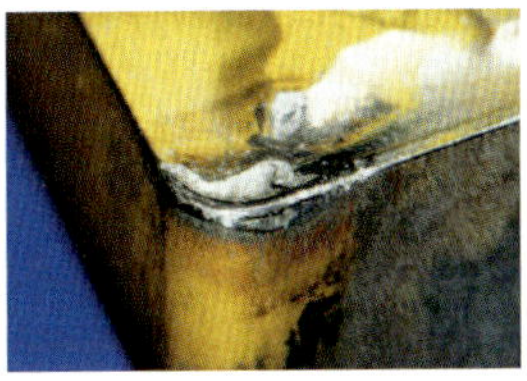

Abb. 4: Kolkverschleiß

Starker Kolkverschleiß führt zu einer Schwächung der Schneidkante. Dadurch nimmt die Gefahr des Schneidenbruches zu.

Hohe Schnitttemperaturen bewirken, dass sich die abfließenden Späne leichter plastisch verformen. Die Schnittkräfte und der mechanische Verschleiß nehmen ab; allerdings nimmt der Diffusionsverschleiß zu. Beschichte Hartmetalle und keramische Schneidstoffe sind durch eine Oxid- bzw. Titankarbidschicht vor Diffusionsverschleiß geschützt.

Der *Freiflächenverschleiß* entsteht an der Haupt- und Nebenfreifläche (Abb. 5). An den Freiflächen gleiten die Schnittflächen des Werkstückes vorbei und erzeugen einen mechanischen Abrieb. Die Größe des Freiflächenverschleißes wird über die Verschleißmarkenbreite V_B gemessen.

Abb. 5: Freiflächenverschleiß

Freiflächenverschleiß führt zu einer schlechten Oberflächengüte und beeinflusst die Maßhaltigkeit des Werkstückes. Außerdem steigen Schnitt kraft und Zerspanungstemperatur an.

Der Freiflächenverschleiß nimmt mit kleinen Freiwinkeln zu.

Risse bilden sich durch wechselnde thermische und mechanische Beanspruchung. Derartige Beanspruchungen entstehen beim Arbeiten im unterbrochenen Schnitt oder bei wechselnden Schnitttiefen. Eine zu geringe Kühlschmierstoffzufuhr kann eine zusätzliche thermische Beanspruchung bewirken. Thermische Beanspruchungen führen zu *Kammrissen*, die senkrecht zur Schneidkante verlaufen (Abb. 6). Mechanische Beanspruchungen führen zu *Querrissen*.

Abb. 6: Kammrisse

Risse beeinflussen die Oberflächengüte des Werkstückes und können zu Ausbrüchen am Schneidkeil führen.

Überbeanspruchungen durch große Schnittkräfte können *Ausbrüche* an der Schneidkante oder Schneidecke hervorrufen(Abb. 7).

Solche Ausbrüche entstehen auch, wenn die Schneidplatte trotz starkem Verschleiß nicht ausgewechselt wird.

Starke Ausbrüche machen nicht nur die Wendeschneidplatte unbrauchbar, sie beschädigen auch das Werkstück.

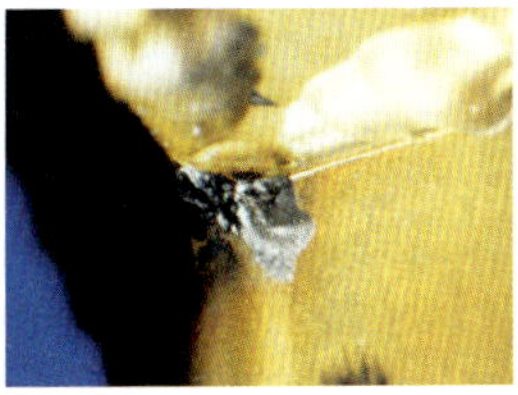

Abb. 7: Ausbruch

Kleine Keil- und Eckenwinkel am Schneidkeil oder spröde Schneidstoffe verringern die Belastbarkeit des Werkzeuges.

Gegenmaßnahmen

Ein langsamer gleichmäßiger Verschleiß des Schneidkeils ist normal. Tritt übermäßiger Verschleiß auf, sollten Gegenmaßnahmen ergriffen werden. Der aufgetretene Verschleiß wird mithilfe einer Lupe untersucht und beurteilt. Zur Optimierung der Zerspanung müssen die Arbeitswerte geändert oder Schneidplatten mit anderen Schneidstoffen oder Schneidengeometrien eingesetzt werden (Tab. 1).

Tab. 1: Verschleiß und Gegenmaßnahmen

Verschleißform	Gegenmaßnahmen
Aufbauschneide 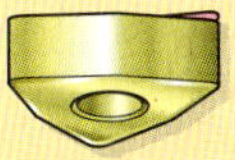	• Schnittgeschwindigkeit erhöhen • Keinen Kühlschmierstoff einsetzen • Vorschub erhöhen • Platte mit scharfer Schneide und positivem Spanwinkel wählen
Kolkverschleiß 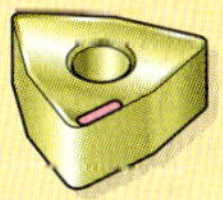	• Kühlschmierstoff einsetzen • Verschleißfesteren Schneidstoff oder beschichtete Platte wählen • Schnittgeschwindigkeit reduzieren • Vorschub reduzieren
Freiflächen-verschleiß 	• Schnittgeschwindigkeit reduzieren • Verschleißfesteren Schneidstoff wählen
Kammrisse 	• Ausreichend Kühlschmierstoff verwenden oder ganz weglassen • Schnittgeschwindigkeit reduzieren • Vorschub reduzieren • Zäheren Schneidstoff wählen
Ausbrüche 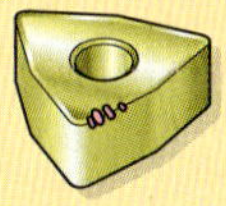	• Schnittgeschwindigkeit erhöhen • Vorschub reduzieren • Stärkere Geometrie wählen • Zäheren Schneidstoff wählen

Prüfen

2.3.11 Prüfgeräte

Beim Fertigen der Bolzen sind die Maße und die Form- und Lagetoleranzen zu überprüfen. Dazu sind die entsprechenden Prüfgeräte auszuwählen.

2.3.11.1 Auswahl von Prüfgeräten

Bei der Auswahl der Prüfgeräte müssen folgende Prüfbedingungen berücksichtigt werden:

- Die Messgröße (Länge) bestimmt die Art des Prüfgerätes (Längenmessgerät).
- Die Größe des zu prüfenden Maßes bestimmt den Messbereich des Prüfgerätes.
- Die Toleranzen der zu prüfenden Maße bestimmen die Ablesegenauigkeit des Messgerätes.
- Die betrieblichen Gegebenheiten bestimmen die Art des Ablesens und die Empfindlichkeit eines Prüfgerätes.

Grundsätzlich unterscheidet man zwischen lehrender und messender Prüfung.

Bei der *lehrenden Prüfung* wird ein Maß oder die Form eines Werkstückes mit einer Lehre verglichen. Es wird ermittelt, ob eine vorgeschriebene Grenze überschritten wird. Tatsächlich vorhandene Abweichungen vom Nennmaß werden nicht festgestellt. Durch die Einstufung in Gut, Ausschuss oder Nacharbeit werden attributive Merkmale geprüft.

! *Attributive Merkmale* lassen sich nur zwischen zwei Ausprägungen unterscheiden. Es wird geprüft, ob sie vorhanden oder nicht vorhanden sind.

Auch Risse, Kratzer oder Grat an einem Werkstück können als attributive Merkmale erfasst werden.

Bei der *messenden Prüfung* wird ein Maß am Werkstück mit der Bezugsgröße eines Messgerätes verglichen. Es wird ein Messwert ermittelt. Messwerte sind variable Merkmale.

! *Variable Merkmale* sind messbare Größen (z. B. Längen).

Die messende Prüfung hat mehrere Vorteile. Messwerte ermöglichen das Einstellen und Korrigieren von Maschinen in der Fertigung. Außerdem lassen sich Messwerte statistisch auswerten.

Bei der Auswahl eines Messgerätes ist besonders dessen Ablesegenauigkeit zu beachten. Die Ablesegenauigkeit beeinflusst die Genauigkeit, mit der ein Messergebnis erfasst werden kann. Je gröber die Ablesegenauigkeit, desto größer ist die Unsicherheit des Messergebnisses.

Bei der Einzelteilfertigung sollte die Ablesegenauigkeit eines Messgerätes 1/10 der angegebenen Toleranz betragen.

$$Skw \text{ bzw. } Zw < 1/10\ \mathrm{T}$$

Beispiel:

Der Durchmesser Ø 25g6 am Bolzen soll mit einer digitalen Bügelmessschraube überprüft werden. Die Eignung des Messgerätes ist zu beurteilen.

$Zw = 0{,}001\ \text{mm} = 1\ \mu\text{m}$

$es = -7\ \mu\text{m}; \text{ei} = -20\ \mu\text{m}$

$T = es - ei = 13\ \mu\text{m}$

Vergleich:

$Zw = 1\ \mu\text{m} < \frac{1}{10} \cdot 13\ \mu\text{m} = 1{,}3\ \mu\text{m}$

Die digitale Bügelmessschraube ist geeignet.

Durch die Messunsicherheit können Messwerte in der Nähe der Toleranzgrenze nicht eindeutig beurteilt werden (Abb. 1). Der messtechnisch sichere Bereich entspricht der Toleranz verringert um die Messunsicherheit an der oberen und unteren Toleranzgrenze.

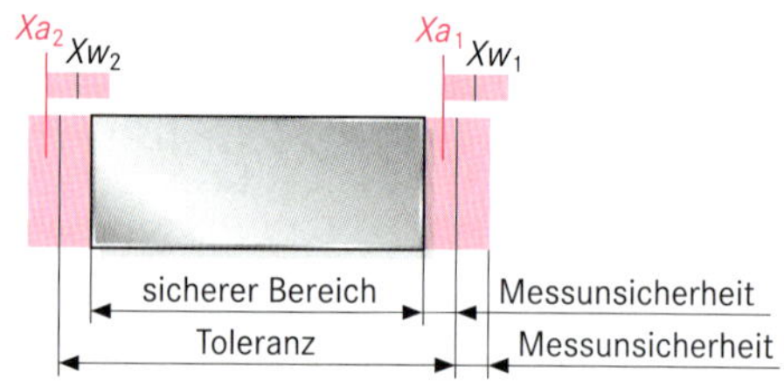

Abb. 1: Unsicherheitsbereiche an den Toleranzgrenzen

Liegt der Messwert im Unsicherheitsbereich, sind folgende Ergebnisse möglich:

Es wird durch die Messunsicherheit ein Messwert x_{a1} ermittelt, der innerhalb der Toleranz zu liegen scheint, obwohl das tatsächliche Maß x_{w1} außerhalb der Toleranz liegt. Ein Ausschussteil wird dadurch nicht erkannt und nicht aussortiert.

Es wird durch die Messunsicherheit ein Messwert x_{a2} ermittelt, der außerhalb der Toleranz zu liegen scheint, obwohl das tatsächliche Maß x_{w2} innerhalb der Toleranz liegt. Ein Gutteil wird fälschlicherweise als Ausschuss aussortiert.

! Die Toleranz ist nur dann mit Sicherheit eingehalten, wenn der Messwert im sicheren Bereich liegt. Je größer der Unsicherheitsbereich ist, umso stärker wird die in der Zeichnung festgelegte Toleranz eingeschränkt.

In der Serienfertigung ist zusätzlich zu den messtechnischen Anforderungen an das Messgerät auch die Eignung des Prüfprozesses nachzuweisen.

Der Prüfprozess in der Serienfertigung wird beeinflusst durch:

- fehlerbehaftete Messobjekte (Werkstücke),
- sich verändernde Umgebungsbedingungen und
- wechselnde Prüfer.

Messobjekte mit Grat, Schmutz oder Formabweichungen (z. B. Unrundheit) am Werkstück verfälschen den Messwert und machen das Messergebnis unsicher.

Umgebungsbedingte Einflüsse ergeben sich durch Schwankungen der Temperatur, unzureichende Beleuchtung oder hohe Belastungen durch Erschütterungen und Staub. Besonders Temperaturschwankungen von Werkstück und Messgerät beeinflussen bei Längenmessungen das Messergebnis.

Einflüsse der Prüfer ergeben sich durch unsachgemäßes oder falsches Anwenden von Messgeräten oder durch ungenügende Übung und Sorgfalt beim Ablesen der Messwerte.

An Messgeräte, die in der Serienfertigung eingesetzt werden, werden höhere Anforderungen gestellt. Die Ablesegenauigkeit eines Messgerätes in der Serienfertigung ist geeignet, wenn:

$$\frac{\text{Ablesegenauigkeit}}{\text{Toleranz}} \cdot 100\,\% \leq 5\,\%$$

Die Messunsicherheit eines Prüfprozesses wird durch statistische Verfahren ermittelt.

Ein Prüfprozess ist geeignet, wenn:

$$\frac{\text{Messunsicherheit}}{\text{Toleranz}} \leq 0{,}1 \ldots 0{,}2$$

Messverfahren mit wesentlich kleinerer Messunsicherheit sind zwar geeignet, aber meist aufwendiger und teurer.

Grundlagen

Messtechnische Begriffe

Der *Messbereich Meb* ist der Teil des Anzeigebereiches eines Messgerätes, in dem angegebene Fehlergrenzen nicht überschritten werden. Er ist bei den meisten anzeigenden Messgeräten gleich dem Anzeigebereich.

Der *Anzeigebereich Azb* ist der Bereich, der zwischen dem kleinsten und größten ablesbaren Messwert des Messgerätes liegt.

Die *Ablesegenauigkeit* ist die kleinste unterscheidbare Differenz einer Anzeige auf einer Anzeigeeinrichtung. Bei einer Skalenanzeige entspricht sie dem Skalenteilungswert *Skw*, bei einer Ziffernanzeige dem Ziffernschrittwert *Zw*.

Der *Skalenteilungswert Skw* entspricht der Differenz zweier aufeinander folgender Teilstriche auf einer Strichskala.

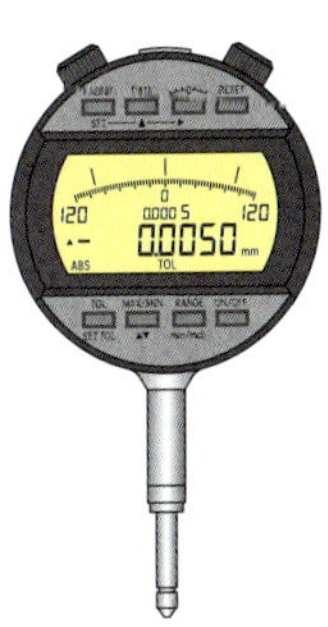

Azb = ± 0,120 mm = ± 120 µm
Zw = 0,005 mm = 0,5 µm
x_a = 5 µm
G = 1–2 µm

Azb = ± 0,050 mm = ± 50 µm
Skw = 0,001 mm = 1 µm
G = 1 µm

Der *Ziffernschrittwert Zw* entspricht einem Ziffernschritt auf einer Ziffernskala.

Messwert x_a ist der aus der Anzeige ermittelte Wert der zu messenden Größe. Er besteht aus Zahlenwert und Einheit. Jeder Messwert ist mit einer Messunsicherheit behaftet.

Die *Messunsicherheit U* enthält alle zufälligen sowie alle systematischen und nicht korrigierten Messabweichungen einer Messung.

Systematische Messabweichungen entstehen durch Gerätefehler eines Messgerätes oder durch gleichbleibende Abweichungen von der genormten Bezugstemperatur von 20 °C. Sie können als Korrekturwert erfasst und bei jeder Prüfung berücksichtigt werden.

Zufällige Messabweichungen treten unregelmäßig auf. Sie schwanken selbst unter gleichen Messbedingungen. Sie entstehen z. B. durch unterschiedliche Messkräfte, Grat oder Schmutz am Werkstück. Man kann versuchen, sie durch statistische Verfahren zu erfassen. Hierbei werden mehrere Messungen durchgeführt und ein Mittelwert gebildet.

Die *Fehlergrenze G* (Genauigkeit) ist die vereinbarte oder vom Hersteller angegebene Messabweichung eines Messgerätes. Die Messabweichung eines Messgerätes kann durch Kalibrierung z. B. mit Endmaßen ermittelt werden. Messabweichungen eines Messgerätes beruhen auf einem Gerätefehler. Gerätefehler ergeben sich durch Fertigungstoleranzen, Justierfehler bei der Montage oder Abnutzung der Messflächen.

2.3.11.2 Endmaße und Grenzlehren

Endmaße

Endmaße verkörpern ein Längenmaß durch den Abstand zwischen zwei Messflächen. Es gibt Endmaße mit ebenen, zylindrischen und kugeligen Messflächen (Abb. 1). Am häufigsten kommen die Parallelendmaße mit zwei ebenen, parallelen Messflächen vor. Als Werkstoff für Endmaße wird hochlegierter Stahl, Hartmetall oder Keramik verwendet.

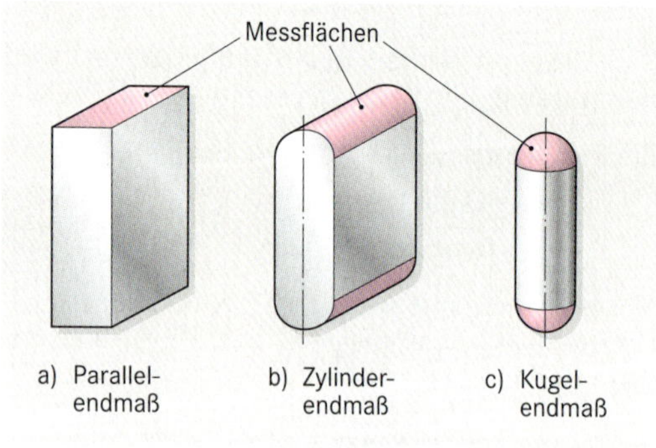

Abb. 1: Messflächen von Endmaßen

Endmaße lassen sich durch eine schiebende Bewegung (Anschieben) zusammenfügen (Abb. 2). Durch ihre polierten Oberflächen entstehen dabei hohe Adhäsionskräfte (Anhangskräfte). Dadurch haften die Endmaße aneinander. Um ein bestimmtes Maß zu erhalten, schiebt man so viele Endmaße aneinander, bis die gewünschte Länge erreicht ist.

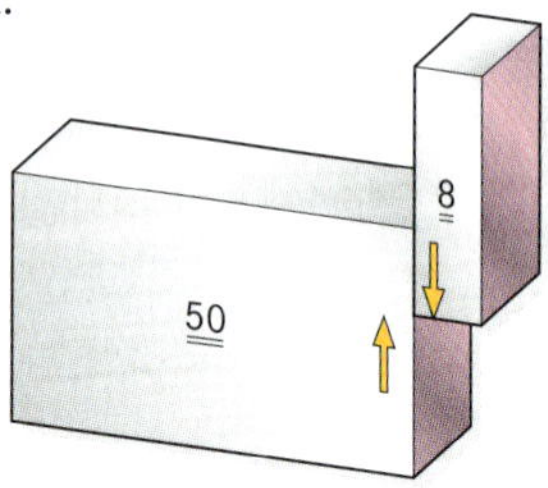

Abb. 2: Anschieben von Parallelendmaßen

! Beim Zusammenstellen einer Endmaßkombination sollen möglichst wenige Endmaße verwendet werden, weil sich die Abweichungen aller verwendeten Endmaße addieren.

Zweckmäßig gestufte Einzelendmaße gibt es als Endmaß-Normalsatz (Abb. 3). Ein Endmaß-Normalsatz besteht aus fünf Maßbildungsreihen (Tab. 1). Jede Maßbildungsreihe besteht aus neun Endmaßen. Mit dem Endmaß-Normalsatz können in Stufen von 0,001 mm alle Maße von 3,000 mm bis 102,999 mm gebildet werden. Dafür ist höchstens ein Endmaß aus jeder Maßbildungsreihe erforderlich. Beim Zusammensetzen zu einer Endmaßkombination beginnt man stets mit dem kleinsten Endmaß.

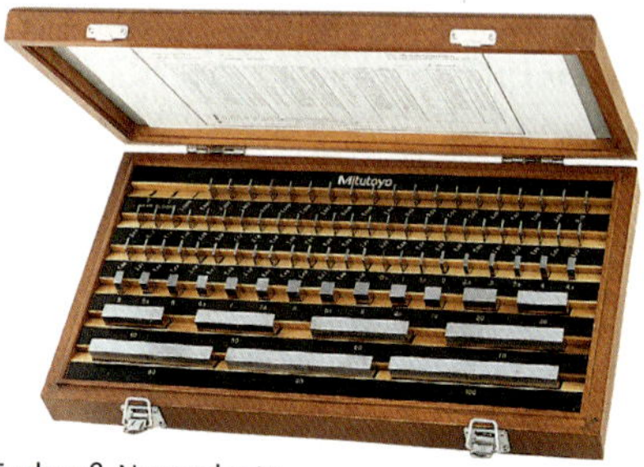

Abb. 3: Endmaß-Normalsatz

Tab. 1: Endmaß-Normalsatz

Maßbildungsreihe	Stufung von Block zu Block in mm	Größe der Endmaße in mm
1	0,001	1,001 ... 1,009
2	0,01	1,01 ... 1,09
3	0,1	1,1 ... 1,9
4	1	1 ... 9
5	10	10 ... 90

Beispiel: Das Maß 68,795 mm soll mithilfe des Endmaß-Normalsatzes zusammengesetzt werden:

1. Endmaß – Reihe 1	1,005	mm
2. Endmaß – Reihe 2	1,09	mm
3. Endmaß – Reihe 3	1,7	mm
4. Endmaß – Reihe 4	5	mm
5. Endmaß – Reihe 5	60	mm
Maßverkörperung	68,795	mm

Endmaße werden hergestellt in den Kalibrierklassen K, 0, 1 und 2. Jedes Endmaß ist mit dem Nennmaß l und der Kalibrierklasse gekennzeichnet.

Mit Endmaßen der Kalibrierklasse K und 0 werden Messgeräte und Lehren geprüft. Endmaße der Kalibrierklasse 1 und 2 dienen zum Einstellen von Messgeräten und Vorrichtungen und zum Prüfen in der Fertigung.

Bei der Verwendung von Endmaßen sind folgende Regeln zu beachten:

- Endmaße sollen vor ihrem Gebrauch mit einem nicht fasernden Stoff sauber abgerieben werden.
- Zum Schutz vor Korrosion müssen Endmaße aus Stahl oder Hartmetall nach ihrem Gebrauch gereinigt und mit säurefreier Vaseline eingefettet werden.
- Stahlendmaße dürfen nicht länger als acht Stunden zusammengefügt bleiben, da sie sonst kaltverschweißen.

Grenzlehren
Zum Überprüfen von Maßen mit ISO-Toleranzen werden oft Grenzlehren (Abb. 5) verwendet. Mit ihnen prüft man, ob die für ein Werkstück vorgeschriebenen Grenzmaße (Mindestmaß und Höchstmaß) eingehalten wurden.

Grenzlehren gibt es als

- *Grenzlehrdorne* zum Prüfen von Bohrungen,
- *Grenzrachenlehren* zum Prüfen von Wellen.

Eine Grenzlehre besteht aus zwei Maßverkörperungen. Eine Seite verkörpert das Mindestmaß, die andere das Höchstmaß eines Werkstückes.

Für das Prüfen einer Bohrung mit dem Grenzlehrdorn gilt (Abb. 4a):

- Die Gutseite entspricht dem Mindestmaß der Bohrung. Wenn sich die Gutseite in die Bohrung einführen lässt, ist das Istmaß der Bohrung größer als das Mindestmaß.
- Die Ausschussseite entspricht dem Höchstmaß der Bohrung. Wenn sich die Ausschussseite nicht in die Bohrung einführen lässt, ist das Istmaß der Bohrung kleiner als das Höchstmaß.

Für das Prüfen einer Welle mit der Grenzrachenlehre gilt (Abb. 4b):

- Die Gutseite entspricht dem Höchstmaß der Welle. Wenn die Gutseite über die Welle gleitet, ist das Istmaß der Welle kleiner als das Höchstmaß.
- Die Ausschussseite entspricht dem Mindestmaß der Welle. Wenn die Ausschussseite nicht über die Welle gleitet, ist das Istmaß der Welle größer als das Mindestmaß.

Passt die Gutseite von Grenzlehren nicht, müssen die Teile nachgearbeitet werden.

Passt die Ausschussseite von Grenzlehren, ist eine Welle zu klein und eine Bohrung zu groß gefertigt. Die Teile sind Ausschuss.

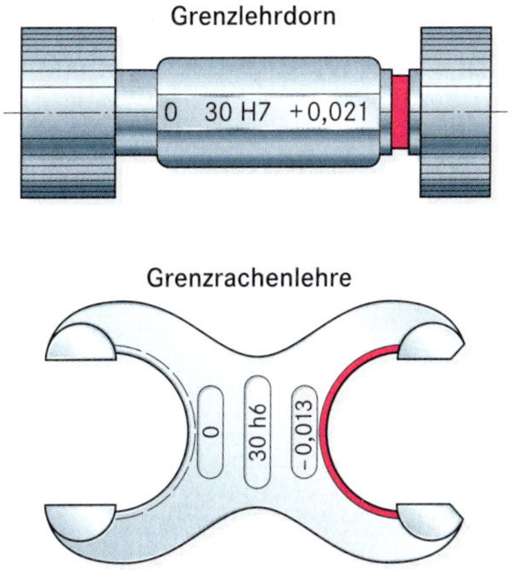

Abb. 5: Grenzlehren

Tab. 1: Merkmale der Ausschussseiten

Grenzlehrdorn	Grenzrachenlehre
rote Farbmarkierung	rote Farbmarkierung
kurzer Prüfzylinder	abgeschrägte Prüfbacken
oberes Abmaß *ES* steht an der Ausschussseite	unteres Abmaß *ei* steht an der Ausschussseite

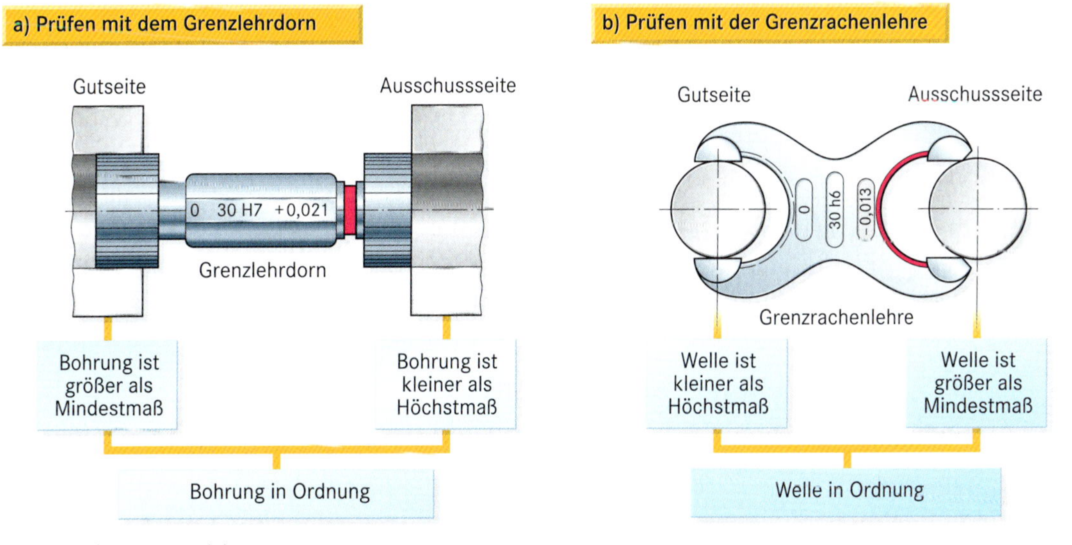

Abb. 4: Prüfen mit Grenzlehren

2.3.11.3 Prüfgeräte zur Oberflächenprüfung

Das Prüfen von Oberflächen kann

- als subjektive Prüfung durch Tast- und Sichtvergleich mit einem Oberflächenvergleichsmuster oder
- als objektive Prüfung mit Tastschnittgeräten erfolgen.

Beim Sichtvergleich wird die gefertigte Oberfläche des Werkstückes mit den verschiedenen Oberflächen des Normals (Abb. 1) verglichen. Fährt man mit einem Fingernagel über die gefertigte Oberfläche und über die Oberflächen des Prüfnormals, ist auch ein Tastvergleich möglich. Die Oberflächen des Prüfnormals sind in sechs Bereiche eingeteilt, die jeweils einer Rauheitsklasse entsprechen. So kann man die geprüfte Oberfläche einer Rauheitsklasse zuordnen und die Qualität beurteilen. Das subjektive Prüfverfahren ist stark von dem Empfinden des Prüfers abhängig.

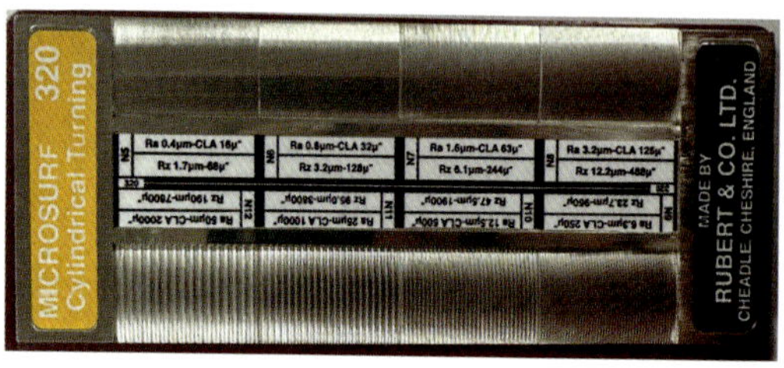

Abb. 1: Oberflächenvergleichsnormal

Bei Tastschnittgeräten wird die Oberfläche mit einem Mikrotaster mit Diamantspitze abgetastet (Abb. 2). Die Tastspitze gleitet über die zu prüfende Oberfläche. Dabei kann nur ein kleiner Ausschnitt der gesamten Werkstückoberfläche abgetastet werden. Er entspricht der Messstrecke l_t.

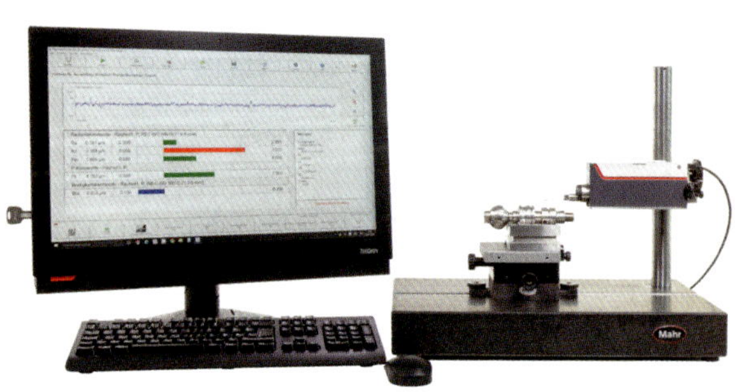

Abb. 2: Oberflächenmessgerät

Die Taststrecke l_t ist die Gesamtlänge der Tastbewegung während des Tastvorganges. Sie ist um die Vorlauf- und Nachlaufstrecke größer als die Auswertelänge l_e. Über die Auswertelänge l_e werden die Rauheitskennwerte ermittelt.

Bei Rauheitskenngrößen mit festgelegten Standards (Default), wie Rz und Ra, ist die Auswertelänge l_e nach **DIN EN ISO 21920-3** genormt. Sie richtet sich nach den vorgeschriebenen Grenzwerten und liegt zwischen 0,40 und 40,0 mm (Tab. 1). Bei anderen Kenngrößen wird die Auswertelänge am Oberflächensymbol angegeben. Die Auswertelänge muss am Tastschnittgerät eingestellt werden.

Tab. 1: Messbedingungen

Rz in µm	Ra in µm	Auswertelänge l_e in mm	Grenzwellenlänge λ_c in mm
≤ 0,16	≤ 0,02	0,40	0,08
0,16 … ≤ 0,8	0,2 … ≤ 0,1	1,25	0,25
0,8 … ≤ 16	0,1 … ≤ 2	4,00	0,8
16 … ≤ 80	2 … ≤ 10	12,5	2,5
≥ 80	≥ 10	40,0	8,0

Die Oberflächenmessungen sollen dort vorgenommen werden, wo die höchsten Rauheitswerte zu erwarten sind.

Die Rauheit soll quer zu den Bearbeitungsriefen gemessen werden. **!**

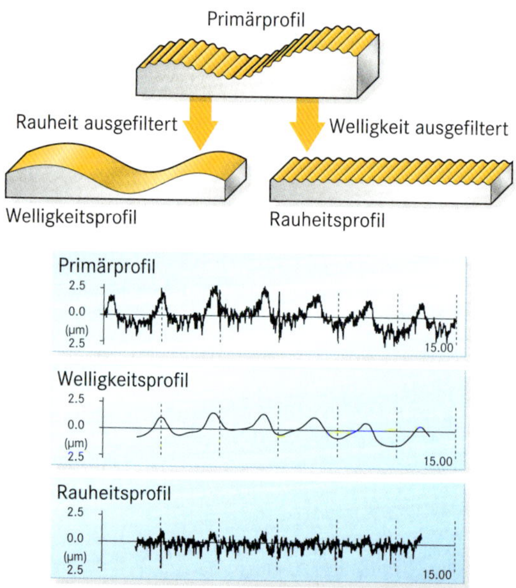

Abb. 3: Rauheitsprofile

Die Ist-Oberflache eines Werkstückes unterscheidet sich von der geometrisch idealen Oberfläche durch Abweichungen in der Form, der Welligkeit und der Rauheit.

Durch das Ausmessen der Ist-Oberfläche erhält man das Primärprofil. Um die Rauheit eine Oberfläche zu ermitteln, wird die Welligkeit ausgefiltert. Man erhält das Rauheitsprofil (Abb. 3).

Aus dem Rauheitsprofil werden die Oberflächenkenngrößen bestimmt. Häufig werden die maximale Höhe Rz und der arithmetische Mittelwert der Höhe Ra ermittelt.

Die maximale Höhe Rz ist der Mittelwert der Rz-Einzelwerte Rz1 ... Rz5 aus den fünf aneinandergrenzenden Abschnittslängen l_{sc} (Abb. 4a).

Die maximale Höhe pro Abschnitt Rzx entspricht dem größten Rz-Einzelwert der Auswertelänge l_e.

Der der arithmetische Mittelwert der Höhe Ra ist der arithmetische Mittelwert aus den Beträgen aller Profilwerte oberhalb und unterhalb der Mittellinie (Abb. 4b).

Die Oberflächenmesswerte werden am Messgerät analog oder digital angezeigt und können als Diagrammstreifen ausgedruckt und auf einen Rechner übertragen und abgespeichert werden. Auf dem Diagrammstreifen ist das Profil einer Oberfläche vergrößert dargestellt.

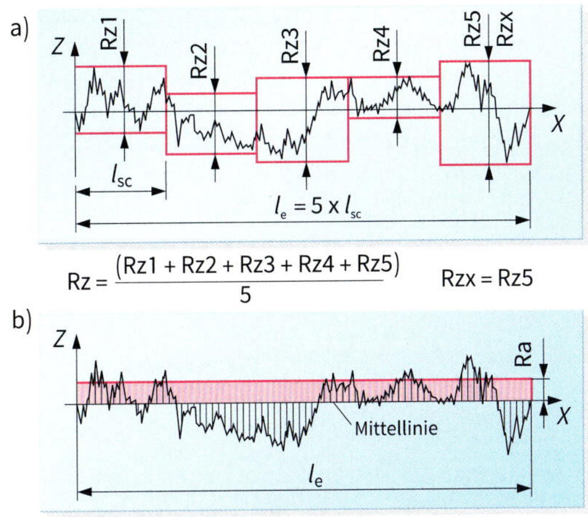

$$Rz = \frac{(Rz1 + Rz2 + Rz3 + Rz4 + Rz5)}{5} \qquad Rzx = Rz5$$

Abb. 4: Rauheitsmessgrößen

Aufgaben

1. Beim Prüfen einer Bohrung Ø 12H7 mit einem Grenzlehrdorn gleitet die rot markierte Seite des Lehrdorns leicht in die Bohrung. Beurteilen Sie die Maßhaltigkeit der Bohrung.

2. Erläutern Sie den Unterschied zwischen dem Primärprofil und dem Rauheitsprofil einer Oberfläche.

3. Geben Sie an, mit welchen Endmaßen aus einem Endmaß-Normalsatz Sie das Maß 55,535 mm zusammensetzen.

2.3.11.4 Messschrauben

Messschrauben werden für Längenmessungen mit Ablesegenauigkeiten von 0,01 mm eingesetzt. Je nach Art der Messschraube können Außen-, Innen- oder Tiefenmessungen ausgeführt werden.
Das zu prüfende Maß wird bei der Messschraube durch den Abstand zweier Messflächen voneinander ermittelt (Abb. 5).

Die Maßverkörperung der Messschraube ist eine Messspindel mit Gewinde, die in der Mutterhülse verdreht werden kann. Wenn die Skalentrommel zusammen mit der Messspindel verdreht wird, verschiebt sich die Messspindel in Längsrichtung. Der Abstand zwischen den Messflächen verändert sich.

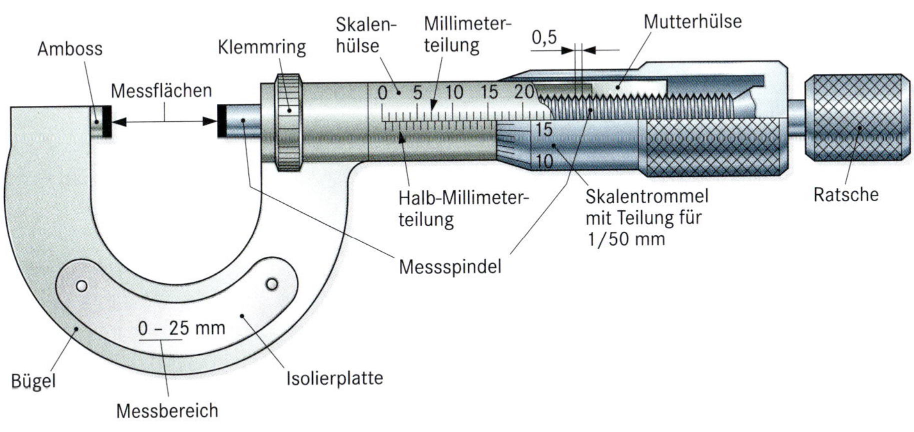

Abb. 5: Bügelmessschraube

Das Gewinde der Messspindel hat eine Steigung von 0,5 mm. Bei einer Umdrehung der Messspindel verschiebt sich die Messfläche um 0,5 mm. Die Skalentrommel ist auf ihrem Umfang in 50 gleiche Teile unterteilt. Wenn man die Skalentrommel von einem Teilstrich bis zum nächsten verdreht, so verschiebt sich die Messfläche um den fünfzigsten Teil von 0,5 mm.

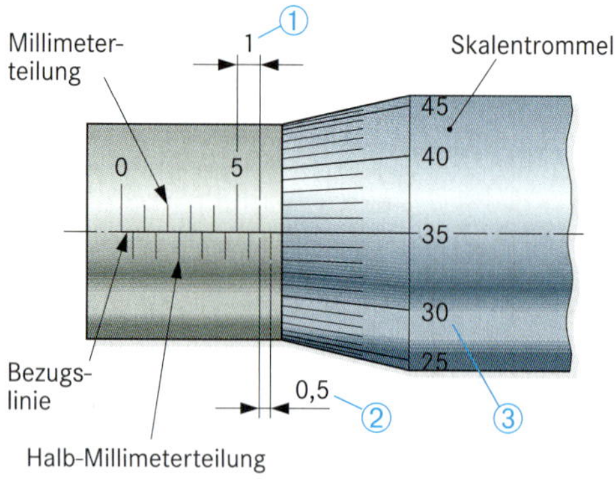

Abb. 1: Ablesen der Messschraube

Das Ablesen eines Messwertes erfolgt an der Messschraube in drei Schritten (Abb. 1):

① Ablesen der ganzen Millimeter oberhalb der Bezugslinie auf der Millimeterteilung → 6 mm.

② Ablesen der halben Millimeter unterhalb der Bezugslinie auf der Halb-Millimeterteilung → 0,5 mm.

③ Ablesen der hundertstel Millimeter auf der Skalentrommel → 0,35 mm.

Anschließend ist der Messwert zu errechnen. Volle Millimeter, halbe Millimeter und hundertstel Millimeter werden addiert. Die Summe der Einzelwerte ergibt den Messwert *Mw*.

$$Mw = 6\ mm + 0{,}5\ mm + 0{,}35\ mm = 6{,}85\ mm.$$

! Die *Ablesegenauigkeit der Messschraube* beträgt 1/100 mm.

Um immer mit gleichbleibender Messkraft zu messen, hat die Messschraube eine Kupplung (Ratsche). Diese sorgt dafür, dass sich die Skalentrommel nicht weiterdreht, wenn zwischen Werkstück und Messschraube die Messkraft größer als 5 N … 10 N wird.

Zum Messen von Außenmaßen werden Bügelmessschrauben verwendet. Bügelmessschrauben gibt es für unterschiedlich gestufte Messbereiche: 0 mm … 25 mm; 25 mm … 50 mm; 50 mm … 75 mm; … ; 475 mm … 500 mm.

Um Einflüsse der Handwärme auf das Messergebnis auszuschließen, ist der Bügel der Messschraube beidseitig mit Isolierplatten aus Kunststoff belegt.

Für Innen- und Tiefenmessungen gibt es spezielle Ausführungen von Messschrauben (Abb. 2).

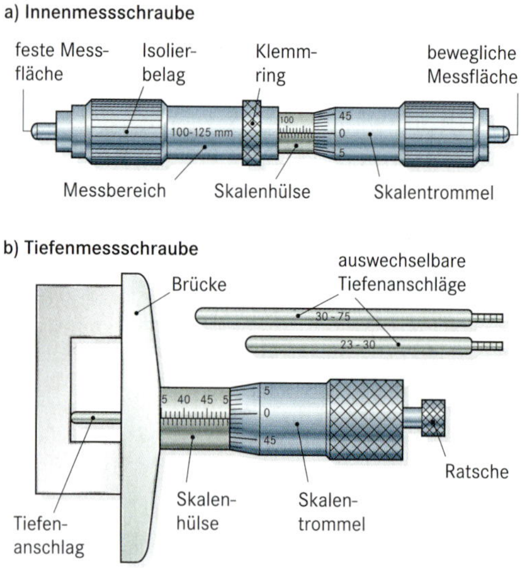

Abb. 2: Innen- und Tiefenmessschraube

Messschrauben sind empfindliche Präzisionsgeräte und müssen deshalb sorgfältig behandelt werden:

- Messschrauben nur einsetzen, wenn Toleranzen im Bereich von hundertstel Millimeter geprüft werden müssen,
- Messkraft beim Drehen der Skalentrommel durch Benutzung der Ratsche begrenzen,
- bei längerem Gebrauch darauf achten, dass die Maßbezugstemperatur von 20 °C eingehalten wird,
- Messschrauben nach Gebrauch sorgfältig reinigen und im Aufbewahrungskasten ablegen,
- Genauigkeit der Anzeige regelmäßig mit Endmaßen überprüfen.

Häufig werden Messschrauben mit Ziffernanzeige (Digitalmessschrauben) verwendet (Abb. 3). Die Ablesegenauigkeit beträgt 1/1000 mm = 0,001 mm. Der Messwert kann direkt abgelesen werden und über eine Schnittstelle direkt in ein Datenverarbeitungsprogramm übernommen werden.

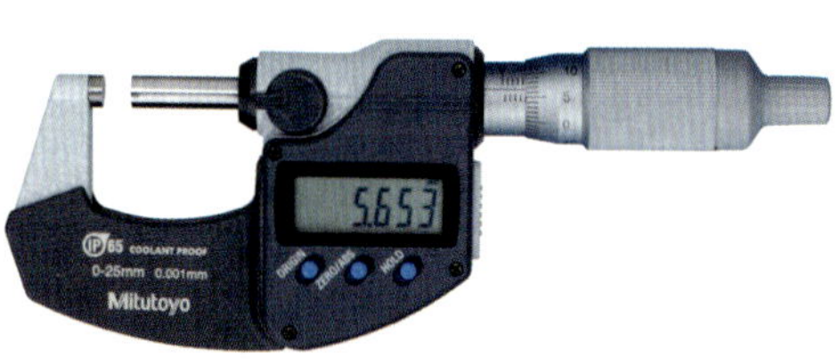

Abb. 3: Messschraube mit Ziffernanzeige

2.3.11.5 Fühlhebelmessgeräte, Feinzeiger

Fühlhebelmessgeräte und Feinzeiger sind Vergleichsmessgeräte. Wegen ihres kleinen Messbereiches werden sie meist für Unterschiedsmessungen eingesetzt. Zum Messen müssen sie in entsprechende Messeinrichtungen wie Messstativ oder Messtisch eingespannt werden.

Fühlhebelmessgerät

Fühlhebelmessgeräte haben einen schwenkbaren Tasthebel mit einem Schwenkbereich von über 2 x 90° (Abb. 4). Dadurch kann in zwei Richtungen gemessen werden. Der Messbereich je Richtung beträgt meist 0,4 mm. Fühlhebelmessgeräte haben eine Ablesegenauigkeit von 0,01 mm.

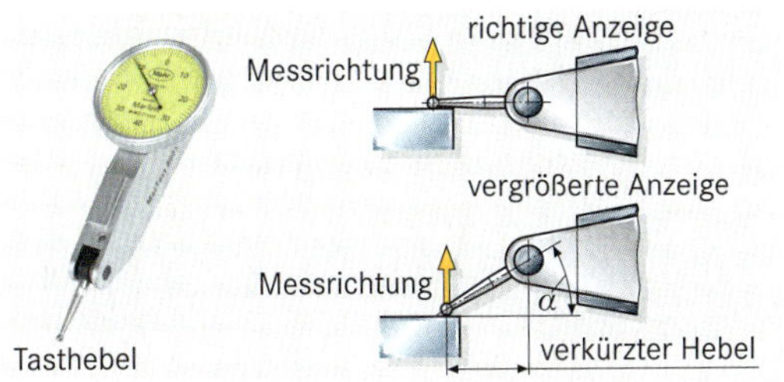

Abb. 4: Fühlhebelmessgerät

Bei Messungen ist darauf zu achten, dass die Achse des Tasthebels senkrecht zur Messeinrichtung steht. Eine Neigung verfälscht das Messergebnis. Bei einem Neigungswinkel über 15° muss der abgelesene Messwert mit einem Korrekturfaktor korrigiert werden (Tab. 1).

Tab. 1: Korrektur bei geneigtem Tasthebel

Neigungswinkel α	15°	30°	45°	60°
Korrekturfaktor	0,96	0,87	0,70	0,50

Beispiel: Neigungswinkel $\alpha = 45°$
Messwert $x_a = 0{,}38$ mm
Messergebnis $y = 0{,}38 \text{ mm} \cdot 0{,}7 = 0{,}27$ mm

Fühlhebelmessgeräte dienen als Vergleichsmessgerät:

- zur Prüfung von Sollmaßabweichungen für Rundlaufprüfungen, Prüfungen von Parallelität und Ebenheit sowie
- zum Zentrieren von Wellen und Bohrungen und zum Ausrichten von Flächen an Werkstücken.

! Mit Fühlhebelmessgeräten kann durch den schwenkbaren Tasthebel auch an engen, schwer zugänglichen Stellen gemessen werden.

Feinzeiger

Feinzeiger haben eine hohe Messgenauigkeit. Sie werden für Messungen ab einer Ablesegenauigkeit von 0,001 mm eingesetzt.

Mechanische Feinzeiger haben meist eine Ablesegenauigkeit von 0,001 mm. Beim Feinzeiger wird die geradlinige Bewegung des Tastbolzens in eine kreisförmige Bewegung des Zeigers umgewandelt. Während bei einer Messuhr der Zeiger mehrere Umdrehungen ausführen kann, ist beim Feinzeiger der Winkelausschlag des Zeigers kleiner als 360°. Durch diesen begrenzten Winkelausschlag ist der Messbereich von Feinzeigern sehr klein. Meist haben sie einen Messbereich von ± 0,050 mm.

Elektronische Feinzeiger haben ein präzises induktives Messsystem, das eine Ablesegenauigkeit von 0,001 mm, 0,0005 mm oder 0,0002 mm ermöglicht. Über einen Datenausgang können die Messwerte mit einem Rechner gespeichert und ausgewertet werden.

! Feinzeiger werden für Unterschiedsmessungen und zur Feststellung von Form- und Lageabweichungen verwendet, wenn Prüfungen im Bereich von tausendstel Millimeter notwendig sind.

Messwertumkehrspanne

Die mechanische Übersetzung der Messbolzenbewegung bei Feinzeigern oder Messuhren bzw. der Tasthebelbewegung bei Fühlhebelmessgeräten verursacht Reibung. Das führt dazu, dass diese Messgeräte für dieselbe Messgröße bei hineingehenden Messbolzen (steigende Anzeige) einen anderen Wert anzeigen als bei herausgehenden Messbolzen (fallende Anzeige) (Abb. 5). Den Unterschied in der Anzeige nennt man Messwertumkehrspanne f_u. Die Messwertumkehrspanne ist in Herstellerunterlagen angegeben.

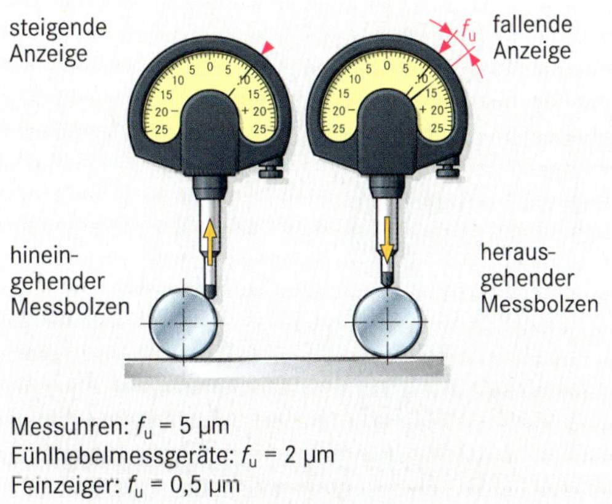

Abb. 5: Messwertumkehrspanne bei einem Feinzeiger

2.3.11.6 Feinzeiger-Messschrauben

Feinzeiger-Messschrauben sind Bügelmessschrauben, die zusätzlich mit einem Feinzeiger versehen sind (Abb. 1). Je nach erforderlicher Ablesegenauigkeit können mechanische oder elektronische Feinzeiger eingesetzt werden. Der Feinzeiger steht mit dem Messtaster in Verbindung. Da der Messtaster beim Messen durch eine Feder mit einer konstanten Messkraft gegen das Werkstück gedrückt wird, sind Messfehler aufgrund unterschiedlicher Messkräfte ausgeschlossen.

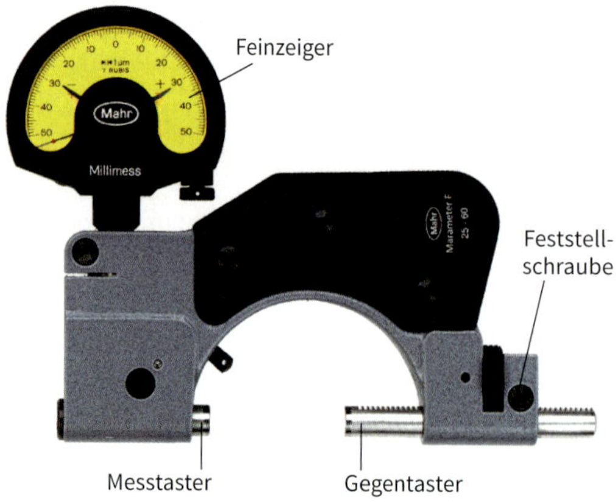

Abb. 1: Feinzeiger-Messschraube

Das Messgerät muss mithilfe von Endmaßen eingestellt werden. Dazu wird der Gegentaster gegen das Endmaß bewegt und feinfühlig eingestellt. Anschließend wird der Gegentaster über die Feststellschraube mit einem Schraubendreher festgeklemmt. Nach dem Einstellen des Gegentasters wird die Anzeige des Feinzeigers auf Null gestellt.

Feinzeiger-Messschrauben sind Vergleichsmessgeräte. Auf dem Feinzeiger wird die Abweichung der Messgröße zum Vergleichsstück (Endmaß) angezeigt.

2.3.11.7 Innenmessgeräte

Innenmessgeräte dienen zum Messen von Bohrungen. Es gibt sie als Zweipunkt-Messgeräte und als Dreipunkt-Messgeräte.

Innenfeinmessgerät

Das Innenfeinmessgerät ist ein Zweipunkt-Vergleichsmessgerät. Die Bewegung des beweglichen Tastbolzens wird über eine Verbindungsstange im Rohr des Messgerätes auf eine Messwertanzeige übertragen (Abb. 2). Zur Anzeige der Messwerte können mechanische oder elektronische Messuhren oder Feinzeiger eingesetzt werden. Die Ablesegenauigkeit beträgt entsprechend dem eingesetzten Anzeigegerät 0,001 bzw. 0,0001 mm.

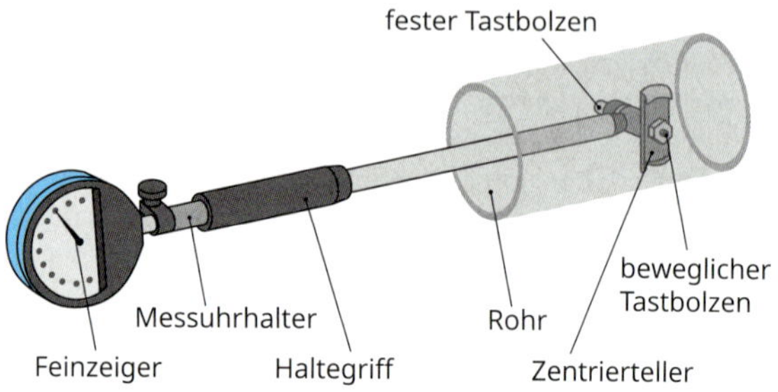

Abb. 2: Innenfeinmessgerät

Durch Auswechseln der festen Messbolzen und Messscheiben lässt sich das Messgerät auf unterschiedliche Durchmesser umrüsten. Das Messgerät wird dann auf das zu prüfende Sollmaß der Bohrung eingestellt. Zum Einstellen werden Einstellringe, Lehren, Messschrauben oder eigens hierfür entwickelte Einstellgeräte – zusammen mit Parallel-Endmaßen – verwendet.

Durch den Zentrierteller erfolgt die selbsttätige Zentrierung des Messgerätes in der Bohrung (Abb. 3a). Beim Messvorgang muss dann der Umkehrpunkt bestimmt werden. Das geschieht durch Pendeln des Messgerätes um den festen Messbolzen (Abb. 3b). Dabei wird die Stelle mit dem Kleinstwert durchfahren, an dem sich die Messgeräteachse genau senkrecht zu Bohrungsachse befindet. Bei einem mechanischen Anzeigegerät ist dies deutlich am Richtungswechsel des Zeigers zu erkennen.

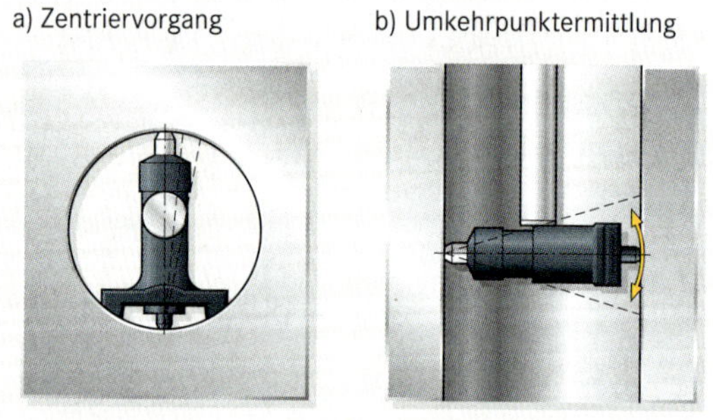

Abb. 3: Messvorgang

Innenfeinmessgeräte dienen zum Messen zylindrischer Bohrungen von 4,5 bis 800 mm Durchmesser.

Mit einem Zweipunktmessverfahren können auch ovale Rundheitsabweichungen festgestellt werden. Polygonförmige Abweichungen, wie sie beim Spannen im Dreibackenfutter entstehen können, lassen sich nicht ermitteln. Es wird in jeder Position das gleiche Durchmessermaß gemessen (Abb. 4).

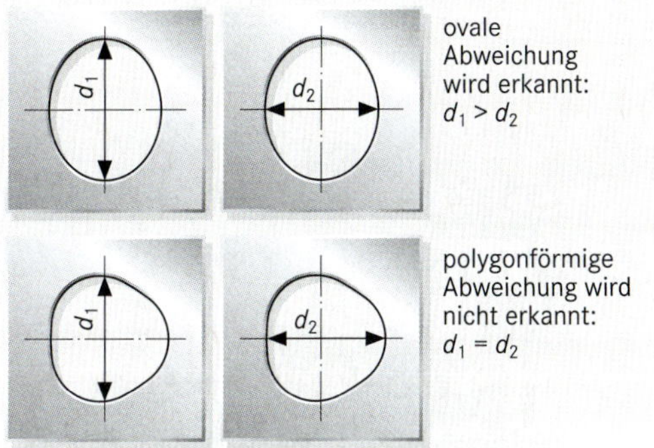

Abb. 4: Zweipunktmessungen

Innenmessschrauben für Dreipunktmessung

Innenmessschrauben für Dreipunktmessung zentrieren sich durch die drei am Umfang angeordneten Messtaster selbsttätig in der Bohrung. Das Verstellen der Messtaster erfolgt spielfrei über einen Hartmetallkegel durch Drehen der Ratsche.

Innenmessschrauben für Dreipunktmessung gibt es mit Skalenhülse und Skalentrommel in einer Anzeigegenauigkeit von 0,01 mm sowie mit digitaler Anzeige in einer Anzeigegenauigkeit von 0,001 mm (Abb. 5).

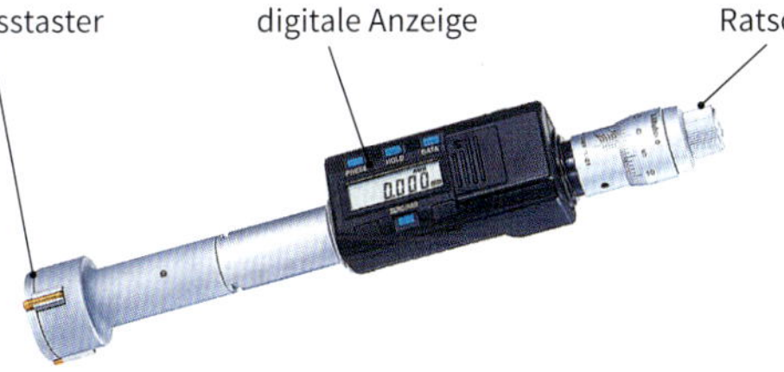

Abb. 5: Digitale Innenmessschraube

Mit dem Dreipunktmessverfahren können polygonförmige Rundheitsabweichungen der Bohrung festgestellt werden. Ovale Abweichung können mit diesem Messverfahren jedoch nicht ermittelt werden. Es wird in jeder Position das gleiche Durchmessermaß gemessen (Abb. 6).

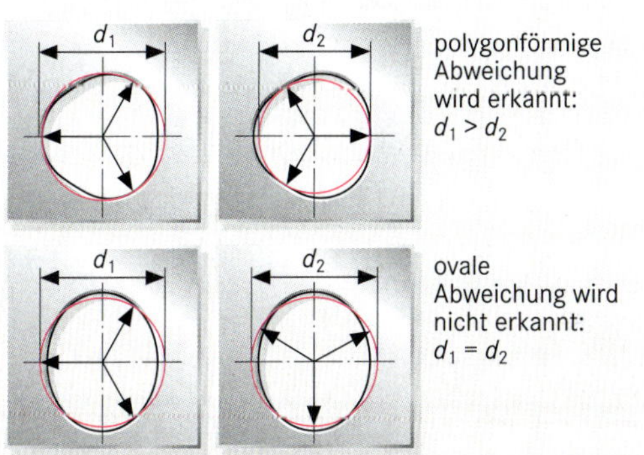

Abb. 6: Dreipunktmessung

2.3.11.8 Elektronische Höhenmessgeräte

Elektronische Höhenmessgeräte werden zum Längenmessen eingesetzt. Dazu werden sie auf Messplatten gestellt. In die Säule des Höhenmessgerätes ist ein Längenmesssystem eingebaut. Die Verfahrbewegungen werden gemessen und digital angezeigt. Die Ablesegenauigkeit beträgt meist 0,01 mm bzw. 0,001 mm (Abb. 7).

Abb. 7: Elektronisches Höhenmessgerät

Das Messen kann mit festen und schaltenden Tastern erfolgen. Schaltende Messtaster ermöglichen ein sicheres und schnelles Messen bei bewegtem Messkopf. Sobald der Taststift die Messfläche berührt und ausgelenkt wird, wird ein Schaltsignal ausgelöst und der Messwert angezeigt. Die Anzeige bleibt bis zum erneuten Antasten einer Messfläche oder bis zum Löschen der Anzeige erhalten.

Die Anzeige des Messgerätes kann an jeder beliebigen Stelle auf Null gestellt werden. Dadurch sind Vergleichsmessungen und das Messen von Kettenmaßen ohne weitere Rechnungen möglich.

Über einen Datenausgang können die Messwerte zur Datensicherung mit einem Rechner gespeichert und weiter verarbeitet oder von einem Drucker ausgedruckt werden.

Durch den Einsatz besonderer Centertaster lassen sich die Mittenlagen und die Mittenabstände von Bohrungen direkt messen (Abb. 8).

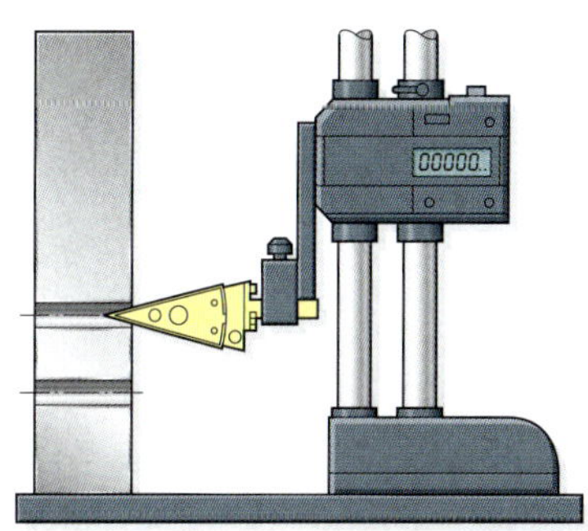

Abb. 8: Messen mit einem Centertaster

2.3.11.9 Koordinatenmessmaschinen

Koordinatenmessmaschinen werden in vielen Industriezweigen zur Qualitätsüberwachung eingesetzt. Mit ihnen können umfangreiche Maß-, Form- und Lageprüfungen selbst an komplizierten Werkstücken zeitsparend und mit hoher Messgenauigkeit durchgeführt werden.

Abhängig von Messbereich, Messgenauigkeit und Einsatzgebiet gibt es Koordinatenmessmaschinen in unterschiedlichen Bauarten und mit unterschiedlichem Automatisierungsgrad. Häufige Bauarten sind die Ständerbauweise und die Portalbauweise (Abb. 1). Die Messabläufe können im manuellen oder im automatischen Betrieb erfolgen.

Bei allen Messmaschinen dient ein Tastkopf als Messgrößenaufnehmer. Abhängig von der Abtastart werden schaltende, messende oder optische Tastkopfsysteme eingesetzt (Tab. 1). Der Tastkopf ist innerhalb des Messbereiches frei beweglich. Hierzu besitzt die Messmaschine drei Führungsbahnen mit einem Längenmesssystem. Jeder Punkt im Messbereich kann mit seinen Koordinaten X, Y, Z angefahren und über die Längenmesssysteme ermittelt werden. Die ermittelten Punkte werden im integrierten Rechner verarbeitet und als Messergebnis ausgegeben.

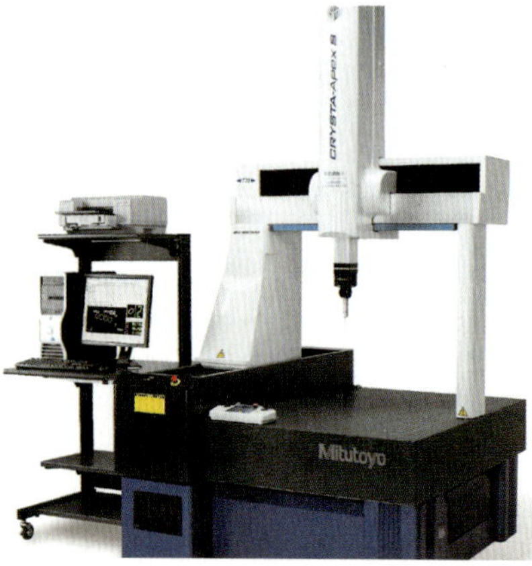

Abb. 1: Messmaschine in Portalbauweise

Das Werkstück muss zum Prüfen nicht zeitaufwendig auf dem Messtisch ausgerichtet und gespannt werden. Es genügt, das Werkstück sicher auf dem Messtisch zu fixieren. Die genaue Lage des Werkstückes wird vor dem eigentlichen Prüfen durch Antasten von Oberflächenpunkten ermittelt.

Bei CNC-Messmaschinen werden die Messstellen automatisch über ein gespeichertes Messprogramm angefahren.

Tab. 1: Eigenschaften und Verwendung unterschiedlicher Tastkopfsysteme

Tastkopfsysteme			
Mechanische		Optische	
Schaltende Tastköpfe	Messende Tastköpfe	Bildverarbeitungssensoren	Lasersensoren
	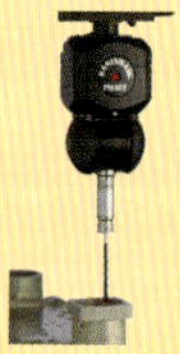		
Merkmale/Eigenschaften			
Taststift ist federnd mit dem Tastkopf verbunden bei Berühren der Messfläche lenkt der Taststift aus und löst ein Schaltsignal aus Messposition wird an den Rechner übertragen und als Messwert angezeigt	Messsystem im Tastkopf misst die Auslenkung des Taststiftes bei Werkstückberührung Verrechnung der Messwerte des Tastkopfmesssystems mit den Koordinaten der Messmaschine ergibt Koordinaten des Messpunktes	berührungsloses Messen durch Licht hochauflösende Kamera bildet Messobjekt ab und wandelt optische Signale in digitale Signale Rechner errechnet mitilfe einer Bildverarbeitungssoftware die Messpunkte	berührungsloses Messen mit einem Laserstrahl eine Empfangsoptik bildet den Punkt auf ein positionsempfindliches Element ab über den Laserabstand zum Messobjekt werden die Koordinatenpunkte ermittelt
Verwendung/Einsatz			
Einsatz hauptsächlich auf handbedienten Messmaschinen geringe Messgeschwindigkeit	Einsatz auf CNC-Messmaschinen zum automatischen Messen Scannen komplexer Werkstückgeometrien oder Überprüfen von Formgenauigkeiten	Messen nachgiebiger Werkstücke, z. B. dünnwandige Kunststoffteile vollautomatisches Messen vorwiegend zweidimensionaler Werkstücke, z. B. Stanzteile Scannen mit 300 bis 400 Bildpunkten pro Sekunde	

2.3.11.10 Messgeräte zum Prüfen geometrischer Tolerierungen

Prüfen prismatischer Werkstücke

In der Werkstatt werden zur Prüfung von Geradheit, Ebenheit und Rechtwinkligkeit meist Haarlineale bzw. Haarwinkel eingesetzt. Am Lichtspalt lassen sich Unebenheiten ab wenigen µm erkennen. Eine zahlenmäßige Erfassung des Messwertes ist jedoch nicht möglich. Es kann somit auch nicht überprüft werden, ob die geometrische Tolerierung eingehalten wurde.

Geradheit, Ebenheit, Rechtwinkligkeit und Parallelität können auch mit einem Höhenmessgerät geprüft werden (Abb. 2). Dazu wird das Werkstück mit der angegebenen Bezugsfläche auf der Messplatte aufgelegt. Durch Antasten mehrerer gleichmäßig auf der Fläche verteilter Messpunkte wird die größte Abweichung ermittelt. Die größte gemessene Abweichung ergibt die Form- oder Lageabweichung.

Abb. 2: Form- und Lageprüfung mit einem Höhenmessgerät

Prüfen runder Werkstücke

In der Werkstatt werden Abweichungen von der Rundheit oder Zylinderform mit Messschrauben über Durchmesserunterschiede bestimmt. Polygonförmige Rundheitsabweichungen lassen sich jedoch mit Zweipunktmessungen nicht erfassen. Genau können Rundheits- und Zylinderformabweichungen mit Koordinatenmessmaschinen oder Formmessgeräten gemessen werden.

Auf Formmessgeräten werden die Werkstücke auf einen Drehtisch gespannt und ausgerichtet (Abb. 3). Ein Messtaster tastet die Kreisform des drehenden Zylinders ab. Das gemessene Rundheitsprofil wird am Bildschirm angezeigt und vom Rechner werden zwei konzentrische Kreise errechnet, die das Rundheitsprofil einschließen. Die Rundheitsabweichung ist der Abstand der beiden konzentrischen Kreise, die das Profil einschließen (→📖).

Aus mehreren Rundheitsprofilen kann der Rechner die Abweichungen von der Zylinderform errechnen. Die Zylinderformabweichung ergibt sich aus dem Abstand zweier koaxialer Hüllzylinder, die alle Rundheitsprofile mit minimalem Abstand einschließen.

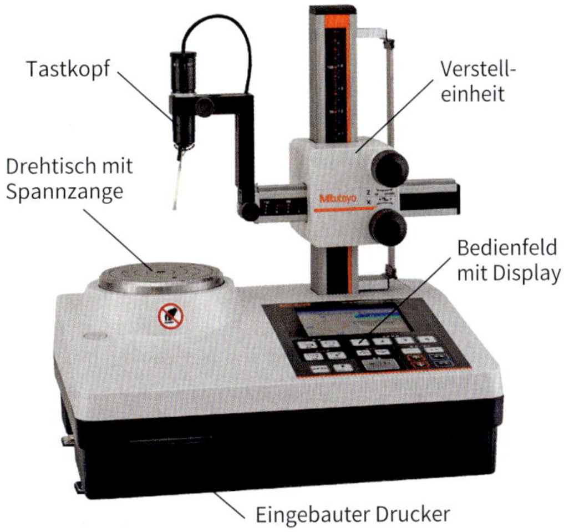

Abb. 3: Formmessgerät

Mit Formmessgeräten können neben Formabweichungen auch Koaxialität, Rund- oder Planlauf gemessen werden.

Zum Messen von Lageabweichungen müssen die Werkstücke an den in der Einzelteilzeichnung angegebenen Bezugselementen von der Prüfvorrichtung aufgenommen werden.

Rundlauf- und Planlaufabweichungen lassen sich mit Rundlaufprüfgeräten messen (Abb. 4). Dazu können die Werkstücke zwischen Messspitzen gespannt werden. Die Prüfung ist funktionsgerechter, wenn die als Bezug gewählten Wellenabsätze von Prismen aufgenommen werden. Als Messgeräte werden Messuhren, Feinzeiger oder Fühlhebelmessgeräte eingesetzt.

Die Rundlauf bzw. Planlaufabweichung ist die Differenz zwischen der größten und kleinsten Anzeige während einer vollen Umdrehung des Werkstückes.

Abb. 4: Rundlaufprüfgerät

Planen/ Dokumentieren

2.3.12 Arbeitsplanung Bolzen

Alle Bearbeitungsformen des Bolzens, bis auf die Querbohrung, können durch Drehen hergestellt werden.
Es wird eine zyklengesteuerte Drehmaschine mit der Leistung von P = 11 kW und stufenlos einstellbaren Umdrehungsfrequenzen von n = 1 ... 4500 1/min eingesetzt.

Der Bolzen wird aus kaltgezogenem Rundstahl Ø 30 mm gefertigt. Der Werkstoff besteht aus Vergütungsstahl 28Mn6.

In der Einzelteilzeichnung sind Form und Größe des Bolzens mit den einzuhaltenden Maßtoleranzen, Oberflächenbeschaffenheiten sowie geometrische Tolerierungen festgelegt (Abb. 1a).

Beim Planen der Arbeitsvorgänge muss man sich das fertige Werkstück vorstellen, um alle notwendigen Arbeitsschritte abzuleiten (Abb. 1b). Abb. 2 zeigt alle Arbeitsvorgänge für das Drehen des Bolzens.

auch über Web-Link

Nachdem die Arbeitsvorgänge festgelegt wurden, sind die Spannmittel und Werkzeuge auszuwählen.

Der Bolzen wird in ein Dreibackenfutter mit Hartbacken gespannt. Beim Drehen der Absätze, der Freistiche und des Gewindes wird der Bolzen mit einer mitlaufende Zentrierspitze abgestützt. Dadurch wird die Zerspankraft sicher aufgenommen und die geforderte Formtoleranz eingehalten.

Nach dem Abstechen wird der Bolzen in ein Dreibackenfutter mit weichen Backen gespannt, um die Oberfläche nicht zu beschädigen.

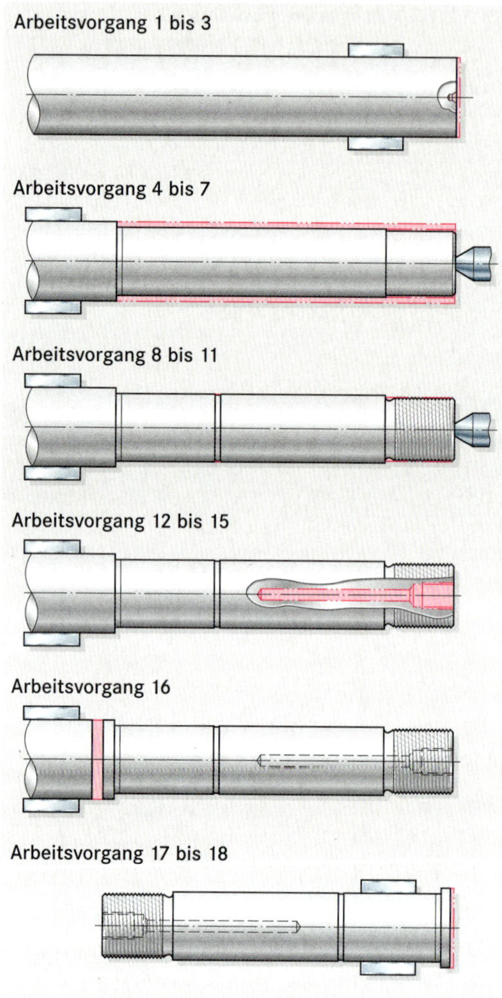

Abb. 2: Arbeitsvorgänge beim Drehen des Bolzens

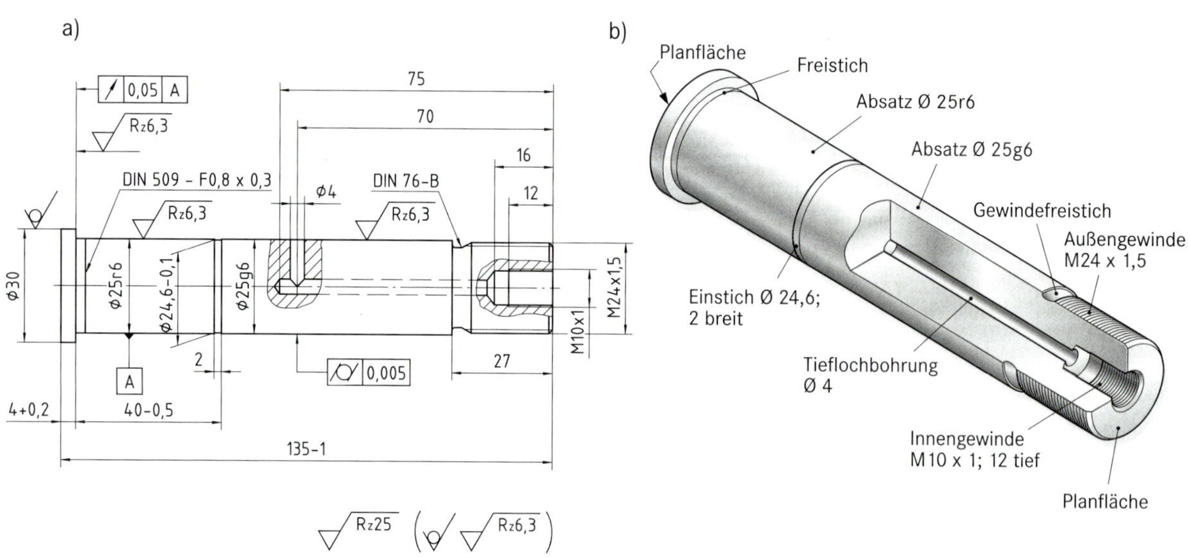

Abb. 1: Einzelteilzeichnung und Perspektive des Bolzens

Als Werkzeug sollen Klemmhalter gewählt werden, die möglichst vielseitig einsetzbar sind. Der rechtwinklige Absatz und die Planflächen sollen mit einem Klemmhalter vor- und fertiggedreht werden können. Diese Forderung führt zum Halter der Form PWLN mit der entsprechenden sechseckigen Schneidplatte. Der Halter hat einen Eckenwinkel von ε = 80° und einen Einstellwinkel von κ = 95° (Abb. 3). Als Schneidstoff wird beschichtetes Hartmetall aus der Zerspanungs-Anwendungsgruppe P10 gewählt.

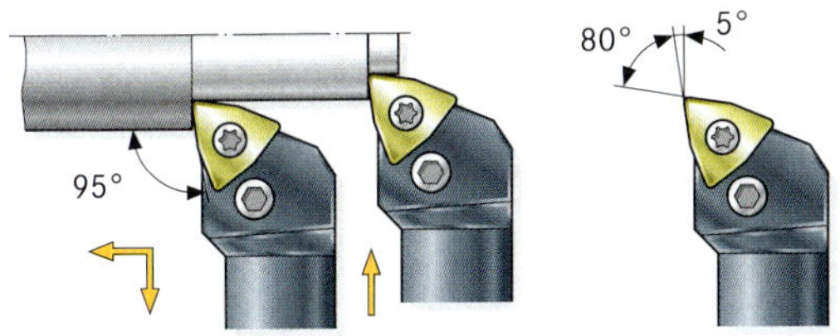

Halter DIN 4984 – PWLNR 16 16 K 06
Schneidplatte DIN 4968 – WNMG 06 04 04 GN - HC-P10

Abb. 3: Halter und Schneidplatte zum Längs- und Plandrehen

Für das Drehen der Freistiche werden Klemmhalter und Schneidplatten mit kleineren Eckenwinkeln benötigt (Abb. 4). Gewählt wird eine Schneidplatte mit einem Eckenwinkel von ε = 35° und ein Halter mit einem Einstellwinkel von κ = 107,5°.

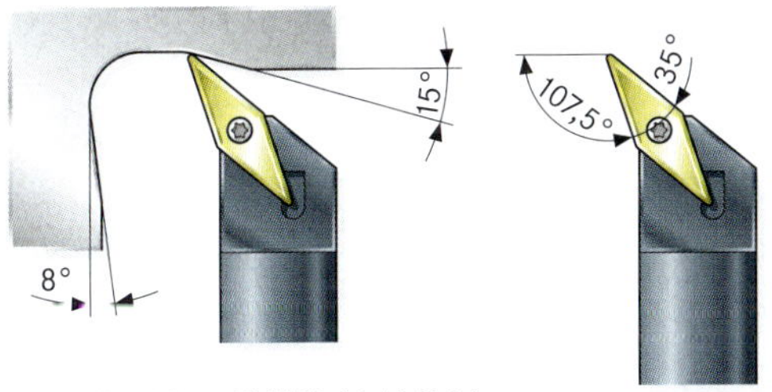

Halter DIN 4984 – SVHBR 16 16 K 06
Schneidplatte DIN 4968 – VBMT 16 04 04 GN - HC-P10

Abb. 4: Halter und Schneidplatte zum Konturdrehen

Halter und Wendeschneidplatten für das Gewindedrehen und das Ein- und Abstechdrehen sind nicht genormt.

Nachdem Arbeitsverfahren und Werkzeuge festgelegt sind, können die an der Maschine einzustellenden Arbeitswerte bestimmt werden. Der Absatz Ø 25 mm mit den ISO-Toleranzen r6 bzw. g6 wird mit einem Schruppschnitt vorgedreht und anschließend mit einem Schlichtschnitt fertig gedreht. Dabei ist von Richtwerten auszugehen, die der Hersteller empfiehlt oder die man aus dem Tabellenbuch entnehmen kann. An der Drehmaschine sind die Umdrehungsfrequenz n, der Vorschub f und die Schnitttiefe a_p einzustellen.

Beim Plandrehen wird mit einer konstanten Schnittgeschwindigkeit gearbeitet. Dabei wird eine maximale Umdrehungsfrequenz von n = 4000 1/min festgelegt und in die Steuerung eingegeben.

Nur für das Gewindedrehen und das Gewindebohren wird Kühlschmierstoff (KSS) eingesetzt. Gewählt wird ein nichtwassermischbarer KSS (S3) mit Feststoffzusätzen und EP-Zusätzen (→📖). EP-Zusätze (Extreme-Pressure-Zusätze) widerstehen extrem hohen Drücken, wie sie bei der Gewindeherstellung auftreten.

Einen Arbeitsplan für das Drehen der Bolzen mit allen Arbeitsmitteln und Arbeitswerten zeigt Abbildung 1 auf der nächsten Seite.

Beispiel: Arbeitswerte für Absatzdrehen Ø 25r6/Ø 25g6

Vorüberlegung:

Schnittaufteilung bei einer Durchmesserverringerung von Ø 30 mm auf Ø 25 mm:

Schruppschnitt: a_p = 2 mm

Schlichtschnitt: a_p = 0,5 mm

Geg.: Schneidplatte HC P10,
Werkstoff 28Mn6 → R_m = 700 ... 850 N/mm²

Ges.: n in 1/min, f in mm, a_p in mm

Richtwerte aus Tabellenbuch:

Schruppen	Schlichten
a_p = 3 mm	a_p = 1 mm
f = 0,25 mm	f = 0,10 mm
v_c = 120...250 m/min	v_c = 195...350 m/min

Es werden die maximalen Richtwerte für die Schnittgeschwindigkeit gewählt, da eine stabile Werkzeug- und Werkstückspannung vorliegt.

Rechnung:

Schruppen mit Ausgangsdurchmesser d = 30 mm

$$n = \frac{v_c}{d \cdot \pi}$$

$$n = \frac{250\ \text{m} \cdot 1000\ \text{mm}}{\text{min}\ 30\ \text{mm} \cdot \pi \cdot 1\ \text{m}} = 2654\ 1/\text{min}$$

eingestellt: n = 2600 1/min, f = 0,25 mm, a_p = 2 mm

Schlichten mit Ausgangsdurchmesser d = 26 mm

$$n = \frac{350\ \text{m} \cdot 1000\ \text{mm}}{\text{min}\ 26\ \text{mm} \cdot \pi \cdot 1\ \text{m}} = 4287\ 1/\text{min}$$

eingestellt: n = 4200 1/min, f = 0,1 mm, a_p = 0,5 mm

westermann	**Arbeitsplan**	**Blatt-Nr.** 1	**Anzahl** 1
Benennung: Bolzen **Zeichn.-Nr.** **Sach.-Nr.**		**Auftragsnr.:**	**Name:**
Halbzeug: Rd EN 10278 – 30h9 – 28Mn6+C		**Stückzahl:** 2	**Klasse/Gr.:**
[X] **Einzelteil**	[ ] **Montage/Demontage**	**Termin:**	**Kontr.-Nr.:**

Lfd. Nr.	**Arbeitsvorgang**	**Arbeitsmittel**	**Arbeitswerte/ Bemerkungen**
1	Spannen	Dreibackenfutter	
2	Querplandrehen Planfläche	Halter – PWLNR 16 16 K 06	v_c = 300 m/min;
			f = 0,1 mm
3	Zentrierbohren der Zentrierbohrung	Zentrierbohrer, HS	n = 2000 1/min
	ISO 6411 – A1,6/3,35		
4	Umspannen	Dreibackenfutter, Zentrierspitze	
5	Längsrunddrehen Absatz Ø25r6/Ø25g6	Halter – PWLNR 16 16 K 06	
	Schruppschnitt (i = 1)		n = 2600 1/min
			f = 0,25 mm; a_p = 2 mm
	Schlichtschnitt (i = 1)		n = 4200 1/min
			f = 0,1 mm; a_p = 0,5 mm
6	Längsrunddrehen Gewindeabsatz Ø24; 27 lang	Halter – PWLNR 16 16 K 06	n = 4200 1/min
			f = 0,1 mm; a_p = 0,5 mm
7	Drehen der Gewindefase 1 x 45°		n = 4200 1/min
8	Drehen des Gewindefreistiches	Halter – SVHBR 16 16 K 16	n = 3600 1/min
			f = 0,1 mm
9	Drehen des Freistiches	Halter – SVHBR 16 16 K 16	n = 3600 1/min
			f = 0,1 mm
10	Einstechdrehen der Nut Ø24,6 x 2	Abstechklemmhalter	n = 3600 1/min;
			f = 0,1 mm
11	Drehen des Gewindes M24 x 1,5	Klemmhalter für Gewinde	n = 1400 1/min,
			KSS S3
12	Zentrierspitze lösen		
13	Bohren der Bohrung Ø4; 75 tief	Spiralbohrer Ø4, HS	n = 2000 1/min
14	Aufbohren der Innengewindebohrung M10 x 1;	Spiralbohrer Ø9, HS	n = 2000 1/min
	16 tief und ansenken	Kegelsenker 90°, HS	n = 500 1/min
15	Gewindebohren M10 x 1	Maschinengewindebohrer M10x1	n = 450 1/min,
			KSS S3
16	Abstechdrehen des Bolzens	Abstechklemmhalter	v_c = 300 m/min;
			f = 0,1 mm
17	Umspannen	Dreibackenfutter mit Weichbacken	
18	Querplandrehen zweite Planfläche	Halter – PWLNR 16 16 K 06	v_c = 300 m/min
			f = 0,1 mm; a_p = 0,5 mm

Abb. 1: Arbeitsplan für das Drehen der Bolzen

Prüfen

2.3.13 Prüfplanung Bolzen

Nach dem Drehen werden die Bolzen einer Endkontrolle unterzogen. Dabei wird geprüft, ob die Maße, die Form- und Lagetoleranzen sowie die Oberflächengüten eingehalten wurden. Die Prüfung wird anhand der Einzelteilzeichnung geplant und durchgeführt. Es sind die Prüfmethoden festzulegen und die erforderlichen Prüfgeräte zu wählen (Abb. 2).

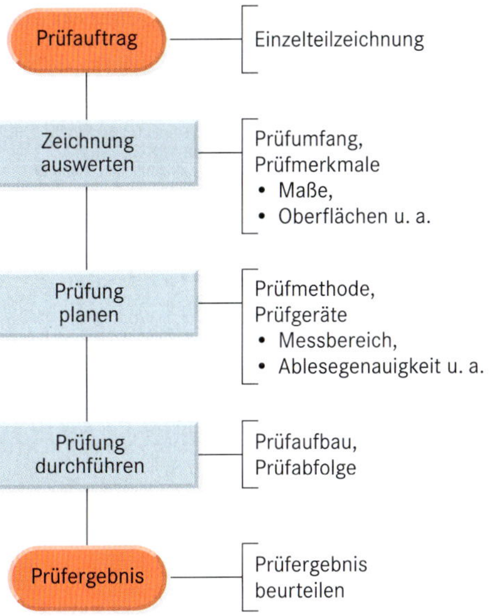

Abb. 2: Endkontrolle in der Einzelteilfertigung

Prüfen der Längen- und Durchmessermaße

Die Bolzenlänge von 135 mm kann bei der Toleranz von 1 mm mit einem Messschieber gemessen werden, der eine Ablesegenauigkeit von 0,05 mm hat (Tab. 1). Zum Messen der anderen Längen- und Durchmessermaße mit Allgemeintoleranzen bzw. mit Toleranzangaben durch Grenzabmaße ist ein digitaler Messschieber mit einer Ablesegenauigkeit von 0,01 mm geeignet. Die Toleranzen der Maße liegen zwischen 0,1 bis 0,5 mm.

Die beiden Durchmessermaße mit ISO-Toleranzen haben jeweils eine Toleranz von 0,013 mm. Zum Prüfen eignet sich eine digitale Bügelmessschraube mit einer Ablesegenauigkeit von 0,001 mm. Als Alternative können Grenzlehren zum Prüfen der Durchmessermaße eingesetzt werden.

Prüfen der Gewinde

Form und Maße des Außen- und Innengewindes werden mit Gewindelehrringen bzw. mit einem Gewindelehrdorn überprüft.

Prüfen der geometrischen Tolerierungen

Mögliche Abweichungen von der Zylinderform werden in der Werkstatt häufig mit einer digitalen Messschraube bestimmt. Dazu wird der Durchmesser sowohl am Umfang als auch über die Länge des Zylinders Ø 25g6 an mehreren Stellen gemessen. Die festgestellten Abweichungen dürfen den Toleranzwert $t = 0{,}005$ mm nicht überschreiten.

Zum Prüfen des Planlaufes wird der Bolzen in ein Rundlaufprüfgerät zwischen Rollen gespannt. Gemessen wird mit einem Fühlhebelmessgerät. Bei einer Umdrehung des Bolzens darf die Planlaufabweichung in jeder Messposition den Toleranzwert $t = 0{,}05$ mm nicht überschreiten.

Prüfen der Oberflächenbeschaffenheit

Es werden nur die funktionswichtigen Oberflächen mit einer gemittelten Rautiefe von Rz 6,3 geprüft. Dazu werden die gedrehten Flächen mit einem Oberflächenvergleichsnormal verglichen.

Tab. 1: Aufstellung der Messgrößen und der verwendeten Prüfgeräte

Messgröße	Grenzabmaße	Toleranz	Prüfgerät	Ablesegenauigkeit
Längenmaß 135	– 1	1	Messschieber Form A	*Skw* = 0,05
Längenmaß 4	+ 0,2	0,2	digitaler Messschieber Form A	*Zw* = 0,01
Längenmaß 40	– 0,5	0,5	digitaler Messschieber Form A	*Zw* = 0,01
Längenmaß 2	± 0,1	0,2	digitaler Messschieber Form A	*Zw* = 0,01
Durchmessermaß 30	± 0,2	0,4	digitaler Messschieber Form A	*Zw* = 0,01
Durchmessermaß 24,6	– 0,1	0,1	digitaler Messschieber Form A	*Zw* = 0,01
Durchmessermaß 25r6	+ 0,041/+ 0,028	0,013	digitale Bügelmessschraube 0-25 mm	*Zw* = 0,001
Durchmessermaß 25g6	– 0,007/– 0,020	0,013	digitale Bügelmessschraube 0-25 mm	*Zw* = 0,001
Außengewinde M24x1,5			Gewindelehrringe M24x1,5 - 6g	
Innengewinde M10x1			Gewindelehrdorn M10x1 - 6H	
Zylinderform		0,005	digitale Bügelmessschraube 0-25 mm	*Zw* = 0,001
Planlauf		0,05	Rundlaufprüfgrät, Fühlhebelmessgerät	*Skw* = 0,01
Oberfläche Rz 6,3			Oberflächenvergleichsnormal	

Planen/ Dokumentieren

2.3.14 Herstellkosten

Die Kosten für ein Produkt werden vom betrieblichen Rechnungswesen erfasst und bilden die Grundlage für die Preiskalkulation.

2.3.14.1 Kostenarten

Nur ein Teil der Kosten lässt sich genau erfassen und dem einzelnen Produkt zurechnen. Kosten, die sich einem Produkt zu rechnen lassen, sind (→):

- die *Materialeinzelkosten*, einschließlich Abfall und Verschnitt,
- die *Fertigungslohnkosten* der Facharbeiter in der Produktion,
- die *Maschineneinzelkosten* anteilig der Fertigungszeiten.

Viele Kosten lassen sich einem Produkt nicht genau zuordnen. Sie werden als Gemeinkosten bezeichnet und als Zuschläge den genau bestimmbaren Kostenanteilen hinzugerechnet. So werden z. B. die Kosten für den Einkauf und die Lagerung des Materials als Materialgemeinkosten den Materialeinzelkosten zugeschlagen. Die Löhne für Führungskräfte und die Kosten für Werkzeuge, Instandhaltung und Ausbildung werden als Fertigungsgemeinkosten den Fertigungslohnkosten hinzugerechnet (Abb. 1).

Der Facharbeiter in der Fertigung kann die Kosten in der Fertigung beeinflussen durch

- sparsamen Umgang mit Material und
- Zeiteinsparung beim Vorbereiten und Durchführen der Fertigung.

2.3.14.2 Hauptnutzungszeit

Die zum Durchführen eines Arbeitsauftrages notwendige Zeit wird möglichst genau bestimmt, um daraus die Fertigungszeiten, Fertigungslöhne und Fertigungskosten zu ermitteln.

Maßgebliche Zeiten für das Fertigen mit Werkzeugmaschinen sind die Hauptnutzungszeit t_h und die Nebennutzungszeit t_n (→).

Hauptnutzungszeiten t_h sind die Zeiten in der Fertigung, bei denen das Werkstück bearbeitet wird.

Nebennutzungszeiten t_n sind Zeiten z. B. für das Vorbereiten und Spannen von Werkstücken oder das Entleeren der Maschine.

Die Zeiten werden in beeinflussbare und unbeeinflussbare unterteilt. Unbeeinflussbare Zeiten laufen selbsttätig ab.

Unbeeinflussbare Hauptnutzungszeiten t_{hu} sind z. B. Zeiten, in denen das Werkstück mit selbsttätigem Vorschub zerspant wird. Unbeeinflussbare Hauptnutzungszeiten lassen sich berechnen.

Beeinflussbare Hauptnutzungszeiten t_{hb} sind z. B. Zeiten, in denen Werkstücke von Hand bearbeitet werden oder Maschinenbewegungen manuell erfolgen. Beeinflussbare Hauptnutzungszeiten müssen geschätzt oder über Zeitstudien ermittelt werden.

Zeitabschnitte im Produktionsprozess, in denen das Betriebsmittel aus irgendwelchen Gründen nicht genutzt wird, werden als Brachzeiten bezeichnet.

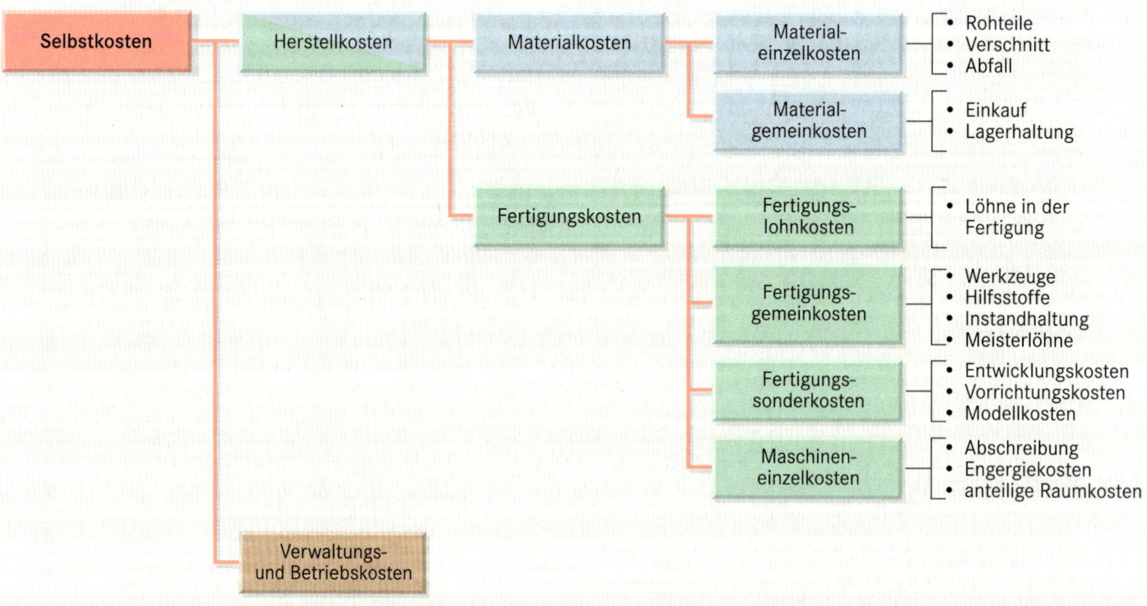

Abb. 1: Überblick über Fertigungskosten

Grundlagen

Hauptnutzungszeit beim Drehen

Beim Drehen führt der Drehmeißel eine geradlinige Vorschubbewegung mit der Vorschubgeschwindigkeit v_f aus.

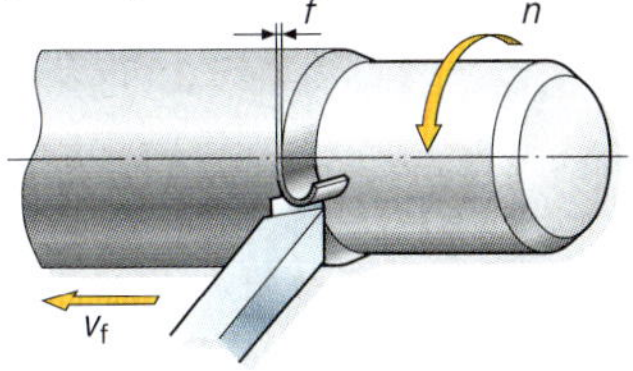

Die Vorschubgeschwindigkeit v_f ergibt sich aus dem Vorschub *f* und der Umdrehungsfrequenz *n*.

$$v_f = f \cdot n \qquad \text{in mm/min}$$

Die Hauptnutzungszeit t_{hu} lässt sich aus der Länge des Vorschubweges l_f und der Vorschubgeschwindigkeit v_f des Drehmeißels bestimmen. Bei mehreren Schnitten ist der Vorschubweg entsprechend mit der Anzahl *i* zu multiplizieren.

$$t_{hu} = \frac{l_f \cdot i}{v_f} = \frac{l_f \cdot i}{f \cdot n}$$

Der Vorschubweg l_f ergibt sich aus der Werkstücklänge l_w, dem jeweiligen Anlauf l_a und Überlauf $l_ü$.

$$l_f = l_w + l_a + l_ü$$

Beim Querplandrehen ist die Werkstücklänge:

Planfläche: $l_w = \frac{d}{2}$ Absatzfläche: $l_w = \frac{d_1 - d_2}{2}$

Beispiel:
Hauptnutzungszeit zum Drehen des Bolzens

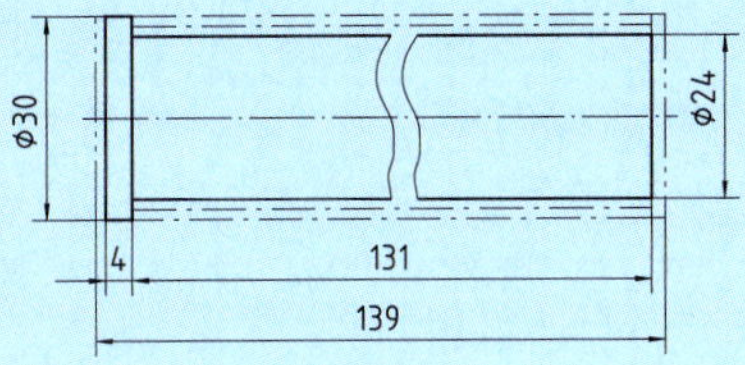

eingestellte Arbeitswerte:
Querplandrehen an den Stirnseiten
$n = 4200$ 1/min; $f = 0{,}1$ mm,
Längsrunddrehen in 2 Schnitten
Schruppschnitt: $n = 2600$ 1/min; $f = 0{,}25$ mm, $a_p = 2$ mm
Schlichtschnitt: $n = 4200$ 1/min; $f = 0{,}1$ mm, $a_p = 0{,}5$ mm
Der An- und Überlauf beträgt jeweils 1 mm.

Rechnung:

$$t_{hu} = \frac{l_f \cdot i}{f \cdot n}$$

Querplandrehen:

$$l_w = \frac{d}{2} = \frac{30\text{ mm}}{2} = 15\text{ mm}$$

$$l_f = l_w + l_a + l_ü = 15\text{ mm} + 2\text{ mm} = 17\text{ mm}$$

$$t_{hu} = \frac{17\text{ mm} \cdot 2\text{ min}}{0{,}1\text{ mm} \cdot 4200} = 0{,}08\text{ min} \approx \underline{\underline{5\text{ s}}}$$

Längsrunddrehen:

$$l_f = l_w + l_a = 131\text{ mm} + 2\text{ mm} = 132\text{ mm}$$

Schruppschnitt:

$$t_{hu} = \frac{131\text{ mm} \cdot 1\text{ min}}{0{,}25\text{ mm} \cdot 2600} = 0{,}20\text{ min} = \underline{\underline{12\text{ s}}}$$

Schlichtschnitt:

$$t_{hu} = \frac{131\text{ mm} \cdot 1\text{ min}}{0{,}1\text{ mm} \cdot 4200} = 0{,}31\text{ min} \approx \underline{\underline{19\text{ s}}}$$

Aufgaben

1. Beim Drehen einer Welle aus C15E bildet sich eine Aufbauschneide.

a) Beschreiben Sie mögliche Folgen.

b) Geben Sie Gegenmaßnahmen an.

2. Wählen Sie ein geeignetes Messgerät und geben Sie dessen Messbereich und Ablesegenauigkeit an, wenn folgende Maße zu prüfen sind:

a) Wellendurchmesser Ø 22±0,05,

b) Bohrungsdurchmesser Ø 25H7,

c) Wellendurchmesser Ø 18f6.

3. Beim Prüfen der Zylinderform des Bolzens stellt man eine leicht kegelförmige Abweichung fest. Liegen die Zylinderform- und Maßabweichungen aufgrund der gemessenen Durchmesser noch innerhalb der Toleranz?

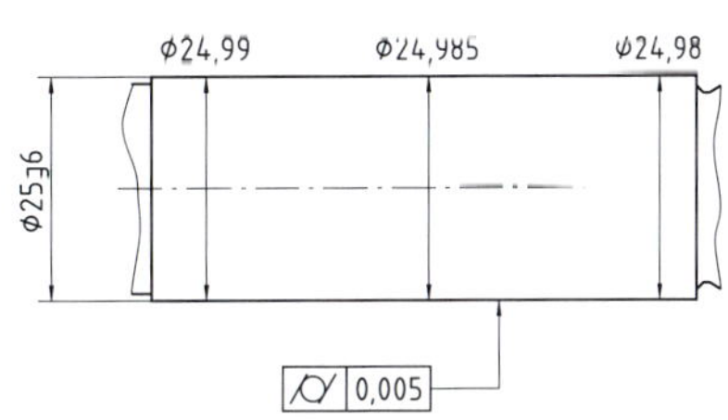

4. 50 Flanschringe sollen beidseitig plangedreht und am Umfang mit einem Schnitt fertig gedreht werden. Berechnen Sie die Hauptnutzungszeit, wenn die Richtwerte für die Schnittgeschwindigkeit $v_c = 140$ m/min und für den Vorschub $f = 0{,}1$ mm betragen. An- und Überlauf betragen jeweils 2 mm.

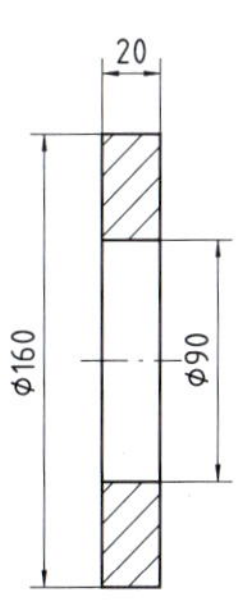

An der Maschine sind folgende Umdrehungsfrequenzen einstellbar:

$n = \ldots$ 180 – 224 – 350 – 450 – 560 … 1/min

Zusammenfassung

Drehverfahren:

Drehen

- Einteilung nach der Vorschubrichtung
  - Längsdrehen
  - Querdrehen
- Einteilung nach der Bearbeitungsform, z. B.
  - Runddrehen
  - Plandrehen
  - Schraubdrehen

daraus abgeleitete Drehverfahren, z. B.

- Längsrunddrehen
- Querplandrehen
- Querabstechdrehen
- Gewindeschneiden

Maschineneinstellung: Wahl der Arbeitswerte

Schruppen
(Vordrehen mit großer Spanabnahme)

- große Schnitttiefe a_p,
- großer Vorschub f, → großer Spanungsquerschnitt A
- kleine Schnittgeschwindigkeit v_c

Schlichten
(Fertigdrehen mit glatter Oberfläche)

- kleine Schnitttiefe a_p,
- kleiner Vorschub f, → kleiner Spanungsquerschnitt A
- große Schnittgeschwindigkeit v_c

abhängig von:
- Werkstoff des Werkstückes,
- Schneidstoff des Drehmeißels,
- Standzeit

Gesamtaufgabe

Der Stempel eines Lochers soll auf einer Universaldrehmaschine gefertigt werden (Drehmeißel HS).

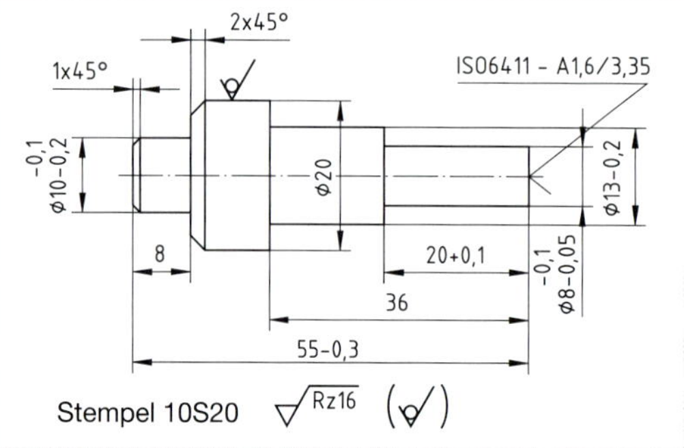

1. Legen Sie die Rohmaße für den Zuschnitt des Stempels fest.

2. Geben Sie die herzustellenden Bearbeitungsformen am Stempel an. Mit welchen Drehverfahren werden die Formen jeweils hergestellt?

Verwenden Sie dabei folgendes Schema:

Bearbeitungsform	Drehverfahren
Planfläche	

3. Wählen Sie für das Drehen folgender Bearbeitungsformen einen geeigneten Drehmeißel aus:

a) Planfläche b) Absatz 10-0,1/-0,2

c) Fase 2 x 45°

4. Beim Querplandrehen wird festgestellt, dass in der Mitte der Planfläche ein Ansatz stehen bleibt. Geben Sie die Ursache dafür an.

5. Beschreiben Sie die Aufgabe der Zentrierbohrung.

6. Welche Oberflächenbeschaffenheiten sollen die Bearbeitungsformen des Stempels aufweisen? Geben Sie dafür die Maschineneinstellung an.

7. Die Planflächen haben außen eine bessere Oberfläche als zur Mitte hin. Beschreiben Sie die Ursachen dafür.

8. Der Absatz Ø 13–0,2 soll mit je einem Schruppschnitt vorgedreht und einem Schlichtschnitt fertig gedreht werden.

Bestimmen Sie anhand des Tabellenbuches die Richtwerte für das Schruppen und das Schlichten.

9. Berechnen Sie die an der Maschine einzustellenden Umdrehungsfrequenzen für das Schruppen und das Schlichten. An der Maschine sind Umdrehungsfrequenzen der Reihe R20/3 einstellbar.

10. Erstellen Sie handschriftlich oder mit einem Textverarbeitungssystem einen Arbeitsplan zur Herstellung des Stempels. Verwenden Sie dabei folgenden Aufbau:

Lfd.	Arbeitsvorgang	Arbeitsmittel	Arbeitswerte
1.			

2.4 Fräsen

ARBEITSAUFTRAG

Die Klemmbacken müssen neu angefertigt werden. Dafür ist ein kaltgezogener Vierkantstahl DIN EN 10278 ◻ 50 x 225 aus C 45 + C zu verwenden. Für die Fertigung steht eine Universalfräsmaschine zur Verfügung.

Der Einzelteilzeichnung können alle für die Fertigung erforderlichen Angaben entnommen werden. Weiter gelten die Allgemeintoleranzen nach **DIN ISO 2768-m**.

mieren

2.4.1 Zeichnungsanalyse

Die rechte Klemmbacke ist in der Vorderansicht und der Draufsicht dargestellt (Abb. 1). Weitere Ansichten sind nicht erforderlich. Beim Fräsen können scharfkantige Gratformen entstehen. Darum ist in der Zeichnung eine Angabe über die Werkstückkanten eingetragen.

Werkstückkanten

Bei der Fertigung von Werkstücken entstehen je nach Fertigungsverfahren unterschiedliche Werkstückkanten (Tab. 1). Für die rechte Klemmbacke wird aus Funktions-, Prüf- und Sicherheitsgründen die Form der Werkstückkanten vorgegeben.

Die Angabe erfolgt nach **ISO 13715** (→📖) durch ein Grundsymbol, ein Symbolelement und eine Zahl für das Kantenmaß *a* (Abb. 2).

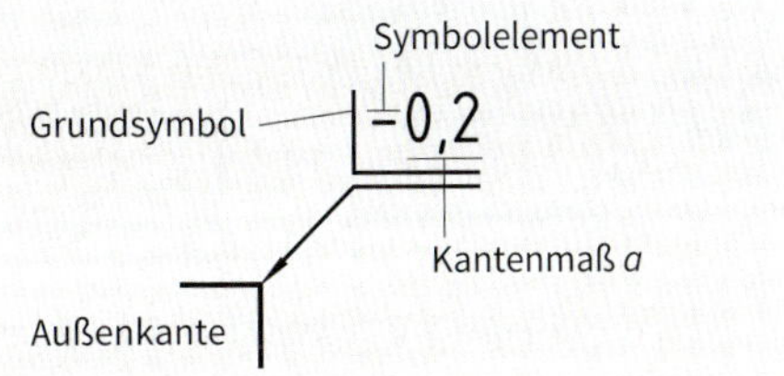

Abb. 2: Symbol für Werkstückkanten

Tab. 1: Kantenformen

Außenkanten		
Abtragung	scharfkantig	Grat
Innenkanten		
Abtragung	scharfkantig	Übergang

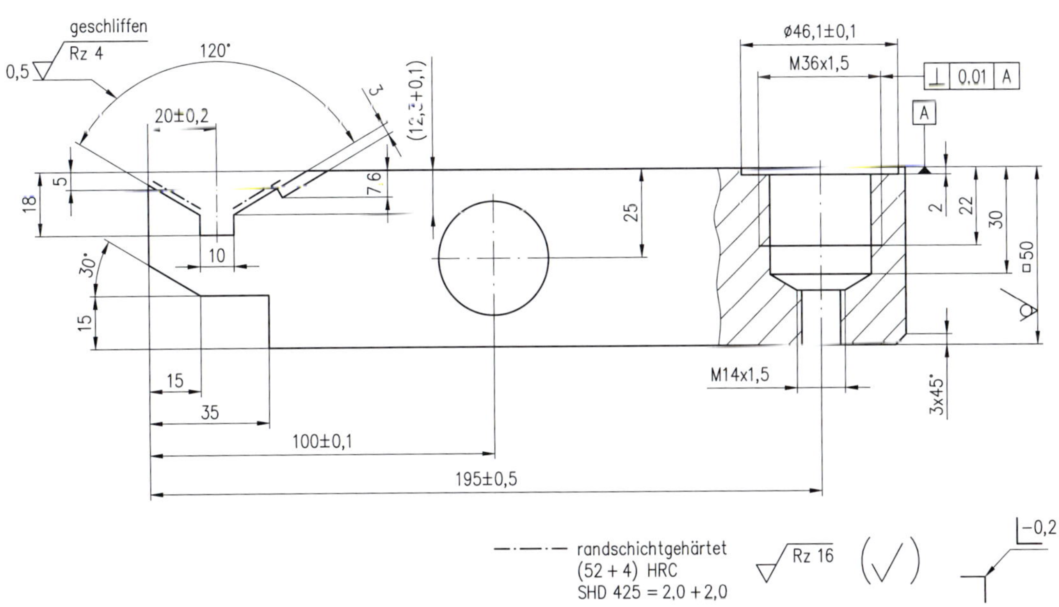

Abb. 1: Rechte Klemmbacke

Durch das Symbolelement wird der Kantenzustand gekennzeichnet (Tab. 1).

Tab. 1: Kantenzustände

Symbolelement	Außenkante	Innenkante
+	Grat zugelassen	Übergang zugelassen
–	Abtragung gefordert	Abtragung gefordert
±	Grat oder Abtragung zugelassen	Abtragung oder Übergang zugelassen

Die Richtung des Grates und der Abtragung an der Werkstückkante wird mit der Stellung des Kantenmaßes zum Grundsymbol festgelegt (Tab. 2).

Tab. 2: Grat- und Abtragungsrichtung

Außenkante mit Grat	Innenkante mit Abtragung
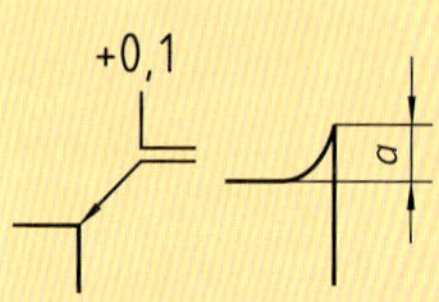	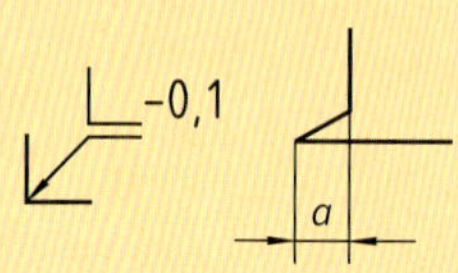

Beispiel: Klemmbacke

Alle Außenkanten müssen an der Klemmbacke um 0,2 mm abgetragen werden.

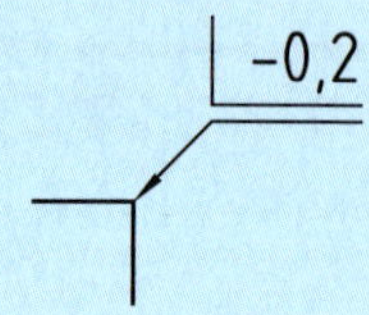

2.4.2 Fräsmaschinen

Je nach Werkstückgröße und Bearbeitungsverfahren kommen unterschiedliche Fräsmaschinen zum Einsatz.

Nach der Bauform und dem Verwendungszweck unterscheidet man (Tab. 3):

- Konsolfräsmaschinen,
- Bettfräsmaschinen und
- Bohr- und Fräswerke.

Die Konsolfräsmaschinen werden nach der Lage der Frässpindel in Waagerecht- und Senkrecht-Konsolfräsmaschinen unterteilt. Die Konsolfräsmaschine hat im Vergleich zur Bettfräsmaschine eine geringere Baugröße und eine geringere Zerspanleistung.

Das Bohr- und Fräswerk bietet durch den Rundtisch vielseitige Bearbeitungsmöglichkeiten.

Tab. 3: Bauformen von Fräsmaschinen

<table>
<tr><th colspan="4">Bauformen von Fräsmaschinen</th></tr>
<tr><th>Waagerecht-Konsolfräsmaschine</th><th>Senkrecht-Konsolfräsmaschine</th><th>Bettfräsmaschine</th><th>Bohr- und Fräswerk</th></tr>
<tr>
<td>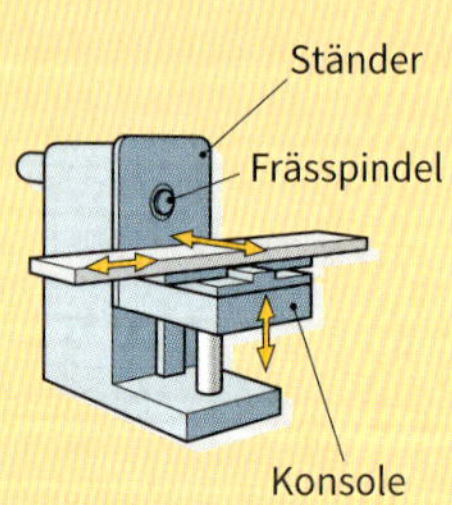</td>
<td>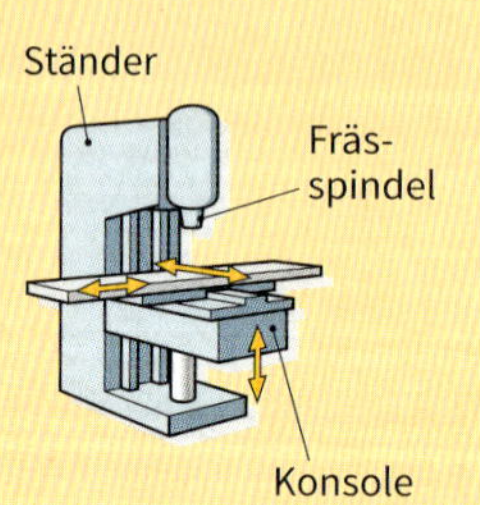</td>
<td>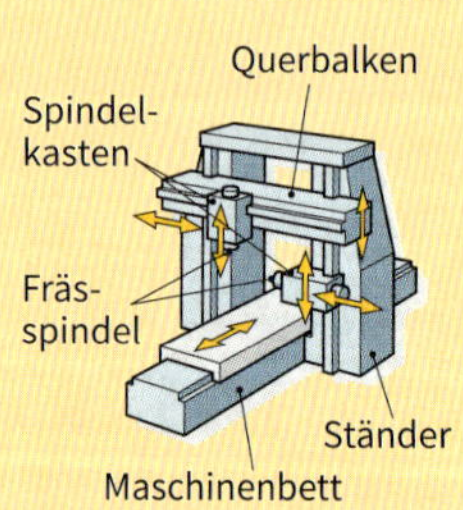</td>
<td>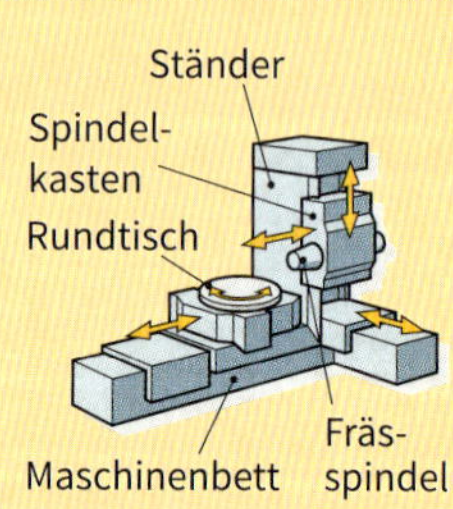</td>
</tr>
<tr><th colspan="4">Aufbau</th></tr>
<tr><td>Waagerechte ortsfeste Frässpindel, höhenverstellbare Konsole mit Längs- und Querschlitten</td><td>Senkrechte ortsfeste Frässpindel, höhenverstellbare Konsole mit Längs- und Querschlitten</td><td>Frässpindel über Spindelkasten am Querbalken und Ständer verfahrbar, Längsbewegung des Werkstückes auf dem Maschinenbett</td><td>Frässpindel über Spindelkasten am Ständer verfahrbar, Längs- und Drehbewegung des Werkstückes auf dem Maschinentisch</td></tr>
<tr><th colspan="4">Anwendung</th></tr>
<tr><td>Fräsen langer Werkstücke, Fräsen von komplizierten Profilen durch Satzfräser und Fräsdorn</td><td>Fräsen von senkrechten und waagerechten Werkstückflächen, Bohren und Reiben von Werkstücken</td><td>Fräsen großer, langer Werkstücke, Verkettung mit anderen Anlagen, da einfaches Be- und Entladen</td><td>Fräsen und Bohren großer Werkstücke in einer Aufspannung, lange Vorschubwege beim Bohren möglich</td></tr>
</table>

Die schwenkbare Arbeitsspindel der Universalfräsmaschine ermöglicht den Einsatz als Waagerecht- oder als Senkrecht-Konsolfräsmaschine.

Universalfräsmaschine

Universalfräsmaschinen kommen in der Einzelfertigung sowie in der Kleinserienfertigung zum Einsatz (Abb. 1). Vorwiegend werden Werkstücke mit geradlinigen Konturen und Bohrungen gefertigt. Durch das Schwenken des Fräskopfes können Schrägen oder Fasen hergestellt werden.

Das Maschinengestell ist durch die vielfach verrippte Gusskonstruktion stabil und schwingungsdämpfend ausgeführt. Die Führungsbahnen sind gehärtet und geschliffen.

Ein stufenlos regelbarer Elektromotor dient als Hauptantrieb. Jede Vorschubrichtung wird durch einen eigenen Vorschubmotor stufenlos angetrieben.

Handräder ermöglichen das manuelle Verfahren in allen drei Achsen. Die Pinole kann ebenfalls manuell verfahren werden. Dadurch sind zusätzlich Bohrarbeiten möglich. Die Fräswerkzeuge werden in der Arbeitsspindel durch entsprechende Fräseraufnahmen gespannt.

Durch die T-Nuten im Maschinentisch kann eine vielfältige Werkstückspannung erfolgen. Der Maschinentisch kann starr oder schwenkbar sein.

Die Universalfräsmaschine ist über ein Bedienfeld programmierbar. Das genaue Positionieren des Werkzeuges wird durch eine digitale Anzeige unterstützt.

Eine Pumpe fördert den Kühlschmierstoff aus dem Kühlmittelbehälter zum Werkzeug. Eine Spänewanne nimmt die anfallenden Späne sowie den Kühlschmierstoff auf.

Die Universalfräsmaschine ist mit einer Schutzkabine ausgerüstet. Dadurch wird die Unfallgefahr und die Lärmbelästigung verringert.

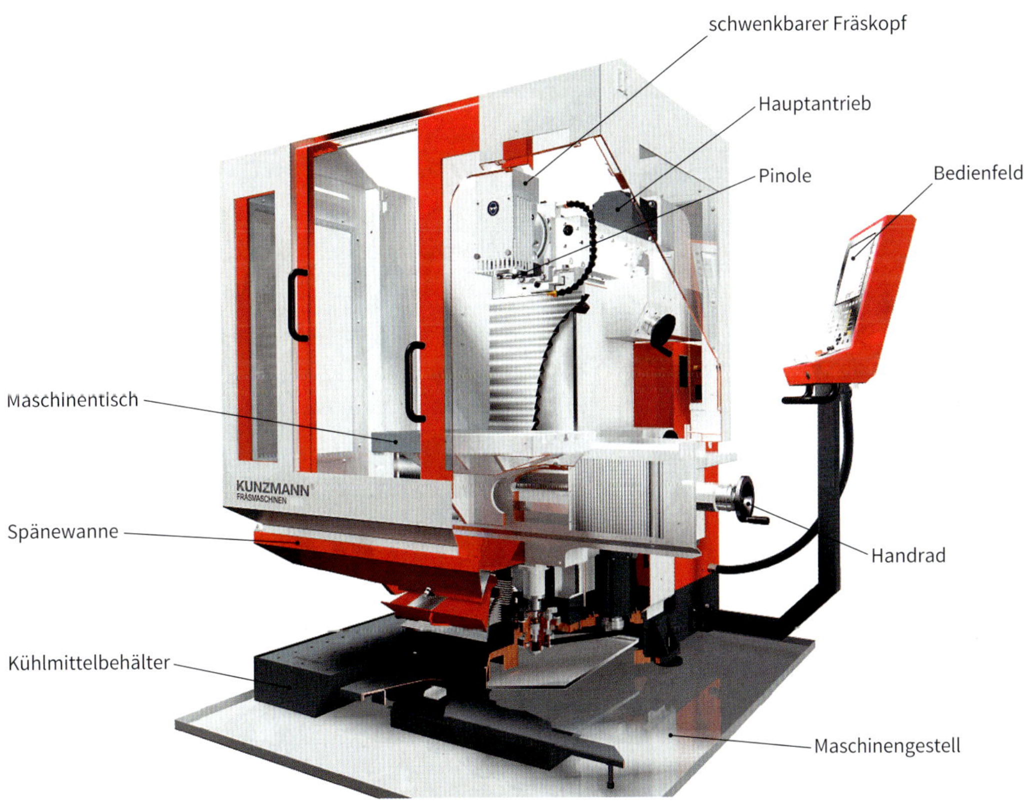

Abb. 1: Universalfräsmaschine

2.4.3 Werkzeugspannmittel

Werkzeugaufnahme

Beim Fräsen müssen große Schnittkräfte von der Frässpindel über die Werkzeugaufnahme auf den Fräser übertragen werden. Für die verschiedenen Fräser werden unterschiedliche Werkzeugaufnahmen verwendet.

Aufsteckfräsdorne dienen zum Spannen von Fräsern mit zylindrischer Aufnahmebohrung. Zum Übertragen der Kräfte haben diese Fräser entweder eine Längsnut (Abb. 1a) oder eine Quernut (Abb. 1b).

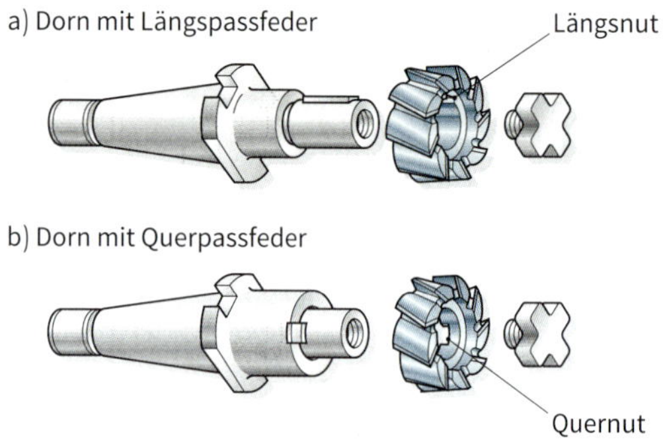

Abb. 1: Aufsteckfräsdorne

Spannzangenfutter werden zum Spannen von Frä-sern und Bohrern mit zylindrischem Schaft verwen-det (Abb. 2). Um verschiedene Schaftdurchmesser spannen zu können, benötigt man Spannzangensätze mit gestuften Durchmessern.

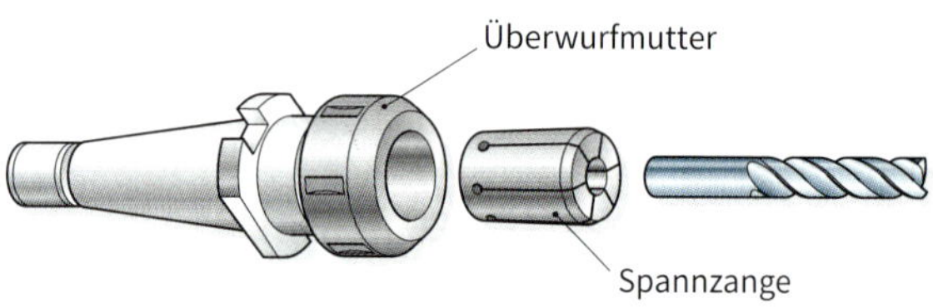

Abb. 2: Spannzangenfutter

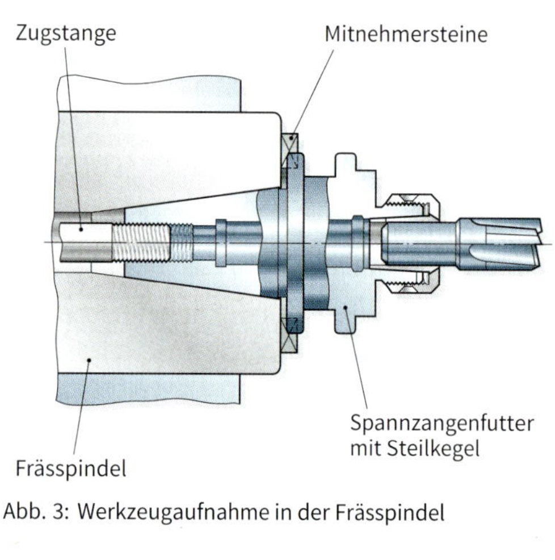

Abb. 3: Werkzeugaufnahme in der Frässpindel

Fräseraufnahmen

Das Spannen von Schaftfräsern und Bohrern mit Zylinderschaft erfolgt mit Spannzangenfuttern, Hydro-Dehnspannfuttern, Schrumpffuttern, Flächenspannfuttern (Weldonfutter) oder Whistle-Notch-Aufnahmen.
Zur Befestigung von Fräsern mit einer Bohrung (Aufsteckfräser) werden Fräsdorne eingesetzt. Die Aufnahme von Fräsdornen und Spannzangenfuttern erfolgt mit einem Steilkegel (Abb.3).

- **Fräsdorne mit Gegenlager**

Fräsdorne mit Gegenlager dienen zur Aufnahme von Walzenfräsern oder Scheibenfräsern (Abb. 4). Um eine Durchbiegung der Fräsdorne zu verhindern, wird ein Gegenlager verwendet. Zur Fertigung von Profilen werden mehrere Aufsteckfräser zu einem Satzfräser kombiniert.

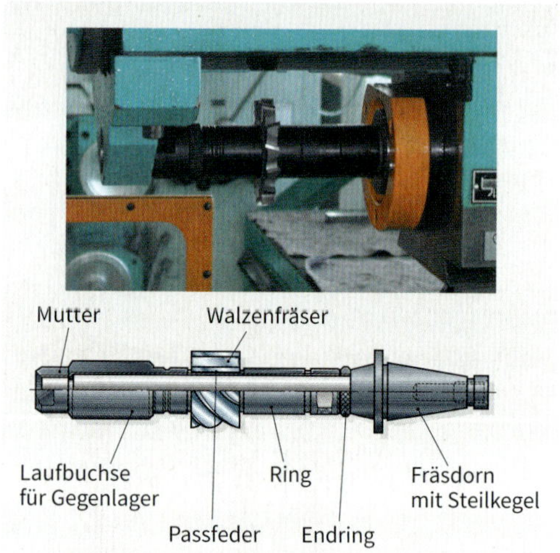

Abb. 4: Fräsdorn mit Laufbuchse für Gegenlager

- **Fräsdorn für Fräskopf**

Fräsköpfe werden als Plan- und Eckfräser zur Bearbeitung großer Flächen benutzt. Der Fräskopf wird auf dem Fräsdorn aufgesteckt oder durch Zylinderschrauben stirnseitig an die Frässpindel geschraubt (Abb. 5).

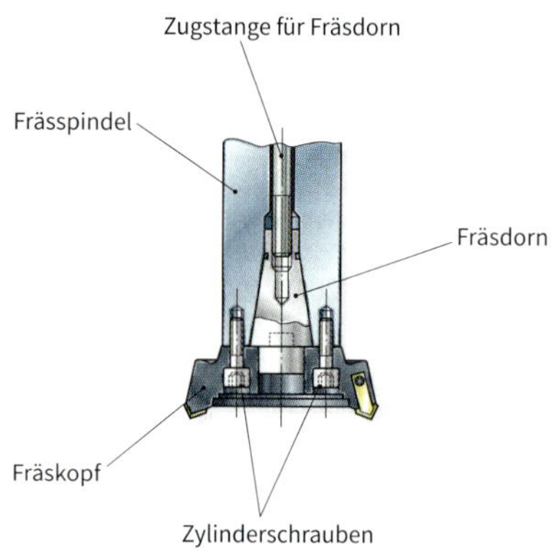

Abb. 5: Fräsdorn mit Fräskopf

2.4.4 Werkstückspannsysteme

An Werkstückspannsysteme werden folgende Anforderungen gestellt:

- Werkstück aufnehmen und fest spannen,
- Werkstück positionieren,
- große Wiederholgenauigkeit besitzen und
- schnelles Ein- und Ausspannen ermöglichen.

Das Spannen von unterschiedlichen Werkstückformen erreicht man mit Spannsystemen mit entsprechend geformten Spannelementen. Jedes Spannsystem besitzt Elemente zum:

- Erzeugen der Spannkraft,
- Stützen und
- Festlegen der Lage.

Es ist darauf zu achten, dass die Spannelemente so dicht wie möglich an der Bearbeitungsstelle angebracht werden. Die Spannflächen müssen sauber sein und vollflächig auf dem Werkstück aufliegen. Die Spannkräfte dürfen das Werkstück nicht verbiegen. Beim Umgang mit Spannelementen besteht Quetschgefahr.

Die Spannkraft kann mechanisch, pneumatisch oder hydraulisch aufgebracht werden. Beim mechanischen Spannen nutzt man die Kraftverstärkung durch die Hebelwirkung aus. Die Kraft zum Spannen kann durch einen Exzenter oder durch eine Verschraubung erzeugt werden (Abb. 6).

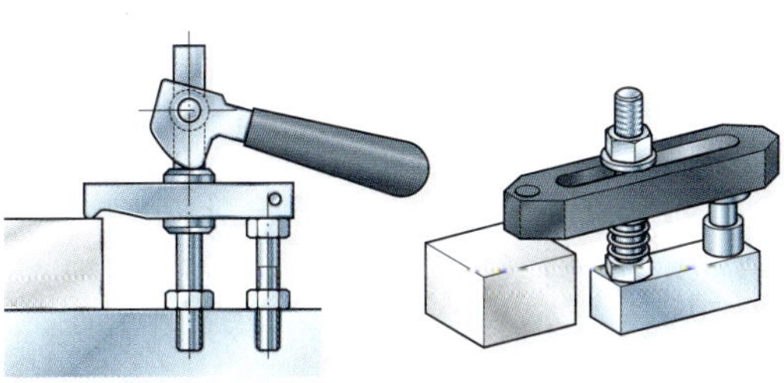

Abb. 6: Spannen durch Exzenterspanner und Verschraubung

Für die Kräfteberechnung am Spanneisen legt man den einseitigen Hebel zugrunde (Abb. 7).

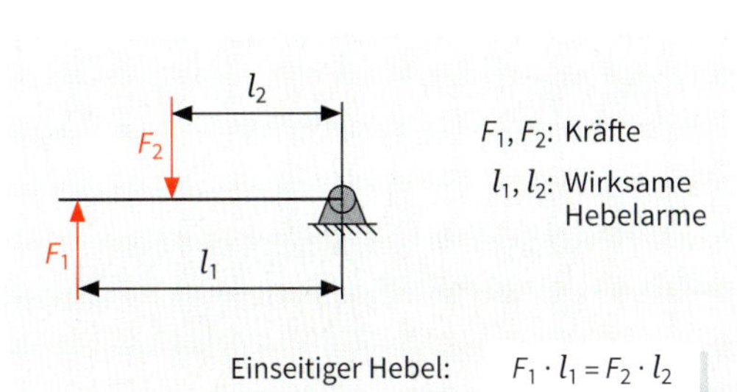

Abb. 7: Kräfte am Spanneisen

Beim pneumatischen oder hydraulischen Spannen verwendet man Spannzylinder (Abb. 8). Hydraulische Spannzylinder erzeugen hohe Spannkräfte.

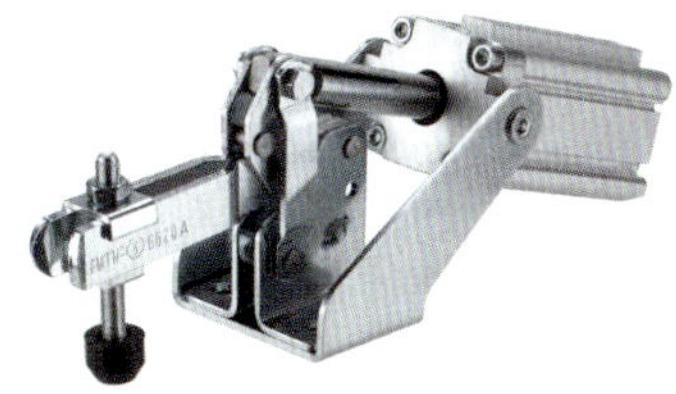

Abb. 8: Schnellspanner mit Pneumatik-Zylinder

Um die Wiederholgenauigkeit gleicher Werkstücke beim Spannen zu gewährleisten, verwendet man Anschläge (Abb. 9). Sie bestimmen die Lage des Werkstückes.

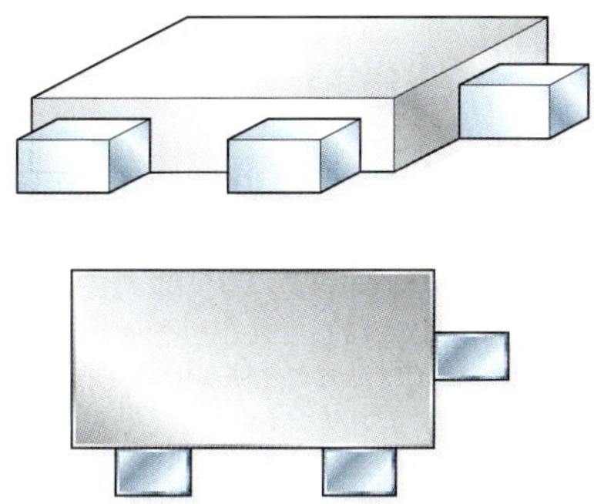

Abb. 9: Lagebestimmung des Werkstückes mit Anschlägen

Je nach der Werkstückform werden unterschiedliche Spannsysteme verwendet.

2.4.4.1 Spannen flacher Werkstücke

Kleine flache Werkstücke spannt man im Maschinenschraubstock. Große flache Werkstücke werden direkt auf den Maschinentisch gespannt. Das Aufbringen der Spannkraft erfolgt durch Schraubenspannelemente (Abb. 10).

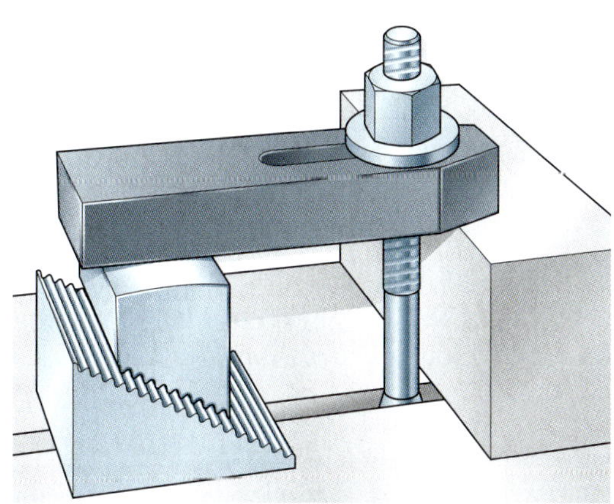

Abb. 10: Spannen mit einem Schraubenspannelement

Für die Einzelfertigung von prismatischen Werkstücken auf einer Universalfräsmaschine hat sich der Hochdruck-Maschinenschraubstock bewährt (Abb. 1).

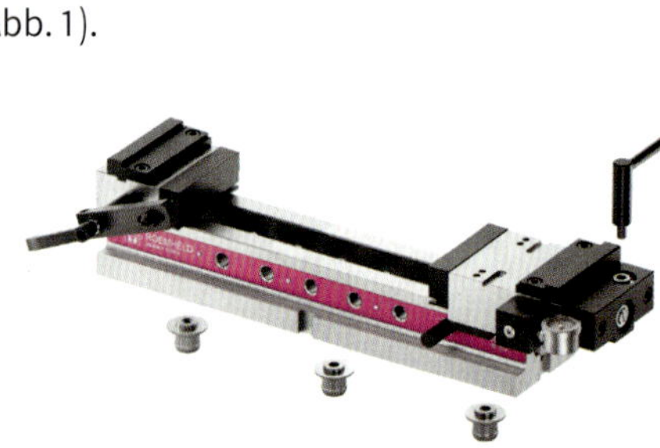

Abb. 1: Hochdruck-Maschinenschraubstock

Der Hochdruck-Maschinenschraubstock wird über Nuten und Nutensteine auf dem Maschinentisch befestigt. Die Spannkraft wird durch ein mechanisch-hydraulisches Spannsystem über eine abnehmbare Handkurbel aufgebracht. Das Vorspannen des Werkstückes erfolgt mechanisch über eine Spindel. Ab einer bestimmten Spannkraft wird ein hydraulischer Kraftübersetzer aktiviert, der die einstellbare Spannkraft erzeugt. Je nach Baugröße besitzt er eine Spannweite bis 350 mm, die über eine Voreinstellung durch Steckbolzen in drei Spannbereiche unterteilt ist.

Entsprechend der Fräsaufgabe und der Werkstückform verwendet man unterschiedliche Spannbacken:

- glatte, um Oberflächenbeschädigungen zu vermeiden,
- gerillte, um einen festen Halt zu erzielen,
- bewegliche, um auf schrägen Flächen zu spannen, und
- prismatische, um runde Werkstücke zu spannen (Abb. 2).

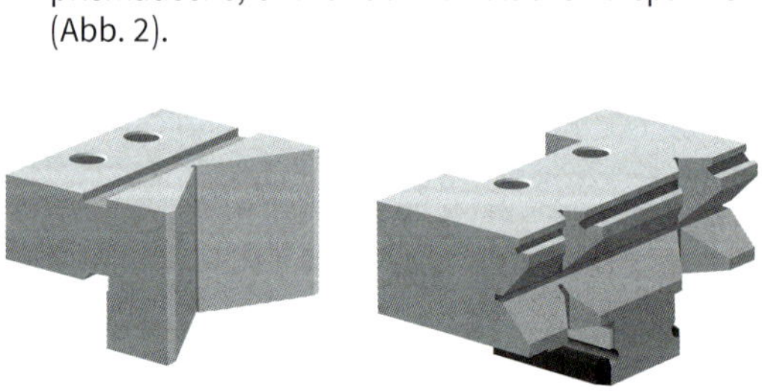

Abb. 2: Prismatische Spannbacken

Für das Fräsen gleicher Teile kann man einen Werkstückanschlag verwenden (Abb. 3). Über eine Stellschraube wird die Lage des Werkstückes positioniert.

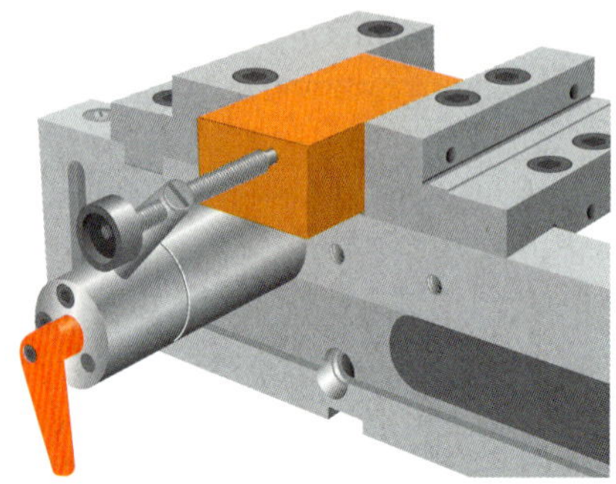

Abb. 3: Maschinenschraubstock mit Werkstückanschlag

Eine Sonderform stellt der zentrisch spannende Schraubstock dar (Abb. 4). Er wird hauptsächlich für Werkstücke verwendet, die symmetrisch bearbeitet werden, wie zentrische Bohrungen oder Nuten.

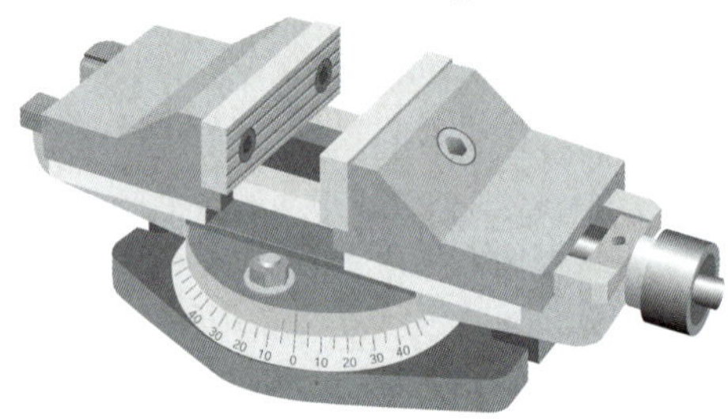

Abb. 4: Maschinenschraubstock, zentrisch spannend

Beim Unterzugschraubstock ist der Abstand zwischen der Spindellagerung und der beweglichen Backe geringer, sodass das Abheben des Werkstückes aus der Aufspannung vermieden wird. Nachteilig ist jedoch der geringe Spannbereich (Abb. 5).

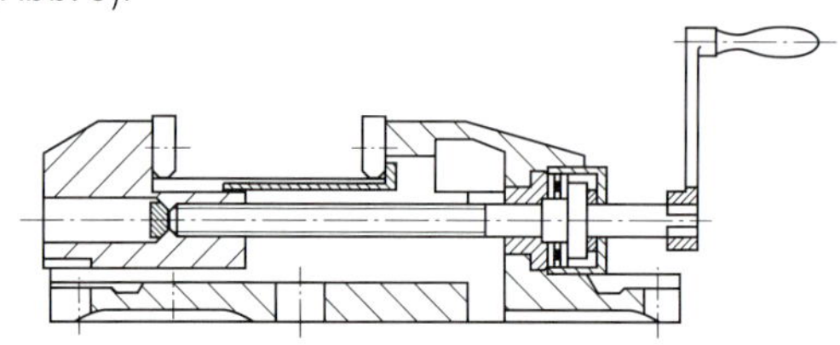

Abb. 5: Unterzugschraubstock

Ein Präzisions-Maschinenschraubstock besitzt eine hohe Steifigkeit, die ein genaues Spannen ermöglicht. Durch Niederzugspannbacken wird das Werkstück beim Spannen nach unten gezogen (Abb. 6).

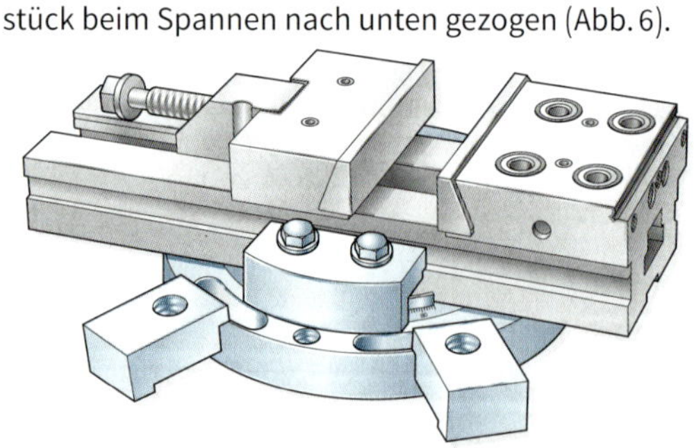

Abb. 6: Präzisions-Maschinenschraubstock

Große flache Werkstücke werden direkt auf den Maschinentisch gespannt. Das Aufbringen der Spannkraft erfolgt durch Schraubenspannelemente (Abb.7).

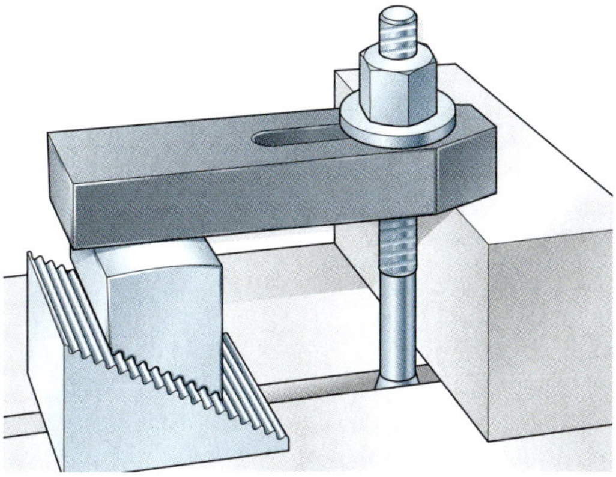

Abb. 7: Spannen mit einem Schraubenspannelement

Die T-Nutenschrauben werden in die Nuten des Maschinentisches eingesetzt. Das Spanneisen wird auf das Werkstück gesetzt und über den Hebel und die Mutter die Spannkraft erzeugt. Je nach Werkstückform gibt es unterschiedlich geformte Spanneisen.

Wenn die gesamte Werkstückoberfläche bearbeitet werden muss, ist das Spannen durch Spanneisen nicht möglich. In solchen Fällen verwendet man Niederzugspanner (Abb. 8). Die schrägen Klemmbacken spannen das Werkstück und ziehen es gleichzeitig auf den Maschinentisch.

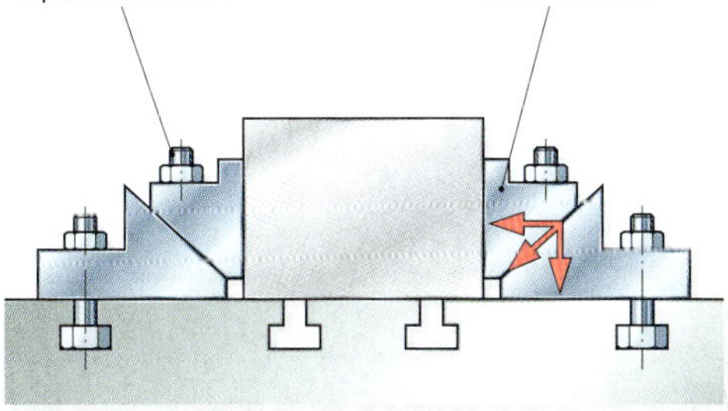

Abb. 8: Spannen mit einem Niederzugspanner

Werkstücke, die parallel oder rechtwinklig zur Bearbeitungsrichtung bearbeitet werden, müssen ausgerichtet werden. Hierbei wird eine Messuhr am Fräskopf befestigt und in Vorschubrichtung an der Werkstückkante verfahren (Abb. 9).

Der Zeigerausschlag der Messuhr darf die Toleranz nicht überschreiten. Sonst muss die Lage des Werkstückes entsprechend korrigiert werden.

Abb. 9: Ausrichten eines Werkstückes

2.4.4.2 Spannen runder Werkstücke

Runde Werkstücke werden mithilfe von Spannprismen gespannt (Abb. 10).

Abb. 10: Prisma zum Spannen von runden Werkstücken

Das Prisma stützt das runde Werkstück ab und positioniert es quer zur Werkstückachse. Soll eine Positionierung in Längsrichtung erfolgen, benötigt man einen Anschlag an der Planfläche. Durch geschlitzte Spanneisen mit je zwei Spannschrauben wird das Werkstück im Prisma fest gespannt (Abb. 11).

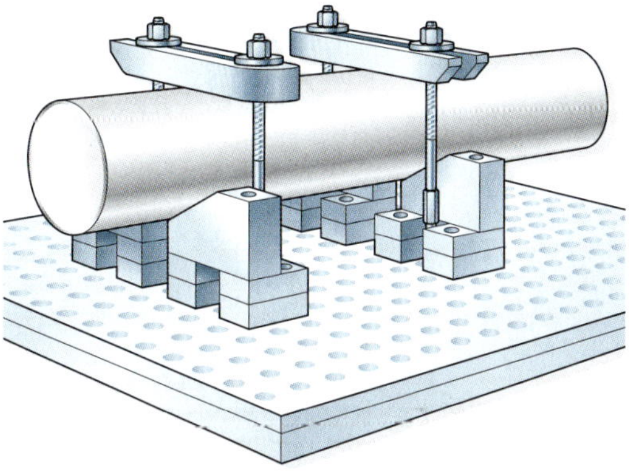

Abb. 11: Spannen mit Prismen auf einer Grundplatte

Sollen an runden Werkstücken parallele Flächen gefräst werden, verwendet man einen Teilapparat (Abb. 1). Er wird mit Spannschrauben direkt auf dem Maschinentisch befestigt. Mit einer Spannzange oder einem Dreibackenfutter werden die runden Werkstücke gespannt. Lange dünne Werkstücke können durch einen Gegenhalter mit Zentrierspitze abgestützt werden.

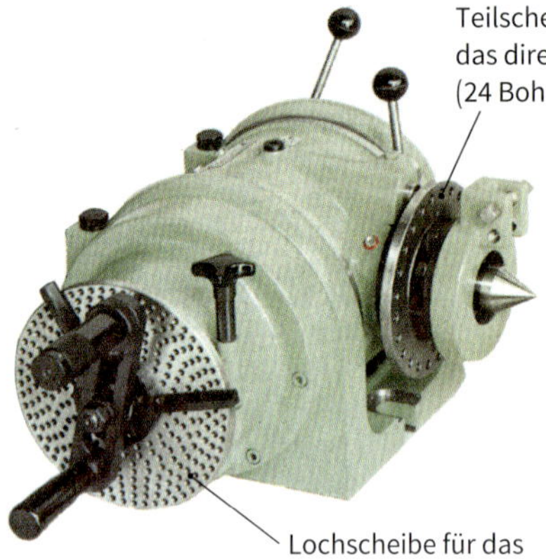

Abb. 1: Teilapparat

Teilapparate werden eingesetzt, wenn Bearbeitungen in gleichmäßigen Abständen, wie Vier- und Sechskante an Wellen, auszuführen sind. Je nach Werkstückform kann das Teilen direkt oder indirekt erfolgen (➜📖).

Beim *direkten Teilen* wird das Werkstück über eine Teilscheibe mit Bohrungen gedreht. Mit einem Teilstift wird das Werkstück fixiert (Abb. 2). Nach dem Fräsen wird das Werkstück entsprechend weiter gedreht und mit dem Teilstift fixiert.

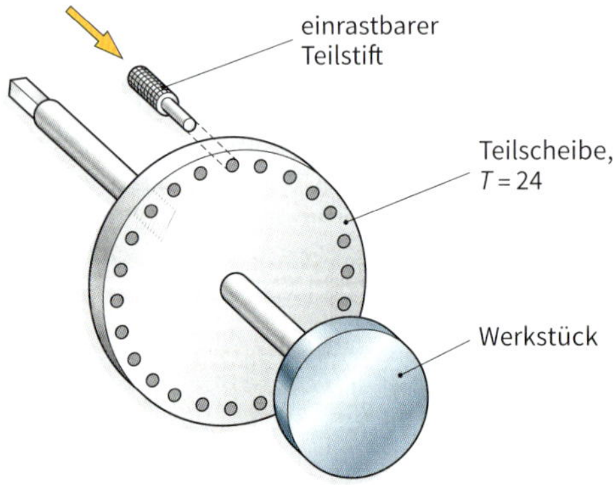

Abb. 2: Prinzip des direkten Teilens

Mit einer 24er-Teilscheibe kann man ein Werkstück 2, 3, 4, 6, 8, 12 und 24 mal teilen. Die Anzahl möglicher Teilungen hängt von der verwendeten Teilscheibe ab.

Beim *indirekten Teilen* wird das Werkstück über ein Schneckenrad gedreht (Abb. 3). Das große Übersetzungsverhältnis sowie unterschiedliche Lochscheiben ermöglichen eine Vielzahl von Teilungen.

Können Werkstücke nicht direkt oder indirekt geteilt werden, verwendet man das Differenzial- oder Ausgleichsverfahren (➜📖).

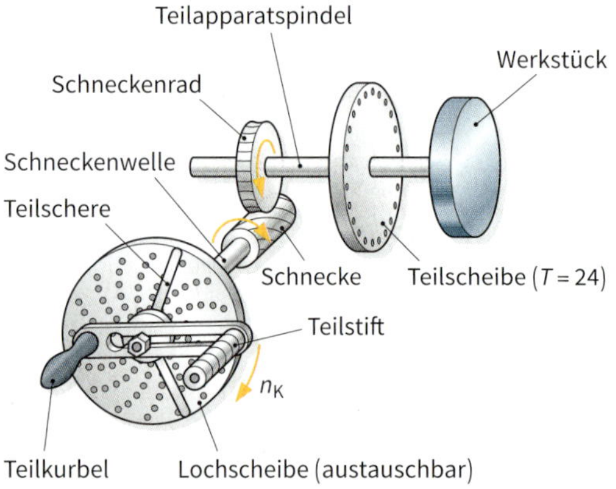

Abb. 3: Prinzip des indirekten Teilens

2.4.4.3 Spannen unregelmäßiger Werkstücke

Das Spannen von Werkstücken mit unregelmäßigen Formen erfordert einen hohen Spannaufwand. Aufgrund von Schrägen und Rundungen kommen nur wenige Werkstückflächen zum Abstützen und Spannen infrage. Ebenso muss der freie Zugang für das Werkzeug zur Bearbeitungsstelle gewährleistet sein. Diese Anforderungen erfüllt ein modulares Spannsystem (Abb. 4).

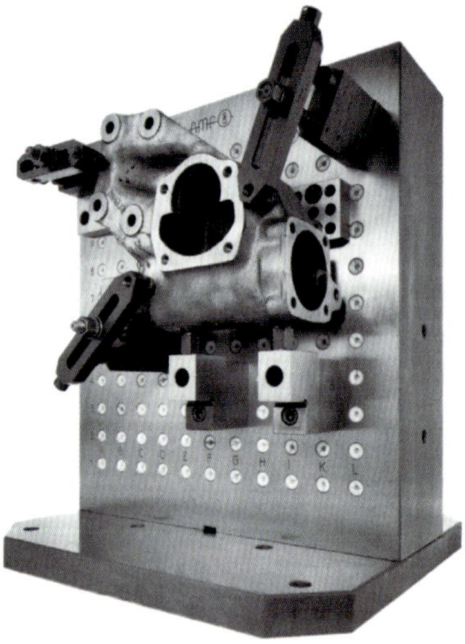

Abb. 4: Spannen eines Gussgehäuses

Da der Zeitaufwand zum Spannen sehr groß ist, werden die Werkstücke außerhalb der Fräsmaschine vorbereitet. Dadurch werden längere Maschinenstillstandszeiten durch Spannvorgänge vermieden. Die erforderlichen Systemelemente werden nach dem Baukastenprinzip für das jeweilige Werkstück bestimmt. Anschließend wird das gespannte Werkstück mit dem Spannsystem auf dem Maschinentisch befestigt und bearbeitet.

Das modulare Spannsystem setzt sich aus einem Grundkörper und entsprechenden Elementen zusammen (Tab. 1).

Tab. 1: Bauteile eines modularen Spannsystems

Grundkörper	Positionierelemente	Stützelemente	Spannelemente
	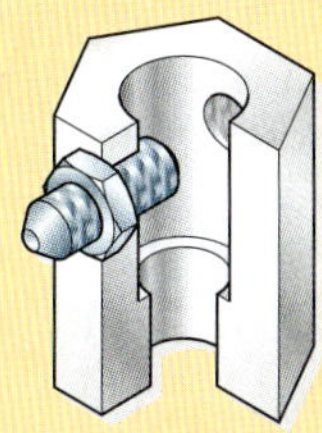		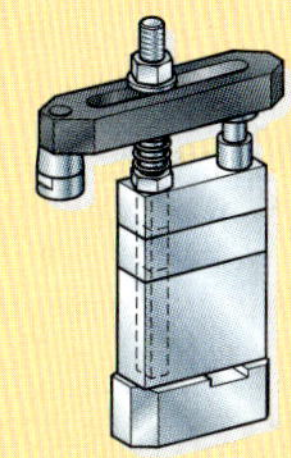
Der Grundkörper nimmt mit seinen gleichmäßig angeordneten Bohrungen die Positionier-, Stütz- und Spannelemente auf. Mit Spannschrauben wird er auf den Arbeitstisch der Werkzeugmaschine geschraubt.	Die Positionierelemente legen die Lage des Werkstückes eindeutig fest. Mithilfe eines Gewindebolzens als Anschlag kann der Abstand zum Werkstück genau eingestellt werden.	Die Stützelemente tragen das Werkstück und nehmen die Zerspanungskräfte auf. Über ein Gewinde sind sie höhenverstellbar und liegen dadurch am Werkstück an.	Die Spannelemente spannen das Werkstück mechanisch durch ein Spanneisen. Ihre Höhe kann durch Zwischenelemente der Werkstückhöhe angepasst werden.

Spannvorgang

Je nach Bearbeitungslage wird das Werkstück auf einem senkrechten oder waagerechten Grundkörper gespannt. Danach erfolgt das Ausrichten und Positionieren. Zuerst wird das Werkstück auf drei Stützelementen so ausgerichtet, dass die zu bearbeitenden Flächen parallel zur Aufspannfläche des Grundkörpers liegen. Dies ist mit einer geeigneten Messvorrichtung zu überprüfen. Anschließend ist die Höheneinstellung durch eine Kontermutter zu sichern.

Die Positionierelemente werden so eingestellt, dass das Werkstück nach dem Einlegen in die Spannvorrichtung sicher an den Anschlagflächen anliegt. Jeder Anschlag wird mit einer Kontermutter gesichert.

Das Spannen des Werkstückes erfolgt schrittweise. Zuerst werden alle Spannelemente vorgeschraubt und anschließend in gegenüberliegender Reihenfolge festgezogen. Je nach Bedarf können zusätzliche Stützelemente angebracht werden, die die Schnittkräfte sicher aufnehmen. Abschließend ist die Lage der Bearbeitungsfläche zum Grundkörper noch einmal mit einer Messvorrichtung zu überprüfen.

Aufgaben

1. Warum werden Kantenzustände von Werkstücken toleriert?

2. Welche Anforderungen werden an Werkstückspannsysteme gestellt?

3. Welchen Vorteil besitzt das hydraulische Spannen?

4. Was ist beim Spannen von Werkstücken zu beachten?

5. Berechnen Sie die Spannkraft des Schraubspannelementes, wenn durch die Mutter eine Kraft von 4,5 kN aufgebracht wird.

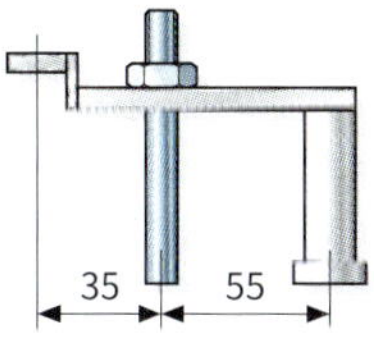

6. Geben Sie die Vorteile eines Niederzugspanners an.

7. Beschreiben Sie das Ausrichten eines flachen Werkstückes auf dem Maschinentisch.

8. Welche Fräsarbeiten können mit einem Teilapparat durchgeführt werden?

9. Welche Aufgabe haben Positionierelemente?

10. In die abgebildete Welle soll eine Passfedernut gefräst werden. Geben Sie die erforderlichen Spannelemente an und skizzieren Sie die Vorrichtung mit der eingespannten Welle.

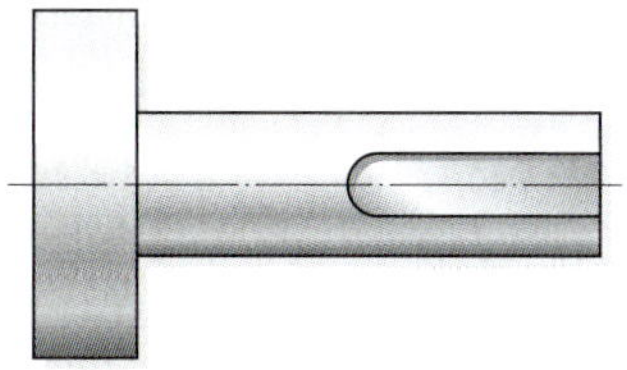

2.4.4.4 Ausrichten von Werkstücken

Der Maschinenschraubstock wird mit Schrauben für T-Nuten mittig auf den Maschinentisch gespannt (Abb. 1).

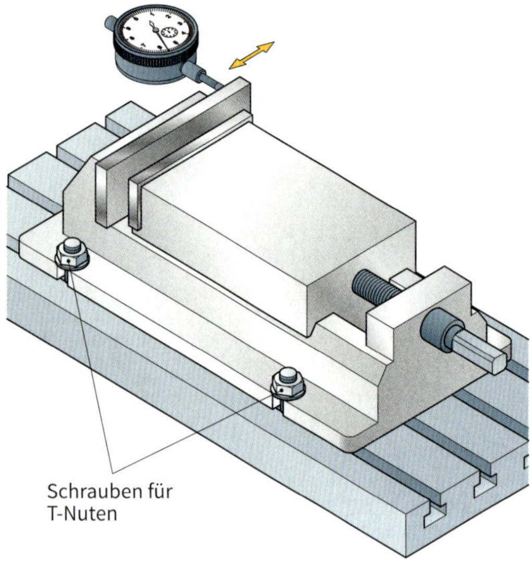

Abb. 1: Spannen und Ausrichten des Maschinenschraubstocks

Anschließend muss er nach einer Vorschubrichtung der Fräsmaschine ausgerichtet werden. Hierfür wird eine Messuhr am Fräskopf befestigt und die feste Backe des Schraubstockes abgefahren. Der Zeigerausschlag der Messuhr darf die vorgegebene Toleranz nicht überschreiten. Sonst muss die Lage des Schraubstockes entsprechend mit einem Schonhammer korrigiert werden.

2.4.5 Fräs- und Bohrwerkzeuge

2.4.5.1 Fräswerkzeuge

Zur Durchführung einer Fräsarbeit muss das geeignete Werkzeug bestimmt werden.

Je nach der herzustellenden Bearbeitungsform werden unterschiedlich geformte Fräswerkzeuge verwendet (Tab. 1).

Je nach dem zu bearbeitenden Werkstoff werden die Fräsertypen W, N oder H eingesetzt. Die Frässertypen unterscheiden sich in der Schneidengeometrie und der Zähnezahl (Tab. 2).

Fräser Typ W werden für weiche Werkstoffe verwendet. Sie haben kleine Keilwinkel β. Außerdem haben sie wenig Zähne und dadurch große Zahnzwischenräume.

Weiche Werkstoffe lassen sich leichter zerspanen. Sie werden mit einem großen Vorschub pro Zahn f_z bearbeitet. Es fallen mehr Späne an. Die großen Zahnzwischenräume können die anfallenden Späne besser abtransportieren.

Fräser Typ H werden für harte Werkstoffe verwendet. Sie haben große Keilwinkel β. Außerdem haben sie viele Zähne und dadurch nur kleine Zahnzwischenräume.

Harte Werkstoffe lassen sich schwer zerspanen. Sie werden mit einem kleinen Vorschub pro Zahn f_z bearbeitet. Es fallen weniger Späne an. Die Zähne können dichter zusammenliegen.

Fräser Typ N werden für normalfeste Werkstoffe verwendet. Sie haben dementsprechend mittelgroße Keilwinkel β und mittlere Zähnezahlen.

Tab. 1: Fräsertypen

Typ W	Typ N	Typ H
	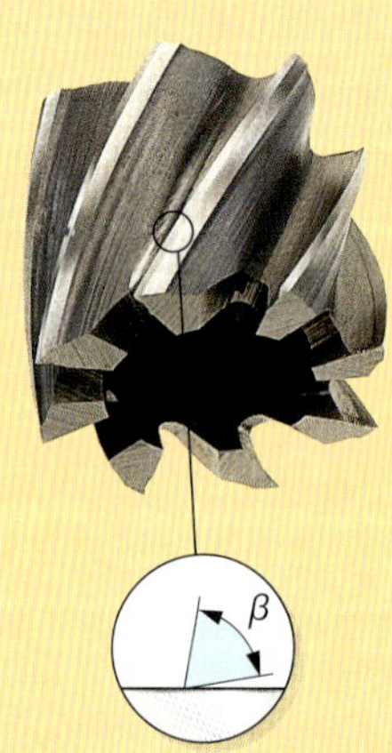	
für weiche Werkstoffe, z. B. Aluminium, Kupfer	für normalfeste Werkstoffe, z. B. allgemeine Baustähle, Gusseisen, mittelharte NE-Metalle	für harte und zähharte Werkstoffe, z. B. legierte Stähle

Tab. 1: Fräswerkzeuge

Einsatzbeispiel	Verwendungszweck
	**Walzenfräser** nur Umfangsschneiden, zum Fräsen ebener Flächen
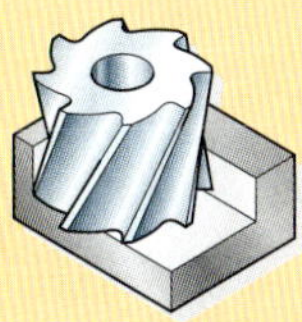	**Walzenstirnfräser** Schneiden am Umfang und an einer Stirnseite, zum Fräsen von ebenen Flächen und rechtwinkligen Absätzen
	**Scheibenfräser** zum Fräsen von Nuten mit geringeren Anforderungen an Maß- und Formgenauigkeit
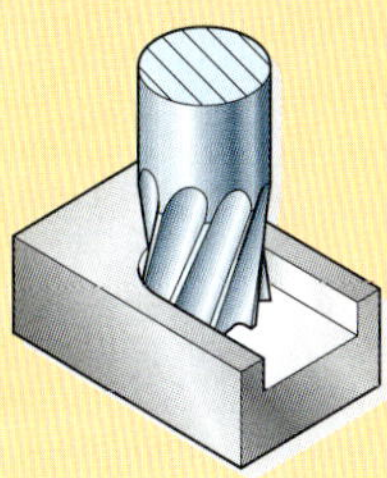	**Schaftfräser** Schneiden am Umfang und an den Stirnseiten mit zylindrischem oder kegeligem Schaft, zum Fräsen von Nuten, Langlöchern und kleineren Flächen

Beim Stirnfräsen von harten und normalfesten Werkstoffen mit großen Schnitttiefen werden Walzenstirnfräser oder Schaftfräser Typ N bzw. H mit profilierten Schneiden eingesetzt. Die Hauptschneiden am Umfang haben Spanteiler. Dadurch ergeben sich schmale Späne auch bei großen Schnitttiefen. Die Spanbildung und Spanabfuhr werden verbessert.

Fräser Typ NR oder *Typ HR* mit Schrupp-Verzahnung haben ein rundes Profil. Sie eignen sich für das Vorfräsen im Schruppschnitt (Abb. 2a).

Fräser Typ NF oder *Typ HF* mit Schrupp-Schlicht-Verzahnung haben ein flaches Profil. Man erzielt glattere Oberflächen (Abb. 2b).

a) **Schrupp-Schlichtverzahnung**

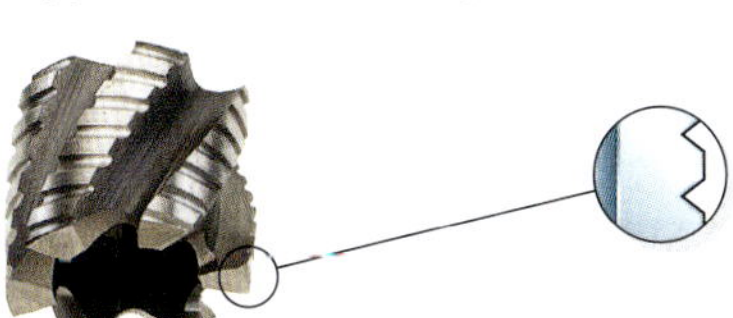

b) **Schrupp-Verzahnung**

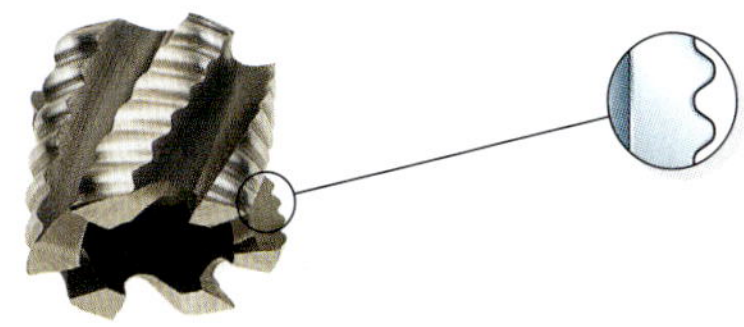

Abb. 2: Walzenstirnfräser mit Zahnteiler

Fräswerkzeuge werden meist aus Schnellarbeitsstahl (HS) hergestellt. Daneben werden Fräser mit aufgelöteten bzw. aufgeklemmten Schneidplatten aus Hartmetall oder Keramik verwendet.
In der spanenden Fertigung ist die Verwendung verschiedener Fräs- und Bohrwerkzeuge möglich. Die Werkzeuge unterscheiden sich durch den Werkzeugaufbau, die verwendeten Schneidstoffe und die Anwendungsgruppen (z. B. Typ N).
Es gibt Fräser mit austauschbaren Wendeschneidplatten, aus HSS und Vollhartmetall. Zunehmend erfolgt der Einsatz von Fräsern mit Wendeschneidplatten (Tab. 3; Tab. 1, nächste Seite). Für unterschiedliche Fräsbearbeitungen werden verschiedene Fräserarten verwendet. So gibt es Fräser zur Bearbeitung von Nuten, Planflächen, Absätzen und Profilen. Nach ihrer Befestigung in der Fräseraufnahme werden Schaftfräser (z. B. Langlochfräser) oder Aufsteckfräser (z. B. Scheibenfräser) unterschieden.

Fräser mit Wendeschneidplatten

Bei der Verwendung von Fräswerkzeugen mit Wendeschneidplatten werden diese einzeln in einem Grundkörper befestigt. Dies hat den Vorteil, dass verschlissene Schneiden schnell ausgewechselt werden können. Das Anschleifen des Werkzeuges entfällt.

Tab. 3: Fräserarten

Benennung	Verwendung
Walzenstirnfräser	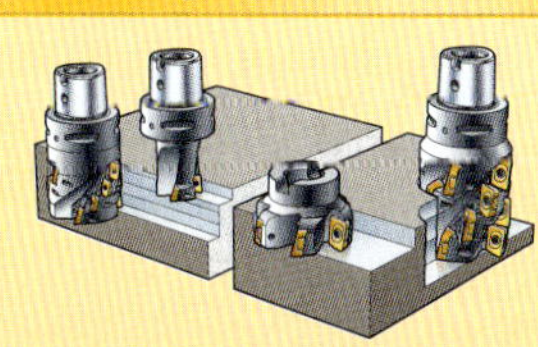
Eckenfräser	
Kugelschaftfräser	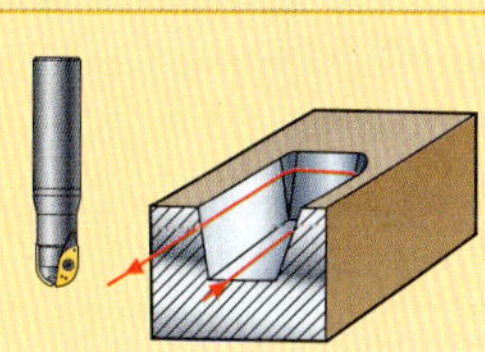

Tab. 1: Fräserarten

Benennung	Verwendung
Planfräser	
Scheibenfräser	

Spannsysteme für Wendeschneidplatten

Gebräuchliche Spannsysteme sind:

- Schraubspannsystem für Wendeschneidplatten mit einer zylindrischen Bohrung,
- Schraubspannsystem zum Spannen von einzelnen Wendeschneidplatten in Kassetten,
- Klemmsystem von Wendeschneidplatten und
- Spannfingersystem für Wendeschneidplatten ohne Bohrung.

Beim *Schraubspannsystem* wird die Wendeschneidplatte mit Bohrung über eine Zwischenlage am Fräser verschraubt (Abb. 1). Die Lage der Wendeschneidplatte wird durch die Aufnahme im Grundkörper bestimmt.

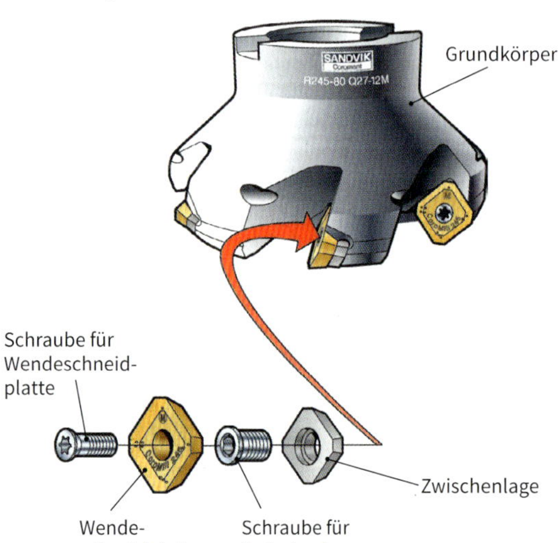

Abb. 1: Planfräser mit Schraubsystem

Bei der Verwendung von *Schraubsystemen* in Kassetten werden die Wendeschneidplatten mit einer Kassette verschraubt (Abb. 2). Diese wird anschließend im Grundkörper des Fräsers eingesetzt und ebenfalls verschraubt. Die Kassette ist axial verstellbar. Nach Montage der Kassetten ist deshalb eine maßliche Kontrolle des Planlaufs vorzunehmen. Der Fräser wird zum Schlichten mit hohen Anforderungen an die Oberflächengüte eingesetzt.

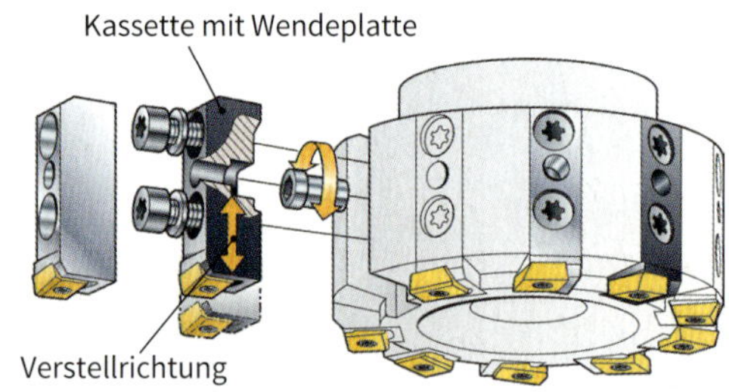

Abb. 2: Planfräser mit Kassettensystem

Bei den Klemmsystemen unterscheidet man folgende Spannmöglichkeiten:

- Verklemmen der Wendeschneidplatte über eine Keilnut und
- Verklemmen der Wendeschneidplatte über einen Keil.

Beim *Verklemmen über eine Keilnut* wird die Wendeschneidplatte mit einem Schlüssel in die Nut des Fräsergrundkörpers geschoben und gespannt (Abb. 3). Das Verklemmen wird bei Scheibenfräsern verwendet und ermöglicht einen schnellen Plattenwechsel.

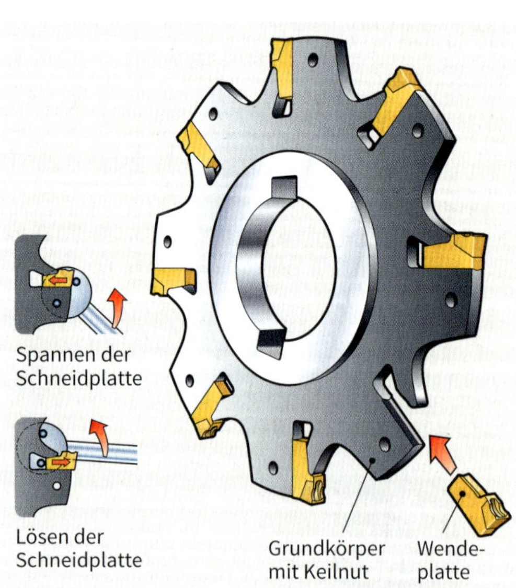

Abb. 3: Scheibenfräser mit geklemmten Wendeplatten

Das *Verklemmen über einen Keil* wird bei Wendeschneidplatten ohne Bohrung z. B. aus Keramik angewendet (Abb. 4). Ein Wechsel von Plattensitz und Keil ermöglicht die Veränderung der Plattengröße, der Plattenform und der Winkel.

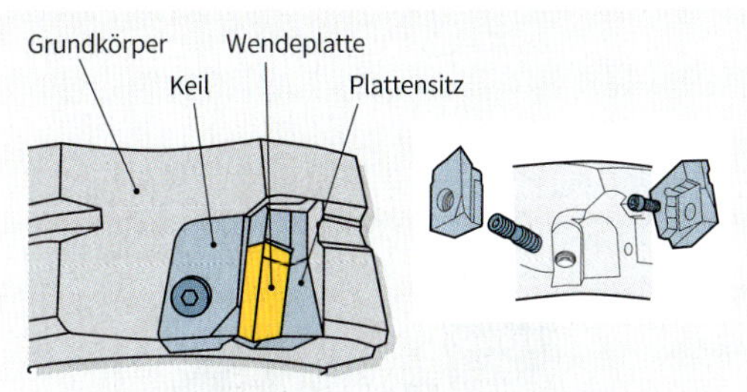

Abb. 4: Planfräser mit wechselbaren Keilen und Plattensitzen

Fräser aus HSS oder Vollhartmetall

Zur Bearbeitung von Nuten oder besonderen Formen werden Fräser aus HSS oder Vollhartmetall verwendet (Tab. 2). Die Fräswerkzeuge können unbeschichtet oder beschichtet sein. Bei der Bearbeitung von gehärteten Werkstoffen oder der Verwendung großer Schnittgeschwindigkeiten v_c werden Vollhartmetallfräser eingesetzt.

Tab. 2: Fräserarten

Benennung	Verwendung
Langlochfräser	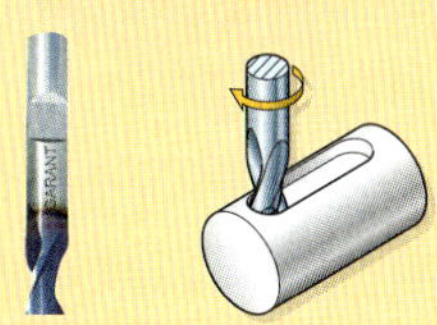
T-Nutenfräser	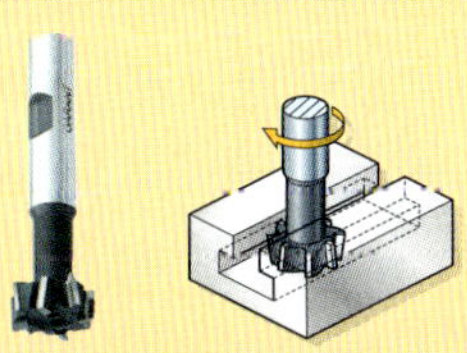
Winkelfräser	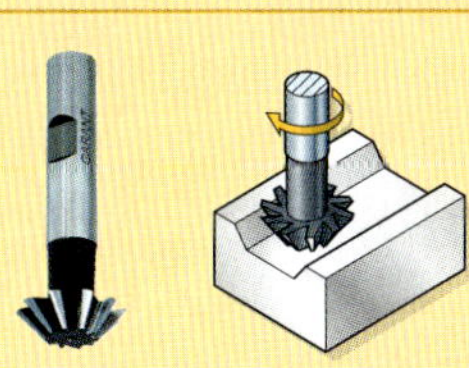
Gewindefräser	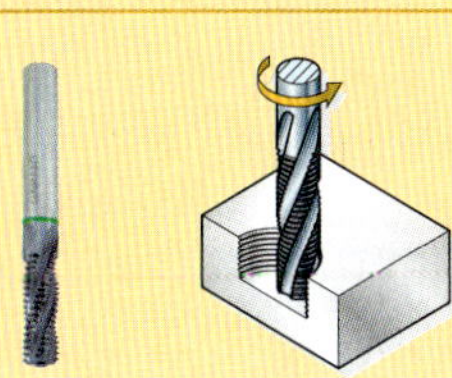
Winkelstirnfräser	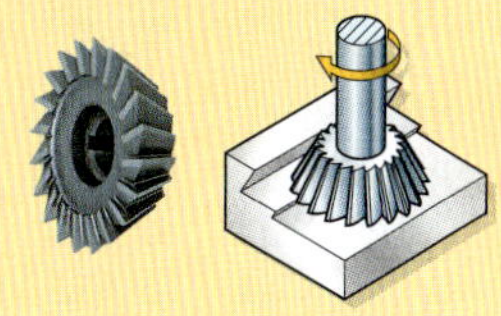
Prismenfräser	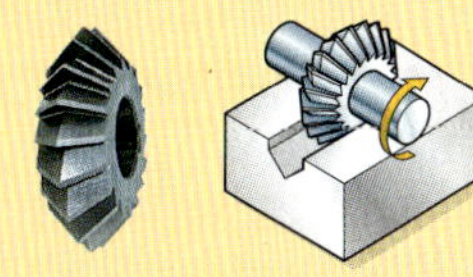
Halbrund-profilfräser	
Kopierfräser (Gesenkfräser)	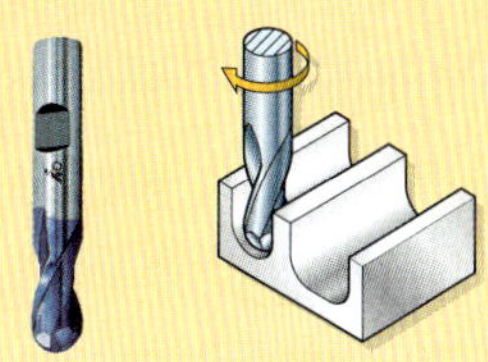

Beispiel:

Eine Führungsleiste aus 16MNCr5 wird mit einem VHM Fräswerkzeug d = 160 mm, z = 12, x = 90°, einer Schnitttiefe a_p = 5 mm, einem Vorschub f_z = 0,2 mm, einer Schnittgeschwindigkeit v_c = 165 m/min und einem Spanungsquerschnitt A = 3,62 mm² vorgefräst.
Berechnen Sie die Schnittkraft und die Schnittleistung.

Geg.: d = 160 mm; v_c = 95 m/min; f_z = 0,2 mm; z = 12
a_p = 5 mm; a_e = 130 mm; x = 90°; K = 1;
A = 3,62 mm²

Ges.: F_c in N und P_c in W

Lösung:

$F_c = A \cdot k_c \cdot K$
k_c = 3190 N/mm² (→📖)
K = 1,0 (für Hartmetall (→📖))

F_c = 3,62 mm² · 3190 N/mm²
F_c = 11548 N

$P_c = F_c \cdot v_c$ = 11548N · 165 m/min/60 s/min
P_c = 31757 W

Grundlagen

Kräfte und Leistungen beim Fräsen

Um einen Werkstoff zu zerspanen, ist eine *Zerspankraft F* erforderlich. Sie lässt sich in die *Schnittkraft* F_c, die *Vorschubkraft* F_f und die *Passivkraft* F_p zerlegen. Die Schnittkraft und die Vorschubkraft wirken den Arbeitsbewegungen entgegen.

Die *Schnittkraft* F_c ist die größte Teilkraft der Zerspankraft *F*. Sie erzeugt die höchste Belastung an der Werkzeugschneide.
Die Größe der Schnittkraft wird aus der spezifischen Schnittkraft k_c und dem Spanungsquerschnitt *A* ermittelt. Dabei ist der Korrekturfaktor *K* zu berücksichtigen.

$$F_c = A \cdot k_c \cdot K$$

Die spezifische Schnittkraft wird aus Tabellen entnommen ≠.
Im Unterschied zum Drehen ändert sich beim Fräsen während des Schnittes der Spanungsquerschnitt.

Aus der Schnittkraft F_c und der Schnittgeschwindigkeit v_c ergibt sich die für die Zerspanung erforderliche Leistung P_c. Die erforderliche Leistung ist vom Hauptantrieb der Fräsmaschine bereitzustellen.

$$P_c = F_c \cdot v_c$$

2.4.5.2 Bohrwerkzeuge

Werkzeuge zum Bohren ins Volle

Neben den Spiralbohrern gibt es Bohrer mit Wendeschneidplatten. Diese Werkzeuge können mit Kühlkanälen ausgeführt sein.

- **Bohrer mit Wendeschneidplatten**

Bei *Vollbohrern* werden die Wendeschneidplatten in einem Grundköper verschraubt (Abb. 1). Sie dienen zur Herstellung größerer Bohrungen. Vollbohrer werden ab einem Durchmesser von ca. 13 mm hergestellt. Die Bohrtiefe ist abhängig vom Bohrerdurchmesser und kann das 2- bis 7-fache des Bohrerdurchmessers betragen.

Abb. 1: Vollbohrer mit Wendeschneidplatten

Kernbohrer werden ab 60 mm Bohrungsdurchmesser eingesetzt (Abb. 2). Sie können zum Herstellen von Durchgangsbohrungen eingesetzt werden.

Der mit einer Innenbohrung versehene Bohrer nimmt einen Bohrkern auf, der nach der Bohrbearbeitung entfernt werden muss.

Kernbohrer werden an Maschinen verwendet, die durch eine geringe Antriebsleistung keine Vollbohrung herstellen können.

Zum Fertigen von Bohrungen und Senkungen in einem Arbeitsgang werden *Stufenbohrer*, *Fasbohrer*

Abb. 2: Kernbohrer

oder eine Kombination aus beiden verwendet (Abb. 3).

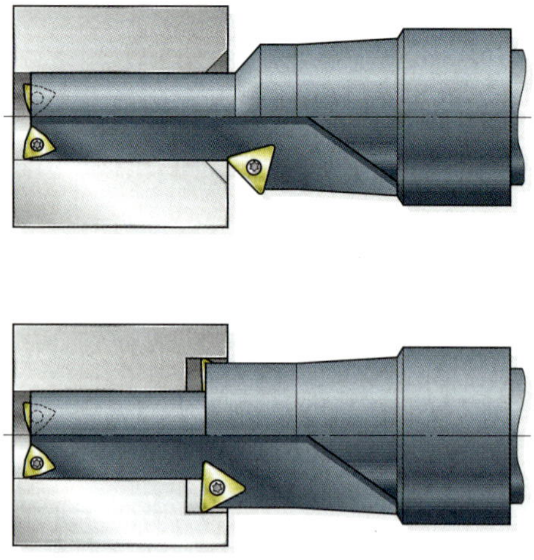

Abb. 3: Fas- und Stufenbohrer

- **Bohrer mit Wechselkopf**

Bei *Wechselkopfbohrern* ist der vordere Bohrerteil aus Vollhartmetall auswechselbar (Abb. 4). Dadurch entfällt bei Werkzeugverschleiß das Nachschleifen.

In Abhängigkeit vom Werkstoff können unterschiedliche Spitzenwinkel eingesetzt werden.

Aufgrund der fehlenden Querschneide ist das Werkzeug selbstzentrierend. Ein Anbohren oder Zentrieren ist nicht erforderlich.

Abb. 4: Wechselkopfbohrer

Werkzeuge zum Aufbohren

Aufbohrwerkzeuge gibt es als Schrupp- und Schlichtwerkzeuge.

Schruppwerkzeuge besitzen zwei oder drei Wendeschneidplatten, die radial verstellbar sind (Abb. 5).

Die Wendeschneidplatten werden verschraubt oder durch ein Spannfingersystem gespannt.

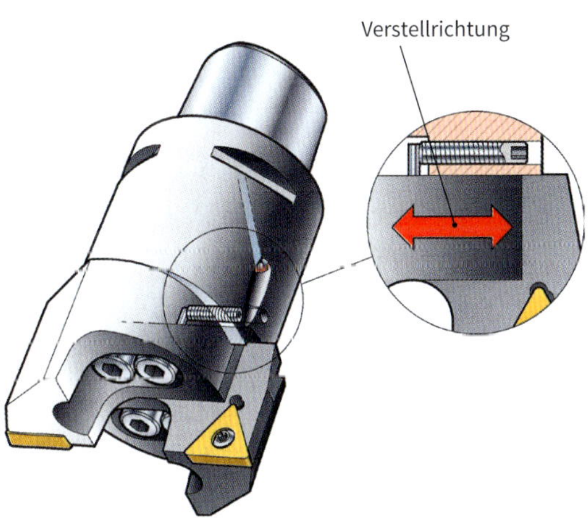

Abb. 5: Werkzeug zum Aufbohren für Schruppbearbeitung

Schlichtwerkzeuge werden als Feinbohrkopf bezeichnet.

Sie dienen zur Herstellung von Bohrungen mit geringen Toleranzen und hohen Oberflächengüten. Feinbohrköpfe haben nur eine Schneide (Abb. 6).

Die unterschiedlichen Durchmesser können mit einer Genauigkeit von 0,01 mm eingestellt werden.

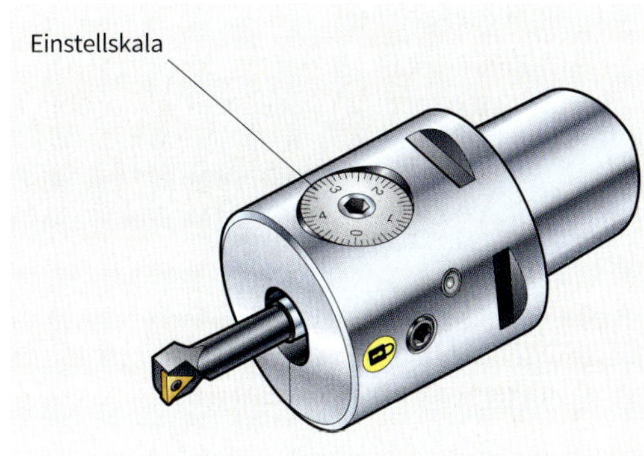

Abb. 6: Feinbohrkopf

Aufgaben

1. Beschreiben Sie den Aufbau von Fräswerkzeugen mit Wendeschneidplatten.

2. Welche Möglichkeiten gibt es zur Befestigung von Wendeschneidplatten an Fräswerkzeugen?

3. Wann werden Fräser aus HSS oder Vollhartmetall eingesetzt? Erläutern Sie dies an verschiedenen Einsatzbeispielen.

4. Als Fräseraufnahme werden Fräsdorne verwendet. Erklären Sie den Einsatz der verschiedenen Fräsdorne.

5. Beschreiben Sie den Unterschied zwischen einem Vollbohrer und einem Kernbohrer.

6. Welche Vorteile hat ein Wechselkopfbohrer?

7. Warum werden Kernbohrer an Maschinen mit einer geringen Antriebsleistung zum Bohren ins Volle eingesetzt?

8. Welche Vorteile bieten Fas- und Stufenbohrer?

9. Wodurch unterscheiden sich Aufbohrwerkzeuge zum Schruppen von denen zum Schlichten?

10. Es sollen vorgefertigte Bohrungen aufgebohrt werden. Wählen Sie ein geeignetes Aufbohrwerkzeug:

a) für Bohrung Ø 15 $^{+0,2}_{-0,1}$,

b) für Bohrung Ø 50 H7,

c) für Bohrung Ø 85 D11.

11. Wie lässt sich die Zerspankraft *F* am Fräswerkzeug zerlegen?

12. Wie wird die spezifische Schnittkraft ermittelt?

13. Warum ist der Wechselkopfbohrer selbstzentrierend?

Fertigen

2.4.6 Fräsverfahren

Beim Fräsen zerspant ein mehrschneidiges Fräswerkzeug den Werkstoff. Bei jeder Umdrehung des Fräsers trennen die Schneiden nacheinander einen Span vom Werkstück ab. Jede Schneide ist dabei nur kurzzeitig im Eingriff. Es ergibt sich ein unterbrochener Schnitt.

! Fräsen ist Spanen mit einem mehrschneidigen Werkzeug im unterbrochenen Schnitt. Es lassen sich beliebige Werkstückformen herstellen.

Fräsverfahren werden unterschieden

- nach der Art des Werkzeugeingriffs und
- nach der herzustellenden Bearbeitungsform.

Nach der Art des Werkzeugeingriffs unterscheidet man

- Umfangsfräsen,
- Stirnfräsen und
- Stirn-Umfangsfräsen.

Beim *Umfangsfräsen* spanen nur die Hauptschneiden am Umfang des Fräsers (Abb. 1a). Es entsteht eine wellige Werkstückoberfläche.

Beim *Stirnfräsen* spanen die Hauptschneiden am Umfang und die Nebenschneiden an der Stirnseite des Fräsers (Abb. 1b). Die Werkstückoberfläche entsteht mit den Nebenschneiden. Es entstehen bogenförmige Riefen auf der Werkstückoberfläche.

Beim *Stirn-Umfangsfräsen* spanen die Hauptschneiden am Umfang des Fräsers die eine Werkstückoberfläche und die Nebenschneiden an der Stirnseite die andere Werkstückoberfläche (Abb. 1c).

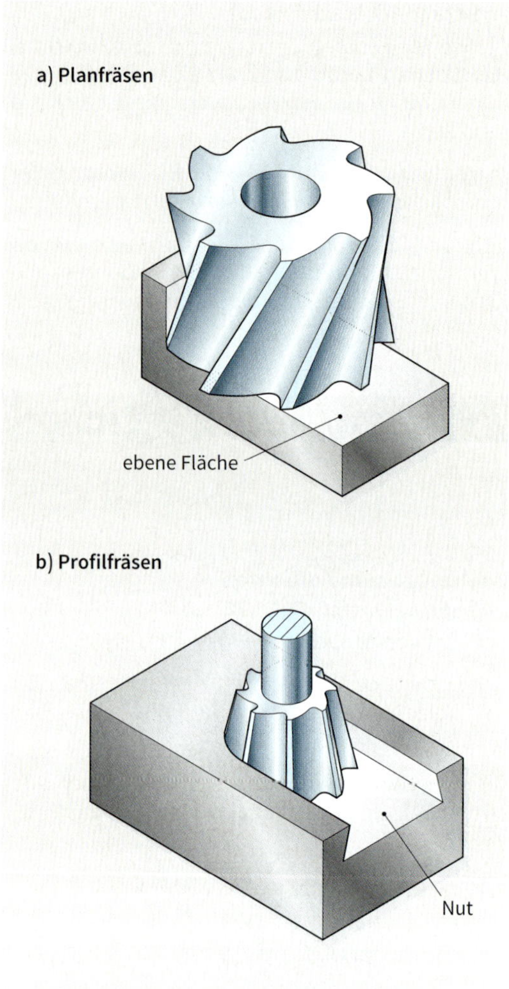

Abb. 2: Fräsverfahren für unterschiedliche Bearbeitungsformen

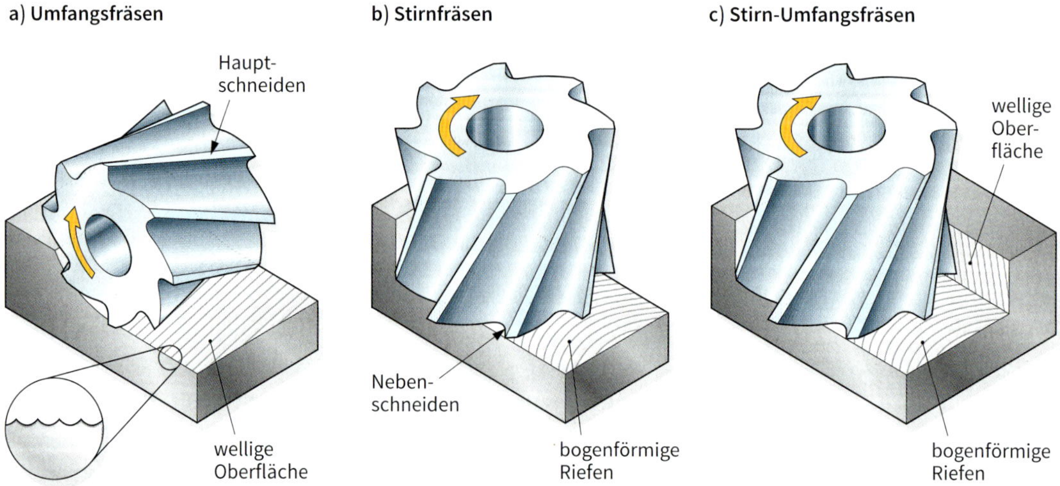

Abb. 1: Fräsverfahren mit unterschiedlichem Werkzeugeingriff

Nach den herzustellenden Bearbeitungsformen unterscheidet man unter anderem die Fräsverfahren

- Planfräsen und
- Profilfräsen.

Planfräsen ist Fräsen mit geradliniger Vorschubbewegung. Es werden ebene Flächen erzeugt. (Abb. 2a).

Beim *Profilfräsen* bildet sich das Profil des Fräsers auf dem Werkstück ab (Abb. 2b).

Fräsvorgang

Das Fräswerkzeug führt die kreisförmige *Schnittbewegung* aus. Gleichzeitig führt das Werkstück die *Vorschubbewegung* aus (Abb. 3a). Dadurch werden fortlaufend Späne abgenommen. Weil mit unterbrochenem Schnitt gearbeitet wird, entstehen kurze Späne.

Durch die *Zustellbewegung* werden beim Fräsen die Eingriffsgrößen *Schnitttiefe* a_p und *Arbeitseingriff* a_e festgelegt (Abb. 3b). Die beiden Eingriffsgrößen beschreiben das Ineinandergreifen von Werkzeug und Werkstück. Sie bestimmen die vom Werkstück abzuspanende Schicht.

Ein Maß für die Größe der Vorschubbewegung beim Fräsen ist die *Vorschubgeschwindigkeit* v_f in mm/min. Die Vorschubgeschwindigkeit v_f ergibt sich aus dem Vorschub *f* und der Umdrehungsfrequenz *n* des Fräsers.

$$v_f = f \cdot n$$

Der Vorschub *f* ist der Vorschubweg bei einer Umdrehung des Fräsers. Der Vorschub *f* wird aus dem Vorschub je Fräserzahn f_z und der Zähnezahl *z* des Fräsers ermittelt (Abb. 3c).

$$f = f_z \cdot z$$

In Tab. 1 sind die Arbeitsbewegungen und die zugehörigen Arbeitswerte mit Formelzeichen und Einheit zusammengestellt.

Tab. 1: Arbeitsbewegungen und Arbeitswerte

Arbeitsbewegungen	Arbeitswerte Bezeichnung	Formelzeichen	Einheit
Schnittbewegung	Schnittgeschwindigkeit	v_c	m/min
Vorschubbewegung	Vorschub pro Zahn	f_z	mm
	Vorschub	f	mm
	Vorschubgeschwindigkeit	v_f	mm/min
Zustellbewegung	Arbeitseingriff	a_e	mm
	Schnitttiefe	a_p	mm

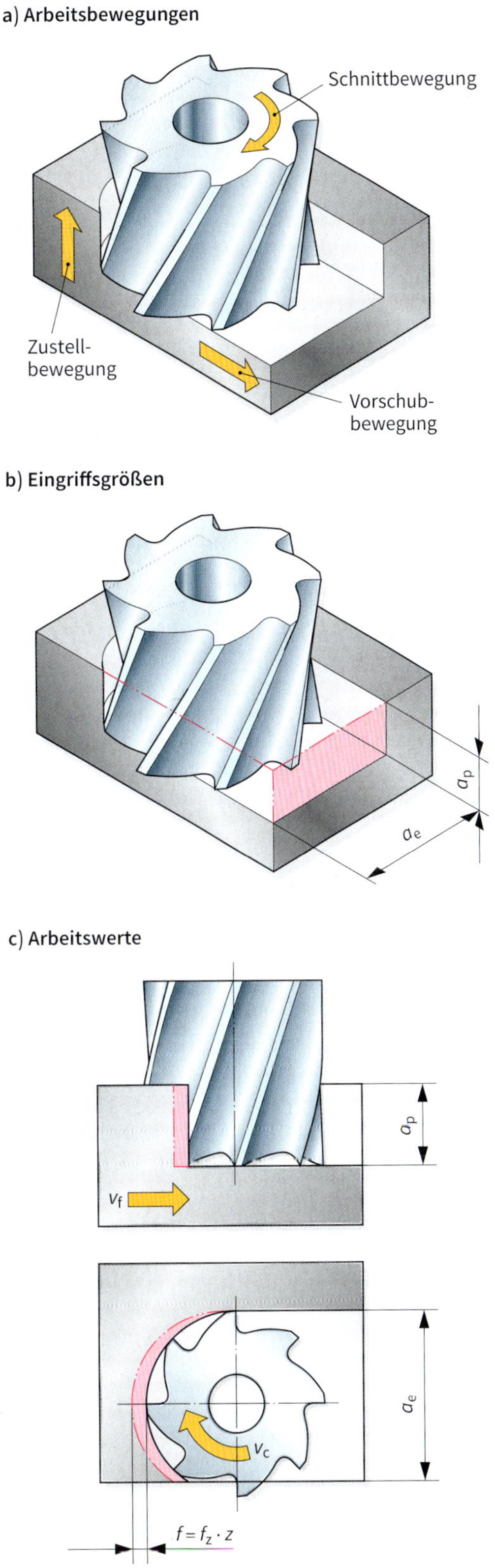

Abb. 3: Arbeitsbewegungen und Arbeitswerte beim Fräsen

Fräsen im Gegenlauf und Gleichlauf

Nach der Richtung von Vorschubbewegung und Schnittbewegung zueinander werden Fräsen im Gegenlauf und Gleichlauf unterschieden.

! Beim Fräsen im *Gegenlauf* sind Schnittbewegung und Vorschubbewegung entgegengesetzt gerichtet. Beim Fräsen im *Gleichlauf* sind Schnittbewegung und Vorschubbewegung gleichgerichtet.

Beim *Umfangsfräsen im Gegenlauf* (Abb. 1a) wird ein kommaförmiger, immer dicker werdender Span abgenommen. Die Schnittkraft steigt allmählich an und ist bei Austritt des Fräsers am größten.

Die Schnittkraft F_c ist schräg nach oben gerichtet. Dadurch wird das Werkstück nach oben gezogen und vom Fräser weggedrückt. Das Werkstück muss fest gespannt werden.

Die Belastung der Fräserschneiden steigt bis zum Austritt des Fräsers aus dem Werkstück stetig an und fällt danach auf Null. Durch die ungleichmäßige Fräserbelastung können auf der Werkstückoberfläche Rattermarken entstehen.

Werden Fräser mit wendelförmigen Schneiden eingesetzt, sind mehrere Schneiden gleichzeitig im Eingriff. Die Schneiden dringen über ihre Breite allmählich in den Werkstoff ein. Dadurch wird der Fräser gleichmäßiger belastet. Der Schnitt verläuft ruhiger, Rattermarken werden vermieden.

Beim *Umfangsfräsen im Gleichlauf* (Abb. 1b) wird ein kommaförmiger, immer dünner werdender Span abgenommen. Die Fräserschneiden dringen schlagartig in das Werkstück ein. Die Belastung des Fräsers ist am kleinsten, wenn die Schneiden aus dem Werkstück austreten. Dadurch wird eine bessere Oberflächengüte erreicht.

Die Schnittkraft F_c ist schräg nach unten gerichtet. Dadurch wird das Werkstück auf den Maschinentisch gedrückt und zum Fräser hingezogen.

Gleichlauffräsen kann deshalb nur auf Fräsmaschinen durchgeführt werden, die einen spielfreien Tischvorschub haben. Ist Spiel vorhanden, wird das Werkstück unter den Fräser gezogen. Werkzeug und Werkstück können beschädigt werden.

Beim *Stirnfräsen* mit mittiger Anstellung des Fräsers zum Werkstück treten *Gegen- und Gleichlauf* gleichermaßen auf. Ihre Wirkungen gleichen sich aus (Abb. 2).

Beim Stirnfräsen sind mehrere Schneiden gleichzeitig im Eingriff. Der Spanungsquerschnitt ist gleichmäßiger. Man erzielt höhere Zerspanungsleistungen und bessere Oberflächengüten als beim Umfangsfräsen.

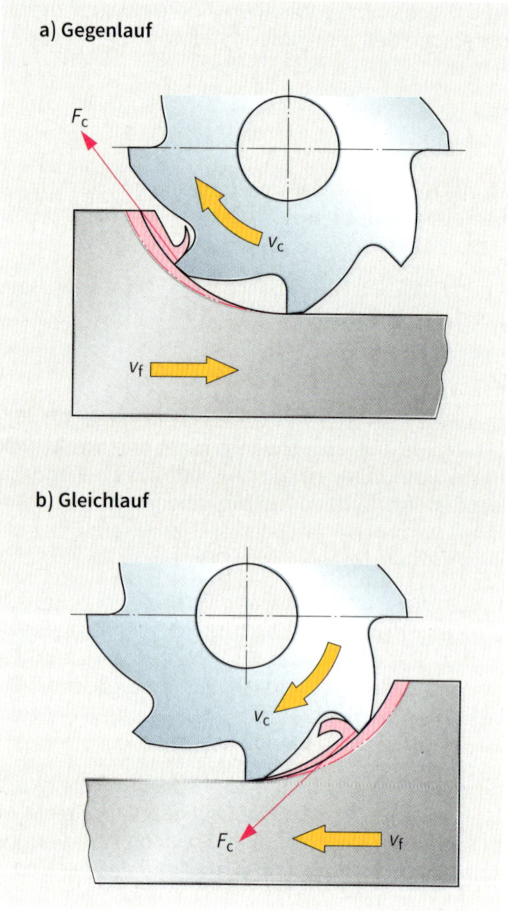

Abb. 1: Umfangsfräsen im Gegenlauf und im Gleichlauf

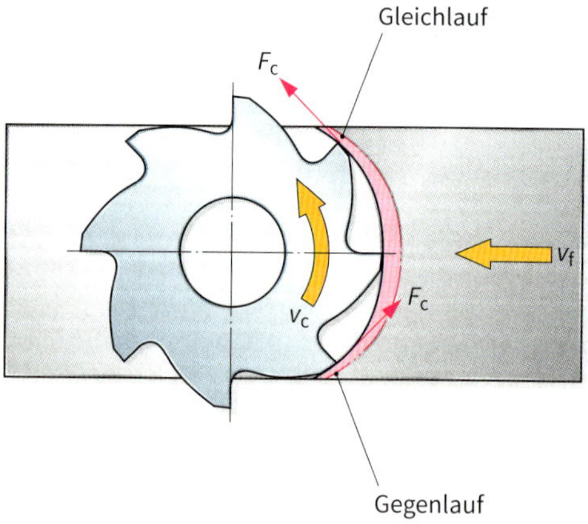

Abb. 2: Stirnfräsen mit Gegenlauf und Gleichlauf

Die Schnittbedingungen sind am günstigsten, wenn der Fräserdurchmesser *d* etwa 1,5-mal so groß wie die Werkstückbreite *b* ist. Es wird ein etwa gleich dicker Span abgenommen.

2.4.7 Fräsarbeiten

2.4.7.1 Planfräsen

Zum Planfräsen von großen Oberflächen an Werkstücken werden Planfräser mit Wendeschneidplatten (→) benutzt.

Der Einsatz eines Messerkopfes bietet einige Vorteile:

- höhere Schnittgeschwindigkeiten und
- kurze Fertigungszeiten durch hohe Zerspanleistungen sind möglich.

Die Anzahl der Wendeschneidplatten hängt von der Sprödigkeit des zu bearbeitenden Werkstoffes und von der geforderten Oberflächengüte ab.

Je spröder ein Werkstoff ist, umso mehr Schneiden soll der Fräser haben. Spröde Werkstoffe sind schwer zu zerspanen. Eine Erhöhung der Schneidenzahl verringert die Belastung je Schneide. Dadurch nimmt die Standzeit und die Zerspanleistung zu.

Je höher die geforderte Oberflächengüte, desto mehr Schneiden soll der Fräser aufweisen. Zum Schlichten einer Oberfläche werden deshalb Fräser mit einer größeren Anzahl von Wendeschneidplatten als zum Schruppen eingesetzt.

Die Anzahl der eingesetzten Wendeschneidplatten hängt vom Durchmesser des Grundkörpers ab.

Schruppen

Beim Schruppen erfolgt der Einsatz von runden Wendeschneidplatten oder Schneidplatten mit Eckenradien und Einstellwinkeln zwischen 45° und 75° (Abb. 3). Bei der Zerspanung von Stahl und Stahlguss werden Spanwinkel von 0° oder negative Spanwinkel eingesetzt.
Die Schneidengeometrie erzeugt meist Wendelspäne, die gut abgeführt werden können. Dadurch sind hohe Zerspanvolumen und Zerspanleistungen möglich.

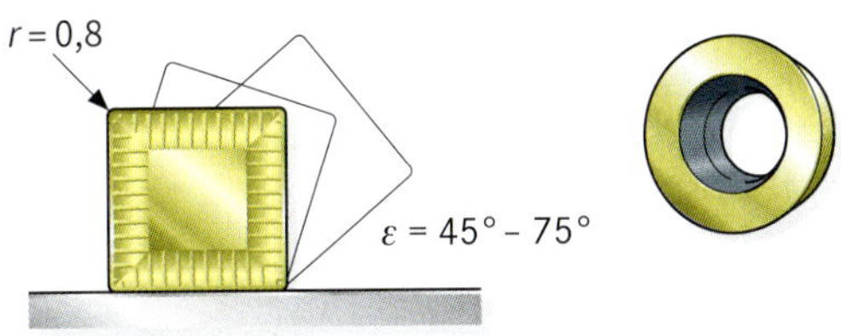

Abb. 3: Schneidplattenformen

Schlichten

Beim Schlichten kommen Wendeschneidplatten mit breiten Fasen zum Einsatz. (Abb. 4). Die Wendeschneidplatten haben einen Spanwinkel von 0°.

Die Schlichtplatten erzeugen bei niedrigen Vorschubwerten, geringen Schnitttiefen und hohen Schnittgeschwindigkeiten eine hohe Oberflächengüte.

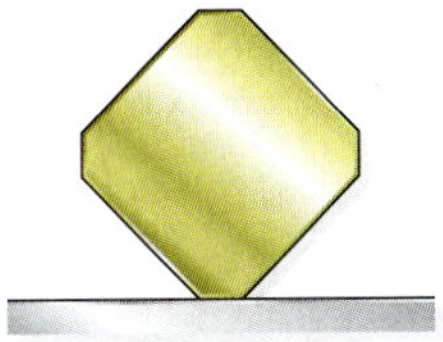

Abb. 4: Schneidplatte mit Fase

Nachschneideffekt und Spindelsturz

Beim Planfräsen mit senkrechter Hauptspindel schneiden die rücklaufenden Schneiden nach (Abb. 5a). Durch den *Nachschneideffekt* werden die Schneiden beschädigt. Dies führt zu einer kürzeren Standzeit und es entstehen Kratzspuren auf der Oberfläche.

Diese Auswirkungen können verhindert werden, indem man die Hauptspindel leicht aus ihrer senkrechten Lage neigt (Abb. 5b). Die Neigung der Hauptspindel wird als *Spindelsturz* bezeichnet. Der Sturzwinkel sollte zwischen 0,005° und 0,03° so eingestellt werden, dass sich in Vorschubrichtung die hintere Schneide leicht abhebt.

Als Folge des Spindelsturzes entsteht eine leicht wellige Oberfläche. Durch den geneigten Fräser kann die Oberfläche immer nur in einer Richtung überfräst werden. Dadurch ergeben sich erhöhte Fertigungszeiten.

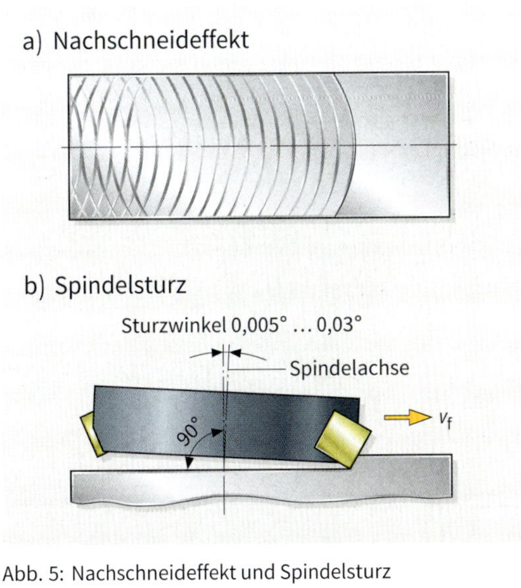

Abb. 5: Nachschneideffekt und Spindelsturz

Da sich die Verstellung der Arbeitsspindel aufwendig gestaltet, wird diese Methode nur angewendet, wenn es zwingend notwendig ist.

2.4.7.2 Fräsen von Nuten und Taschen

Nutfräsen

Nuten können unterschiedliche Formen haben:

- einseitig offen,
- beidseitig offen,
- beidseitig geschlossen und
- T-Nutenform (Abb. 1).

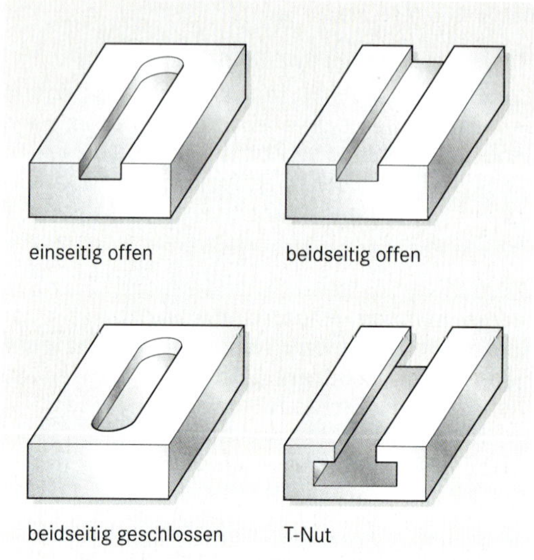

Abb. 1: Nutformen

- **Nutfräsen mit Scheibenfräsern**

Für tiefe offene Nuten werden bevorzugt Scheibenfräser eingesetzt, da diese die Späne gut aus der Nut transportieren (Abb. 2). Die Vorschubrichtung liegt parallel zur Werkstückoberfläche.

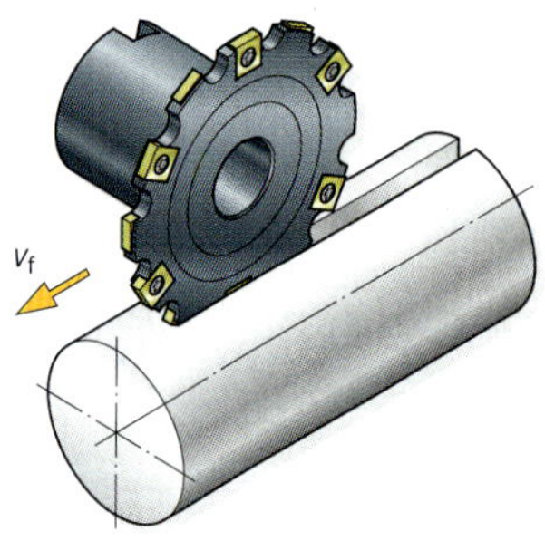

Abb. 2: Nutfräsen mit Scheibenfräser

Die Nutbreite wird entweder über eine entsprechende Fräserbreite erreicht, oder es muss seitlich verfahren werden.

Außer offenen Nuten werden mit Scheibenfräsern auch Nuten für Scheibenfedern gefräst (Abb. 3). Die Vorschubrichtung liegt dabei senkrecht zur Werkstückoberfläche.

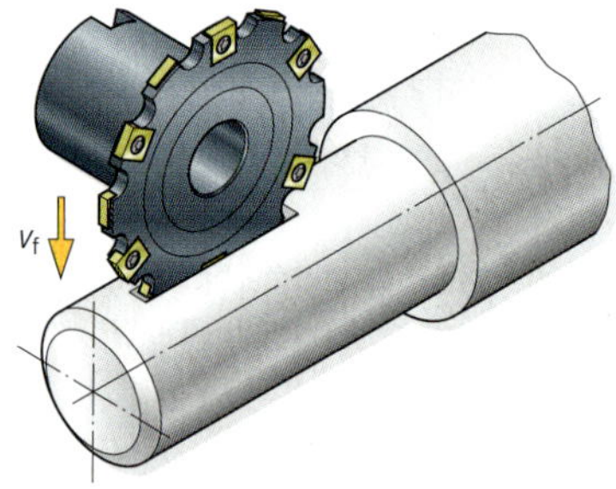

Abb. 3: Fräsen einer Scheibenfedernut

Für weiche Werkstoffe werden Fräser mit großer Teilung eingesetzt, für harte Werkstoffe werden engere Teilungen benutzt.

- **Nutfräsen mit Schaftfräsern**

Nuten, die beidseitig geschlossen sind, werden mit Schaftfräsern gefertigt. Wichtig dabei ist es, einen Fräser zu verwenden, der ins Werkstück eintauchen kann, d.h., er muss über die Mitte schneiden (Abb. 4).

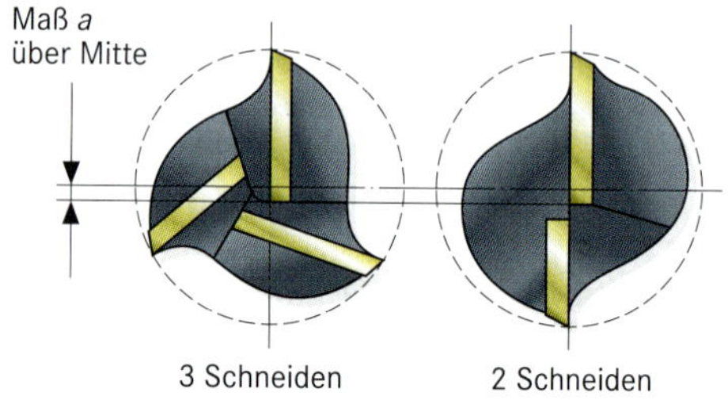

Abb. 4: Über die Mitte schneidender Fräser

Die Nut wird gefräst, indem der Fräser in das Werkstück eintaucht und ab einer bestimmten Tiefe in der Länge verfährt, bis die Länge der Nut erreicht ist.

Dieser Vorgang wird so lange wiederholt, bis die erforderliche Nuttiefe erreicht ist (Abb.5 auf der folgenden Seite).

Es gibt unterschiedliche Möglichkeiten, wie das Eintauchen und das Längsfräsen kombiniert wird.

In welcher Weise vorgegangen wird, hängt in erster Linie von der Maschine ab.

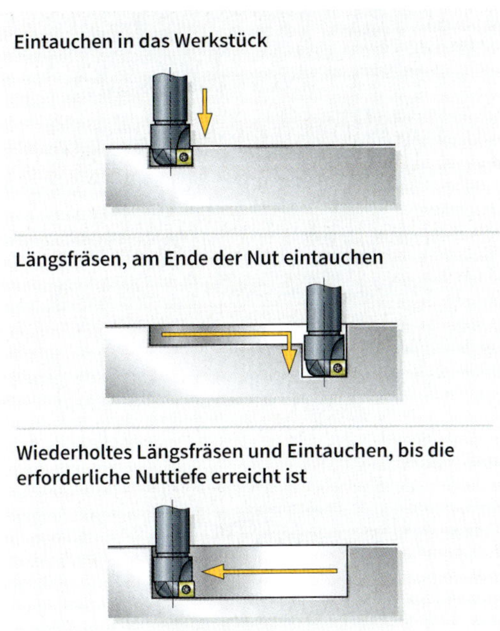

Abb. 5: Beispiel für das Nutfräsen mit Schaftfräser

Um ein seitliches Verfahren zu vermeiden, sollen Schaftfräser eingesetzt werden, deren Durchmesser der Nutbreite entsprechen.

- **Fräsen von T-Nuten**

Für das Fräsen von T-Nuten werden spezielle T-Nutenfräser eingesetzt. Das Fräsen einer T-Nut erfolgt in zwei Arbeitsschritten (Abb. 6).

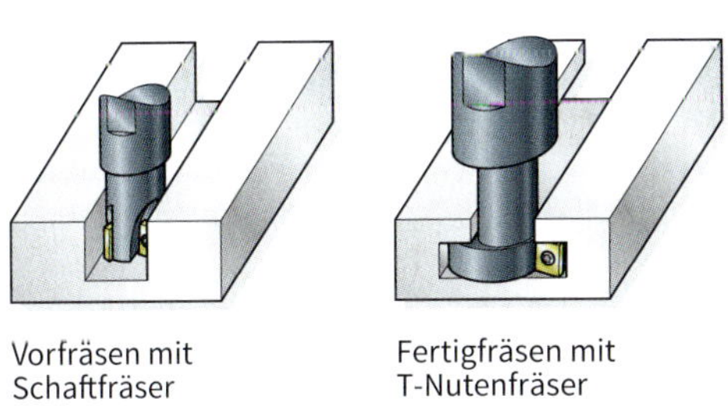

Abb. 6: Fräsen einer T-Nut

Das Vorfräsen mit einem Schaftfräser ist notwendig, da ein T-Nutenfräser nur am Fräskopf und nicht am Schaft schneidet. Um Beschädigungen von Nut oder Fräser zu verhindern, muss der Schaftdurchmesser im Arbeitsbereich des T-Nutenfräsers kleiner sein als die Breite der vorgefrästen Nut.

Taschenfräsen

Beim Fräsen von Taschen muss der Fräserradius dem Eckenradius der Tasche entsprechen. Die Herstellungsschritte sind ähnlich wie beim Nutfräsen (Abb. 7).

Nach dem Eintauchen des Fräsers muss in der Länge verfahren werden. Da die Taschenbreite größer ist als der Fräserdurchmesser, muss zur Herstellung in zwei Richtungen verfahren werden.

Es gibt mehrere Möglichkeiten, wie das Eintauchen und das Längsfräsen kombiniert werden kann.

In welcher Weise vorgegangen wird, hängt in erster Linie von den Möglichkeiten der Maschine ab.

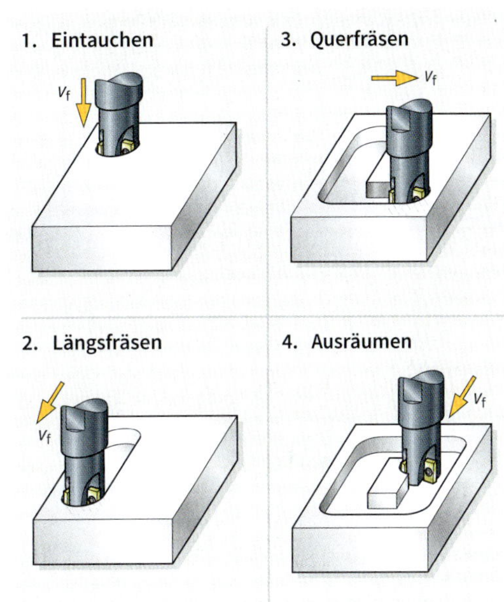

Abb. 7: Beispiel für das Fräsen einer Tasche

2.4.7.3 Fräsen von Absätzen

Absätze an Frästeilen werden meist durch Stirn-Umfangsfräsen hergestellt (Abb. 8). Dafür werden Eckenfräser mit 90° - Eckenwinkel eingesetzt.

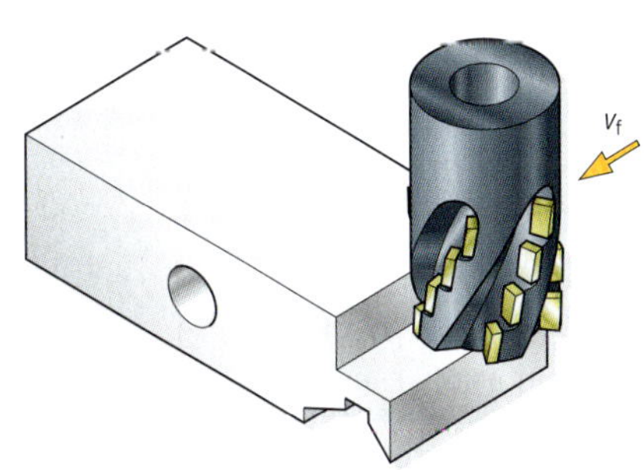

Abb. 8: Fräsen von Absätzen

Um ein Ausbrechen der Schneidenecken zu vermeiden, besitzen die meisten Eckenfräser einen Schneidenradius von 0,4 mm.

Dadurch ist es nicht möglich eine scharfkantige Ecke herzustellen. Um ein genaues Fügen zu ermöglichen, wird das Gegenstück mit einer Fase versehen oder die Ecke leicht hinterfräst (Abb. 1).

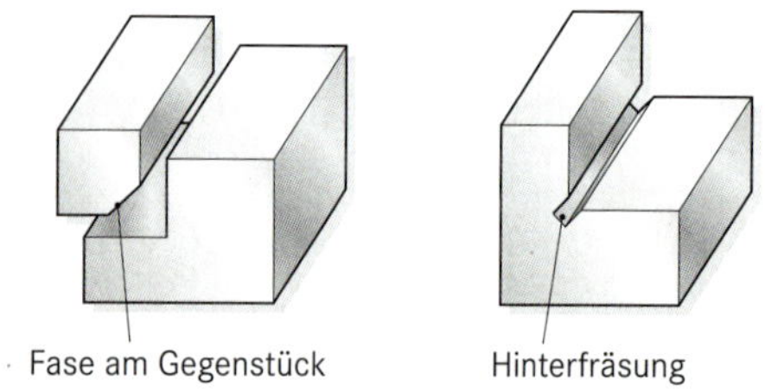

Abb. 1: Fase am Gegenstück und Hinterfräsung

2.4.7.4 Bohren

Um in einer Aufspannung fertigen zu können, werden Bohrungen auch auf der Fräsmaschine gefertigt. Beim Bohren an Fräsmaschinen wird zwischen unterschiedlichen Verfahren unterschieden.

Vollbohren

Beim Vollbohren (Abb. 2) wird ein Spiralbohrer oder ein Bohrer mit Wendeschneidplatten benutzt. Am häufigsten werden Spiralbohrer für die Bohrarbeiten verwendet. Bohrer mit Wendeschneidplatten werden an Maschinen eingesetzt, die spielfreie Antriebe haben, da sie nur geringe Führungseigenschaften besitzen. Ihr Vorteil liegt in der inneren Kühlmittelzufuhr und in den höheren Schnittgeschwindigkeiten, die sie ermöglichen.

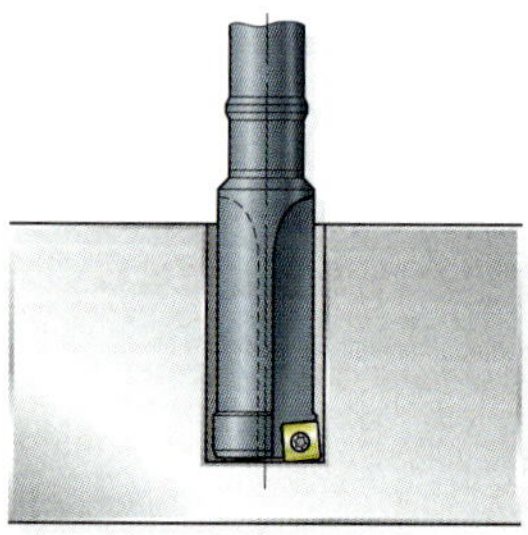

Abb. 2: Vollbohren

Aufbohren

Durch das Aufbohren (Abb. 3) werden bereits vorgefertigte Bohrungen auf Fertigmaß (Nennmaß) oder auf ein Maß mit Bearbeitungszugabe aufgebohrt. Eine Bearbeitungszugabe ist z. B. für das anschließende Reiben notwendig.

Zum Aufbohren wird entweder ein Festmaßaufbohrer oder ein verstellbarer Doppelschneider benutzt.

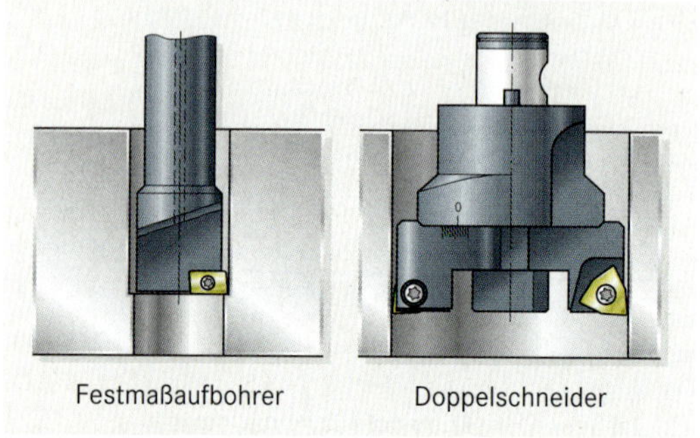

Abb. 3: Verfahren zum Aufbohren

Feinbohren

Zum Herstellen genauer Bohrungen (Abb. 4) werden Ausdrehköpfe eingesetzt. Sie können mit einer Zustellgenauigkeit kleiner als 0,02 mm eingestellt werden.

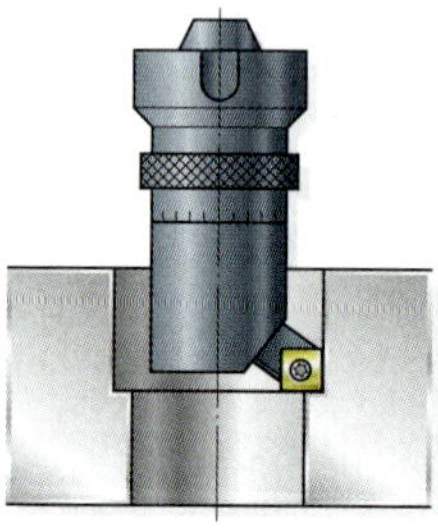

Abb. 4: Feinbohren

Tiefbohren

Beim Tiefbohren mit einem Tiefbohrer können Bohrungen hergestellt werden, bei denen die Bohrungstiefe das 150-fache des Bohrungsdurchmessers beträgt. Beim Aufbohren mit Tiefbohrern sind noch größere Bohrtiefen möglich. Ein häufig verwendeter Tiefbohrer ist der Einlippenbohrer (Abb. 5). Die Kühlmittelzufuhr erfolgt über den Bohrerkern. Der hohe Druck des Kühlmittels spült die Späne in einer V-förmigen Nut am Bohrerumfang nach außen.

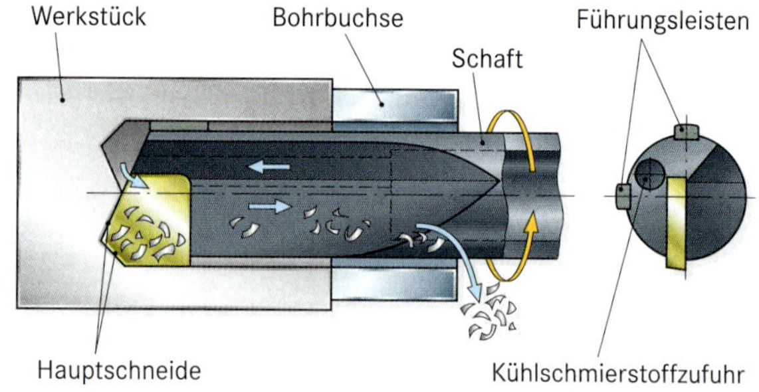

Abb. 5: Tiefbohren

Durch das Abführen der Späne nach außen entsteht beim Einlippenbohrer eine schlechte Oberflächengüte an den Bohrungsaußenflächen.

Der Einsatz eines BTA-Bohrers (Abb. 6) beim Tiefbohren verbessert die Oberflächengüte der Bohrung.

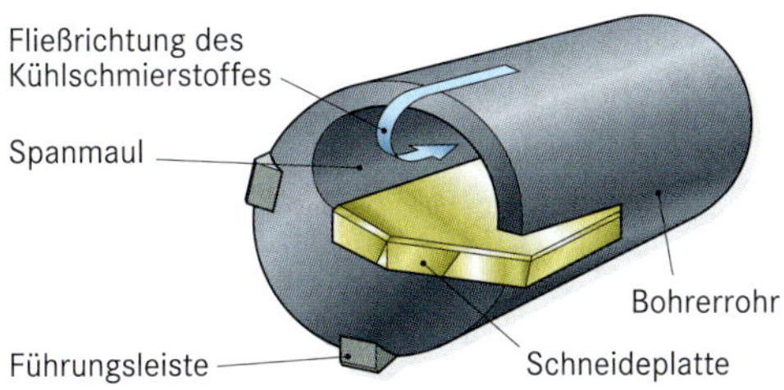

Abb. 6: BTA-Bohrer

Der Bohrerschaft ist rohrförmig ausgeführt. Die Kühlmittelzufuhr erfolgt von außen. Dadurch wird die Bohrungswand immer ausreichend mit Kühlschmierstoff versorgt und die anfallenden Späne können durch die Bohrung im Bohrer abgeführt werden (Abb. 7).

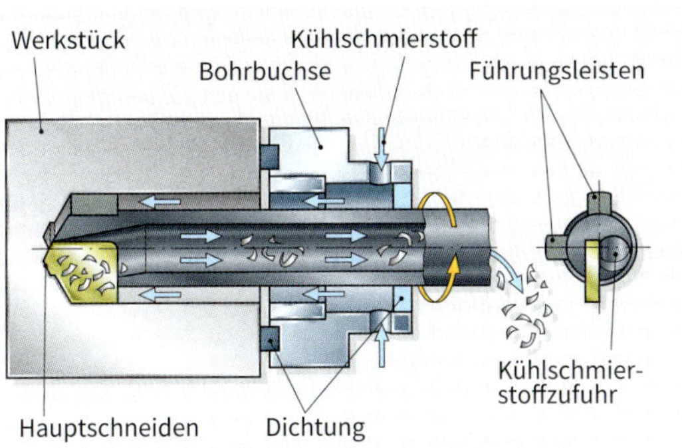

Abb. 7: BTA-Bohrer mit Bohrbuchse

Das Bohren mit einem BTA-Bohrer stellt einen höheren Anspruch an die Fertigung als das Bohren mit einem Einlippenbohrer, da die Bohrstelle über die Bohrbuchse völlig abgedichtet werden muss. Tiefbohren mit einem BTA-Bohrer wird in der Regel an speziellen Tiefbohrmaschinen durchgeführt.

lanen/ Doku- ntieren

2.4.8 Arbeitsplanung

Spannen der Klemmbacke rechts

Die Klemmbacke muss bei der Fertigung in drei unterschiedlichen Lagen gespannt werden (Abb. 8 – 10).

In der *Aufspannung 1* werden die Klemmflächen gefräst. Es wird ein Schraubstock verwendet, der um 180° gedreht werden kann, um ein Umspannen der Klemmbacke zu vermeiden. Zusätzlich wird in dieser Aufspannung die Kernlochbohrung für das Gewinde M14 x 1,5, das Gewinde M 36 x 1,5 und die Flachsenkung Ø 46,1 gefertigt.

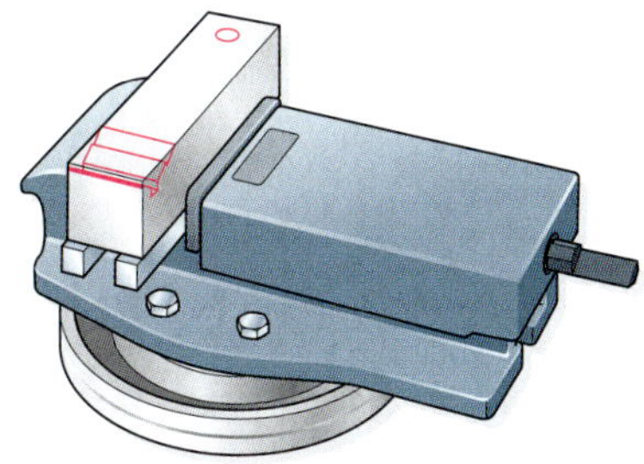

Abb. 8: Aufspannung 1

In der *Aufspannung 2* wird das Werkstück um 180° gedreht, sodass die bereits bearbeitete Seite auf den Parallelunterlagen im Schraubstock liegt.

In dieser Aufspannung wird der Absatz auf der Klemmseite und die Fase 3 x 45° gefräst sowie das Gewinde M 14 x 1,5 geschnitten.

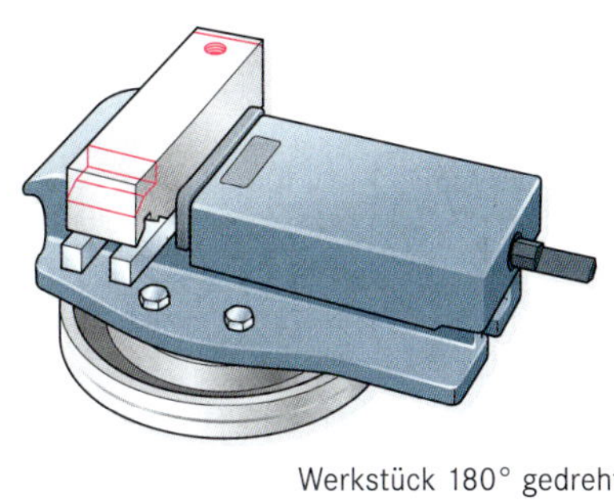

Abb. 9: Aufspannung 2

In der *Aufspannung 3* wird das Werkstück um 90° gedreht und die Bohrung Ø 32H7 gefertigt.

Abb. 10: Aufspannung 3

Spannen der Klemmbacke links

Die Fertigung der Klemmbacke links erfolgt in der gleichen Weise wie bei der Klemmbacke rechts. Bei der linken Klemmbacke entfallen die Gewinde für das Hydrospannsystem. An dieser Position wird ein Durchgangsgewinde M16 gefertigt.

Arbeitsplan

Durch den Arbeitsplan wird die Reihenfolge der Arbeitsschritte zur Herstellung der Klemmbacke festgelegt (Abb. 1).
Zusätzlich befinden sich im Arbeitsplan die zu verwendenden Arbeitsmittel, Arbeitswerte und Spannzeuge.

westermann	**Arbeitsplan**	**Blatt-Nr.** 1	**Anzahl** 1
Benennung: Klemmbacke rechts	**Zeichn.-Nr.** **Sach.-Nr.**	**Auftragsnr.:**	**Name:**
Halbzeug: 4kt DIN 1014 - C45+C – □50		**Stückzahl:** 1	**Klasse/Gr.:**
☒ **Einzelteil**	☐ **Montage/Demontage**	**Termin:**	**Kontr.-Nr.:**

Lfd. Nr.	**Arbeitsvorgang**	**Arbeitsmittel**	**Arbeitswerte/ Bemerkungen**
1	**Spannen**	**Maschinenschraubstock drehbar**	**Aufspannung 1**
2	linke Seite planfräsen	Walzenstirnfräser HW P40 z = 4 Ø 40 mm	$n = 1030$ 1/min $v_f = 412$ mm/min
3	rechte Seite plan- und auf Länge fräsen	Walzenstirnfräser HW P40 z = 4 Ø 40 mm	$n = 1030$ 1/min $v_f = 412$ mm/min
4	Nut 10 mm breit Fräsen	Schaftfräser HM P40 z = 2 Ø 10 mm	$n = 2200$ 1/min $v_f = 176$ mm/min
5	erste Klemmfläche 120° fräsen	Walzenstirnfräser HW P40 z = 4 Ø 40 mm	Frässpindel um 60° schwenken
6	Freifläche an der Klemmfläche fräsen	Walzenstirnfräser HW P40 z = 4 Ø 40 mm	$n = 1030$ 1/min $v_f = 412$ mm/min
7	Schraubstock um 180° drehen		
8	zweite Klemmfläche 120° fräsen	Walzenstirnfräser HW P40 z = 4 Ø 40 mm	$n = 1030$ 1/min $v_f = 412$ mm/min
9	Kernlochbohrung für M14 x 1,5 zentrieren	Zentrierbohrer	Frässpindel senkrecht
10	Kernlochbohrung für M14 x 1,5 bohren	Bohrer HM Ø 12,5 mm	$n = 3100$ 1/min, $f = 0{,}08$ mm
11	Kernlochbohrung für M36 x 1,5	Bohrer HM Ø 34,5 mm	$n = 1100$ 1/min, $f = 0{,}06$ mm
12	Flachsenkung Ø 46,1 mm aufbohren	Feinbohrkopf	$n = 600$ 1/min
13	Gewindeschneiden M36 x 1,5	Handgewindebohrer M36 x 1,5	
14	Ausspannen		
15	Kanten entgraten	Flachfeile	
16	**Spannen**	**Maschinenschraubstock drehbar**	**Aufspannung 2**
17	Absatz fräsen	Walzenstirnfräser HW P40 z = 4 Ø 40 mm	$n = 1030$ 1/min $v_f = 412$ mm/min
18	Abschrägung 30° fräsen	Walzenstirnfräser Ø 40 mm	Frässpindel um 30° schwenken
19	Fase 3 x 45° fräsen	Winkelfräser 45°	Frässpindel senkrecht
20	Gewindebohrung M14 x 1,5 senken	Kegelsenker HSS	$n = 250$ 1/min
21	Gewinde M14 x 1,5 schneiden	Handgewindebohrer M14 x 1,5	
22	Ausspannen		
23	bearbeitete Seite entgraten	Flachfeile	
24	**Spannen**	**Maschinenschraubstock drehbar**	**Aufspannung 3**
25	Bohrung Ø 32 zentrieren	Zentrierbohrer	
26	Bohrung Ø 32 bohren	VHM Bohrer Ø 31,6 mm	$n = 1100$ 1/min, $f = 0{,}06$ mm
27	Bohrung Ø 32 entgraten	Kegelsenker HSS 90°	$n = 250$ 1/min
28	Bohrung Ø 32 H7 reiben	Handreibahle Ø 32 H7	
29	Ausspannen		
30	Werkstück entgraten	Flachfeile	Abtragung – 0,2

Abb. 1: Arbeitsplan Klemmbacke rechts

2.4.9 Arbeitswerte

An der Fräsmaschine sind die Arbeitswerte für die Schnittbewegung und die Vorschubbewegung einzustellen. Die kreisförmige Schnittbewegung wird mit der Umdrehungsfrequenz n eingestellt. Die geradlinige Vorschubbewegung wird mit der Vorschubgeschwindigkeit v_f eingestellt (Abb. 2).

Die einzustellende Umdrehungsfrequenz n wird aus dem Richtwert für die Schnittgeschwindigkeit v_c und dem Fräserdurchmesser d ermittelt. Die Umdrehungsfrequenz kann dabei berechnet werden oder aus einem Umdrehungsfrequenzschaubild abgelesen werden.

Die einzustellende Vorschubgeschwindigkeit wird aus dem Richtwert für den Vorschub je Zahn f_z, der Zähnezahl des Fräsers z und der eingestellten Umdrehungsfrequenz n ermittelt.

Schnittgeschwindigkeit v_c und Vorschub je Zahn f_z sind abhängig von:

- dem zu fräsenden Werkstoff,
- der Art des Fräswerkzeuges,
- dem Schneidstoff des Fräswerkzeuges,
- der Bearbeitung Schruppen oder Schlichten,
- der Standzeit.

Die Richtwerte für die Schnittgeschwindigkeit vc und den Vorschub je Zahn f_z sind in Versuchen ermittelt und können Richtwerttabellen entnommen werden ().

Lassen sich die ermittelten Werte nicht an der Maschine einstellen, sind die nächstkleineren Arbeitswerte einzustellen, damit die maximal zulässige Schnittgeschwindigkeit nicht überschritten wird.

1. **Die Umdrehungsfrequenz oder Drehzahl n des Fräsers**

$$n = \frac{v_c}{d \cdot \pi} \quad \text{in 1/min}$$

2. **Die Vorschubgeschwindigkeit v_f**

$$v_f = f \cdot n \quad \text{in mm/min}$$

$$f = f_z \cdot z \quad \text{in mm}$$

3. **Spanungsquerschnitt A**

$$A = a_p \cdot f_z \quad \text{in mm}^2$$

4. **Das Zeitspanvolumen Q**

Das Zeitspanvolumen ist das in einer festgelegten Zeiteinheit abzuspanende Werkstoffvolumen.

$$Q = A \cdot v_c \quad \text{in cm}^3\text{/min (Drehen)}$$

$$Q = a_p \cdot a_e \cdot v_f \quad \text{in cm}^3\text{/min (Fräsen)}$$

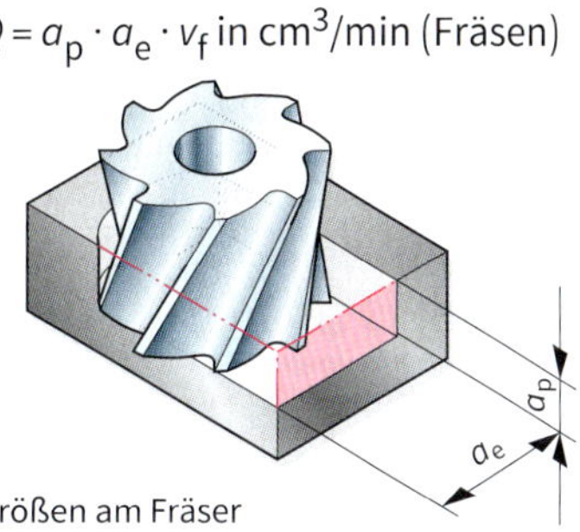

Eingriffsgrößen am Fräser

Beispiel:

In eine Platte aus S235JR soll eine Nut 40 mm breit und 3 mm tief mit einem Schnitt eingefräst werden. Als Werkzeug soll ein Schaftfräser d = 20 mm aus HS mit 6 Zähnen verwendet werden. Bestimmen Sie die Umdrehungsfrequenz und die Vorschubgeschwindigkeit, die an der Fräsmaschine einzustellen sind.

einstellbare Umdrehungsfrequenz:

n = 90 – 180 – 250 – 280 – 355 – 450 – 560 – 710

einstellbare Vorschubgeschwindigkeit:

v_f = 45 – 90 – 125 – 180 – 250 – 315 – 400 – 500

Geg.: Schaftfräser HS d = 20 mm; z = 6
Werkstück S235JR

Ges.: n in 1/min; v_f in mm/min
f in mm

Lösung: aus Tabellenbuch

S235JR → $R_m = 370 \ldots 470\ \text{N/mm}^2$

f_z = 0,05 mm $\quad v_c$ = 28 m/min

$$n = \frac{v_c}{d \cdot \pi} = \frac{28\ \text{m}}{\text{min} \cdot 0{,}02\ \text{m} \cdot \pi}$$

n = 445,9 1/min

einstellen: $\underline{\underline{n = 450\ \text{1/min}}}$

$f = f_z \cdot z = 0{,}05\ \text{mm} \cdot 6$

$\underline{\underline{f = 0{,}3\ \text{mm}}}$

$v_f = f_z \cdot z \cdot n = 0{,}05\ \text{mm} \cdot 6 \cdot 450\ \text{1/min}$

v_f = 135 mm/min

einstellen: $\underline{\underline{v_f = 125\ \text{mm/min}}}$

Prüfen

2.4.10 Prüfplanung rechte Klemmbacke

Nach dem Fräsen und Bohren wird die Klemmbacke einer Endkontrolle unterzogen. Dabei wird geprüft, ob die Maße, die Form- und Lagetoleranzen sowie die Oberflächengüten eingehalten wurden. Die Prüfung wird anhand der Einzelteilzeichnung geplant und durchgeführt. Es sind die Prüfmethoden und die erforderlichen Prüfgeräte zu wählen (Tab. 1).

Um Messfehler zu vermeiden, ist das Werkstück vorher auf Gratfreiheit zu überprüfen und zu reinigen.

Tab. 1: Aufstellung der Messgrößen und der verwendeten Prüfgeräte

Nr.	Messgröße	Maßangabe nach Zeichnung	Grenzabmaße	Toleranz	Prüfgerät	Ablesegenauigkeit
1	Länge	220	± 1	2	Messschieber Form A	Skw = 0,05
2	Breite der Nut	10	± 0,2	0,4	Messschieber Form A	Skw = 0,05
3	Tiefe der Nut	18	± 0,2	0,4	Tiefenmessschieber	Skw = 0,05
4	Lage der Nut	20	± 0,2	0,4	Endmaß; Messschieber	Skw = 0,05
5	Tiefe der Freifläche	3	± 0,1	0,2	Tiefenmessschieber	Skw = 0,05
6	Lage der Freifläche	7,6	± 0,2	0,4	Messschieber Form A	Skw = 0,05
7	Winkel der Klemmflächen	120°	± 0°20´	40´	Winkelmesser	Skw = 5´
8	Tiefe der Klemmfläche	12,3	+ 0,1	0,1	Messschieber Form A	Skw = 0,05
9	Tiefe der Außenkante Klemmfläche	5	± 0,1	0,2	Tiefenmessschieber	Skw = 0,05
10	Tiefe der Kernlochbohrung M 36 x 1,5	30	± 0,2	0,4	Tiefenmessschieber	Skw = 0,05
11	Lage Gewinde M 36 x 1,5	25	± 0,2	0,4	Gewindelehre, Messschieber Form A	Skw = 0,05
12	Lage Gewinde M 36 x 1,5	195	± 0,5	1	Gewindelehre, Messschieber Form A	Skw = 0,05
13	Gewinde M 36 x 1,5	M 36 x 1,5			Gewindelehre	
14	Gewindetiefe M 36 x 1,5	22	± 0,2	0,4	Gewindelehre, Messschieber Form A	Skw = 0,05
15	Rechtwinkligkeit des Gewindes M 36 x 1,5		0,01	0,02	Gewindelehre, Winkelmesser	
16	Durchmesser Flachsenkung	46,1	± 0,1	0,2	Messschieber Form A	Skw = 0,05
17	Tiefe Flachsenkung	2	± 0,1	0,2	Tiefenmessschieber	Skw = 0,05
18	Tiefe Absatz	15	± 0,2	0,4	Tiefenmessschieber	Skw = 0,05
19	Breite Absatz	30	± 0,2	0,4	Tiefenmessschieber	Skw = 0,05
20	Breite Fase 30°	15	± 0,2	0,4	Messschieber Form A	Skw = 0,05
21	Winkel Fase 30°	30°	± 0°30´	1°	Winkelmesser	Skw = 5´
22	Breite Fase 45°	3	± 0,1	0,2	Messschieber Form A	Skw = 0,05
23	Winkel Fase 45°	45°	± 0°30´	1°	Winkelmesser	Skw = 5´
24	Lage Gewinde M 14 x 1,5	25	± 0,2	0,4	Gewindelehre, Messschieber Form A	Skw = 0,05
25	Lage Gewinde M 14 x 1,5	195	± 0,5	1	Gewindelehre, Messschieber Form A	Skw = 0,05
26	Gewinde M 14 x 1,5	M 14 x 1,5			Gewindelehre	
27	Lage Bohrung *d* = 32	25	± 0,2	0,4	Endmaß rund, Messschieber Form A	Skw = 0,05
28	Lage Bohrung *d* = 32	100	± 0,1	0,2	Endmaß rund, Messschieber Form A	Skw = 0,05
29	Durchmesser 32 H7	32 H7	0/+0,025	0,5	Grenzlehrdorn	
30	Werkstückkanten		– 0,2		Sichtprüfung	
31	Oberfläche Rz 16				Oberflächenvergleichsnormal	
32	Oberfläche Rz 4				Oberflächenvergleichsnormal	

2.4.11 Berechnung der Hauptnutzungszeit

Durch die Hauptnutzungszeit t_{hu} wird die Fertigungszeit für ein Werkstück bestimmt. Hauptnutzungszeiten werden berechnet und in Arbeitsaufträgen für die Bearbeitung vorgegeben. Damit dient die Hauptnutzungszeit zur Planung und Kalkulation der Werkstückbearbeitung beim Fräsen.

Die Hauptnutzungszeit ist die Zeit, in welcher das Werkstück durch Fräsen bearbeitet wird. Sie ist abhängig vom Vorschubweg l_f, der Vorschubgeschwindigkeit v_f und der Anzahl der Schnitte i.

Für alle Fräsarbeiten gilt:

$$t_{hu} = \frac{l_f \cdot i}{v_f}$$

t_{hu} = Hauptnutzungszeit [min]
l_f = Vorschubweg [mm]
i = Anzahl der Schnitte
v_f = Vorschubgeschwindigkeit [mm/min]
Der Vorschubweg l_f muss für die unterschiedlichen Fräsverfahren berechnet werden.

Umfangsplanfräsen

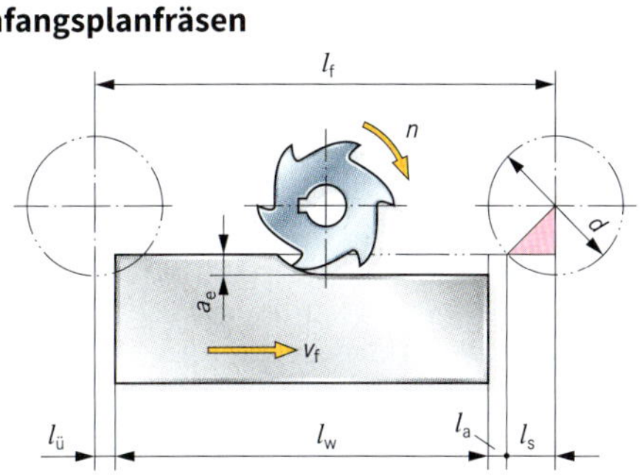

$$l_f = l_s + l_a + l_w + l_ü$$

$$l_s = \sqrt{a_e \cdot d - a_e^2}$$

l_s = Anschnittlänge [mm]
l_a = Anlauflänge [mm]
l_w = Werkstücklänge [mm]
$l_ü$ = Überlauflänge [mm] ($l_ü = l_a$ ~1,5 mm)

Stirn-Umfangsplanfräsen

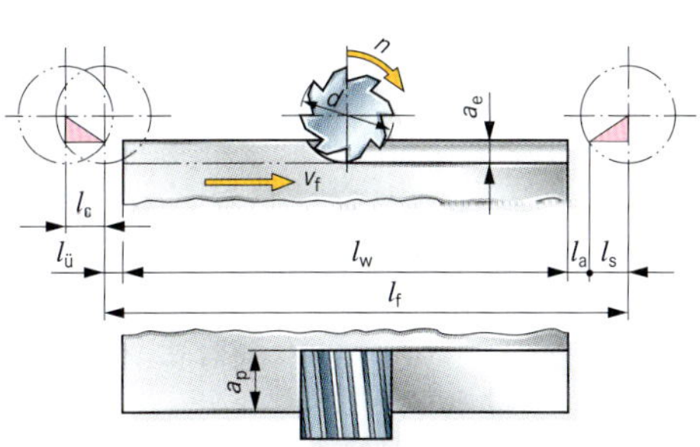

Schruppen: $l_f = l_s + l_a + l_w + l_ü$
Beim Schlichten verlängert sich der Vorschubweg l_f um die Länge l_s, da der Fräser vollständig frei fährt.
Schlichten: $l_f = 2 \cdot l_s + l_a + l_w + l_ü$

Stirnplanfräsen

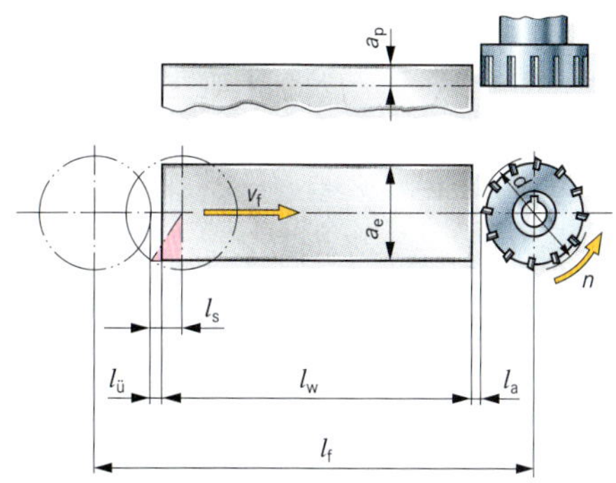

Schruppen: $l_f = d/2 + l_a + l_w + l_ü - l_s$
Schlichten: $l_f = d + l_a + l_w + l_ü$
d = Fräserdurchmesser [mm]

Nutenfräsen

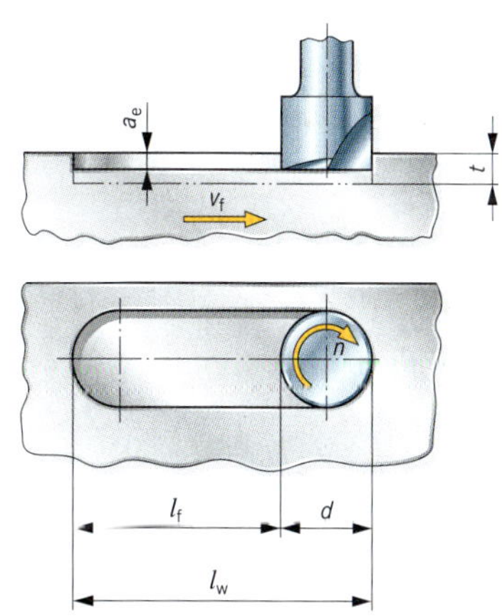

Beim Fräsen von geschlossenen Nuten gibt es keine Anlauf- und Überlauflänge.

Nut geschlossen: $l_f = l_w - d$
Nut einseitig offen: $l_f = l_w + l_a - d/2$
Nut beidseitig offen: $l_f = d/2 + l_a + l_w + l_ü$

Anzahl der Schnitte: $i = \frac{t}{a_p}$

t = Nuttiefe [mm]
a_e = Arbeitseingriff [mm]
a_p = Schnitttiefe [mm]

Beispiel:
Berechnung der Hauptnutzungszeit für die Herstellung der Nut an der Klemmbacke

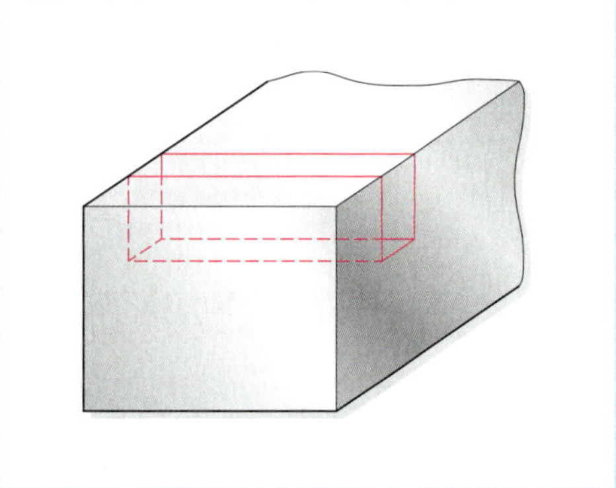

Wie groß ist die Hauptnutzungszeit bei der Herstellung der Nut, wenn nur geschruppt wird?

Die maximale Schnitttiefe beträgt 6 mm.

Geg.: $t = 18\text{ mm}$ Ges.: t_{hu} in s

$a_{pmax} = 6\text{ mm}$

$l_w = 50\text{ mm}$

$v_f = 260\text{ mm/min}$

$d = 10\text{ mm}$

Lösung:

$$t_{hu} = \frac{l_f \cdot i}{v_f}$$

$$i = \frac{t}{a_{pmax}} \qquad i = \frac{18\text{ mm}}{6\text{ mm}} \qquad i = 3$$

$$l_f = d/2 + l_a + l_w + l_ü$$

$$l_ü = l_a = 1{,}5\text{ mm}$$

$$l_f = \frac{10\text{ mm}}{2} + 1{,}5\text{ mm} + 50\text{ mm} + 1{,}5\text{ mm}$$

$$l_f = 58\text{ mm}$$

$$t_{hu} = \frac{58\text{ mm} \cdot 3}{260\text{ mm/min}}$$

$$t_{hu} = 0{,}66\text{ min}$$

$$\underline{\underline{t_{hu} \approx 40\text{ s}}}$$

Die Hauptnutzungszeit für das Fertigen der Nut beträgt ca. 40 Sekunden.

Aufgaben

1. Erklären Sie, wodurch der Nachschneideffekt beim Planfräsen entsteht und welche Auswirkungen der Nachschneideffekt hat.

2. Das Verstellen des Spindelsturzes ist eine Maßnahme gegen den Nachschneideffekt.

a) Erklären Sie, was unter der Verstellung des Spindelsturzes verstanden wird.

b) Welche Auswirkungen ergeben sich auf die Oberflächengüte?

c) Wie beeinflusst der Spindelsturz den Fertigungsablauf und welche Auswirkung hat dies auf die Fertigungszeit?

3. Nuten werden oft mit Scheibenfräsern gefräst. Wie unterscheidet sich die Vorschubrichtung beim Fräsen von Längsnuten und von Scheibenfedernuten?

4. Beschreiben Sie die Vorgehensweise beim Fräsen von geschlossenen Nuten mit Schaftfräsern.

5. Erklären Sie, weshalb eine T-Nut nicht in einem Arbeitsgang gefertigt werden kann.

6. Weshalb kann beim Fräsen von Absätzen keine scharfe Innenkante hergestellt werden?

7. Beschreiben Sie, in welcher Reihenfolge beim Taschenfräsen vorgegangen werden kann.

8. Beschreiben Sie das Tiefbohren mit einem Einlippenbohrer.

9. Berechnen Sie die Hauptnutzungszeit:

a) für das Stirn-Umfangsplanfräsen der beiden Stirnseiten der Klemmbacke, wenn pro Seite 2 mm abgenommen werden und die Fläche mit einem Aufmaß von 0,2 in einem Arbeitsgang vorgeschruppt wird.

b) für die Herstellung des Absatzes 35 mm x 15 mm, wenn nur geschruppt wird.

10. Vergleichen Sie die Späneabfuhr beim Einlippenbohrer und beim BTA-Bohrer.

Bewerten Sie, wie sich die unterschiedliche Späneabfuhr auf die erzielbare Oberflächengüte der Bohrung auswirkt.

2.4.12 Sonderfräsverfahren

Sonderfräsverfahren stellen besondere Anforderungen an die Fräsmaschine, die Spannmittel und die Werkzeuge. Dies trifft für folgende Fräsverfahren zu:

- die Hochgeschwindigkeitsbearbeitung (High-Speed-Cutting) und die Bearbeitung von gehärteten Werkstücken und
- das Gewindefräsen.

2.4.12.1 Hochgeschwindigkeitsfräsen

Durch die HSC-Bearbeitung ist die Fertigung hoher Oberflächengüten möglich. Sie stellt eine Fertigungsalternative zum Schleifen und Erodieren dar. Ebenso kann das Polieren von Werkstückoberflächen entfallen.

Darüber hinaus ist eine *Hartbearbeitung* gehärteter Werkstücke in einem Bereich von 46 bis 63 HRC möglich.

HSC-Fräsmaschine

Das Hochgeschwindigkeitsfräsen findet ausschließlich auf CNC-Fräsmaschinen statt. Sie müssen über eine Hochleistungsspindel verfügen ($n \geq 40000$ 1/min).

Die Maschinen weisen gegenüber konventionellen Fräsmaschinen eine höhere Steifigkeit und Schwingungsdämpfung sowie eine größere Beschleunigung in den Vorschubachsen auf.

Zerspanungsrichtwerte und Kühlschmierung

Bei der Hochgeschwindigkeitsbearbeitung beträgt die Schnittgeschwindigkeit das 5- bis 10-fache gegenüber dem konventionellen Fräsen (Abb. 1).

Ebenso kann mit höheren Vorschubgeschwindigkeiten gearbeitet werden. Die Schnitttiefe kann bis 18 mm betragen.

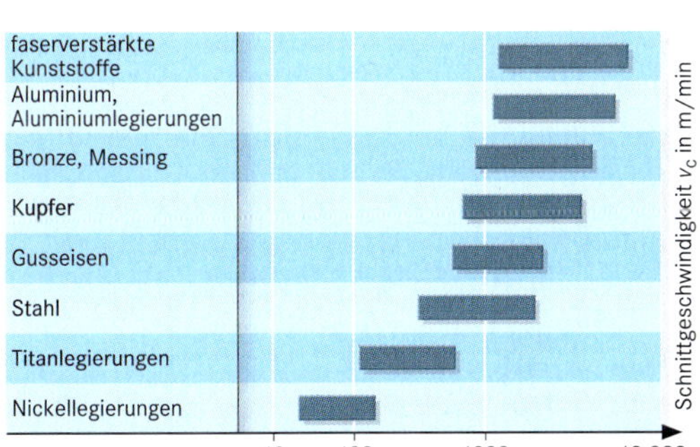

Abb. 1: Schnittgeschwindigkeiten

Um hohe Oberflächengüten beim Schlichten zu erreichen, muss beim HSC-Fräsen nach dem Schruppen vorgeschlichtet werden (Abb. 2).

Schruppen

a_p = 18 mm; a_e = 0,5 mm
n = 3300 1/min
v_c = 103 m/min
v_f = 1300 mm/min

Vorschlichten

a_p = 0,5 mm; a_e = 0,5 mm
n = 9000 1/min
v_c = 280 m/min
v_f = 2150 mm/min

Schlichten (Fertigbearbeitung)

a_p = 0,25 mm; a_e = 0,25 mm
n = 13000 1/min
v_c = 400 m/min
v_f = 3300 mm/min

Abb. 2: HSC-Bearbeitung eines Werkstücks aus 90MnCrV8

Beispiel:
Vorschubgeschwindigkeit für HSC-Fräsen

Ein Flansch für eine Spannvorrichtung soll aus einer Aluminiumlegierung Al Mg Si Pb hergestellt werden.

Zum Bearbeiten wird ein Kopierfräser aus beschichtetem Vollhartmetall mit einem Durchmesser von 10 mm verwendet. Der Fräser besitzt zwei Schneiden und soll mit einer Schnitttiefe a_p von 0,3 mm eingesetzt werden. Der Zahnvorschub f_z wird vom Hersteller mit 0,071 mm vorgegeben. Hierbei ist eine Schnittgeschwindigkeit von 800 m/min zu verwenden.

Es ist die Umdrehungsfrequenz und die Vorschubgeschwindigkeit der HSC-Fräsbearbeitung zu bestimmen.

Geg.: d = 10 mm; z = 2; f_z = 0,071 mm; v_c = 800 m/min

Ges.: n in 1/min; v_f in mm/min

Lösung:

$$n = \frac{v_c}{d \cdot \pi} = \frac{800 \text{ m/min} \cdot 1000 \text{ mm}}{10 \text{ mm} \cdot \pi \cdot 1 \text{ m}}$$

$$\underline{\underline{n = 25465 \text{ 1/min}}}$$

$$v_f = n \cdot f_z \cdot z$$

$$v_f = 25465 \text{ 1/min} \cdot 0{,}071 \text{ mm} \cdot 2$$

$$\underline{\underline{v_f = 3616 \text{ mm/min}}}$$

Aufgrund der hohen Schnitt- und Vorschubgeschwindigkeiten ergeben sich große Zerspanungsvolumen und eine geringe Fertigungszeit. Der Mittenrauwert R_a kann unter 1 µm betragen.

Durch die hohen Schnittgeschwindigkeiten erfolgt eine erhöhte Abführung der Zerspanungswärme über den Span (ca. 90 %). Dies verringert den Verzug und reduziert die Spannungen im Werkstück. Dadurch entsteht eine höhere Maßgenauigkeit.

Auf den Einsatz von Kühlschmierstoffen wird häufig verzichtet. Treten jedoch Probleme mit der Zerspanungswärme auf, werden geringe Kühlschmierstoffmengen zugeführt. Der Kühlschmierstoff verdampft vollständig bei der Zerspanung. Diesen Vorgang nennt man *Mindermengenschmierung*.

Sowohl der Verzicht auf Kühlschmierstoffe als auch die minimale Zuführung wird als Trockenbearbeitung bezeichnet.

Fräswerkzeuge

Die Fräser für die HSC-Bearbeitung müssen

- eine hohe Steifigkeit,
- eine geringe Unwucht und
- eine hohe Rund- und Planlaufgenauigkeit besitzen.

Es werden Fräser mit Wendeschneidplatten oder Vollhartmetallfräser verwendet (Abb. 1).

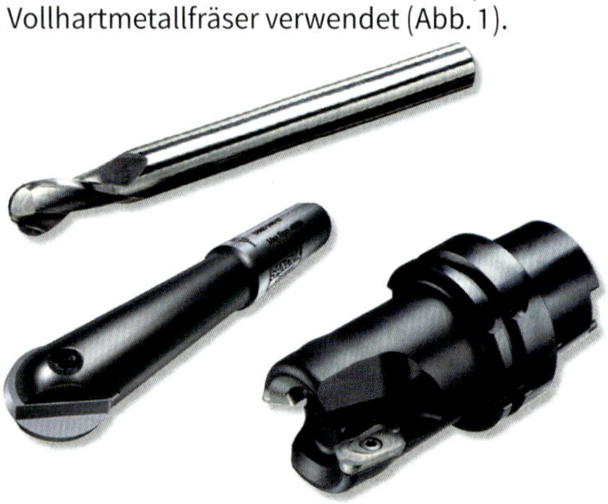

Abb. 1: HSC-Fräser

Werkzeugaufnahmen

Als Fräseraufnahmen werden z. B. Spannzangenfutter, Schrumpffutter oder Hydo-Dehnspannfutter verwendet.

Die Werkzeugaufnahmen dürfen genau wie die Fräswerkzeuge nur eine minimale Unwucht auch bei hohen Umdrehungsfrequenzen aufweisen.

Dadurch wird

- eine hohe Oberflächengüte,
- eine genaue Werkstückkontur,
- ein Schutz der Frässpindel und Spindellagerung und
- ein Schutz des Werkstückes vor Beschädigungen erreicht.

Unwuchten entstehen durch eine ungleichmäßige Masseverteilung an der Fräseraufnahme, z. B. die Spannschraube bei einer Weldon-Aufnahme. Die Hersteller von Fräseraufnahmen wuchten die Aufnahmen aus und geben die damit erreichte Genauigkeit mit der *Wuchtgüte G* an.

Beispiel: Wuchtgüte *G*

Die *Wuchtgüte G* gilt immer nur für eine bestimmte Umdrehungsfrequenz von Fräseraufnahme und Werkzeug.

Aus der Wuchtgüte *G*, der Masse *m* der Fräseraufnahme und der Fertigungsumdrehungsfrequenz *n* ergibt sich eine zulässige Unwucht U_{zul}.

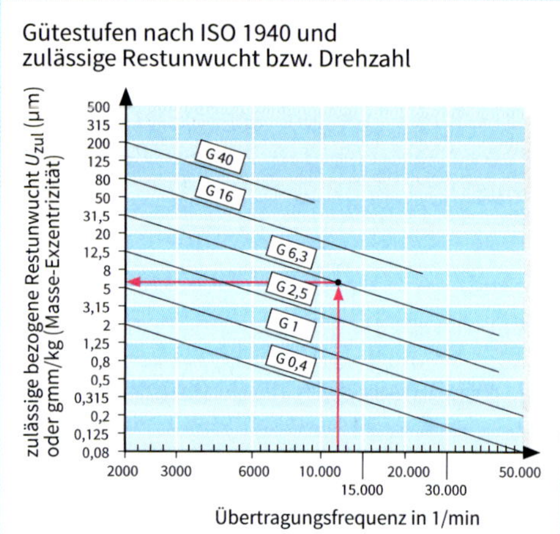

Für eine Wuchtgüte *G* 6,3 ergibt sich bei einer Umdrehungsfrequenz von 12000 1/min eine zulässige Unwucht U_{zul} von 6,0 µm.

Die Wuchtgüte und die dazugehörige Umdrehungsfrequenz wird in den Katalogen und Herstellerunterlagen angegeben. Sie darf die vorgegebene Wuchtgüte des Spindelherstellers nicht überschreiten.

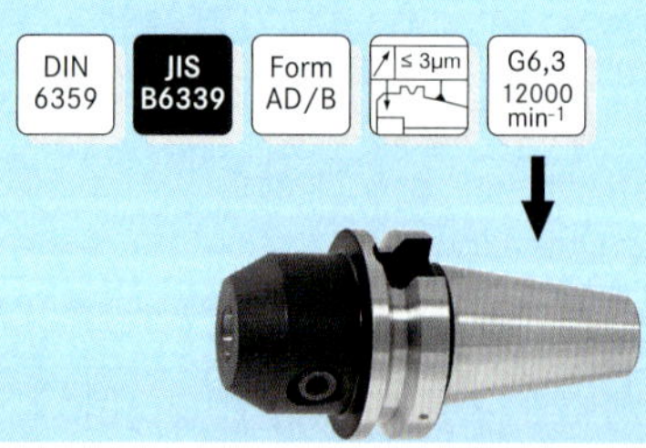

Das Auswuchten von Werkzeugaufnahme und Fräser erfolgt auf einer Auswuchtmaschine (Abb. 2).

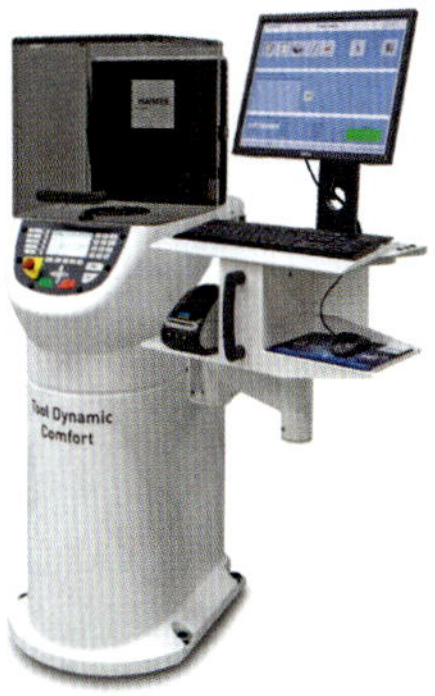

Abb. 2: Auswuchtmaschine

Die Unwucht wird über einen Computer oder eine Auswuchtelektronik ausgewertet und anschließend ausgeglichen. Damit ist die Fräseraufnahme feingewuchtet.

2.4.12.2 Gewindefräsen

Durch Gewindefräsen können Innengewinde und Außengewinde hergestellt werden. Gewindefräser bestehen aus Vollhartmetall oder aus einem Grundkörper mit Wendeschneidplatten. Mit Gewindefräsern aus Vollhartmetall können Kernlochbohrung, Gewinde und Schutzsenkung in einem Arbeitsgang gefertigt werden (Abb. 3).

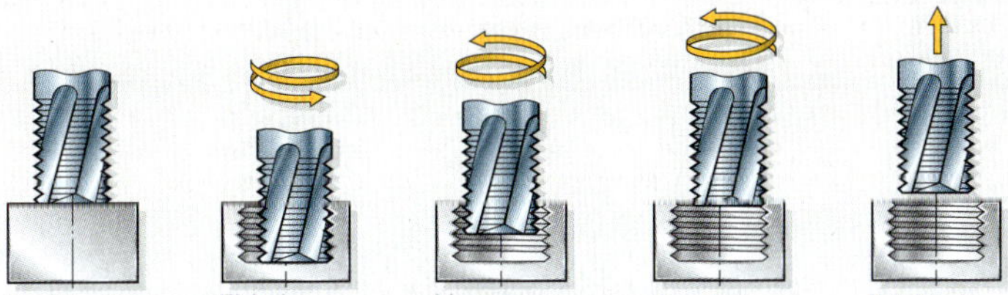

Richtwerte für Schnittgeschwindigkeit und Vorschub:

		Alu-Legierungen	Grauguss	Sphäroguss
Bohr-Schnittgeschwindigkeit v_c (m/min)		100 - 400	50 - 120	50 - 100
f (mm)	≤ M6	0,10 - 0,20	0,10 - 0,20	0,10 - 0,20
f (mm)	≤ M12	0,12 - 0,35	0,10 - 0,30	0,10 - 0,20
Fräs-Schnittgeschwindigkeit v_c (m/min)		100 - 400	50 - 120	50 - 100
f_z (mm)	≤ M6	0,03 - 0,07	0,02 - 0,04	0,02 - 0,04
f_z (mm)	≤ M12	0,05 - 0,10	0,05 - 0,10	0,05 - 0,08

Abb. 3: Gewindefräsen mit Fräser aus Vollhartmetall

Gewindefräser mit Wendeschneidplatten ermöglichen nur die Herstellung von Gewinde und Schutzsenkung (Abb. 4).

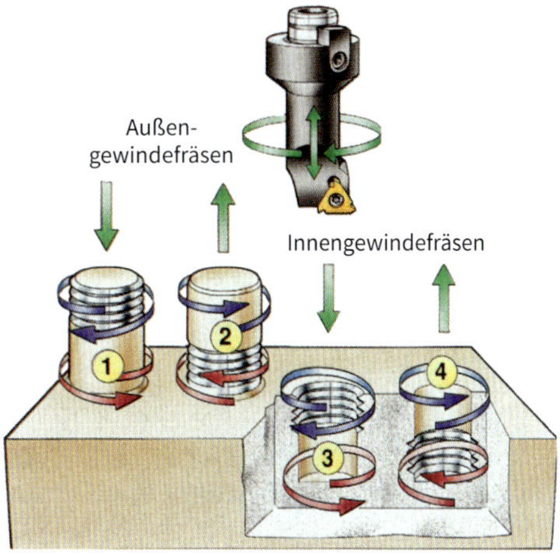

	1	2	3	4
Rechts-gewinde	Vorschub im Uhrzeigersinn, Gleichlauffräsen	Vorschub im Gegenuhrzeigersinn, Gegenlauffräsen	Vorschub im Uhrzeigersinn, Gegenlauffräsen	Vorschub im Gegenuhrzeigersinn, Gleichlauffräsen
Links-gewinde	Vorschub im Gegenuhrzeigersinn, Gegenlauffräsen	Vorschub im Uhrzeigersinn, Gleichlauffräsen	Vorschub im Gegenuhrzeigersinn, Gleichlauffräsen	Vorschub im Uhrzeigersinn, Gegenlauffräsen

Abb. 4: Gewindefräsen mit Wendeschneidplatten

Aufgaben

1. Welche Eigenschaften muss eine Fräsmaschine zur Hochgeschwindigkeitsbearbeitung haben?

2. Nennen und erläutern Sie die Vorteile des Hochgeschwindigkeitsfräsens.

3. Warum müssen Fräswerkzeuge und Werkzeugaufnahmen ausgewuchtet werden?

4. Die Hersteller von Fräseraufnahmen geben eine Wuchtgüte *G* an. Was versteht man unter der Wuchtgüte?

5. Bestimmen Sie die zulässige Unwucht U_{zul} für eine Wuchtgüte *G*16 bei einer Umdrehungsfrequenz von 10 000 1/min.

6. Was versteht man unter einer Trockenbearbeitung?

7. Gewinde können durch Gewindefräsen hergestellt werden. Erläutern Sie die Verfahren des Gewindefräsens.

2.4.12.3 Hochleistungsfräsen

Durch das HPC-Fräsen (High Performance Cutting) wird ein hohes Zeitspannungsvolumen O erreicht.

Beim HPC-Fräsen geht es gegenüber dem HSC-Fräsen und dem konventionellen Fräsen um eine Werkstückbearbeitung mit großen Schnitttiefen.

Im Vergleich zum konventionellen Fräsen wird beim HPC-Fräsen eine hohe Schnittgeschwindigkeit und eine große Vorschubgeschwindigkeit verwendet.

Fräsmaschine

Einen wesentlichen Einfluss auf die HPC-Bearbeitung hat die Stabilität der Fräsmaschine. Durch die hohen Zerspanungskräfte ist eine Fräsmaschine mit einer hohen Antriebsleistung notwendig. Zur Reduzierung der Schneidkraft und zur Schonung des Fräswerkzeuges werden verschiedene Vorschubstrategien angewendet.

Beim Nutenfräsen werden z. B. das Pendel-Nutfräsen, das Halbkreis-Nutfräsen und das Wirbelfräsen eingesetzt (Abb. 1).

Durch die Vorschubvariante wird der Eingriffswinkel φ reduziert.

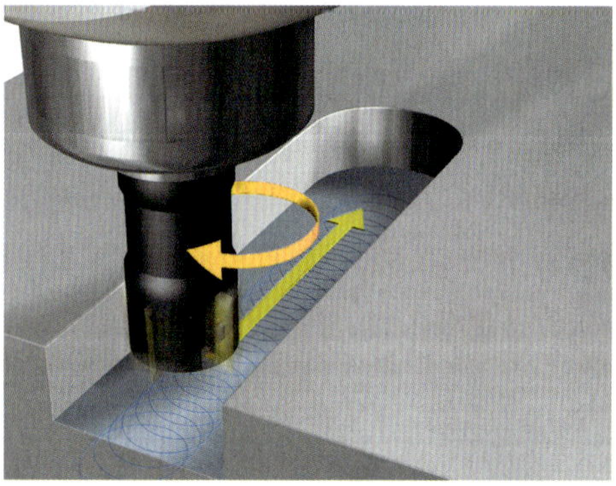

Abb. 1: Wirbelfräsen

Fräswerkzeuge

HPC-Fräser besitzen eine Planfase und einen Eckenradius zur Stabilisierung der Schneidkante (Abb. 2).

Die Spannuten werden so gestaltet, dass ein günstiger Spanbruch und kurze Späne entstehen. Große Spannuten sind für den Transport des Spanvolumens notwendig.

Der Fräser hat einen großen Dallwinkel γ, zwischen 35° und 52°, sowie eine ungleichmäßige Zahnteilung.

Abb. 2: HPC-Fräser

Damit ist eine hohe Laufruhe des Werkzeuges verbunden.

Als Schneidstoff wird beim HPC-Fräsen Vollhartmetall verwendet. Der Grundwerkstoff besteht aus einem sehr zähen Feinstkornhartmetall. Die mehrlagige Beschichtung verstärkt die Verschleißfestigkeit, erhöhe die Warmfestigkeit des Fräsers und reduziert die Bildung einer Auauschneide (Abb. 3).

Dadurch können auch gehärtete Werkstücke bis 56 HRC bearbeitet werden.

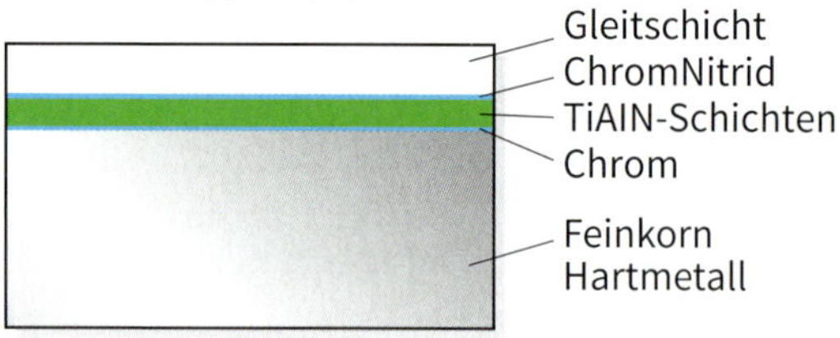

Abb. 3: Beschichtung von HPC-Fräsern

Spannmittel

Durch die Drallnut und die hohen Zerspanungskräfte werden Schaftfräser leicht aus dem Spannfutter gezogen.

Um dies zu verhindern, ist das Werkzeug stabil zu spannen. Aus diesem Grund werden HPC-Fräser mit glattem Schaft in Schrumpffutern oder Weldonfuttern gespannt.

Bei Weldonspannfuttern mus die Spannschraube an der oberen Kante der Spannfläche anliegen (Abb. 4).

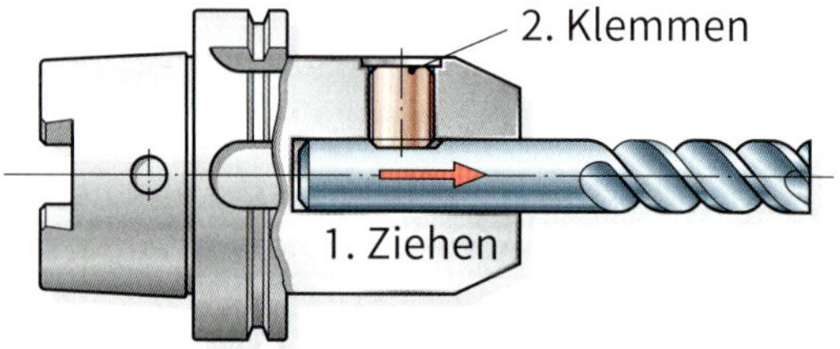

Abb. 4: Spannen eines HPC-Fräsers im Flächenspannfutter

Aufgabe

1. Welcher Unterschied besteht zwischen dem HPC-Fräsen und dem HSC-Fräsen?

2. Wodurch erreicht man eine große Laufruhe von HPC-Fräsen?

3. Wie wirken die Zerspankräfte auf die Werkzeugspannung im Spannfutter und worauf ist beim Spannen des Werkzeuges zu achten?

2.5 Schleifen

ARBEITSAUFTRAG

Die auf Schleifaufmaß vorgefrästen und gehärteten Klemmflächen der Klemmbacken sollen auf einer Flachschleifmaschine auf Fertigmaß geschliffen werden. Die Arbeiten für das Schleifen sollen geplant und durchgeführt werden. Entsprechende Kenntnisse zu den Schleifverfahren und Schleifwerkzeugen sind zu erarbeiten.

Alle notwendigen Angaben zum Schleifen sind der Teilzeichnung der Klemmbacke zu entnehmen.

2.5.1 Schleifangaben in Zeichnungen

Für die Fertigung der Klemmbacken liegt eine Einzelteilzeichnung vor (Abb. 1). Neben den Maß- und Oberflächenangaben enthält die Zeichnung Angaben zum Härteverfahren und zur Schleifbearbeitung.

In der Einzelteilzeichnung sind als Wärmebehandlungsbereich die beiden Klemmflächen durch eine breite Strichpunktlinie gekennzeichnet. Nach dem Härten sind die Klemmflächen auf das in der Zeichnung angegebene Fertigmaß zu schleifen.

Angaben zur Schleifbearbeitung von Bauteilen sind nach **DIN EN ISO 1302** genormt und werden am Oberflächensymbol in die Zeichnung eingetragen (➜📖).

An dem Symbol für die Oberflächenbeschaffenheit (Abb. 2) sind

① das Fertigungsverfahren,

② die Oberflächengüte und

③ die Schleifzugabe angegeben.

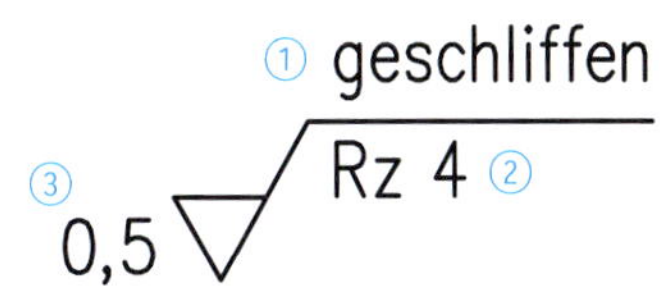

Abb. 2: Oberflächenangaben zum Schleifen nach DIN EN ISO 1302

Die Schleifzugabe hängt vom eingesetzten Schleifverfahren, dem verwendeten Werkstoff, dem angewendeten Härteverfahren und dem erwarteten Wärmeverzug ab.

Die Schleifzugabe muss beim Fräsen der beiden Klemmflächen berücksichtigt werden und entsprechend als Aufmaß stehen bleiben.

Bei der Angabe der Oberflächenbeschaffenheit nach der neuen **DIN EN ISO 21920** entfällt die Möglichkeit eine Schleifzugabe am Symbol anzugeben.

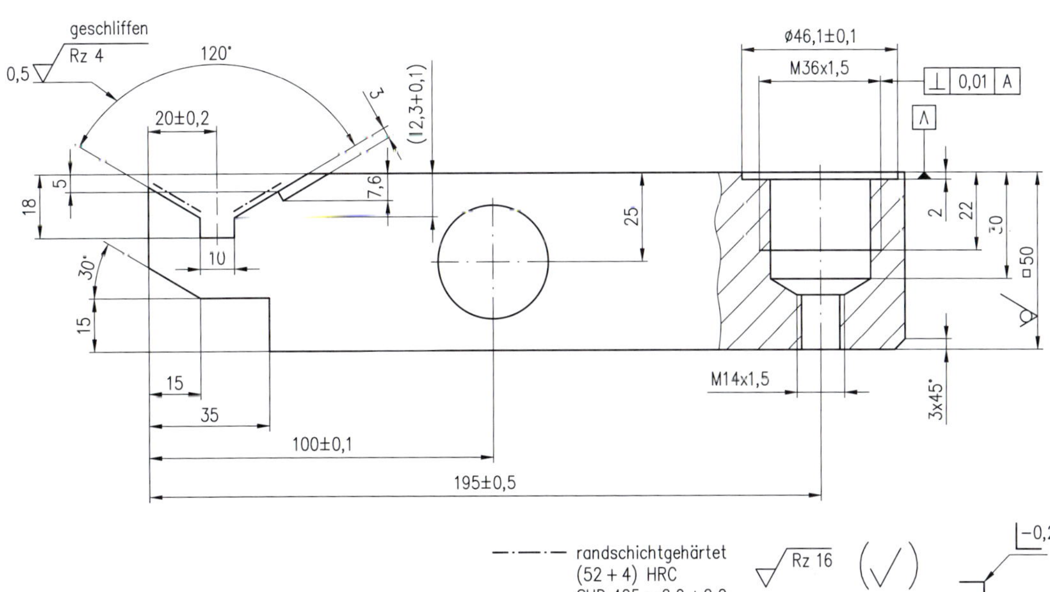

Abb. 1: Einzelteilzeichnung der Klemmbacke (Auszug)

Fertigen

2.5.2 Schleifverfahren

In der industriellen Fertigung wird Schleifen vorwiegend eingesetzt zum

- Herstellen von ebenen oder runden Werkstückformen mit hoher Maßgenauigkeit und Oberflächengüte. Es erfolgt dabei häufig als Endbearbeitung nach einer Wärmebehandlung.
- Scharfschleifen von Werkzeugen wie Drehmeißel oder Spiralbohrer aus Schnellarbeitsstahl.

In der handwerklichen Fertigung wird Schleifen auch eingesetzt zum

- Nacharbeiten von Schweißnähten u.Ä. mit handgeführten Werkzeugen.

Beim Schleifen erfolgt die Spanabnahme durch die Keilwirkung der harten, scharfkantigen Körner der Schleifscheibe. Die hintereinanderliegenden Schneiden tragen gleichzeitig viele kleine Späne vom Werkstoff ab (Abb. 1). Die Form der Körner ist unregelmäßig. Wobei die Spanwinkel der Körner meist negativ sind. Die Körner sind so hart, dass sie in jeden metallischen Körper eindringen.

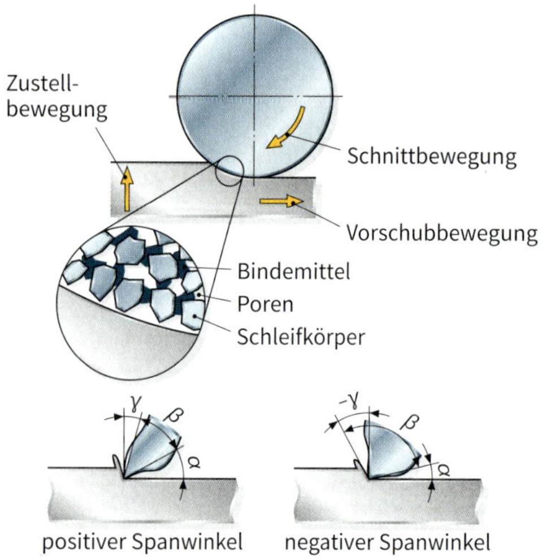

Abb. 1: Spanabnahme beim Schleifen

Das Schleifwerkzeug führt die kreisförmige Schnittbewegung v_c mit hoher Geschwindigkeit aus. Die Schnittgeschwindigkeit beträgt über 20 m/s. Aufgrund der hohen Schnittgeschwindigkeit glühen die kleinen abgetrennten Späne auf und bilden Schleiffunken.

Da die Spanabnahme gering ist, ergeben sich durch die hohe Schnittgeschwindigkeit hohe Oberflächengüten.

! Schleifen ist Spanen mit geometrisch unbestimmten, vielschneidigen Werkzeugen bei hoher Schnittgeschwindigkeit.

Das Schleifen mit Schleifscheiben ist wegen der Ähnlichkeit der Bewegungen und der herstellbaren Werkstückformen dem Fräsen ähnlich. Allerdings sind durch die geometrisch unbestimmten Schneiden Vorschubbewegungen und Zustellbewegungen in vielen Richtungen möglich.

Die Benennung der Schleifverfahren erfolgt nach der Lage und Art der erzeugten Werkstückoberflächen, der Art des Werkzeugeingriffes, der Vorschubrichtung und der Art der Zustellung. Tabelle 1 zeigt einige ausgewählte Schleifverfahren.

Tab. 1: Einteilung der Schleifverfahren

Erzeugte Werkstückoberfläche	
Planschleifen	Rundschleifen

Art des Werkzeugeingriffs	
Umfangsschleifen	Seitenschleifen

Vorschubrichtung	
Längsschleifen	Querschleifen

Lage der Bearbeitungsfläche	
Außenschleifen	Innenschleifen
	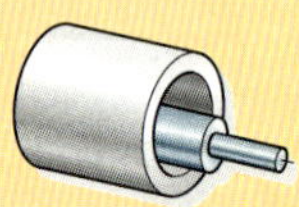
Bewegungsrichtung	
Gleichlaufschleifen	Gegenlaufschleifen
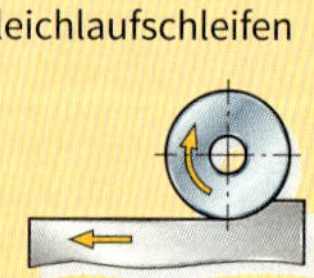	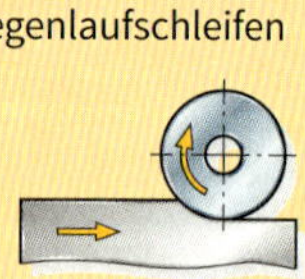
Art der Zustellung	
Pendelschleifen	Vollschnittschleifen
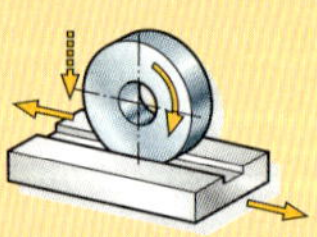	

2.5.3 Schleifmaschinen

Das Schleifen von Werkstücken mit hoher Maßgenauigkeit und Oberflächengüte erfolgt je nach der Bearbeitungsform auf

- Flachschleifmaschinen oder
- Rundschleifmaschinen.

Diese Maschinen sind zur Schwingungsdämpfung mit Riemengetrieben ausgestattet.

Flachschleifmaschinen

Mit Flachschleifmaschinen werden meist vorgefertigte Werkstücke durch Umfangsschleifen oder Seitenschleifen fertigbearbeitet (Tab. 2).

Der Tisch und/oder der Schleifspindelstock sind quer-, längs- oder höhenverstellbar. Der Tisch führt kontinuierlich die meist hin- und hergehende Längsvorschubbewegung aus. Der Quervorschub erfolgt schrittweise. Die Zustellung erfolgt im Umkehrpunkt der Längsbewegung durch die Schleifscheibe. Moderne Schleifmaschinen haben eine Zustellautomatik. Ist das Fertigmaß erreicht, stellt die Automatik auf „Ausfunken“, d.h. auf Fertigschleifen ohne Zustellung.

Späne und Schleifscheibenabrieb werden abgesaugt. Über eine Kühlschmiermitteleinrichtung werden Kühlschmierstoffe zum Kühlen des Werkstückes zugeführt. Die Schleifspäne werden durch den Fangschutz aufgefangen.

Die Werkstücke können direkt auf den Tisch der Schleifmaschine oder mit einem Schraubstock gespannt werden. Werkstücke aus Stahl und Gusseisen werden häufig magnetisch gespannt.

Tab. 2: Fertigungsmöglichkeiten einer Flachschleifmaschine

Schleifverfahren	Merkmale
Umfangs-Planschleifen 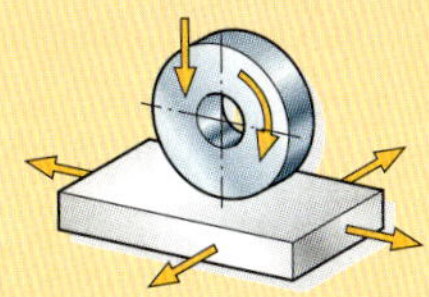	Schleifscheibe erzeugt mit ihrer Umfangsfläche eine ebene Werkstückfläche, Tischvorschubbewegung in Längs- und Querrichtung
Seiten-Planschleifen 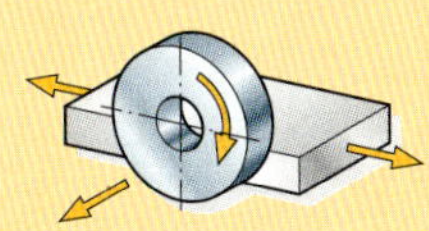	Schleifscheibe erzeugt mit ihrer Seitenfläche eine ebene, senkrechte Werkstückfläche
Senkschleifen 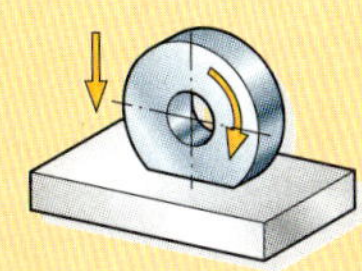	Einsenkung durch stillstehendes Werkstück und senkrechten Vorschub der Schleifscheibe
Einstechschleifen 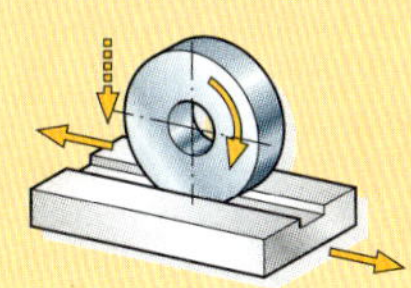	Schleifscheibe erzeugt einen Einstich (Längsnut), senkrechte Zustellung bei Umkehr der Längsvorschubbewegung

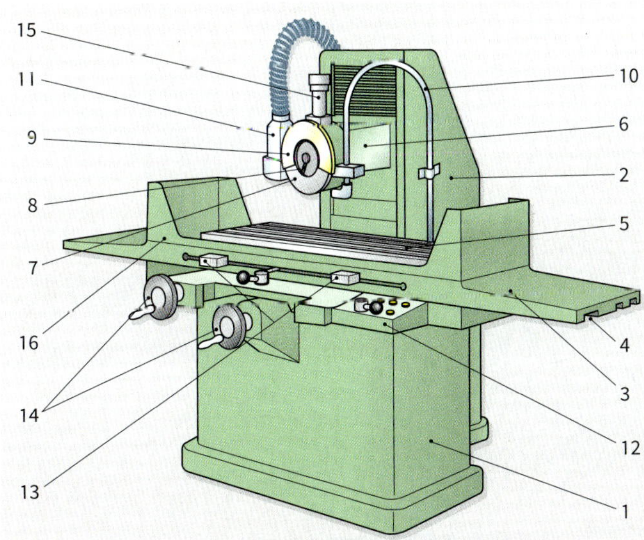

1 Bett
2 Ständer
3 Schlitten
4 Schlittenführung
5 Tisch
6 Schleifspindelstock fest/schwenkbar
7 Schleifwerkzeug
8 Schleifscheibenaufnahmeflansche
9 Sicherheitsschutzhaube
10 Külmittelleitung
11 Staubabsaugung
12 Steuertafel
13 Umsteuerelemente
14 Zustellhandräder
15 Abrichtgerät
16 Fangschutz

Abb. 2: Aufbau einer Flachschleifmaschine

Rundschleifmaschinen

Mit Rundschleifmaschinen werden zylindrische und kegelige Außen- und Innenformen hergestellt.

Gefertigt wird

- zwischen Spitzen, mit Futter und Spitze oder nur im Futter,
- spitzenlos durch Zentrieren mit Schleifscheibe, Regelscheibe und Auflage.

Nach der Lage der Bearbeitungsfläche unterscheidet man Außen- und Innenrundschleifmaschinen. Außenrundschleifen erfolgt meist als Längsschleifen oder Einstechschleifen (Tab. 1).

- **Außenrundschleifmaschine**

Die kreisförmige Schnittbewegung der Schleifscheibe und die kreisförmige Vorschubbewegung des Werkstückes werden bei der Rundschleifmaschine durch Riemengetriebe übertragen. Dabei können Werkstück und Schleifscheibe in gleichlaufender oder entgegengesetzter Drehrichtung geschaltet werden. Die Längsbewegung und Querbewegung des Schlittens zum Einstellen des Längsvorschubs bzw. der Zustellung können über ein Stellgetriebe oder von Hand erfolgen.

Es können Einzelscheiben oder Scheibensätze aufgespannt werden. Zum Nachschärfen der Schleifscheiben oder zur Formgebung von Profilscheiben dient eine Abrichtvorrichtung. Der Ausbau der Scheiben ist dabei nicht erforderlich.

Mit Mess- und Steuereinrichtungen sind Fertigungs- und Prüfvorgänge automatisierbar.

Tab. 1: Fertigungsmöglichkeiten einer Außenrundschleifmaschine

Schleifverfahren und Merkmale
Längsschleifen
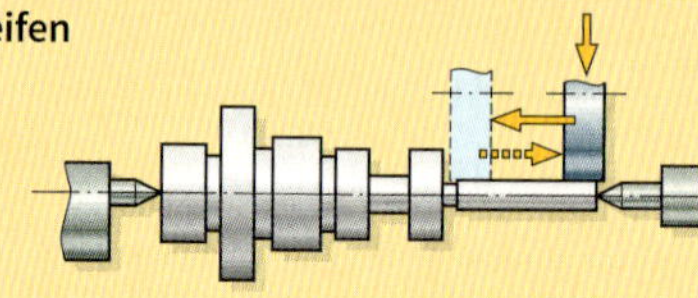
pendelnder Längsvorschub längs zur Werkstückachse, stufenweise Zustellung bei Umkehr des Längsvorschubs
Längsschälschleifen
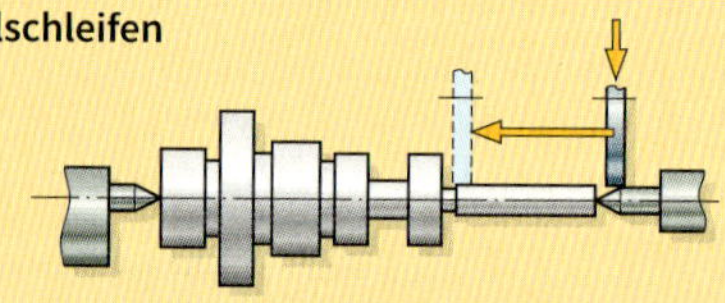
kleiner Längsvorschub in eine Richtung, einmalige, größere Zustellung außerhalb des Werkstückes
Geradeeinstechschleifen
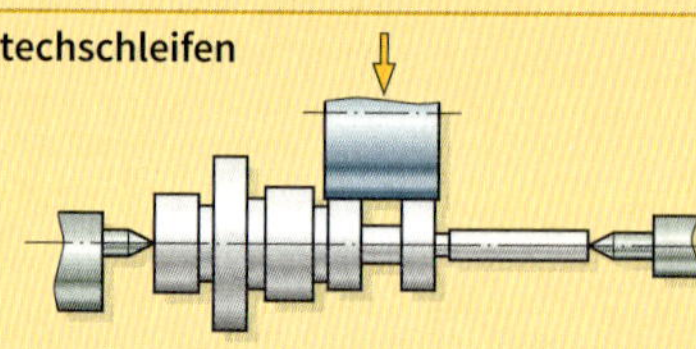
Vorschub senkrecht zur Werkstückachse bis zum Erreichen des Fertigmaßes
Schrägeinstechschleifen
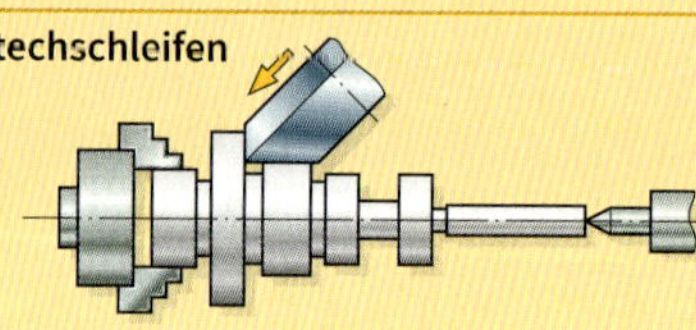
Vorschub schräg zur Werkstückachse bis zum Erreichen des Fertigmaßes, gleichzeitiges Schleifen von Längs- und Planflächen

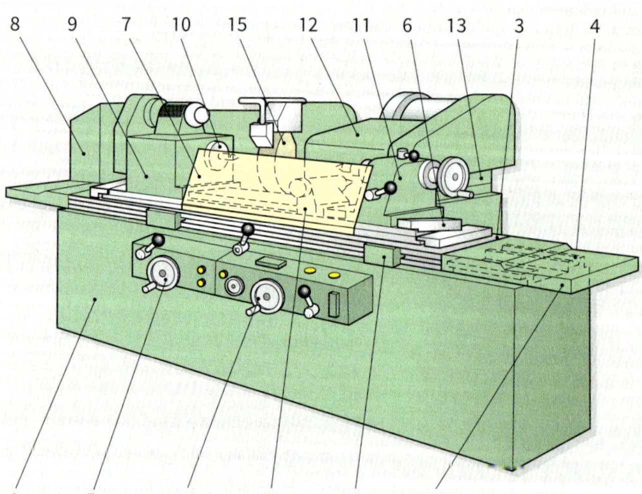

1 Bett
2 Bettbahnenschutz
3 Schlitten
4 Hydrostatische Schlittenführung
5 Handrad für Längsvorschub
6 Werkstücktisch schwenkbar oder nicht schwenkbar
7 Fangschutz
8 Spritzschutz
9 Werkstückspindelstock mit Schwenkeinrichtung zum Kegelschleifen, Werkstückspindel
10 Werkstückmitnahme
11 Reitstock, Reitstockpinole, Pinolenrückzug und Pinolenklemmung
12 Schleifspindelstock, Schleifspindel und Schleifspindellagerung
13 Schleifspindelstockschlitten
14 Handrad für Quervorschub
15 Schleifwerkzeug
16 Abrichtvorrichtung
17 Anschlag zur Bewegungsumkehr

Abb. 1: Aufbau einer Außenrundschleifmaschine

- **Spitzenlose Außenrundschleifmaschine**

Mit spitzenlosen Außenrundschleifmaschinen können zylindrische Oberflächen kurzer Massenteile wie Zylinderstifte wie auch lange ansatzlose Einzelteile bearbeitet werden (Abb. 3). Das Einspannen entfällt. Das Werkstück wird zwischen Schleifscheibe, Regelscheibe und Werkstückauflage geführt.

Die Schleifscheibe führt die Schnittbewegung aus und zerspant den Werkstoff. Die Regelscheibe steuert durch ihre Neigung und Umfangsgeschwindigkeit die Umfangsgeschwindigkeit und den Längsvorschub des Werkstückes (Abb. 2). Sie dient nicht zum Schleifen.

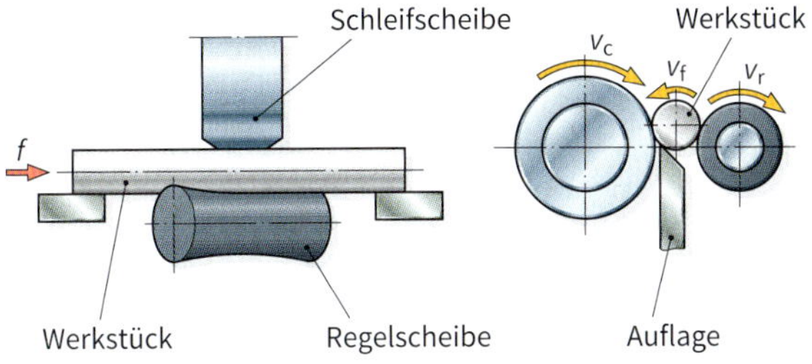

Abb. 2: Funktion der Regelscheibe

Die Regelscheibe ist eine Feinstschleifscheibe mit Gummibindung. Sie wird durch Abrichten unter Schrägstellung der Werkstückform angepasst.

Unfallverhütung

Schleifscheiben sind bruchempfindlich. Die Scheiben können zerreißen durch vorhandene feine Risse in der Scheibe, unsachgemäße Aufspannung oder unzulässig hohe Geschwindigkeiten. Bruchstücke werden dann mit hoher Geschwindigkeit weggeschleudert und können zu gefährlichen Verletzungen führen.

Beim Aufspannen von Schleifscheiben sind folgende Regeln unbedingt zu beachten:

- Schleifscheibe durch Klangprobe (keramische Bindung) und Sichtprobe (elastische Bindung) auf einwandfreien Zustand prüfen.
- Schleifscheiben nur zwischen weichen Zwischenlagen (Gummi, Pappe) und gleich großen Befestigungsflanschen spannen.
- Unwucht prüfen und wenn nötig die Schleifscheibe abrichten und auswuchten.
- Neu aufgespannte Schleifscheiben einem Probelauf von mindestens 5 Minuten unterziehen; Gefahrenbereich dabei absperren.

Beim Arbeiten mit Schleifscheiben ist zu beachten:

- Keine Schutzeinrichtungen entfernen.
- Schutzbrille tragen.

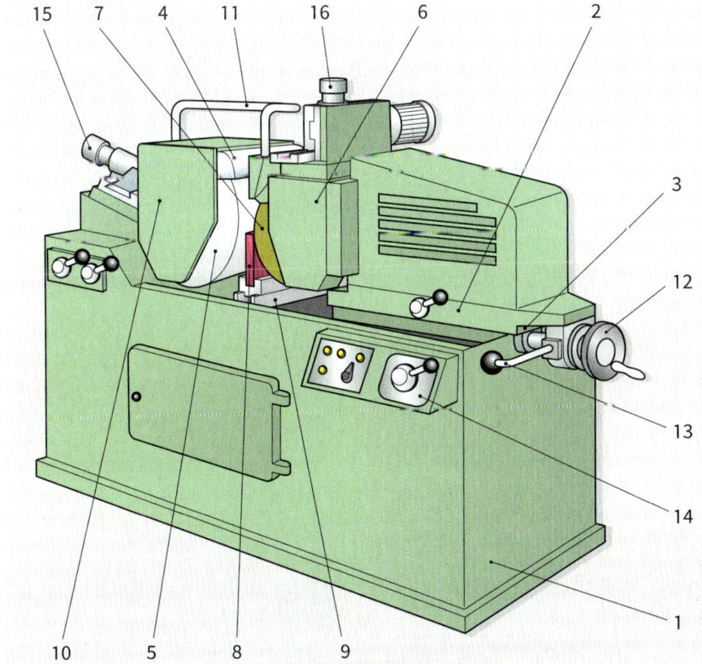

Abb. 3: Aufbau einer spitzlosen Außenrundschleifmaschine

Fertigen

2.5.4 Schleifwerkzeuge

Die am häufigsten eingesetzten Schleifwerkzeuge sind Schleifscheiben. Entsprechend der Arbeitsaufgabe gibt es noch viele andere Schleifwerkzeuge (Tab. 1). Sie können vollständig aus Körnern mit Bindemitteln bestehen und selbsttragend sein (Schleifscheiben), oder sie können aus einem Belag von Körnern und Bindemitteln auf starren Grundkörpern (Schleifstifte) oder flexiblen Unterlagen (Schleifbänder) bestehen.

Aufbau von Schleifwerkzeugen

Schleifwerkzeuge sind gekennzeichnet durch

- die Art der Körner (Schleifmittel) und deren Härte,
- die Größe der Körner (Körnung),
- den Zusammenhalt des Bindemittels und
- den Volumenanteil von Körnern, Bindemittel und Poren (Gefüge).

Als *Schleifmittel* werden künstliche und natürliche Stoffe verwendet, die sich bei ausreichender Härte für unterschiedliche Werkstoffe eignen. Es sind Karbide, Korunde, Nitride und Diamanten (Tab. 2). Diamanten können wegen chemischer Reaktionen mit Eisen nur beschränkt zur Stahlbearbeitung verwendet werden.

Die *Körnung* ergibt sich im Allgemeinen durch die Maschenzahl (Anzahl/inch) oder bei Diamant und CBN durch die Maschenweite in µm eines zur Sortierung verwendeten Siebes. Die Einteilung reicht von grob bis sehr fein. Die Körnung hat Einfluss auf die Rauheit der Werkstückoberfläche und auf das zerspante Volumen (Zeitspanvolumen).

! Grobes Korn ermöglicht ein größeres Zeitspanvolumen. Feines Korn ermöglicht bessere Oberflächengüten.

Tab. 1: Schleifwerkzeuge

Schleifwerkzeug	Symbol	
Schleifscheibe	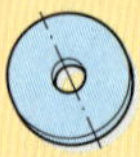	selbsttragend oder Belag auf Grundkörper
Schleifsegmente		
Schleifstift	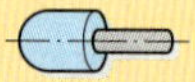	
Schleifstab (Leiste)		
flexible Schleifscheibe	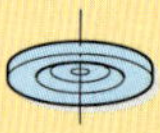	Belag auf flexibler Unterlage
endloses Schleifband		

Tab. 3: Bindemittel von Schleifwerkzeugen

Art	Bindemittel	Eigenschaften
keramisch	Quarz, Ton, Feldspat in verschiedenen Mischungen	stoßempfindlich und spröde, temperaturbeständig bis ca. 2000 °C, unempfindlich gegen Wasser, Öle und Emulsionen
organisch	Natur- und Kunstharze, Duroplaste	stoßempfindlich, empfindlich gegen hohe Temperaturen, geeignet für dünne Scheiben und hohe Schnittgeschwindigkeiten (100 m/s)
metallisch	Sinterstoff, Metallpulvermischung in galvanischer Einbindung	Körner werden bis zur vollständigen Abnutzung in der Bindung gehalten, geeignet für CBN und Diamant, für Schleifscheiben mit maßgenauen Randprofilen

Tab. 2: Eigenschaften und Einsatz von Schleifmitteln

Schleifmittel	Zusammensetzung	Zeichen	Härte nach Knoop	Verwendungsbeispiel	Sortierung
Schmirgel	$Al_2O_3+SiO_2+Fe_2O_2$ Farbe: grau	SL		Holz, Schichtpressstoffe Temperguss (Putzen)	nach der Nummer des Siebes 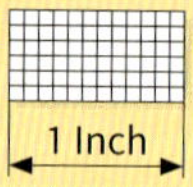
Normalkorund	$Al_2O_3+TiO_2+SiO_2+...$ Farbe: dunkelbraun	A		Allg. Baustähle, Gusseisen Stahlguss (Putzen)	
Edelkorund	$Al_2O_3+Na_2O+Fe_2O_3+...$ Farbe: weiß, rosa			gehärteter Stahl, Titan, Glas	
Siliziumcarbid	SiC, kristallin Farbe: grün, schwarz	C		Hartmetalle, gehärteter Stahl HRC>67, AlCu	
Borkarbid	B,C, kristallin Farbe: braun, schwarz	BK		Läppmittel, Honsteine harte Werkstoffe	
Borinitrid	BN, kristallin Farbe: braun, schwarz	CBN		härteste Sinterwerkstoffe	Größe der Körner in µm
Diamant	C, kristallin Farbe: schwarz	D		härteste Werkstoffe (TiC) Abrichten von Schleifwerkzeugen	

Das *Bindemittel* hält die Schleifkörner in ihrer Lage. Die Elastizität, Sprödigkeit und Stoßempfindlichkeit von Schleifwerkzeugen hängt von der Bindung ab (Tab. 3).

Der Widerstand gegen das Herauslösen von Körnern aus der Bindung wird als Schleifscheibenhärte bezeichnet. Man unterscheidet die Härtegrade A–Z (Abb. 1). Jedes Korn soll nur so lange zerspanen, bis die Schneide abgestumpft ist. Der nachfolgende höhere Schnittdruck bricht die stumpfen Körner heraus. Dann können die darunterliegenden neuen Körner zum Eingriff kommen. Diesen Vorgang nennt man Selbstschärfeffekt. Da bei harten Werkstoffen die Schneiden schneller abstumpfen, aber immer möglichst scharfe Schneiden zur Wirkung kommen sollen, sind Scheiben von geringer Härte notwendig:

! Harte Werkstoffe erfordern Scheiben mit weicher Bindung. Weiche Werkstoffe erfordern Scheiben mit harter Bindung.

Bei zu hohem Härtegrad verliert eine Scheibe den Selbstschärfeffekt, am Werkstück können Brandflecke und Spannungsrisse entstehen. Bei zu kleinem Härtegrad ist die Abnutzung der Scheibe zu groß.

Das *Gefüge* beschreibt den Volumenanteil von Körnern, Bindemitteln und Poren. Es wird mit Ziffern bezeichnet und reicht von geschlossen (0) bis offen (30).

Der Volumenanteil der Poren beträgt ca. 10 – 20 % vom Gesamtvolumen. Im Hinblick auf die Zerspanungsbedingungen ist zu beachten: Je größer die Kontaktzone zwischen Scheibe und Werkstück, die Schnitttiefe bzw. Schnittbreite a_p und die Vorschubgeschwindigkeit v_f sind, desto offener sollte das Gefüge der Scheibe zur Aufnahme von Spänen sein.

Ein hoher Werkzeugverschleiß oder die Gefahr eines Schleifscheibenbruches begrenzen das Porenvolumen. Mit Zunahme der Poren verlängern sich die Bindemittelbrücken zwischen den Körnern. Die Zusammenhangskräfte nehmen ab und werden unzureichend (Abb. 2).

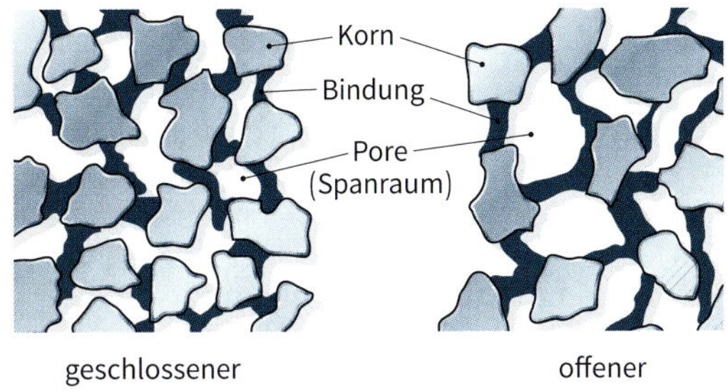

Abb. 2: Gefüge einer Schleifscheibe

Schleifscheiben sind nach **DIN ISO 525** genormt (➜📖). Die Normbezeichnung enthält Angaben zu Form und Abmessungen der Scheibe, zum Schleifmittel und zur zulässigen Umfangsgeschwindigkeit.

Schleifscheibe ISO 603-1 1 A – 200x30x60-C/F24 M 7 V-30

- Scheibenform (gerade) — 1
- Randform (gerade) — A
- Scheibenabmessungen (AußenØ, Breite, BohrungsØ) — 200x30x60
- Schleifmittel (Silizium-Karbid SiC) — C
- Körnung 24 (grob) — F24
- Härtegrad M (mittel) — M
- Gefüge 7 (zwischen geschlossen u. offen) — 7
- Bindung V (keramisch) — V
- Arbeitshöchstgeschwindigkeit (v_c = 30 m/s) — 30

	Schleifmittel	Körnung	Härtegrad	Gefüge	Bindung
Beispiel:	A	F90	L	5	B

Schleifmittel	
Korund	A
Siliziumkarbid	C

grob	mittel	fein	sehr fein
F4	30	70	230
5	36	80	240
6	46	90	280
8	54	100	320
10	60	120	400
12		150	500
14		180	600
16		220	800
20			1000
24			F1200

A	B	C	D	äußerst weich
E	F	G	…	sehr weich
H	I	J	K	weich
L	M	N	O	mittel
P	Q	R	S	hart
T	U	V	W	sehr hart
X	Y	Z	…	äußerst hart

0 1 2 3 4 5 6 7 8 9 10 11 … 99

← geschlossenes Gefüge

offenes Gefüge →

V	Keramische Bindung
R	Gummibindung
RF	Gummibindung faserstoffverstärkt
B	Kunstharzbindung
BF	Kunstharzbindung faserstoffverstärkt
E	Schellackbindung
Mg	Magnesitbindung
PL	Plastikbindung

Abb. 1: Bezeichnungsbeispiel für Schleifmittel

Fertigen

2.5.5 Spannen von Schleifscheiben

Schleifscheiben sind bruchempfindlich. Durch vorhandene feine Risse in der Scheibe oder durch eine unsachgemäße Aufspannung können Schleifscheiben zerreißen. Die Bruchstücke werden dann mit hoher Geschwindigkeit weggeschleudert und können zu gefährlichen Verletzungen führen.

Klangprobe

Vor dem Aufspannen sind Schleifscheiben auf feine Risse zu überprüfen. Dazu wird eine Klangprobe durchgeführt. Die freihängende Scheibe wird dabei leicht mit einem Holzhammer angeschlagen. Eine einwandfreie Scheibe hat einen klaren, hellen Klang.

Aufspannen

Schleifscheiben werden kraftschlüssig zwischen zwei gleich großen Flanschen gespannt. Deren Mindestdurchmesser ist von der Scheibenrandform und dem Einsatz von Schutzhauben abhängig (Abb. 1).

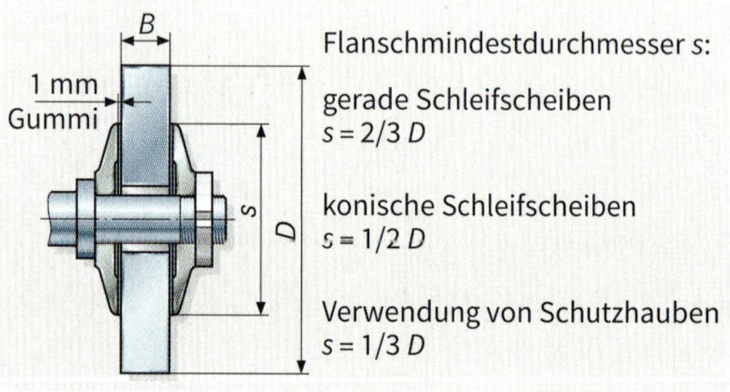

Abb. 1: Spannen einer Schleifscheibe

Beim Spannen dürfen keine unnötigen Spannungen in der Schleifscheibe entstehen. Die Scheiben müssen sich leicht auf die Schleifspindel schieben lassen. Zwischen der Scheibe und den Flanschen sind Zwischenlagen aus elastischen Werkstoffen (Gummi, Leder, Pappe) anzuordnen.

Probelauf

Jede neu aufgespannte Scheibe muss 5 Minuten lang bei voller Betriebsgeschwindigkeit einem Probelauf unterzogen werden. Dazu ist der Gefahrenbereich abzusperren.

Abrichten

Neu aufgespannte Scheiben müssen abgerichtet werden, um einen genauen Rundlauf zu erreichen. Abrichten dient auch dazu, stumpfe Schleifkörner an Schleifscheiben auszubrechen und profilierte Schleifscheiben neu zu profilieren (Abb. 2).

Beim Abrichten trennt das Abrichtwerkzeug so lange Schleifkörner ab, bis die geforderte Randform erreicht ist. Als Abrichtwerkzeug werden meist Einzeldiamanten oder diamantbestückte Abrichtrollen verwendet.

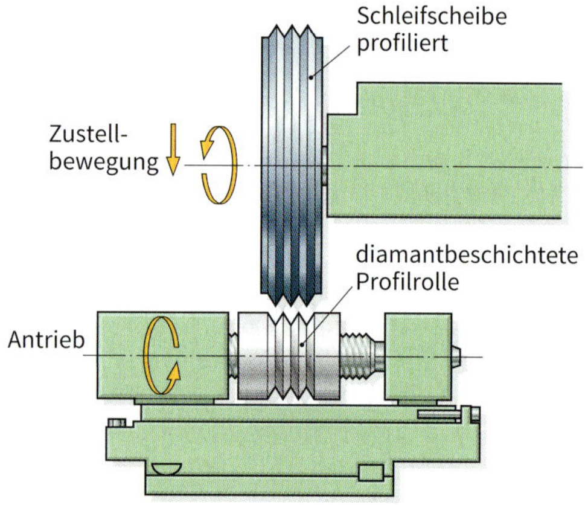

Abb. 2: Profilieren von Schleifscheiben

Auswuchten

Die ungleichmäßige Verteilung der festen Bestandteile und Poren einer Schleifscheibe sowie Formabweichungen können Unwuchten erzeugen. Unwuchten verursachen bei hohen Umfangsgeschwindigkeiten große umlaufende Fliehkräfte und führen zu starken Schwingungen. Dadurch können auf der Werkstückoberfläche unzulässige Welligkeiten und Rauheiten entstehen. Außerdem ergeben sich sehr hohe Lagerbelastungen an der Maschine.

Schleifscheiben mit hoher Umlaufgeschwindigkeit müssen darum nach dem Abrichten ausgewuchtet werden. Man unterscheidet statisches und dynamisches Auswuchten.

Das *statische Auswuchten* erfolgt außerhalb der Maschine auf einem Rollbock. Dabei setzt man Ausgleichsgewichte so in den Flansch ein, dass sich die Scheibe zusammen mit den Flanschen in keiner Stellung mehr von selbst dreht (Abb. 3).

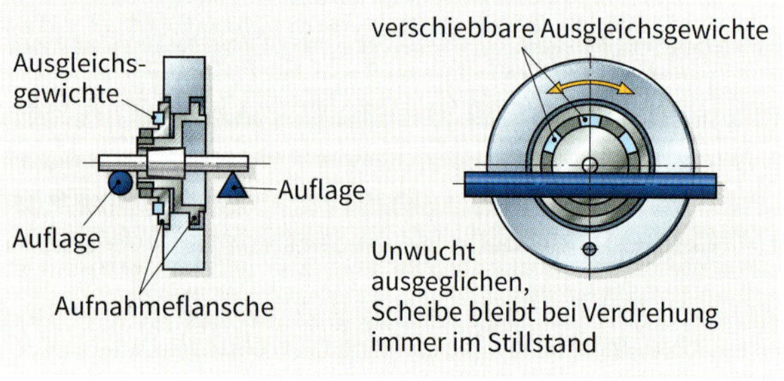

Abb. 3: Statisches Auswuchten

Durch *dynamisches Auswuchten* ist ein noch genaueres Auswuchten möglich. Es ist immer dann notwendig, wenn sehr kleine Fertigungstoleranzen gefordert sind. Dynamisches Auswuchten erfolgt bei Betriebsumdrehungsfrequenz auf der Schleifmaschine oder einer Auswuchtmaschine unter Verwendung elektronischer Messgeräte.

2.5.6 Einstellen der Arbeitswerte

Beim Schleifen sind folgende Arbeitswerte an der Maschine festzulegen und einzustellen:

- die Schnittgeschwindigkeit v_c der Schleifscheibe,
- die Vorschubgeschwindigkeit bzw. Umfangsgeschwindigkeit v_w des Werkstückes,
- die Eingriffsgrößen Schnitttiefe bzw. Schnittbreite a_p und Arbeitseingriff a_e.

Die Eingriffsgrößen Schnittbreite a_p und Arbeitseingriff a_e beschreiben das Ineinandergreifen von Schleifscheibe und Werkstück. Sie bestimmen die vom Werkstück abzuspanende Schicht (Abb. 4).

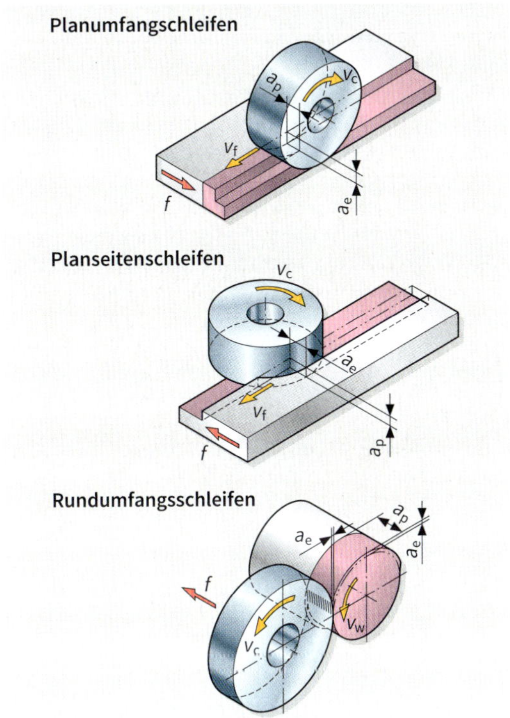

Abb. 4: Arbeitswerte beim Schleifen

Schnittgeschwindigkeit

Die *Schnittgeschwindigkeit* v_c ist abhängig von der Art und dem Aufbau der Schleifscheibe, vom Werkstoff des Werkstückes und der durch Vor- oder Fertigschleifen zu erreichenden Oberflächengüte. Sie entspricht der Umfangsgeschwindigkeit der Schleifscheibe und wird in m/s angegeben. Die Schnittgeschwindigkeit soll möglichst groß sein, um eine geringe Rauheit zu erreichen (Abb. 5).

Richtwerte für die Schnittgeschwindigkeit können Richtwerttabellen entnommen werden (→📖). Die in der Kennzeichnung einer Scheibe angegebene Arbeitshöchstgeschwindigkeit darf auf keinen Fall überschritten werden. Die Scheibe könnte aufgrund der großen Fliehkräfte zerreißen.

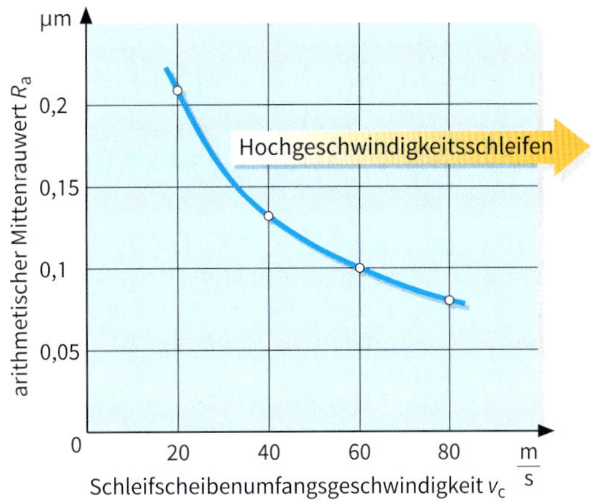

Abb. 5: Schnittgeschwindigkeit und Oberflächengüte

Vorschubgeschwindigkeit

Die *Vorschubgeschwindigkeit* v_f entspricht beim Planschleifen der Geschwindigkeit der geradlinigen Tischbewegung. Die Umfangsgeschwindigkeit v_w entspricht beim Rundschleifen der Umfangsgeschwindigkeit des sich drehenden Werkstückes.

Die Vorschubgeschwindigkeit v_f bzw. Umfangsgeschwindigkeit v_w wird in Abhängigkeit von der Schnittgeschwindigkeit v_c bestimmt. Das Verhältnis zwischen der Schnittgeschwindigkeit und der Vorschubgeschwindigkeit wird als *Geschwindigkeitsverhältnis* q bezeichnet.

beim Planschleifen $q = \frac{v_c}{v_f}$ beim Rundschleifen $q = \frac{v_c}{v_w}$

Das Geschwindigkeitsverhältnis ist abhängig vom Schleifverfahren und vom Werkstoff. Es kann Tabellen entnommen werden (→📖).

Bei kleinen Vorschubgeschwindigkeiten ergeben sich

- bessere Oberflächengüten,
- geringerer Schleifscheibenverschleiß, aber
- höhere Schleiftemperaturen.

Schnittbreite

Ist die zu schleifende Fläche breiter als die Schleifscheibe, muss die Scheibe seitlich verschoben werden. Beim Planschleifen erfolgt dies durch den Quervorschub f in mm/Hub; beim Rundschleifen durch den Längsvorschub f in mm/Werkstückumdrehung. Der Vorschub bestimmt die *Schnittbreite* a_p der Schleifscheibe.

Beim Fertigschleifen wählt man eine Schnittbreite $a_p \leq 0{,}5 \cdot$ Schleifscheibenbreite b. Dadurch ergibt sich eine große Überdeckung und dieselbe Fläche wird mehrmals geschliffen. Es ergeben sich glatte Oberflächen.

Arbeitseingriff

Der *Arbeitseingriff* a_e ergibt sich durch die senkrechte Zustellung der Schleifscheibe in Richtung des Werkstückes.

Man unterscheidet Schleifen im Pendelverfahren und Vollschnittverfahren.

Beim *Pendelschleifen* wird mit einem kleinen Arbeitseingriff a_e und einer großen Schnittüberdeckung gearbeitet (Abb. 1). Es ergeben sich glattere Oberflächen und geforderte Maßtoleranzen können besser eingehalten werden.

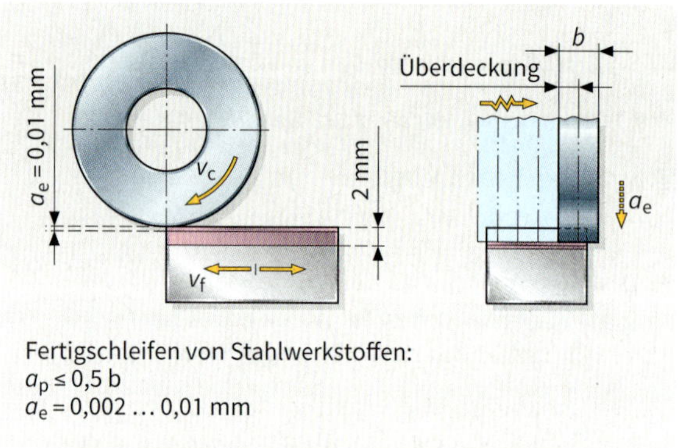

Abb. 1: Planumfangsschleifen im Pendelverfahren

Beim *Vollschnittschleifen* wird mit vergleichsweise großem Arbeitseingriff a_e und kleiner Schnittüberdeckung gearbeitet (Abb. 2). Besonders beim Vorschleifen ergeben sich Zeit- und Kostenersparnis. Nachteilig ist allerdings die große Kontaktzone zwischen Werkstück und Schleifscheibe, die zu einer großen Wärmeentwicklung führt.

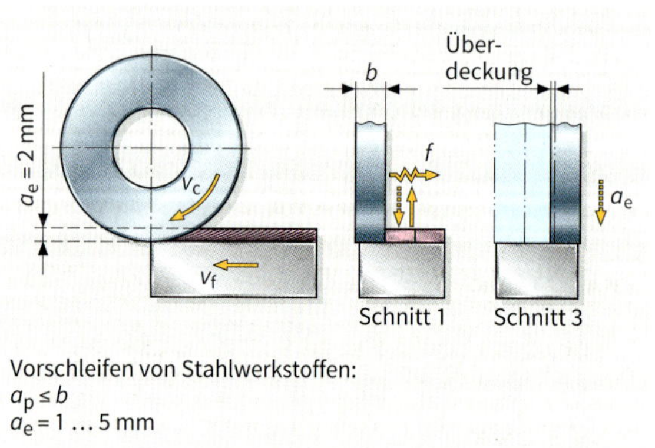

Abb. 2: Planumfangsschleifen im Vollschnittverfahren

Das Vollschnittschleifen ist auch vorteilhaft beim Profilschleifen. Aufgrund der Eingriffsverhältnisse ergibt sich eine geringe Abnutzung der Schleifscheibe an den Stirn- und Umfangsflächen und somit ein geringerer Kantenverschleiß (Abb. 3).

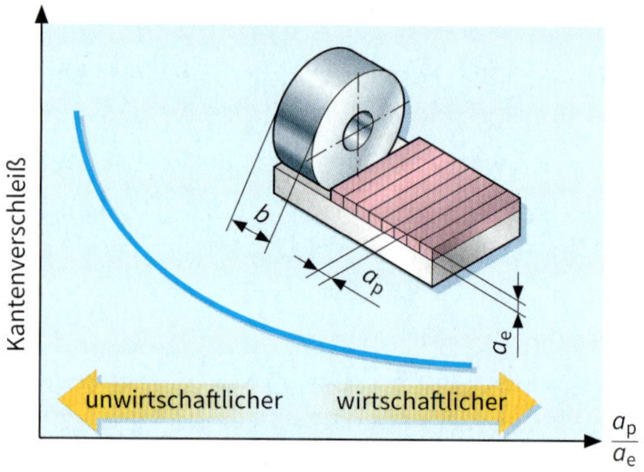

Abb. 3: Eingriffsgrößen und Kantenverschleiß

Kühlschmierung

Wegen der Schneidengeometrie tritt im Vergleich zum Fräsen eine etwa 10-mal größere Schnittkraft auf. Folglich entwickelt sich bei hohen Schnittgeschwindigkeiten viel Reibungswärme. Das Werkstück wird im Kontaktbereich mit der Schleifscheibe stark erwärmt. Es kann ausglühen und z. B. als gehärtetes Werkstück seine Härte verlieren oder feine, kaum sichtbare Spannungsrisse an der Oberfläche bekommen.

Ein Teil der Wärme wird mit den Spänen abgeführt. Der größere Teil wird jedoch in das Werkstück abgeleitet und muss durch geeignete Kühlschmierstoffe abgeführt werden. Durch den Einsatz von Kühlschmierstoffen lassen sich größere Zerspanungsleistungen erreichen (Abb. 4).

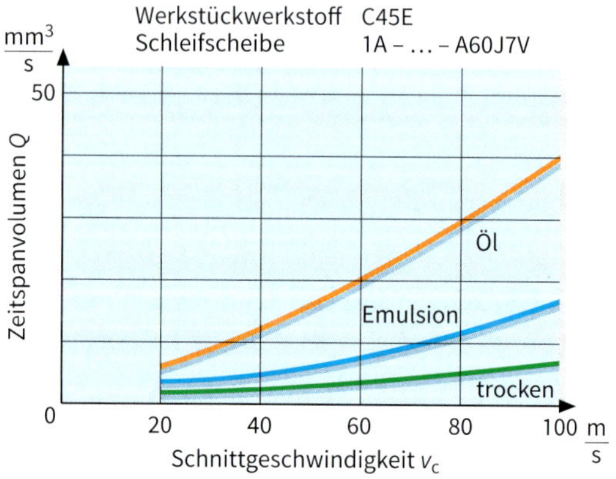

Abb. 4: Zeitspanvolumen und Kühlschmierung

Das Zeitspanvolumen Q in cm^3/min bzw. mm^3/s wird aus dem Produkt von Arbeitseingriff a_e und Schnittbreite a_p sowie der Vorschubgeschwindigkeit v_f bestimmt.

$$Q = a_e \cdot a_p \cdot v_f = A \cdot v_f$$

Beispiel: Einstellen einer Schleifmaschine

Eine Welle aus einsatzgehärtetem Stahl 16MnCr5 mit der Härte 45 HRC und den Abmessungen Rd 42 x 500 mm soll durch Außenrundschleifen fertiggeschliffen werden.

Eine Schleifscheibe ist auszuwählen und die Arbeitswerte an der Außenrundschleifmaschine sind zu bestimmen.

a) Auswahl der Schleifscheibe

Tabellenbuch:

1A 300 x 60 x ... – A 60 K – 6V - 35

b) Bestimmen der Arbeitswerte

Geg.: Schleifscheibe $d_s = 300$ mm
$b = 60$ mm
Werkstück $d_W = 42$ mm

Ges.: v_c in m/s, v_W in m/min, n_W in 1/min, f in mm/Umdrehung, Q in cm³/min

Tabellenbuch – Richtwerte:

Schnittgeschwindigkeit der Schleifscheibe

$v_c = 25 \ldots 32$ m/s gewählt: $\underline{\underline{v_c = 30 \text{ m/s}}}$

Vorschubgeschwindigkeit der Welle

$v_W = 8 \ldots 12$ m/min gewählt $\underline{\underline{v_W = 10 \text{ m/min}}}$

Umdrehungsfrequenz der Welle

$$n_W = \frac{v_W}{\pi \cdot d}$$

$$n_W = \frac{10 \text{ m}}{\text{min } \pi \cdot 0{,}042 \text{ m}} = \underline{\underline{76 \text{ 1/min}}}$$

Vorschub f und Vorschubgeschwindigkeit des Tischschlittens v_T

$$f = 1/3 \cdot b$$

$$f = 1/3 \cdot 60 \text{ mm} = \underline{\underline{20 \text{ mm/Umdrehung}}}$$

$$v_T = 1/3 \cdot b_S \cdot n_W$$

$$v_T = 1/3 \cdot 60 \text{ mm} \cdot 76 \text{ 1/min}$$

$$v_T = \underline{\underline{1520 \text{ mm/min}}}$$

Zeitspanvolumen

$$a_p = f = 20 \text{ mm}$$

$$a_e = 0{,}005 \text{ mm (gewählt)}$$

$$Q = a_e \cdot a_p \cdot v_W$$

$$Q = 0{,}005 \text{ mm} \cdot 20 \text{ mm} \cdot 10 \text{ m/min}$$

$$Q = 0{,}0005 \text{ cm} \cdot 2 \text{ cm} \cdot 1000 \text{ cm/min}$$

$$Q = \underline{\underline{1 \text{ cm}^3\text{/min}}}$$

Aufgaben

1. Beschreiben Sie Einsatzbeispiele für das Fertigungsverfahren Schleifen.

2. Beschreiben Sie den Vorgang der Werkstoffabnahme beim Schleifen.

3. Wodurch erreicht man beim Schleifen eine hohe Oberflächengüte?

4. Vergleichen Sie Vollschnittschleifen mit Pendelschleifen.

5. Erläutern Sie eine der Sicherheitsregeln beim Schleifen.

6. Erklären Sie den Aufbau von Schleifscheiben.

7. Stellen Sie den Aufbau verschiedener Bindungen gegenüber.

8. Zum Umfangsplanschleifen wird folgendes Schleifwerkzeug eingesetzt:

Schleifscheibe ISO 603-1 1A 200x60x95-A/F46J7V-30

a) Erklären Sie die Schleifscheibenbezeichnung.

b) Zum Schleifen welcher Werkstoffe kann die Schleifscheibe eingesetzt werden?

9. Beschreiben Sie die Arbeitsschritte beim Spannen einer Schleifscheibe.

10. Weshalb sind Schleifscheiben

a) abzurichten und

b) auszuwuchten?

11. Geben Sie Maßnahmen an, um unerwünschte Nebenwirkungen wie Spannungsrissbildung oder Randzonenhärtung auszuschließen.

12. Das Werkstück ist gedreht und gehärtet. Der Passungssitz soll fertiggeschliffen werden.

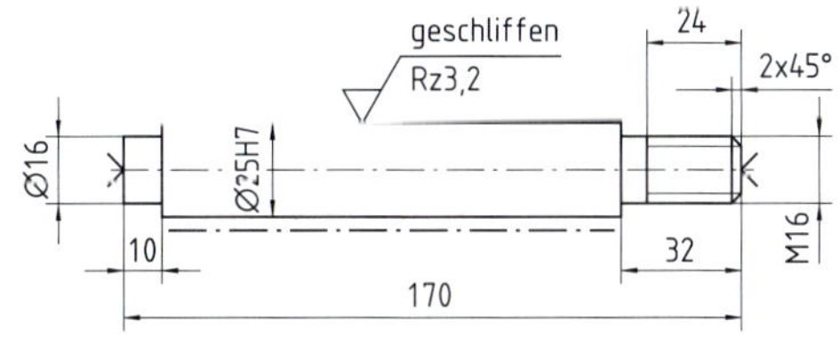

Zentrierbohrungen ISO 6411-A2,5/5,3
Werkstoff: 45Cr2
—·—·— gehärtet und angelassen (58 + 4) HRC

a) Wählen Sie eine Schleifmaschine für das Fertigschleifen.

b) Wählen Sie eine Schleifscheibe und geben Sie deren Normbezeichnung an.

c) Bestimmen Sie alle notwendigen Arbeitswerte für das Schleifen.

d) Bestimmen Sie die Länge des Quer-Vorschubweges.

ARBEITSAUFTRAG

Mit einem Spritzgießwerkzeug soll ein Chiphalter für einen Einkaufschip als Schlüsselanhänger hergestellt werden. Der Chiphalter besteht aus dem Thermoplast PP und soll in einer Gesamtzahl von 1 Millionen Teilen gefertigt werden.
Zur Herstellung des Chiphalters soll ein geeignetes Spritzgießwerkzeug ausgewählt und in eine Spritzgießmaschine eingebaut werden. Der Kunststoff ist über die Einstellung der Spritgießmaschine mit einem geeigneten Druck und der richtigen Temperatur in das Werkzeug zu spritzen.

Aufbau und Funktion des Chiphalters

Der Chiphalter dient zur Aufnahme eines Einkaufschips und soll diesen als Schlüsselanhänger sicher aufnehmen. Der Chiphalter besteht aus Polypropylen (PP), einem Thermoplast mit einer niedrigen Dichte bei einer höheren Festigkeit, Härte und Steifigkeit. PP ist chemisch beständig gegen verdünnte Säuren und Laugen sowie Alkohol. Ebenso ist PP temperaturbeständig bis 110 °C als auch kratzfest bei mechanischer Beanspruchung. Die Oberfläche kann mit dem Fingernagel nicht geritzt werden.
PP kann sehr gut durch das Urformverfahren Spritzgießen verarbeitet werden.

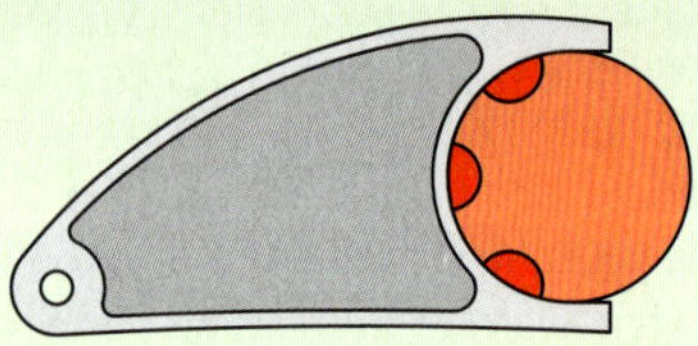

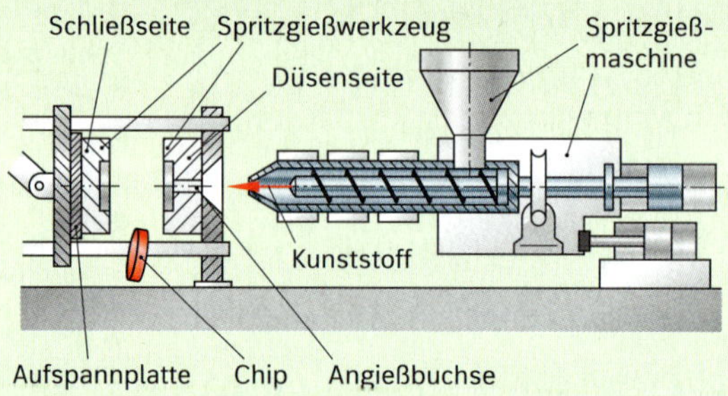

Aufbau und Funktion des Spritzgießwerkzeuges

Das Spritzgießwerkzeug besteht aus mehreren Stahlplatten. Die Formplatten auf der Düsenseite und der Schließseite nehmen die Formeinsätze auf. Die Formeinsätze auf der Düsenseite und der Schließseite bilden den Formhohlraum. Über die Aufspannplatten auf der Düsen- und der Schließseite wird das Werkzeug in der Spritzgießmaschine befestigt. Durch die Angießbuchse gelangt der fließfähige Kunststoff in den Formhohlraum des Werkzeuges. Nach dem Abkühlen des Kunststoffes wird das Spritzgießwerkzeug in der Teilungsebene geöffnet und das Werkstück aus dem Werkzeug durch Auswerfer ausgestoßen.

2.6 Herstellen von Kunststoffteilen

Die Kunststoffverarbeitung umfasst die Fertigung von Formteilen, Halbzeugen, Fasern oder Folien aus Kunststoff. Die Fertigungsverfahren werden gemäß Tabelle 1 eingeteilt.

Tab. 1: Kunststoffverarbeitungsverfahren

Verarbeitungsverfahren von Kunststoffen		
Umformen	• Tiefziehen • Streckformen	• Trennen ...
Urformen	• Pressen • Extrudieren	• Spritzgießen ...
Schweißen	• Warmgasschweißen • Heizelementschweißen • Reibschweißen ...	

2.6.1 Urformen von Kunststoffen

Halbzeuge und Werkstücke aus Kunststoff werden aus Formmassen hergestellt.
Formmassen sind flüssige, pastöse oder formlose feste Stoffe in verarbeitungsfertigem Zustand. Diese werden unter Einwirkung von Umformkräften innerhalb eines bestimmten Temperaturbereiches zu Halbzeugen oder Fertigteilen geformt (Abb. 1).

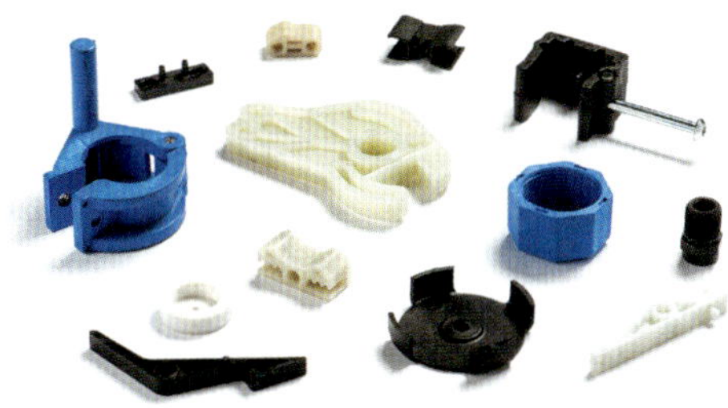

Abb. 1: Kunststoffprodukte

Bei den Formmassen unterscheidet man zwischen Duromeren und Plastomeren. *Duromere* (Duroplaste) sind vor der Aushärtung flüssige oder feste, aber schmelzbare Harze. Sie härten bei der Formgebung aus, sie vernetzen. Dabei unterscheidet man Kondensationsharze (Aushärtung durch Druck und Wärme) und Reaktionsharze (Aushärtung durch Zugabe von Reaktionsmitteln).

Plastomere (Thermoplaste) liegen meist als Pulver oder Granulat vor. Sie werden erwärmt und so lange durchgeknetet, bis sie ein teigigzähes Fliesverhalten erreicht haben. In diesem Zustand kann der Kunststoff durch Düsen gepresst und zu Halbzeugen oder fertigen Teilen verarbeitet werden.

Zur Erhöhung ihrer Festigkeit werden Formmassen häufig mit Verstärkerstoffen vermischt, z. B. mit Textilfasern oder Kohlefasern. Eine Nachbearbeitung von Halbzeugen und Werkstücken nach dem Urformen ist meistens nicht erforderlich.

2.6.1.1 Spritzgießen

Durch Spritzgießen werden fertige Formteile aus thermoplastischen Kunststoffen hergestellt.

Dieses diskontinuierliche Verfahren bietet den Vorteil, dass die Teile fast ohne Grat und damit nur mit geringer Nacharbeit gefertigt werden.

Es ist deshalb ein ausgesprochenes Massenfertigungsverfahren. Für die Fertigung wird in eine Spritzgießmaschine ein Spritzgießwerkzeug eingebaut (Abb.2).

Über die Spritzgießmaschine wird der Kunststoff erwärmt und in das Werkzeug eingespritzt.

In der Spritzeinheit wird die Masse mittels Schnecke und Heizung plastifiziert, homogenisiert und verdichtet.

In der Einspritzphase wird die Schnecke durch äußere Kraft unter Druck gesetzt und dadurch die Formmasse mit hohem Druck ($p \leq 2000$ bar) in das Formwerkzeug gedrückt.

Das Füllen der Form in der Schließeinheit muss schnell und unter Nachpressen vor sich gehen, da sonst der schmelzflüssige Kunststoff an den kalten Formwänden erstarrt und die Formen nicht in allen Einzelheiten ausfüllt.

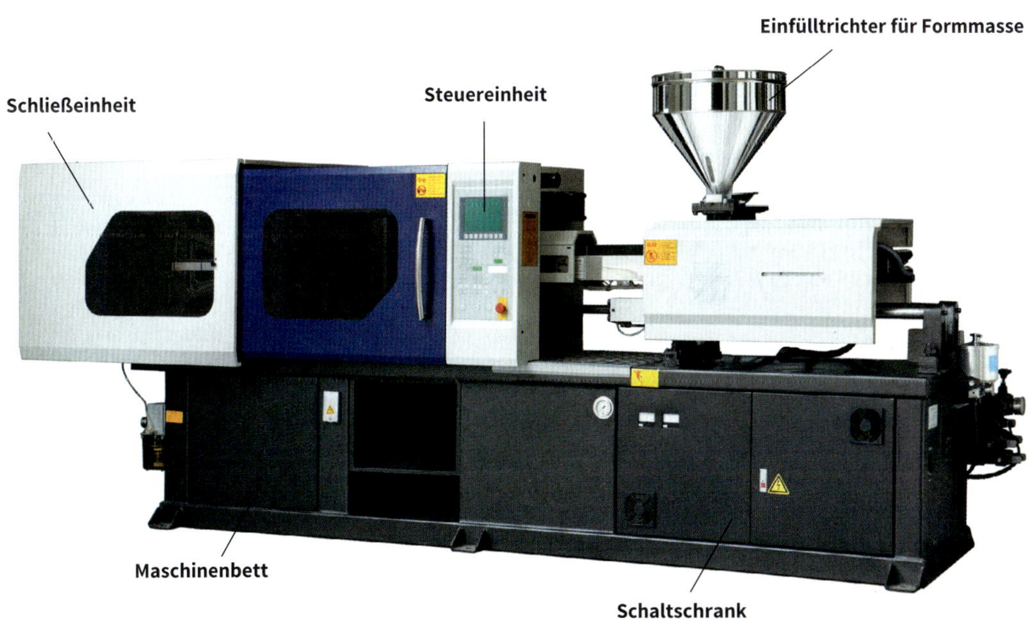

Abb.2: Spritzgießmaschine

In die bewegliche Hälfte der Schließeinheit ist die Auswerfvorrichtung eingebaut, die das erstarrte Formteil nach dem Öffnen der Formhälften auswirft (Abb. 1).

Durch Spritzgießen werden Werkstücke mit hohen Stückzahlen gefertigt, z. B. Steckdosen, Lampengehäuse, Zahn- und Laufräder, Wannen, Eimer, Mülltonnen, Armaturenbretter, Stoßstangen und Spielzeuge (Abb. 2).

Abb. 2: Spritzgussteile

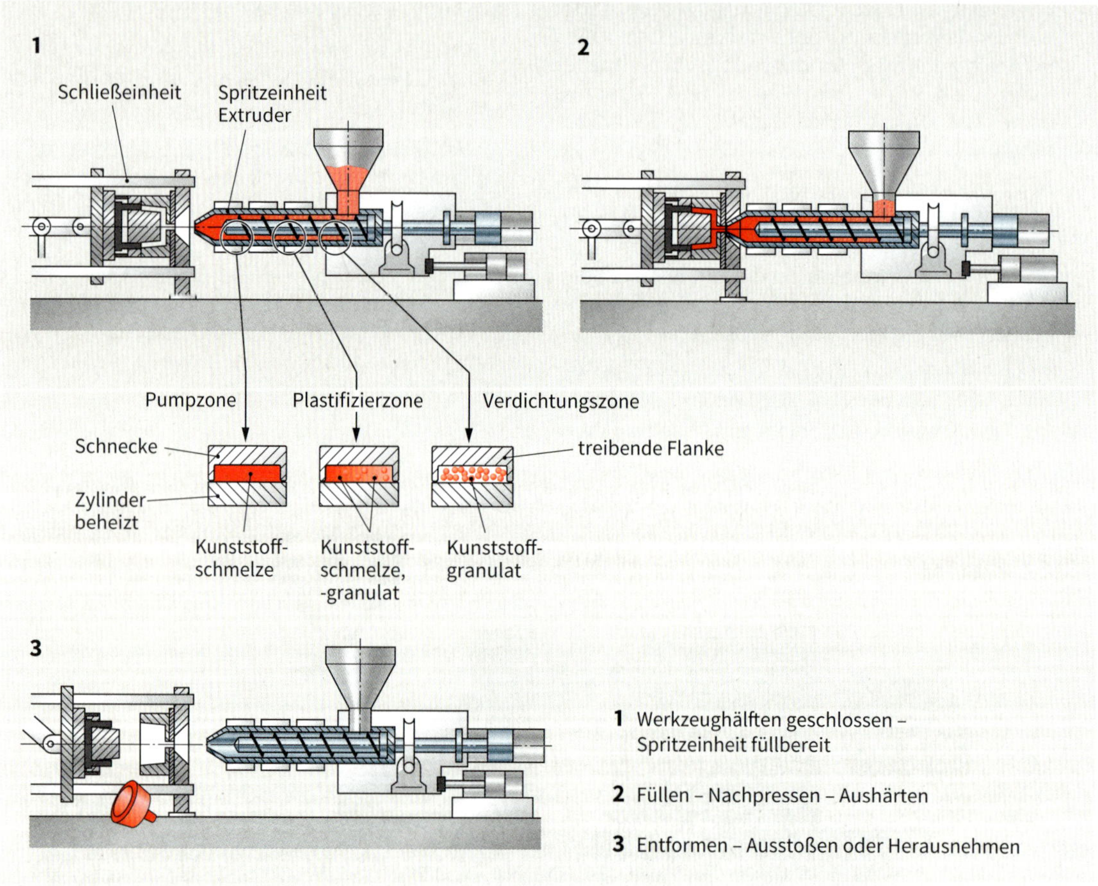

Abb. 1: Funktionsablauf beim Spritzgießen

Spritzgießwerkzeuge

Das Spritzgießwerkzeug wird über eine Spritzgießmaschine mit einem fließfähigen Kunststoff versorgt.

Der Kunststoff fließt über die Angießbuchse in den Formholraum (Abb.3).

Die Werkzeughälften sind über die Aufspannplatten in der Spritzgießmaschine befestigt. Nach dem Spritzgießen wird das Werkzeug geöffnet und der Chiphalter über die Auswerfer aus dem Formhohlraum ausgestoßen.

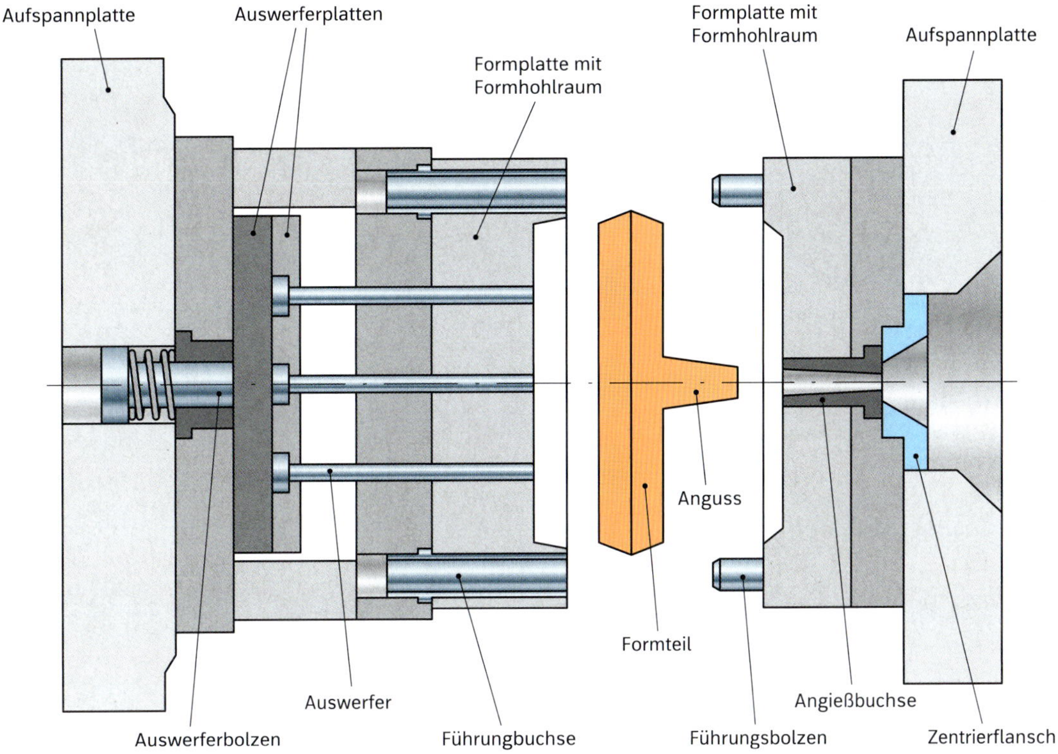

Abb. 3: Spritzgießwerkzeug

Arten von Spritzgießwerkzeugen

Ein Spritzgießwerkzeug kann über ein oder mehrere Formholräume verfügen.

Entsprechend der Formholräume werden somit Einfachwerkzeuge und Mehrfachwerkzeuge unterschieden. Ebenso können Spritzgießwerkzeuge über eine oder mehrere Trennebenen verfügen. Somit werden 2 Plattenwerkzeuge mit einer Trennebene oder 3 Plattenwerkzeuge mit zwei Trennebenen unterschieden.

Der Formholraum wird durch Formeinsätze gebildet. Nach dem Erstarren des Werkstückes öffnet sich das Werkzeug in der Teilungsebene.

Somit kann das Werkstück (Formteil) über die Auswerfer aus dem Werkzeug ausgeworfen werden.

Spritzgießmaschine

Eine Spritzgießmaschine besteht aus

- dem Maschinenbett,
- dem Schaltschrank,
- der Spritzeinheit und
- der Schließeinheit.

Zur Größenangabe der Maschine wird die Schließkraft in kN verwendet. An einer Spritzgießmaschine werden über die Steuereinheit verschiedene Verarbeitungsparameter eingestellt. So können Temperaturen, Drücke, Wege, Zeiten und Geschwindigkeiten verändert werden. Damit wird z.B. die Werkzeugtemperatur, der Schließdruck, der Öffnungsweg des Werkzeuges, die Einspritzgeschwindigkeit oder die Einspritzzeit durch den Bediener eingestellt.

2.6.1.2 Pressen

Pressen von Formteilen

Durch Pressen werden vorwiegend duromere Formmassen zu Halbzeugen oder Werkstücken verarbeitet.

Dabei verwendet man Gemische aus Harzen (Phenolharz, Melaminharz, Harnstoffharz) und Füll- oder Verstärkerstoffe. Die Gemische werden bei einer Temperatur von $T \approx 180°C$ und einem Druck von $p \leq 1000$ bar in der Form plastifiziert. Dabei füllen sie die Form aus und erhärten zum fertigen Formteil (Abb. 1).

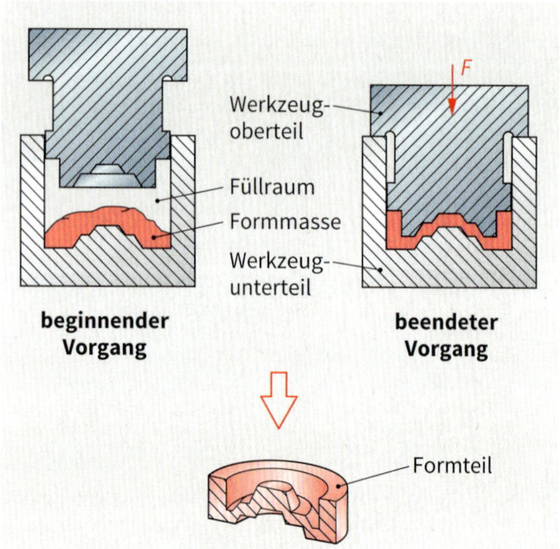

Abb. 1: Pressen mit Presswerkzeug

Herstellen von Schichtpressstoffen

Zur Herstellung von Schichtpressstoffen werden Textil- oder Papierbahnen sowie Bahnen aus Schälfurnier mit Phenol- oder Melaminharz getränkt und aufeinandergeschichtet. In einer Presse schmilzt unter Druck und Wärme das Harz und härtet aus, sodass jedes Paket eine kompakte formstabile Platte bildet.

Mit diesem Verfahren entstehen Hartgewebe, Hartpapier oder Pressholz. Schichtpressstoffe sind unempfindlich gegen Feuchtigkeit und quellen auch durch Öl oder Fett nur wenig auf. Sie besitzen eine gute Zähigkeit, Festigkeit und Zerspanbarkeit (Abb. 2).

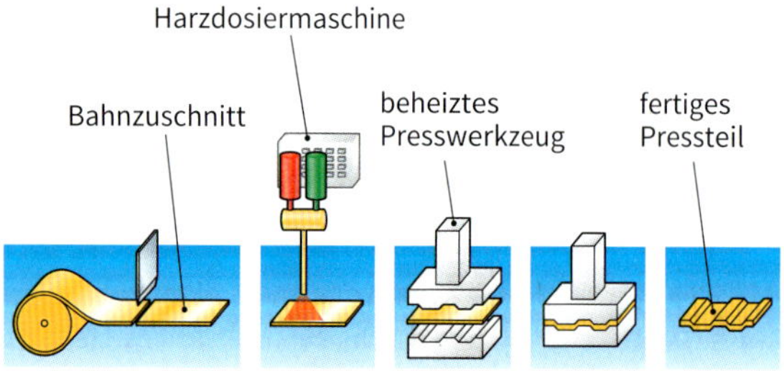

Abb. 2: Prinzip der Schichtpressstoffherstellung

Beim Spritzpressen werden duromere und plastomere Formmassen nicht direkt in die Form, sondern in einen davor liegenden Hohlraum des Werkzeugs gegeben. Dort wird die Formmasse erwärmt, plastifiziert und mithilfe eines Kolbens in die Werkzeugkontur gedrückt. Das Werkzeug wird dabei beheizt. Der Kunststoff erhärtet und kann als fertiges Werkstück aus der Form genommen werden (Abb. 3).

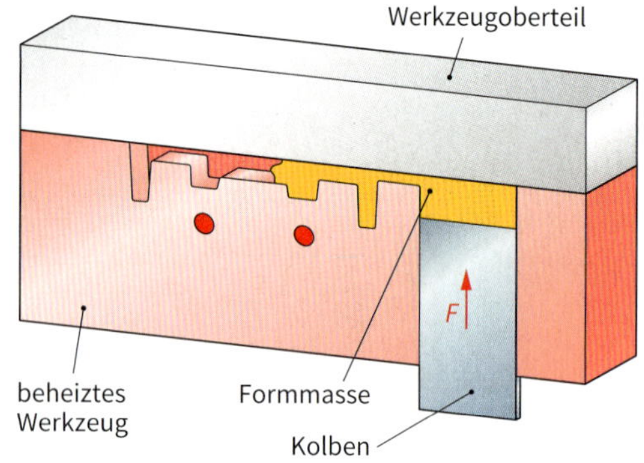

Abb. 3: Prinzip des Spritzpressen

Das Spritzpressen wird bei komplizierten Formen kleinerer und mittlerer Größe bevorzugt gegenüber dem Pressen.

2.6.1.3 Extrudieren

Durch Extrudieren (Strangpressen) werden plastomere Kunststoffe zu Halbzeugen (Rohre, Profile, Tafeln) verarbeitet.

Bei diesem kontinuierlichen Verfahren werden die als Pulver oder Granulat eingebrachten Formmassen im Extruder (Schneckenpresse) für das Formwerkzeug aufbereitet. Der Extruder ist ein beheizter Zylinder mit einer sich drehenden Schnecke. Durch die Schnecke wird die Formmasse zum Werkzeug gefördert und dabei verdichtet. Die innere Reibung und die Heizung bewirken, dass die Formmasse im Extruder plastifiziert und homogenisiert wird. Die plastifizierte Masse wird durch die Schnecke in das am Extruder anschließende Werkzeug gedrückt. Dort erhält die plastische Masse die gewünschte Form und erstarrt (Abb. 4).

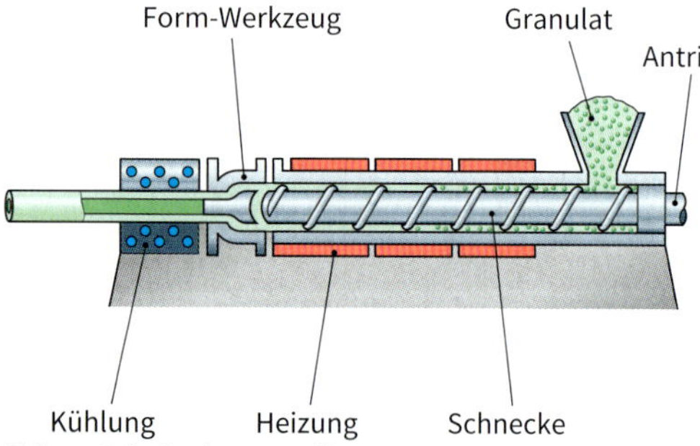

Abb. 4: Prinzip des Extrudierens

Es werden Einschneckenextruder mit einer Schnecke und Doppelschneckenextruder mit zwei Schnecken verwendet (Abb. 5).

Doppelschneckenextruder setzt man zur Verarbeitung feinkörniger oder pulverförmiger Formmassen ein. Diese lassen sich durch Einschneckenextruder nicht oder nur sehr schwer verarbeiten.

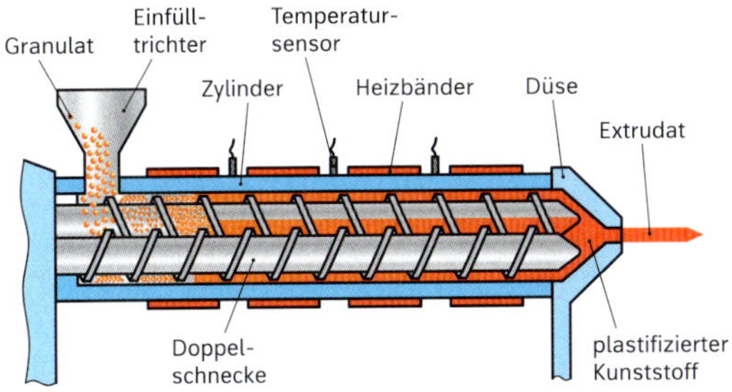

Abb. 5: Doppelschneckenextruder

Durch Extrusion können nahtlose Rohre, Platten und Profile mit über der Länge konstantem Querschnitt hergestellt werden (Abb. 6).

Abb. 6: Extrudierte Kunststoffprofile

2.6.1.4 Kalandrieren

Das Kalandrieren ist ein kontinuierliches Verfahren zur Herstellung von qualitativ hochwertigen Kunststofffolien, -bahnen und - platten (Abb. 7).

Die Kalander-Maschine ist ein System aus mehreren hintereinander angeordneten beheizten Walzen, durch deren Spalten die Formmasse hindurchgeführt wird. Die im Extruder gemischten und plastifizierten Komponenten werden durch die beheizten Mischwalzen weiter homogen vermischt und plastifiziert. Im nächsten Schritt wird die Formmasse auf den beheizten Kalanderwalzen geformt und ausgewalzt (Verengung des Walzenspaltes). Kühlwalzen kühlen den Kunststoff nun im Wasserbad und transportieren ihn weiter. Anschließend wird der Kunststoff je nach Verwendung bedruckt, geprägt und schließlich aufgerollt und/oder geschnitten (Abb. 8).

Abb. 7: Kalander-Maschine

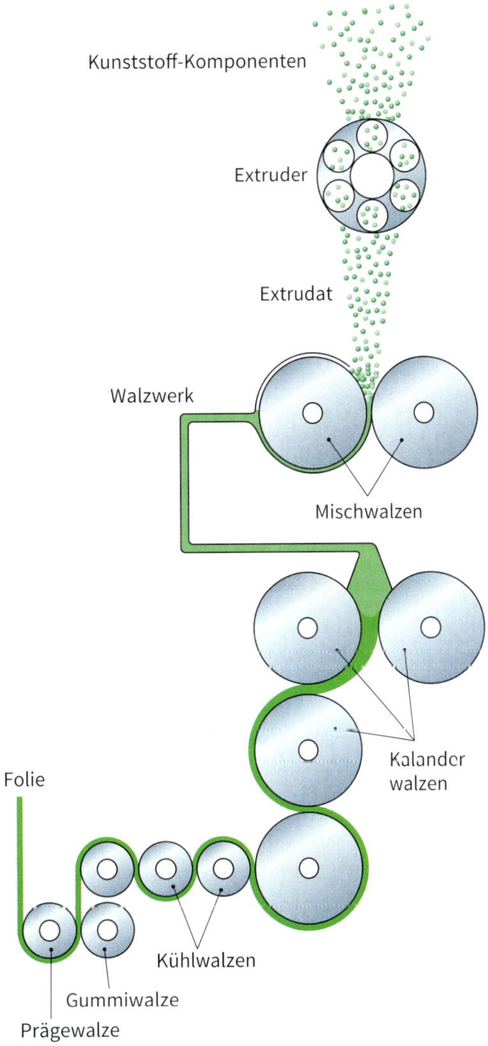

Abb. 8: Prinzip des Kalandrierens

2.6.1.5 Rotationsformen

Das Rotationsformen ist ein diskontinuierliches Verfahren, um große hohle nahtlose Kunststoffteile herzustellen.

Außerhalb der Form wird eine Kunststoffschmelze erzeugt. Die Schmelze wird in das rotierende Werkzeug gegeben. Während der Rotation des Werkzeugs lagert sich der geschmolzene Kunststoff an den Innenflächen der Form ab und erstarrt (Abb. 1).

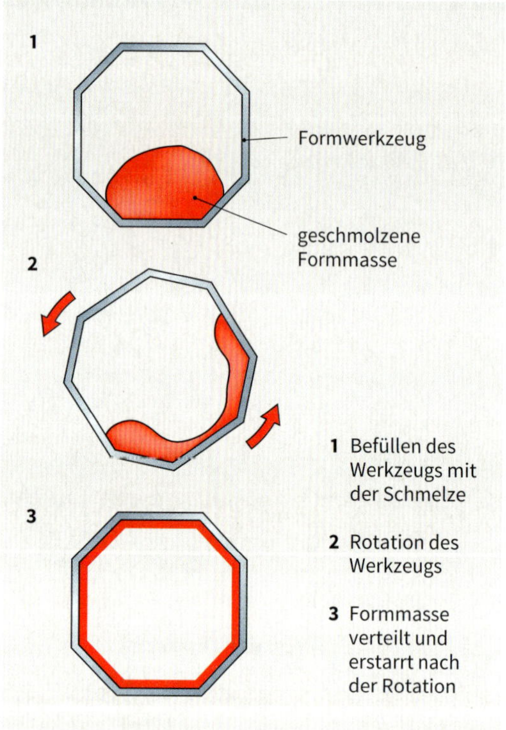

Abb. 1: Prinzip des Rotationsformens

Anwendungsgebiete sind z. B. Tanks, Gehäuse, Transportbehälter, Freizeit- und Wassersportartikel, Möbel, Spielzeug und Sicherheitsbehältnisse (Abb. 2).

Abb. 2: Rotationsformteile

2.6.1.6 Blasformen

Dieses Verfahren dient der Herstellung von Hohlkörpern (z. B. Flaschen, Kanister) aus Thermoplasten.

Ein plastischer Vorformling (meist ein plastischer Schlauch) wird in das Blaswerkzeug gedrückt. Mit im Vorformling zugeführter Druckluft wird die Formmasse an die Kontur des Blaswerkzeuges gedrückt. Die wassergekühlte Blasform führt die Wärme rasch ab, der Kunststoff erstarrt und kann der Form entnommen werden (Abb. 3).

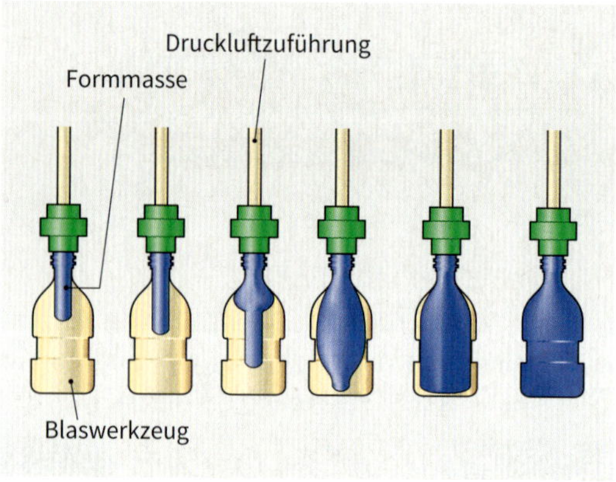

Abb. 3: Prinzip des Blasformens

2.6.1.7 Laminieren

Das Laminieren (Handauflegeverfahren) ist für Einzelteile, kleine Stückzahlen und Reparaturarbeiten anwendbar.

Von Hand werden abwechselnd Glasfasermatten und Harzschichten auf ein Modell aufgetragen (Abb. 4).

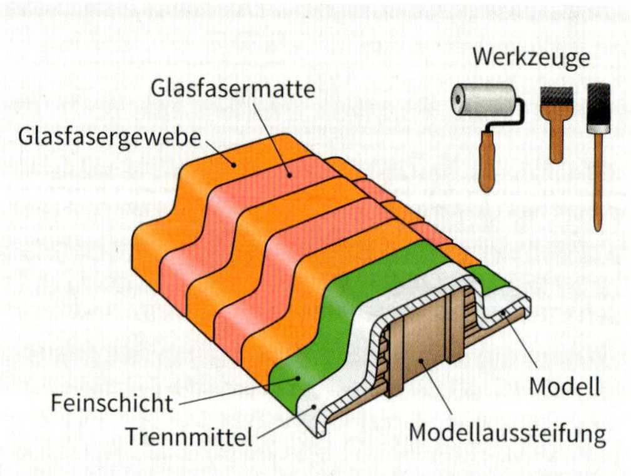

Abb. 4: Prinzip des Laminierens

Das Faser-Harz-Spritzverfahren ist eine teilmechanisierte Lösung des Laminierens. Aus einer Dreikomponenten-Spritzanlage wird die geschnittene Glasfaser mit Harz und Härter vermischt auf eine

Form gespritzt (Abb. 5). Unabdingbar ist auch hier die Entlüftung des Laminats mit Rollern. Die erreichbare Formgenauigkeit entspricht der Modellgenauigkeit.

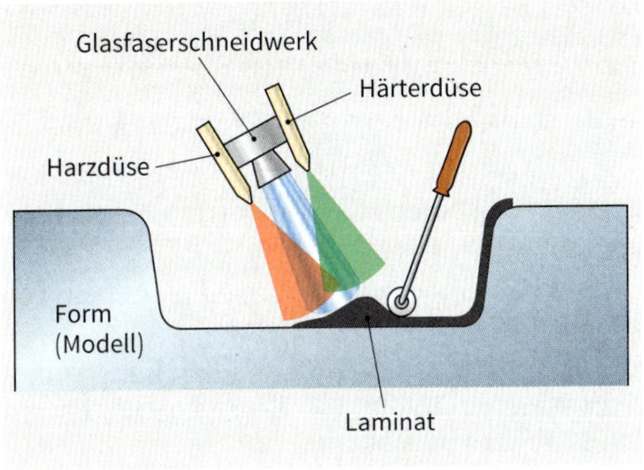

Abb. 5: Prinzip des Faser-Harz-Spritzverfahrens

2.6.1.8 Wickeln

Das Wickeln wird bei der industriellen Fertigung von rotationssymetrischen Hohlkörpern angewendet. Harzgetränkte Glasfaserstreifen oder -matten laufen meist wendelförmig auf einen rotierenden Kern (Abb. 6).
Mit dem Verfahren werden Rohre, Heizöltanks und ähnliche Behälter produziert.

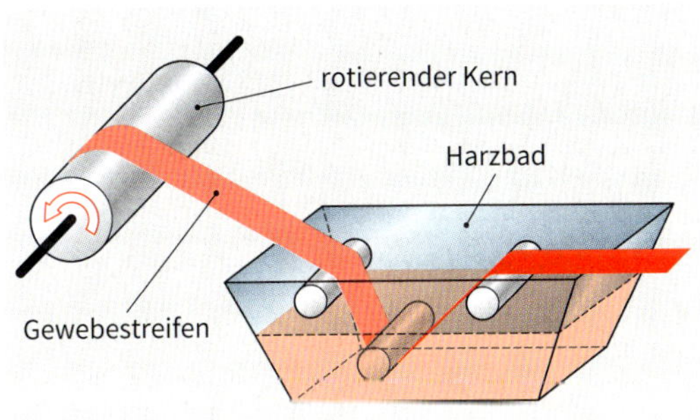

Abb. 6: Prinzip des Wickelns

2.6.1.9 Schäumen

Für das Schäumen von Kunststoffen gibt es verschiedene Verfahren. Man kann in die Kunststoffgrundmasse durch Rühren Luft einbringen oder es werden schon bei der Herstellung der Grundmasse chemische Treibmittel zugesetzt. Durch den Erstarrungsvorgang werden die Luftbläschen in der Gerüstsubstanz fixiert. Das Endprodukt hat eine geringere Dichte als der Ausgangskunststoff.
Durch Schäumen werden Isolierungs- und Verpackungsmaterial und Polster-Schaumstoffe hergestellt.
Hierbei werden Schäume mit einer offenzelligen und einer geschlossenzelligen Struktur unterschieden. Schäume mit einer offenzelligen Struktur verfügen über keine abgeschlossenen Hohlräume und sind somit Luft- und Feuchtigkeitsdurchlässig, z. B. Weichschaumstoff. Geschlossenzellige Schäume verfügen über abgeschlossene nicht miteinander verbundene Hohlräume. Somit sind diese nicht Luft- und Feuchtigkeitsdurchlässig, z. B. Hartschaumstoff.

2.6.2 Umformen von Kunststoffen

Nur thermoplastische Halbzeuge sind zum Umformen geeignet. Kaltumformen wird selten durchgeführt wegen der zeitabhängigen Rückdeformation. Üblich ist das Warmumformen, was auch unter dem Begriff Thermoformen bekannt ist.
Das Warmumformen von thermoplastischen Halbzeugen erfolgt bei erhöhten Temperaturen im thermoelastischen (gummielastischen) Temperaturbereich. Die Abkühlung der umgeformten Formteile muss dann unter Formzwang erfolgen.
Gebräuchliche Umformverfahren sind:

- Tiefziehen,
- Streckformen und
- Trennen.

2.6.2.1 Tiefziehen

Beim *Tiefziehen* wird eine Platte oder Folie aus thermoplastischem Kunststoff erwärmt. Das nun formbare Halbzeug wird mittels Vakuum, Druckluft, mechanischen Methoden oder einer Kombination dieser Verfahren gegen die Konturen eines Formwerkzeuges gedrückt. Ein federnder Niederhalter lässt den Werkstoff nachgleiten, sodass der Formkörper eine annähernd gleiche Wandstärke hat.
Um wirklich die absolut exakte Form des Werkzeugs wiederzugeben, wird das Vakuumtiefziehen angewendet. Dabei wird der erwärmte Kunststoff in die Form gedrückt und gleichzeitig wird die entweichende Luft zwischen Kunststoff und Form entzogen. Durch das entstehende Vakuum wird der Kunststoff ohne Abweichung in die gewünschte Form gedrückt (Abb. 7).

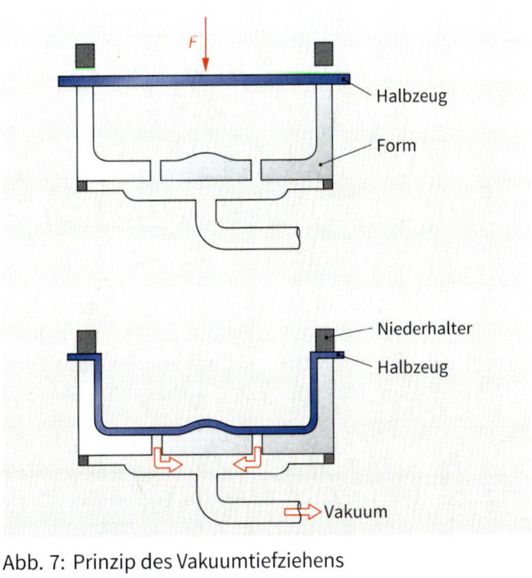

Abb. 7: Prinzip des Vakuumtiefziehens

Neben dem klassischen Anwendungsbereich Verpackungen, findet das Verfahren vermehrt im industriellen Bereich Anwendung. Als Alternative zum Spritzgießen zeichnet es sich durch günstige Werkzeugkosten aus und ist besonders bei kleinen und mittleren Serien wirtschaftlich. Beispiele für Tiefziehteile sind Hauben und Verkleidungen aller Art für den Maschinen- und Anlagenbau, Kotflügel und Armaturen für den Fahrzeugbau (Abb. 1).

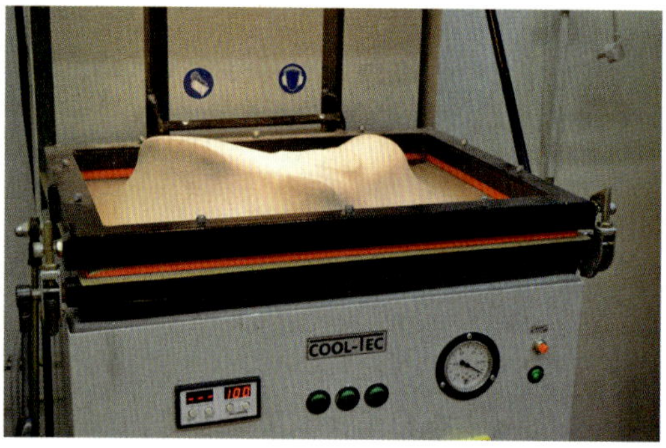

Abb. 1: Tiefziehen

2.6.2.2 Streckziehen

Beim *Streckformen* wird die thermoplastische Folie oder Platte fest auf die Form gespannt und dann mechanisch oder pneumatisch gestreckt. Da der Werkstoff durch die feste Einspannung nicht nachfließen kann, erfolgt die Verformung aus der Wandstärke heraus. Die Wandstärke wird daher kleiner mit zunehmender Formungstiefe (Abb. 2).

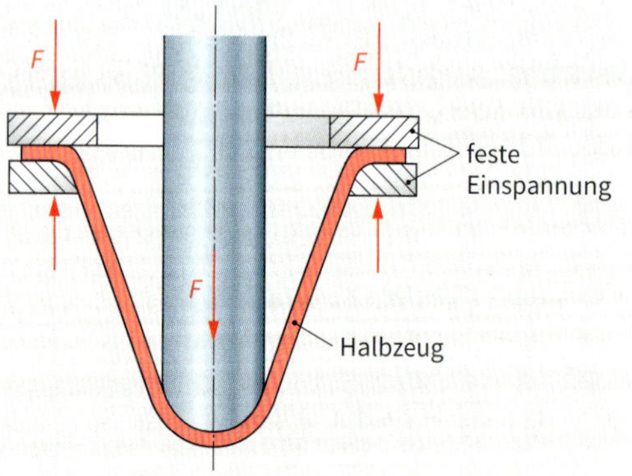

Abb. 2: Prinzip des Streckformens

Das mechanische Streckformen ist nur anwendbar für sich verjüngende Formteile ohne Abstufungen in der Mantelfläche. Typische Produkte sind z. B. Verpackungsbehälter und Trinkbecher.

Die *Trennverfahren* entsprechen im Wesentlichen denen der Metallbearbeitung. Kunststoffe kann man zerteilen, sägen, drehen, fräsen, bohren und reiben. Allerdings sind besondere Vorschriften bei der Auswahl der Werkzeuge und bei der Festlegung der Zerspanungs- und Umgebungsbedingungen einzuhalten. Richtwerte können Herstellerinformationen entnommen werden.

Aufgab

1. Beschreiben Sie die zwei Gruppen der Kunststoffverarbeitungsverfahren.

2. Es werden Duroplaste und Thermoplaste unterschieden.

a) Erklären Sie den Unterschied zwischen den beiden genannten Kunststoffen.

b) Wählen Sie zwei Duroplaste und zwei Thermoplaste aus. Erläutern Sie die Eigenschaften der ausgewählten Kunststoffe.

3. Erläutern Sie den Ablauf des Verfahrens Spritzgießen.

4. Beschreiben Sie den Aufbau einer Spritzgießmaschine.

5. Benennen und beschreiben Sie die Einstellparameter an einer Spritzgießmaschine.

6. Erklären Sie den Aufbau und die Funktion eines Spritzgießwerkzeuges.

a) Benennen Sie die wichtigsten Bauteile und beschreiben Sie deren Funktion.

b) Erläutern Sie den Fertigungsablauf des Kunststoffteils im Spritzgießwerkzeug.

7. Das Verfahren Pressen wird zum Urformen von Duroplasten verwendet.

a) Erläutern Sie den Ablauf des Verfahrens.

b) Welche Werkstücke können mit diesem Verfahren hergestellt werden?

8. Erläutern Sie das Urformverfahren Spritzpressen. Gehen Sie dabei auf die Unterschiede zum Pressen mit einem Presswerkzeug ein.

9. Beschreiben Sie Werkstückformen, welche durch Extrudieren hergestellt werden können.

10. Benennen und beschreiben Sie ein Verfahren zur Herstellung von Kunststofffolien.

11. Das Rotationsformen wird zur Herstellung von Kunststofftanks verwendet. Beschreiben Sie die Herstellung des Tanks.

12. Erklären Sie den Fertigungsablauf des Blasformens.

13. Welche Fertigungsschritte müssen beim Laminieren von Bauteilen verwendet werden?

14. Erläutern Sie den Unterschied zwischen dem Tiefziehen und dem Streckumformen von Kunststoffen.

2.7 Schweißen von Kunststoffen

Für das Schweißen von Kunststoffen kommen nur Thermoplaste infrage. Nur diese sind in der Lage zu schmelzen.

Beim Schweißen werden thermoplastische Kunststoffteile im plastisch-teigigen Zustand unter Zuführung von Druck und Wärme miteinander verbunden. Je nach Art der Erwärmung unterscheidet man folgende Verfahren:

- Warmgasschweißen
- Heizelementschweißen
- Reibschweißen
- Hochfrequenzschweißen
- Ultraschallschweißen
- Extrusionsschweißen
- Laserdurchstrahlschweißen

Warmgasschweißen

Das Warmgasschweißen thermoplastischer Kunststoffe ist dem Gasschmelzschweißen von Metallen vergleichbar. Im Bereich der Schweißfuge werden der Werkstoff und der Zusatzwerkstoff durch erwärmte Luft auf Schweißtemperatur gebracht. Dabei wird der Kunststoff geschmolzen, Werkstück und Zusatzwerkstoff vereinigen sich miteinander. Entsprechend der Bewegung des Schweißgerätes wird in Warmgasfächelschweißen (Abb. 3a) und Warmgasziehschweißen (Abb. 3b) unterschieden.

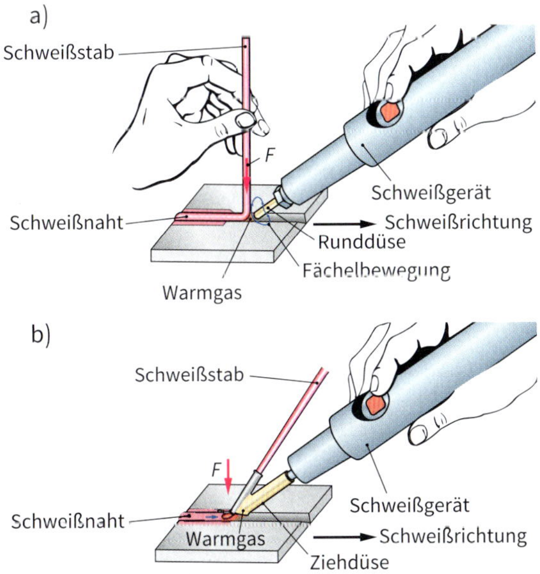

Abb. 3: Warmgasschweißverfahren

Heizelementschweißen

Durch das Heizelementschweißen können Werkstücke ohne Zusatzwerkstoff miteinander verbunden werden. Dabei werden die beiden Werkstücke an einem Heizelement so lange erwärmt, bis sie an den Fügeflächen schmelzen. Dann werden die beiden Werkstücke unter Druck zusammengefügt und in dieser Stellung bis zum Erstarren gehalten (Abb. 4).

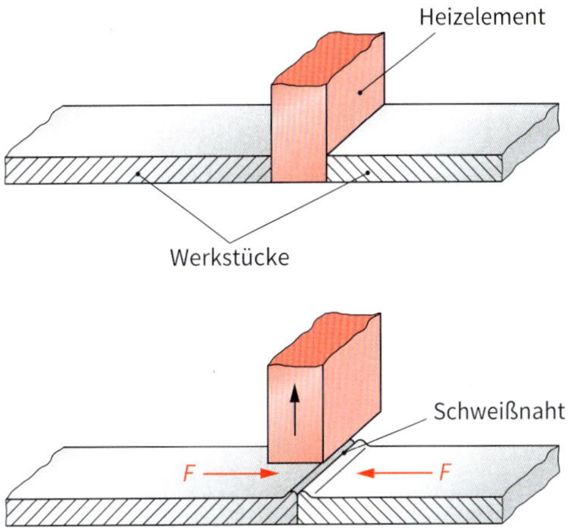

Abb. 4: Heizelementschweißen

Reibschweißen

Das Reibschweißen eignet sich besonders zum Verbinden zylindrischer Werkstücke (z.B. Rohre, Flansche, Stangen). Dabei werden die Berührungsflächen der zu verbindenden Werkstücke durch Reibungswärme auf die erforderliche Schweißtemperatur gebracht. Es wird ein stillstehendes Werkstück gegen ein rotierendes Werkstück gedrückt (Abb. 5). Ein Zusatzwerkstoff ist nicht erforderlich.

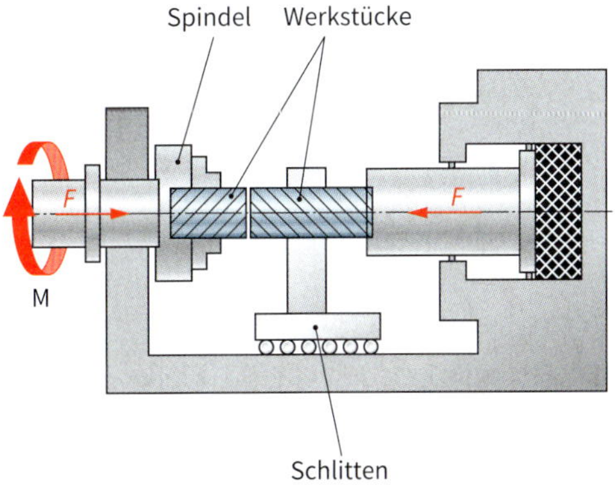

Abb. 5: Reibschweißen

Hochfrequenzschweißen

Für das Hochfrequenzschweißen eignen sich nur bestimmte Kunststoffe (z. B. PVC). Die zu verbindenden Werkstücke werden zwischen zwei Elektroden gebracht und dann von diesen zusammengedrückt. Durch Anlegen einer elektrischen Spannung mit hoher Frequenz (f = 27 MHz) wird der Kunststoff an den Berührungsflächen von innen heraus erwärmt und durch Druck verschweißt (Abb. 1).

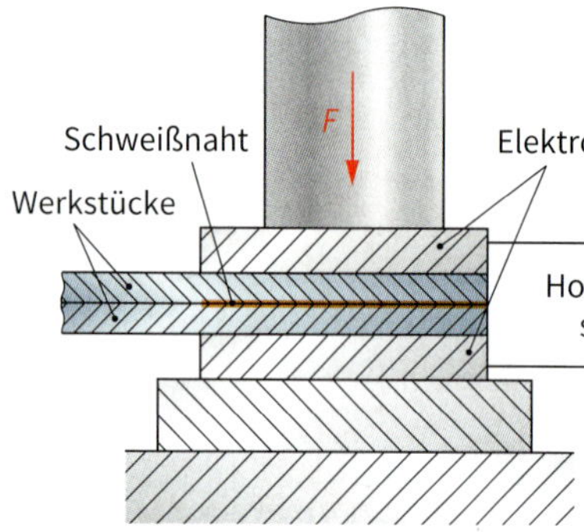

Abb. 1: Hochfrequenzschweißen

Ultraschallschweißen

Beim Ultraschallschweißen erfolgt die Erwärmung durch Druckschwingungen, die an den Berührungsflächen der Werkstücke Reibung erzeugen. Der Kunststoff erwärmt sich hierbei so stark, dass er schmilzt und verschweißt (Abb. 2).

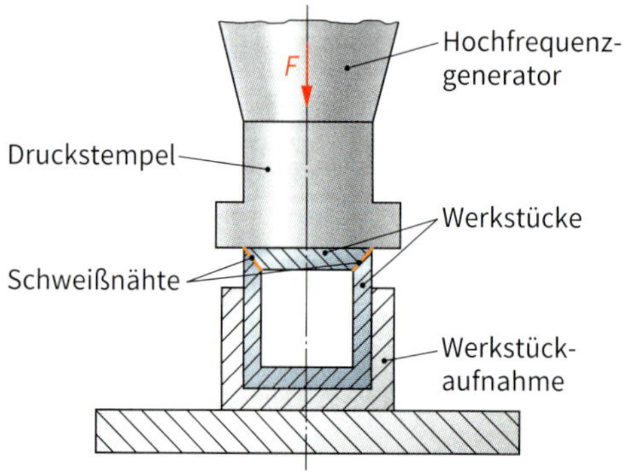

Abb. 2: Ultraschallschweißen

Extrusionsschweißen

Extrusionsschweißen ist ein überwiegend manuell auszuführendes Schweißverfahren unter Verwendung von kontinuierlich zugeführtem Zusatzwerkstoff. Es kommt ein art- und formmassegleicher Zusatzwerkstoff zum Einsatz. Die Fügeflächen der Werkstücke werden auf Schweißtemperatur erwärmt. Der Schweißzusatzwerkstoff wird im Extruder plastifiziert und mit einem Gleitschuh verteilt und angedrückt (Abb. 3). Im Vergleich zum Warmgasschweißen werden höhere Festigkeitswerte erreicht.

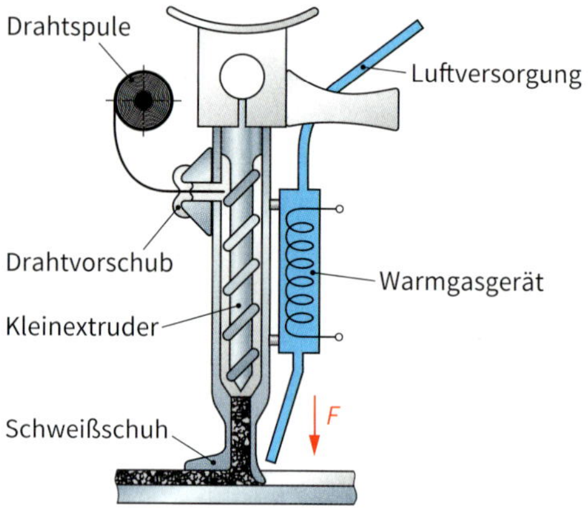

Abb. 3: Extruderschweißmaschine

Laserdurchstrahlschweißen

Beim Laserdurchstrahlschweißen laufen die Erwärmung und das Fügen der Werkstoffe nahezu gleichzeitig ab. Beide Werkstücke werden in der gewünschten Endlage positioniert und der Fügedruck wird aufgebracht. Der Laserstrahl durchdringt den lasertransparenten Kunststoff. Die Laserenergie wird an der Fügestelle in Wärmeenergie umgewandelt und die Kunststoffe werden aufgeschmolzen. Beide Kunststoffe vermischen sich und es entsteht eine dauerhafte Verbindung (Abb. 4).

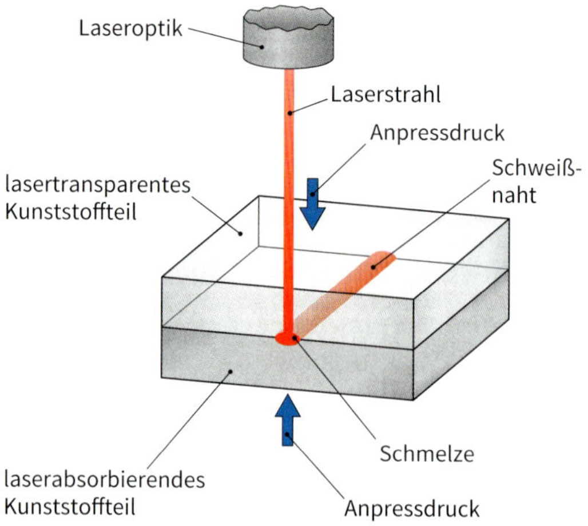

Abb. 4: Laserdurchstrahlschweißen

2.8 Arbeits- und Umweltschutz

Arbeitsschutz beim Spritzgießen

Entsprechend der Arbeitsschutzvorschriften ist Schutzkleidung zu tragen. Diese schützt vor Wärme, Strahlung und gesundheitsgefährdenden Stäuben.
Um die Konzentration von Gefahrstoffen z. B. in der Luft festzustellen sind Messungen (Expositionsmessungen) notwendig. Diese entfallen beim Spritzgießen, wenn die Verfahrensparameter kontrolliert und eingehalten werden (z. B. Verarbeitungstemperaturen und Verarbeitungsdrücke).
Weiterhin ist das Kunststoffgranulat vorgetrocknet zu verarbeiten. Ebenso ist die Verwendung wirksamer Absaugeinrichtungen sicherzustellen. Durch Lüftungsanlagen werden die Arbeitsplätze vor schädlichen Dämpfen oder Gasen gesichert.
Bei Verfahrensänderungen oder mindestens einmal jährlich sind durch eine Gefährdungsbeurteilung die Verfahrensbedingungen zu prüfen und zu dokumentieren.
Beim Umgang mit Maschinen und Anlagen sind Sicherheitsanlagen wie z. B. Schutzgitter, Schutztüren, Lichtschranken und Zweihandschaltungen zu verwenden.

Umweltschutz

Verfahrensbedingt fallen bei der Herstellung von Werkstücken aus Kunststoffen Abfälle an (z.B. Angüsse beim Spritzgießen). Der Umfang von Abfällen ist vom eingesetzten Verfahren und den damit verwendeten Werkzeugen abhängig. Kunststoffabfälle sind getrennt zu sammeln und fachgerecht zu lagern. Hierzu werden dafür geeignete Transportbehälter eingesetzt. Entsprechend dem Kreislaufwirtschaftsgesetz sind Kunststoffabfälle zu recyceln.
Dabei werden Kunststoffabfälle gemahlen und erneut verwendet.

Zusammenfassung

Kunststoffverarbeitungsverfahren

Urformverfahren

- Spritzgießen – Formteile z.B. Zahnräder, Steckdosen
- Pressen – Formteile aus duromeren Werkstoffen
- Extrudieren – Vollprofile, Hohlprofile
- Kalandrieren – Folien, Vlies, Platten
- Rotationsformen – nahtlose hohle Formteile
- Blasen – Hohlkörper z.B. Flaschen, Fasermatten
- Laminieren – Formteile aus Glasfasergewebe
- Wickeln – Behälter, Rohre, Öltanks
- Schäumen – offenzellige Säume z.B. Weichschaumstoff; geschlossenzellige Schäume z. B. Hartschaumstoff

Umformverfahren

- Tiefziehen – Hauben, Verkleidungen, Badeschuhe
- Streckformen – Verjüngende Formteile ohne Abstufungen

Schweißen

- Warmgasschweißen – Aufschmelzen der Werkstücke durch erwärmte Luft
- Heizelementschweißen – Aufschmelzen der Fügeflächen durch Heizelemente
- Reibschweißen – Aufschmelzen der Berührungsflächen durch Reibungswärme
- Hochfrequenzschweißen – Aufschmelzen der Berührungsflächen durch elektrische Spannung mit hoher Frequenz
- Ultraschallschweißen – Aufschmelzen der Fügeflächen durch Druckschwingungen
- Extrusionsschweißen – Aufschmelzen der Fügeflächen durch Warmgasgerät
- Laserdurchstrahlschweißen – Aufschmelzen der Fügeflächen durch einen Laserstrahl

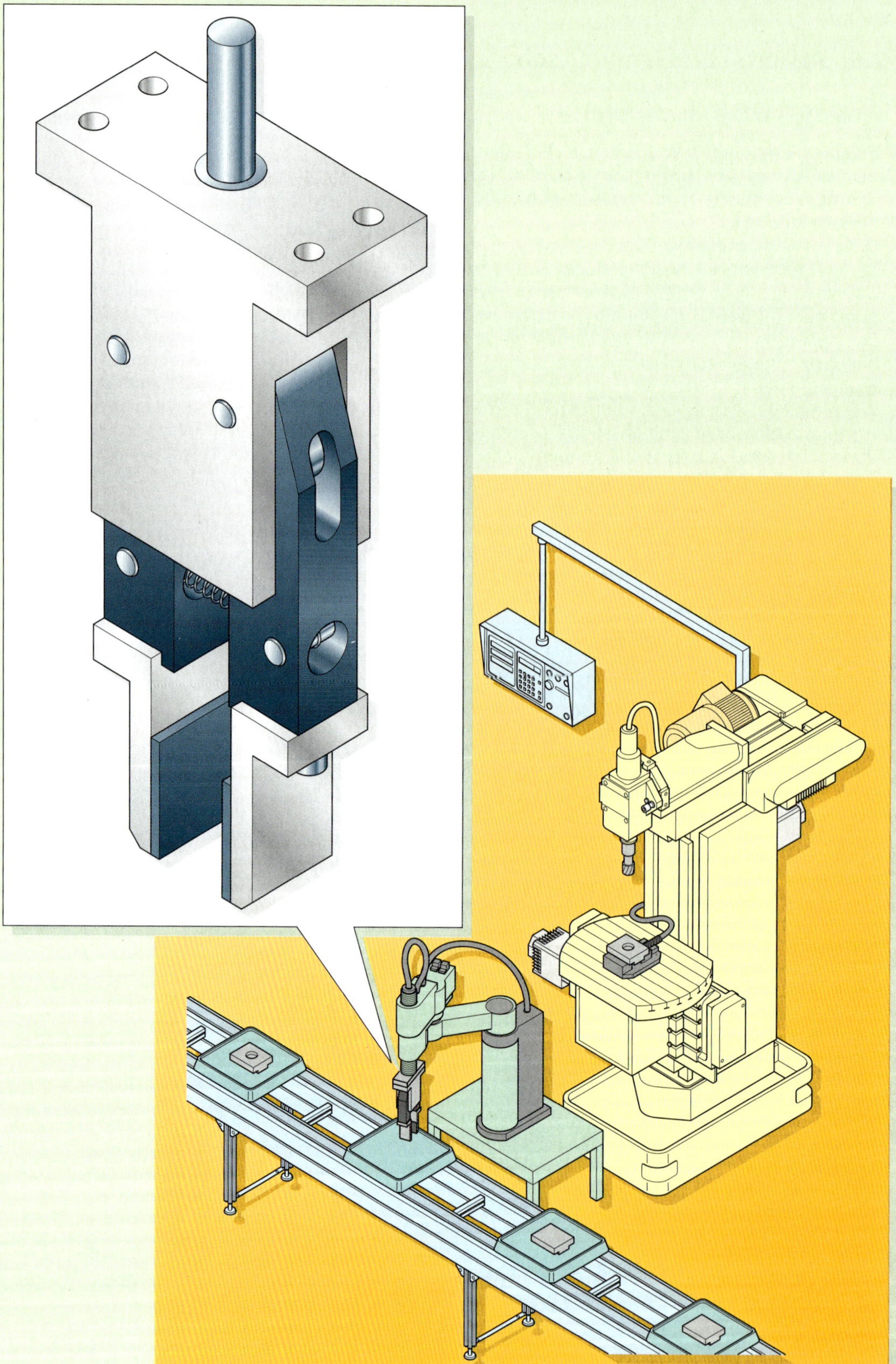

GESAMTAUFTRAG

Ein Roboter bestückt ein Bearbeitungszentrum.

Die Werkstücke werden auf einem Förderband zu der Maschine transportiert. Dort werden sie von dem Roboter aufgenommen und in die Spannvorrichtung des Bearbeitungszentrums gelegt. Nach der Bearbeitung legt der Roboter die Werkstücke wieder zurück auf das Förderband.

Aufgrund eines Fehlers in der Anlage kam es zu einer Kollision des Roboterarms mit der Maschine. Dabei wurde der Greifer des Roboters stark beschädigt. Eine erste Untersuchung hat ergeben, dass einzelne Bauteile des Greifers ausgetauscht werden müssen.

Der Greifer soll daher demontiert und in seine Einzelteile zerlegt werden. Die defekten Teile sollen durch neue Teile ersetzt werden. Anschließend soll der Greifer wieder zusammengebaut und am Roboter befestigt werden.

ANALYSE

Technische Unterlagen

Die Vorbereitung der Demontage beginnt mit dem Auswerten der technischen Unterlagen. Als technische Unterlagen stehen eine Gesamtzeichnung mit Stückliste sowie die Einzelteilzeichnungen zur Verfügung.

In der Gesamtzeichnung ist der Greifer in drei Ansichten dargestellt.

Die Einzelteile sind durch Positionsnummern gekennzeichnet. Gleiche Bauteile, die in der Zeichnung mehrmals vorkommen, z. B. das Rillenkugellager (Pos. 9) erhalten die gleiche Positionsnummer. In der Zeichnung wird die Positionsnummer nur einmal angegeben.

Die Vorderansicht ist im Schnitt dargestellt. Der Schnittverlauf ist in der Draufsicht gekennzeichnet. Durch den abknickenden Schnittverlauf können die unterschiedlichen Bohrungen der Grundplatte (Pos. 1) dargestellt werden. In der Schnittdarstellung erkennt man, dass nicht alle Bauteile geschnitten werden. Normteile und einfache Drehteile, z. B. die Kolbenstange (Pos. 5), werden auch in Schnittdarstellungen als Ansicht gezeichnet.

Im Schnitt dargestellte Bauteile erhalten eine Schraffur. Innerhalb eines Bauteiles muss die Schraffur gleich sein. Treffen die Schnittflächen mehrerer Teile zusammen, so muss die Schraffur unterschiedlich sein. Die Schraffurlinien können sich durch entgegengesetzte Ausrichtung und durch den Abstand der Linien zueinander unterscheiden. Die Schutzbacken (Pos. 4) sind aus Kunststoff hergestellt, deshalb erhalten sie eine Doppelschraffur.

In der Stückliste werden alle Einzelteile entsprechend ihrer Positionsnummer aufgelistet. Dabei unterscheidet man Fertigungsteile und Normteile. Die Stückliste liefert Informationen über die Anzahl der Einzelteile, über den Werkstoff, über die Normbezeichnungen oder die Sachnummer des Herstellers. Anhand dieser Informationen können Ersatzteile beim Hersteller bestellt werden.

ANALYSE

Aufbau

Der Greifer ist Bestandteil des Roboters. Die Grundplatte (Pos.1) des Greifers wird mit zwei Zylinderstiften am Roboter befestigt. Durch die beiden Zylinderstifte wird eine genaue Positionierung zwischen den benachbarten Bauteilen erreicht. Die Schrauben befestigen den Greifer. Die Befestigungsteile sind in der Stückliste nicht enthalten.

Die Zangenschenkel (Pos. 2) sind durch einen Zylinderstift (Pos. 7) beweglich mit der Grundplatte (Pos. 1) verbunden. Sie werden durch die Zugfeder (Pos. 11) zusammengehalten. Die Zugfeder (Pos. 11) wird durch die beiden Bolzen (Pos. 10) positioniert. An den Zangenschenkeln (Pos. 2) sind die Greiferbacken (Pos. 3) mittels einer Zylinderschraube (Pos. 12) befestigt. Durch den kleinen Absatz an den Zangenschenkeln (Pos. 2) werden die Greiferbacken (Pos. 3) parallel ausgerichtet.

Im unteren Teil der Greiferbacken (Pos. 3) sind Schutzbacken (Pos. 4) angebracht. Die Kolbenstange (Pos. 5) wird durch die Buchse (Pos. 6) in der Grundplatte (Pos. 1) geführt. Die Buchse (Pos. 6) ist aus einem Lagermetall (Cu Sn 8 F 39) hergestellt, welches günstige Verschleiß- und Reibeigenschaften besitzt.
Die Kolbenstange (Pos. 5) betätigt über zwei Rillenkugellager (Pos. 9) die Zangenschenkel (Pos. 2). Die Rillenkugellager (Pos. 9) sind mit Zylinderstiften (Pos. 8) in den Zangenschenkeln (Pos. 2) befestigt.

Funktion

Der Greifer wird mit Druckluft betätigt.

Der Greifer besteht aus insgesamt 12 unterschiedlichen Einzelteilen, welche zu einer Funktionseinheit gefügt sind. Um eine einwandfreie Funktion des Greifers zu gewährleisten, werden verschiedene Fügetechniken angewandt.

Die Grundplatte des Greifers ist mit dem Roboter durch eine Schraubenverbindung und durch zwei Zylinderstifte fest verbunden. Dadurch wird der Greifer in seiner Lage fixiert.

Zum Öffnen des Greifers bewegt sich die Kolbenstange nach unten. Die Kolbenstange wird durch die Buchse in der Grundplatte geführt. Die Kolbenstange kann sich gegenüber der Grundplatte bzw. der Buchse verschieben. Hier wird eine bewegliche Verbindung verwendet.

Zum Austausch der Greiferbacken wird die Zylinderschraube gelöst. Beim Einsetzen der neuen Greiferbacken können die Schrauben wieder verwendet werden. Hier liegt eine lösbare Verbindung vor. Die Schutzbacken sind auf die Greiferbacken geklebt. Diese Verbindung ist unlösbar. Die Bauteile lassen sich nur durch Zerstörung der Klebefläche trennen.

ANALYSE

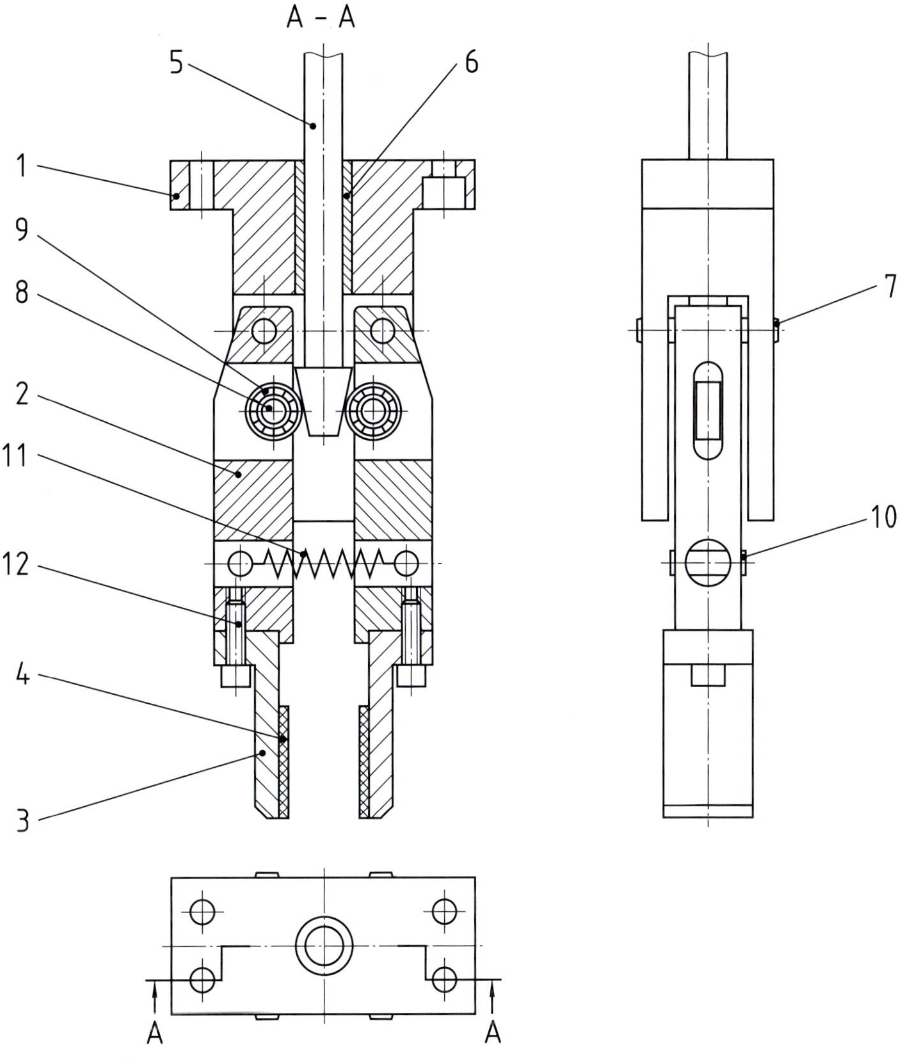

Stückliste Greifer

Pos.	Menge	Einheit	Benennung	Sachnummer/Normkurzbezeichnung	Bemerkung
1	1	Stck.	Grundplatte		EN AW - 2024
2	2	Stck.	Zangenschenkel		EN AW - 2024
3	2	Stck.	Greiferbacke		EN AW - 2024
4	2	Stck.	Schutzbacke		SBR
5	1	Stck.	Kolbenstange		C 45
6	1	Stck.	Buchse		CuSn 8 - R390
7	2	Stck.	Zylinderstift	ISO 8734 - 5 x 32 - A	St
8	2	Stck.	Zylinderstift	ISO 2338 - 5 m6 x 14	St
9	2	Stck.	Rillenkugellager	W 618/5	SKF
10	2	Stck.	Bolzen	ISO 2340-A-5 x 14	
11	1	Stck.	Zugfeder		55 Cr 3
12	2	Stck.	Zylinderschraube	ISO 4762 - M4 x 16	8.8

ANALYSE

Demontage und Montage

Zur Demontage und zur Montage des pneumatischen Greifers sind verschiedene Arbeitsschritte notwendig. Montage- und Demontagearbeiten erfolgen manuell.

Die einzelnen Arbeitsschritte müssen geplant und in die richtige Reihenfolge gebracht werden.

Die benötigten Werkzeuge, Hilfsmittel und Maschinen müssen bereitgestellt werden.

Zur Überprüfung der Funktion sind Mess- und Prüfmittel erforderlich.

Bei der Demontage müssen diese Verbindungen gelöst werden:

- Schraubenverbindungen,
- Stiftverbindungen und
- Pressverbindungen.

Diese Verbindung wird nicht gelöst:

- Klebeverbindung.

Die Montage erfolgt in umgekehrter Reihenfolge als die Demontage. Vor dem Zusammenbau müssen die Bauteile gereinigt werden. Defekte Bauteile werden repariert oder durch neue Bauteile ersetzt.

Bei Schraubenverbindungen muss darauf geachtet werden, dass sie mit dem richtigen Drehmoment angezogen werden. Dazu verwendet man Drehmomentschlüssel.

Passteile, z. B. Zylinderstifte oder Buchsen, werden vor dem Einbau leicht eingefettet oder eingeölt. Beim Einpressen ist auf Rechtwinkligkeit zu achten, damit die Bauteile nicht verkanten und dadurch beschädigt werden.

Während und nach der Montage muss die Funktion der Baugruppen sichergestellt werden. Bewegliche Bauteile, z. B. die Kolbenstange (Pos. 5) oder die Zangenschenkel (Pos. 2) müssen auf ihre Leichtgängigkeit hin überprüft werden.

Es muss darauf geachtet werden, dass die Zugfeder (Pos.11) eine ausreichende Vorspannung besitzt.

Alle Schrauben und Zylinderstifte werden auf festen Sitz kontrolliert. Nach Abschluss aller Montagetätigkeiten erfolgt immer eine Sichtkontrolle und eine Überprüfung der Gesamtfunktion.

ANALYSE

Verbindungen an dem Greifer

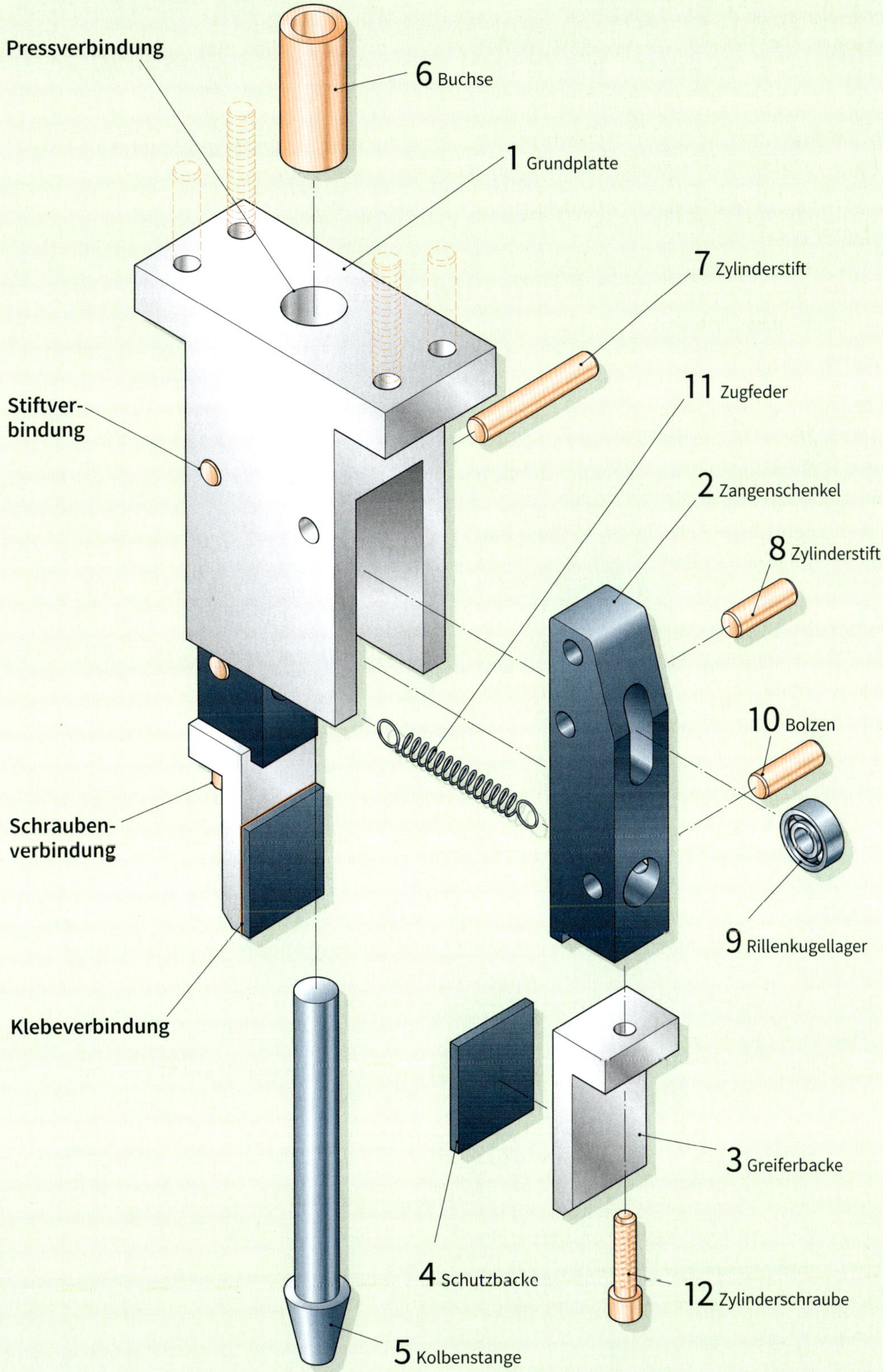

auch über Web-Link

3.1 Schraubenverbindungen

ARBEITSAUFTRAG

Der pneumatische Greifer ist mit zwei Zylinderschrauben und mit zwei Zylinderstiften an der Zwischenplatte des Roboters befestigt. Der Greifer soll zunächst als komplette Einheit ausgebaut werden. Hierzu müssen die beiden Zylinderschrauben in der Grundplatte gelöst werden. Dann kann die komplette Einheit abgezogen und nach erfolgter Reparatur wieder eingebaut werden. Die beiden Zylinderstifte verbleiben in der Grundplatte.

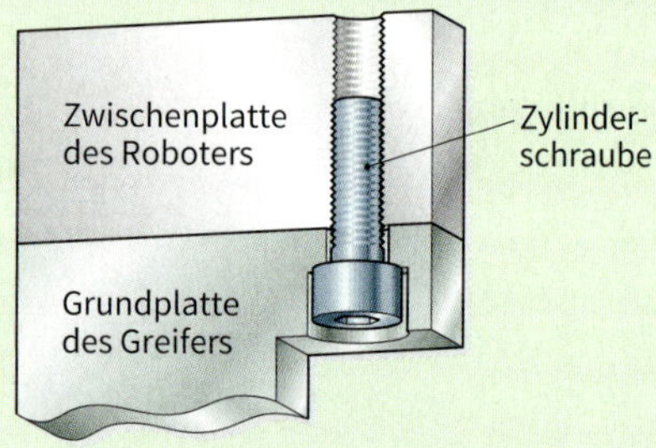

Informieren

3.1.1 Zeichnungsanalyse

Stückliste

Anhand der Stückliste (Abb. 1) können die Normteile des Greifers bestimmt werden. Die Stückliste ist eine genormte Tabelle mit folgenden Angaben:

Anhand der *Positionsnummer* kann das Bauteil in der Gesamtzeichnung identifiziert werden.

In den Spalten *Menge* und *Einheit* wird die entsprechende Anzahl der Bauteile mit der Einheit ange-geben. Unter *Benennung* steht der Name des Bauteils. Bei genormten Bauteilen wird die Norm-bezeichnung verwendet.

In der Spalte *Sachnummer/Norm-Kurzbezeichnung* wird entweder die Sachnummer eines Herstellers, z. B. die Bestellnummer, oder die Normbezeichnung nach der entsprechenden Norm angegeben.

Unter *Bemerkung* wird der Werkstoff oder die Festigkeitsklasse angegeben.

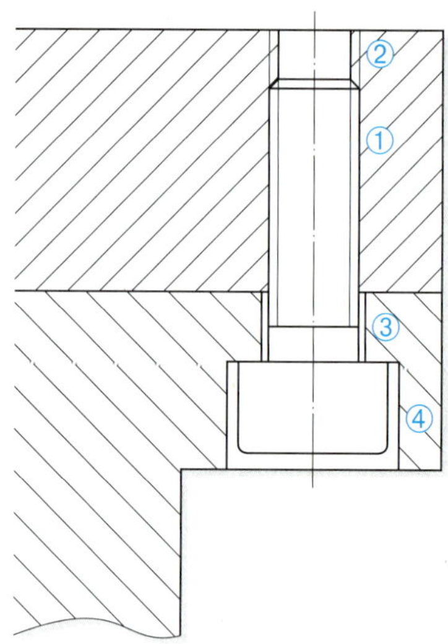

Abb. 2: Einziehverbindung

Normbezeichnung der Zylinderschraube (Pos. 12):

Zylinderschraube ISO 4762 – M4 x 16 – 8.8

Zylinderschraube mit Innensechskant nach Norm
Metrisches Gewinde mit Nenndurchmesser 4 mm
Nennlänge 16 mm
Festigkeitsklasse

Pos.	Menge	Einheit	Benennung	Sachnummer / Norm-Kurzbezeichnung	Bemerkung
1	1	Stck.	Grundplatte		EN AW - 2024
12	2	Stck.	Zylinderschraube	ISO 4762 - M4 x 16	8.8

Abb. 1: Auszug aus der Stückliste

Zeichnerische Darstellung

Bei der zeichnerischen Darstellung von Schraubenverbindungen gelten besondere Regeln, da das Außengewinde und das Innengewinde ineinander greifen. Da Schrauben auch in Schnittdarstellungen nicht im Schnitt dargestellt werden, verdeckt das Außengewinde der Schraube das Innengewinde. Das Innengewinde wird nur in dem Bereich gezeichnet, der nicht durch die Schraube verdeckt wird.

Bei der Schraubenverbindung in Abb. 2 hat eines der beiden Bauteile eine Durchgangsbohrung nach **DIN EN 20273** (→📖). Das andere Bauteil hat eine durchgehende Gewindebohrung. Diese Verbindungsart nennt man *Einziehverbindung*.

Es gelten folgende Zeichenregeln:

① Das Außengewinde der Schraube verdeckt das Innengewinde. Der Nenndurchmesser des Außengewindes wird mit einer breiten Volllinie gezeichnet, der Kerndurchmesser mit einer schmalen Volllinie. Die Schraffur geht bis zum Außendurchmesser der Schraube und wird mit schmalen Volllinien unter 45° gezeichnet.

② Das Innengewinde ist in diesem Bereich sichtbar, da es vom Außengewinde der Schraube nicht verdeckt wird. Der Kerndurchmesser wird mit einer breiten Volllinie gezeichnet, der Außendurchmesser mit einer schmalen Volllinie. Die Schraffur geht bis zum Kerndurchmesser des Gewindes.

③ In der Grundplatte ist eine Durchgangsbohrung. Sie ist größer, als der Nenndurchmesser der Schraube. Die Bohrung und die Schraube mit Gewinde und Gewindebegrenzung sind sichtbar. Die Schraffur wird bis zur Durchgangsbohrung gezeichnet.

④ Die Zylinderschraube ist hier vereinfacht dargestellt. Der Innensechskant im Schraubenkopf wird meist nicht gezeichnet.

Schraubenverbindungen können ausführlich (Abb. 2 und Abb. 3) oder in vereinfachter Form (Abb. 4) dargestellt werden. Bei der vereinfachten Form verzichtet man auf die Darstellung der Fasen am Schraubenkopf und an der Mutter sowie auf Gewindefasen und Freistiche.

Bei der Schraubenverbindung nach Abb. 3 wird die Verbindung durch eine Schraube, eine Mutter und eine Scheibe hergestellt. Die zu verbindenden Bauteile haben eine Durchgangsbohrung. Diese Verbindungsart nennt man eine *Durchsteckverbindung*.

Es gelten folgende Zeichenregeln:

⑤ Das Außengewinde der Schraube ist sichtbar dargestellt. Der Außendurchmesser wird mit einer breiten Volllinie gezeichnet, der Kerndurchmesser mit einer schmalen Volllinie.

⑥ Die Mutter und die Scheibe verdecken das Schraubengewinde. Sie werden nicht geschnitten dargestellt.

⑦ Das Schraubengewinde, die Gewindebegrenzung und die Durchgangsbohrung der beiden Platten sind sichtbar. Die Schraffur endet an der Durchgangsbohrung.

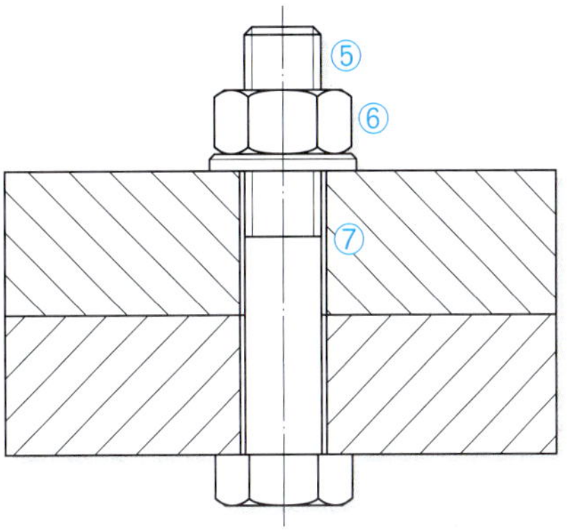

Abb. 3. Durchsteckverbindung – ausführliche Darstellung

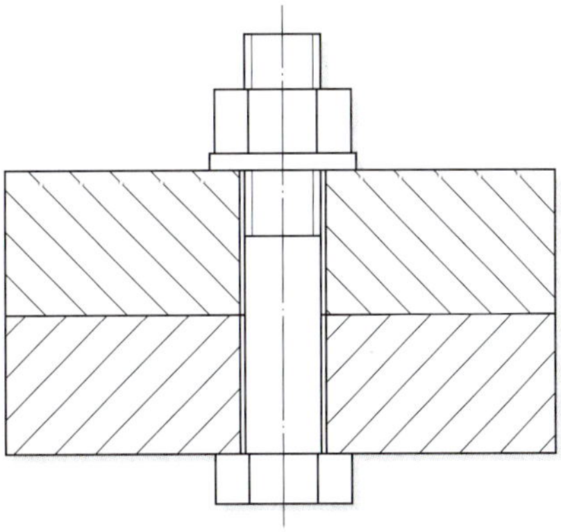

Abb. 4: Durchsteckverbindung – vereinfachte Darstellung

Fügen

3.1.2 Schrauben

Nach dem Verwendungszweck unterscheidet man Kopfschrauben, Stiftschrauben und Gewindestifte (Abb. 1).

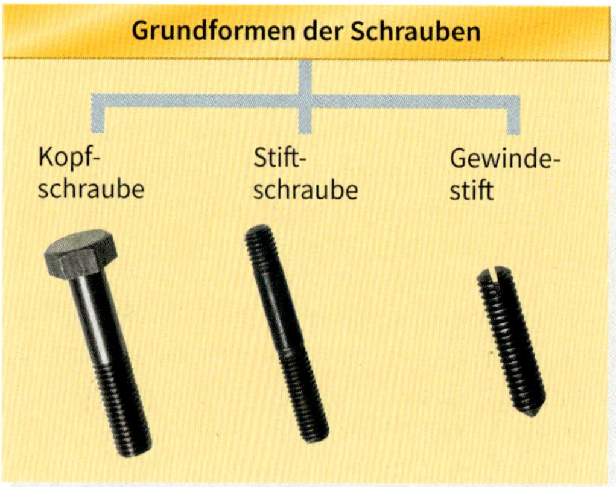

Abb. 1: Grundformen der Schrauben

Kopfschrauben sind die am häufigsten verwendeten Verbindungselemente. Sie werden bei Einziehverbindungen und bei Durchsteckverbindungen verwendet.

Einziehverbindungen werden z. B. für die Befestigung des Greifers an der Zwischenplatte des Roboters verwendet. Das Innengewinde wird dabei in die Zwischenplatte gebohrt. Die Einschraubtiefe *e* richtet sich nach dem Werkstoff des Bauteiles (→📖). Wird der Schraubenkopf versenkt, ragt die Verbindung nicht über die Bauteile hinaus. Diese Verbindung ist raumsparend. Verletzungen durch hervorstehende Schraubenteile werden vermieden.

Durchsteckverbindungen sind schnell und wirtschaftlich herzustellen. Das Gewindebohren entfällt, es genügt eine Durchgangsbohrung. Die Auflageflächen für den Kopf und die Mutter sollen parallel zueinander sein, um ein Verkanten zu verhindern. Die Mutter und das Schraubenende ragen allerdings über das Bauteil hinaus. Für die Mutter muss genügend Raum zur Montage vorhanden sein.

Stiftschrauben verwendet man, wenn die Verbindung häufig gelöst werden muss. Das Einschraubende der Stiftschraube verbleibt z. B. im Getriebegehäuse. Dadurch wird das Innengewinde im Gehäuse geschont (Abb. 3).

Gewindestifte haben auf ihrer gesamten Länge ein Gewinde. Sie sind zum Einschrauben mit einem Schlitz oder einem Innensechskant versehen. Gewindestifte werden hauptsächlich verwendet, um nach dem Zusammenbau die Lage zweier Teile zueinander festzulegen.

Nach der Ausführung des Kopfes unterscheidet man *Sechskant-*, *Vierkant-*, *Zylinder-* und *Senkschrauben* (Abb. 2).

Sechskant- und Vierkantschrauben werden wegen ihrer äußeren Kopfform mit einem Gabelschlüssel angezogen. Zylinder- und Senkschrauben haben eine innere Form, einen Innensechskant, einen Schlitz oder Kreuzschlitz. Diese Schrauben werden mit einem Schraubendreher eingedreht. Der Kopf wird häufig soweit eingesenkt, dass er an der Fügestelle nicht mehr hervorsteht.

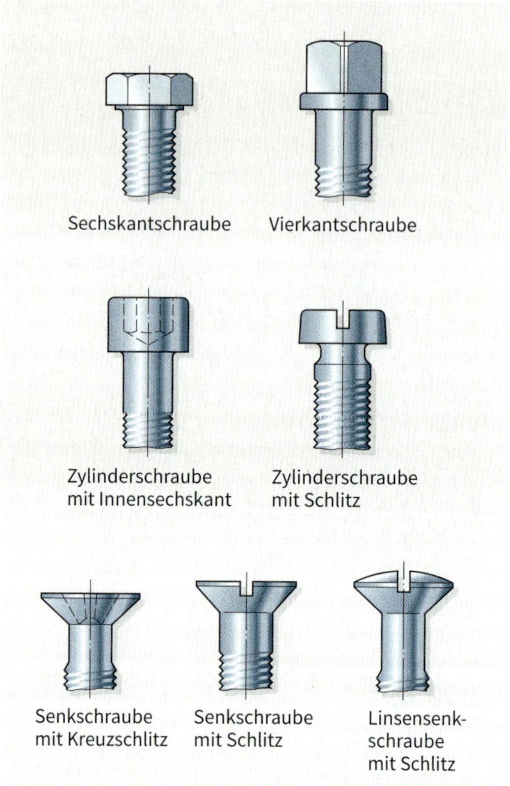

Abb. 2: Kopfschrauben

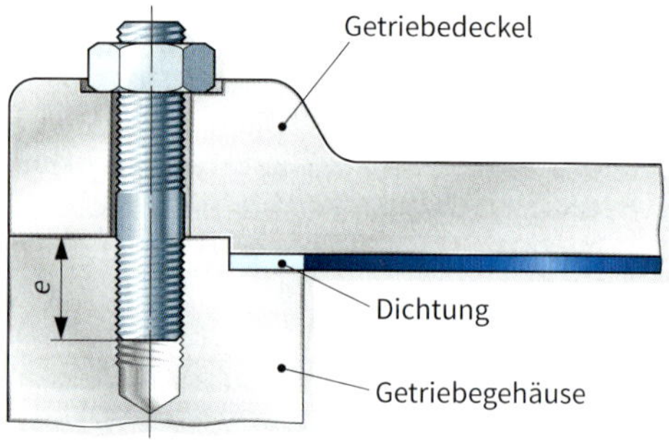

Abb. 3: Stiftschraubenverbindung

Fügen

3.1.3 Muttern

Nach dem Verwendungszweck unterscheidet man unterschiedliche Muttern (Tab. 1).

Tab. 1: Muttern

Form	Beschreibung	Form	Beschreibung
	**Sechskantmutter** Man verwendet sie in Durchsteckverbindungen und Stiftschraubenverbindungen. Sie werden meist in Verbindung mit Sechskantschrauben verwendet.		**Kronenmutter** Wenn die Schraubenverbindung mit einem Splint gesichert werden soll.
	**Hutmutter** Schließt das Gewinde nach außen ab. Dadurch schützt sie das Gewinde vor Beschädigungen und Korrosion. Verletzungen werden vermieden.	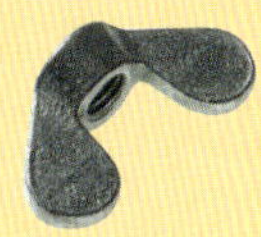	**Flügelmutter** Wenn die Verbindung häufig von Hand gelöst werden soll.
	**Rändelmutter** Wenn die Verbindung häufig von Hand gelöst werden soll.		**Nutmutter** Zum Ein- und Nachstellen des axialen Spiels von Bauteilen, z. B. Wälzlagern auf Wellen.

Fügen

3.1.4 Kennzeichnung von Schrauben und Muttern

Schrauben und Muttern werden aus Werkstoffen mit unterschiedlichen Eigenschaften hergestellt.

Die Güte von Schrauben und Muttern wird jeweils durch

- die Festigkeitsklasse und
- die Produktklasse

angegeben (➔📖).

Die Festigkeitsklasse einer Schraube (Abb. 4a) gibt an, wie hoch sie belastet werden darf. Grundsätzlich dürfen Schrauben nur im elastischen Bereich verformt werden. Dieser Kennwert wird durch die Streckgrenze angegeben. Bei Schrauben wird neben der Streckgrenze noch die Zugfestigkeit angegeben. Die Zugfestigkeit gibt an, bei welcher Belastung die Schraube bricht.

Die Festigkeitsklasse einer Mutter (Abb. 4b) gibt ebenfalls an, wie hoch sie belastet werden darf. Dabei ist entscheidend, dass die Festigkeitsklasse der Schraube und der zugehörigen Mutter aufeinander abgestimmt werden.

! Schrauben und Muttern müssen bei paarweiser Anwendung die gleiche Festigkeitsklasse besitzen.

Die Festigkeitsklasse einer Schraube oder Mutter kann auch durch Symbole nach dem Uhrzeigersystem angegeben werden (Abb. 4c) (➔📖).

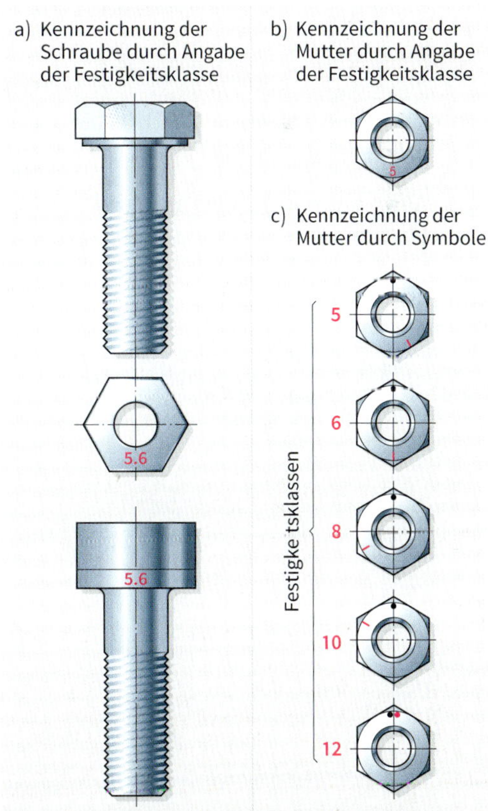

Abb. 4: Kennzeichnung von Schrauben und Muttern

Die Festigkeitsklasse der Schrauben aus Stahl wird durch zwei Kennzahlen angegeben. Die erste Zahl enthält verschlüsselt die Angabe zur Mindestzugfestigkeit R_m, die zweite Zahl enthält verschlüsselt die Angabe zur Streckgrenze R_e bzw. zur Dehngrenze $R_{p0,2}$.

Angabe auf dem Kopf einer Schraube:

5 . 6

5 x 100 = 500
Mindestzugfestigkeit R_m = 500 N/mm²

5 x 6 x 10 = 300
Streckgrenze R_e = 300 N/mm²

Die *Festigkeitsklasse einer Mutter* wird durch eine Kennzahl angegeben. Sie gibt die Mindestzugfestigkeit R_m des Werkstoffes der Mutter an.

Angabe auf einer Mutter:

5

5 x 100 = 500
Mindestzugfestigkeit der Mutter
R_m = 500 N/mm²

Eine Schraube 5.6 muss mit einer Mutter 5 gepaart werden. Diese Verbindung darf bis zur Streckgrenze der Schraube R_e = 300 N/mm² belastet werden.

Die Produktklasse von Schrauben und Muttern kennzeichnet die maximale Rautiefe der Oberfläche und die zulässigen Toleranzen.

3.1.5 Auswahl von Schrauben und Muttern

Die Auswahl von Schrauben erfolgt nach den Kenngrößen (Abb. 1).

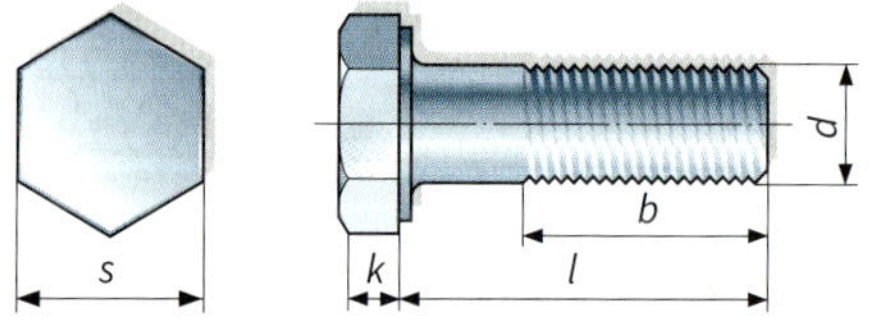

s: Schlüsselweite
k: Kopfhöhe
l: Schaftlänge
b: Gewindelänge
d: Gewindedurchmesser

Abb. 1: Kenngrößen einer Sechskantschraube

Der Durchmesser der Schraube richtet sich nach der berechneten Belastung an der zu fügenden Stelle. Die Gewindelänge des Schraubenschaftes einschließlich der nutzbaren Gewindelänge wird durch die Dicke der zu verbindenden Bauteile bestimmt.

Zur Auswahl des passenden Werkzeuges ist die richtige Schlüsselweite zu bestimmen.

3.1.6 Normung von Schrauben und Muttern

Beim Einsatz und der Fertigung von Bauteilen wird in Fertigungsteile und Normteile unterschieden. Aus Kosten- oder Fertigungsgründen ist es oft nicht sinnvoll, alle benötigten Teile selbst herzustellen. In solchen Fällen kann man auch Normteile verwenden. Durch Normteile wird die Austauschbarkeit von Bauteilen und Baugruppen erleichtert.

Schrauben und Muttern sind Normteile. Notwendige Informationen für die Herstellung und den Einsatz von Schrauben sind in Normen zu finden.

Bezeichnung einer Sechskantschraube
Sechskantschraube ISO 4014 – M 12x60 – SW 18 – 8,8

Norm DIN EN ISO
Metrisches Gewinde
Gewindedurchmesser 12 mm
Schaftlänge 60 mm
Schlüsselweite 18 mm
Festigkeitsklasse 8.8

Bezeichnung einer Sechskantmutter
Sechskantsmutter ISO 4032 – M 12 – SW 18 – 8

Norm DIN EN ISO
Metrisches Gewinde
Gewindedurchmesser 12 mm
Schlüsselweite 18 mm
Festigkeitsklasse 8

Weitere Bezeichnungsbeispiele findet man im Tabellenbuch (➜📖).

Normen

DIN-Normen
Eine DIN-Norm ist ein vom Deutschen Institut für Normung e.V. erarbeiteter freiwilliger nationaler Standard.

EN-Normen
Die Europäischen Normen (EN) sind Regeln, die im Bereich der Europäischen Union gelten und zuvor durch europäische Komitees erarbeitet wurden.

ISO-Normen
ISO-Normen sind auf internationaler Ebene erarbeitete Standards. Herausgegeben werden sie von der Organisation für Normung (ISO: International Organization for Standardization). Sie besitzen Gültigkeit in allen Mitgliedsländern dieser Normungsorganisation.

Fügen

3.1.7 Gewindearten

Schrauben und Muttern werden je nach Verwendung mit unterschiedlichen Gewinden hergestellt.

Tab. 1: Gewindearten

Befestigungsgewinde		
Befestigungsgewinde haben eine kleine Steigung *P* und einen großen Flankenwinkel. Die Gewindeprofile haben eine dreieckige Grundform, man nennt sie Spitzgewinde. Eine Schraube mit Feingewinde hat im Vergleich zu einer Schraube mit Regelgewinde ein zum Außendurchmesser relativ kleineres Gewindeprofil. Zur Unterscheidung wird es zusätzlich mit dem Maß seiner ebenfalls kleineren Steigung gekennzeichnet (siehe Beispiel).		
Metrisches Regelgewinde z. B. M 16	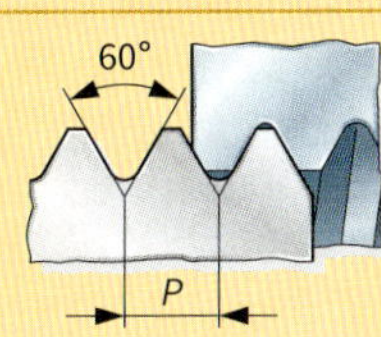	Gewinde für Schrauben und Muttern
Metrisches Feingewinde z. B. M 16 x 1,5	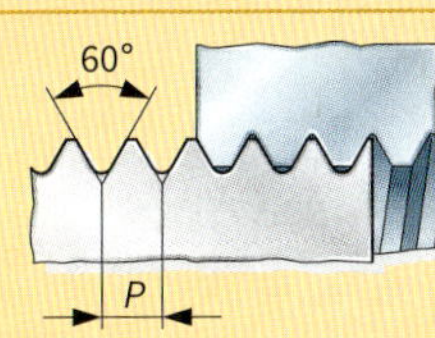	Gewinde bei dünnwandigen Bauteilen und Schrauben mit kurzen Einschraublängen, Nutmuttern
Rohrgewinde z. B. G 3/4, Rp 3/4	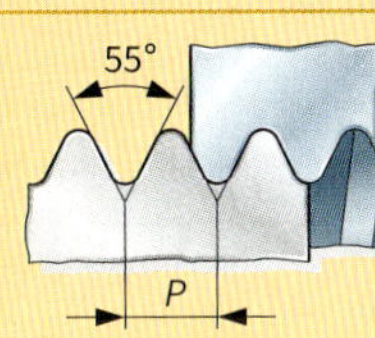	Gewinde für Rohre, Fittings und Armaturen im Heizungsbau
Bewegungsgewinde		
Bewegungsgewinde haben eine große Steigung *P* und einen kleinen Flankenwinkel.		
metrisches Trapezgewinde z. B. Tr 40 x 7	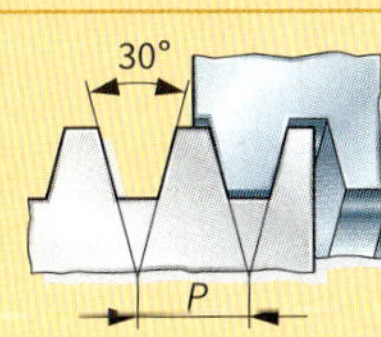	Schraubstockspindel, Kraftübertragung in zwei Richtungen
metrisches Sägengewinde z. B. S 50 x 8	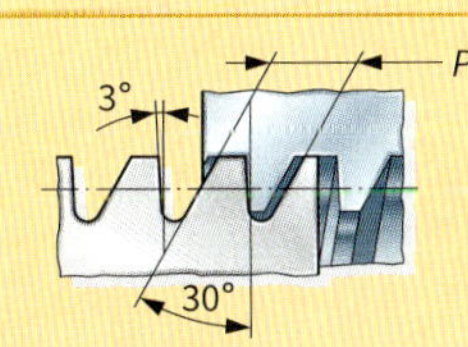	Spindeln bei Pressen und Hubeinrichtungen, Kraftübertragung hauptsächlich in eine Richtung

Metrische Gewinde werden als Rechts- und Linksgewinde hergestellt. Linksgewinde werden mit LH (= left hand) gekennzeichnet (z. B. M 16 LH). Linksgewinde werden dann verwendet, wenn sich ein Rechtsgewinde lösen würde, z. B. bei einer Schleifscheibenbefestigung.

Es gibt eingängige und mehrgängige Gewinde (Abb. 2). Die Zahl der Gänge erkennt man an der Anzahl der Gewindeanfänge. Mehrgängige Gewinde verwendet man, wenn durch geringe Drehbewegungen große Längsbewegungen erreicht werden sollen. Pressenspindeln haben vielfach mehrgängige Gewinde.

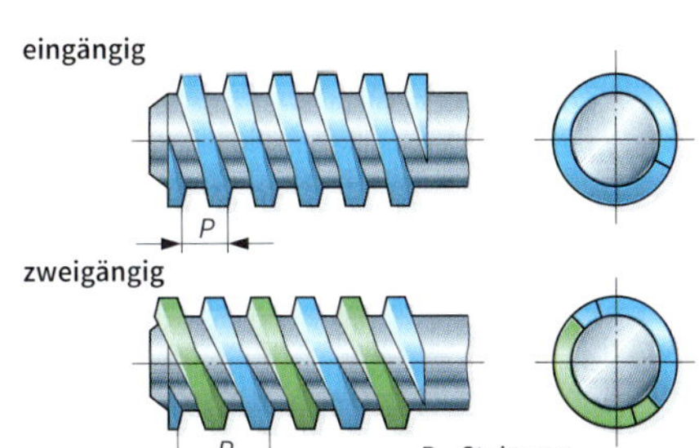

Abb. 2: Ein- und mehrgängige Gewinde

Grundlagen

Gewinde

Wird eine Schraube mit einem Schraubenschlüssel angezogen, entsteht ein Drehmoment. Die Größe des Anziehdrehmomentes M_A ist von der Handkraft F_H und von der Hebellänge l abhängig. Das Anziehdrehmoment M_A wirkt nach dem Hebelgesetz auch an der Schraube. Dort erzeugt es am Flankendurchmesser d_2 (→📖) die Umfangskraft F_U.

auch über Web-Link

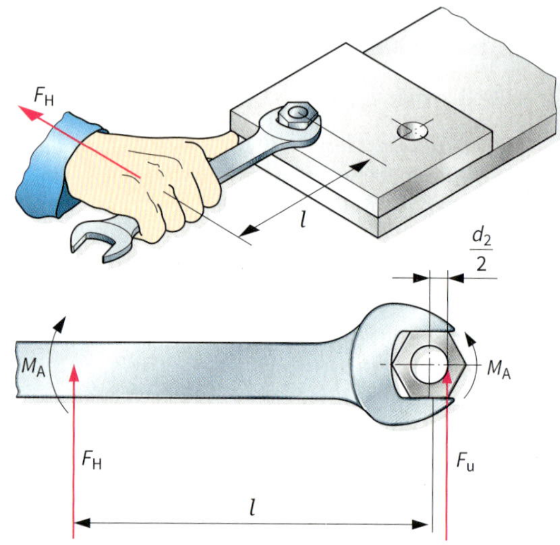

$$M_A = F_H \cdot l \qquad M_A = F_U \cdot \frac{d_2}{2}$$

$$F_H \cdot l = F_U \cdot \frac{d_2}{2}$$

$$F_U = \frac{2 \cdot F_H \cdot l}{d_2}$$

Wickelt man am Flankendurchmesser d_2 der Schraube einen Gang ab, ergibt sich ein Dreieck in Form eines schlanken Keiles. Die Grundlinie des Dreiecks entspricht dem Umfang eines Kreises mit dem Durchmesser d_2. Die Höhe des Dreiecks ist die Steigung P des Gewindes. Bei metrischen Gewinden entspricht die Steigung der Ganghöhe, d.h. dem Abstand zwischen zwei Gewindestufen entlang der Gewindeachse. Man kann auch sagen, die Steigung ist der axiale Weg, der durch eine Umdrehung des Gewindes zurückgelegt wird.

Mithilfe des Kräfteparallelogramms kann man die Umfangskraft F_U in die Kräfte F_V und F_N zerlegen. Aufgrund der Keilwirkung werden die Kräfte F_V und F_N wesentlich größer als die Kraft F_U.

Die Größe der Vorspannkraft F_V ist von der Umfangskraft F_U und der Steigung P abhängig. Je kleiner die Steigung ist, desto größer wird die Vorspannkraft F_V bei gleich großer Umfangskraft F_U.

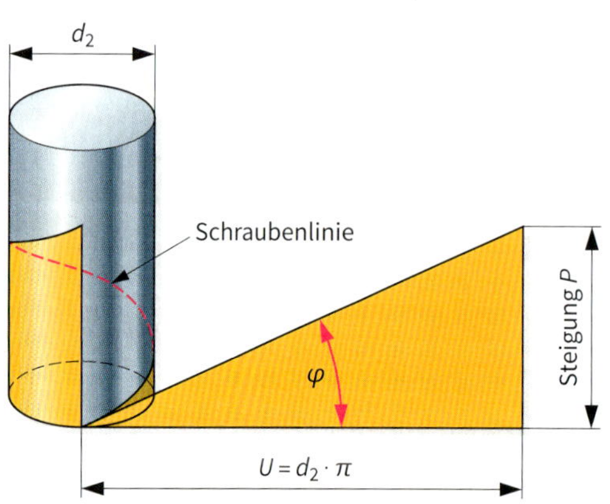

Abwicklung einer Schraubenlinie

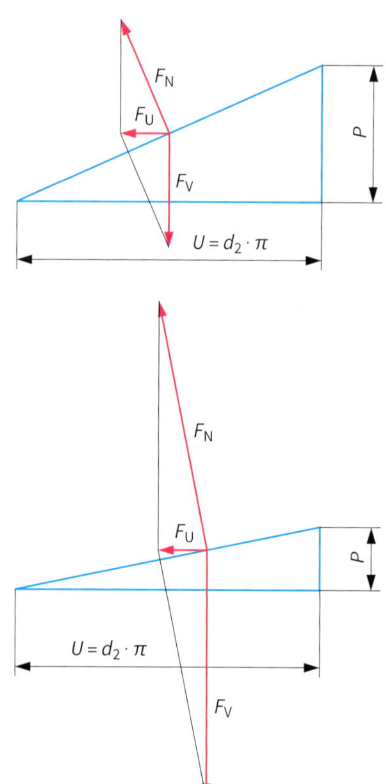

auch über Web-Link

Beim Anziehen wird die Drehbewegung der Schraube in eine Längsbewegung umgewandelt. Dadurch entsteht in der Schraubenverbindung die Vorspannkraft F_V.

! Durch die *Keilwirkung des Gewindes* wird die Umfangskraft F_U verstärkt. Sie wirkt als Vorspannkraft F_V zwischen den Bauteilen und als Zugkraft im Schraubenbolzen.

Grundlagen

Durch das Anziehen einer Schraubenverbindung mit dem Anziehdrehmoment M_A werden die zu verbindenden Bauteile aufeinander gepresst. Dadurch entsteht in der Schraube eine Zugkraft F_Z, welche die Schraube dehnt. Die Schraube wird um die Strecke l länger. Zwischen den Bauteilen entsteht die Vorspannkraft F_V, welche die Bauteile aufeinander presst. Dadurch verkürzen sich die Bauteile um den Betrag s. Die Vorspannkraft F_V ist vom Anziehdrehmoment M_A und von der Gewindesteigung P abhängig. Eine kleine Gewindesteigung P bewirkt eine große Vorspannkraft F_V. Bei kleinen Gewindesteigungen wird das Losdrehen der Verbindung erschwert. Das Losdrehen der Verbindung ist zusätzlich von der Reibung abhängig. Reibung entsteht zwischen den Gewindegängen und zwischen dem Schraubenkopf und der Auflagefläche. Die Reibungsverluste werden in der Formel durch den Wirkungsgrad berücksichtigt.

Vorspannkraft:

$$M_A = \frac{F_V \cdot P}{2 \cdot \pi \cdot \eta}$$

Die Vorspannkraft kann Tabellen (→📖) entnommen werden. Reibungsverluste in Schraubenverbindungen sind hoch und betragen ca. 90 %.

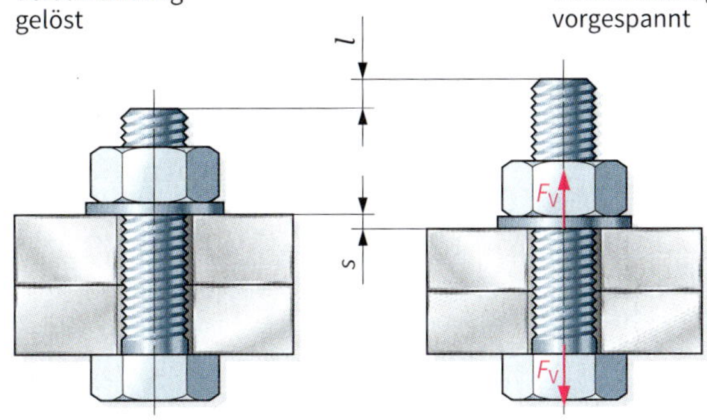

l: Verlängerung der Schraube
s: Verkürzung der Bauteile

Werden Schrauben zu fest angezogen, so werden sie überdehnt.

Werden Schrauben zu leicht angezogen, so kann sich die Verbindung lösen.

Beispiel:

Zum Fügen zweier Bauteile wird eine Schraube M 16 verwendet. An dem Schraubenschlüssel mit der wirksamen Hebellänge $l = 200$ mm greift die Handkraft $F_H = 500$ N an.

a) Berechnen Sie das Anziehdrehmoment M_A, das auf die Schraube wirkt.

b) Berechnen Sie die Vorspannkraft F_V, die mit dem Anziehdrehmoment erzeugt werden kann, wenn ein Wirkungsgrad von 15 % berücksichtigt wird.

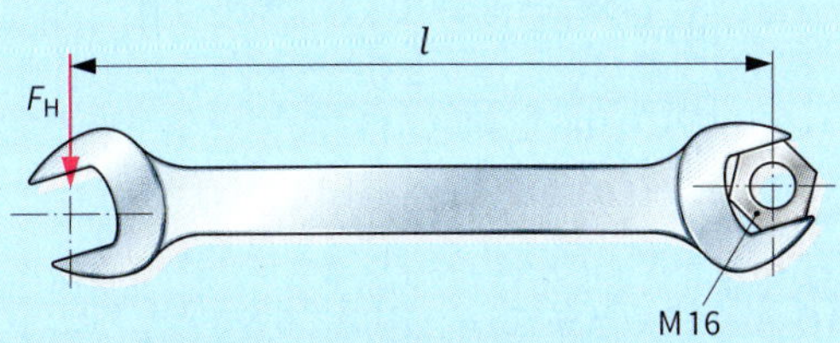

Geg.: $F_H = 500$ N
$l = 200$ mm
$P = 2$ mm
$\eta = 0{,}15$

Ges.: a) M_A in Nm, b) F_V in N

Lösung:

a) $M_A = F_H \cdot l = 500\ \text{N} \cdot 0{,}2\ \text{m}$

$\underline{\underline{M_A = 100\ \text{Nm}}}$

b) $$F_V = \frac{2 \cdot \pi \cdot \eta \cdot M_A}{P}$$

$$F_V = \frac{2 \cdot \pi \cdot 0{,}15 \cdot 100\ \text{Nm}}{0{,}002\ \text{m}}$$

$\underline{\underline{F_V = 47123{,}8\ \text{N}}}$

Grundlagen

Reibung

Die Größe der Reibungskraft F_R ist von der senkrecht zu den Berührungsflächen wirkenden Normalkraft F_N und von der Reibungszahl μ abhängig.

Reibungskraft = Normalkraft · Reibungszahl

$$F_R = F_N \cdot \mu$$

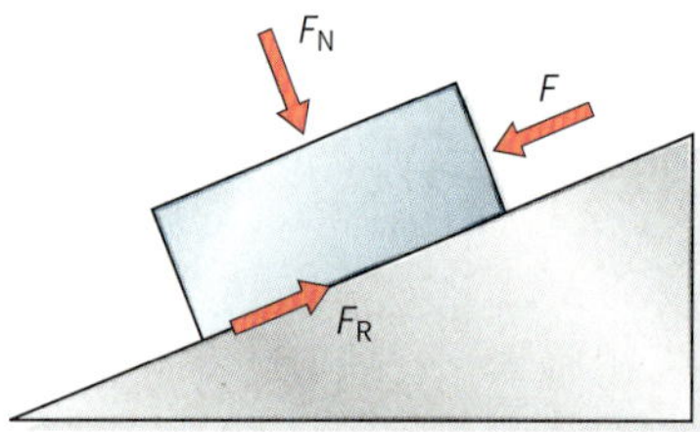

Die Reibungszahl ist ein experimenteller Wert. Sie wird in Versuchen ermittelt und kann Tabellen entnommen werden (→📖).

Die Reibungszahl ist abhängig von

- der Reibungsart,
- der Werkstoffpaarung,
- der Oberflächenbeschaffenheit und
- der Schmierung.

Maßeinheit für die Kräfte ist das Newton. Die Reibungszahl hat keine Maßeinheit.

Fügen

3.1.8 Reibung am Greifer

Die Betätigung des Greifers erfolgt durch das Ausfahren der Kolbenstange. Dadurch entsteht zwischen der Kolbenstange (Pos. 5) und der Buchse (Pos. 6) Gleitreibung (Abb. 1).

Man unterscheidet folgende Reibungsarten:

- **Gleitreibung**,
- **Haftreibung** und
- **Rollreibung**.

Gleitreibung wirkt zwischen Körpern, die sich relativ zueinander bewegen. Sie hemmt die Bewegung oder wirkt ihr entgegen. Die Gleitreibungszahl wird mit μ bezeichnet.

Haftreibung wirkt zwischen ruhenden Körpern. Sie verhindert, dass sich die Körper gegeneinander verschieben. Zwischen der Buchse (Pos. 6) und der Grundplatte (Pos. 1) wirkt Haftreibung. Die Haftreibungszahl wird mit i_0 bezeichnet.

auch über Web-Link

Rollreibung wirkt zwischen Körpern, die sich aufeinander abrollen können. Das Rillenkugellager (Pos. 9) rollt sich auf der Kolbenstange (Pos. 5) ab. Die Kugeln im Rillenkugellager rollen ebenfalls zwischen Außen- und Innenring des Lagers. Für die Berechnung der Rollreibung gelten spezielle Formeln.

Reibungszahlen sind von der *Werkstoffpaarung* der sich reibenden Bauteile abhängig. Durch Auswahl einer geeigneten Werkstoffpaarung lässt sich z. B. die Reibung zwischen der Kolbenstange (Pos. 5) und der Buchse (Pos. 6) vermindern.

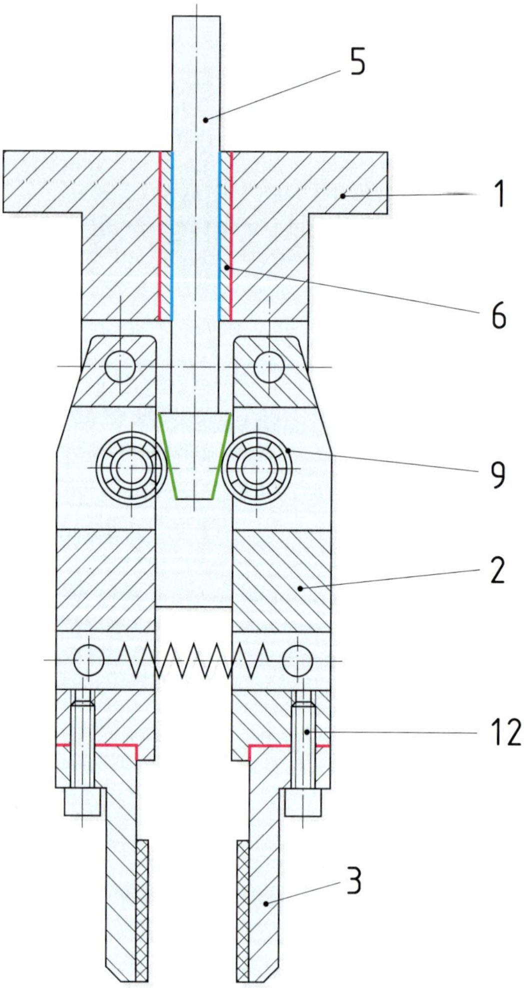

Abb. 1: Reibungsarten am Greifer

Die *Oberflächenbeschaffenheit* beeinflusst ebenfalls die Reibung. Je rauer die Oberflächen sind, desto größer wird die Reibungszahl. Durch Feinbearbeitung wie z. B. Reiben der Buchse und Schleifen der Kolbenstange lassen sich glatte Oberflächen mit geringen Reibungszahlen herstellen.

Schmiermittel z. B. Öle vermindern die Reibungszahl.

In vielen technischen Anwendungen ist die Reibung unerwünscht, da sie zum Verschleiß von Bauteilen beiträgt. Zur Verminderung der Reibung wurden deshalb am Greifer Rillenkugellager eingebaut und geeignete Werkstoffpaarungen ausgewählt. Die Oberfläche der Kolbenstange wurde gehärtet und geschliffen.

Zum anderen gibt es jedoch viele Anwendungen, welche auf Reibung nicht verzichten können. Bei Schraubenverbindungen ist Reibung im Gewinde und zwischen den Bauteilen erwünscht, da sich die Verbindung sonst lösen würde.

Selbsthemmung

Selbsthemmung an der Paarung Schraube/Mutter liegt vor, wenn die Reibung zwischen den Gewindeflanken größer ist als die Abtriebskraft, die bestrebt ist, z. B. die Schraube in der Mutter drehend abgleiten zu lassen.

Selbsthemmung beim Regelgewinde

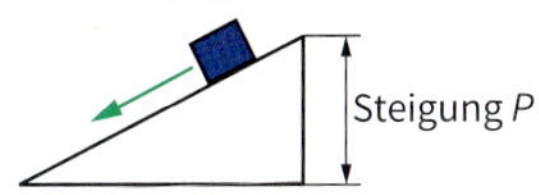

Eine Windung $U = d_2 \cdot \pi$

Selbsthemmung beim Feingewinde

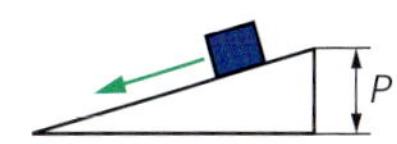

Eine Windung $U = d_2 \cdot \pi$

Bei großer Steigung rutscht der Klotz leicht nach unten. Die Selbsthemmung ist geringer. Wegen der geringeren Steigung ist die Selbsthemmung von Feingewinden größer als die von Regelgewinden. Deshalb kann man bei Feingewinden unter Umständen auf eine Schraubensicherung verzichten.

3.1.9 Kraftschlüssige Verbindungen

Die meisten Schraubenverbindungen (Abb. 2) sind kraftschlüssige Verbindungen. Durch das Anziehen entsteht in der Schraube eine Längskraft F, welche die zu verbindenden Teile aufeinander presst. Wird die Verbindung belastet, entsteht zwischen den Bauteilen eine Reibungskraft, die das Verschieben verhindert.

Bei der Klemmverbindung (Abb. 3) wird die Schraube angezogen. Die Längskraft F in der Schraube zieht die geschlitzte Nabe zusammen. Wird die Welle belastet, so entsteht eine Reibungskraft zwischen der Nabe und der Welle. Dadurch wird das Verschieben und Verdrehen der Welle verhindert.

Bei der Kegelverbindung (Abb. 4) entsteht durch das Anziehen der Mutter eine Längskraft F in Achsrichtung. Der Kegel wird in die Bohrung hineingezogen. Dadurch entsteht zwischen den kegeligen Berührungsflächen eine Reibungskraft, die die Verbindung herstellt.

! Kraftschlüssige Verbindungen entstehen, wenn Werkstücke aufeinander gepresst werden. Sie übertragen Kräfte oder Drehmomente durch Reibungskräfte.

Wird eine kraftschlüssige Verbindung durch zu große Kräfte überlastet, geht der Kraftschluss verloren. Die gefügten Bauteile verschieben sich gegeneinander.

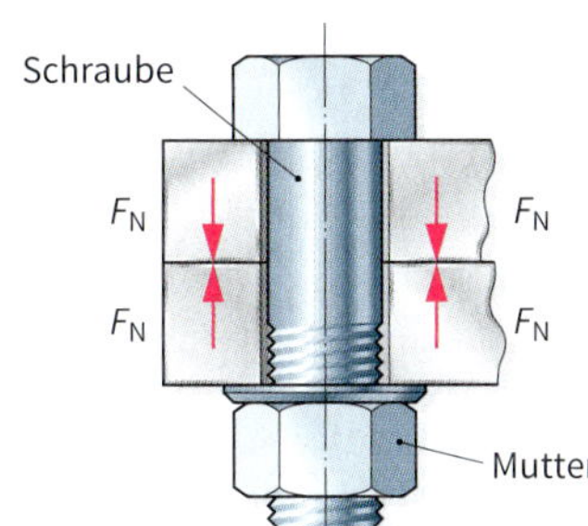

Abb. 2: Schraubenverbindung

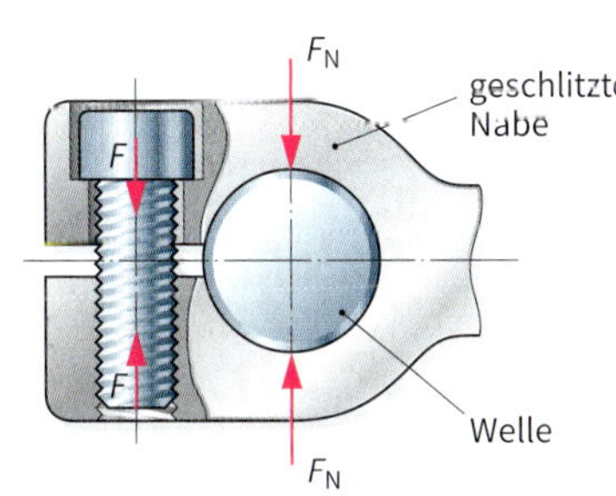

Abb. 3: Klemmverbindung

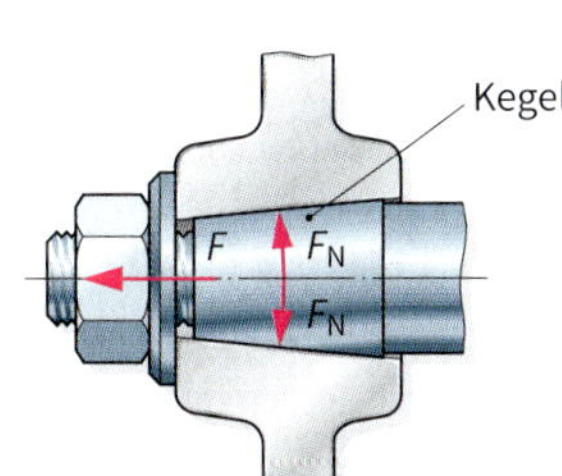

Abb. 4: Kegelverbindung

3.1.10 Schraubensicherungen

Schraubenverbindungen können sich durch äußere Belastungen, z.B. Schwingungen und Temperaturänderungen, selbsttätig lösen. Dies kann zur Beschädigung von Bauteilen oder zu Unfällen führen. Mithilfe von Schraubensicherungen kann man ein Lösen verhindern.

Dabei kommen unterschiedliche Arten zum Einsatz. Je nach Konstruktionsprinzip verhindern sie

- das Nachlassen der Vorspannkraft,
- das Losdrehen oder
- das Auseinanderfallen

der Schraubenverbindung (Tab. 1).

Das Lockern der Schraubenverbindung (Abb. 1a) kann durch einen Federring verhindert werden. Der Federring erhält zwischen dem Schraubengewinde und dem Muttergewinde die Vorspannkraft, und somit die Reibungskraft. Dadurch verhindert er das Nachlassen der Spannungen und somit ein Lockern der Verschraubung. Eine Scheibe, deren Lappen umgebogen wurde (Abb. 1b), verhindert das Losdrehen und Auseinanderfallen der Schraubenverbindung. Das Lockern der Verbindung kann damit jedoch nicht verhindert werden. Man nennt diese Art von Sicherungen auch Verliersicherungen.

Klebstoff verhindert das Losdrehen der Verbindung (Abb. 2). Diese Sicherung beruht auf dem Verkleben der Gewinde miteinander. Klebstoff wird zwischen Schraube und Mutter gebracht, oder es werden Schrauben mit mikroverkapseltem Klebstoff verwendet. In kleinen Kunststoffkugeln ist Klebstoff eingeschlossen. Während des Einschraubens in das Gegengewinde platzen die Kugeln auf. Der Klebstoff benetzt Schrauben- und Muttergewinde und härtet aus.

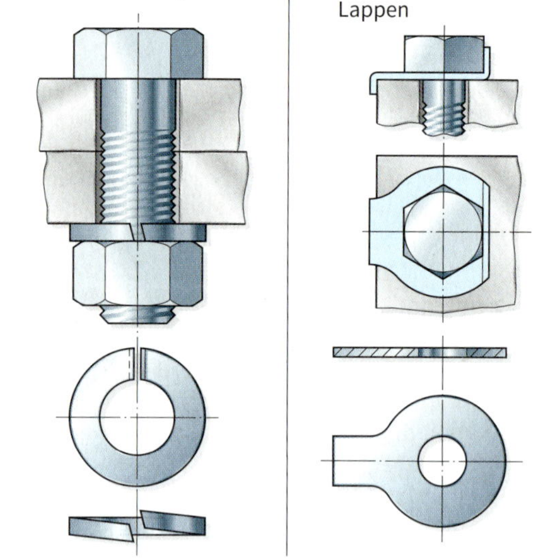

Abb. 1: Schraubensicherungen

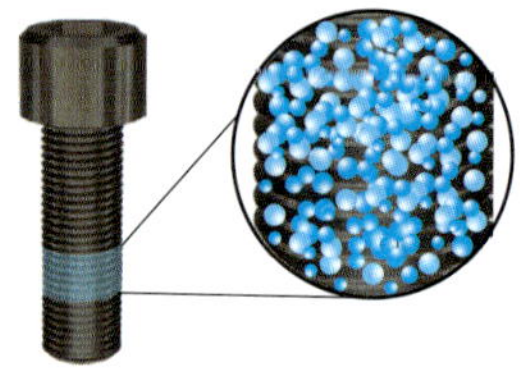

Abb. 2: Schraubensicherung durch Klebstoff

Tab. 1: Schraubensicherungen

Nachlassen der Vorspannkraft: Setzsicherungen		**Losdrehen: Losdrehsicherungen**	**Auseinanderfallen: Verliersicherungen**	
Setzsicherungen können die Abnahme der Klemmlänge durch die plastische Verformung aller Klemmteile ausgleichen und eine Abnahme der notwendigen Vorspannkraft verhindern.		Losdrehsicherungen verhindern ein Lockern der Schraube oder der Mutter, sie gleichen die Abnahme der Klemmlänge durch die plastische Verformung aller Klemmteile **nicht** aus.	Verliersicherungen verhindern nach dem Lockern und dem Verlust der Vorspannkraft ein völliges Auseinanderfallen der Verbindung.	
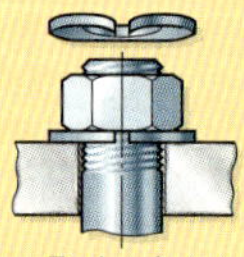 Federring	 Zahnscheibe	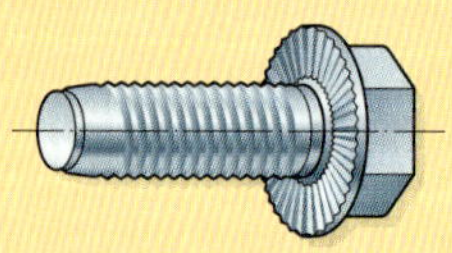 Sperrzahnschraube	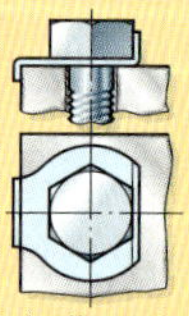 Scheibe mit Lappen	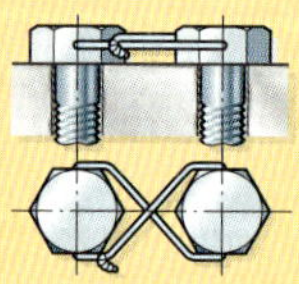 Drahtsicherung
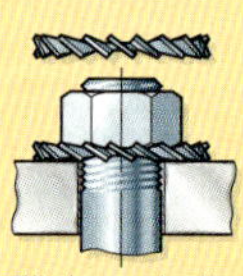 Fächerscheibe	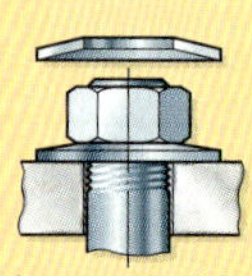 Spannscheibe oder Tellerfeder	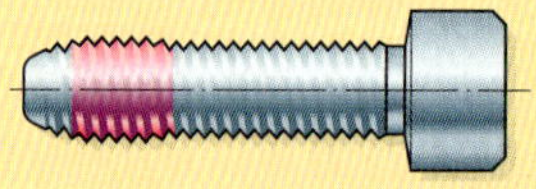 klebstoffbeschichtetes Gewinde	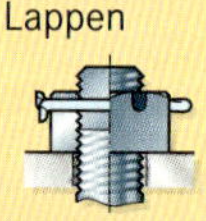 Kronenmutter mit Splint	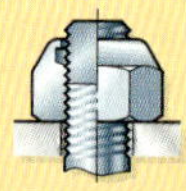 Mutter mit Klemmteil
Alle Schraubensicherungen sind nur einmal verwendbar, da sie sich beim Anziehen der Verbindung plastisch verformen können oder bei der Demontage brechen. Bei einem erneuten Einsatz ist die Funktionsfähigkeit nicht mehr gewährleistet.				

3.1.11 Werkzeuge zur Montage von Schraubenverbindungen

Werkzeuge zur Montage einer Schraubenverbindung werden nach der Größe und Form des Schraubenkopfes und der Mutter ausgewählt. Die Schlüsselweite SW ist dabei das Auswahlkriterium. Die Schlüsselweiten sind jeweils auf den Schlüsseln eingeprägt.

Das einfachste Werkzeug ist der Doppelgabelschlüssel, der für Vierkant- und Sechskantschrauben verwendet wird (Abb. 3).

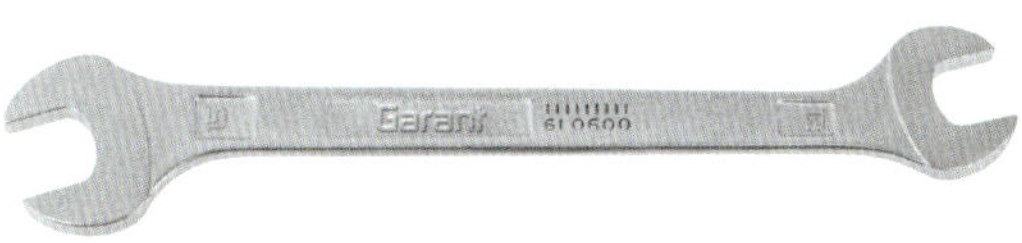

Abb. 3: Doppelgabelschlüssel

Zwölfkant-Ringschlüssel für Vierkant- und Sechskantmuttern gibt es gerade oder geköpft (Abb. 4).

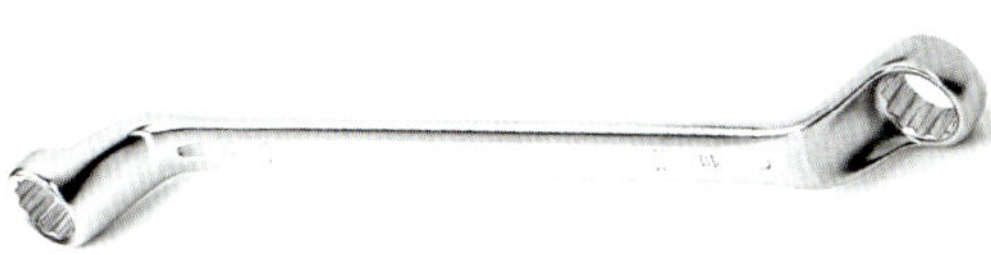

Abb. 4: Ringschlüssel

Neben Gabelschlüssel und Ringschlüssel werden den Sechskant-Steckschlüssel für das Lösen bzw. Festziehen von Sechskantschrauben verwendet.

Ein Steckschlüssel-Werkzeugsatz (Abb. 5) besteht aus

- Zwölfkant-Steckschlüsseleinsätzen in unterschiedlichen Baureihen,
- der Knarre zum Umschalten auf Festziehen und Lösen,
- Verlängerungsstücken und
- Gelenkstücken.

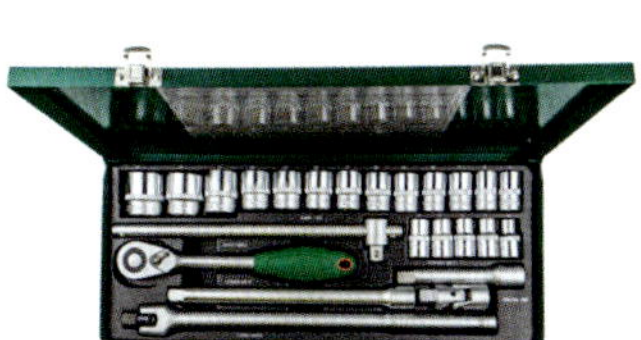

Abb. 5: Steckschlüssel-Werkzeugsatz

Weitere Werkzeuge für die Montage von Schraubenverbindungen sind

- Sechskant-Stiftschlüssel für Schrauben mit Innensechskant (Abb. 6).

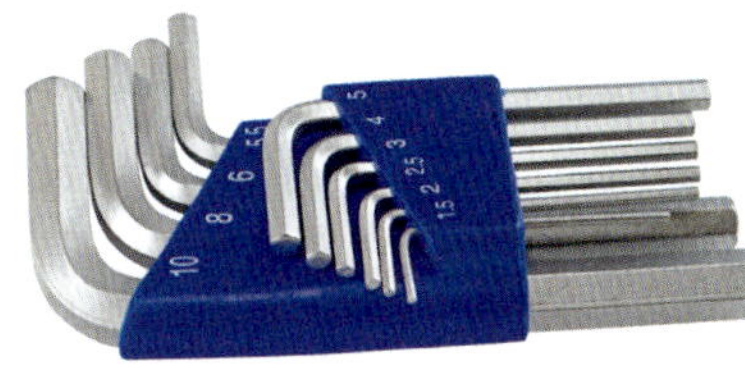

Abb. 6: Sechskant-Stiftschlüssel

- Verstellbare Schraubenschlüssel für Vierkant- oder Sechskantschrauben (Abb. 7).

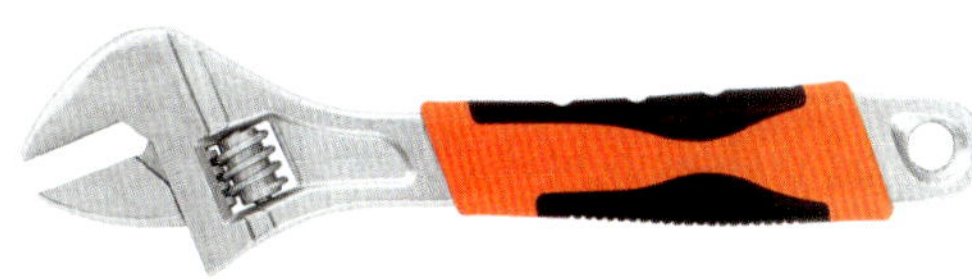

Abb. 7: Verstellbarer Schraubenschlüssel

- Schraubendreher (Abb. 8).

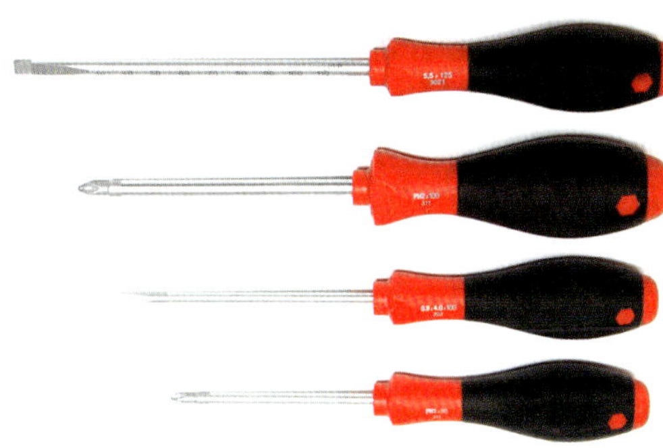

Abb. 8: Schraubendreher

Für das schnelle Lösen und Festziehen von Schrauben werden elektrische Handschrauber mit verstellbarer Drehmomentenkupplung verwendet. Sie verfügen über eine elektronische Steuerung für die Umdrehungsfrequenz und können mit Netzanschluss oder Akku-Betrieb arbeiten. Die Schraubeinsätze mit den entsprechenden Schlüsselweiten sind auswechselbar.

Besondere Formen der Muttern sind die Kreuzlochmuttern, Nutmuttern und Zweilochmuttern. Dafür benötigt man besondere Werkzeuge (Abb. 9).

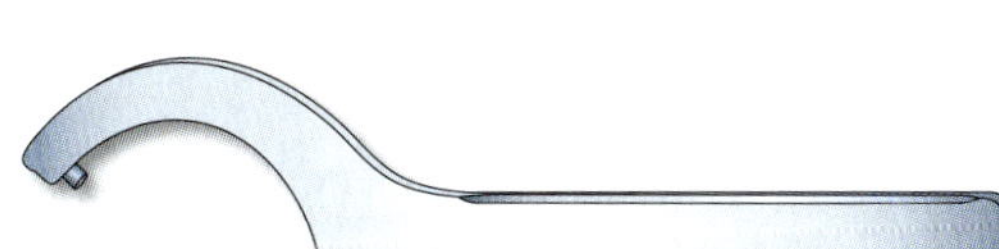

Abb. 9: Hakenschlüssel mit Nase für Nutmuttern

auch über Web-Link

Für eine einwandfreie Funktion der Schraubenverbindung ist eine Vorspannkraft zwischen dem Schraubenkopf, den Fügeteilen und der Mutter notwendig. Dies wird durch Anziehen der Schraube oder Mutter mit einem geeigneten Schraubenschlüssel oder Schraubendreher erreicht. Bei zu großer Vorspannkraft wird die Schraube plastisch verformt und kann brechen, die Fügeteile werden verformt. Die maximale Vorspannkraft F_V und das maximale Anziehmoment M_A können dem Tabellenbuch entnommen werden (→📖).

Man unterscheidet zwischen

- einstellbaren selbstauslösenden Drehmomentschlüsseln, die bei Erreichen des eingestellten Anzugsdrehmomentes selbstständig ausrasten und
- nicht selbstauslösenden Drehmomentschlüsseln. Diese besitzen eine Ablesemöglichkeit des Drehmoments (Abb. 1).

Abb. 1: Drehmomentschlüssel mit Ablesemöglichkeit

3.1.12 Montage von Schraubenverbindungen

Die Vorgehensweise beim Montagevorgang richtet sich nach dem Zustand der Einzelteile (Tab. 1).

Tab. 1: Vorgehensweise beim Montagevorgang

Zustand der Einzelteile	Montagevorgang
Teile sind vorgefertigt	• Schrauben einsetzen • Schraubensicherungen aufsetzen • Muttern aufsetzen und anziehen
Teile sind nicht vorgefertigt	• Maße anreißen und körnen • Löcher bohren • Schrauben einsetzen • Schraubensicherungen aufsetzen • Muttern aufsetzen und anziehen
Teile müssen zusätzlich verstiftet werden	• Stifte in die Bohrungen des einen Bauteils eintreiben • zweites Bauteil aufsetzen • Schrauben und Schraubensicherungen montieren • Schrauben fest anziehen

Wenn es bei nicht vorgefertigten Teilen notwendig ist, sind die zu fügenden Bauteile nach entsprechenden Angaben der Zeichnung gemeinsam zu bohren, damit die Bohrungen fluchten (Abb. 2).

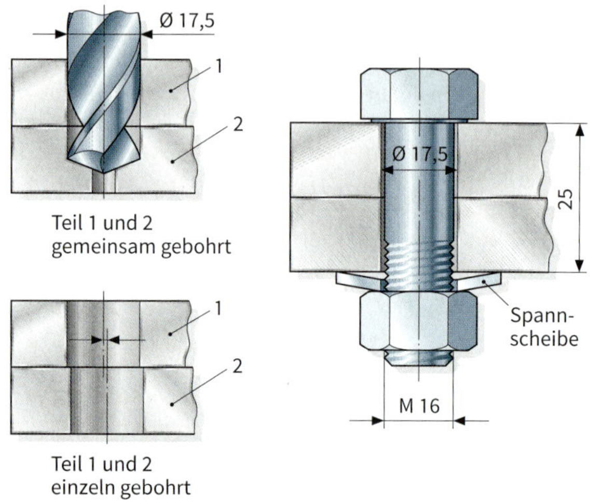

Abb. 2: Herstellen einer Schraubenbindung

Vor dem Fügen von Schraube, Schraubensicherung und Mutter sind die Abmessungen und Festigkeitsangaben der Teile mit den Angaben der Stückliste zu vergleichen.

Anschließend wird die Schraubenverbindung mit geeignetem Werkzeug montiert.

Nach einer Demontage und einer erneuten Montage einer Schraubenverbindung ist nicht gewährleistet, dass die Einzelteile in der ursprünglichen Lage zueinander gefügt werden können. Ursache dafür ist das vorhandene Spiel zwischen dem Durchmesser des Schraubenschaftes und dem Durchmesser der Durchgangsbohrung.

Um die Lage der Teile zueinander zu fixieren, werden sie zusätzlich verstiftet, z. B. die Grundplatte des Greifers und die Zwischenplatte des Roboters.

Neben Schraubensicherungen werden zur Herstellung einer Schraubenverbindung oft noch Unterlegscheiben verwendet (Abb. 3).

Unterlegscheiben garantieren eine glatte Auflage der Mutter und des Schraubenkopfes auf unebenen Oberflächen (z. B. gegossenen, geschmiedeten oder gewalzten Bauteilen). Die Werkstückoberfläche wird dabei auch vor Beschädigungen bei Fest- oder Losdrehen der Schraubenverbindung geschützt.

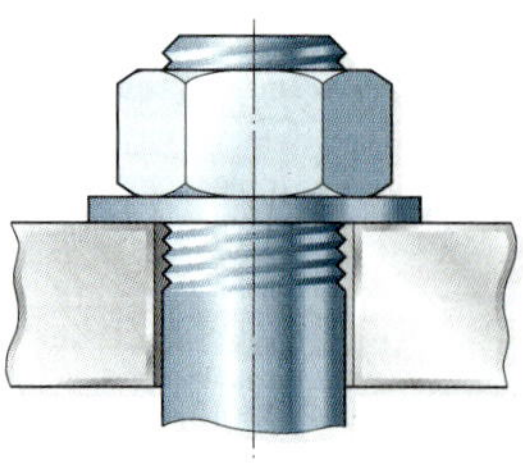

Abb. 3: Schraubenverbindung mit Unterlegscheibe

Beanspruchung von Schraubenverbindungen

Schrauben werden durch Kräfte beim Anziehen und durch Kräfte im Betrieb belastet. Beim Anziehen werden Schrauben auf Verdrehung und Zug beansprucht. Die Vorspannkraft F_V verspannt die Bauteile.

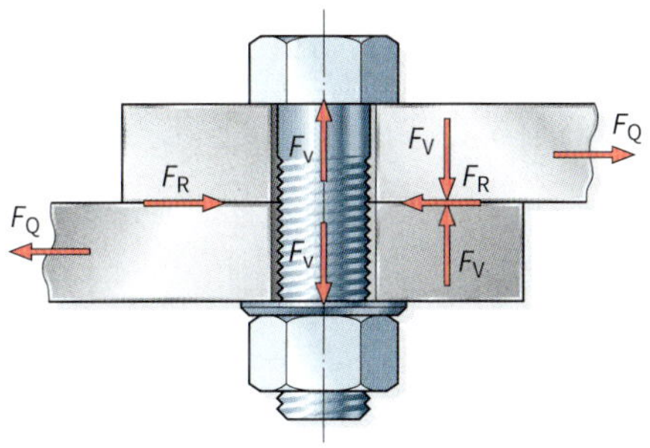

Wird die Schraubenverbindung im Betrieb durch eine Querkraft F_Q belastet, muss die Reibungskraft F_R zwischen den Bauteilen größer sein als die angreifende Querkraft. Andernfalls würden sich die Bauteile gegeneinander verschieben.

$$F_R \geq F_Q$$

Die Größe der Reibungskraft F_R ist von der Vorspannkraft F_V und der Haftreibungszahl μ_0 abhängig.

$$F_R = F_V \cdot \mu_0$$

Durch die Vorspannkraft F_V tritt im Spannungsquerschnitt S der Schraube eine Zugspannung σ_Z auf.

$$\sigma z = \frac{F_V}{S} < \sigma_{z\,zul}$$

Die Zugspannung σ_z darf nicht die 0,2 %-Dehngrenze $R_{p0,2}$ des Schraubenwerkstoffes überschreiten. Die 0,2 %-Dehngrenze $R_{p0,2}$ ist die Spannung, bei der nach Entlastung eine Dehnung von 0,2 % der Anfangslänge zurückbleibt.

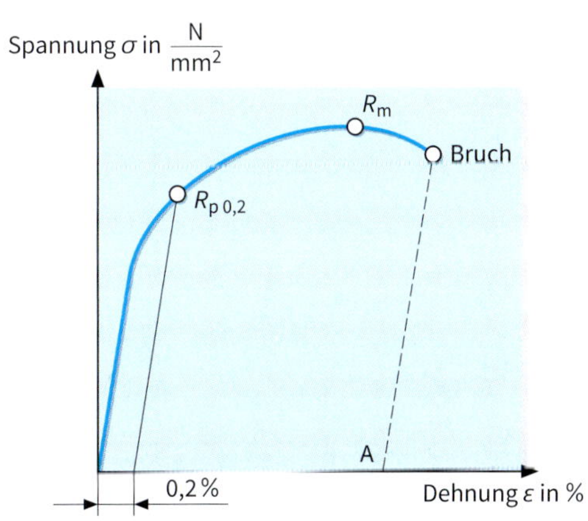

Zur Sicherheit muss die zulässige Zugspannung $\sigma_{z\,zul}$ kleiner als die 0,2 %-Dehngrenze $R_{p0,2}$ sein. Dies wird durch eine Sicherheitszahl ν berücksichtigt.

$$\sigma_{z\,zul} = \frac{R_{p0,2}}{\nu}$$

Wird eine Schraubenverbindung im Betrieb durch eine Längskraft F_z belastet, so erhöht sich die Zugspannung im Schraubenwerkstoff. Auch dann darf die auftretende Zugspannung die 0,2 %-Dehngrenze nicht überschreiten.

Die erforderliche Vorspannkraft F_V und das zugehörige Anziehdrehmoment M_A einer Schraubenverbindung können für verschiedene Reibungszahlen μ_{ges} aus Tabellen entnommen werden (➡📖). Die Reibungszahl μ_{ges} berücksichtigt die Reibung an der Schraubenverbindung und den Schmierzustand.

Beispiel:

Ein Motor mit einem Stahlflansch wird an ein Getriebe aus Gusseisen mit sechs Zylinderschrauben ISO 4762 – M8 x 25 – 8,8 verschraubt.

a) Mit welchem Anziehmoment M_A sind die Schrauben anzuziehen, wenn die Reibungszahl μ_{ges} = 0,16 beträgt?

b) Welche Querkräfte F_Q können übetragen werden?

c) Liegt die Zugspannung σ_z im Schraubenquer-schnitt unterhalb der zulässigen Zugspannung $\sigma_{z\,zul}$, wenn die Sicherheit ν = 1,4 betragen soll?

Geg.: $R_{p0,2}$ = 640 N/mm²
μ_{ges} = 0,16
i = 6 (Anzahl der Schrauben)
ν = 1,4

Ges.: M_A; F_Q; σ_z; $\sigma_{z\,zul}$

Tabellenbuch:

M_A = 27 Nm	S = 36,6 mm²
F_V = 15,9 kN	μ_0 = 0,18 … 0,24

Rechnung:

$$F_Q \leq F_R = F_V \cdot \mu_0 \cdot i$$

$$F_Q \leq F_R = 15{,}9\ \text{kN} \cdot 0{,}18 \cdot 6 = \underline{\underline{17{,}2\ \text{kN}}}$$

$$\sigma_z = \frac{F_V}{S} = \frac{15900\ \text{N}}{36{,}6\ \text{mm}^2} = \underline{\underline{434\ \text{N/mm}^2}}$$

$$\sigma_{z\,zul} = \frac{R_{p0,2}}{\nu} = \frac{640\ \text{N}}{\text{mm}^2/1{,}4} = \underline{\underline{457\ \text{N/mm}^2}}$$

$$\sigma_z = 434\ \text{N/mm}^2 = \sigma_{z\,zul} = 457\ \text{N/mm}^2$$

3.2 Stift- und Bolzenverbindung

ARBEITSAUFTRAG

Der Zylinderstift (Pos. 7) verbindet den Zangenschenkel (Pos. 2) mit der Grundplatte (Pos. 1). Im Rahmen der Demontage muss der Zangenschenkel (Pos. 2) ausgebaut werden. Hierzu ist der Zylinderstift (Pos. 7) zu entfernen.

Um das Rillenkugellager (Pos. 9) zu demontieren, muss der Zylinderstift (Pos. 8) ausgebaut werden. Dann kann das Rillenkugellager (Pos. 9) entnommen werden.

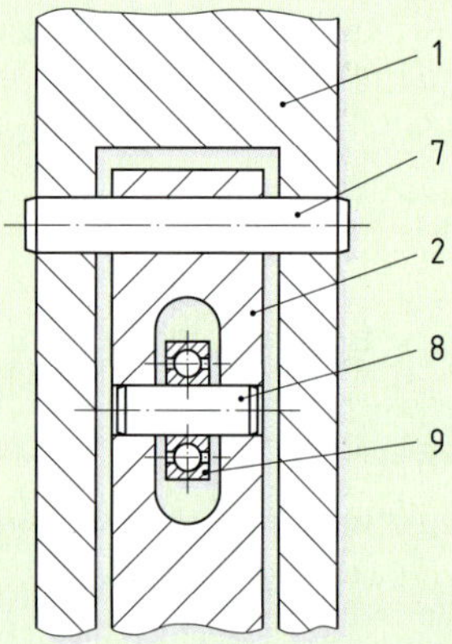

Informieren

3.2.1 Zeichnungsanalyse

Stifte und Bolzen werden in Gesamtzeichnungen nicht geschnitten, sondern stets als Ansicht dargestellt. Sie sind Normteile und können anhand der Stückliste identifiziert werden. Aus der Stückliste ist ersichtlich, dass die Positionen 7 bis 10 und die Position 12 Normteile sind. Sie sind anhand der Norm-Kurzbezeichnung erkennbar.

Pos.	Menge	Einheit	Benennung	Sachnummer / Norm-Kurzbezeichnung	Bemerkung
1	1	Stck.	Grundplatte		EN AW - 2024
6	1	Stck.	Buchse		Cu Sn 8 F 39
7	2	Stck.	Zylinderstift	ISO 8734 - 5 x 32 - A	St
8	2	Stck.	Zylinderstift	ISO 2338 - 5 m6 x 14	St
9	2	Stck.	Rillenkugellager	W 618/5	SKF
10	2	Stck.	Bolzen	ISO 2340 - A - 5 x 14	
11	1	Stck.	Zugfeder		55 Cr 3
12	2	Stck.	Zylinderschraube	ISO 4762 - M4 x 16	8.8

Normbezeichnung für einen **gehärteten** Zylinderstift:

Zylinderstift ISO 8734 - 5 x 32 - A - St

Norm

Nenndurchmesser $d = 5$ mm

Nennlänge $l = 32$ mm

Typ A:
gehärtet mit 550 - 650 HV 30

Werkstoff: Stahl

Normbezeichnung für einen **ungehärteten** Zylinderstift:

Zylinderstift ISO 2338 - 5 m6 x 14 - St

Norm

Nenndurchmesser $d = 5$ mm

Toleranzklasse: m6

Nennlänge $l = 14$ mm

Werkstoff: Stahl

Fügen

3.2.2 Stifte

Stifte werden eingesetzt, um

- Bauteile miteinander zu verbinden,
- die Lage zweier Bauteile zueinander festzulegen,
- Bauteile gegen Scherkräfte zu sichern oder
- Bauteile vor Überlastung zu schützen.

Genormte Stifte sind Zylinderstifte, Kegelstifte, Spannstifte und Kerbstifte (Abb. 1, Abb. 2).

Zylinderstifte werden zur Befestigung und zur Lagefixierung verwendet. Es gibt durchgehärtete, oberflächengehärtete und ungehärtete Zylinderstifte. Sie werden mit geschliffener oder blankgezogener Oberfläche hergestellt. Um Korrosion zu vermeiden, können sie z. B. phosphatiert sein. Die richtige Lage zweier Bauteile zueinander erreicht man, wenn die Bohrungen für den Stift zusammen gebohrt und gerieben werden.

- *Ungehärtete Zylinderstifte* werden in den Toleranzklassen m6 und h8 hergestellt.
- *Gehärtete Zylinderstifte* werden üblicherweise in der Toleranzklasse m6 gefertigt. Sie verbinden hochbeanspruchte Teile an Vorrichtungen und Spannzeugen. Im Tabellenbuch findet man Angaben zur Härte.

Kegelstifte werden überwiegend zur Lagefixierung verwendet. Sie werden mit einem Kegelverhältnis 1:50 ausgeführt, d. h., auf eine Länge von 50 mm ändert sich der Kegeldurchmesser um 1 mm.

Die Kegelstiftverbindung ist aufwendig herzustellen, da die Bohrungen kegelig aufgerieben werden müssen. Allerdings können auch nach häufigem Lösen der Verbindung die Teile wieder passgenau gefügt werden.

Spannstifte (Spannhülsen) sind geschlitzte Hülsen aus Federstahl. Sie dienen als Befestigungs- und als Sicherungselement.

Der Durchmesser der Spannstifte ist gegenüber dem Nenndurchmesser um 0,2 ... 0,5 mm größer. Die beim Einbau entstehende Spannung gewährleistet einen festen Sitz des Stiftes in der Bohrung. Die Bohrung muss nicht aufgerieben werden.

Spannstifte werden auch zum Schutz von Schrauben eingesetzt, wenn diese Querkräfte aufnehmen müssen.

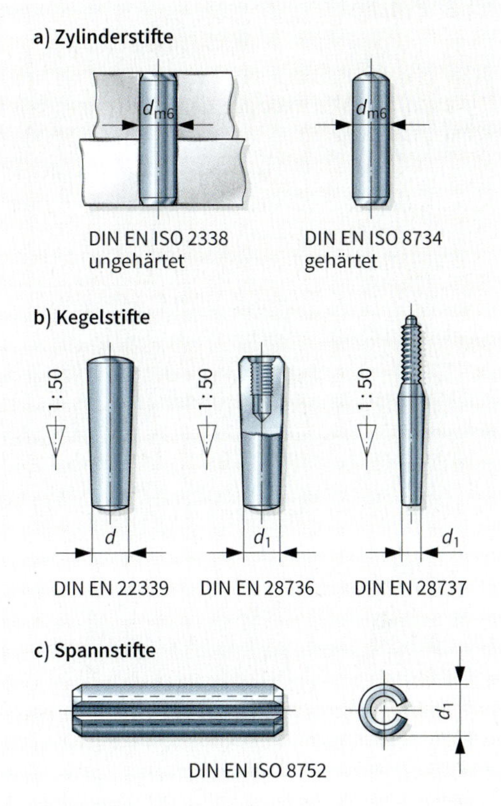

Abb. 1: Grundformen der Stifte

Kerbstifte werden als Befestigungs- und Sicherungsstifte an Stelle von Zylinder- oder Kegelstiften verwendet. Kerbstifte besitzen am Umfang drei Kerben mit wulstartigen Rändern. Beim Fügen werden die Wülste elastisch verformt. Die entstehende Verspannung hält den Kerbstift rüttelfest in der Bohrung. Die Bohrung muss nicht aufgerieben werden.

Kerbstifte mit Kopf werden als Kerbnägel bezeichnet. Sie werden z. B. zur Befestigung von Schildern oder Kabelschellen verwendet.

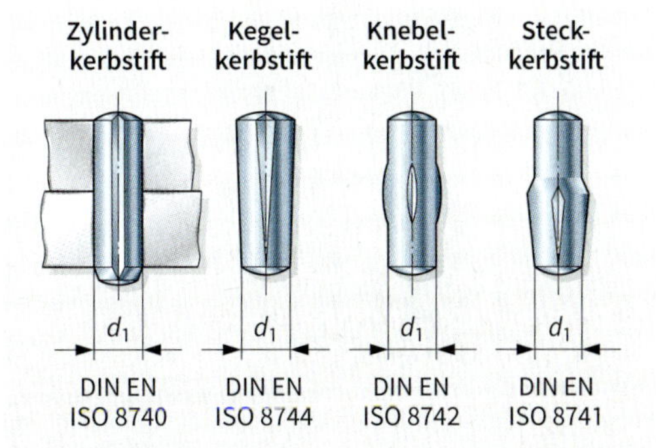

Abb. 2: Kerbstifte

Fügen

3.2.3 Bolzen

Bolzen werden für Gelenkverbindungen von Laschen und für Kettenglieder verwendet. Sie werden auch für die Lagerung von Laufrädern oder Hebeln eingesetzt.

Bolzen werden mit oder ohne Kopf hergestellt (Abb. 1). Bei beweglichen Verbindungen müssen sie gegen das Herausfallen durch Splinte gesichert werden. Dafür haben Bolzen ein Splintloch.

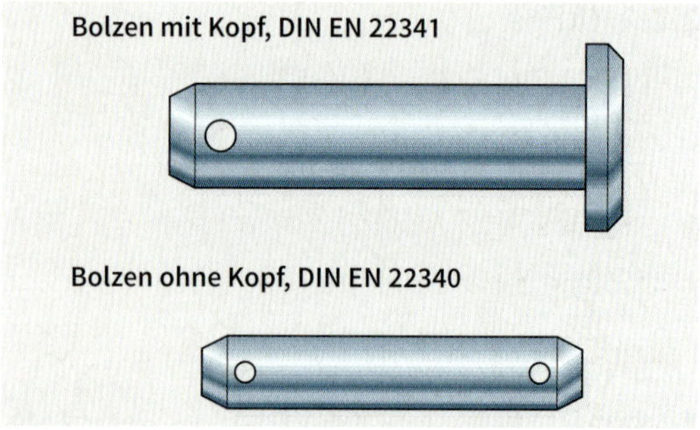

Abb. 1: Bolzen

Fügen

3.2.4 Formschlüssige Verbindungen

Der Zylinderstift (Pos. 7) verbindet den Zangenschenkel (Pos. 2) mit der Grundplatte (Pos. 1). Die Bohrungen in der Grundplatte und dem Zangenschenkel sind so hergestellt, dass der Zylinderstift fest an der Oberfläche der Bohrung anliegt. Bei einer Belastung wird die Kraft direkt vom Zangenschenkel über den Zylinderstift auf die Grundplatte übertragen.

! Formschlüssige Verbindungen übertragen Kräfte bzw. Drehmomente durch ineinandergreifende geometrische Formen.

Der Zylinderstift sitzt durch seine Form in den passenden Bohrungen der Grundplatte und des Zangenschenkels und überträgt die Kräfte vom Zangenschenkel (Pos. 2) auf die Grundplatte (Pos. 1) (Abb. 4).

Formschlüssige Verbindungen können lösbar oder unlösbar sowie fest oder beweglich sein.

Lösbare formschlüssige Verbindungen werden z. B. durch Stifte oder Bolzen hergestellt (Abb. 2).

Unlösbare formschlüssige Verbindungen sind z. B. Nietverbindungen (Abb. 3).

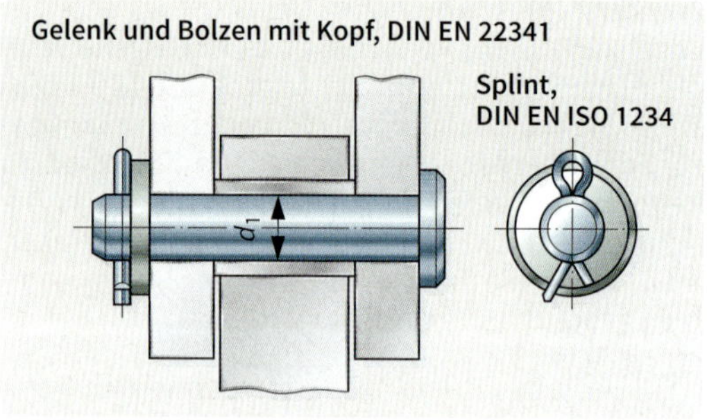

Abb. 2: Bolzenverbindung

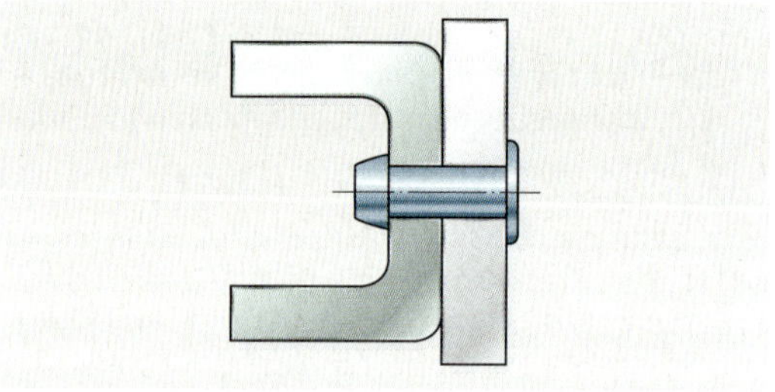
Abb. 3: Nietverbindung

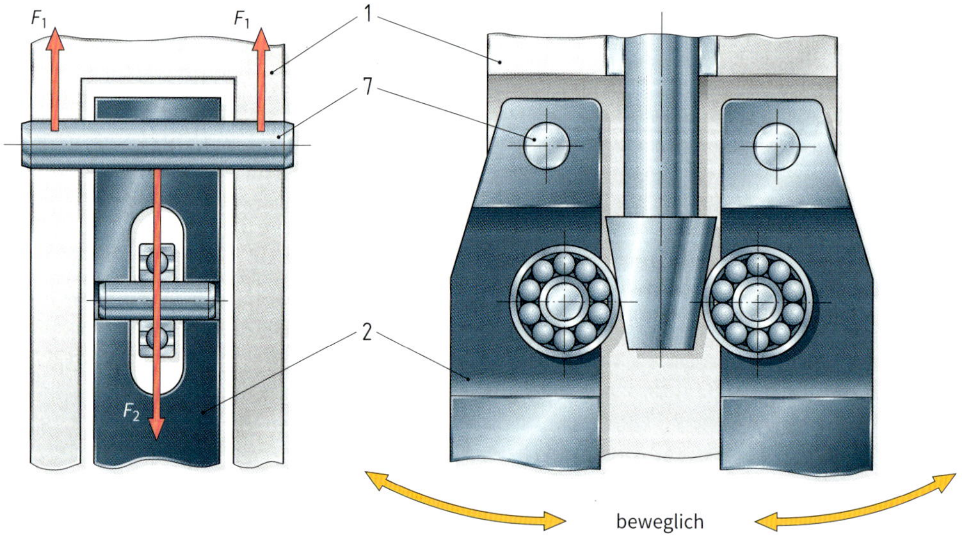

Abb. 4: Stiftverbindung

mmen-
fassung

Verbindungen

Kraftschlüssige Verbindungen

Die Verbindungen werden durch die Reibungskraft, die durch Zusammenpressen der Bauteile entsteht, zusammengehalten.

Kraftschlüssige Verbindungen können lösbar oder unlösbar sein.

Beispiel:

Schraubenverbindungen

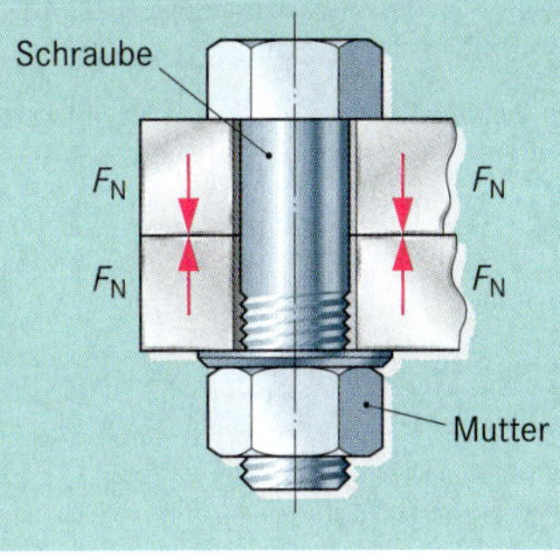

Formschlüssige Verbindungen

Der Zusammenhalt der Verbindung wird durch die Form des Verbindungselementes bewirkt.

Formschlüssige Verbindungen können lösbar oder unlösbar, sowie fest oder beweglich sein.

Beispiel:

Bolzenverbindungen

Gelenk und Bolzen mit Kopf, DIN EN 22341

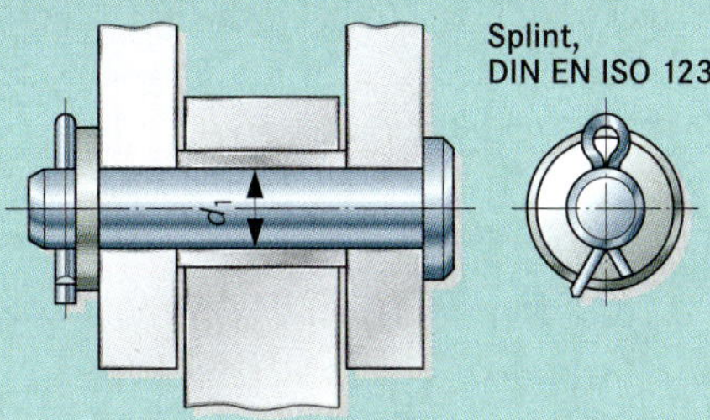

Aufgaben

1. Der Greifer ist mit zwei Zylinderschrauben und mit zwei Zylinderstiften am Roboter befestigt. Erläutern Sie an dem genannten Beispiel, wodurch Kraftschluss und Formschluss entstehen.

2. Messen Sie mit einem geeigneten Messgerät den Durchmesser der Spindel an einem Schraubstock in der Werkstatt. Geben Sie die genaue Bezeichnung des Gewindes an.

3. Nennen Sie Verbindungen, die bei einem Schraubstock vorkommen. Geben Sie an, ob die jeweilige Verbindung lösbar oder unlösbar, fest oder beweglich, kraft- oder formschlüssig ist.

4. Ein Getriebedeckel ist mit fünf Zylinderschrauben im Gehäuse befestigt. Der Deckel muss häufig abgenommen werden. Nennen Sie eine geeignetere Schraubenverbindung und begründen Sie Ihre Wahl.

5. Wodurch unterscheiden sich Befestigungs- und Bewegungsgewinde?

6. Auf dem Kopf einer Sechskantschraube lesen Sie die Kennzeichnung 10.9. Was bedeutet diese Angabe?

7. Wählen Sie zur Schraube aus Aufgabe 6 eine geeignete Mutter. Begründen Sie Ihre Wahl.

8. Beschreiben Sie die Montage einer Schraubenverbindung aus nicht vorgefertigten Teilen.

9. Für ein funktionsgerechtes Montieren einer Schraubenverbindung verwendet man einen Drehmomentschlüssel. Erkundigen Sie sich in Ihrem Betrieb nach unterschiedlichen Drehmomentschlüsseln und beschreiben Sie die jeweilige Funktionsweise.

10. Wozu werden Unterlegscheiben verwendet?

11. Beschreiben Sie, welche Kräfte in einer Schraubenverbindung auftreten können.

12. Unterscheiden Sie Gleitreibung und Haftreibung. Nennen Sie je ein Beispiel für die Reibungsarten am Greifer.

13. Wozu werden Stifte verwendet? Nennen Sie zu jedem Verwendungszweck ein Beispiel.

14. Bei dem Greifer soll der Zylinderstift (Pos. 7) durch einen Bolzen ersetzt werden. Wählen Sie anhand des Tabellenbuches einen geeigneten Bolzen aus und geben Sie dessen Normbezeichnung an. Skizzieren Sie die Verbindung.

3.3 Nietverbindungen

3.3.1 Arten der Nietverbindungen

Die Nietverbindungen zählen zu den kraft- und formschlüssigen, unlösbaren Verbindungen (Abb. 1). Die Bedeutung der Nietverbindung hat sich nach Einführung der Schweißtechnik stark verringert.

Der Einsatz von Nietverbindungen ist unter folgenden Bedingungen von Vorteil:

- Wenn der zu fügende Werkstoff nicht oder nur sehr schwer schweißbar ist,
- wenn durch Schweißwärme Gefügeveränderungen in den Bauteilen entstehen könnten,
- wenn Bauteile verbunden werden sollen, bei denen Schweißen technologisch unmöglich ist, z. B. Befestigen von Kupplungsbelägen oder
- wenn sich Bauteile durch die Schweißwärme verziehen könnten.

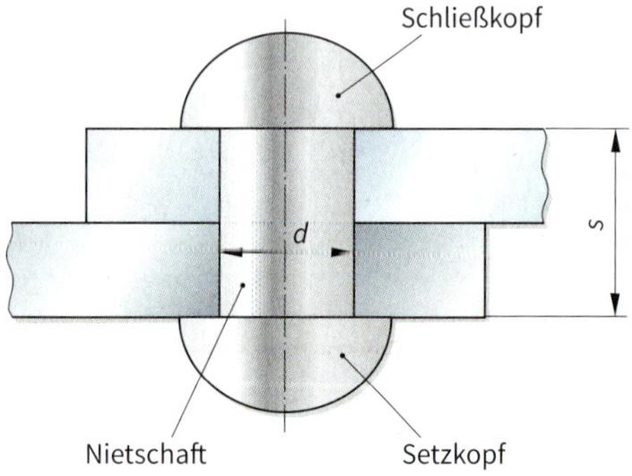

Abb. 1: Prinzip einer Nietverbindung

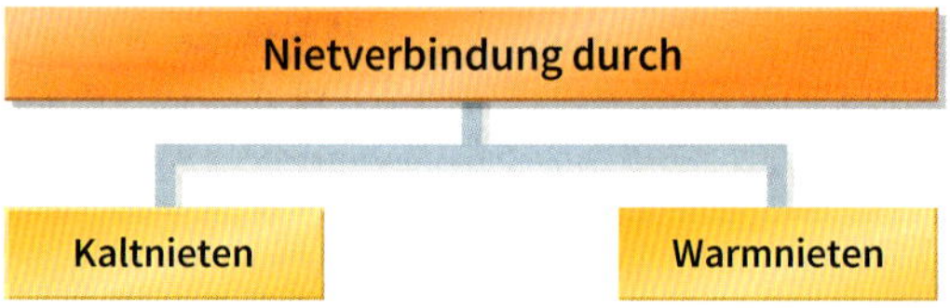

Nach der Art der Fertigung werden Nietverbindungen eingeteilt in:

Kaltnieten

Das Kaltnieten wird für Nieten mit einem Durchmesser von unter 10 mm eingesetzt. Besonders Niete aus Aluminium, Kupfer und deren Legierungen werden kalt geschlagen.

Warmnieten

Warmnieten kommt für Stahlniete bei Nietdurchmessern ab 10 mm zum Einsatz. Die Niete werden auf ca. 1000 °C (hellrot) erwärmt. Da sich die Niete durch Erwärmung ausdehnen, müssen die vorbereiteten Nietlöcher ca. 0,5 mm größer sein als der Nietschaftdurchmesser. Durch das Abkühlen der Niete werden die gefügten Bauteile zusammengepresst. Diese Nietverbindung wirkt kraftschlüssig.

Nietarten

Nieten werden hauptsächlich durch die Form des Setzkopfes und des Schaftes unterschieden. Man unterscheidet:

- Halbrundniete, die im Stahlbau und Kesselbau verwendet werden,
- Senkniete für glatte Flächen im Kesselbau und Stahlbau,
- Linsenniete für den Einsatz im Stahlbau,
- Hohlniete für die Anwendung in der Metall- und Elektroindustrie und
- Blindniete zum Verbinden von dünnwandigen Bauteilen, bei denen das Nietloch nur von einer Seite zugänglich ist.

Nietwerkstoffe

Die Nietwerkstoffe müssen eine gute plastische Umformbarkeit für ihre Verarbeitung aufweisen. Die Festigkeit und Dehnbarkeit sollte im Betriebszustand groß sein. Nietwerkstoffe müssen zur Vermeidung der Kontaktkorrision aus dem gleichen Werkstoff bestehen, wie die zu verbindenden Bauteile.

Damit eine Nietverbindung dauerhaft ihre Aufgabe erfüllen kann, müssen

- Bohrlochdurchmesser,
- Nietdurchmesser und
- Nietlänge

richtig bestimmt werden (→📖).

3.3.2 Kräfte an Nietverbindungen

Nietverbindungen werden auf Scherspannung im Nietschaft und auf Lochleibung zwischen Nietschaft und Bohrungswandung beansprucht. Beim Kaltnieten tritt hauptsächlich Scherbeanspruchung auf (Abb. 2).

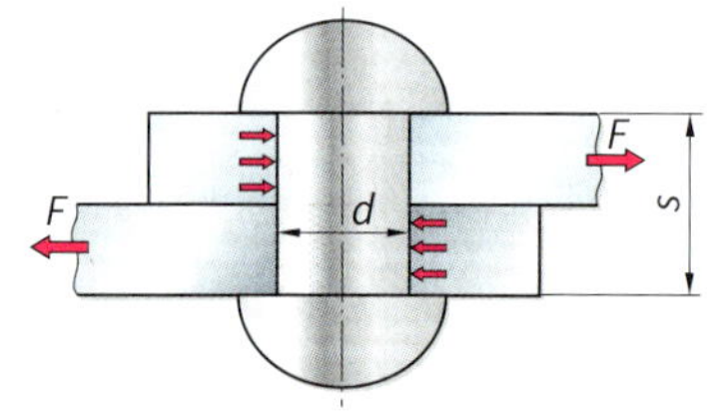

Abb. 2: Beanspruchung auf Scherung beim Kaltnieten

Beim Warmnieten treten hauptsächlich Zugbeanspruchung im Niet und kaum Scherbeanspruchung auf (Abb. 3).

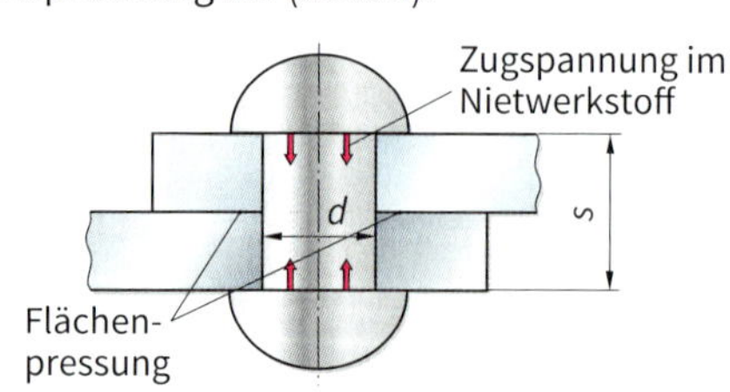

Abb. 3: Beanspruchung auf Zug beim Warmnieten

Bei der Beanspruchung auf Lochleibung wird der Nietschaft gegen die Wandung des Nietloches gedrückt. Eine zu hohe Beanspruchung kann zu Rissen führen oder die Bleche verformen (Abb. 4).

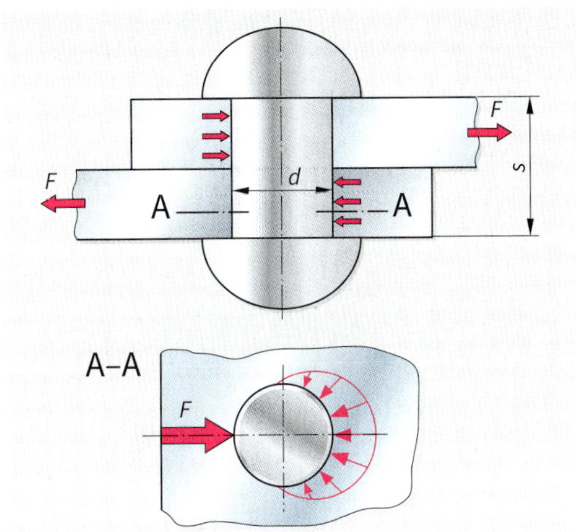

Abb. 4: Beanspruchung auf Lochleibung

Die Werte für die Scherbeanspruchung, die Zugbeanspruchung und die Beanspruchung auf Lochleibung dürfen festgelegte Grenzwerte nicht überschreiten.

3.3.3 Werkzeuge zur Montage von Nietverbindungen

Für das Fügen von Nietverbindungen müssen Werkzeuge ausgewählt werden, die nach Form und Größe dem zu bearbeitenden Niet angepasst sind.

Folgende Werkzeuge werden zum Fügen von Nietverbindungen verwendet.

Durchtrelber

Mit dem Durchtreiber (Abb. 5) richtet man die zum Fügen vorgebohrten Werkstücke aus.

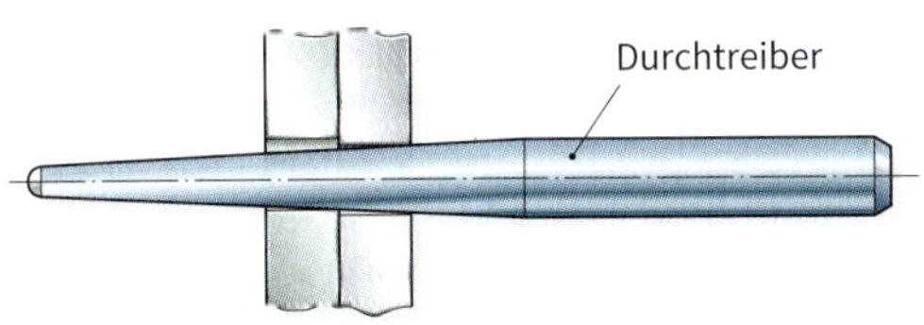

Abb. 5: Durchtreiber

Nietlochreibahle

Mit der kegeligen Nietlochreibahle (Abb. 6) werden nicht genau fluchtende Bohrungen nachgearbeitet.

Abb. 6: Nietlochreibahle

Gegenhalter

Hat der Niet einen über die Werkstückoberfläche hervorstehenden Setzkopf, z. B. einen halbrunden Kopf, wird ein Gegenhalter verwendet. Dadurch wird eine Verformung des Setzkopfes bei den nachfolgenden Arbeiten vermieden.

Mit dem Nietkopfsetzer, auch Kopfmacher genannt, wird der Schließkopf geformt (Abb. 7).

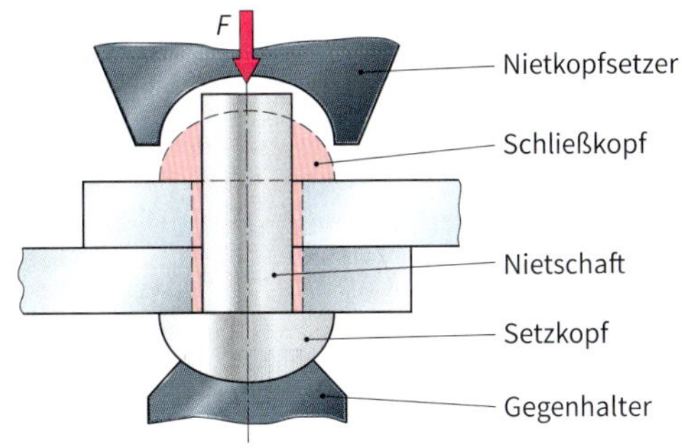

Abb. 7: Gegenhalter

Nietenzieher

Der Nietenzieher hat die Aufgabe, die zu verbindenden Teile zusammenzupressen.

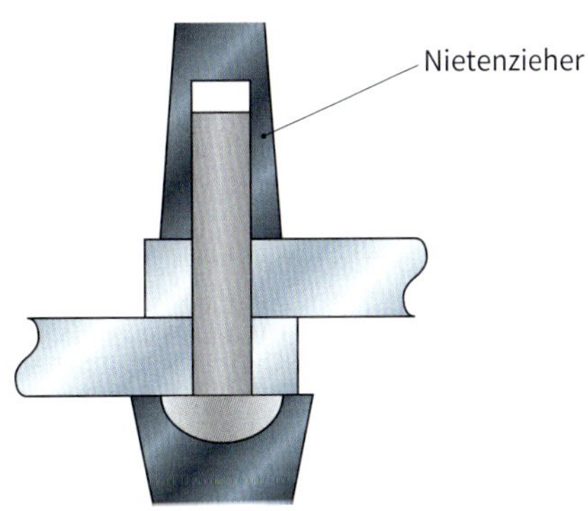

Abb. 8: Nietenzieher

Zusammenfassung

Nietverbindungen sind unlösbare Verbindungen.

Man unterscheidet:

Kaltnieten	formschlüssige Verbindung
Warmnieten	kraftschlüssige Verbindung

Die Maße für die unterschiedlichen Niete sind aus entsprechenden Tabellen zu entnehmen.

Nietwerkstoffe müssen zur Vermeidung einer Kontaktkorrosion aus dem gleichen Werkstoff bestehen, wie die zu verbindenden Bauteile.

3.4 Klebe- und Lötverbindungen

ARBEITSAUFTRAG

Durch einen längeren Einsatz sind die Schutzbacken (Pos. 4) des Greifers abgenutzt und beschädigt. Bei der Reparatur sollen sie ausgetauscht werden. Hierzu müssen die alten Schutzbacken restlos von den Greiferbacken (Pos. 3) entfernt werden. Anschließend können neue Schutzbacken aufgeklebt werden.

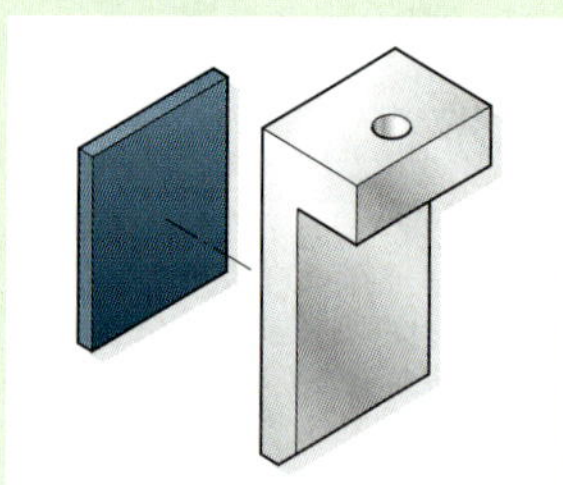

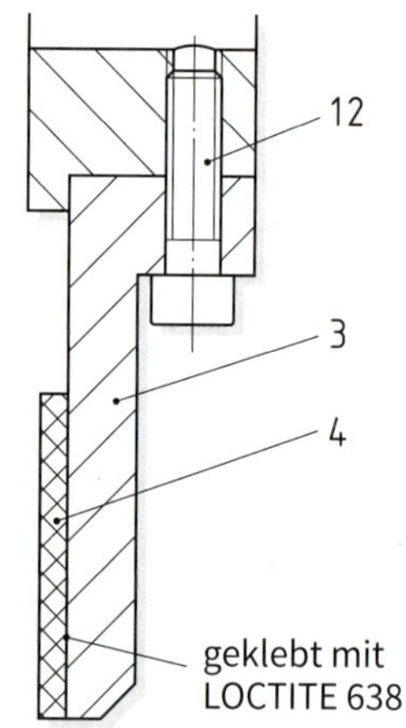

3	2	Stck.	Greiferbacke		EN AW-Al Cu 4 Mg 1
4	2	Stck.	Schutzbacke		SBR

Fügen

3.4.1 Klebeverbindungen

3.4.1.1 Zeichnungsanalyse

Klebeverbindungen können durch eine Hinweislinie und einen Text näher erläutert werden. Für die Klebeverbindung selbst gibt es in technischen Zeichnungen keine besondere Darstellungsform.

Die Auswahl des Klebstoffes richtet sich im Allgemeinen nach den zu verbindenden Werkstoffen. Diese können der Stückliste entnommen werden. Die Greiferbacken sind aus einer Aluminiumlegierung (EN-AW-AlCu4Mg1) hergestellt, die Schutzbacken aus dem Kunststoff Styrol-Butadien-Kautschuk (SBR). Kunststoffe und Metalle unterscheidet man in technischen Zeichnungen durch die Art der Schraffur (→📖).

3.4.1.2 Klebevorgang

Die Festigkeit einer Klebeverbindung hängt im Wesentlichen davon ab, wie gut der Klebstoff auf der Oberfläche der zu verbindenden Bauteile haftet. Eine hohe Oberflächenhaftung lässt sich erreichen, wenn die Fügeflächen sauber, fettfrei und trocken sind.

Die *Vorbehandlung der Oberflächen* kann mechanisch oder chemisch erfolgen. Die mechanische Vorbehandlung erfolgt durch Sandstrahlen oder von Hand durch Schmirgeln mit Schmirgelleinen. Anschließend werden die Fügeflächen entfettet. Dies erfolgt mit organischen Lösungsmitteln, z. B. Aceton oder Trichloräthan, oder mit anorganischen Lösungsmitteln, z. B. alkalische oder saure Lösungen. Die chemische Vorbehandlung erfolgt durch Beizen. Dadurch wird die Oberfläche gleichzeitig gereinigt und entfettet.

Bei der *Klebstoffverarbeitung* müssen die Herstellerangaben befolgt werden. Zweikomponentenkleber müssen im vorgeschriebenen Mischungsverhältnis gemischt werden. Der Klebstoff wird auf eine oder beide Fügeflächen aufgetragen. Die Verarbeitungszeit (Topfzeit) ist begrenzt.

Das *Aushärten* des Klebstoffes muss erschütterungsfrei erfolgen. Daher müssen die Fügeflächen gegen Verschieben, z. B. durch Klebezangen gesichert sein.

Eine Klebeverbindung erhält ihre *Festigkeit* durch

- die Anhangskräfte (Adhäsion) zwischen dem Klebstoff und der Werkstückoberfläche und durch
- die inneren Zusammenhangskräfte (Kohäsion) des Klebstoffes (Abb. 1)

Hohe Anhangskräfte werden erreicht, wenn der Kontakt zwischen dem Klebstoff und der Werkstückoberfläche gut ist. Dies erreicht man durch eine saubere Oberfläche. Schon kleinste Mengen an Verunreinigungen vermindern die Festigkeit einer Klebeverbindung beträchtlich. Die Zusammenhangskräfte sind von der Festigkeit des Klebstoffes abhängig. Da die Festigkeit einer Klebeverbindung mit zunehmender Fugendicke abnimmt, sollte die Klebefuge 0,05 ... 0,3 mm betragen.

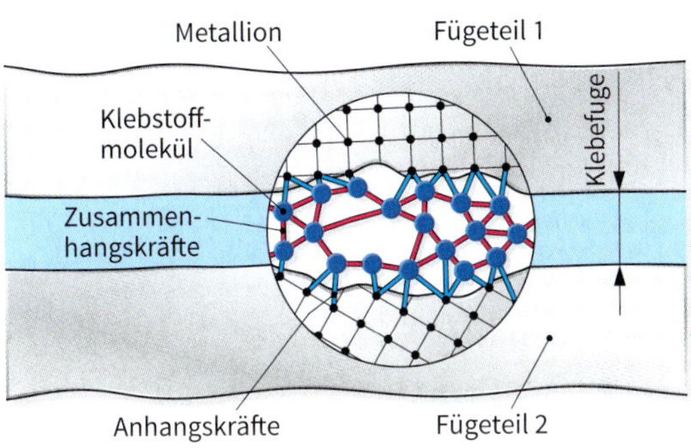

Abb. 1: Kräfte in einer Klebeverbindung

Die Festigkeit des Klebstoffes ist in der Regel kleiner als die Festigkeit der zu verbindenden Teile. Daher müssen die *Klebeflächen* möglichst groß gestaltet werden. Dies erreicht man durch Überlappung, Schäftung oder mithilfe von Laschen (Abb. 2).

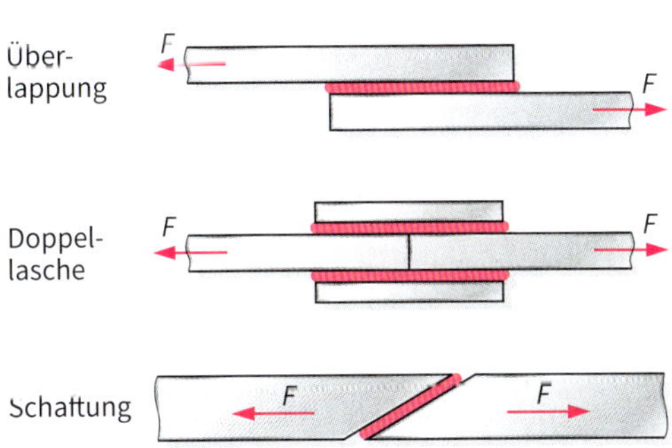

Abb. 2: Gestaltung von Klebeflächen

Die Belastbarkeit einer Klebeverbindung hängt nicht nur von der Größe der Fügeflächen ab, sondern auch von der *Beanspruchung der Klebenaht* (Abb. 3). Eine Klebenaht sollte möglichst nur auf Abscheren beansprucht werden. Treten Zug- oder Biegekräfte auf, sind konstruktive Maßnahmen gegen das Abschälen zu treffen.

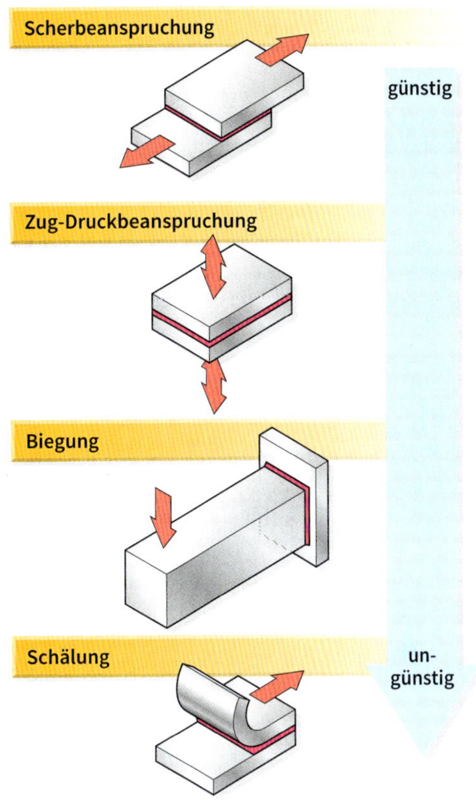

Abb. 3: Beanspruchung einer Klebeverbindung

Durch Kleben werden unlösbare, stoffschlüssige Verbindungen hergestellt.

3.4.1.3 Klebstoffarten

Die Klebstoffe, mit denen Metalle und Kunststoffe gefügt werden, sind aus Kunststoff. Sie härten physikalisch oder chemisch (Tab. 1) aus.

Tab. 1: Klebstoffarten

Klebstoffe

- **physikalisch härtende Klebstoffe**
  - Nassklebstoffe
  - Schmelzklebstoffe
- **chemisch härtende Klebstoffe** (Kalt- oder Warmklebstoffe)
  - Einkomponentenkleber
  - Zweikomponentenkleber

Physikalisch härtende Klebstoffe sind Nassklebstoffe und Schmelzklebstoffe.

Nassklebstoffe sind lösungsmittelhaltig. Sie werden auf die zu fügenden Flächen aufgetragen. Danach werden die Bauteile gefügt. Im gefügten Zustand verdunstet das Lösungsmittel. Es entsteht eine feste Klebeverbindung.

Eine besondere Form der Nassklebstoffe sind *Kontaktklebstoffe*. Sie werden auf die zu fügenden Flächen nach den Vorgaben des Herstellers aufgetragen. Nach dem Verdunsten des Lösungsmittels werden die Bauteile unter Druck gefügt. Die Klebeverbindung ist sofort fest.

Schmelzklebstoffe sind fest und lösungsmittelfrei. Sie werden erwärmt und im geschmolzenen Zustand aufgetragen. Nach dem Fügen der Bauteile bildet sich durch Erkalten des Klebstoffes eine feste Klebeschicht.

Physikalisch härtende Klebstoffe können nach kurzer Zeit Kräfte übertragen.

Chemisch härtende Klebstoffe sind Reaktionsklebstoffe. Bei ihnen erfolgt das Aushärten durch eine chemische Reaktion zwischen den einzelnen Komponenten des Klebstoffes. Sie sind erst nach Abschluss der Reaktion, die mehrere Stunden dauern kann, belastbar.

Einkomponentenklebstoffe enthalten alle notwendigen Bestandteile in einer fertigen Mischung. Die chemische Reaktion wird z. B. durch Wärme ausgelöst.

Zweikomponentenklebstoffe bestehen aus mehreren Komponenten, die erst zum Kleben nach Angaben des Herstellers gemischt werden. Ein Härter löst die chemischen Reaktionen aus.

Die Aushärtung erfolgt in der Regel bei Raumtemperatur. Die Aushärtezeit kann durch Erwärmen oder durch einen Beschleuniger stark verkürzt werden. Man unterteilt die chemisch härtenden Klebstoffe nach ihrer Verarbeitungstemperatur in Kaltklebstoffe und Warmklebstoffe. Die Festigkeit der Warmklebstoffe ist in der Regel größer als die der Kaltklebstoffe.

3.4.1.4 Merkmale von Klebeverbindungen

Vorteile

- Fügen unterschiedlicher metallischer und nichtmetallischer Werkstoffe
- kein Verzug durch Wärmeeinwirkung
- keine Gefügeveränderungen im Grundwerkstoff
- dichte Verbindung
- leichte Verbindung

Nachteile

- nur in eingeschränktem Temperaturbereich anwendbar
- große Fügeflächen notwendig
- physikalische und chemische Vorbereitung der Fügeflächen
- teilweise langer Aushärtevorgang

Anwendungen

Kleben wird angewandt in der

- Fertigungstechnik, z. B. beim Fügen von Buchsen oder zum Sichern von Schrauben,
- Metallbautechnik, z. B. an Türen und Fenstern,
- Versorgungstechnik, z. B. zum Verbinden von Kunststoffrohren,
- Kraftfahrzeugtechnik, z. B. zum Verbinden nichtmetallischer Bremsbeläge auf metallischen Bremsbacken und
- Flugzeugtechnik, z. B. zum Verbinden von Aluminiumkonstruktionen.

Unfallverhütung

- Hautkontakt mit dem Reinigungsmittel, dem Klebstoff und dem Lösungsmittel vermeiden.
- Arbeitsräume gut belüften, giftige Gase nicht einatmen.
- Beim Arbeiten Handschuhe, Schutzbrille und ggf. Atemschutz tragen.
- Beim Kleben nicht mit offenen Flammen umgehen, nicht Rauchen.
- Behälter nach Gebrauch sofort verschließen.
- Abfälle gemäß den Vorschriften entsorgen.
- Klebstoffe sind in geschlossenen Sicherheitsschränken für Gefahrstoffe aufzubewahren.

Aufgaben

1. Wie werden Klebeflächen für das Kleben vorbereitet?

2. Wodurch unterscheiden sich physikalisch härtende und chemisch härtende Klebstoffe?

3. Nennen Sie aus Ihrem Arbeitsbereich Beispiele für den Einsatz von Klebstoffen.

4. Was muss man bei der Verwendung von Zweikomponentenklebern beachten? Nennen Sie die Unfallgefahren beim Umgang mit Zweikomponentenklebern und beschreiben Sie geeignete Schutzmaßnahmen.

3.4.2 Lötverbindungen

ARBEITSAUFTRAG

Zur Herstellung eines Trichters, für eine Dosieranlage an einer Spritzgießanlage, sollen die vorgefertigten Teile gelötet werden.

Der Trichter besteht aus dem Werkstoff: Stahl EN 10130-DC04 Am.
Für die Lötarbeiten sind das Lötverfahren, das Lot und das Flussmittel auszuwählen.

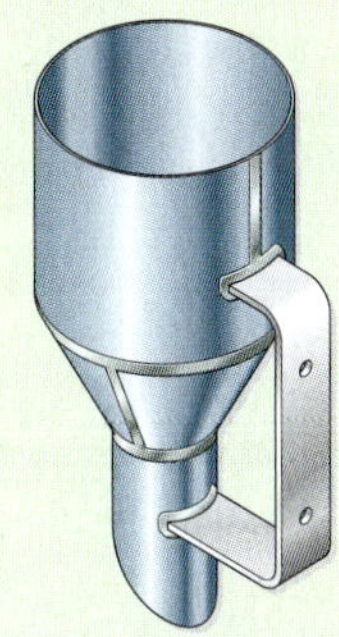

Fügen

3.4.2.1 Lötvorgang

Beim Löten werden Bauteile im festen Zustand durch einen geschmolzenen Zusatzwerkstoff, das Lot, miteinander verbunden. Die zu verbindenden Werkstücke können aus gleichen oder verschiedenartigen metallischen Werkstoffen bestehen.

Vor dem Löten müssen die Lötflächen behandelt werden. Sie müssen metallisch rein sein, damit sie vom Lot benetzt werden können. Daher werden sie gereinigt und von Oxidschichten befreit. Man verwendet dazu z. B. eine Feile, Schmirgelleinen oder eine Drahtbürste.

Damit die Lötflächen während des Lötens oxidfrei bleiben, verwendet man ein *Flussmittel*. Das sind natürliche Harze, Salze oder Säuren. Flussmittel beseitigen geringste Verunreinigungen, entfernen dünne Oxidschichten und schützen die Flächen vor erneuter Oxidation (Abb. 1). Die Wahl des Flussmittels richtet sich nach dem Lötverfahren und den zu verbindenden Werkstoffen (→📖).

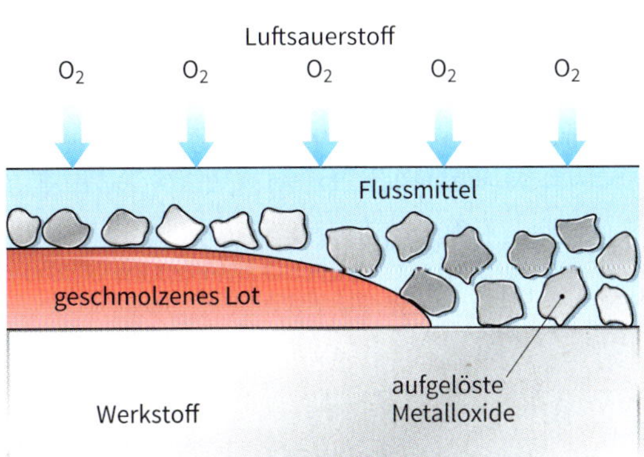

Abb. 1: Wirkung des Flussmittels

! Nach dem Löten sind Rückstände des Flussmittels sorgfältig zu entfernen, da sonst der Werkstoff korrodieren kann.

Bei Rohrverbindungen, z. B. im Bereich des Stutzens, ist die Beseitigung des Flussmittels im Rohr nicht möglich. Deshalb sind dort Flussmittel zu verwenden, bei denen die Korrosionsgefahr gering ist. Bei Trinkwasserinstallationen ist ein wasserlösliches Flussmittel zu verwenden. Dieses kann ausgespült werden.

Voraussetzung für eine haltbare Lötverbindung ist ein gutes *Benetzen* der zu verbindenden Bauteile mit dem flüssigen Lot. Die zu verbindenden Bauteile werden auf Arbeitstemperatur erwärmt. Diese liegt im Schmelzbereich des Lotes (→📖).

Die Wärme soll dabei von den Werkstücken auf das Lot übergehen und es schmelzen. Eine einwandfreie Verbindung erhält man, wenn etwas oberhalb der Arbeitstemperatur gelötet wird (Abb. 2).

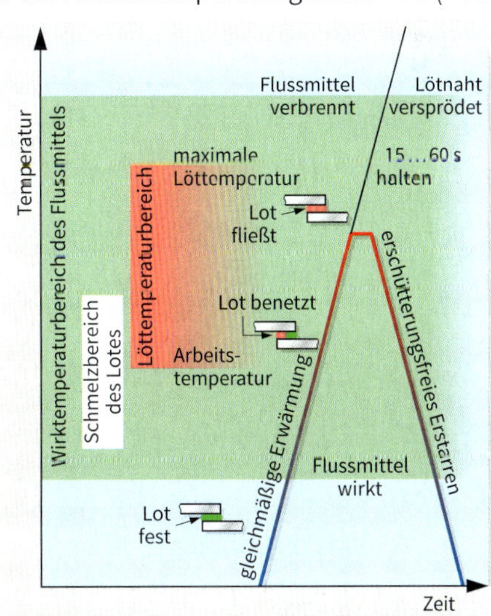

Abb. 2: Temperaturen beim Löten

Das Lot breitet sich auf der Oberfläche aus und dringt in das Gefüge des Grundwerkstoffes ein. Dieses nennt man *Diffusion*. Das Lot bildet mit dem Grundwerkstoff eine Legierung (Abb. 1, nächste Seite).

Nach dem Fließen soll die Temperatur noch etwa 15 … 60 s gehalten werden, um die Legierungsbildung zu ermöglichen. Das Lot muss danach erschütterungsfrei erstarren. Ist die Löttemperatur zu niedrig, fließt das Lot nicht ausreichend. Man spricht von Kaltlötungen. Ist die Löttemperatur zu hoch, kann das Flussmittel verbrennen. Die Lötung wird spröde.

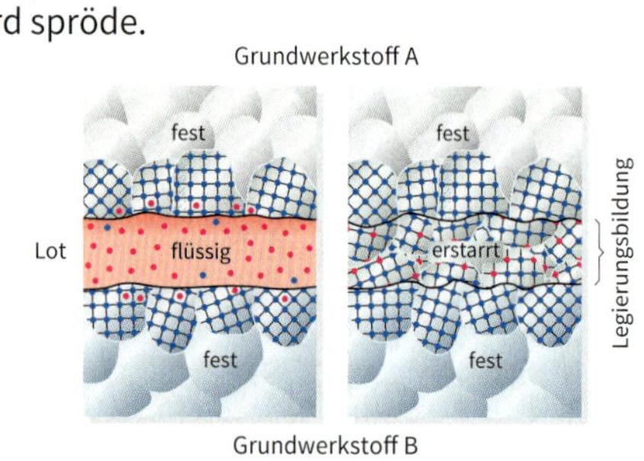

Abb. 1: Legierungsbildung

Der Abstand der beiden Fügeflächen zueinander ist beim Löten von besonderer Bedeutung. Man unterscheidet nach dem Abstand

- Spaltlöten, Spaltbreite b_1 = 0,05 ... 0,5 mm,
- Fugenlöten, Fugenbreite b_2 > 0,5 mm.

Beim *Spaltlöten* fließt das Lot durch Kapillarwirkung in den Lötspalt. Die Kapillarwirkung ist umso größer, je schmaler der Spalt ist. Eine Spaltbreite b_1 = 0,05 … 0,2 mm hat sich als günstig erwiesen (Abb. 2). In einem schmalen Spalt ist die Kapillarwirkung so groß, dass das Lot in den Lötspalt hochgezogen wird.

Beim *Fugenlöten* fließt das Lot durch Schwerkraft in die Lötfuge.

Da das Lot in der Regel eine geringere Festigkeit hat als der Grundwerkstoff, ist die Lötverbindung großflächig zu gestalten (Abb. 3).

Beispiel		Bemerkung
Blechverbindungen	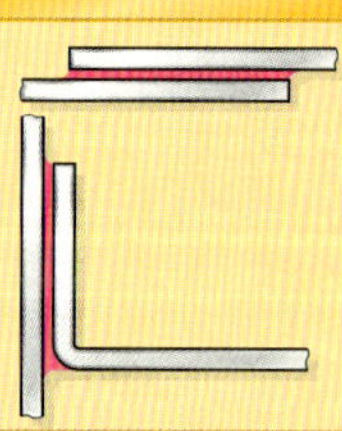	Verbindungsstelle großflächig gestaltet
Rundteil in Bohrung	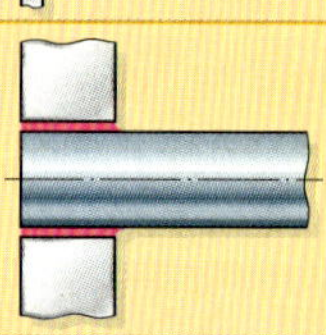	Rundteil in Bohrung eingelassen
Rohrverbindungen	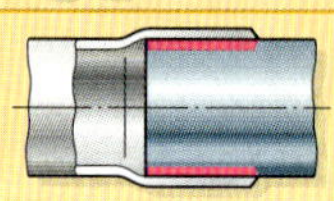	Rohre weit übereinander geschoben

Abb. 3: Gestaltung einer Lötverbindung

! Durch Löten werden unlösbare, stoffschlüssige Verbindungen hergestellt.

3.4.2.2 Lötverfahren

Nach der Arbeitstemperatur unterscheidet man

- Weichlöten,
- Hartlöten und
- Hochtemperaturlöten.

Beim *Weichlöten* ist die Arbeitstemperatur *t unter 450° C*. Das Weichlöten wird angewandt, wenn

- eine dichte Verbindung erforderlich ist und
- keine großen Belastungen an der Lötstelle auftreten.

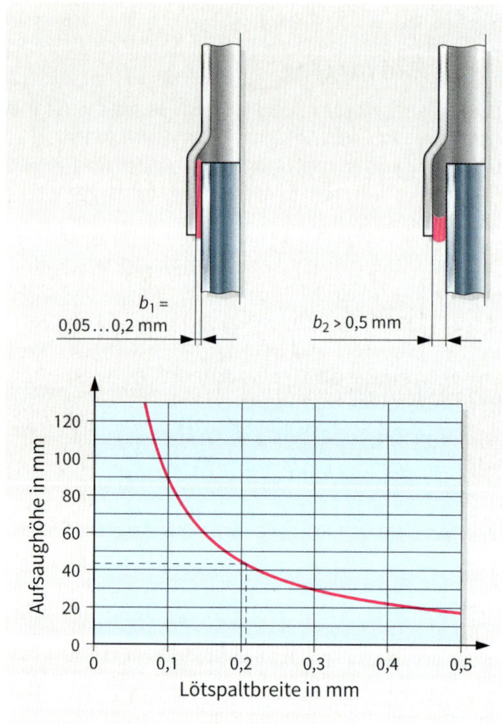

Abb. 2: Kapillarwirkung beim Löten

Konservendosen oder Heizungsrohre werden weichgelötet. Die Zusatzwerkstoffe für das Weichlöten sind überwiegend Zinn-Blei-Legierungen (→📖). Zur Erhöhung der Festigkeit sind die Lote mit Kupfer oder Silber legiert.

Beim *Hartlöten* liegt die Arbeitstemperatur *t zwischen 450 °C und 900 °C*.

Das Hartlöten wird angewendet, wenn die Verbindung

- fest und
- wärmebeständig

sein soll.

Hartgelötet werden z. B. Flansche an Stahlrohre oder Hartmetallplatten auf Drehmeißeln.

Zusatzwerkstoffe für das Hartlöten sind Kupfer- oder Silberlegierungen (➔). Für das Hartlöten von Aluminium und dessen Legierungen gibt es Hartlote auf Aluminiumbasis.

Beim *Hochtemperaturlöten* ist die Arbeitstemperatur *t über 900°C*. Das Löten erfolgt unter Schutzgas oder es wird im Vakuum gearbeitet. Das Hochtemperaturlöten wird hauptsächlich in der automatisierten Fertigung angewandt. Als Zusatzwerkstoffe werden Hartlote mit hoher Reinheit verwendet. Vorwiegend werden Lote auf Nickelbasis eingesetzt.

Man unterscheidet zwei Verfahren, mit denen die notwendige Arbeitstemperatur zum Schmelzen der Lote erzeugt wird:

- das Kolbenlöten und
- das Flammlöten.

Beim *Kolbenlöten* wird ein Kupferkolben elektrisch oder mit Gas erwärmt. Durch das Aufsetzen des Kolbens wird die Wärme auf die Fügestelle übertragen. Das Lot schmilzt und fließt in Richtung der größten Wärme in den Lötspalt. Das Kolbenlöten ist nur zum Weichlöten geeignet, da höchstens Temperaturen von ca. 250 °C erreicht werden.

Beim *Flammlöten* wird die Fügestelle durch einen Schweißbrenner oder durch eine Lötlampe erwärmt. Die Flamme darf nicht direkt auf die Lötstelle oder das zugeführte Lot gerichtet werden, weil sonst das Flussmittel verbrennen kann oder das Lot vor Erreichen der Arbeitstemperatur schmilzt.

Anwendungen

Das Verfahren Löten wird angewandt in der

- *Fertigungstechnik*, z. B. Verbinden von Blechen, Verbinden von Hartmetallplatten auf dem Meißelschaft,
- *Versorgungstechnik*, z. B. Verbinden von Rohren und Armaturen,
- Elektrotechnik, z. B. Verbinden von Leitungsanschlüssen und elektrischen Bauteilen.

Lötverbindungen können bis zu Temperaturen eingesetzt werden, die unterhalb der Schmelztemperatur des Lotes liegen.

Unfallverhütung

- Schutzkleidung und Schutzbrille tragen.
- Für gute Belüftung sorgen, da Lot- und Flussmitteldämpfe gesundheitsschädigend sind.
- Hautkontakt mit den Flussmitteln vermeiden.
- Leicht brennbare Stoffe vom Arbeitsplatz fernhalten.

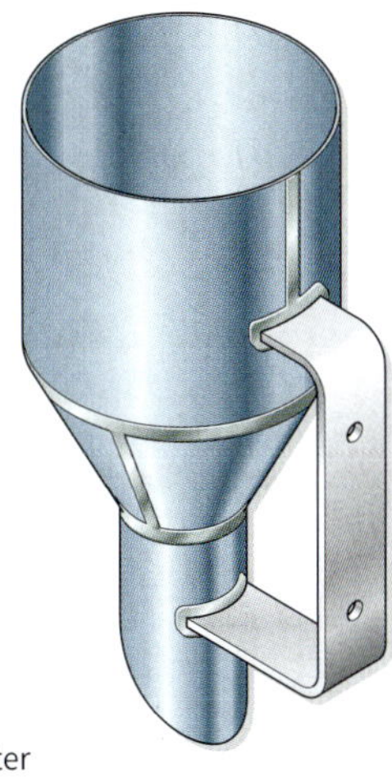

Abb. 4: Trichter

3.4.2.3 Arbeitsplanung

Planen

Als Lötverfahren zur Herstellung des Trichters wird das Hartlöten ausgewählt (Abb. 4). Es bietet eine ausreichende Festigkeit und ist ohne größeren Aufwand (z. B. ohne Schutzgas) durchführbar.

Das *Lot* richtet sich nach dem zu lötenden Grundwerkstoff. Aus der Stückliste erhält man den Grundwerkstoff: Stahl EN 10130-DC04Am. Damit die Arbeitstemperatur nicht zu hoch wird, wurde ein Hartlot auf Silberbasis ausgewählt, z. B. L-Ag5. Dieses Lot ist für das Spalt- oder Fugenlöten geeignet und enthält keine giftigen Legierungsbestandteile wie Cadmium. Die *Arbeitstemperatur* des Lotes beträgt 860°C. Bei der Wahl des Flussmittels müssen das Lötverfahren und die *Wirktemperatur des Flussmittels* berücksichtigt werden. Ein geeignetes Flussmittel ist FH 21. Es enthält Borverbindungen (Borax) und hat eine Wirktemperatur von 750 °C bis 1100 °C.

Aufgaben

1. Erläutern Sie das Prinzip des Lötens.

2. Welche Aufgabe hat das Flussmittel beim Löten?

3. Ein Kupferrohr und ein Rohrbogen aus Kupfer sollen durch Löten verbunden werden. Erstellen Sie einen Arbeitsplan.

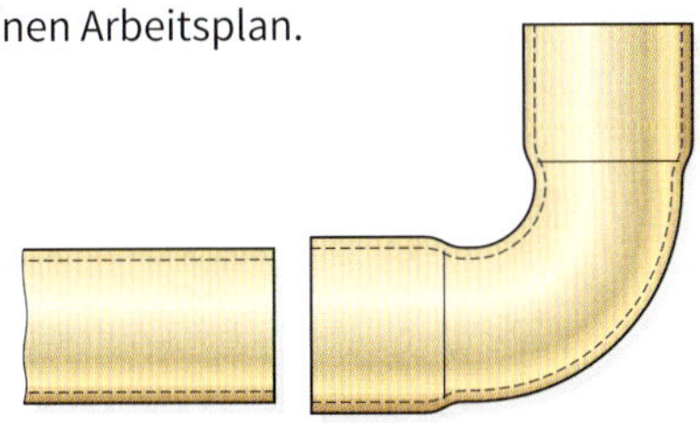

4. Die Halterung des Trichters soll an den Behälter und an den Stutzen gelötet werden. Fertigen Sie eine einfache Skizze der Bauteile an. Wählen Sie ein geeignetes Lötverfahren, das entsprechende Lot und das Flussmittel.

Planen/ Dokumentieren

3.5 Demontage und Montage des Greifers

auch über Web-Link

Der Greifer des Roboters wird repariert, weil er durch Kollision beschädigt worden ist. Da der Fehler bzw. die fehlerhaften Bauteile nicht sofort lokalisiert werden können, wird der Greifer komplett zerlegt. Nach der Reparatur erfolgt die Montage. Die Bauteile werden wieder zu einer funktionsfähigen Einheit zusammengefügt. Während und nach Abschluss der Montage erfolgen Prüfungen. Die Arbeiten sind in der folgenden Reihenfolge durchzuführen:

- Demontage des Greifers,
- Feststellen des Fehlers,
- Beheben des Fehlers durch Austausch oder Reparatur der beschädigten Bauteile,
- Montage des Greifers sowie
- Sicht- und Funktionsprüfung.

Anhand der Gesamtzeichnung und der Stückliste können die verschiedenen Fügetechniken ermittelt werden. Lösbare Verbindungen und deren Fügeteile (z. B. Schrauben, Bolzen oder Stifte) können wieder verwendet werden, sofern sie unbeschädigt sind. Unlösbare Verbindungen (z. B. Klebeverbindungen) müssen neu hergestellt werden.

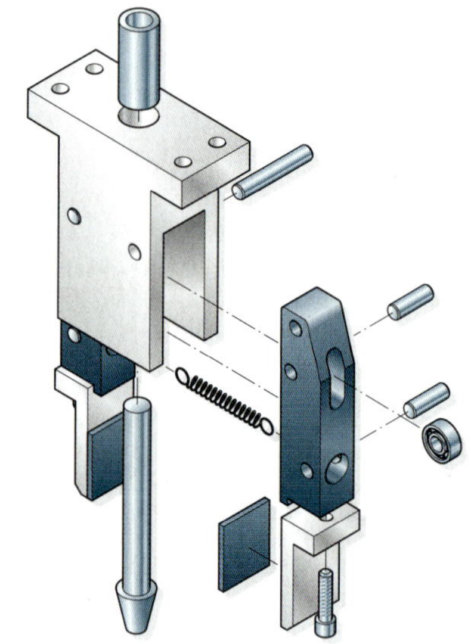

Die Aufbauübersicht (Abb. 1) listet alle Einzelteile mit den Positionsnummern einer Baugruppe auf. Zusammengehörende Einzelteile werden zu Teilbaugruppen zusammengefasst. Dies wird durch Verbindungslinien kenntlich gemacht. Aufgrund der detaillierten Darstellung wird die Aufbauübersicht vor allem bei der Planung von Montagearbeiten verwendet.

- Greifer komplett
  - Grundplatte komplett
    - Grundplatte (1)
    - Buchse (6)
    - Kolbenstange (5)
  - Greiferarmbaugruppe
    - Greiferarm rechts
      - Schutzbacke (4)
      - Greiferbacke (3)
      - Zangenschenkel (2)
      - Rillenkugellager (9)
      - Zylinderstift (8)
      - Zylinderschraube (12)
    - Greiferarm links
      - Schutzbacke (4)
      - Greiferbacke (3)
      - Zangenschenkel (2)
      - Rillenkugellager (9)
      - Zylinderstift (8)
      - Zylinderschraube (12)
    - Zugfeder (11)
    - Bolzen (10)
    - Bolzen (10)
  - Zylinderstift (7)
  - Zylinderstift (7)

Abb. 1: Aufbauübersicht Greifer

Planen/ Dokumentieren

3.5.1 Demontageplanung

Zur Demontage des Greifers muss dieser zunächst vom Roboter abgebaut werden. Hierzu werden die Befestigungselemente gelöst. Dann wird die gesamte Einheit vom Roboter abgezogen.

Zuerst werden die beiden Zylinderstifte (Pos. 7) mit Hammer und Durchschlag entfernt. Dadurch werden die beiden Greiferarme als Greiferarmbaugruppe von der Grundplatte (Pos. 1) getrennt. Sie sind nur noch durch die Zugfeder (Pos. 11) miteinander verbunden. Die Kolbenstange (Pos. 5) wird dann nach unten herausgezogen. Die Buchse (Pos. 6) sitzt fest in der Grundplatte. Sie kann entweder mit einer Spindelpresse oder mit einem Hammer ausgetrieben werden. Dabei muss ein passender Dorn verwendet werden. Der Durchmesser des Dorns sollte geringfügig kleiner sein als der Außendurchmesser der Buchse.

Um die Greiferarmbaugruppe weiter zu zerlegen, werden zunächst die Bolzen (Pos. 10) an beiden Greiferarmen entfernt. Danach wird die Zugfeder (Pos. 11) entnommen. Bei der Zugfeder ist darauf zu achten, dass sie nicht überdehnt wird. Sonst muss sie ersetzt werden.

Anschließend werden die Zylinderschrauben (Pos. 12) gelöst und die Greiferbacken (Pos. 3) entfernt. Hierzu ist ein Winkelschraubendreher (Innensechskantschlüssel) mit der entsprechenden Schlüsselweite notwendig. Die Schutzbacken (Pos. 4) sind auf die Greiferbacken (Pos. 3) geklebt und werden nur im Falle einer Beschädigung ausgetauscht. Dann werden die Zylinderstifte (Pos. 8) mit Hammer und Durchschlag entfernt. Jetzt werden die Rillenkugellager (Pos. 9) entnommen.

In einem Demontageplan (Abb. 2) werden die einzelnen Arbeitsschritte, die benötigten Werkzeuge, Vorrichtungen und Hilfsmittel in tabellarischer Form aufgelistet.

westermann — **Arbeitsplan** — **Blatt-Nr.** 1 — **Anzahl** 1

Benennung: Greifer **Zeichn.Nr.** 026.04.24

☐ **Einzelteil** ☒ **Demontage** ☐ **Montage**

Auftragsnr.: ______ **Ausstell-Datum:** ______ **Stückzahl:** ______

Name: ______ **Vorname:** ______ **Klasse/Gr.:** ______ **Kontr-Nr.:** ______

Lfd. Nr.	Arbeitsvorgang	Arbeitsplatz	Arbeitsmittel	Bemerkungen
1	Kompletten Greifer vom Roboter demontieren	Roboter		
2	Zylinderstifte (7) austreiben	Werkbank	Hammer, Durchschlag	
3	Beide Greiferarmbaugruppen aus der Grundplatte entnehmen			Feder beim Ausbau nicht überdrehen
4	Kolbenstange (5) nach unten aus der Grundplatte (1) ziehen			
5	Buchse (6) austreiben		Hammer, Dorn	Dorn mit passendem Durchmesser verwenden
6	Bolzen (10) an beiden Greiferarmen entfernen		Hammer, Durchschlag	
7	Zugfeder (11) entnehmen			
8	Zylinderschrauben (12) lösen und Greiferbacke (3) entnehmen		Winkelschraubendreher	
9	Schutzbacken (8) aus dem Zangenschenkel (2) austreiben und Rillenkugellager (9) entnehmen		Schabwerkzeuge, Schmirgelleinen, Lösungsmittel	Austausch nur bei beschädigten Schutzbacken vornehmen
10	Zylinderstifte (8) aus dem Zangenschenkel (2) austreiben und Rillenkugellager (9) entnehmen		Hammer, Durchschlag	

Abb. 2: Demontageplan Greifer

Planen/ Dokumentieren

3.5.2 Montageplanung

Die Montage beginnt mit einer Sichtprüfung und Reinigung. Schadhafte Bauteile müssen ersetzt werden. Beschädigte Normteile können anhand der Stückliste identifiziert und beschafft werden. Beschädigte Einzelteile müssen entweder bei der Herstellerfirma bestellt oder anhand einer Einzelteilzeichnung selbst angefertigt werden.

Bei der Montage werden die Einzelteile zu einer Baugruppe zusammengefügt. Anhand der Aufbauübersicht (S. 288, Abb. 1) ergibt sich die Reihenfolge für das Fügen der Bauteile. Dabei ist es sinnvoll, Teilbaugruppen zu bilden und diese separat zu montieren.

Die Reihenfolge der Arbeitsvorgänge ist in einem Montageplan (Abb. 1) dokumentiert.

Zu Beginn der Montage werden die Schutzbacken (Pos. 4) auf die Greiferbacken (Pos. 3) geklebt. Die Greiferbacken müssen zuerst gereinigt und mit einem Lösungsmittel entfettet werden. Der Kleber wird nach Herstellervorschrift aufgebracht. Dann werden die Klebeflächen aufeinandergepresst. Dabei muss die Topfzeit und die Aushärtezeit beachtet werden.

Anschließend wird das Rillenkugellager (Pos. 9) mit dem Zylinderstift (Pos. 8) im Zangenschenkel (Pos. 2) eingebaut. Nachdem das Rillenkugellager gefettet wurde, wird der Zylinderstift in die vorgesehene Bohrung des Zangenschenkels und des Rillenkugellagers eingetrieben. Dabei muss das Rillenkugellager zur Bohrung des Zylinderstiftes ausgerichtet sein.

westermann — **Arbeitsplan** — **Blatt-Nr.** 1 — **Anzahl** 1

Benennung: Greifer **Zeichn.Nr.** 026.04.25

Auftragsnr.: ______ **Ausstell-Datum:** ______ **Stückzahl:** ______

Name: ______ **Vorname:** ______ **Klasse/Gr.:** ______ **Kontr-Nr.:** ______

☐ **Einzelteil** ☐ **Demontage**

☒ **Montage**

Lfd. Nr.	Arbeitsvorgang	Arbeitsplatz	Arbeitsmittel	Bemerkungen
1	Schutzbacke (4) auf Greiferbacke (3) kleben	Werkbank	Klebstoff (Omnifit 250M) Schmirgelleinen, Lösungsmittel	Abzug verwenden, Topfzeit und Aushärtezeit beachten
2	Rillenkugellager (9) in Zangenschenkel (2) positionieren und Zylinderstift (8) einpressen		Hammer, Durchschlag	Beweglichkeit des Lagers prüfen
3	Greiferbacke (3) mittels Zylinderschraube (12) an Zangenschenkel (2) befestigen		Winkelschraubendreher	
4	Zweiten Greiferarm montieren entsprechend Nr. 1 - 3			Die Arbeitsschritte 1 bis 3 gelten für beide Greiferarme
5	Zugfeder (11) positionieren und Bolzen (10) in beide Zangenschenkel (2) einpressen		Hammer, Durchschlag, Zange	Zugfeder nicht überdehnen
6	Buchse (6) in Grundplatte (1) einsetzen		Hammer, abgesetzter Dorn	Buchse nicht beschädigen
7	Kolbenstange (5) in Buchse (6) einsetzen			Leichtgängigkeit prüfen
8	Greiferarmbaugruppe in Grundplatte (1) positionieren und Zylinderstifte (7) einpressen			Beweglichkeit prüfen
9	Kompletten Greifer am Roboter montieren	Roboter		

Abb. 1: Montageplan Greifer

Die Greiferbacken mit den aufgeklebten Schutzbacken werden mit den Zylinderschrauben (Pos. 12) an den Zangenschenkeln befestigt. Hierzu wird ein Winkelschraubendreher verwendet. Er muss die richtige Größe haben, damit

- der Schraubenkopf nicht beschädigt wird,
- das Werkzeug nicht beschädigt wird und damit
- keine Unfälle durch Abrutschen entstehen.

Danach wird der Bolzen (Pos. 10) in die vorgesehene Bohrung im Zangenschenkel (Pos. 2) eingetrieben. Dabei muss die Zugfeder (Pos. 11) so positioniert werden, dass der Bolzen durch die Öse der Zugfeder geführt wird. Zum Festhalten und Positionieren der Zugfeder wird eine Zange verwendet. Dann wird der zweite Bolzen in den zweiten Zangenschenkel eingetrieben. Mithilfe einer Zange muss die Zugfeder wieder so ausgerichtet werden, dass der Bolzen durch die Öse der Zugfeder geführt wird. Damit ist die Greiferarmbaugruppe montiert.

Die Buchse (Pos. 6) wird in die Grundplatte (Pos. 1) eingepresst. Damit die Buchse durch die Schläge des Hammers nicht beschädigt wird, muss ein abgesetzter Dorn verwendet werden. Die Kolbenstange (Pos. 5) wird eingefettet und in die Buchse (Pos. 6) eingesetzt. Da zwischen Kolbenstange und Buchse eine Spielpassung vorliegt, werden keine Werkzeuge benötigt.

Anschließend wird die Greiferarmbaugruppe an der Grundplatte befestigt. Die Befestigung erfolgt mit den Zylinderstiften (Pos. 7).

Nachdem die Montagearbeiten beendet sind, erfolgt die *Sichtprüfung*. Dabei ist festzustellen, ob alle Bauteile ordnungsgemäß montiert sind. Anschließend erfolgt die *Funktionsprüfung*. Die Schutzbacken (Pos. 4), die Zylinderschrauben (Pos. 12), die Buchse (Pos. 6), die Bolzen (Pos. 10) und die Zylinderstifte (Pos. 7 und Pos. 8) werden auf festen Sitz überprüft. Bei der Kolbenstange (Pos. 5), den Rillenkugellagern (Pos. 9) und den Greiferarmen wird die Leichtgängigkeit und Beweglichkeit geprüft. Die Spannung der Zugfeder (Pos. 11) wird kontrolliert.

Anschließend wird der komplette Greifer am Roboter befestigt.

Aufgaben

Schrauben – und Stiftverbindungen

1. Zylinderschrauben können mit unterschiedlichen Gewindearten eingesetzt werden.

Nennen Sie die beiden Gewindearten nach ihrer Steigung und erläutern Sie deren verschiedene Verwendung.

2. Nennen Sie zwei Anwendungsbeispiele für den Zylinderstift.

3. Wozu werden Bolzen verwendet?

Schweißverbindungen

4. Erläutern Sie den Unterschied zwischen einer Schraubverbindung und einer Schweißverbindung bezüglich ihrer Lösbarkeit und Schlussart.

5. Welche Schweißgase werden für das Gasschmelzschweißen verwendet? Mit welchem Flaschendruck werden sie bereit gestellt?

6. Wie sind die Flaschen für Schweißgase gekennzeichnet?

7. Erläutern Sie die Inbetriebnahme und die Außerbetriebnahme eines Schweißbrenners.

8. Erläutern Sie die Entstehung einer neutralen Flamme beim Gasschmelzschweißen.

9. Wie wirkt sich das Schweißen mit Acetylenüberschuss auf die Schweißnaht bei Stahl aus?

10. Wozu werden Schweißstäbe verwendet?

11. Welche Aufgabe hat die Kupferumhüllung der Schweißstäbe?

12. Welche Verfahren ermöglichen das Schweißen von Kunststoffen?

Demontage- und Montageplanung

13. Zu welchem Zweck müssen Bauteile demontiert werden?

14. Welche Aufgaben haben Aufbauübersichten?

15. Erläutern Sie die einzelnen Arbeitsschritte bei der Montage eines Bauteiles.

16. Aus welchem Grund wird nach der Montage eine Sichtprüfung der Bauteile durchgeführt?

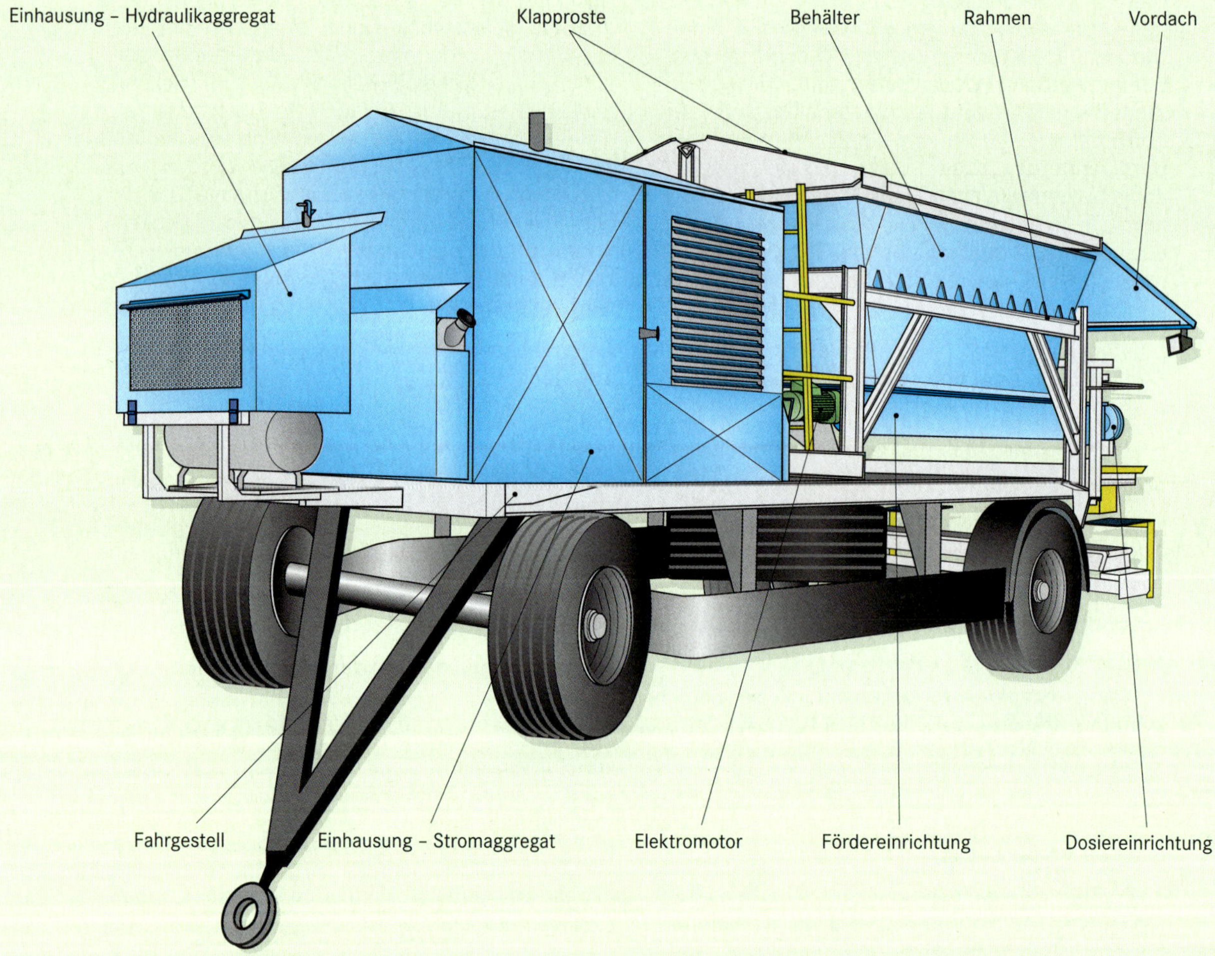
Einhausung - Hydraulikaggregat
Klapproste
Behälter
Rahmen
Vordach
Fahrgestell
Einhausung - Stromaggregat
Elektromotor
Fördereinrichtung
Dosiereinrichtung

GESAMTAUFTRAG

Die mobile Abfüllanlage ermöglicht ein schnelles Befüllen von Sandsäcken.

Für den Einsatz ist die Anlage auf das Fahrgestell eines Anhängers montiert. Links befindet sich in einer Einhausung die Antriebseinheit für die Förderschnecken der Füll- und Dosiereinheit. Die rotierenden Förderschnecken sind in den Boden des Behälters eingebaut. Sie befördern den im Behälter befindlichen Sand zur Dosiereinheit. Dort können zwei Sandsäcke gleichzeitig abgefüllt werden.

Die Blechbauteile der Abfüllanlage sollen in der Werkstatt in Einzelfertigung hergestellt und gefügt werden.

ANALYSE

Technische Unterlagen

Zur Vorbereitung der Fertigung stehen verschiedene technische Unterlagen zur Verfügung:

- Gesamtzeichnung,
- Gruppenzeichnungen,
- Einzelteilzeichnungen und
- Stücklisten.

Aufbau und Funktion der Abfüllanlage

Die Abfüllanlage besteht aus mehreren Baueinheiten. Die Mobilität und örtliche Unabhängigkeit wird durch das Fahrgestell und durch das Strom- und das Hydraulikaggregat ermöglicht.

Der Behälter nimmt den Sand auf, und durch die Form des Bodens wird der Sand auf zwei Förder- und Dosiereinrichtungen verteilt. Diese sind fest am Behälter montiert.

Beladen wird die Abfüllanlage durch externe Fördereinrichtungen. Auf dem Behälter sind zwei Klapproste montiert, die verhindern, dass große Steine in die Förderschnecken gelangen. Der Rahmen verbindet den Behälter und das Fahrgestell.

Zwei Förderschnecken ermöglichen das gleichzeitige Befüllen von zwei Säcken. Die Förderschnecken werden durch Elektromotore angetrieben. Der Strom wird entweder durch das öffentliche Stromnetz oder durch ein Dieselaggregat zur Verfügung gestellt. Die Dosiereinrichtung wird durch ein Hydraulikaggregat betrieben. Beide Aggregate werden durch Einhausungen gegen Schmutz und Witterungseinflüsse geschützt, die Lärmbelastung wird gemindert. Um Wartungs- und Instandsetzungsarbeiten am Dieselmotor und am Stromaggregat durchführen zu können, befinden sich in der Einhausung große, abnehmbare Türen. Die Einhausung des Hydraulikaggregates lässt sich abklappen.

In regelmäßigen Abständen muss das Innere des Behälters durch Sichtkontrolle geprüft werden. Dazu ist ein einzelner Auftritt zwischen Einhausung und Behälter angebracht.

Das Vordach bildet einen Wetterschutz für das Bedienungspersonal und die Dosiereinrichtung. Durch das Aufhängen von Planen kann der Schutzbereich bei Bedarf vergrößert werden.

Fertigung

Die Fertigung der Einzelteile der Einhausung und des Behälters erfolgt durch Trennen. Die Auswahl des Verfahrens wird unter anderem durch den Werkstoff und die gewünschte Maßgenauigkeit bestimmt.
Die Einzelteile für die Einhausungen und das Vordach werden durch mechanische, die Behälterteile durch thermische Trennverfahren hergestellt.

Die Einzelteile werden anschließend durch verschiedene Verfahren gefügt.

4.1 Trennen von Blechen

ARBEITSAUFTRAG

Die Einhausung des Hydraulikaggregates soll durch Scherschneiden hergestellt werden. Die Konturen müssen aus einer Blechtafel aus Aluminium ausgeschnitten werden. Auch der Ausschnitt für das Lochblech ist durch Scherschneiden zu fertigen. Die Löcher zur Befestigung des Lochblechs sowie der Scharniere werden gestanzt.

Informieren

4.1.1 Zeichnungsanalyse

Von der herzustellenden Einhausung für das Hydraulikaggregat liegt nur eine isometrische Zeichnung mit den Grundabmaßen vor (Abb. 1).

Die Einhausung soll aus einer Blechtafel Blech EN 485-4 – 1x1500x3000 – EN AW-5754($AlMg_3$) gefertigt werden.

Der Zeichnung ist zu entnehmen, dass die Einhausung ein nach zwei Seiten offener, prismatischer Hohlkörper ist. Die Wanddicke beträgt 1 mm.

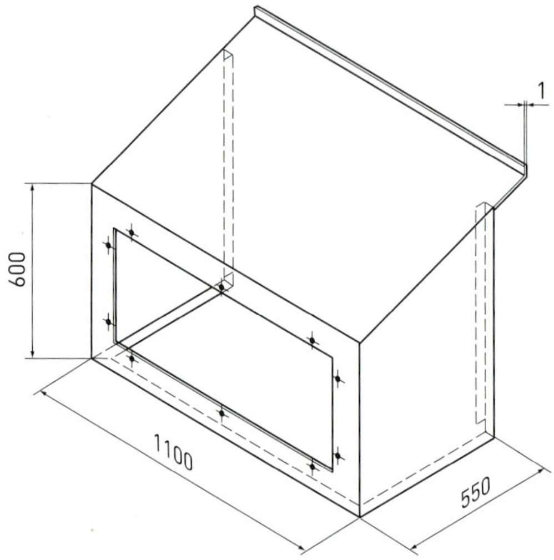

Abb. 1: Isometrische Darstellung der Einhausung

Die Seitenwände und das Dach sind zeichnerisch so auszubreiten, dass sie anschließend aus der Blechtafel ausgeschnitten werden können. Diese Form der Darstellung wird *Abwicklung* (Abb. 2), das Verfahren *Abwickeln* genannt.

Neben allen Einzelheiten sind durch eine Strich-Zweipunktlinie die Abmaße der Blechtafel gekennzeichnet.

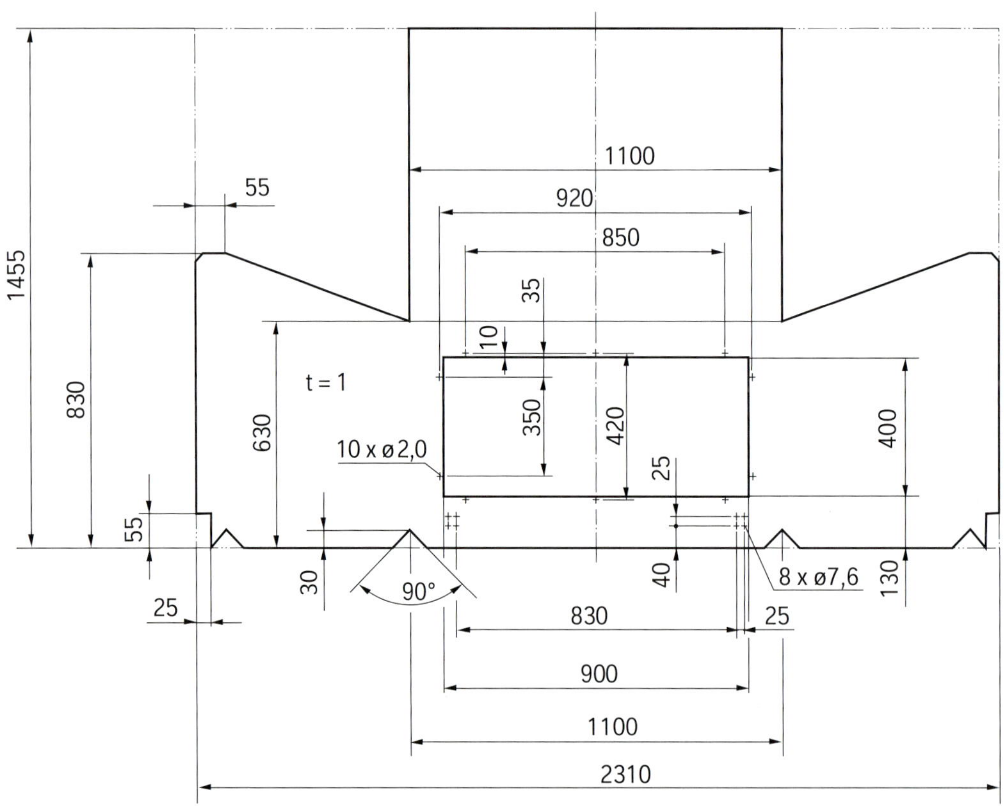

Abb. 2: Abwicklung der Einhausung

Abwicklungen

Einen Körper „abwickeln“ bedeutet, seine gesamte Oberfläche in einer Ebene auszubreiten. Dabei kennzeichnet der Begriff „Abwicklung“ sowohl das Verfahren als auch die dadurch entstehende Fläche. Eine Abwicklung, die alle Seiten eines Körpers erfasst, besteht aus der Mantelfläche, der **Grundfläche** und der Deckfläche. **Abwicklungen** können von Vollkörpern durch Aneinanderreihen der Oberflächen oder von Hohlkörpern erstellt werden.

In der Praxis haben Abwicklungen vor allem bei der Herstellung von Hohlkörpern im Behälterbau große Bedeutung. Außerdem sind Abwicklungen Ausgangsformen bei der Fertigung von Abdeckungen und Maschinenverkleidungen.

Es wird unterschieden:

- **Abwicklungen von Rohren** ①

Sie bestehen nur aus einer Mantelfläche.

- **Abwicklungen von offenen Behältern** ②

Sie bestehen aus einer Mantelfläche und einer Grundfläche.

- **Abwicklungen von Abdeckhauben** ③

Sie bestehen aus einer Mantelfläche und einer Deckfläche.

- **Abwicklungen von geschlossenen Behältern** ④

Sie bestehen aus einer Mantelfläche, einer Grundfläche und einer Deckfläche.

Abwicklungen werden durch „Runden“ oder „Biegen“ geformt und an der Trennkante (Stoßkante) zu einem Hohlkörper durch Schweißen, Löten oder Nieten verbunden. Biegekanten werden mit schmalen Volllinien in die Abwicklung gezeichnet. Diese Linien bezeichnet man als Biegelinien.

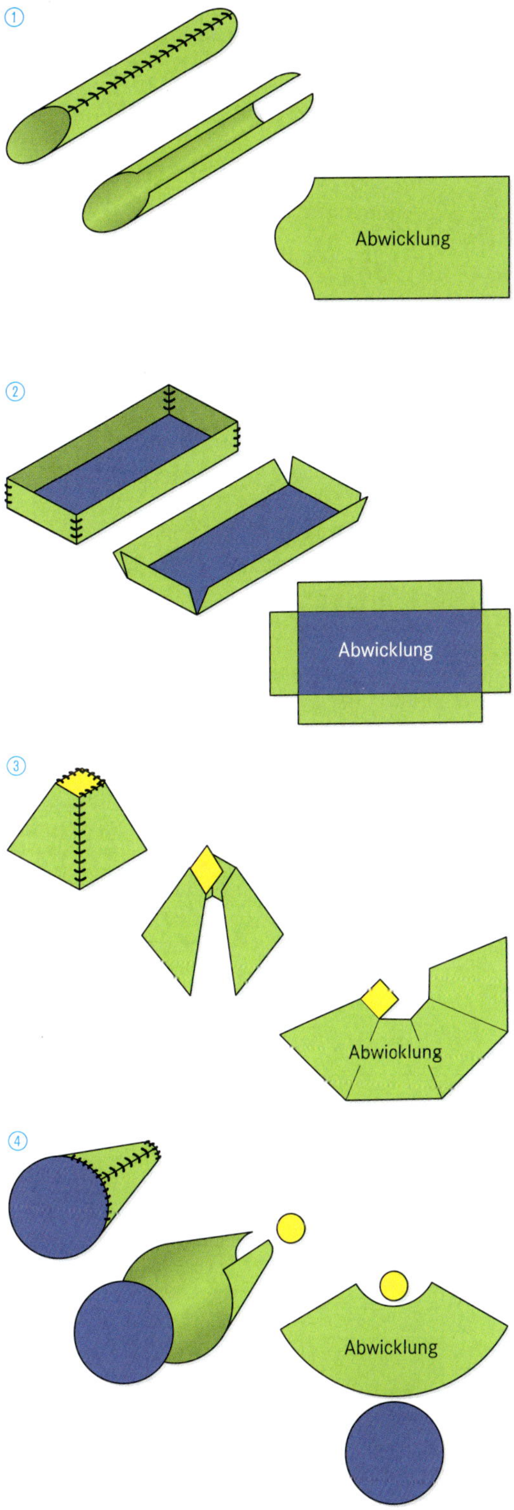

Abb. 3: Unterschiedliche Abwicklungsformen

auch über Web-Link

4.1.2 Scherschneiden

Tafelscheren

Der Zuschnitt der Einhausung mit den Grundmaßen 2310 x 1455 wird auf einer motorbetriebenen Tafelschere hergestellt.

Tafelscheren werden bei höheren Schnittleistungen eingesetzt (Abb. 1). Der Antrieb des Obermessers erfolgt hydraulisch oder durch Elektromotoren.

Tafelscheren gibt es mit vollkantigem und ziehendem Schnitt.

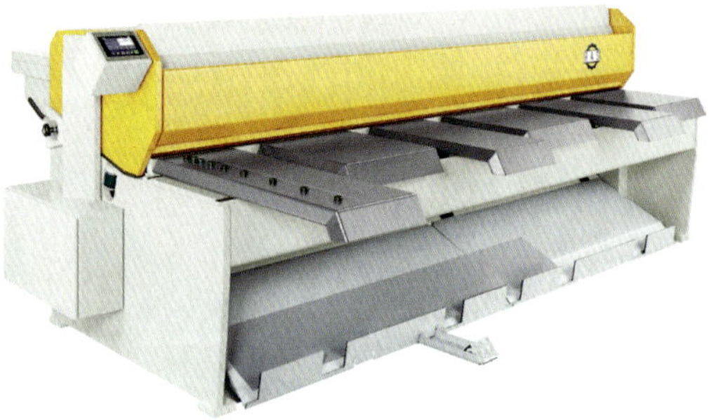

Abb. 1: Motorgetriebene Tafelschere

Ein Kriterium für die Qualität des Schnittes auf einer Tafelschere ist der Schneidspalt (S). Dieser sollte so klein wie möglich gehalten werden (Abb. 2). Die Größe des Schneidspaltes ist vor allem abhängig von der Blechdicke.

Ein zu kleiner Abstand zwischen den Schneiden verursacht eine schlechte Qualität der Schnittfläche und einen erhöhten Werkzeugverschleiß. Ist der Schneidspalt zu groß, verschlechtert sich ebenfalls die Qualität des Schnittes, es bildet sich ein Grat und dünne Bleche könnten in den Spalt gequetscht werden.

Lochstanzen

Zur Montage des Lochblechs in die Einhausung sind zehn Löcher Ø 2,0 mm herzustellen. Zur Befestigung der Scharniere an der Einhausung des Hydraulikaggregates sind acht Löcher Ø 7,6 mm zu fertigen. Ein effizientes Verfahren ist das Lochstanzen.

Beim Lochstanzen werden in einem Arbeitsgang Durchbrüche hergestellt. Voraussetzung ist jedoch, dass die passenden Werkzeuge vorhanden sind.

Abb. 3: Lochstanze

Die Werkzeuge beim Lochstanzen werden als Stempel und Matrize bezeichnet. Der Stempel ist das bewegliche Schneidwerkzeug und kann einen runden oder rechteckigen Querschnitt haben. Die geschlossene Schneide befindet sich an der Stirnseite des Stempels.

Die Matrize ist fest mit der Maschine verbunden. Sie bildet das Gegenstück zum Stempel und entspricht dem Untermesser. Der Stempel bewegt sich in der Matrize auf und ab. Der Querschnitt der Öffnung, in der sich der Stempel bewegt, muss dem Stempelquerschnitt entsprechen.

Beim Stanzen müssen große Scherkräfte aufgebracht werden, denn der Schnitt erfolgt auf der gesamten Scherlänge gleichzeitig. Um eine Überlastung der Stanzeinrichtung zu verhindern, sollte vor dem Stanzen die erforderliche Scherkraft berechnet werden (➜📖).

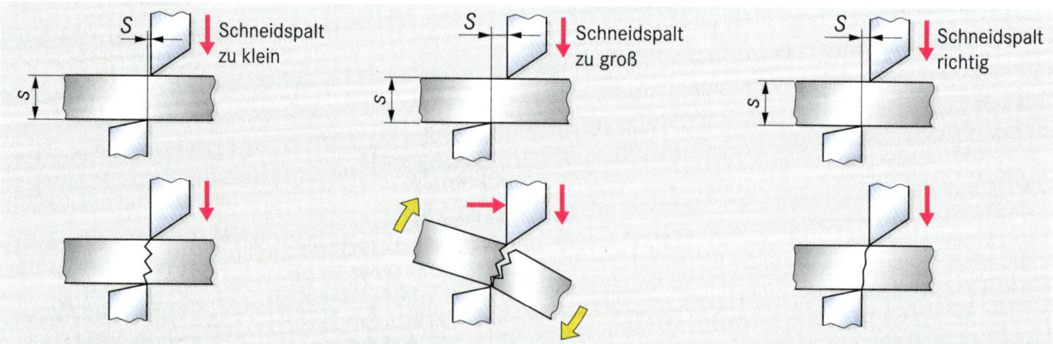

Schneidspalt zwischen Obermesser und Untermesser zu klein ($S < \frac{s}{10}$). Quetschriss verläuft fast senkrecht. Sehr hohe Messerbelastung.

Schneidspalt zwischen Obermesser und Untermesser zu groß ($S > \frac{s}{10}$). Quetschriss verläuft schräg. Großes Hebelmoment führt zum Verkanten des Werkstückes. Sehr hohe seitliche Belastung des Obermessers, schlechte Schnittqualität.

Schneidspalt zwischen Obermesser und Untermesser richtig ($S = \frac{s}{10}$). Quetschriss verläuft geradlinig. Geringste Messerbelastung, beste Schnittqualität.

Abb. 2: Wirkung des Schneidspalts

Nibbeln

Das Nibbeln ist ein Fertigungsverfahren, das ähnlich wie das Lochstanzen arbeitet. Stempel und Matrize bilden das Schneidenpaar (Abb. 4).

Bei einer Arbeitsbewegung, einem Hub, wird ein Lochabschnitt hergestellt. Entlang einer beliebigen Schnittlinie werden kontinuierlich viele Einzellöcher gestanzt (Abb. 5). Dabei ist der Vorschub der Maschine kleiner als der Durchmesser des verwendeten Stempels. Der Zapfen am Ende des Stempels befindet sich während des Nibbelns immer in der Schnittfuge und begrenzt so den Vorschub pro Hub.

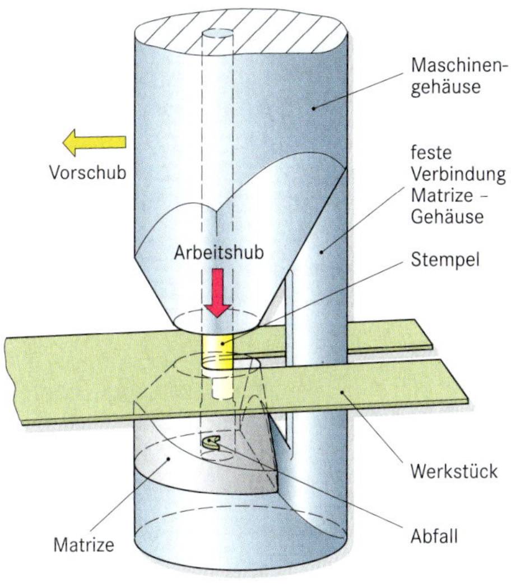

Abb. 4: Darstellung des Werkzeugs einer Nibbelmaschine

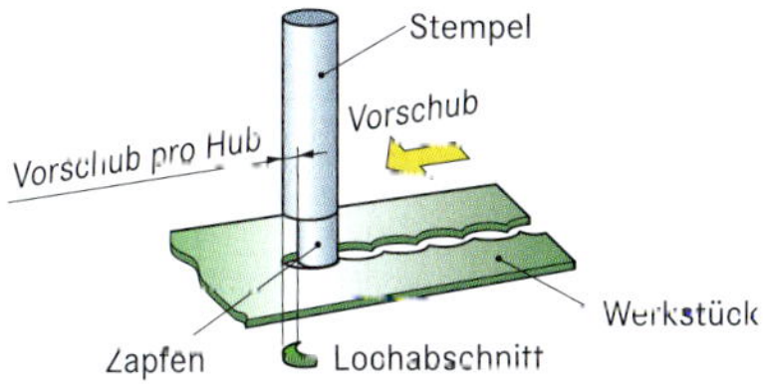

Abb. 5: Stark vergrößerte Schnittkante

Nibbelmaschinen gibt es in verschiedenen Ausführungen. Zum mobilen Einsatz in der Werkstatt und auf der Baustelle werden handgeführte Nibbelmaschinen eingesetzt (Abb. 6).

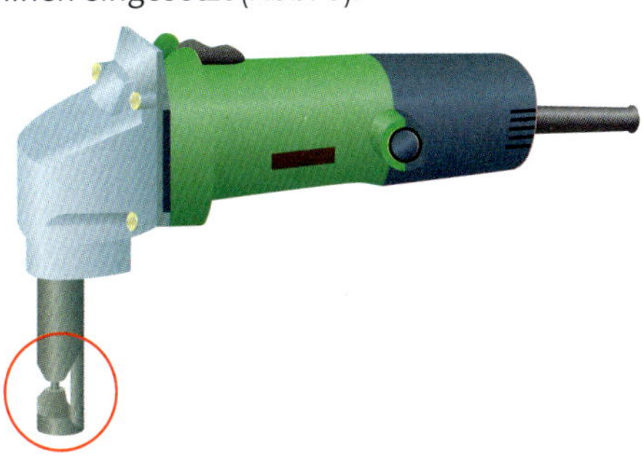

Abb. 6: Nibbelmaschine

Die Scherleistung ist ausgelegt für Bleche bis ca. 3,5 mm. Profilbleche benötigen spezielle Ausführungen von Stempel und Matrize. Für die Serienfertigung in spezialisierten Berieben werden kombinierte, CNC-gesteuerte Stanz- und Nibbelautomaten eingesetzt.

Neben der Baugröße und -form unterscheidet man die Nibbelmaschinen nach ihrem Funktionsprinzip in:

- Nibbelmaschinen mit stoßendem Schnitt,
- Nibbelmaschinen mit ziehendem Schnitt (Abb. 7).

Beim **stoßenden Schnitt** erfolgt der Stanzvorgang bei der Abwärtsbewegung des Stempels. Es werden runde und rechteckige Stempel eingesetzt. Mit runden Stempeln lassen sich Kurvenschnitte sehr gut anfertigen, rechteckige Stempel werden für gerade Schnitte eingesetzt. Beim stoßenden Schnitt werden die Späne nach unten ausgeworfen.

Beim **ziehenden Schnitt** wird der Stempel kleiner ausgeführt. Die geringere Baugröße ermöglicht einen wesentlich engeren Kurvenradius als bei Maschinen mit stoßendem Schnitt. Es werden nur runde Stempel verwendet. Die Späne, die beim ziehenden Schnitt entstehen, werden nach oben transportiert.

Die entstehenden Späne sind klein und scharfkantig. Sie dürfen auf gar keinen Fall mit der Hand entfernt werden. Es besteht ein sehr hohes Verletzungsrisiko.

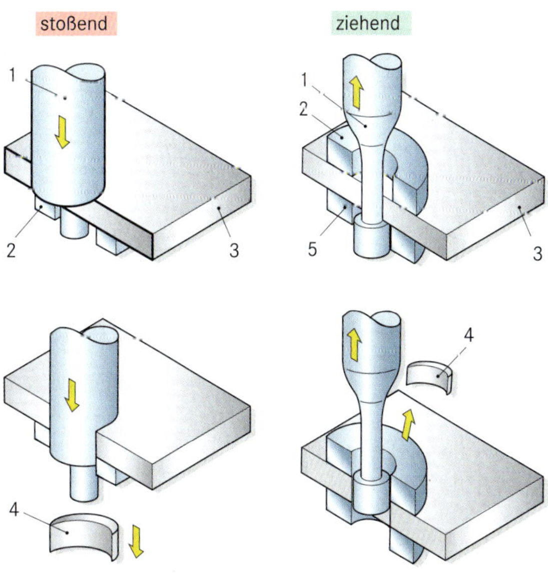

1 Stempel 2 Matrize 3 Blech 4 Span 5 Führung

Abb. 7: Vergleich stoßender und ziehender Schnitt

4.1.3 Trennen durch Abtragen

ARBEITSAUFTRAG

Die Seitenteile des Behälters der Abfüllanlage sollen aus warmgewalzten Blechen aus Baustahl durch Schmelzschneiden zugeschnitten werden.

Fertigen

Zum Trennen durch Abtragen gehören die Schmelzschneid-Verfahren. Bei diesen Verfahren wird der Werkstoff nicht verbrannt, sondern geschmolzen und aus dem Schneidspalt geblasen. Sie sind für alle Metalle und je nach Verfahren auch für nichtmetallische Werkstoffe geeignet.

Man unterscheidet das

- Laserstrahlschneiden und das
- Plasmaschneiden.

Laserstrahlschneiden

Beim Laserstrahlschneiden ist die Energiequelle ein gebündelter energiereicher Strahl von sichtbarem oder unsichtbarem Licht. Das Verfahren kann angewendet werden, wenn diese Strahlung möglichst ohne Verlust, z. B. durch Reflexion oder Ableitung, in Wärme umgewandelt wird (Abb. 1). Nach Art des zur Strahlerzeugung verwendeten Mediums unterscheidet man:

- Gaslaser, z. B. CO_2-Laser, und
- Feststofflaser, z. B. Rubinlaser.

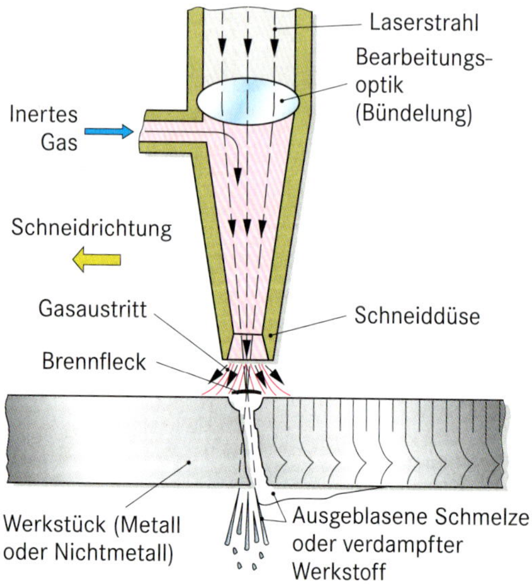

Abb. 1: Prinzip des Laserstrahlschneidens

Gaslaser arbeiten mit einem konstanten, stehenden Laserstrahl. Durch eine Veränderung des Stroms, der den Laser erzeugt, lässt sich der Gaslaser in seiner Wirkung beeinflussen.

Rubinlaser arbeiten mit nicht konstanten, gepulsten Laserstrahlen. Grund dafür ist die Erzeugung des Laserstrahles durch Blitzlicht. Durch die sehr kurze Einwirkzeit an der Trennstelle wird das umgebende Material thermisch nur gering belastet.

Zusatzgase fördern entweder eine Verbrennung oder bilden eine Schutzgaszone. Man unterscheidet:

- Laser-Brennschneiden mit O_2 als Schneidgas für oxidierende Metalle und
- Laser-Schmelzschneiden mit inerten, chemisch nicht reagierenden Schutzgasen für alle Werkstoffe.

Vorteilhaft beim Laserstrahlschneiden ist eine hohe Abtraggeschwindigkeit bei geringer Wärmeausbreitung und sehr schmaler scharfkantiger Trennfuge. Dadurch entfällt die Nacharbeit an Fertigteilen. Trennbar sind neben Metallen Stoffe wie Keramik und Textilien. Auch kunststoffbeschichtete Bleche sind ohne wesentliche Beschädigungen des Überzuges trennbar.
Die Schnittgeschwindigkeit liegt zwischen 1 und 60 m/min bei Stahl und bis zu 300 m/min bei Kunststoffen. Die Breite des Schnittspaltes liegt zwischen 0,1 und 0,8 mm.
Das Schmelzschneiden mit Laserstrahl kann für den Zuschnitt der Behälterbleche sehr gut eingesetzt werden. Die Anforderung – keine Nacharbeit – wird erfüllt. Die Blechkanten müssen nicht zusätzlich bearbeitet werden.

Plasmaschneiden

Beim Plasmaschneiden wird zunächst zwischen der Wolframelektrode und der Kupferdüse ein Lichtbogen gezündet. Dieser wird vom Plasmagas durchströmt. Dadurch wird das Plasmagas elektrisch leitend. Wenn das Plasmagas das Werkstück erreicht hat, wird der Hauptlichtbogen gezündet. Dieser Lichtbogen erreicht Temperaturen über 2000 °C. Das Werkstück schmilzt an der Trennstelle. Das verwendete Plasmagas strömt mit hoher Geschwindigkeit aus der Düse und bläst den aufgeschmolzenen Werkstoff aus dem Schneidspalt. Plasmagase sind Mischungen aus Argon und Wasserstoff oder Argon und Stickstoff.

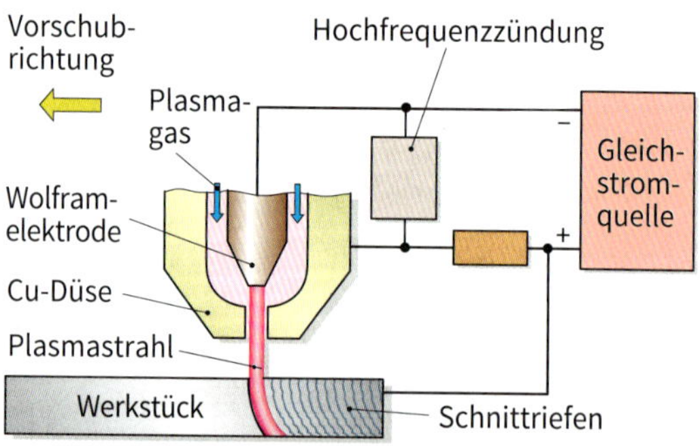

Abb. 2: Prinzip des Plasmaschneidens

Die Weiterentwicklung ist das Wasser-Plasmaschneiden, bei dem durch Wasserzugabe der Plasmastrahl noch enger gebündelt ist. Wird der Plasmastrahl mit einer Wasserglocke abgedeckt und unter Wasser geschnitten, reduziert sich dabei die Umweltbelastung durch giftige Dämpfe ganz erheblich.

Heute setzt sich das Plasmaschneiden mit Druckluft als Plasmagas immer mehr durch und wird somit auch für unlegierte Baustähle interessant. Die Schnittgeschwindigkeit ist höher als beim Brennschneiden. Dadurch sind die Kanten wegen der geringeren Wärmeeinbringung verzugsfrei.

Die verschiedenen Plasmaschneid-Verfahren werden in großen Anlagen mit automatischer Steuerung verwendet.

In der Werkstatt und auf der Baustelle werden mobile Plasmaschneidanlagen eingesetzt (Abb. 3).

Abb. 3: Plasma-Handschneidgerät

Die Druckluft ist gleichzeitig Kühl- und Plasmagas. Diese Geräte werden in verschiedenen Leistungsstufen für Werkstoffdicken von 6–45 mm angeboten. Je nach Größe des Gerätes werden 110 bis 130 Liter Druckluft je Minute verbraucht. Nachteilig sind die Umweltbelastung durch Lärm und Abgase sowie die kurze Lebensdauer der Schneiddüsen von maximal 10 Stunden.

Zusammenfassung

Trennen

Zerteilen Scherschneiden	**Abtragen** Schmelzschneiden
• Schneiden mit der Tafelschere • Lochstanzen • Nibbeln	• Laserstrahlschneiden • Plasmascheiden
Fertigungsaufgabe	**Werkzeug**
Zuschneiden der Grundmaße	Tafelschere
Zuschneiden der Abwicklung und des Ausschnittes	Nibbelmaschine oder Laserstrahlschneiden
Fertigen der Löcher	Lochstanze

Schneidanlagen erzeugen bessere Schneidkanten als handgeführte Schneidgeräte. Der Vorschub erfolgt mit Elektromotoren. Die Brennerbewegung wird fotoelektrisch, mit einer Schablone oder mit dem Computer (CNC) gesteuert.

Arbeitssicherheit

Wegen der Gefahren durch warme Werkstücke, UV-Strahlung und giftige Dämpfe sind ein guter Schutz der Augen und ausreichende Lüftung notwendig.

An Anlagen zum Laserstrahlschneiden wird der Bediener zusätzlich durch die Laserstrahlung gefährdet.

Für stationäre Schmelzschneidanlagen ist eine Schutzkabine vorgeschrieben. Diese soll den Arbeits- und Gefahrenbereich absichern und das Bedienpersonal schützen.

Insbesondere auf Baustellen besteht Brandgefahr durch Funkenflug. Brennbare Gegenstände müssen weiträumig entfernt oder abgedeckt werden. Öffnungen zu Nachbarräumen sind abzudichten. Eine Brandwache ist erforderlich. Häufig entstehen Brände durch glimmende Stellen erst lange nach der eigentlichen Arbeit. Daher müssen die Arbeitsbereiche auch nach dem Schmelz-schneiden beobachtet werden.

Das Hantieren im Gefahrenbereich ist zu vermeiden, denn durch die sehr hohen Temperaturen besteht ein hohes Verletzungsrisiko.

Mobile und stationäre Anlagen zum Laser- und Plasmaschneiden arbeiten mit elektrischem Strom. Vor jeder Inbetriebnahme sind die elektrischen Bauteile auf mögliche Beschädigungen zu überprüfen.

Als Alternative zum Laserschneiden kann das Wasserstrahlschneiden eingesetzt werden. Dieses Verfahren findet vor allem bei weichen Werkstoffen Anwendung.

Aufgaben

1. Welche Bedeutung hat der Schneidspalt beim Scherschneiden?
2. Beschreiben Sie die Funktionsweise einer Lochstanze.
3. Welche Vor- und Nachteile hat eine Nibbelmaschine?
4. Unterscheiden Sie Gaslaser und Feststofflaser.
5. Nennen Sie Vorteile und Nachteile des Laserstrahlschneidens im Vergleich zum Schneiden mit der Nibbelmaschine.
6. Erläutern Sie das Wirkprinzip des Plasmaschneidens.

4.2 Umformen von Blechen

ARBEITSAUFTRAG

Um die Form der Einhausung des Hydraulikaggregates herstellen zu können, muss das Blech aus einer Aluminiumlegierung umgeformt werden. Dies soll durch Schwenkbiegen erfolgen.

Die großflächigen Stahlbleche der Einhausung des Stromaggregates werden durch Luftkanten versteift.

4.2.1 Zeichnungsanalyse

Die Abbildung 1 zeigt die Einhausung als Abwicklung. In der Abwicklung sind an den Umformstellen die Biegelinien eingezeichnet. Sie werden als dünne Volllinien dargestellt.

Biegelinien berühren die Körperkante nicht. Der Abstand Körperkante – Biegelinie beträgt ca. 2 mm.

Die Nummerierung ①…⑨ stellt die Reihenfolge der Biegungen dar. Die Bemerkungen neben den Zahlen präzisieren die Arbeitsanweisung für diesen Biegevorgang. Die Winkelangabe ist dann erforderlich, wenn der Biegewinkel nicht 90° beträgt. Die Biegereihenfolge ist vorher zu planen und wenn möglich an einem Musterstück zu erproben.

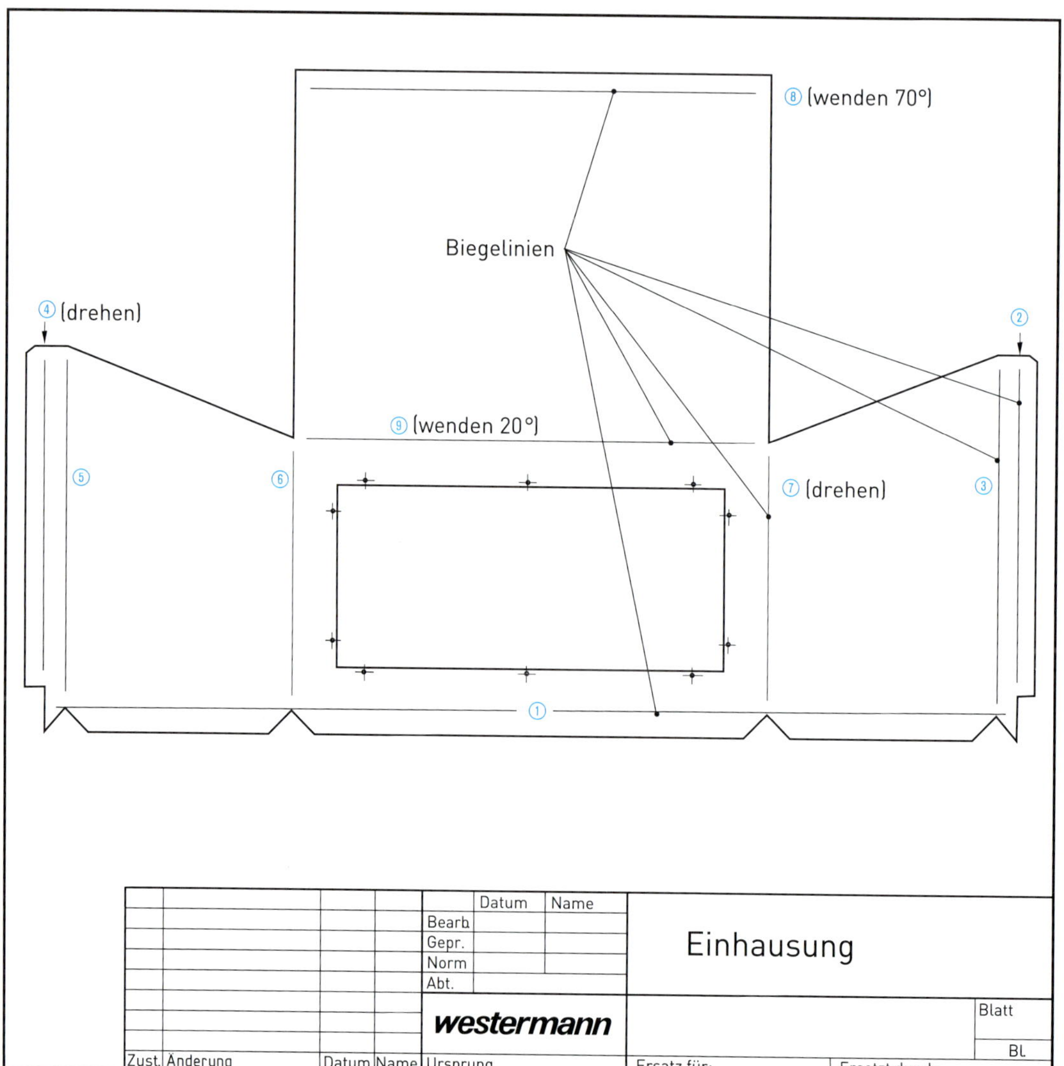

Abb. 1: Zeichnung Einhausung als Abwicklung

4.2.2 Schwenkbiegen

Der Zuschnitt der Einhausung soll in die gewünschte Form gebracht werden. Die Formänderung muss dauerhaft sein. Dies erreicht man, indem man die Blechtafeln über den Bereich der elastischen Verformung hinaus biegt.

Schwenkbiegen ist ein Verfahren des Umformens. Durch Biegekräfte wird die Form von Blechen dauerhaft verändert. Die Biegekräfte werden von Hand oder durch Maschinen aufgebracht.

Die Maschinen bestehen aus dem Antrieb, der Oberwange mit Werkzeug, der Unterwange mit Werkzeug, der Biegewange mit dem Biegewangenwerkzeug und dem Maschinentisch. Das an der Oberwange montierte Oberwangenwerkzeug, die Biegeschiene, ist austauschbar. Durch die Form der Biegeschiene und den verstellbaren Abstand der Wangen zueinander wird der gewünschte Biegeradius eingestellt.

Beim Schwenkbiegen wird das Blech zwischen eine Ober- und Unterwange gespannt. Der zu biegende Teil des Bleches ragt über die Einspannung hinaus. Dieser Teil wird durch eine Schwenkbewegung der Biegewange umgebogen (Abb. 2).

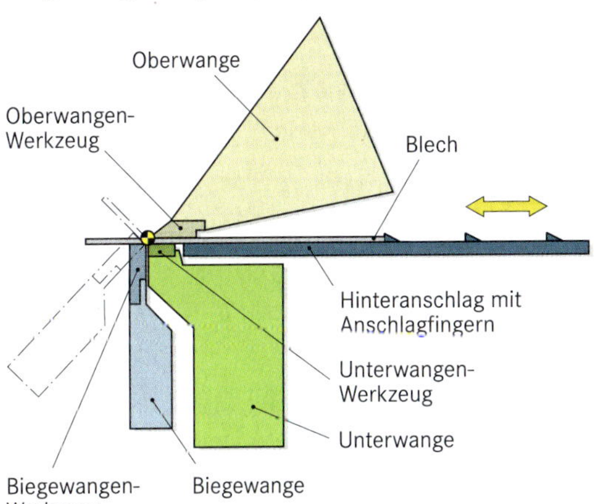

Abb. 2: Prinzip des Schwenkbiegens

Die Lage der Kantung kann entweder mit einem Hinteranschlag oder durch Anreißen der Biegelinie festgelegt werden. Die Aluminiumbleche der Einhausung dürfen nicht mit der Reißnadel angerissen werden. Dies würde zu Rissen führen. Beim Einspannen ohne Anschlag muss die Biegelinie senkrecht unter der Vorderkante der Biegeschiene liegen. Die zu biegende Breite liegt vor der Oberwange, der Rest wird eingespannt. Wegen der Rückfederung muss das Werkstück an der Biegestelle überbogen werden, damit der vorgegebene Biegewinkel erreicht wird ( ).

Nach dem Biegevorgang erfolgt die Kontrolle der Fertigmaße und Winkel.

Die Fertigung der Einhausung erfolgt in der Reihenfolge, die in der Abwicklung festgelegt wurde.

Nach dem Zuschnitt wird als Erstes die Unterkante gebogen (Abb. 3).

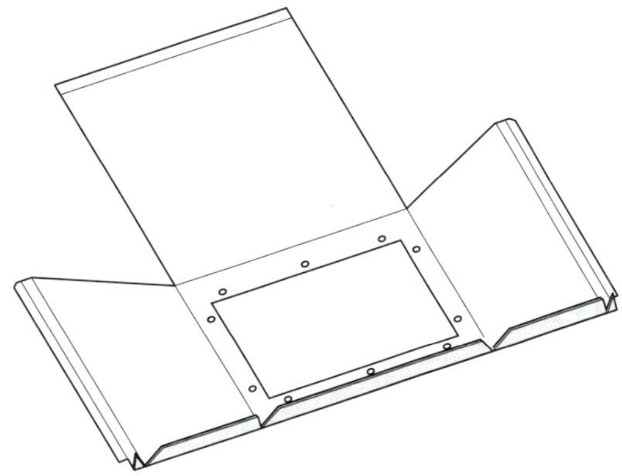

Abb. 3: Biegen der Unterkante

Danach muss die Tafel um 90° gedreht werden und der doppelte Bord an der senkrechten Kante der Seitenwand wird in zwei Vorgängen abgekantet. Die gleichen Fertigungsschritte werden an der zweiten Seitenwand durchgeführt (Abb. 4).

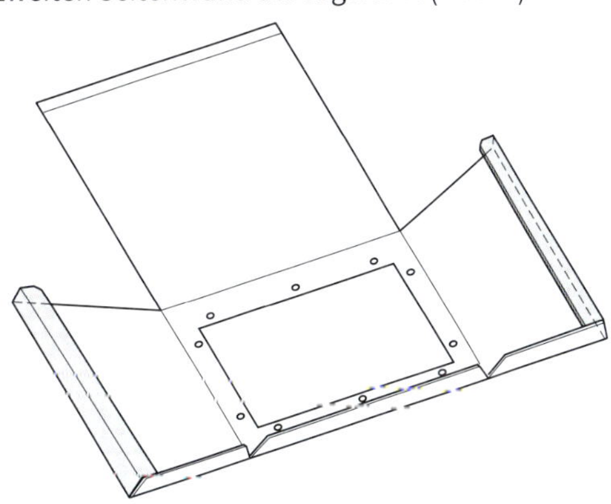

Abb. 4: Biegen der doppelten Borde

Jetzt werden die Seitenwände gebogen (Abb. 5).

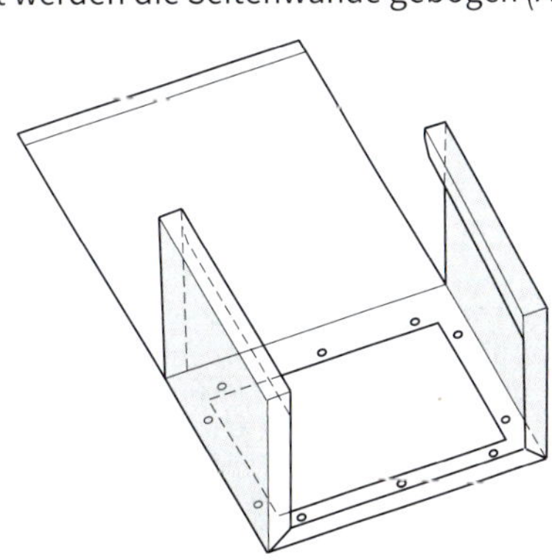

Abb. 5: Biegen der Seitenwände

Danach muss das Blech der Einhausung gewendet werden. Damit die Einhausung an der anschließenden Gehäusewand dicht abschließt, muss die Kante im Winkel von 20° gebogen werden (Abb. 1).

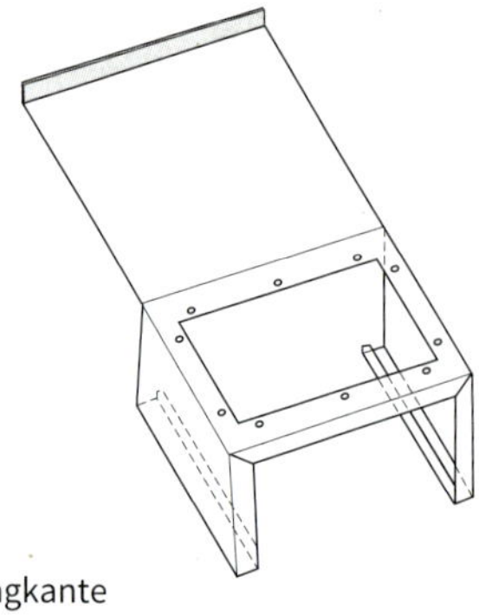

Abb. 1: Biegen der Anschlagkante

Nachdem die Einhausung gewendet ist, wird im letzten Fertigungsschritt das Dach der Einhausung im Winkel von 70° gebogen (Abb. 2).

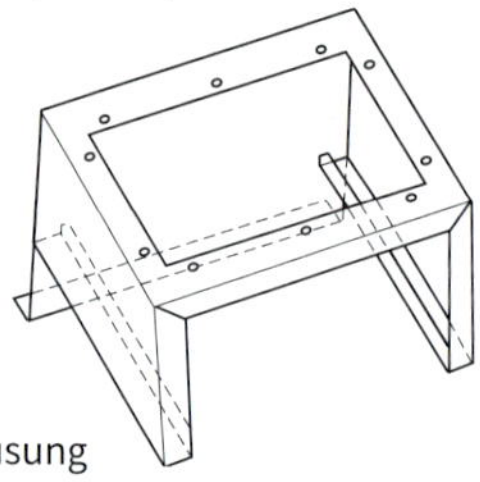

Abb. 2: Fertig gebogene Einhausung

In handwerklichen Metallbaubetrieben findet man handbetriebene Schwenkbiegemaschinen. Durch ihre Baugröße und die von Hand aufzubringende Biegekraft ist ihr Einsatz auf Feinbleche mit kurzen Biegelinien begrenzt.

Allseitig gekantete Bauteile lassen sich nur sehr schwer herstellen. In diesem Fall kann man sich mit der Benutzung von Zulagen (Abb. 3) helfen.

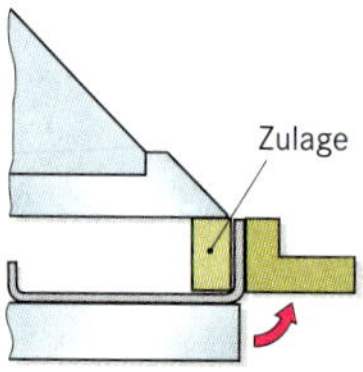

Abb. 3: Zulage

In Betrieben, die sich z.B. auf die Herstellung von Biegeteilen spezialisiert haben, werden moderne Universal-Schwenkbiegemaschinen zur Fertigung eingesetzt.

Eine Ablage mit integrierten, verstellbaren Anschlägen, das Hochhalte- und Anschlagsystem, erleichtern dem Bediener die Arbeit. Die Blechtafeln müssen nicht über den gesamten Biegevorgang hochgehalten werden, das Anschlagsystem sichert eine gleichbleibende Maßhaltigkeit.

Die Einhausung des Hydraulikaggregates ist allseitig gekantet. Daraus ergeben sich besondere Anforderungen an die Biegewerkzeuge. Soll die Dachfläche gebogen werden, muss das Oberwangenwerkzeug genau zwischen die Seitenwände passen. Außerdem muss der Schwenkbereich besonders groß sein, damit die Seiten während des Biegens nicht anstoßen. Segmentierte Werkzeuge der Ober-, Unter- und Biegewangen ermöglichen ein Biegen unterschiedlicher Breiten (Abb. 4).

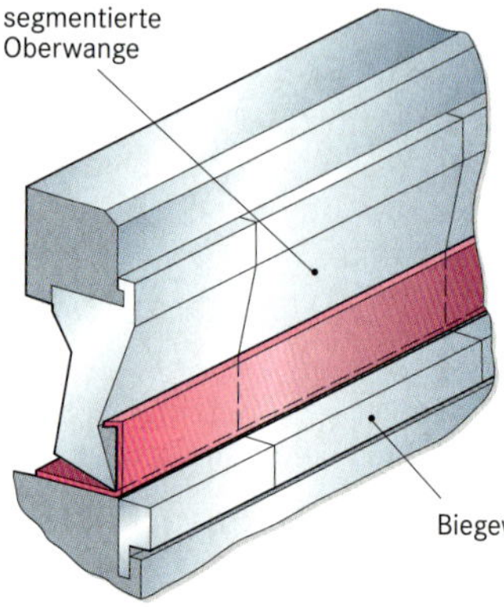

Abb. 4: Zusammengesetztes Werkzeug an der Ober- und Biegewange

Auch die Form der Biegewerkzeuge wird der Arbeitsaufgabe angepasst (Abb. 5).

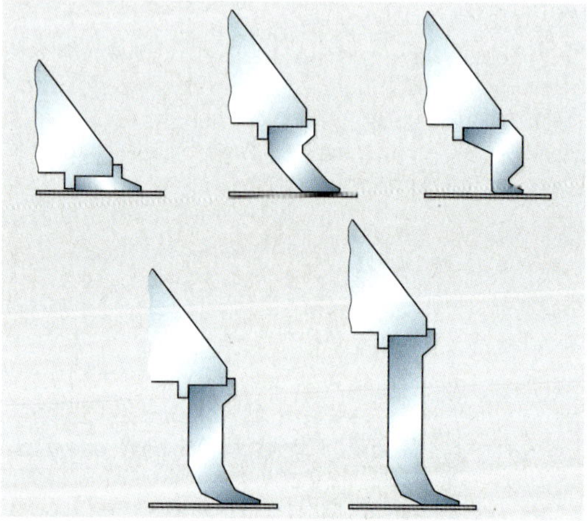

Abb. 5: Auswahl an Oberwangenwerkzeugformen

Es muss zwischen die bereits gebogenen Seitenwände passen, und die Rückwand darf beim Biegen die Maschine nicht berühren (Abb. 6).

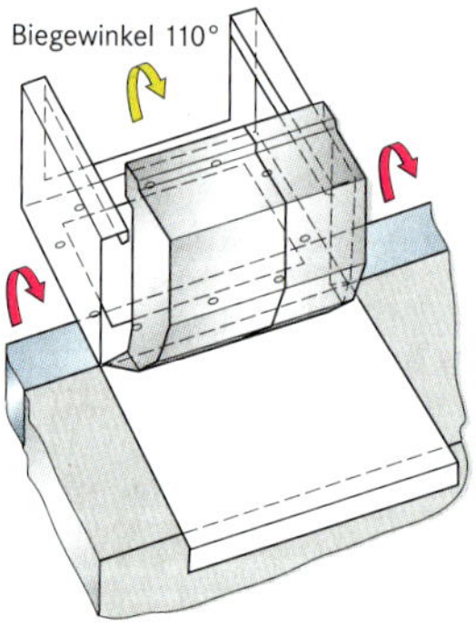

Abb. 6: Werkzeug zum Biegen des Einhausungsdachs

Ein entscheidender Faktor zur Qualitätssicherung ist die Einhaltung des Biegeradius. Dieser darf einen Mindestwert nicht unterschreiten (→📖).

4.2.3 Weitere Umformverfahren

Neben dem Schwenkbiegen kommen an der Abfüllanlage weitere Umformverfahren zum Einsatz (Tab. 1).

Tab. 1: Weitere Umformverfahren

Gesenkbiegen	Das Gesenkbiegen eignet sich besonders für dickere Bleche. Dabei wird das Werkstück nicht eingespannt, sondern durch den Pressdruck zwischen Stempel und Gesenk gebogen.	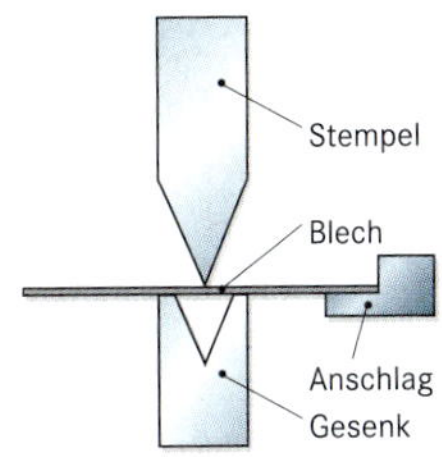	Versteifung der Bleche der Einhausung des Stromaggregates 
Profilieren	Die Steifigkeit dünner Bleche entspricht in vielen Fällen nicht den Anforderungen an das Bauteil. Der Einsatz dickerer Bleche ist oft wegen des höheren Gewichts nicht angebracht. Als Alternative können dünne Blechbauteile durch Profilieren versteift werden.	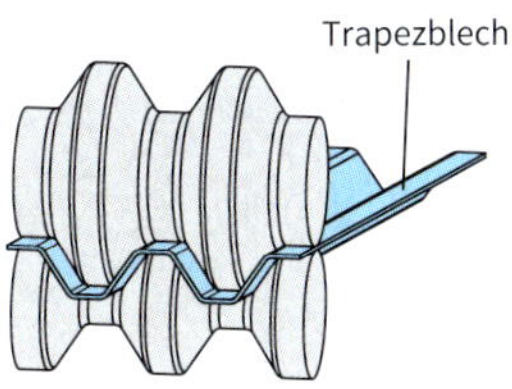	Vordach der Abfüllanlage 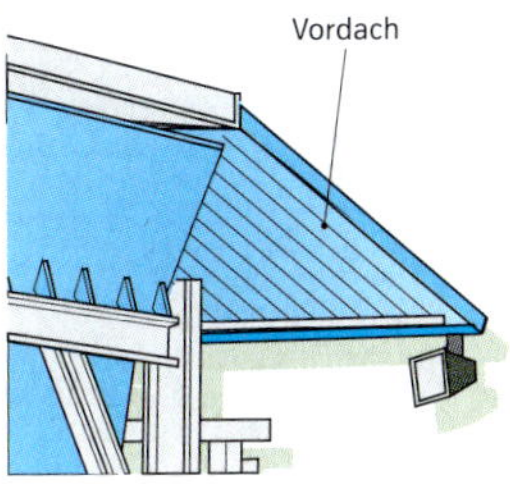
Herstellen von Randversteifungen	Zusätzlich zur Versteifung größerer Blechflächen ist eine Versteifung der Blechränder erforderlich. Dies kann durch Umschlagen oder Abkanten des Blechrandes erreicht werden.	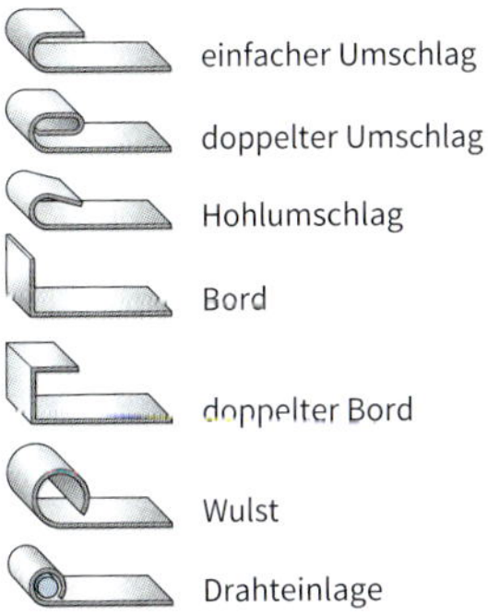	Randversteifung an der Einhausung des Hydraulikaggregats 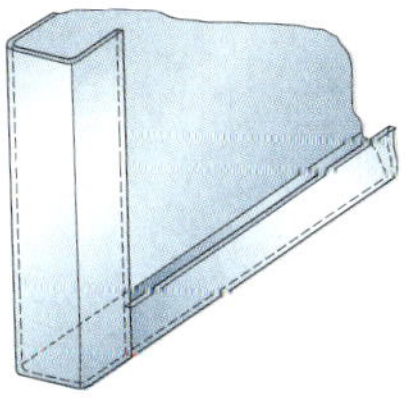

ufgaben

1. Welche Eigenschaften müssen Werkstoffe haben, die umgeformt werden sollen?
2. Beschreiben Sie den prinzipiellen Aufbau einer Schwenkbiegemaschine.
3. Wie können allseitig gekantete Bauteile auf einer Schwenkbiegemaschine hergestellt werden?
4. Das skizzierte Profil ist durch Schwenkbiegen herzustellen. Bestimmen Sie die Biegereihenfolge und die Zuschnittlänge *L*.

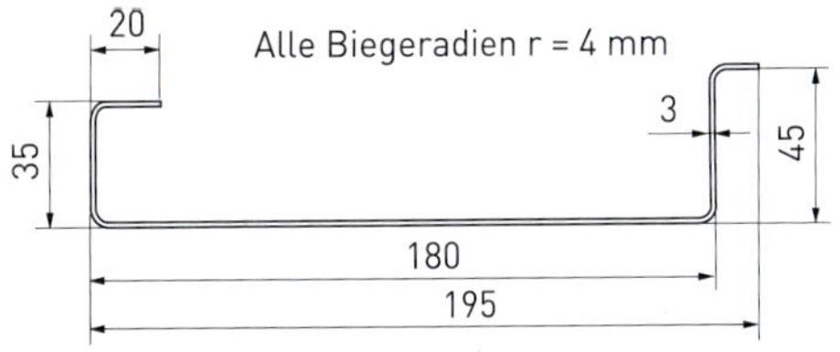

5. Warum werden Bleche profiliert?
6. Welche Randversteifung wurde bei der Fertigung der Einhausung für das Hydraulikaggregat gewählt?

4.3 Fügen durch Schweißen

ARBEITSAUFTRAG

Zur Aufnahme des Behälters in der Abfüllanlage dient ein Rahmen aus I-Trägern (Abb.1).

Die Träger nach DIN 1025-5 – IPE 160 bestehen aus unlegiertem Baustahl S235JR.
Sie werden zu einem Rahmen verschweißt. Hierfür ist die Zeichnung zu analysieren und das vorgeschriebene Schweißverfahren anzuwenden.

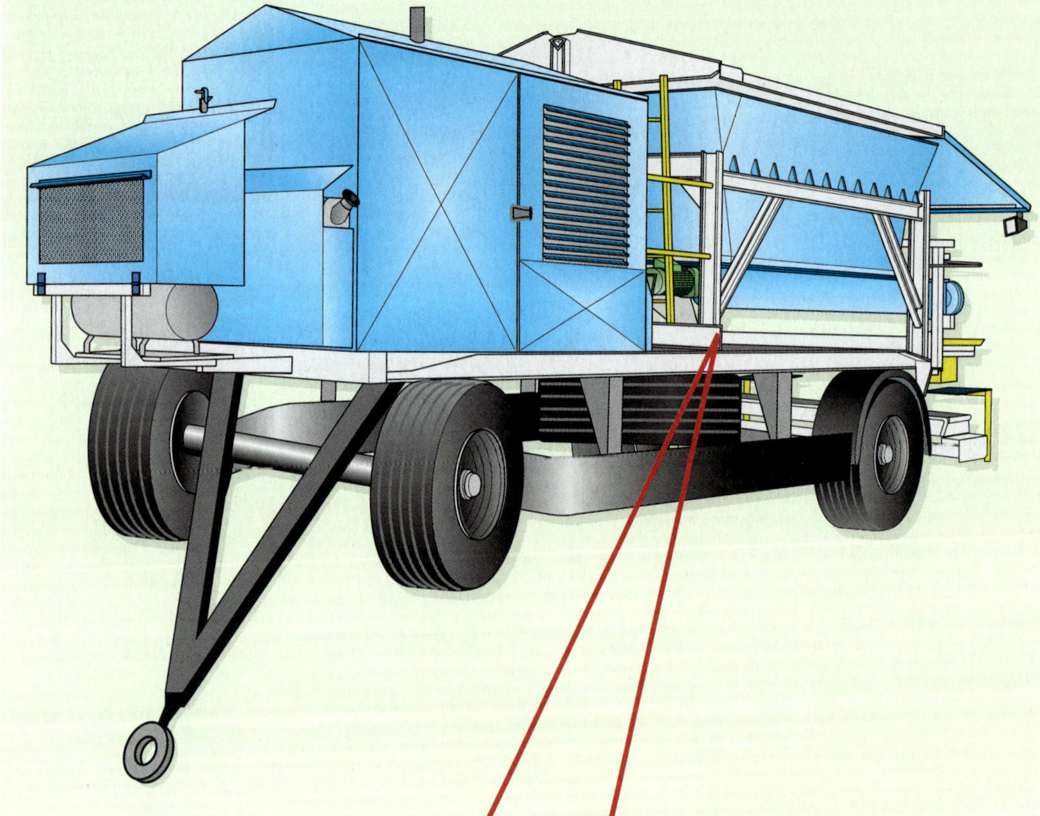

Abb. 1: Abfüllanlage

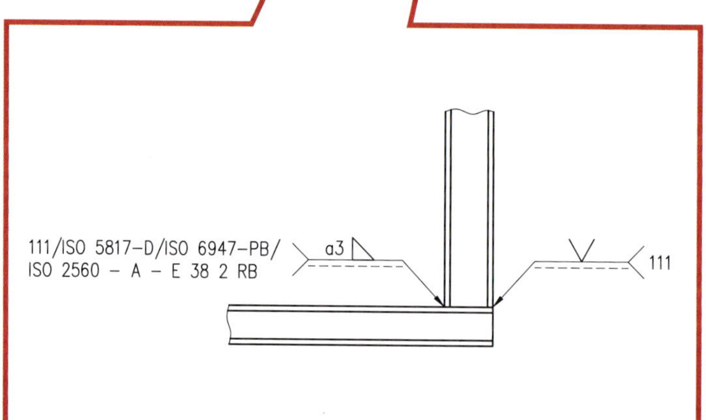

4.3.1 Zeichnungsanalyse

Aus der Zeichnung gehen verschiedene Informationen zum Schweißen hervor (Abb. 2). Durch Bezugszeichen werden die Schweißnähte gekennzeichnet.

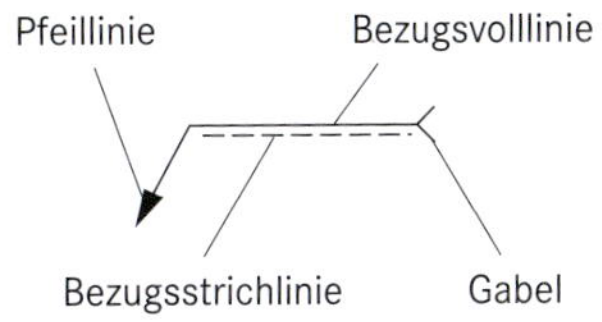

Abb. 2: Schweißnahtkennzeichnung

Auf dem Bezugszeichen und hinter der Gabel können unter anderem:

- das Nahtsymbol,
- die Nahtdicke,
- das Schweißverfahren und
- der Zusatzwerkstoff

vermerkt werden (Tab. 1) (→📖).

Befinden sich die Symbole für Nahtform und Nahtdicken an der Bezugsstrichlinie, liegt die Schweißnaht auf der gegenüberliegenden Seite.

Soll eine Naht umlaufend ausgeführt werden, wird dies durch einen Kreis um den Knick des Schweißpfeils dargestellt.

Werden verschiedene Schweißverfahren und/oder Nahtformen an einem Werkstück eingesetzt, wird dies ebenfalls durch das Bezugszeichen dargestellt.

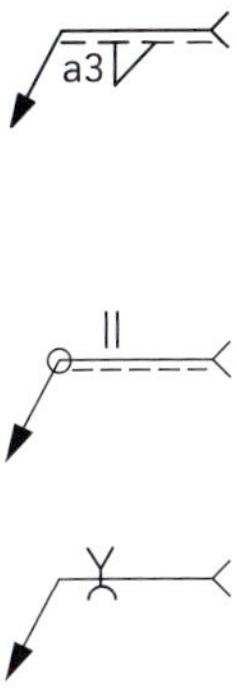

Abb. 3: Zusatzsymbole

Die Angaben am Bezugszeichen müssen nicht in jedem Fall vollständig sein. So kann bei eindeutiger Darstellung die Schweißposition entfallen.

Werden die Schweißinformationen in Textform in der Nähe des Schriftfeldes vermerkt, entfallen die Angaben hinter der Gabel vollständig.

Beispiel:

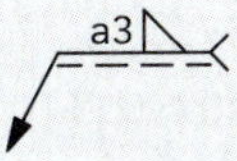

111/ISO 5817-D/ISO 6947-PB/ISO 2560 - A E 38 2 RB

Tab. 1: Schweißinformationen (Beispiel)

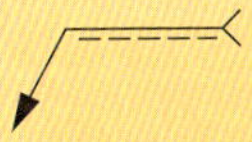	Bezugszeichen	Das Nahtsymbol befindet sich auf der Bezugsvolllinie. Der Schweißstoß befindet sich auf der Pfeilseite.
	Nahtsymbol	Kehlnaht
a 3		Nahtdicke 3 mm
111	Schweißverfahren	Lichtbogenhandschweißen
ISO 5817-D	Bewertungsgruppe D	keine besonderen Anforderungen
ISO 6947-PB	Schweißposition	Horizontalposition
DIN EN ISO 2560		Umhüllte Stabelektroden zum Lichtbogenhandschweißen von unlegierten Stählen
A		Kennbuchstabe für Schweißgut – Streckgrenze und Kerbschlagarbeit von 47J
E		Kennbuchstabe für umhüllte Stabelektrode
38		Streckgrenze von 380 N/mm^2
2		Kerbschlagarbeit
RB		Umhüllung der Elektrode: Rutil-Basisch

4.3.2 Lichtbogenhandschweißen

Werkstücke, die durch Schmelzschweißen zu verbinden sind, müssen im Fügebereich entsprechend der vorgeschriebenen Nahtform und Stoßart vorbereitet werden (➡📖). Die Fertigungslage der Teile bestimmt die Arbeitsposition beim Schweißen.

Beim Lichtbogenhandschweißen wird die Wärme durch einen elektrischen Lichtbogen erzeugt, der zwischen Elektrode und Werkstück brennt (Abb. 1). Als Schweißstromquelle werden Transformatoren, Generatoren, Gleichrichter oder Inverter eingesetzt (Abb. 4). Verwendete Stromarten sind Gleich- oder Wechselstrom.

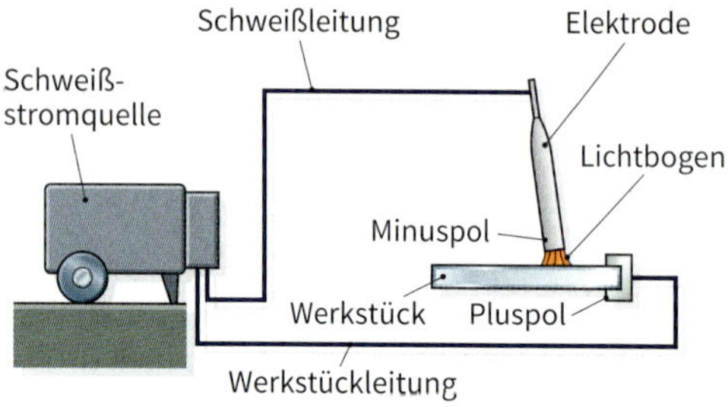

Abb. 1: Schweißstromkreis

Beim manuellen Schweißen darf je nach Stromart die Leerlaufspannung höchstens U_0 = 80 V (Zeichen für Wechselstrom)/113 V (Zeichen für Gleichstrom) betragen.

Beim Schweißen im Behälterbau, wo eine erhöhte Gefährdung besteht, darf die Leerlaufspannung höchstens U_0 = 42 V (Wechselstrom)/100 V (Gleichstrom) betragen. Schweißstromstärken können über 600 A groß sein.

Es fließt ein hoher Strom bei geringer Spannung. Dadurch erwärmen sich Elektrode und Werkstück an der Berührungsstelle.

Beim Abheben der Elektrode vom Werkstück werden Elektronen aus der Elektrode herausgerissen. Die umgebende Luft wird leitend. Es fließen Elektronen vom Minuspol zum Pluspol.

Der dadurch entstehende Lichtbogen hat Temperaturen von 3600 – 4200 °C. Dabei schmelzen die Bauteile in der Schweißzone. Der geschmolzene Elektrodenwerkstoff tropft in das Schmelzbad (Abb. 2).

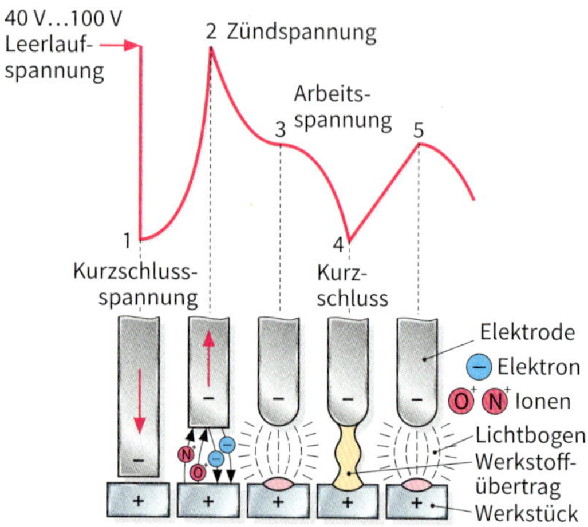

Abb. 2: Entstehung des Lichtbogens

Als Faustformel für die Geräteeinstellung und Handhabung gilt:

$$\text{Stromstärke } I \text{ in A} = \frac{40\text{ A}}{1\text{ mm}} \cdot \text{Kernstabdurchmesser}$$

Elektrodenabstand in mm ≈ Kernstabdurchmesser

Durch die hohe Energiedichte sind Schweiß- und Aufwärmzone klein. Deshalb können Werkstücke unterschiedlicher Dicken mit allen Nahtformen verschweißt werden.

Sind die Schweißfugen nicht in einem Schweißdurchgang füllbar, muss in mehreren Lagen geschweißt werden.

Die Wurzelnaht kann durchgeschweißt oder als Gegenlage geschweißt werden. Beim Schweißen einer Gegenlage wird das Werkstück nach dem Schweißen der Zwischen- und Deckenlagen meist vorher ausgefugt (Abb. 3).

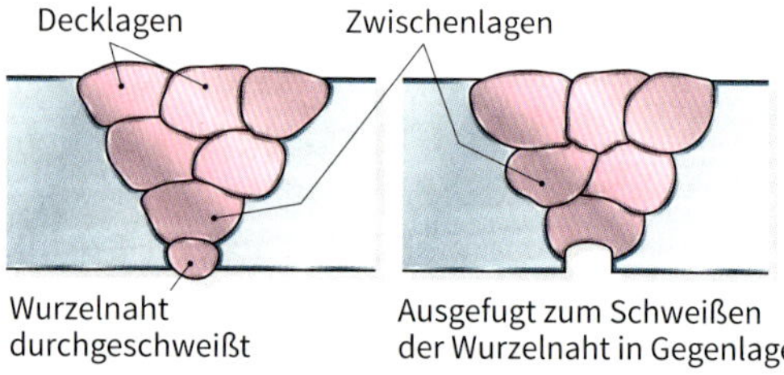

Abb. 3: Mehrlagige Schweißnähte

Schweißstromquellen

Transformator	Gleichrichter	Generator	Inverter
• Wechselstrom • Transformator formt die Netzspannung in eine niedrigere Wechselspannung • Kleinschweißgeräte für Baustellen und Hobby	• Gleichstrom • Transformator mit nachgeschaltetem Gleichrichterblock • Für Spezialelektroden	• Gleichstrom • Drehstrommotor oder Dieselmotor treibt einen Gleichstromgenerator an • Hohe Anschaffungs- und Wartungskosten	• Gleich- oder Wechselstrom • Elektronische Schweißstromquelle • für alle Schweißverfahren, universell einsetzbar

Abb. 4: Schweißstromquellen zum Lichtbogenhandschweißen

Beim Schweißen mit Gleichstrom brennt der Lichtbogen ruhiger als beim Wechselstrom, da kein Stromrichtungswechsel erfolgt. Ungünstig ist aber die elektromagnetisch verursachte Ablenkung des Lichtbogens, die sogenannte Blaswirkung (Tab. 1). Durch die Blaswirkung wird der Schweißablauf gestört. Es entstehen Einschlüsse sowie Bindefehler durch ungenügendes Aufschmelzen des Grundwerkstoffes. Gegenmaßnahmen sind z. B.

- das Neigen der Elektrode gegen die Blasrichtung,
- das Schweißen mit Wechselstrom oder
- die Mehrfachpolung am Werkstück.

Tab. 1: Blaswirkung und Gegenmaßnahmen

Ursache der Blaswirkung		Gegenmaßnahmen	
Kantenwirkung	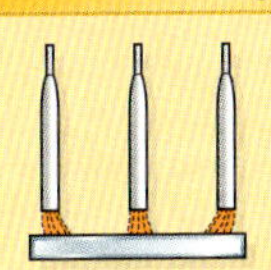	Neigen der Elektrode	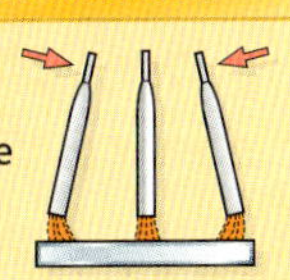
Anschlussklemme	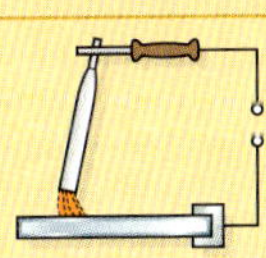	Gabelpole	
Werkstoffanhäufung	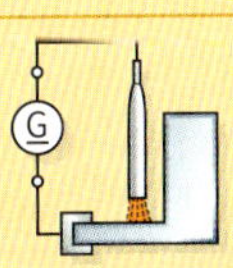	Schweißen mit Wechselstrom (Schweißtransformator)	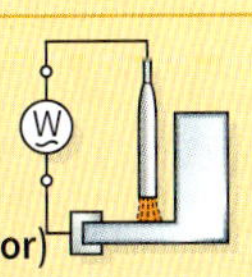

Mit Gleichstrom wird am Pluspol eine höhere Temperatur (4200 °C) und Schmelzwirkung erreicht als beim Schweißen mit Wechselstrom. Beim Schweißen dünner Bleche wird deshalb der Pluspol an die Elektrode gelegt.
Lichtbogenhandschweißen erfolgt handgeführt mit abschmelzender, umhüllter Stabelektrode. Der Werkstoff tropft im Lichtbogen in die Schweißfuge. Die abschmelzende, gasbildende Umhüllung bildet um den Lichtbogen und das Schweißbad eine vor Luftsauerstoff O_2 und Stickstoff N_2 schützende Umgebung (Abb. 5). Die Umhüllung enthält Bestandteile, die den Lichtbogen bei Wechselstrom stabilisieren sowie Zusatzstoffe zur Schweißbadreinhaltung oder zur Legierungsbildung einbringen. Mit Eisenbestandteilen in der Umhüllung kann das Abschmelzvolumen (Ausbringung) über das Kernstabvolumen (100 %) hinaus erhöht werden (z. B. 160 %).
Teile der abgebrannten Umhüllung erstarren auf der Schweißnaht als Schlacke und sorgen so für eine langsame Abkühlung. Die Schlacke muss nach dem Abkühlen entfernt werden.

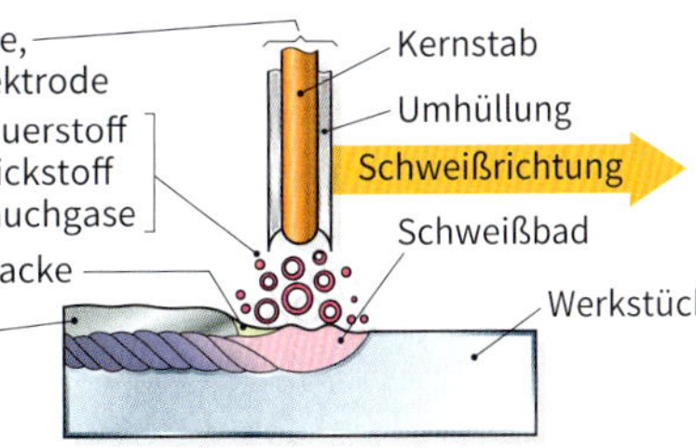

Abb. 5: Schweißbad beim Lichtbogenhandschweißen

Die Wahl der Elektrode richtet sich u. a. nach dem Grundwerkstoff, der Arbeitsposition, der Nahtform und der Lage der Naht. Angaben über Eigenschaften, Anwendungsgebiet, Werkstoffwerte oder Schweißstromquelle sind Herstellerkatalogen oder dem Tabellenbuch zu entnehmen (→📖).

Stabelektrode ISO 2560 – A – E 46 3 1Ni B 5 4 H5

- A: Bezeichnung nach Streckgrenze und Kerbschlagarbeit von 47 J
- E: Verwendung (Lichtbogenhandschweißen)
- 46: Kennzahl für Festigkeit (R_e = 460 N/mm^2) und Bruchdehnung (A_s = 20 %)
- 3: Kennzeichen für Kerbschlagarbeit (47 J bei – 30 °C)
- 1Ni: Kurzzeichen für chem. Zusammensetzung (ca. 1 % Nickel)
- B: Umhüllungstyp (basisch)
- 5: Ausbringung (125 – 160 %) und Stromart (Gleich- und Wechselstrom)
- 4: Schweißposition (Stumpfnaht PA u. Kehlnaht PA)
- H5: Wasserstoffgehalt (5 ml/100 g Schweißgut)

Fertigen

4.3.3 Schutzgasschweißen – Metall-Aktivgas-schweißen (MAG)

ARBEITSAUFTRAG

Der Rahmen für das Vordach der Abfüllanlage wird aus Winkelprofilen L10056-1 - L40x20x4 - S235JR hergestellt.

Die einzelnen Profile werden durch MAG-Schweißen gefügt.

Unter Berücksichtigung der unterschiedlichen Werkstoffe und Materialdicken sind geeignete Schutzgase und Zusatzwerkstoffe auszuwählen. Nach Beendigung der Schweißarbeiten sind alle Schweißnähte nachzubehandeln.

Heften der Winkelstahlabschnitte

Vor dem Schweißen sind die Winkelstahlabschnitte zu heften. Dazu müssen sie so ausgerichtet werden, dass entlang der Schweißnaht ein gleichmäßiger Schweißspalt entsteht (Abb. 1).

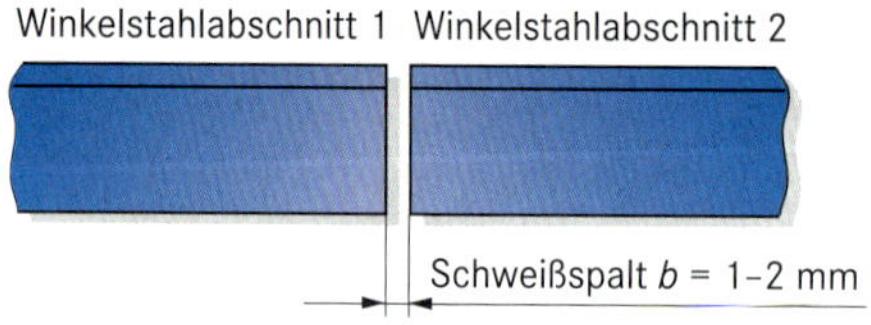

Abb. 1: Gleichmäßiger Schweißspalt über die gesamte Schweißnahtlänge

Die Spaltbreite ist abhängig von der Materialdicke und der Nahtform (➔📖). Sie muss beim Schweißen durch den abschmelzenden Zusatzwerkstoff überbrückt werden (Abb. 2).

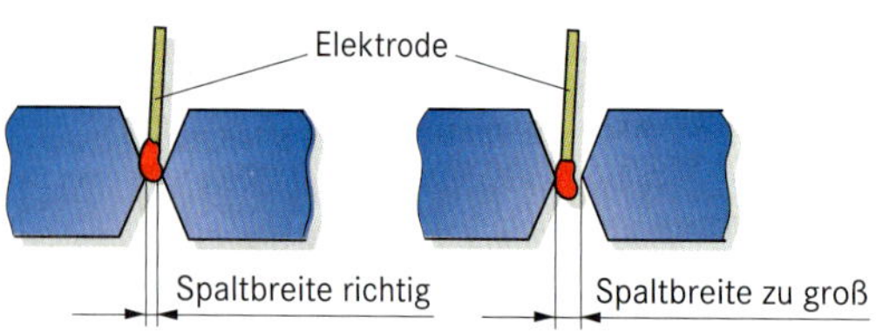

Abb. 2: Spaltüberbrückung bei verschiedenen Spaltbreiten

Das Heften der Winkelstähle erfolgt durch drei 10 – 20 mm lange Schweißraupen (Abb. 3).

Der Abstand zwischen den Heftstellen ist von der Werkstückdicke abhängig. Je dünner das Werkstück ist, desto mehr Heftstellen müssen erzeugt werden.

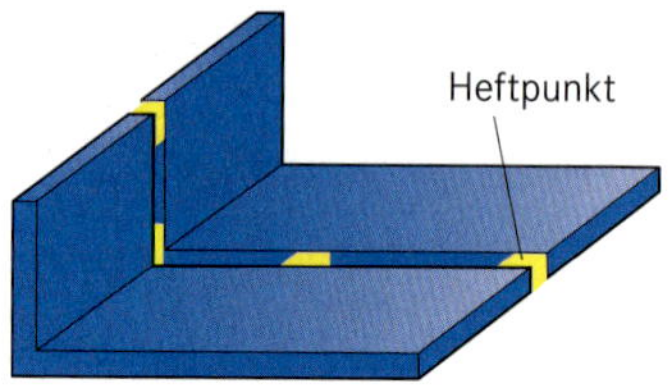

Abb. 3: Geheftete Winkelstähle

Durch das Heften soll das Zusammenziehen des Schweißspaltes in Folge der Wärmeeinbringung während des Schweißvorganges verhindert werden (Abb. 4).

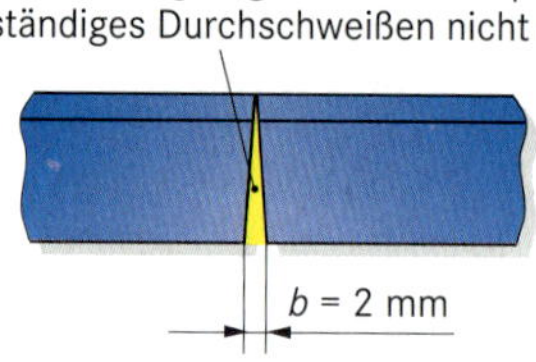

Abb. 4: Durch Schrumpfung zusammengezogener Schweißspalt

! Je nach Werkstückdicke ist in Abständen von 50 – 150 mm zu heften.

Fügen von Bauteilen aus Baustahl

Die Winkelstahlabschnitte werden durch Metall-Aktivgasschweißen gefügt. Bei diesem Schutzgas-Schweißverfahren erfolgt der Schutz des Schweißbades durch ein Mischgas (Abb. 5).

Mischgase setzen sich beim MAG-Schweißen meist aus Argon (Ar) und Kohlendioxid (CO_2) oder Argon, Kohlendioxid und Helium (He) zusammen.

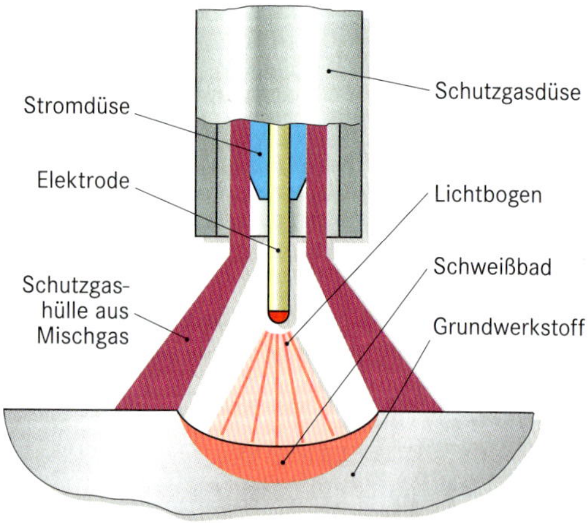

Abb. 5: Schutzgashülle an der Brennerdüse

Das Kohlendioxid des Mischgases reagiert während des Schweißprozesses chemisch mit dem Schweißbad. Aus dieser Eigenschaft wird die Bezeichnung Aktivgasschweißen abgeleitet

Mischgase sind in der **DIN EN ISO 14175** genormt (➜📖). Die Mischgasauswahl erfolgt unter Berücksichtigung der Schweißaufgabe und der gewünschten bzw. tolerierten Schweißeigenschaften, wie z.B. Einbrand und Spritzerbildung.

Mischgaseigenschaften

Für das Schweißen der Winkelstähle wird das Mischgas M 21 verwendet (➜📖). Dieses Mischgas besteht aus 82 % Argon und 18 % CO_2. Durch diese Zusammensetzung wird ein genügend tiefer Einbrand und ein spritzerarmes Schweißverhalten erreicht.

Die Verwendung eines Mischgases mit hohem CO_2-Gehalt bewirkt bei unveränderten Strom- und Spannungswerten einen tieferen Einbrand (Abb. 6).

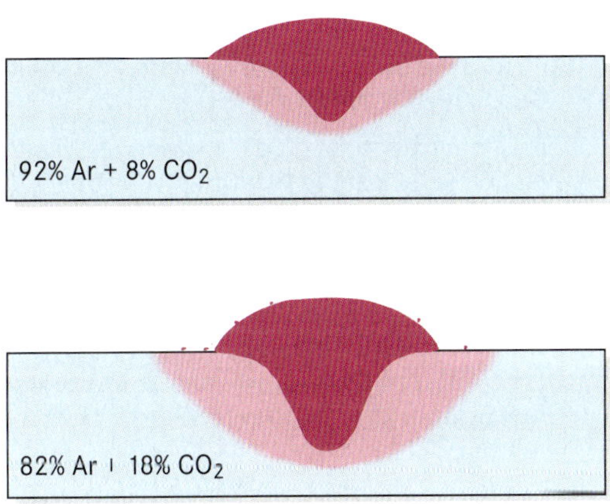

Abb. 6: Vergleich der Einbrandprofile bei unterschiedlicher Mischgaszusammensetzung

Viele Schweißspritzer auf und neben der Schweißnaht haben immer umfangreiche Nacharbeiten zur Folge. Durch die Verwendung von Mischgasen mit 18 % CO_2-Gehalt kann die Spritzerbildung im vertretbaren Rahmen gehalten werden (Abb. 7).

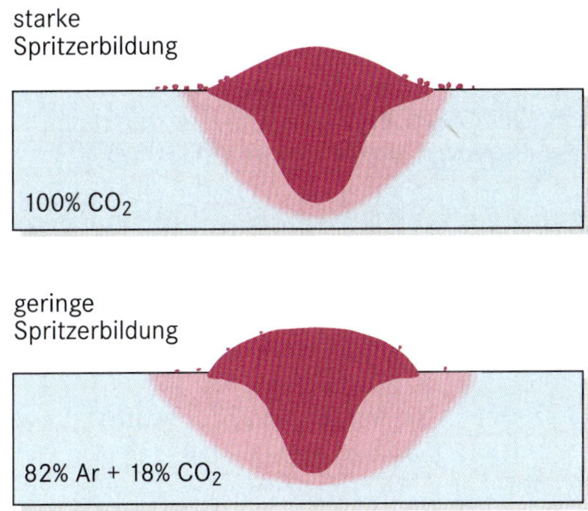

Abb. 7: Spritzerbildung bei unterschiedlichen CO_2-Gehalten

Zusatzwerkstoff

Bei der Auswahl des Zusatzwerkstoffes müssen die Werkstoffeigenschaften und die chemische Zusammensetzung des zu schweißenden Grundwerkstoffes berücksichtigt werden. Zum Schweißen der Winkelstähle aus unlegiertem Baustahl wird als Zusatzwerkstoff eine Drahtelektrode verwendet, deren Zusammensetzung und mechanische Eigenschaften mit denen des zu schweißenden Werkstoffes annähernd übereinstimmen. Drahtelektroden für das Metall-Schutzgasschweißen sind in der **DIN EN ISO 14175** zusammengefasst.

Zum Schutz vor Korrosion erhalten Drahtelektroden einen Kupferüberzug. Zur leichteren Handhabung werden sie auf Spulen gewickelt, die direkt in die Schweißanlage eingesetzt werden können.

Elektrodenbezeichnung nach DIN EN ISO 14341 (➜📖)

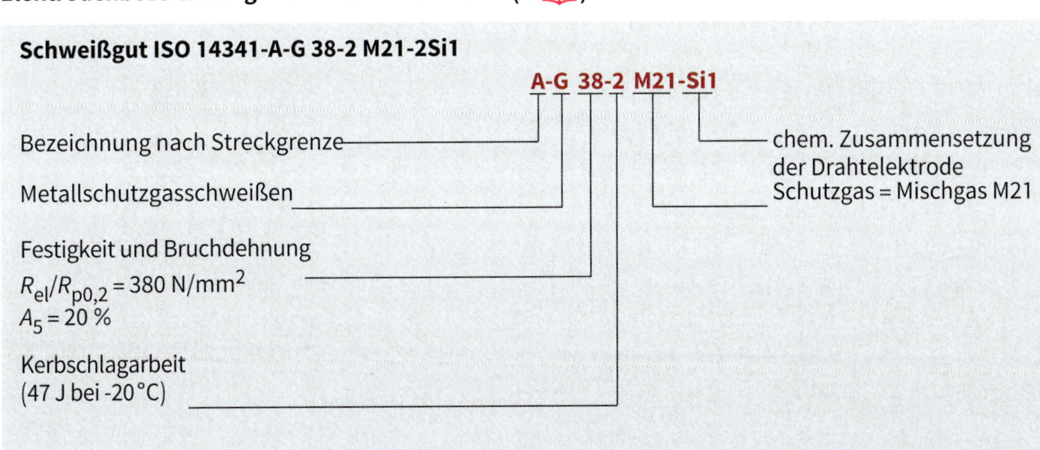

Fertigen

Metall-Inertgasschweißen (MIG)

Das Metall-Inertgasschweißen findet bei NE-Metallen, z.B. Aluminium und Aluminiumlegierungen, Anwendung. NE-Metalle reagieren sehr schnell mit der Umgebungsluft. Schweißtemperaturen verstärken diese Reaktionsfähigkeit noch zusätzlich. Damit das Schweißgut vor schädlichen Umwelteinflüssen geschützt wird, muss der Kontakt mit der Umgebungsluft verhindert werden. Nur dann ist das Schweißen von Aluminium möglich.

Inerte Gase, beim Schweißen der Einhausung aus einer Aluminiumlegierung ist es Argon, reagieren auch bei hohen Temperaturen nicht mit ihrer Umgebung. Das Schutzgas schützt so das Schmelzbad vor schädlichen Umwelteinflüssen (Abb. 1).

Eine Schutzgasschweißanlage besteht aus Schweißstromquelle, Schutzgasversorgung und Schlauchpaket mit Brenner (Abb. 2). Durch das Schlauchpaket wird Strom, Schutzgas und Draht zur Schweißstelle geführt.

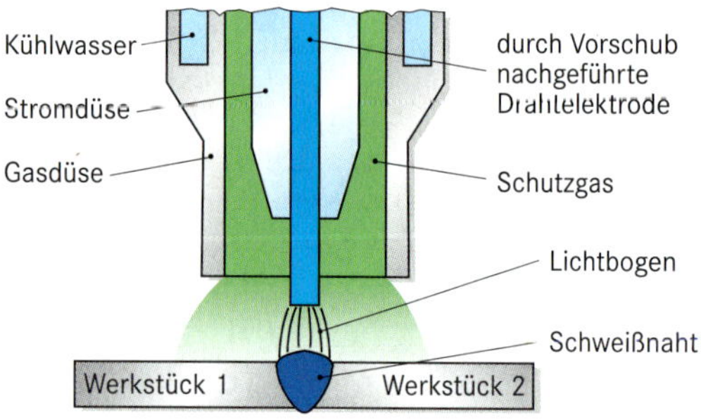

Abb. 1: Prinzip des Schutzgasschweißens

Beim Aluminium-Schweißen wird Wechselstrom verwendet. Schweißtransformatoren liefern Wechselstrom mit einer maximalen Spannung von $U = 70$ V. Transformatoren haben einen einfachen Aufbau und sind deshalb preisgünstig.

Die Verwendung von Wechselstrom und der Einsatz von Transformatoren als Schweißstromquelle hat Nachteile. Schwankungen in der Netzspannung werden über den Schweißtransformator auf die Schweißspannung übertragen. Dadurch können Schweißfehler auftreten.

Aus Gründen der Arbeitsicherheit muss die Leerlaufspannung in Arbeitssituationen mit erhöhter Gefährdung auf 42 V begrenzt werden. Leerlaufspannung wird die Spannung genannt, die an der Sekundärspule anliegt, wenn kein Schweißstrom fließt.

Erhöhte Gefährdungen treten auf:

- wenn das Berühren elektrisch leitfähiger Teile für den Schweißer unvermeidbar ist,
- wenn am Arbeitsplatz der Abstand zwischen gegenüberliegenden, elektrisch leitfähigen Teilen kleiner als zwei Meter ist und
- an nassen, feuchten Arbeitsplätzen.

Alle Schweißtransformatoren, die für Schweißarbeiten unter erhöhter elektrischer Gefährdung geeignet sind, müssen deutlich erkennbar und dauerhaft das Symbol [S] oder das bisherige Symbol (42 V) tragen.

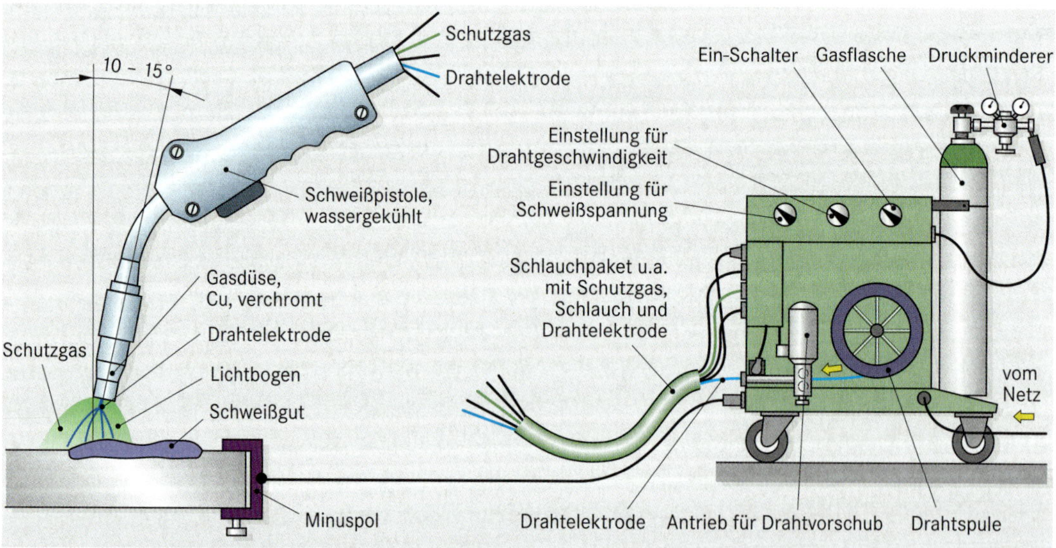

Abb. 2: Metall-Schutzgasschweißanlage

Beim Schweißen von nichtrostenden Stählen muss ebenfalls das Schweißgut geschützt und die eingebrachte Wärme möglichst gering gehalten werden. Durch Impulsschweißen erfüllt man diese Bedingungen. Aus dem Wechselstrom im öffentlichen Stromnetz wird in speziellen Gleichrichtern pulsierender Gleichstrom erzeugt (Abb. 3).

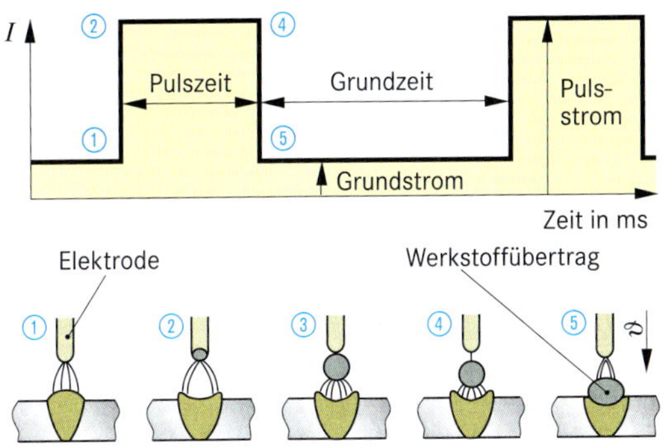

Abb. 3: Wirkung von pulsierendem Gleichstrom

Beim Impulsschweißen wird an der Schweißanlage ein Grundstrom und ein Pulsstrom eingestellt. Durch den vergleichsweise geringen Grundstrom wird ein Lichtbogen erzeugt, dessen Energie groß genug ist, sodass der Grundwerkstoff in der Schweißzone aufgeschmolzen wird ①. In sehr kurzen zeitlichen Abständen wird die Grundstromstärke durch die Anlagensteuerung periodisch auf Pulsstromstärke erhöht ②. Der bei maximaler Pulsstromstärke vorhandene Lichtbogen hat so viel Energie, dass ein Schweißtropfen von der Drahtelektrode abgelöst wird ③. Nach dem Ablösen des Tropfens fällt der Schweißstrom auf die eingestellte Grundstromstärke. Es besteht keine Verbindung zwischen Werkstoff und Elektrode, d.h., der Werkstoffübergang ist kurzschlussfrei ④. Zwischen Schweißgut und Elektrode zündet ein neuer Lichtbogen, damit beginnt ein neuer Zyklus ⑤.

Wolfram-Inertgasschweißen (WIG)

Als Alternative zum MIG-Schweißen kann die Einhausung auch mit Wolfram-Inertgasschweißen im WIG-Verfahren geschweißt werden. Dabei brennt der Lichtbogen zwischen einer nicht abschmelzenden Wolframelektrode und dem Werkstück. Der Lichtbogen wird mit hochfrequentem Strom berührungslos gezündet (Abb. 4).

Das WIG-Verfahren wird bei Aluminium und Al-Legierungen mit Wechselstrom, bei korrosionsbeständigen Stählen, Kupfer und anderen NE-Metallen mit Gleichstrom durchgeführt. Der Schweißzusatz soll beim Verbindungsschweißen der Zusammensetzung des Grundwerkstoffes entsprechen und wird außerhalb des Brenners, z. B. von

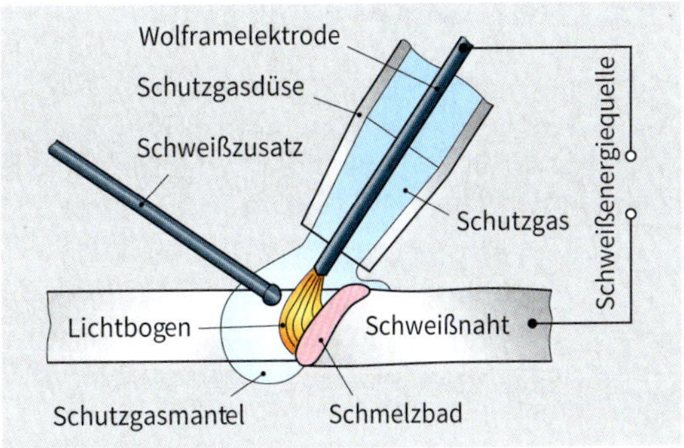

Abb. 4: WIG-Verfahren

Hand als Massivdraht, dem Schmelzbad zugeführt (Abb. 5).

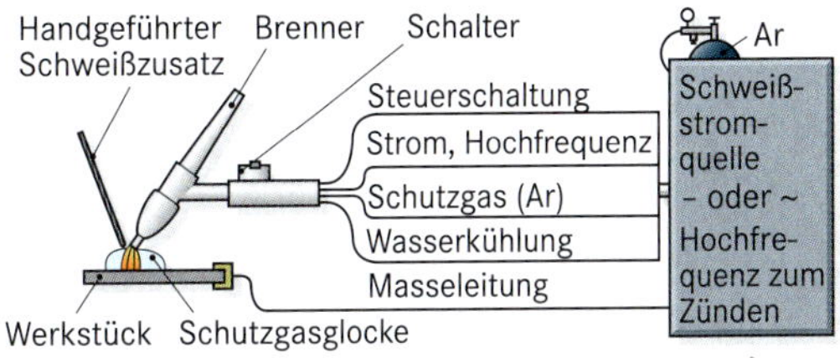

Abb. 5: Anlage zum Wolfram-Inertgasschweißen

Beim Wolfram-Inertgasschweißen im WIG-Verfahren wird Argon als inertes Schutzgas eingesetzt.

Arbeitssicherheit

- Festlegen des brandgefährdeten Bereichs mit Informieren über Brandmeldeeinrichtungen.
- Entfernen sämtlicher beweglicher Stoffe und Gegenstände, die sich durch schweißtechnische Arbeiten in Brand setzen lassen.
- In Brand geratene Kleidung mit Handschuhen oder Löschdecke ersticken.
- Gegebenenfalls Alarmierung der Rettungsdienste.
- Kontrolle auf Brandentstehung durch einen Brandposten mit geeigneten Feuerlöscheinrichtungen, z. B. Feuerlöschern oder angeschlossenem Wasserschlauch.
- Vorhalten einer Brandwache für angemessenen Zeitrahmen nach Beendigung der schweißtechnischen Arbeiten.

Lassen sich Gefahren durch eine explosionsfähige Atmosphäre trotz der getroffenen Sicherheitsmaßnahmen nicht ausschließen, dürfen schweißtechnische Arbeiten nicht durchgeführt werden!

Fertigen

4.3.4 Widerstandspressschweißen

Neben anderen gehören die Fertigungsverfahren des Widerstandspressschweißens zum Press Verbindungsschweißen. Sie können bei verschiedenen Fertigungsaufgaben Niet- oder Schraubverbindungen ersetzen.

Da vorbereitende Fertigungsschritte, wie z. B. lagegenaues Bohren der Nietlöcher, entfallen, ist das Widerstandspressschweißen auch ökonomisch eine Alternative.

Zum Widerstandspressschweißen gehören:

- das Punktschweißen und
- das Rollnahtschweißen.

Beim Widerstandspressschweißen wird die Wärme an der Wirkstelle elektrisch durch den Übergangswiderstand an der Berührungsstelle erzeugt. Die Werkstoffe werden bis zum teigigen Zustand erwärmt und durch die nicht abschmelzenden Elektroden zusammengepresst.

Durch Press-Verbindungsschweißen lassen sich verschiedene Metalle miteinander verschweißen.

Tab. 1: Pressschweiß-Werkstoffkombinationen

Schweißbarkeit von / mit	unlegiertem Baustahl	niedriglegiertem Stahl	hochlegiertem Stahl	Kupfer	Kupfer-Zink-Legierung	Aluminium
unlegiertem Baustahl	++	++	++	++	++	++
niedriglegiertem Stahl	++	++	++	++	++	++
hochlegiertem Stahl	++	++	++	++	++	+
Kupfer-Zink-Legierung	++	++	++	++	++	+
Aluminium	++	++	++	+	+	++

++ gut schweißbar + schweißbar, aber spröde

Punktschweißen

Beim Punktschweißen werden die zu verbindenden Werkstücke zwischen zwei stabförmige, nicht abschmelzende Kupferelektroden gelegt und zusammengedrückt. Wenn die notwendige Elektrodenhaltekraft vorhanden ist, fließt durch die Werkstücke kurzzeitig ein hoher Strom. An der Berührungsstelle werden die bis in den teigigen Zustand hinein erwärmten Bauteile durch eine punktförmige Schweißlinse miteinander verbunden (Abb. 1).

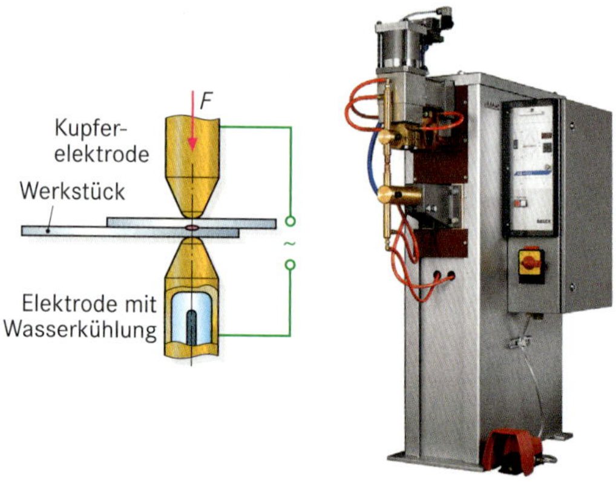

Abb. 1: Prinzip des Punktschweißens und Punktschweißgerät (Foto: DALEX)

Da der Bereich der Erwärmung klein ist, verziehen sich die Bauteile nicht. Das Punktschweißen findet auf Schweißanlagen statt. Schweißstromquelle ist dabei ein Transformator (Abb. 1).

Der Schweißvorgang darf nur sehr kurz sein. Dies erfordert Maschinen, die diesen Vorgang sehr genau und zuverlässig steuern können.

Rollnahtschweißen

Beim Rollnahtschweißen verwendet man anstelle der stabförmigen Elektroden mechanisch angetriebene, nicht abschmelzende Rollenelektroden. Die Rollen pressen die zu verschweißenden Bleche aneinander, übertragen den Schweißstrom und erzeugen die Vorschubbewegung der Bleche. Der Stromübergang geschieht an der jeweiligen Berührungsstelle zwischen Rollenelektrode und Werkstück (Abb. 2).

Das Rollnahtschweißen wird überall dort angewendet, wo lange, durchlaufende Schweißnähte gefertigt werden müssen. Der Einsatz ist meist nur in der industriellen Fertigung effizient (Abb. 2).

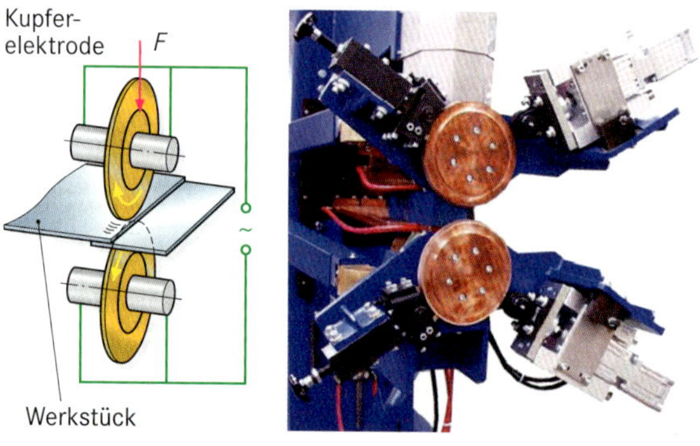

Abb. 2: Rollnahtschweißen (Foto: DALEX)

dlagen

Berechnung am Transformator

Wird zum Schweißen Wechselstrom benötigt, wird als Schweißstromquelle ein Schweißstromtransformator eingesetzt.

Schließt man die Primärwicklung eines Transformators an eine Wechselspannungsquelle an, so ändert sich dauernd der magnetische Fluss. Dadurch wird in der Sekundärwicklung eine Wechselspannung induziert.

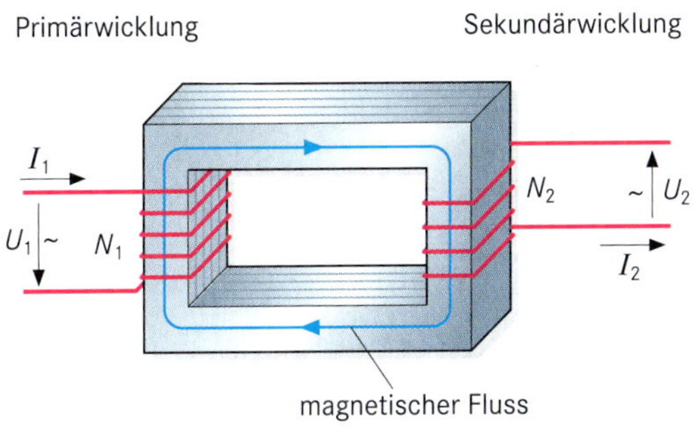

Spannungen

Das Verhältnis der Primärspannung U_1 zur Sekundärspannung U_2 entspricht dem Verhältnis der entsprechenden Windungszahlen N_1 und N_2 und wird das Übersetzungsverhältnis $ü$ des Transformators genannt.

$$\frac{U_1}{U_2} = \frac{N_1}{N_2} = ü$$

Stromstärken

Die Stromstärken I_1 und I_2 verhalten sich beim Transformator umgekehrt wie die Windungszahlen. Das Verhältnis wird ebenfalls durch das Übersetzungsverhältnis $ü$ ausgedrückt.

$$\frac{I_2}{I_1} = \frac{N_1}{N_2} = ü$$

Aufgabe

Die Sekundärwicklung eines Schweißtransformators besitzt die Anschlussspannung $U_1 = 400$ V und eine Windungszahl $N_2 = 1280$.

a) Wie viele Windungen muss die Primärwicklung erhalten, wenn die Sekundärspannung U_2 = 10 V haben soll?

b) Wie groß ist der Strom I_2, wenn in der Primärwicklung ein Strom I_1 = 10 A gemessen wurde?

Beispiel:

Die Primärwicklung eines Schweißtransformators besitzt für die Anschlussspannung $U_1 = 400$ V eine Windungszahl $N_1 = 1280$.

a) Wie viele Windungen muss die Sekundärwicklung erhalten, wenn die Sekundärspannung $U_2 = 10$ V haben soll?

b) Wie groß ist das Übersetzungsverhältnis $ü$?

c) Wie groß ist der Strom I_1, wenn in der Sekundärwicklung ein Strom I_2 = 10 A gemessen wurde?

Gegeben: $U_1 = 400$ V
$N_1 = 1280$
$U_2 = 10$ V
$I_2 = 10$ A

a)

Gesucht: N_2

Lösung: $\frac{U_1}{U_2} = \frac{N_1}{N_2}$

$$N_2 = \frac{N_1 \cdot U_2}{U_1} = \frac{1280 \cdot 10}{400}$$

$$\underline{\underline{N_2 = 32}}$$

Die Sekundärspule muss 32 Windungen haben.

b)

Gesucht: $ü$

Lösung: $ü = \frac{U_1}{U_2}$

$$ü = \frac{400\text{ V}}{10\text{ V}}$$

$$\underline{\underline{ü = 40}}$$

Das Übersetzungsverhältnis ist 40.

c)

Gesucht: I_1 in A

Lösung: $\frac{I_2}{I_1} = ü$

$$I_1 = \frac{I_2}{ü}$$

$$I_1 = \frac{10\text{ A}}{40}$$

$$\underline{\underline{I_1 = 0{,}25\text{ A}}}$$

In der Primärspule fließt ein Strom von 0,25 A.

4.3.5 Gasschmelzschweißen

Durch Schweißen werden Werkstoffe unter Zufuhr von Wärme miteinander verbunden.

Der Werkstoff wird im Bereich der Fügezone in einen flüssigen Zustand versetzt. Das Schweißen kann mit und ohne Zusatzstoffe erfolgen. Schweißhilfsstoffe wie Gase, Pasten oder Pulver ermöglichen oder erleichtern das Schweißen.

Die Auswahl geeigneter Schweißverfahren ist abhängig von:

- dem Werkstoff der zu fügenden Werkstücke,
- der Werkstück- bzw. Nahtdicke,
- der Arbeitsposition,
- der Fertigungsstückzahl und
- der Ausstattung des Betriebs.

Beim Gasschmelzschweißen wird die Fügestelle und der Zusatzwerkstoff mithilfe einer Gasflamme geschmolzen. Als Brenngas wird überwiegend Acetylen verwendet. Man nennt das Verfahren auch *Autogenschweißen*.

Acetylen und der zur Verbrennung notwendige Sauerstoff werden in Stahlflaschen gelagert.

Sauerstoff wird mit einem Druck von 150 bar oder 200 bar gespeichert. Die Sauerstoffflasche hat eine weiß gefärbte Flaschenschulter mit dem eingedruckten Buchstaben N. Das Flaschenventil ist mit einem Gewinde R 3/4" für den Druckminderer versehen.

Acetylen wird mit einem Druck von 18 bar oder 19 bar gespeichert. Da Acetylen bei 2 bar explosionsartig zerfällt, muss es in Aceton gelöst werden. Diese Acetylen-Aceton-Lösung wird in eine Stahlflasche gefüllt, die eine poröse Masse enthält. Die Acetylenflasche hat eine kastanienbraun gefärbte Flaschenschulter mit dem eingedruckten Buchstaben N. Der Druckminderer wird mithilfe eines Spannbügels an das Flaschenventil angeschlossen (Abb. 1).

Die *Druckminderer* sind notwendig, um den hohen Flaschendruck auf den zulässigen Arbeitsdruck zu reduzieren (Tab. 1).

Tab. 1: Gasdrücke

Gas	Flaschendruck in bar	Arbeitsdruck in bar
Sauerstoff	150 oder 200	2,5
Acetylen	18 oder 19	0,1 … 0,5

Vom Druckminderer werden die Gase durch Schläuche zum Brenner geführt. Sauerstoffschläuche sind blau, Brenngasschläuche sind rot.

Eine Sicherheitsvorlage unterbricht bei Flammenrückschlag oder Gasrücktritt die Gaszufuhr. Sauerstoffarmaturen haben Rechtsgewinde, Brenn-gasarmaturen haben Linksgewinde.

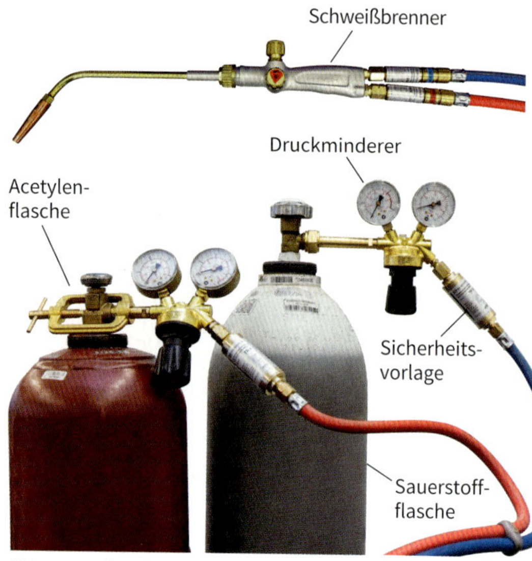

Abb. 1: Gasflaschen

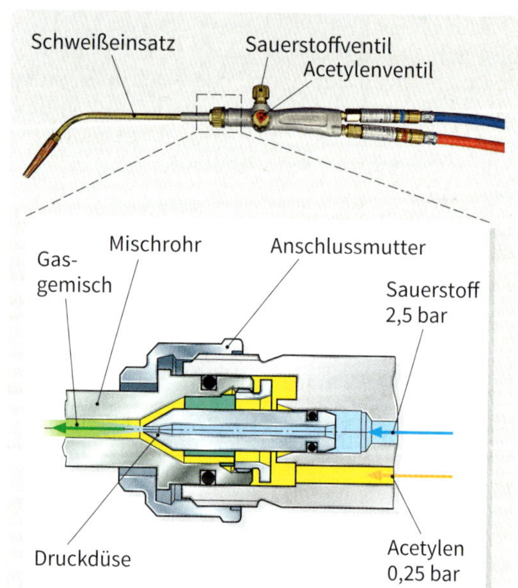

Abb. 2: Schweißbrenner

Inbetriebnahme des Schweißbrenners

1. Sauerstoffventil öffnen
2. Brenngasventil öffnen
3. Gemisch entzünden
4. Schweißflamme einstellen

Außerbetriebnahme des Schweißbrenners

1. Brenngasventil schließen
2. Sauerstoffventil schließen

Im Schweißbrenner werden Acetylen und Sauerstoff gemischt (Abb. 2). Sauerstoff strömt mit einer hohen Geschwindigkeit durch die Druckdüse. Das mit niedrigem Druck herangeführte Brenngas wird mitgerissen und im Mischrohr gemischt. Um eine ausreichende Saugwirkung sicherzustellen, muss beim Zünden zuerst das Sauerstoffventil geöffnet werden. Die Gasmengen werden an den Ventilen eingestellt. Die Schweißflamme wird mit den Ventilen am Schweißbrenner eingestellt. Acetylen und Sauerstoff werden in der Regel im Verhältnis 1:1 gemischt. Die dabei entstehende Flamme nennt man *neutrale Flamme*.

Bei der Einstellung einer neutralen Flamme (Abb. 3a) kommt es im Flammenkern zu einer unvollständigen Verbrennung des Acetylens. In der Schweißzone, ca. 2…4 mm vor dem Flammenkern, wird das Gas vollständig verbrannt. Der fehlende Sauerstoff wird aus der umgebenden Luft entnommen. Das Schweißbad selbst kann dadurch mit dem Luftsauerstoff nicht reagieren und keine schädlichen Oxide bilden. Metalloxide in der Schweißnaht vermindern die Festigkeit und Zähigkeit. Das Gasgemisch verbrennt bei Temperaturen $t < 3200\,°C$ (Abb. 4). Stahl und Kupfer werden mit einer neutralen Flamme geschweißt.

Bei *Sauerstoffüberschuss* wird der Flammenkegel kürzer (Abb. 3b). Die Flamme wirkt oxidierend. Die Schweißnaht wird spröde.

Bei *Acetylenüberschuss* wird der Flammenkegel länger (Abb. 3c). Die Flamme wirkt reduzierend. Beim Schweißen von Stahl wird die Naht mit Kohlenstoff angereichert. Die Schweißnaht wird dadurch härter und spröder als der Grundwerkstoff. Leichtmetalle werden mit einer reduzierenden Flamme geschweißt, um eine Oxidbildung zu verhindern.

Man unterscheidet beim Gasschmelzschweißen folgende Arbeitstechniken:

– Nachlinksschweißen

Die Flamme wird in Schweißrichtung dem Schweißstab nachgeführt. Die Flamme ist nicht auf das Schmelzbad gerichtet (Abb. 5a). Dadurch wird bei dünnen Blechen ein Durchbrennen verhindert.

– Nachrechtsschweißen

Die Flamme wird in Schweißrichtung dem Schweißstab vorhergeführt. Die Flamme ist auf das Schweißbad gerichtet (Abb. 5b). Auch bei dickeren Blechen ist ein gutes Durchschweißen gewährleistet.

Nachlinksschweißen wird bei einer Werkstückdicke $t < 3$ mm, *Nachrechtsschweißen* bei einer Werkstückdicke $t > 3$ mm angewandt.

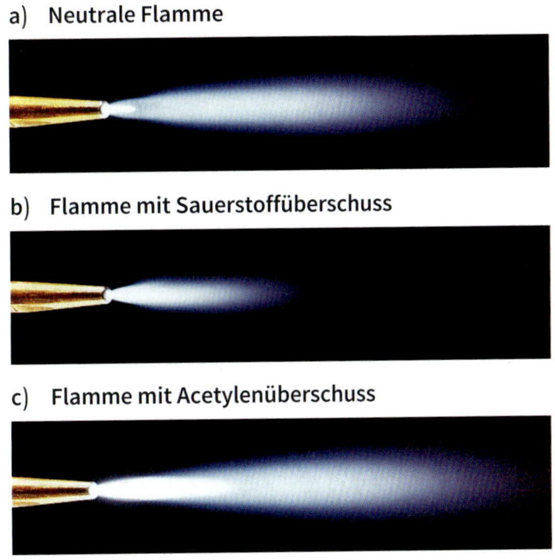

Abb. 3: Schweißflamme

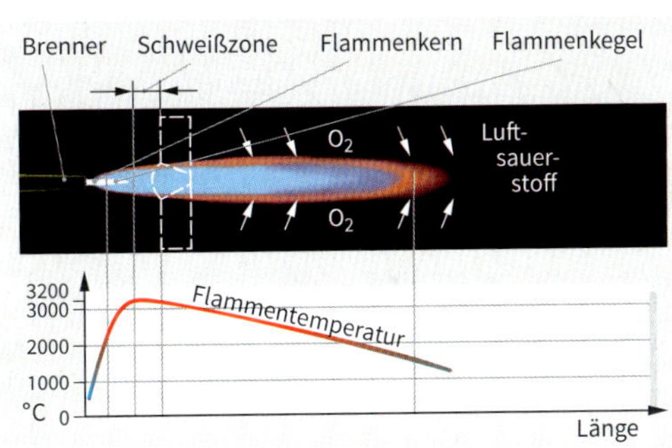

Abb. 4. Flamme und Temperaturen

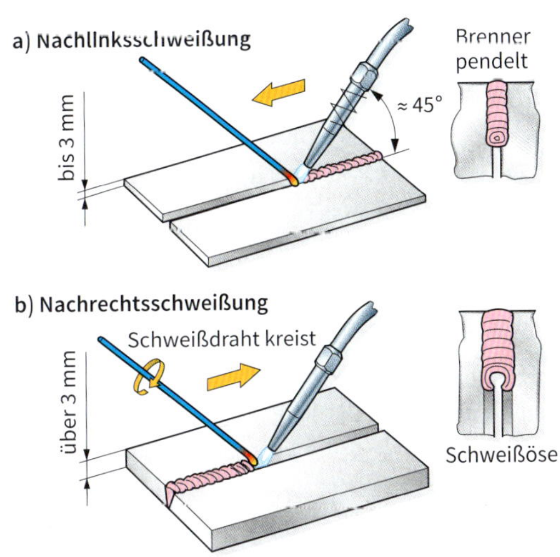

Abb. 5: Schweißrichtungen

Grundlagen

Farbkennzeichnung von Gasflaschen in Deutschland

Seit Juli 2006 muss die Farbkennzeichnung von Gasflaschen nach DIN EN 1089-3 erfolgen. Die Kennzeichnung erfolgt nach allgemeinen und speziellen Kennzeichnungsregeln.

Allgemeine Kennzeichnungsregel

Eigenschaften	Schulterfarbe	Beispiele
giftig und/oder korrosiv	gelb 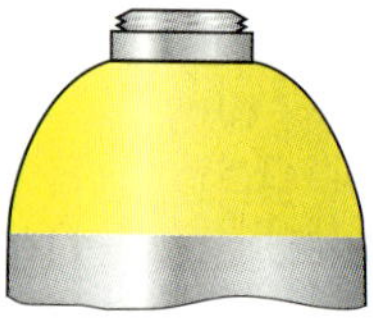	• Ammoniak • Chlor • Kohlenmonoxid
brennbar	rot 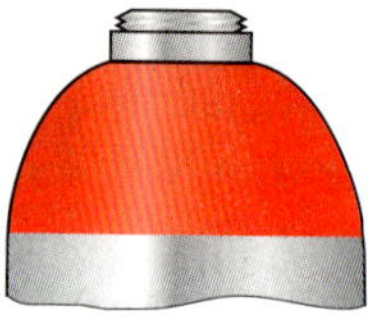	• Wasserstoff • Methan • Ethylen • Formiergas (Stickstoff/Wasserstoffgemisch)
oxidierend	hellblau 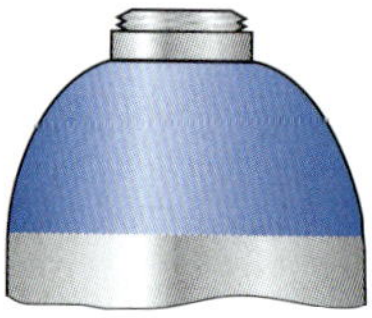	• Sauerstoff
inert	leuchtendes Grün 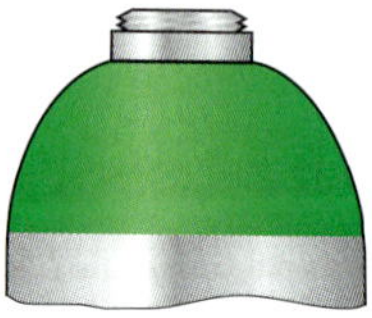	• Xenon • Neon • Schweißschutzgasgemische • Druckluft

Farbtabelle nach Norm	RAL-Nummer	RAL-Bezeichnung
gelb	1018	zinkgelb
rot	3000	feuerrot
hellblau	5012	lichtblau
leuchtendes Grün	6018	gelbgrün
kastanienbraun	3009	oxidrot
weiß	9010	reinweiß
blau	5010	enzianblau
dunkelgrün	6001	smaragdgrün
schwarz	9005	tiefschwarz
grau	7037	staubgrau
braun	8008	olivbraun

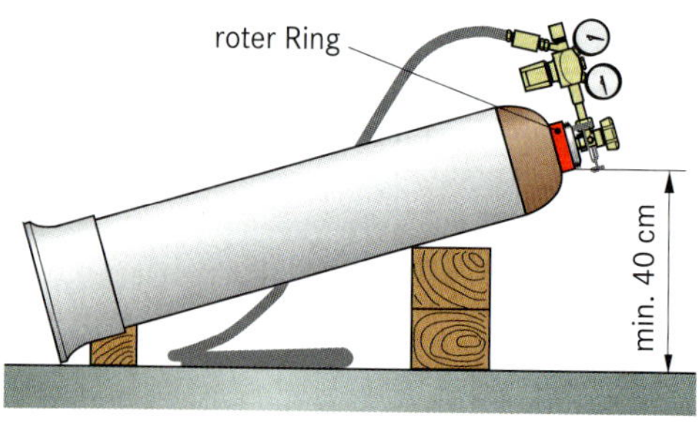

Acetylenflaschen mit einem roten Ring am Flaschenhals dürfen auch liegend entleert werden. Der Mindestabstand des Ventils zum Boden darf 40 cm nicht unterschreiten.

Wichtig: Das Ventil an Sauerstoffflaschen muss fettfrei sein und darf nicht geölt werden. Sonst besteht Explosionsgefahr!

Spezielle Kennzeichnungsregel für Industriegase

Gas	Schulterfarbe		Gas	Schulterfarbe	
Acetylen	kastanienbraun	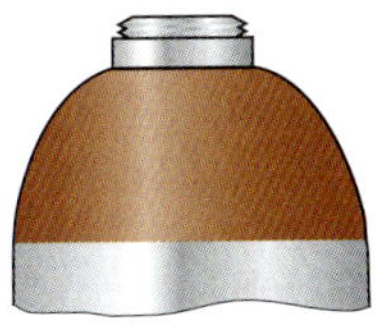	Argon	dunkelgrün	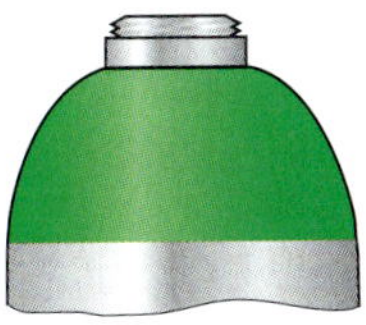
Sauerstoff	weiß	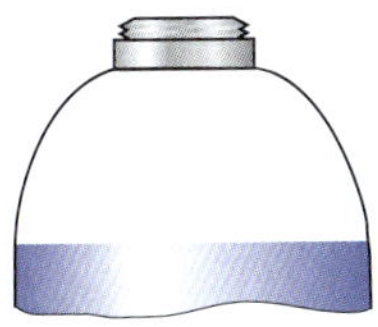	Helium	braun	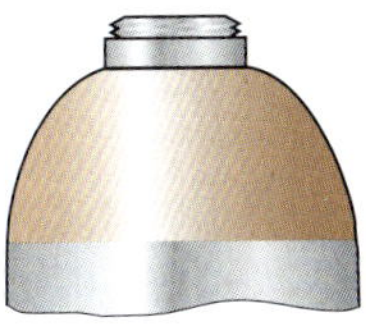
Kohlen-dioxid	grau	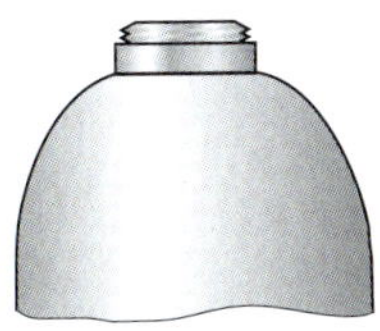	Stickstoff	schwarz	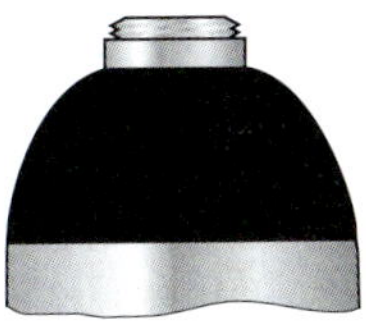

Die Farbe des zylindrischen Flaschenmantels ist in der Norm nicht festgelegt.
Für Deutschland gilt folgende Vereinbarung:

- Flaschenmantel grau oder gleiche Farbgebung wie Schulter.
- Farbgebung des Flaschenmantels für technischen Sauerstoff erfolgt in blau.

Der Gefahrgutaufkleber enthält die verbindlichen Angaben über den Inhalt der Gasflasche.

Wenn sich auf der Gasflasche kein Gefahrgutaufkleber befindet oder die Angaben auf dem Aufkleber nicht mehr lesbar sind, darf die Gasflasche nicht mehr verwendet werden.

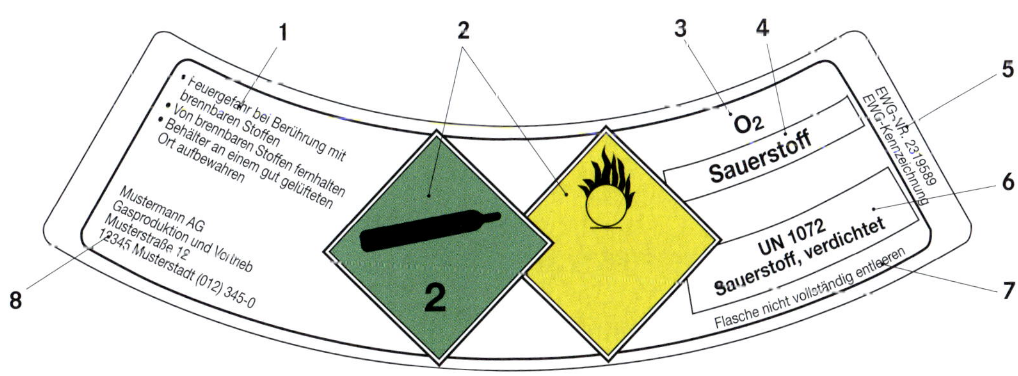

1 Risiko- und Sicherheitssätze
2 Gefahrzettel nach ADR/RID[1)]
3 Zusammensetzung des Gasgemisches oder Reinheitsangabe des Gases
4 Handelsname des Gaseherstellers
5 EWG-Nummer bei Einzelstoffen oder das Wort „Gasgemisch“
6 UN-Nummer und Benennung des Stoffes
7 Hinweis des Gasherstellers
8 Name, Anschrift und Telefonnummer des Herstellers

1) Accord européen relatif au transport international des marchandises Dangereuses par Route (ADR)
Reglement concernant le transport international ferroviaire de marchandises Dangereuses (RID)

Die Norm gilt nicht für Bündel- und Trailerflasche sowie für Feuerlöscher.

4.3.6 Thermisches Trennen durch Brennschneiden

ARBEITSAUFTRAG

An einem warmgewalzten gleichschenkligen Winkelstahl nach DIN EN 10056 wird eine Aussparung durch Brennschneiden hergestellt.

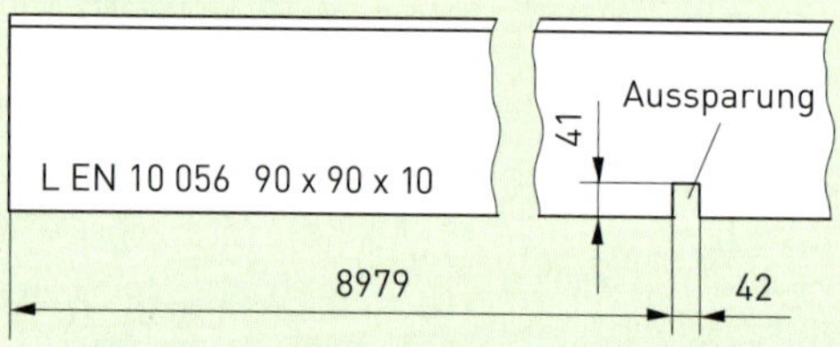

Informieren

Werkstoffvoraussetzungen

Im Gegensatz zum Schmelzschneiden erfolgt das Trennen beim Brennschneiden durch die Verbrennung des Werkstoffes entlang der Schnittfuge (Abb. 1).

Abb. 1: Brennschneiden

Ein Werkstoff ist zum Brennschneiden geeignet, wenn er vor dem Erreichen seiner Schmelztemperatur verbrennt.

Bei Eisenwerkstoffen ist die Verbrennungstemperatur unter anderem vom Kohlenstoffgehalt abhängig (Abb. 2). Unlegierter Baustahl hat eine deutlich geringere Verbrennungstemperatur als Schmelztemperatur. Aus diesem Grund können unlegierte Baustähle gut durch Brennschneiden

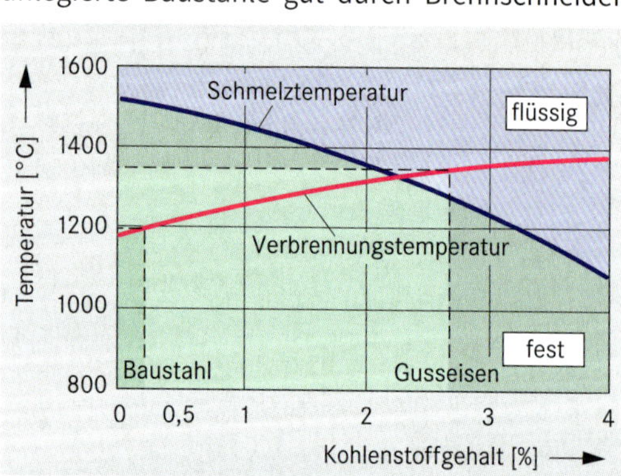

Abb. 2: Verbrennungs- und Schmelztemperatur in Abhängigkeit vom Kohlenstoffgehalt

getrennt werden. Werkstoffe wie z.B. Gusseisen lassen sich nicht Brennschneiden. Bei ihnen ist die Verbrennungstemperatur größer als ihre Schmelztemperatur.

Aufbau eines Schneidbrenners

Schneidbrenner sind ähnlich aufgebaut wie Schweißbrenner (Abb. 3). Wie bei Schweißbrennern wird in der Mischdüse ein Brenngas (Acetylen) mit dem Sauerstoff (Heizsauerstoff) vermischt. Das entstandene Heizgas wird dann der Heizdüse zugeführt.

Zur Verbrennung des Werkstoffes wird zusätzlicher Sauerstoff benötigt. Dieser Schneidsauerstoff gelangt über ein eigenes Rohr zur Schneiddüse. Heizdüse und Schneiddüse werden im Brennerkopf zu einer Brennschneiddüse vereint. Hier gibt es verschiedene Bauformen. In der Praxis haben sich die Blockdüsen bewährt. Die längere Heizflamme an Blockdüsen erlaubt einen größeren Abstand zur Werkstückoberfläche. Dadurch kann die Schnittlinie besser eingesehen werden. Die Verschmutzung der Düse durch Schlackespritzer wird ebenfalls verringert.

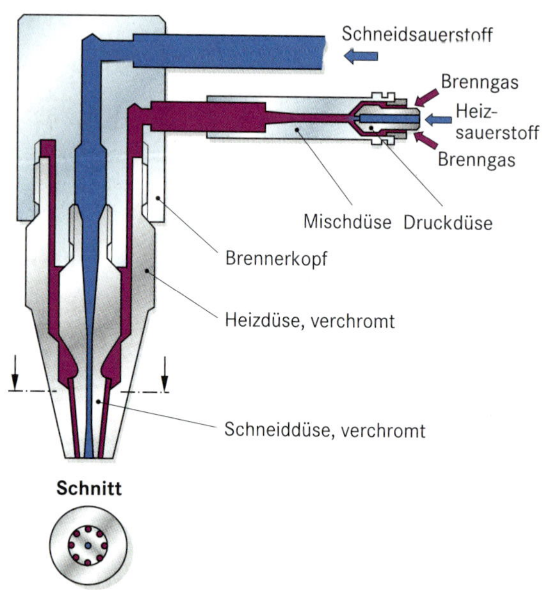

Abb. 3: Brennschneiddüse im Schnitt

Fertigen

Vorbereitung des Brennschneidens

Vor dem Ausschneiden der Aussparung sind folgende Vorbereitungen notwendig:

- Düsenauswahl,
- Ermittlung des Anreißmaßes und
- Bestimmung der Richtwerte.

Düsenauswahl

Entsprechend der Profildicke von 15 mm wird eine Schneiddüse 10 – 25 mm empfohlen (→📖).

Ermittlung des Anreißmaßes

Beim Brennschneiden mit der Schneiddüse 10 - 25 mm entsteht eine Schnittfugenbreite von 1,8 mm. Die herzustellende Aussparung ist um die halbe Schnittfugenbreite kleiner anzureißen (Abb. 4).

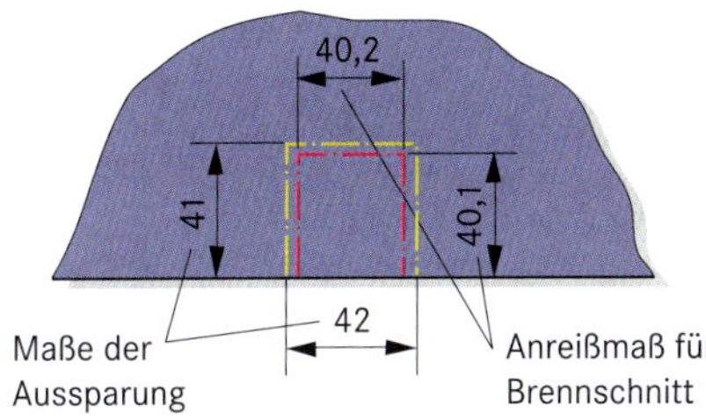

Abb. 4: Anreißmaße unter Berücksichtigung der Schnittfugenbreite

Bestimmung der Richtwerte

Für die Werkstückdicke von 14 mm wird ein Schneidsauerstoffdruck von 3,0 bar und Acetylendruck von 0,2 bar empfohlen (➔📖).

Einstellen der Betriebsdrücke

Bei der Einstellung der empfohlenen Betriebsdrücke ist in folgender Reihenfolge vorzugehen (Abb. 5):

1. Flaschenventile (1 und 2) öffnen.
2. Ausgangsventil (7) am Sauerstoff-Druckminderer (3), Einstellventil für Sauerstoff (9) und Schneidsauerstoffventil (10) am Handschneidbrenner öffnen.
3. Durch Drehen der Stellschraube (5) am Flaschendruckminderer für Sauerstoff (3) den Betriebsdruck des Sauerstoffs einstellen.
4. Sobald der richtige Druck eingestellt ist, das Schneidsauerstoffventil (10) und das Einstellventil für Sauerstoff (9) wieder schließen.
5. Ausgangsventil (8) am Brenngas-Druckminderer (4) öffnen und Brenngasdruck durch Drehen der Stellschraube (6) einstellen.

Zünden und Einstellen der Flamme

Zuerst wird das Einstellventil für Sauerstoff (9), dann das Einstellventil für Brenngas (11) geöffnet. Das ausströmende Gasgemisch muss sofort gezündet werden. Nach dem Zünden wird über die Einstellventile (9) und (11) eine neutrale Flamme eingestellt. Dann wird das Schneidsauerstoffventil kurzzeitig geöffnet und dabei ggf. die Einstellung der neutralen Flamme mit den Einstellventilen (9) und (11) nachgeregelt.

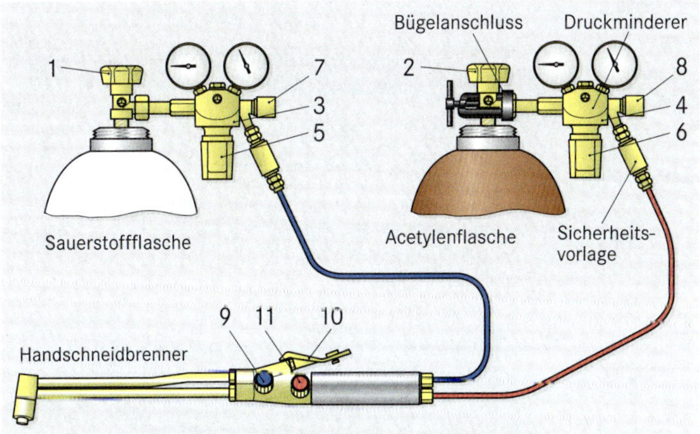

Abb. 5: Schneidbrenner mit Sauerstoff- und Acetylenflasche

Verfahrensbeschreibung

Der Brennschneidvorgang läuft in drei Phasen ab:

1. Vorwärmen
2. Verbrennen
3. Ausblasen

1. Vorwärmen

Durch die Heizflamme erfolgt die Erwärmung des zu trennenden Werkstoffbereichs auf Verbrennungstemperatur. Die zum Brennschneiden notwendige Temperatur ist erreicht, wenn der Werkstoff in der Anwärmzone hellgelb glüht (Abb. 6).

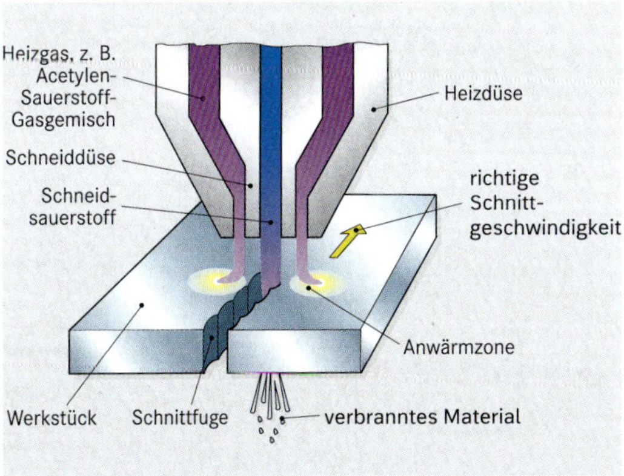

Abb. 6: Schnittgeschwindigkeit beim Brennschneiden

2. Verbrennen

Nachdem der Werkstoff auf Verbrennungstemperatur erwärmt wurde, wird das Hebelventil für den Schneidsauerstoff betätigt. Durch die Zufuhr des Sauerstoffs beginnt die Verbrennung des Stahls.

3. Ausblasen

Das durch die Verbrennung entstehende flüssige Eisenoxid wird durch den Druck des Sauerstoffstrahls aus der Schnittfuge geblasen.
Damit der Schneidvorgang aufrechterhalten bleibt, müssen sich diese drei Phasen durch kontinuierlichem Brennervorschub stetig wiederholen.

Beim Brennschneiden von Hand ist Folgendes zu beachten:

- **Brennerabstand konstant zur Werkstückoberfläche halten.**

  Bei Blockdüsen soll der Abstand von der Flammenkegelspitze bis zur Werkstückoberfläche 5 mm betragen.

- **Mit gleichmäßiger Schneidgeschwindigkeit arbeiten.**

  Die Schneidgeschwindigkeit ist von der Werkstückdicke abhängig (→📖).

  Während des Brennschneidens erkennt man die richtige Schneidgeschwindigkeit am senkrechten Funkenflug (Abb. 6, Seite 319).

Aufgaben

1. Beschreiben Sie die Bestandteile einer Anlage zum Gasschmelzschweißen.
2. Begründen Sie die Verwendung einer neutralen Flamme beim Gasschmelzschweißen.
3. Erklären Sie, warum man dünne Bleche ($t < 3$ mm) nach links schweißen soll.
4. Erläutern Sie den Unterschied zwischen einer Anlage zum Brennschneiden und einer zum Gasschmelzschweißen.
5. Beschreiben Sie den Aufbau einer Anlage zum Lichtbogenhandschweißen.
6. Welche Aufgabe hat das Schutzgas beim MAG-Schweißen?
7. Erläutern Sie den Unterschied zwischen dem MAG- und dem WIG- Schweißen.
8. Welche Arbeitsschutzmaßnahmen sind beim Gasschmelzschweißen und Brennschneiden zu beachten?

Unfallverhütung

Beim Schweißen allgemein:

- Schutzkleidung tragen.
- Genormte Schutzbrille oder Schweißschutzschild tragen.
- Schweißbereich abschirmen, um andere Personen nicht zu gefährden.
- Arbeitsplatz gut belüften, bei Bedarf eine Absaugvorrichtung einsetzen.
- Brennbare Gegenstände vom Arbeitsplatz entfernen.

Beim Gasschmelzschweißen:

- Schläuche und Ventile auf einwandfreien Zustand überprüfen.
- Flaschentransport nur mit aufgeschraubter Schutzkappe.
- Flaschen gegen Umfallen sichern.
- Acetylenflaschen nicht liegend entleeren.
- Sauerstoffflaschen frei von Fett und Öl halten.

Beim Brennschneiden:

- Für Gasflaschen und Armaturen gelten die Regeln des Gasschweißens.
- Es sind Trennwände aufzustellen, diese schützen vor herumfliegenden Metallteilchen.
- Wegen des hohen Sauerstoffanteils schwer entflammbare Arbeitskleidung tragen.

Zusammenfassung

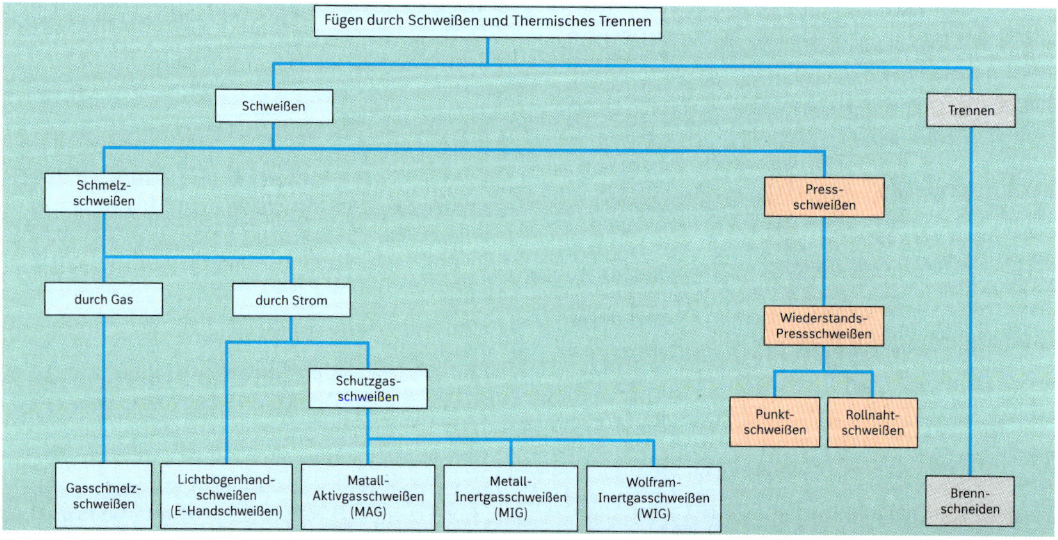

4.4 Fügen durch Schrauben

ARBEITSAUFTRAG

Die Einhausung des Hydraulikaggregates wird für einen Kunden als Serviceleistung neu angefertigt. Auf Wunsch des Kunden wird anstelle eines Bleches aus der Aluminiumlegierung AlMg3 ein kaltgewalztes Blech Stahl DC 03 0,7 mm verwendet. Das Lochblech und die Scharniere sollen an der Einhausung befestigt werden. Dazu werden verschiedene Schraubenverbindungen ausgewählt. Die Kernlöcher sind bereits vorhanden.

Abb. 1: Einhausung des Hydraulikaggregates

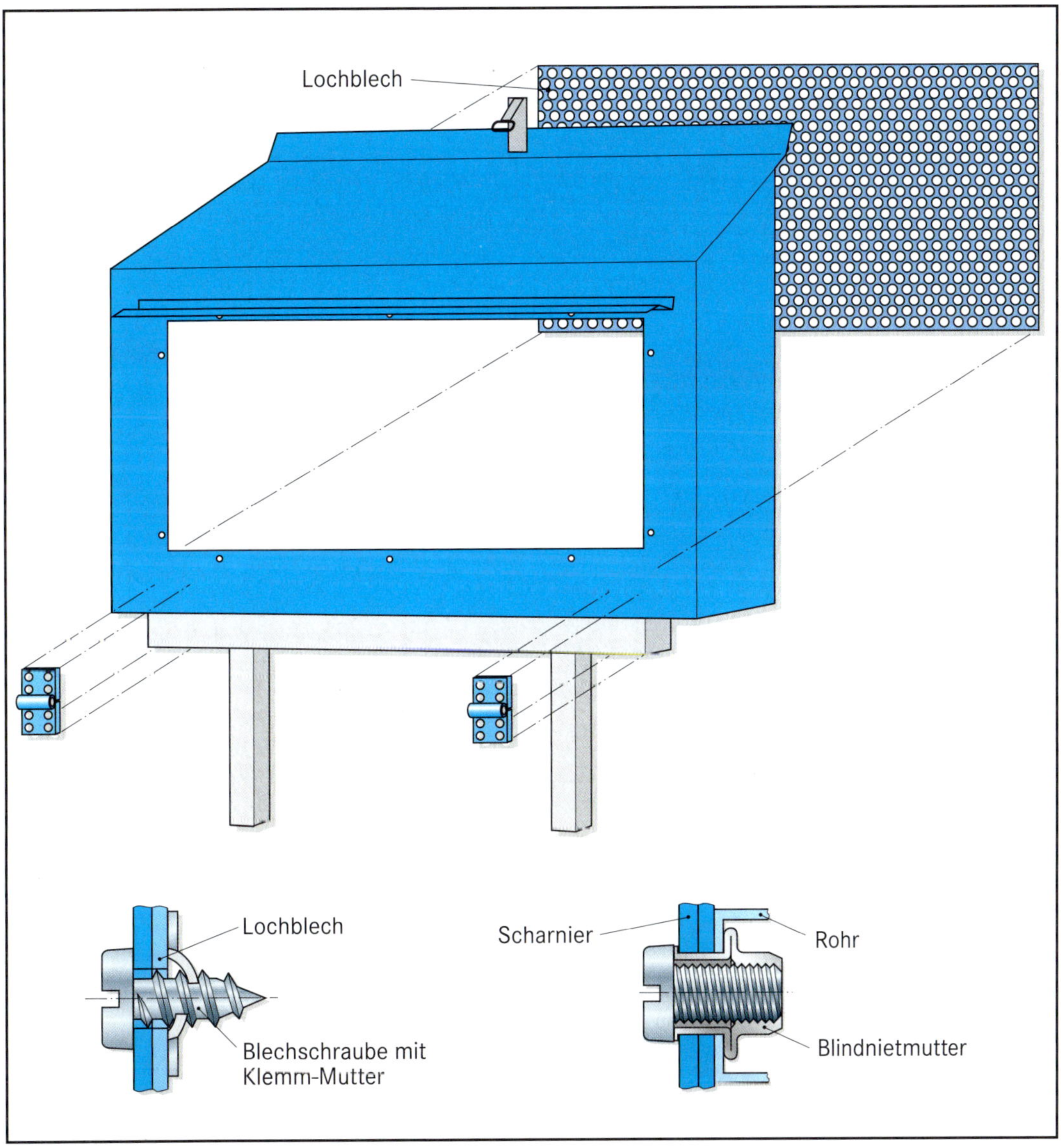

Abb. 2: Einhausung mit Lochblech

4.4.1 Verschrauben mit Blechschrauben

Die Einhausung für das Hydraulikaggregat und das Lochblech sind dünnwandige Stahlblechbauteile. Die Klemmlänge beträgt für beide Bleche zusammen 1,6 mm. Eine Schraube mit ISO-Gewinde kommt hier nicht in Betracht, da ein in die dünnen Bleche geschnittenes metrisches Gewinde wegen der geringen Einschraubtiefe leicht ausreißt. Mit Blechschrauben lassen sich auch dünnwandige Bauteile fügen.

Die notwendige minimale Einschraubtiefe für eine Blechschraube muss größer sein als ihre Steigung (Abb. 1). Für die gewählte Blechschraube ISO 7050 ST 2,2 x 4,5 – F – H wird vom Hersteller eine Mindestklemmlänge von 0,8 mm empfohlen.

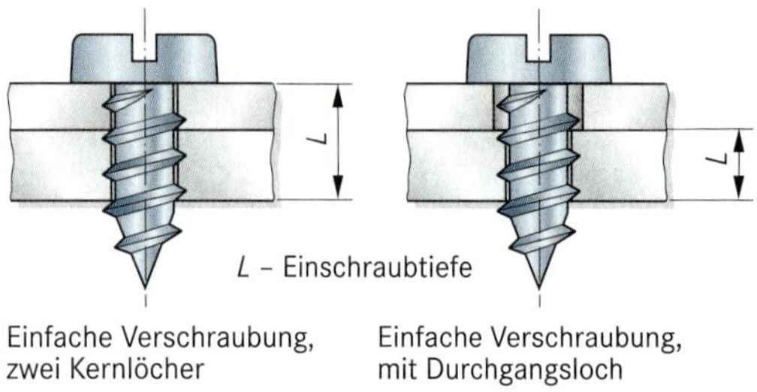

Abb. 1: Verbindung mit Blechschrauben

Die Differenz zwischen Kerndurchmesser und Außendurchmesser sowie die Steigung sind bei einer Blechschraube größer als bei einer vergleichbaren Schraube mit ISO-Gewinde (Abb. 2 und Tab. 1).

Deshalb sind bei einer Blechschraube zwar wenige Gewindegänge im Eingriff, sie sind jedoch tief in das Blech eingedrückt. Der Vorteil dieser Schraubenart besteht darin, dass sie sich ihr Gewinde selbst formt. Dazu muss das Bohrloch auf den Kerndurchmesser der Schraube vorgebohrt werden (Abb. 3).

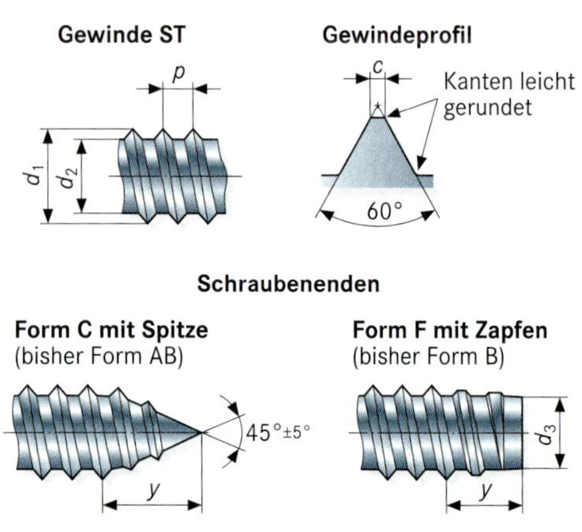

Abb. 2: Gewindedarstellung

Tab. 1: Gewindemaße

Gewindegröße		ST 2,2	
P		≈ 0,8	
d_1		max. 2,24	min. 2,1
d_2		max. 1,63	min. 1,52
d_3		max. 1,47	min. 1,37
c		max. 0,1	
y	Form C	2	
Hilfsmaß	Form F	1,6	
Nummer		2	

Blechschrauben haben, im Gegensatz zu Schrauben mit metrischem ISO-Gewinde, ein scharfkantiges Gewinde mit großer Steigung. Die Oberfläche ist gehärtet. Blechschrauben eignen sich für Bleche von 0,5 bis 4,0 mm Dicke.

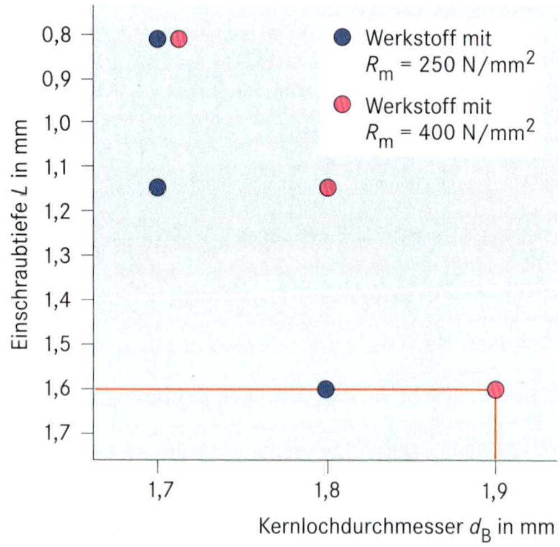

Abb. 3: Kernlochdurchmesser d_B für Gewindegröße ST2,2

Die Einschraubtiefe für die Befestigung des Lochbleches beträgt 1,6 mm. Für die Fertigung mit dem Spiralbohrer liegt der Kerndurchmesser bei 1,9 mm (Abb. 3).

Eine andere Fertigungsmöglichkeit für Kernlöcher ist das Lochstanzen. Die Schraubenhersteller empfehlen einen Kerndurchmesser, der 0,1–0,3 mm größer als der Bohrlochdurchmesser ist. Ein Grund dafür sind feinste Risse, die sich um das gestanzte Loch bilden. Der Stempeldurchmesser zum Stanzen der Befestigungslöcher muss demnach zwischen 2,0 und 2,3 mm liegen. Gewählt wurde der Durchmesser 2,0 mm.

Die Werte der Norm sind mit den Angaben der Hersteller zu vergleichen, da die Toleranzen in der Bemessung der Kernlöcher herstellerabhängig sind.

Während des Einsatzes des Hydraulikaggregates kann es zu Schwingungen kommen, die sich auf die Einhausung übertragen. Die Verbindung unterliegt dadurch starken, wechselnden Belastungen. Aus diesem Grund wird die Schraubenverbindung zusätzlich mit einer Klemm-Mutter gesichert.

Weitere Möglichkeiten die Einschraubtiefe zu erhöhen zeigt die Abbildung 4.

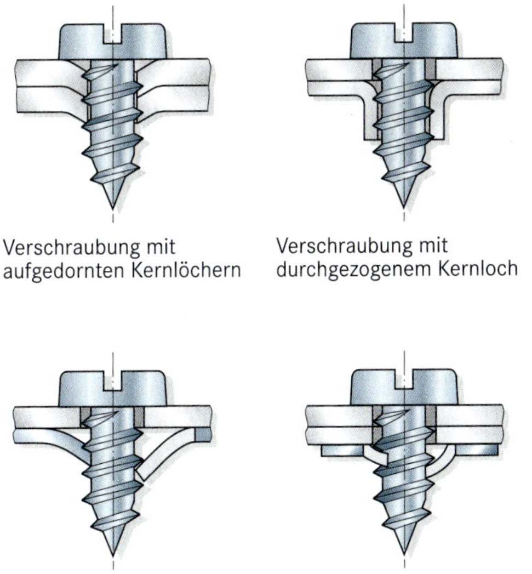

Verschraubung mit aufgedornten Kernlöchern

Verschraubung mit durchgezogenem Kernloch

Presslochverbindung

Verschraubung mit Klemm-Mutter

Abb. 4: Schraubverbindungen mit vergrößerter Einschraubtiefe bzw. mit Klemmmutter

4.4.2 Verschrauben mit Blindnietmuttern

Bei der Befestigung der Scharniere ist zu berücksichtigen, dass auf die Verbindungen größere Kräfte einwirken. Die Einschraubtiefe muss möglichst groß sein.

Die Scharniere sollen mit jeweils vier Schrauben am unteren Rand der Einhausung angeschraubt werden. Die Schrauben liegen in Höhe des Rohres, das zur Versteifung der Einhausung eingeschweißt wurde, d. h., für diese Schrauben ist die Rückseite nicht zugänglich.

Man hat sich für eine Verbindung mit Blindnietmuttern entschieden (Abb. 5).

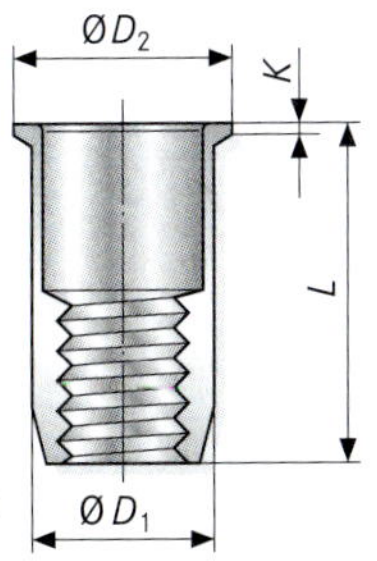

vor dem Setzen

Abb. 5: Blindnietmutter

Die Scharniere sollen mit je vier Schrauben DIN EN ISO 4762 M5 x 0,8 x 30 befestigt werden. Zur Vorbereitung der Montage der Blindnietmuttern müssen acht Bohrungen mit einem Durchmesser von 7,6 mm in der Wand der Einhausung und im Rohr hergestellt werden. Die Bohrungsdurchmesser sind den Herstellerangaben zu entnehmen. Danach wird die Mutter mit einem Ziehgerät in drei Phasen eingesetzt.

1. Phase:

Einführen in das Bohrloch
Die Blindnietmutter wird auf die Ziehschraube gedreht und in das Bohrloch eingesetzt.

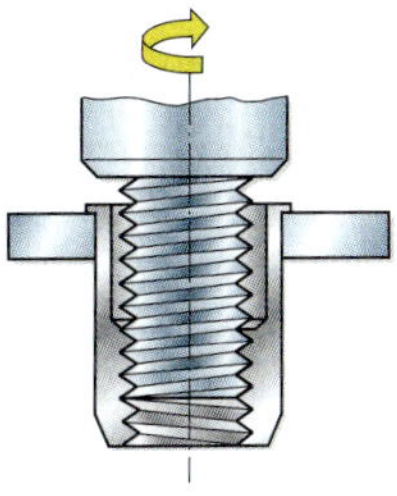

2. Phase:

Verformung des Schafts
Durch die Drehung der Ziehschraube wird die Mutter gegen das Ziehgerät gezogen und dabei verformt.

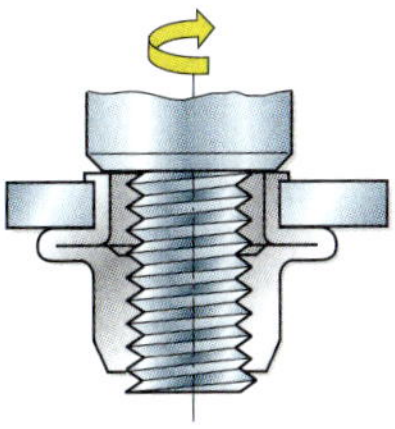

3. Phase:

Herausdrehen der Ziehschraube
Die Drehrichtung der Ziehschraube wird am Ende der Verformung der Blindnietmutter automatisch umgekehrt. Die Ziehschraube dreht aus der Mutter.

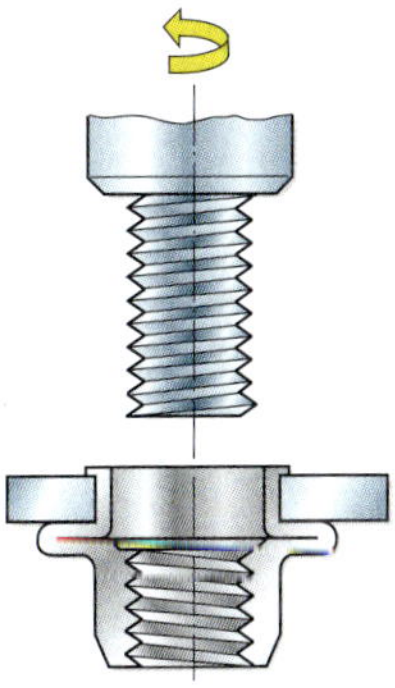

Die Verformung der Blindnietmutter ist in der Planungs- und Konstruktionsphase zu berücksichtigen und kann den Herstellerunterlagen entnommen werden (Abb. 6).

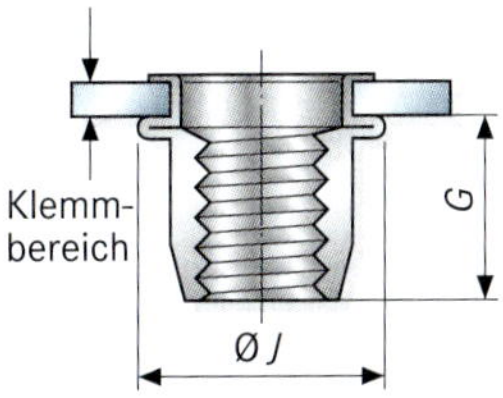

$\varnothing D_1$ = Schaftdurchmesser
$\varnothing D_2$ = Kopfdurchmesser
L = Länge (ungesetzt)
K = Kopfhöhe
$\varnothing J$ = Schließkopfdurchmesser
G = Überstand

Abb. 6: Nietabmessungen nach dem Setzen

Anschließend können die Scharniere angeschraubt werden.

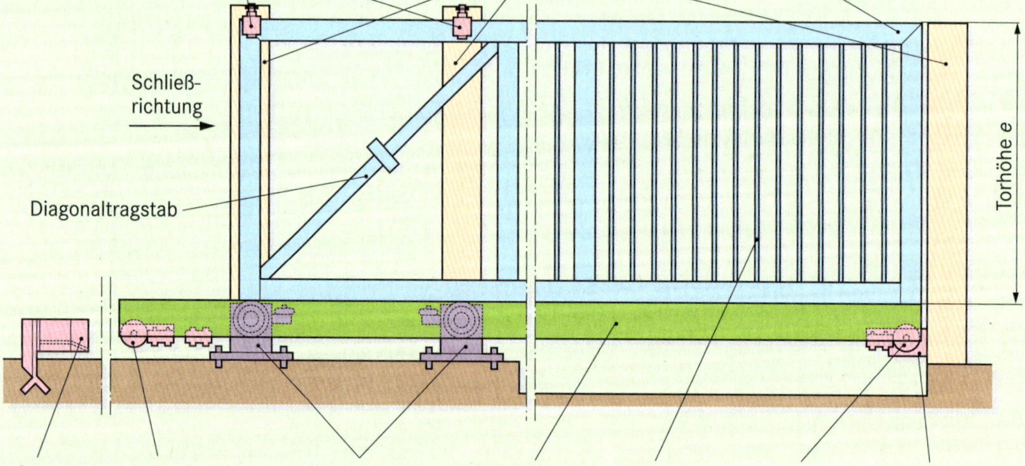
Tor in geschlossener Position
Obere Torführungen
Torpfosten
Torrahmen
Schließ-
richtung
Diagonaltragstab
Torhöhe e
Torfangstück
Auflaufrolle
Rollenapparate zur
Laufschienenführung
Laufschiene
Torfüllung
Auflaufrolle
Schienenstopper

GESAMTAUFTRAG

Ein Industriegelände wird durch Zäune gegenüber unbefugtem Zutritt gesichert. Der Lieferverkehr zu und von diesem Industriegelände wird durch eine Toranlage ermöglicht. Diese Toranlage arbeitet witterungsunabhängig. Sie wird durch einen elektrischen Antrieb geöffnet bzw. geschlossen und soll Fahrzeuge problemlos passieren lassen.

Es soll ein geeignetes Tor geplant und in der Werkstatt hergestellt werden.

ANALYSE

Technische Unterlagen

Zur Erledigung des Kundenauftrages sind verschiedene Unterlagen erforderlich.

Dazu gehören
- die Beschreibung des Schiebetores einschließlich der Maßangaben zur Einbausituation,
- Zeichnungen oder Bilder der geplanten Zaunanlage und des abzusperrenden Fahr- und Fußweges,
- eine Aufstellung der Kundenwünsche zur Gestaltung der Toranlage,
- je nach Vereinbarung zwischen Kunde und Betrieb zusätzlich Ergebnisse von Maßaufnahmen der fertigen Zaunanlage bzw. der Zuwegung,
- Unterlagen von Zulieferfirmen von Schiebetoranlagen und
- Unterlagen der Berufsgenossenschaften sowie baubehördliche Unterlagen zur Gestaltung von Toranlagen für Industriebauten.

Für den Auftrag liegen folgende Kundenwünsche vor:
- Lichte Öffnungsweite zwischen den Torpfosten: 6000 mm;
- Höhe der Toroberkante über dem Fahrbahnbelag: 2000 mm;
- Farbe der Toranlage: RAL 7004;
- Ausführung als freitragendes Schiebetor ohne Führungsschienen auf der Fahrbahn;
- Sicherungseinrichtung zur Vermeidung von Unfällen beim Öffnen und Schließen des Schiebetores.

Auswahl

Freitragende Toranlagen bestehen aus vielen verschiedenen Einzelteilen. Sie sind zu kompliziert, um von einem nicht spezialisierten Metallbaubetrieb aus einfachen Halbzeugen funktionssicher und wirtschaftlich hergestellt werden zu können. Deshalb greift ein Metallbaubetrieb in diesem – wie in vielen anderen Fällen – auf die Produkte von Zulieferern zurück. Mithilfe der Zukaufteile von Zulieferfirmen ist dann der Metallbaubetrieb in der Lage, speziell auf den einzelnen Kundenwunsch zugeschnittene Lösungen wirtschaftlich anzubieten.

4.5 Herstellen des Torrahmens

ARBEITSAUFTRAG

Nach Abschluss der Planung ist der Torrahmen

- aus Stahlrohr HFRHF-EN10210-90 x 90 x 4 Stahl EN10025-S235JR und aus
- Vierkantstahl EN10060-10 Stahl EN 10025 - S235JR in der Werkstatt zu fertigen.

Dabei ist zu beachten, dass der Torrahmen anschließend feuerverzinkt und pulverbeschichtet werden soll.

Zur Herstellung des Torrahmens (Abb. 1) in der Werkstatt sind verschiedene Arbeitsschritte nötig.

Die einzelnen Arbeitsschritte müssen geplant und in der richtigen Reihenfolge durchgeführt werden.

Die benötigten Werkzeuge und Hilfsmittel müssen ausgewählt und bereitgestellt werden. Zur Überprüfung der einzelnen Fertigungsarbeiten sind verschiedene Prüfmittel erforderlich.

Folgende Verbindungen sind bei der Fertigung und Montage des Torrahmens herzustellen:

- Schweißverbindungen und
- Schraubenverbindungen.

Die Vorgaben basieren gemäß der Planung auf der Anforderungsliste und legen Material, Form und Fertigungsverfahren fest. Sie können der Zeichnung des Torrahmens und der Stückliste entnommen werden.

4.5.1 Zeichnungsanalyse

Grundlage der weiteren Auftragsbearbeitung bildet die Zeichnung des Tores und die Stückliste des Zulieferbetriebes (Abb. 2). Aus diesen beiden ????

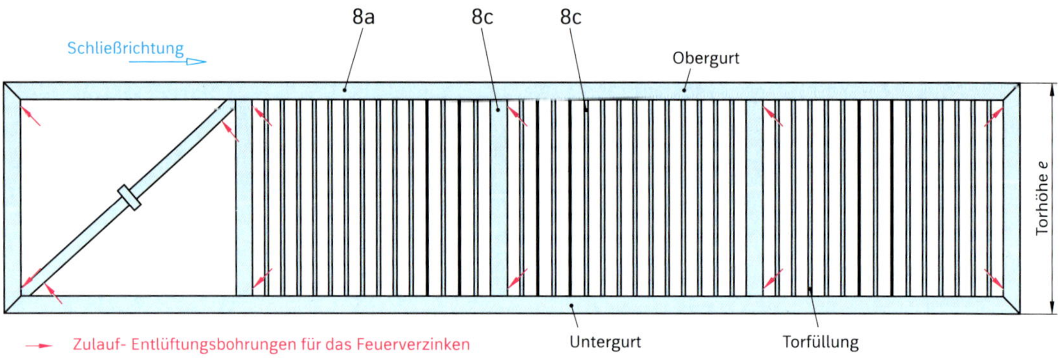

Abb. 1: Darstellung des freitragenden Schiebetors

Pos.	Menge	Einheit	Benennung	Sachnummer/Norm – Kurzbezeichnung	Bemerkung
8a	1	Stck.	Torrahmen	HHRHF – EN 10210 – 90x90x4	S235JR
8b		Stck.	Torrahmenfüllung	Vierkantstahl EN 10059–10	S235JR
8c	3	Stck.	Rahmenpfosten	HHRHF – EN 10210 – 90x90x4	S235JR
10a	2	Stck.	Diagonalstabteil	HHRHF – EN 10210 – 90x90x4	S235JR
10b	2	Stck.	Diagonalstabkopfplatte	Flachstahl EN 10058 – 90x10x160	S235JR
10c	4	Stck.	Sechskantschraube	ISO 4017 – M12x100–8.8	
10d	4	Stck.	Seckskantmutter mit Klemmteil	ISO 7040 – M12–8	

Abb. 2: Stückliste des Schiebetores (Auszug)

4.5.2 Zuschnittliste

Der Torrahmen wird durch Verschweißen von Quadratrohren gefertigt, die auf Gehrung geschnitten sind. In diesen Rahmen werden die Rahmenpfosten, der Diagonalstab und die Füllstäbe eingesetzt.

Aus Sicherheitsgründen darf der lichte waagerechte Abstand zwischen den Füllstäben des Tores nach DIN 18065 maximal 120 mm betragen (→).

Deshalb muss die Anzahl der erforderlichen Stäbe und ihr genaues Abstandsmaß berechnet werden.

Im Anschluss an diese Berechnungen ist es sinnvoll für alle Einzelteile des Torrahmens eine Zuschnittliste zu erstellen. Die Zuschnittliste enthält die Benennung der Einzelteile, deren jeweilige Stückzahl, die größte Profillänge, eine Skizze der Form des zugeschnittenen Profils und die Angabe der Profilart (Tab.1).

Tab. 1: Zuschnittliste

Benennung	Stück	Länge	Form	Profilart
Rahmenobergurt	1	8052 mm	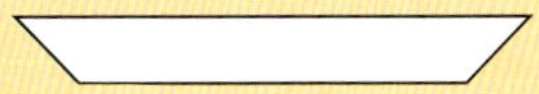	Rohr 90 x 90 x 4
Rahmenuntergurt	1	8052 mm	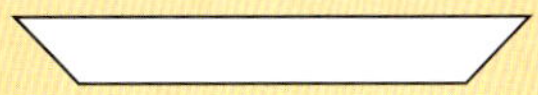	
Rahmenseiten	2	1950 mm	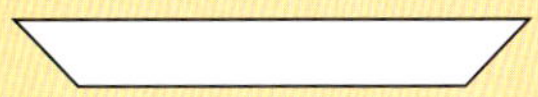	Rohr 90 x 90 x 4
Diagonalstabteil	2	1300 mm	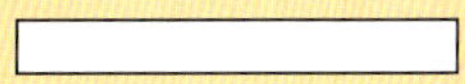	Rohr 90 x 90 x 4
Rahmenpfosten	3	1770 mm	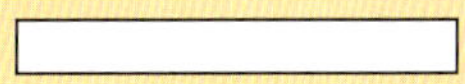	Rohr 90 x 90 x 4
Füllstäbe	42	1770 mm	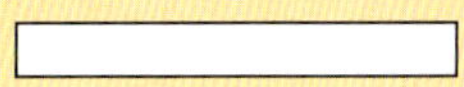	Vierkant 10 x 10

Grundlagen

Anzahl und Abstände der Stäbe

Bei der Torkonstruktion wird der gesamte Torrahmen durch drei Rahmenpfosten in vier gleich große Felder unterteilt.
Drei dieser Felder sind mit Füllstäben aus Vierkantstahl 10 x 10 zu versehen.
Wie viele Stäbe sind einzuschweißen und wie groß ist der lichte Stababstand?

Gegeben:

Torgesamtlänge	$l = 8052$ mm
Rahmen- und Pfostenprofilbreiten	$b = 90$ mm
Füllstabdicke	$d = 10$ mm
Füllstababstand	$i \leq 120$ mm

Gesucht:

- Lichte Weite zwischen den Pfosten eines Teilfeldes — w in mm
- Anzahl der Teilungen — z (Anzahl der Abstände zwischen den Stäben der Torfüllung in einem Teilfeld)
- Anzahl der Füllstäbe in einem Teilfeld — n
- Anzahl aller Füllstäbe des Tores — n_{ges}
- Lichte Weite zwischen den Füllstäben (Teilung) — p in mm

$$w = \frac{(8052\text{ mm} - 5 \cdot 90\text{ mm})}{4} = \underline{\underline{1900{,}5\text{ mm}}}$$

$$z_{vorläufig} = \frac{1900{,}5\text{ mm}}{120\text{ mm}} = 15{,}83$$

$$z_{gerundet} = 16$$

$$n = z - 1$$
$$n = 16 - 1$$
$$n = 15$$

$$p = \frac{w - n \cdot d}{z}$$

$$p = \frac{1900{,}5\text{ mm} - 15 \cdot 10\text{ mm}}{16} = 109{,}4\text{ mm}$$

Hinweis: Die berechnete lichte Weite p liegt deutlich unter 120 mm. Um Arbeitszeit und Material zu sparen, soll deshalb in einem zweiten Rechengang versucht werden, mit einem Stab weniger auszukommen.

$n = 14$; $z = 15$

$$p = \frac{1900{,}5\text{ mm} - 14 \cdot 10\text{ mm}}{15} = \underline{\underline{117{,}36\text{ mm}}}$$

$$\underline{\underline{n_{ges} = 3 \cdot 14 = 42\text{ Stäbe}}}$$

Fertigen

4.5.3 Zuschnitt der Rahmenteile

An den Ober- und Untergurten (Pos. 8a) sowie den Rahmenseitenteilen (Pos. 8a) sind Gehrungsschnitte auszuführen. Das heißt, dass die Profile entsprechend der Skizze der Zuschnittliste in einem Winkel von 45° zur Stabachse abzulängen sind. Dies kann mit verschiedenen Maschinen ausgeführt werden.

Mögliche Maschinen hierfür sind die Maschinenbügelsäge, die Metallkreissäge, die Metallbandsäge sowie ortsfeste und handgeführte Trennschleifmaschinen.

Entscheidend für die Maschinenauswahl sind die Anforderungen an die Qualität des Sägeschnittes, die Eignung für das zu trennende Profil und der erforderliche Zeitaufwand.

In diesem Fall wird eine Metallkreissäge verwendet (Abb. 1).

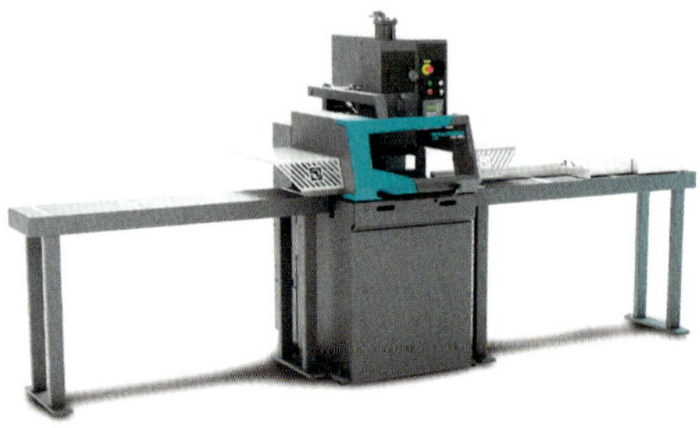

Abb. 1: Metallkreissäge

Das zu sägende Halbzeug wird über die Rollen zum Kreissägeblatt geführt und dort in einem Maschinenschraubstock eingespannt. Durch Verdrehen des Kreissägeblattes wird ein Gehrungswinkel von 45° eingestellt .

Die Richtwerte für die Schnittgeschwindigkeit v_c und den Vorschub *f* werden einer Richtwerttabelle entnommen (→📖).

Zunächst wird eine Seite des Profils auf Gehrung geschnitten. Die zweite Seite wird entsprechend der Maßvorgabe auf Gehrung angerissen. An diesem Riss wird das Kreissägeblatt angesetzt und das Profil abgelängt. Anschließend werden die Sägeschnitte an ortsfesten (Abb. 2) oder mit handgeführten Schleifmaschinen (Abb. 3) entgratet.

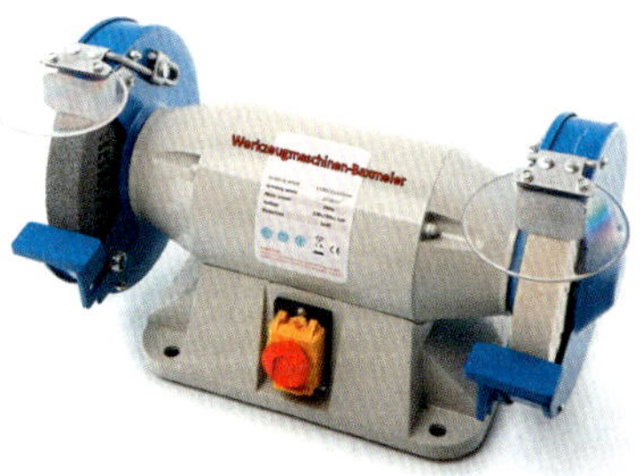

Abb. 2: Ortsfeste Schleifmaschine

Abb. 3: Handgeführte Schleifmaschine

Nach einer Kontrollmessung kann nun der Anschlag eingestellt und anschließend damit das jeweils zweite Profil zugeschnitten werden.

Abschließend werden der Diagonalstab (Pos.10) sowie die Füllstäbe (Pos. 8b) zugeschnitten.

Zur Vorbereitung für das spätere Feuerverzinken sind an den gekennzeichneten Stellen Zulauf- und Entlüftungsbohrungen mit einem Durchmesser Ø 20 mm vorzusehen.

4.5.4 Schweißen des Torrahmens

Schweißnahtvorbereitung

Zum fachgerechten Verschweißen der Rahmenteile ist es erforderlich, die Profilenden vorzubereiten.

Ziel ist es, ein Verschweißen der Bauteile über die gesamte Materialdicke, d. h. ein Durchschweißen, zu erreichen. Dazu müssen die Oberflächen metallisch rein sein, die Oxidationsschicht (Walzhaut) der warmgewalzten Profile muss entfernt werden.

Bei Materialdicken über 4 mm, bei beidseitigem Schweißen über 8 mm, muss außerdem die Fugenform von Stumpfnähten entsprechend **DIN EN ISO 9692-1** ausgeführt werden (→📖).

Für beide Vorbereitungsarbeiten eignen sich z. B. ortsfeste oder handgeführte Schleifmaschinen.

Die Auswahl der Schleifscheiben richtet sich nach dem zu bearbeitenden Werkstoff. Weiche Werkstoffe erfordern harte Schleifscheiben, für harte Werkstoffe sollen weiche Scheiben verwendet werden.

In die handgeführte Schleifmaschine muss für diese Arbeit eine Schleifscheibe eingesetzt werden, welche die quer zur Schleifscheibe wirkenden Druckkräfte aufnehmen kann. Trennschleifscheiben sind hierfür nicht geeignet.

Im vorliegenden Fall sind die Stumpfnähte aber nicht mit einer besonderen Fugenform zu versehen, weil die Materialdicke der Bauteile nicht mehr als 4 mm beträgt. Für die Kehlnahtverschweißung der Füllstäbe sind ebenfalls keine Nahtvorbereitungen erforderlich.

Arbeitssicherheit

Beim Arbeiten mit Schleifscheiben ist zu beachten:

- keine Schutzeinrichtungen entfernen und
- Schutzbrille tragen.

Schweißverfahren

Beim Schweißen werden grundsätzlich Bauteile aus gleichem Werkstoff verbunden.

Der für die Profile des Schiebetores verwendete Stahl S235JR ist schweißgeeignet und kann mit verschiedenen Schweißverfahren geschweißt werden.

Die Schweißarbeiten werden in der Werkstatt durchgeführt. Es wird das Metallschutzgasschweißen mit Drahtelektrode angewandt. Dieses Verfahren ist sehr wirtschaftlich und einfach zu handhaben; es bildet sich nur wenig Schlacke (Abb. 4).

Abb. 4: Schweißen mit Schutzgasschweißgerät

Schweißgase

Zur fachgerechten Ausführung der Schweißnaht gehört die Auswahl des richtigen Schutzgases. Ausschlaggebend für die Schutzgasauswahl sind folgende Aspekte:

- Am Torrahmen müssen die Schweißnähte in unterschiedlichen Arbeitspositionen hergestellt werden.
- Aus Kostengründen ist ein Schutzgas mit möglichst hohem CO_2-Anteil zu wählen.
- Der Nachteil eines Schutzgases mit hohem CO_2-Anteil ist das Entstehen vieler Schweißspritzer. Im vorliegenden Fall ist das aber nicht entscheidend, weil die Stumpfnähte des Rohrrahmens sowieso eingeschliffen werden müssen. Das Entfernen von Schweißspritzern bedeutet damit keine wesentliche Mehrarbeit.

Aus diesen Gründen wird ein Argon-Kohlendioxid-Mischgas mit 18 % CO_2-Anteil gewählt. Nach **DIN EN ISO 14175** wird dieses Gas wie folgt bezeichnet: Schutzgas ISO 14175-M21-ArC18 (→).

Schweißzusatzstoffe

Das Schweißgut bzw. die Drahtelektroden zum Metallschutzgasschweißen von unlegierten Stählen und Feinkornstählen sind nach **DIN EN ISO 14341** genormt (→).

Die Drahtelektroden werden auf Spulen geliefert und haben üblicherweise 0,8, 1,0, 1,2 oder 1,6 mm Durchmesser (Abb. 5).

Die Unterscheidung der Drähte erfolgt außerdem nach der Festigkeit, der Kerbschlagarbeit sowie der geeigneten Schutzgasart und der chemischen Zusammensetzung des Drahtelektrodenwerkstoffes.

Abb. 5: Drahtelektrodenrolle im Schutzgasschweißgerät

Ausschlaggebend für die Auswahl des Zusatzwerkstoffes sind folgende Aspekte:

- Für den Werkstoff S235JR ist ein Schweißzusatzwerkstoff mit R_e = 420 N/mm² und einer Mindestkerbschlagarbeit von 47 J bis −30 °C in jedem Falle ausreichend.
- Beim Schweißen soll ein Mischgas verwendet werden.
- Wegen des späteren Feuerverzinkens liegt der Siliziumgehalt des Stahles der zu verschweißenden Bauteile bei 0,5 bis 0,8 %.

Es wird als Schweißzusatzwerkstoff eine Drahtelektrode mit 0,8 mm Durchmesser, ISO 14341-A-G42 3 M21 3Si1 gewählt (→).

Beim Einsetzen einer neuen Rolle ist darauf zu achten, dass das neue Drahtende gerade abgelängt wird, bevor es in das Schlauchpaket eingeführt wird. Wesentlich für die einwandfreie Funktion ist außerdem das richtige Einstellen der Andrückrolle. Ein zu geringer Druck lässt die Vorschubrolle durchrutschen, zu hoher Druck verformt den Schweißdraht.

Fertigungsablauf

Nach Auswahl des Schweißverfahrens, des Schweißgases und des Zusatzwerkstoffes können die vorbereiteten Profile zum Rahmen gefügt werden.

Dazu werden die Profile für den Ober- und Untergurt und für die Rahmenseiten auf eine ebene Unterlage entsprechend der Zeichnung gelegt.

Die erste Ausrichtung der Profile erfolgt mit einem großen Flachwinkel (Abb. 1).

Anschließend werden die Rahmenteile mit je zwei Schweißpunkten pro Ecke geheftet und der Rahmen auf die andere Seite gedreht.

Dann wird das „Diagonalmaß" gemessen und der Rahmen ausgerichtet, bis beide Diagonalmaße gleich groß sind (Abb. 2 und 3).

Abb. 1: Ausrichtung der Torprofile

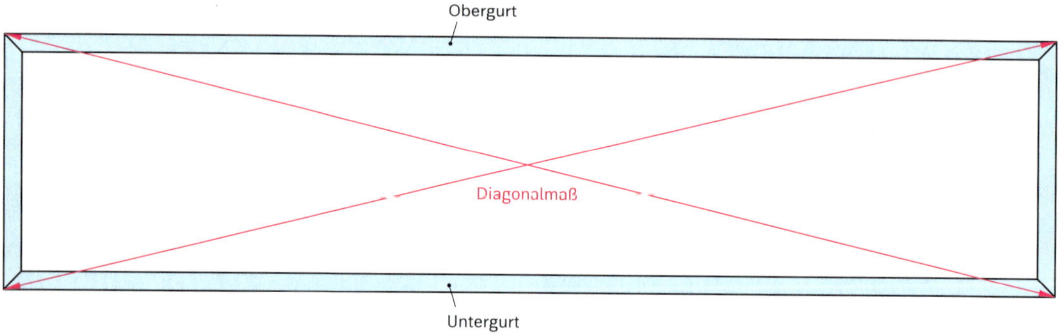

Abb. 2: Kontrolle des Diagonalmaßes

Abb. 3: Maßband zur Kontrolle des Diagonalmaßes

Danach wird der geheftete Rahmen liegend mit Schraubzwingen auf die Unterlage gespannt. Dieses Festspannen erfolgt bei jedem Schweißvorgang und soll den Schweißverzug verringern.

Zuerst werden die Stumpfnähte geschweißt. Nach nochmaliger Kontrolle der Winkligkeit werden die in der Ecke liegenden Kehlnähte geschweißt. Zuletzt erfolgt das Fertigschweißen der zunächst gehefteten Nähte auf der anderen Rahmenseite.

Anschließend ist der Rahmen auf Ebenheit und Winkligkeit zu prüfen. Liegen Abweichungen von der Sollform vor, ist der Rahmen mechanisch oder durch Wärmeeinwirkung mittels Acetylengasflamme zu richten.

Bevor die Rahmenpfosten eingesetzt werden können, sind die Schweißnähte mit handgeführten Schleifmaschinen einzuschleifen.

Bei kleinen Bauteilen sind dies Einhandwinkelschleifer. Bei großen Bauteilen bzw. großem Bearbeitungsvolumen werden Zweihandwinkelschleifer verwendet.

Das Einschleifen der Stumpfnähte ist auch deshalb erforderlich, damit später die obere Torführung einwandfrei funktionieren kann. Da die Rohre über die gesamte Wandstärke verschweißt werden, erfolgt durch das Einschleifen keine unzulässige Schwächung der Schweißverbindung.

Abb. 4: Planschleifen mit Schruppscheibe

Zweckmäßigerweise erfolgt das Planschleifen zunächst mit der Schruppscheibe (Abb. 4).

Der Feinschliff wird dann mit einer Fächerscheibe ausgeführt (Abb. 5).

Abb. 5: Fächerscheibe

Wichtig ist, nicht zu viel Material mit der Fächerscheibe abzuschleifen. Dabei entsteht leicht ein Hohlschliff, wodurch die Festigkeit der Schweißverbindung abnimmt und das Aussehen beeinträchtigt wird.

Anschließend wird die Lage der drei einzusetzenden Rahmenpfosten (Pos. 8c) angerissen. Die Pfosten werden eingesetzt, ihre Winkligkeit wird nochmals kontrolliert. Dann werden sie mit jeweils zwei Heftpunkten an beiden Enden geheftet, in der Lage kontrolliert und fertiggeschweißt.

Danach werden die Füllstäbe eingesetzt.

Um die Arbeit zu vereinfachen, werden z. B. aus Vierkantstahl zwei Zwischenlegeschablonen mit der Breite $p = 117{,}4$ mm zugeschnitten.

Außerdem werden zwei Unterlagen der Dicke

$t = (90\text{ mm} - 10\text{ mm}) : 2 = 40\text{ mm}$

gefertigt. Diese werden unter den jeweiligen Stab gelegt, damit er mittig im Torrahmenprofil befestigt werden kann.

Die mit Distanzklötzen und Unterlagen ausgerichteten Füllstäbe werden zunächst an beiden Enden geheftet (Abb. 6).

Anschließend werden die Füllstäbe mit je einer umlaufenden Kehlnaht fertiggeschweißt. Hierbei wird das Tor jeweils senkrecht stehend auf der Unterlage festgespannt.

Abb. 6: Lagefixierung der Füllstäbe mittels Distanzklötze

Freitragende Schiebetore dieser Größe können sich infolge ihres hohen Eigengewichts verformen. Dies kann dazu führen, dass sich das freitragende Torende absenkt und am Boden schleift. Um dies zu verhindern, wird im letzten Teilfeld statt der Füllstäbe ein Diagonalzugstab eingeschweißt. Dieser besteht aus zwei Teilstücken aus Stahlrohr HFRHF – EN 10210 – 90 x 90 x 4 mit jeweils einer angeschweißten und für vier Schrauben gebohrten Kopfplatte (Abb. 7).

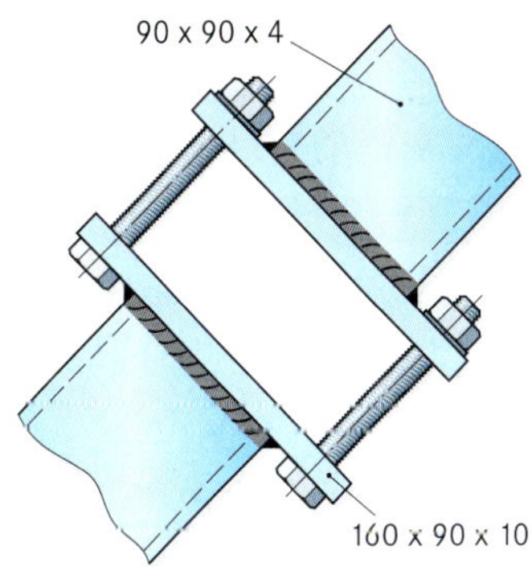

Abb. 7: Diagonalstab mit Kopfplatten

Jeweils ein Ende der Teilstücke muss mittels Sägen oder Trennschleifen so bearbeitet werden, dass es in die Rahmenecken passt (Abb. 8).

Nach den Schweißarbeiten ist der Torrahmen auf Schweißverzug zu prüfen. Wenn erforderlich ist der Rahmen mittels Wärme zu richten.

Der Torrahmen soll durch Feuerverzinken gegen Korrosion geschützt werden. Er ist dafür vorzubereiten.

Abb. 8: Rahmenecke

Montieren

4.5.5 Schraubenverbindungen

Die beiden Kopfplatten aus Flachstahl EN10058 – 90 x 10 x 160 EN 10025 – S235 (Pos. 10b) werden durch vier Sechskantschrauben ISO 4017 M12 x 100 – 8.8 (Pos. 10c) samt Sechskantmuttern mit Klemmteil ISO 7040-M12 – 8 (Pos. 10d) miteinander verbunden.

Um den Diagonalstab vorzuspannen, ist eine Zugkraft im Schraubenschaft erforderlich. Dies wird mit dem Anziehen der Schraube oder Mutter mit einem geeigneten Schraubenschlüssel erreicht. Die maximale Vorspannkraft F_V und das maximale Anzugsmoment M_A können berechnet oder dem Tabellenbuch entnommen werden (➡📖).

! Eine Schraubenverbindung ist eine lösbare, kraftschlüssige Verbindung. Es werden zwei oder mehrere Bauteile miteinander fest verbunden.

Beim Anziehen von Hand werden Schrauben bis M10 oft überdreht, größere Schrauben werden nicht fest genug angezogen.

Um die geforderten Werte des Anziehmomentes einhalten zu können, werden bei hochwertigen Schraubenverbindungen messende Drehmoment-Werkzeuge eingesetzt.

Grundlagen

Vorspannkraft und Anziehmoment

Beim Anziehen einer Schraube oder Mutter wird ein Drehmoment erzeugt. Über die Steigung des Gewindes wird der Schraubenschaft auf Zug beansprucht und gedehnt. Die Fügeteile werden verspannt. Die insgesamt auf die Fügeteile wirkende Kraft ist die Vorspannkraft F_V.

Die Vorspannkraft F_V wird durch das Anziehmoment M_A erzeugt. Beim Anziehen von Hand ist das Anziehmoment M_A das Produkt aus der Handkraft F_H und der Länge des Schraubenschlüssels l. Die Vorspannkraft F_V errechnet sich aus dem Anziehmoment M_A und der Steigung P der Schraube.

Die Reibung zwischen Schrauben- und Muttergewinde geht über den Wirkungsgrad η mit ein.

Die erforderliche Vorspannkraft F_V und das zugehörige Anziehdrehmoment M_A einer Schraubenverbindung können für verschiedene Reibungszahlen μ_{ges} aus Tabellen entnommen werden (➡📖). Die Reibungszahl μ_{ges} berücksichtigt die Reibung an der Schraubenverbindung und den Schmierzustand.

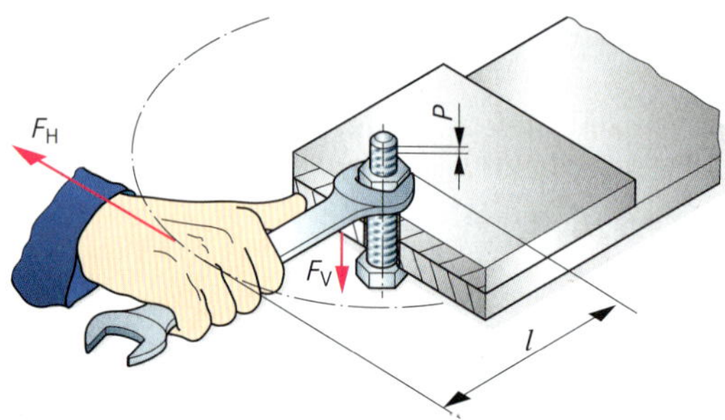

$$M_A = F_H \cdot l$$

$$F_V \cdot P = F_H \cdot l \cdot 2 \cdot \pi \cdot \eta$$

$$F_V \cdot P = M_A \cdot 2 \cdot \pi \cdot \eta$$

$$F_V = \frac{M_A \cdot 2 \cdot \pi}{P} \cdot \eta$$

$$F_V = M_A \cdot \frac{2 \cdot \pi}{P} \cdot \eta$$

Beispiel:
Die Schrauben im Diagonalstab M 12 x 100 – 8.8 sollen beim Anziehen nicht zu stark beansprucht werden.

Nach Tabellenbuch (➡📖) ist bei einer Reibungszahl μ_{ges} = 0,10 eine maximale Vorspannkraft F_V = 41,5 KN möglich.

Berechnen Sie das für diese Vorspannkraft an einem Drehmomentschlüssel maximal einzustellende Drehmoment.

Die infolge der Reibung entstehenden so0genannten „Reibungsverluste" sollen mit 83 % angesetzt werden.

Vergleichen Sie das Ergebnis mit dem im Tabellenbuch angegebenen Anzugsmoment M_A.

Gegeben: F_V = 41,5 KN
P = 1,75 mm
η = 0,17

Gesucht: M_A in Nm

Lösung:

$$M_A = \frac{F_V \cdot P}{2 \cdot \pi \cdot \eta}$$

$$M_A = \frac{41500\ \text{N} \cdot 0{,}00175\ \text{m}}{2 \cdot \pi \cdot 0{,}17}$$

$$\underline{\underline{M_A = 68\ \text{Nm}}}$$

Drehmoment-Werkzeuge

Um die geforderten Werte des Anziehmomentes einhalten zu können, werden bei hochwertigen Schraubenverbindungen messende Drehmoment-Werkzeuge eingesetzt.

Man unterscheidet:

- drehmomentgesteuertes Anziehen und
- drehwinkelgesteuertes Anziehen.

Beim drehmomentgesteuerten Anziehen wird das Anziehmoment angezeigt oder als Grenzwert eingestellt. Wird der Grenzwert erreicht, ertönt ein Messsignal oder eine Kupplungsautomatik trennt den Antrieb vom Hebel (Abb. 1).

Beim drehwinkelgesteuerten Anziehen von Schrauben wird die Mutter mit einem Drehmomentschlüssel so weit angezogen, bis ein vom Hersteller vorgegebenes Drehmoment erreicht ist.

Anschließend wird durch zusätzliches Anziehen um einen vom Hersteller vorgegebenen Drehwinkel die erforderliche Spannkraft erreicht. Hierdurch werden Fehler infolge großer Reibungsunterschiede bei großen Vorspannkräften beim reinen drehmomentgesteuerten Schraubenanziehen vermieden (Abb. 2).

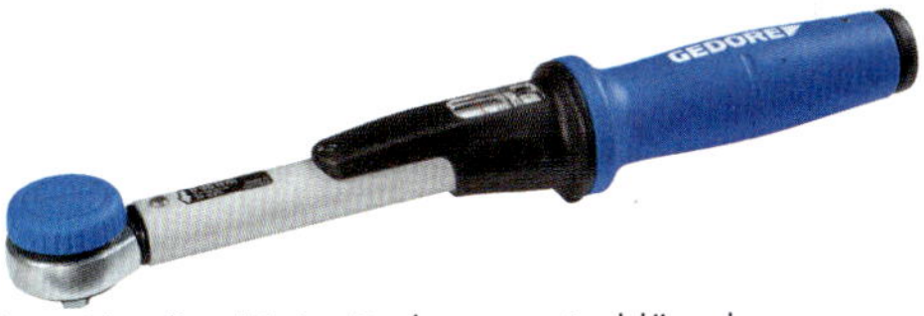

Abb. 1: Handbetätigter Drehmomentschlüssel

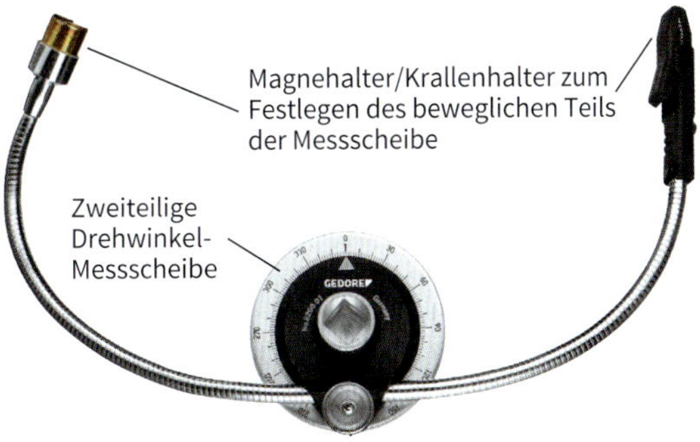

Abb. 2: Drehwinkelgesteuertes Schraubenanziehen

Zusammenfassung

Herstellen des Torrahmens

Für die Montage von Bauteilen sind zunächst Planungsaufgaben zu erledigen. Anschließend sind Materialien und Werkzeuge bereitzustellen. Außerdem sind erforderlich:

- Zeichnerische Darstellung,
- Zuschnittliste

Planung

- Analyse der Zeichnung und Stückliste
- Bereitstellung von Materialien
- Fertigungsberechnung von Stablängen und Abständen
- Aufstellung einer Zuschnittliste
- Festlegung der Schweißfolge entsprechend den Herstellerangaben
- Bestimmung der maximalen Anzugsmomente für die Schraubenverbindung der Diagonalstabkopfplatten

Durchführung

- Zuschnitt der Rahmenteile
- Vorbereitung der Schweißnaht
- Schweißen des Rahmens, Auswahl
  - des Schweißverfahrens,
  - des Schweißgases,
  - des Schweißzusatzwerkstoffes
- Festlegen des Fertigungsablaufes mit Überprüfung der Form und der Maße
- Verschrauben der Kopfplatten der Diagonalstäbe

Ermittlung des Anzugsmoments M_a und Auswahl des Drehmomentwerkzeuges

Aufgaben

Der Rahmen des abgebildeten Gartentores soll hergestellt werden. In diesem Zusammenhang sind die folgenden Aufgaben zu lösen:

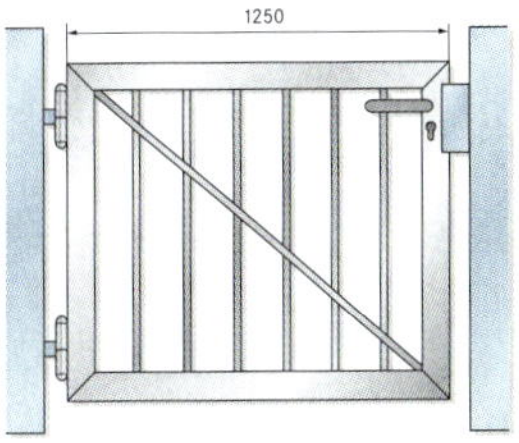

1. Berechnen Sie die Anzahl der Füllstäbe so, dass der lichte Stababstand weniger als 120 mm beträgt und möglichst wenig Füllstäbe benötigt werden.

2. Erstellen Sie eine Stückliste für einen Torrahmen mit 1250 mm Rahmenbreite und 1000 mm Rahmenhöhe. Dabei soll der Rahmen aus warmgefertigtem Rechteckrohr 60 x 40 x 3, der Diagonalstab aus warmgewalztem Vierkantstahl 13 x13 und die Füllstäbe aus warmgewalztem Vierkantstab10 x10 bestehen.

3. Begründen Sie, warum der lichte Stababstand meist nicht mehr als 120 mm betragen darf.

4. Erklären Sie die Funktion des Diagonalstabes und begründen Sie seine Lage.

5. Erklären Sie, welche Art der Schweißnahtvorbereitung bei den zugeschnittenen Profilen durchgeführt werden muss.

6. Das Tor soll geschweißt und anschließend feuerverzinkt werden. Wählen Sie ein Schweißverfahren, einen Schweißzusatzstoff und ein Schutzgas für das Schweißen des Torrahmens aus und begründen Sie Ihre Auswahl.

4.6 Korrosion und Korrosionsschutz

ARBEITSAUFTRAG

Die Metalloberflächen des Tores sind der Korrosion ausgesetzt. Um eine lange Gebrauchsdauer des Tores sicherstellen zu können, sind Korrosionsschutzmaßnahmen erforderlich.

Grundlegende Kenntnisse über die Entstehung der Korrosion, ihre Auswirkungen und Maßnahmen zu ihrer Verhinderung sind deshalb notwendig.

Informieren

4.6.1 Ursachen und Arten der Korrosion

Korrosion ist die Reaktion eines Werkstoffes mit seiner Umgebung, die eine Veränderung des Werkstoffes bewirkt. Diese Veränderung kann bis zur Zerstörung des Werkstoffes führen.

Korrosion kann in folgenden Formen auftreten:

Korrosion

- **chemische Korrosion**: Oxidation, Verbindung von Sauerstoff/Schwefeldioxid mit der Oberfläche des Werkstoffes
- **elektrochemische Korrosion**: Bildung eines galvanischen Elementes

Chemische Korrosion

Bei der chemischen Korrosion reagiert der Werkstoff mit dem ihn direkt umgebenden Medium. Dieses Medium kann gasförmig oder flüssig sein. Dabei entsteht an der Werkstoffoberfläche eine Korrosionsschicht, die Oxidschicht.

Der Vorgang der chemischen Korrosion läuft schon bei niedrigen Temperaturen ab und wird durch hohe Temperaturen beschleunigt.

Eine an der Oberfläche von Eisenwerkstoffen entstandene Korrosionsschicht aus Eisenoxid ist sehr locker und porös. Sie wird als Rost bezeichnet. Ohne Einleitung von Schutzmaßnahmen würde die Korrosion fortschreiten und zur Zerstörung des Werkstoffes führen. Diese Korrosion ist daher unerwünscht.

Bei einigen Metallen (z. B. Kupfer und Aluminium) ist die entstandene Korrosionsschicht sehr fest und dicht. Sie schützt das darunter liegende Metall vor einem weiteren Korrosionsangriff. Zerstört man diese Schutzschicht, korrodiert der Werkstoff weiter. Diese Form wird als erwünschte Korrosion bezeichnet.

Abb. 1: Chemische Korrosion an einem unbehandelten Bauteil

Elektrochemische Korrosion

Bei der elektrochemischen Korrosion reagieren zwei unterschiedliche Metalle bzw. Metallverbindungen in Anwesenheit einer elektrisch leitenden Flüssigkeit miteinander. Die elektrisch leitende Flüssigkeit wird als Elektrolyt bezeichnet.

Wirken alle Komponenten zusammen, entsteht bei der Verbindung der beiden metallischen Werkstoffe ein geschlossener elektrischer Stromkreis. Die Kombination von zwei verschiedenen metallischen Werkstoffen (Elektroden) und einem Elektrolyten bezeichnet man als galvanisches Element.

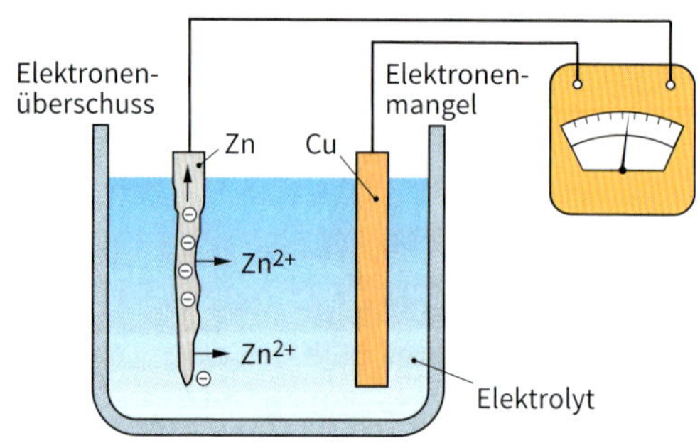

Abb. 2: Galvanisches Element

Bei der elektrochemischen Korrosion fließen die Elektronen vom unedleren Metall zum edleren Metall. Das unedlere Metall wird dabei durch die Abgabe von Elektronen zerstört.

Elektrochemische Korrosion tritt z. B. bei Verbindungen von Aluminium mit Kupfer auf.

Metallische Werkstoffe sind in einer elektrochemischen Spannungsreihe ( ) in edle und unedle Metalle eingeordnet. Metalle haben ein Potential (Ladungsunterschied) gegenüber Wasserstoff. Wasserstoff hat den Wert Null. Die Potentiale der edlen Metalle haben ein positives Vorzeichen, die der unedlen Metalle dagegen ein Negatives. Je weiter das Metall in der Spannungsreihe gegenüber Wasserstoff im negativen Bereich zu finden ist, desto unedler ist dieses Metall (Tab. 1, nächste Seite).

Tab. 1: Elektrochemische Spannungsreihe (Auszug)

Element bzw. Werkstoff	Spannung in Volt [V]	
Magnesium	– 2,34	unedel
Aluminium	– 1,67	↑
Zink	– 0,76	
Eisen	– 0,44	
Nickel	– 0,25	
Blei	– 0,14	
Wasserstoff	**± 0,00**	
Kupfer	+ 0,35	
Silber	+ 0,80	
Platin	+ 1,20	↓
Gold	+ 1,42	edel

Korrosionsarten

Flächenkorrosion

Die Flächenkorrosion wird auch allgemeiner Oberflächenabtrag genannt. Bei dieser Form der Korrosion wird die gesamte Oberfläche des Metalls gleichmäßig von einer Korrosionsschicht überzogen (Abb. 3).

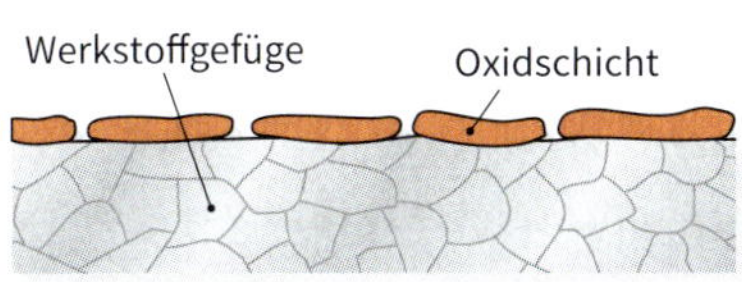

Abb. 3: Flächenkorrosion

Muldenkorrosion

Abhängig von den Umgebungsbedingungen können durch einen örtlich unterschiedlichen Flächenabtrag, (z. B. strömendes Wasser in Rohrleitungen) Mulden entstehen. Dabei wird das Material örtlich unterschiedlich stark geschädigt bzw. eine örtlich unterschiedlich starke Oxidschicht auf dem Metall gebildet (Abb. 4).

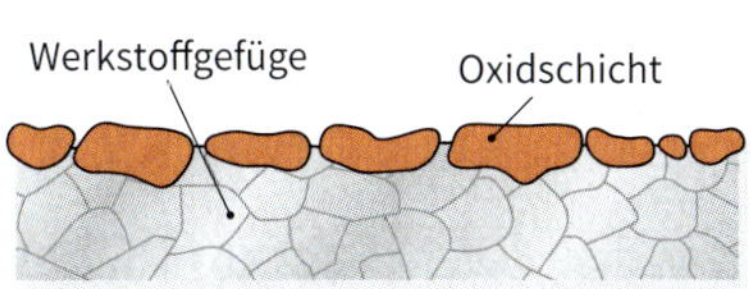

Abb. 4: Muldenkorrosion

Lochkorrosion

Entstehen bei der Korrosion im Werkstoff örtlich begrenzte krater- oder nadelförmige Vertiefungen handelt es sich um Lochkorrosion (Abb. 5).

Lochkorrosion tritt z. B. bei Fahrzeugkarosserien oder Trinkwasserleitungsrohren auf.

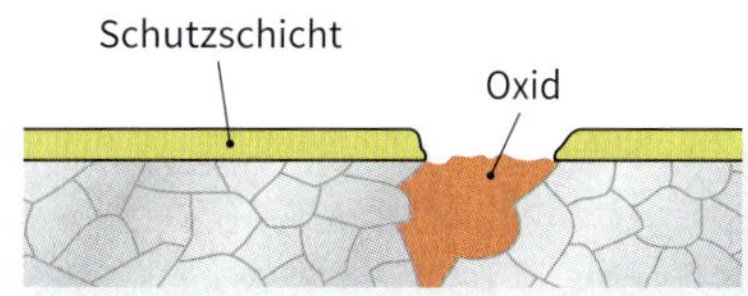

Abb. 5: Lochkorrosion

Kontaktkorrosion

Kontaktkorrosion ist die elektrochemische Korrosion bei der Verbindung zweier unterschiedlicher Metalle (Abb. 6). Je weiter die Metalle in der elektrochemischen Spannungsreihe (→) voneinander entfernt angeordnet sind, desto intensiver ist diese Korrosion.

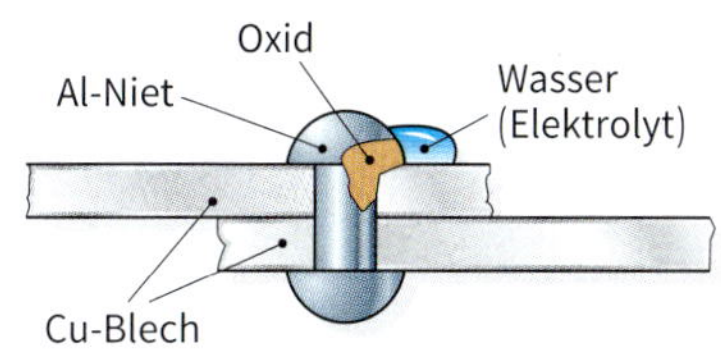

Abb. 6: Kontaktkorrosion

Spannungsrisskorrosion

In metallischen Bauteilen können ungewollt erzeugte Zugspannungen (z. B. Biegen von Blechen oder Rohren im kalten Zustand; zu starkes Anziehen von Schraubenverbindungen) zu feinen Haarrissen führen. Mit einem korrosionsfördernden Medium (z. B. Wasser) in den Haarrissen läuft eine beschleunigte Korrosion ohne sichtbare Korrosionsprodukte (Abb. 7) ab.

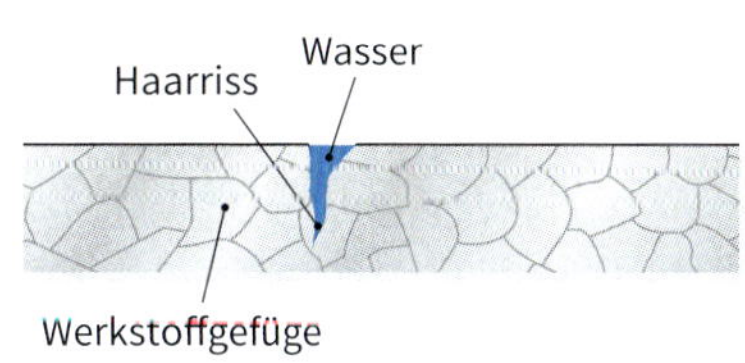

Abb. 7: Spannungsrisskorrosion

Selektive Korrosion

Die Selektive Korrosion tritt bei Legierungen auf. Es werden bevorzugt die unedleren Bestandteile einer Legierung angegriffen. Beispielsweise beim Messing kann es zu einer sogenannten Entzinkung der Legierung führen. Das Messing wird dadurch weich und schwammig (Abb. 8).

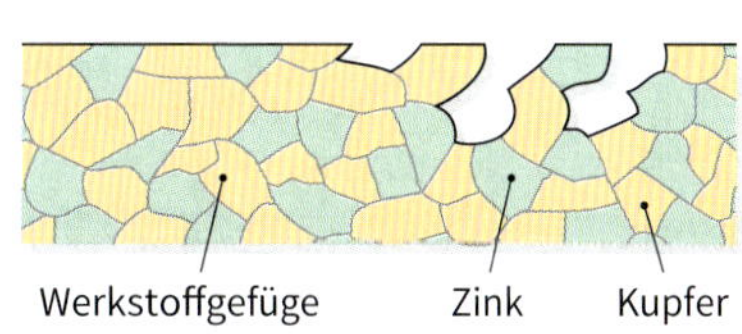

Abb. 80: Selektive Korrosion

Erosionskorrosion

Dabei kommt es zum mechanischen Abtrag an der Werkstoffoberfläche, was auch als Erosion bezeichnet wird. Vorhandene Schutzschichten, die sich schon gebildet hatten, werden zerstört. Diese Korrosion führt dann oft zur schon genannten Muldenbildung und Muldenkorrosion.

Erosionskorrosion tritt z. B. bei hohen Fließgeschwindigkeiten in Rohrleitungen auf (Abb. 1).

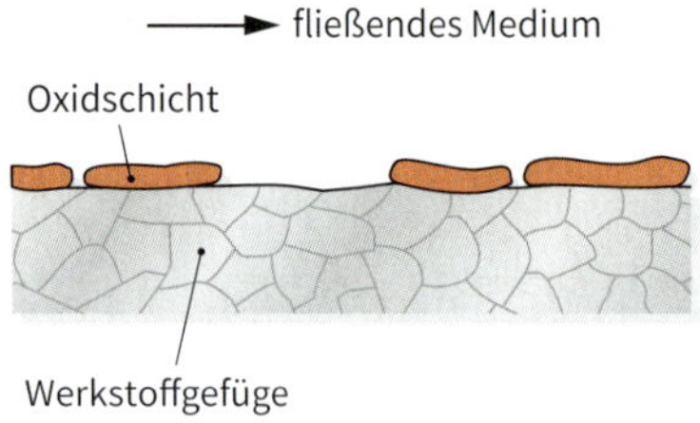

Abb. 1: Erosionskorrosion

Warten

4.6.2 Korrosionsschutz

Korrosionsschutzmaßnahmen haben das Ziel, korrosionsgefährdete Bauteile zu schützen. Korrosionsgeschädigte Bauteile können zum Versagen von Maschinen und Anlagen führen und damit materielle Schäden verursachen. Nicht zu vernachlässigen ist die Gefahr für die menschliche Gesundheit, wie z. B. bei korrosionsgeschädigten Brücken, Gasanlagen u. ä.

Korrosionsschutzmaßnahmen sollten vorbeugend durchgeführt werden. Nachträgliche Maßnahmen werden zielgerichtet gegen die Ursachen der Korrosion eingeleitet.

! Der Korrosionsschutz kann durch folgende Maßnahmen realisiert werden:

- korrosionsschutzgerechte Konstruktion der Bauteile z. B. Vermeidung von Wasseransammlungen
- richtige Lagerung der Werkstoffe
- Auswahl geeigneter Werkstoffe
- Aufbringung von Schutzanstrichen oder Schutzschichten auf den Bauteilen
- Beeinflussung des umgebenen Mediums z. B. Reinigung der Industrieabgase
- Anwendung von elektrochemischen Schutzmaßnahmen z. B. Kathodenschutz

Korrosionsschutz bei der Konstruktion und Montage von Bauteilen

Bei der Konstruktion fängt der Korrosionsschutz mit der Auswahl geeigneter Werkstoffe an. Durch die Auswahl gleichartiger Werkstoffe vermeidet man z. B. das Auftreten von Kontaktkorrosion.

Auch die Vermeidung von Spalten, in denen sich Wasser oder Schmutz sammeln kann, erhöht den Schutz vor Auftreten von Korrosion. Die Oberflächen sollten möglichst glatt und ohne scharfe Kanten und Ecken gestaltet sein. Bei der Montage sollten Oberflächenschutzschichten nicht beschädigt werden (Abb. 2).

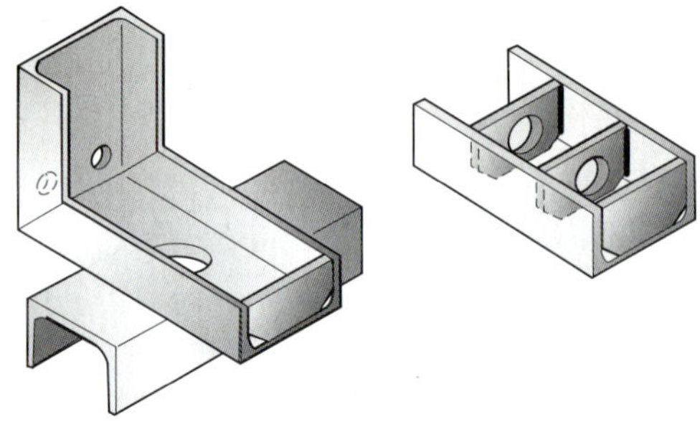

Abb. 2: Konstruktion unter Berücksichtigung des Korrosionschutzes

Korrosionsschutz durch richtige Lagerung der Werkstoffe

Die Lagerung von Werkstoffen sollte so erfolgen, dass Beschädigungen von Materialoberflächen vermieden werden.

Korrosionsgefährdete Werkstoffe, wie z. B. Stahl oder Eisengusswerkstoffe, müssen trocken und frei von schädigenden Umwelteinflüssen gelagert werden (Abb. 3). Empfindliche Bauteile sind z. B. in Ölpapier einzupacken.

Abb. 3: Materiallager

Korrosionsschutz durch Auswahl geeigneter Werkstoffe

Für Bauteile, die Korrosionsgefährdungen unterliegen, verwendet man Werkstoffe, die korrosionsfrei oder korrosionsträge sind. Stähle mit einem Anteil ab 13 % Chrom sind z. B. korrosionsfrei.

Korrosionsschutz durch Aufbringen von Schutzanstrichen bzw. Schutzschichten auf Bauteilen

Bei der Auswahl der Schutzschichten muss von den späteren Einsatzbedingungen der Bauteile ausgegangen werden.

Für den Zweck des Korrosionsschutzes werden folgende Schutzschichten auf *nichtmetallischer Grundlage* verwendet:

- Fette und Öle
- Farben und Lacke
- Kunststoffüberzüge
- Phosphatierungen
- Emaillierungen

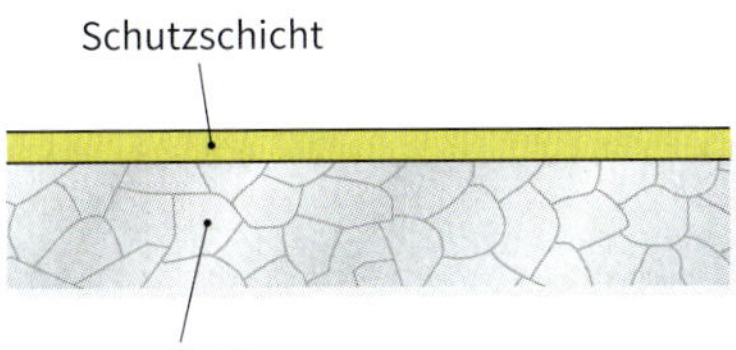

Abb. 4: Schutzschicht auf einer Metalloberfläche

Zu den Beschichtungsverfahren mit Schutzschichten auf *metallischer Grundlage* gehören das:

- Galvanisieren
- Metallspritzen
- Diffundieren
- Schmelztauchen

Für metallische Schutzschichten werden Chrom, Zink, Nickel, Kupfer, Zinn und Kadmium verwendet.

Beim Galvanisieren werden zwei Metalle z. B. Zink und Stahl in eine wässrige Salzlösung getaucht und über eine Gleichstromquelle miteinander verbunden (Abb. 5).

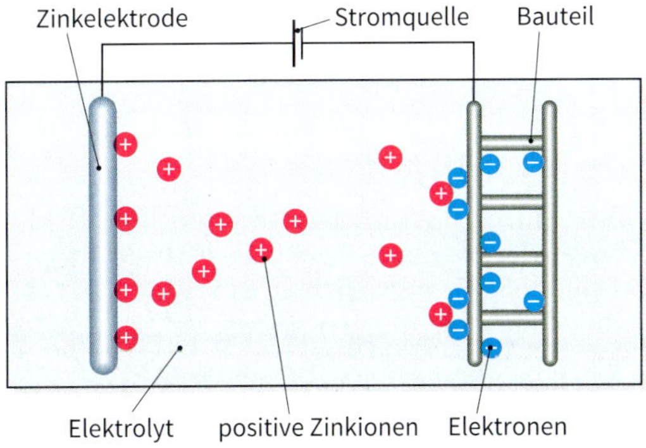

Abb. 5: Prinzip des galvanischen Verzinkens

In den dabei gebildeten Stromkreis fließen Zinkatome nun im Elektrolyt zum Stahlbauteil und lagern sich dort als gleichmäßige Schutzschicht an. Der Vorgang läuft bis zum vollständigen Verbrauch des Zinkes ab.

Beim Metallspritzen wird ein verflüssigtes Metall mithilfe von Druck auf ein Bauteil aufgetragen (Abb. 6).

Das Diffundieren wird z. B. bei der Beschichtung von Werkstoffen mit Chrom angewendet. Ein Werkstück wird in einem Diffusionsofen chromhaltigen Salzdämpfen ausgesetzt, die bei hohen Temperaturen in die Randschicht des Werkstoffes eindringen.

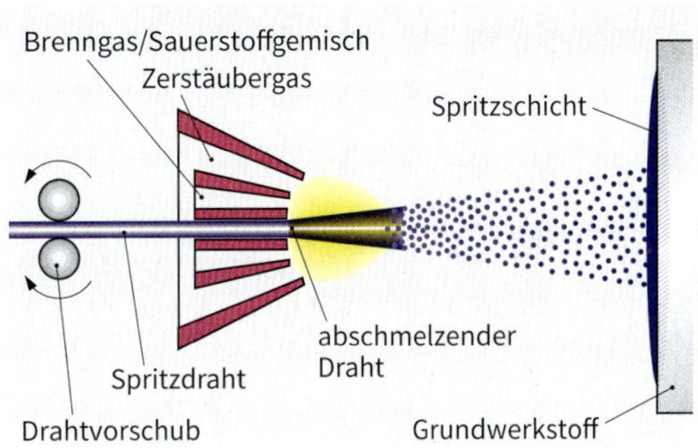

Abb. 6: Prinzip des Flammspritzens mit einem Draht

Schmelztauchen ist ein Beschichtungsverfahren, bei dem ein Werkstück aus einem Werkstoff mit höherem Schmelzpunkt in ein schmelzflüssiges Bad eines Metalls oder einer Legierung mit niedrigerem Schmelzpunkt eingetaucht wird.

Ein Verfahren des Schmelztauchens ist das Feuerverzinken.

Korrosionsschutz durch Feuerverzinken

Das Aufbringen metallischer Überzüge ist sehr aufwendig und wird meist von spezialisierten Firmen ausgeführt. Es ist jedoch wichtig, diese Verfahren zu kennen. So können die Bauteile entsprechend den Verfahrensanforderungen gefertigt und vorbereitet werden.

Beim Feuerverzinken wird das fertige Werkstück in eine Schmelze aus Zink getaucht. Das flüssige Zink fließt dabei auch an schwer zugängliche Stellen des Bauteils. Es entsteht eine gleichmäßige Zinkschicht auf dem Bauteil.

Die meisten Stähle lassen sich zufriedenstellend feuerverzinken. Durch Reaktion an der Werkstückoberfläche entsteht zuerst eine Eisen-Zink-Schicht. Beim Herausziehen des Bauteiles aus dem Zinkbad wird die Oberfläche zusätzlich mit einer Reinzinkschicht überzogen.

Diese glänzende Schutzschichtweist oftmals eine sogenannte Zinkblumenstruktur (Abb. 1) auf.

Abb. 1: Zinkblumenstruktur an einem feuerverzinkten Bauteil

Das Aussehen dieser Zinkblumen und die Dicke der Schicht werden durch im Stahl enthaltenes Silizium (Si) und Phosphor (P) sowie durch die Prozessbedingungen beeinflusst.

Mit steigendem Si- und P-Gehalt verändert sich die Schichtdicke und die Farbe der Zinkblumen verändert sich von silbrig/glänzend bei geringer Schichtdicke zu grau/matt bei hoher Schichtdicke (Tab. 1).

Tab. 1: Einfluss des Si- und P-Gehaltes auf die Dicke und das Aussehen des Zinküberzugs

Summe Si- und P-Gehalt [%]	Dicke und Aussehen des Zinküberzugs
- 0,03	geringe Schichtdicke, silbrig glänzender Überzug
0,03 - 0,13	mittlere Schichtdicke, grauer Zinküberzug
0,13 - 0,28	mittlere Schichtdicke, silbrig mattes Aussehen
0,28 -	hohe Schichtdicke, mattgrauer Überzug

Die beim Feuerverzinken aufgebrachte Zinkschicht haftet sehr fest auf der Werkstückoberfläche. Deshalb können so beschichtete Bauteile in bestimmtem Umfang umgeformt werden. Jedoch nimmt die Umformbarkeit mit zunehmender Schichtdicke des Zinküberzugs ab.

Die Bauteile müssen beim Feuerverzinken in ein Schmelzbad getaucht werden. Deshalb kann dieses Verfahren nur bis zu einer gewissen Werkstückgröße angewendet werden.

Diese Schmelze hat eine Temperatur von circa 450 °C. Es ist darauf zu achten, dass das Werkstück dieser Temperatur standhält und sich beispielsweise nicht verformt.

Ein zu verzinkendes Bauteil muss gründlich vorbereitet werden. Es wird entfettet, gebeizt, mit Flussmittel behandelt, danach getrocknet und erst dann verzinkt. Zwischen den einzelnen Tauchgängen wird jeweils gespült (Abb. 2).

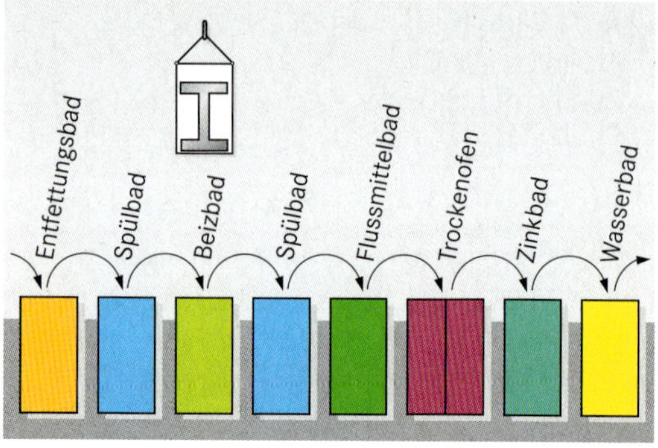

Abb. 2: Ablauf des Feuerverzinkens

Beim Feuerverzinken eines Bauteils mit geschlossenen Hohlräumen müssen Entlüftungslöcher angebracht werden. Die sich im Hohlraum erwärmende Luft und verdampfende Feuchtigkeit würde ansonsten das geschlossene Profil zum Bersten bringen. Außerdem sollte sich beim Feuerverzinken die Schmelze vollständig im Inneren des Bauteils verteilen können.

Das Überziehen mit metallischen Schutzschichten durch das Eintauchen in ein Bad funktioniert sowohl mit reinem Zink als auch mit reinem Aluminium sowie mit Zink-Aluminium-Mischschmelzen. Bei der Vorbereitung von Stahlbauteilen zum Feuerverzinken sind folgende Regeln einzuhalten (Abb. 3).

Arbeits- und Umweltschutz

Bei der Oberflächenvorbereitung zu beschichtender Bauteile mit Chemikalien ist die vorgeschriebene Schutzkleidung zu tragen, um Gesundheitsgefährdungen auszuschließen.

Abfälle sind vorschriftsmäßig zu deklarieren und zu entsorgen. Das Eindringen von Chemikalien in das Erdreich ist zu verhindern.

DIN EN ISO 1461 „Durch Feuerverzinken auf Stahl aufgebrachte Zinküberzüge (Stückverzinken)" berücksichtigen.

Zulauf- und Entlüftungsöffnungen vorsehen

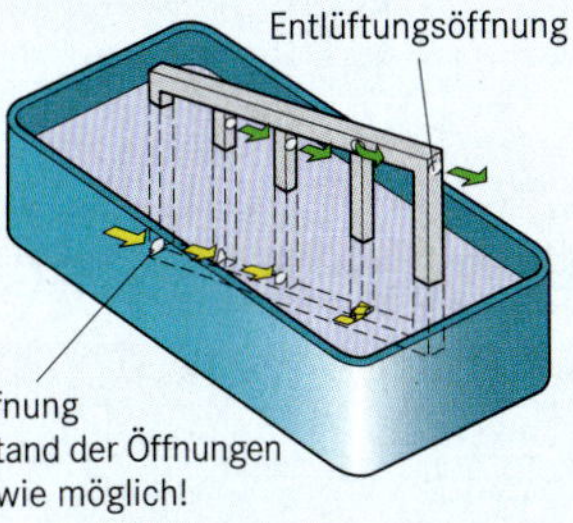

Randabstand der Öffnungen so klein wie möglich!

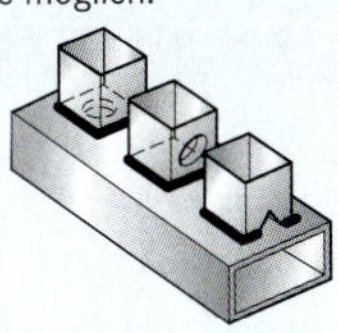

Tote Ecken und Winkel vermeiden – Öffnungen an Überlappungen vorsehen

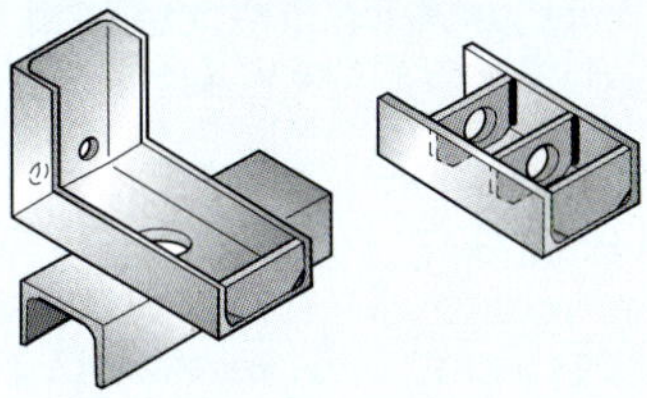

Auch bei Rahmenkonstruktionen aus offenen Profilen sind Ablaufmöglichkeiten vorzusehen.

Keine sperrigen Bauteile

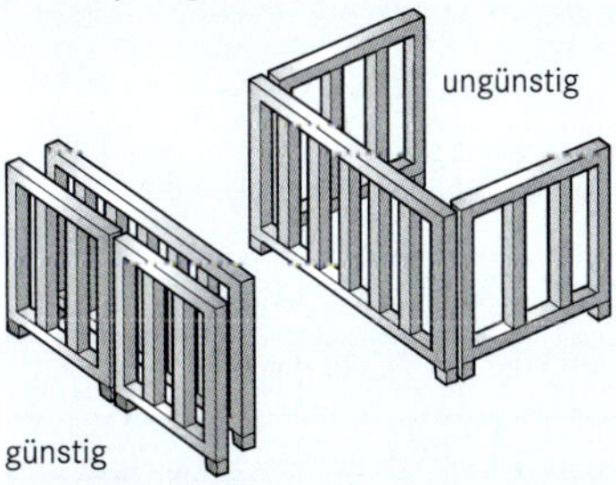

Sperrige Bauteile können zu Transport- und Verzinkungsproblemen führen; ebene Bauteile lassen sich qualitativ besser und wirtschaftlicher verzinken. Bei Hohlprofilen sind Zulauf- und Entlüftungsöffnungen vorzusehen.

Empfehlungen für Zulauf- und Entlüftungsöffnungen

Hohlprofil-Abmessungen [*mm*]			Mindest-Lochdurchmesser [*mm*] bei einer jeweiligen Anzahl der Öffnungen von		
○	□	▭	1	2	4
kleiner als:					
15	15	20 x 10	8		
20	20	30 x 15	10		
30	30	40 x 20	12	10	
40	40	50 x 30	14	12	
50	50	60 x 40	16	12	10
60	60	80 x 40	20	12	10
80	80	100 x 60	20	16	12
100	100	120 x 80	25	20	12
120	120	160 x 80	30	25	20
160	160	200 x 120	40	25	20
200	200	260 x 140	50	30	25

Die Mindestgrößen in der Tabelle gelten für mittelgroße Konstruktionen bis zu einer Länge von ca. 6 m. Bei langen Profilen sind die Größe bzw. die Anzahl der Löcher zu erhöhen. Ohne Öffnungen keine Feuerverzinkung von Hohlkonstruktionen möglich wegen Explosionsgefahr. Anordnung und Größe der Öffnungen beeinflussen die Qualität des Feuerverzinkens.

Anmerkungen:
- Stahlteile sollten möglichst frei von Öl und Fett sein.
- Zur Vermeidung von Nacharbeit sollten Schraubenlöcher, falls möglich, 2 mm über Nenndurchmesser ausgeführt werden.
- Transport- oder Montageschäden am Korrosionsschutz sind fachgerecht auszubessern.
- Konstruktions- und/oder fertigungsbedingte Spalten und Poren, z. B. in Schweißverbindungen sind zu vermeiden.
- Gewindeteile können nach dem Feuerverzinken durch Erwärmen und Ausbürsten des Zinks wieder gängig gemacht werden.

Verzug vermeiden

1 Geeignete Schweißfolge einhalten.
2 Möglichst symmetrische Querschnitte wählen.
3 Ausdehnungsmöglichkeiten schaffen, z. B. durch Radien, Sicken oder pyramidenförmige Aussteifungen.
4 Sehr unterschiedliche Materialdicken möglichst vermeiden.

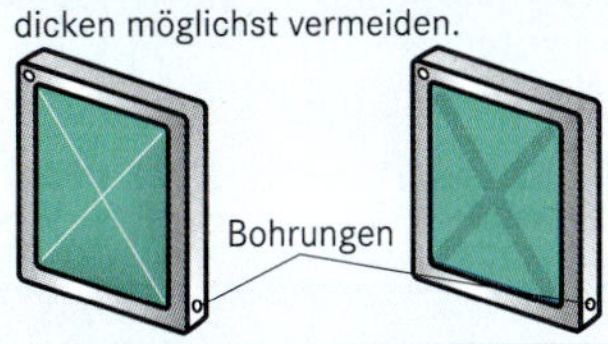

Anhängen ermöglichen

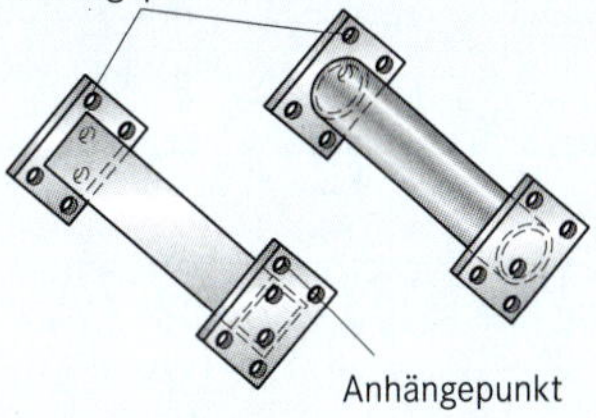

Zulauf- und Entlüftungsöffnungen möglichst senkrecht unter Anhängemöglichkeit

Profile nicht flächig verschweißen

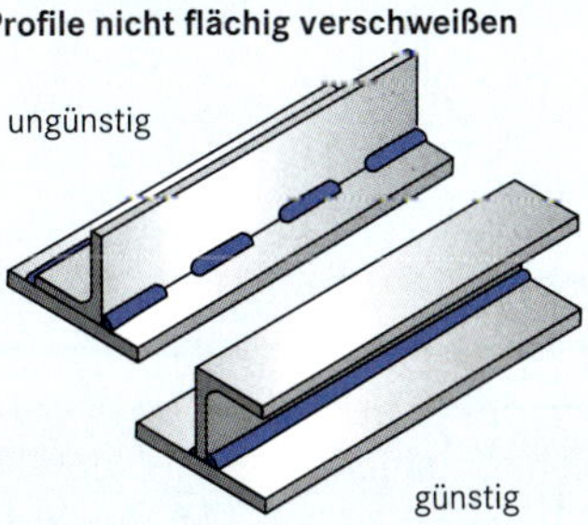

Flächig aufliegende Bauteile ringsherum verschweißen.

Keine Farbe, keine Schweißschlacke

Bauteile sind frei von Farbe (Beschichtungen), Schweißschlacken bzw. -rückständen (z. B. Schweißsprays, Rückstände vom Schutzgasschweißen) und ähnlichem anzuliefern, da diese Substanzen beim Beizen nicht entfernt werden können und zu Fehlstellen führen.

Abb. 3: Konstruktions- und Vorbereitungsregeln für das Feuerverzinken von Stahlbauteilen

Kombination von verschiedene Korrosionsschutzmaßnahmen

Der Sauerstoff der Luft, Wasser, Fette und Öle oder Streusalze wirken auf das Tor aus unlegiertem Stahl in freier Umgebung in hohem Maße ein. Darüber hinaus können mechanische Belastungen durch Anstoßen oder Abrieb eine aufgebrachte Schutzschicht aus Zink zerstören.

Um die Aufrechterhaltung des Korrosionsschutzes zu gewährleisten, kann die Kombination aus einem metallischen Überzug und einer nichtmetallischen Beschichtung einen dauerhaften Korrosionsschutz sicherstellen. Das Aufbringen eines Zinküberzugs mit anschließendem Beschichten wird als Duplex-System bezeichnet (Abb. 1).

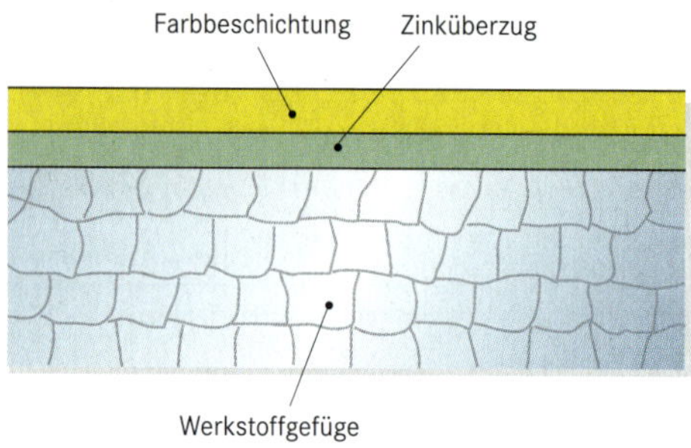

Abb. 1: Duplex-System aus Zinküberzug und Farbbeschichtung

Duplex-Systeme bieten selbst bei hoher mechanischer Beanspruchung einen sehr guten Korrosionsschutz. Wenn bei einem so behandelten Bauteil die Beschichtung beschädigt wird, schützt noch der Zinküberzug mit seiner hohen mechanischen, chemischen und elektrochemischen Belastbarkeit vor Korrosion (Abb. 2).

Durch Duplex-Systeme erhöht sich die Korrosionsschutzdauer. Sie ist bis zu 2,5-mal höher als die Einzelschutzzeiten von Feuerverzinken und der jeweiligen Beschichtung.

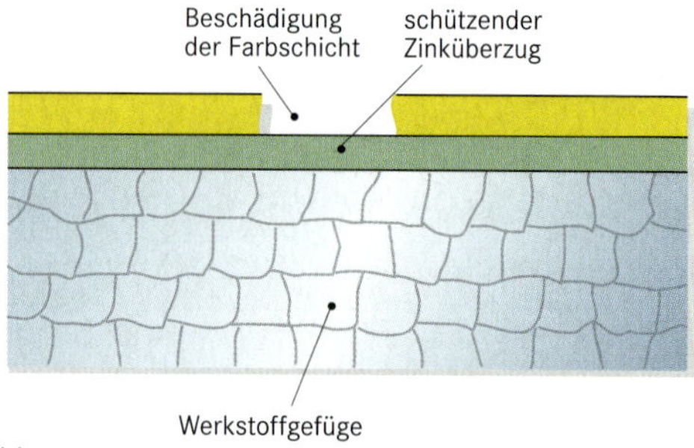

Abb. 2: Prinzip des Korrosionsschutzes durch ein Duplex-System

Das Beschichten mit Lacken oder ein Pulverbeschichten kann sowohl auf den frischen Zinküberzug erfolgen als auch nach einer Bewitterung der Zinkschicht. Nach heutigen Erkenntnissen ist das Beschichten auf frische Zinküberzüge zu bevorzugen, da eine aufwendige Vorbereitung der bewitterten Zinkoberfläche entfällt.

Für eine gute Verbindung des Zinküberzuges mit der Farbbeschichtung ist es von Bedeutung, ob sich an der Oberfläche des Bauteils eine Reinzinkschicht oder eine Eisen-Zink-Legierungsschicht ausgebildet hat. Die Eisen-Zink-Legierungsschicht weist eine größere Rauheit auf und eignet sich somit besser für den anschließenden Farbauftrag.

Zusammenfassung

Korrosionsschutz

durch Konstruktion
- geeignete Werkstoffauswahl
- korrosionsschutzgerechte Konstruktion
- richtige Lagerung der Werkstoffe und Bauteile

durch Schutzschichten
- Feuerverzinken
- Duplex-System

Aufgaben

1. Beschreiben Sie die grundsätzlichen Vorgänge bei chemischer und elektrochemischer Korrosion.

2. Beschreiben Sie folgende Merkmale der Flächen- und Kontaktkorrosion: Korrosionsart, Korrosionsbeding ung und Erscheinungsbild.
Nutzen Sie dazu die folgende Tabelle.

Merkmal	Flächenkorrosion	Kontaktkorrosion
Korrosionsart	…	…

3. Durch welche gestalterischen Maßnahmen lässt sich Kontaktkorrosion vermeiden? Recherchieren Sie auch im Internet.

4. Welche Bedeutung hat die elektrochemische Spannungsreihe für Konstruktionen aus Metallteilen?

5. Welche Anforderungen werden an metallische Überzüge gestellt?

6. Beschreiben Sie den Ablauf des Feuerverzinkens bei Badverzinkung.

7. Ein Stahlbauteil aus geschlossenen Hohlprofilen soll feuerverzinkt werden. Beschreiben Sie den Arbeitsablauf. Achten Sie insbesondere auf die Gestaltung und die Vorbereitung der Bauteile.

8. Erläutern Sie den Aufbau und das Wirkprinzip eines Duplex-Systems.

4.7 Heben von Lasten

ARBEITSAUFTRAG

Der Rahmen des Schiebetores wird durch Verschweißen der Rahmenbauteile hergestellt.

Der fertige Torrahmen mit Füllung und Führungsschiene hat eine Masse von ca. 430 kg. Um die Schweißnähte anfertigen und anschließend schleifen zu können, muss der Rahmen mehrfach angehoben und gewendet werden.

Hierfür sind die erforderlichen Lastaufnahmeeinrichtungen auszuwählen.

Jede Lastaufnahmeeinrichtung setzt sich aus mehreren Komponenten zusammen. Dies sind:

- Lastaufnahmemittel
- Anschlagmittel
- Tragmittel
- Hebezeuge
- Krane (Abb. 3)

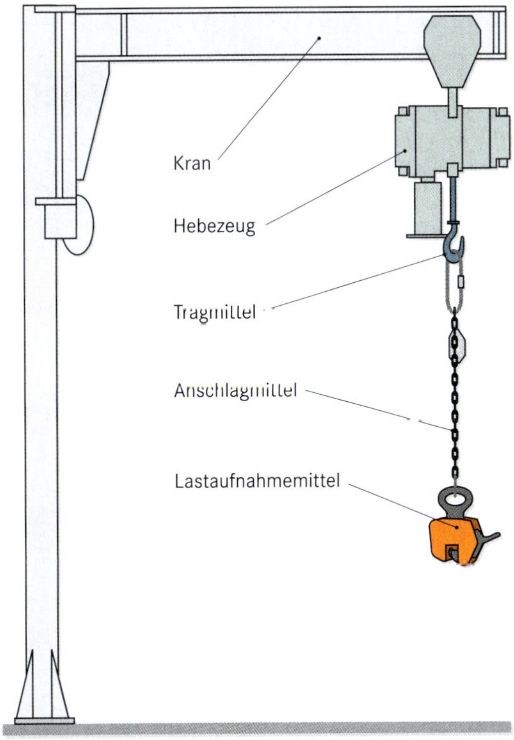

Abb. 3: Komponenten der Lastaufnahmeeinrichtung

Je nach Anwendungsfall können alle Komponenten zum Einsatz kommen. Oft werden aber Anschlagmittel gleichzeitig als Lastaufnahmemittel verwendet.

Informieren

4.7.1 Lastaufnahmemittel

Lastaufnahmemittel dienen der Verbindung des aufzunehmenden Bauteils mit dem Anschlagmittel oder unmittelbar mit dem Tragmittel. Die Auswahl richtet sich nach:

- Masse
- Form und Größe
- Oberflächenbeschaffenheit und Material des Bauteils und nach dem Anschlagmittel

Man unterscheidet:

- Greifer, Zangen
- Hebeklemmen
- Seile, Ketten, Hebebänder
- Traversen

Als Lastaufnahmemittel für den Torrahmen können spezielle Greifer (a), Rundschlingen (b) oder Hebebänder (c) gewählt werden (Abb. 4).

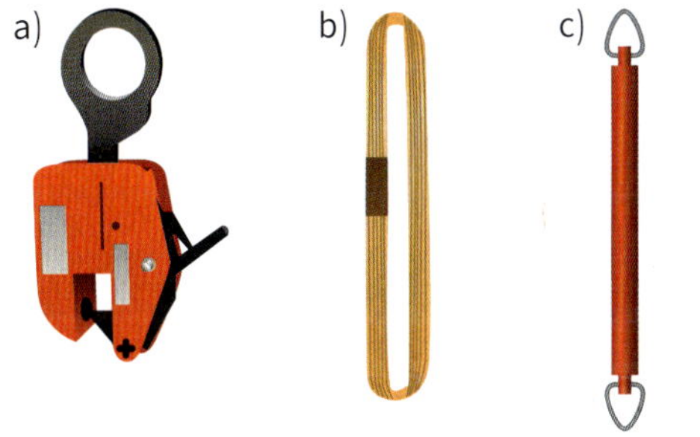

Abb. 4: Lastaufnahmemittel

Wenn der Torrahmen sich beim Heben und Absetzen drehen soll, muss der Greifer ein Drehgelenk besitzen.

Greifer, Zangen und Hebeklemmen sind speziell auf bestimmte Werkstücke ausgelegte Lastaufnahmemittel. Ihr Einsatz ist dann wirtschaftlich, wenn hauptsächlich gleichartige Werkstücke mit demselben Lastaufnahmemittel zu handhaben sind. Universeller, meist aber auch zeitaufwendiger, ist der Einsatz von Seilen, Ketten, Hebebändern und Rundschlingen als Lastaufnahmemittel (Tab. 1).

Tab. 1: Auswahl der Lastaufnahmemittel

Art und Zustand der Lastoberfläche	Lastaufnahmemittel
glatt, empfindlich, runde Kanten	Hebeband, Rundschlinge
scharfkantig, hohe Oberflächentemperatur	Kette
glatt, ölig, wenig gerundete Kanten	Seil

4.7.2 Anschlagmittel

Anschlagmittel stellen die Verbindung zwischen Lastaufnahmemittel und Tragmittel oder direkt zwischen der aufzunehmenden Last und dem Tragmittel des Hebezeuges her.

Die Auswahl der Anschlagmittel richtet sich nach Masse, Form und Größe der Last sowie nach dem Lastaufnahmemittel und dem Tragmittel.

Man unterscheidet:
- Hebebänder, Rundschlingen
- Ketten
- Stahldrahtseile
- Aufhängeglieder

Jedes dieser Anschlagmittel gibt es in verschiedenen Ausführungsformen.

Rundschlingen und Hebebänder

Für den Torrahmen aus rundkantigem Vierkantrohr ist bei Einzel- oder Kleinserienfertigung der Einsatz von Rundschlingen oder Hebebändern möglich.

Die Farbe des Hebebandes oder der Schlinge gibt die zulässige Tragfähigkeit an (Abb. 1).

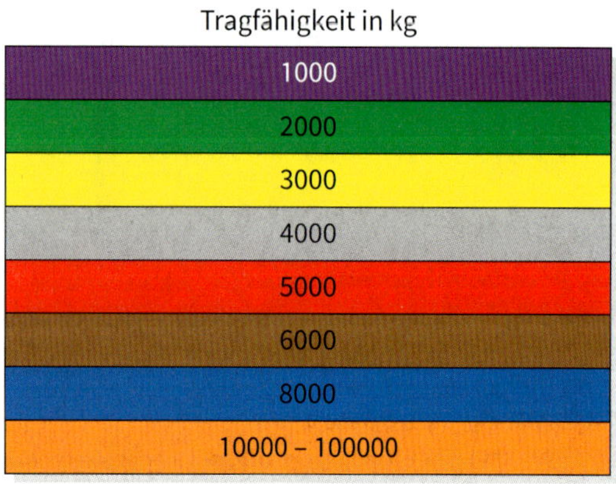

Abb. 1: Farbkennzeichnung der Tragfähigkeit von Rundschlingen und Hebebändern

Die verschiedenen Tragfähigkeiten gelten nur für ein einsträngig verwendetes Anschlagmittel. Die Lastaufnahme kann auf sehr unterschiedliche Art und Weise erfolgen. Dies beeinflusst die Tragfähigkeit erheblich.

Die Aufnahme des Rahmens im Hebeband oder in der Rundschlinge kann im Hängegang oder im Schnürgang erfolgen. Dies hängt von der Länge und Festigkeit der vorhandenen Lastaufnahme- bzw. Anschlagmittel ab.

Bei einer Verwendung im Schnürgang dürfen die Lastaufnahme- bzw. Anschlagmittel nur 80 % der einsträngig zugelassenen Tragfähigkeit aufnehmen (Abb. 2).

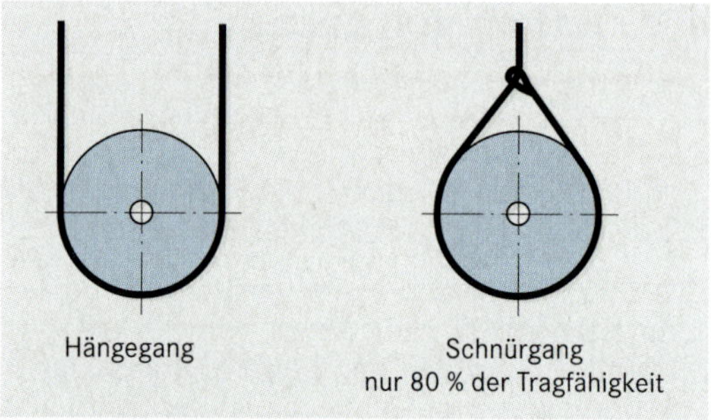

Abb. 2: Lastaufnahmearten

Das Material des Lastaufnahmemittels und die Tragfähigkeit für unterschiedliche Aufnahmearten und verschiedene Hängegänge ist auf dem eingenähten Etikett angegeben (Abb. 3).

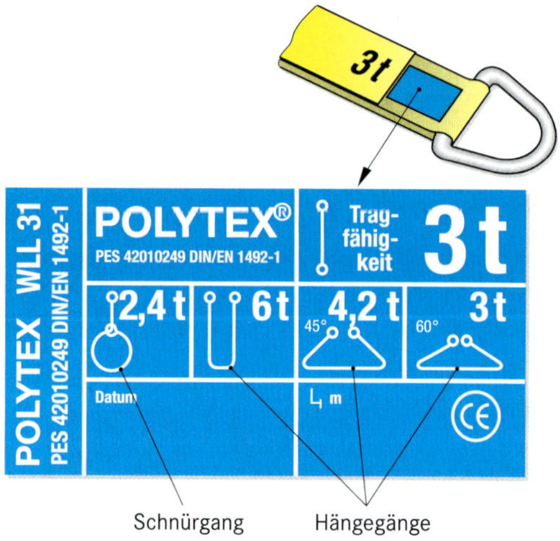

Abb. 3: Etikett eines Hebebandes

Die Farbe des Etiketts gibt den Werkstoff von Rundschlinge bzw. Hebeband an:

- Blaues Etikett: Polyester-Hebeband; hohe Festigkeit und gute Beständigkeit gegen Säuren, Lösungsmittel, Licht und Wärme, aber nur wenig laugenbeständig.
- Grünes Etikett: Polyamid-Hebeband; gute Laugenbeständigkeit, aber feuchtigkeitsempfindlich und geringere Festigkeit.
- Braunes Etikett: Polypropylen-Hebeband; chemisch sehr beständig, aber geringere Festigkeit.

Arbeitssicherheit

Hebebänder und Schlingen sind auszusondern bei starker Verformung des Bandes sowie bei Beschädigung der Webkanten, Nähte oder Ummantelung.

Ketten

Wegen des 8,5 m langen Torrahmens hätte eine mittige Aufnahme mit nur einer einzelnen Rundschlinge und einer einsträngigen Anschlagkette Nachteile. Beispielsweise könnten Rahmenbauteile verformt werden.

Heben des Torrahmens

Deshalb werden zwei Rundschlingen als Lastaufnahmemittel und eine zweisträngige Kette nach **EN 818** als Anschlagmittel gewählt (Abb. 4).

Entscheidend für den richtigen Einsatz von Anschlagmitteln ist die Berücksichtigung des Neigungswinkels β. Ein zunehmender Winkel β erhöht bei gleicher Last die Zugkraft in den Tragsträngen. Dies wird in Tragfähigkeitstabellen berücksichtigt. Aus Tabellen können unter Berücksichtigung des vorhandenen Neigungswinkels β die zulässigen Tragfähigkeiten abgelesen werden.

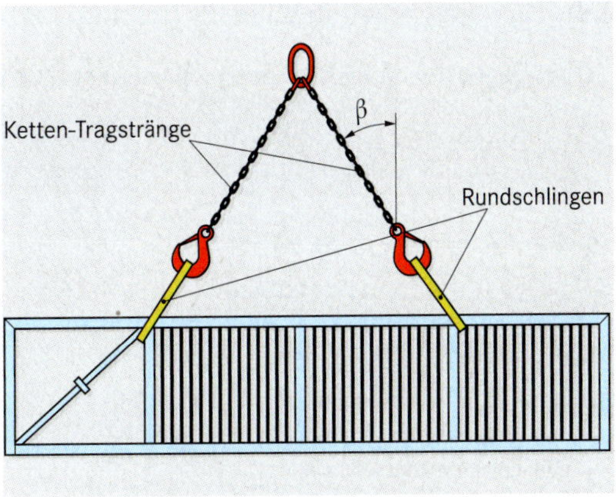

Abb. 4: Zweisträngig angeschlagener Torrahmen

Grundsätzlich darf der Neigungswinkel β 60° nicht übersteigen, sonst würden die Zugkräfte in jedem einzelnen Tragstrang größer als die insgesamt zu tragende Last.

Die 2-strängige Anschlagkette mit d = 6 mm trägt bei einem Neigungswinkel von 60° noch 1120 kg bzw. rund 11200 N (Tab. 1 nächste Seite). Deshalb reicht sie für das ca. 430 kg schwere Tor mit einer Gewichtskraft $F_G = 4300$ N aus.

Kraftzerlegung

Beim Anheben von Lasten mit mehrsträngigen Anschlagmitteln ist die Zugkraft in den Tragsträngen F_{TS} von der Größe der Gewichtskraft F_G und vom Neigungswinkel β des Tragstranges abhängig.
Die Größe der Belastung kann durch Kraftzerlegung mittels Kräfteparallelogramm ermittelt werden.

Kräfteparallelogramm mit $\beta = 45°$:

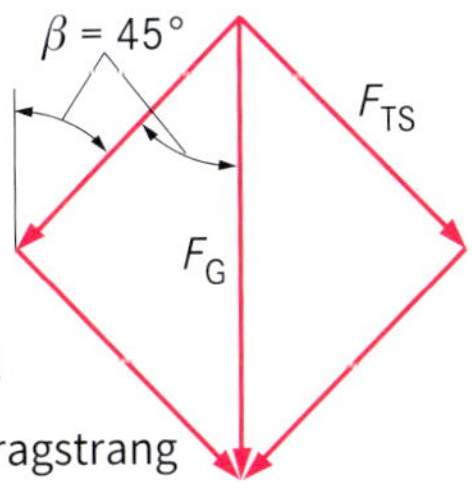

F_G: Gewichtskraft

F_{TS}: Zugkraft im Tragstrang

β: Neigungswinkel

Mit steigendem Neigungswinkel β nimmt die Kraft im Tragstrang F_{TS} zu. Bei β = 60° entspricht die Kraft in nur einem Strang schon der Gewichtskraft.

Kräfteparallelogramm mit $\beta = 60°$:

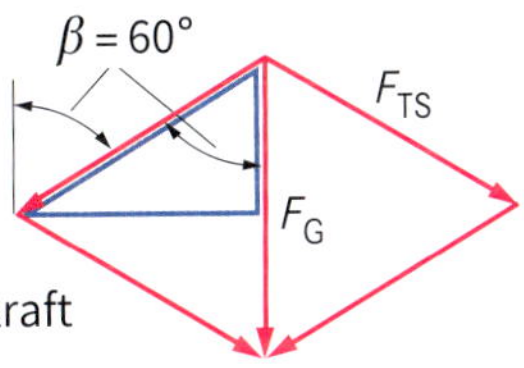

F_G: Gewichtskraft

F_{TS}: Zugkraft im Tragstrang

β: Neigungswinkel

Bei Neigungswinkeln von mehr als 60° steigen die Zugkräfte in den Tragsträngen sehr stark an. Deshalb sind beim Heben von Lasten Neigungswinkel über 60° unzulässig.

Die Kraft im Tragstrang kann über Winkelfunktionen berechnet werden. Für F_G = 4300 N und β = 60° gilt:

$$\cos\beta = \frac{\frac{F_G}{2}}{F_{TS}}$$

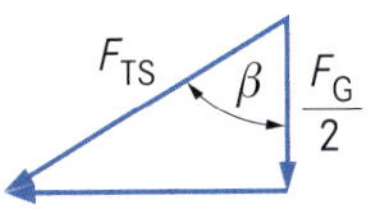

$$F_{TS} = \frac{\frac{F_G}{2}}{\cos\beta} = \frac{\frac{4300\text{ N}}{2}}{\cos 60°}$$

$$F_{TS} = \underline{\underline{4300\text{ N}}}$$

Tab. 1: Tragfähigkeitstabelle für Anschlagketten Güteklasse 8

Tragfähigkeiten in kg für Anschlagketten nach EN 818-4						
	1-Strang	2-Strang		3/4-Strang		Kranz
Neigungswinkel β°	–	> 0–45	> 45–60	0–45	> 45–60	–
Faktor	1,0	1,4	1,0	2,1	1,5	1,6
Kette Ø mm						
6	1120	1600	1120	2360	1700	1800
7	1500	2120	1500	3150	2240	2500
8	2000	2800	2000	4250	3000	3150
10	3150	4250	3150	6700	4750	5000
13	5300	7500	5300	11200	8000	8500
16	8000	11200	8000	17000	11800	12500
20	12500	17000	12500	26500	19000	20000
22	15000	21200	15000	31500	22400	23600
26	21200	30000	21200	45000	31500	33500
32	31500	45000	31500	67000	47500	50000

Die Kennzeichnung der Ketten erfolgt über genormte Kettenanhänger (Abb. 1).

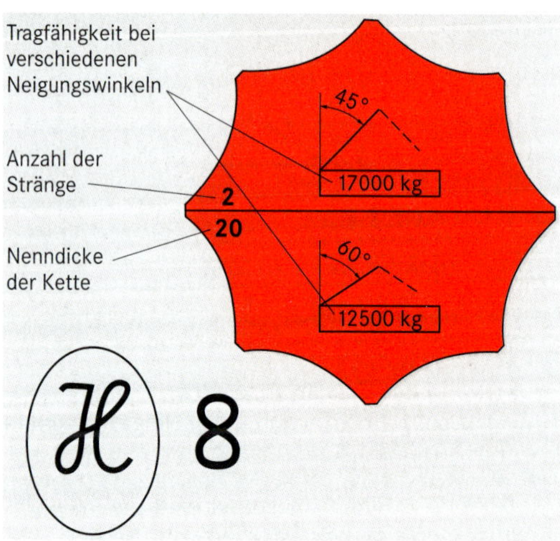

Abb. 1: Kettenanhänger und -Stempel

Die Tragfähigkeit einer Kette hängt von der Nenndicke und der **Güteklasse** der Kette ab. Die Güteklasse ist bestimmt durch den Kettenwerkstoff.

Es gibt nach **ENa 818-4** die Güteklassen 2 bis 8 und zusätzlich nach **EN 818 PAS 1061** die Güteklassen 10 und 12. Güteklasse 2 hat die geringste Festigkeit, Güteklasse 12 die höchste mit einer Bruchfestigkeit des Kettenwerkstoffes von 1200 N/mm^2. Hohe Güteklassen sind grundsätzlich vorzuziehen wegen des besseren Verhältnisses von Eigengewicht zu Tragfähigkeit. Die verschiedenen Güteklassen werden durch verschiedene Kettenanhänger sowie verschiedene Kettenstempel auf jedem 20. Kettenglied gekennzeichnet.

Geht ein Kettenanhänger verloren, darf die Kette nur noch mit der Tragfähigkeit einer Kette der Güteklasse 2 eingesetzt werden.

Beim Einhaken der Haken an den Kettenenden, z. B. in die Rundschlingen, ist darauf zu achten, dass der Haken nach außen zeigt (Abb. 4 vorherige Seite).

Dies und die Verwendung von Hakensicherungen verhindert ein ungewolltes Aushängen der Last.

Arbeitssicherheit

Ketten sind auszusondern, wenn:

- eine Verlängerung um mehr als 10% oder sonstige Verformungen eines Kettengliedes vorliegen,
- die Dicke eines Kettengliedes um mehr als 10% abgenommen hat oder
- stromführende Teile berührt wurden.

Nach spätestens drei Jahren ist eine Rissprüfung, z. B. die Magnetpulverprüfung, durchzuführen.

rmieren

Stahldrahtseile

Als Anschlagmittel für den Torrahmen können auch Stahlseile verwendet werden. Stahlseile bestehen aus Litzen und diese aus Drähten. Zur Erhöhung der Seilflexibilität befindet sich in der Seilmitte eine Textilfasereinlage (Abb. 2).

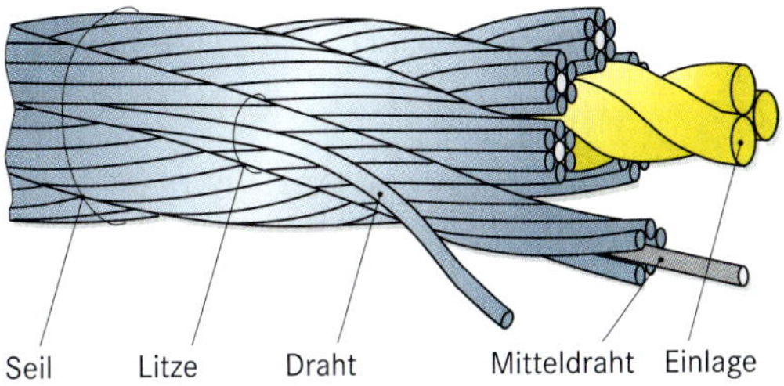

Abb. 2: Stahldrahtseil mit Textileinlage

Die Seilauswahl erfolgt nach der Tragfähigkeit über Tragfähigkeitstabellen (➡📖). An den Enden der Seile befinden sich Seilendverbindungen zur Bildung von Aufhängeösen. Diese Ösen dienen der Befestigung von Haken, Schäkeln und ähnlichen Aufhängegliedern (Abb. 3).

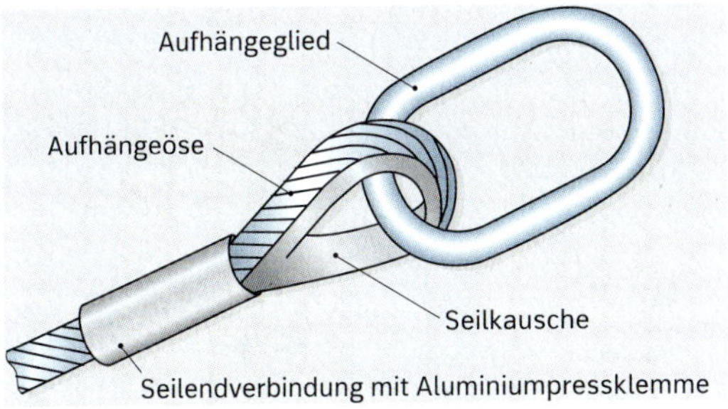

Abb. 3: Aufhängeöse mit Aufhängeglied

Seilendverbindungen werden mit genormten Aluminiumpressklemmen nach **DIN EN 13411** hergestellt. Sie müssen das aus zwei Buchstaben bestehende Kennzeichen des Verpressers eingeprägt haben (Abb. 4).

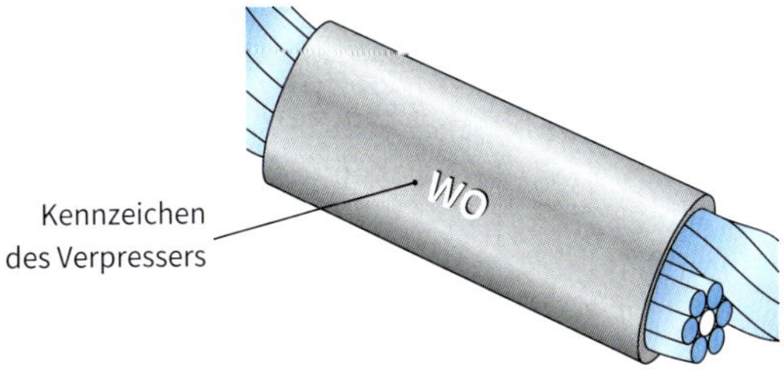

Abb. 4: Aluminiumpressklemme

Seilendverbindungen dürfen nicht durch Verknotung hergestellt werden, weil dadurch die Seilfestigkeit etwa halbiert wird.

Als Tragseile dürfen nur mit einer Metallplakette gekennzeichnete Stahldrahtseile verwendet werden. Die Messung des Seildurchmessers erfolgt mit einem Messschieber (Abb. 5).

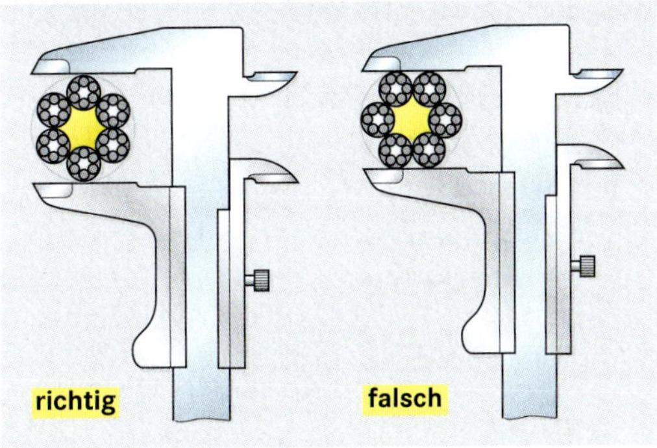

Abb. 5: Messung des Seildurchmessers

Die Kennzeichnung des Seiles erfolgt auf ovalen Metallplaketten, die am Seil befestigt sind (Abb. 6).

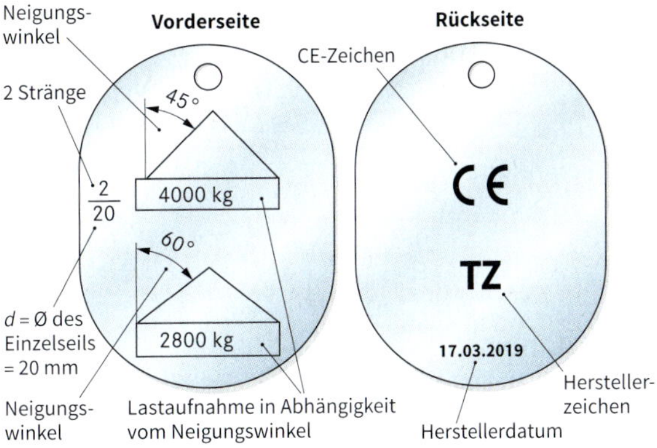

Abb. 6: Kennzeichnung von Stahldrahtseilen

Seile sind auszusondern, wenn

- mehrere Drähte in einem kurzen Bereich gebrochen sind (Abb. 7a),
- Quetschungen (Abb.7b) oder Knickungen (Abb. 7c) vorliegen,
- starke Korrosion vorliegt oder
- stromführende Teile berührt wurden.

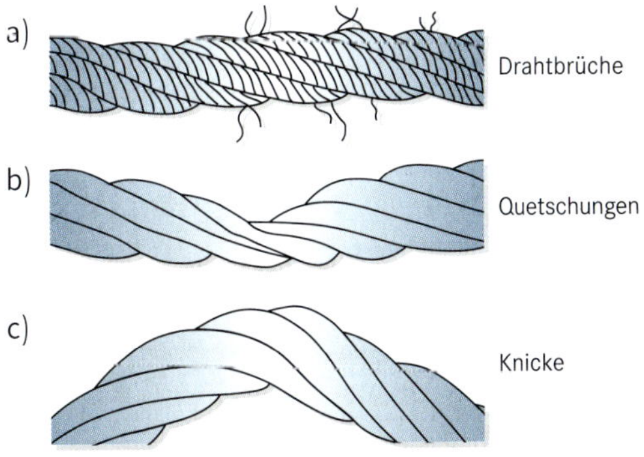

Abb. 7: Beschädigungen von Stahldrahtseilen

Hilfsmittel

Bei großen Bauteilen muss mehrsträngig angeschlagen werden, um ein Pendeln der Last und Bauteilverformungen zu verhindern. Der maximal zulässige Neigungswinkel kann aus folgenden Gründen hierbei oft nicht eingehalten werden:

- Es stehen keine ausreichend langen Anschlagmittel zur Verfügung.
- Die Hallenhöhe ist zu gering.

In diesen Fällen werden Mehrfachhebezeuge oder Traversen eingesetzt (Abb. 1).

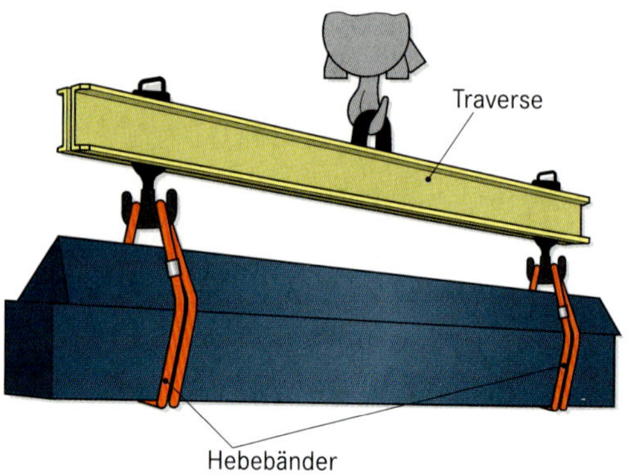

Abb. 1: Traverse

Für das Anheben des Schiebetorrahmens ist die Verwendung einer Traverse möglich.

Informieren

4.7.3 Tragmittel

Tragmittel sind dauernd mit dem Hebezeug verbunden und dienen der Aufnahme der Anschlagmittel.

Gebräuchlich sind Lasthaken, die mit einer Hakensicherung versehen sind (Abb. 2).

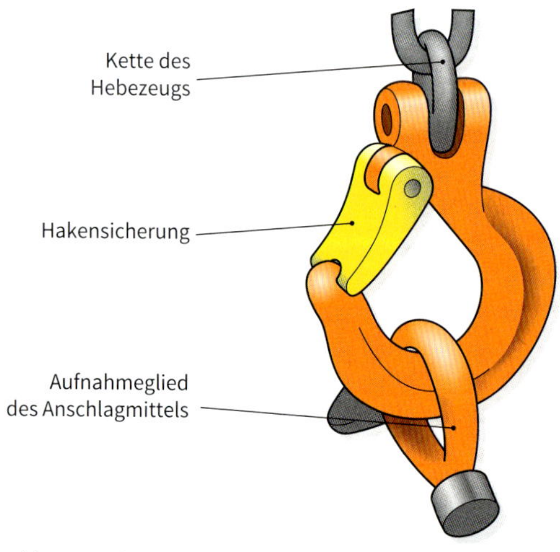

Abb. 2: Lasthaken mit Hakensicherung

Außerdem können auch Schäkel als Tragmittel verwendet werden (Abb. 3).

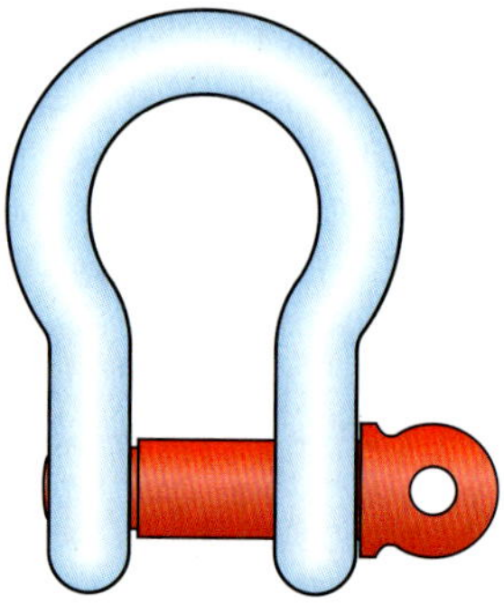

Abb. 3: Schäkel

Die Tragfähigkeit des Tragmittels ist auf die Tragfähigkeit des Hebezeugs abgestimmt.

Wichtig ist die zum Tragmittel passende Auswahl des Aufnahmegliedes. Das Aufnahmeglied muss so groß sein, dass es über den Haken passt und nicht verklemmt (Abb. 4).

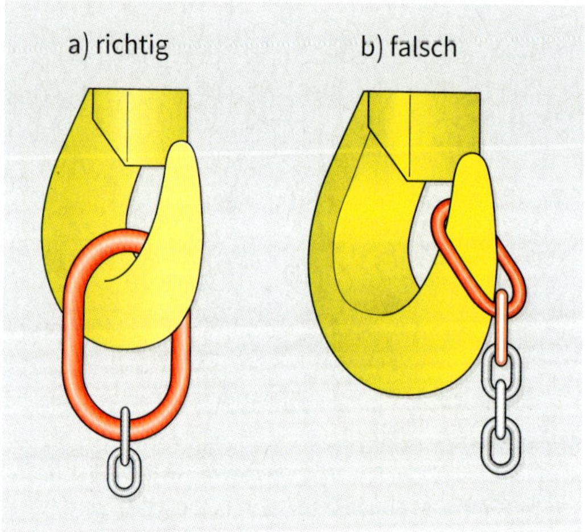

Abb. 4: Lasthaken mit Aufnahmeglied

Durch das Verklemmen wird das Aufnahmeglied verformt. Es besteht hierbei die Gefahr des Aufreißens und der verstärkten Abnutzung.

Tragmittel müssen ausgesondert werden, wenn deutliche

- Verformungen oder
- Abnutzungen

festzustellen sind.

Die Größe der Abnutzung wird durch Messungen mit dem Messschieber und Vergleich mit der Sollgröße ermittelt. Die Abnutzung darf maximal 5 %, bezogen auf die Sollgröße, betragen.

4.7.4 Seil- und Kettenzüge

Für das Heben und Senken von frei beweglichen Lasten an Kranen werden Züge verwendet. Die Hubbewegung kann dabei durch Handbetrieb, Druckluft oder einen Elektromotor erzeugt werden. Im Metallbaubereich kommen Elektro-Seilzüge (Abb. 5) oder Elektro-Kettenzüge (Abb. 6) zum Einsatz.

Abb. 5: Elektro-Seilzug

Abb. 6: Elektro-Kettenzug

In seltenen Fällen werden auch noch handbetätigte Flaschenzüge verwendet.

Die Züge sind direkt am Kran montiert und werden über das Tragmittel mit dem Anschlagmittel verbunden.

Wie alle anderen Hubwerke auch, unterliegen Züge der Pflicht eine wiederkehrende Prüfung durchzuführen.

4.7.5 Krane

Um einen Transport von Bauteilen innerhalb eines bestimmten Arbeitsbereiches zu ermöglichen, werden Hebezeuge an Kranen befestigt. Im Bereich des Metallbaus wird hauptsächlich unterschieden zwischen:

- Schwenkkranen,
- Deckenkranen und
- verfahrbaren Portalkranen.

Schwenkkrane decken einen kleinen Arbeitsbereich ab und werden als Säulenschwenkkran und Wandschwenkkran eingesetzt (Abb. 7).

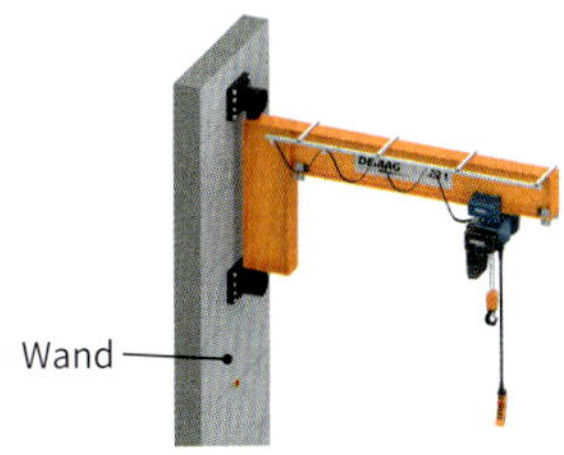

Abb. 7: Wandschwenkkran

Deckenkrane haben einen wesentlich größeren Arbeitsbereich (Abb. 8).

Abb. 8: Einträger-Deckenkran mit Mehrfachhebezeug

Auch sie werden meist durch den Anschläger der Last über eine Fernbedienung gesteuert.

Einen Sonderfall stellen verfahrbare Portalkrane dar (Abb. 9). Ihr Arbeitsbereich ist nur durch die Größe der ohne Unterbrechungen befahrbaren Fläche begrenzt. Sie stellen eine Zwischenlösung zwischen einem fest installierten Kran und einem Transportfahrzeug dar.

Abb. 9: Portalkran

Arbeitssicherheit

Das Führen eines Kranes ist nach Vorschrift der Berufsgenossenschaft nur unter folgenden Voraussetzungen möglich:

- Mindestalter 18 Jahre,
- körperlich und geistig geeignet,
- zuverlässig und
- eingewiesen und Befähigung nachgewiesen.

Der Unternehmer ist für die Einhaltung dieser Vorschriften verantwortlich.

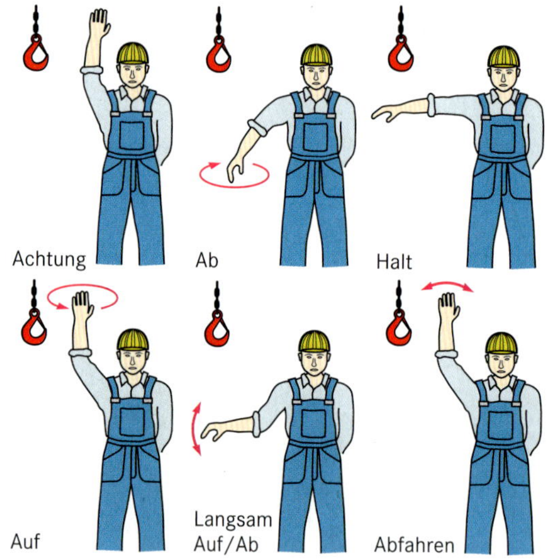

Abb. 1: Handzeichen zur Verständigung (Auswahl)

Für den Fall, dass die Bedienung des Krans nicht über den **Anschläger** selbst, sondern über einen Kranführer erfolgt, sind bestimmte Handzeichen zwecks Verständigung zwischen dem Anschläger und dem Kranführer verbindlich vorgeschrieben (Abb. 1).

Beim Heben von Lasten müssen zur Vermeidung von Unfällen bestimmte Regeln und Abläufe eingehalten werden (Tab. 1). Die Verantwortung dafür tragen Anschläger und Kranführer.

Tab. 1: Arbeitsablauf beim Heben von Lasten

Arbeitsablauf
Gewicht der Last und Schwerpunkt ermitteln.
Geeignete Lastaufnahme- und Anschlagmittel einschließlich Kantenschutz bereitstellen. Bei Lasten mit scharfen Kanten niemals Textilbänder oder Rundschlingen verwenden.
Bei mehrsträngigen Anschlagmitteln nicht benötigte Stränge hoch hängen.
Befestigungspunkte der Lastaufnahmemittel an der Last festlegen.
Bei mehrsträngigem Anschlagen auf gleichmäßige Belastung der einzelnen Stränge achten.
Lasten probeweise leicht anheben und Hebezustand kontrollieren.
Last so absetzen, dass sie weder umkippen noch auseinander fallen noch abgleiten kann.
Lastaufnahme- und Anschlagmittel abnehmen und sicher ablegen bzw. ordentlich lagern.

Arbeitssicherheit

Neben der Einhaltung bestimmter Arbeitsabläufe sind für ein sicheres Heben von Lasten weitere Vorschriften zu beachten.
Hierzu gehören:

- Tragen von Schutzhelm, Sicherheitsschuhen, Schutzhandschuhen und ggf. eines Wetterschutzanzuges bei Arbeit im Freien.
- Beachten, dass sich niemand im Gefahrenbereich aufhält oder unter schwebende Lasten tritt.
- Beachten, dass sich der Anschläger frei bewegen kann und nicht in Zwangshaltung oder auf beengtem Raum arbeiten muss.
- Für ausreichende Beleuchtung sorgen.
- Nur mit Prüfzeichen bzw. Plakette oder Etikett versehene Lastaufnahmemittel verwenden.
- Lastaufnahmeeinrichtungen grundsätzlich vor der Verwendung auf Schäden überprüfen.

Wenn in Bereichen mit Lärmbelastung gearbeitet wird, muss ein Gehörschutz verwendet werden. Die Verständigung zwischen Anschläger und Kranfahrer erfolgt dann über Handzeichen.

4.7.6 Hubvorrichtungen

Für das direkte Anheben von Lasten können spezielle Hubvorrichtungen verwendet werden. Eine Möglichkeit stellen Schraubenböcke dar (Abb. 2).

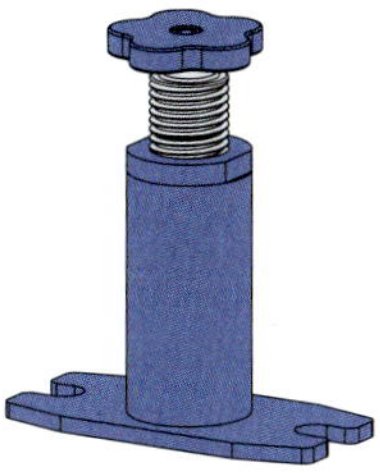

Abb. 2: Schraubenbock

Für schnellere Hubbewegungen und längere Hubwege bieten sich Zahnstangenwinden an (Abb. 3).

Sie werden über eine Kurbel bedient und verfügen über einen Sperrmechanismus.

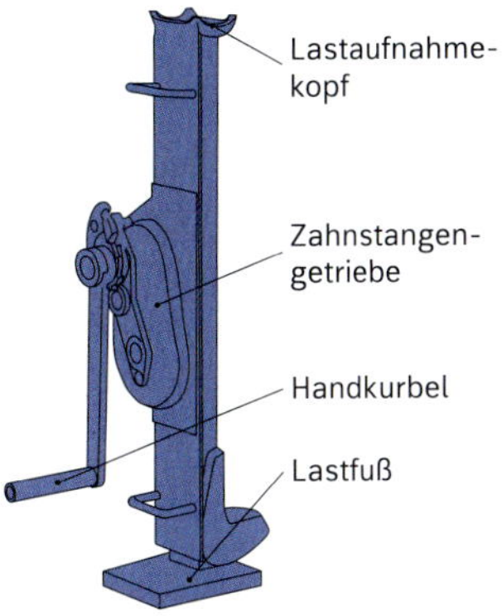

Abb. 3: Zahnstangenwinde

Zusammenfassung

Heben von Lasten

Auswählen und Einsetzen von Lastaufnahmeeinrichtungen

- **Lastaufnahmemittel**
  - Greifer, Zangen, Hebeklemmen
  - Stahldrahtseile, Ketten, Hebebänder, Rundschlingen
  - Traversen
- **Anschlagmittel**
  - Hebebänder, Rundschlingen
  - Ketten, Stahldrahtseile
- **Tragmittel**
  - Lasthaken
  - Schäkel
- **Hebezeuge**
  - Kettenzüge
  - Seilzüge
  - Flaschenzüge
- **Krane**
  - Schwenkkrane
  - Deckenkrane
  - Portalkrane
- **Hubvorrichtungen**
  - Schraubenböcke
  - Zahnstangenwinden

Das Heben und Transportieren von Lasten birgt Unfallgefahren. Unfallverhütung erfordert eine sachgerechte Auswahl der Lastaufnahmeeinrichtungen und die strikte Einhaltung der Vorschriften der Berufsgenossenschaften.

Aufgaben

1. Mehrere 8 m lange Träger aus IPE 300 sollen für Schweißarbeiten transportiert werden.
Wählen Sie Lastaufnahme- und Anschlagmittel aus und begründen Sie Ihre Auswahl.

2. In welchen Fällen dürfen Hebebänder und Rundschlingen keinesfalls als Lastaufnahmemittel verwendet werden?

3. Bei mehrsträngigen Anschlagmitteln muss der Neigungswinkel ε beachtet werden.
Wie groß darf der Neigungswinkel werden? Begründen Sie Ihre Aussage.

4. Wie kann die Tragfähigkeit von Anschlagmitteln für verschiedene Neigungswinkel ermittelt werden?

5. Wann müssen Ketten, Stahldrahtseile und Textilhebebänder ausgesondert werden?

6. Welche Vorteile bietet die Verwendung von Traversen?

7. Welche Regeln sind bei der Handhabung von Lasten immer zu beachten?

4.8 Arbeits- und Umweltschutz

ARBEITSAUFTRAG

Die bei der Tormontage möglicherweise auftretenden Gesundheitsgefahren und Umweltbelastungen sind zu ermitteln. Geeignete Maßnahmen des Arbeits- und Umweltschutzes sind festzulegen.

Bei der Montage und Demontage von Baugruppen können Gefahren für die Gesundheit der beteiligten Personen und Belastungen der Umwelt auftreten. Diese sind durch Maßnahmen des Personen- und Umweltschutzes zu minimieren bzw. ganz zu vermeiden.

Informieren

4.8.1 Arbeitsschutz

Maßnahmen des Arbeitsschutzes werden in den Arbeitssicherheitsvorschriften der Berufsgenossenschaften beschrieben.

Bei der Herstellung des Schiebetores müssen die für die einzelnen Fertigungs- und Montageverfahren festgelegten Arbeitssicherheitsvorschriften, beispielsweise für die Arbeit mit Einhand-Winkelschleifern, beachtet werden.

Dies sind im Wesentlichen Vorschriften zum Augen-, Gehör- und Atemschutz sowie zum Schutz von Kopf, Händen und Füßen.

Arbeitsbereiche, in denen das Tragen dieser Schutzeinrichtungen grundsätzlich vorgeschrieben ist, sind durch Gebotszeichen nach **DIN 4844-1 + 2** zu kennzeichnen (Tab. 1).

Tab. 1: Gebotszeichen

 Augenschutz tragen	 Schutzhelm tragen	 Gehörschutz tragen
 Atemschutz tragen	 Schutzschuhe tragen	 Schutzhandschuhe tragen

Bei der Arbeit mit dem Einhand-Winkelschleifer sind bis auf den Atemschutz alle oben angeführten Schutzmaßnahmen zu ergreifen. Zusätzlich ist die richtige Auswahl der Schleifscheibe für ein sicheres Arbeiten wesentlich.

Bei der Herstellung des Tores sind Bauteile zu reinigen bzw. zu entfetten. Zur Reinigung der verölten und verschmutzten Oberflächen der zu verschweißenden Rohrprofile können lösemittelhaltige oder alkalische Reinigungsmittel verwendet werden. Um Gesundheitsschäden zu vermeiden, müssen die Angaben des Herstellers der Reinigungsmittel beachtet werden (Abb. 1).

Kennzeichnung: Reiniger IMD-3/16 JQ
kennzeichnungspflichtig nach der GefStoffV neueste Fassung:
- Leichtentzündlich
- Reizend
- Gesundheitsschädlich

R-Sätze:

11	Leichtentzündlich
38	Reizt die Haut
50/53	Sehr giftig für Wasserorganismen, kann in Gewässern längerfristig schädliche Wirkung haben.
65	Kann bei Verschlucken Lungenschäden verursachen.
66	Wiederholter Kontakt kann zu spröder oder rissiger Haut führen.
67	Dämpfe können Schläfrigkeit und Benommenheit verursachen.

S-Sätze

9	Behälter an einem gut gelüfteten Ort aufbewahren.
16	Von Zündquellen fernhalten – Nicht rauchen!
23	Gas/Dampf/Rauch/Aerosol nicht einatmen.
24/25	Berührung mit den Augen und der Haut vermeiden.
29	Nicht in die Kanalisation gelangen lassen.
33	Maßnahmen gegen elektrostatische Aufladung vornehmen.
60	Dieses Produkt und seine Behälter sind als gefährliches Produkt zu entsorgen.
61	Freisetzung in die Umwelt vermeiden. Besondere Hinweise einholen. Sicherheitsdatenblatt zu Rate ziehen.
62	Bei Verschlucken kein Erbrechen herbeiführen. Sofort ärztlichen Rat einholen und Verpackung oder dieses Etikett vorzeigen.

Abb. 1: Auszug aus Herstellerangaben

Um sicherzugehen, dass bei der Anwendung des Reinigers die oben genannten Hinweise bekannt sind, werden die Behälter der Reinigungsmittel mit einer Kennzeichnung versehen.

Bei Gefahrstoffen ist eine einheitliche Kennzeichnung nach **Gefahrstoffverordnung „GefStoffV“** vorgeschrieben (→).

Die Kennzeichenschilder enthalten das Gefahrensymbol, die Gefahren- und die Stoffbezeichnung, Gefahrenhinweise (R-Sätze), Sicherheitsratschläge (S-Sätze) sowie Name und Anschrift des Lieferanten bzw. des Herstellers (Abb. 2).

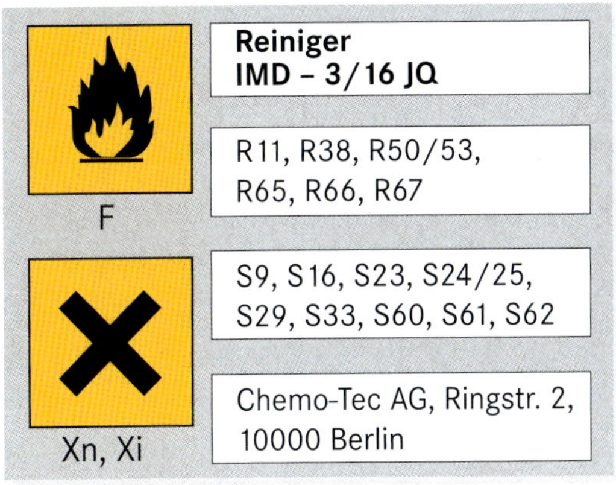

Abb. 2: Kennzeichenschild für Reinigungsmittel

Zusätzlich enthält die Gefahrstoffverordnung mit den sogenannten „E-Sätzen" Beseitigungsratschläge.

Im vorliegenden Fall gibt der Hersteller nur an, dass der Reiniger nicht in die Kanalisation gelangen darf. Dies kann mit dem Beseitigungsratschlag E12 angegeben werden. Auf das gleiche Schutzziel weist schon der Sicherheitsratschlag S29 hin.

Der Gefahrenhinweis R67 und der Sicherheitsratschlag S23 weisen darauf hin, dass der Reiniger gasförmige Bestandteile abgibt und dass das Einatmen dieser Gase Gesundheitsgefahren birgt.

Durch die Festlegung maximaler Arbeitsplatzkonzentrationen, sogenannter MAK-Werte, für gefährliche gas- oder staubförmige Stoffe soll eine Gesundheitsgefährdung vermieden werden.

In den **„Technischen Regeln für Gefahrstoffe 900" – TRGS 900 –** werden die MAK-Werte festgelegt. Für kohlenwasserstoffhaltige Reinigungsmittel wie beispielsweise Aceton wird ein MAK-Wert von 1200 mg/m^3 festgelegt ().

Mit Messungen an entsprechend belasteten Arbeitsplätzen muss die Einhaltung dieses Grenzwertes überprüft werden.

Durch den Einsatz von Absauganlagen kann eine Verringerung der Belastung durch gesundheitsschädigende Gase und Stäube bei Reinigungsarbeiten und auch bei Schweißarbeiten erreicht werden.

4.8.2 Umweltschutz

Belastungen der Umwelt entstehen bei der Herstellung des Tores durch verschiedene Arbeitsprozesse sowie durch den Einsatz von Werk- und Hilfsstoffen und die Nutzung elektrischer Energie. Durch Schutzmaßnahmen sind die Belastungen so gering wie möglich zu halten.

Zunächst sind die Arbeitsprozesse so zu gestalten, dass andere Personen möglichst nicht gefährdet werden.

Im Fall der Torherstellung sind Maßnahmen gegen die Gefährdung anderer Personen durch Lärm und Funkenflug bei der mechanischen Bearbeitung sowie durch Strahlung bei Schweißarbeiten zu treffen. Dies ist möglich durch Verwendung von Stellwänden oder Auslagerung bestimmter Tätigkeiten in separate Räume.

Wenn diese Maßnahmen aus technischen oder wirtschaftlichen Gründen nicht realisierbar sind, müssen andere Personen durch Verbots- und Warnzeichen vor den auftretenden Gefahren einzelner Arbeitsprozesse gewarnt werden ().

Im Fall der Torherstellung sind wegen der Arbeit mit kohlenwasserstoffhaltigen Reinigungsmitteln durch Verbotszeichen das Rauchen und Feuer sowie offenes Licht zu unterbinden. Außerdem ist durch Warnzeichen im Bereich von Kränen vor schwebenden Lasten zu warnen (Abb. 3).

Abb. 3: Verbots- und Warnzeichen bei der Torherstellung

Weiterhin ist zur Vermeidung von Umweltbelastungen Folgendes grundsätzlich zu beachten:

- Minderung des Energieeinsatzes durch Verwendung von Maschinen mit geringer Energieaufnahme und angemessenen Werkzeugen, z. B. Verwendung von Inverterschweißgeräten statt Umformern.
- Schonung der Ressourcen durch Einsatz von Werk- und Hilfsstoffen, deren Herstellung mit geringem Energieeinsatz und geringer Abfallbelastung möglich ist und die recyclingfähig sind, z. B. Verwendung von Metallen statt Kunststoffen und biologisch abbaubaren Reinigungsmitteln statt kohlenwasserstoffhaltigen Mitteln.
- Vorrang von Abfallvermeidung und Verwertung vor Entsorgung.
- Sachgerechte Entsorgung durch Sortentrennung und Beachtung der Entsorgungshinweise des Herstellers und der Abfallentsorgungsbestimmungen ().

DRUCKLUFTPRESSE

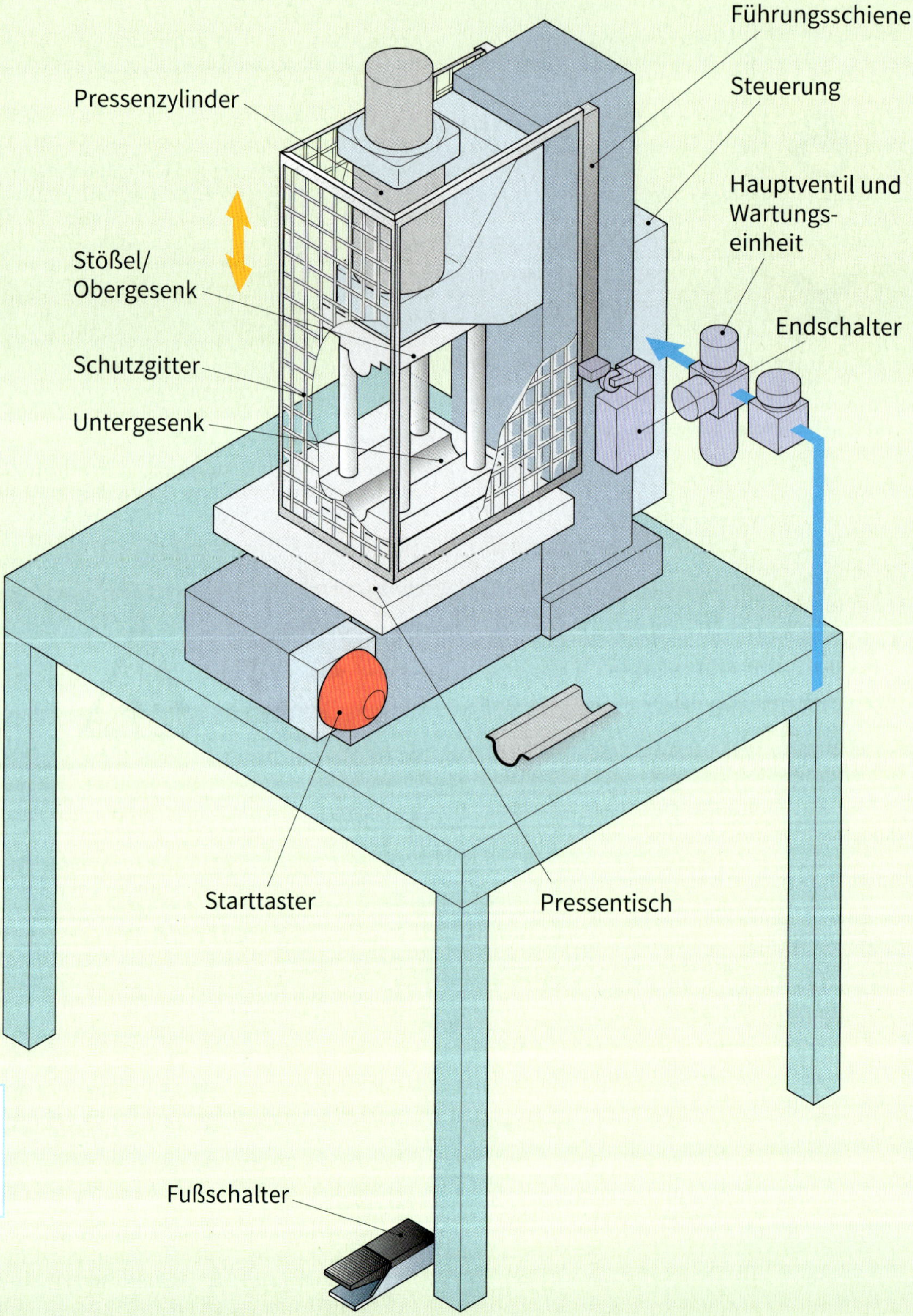

auch über Web-Link

GESAMTAUFTRAG

In einer Werkstatt werden zwei Druckluftpressen zum Herstellen von Befestigungsschellen eingesetzt.

Der Pressvorgang zur Herstellung der Schellen läuft wie folgt ab:
Ein Blechstreifen wird in das Untergesenk der Presse eingelegt. Anschließend wird mit dem Absenken des Schutzgitters der Zugang zum Werkstück versperrt. Dadurch sollen Unfallgefahren vermieden werden.
Erst wenn sich das Schutzgitter in der geschlossenen Position befindet, soll durch Betätigung des Handtasters oder des Fußschalters der Pressvorgang ausgelöst werden können. Dann bewegt sich der Stößel mit dem Obergesenk in Richtung Untergesenk und biegt die Befestigungsschelle.
Wenn anschließend die Betätigung des Handtasters bzw. des Fußschalters aufgehoben wird, bewegt sich der Stößel mit dem Untergesenk wieder zurück in die Ausgangsposition.
Nach dem Hochfahren des Schutzgitters kann die Schelle entnommen werden.

Die Steuerung der Pressen sollen installiert und in Betrieb genommen werden. Die eine Presse soll eine pneumatische Steuerung und die zweite Presse eine elektrische Steuerung mit Relais erhalten.

ANALYSE

Technische Unterlagen

Für die Presse stehen die jeweiligen Schaltpläne zur Verfügung. Aus ihnen kann man die verwendeten Bauglieder und deren Verbindung durch Leitungen ersehen. Sie sind wichtige Unterlagen für die Montage.

Aufbau und Funktion der Steuerung

Die Druckluftpressen bestehen aus den Teilsystemen Energieversorgung, Steuerteil und Arbeitsteil.

Zum Arbeitsteil gehören der Pressenzylinder und das Stellglied. Das Stellglied schaltet den Druckluftstrom zum Ausfahren und Einfahren des Pressenstößels. Der Zylinder wandelt die Druckenergie der Druckluft in Bewegungsenergie um.

Im Steuerteil erfolgt die Signaleingabe und Signalverarbeitung. Das Steuerteil nimmt die Eingabesignale auf, verarbeitet sie und wirkt durch Steuersignale auf das Stellglied im Arbeitsteil. Das Stellglied bildet die Schnittstelle zwischen Steuerteil und Arbeitsteil. Die Signalverarbeitung und Signalausgabe erfolgt bei pneumatischen Steuerungen durch Druckluft und bei elektrischen Steuerungen durch elektrischen Strom.

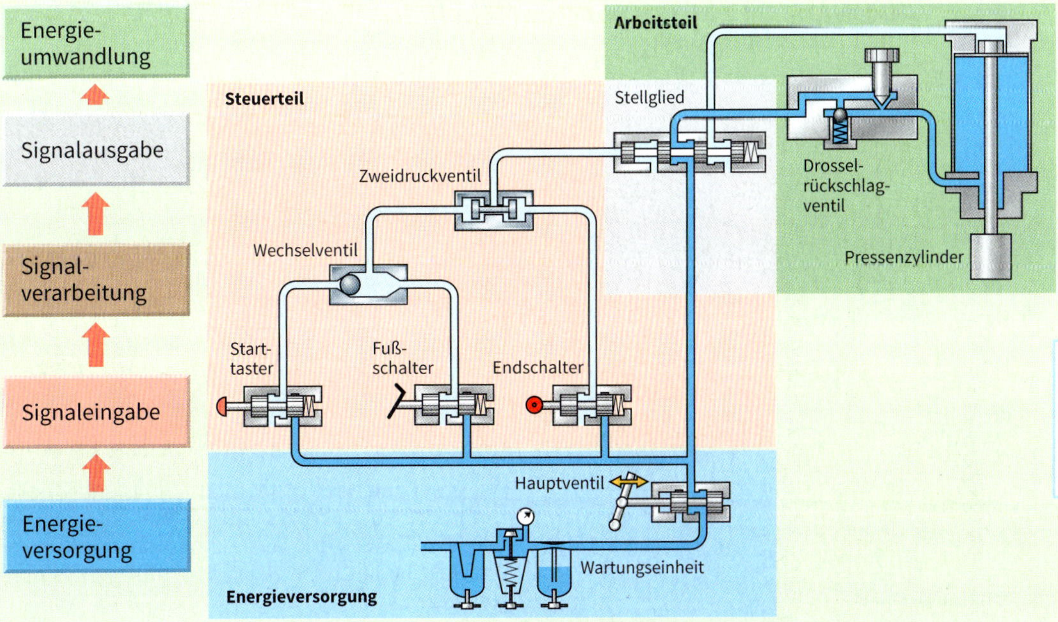

auch über Web-Link

5.1 Pneumatische Steuerungen

ARBEITSAUFTRAG

Die Presse soll mit einer pneumatischen Steuerung installiert und in Betrieb genommen werden.

Damit die Steuerung installiert werden kann, müssen die Aufgaben und die Funktion der pneumatischen Bauglieder sowie deren Zusammenwirken in der Schaltung bekannt sein.

Außerdem müssen die im Schaltplan vorhandenen Informationen verstanden werden. Dazu ist es notwendig, die zugrunde liegenden Zeichenregeln, Schaltzeichen und Normen zu kennen.

Informieren

5.1.1 Bauglieder

In der Schaltung der Pressensteuerung sind folgende Bauglieder eingesetzt:

- eine Wartungseinheit,
- ein Druckluftzylinder,
- Wegeventile,
- Sperrventile und
- Stromventile.

In dem Kapitel 5.1.1 sind die Symbole der Bauglieder nach **DIN ISO 1219-1** dargestellt (→📖). An den Symbolen ist auch die Referenzkennzeichnung der Bauglieder nach **DIN EN ICE 81346-2** mit der Unter-Unterklasse durch drei Kennbuchstaben angegeben (vgl. Kapitel 5.2.3.1).

5.1.1.1 Wartungseinheiten

Vor jedem Druckluftgerät und jeder Maschine werden im Druckluftnetz Wartungseinheiten eingebaut.

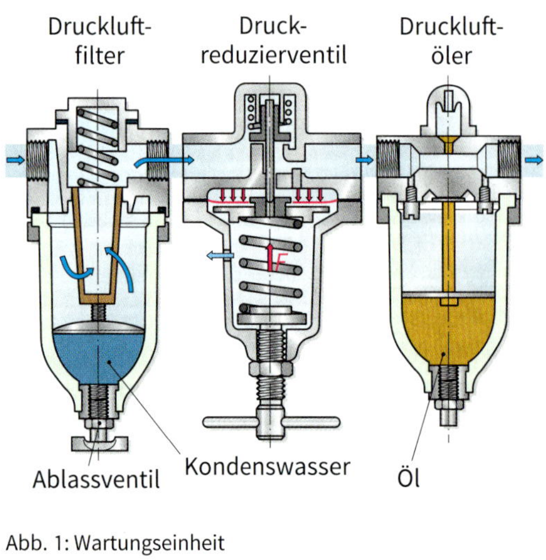

Abb. 1: Wartungseinheit

Sie bestehen aus einem Druckluftfilter mit Abscheider und manueller Entwässerung, Druckreduzierventil und Druckluftöler (Abb. 1).

Der *Druckluftfilter* reinigt die Druckluft von Kondenswasser, Staub- und Schmutzteilchen. Die Verunreinigungen sammeln sich am Behälterboden und können über ein Ablassventil abgelassen werden.

Der *Druckluftöler* mischt der Druckluft feinzerstäubtes Öl bei. Dadurch wird an pneumatischen Bauteilen Abrieb und Korrosion vermindert.

In der Nahrungs- und Computerindustrie wird ölfreie Druckluft benötigt. Dort werden dann keine Öler eingebaut. Auch aus Gründen des Umweltschutzes wird immer mehr ölfreie Druckluft verwendet. Die meisten pneumatischen Bauteile sind deshalb mit einer Lebensdauerschmierung versehen und können dementsprechend ungeölt betrieben werden. Anlagen, die einmal mit geölter Druckluft betrieben wurden, müssen weiterhin geölt werden, weil die Lebensdauerschmierung durch das Öl ausgewaschen wird.

Das *Druckreduzierventil* hält den Arbeitsdruck in der nachgeordneten Steuerungsanlage konstant und wird zusammen mit einem Überdruckmessgerät zur Anzeige des Druckes eingebaut.

Die Wartungseinheit kann im Schaltplan durch ein ausführliches oder ein vereinfachtes Symbol nach **DIN ISO 1219-1** dargestellt werden (Abb. 2) (→📖). An den Symbolen ist die Referenzkennzeichnung der Bauteile nach **DIN EN ICE 81346-2** angegeben.

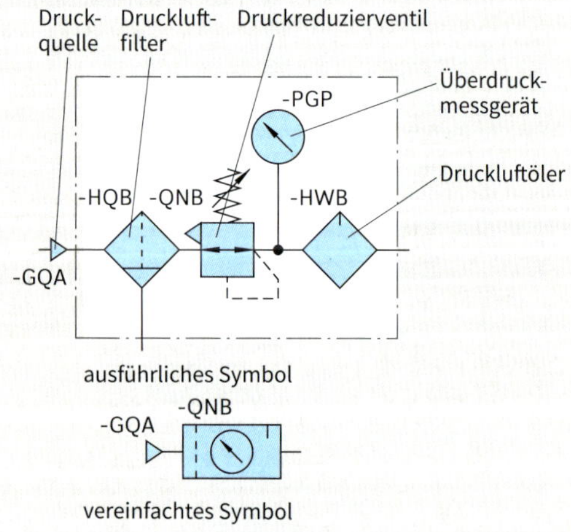

Abb. 2: Symbolische Darstellung einer Wartungseinheit

Die Druckquelle als pneumatische Energiequelle kann durch ein vereinfachtes Symbol dargestellt werden. Es besteht aus einem unausgefüllten Dreieck. Seine Spitze zeigt in Richtung des Energieflusses.

5.1.1.2 Druckluftzylinder

In der pneumatischen Presse ist ein Druckluftzylinder zum Biegen der Schellen eingesetzt.

! Zylinder wandeln die Energie der Druckluft in mechanische Energie um.

Zylinder führen geradlinige Bewegungen aus (Abb. 3). Nach der Funktion unterscheidet man einfachwirkende Zylinder und doppeltwirkende Zylinder.

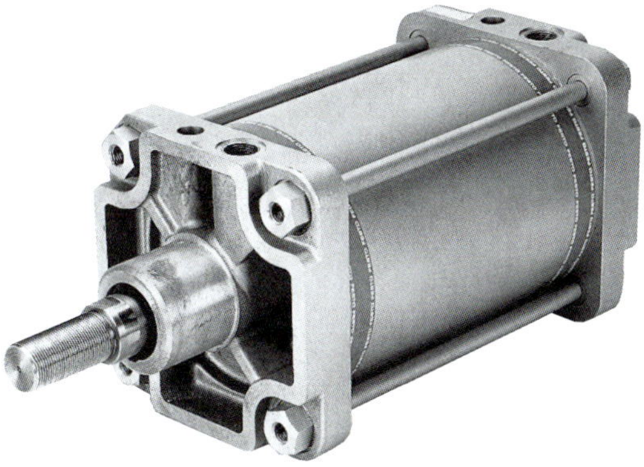

Abb. 3: Druckluftzylinder

Einfachwirkende Zylinder

Bei einfachwirkenden Zylindern drückt die Druckluft den Kolben nur in eine Richtung. Dabei wird die Feder zusammengedrückt (Abb. 4). Sobald die Druckluft aus dem Zylinder entweicht, schiebt die eingebaute Feder den Kolben in seine Ausgangsstellung zurück.

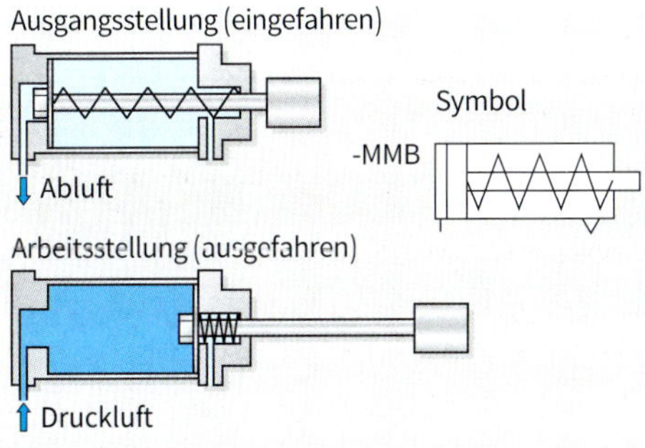

Abb. 4: Einfachwirkender Zylinder

Einfachwirkende Zylinder haben nur einen Leitungsanschluss. Über diese Leitung wird je nach Bewegungsrichtung die Druckluft zum Zylinder geführt oder als Abluft aus dem Zylinder abgeführt.

Doppeltwirkende Zylinder

Bei doppeltwirkenden Zylindern wird der Kolben in beide Richtungen durch Druckluft bewegt (Abb. 5). Sie haben zwei Leitungsanschlüsse. Über die Leitungen wird je nach Bewegungsrichtung die Druckluft zum Zylinder geführt oder als Abluft aus dem Zylinder abgeführt.

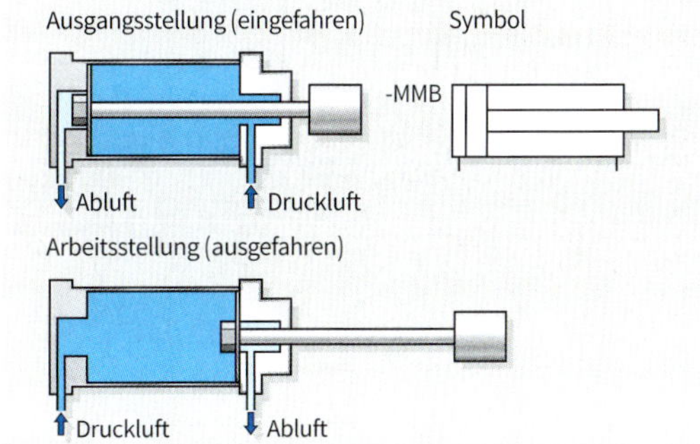

Abb. 5: Doppeltwirkender Zylinder

auch über Web-Link

Die Leitungsanschlüsse an Zylindern werden nicht gekennzeichnet.

Endlagendämpfung

Zylinder haben meist eine eingebaute pneumatische Dämpfung, die den Kolben am Ende des Hubes abbremst. Dadurch werden Beschädigungen der Zylinder bei hohen Kolbengeschwindigkeiten und Kolbenmassen verhindert.

Die Dämpfung wird dadurch erreicht, dass der Kolben kurz vor Erreichen seiner Endlage mit einem Zapfen in die Deckelbohrung eintaucht (Abb. 6). Die Abluft muss nun über die einstellbare Drossel entweichen. Dadurch baut sich vor dem Kolben ein Luftpolster auf. Der Kolben wird abgebremst und fährt mit verminderter Geschwindigkeit ein.

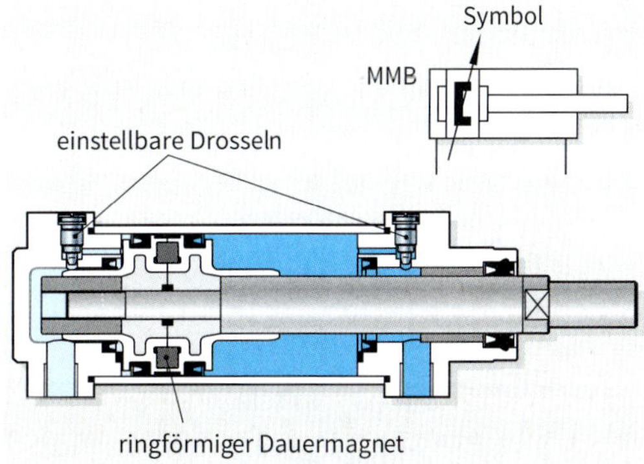

Abb. 6: Doppeltwirkender Zylinder mit Endlagendämpfung

Damit die Lage der Kolben auch berührungslos abgetastet werden kann, sind in die Kolben ringförmige Dauermagneten eingelassen. Mit den Magneten können am Zylinder montierte magnetische Näherungsschalter betätigt werden.

Grundlagen

Druck und Kolbenkraft

Druck:

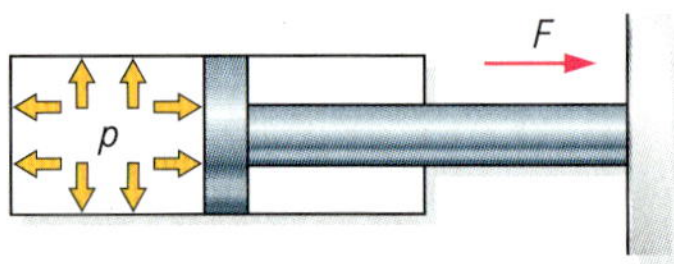

Der Druck p, der auf ein Gas wirkt, breitet sich in alle Richtungen gleichmäßig aus. Er ist an allen Stellen so groß wie an der Kolbenfläche A.

$$p = \frac{F}{A}$$

F in N
A in mm^2
p in bar

Umrechnung: $1\ \text{bar} = 0{,}1\ \frac{\text{N}}{\text{mm}^2} = 10\ \frac{\text{N}}{\text{cm}^2}$

Kolbenkraft:
Die Kolbenkraft F ist abhängig vom Druck p, der wirksamen Kolbenfläche A und dem Wirkungsgrad η.

Der Wirkungsgrad berücksichtigt die Reibungskraft, welche beim Ein- und Ausfahren des Zylinders entsteht.

$$F = p \cdot A \cdot \eta$$

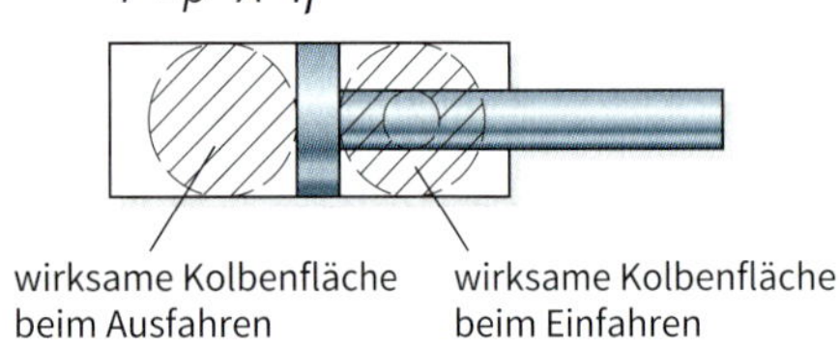

Berechnungsbeispiel:

Ein Druckluftzylinder wird mit 6 bar beaufschlagt. Der Wirkungsgrad des Zylinders beträgt 85 %. Der Kolben hat einen Durchmesser von $D = 50$ mm, die Kolbenstange einen Durchmesser von $d = 20$ mm.

Berechnen Sie die Kolbenkraft F
a) beim Ausfahren und
b) beim Einfahren des Zylinders.

Geg.: $p = 6$ bar, $D = 50$ mm, $d = 20$ mm, $\eta = 0{,}85$
Ges.: F_A in N, F_E in N

Lösung:

a) $F_A = p \cdot A \cdot \eta$

$$F_A = p \cdot \frac{\pi}{4} D^2 \cdot \eta$$

$$F_A = 0{,}6\ \frac{\text{N}}{\text{mm}^2} \cdot \frac{\pi}{4} (50\ \text{mm})^2 \cdot 0{,}85$$

$$\underline{F_A = 1001{,}4\ \text{N}}$$

b) $F_E = p \cdot A \cdot \eta$

$$F_E = p \cdot \frac{\pi}{4} (D^2 - d^2) \cdot \eta$$

$$F_E = 0{,}6\ \frac{\text{N}}{\text{mm}^2} \cdot \frac{\pi}{4} [(50\text{mm})^2 - (20\text{mm})^2] \cdot 0{,}85$$

$$\underline{F_E = 841{,}1\ \text{N}}$$

Aufgaben

1. Aus welchen Teilsystemen besteht eine pneumatische Anlage? Beschreiben Sie die Aufgabe der Teilsysteme.

2. Beschreiben Sie die Aufgaben von Wartungseinheiten.

3. Bei welchen pneumatischen Steuerungen wird mit ölfreier Druckluft gearbeitet?

4. Weshalb können pneumatische Anlagen nicht zeitweise mit ölfreier und zeitweise mit geölter Druckluft betrieben werden?

5. Beschreiben Sie den Unterschied im Aufbau und in der Wirkungsweise von einfachwirkenden und doppeltwirkenden Zylindern.

6. Berechnen Sie die Kolbenkraft des Pressenzylinders Ø40 x 100, wenn der Anlagendruck 8 bar beträgt. Der Wirkungsgrad wird mit 85 % angenommen.

7. Beschreiben Sie die Aufgabe und Funktionsweise der Endlagendämpfung an Druckluftzylindern.

8. Erläutern Sie das abgebildete Symbol.

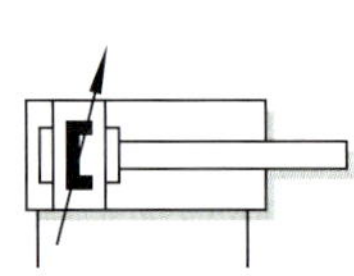

5.1.1.3 Wegeventile

In pneumatischen Steuerungen werden Wegeventile zum Steuern der Druckluft eingesetzt.

! Wegeventile öffnen und sperren den Durchfluss oder ändern die Durchflussrichtung der Druckluft.

Entsprechend ihrer Verwendung werden Wegeventile unterschiedlich betätigt (Tab. 1).

- durch Handtaster oder Fußschalter → Betätigung durch Muskelkraft
- durch eine Rolle → mechanische Betätigung
- durch Druckluft → Druckbetätigung
- pneumatischer Näherungsschalter → magnetische Betätigung

Funktionsweise

Die Wegeventile in Abb. 1 haben zwei Schaltstellungen. Durch die Feder werden sie in Ausgangsstellung gehalten (unbetätigt). Durch Drücken des Handtasters werden sie in Arbeitsstellung gebracht (betätigt).

Im Symbol werden die Schaltstellungen jeweils durch ein Quadrat dargestellt. Ein Quadrat zeigt die Schaltstellung bei unbetätigtem Ventil. Das andere Quadrat zeigt die Schaltstellung bei Betätigung.

Die abgebildeten Wegeventile haben drei Anschlüsse. An zwei Anschlüssen (1 und 2) sind Druckluftleitungen angeschlossen. Der dritte Anschluss ist ein Entlüftungsanschluss (3). Über diesen Anschluss entweicht die Druckluft.

Bei dem Wegeventil in Abbildung 1a ist in der Ausgangsstellung der Druckluftanschluss 1 gesperrt. Es hat Sperrruhestellung. Der Strömungsweg zur Entlüftung von 2 nach 3 ist geöffnet. Bei Betätigung des Ventils ist der Weg von 1 nach 2 geöffnet. Der Entlüftungsanschluss ist nun gesperrt.

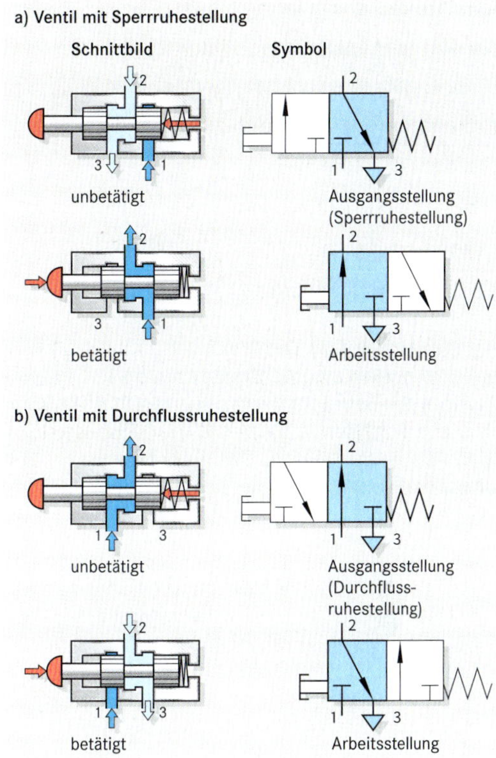

Abb. 1: Funktionsweise von Wegeventilen

Das Wegeventil in Abbildung 1b lässt in der Ausgangsstellung die Druckluft von 1 nach 2 durch. Es hat Durchflussruhestellung. Der Strömungsweg zur Entlüftung ist abgesperrt. Bei Betätigung des Ventils ist der Druckluftanschluss 1 gesperrt. Der Weg zur Entlüftung von 2 nach 3 ist geöffnet.

auch über Web-Link

Tab. 1: Wegeventile mit unterschiedlichen Betätigungen

Benennung	3/2-Wegeventil mit Tasthebel	3/2-Wegeventil mit Rollenhebel	5/2-Wegeventil mit Druckbetätigung
Bauteil			
Symbol	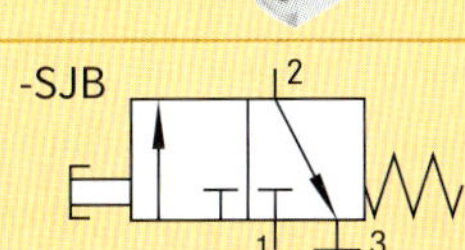	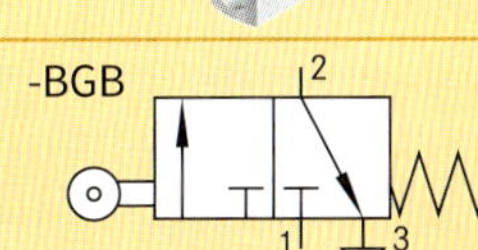	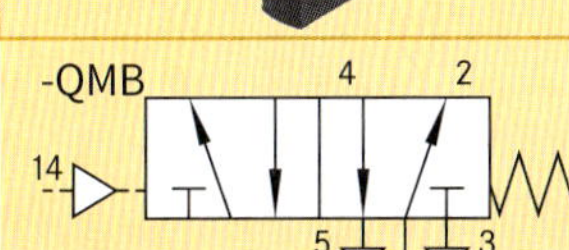
Verwendungsbeispiele	Handtaster zum Ein- und Ausschalten einer pneumatischen Anlage	Grenztaster zum Ermitteln der Stellung von Anlagenteilen wie Zylinder oder Schutzgitter	Stellglied zum Steuern des Druckluftstromes für doppeltwirkende Zylinder

Schaltzeichen

Aus dem Symbol für Wegeventile kann man

- die Anzahl der Schaltstellungen,
- die Strömungswege der Druckluft,
- die Art der Betätigung und
- die Anschlusskennzeichnung

ersehen (→).

Die Anzahl der *Schaltstellungen* wird durch die Anzahl der nebeneinanderliegenden Rechtecke angegeben (Abb. 1). Die Anschlüsse für die Leitungen sind nur an ein Rechteck gezeichnet. Es kennzeichnet die Schaltstellung bei unbetätigtem Ventil. Diese Schaltstellung nennt man Ruhestellung oder Ausgangsstellung. Das Rechteck ohne Leitungsanschlüsse stellt die Schaltstellung bei betätigtem Ventil dar. Diese Schaltstellung nennt man Arbeitsstellung.

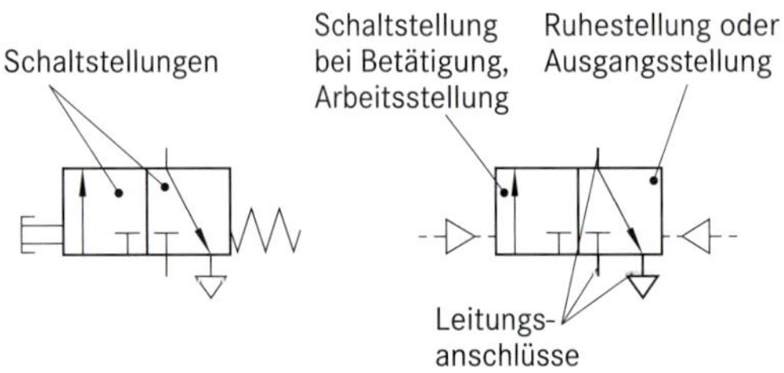

Abb. 1: Schaltstellungen

Die *Strömungswege* der Druckluft werden für jede Schaltstellung in das entsprechende Rechteck eingetragen. Die Strömungsrichtung ist durch Pfeile gekennzeichnet. Abgesperrte Wege sind durch einen Querstrich dargestellt (Abb. 2).

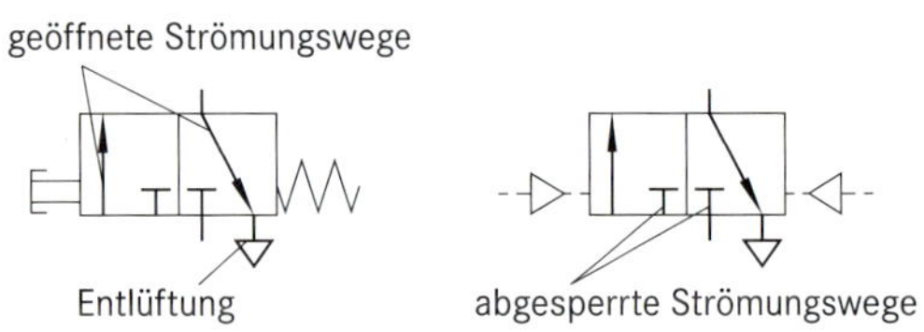

Abb. 2: Strömungswege

Die *Art der Betätigung* ist seitlich rechts und links an die Rechtecke angetragen. Die Betätigungsart gibt an, wodurch die jeweilige Schaltstellung erreicht wird (Abb. 3).

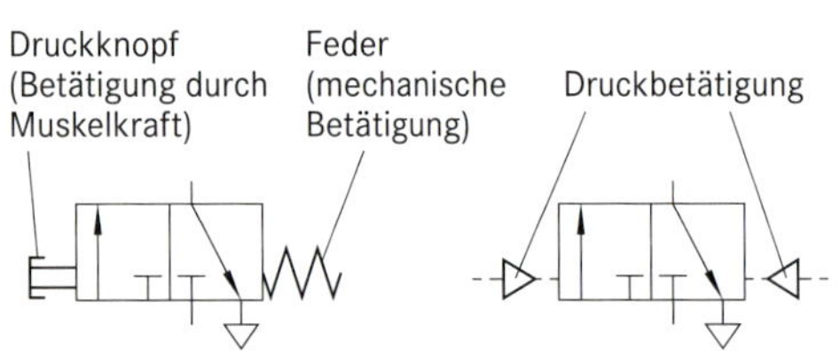

Abb. 3: Betätigungsarten

Die *Anschlusskennzeichnung* erfolgt meist durch Ziffern bei älteren Ventilen auch durch Buchstaben (Tab. 1). Die Kennzeichnung befindet sich auf den Bauteilen und im Schaltplan (Abb. 4).

Steuerleitungsanschlüsse sind mit zweistelligen Zahlen gekennzeichnet. Dabei bedeutet:
Druckluft am Anschluss 12 → Strömungsweg von 1 nach 2 wird geöffnet.

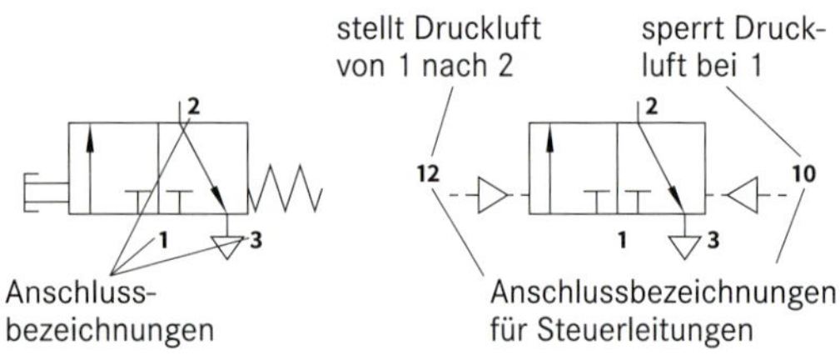

Abb. 4: Anschlusskennzeichnung

Die *Bezeichnung* der Wegeventile erfolgt nach der Anzahl der Leitungsanschlüsse und der Anzahl der Schaltstellungen. Die Steuerleitungsanschlüsse werden dabei nicht als Anschlüsse mitgezählt.

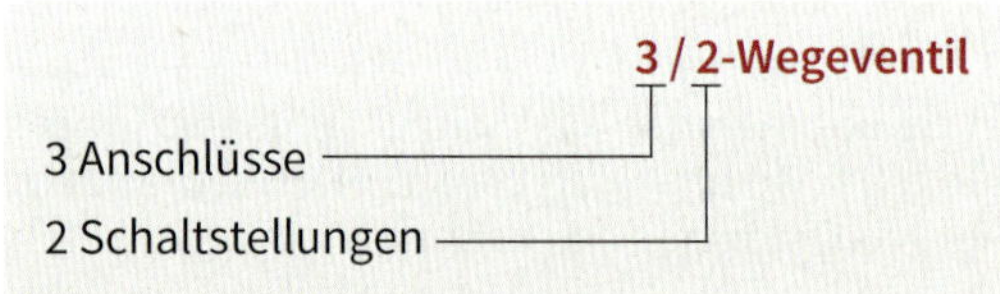

Tab. 1: Kennzeichnung von Anschlüssen

Anschlussarten	Bezeichnung der Anschlüsse durch	
	Ziffern	Buchstaben
Arbeits- bzw. Ausgangsleitungen	2, 4, 6	A, B, C
Druckluftanschluss	1	P
Abfluss, Entlüftung	3, 5, 7	R, S, T
Steuerleitungen	10, 12, 14	X, Y, Z

Pneumatische Näherungsschalter

Pneumatische Näherungsschalter werden dort eingebaut, wo eine mechanische Signaleingabe mit Rollenhebelventilen schlecht möglich ist. Die Näherungsschalter werden direkt am Zylinder montiert. Ein im Zylinderkolben angebrachter Dauermagnet betätigt berührungslos ein pneumatisches 3/2-Wegeventil und löst das Steuersignal aus (Abb. 5).

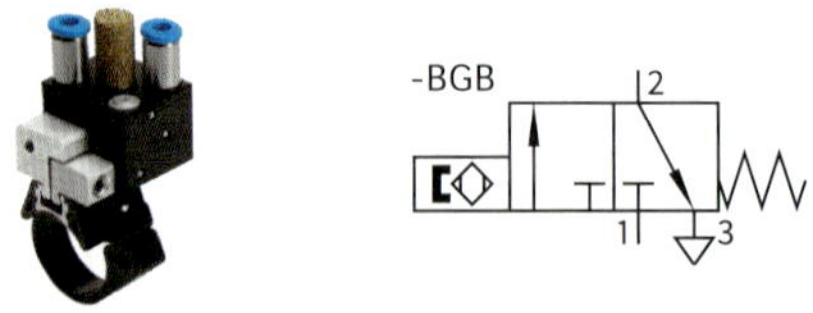

Abb. 5: Pneumatischer Näherungsschalter

5.1.1.4 Sperrventile

Sperrventile lassen den Durchfluss der Druckluft nur in einer Richtung zu. In der anderen Richtung sperren sie den Durchfluss.

Sperrventile werden mit einem Rechteck dargestellt. In dem Rechteck wird symbolisch die Ventilfunktion angegeben. Die Leitungsanschlüsse werden wie bei Wegeventilen mit Ziffern oder Buchstaben gekennzeichnet (→📖).

Zu den Sperrventilen gehören Rückschlagventile, Zweidruckventile und Wechselventile.

Zweidruckventile und Wechselventile verknüpfen Luftwege miteinander.

Rückschlagventile

Rückschlagventile haben einen Eingang (1) und einen Ausgang (2) (Abb. 6). Das Sperrelement wird von der Druckluft so verschoben, dass ein Anschluss nach außen gesperrt wird. Das Sperrelement kann federbelastet oder unbelastet eingebaut sein.

Steht Druckluft am Anschluss 1 an, wird der Durchfluss entgegen der Federkraft geöffnet. Die Druckluft kann ungedrosselt strömen. Steht Druckluft am Anschluss 2 an, wird der Durchfluss vollständig gesperrt.

! *Rückschlagventile* werden eingesetzt, wenn eine Durchflussrichtung gesperrt sein soll und die entgegengesetzte Richtung den vollen Durchfluss haben soll.

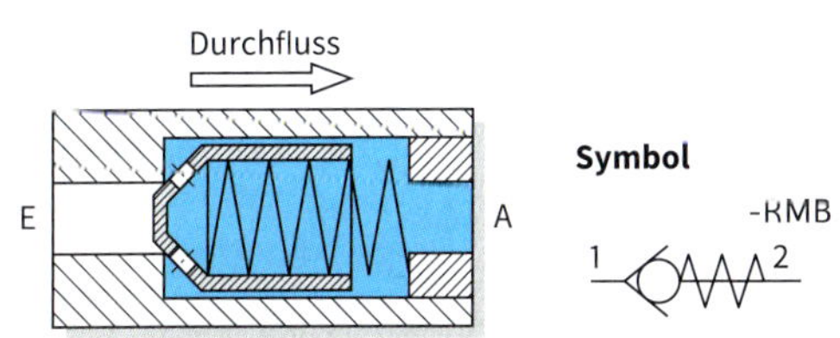

Abb. 6: Federbelastetes Rückschlagventil

Zweidruckventil

Zweidruckventile (Abb. 7) haben zwei Eingänge für Steuerleitungen (12, 14) und eine Ausgangsleitung (2). Steht nur an einem der Eingänge Druckluft an, wird die Verbindung zum Ausgang und zum anderen Eingang abgesperrt. Erst wenn an beiden Eingängen Druckluft ansteht, erfolgt der Durchfluss zum Ausgang.

! *Zweidruckventile* führen die Druckluft nur dann zum Ausgang weiter, wenn am Eingang 12 **und** Eingang 14 Druckluft ansteht.

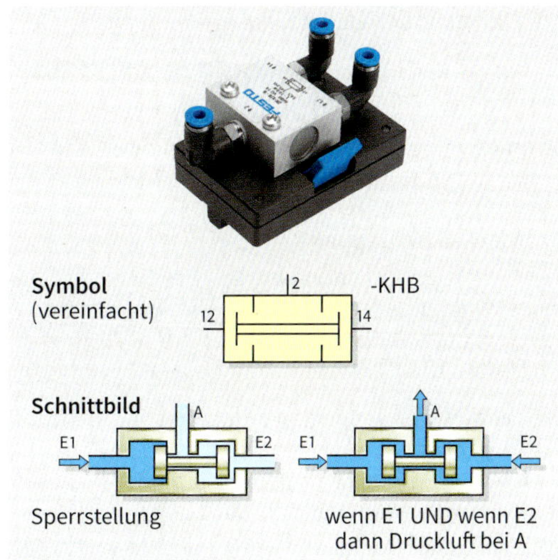

Abb. 7: Zweidruckventil

Wechselventil

Wechselventile (Abb. 8) haben zwei Eingänge für Steuerleitungen (12, 14) und eine Ausgangsleitung (2). Steht an einem der Eingänge Druckluft an, wird der Durchfluss zum Ausgang geöffnet und die Verbindung zum anderen Eingang abgesperrt. Auch wenn an beiden Eingängen Druckluft ansteht, erfolgt der Durchfluss zum Ausgang.

! *Wechselventile* führen die Druckluft immer dann zum Ausgang weiter, wenn an Eingang 12 **oder** Eingang 14 **oder** an beiden Eingängen Druckluft ansteht.

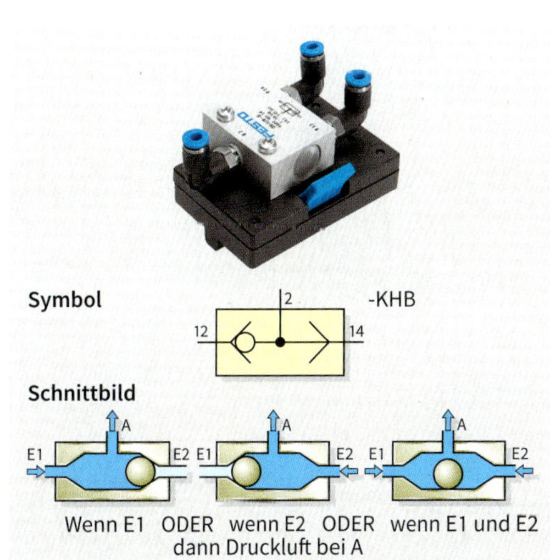

Abb. 8: Wechselventil

Informieren

5.1.1.5 Stromventile

Stromventile beeinflussen die Durchflussmenge (Volumenstrom) der Druckluft. Dadurch lässt sich die Geschwindigkeit der Kolbenbewegung von Druckluftzylindern einstellen.

Zu den Stromventilen zählen Drosselrückschlagventile und Schnellentlüftungsventile.

Stromventile werden direkt am Zylinder oder in dessen unmittelbarer Nähe eingebaut.

Drosselrückschlagventil

Die Ausfahrgeschwindigkeit des Pressenzylinders muss einstellbar sein, damit die Befestigungsschellen einwandfrei gebogen werden. Dazu wird ein Drosselrückschlagventil eingesetzt.

Drosselrückschlagventile werden in einer Richtung frei durchströmt (Abb. 1). Der Durchfluss in die andere Richtung wird gedrosselt. Der Drosselspalt kann mit der Stellschraube eingestellt werden. Strömt die Druckluft von 1 nach 2, wird die Kugel durch die Feder gegen ihren Sitz gedrückt. Der Luftweg wird geschlossen. Die Luft muss durch den verengten Drosselspalt strömen. Die Kolbengeschwindigkeit wird verringert. Strömt die Druckluft von 2 nach 1, wird die Kugel durch die Druckluft gegen die Feder gedrückt. Der Luftweg wird geöffnet. Die Druckluft kann ungedrosselt zum Zylinder strömen. Die Kolbengeschwindigkeit wird nicht beeinflusst.

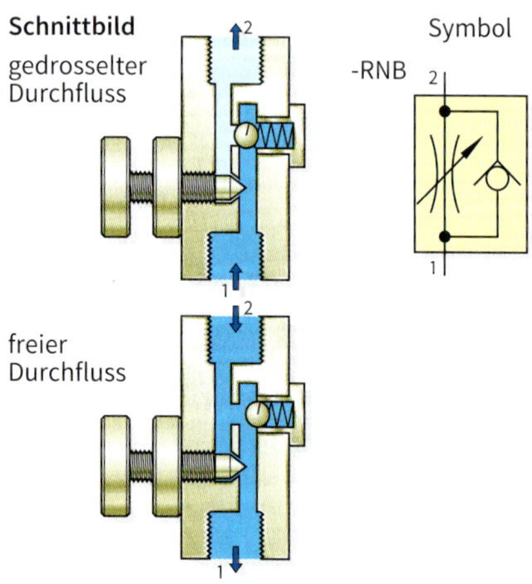

Abb. 1: Drosselrückschlagventil

Drosselrückschlagventile werden meist so eingebaut, dass die Kolbengeschwindigkeit über die vom Zylinder abströmende Luft eingestellt wird. Dies nennt man Abluftdrosselung.

Bei der Abluftdrosselung baut sich am Drosselrückschlagventil ein Gegendruck zur am Zylinder einströmenden Druckluft auf. Der Kolben fährt dadurch besonders bei kleineren Geschwindigkeiten gleichmäßiger aus.

Schnellentlüftungsventil

Bei einem Schnellentlüftungsventil strömt die Druckluft von 1 nach 2 zum Zylinder. Ein Sperrelement verschließt die Entlüftung 3. Beim Entlüften steht am Anschluss 1 keine Druckluft mehr an. Die Abluft verschließt den Anschluss 1 und strömt über die Entlüftung 3 direkt ab (Abb. 2).

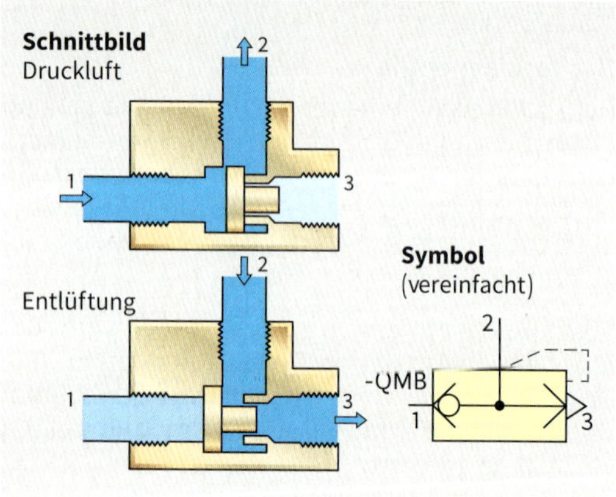

Abb. 2: Schnellentlüftungsventil

Schnellentlüftungsventile leiten beim Rückhub die aus dem Zylinder strömende Abluft direkt ins Freie. Da die Abluft nicht über Leitungen abgeführt wird, kann sie schneller entweichen. Der Kolben bewegt sich dadurch schneller zurück.

Aufgabe

1. Erklären Sie das abgebildete Wegeventil. Geben Sie dazu an:

a) die Bezeichnung des Wegeventils,

b) die Betätigungsarten,

c) die Strömungswege der Druckluft bei Ruhestellung und Arbeitsstellung.

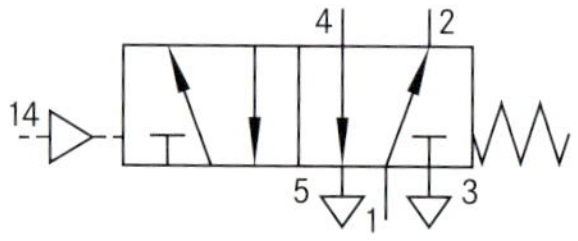

2. Erklären Sie die Kennzeichnung des Steuerleitungsanschlusses 14 des abgebildeten Wegeventils.

3. Erläutern Sie die Signalverknüpfung mit

a) Zweidruckventilen und

b) Wechselventilen.

5.1.2 Pneumatische Schaltpläne

Die Darstellung pneumatischer Schaltpläne ist in **ISO 1219-2** genormt (➜).

Die Darstellung aller Bauteile und Leitungen der Steuerung erfolgt ohne Berücksichtigung der tatsächlichen räumlichen Lage in der Anlage. Die Bauglieder werden in Schaltplänen mit genormten Symbolen nach **ISO 1219-1** dargestellt.

Gliederung pneumatischer Schaltpläne

Pneumatische Schaltpläne werden in einzelne Schaltkreise aufgeteilt. Ein *Schaltkreis* umfasst alle Bauglieder zur Steuerung eines Antriebsgliedes, z. B. eines Zylinders. Die Pressensteuerung besitzt lediglich einen Schaltkreis, da nur ein Zylinder eingesetzt ist (Abb. 3).

Befinden sich in einer Steuerung mehrere Antriebsglieder im Einsatz, so gibt es ebenso viele Schaltkreise. Mehrere Schaltkreise werden in der Reihenfolge des Steuerungsablaufes von links nach rechts nebeneinander angeordnet.

Die einzelnen Bauglieder eines Schaltkreises sind entsprechend dem Signalfluss und dem Energiefluss von unten nach oben angeordnet. Gleichartige Bauglieder, wie die Signalglieder 1.1, 1.2 und 1.3, werden dabei auf gleicher Höhe dargestellt.

Darstellung der Bauglieder

Die Zylinder und Ventile sollen möglichst waagerecht dargestellt werden. Sie sind dabei in Ausgangsstellung zu zeichnen. Diese Schaltstellung ergibt sich nach dem Einschalten der Anlage, aber vor Betätigung der Starttaster.

Sind zwei oder mehr Bauglieder zu einer Einheit zusammengefasst, z. B. die Wartungseinheit 0.1, werden sie mit einer Strichpunktlinie umrahmt. Die Wartungseinheit kann auch vereinfacht oder gar nicht dargestellt sein.

Die Einheiten zur Drucklufterzeugung werden in der Regel nicht dargestellt. Die Druckluftquelle wird durch ein unausgefülltes Dreieck symbolisiert.

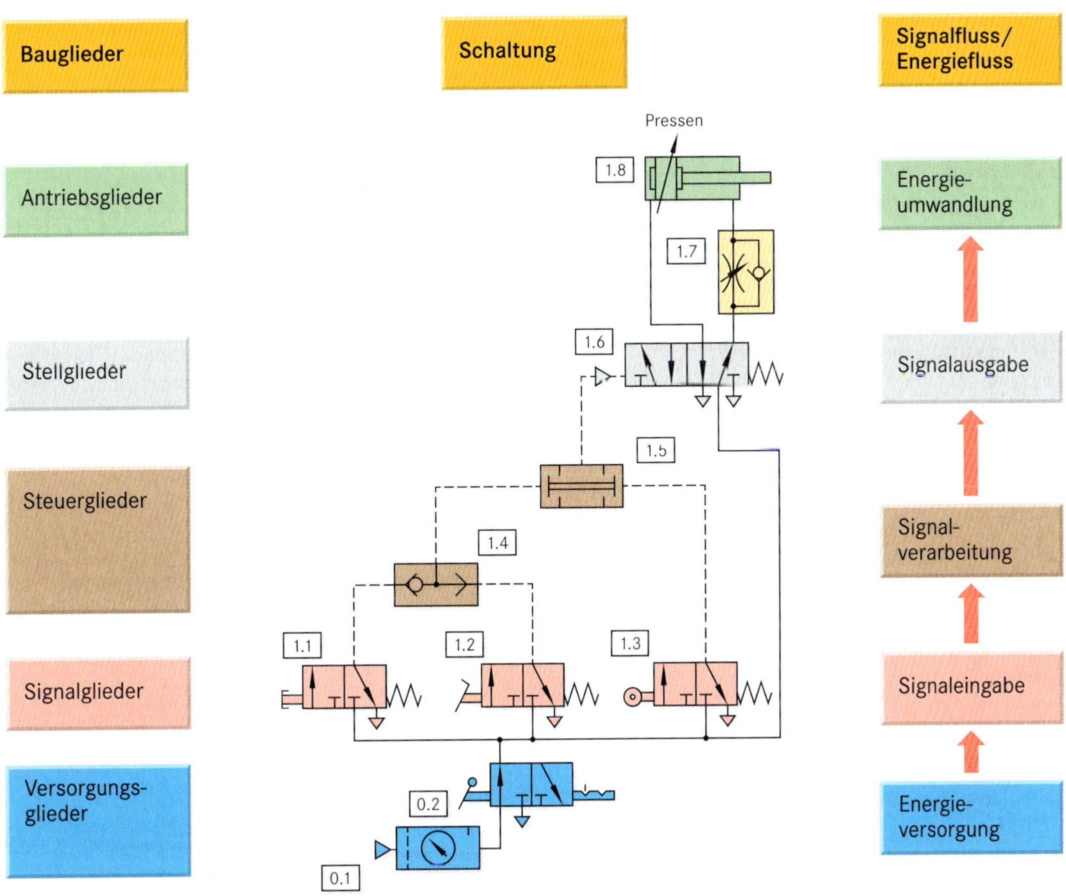

Abb. 3: Aufbau Pneumatischer Schaltpläne

Bezeichnungsschlüssel der Bauglieder

Jedes Bauglied erhält eine Bezeichnung nach **ISO 1219-2**, die mit einem Rahmen versehen ist (→). Die Bezeichnung besteht aus der Anlagenbezeichnung, dem Medienschlüssel, der Schaltkreisnummer und der Bauteilnummer.

X – X X . X

Anlagenbezeichnung
Medienschlüssel
Schaltkreisnummer
Bauteilnummer

Die *Anlagenbezeichnung* besteht aus Zahlen oder Buchstaben, gefolgt von einem Bindestrich.
Der *Medienschlüssel* besteht aus Buchstaben. Er muss angegeben werden, wenn in einer Anlage unterschiedliche Medien verwendet werden.

Tab. 1: Medienschlüssel

Medienschlüssel	Medium
H	Hydraulik
P	Pneumatik
C	Kühlung
K	Kühlschmiermittel
L	Schmierung
G	Gastechnik

Die Schaltkreise einer Anlage erhalten eine fortlaufende *Schaltkreisnummer*, gefolgt von einem Punkt. Bauglieder der Energieversorgung erhalten die Schaltkreisnummer 0.
Jedes Bauteil eines Schaltkreises erhält zusätzlich eine *Bauteilnummer*. Sie werden dabei fortlaufend von links nach rechts und von unten nach oben nummeriert, beginnend mit der Zahl 1.
Anlagenbezeichnung bzw. Medienschlüssel können entfallen, wenn nur eine Anlage vorhanden ist bzw. nur ein Medium verwendet wird. Die Bezeichnung besteht dann aus der Schaltkreisnummer und der Bauteilnummer.

Beispiel 1 . 8

Schaltkreisnummer
Bauteilnummer

Die Bauteile können auch nach **DIN EN ICE 81 346-2** gekennzeichnet werden (siehe Kapitel 5.2.3.1).

Leitungen und Leitungsanschlüsse

Nach ihrer Funktion werden Leitungen in Schaltplänen mit unterschiedlichen Linien dargestellt.

Arbeitsleitungen und *Anschlussleitungen* an das Druckluftnetz werden mit Volllinien dargestellt. Über diese Leitungen werden Ventile und Zylinder mit Druckluft versorgt.

Steuerleitungen werden mit Strichlinien dargestellt. Über diese Leitungen werden die Steuersignale zum Umschalten der Ventile geleitet.

Die Linien für Leitungen werden senkrecht oder waagerecht gezogen. Sie sollen sich möglichst nicht kreuzen. Leitungsverbindungen werden durch einen Punkt gekennzeichnet.

Die *Leitungsanschlüsse* an den Baugliedern werden durch Ziffern oder Buchstaben gekennzeichnet. Die gleiche Kennzeichnung findet sich auch auf den Baugliedern.

Technische Angaben

Auf praxisgerechten Schaltplänen sind die technischen Daten einzutragen:

- bei Rohrleitungen der Außendurchmesser und die Wanddicke in Millimeter, z. B. **Ø 6 x 1**,
- bei Schlauchleitungen der Nenn-Innendurchmesser, z. B. **Ø 4**,
- bei Druckventilen der Einstelldruck, z. B. **5 bar**,
- bei Druckluftfiltern die Nennfiltrationsrate, z. B. **40 µm**,
- bei Überdruckmessgeräten der Druckbereich in bar, z. B. **10 bar**.
- bei Druckluftzylindern der Innendurchmesser und Hub in Millimeter, z. B. **Ø 40 x 100**,
- bei Antriebsgliedern wie Zylinder dessen Funktion in der Anlage, z. B. **Pressen**.

Aufgabe

1. Welche Regeln gelten für das Anordnen und Darstellen von pneumatischen Baugliedern und Leitungen in einem Schaltplan?

2. Was steht man unter einem Schaltkreis?

3. In welcher Schaltstellung werden die Bauglieder in einem Schaltplan dargestellt?

4. Beschreiben Sie die Aufgabe von Steuerleitungen in einer pneumatischen Steuerung.

5. Erläutern Sie die Bezeichnung der Bauglieder nach ISO 1219 in einer pneumatischen Anlage.

Grundlagen

Steuerungen und Regelungen

Steuerungen und Regelungen unterscheiden sich in ihrer Wirkunsweise.

Steuerungen

Über Drosselventile wird die Menge der zu einem Zylinder strömenden Luft (Volumenstrom $\dot{V}$) eingestellt. Die Größe des Volumenstromes ist jedoch nicht nur von der Ventilöffnung im Drosselventil abhängig. Der Druckluftstrom wird auch beeinflusst durch die Größe des Druckes auf der Eingangsseite (p_1) und der Ausgangsseite (p_2) des Ventils. Schwankt der Druck, ergeben sich veränderte Volumenströme.

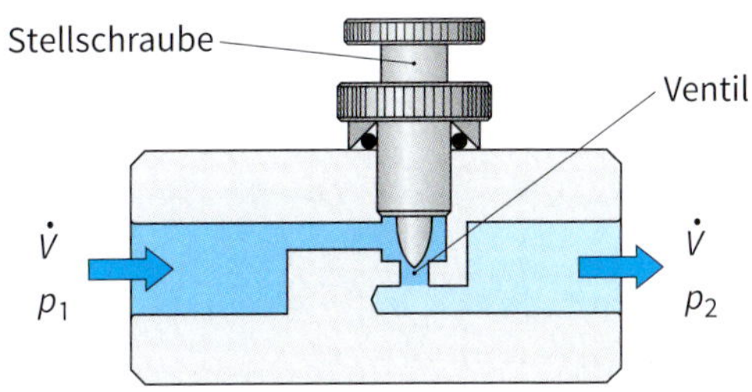

Drosselventile steuern den Volumenstrom. Druckschwankungen werden nicht ausgeglichen.

Drosselventile haben folgende Funktionsstruktur: Über die Stellschraube als *Eingabeglied* wird ein Signal zum Verstellen des Druckluftstromes eingegeben. Das Gewinde als Verarbeitungsglied verarbeitet das Signal. Je nach Drehrichtung der Stellschraube öffnet oder schließt das Ventil. Das Ventil als *Ausgabeglied* steuert den Druckluftstrom. Die einzelnen Glieder wirken der Reihe nach aufeinander ein. Eine solche Anordnung wird als *Steuerkette* bezeichnet.

Das Ausgabeglied wirkt auf den Stofffluss und verändert deren Größe. Störungen, wie Druckschwankungen, werden nicht ausgeglichen. Der Wirkungslauf von Steuerungen ist offen.

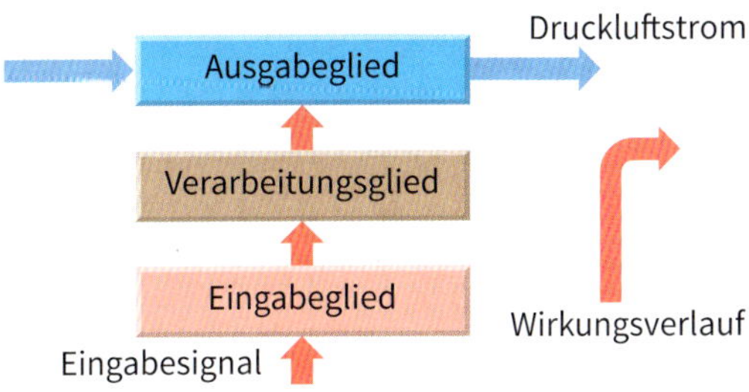

Regelungen

Der Arbeitsdruck in pneumatischen Anlagen soll konstant sein. Druckluftschwankungen führen dazu, dass bei Druckluftzylindern unterschiedliche Kobenkräfte und Verfahrgeschwindigkeiten auftreten. Damit der Arbeitsdruck konstant bleibt, werden Druckreduzierventile eingesetzt.

Beim Druckreduzierventil wird durch Rechtsdrehen der Einstellspindel die Feder gespannt. Federteiler mit Membran und Ventilstößel werden nach oben gedrückt. Ventil I öffnet. Es baut sich der Ausgangsdruck (p_2) auf. Der Druck wirkt über eine Bohrung auch auf die Membran. Zwischen Ausgangsdruck und Federkraft stellt sich ein Gleichgewicht ein.

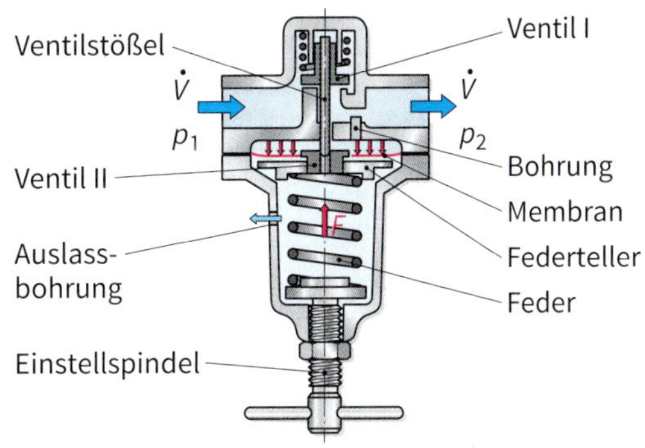

Druckreduzierventile regeln den eingestellten Arbeitsdruck. Druckschwankungen werden selbsttätig ausgeglichen.

Druckreduzierventile haben folgende Funktionsstruktur: Über die Einstellspindel als Eingabeglied wird der Arbeitsdruck eingestellt. Er bildet den Sollwert. Der tatsächliche Wert des Ausgangsdruckes entspricht dem Istwert. Er wird durch die Membran als Messeinrichtung erfasst und durch die Feder als Vergleichsglied mit dem Sollwert verglichen. Über das Ventil I und II als Ausgabeglied wird der Druck rückwirkend beeinflusst. Die einzelnen Glieder wirken im Kreis aufeinander ein. Eine solche Anordnung wird als Regelkreis bezeichnet.

Regelungen messen ständig den Istwert, vergleichen ihn mit dem Sollwert und beeinflussen rückwirkend über das Ausgabeglied den Stofffluss. Der Wirkungsablauf von Regelungen ist geschlossen.

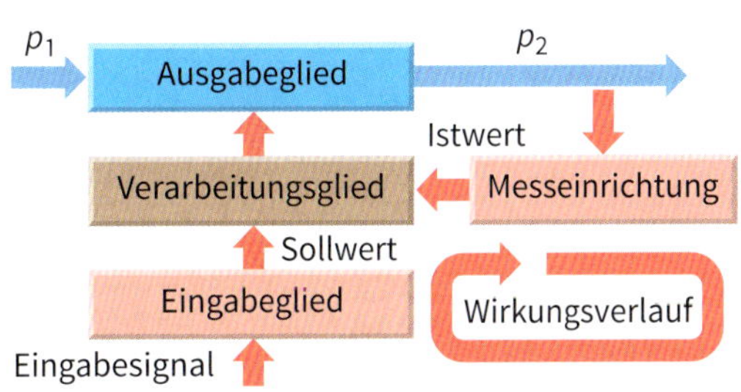

Informieren/ Dokumentieren

5.1.3 Funktionsdarstellungen

Die Funktionsweise einer Steuerung kann in Textform beschrieben werden. Sprachliche Beschreibungen einer Steuerung sind jedoch umfangreich, unübersichtlich und unter Umständen missverständlich.

In der Technik sind daher grafische Darstellungen des Steuerungsvorgangs üblich. Sie beschreiben die Funktionsweise einer Steuerung unabhängig von der gerätetechnischen Ausführung.

5.1.3.1 Zustandsdiagramme

Der Steuerungsablauf kann durch Zustandsdiagramme nach **VDI 3260** beschrieben werden. Diese Norm wurde zurückgezogen und sollte nicht mehr angewandt werden. In älteren Schaltungsdokumentationen findet man sie jedoch noch. Darum sollen wesentliche Inhalte kurz dargestellt werden.

Die Grundlage für den Aufbau der Diagramme bildet die Gliederung des Steuerungsablaufs in einzelne Schritte. Die Schritte ergeben sich aus Zustandsänderungen der Bauglieder. Solche Zustandsänderungen sind das Ein- und Ausfahren von Zylindern oder das Umschalten von Ventilen.

Die Zustandsänderungen und die Schaltzustände der Bauglieder werden durch *Funktionslinien* angegeben (Abb. 1). Die Schaltzustände werden durch waagerechte Linien dargestellt. Schmale Volllinien geben den Ausgangszustand an. Breite Volllinien werden bei betätigten Baugliedern gezeichnet.

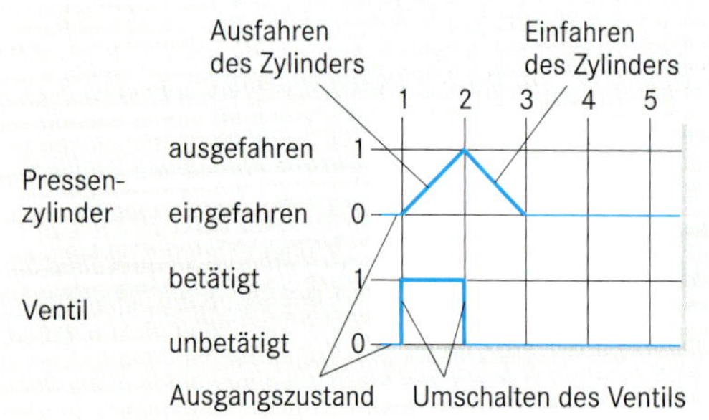

Abb. 1: Darstellung von Funktionslinien

Zustandsänderungen der Zylinder werden durch schräge Funktionslinien zwischen zwei Schaltschritten dargestellt. Zustandsänderungen von Ventilen werden durch senkrechte Funktionslinien dargestellt. Die Funktionslinien für eine Zustandsänderung beginnen an der Linie für einen Schaltschritt.

Das Zusammenwirken der einzelnen Bauteile einer Steuerung wird durch *Signallinien* angegeben (Abb. 2). Signallinien beginnen an den Funktionslinien der Bauglieder, die eine Aktion auslösen, und enden an den Funktionslinien der Bauglieder, die durch das Signal beeinflusst werden. Die Wirkrichtung der Signale wird durch Pfeile angegeben. Signallinien werden vorwiegend senkrecht gezeichnet, können aber auch beliebig abgewinkelt werden. An Funktionslinien beginnen und enden sie abgewinkelt. Sie werden als schmale Volllinien gezeichnet.

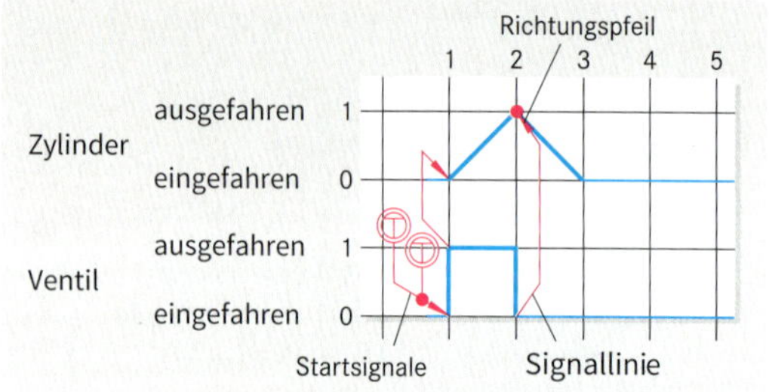

Abb. 2: Darstellung von Signallinien

Die Signallinien der *Startsignale* werden immer an die Funktionslinie des Baugliedes gezogen, welches die erste Zustandsänderung auslöst. Die Art der Signaleingabe wird durch genormte Symbole dargestellt. Die *Signalverknüpfung* wird ebenfalls durch genormte Symbole dargestellt (Abb. 3).

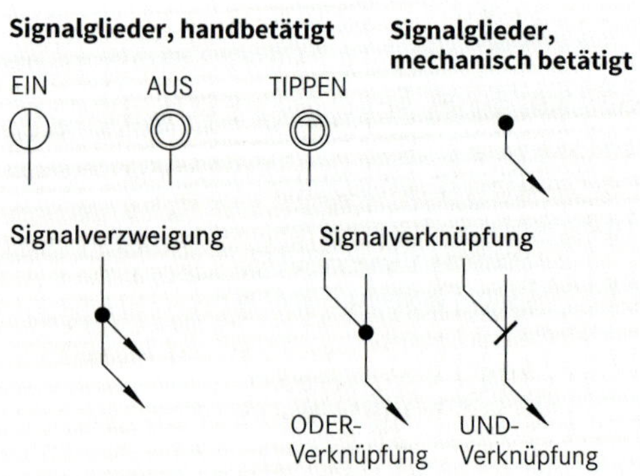

Abb. 3: Symbole für Startsignale und Signalverknüpfung

In Verbindung mit dem Schaltplan erleichtern Zustandsdiagramme das Erfassen des Steuerungsablaufes. Aus Zustandsdiagrammen sind Schaltstellung und Signalverknüpfung aller Bauglieder einer Steuerung ersichtlich (Abb. 4). Sie sind wichtige Unterlagen zur Inbetriebnahme und Instandsetzung von Steuerungen.

Bauglieder Benennung	Kennzeichen	Zustand
Pressenzylinder	1.8	ausgefahren
		eingefahren
Umschaltventil	1.6	betätigt
		unbetätigt
Endschalter	1.3	betätigt
		unbetätigt

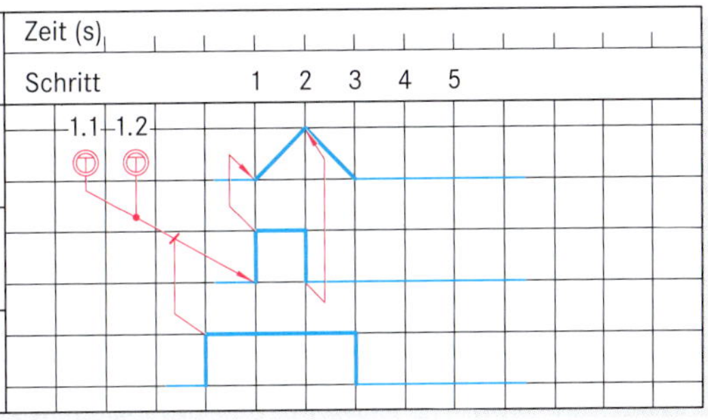

Abb. 4: Zustandsdiagramm der Presse

5.1.3.2 Funktionsplan – GRAFCET

Der Funktionsplan GRAFCET nach **DIN EN 60484** stellt den Steuerungsvorgang grafisch dar (→📖). Der Steuerungsvorgang wird dabei in Einzelschritte aufgegliedert. Die Aneinanderreihung mehrerer Schritte nennt man Ablaufkette.

! Funktionspläne beschreiben den Steuerungsablauf geräteunabhängig mit genormten grafischen Symbolen.

Die Symbole für GRAFCET kennzeichnen:

- Schritte,
- Wirklinien, die Schritte miteinander verbinden,
- Übergänge und
- Aktionen, die von den Schritten ausgelöst werden.

Schritte

Abläufe werden in Schritte unterteilt. *Schritte* werden als Quadrat dargestellt. Jeder Schritt erhält eine Schrittnummer (Abb. 5).

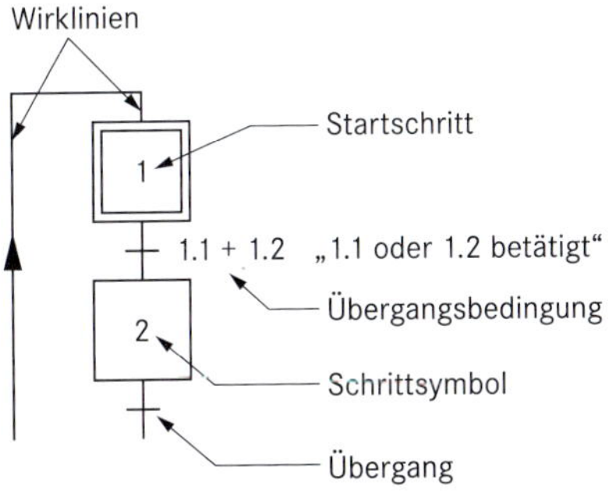

Abb. 5: Schrittsymbole und Übergangsbedingungen

Der *Startschritt* wird durch einen doppelten Rahmen besonders gekennzeichnet. Er gibt die Grundstellung der Steuerung an, indem sie unmittelbar nach dem Einschalten steht.

Wirklinien

Wirklinien verbinden die Schritte, Übergange und Aktionen entsprechend dem Steuerungsablauf. Die Eingänge sind vorzugsweise oben oder an der linken Seite der Symbole anzuordnen, die Ausgänge unten oder an der rechten Seite. Wirklinien verlaufen waagerecht oder senkrecht. Kreuzungen sollten vermieden werden.

Wirklinien, die von unten nach oben oder von rechts nach links verlaufen, sind mit einem Pfeil zu kennzeichnen.

Übergänge

Ein *Übergang* wird durch einen kurzen waagerechten Strich dargestellt, der zwischen zwei Schritten gesetzt wird.

! Schritte und Übergänge wechseln sich immer miteinander ab.

Jedem Übergang ist eine Übergangsbedingung zugeordnet. Übergangsbedingungen können durch Textaussagen, grafische Symbole oder boolesche Gleichungen (z. B. 1.1 + 1.2) beschrieben werden.

Übergangsbedingungen können mit einem Kurztext erläutert werden. Der Text wird dabei in Anführungszeichen gesetzt.

Aktionen

Schritte lösen eine oder mehrere Aktionen aus. Aktionen werden mit dem zugehörigen Schrittsymbol verbunden und mit einem Rechteck umrahmt (Abb. 1 nächste Seite).

Aktionen können durch Textaussagen (z. B. Zylinder 1.8 ausfahren) oder symbolisch beschrieben werden. Die Aktion wird so lange ausgeführt, wie der zugehörige Schritt aktiv ist.

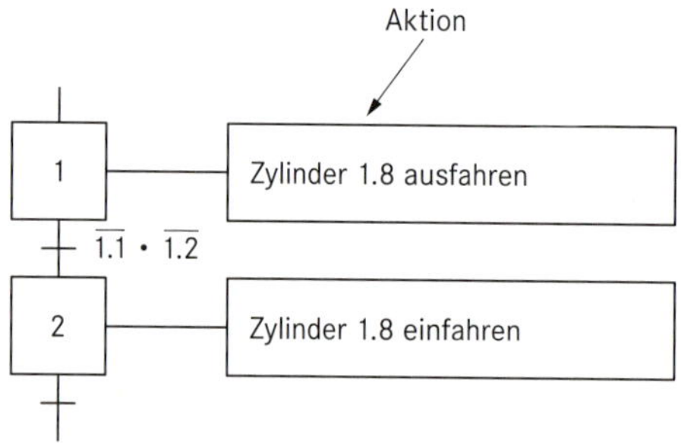

Abb. 1: Symbole für Aktionen

Ablaufkette

Die Gesamtheit aller Schritte wird als Ablaufkette bezeichnet. Die Schritte werden nacheinander von oben nach unten durchlaufen und es ist immer nur ein Schritt aktiv.

Besteht eine Rückführung vom letzten Schritt zum Anfangs- oder Startschritt, spricht man von einer geschlossenen Ablaufkette. Abbildung 2 zeigt die Ablaufkette für die Presse.

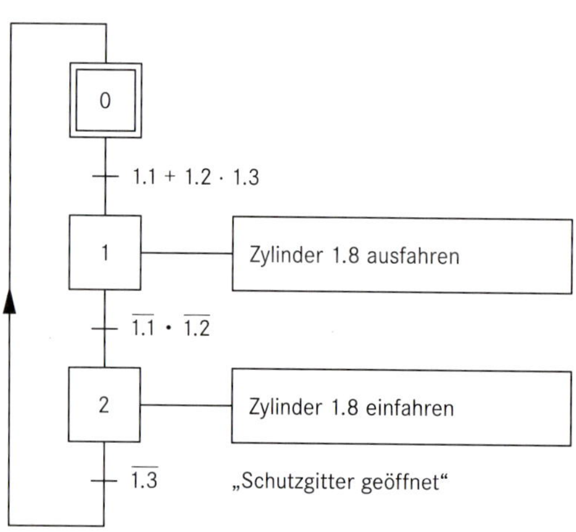

Abb. 2: Ablaufkette der Presse

5.1.4 Inbetriebnahme

Bei der Inbetriebnahme geht man schrittweise vor. Zuerst werden die Verlegung der Leitungen und der Zustand der Wartungseinheit überprüft. Erst dann überprüft und stellt man die Funktion der Steuerung ein.

Schlauchleitungen

Die Schlauchleitungen sind auf richtige Verlegung und ordnungsgemäßen Anschluss zu kontrollieren. Insbesondere ist darauf zu achten, dass die Pneumatikleitungen bei beweglichen Anlagenteilen nicht eingeklemmt werden können.

Wartungseinheit

Bei einer regelmäßigen Überprüfung oder vor einer Inbetriebnahme sollte vorhandenes Kondensat am Druckluftfilter abgelassen werden. (Abb. 3)

Werden pneumatische Anlagen wie die pneumatische Presse mit geölter Druckluft betrieben, sind folgende Arbeiten durchzuführen:

- Der Druckluftöler muss mit dem richtigen Öl und der geforderten Menge befüllt werden.
- Die Ölmenge, die der Luft zugeführt werden muss, ist entsprechend einzustellen.

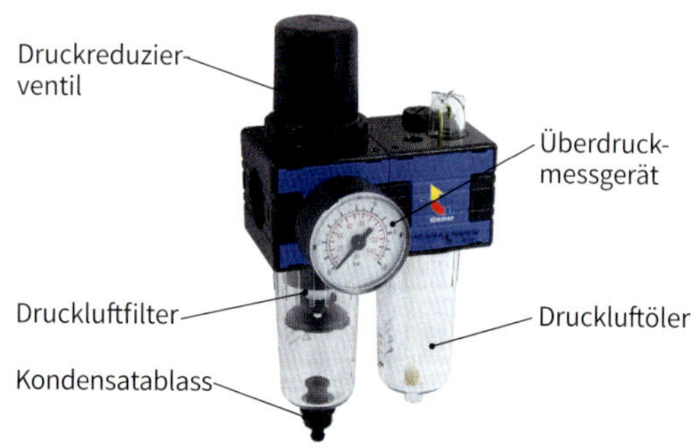

Abb. 3: Wartungseinheit

Pneumatische Steuerung

Für die Inbetriebnahme der pneumatischen Steuerung empfiehlt sich die folgende Vorgehensweise:

1. An der drucklosen Anlage die Antriebsglieder (Zylinder) und die Stellglieder (Wegeventile) in die Grundstellung bringen. Ventile mit Federrückstellung haben eine definierte Grundstellung. Impulsventile, die keine definierte Grundstellung haben, werden mit der Handhilfsbetätigung in die Grundstellung geschaltet.
2. Alle Drosselventile weitgehend schließen, um die Kolbengeschwindigkeiten beim ersten Betrieb gering zu halten.

3. Druck am Druckreduzierventil auf 0 bar einstellen.
4. Das Hauptabsperrventil öffnen und Druck am Druckreduzierventil langsam erhöhen, bis der Arbeitsdruck erreicht ist. Hierbei darauf achten, dass keine unkontrollierten Bewegungen auftreten. Andernfalls Hauptschalter wieder schließen und die Ursache beheben.
5. Die Schlauchleitungen und Anschlüsse auf Dichtigkeit prüfen.
6. Geschwindigkeit der Antriebsglieder an den Drosselventilen einstellen, dabei die Stellglieder über die Handhilfsbetätigung schalten.
7. Beim Bewegen der Antriebsglieder ist zu kontrollieren, ob die Signalglieder für die Endlagen richtig ansprechen. Gegebenenfalls müssen diese justiert werden.
8. Abschließend alle Antriebsglieder und Ventile in die Grundstellung bringen.
9. Hauptsperrventil wieder schließen.

Anschließend wird der Steuerungsablauf entsprechend dem Funktionsplan oder dem Zustandsdiagramm überprüft. Dabei wird die Anlage zuerst ohne Werkstück getestet.

Arbeitssicherheit

Bei Eingriffen in die Steuerung aufgrund von Montage oder Einstellarbeiten ist die Anlage stets drucklos zu schalten.

Bei der Montage, beim Anschließen, Einstellen und bei der Inbetriebnahme muss sichergestellt sein, dass ein versehentliches Betätigen durch andere Personen ausgeschlossen ist.

Das probeweise Betätigen von Grenztastern an Zylindern muss mit einem Hilfsmittel erfolgen, um Verletzungen an den Händen zu vermeiden.

Aufgaben

1. Beschreiben Sie die Vorteile von grafischen Funktionsdarstellungen gegenüber der Textform.

2. Wie werden Zustandsdarstellungen von Zylindern und Ventilen in Zustandsdiagrammen dargestellt?

3. Analysieren Sie die Ablaufkette der Presse in Abb. 2:

a) Beschreiben Sie dazu die Grundstellung für die Steuerung.

b) Geben Sie die Übergangsbedingungen für den Start des Pressvorgangs an.

Zusammenfassung

Pneumatische Steuerungen

Gesamtsystem, bei dem Druckluft als Energieform zum Steuern und Antreiben von Anlagen eingesetzt wird

Druckluftbereitstellung

Teilsystem, das den Steuerteil und Arbeitsteil mit aufbereiteter Druckluft versorgt

Einheiten zur Energieversorgung
- Druckerzeugungsanlage
- Wartungseinheit

Steuerteil

Teilsystem, das den Arbeitsvorgang steuert; steuerndes Teilsystem

Einheiten zur Signaleingabe, Signalverarbeitung und Signalausgabe
- Signalglieder
  - Wegeventile
- Steuerglieder
  - Wechselventile
  - Zweidruckventile
  - Wegeventile

Arbeitsteil

Teilsystem, das den Arbeitsvorgang ausführt; gesteuertes Teilsystem

Einheiten zum Stellen des Energie- und Stoffflusses
- Stellglieder
  - Wegeventile

Einheiten zur Energieumwandlung
- Antriebsglieder
  - Zylinder

5.2 Elektropneumatische Steuerungen

ARBEITSAUFTRAG

Die Presse mit der elektropneumatischen Steuerung soll installiert und in Betrieb genommen werden. Um diese Arbeit durchführen zu können, werden Kenntnisse der Elektrik und der Pneumatik benötigt.

Damit die Steuerung installiert werden kann, müssen die Aufgaben und die Funktion der pneumatischen und elektrischen Bauglieder sowie deren Zusammenwirken in der Schaltung bekannt sein.

Außerdem müssen die in den Schaltplänen vorhandenen Informationen verstanden werden. Dazu ist es notwendig, die zugrunde liegenden Zeichenregeln, Schaltzeichen und Normen zu kennen.

Informieren

5.2.1 Elektrische Betriebsmittel

Elektrische Bauteile und Baueinheiten werden als Betriebsmittel bezeichnet. Sie werden in Schaltplänen durch Schaltzeichen nach **DIN EN 60617** dargestellt (➜📖). Die Schaltzeichen kennzeichnen die Funktionsweise der Betriebsmittel. Die Betriebsmittel erhalten eine Referenzkennzeichnung nach **DIN EN ICE 81346-2.** Im Kapitel 5.2.1 ist an den Schaltzeichen der Betriebsmittel die Referenzkennzeichnung mit drei Buchstaben für die Unter-Unterklasse angegeben.

In der Schaltung der elektropneumatischen Steuerung sind folgende Betriebsmittel eingesetzt:

- Schalter,
- Relais und
- Magnetventile.

5.2.1.1 Schalter

In der elektrischen Steuerung der Presse werden die Signale durch Schalter eingegeben. Schalter haben Schaltkontakte, die Stromkreise schließen oder unterbrechen (Abb. 1).

Die *Schaltkontakte* der Schalter können ausgeführt sein als:

- *Schließer*, die bei Betätigen einen Stromkreis schließen,
- *Öffner*, die bei Betätigen einen Stromkreis unterbrechen,

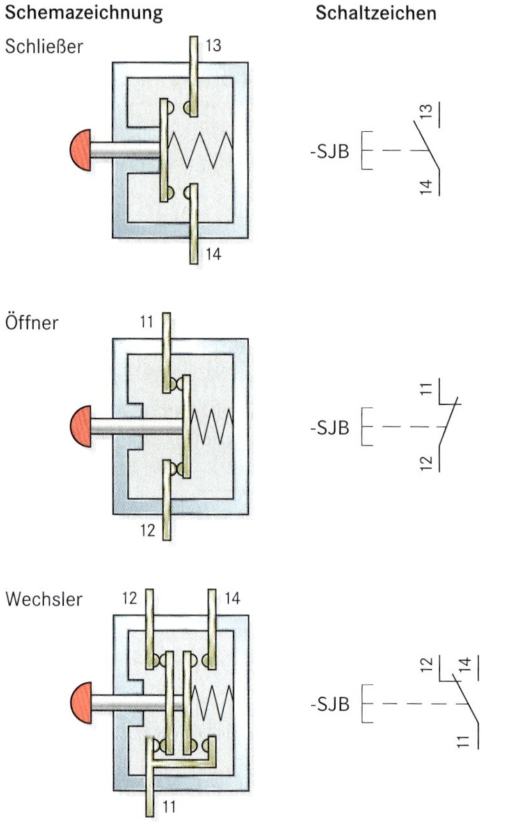

Abb. 1: Schaltkontakte

- *Wechsler*, die sowohl einen Schließer als auch einen Öffnerkontakt haben. Sie unterbrechen bei Betätigen einen Stromkreis und schließen gleichzeitig einen anderen.

Schalterarten

Schalter können manuell von Hand oder mechanisch durch Baueinheiten von Maschinen und Anlagen betätigt werden (Tab. 1).

Bei *manuell betätigten Schaltern* unterscheidet man Tastschalter und Stellschalter.

Tastschalter kehren nach Betätigung selbsttätig in ihre Ausgangsstellung zurück.

Stellschalter bleiben in der Schaltstellung, in die sie bei Betätigung gebracht werden. Sie müssen in die Ausgangsstellung zurückgestellt werden. Stellschalter sind häufig Kippschalter oder Drehschalter.

Mechanisch betätigte Schalter sind Grenztaster oder Endschalter. Mit ihnen wird das Erreichen von Endlagen beweglicher Maschinenteile abgetastet (z. B. Kolbenstellung eines Druckluftzylinders oder Stellung eines Schutzgitters). Grenztaster sind meist als Wechsler ausgelegt.

Schaltzeichen

Die Schaltzeichen für Schalter bestehen aus dem Zeichen für die Schaltkontakte, an dem seitlich das Zeichen für die Art der Betätigung, z. B. für einen Drehschalter, dargestellt wird (Abb. 2). Mechanische Verbindungen werden durch gestrichelte Linien angegeben. An der Verbindung wird das Einrasten der Stellschalter besonders gekennzeichnet.

Drehschalter

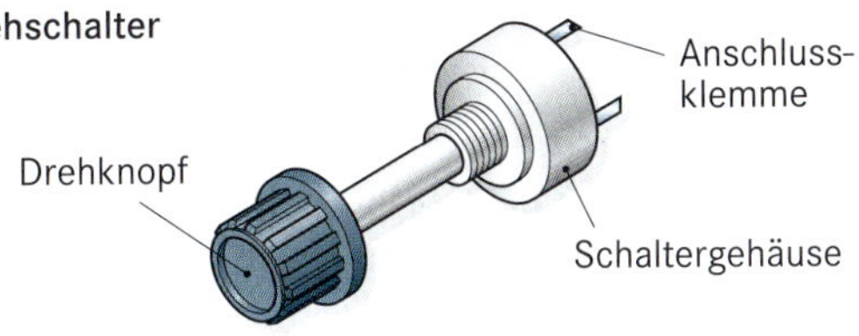

Schaltzeichen

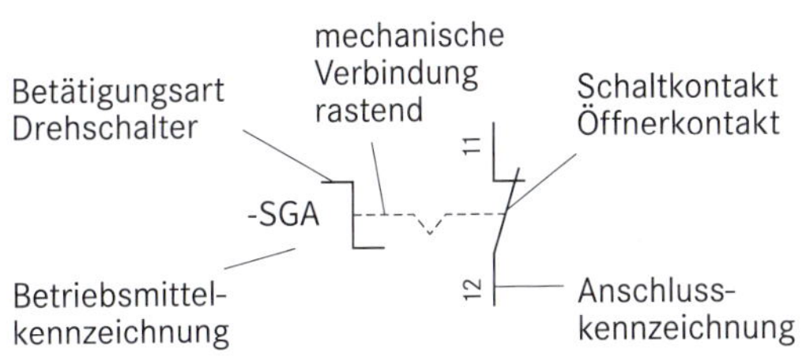

Abb. 2: Schaltzeichenaufbau eines Schalters

Anschlusskennzeichnung

Kontakte zum Schalten der Stromkreise in Steuerungen erhalten eine *Funktionsziffer*. Sie gibt die Art des Schaltkontaktes an.

- Öffner 1 – 2
- Schließer 3 – 4
- Wechsler 1 – 2 – 4

Haben Schalter mehrere Kontakte, so wird der Funktionsziffer eine *Ordnungsziffer* beginnend mit der Ziffer 1 vorangestellt. Sie kennzeichnet die Rangfolge der Kontakte bei einem Schalter.

Die gleiche Kennzeichnung von Anschlüssen an Betriebsmitteln wird im Stromlaufplan vorgenommen. Dadurch wird die fehlerfreie Verdrahtung von Schaltkontakten sichergestellt.

Betriebsmittelkennzeichnung

Alle Betriebsmittel werden zur eindeutigen Identifizierung gekennzeichnet. Die Kennzeichnung erfolgt nach **DIN EN ICE 81 346-2** (→📖).

Die Art des Betriebsmittels wird mit Buchstaben angegeben (siehe Kapitel 5.2.3).

Den Buchstaben wird eine Zählnummer angehängt. Jede Betriebsmittelart erhält eine fortlaufende, mit 1 beginnende Zählnummer.

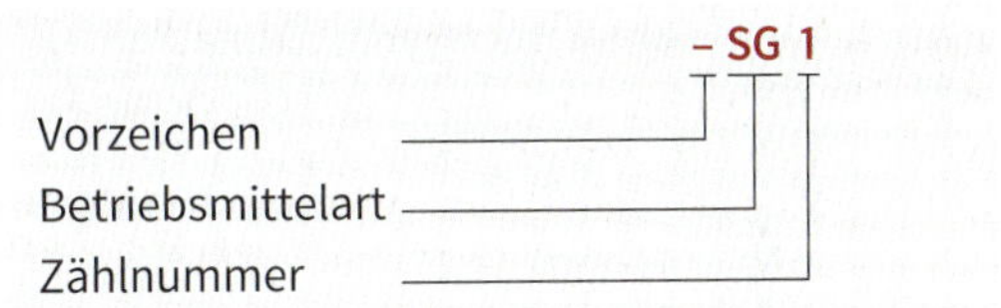

Abb. 3: Beispiel für Bertriebsmittelkennzeichnung

Tab. 1: Schalter mit unterschiedlichen Betätigungsarten

Benennung	Fingerbetätigter Tastschalter mit Schließerkontakten	Handbetätigter rastender Stellschalter mit Öffnerkontakten	Rollenbetätigter Taster mit Wechslerkontakten
Bauteile			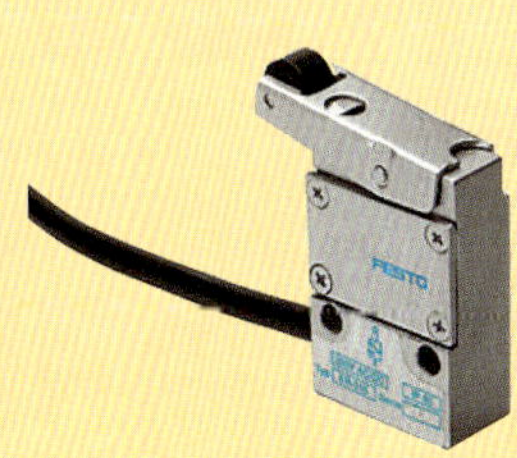
Schaltzeichen	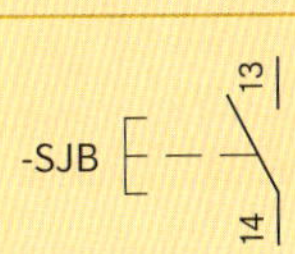	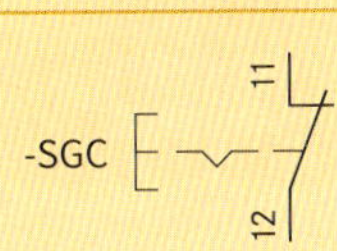	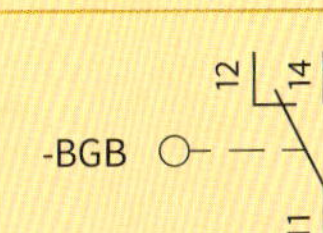
Verwendungsbeispiel	EIN-Taster zum Starten einer Anlage	NOT-AUS-Schalter zum Energielosschalten einer Anlage	Grenztaster zum Abfragen der Stellung von Anlagenteilen wie Zylinder und Schutzgitter

5.2.1.2 Relais

Relais bestehen aus einer Magnetspule mit Eisenkern und mehreren Öffner- und Schließerkontakten (Abb. 1). Sie werden elektromagnetisch betätigt und können mehrere Stromkreise schalten.

Liegt Spannung an der Magnetspule an und fließt Strom durch die Magnetspule, wird der Anker angezogen. Dadurch werden die Schaltkontakte gleichzeitig geschaltet. Im stromlosen Zustand fällt der Anker wieder ab. Die Kontakte gehen wieder in die Ausgangslage zurück.

Es gibt Relais, die sofort die Kontakte umschalten, wenn Spannung an der Spule anliegt und Relais, die zeitverzögert die Kontakte schalten, wenn Spannung anliegt oder abfällt. Relais mit dieser Funktion nennt man Zeitrelais.

Bei den *Zeitrelais* unterscheidet man:

- *Relais mit Anzugsverzögerung*, bei denen die Kontakte zeitverzögert zum Einschalten des Relais umschalten, und
- *Relais mit Abfallverzögerung*, bei denen die Kontakte zeitverzögert zum Abschalten des Relais abfallen.

Schaltzeichen

Das Schaltzeichen für Relais besteht aus den Zeichen für die Magnetspule, die Schaltkontakte und die mechanische Verbindung (Anker) zwischen ihnen (Abb. 1). Das Zeichen für die Magnetspule besteht aus einem Rechteck. An das Rechteck werden die Spulenanschlüsse als senkrechte Striche gezeichnet.

Die Schaltzeichen von Zeitrelais werden besonders gekennzeichnet. An dem Zeichen für die Spule wird ein geschwärztes Feld oder ein Feld mit einem Kreuz angetragen. An die Verbindungslinie wird ein halbkreisförmiger Bogen angetragen.

Anschlusskennzeichnung

Kontakte zum Schalten von Stromkreisen in Steuerungen erhalten eine zweistellige Kennziffer. Die erste Ziffer (Zehnerstelle) kennzeichnet die Rangfolge der Kontakte. Sie wird *Ordnungsziffer* genannt. Die zweite Ziffer (Einerstelle) gibt die Art des Kontaktes an. Sie wird *Funktionsziffer* genannt (Abb. 2).

Es ist folgende Funktionsziffernzuordnung genormt:

- Öffner 1 - 2
- Schließer 3 - 4
- Wechsler 1 - 2 - 4
- Öffner zeitverzögert 5 - 6
- Schließer zeitverzögert 7 - 8

Spulenanschlüsse erhalten den Kennbuchstaben A, für den Spuleneingang A1 und für den Spulenausgang A2.

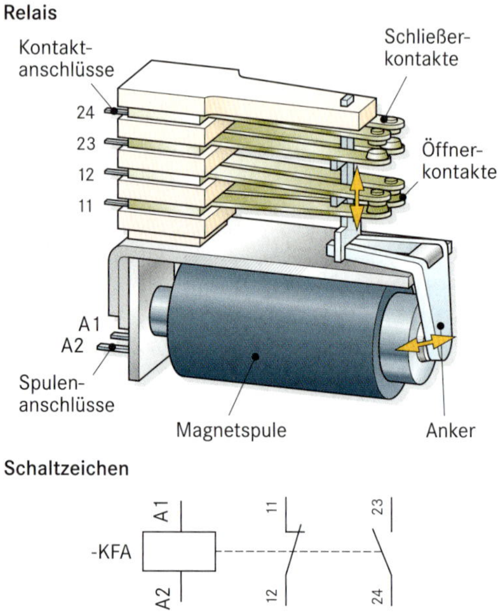

Abb. 1: Relaisaufbau und Schaltzeichen

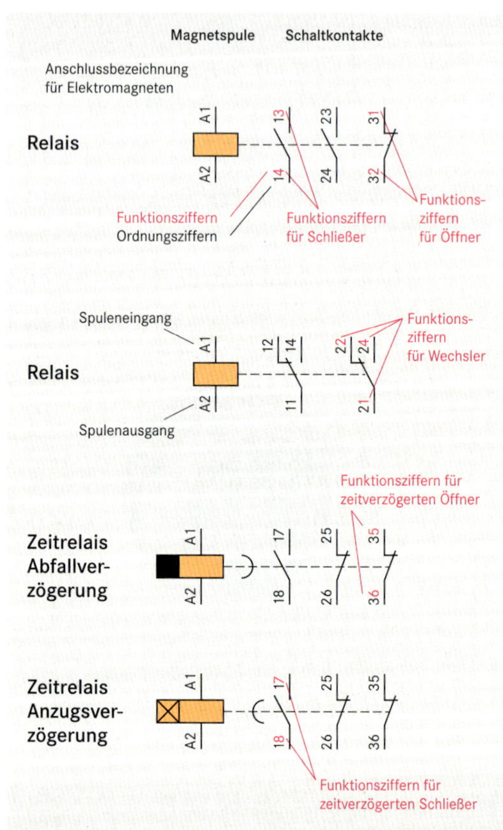

Abb. 2: Anschlusskennzeichnung von Relais

5.2.1.3 Magnetventile

Magnetventile sind pneumatische Wegeventile, die elektromagnetisch betätigt werden.

Es gibt Magnetventile, die direkt durch Elektromagnete umgeschaltet werden. Es gibt Magnetventile, bei denen der Elektromagnet ein Vorsteuerventil umschaltet. Das Vorsteuerventil steuert die Druckluft zum Umschalten des Ventils. Magnetventile mit dieser Funktion nennt man vorgesteuerte Ventile.

Abbildung 3 zeigt ein vorgesteuertes 5/2-Wegeventil, das einseitig durch einen Elektromagneten betätigt wird. Im spannungslosen Zustand (unbetätigt) wirkt die Feder am Steuerkolben (Abb. 3a). Der Steuerkolben wird in die Ausgangsstellung gedrückt. Die Druckluft strömt vom Anschluss 1 zum Anschluss 2. Abluft entweicht vom Anschluss 4 über den Anschluss 5. Der Anschluss 3 ist gesperrt.

Liegt an den Spulenanschlüssen des Magneten Spannung an, öffnet das Vorsteuerventil (Abb. 3b). Ein Teilstrom der Druckluft strömt über das geöffnete Vorsteuerventil und verschiebt den Steuerkolben entgegen der Federkraft nach rechts. Das Ventil schaltet um. Druckluft strömt vom Anschluss 1 zum Anschluss 4. Abluft entweicht vom Anschluss 2 über den Anschluss 3. Der Anschluss 5 ist gesperrt.

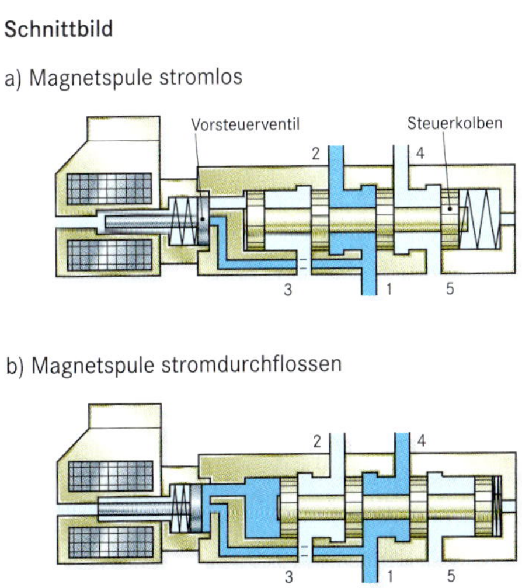

Abb. 3: Funktionsweise eines vorgesteuerten elektromagnetisch betätigten Wegeventils

Die elektromagnetisch betätigten Wegeventile bilden die Schnittstelle zwischen dem pneumatischen Arbeitsteil und dem elektrischen Steuerteil.

Im Schaltplan für den pneumatischen Teil werden sie mit Symbolen nach **DIN ISO 1219-1** dargestellt.

Im Schaltplan für den elektrischen Teil werden sie mit Schaltzeichen nach **DIN EN 60 617** dargestellt (➡📖).

Dem elektrischen Schaltzeichen nach **DIN EN 60 617** können keine Einzelheiten über den Aufbau des Ventils entnommen werden (Abb. 4).

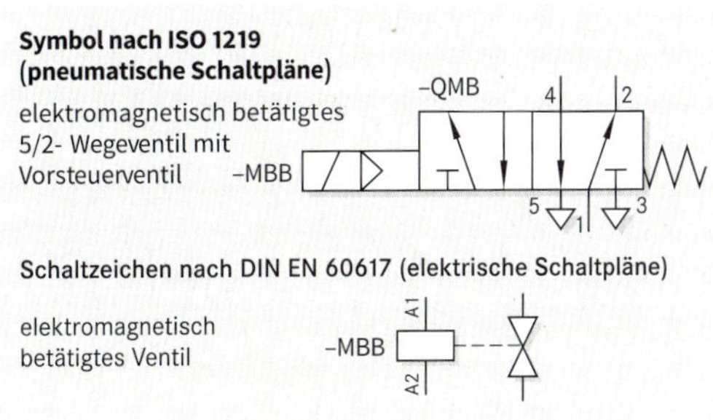

Abb. 4: Symbolhafte Darstellung von Wegeventilen

Aufgaben

1. Beschreiben Sie den Unterschied zwischen Tastschaltern und Stellschaltern.

2. Erklären Sie die beiden abgebildeten Schalter.

a) 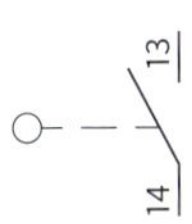

b) 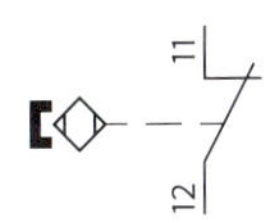

3. Mit welchem Bauteil kann in einer Schaltung ein Ausgangssignal zeitverzögert abgeschaltet werden?

4. Erklären Sie das abgebildete Ventil.

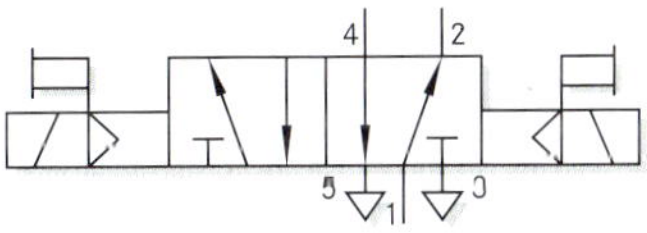

5. Skizzieren Sie für das in Aufgabe 4 abgebildete Ventil das Schaltzeichen nach DIN EN 60 617.

Informieren/Analysieren

5.2.2 Grundschaltungen

In Steuerungen treten grundlegende Schaltungsarten auf. Bei der Analyse von Steuerungen ist es sinnvoll, von diesen Grundschaltungen auszugehen.

Die Funktionsweise elektrischer Grundschaltungen kann geräteunabhängig in Funktionsplänen und Funktionstabellen beschrieben werden. In Funktionstabellen werden die Signalzustände mit 0 und 1 gekennzeichnet.

Bei einem 0-Signal ist ein Schalter unbetätigt oder eine Magnetspule eines Relais oder Magnetventils stromlos. Bei einem 1-Signal ist ein Schalter betätigt oder eine Spule stromdurchflossen.

UND-Verknüpfung

Schaltet man Kontakte in Reihe, so erhält man eine UND-Verknüpfung (Abb. 1). Nur wenn die Handtaster -S1 und -S2 betätigt sind, ist der Strompfad zum Relais K1 geschlossen und es zieht an.

! In *Reihe geschaltete Schaltkontakte* haben die Funktion einer *UND-Verknüpfung.*

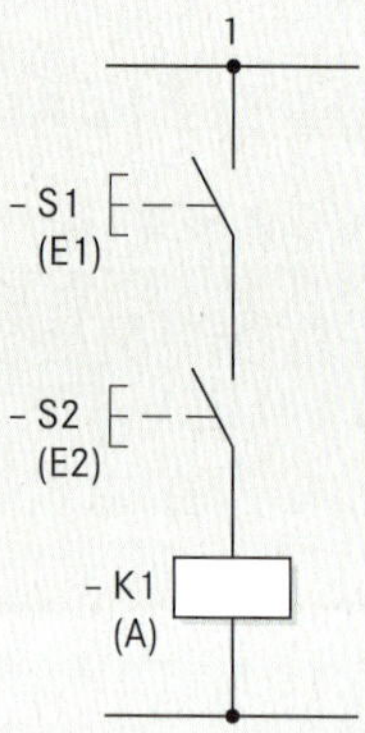

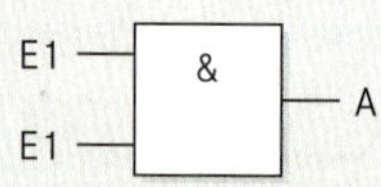

Funktionstabelle

E1	E2	A
0	0	0
1	0	0
0	1	0
1	1	1

Boolesche Gleichung

E1 · E2 = A

Abb. 1: UND-Verknüpfung

Im Logiksymbol wird die UND-Verknüpfung durch ein &-Zeichen gekennzeichnet.

ODER-Verknüpfung

Werden Kontakte parallel nebeneinander geschaltet, so erhält man eine ODER-Verknüpfung (Abb. 2). Wenn der Handtaster -S1 oder der Handtaster -S2 oder beide zusammen betätigt werden, ist der Strompfad zum Relais K1 geschlossen und es zieht an.

! *Parallel geschaltete Schaltkontakte* haben die Funktion einer *ODER-Verknüpfung.*

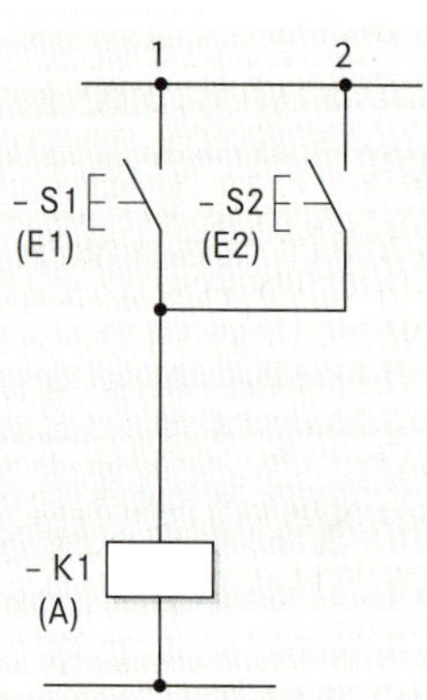

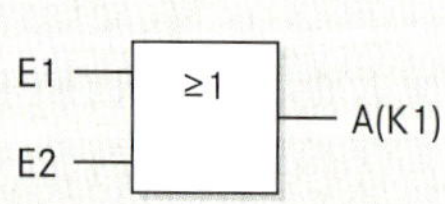

Funktionstabelle

E1	E2	A
0	0	0
1	0	1
0	1	1
1	1	1

Boolesche Gleichung

E1 + E2 = A

Abb. 2: ODER-Verknüpfung

Im Logiksymbol wird die ODER-Verknüpfung durch ein ≥ 1-Zeichen gekennzeichnet.

NICHT-Verknüpfung

Ist der Handtaster -S1 im Strompfad 1 betätigt, wird der Strompfad 1 geschlossen und das Relais -K1 zieht an (1-Signal) (Abb. 3). Der Öffnerkontakt von -K1 unterbricht den Strompfad 2. Das Relais -K2 wird stromlos (0-Signal).

Ist der Taster -S1 im Strompfad 1 unbetätigt, wird der Strompfad 1 unterbrochen und das Relais -K1 fällt ab (0-Signal). Der Öffnerkontakt von -K1 schließt den Strompfad 2. Das Relais -K2 ist stromdurchflossen (1-Signal).

Es findet eine *Signalumkehrung* statt. Die Signalumkehrung bezeichnet man als NICHT-Verknüpfung.

In Reihe geschaltete Öffnerkontakte unterbrechen immer einen Strompfad.

! *Öffnerkontakte* haben die Funktion einer *NICHT-Verknüpfung.*

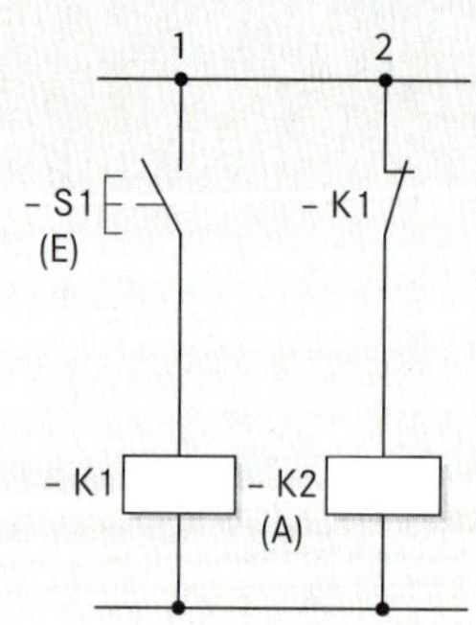

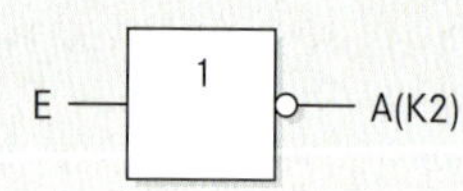

Funktionstabelle

E	A
0	1
1	0

Boolesche Gleichung

$E = \bar{A}$

Abb. 3: NICHT-Verknüpfung

Am Logiksymbol wird die NICHT-Funktion durch einen kleinen Kreis am Eingang oder Ausgang gekennzeichnet.

Tab. 1: Verknüpfungsfunktionen

	UND-Verknüpfung	ODER-Verknüpfung	NICHT-Verknüpfung
Logiksymbol	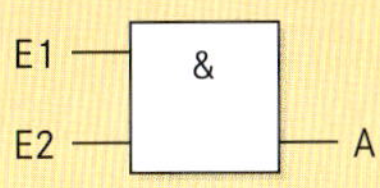	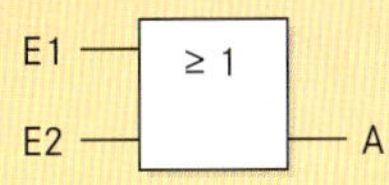	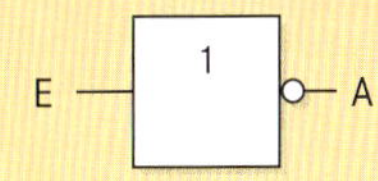
Funktionstabelle	E1 E2 A 0 0 0 1 0 0 0 1 0 1 1 1	E1 E2 A 0 0 0 1 0 1 0 1 1 1 1 1	E A 0 1 1 0
WENN-DANN-Beziehung	WENN E1 UND E2 DANN A	WENN E1 ODER E2 DANN A	WENN E DANN NICHT A
Pneumatischer Schaltplan	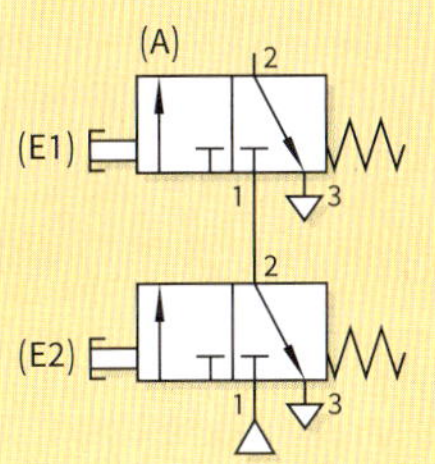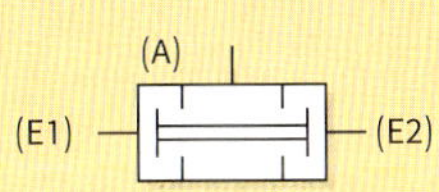Zweidruckventil	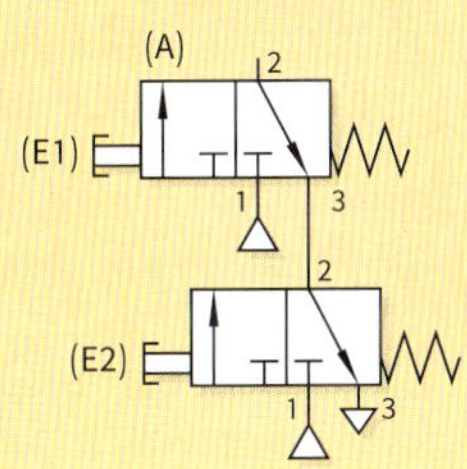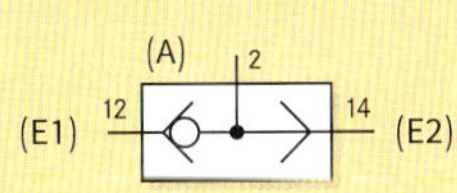Wechselventil	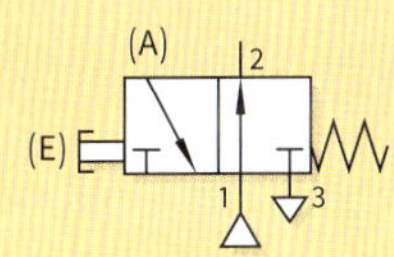
Elektrischer Schaltplan	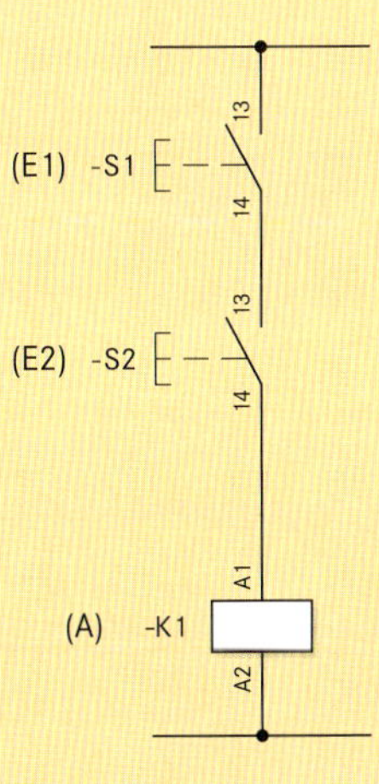	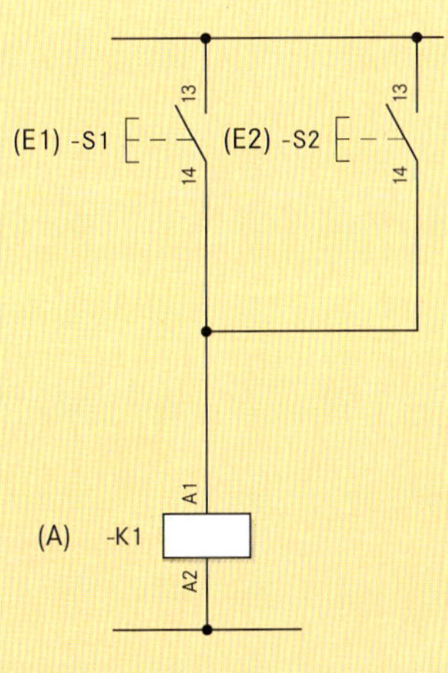	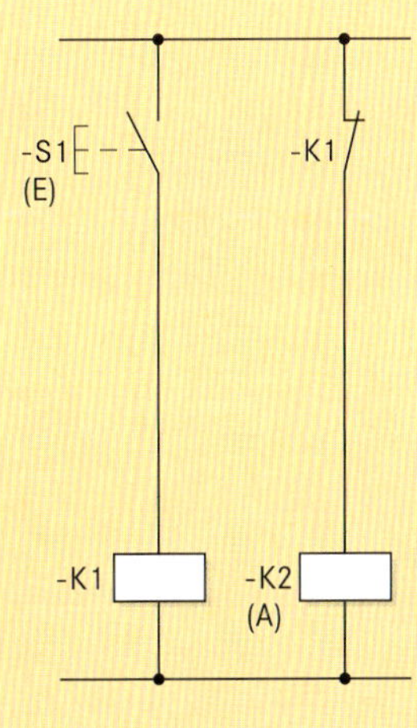

Informieren/ Dokumentieren

5.2.3 Elektrische Schaltpläne

Schaltpläne beschreiben mithilfe von grafischen Zeichen, wie elektrische Systeme funktionieren und wie deren Bauteile durch elektrische Leitungen miteinander verbunden sind. Häufig verwendete Schaltpläne sind Stromlaufpläne und Verdrahtungspläne.

5.2.3.1 Stromlaufpläne

Stromlaufpläne werden nach **DIN EN 61 082** dargestellt (➡📖). Sie zeigen die elektrischen Betriebsmittel und deren Verbindungen mit Leitungen und die Stromkreise einer Anlage.

! *Stromlaufpläne* stellen die Funktionsweise elektrischer Schaltungen dar. Sie geben nicht die Größe, Form und räumliche Anordnung der Betriebsmittel an.

Je nach der Anordnung der Schaltzeichen unterscheidet man nach **DIN EN 61 082** Stromlaufpläne in zusammenhängender Darstellung und Stromlaufpläne in aufgelöster Darstellung.

Stromlaufpläne in zusammenhängender Darstellung

Die Abbildung 1a zeigt die Steuerung für die Presse als Stromlaufplan in zusammenhängender Darstellung. Die einzelnen Stromkreise für die Bauglieder sind farbig hervorgehoben. Man erkennt zwei verschiedene Stromkreise.

Der Stromlaufplan zeigt die beiden Schalter -SJ1 und -SH1 sowie den Grenztaster -BG1 als Signalglieder, ein Relais -KF1 als Steuerglied und ein Magnetventil -MB1 als Stellglied.

Alle Teile eines Betriebsmittels sind als Einheit dargestellt. So sind die Magnetspule und die Kontakte des Relais -KF1 zusammenhängend nebeneinander gezeichnet. Zwischen den Teilen des Relais sind die mechanischen Verbindungen durch Strichlinien angegeben. Die Darstellung mechanischer Verbindungen ist typisch für diese Schaltplanart.

Der Leitungsverlauf macht den Schaltplan unübersichtlich. Die Funktionsweise der Steuerung ist schlecht zu erkennen.

In der Steuerungstechnik werden deshalb üblicherweise keine Stromlaufpläne in zusammenhängender Darstellung verwendet. Stattdessen zeichnet man die Schaltpläne für elektrische Steuerungen als Stromlaufpläne in aufgelöster Darstellung.

Stromlaufpläne in aufgelöster Darstellung

Die Abbildung 1b zeigt die Steuerung der Presse als Stromlaufplan in aufgelöster Darstellung. Die Stromkreise sind in einzelne Strompfade aufgelöst. Die bauliche Zusammengehörigkeit einzelner Betriebsmittel bleibt unberücksichtigt. Die Magnetspule und die einzelnen Kontakte von Relais sind in verschiedene Strompfade eingetragen. Mechanische Verbindungen sind nicht dargestellt.

• Darstellung elektrischer Leitungen

Elektrische Leitungen werden mit Volllinien dargestellt. Verzweigungen von Leitungen sind durch einen Punkt gekennzeichnet.

a) Stromlaufplan in zusammenhängender Darstellung

b) Stromlaufplan in aufgelöster Darstellung

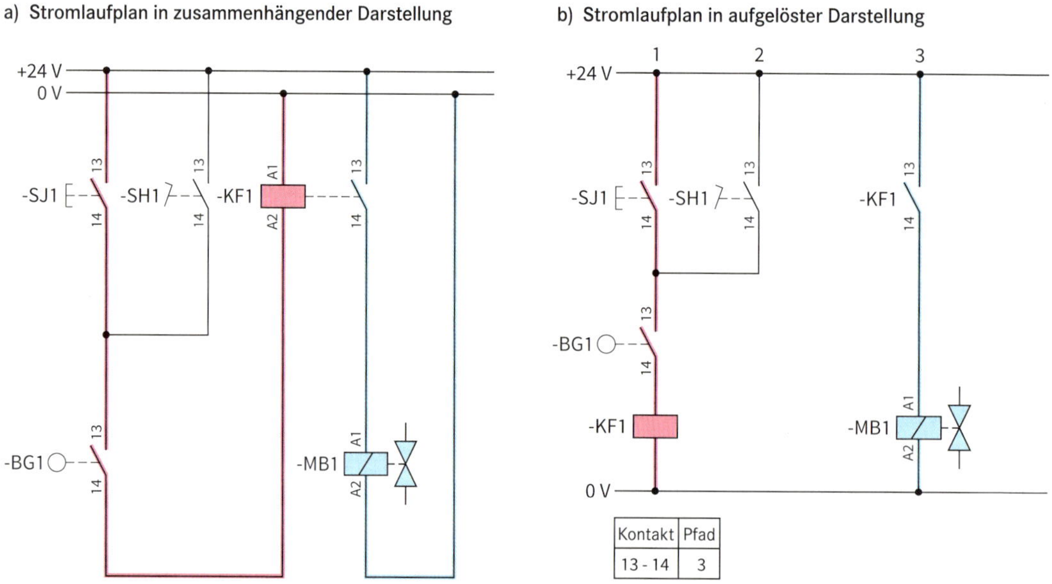

Abb. 1: Stromlaufpläne der Pressensteuerung

Die Strompfade verlaufen geradlinig meist senkrecht vom Pluspol +24 V zum Minuspol 0 V. Die Strompfade sind von links nach rechts angeordnet, entsprechend dem Funktionsablauf. Die einzelnen Strompfade können fortlaufend durchnummeriert werden. Die Nummern der Strompfade stehen dabei über der Linie für den Pluspol +24 V.
Die *Leitungsanschlüsse* an den Betriebsmitteln erhalten eine Anschlusskennzeichnung.

• Darstellung von Betriebsmitteln

Die Schaltzeichen für Betriebsmittel werden entsprechend dem Steuerungsablauf fortlaufend von oben nach unten und von links nach rechts angeordnet. Die Spulen von Relais und Ventilen sind stets unterhalb der Schaltkontakte dargestellt.
Die Schaltzeichen werden so angeordnet, dass die Betätigung von links nach rechts erfolgt. Schalter werden unbetätigt, Relais und Magnetventile im spannungslosen Zustand dargestellt. Er wird Ausgangszustand genannt.
Schalter, z. B. Grenztaster, die in der Ausgangsstellung unbetätigt sind, werden allerdings betätigt dargestellt. Sie werden dann durch einen Doppelpfeil ⥣ besonders gekennzeichnet.

• Kennzeichnung von Betriebsmitteln

Alle Betriebsmittel erhalten zur eindeutigen Identifizierung eine Referenzkennzeichnung nach **DIN EN IEC 81 346-2** (→📖).
Diese Norm legt die Kennbuchstaben für Eingangsklassen, für Unterklassen und für Unter-Unterklassen von Bauteilen fest. *Eingangsklassen* gruppieren Bauteile nach deren Funktion und verwenden einen Kennbuchstaben (Tab. 1).

Tab. 1: Eingangsklassen von Betriebsmitteln

Kennbuchstabe	Funktion der Betriebsmittel	Beispiele für Betriebsmittel
B	Erfassen und Darstellen von Informationen	Endschalter, Sensor
K	Verarbeiten und Ausgeben von Informationen	Relais, Steuerventil
M	Ausüben von mechanischer Energie	Stellantrieb, Elektromotor
P	Bereitstellen wahrnehmbarer Informationen	Signallampe, Manometer
Q	Steuern von Zugang oder Durchfluss	Schütz, Wegeventil
S	Erfassen und Umwandeln menschl. Handlung in ein Signal	handbetätigter Taster
X	Schnittstelle zu anderen Objekten	Klemmenleiste

Die *Unterklassen* nehmen eine ausführlichere Einteilung der Bauteile vor und verwenden zwei Kennbuchstaben (Tab. 2). Der erste Buchstabe entspricht dabei der Hauptklasse. Die Kennzeichnung mit Unterklassen ist in Schaltplänen anzuwenden, sofern es erforderlich oder hilfreich ist.

Tab. 2: Unterklassen von Betriebsmitteln

Kennbuchstabe	Beispiele für Betriebsmittel	Kennbuchstabe	Beispiele für Betriebsmittel
BG	Näherungs-, Endschalter	**PG**	Manometer, Thermometer
BP	Drucksensor	**PF**	Meldelampe
KF	Relais	**QA**	Leistungsschütz
KH	Ventilblock, Vorsteuerventil	**QB**	Trennschalter, Hauptschalter
MA	Elektromotor	**QM**	Wegeventil
MB	Ventilspule, Elektromagnet	**SH**	fußbetätigter Schalter oder Ventil
MM	Druckluftzylinder	**SJ**	fingerbetätigter Schalter oder Ventil
XD	Klemmenleiste	**XM**	Schlauchkupplung

Im Schaltplan erhalten Bauteile mit gleicher Funktion gleiche Kennbuchstaben und werden fortlaufend durchnummeriert (Zählnummer). Dem Kennzeichen wird ein Vorzeichen vorangestellt.

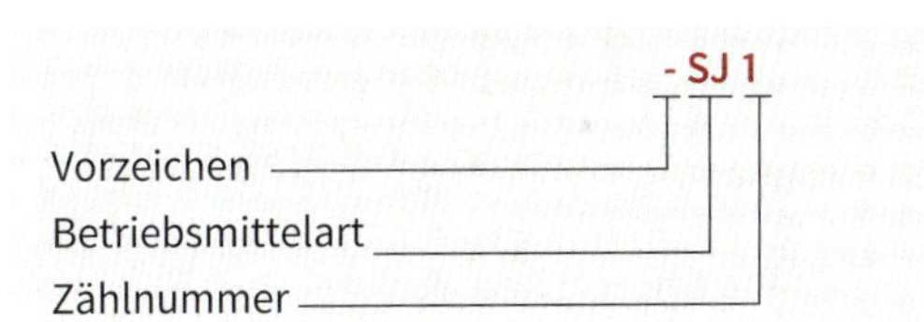

Aus der Kennzeichnung ist zu ersehen, welche Teile zu einem Betriebsmittel gehören. Das Relais KF1 ist in zwei Strompfade eingebaut. Die Magnetspule befindet sich im Pfad 1 und ein Offnerkontakt im Pfad 3. Spule und Kontakt haben die gleiche Kennzeichnung -KF1.
Alle angeschlossenen Schaltkontakte eines Relais werden in einer Tabelle oder einem Diagramm eingetragen. Die Tabelle bzw. das Diagramm werden in der Regel unter der Magnetspule angeordnet. Sie geben an, in welchem Strompfad ein Kontakt des Relais zu finden ist.
Falls erforderlich können Betriebsmittel ausführlicher durch Unter-Unterklassen mit drei Kennbuchstaben gekennzeichnet werden. Die ersten beiden Kennbuchstaben entsprechen dabei den Buchstaben der Unterklasse.
Die **EN IEC 81 346-2** gilt nicht nur für die Kennzeichnung von elektrischen Betriebsmitteln. Sie kann auch für die Kennzeichnung anderer Bauteile, wie mechanische oder pneumatische Bauteile verwendet werden.

Informieren/ Montieren

5.2.3.2 Verdrahtungspläne

Verdrahtungspläne dienen als Unterlagen für die Montage und Instandhaltung von Steuerungen.

! Verdrahtungspläne sind Schaltungsunterlagen, die Leitungsverbindungen zwischen den elektrischen Betriebsmitteln einer Schaltung darstellen.

Zu den Verdrahtungsplänen gehören Geräteverdrahtungspläne und Anschlusspläne bzw. Anschlusstabellen.

Geräteverdrahtungspläne

Bei Geräteverdrahtungsplänen sind die Leitungsverbindungen in einem Gerät, z. B. einem Schaltschrank, mit allen Betriebsmitteln und deren Schaltkontakten dargestellt. Im Schaltschrank befinden sich die Betriebsmittel zur Signalverarbeitung, z. B. Relais.

Die Leitungen werden dabei an Klemmenleisten angeschlossen. Sämtliche Leitungen, die in den Schaltschrank hineinführen, sind an der Leiste angeklemmt. In den Schaltschrank führen die Leitungen der Energieversorgung, die Leitungen von Schaltern und Sensoren sowie die Leitungen von den Magnetventilen.

Der Geräteverdrahtungsplan zeigt die inneren Verbindungen der Presse in einem Schaltschrank (Abb. 1). Im Schaltschrank ist die Klemmenleiste -XD1 mit den Relais -KF1 untergebracht. Die Leitungen von den Relais werden von innen an die Klemmleiste geführt. Die Leitungen von den Schaltern -SJ1, -SH1 und -BG1, dem Magnetventil -MB1 und der Stromversorgung +24 V und 0 V sind von außen an die Klemmenleiste verlegt.

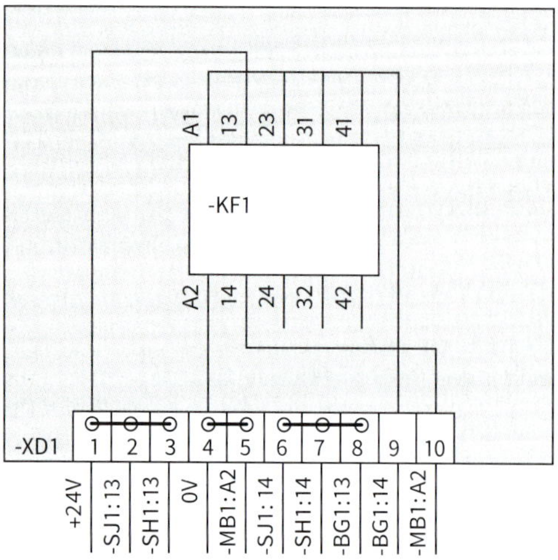

Abb. 1: Geräteverdrahtungsplan der Pressensteuerung

Durch Einsatz von Klemmenleisten wird die Verdrahtung übersichtlich. Klemmenleisten erlauben eine einfache Montage und Fehlersuche sowie eine schnelle Instandsetzung. Bauteile können problemlos an der Leiste abgeklemmt und ausgetauscht werden.

Elektrische Betriebsmittel werden in Verdrahtungsplänen durch einfache geometrische Konturen dargestellt, manchmal auch durch Schaltzeichen. Sie werden dabei lagerichtig angeordnet. Die Darstellung muss aber nicht maßstäblich sein.

An der Klemmenleiste -XD1 sind die einzelnen Anschlüsse nummeriert. Anschlüsse können mit Brücken untereinander verbunden sein. Das wird durch einen Strich neben den Klemmennummern angegeben.

Eine systematische Belegung der Klemmen erfolgt in der Reihenfolge der Strompfade mit:

- der Klemmenbelegung für die Spannungsversorgung (+24 V),
- der Klemmenbelegung für den Masseanschluss (0 V) und
- dem Anschluss der Betriebsmittel außerhalb des Schaltschrankes in den Strompfaden von oben nach unten.

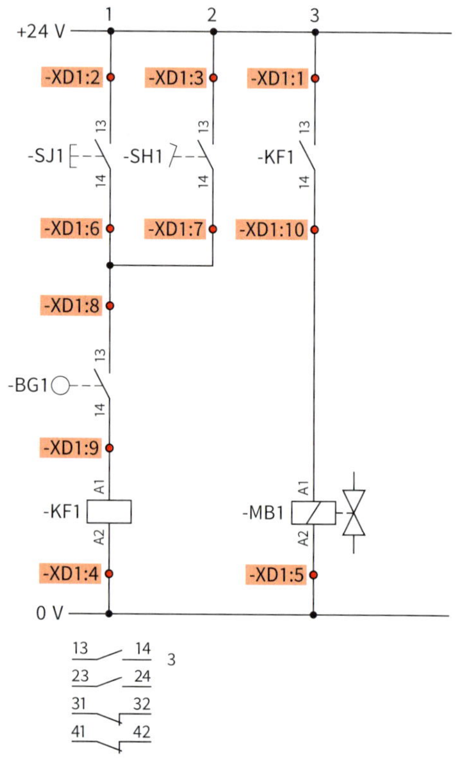

Abb. 2: Stromlaufplan mit eingezeichneten Klemmen

Die Kennzeichnung von Anschlussstellen an einer Klemmenleiste kann auch in Stromlaufpläne eingetragen werden, besonders wenn die Pläne für Instandhaltungszwecke dienen. In Abbildung 2 sind alle Klemmenleistenanschlüsse -XD1.1 bis -XD1.10 im Stromlaufplan der Pressensteuerung farbig eingetragen.

Anschlusspläne

Bei Anschlussplänen ist nur der Anschluss von inneren und äußeren Leitungen an eine Klemmenleiste dargestellt. Man bezeichnet solche Anschlusspläne auch als *Klemmenplan*. Sie werden meist als Tabelle ausgeführt.

Die Abbildung 3 zeigt den Klemmenplan für die Pressensteuerung mit den inneren Anschlüssen (Schaltschrank) für das Relais -KF1 und den äußeren Anschlüssen (Anlage) der Schalter -SJ1 und -SH1, des Endschalters -BG1 und des Magnetventils MB1 sowie der Spannungsversorgung +24 V und 0 V.

Klemmenleiste -XD1					
Ziel Anlage		Verbindungs-brücke	Klemmennummer	Ziel Schaltschrank	
Betriebs-mittel	Anschluss-bezeichnung			Betriebs-mittel	Anschluss-bezeichnung
	24 V	○	1	-KF1	13
-SJ1	13	○	2		
-SH1	13	○	3		
	0 V	○	4	-KF1	A2
-MB1	A2	○	5		
-SJ1	14	○	6		
-SH1	14	○	7		
-BG1	13	○	8		
-BG1	14	○	9	-KF1	A1
-MB1	A1	○	10	-KF1	14

Abb. 3: Klemmenplan der Pressensteuerung

Jede Klemme ist mit einer Klemmennummer und dem Anschluss für eine mögliche Verbindungsbrücke dargestellt. Sind die Klemmen mit einer Brücke zu verbinden, ist das in der Tabelle mit einem Strich gekennzeichnet.

Auf der einen Seite der Liste werden die Kennzeichnung und Anschlussbezeichnung der Betriebsmittel außerhalb des Schaltschrankes aufgelistet.

Auf der gegenüberliegenden Seite werden die Kennzeichnung und die Anschlussbezeichnung der Betriebsmittel innerhalb des Schaltschrankes aufgelistet.

Aufgaben

1. Beschreiben Sie Unterschiede zwischen Stromlaufplänen in zusammenhängender Darstellung und Stromlaufplänen in aufgelöster Darstellung.

2. Wie erkennt man in einem Stromlaufplan in aufgelöster Darstellung, welche Schaltkontakte jeweils zu einer Magnetspule eines Relais gehören?

3. In welcher Reihenfolge werden die Strompfade eines Stromlaufplanes angeordnet?

4. Wie werden die Strompfade eines Stromlaufplanes gekennzeichnet?

5. Welche Informationen kann man der abgebildeten Schaltgliedertabelle entnehmen?

Kontakte	Pfad
13 - 14	2
23 - 24	4
31 - 32	6

6. Erläutern Sie die Signalverknüpfung der Tastschalter in Schaltung a) und b).

Geben Sie das Logiksymbol an und stellen Sie die Funktionstabelle auf.

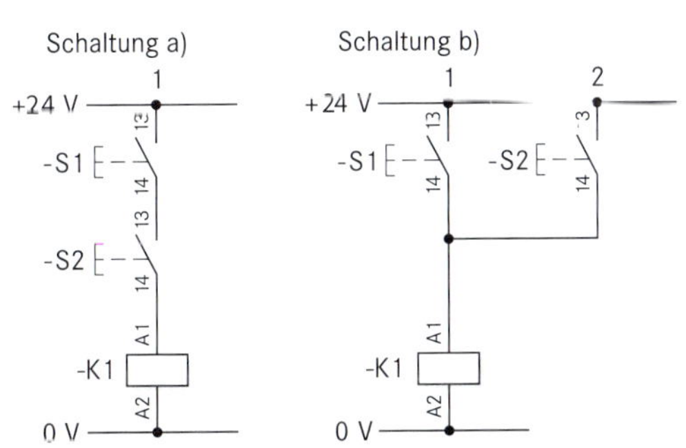

7. Beschreiben Sie die Vorteile beim Einsatz von Klemmenleisten bei der Verdrahtung von Schaltungen.

8. Geben Sie an, welche Betriebsmittel einer Schaltung

a) im Schaltschrank und welche

b) außerhalb des Schrankes montiert sind.

9. Weshalb werden Anschlüsse an Klemmenleisten mit Brücken untereinander verbunden?

5.2.4 Elektropneumatische Schaltpläne

Bei elektropneumatischen Steuerungen wird der pneumatische Teil vom elektrischen Teil getrennt dargestellt.

Im pneumatischen Teil befinden sich das elektromagnetisch betätigte Wegeventil 1.1 und der Zylinder 1.3. Er wird als pneumatischer Schaltplan ausgeführt (Abb. 1a).

Im elektrischen Teil befinden sich die Schalter -SJ1, -SH1 und -BG1 und das Relais -KF1. Er wird als Stromlaufplan in aufgelöster Darstellung ausgeführt (Abb. 1b).

Über die Schalter -SJ1, -SH1 und -BG1 werden die Signale eingegeben. Das Relais -KF1 verarbeitet die Signale. Über den Elektromagneten -MB1 erfolgt die Signalausgabe auf den pneumatischen Teil.

Bauteile, die sowohl im pneumatischen Schaltplan als auch im Stromlaufplan dargestellt sind, erhalten in beiden Plänen die gleiche Kennzeichnung.

Im elektropneumatischen Schaltplan wurde für die elektrischen Betriebsmittel die Kennzeichnung mit zwei Buchstaben gewählt (Abb. 1).

auch über Web-Link

a) Pneumatischer Schaltplan

b) Stromlaufplan

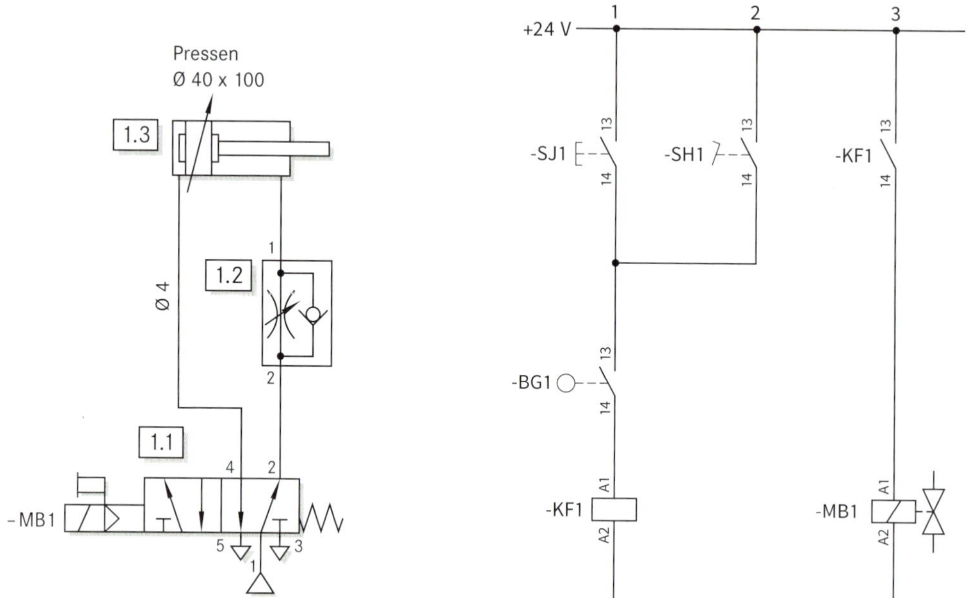

Abb. 1: Elektropneumatischer Schaltplan der Presse

Inbetrieb-nehmen

5.2.5 Inbetriebnahme

Die Inbetriebnahme elektropneumatischer Steuerungen erfolgt schrittweise. Sie beginnt mit der Sichtprüfung der Anlage. Dazu ist die elektrische Energieversorgung über den NOT-Ausschalter spannungsfrei zu schalten und die Druckluft an der Aufbereitungseinheit abzuschalten.

Es folgen schrittweise die Inbetriebnahme des pneumatischen Teilsystems, die Inbetriebnahme des elektrischen Teilsystems und erst dann die Gesamtinbetriebnahme der Anlage.

Bei Eingriffen in die Steuerung aufgrund von Fehlern und Einstellarbeiten ist die Anlage stets drucklos zu schalten.

Tab. 1: Übersicht über eine Inbetriebnahme einer elektropneumatischen Steuerung

Sichtkontrolle

- Elektrische Energieversorgung ausschalten und Druckluft abschalten
- Bauteile auf festen Sitz prüfen
- Druckluftleitungen auf festen Sitz und funktionsgerechte Verlegung prüfen
- Elektrische Installation prüfen

Inbetriebnahme pneumatisches Teilsystem

- Antriebsglieder und Stellglieder (Wegeventile) mittels Handhilfsbetätigung in Grundstellung bringen
- Drosselventile weitgehend schließen
- Arbeitsdruck am Druckreduzierventil auf 0 bar einstellen
- Hauptabsperrventil öffnen, Arbeitsdruck langsam bis auf Arbeitsdruck erhöhen
- Auf unkontrollierte Bewegungen der Antriebsglieder achten und gegebenenfalls Ursachen beheben
- Anlage auf Dichtigkeit prüfen
- Stellglieder mit Handhilfsbetätigung schalten und die Geschwindigkeiten der Antriebsglieder an den Drosselventilen einstellen
- Druckluft ausschalten

Inbetriebnahme elektrisches Teilsystem

- NOT-Aus entriegeln
- Grenztaster/Näherungsschalter für die Endlagen justieren
- Ansteuerung der Magnetspulen überprüfen

Gesamtinbetriebnahme

- Druckluftversorgung einschalten
- Anlage bei gedrosseltem Vorschubgeschwindigkeiten und ohne Werkstück testen
- Steuerung unter realen Bedingungen betreiben und Geschwindigkeiten optimieren

Zusammenfassung

Elektropneumatische Steuerungen

elektrischer Teil: **Steuerteil**

Darstellung durch:
Stromlaufpläne in aufgelöster Darstellung

Aufbau durch:

pneumatischer Teil: **Arbeitsteil**

Darstellung durch:
Pneumatische Schaltpläne

Aufbau durch:

Signalglieder → **Steuerglieder** → **Stellglieder** → **Antriebsglieder**

- **Schalter** manuelle, mechanische Betätigung
- **Relais** elektromagnetische Betätigung
- **Magnetventile** elektromagnetische Betätigung
- **Zylinder** Druckenergie

Aufgaben

1. Geben Sie die Bauglieder an, die bei einer elektropneumatischen Steuerung im Stromlaufplan dargestellt werden.

2. Durch welches Bauglied wirkt der elektrische Teil einer Schaltung auf den pneumatischen Teil?

3. In welchen Schritten erfolgt die Inbetriebnahme einer elektropneumatischen Schaltung?

HYDRAULISCHE PRESSE

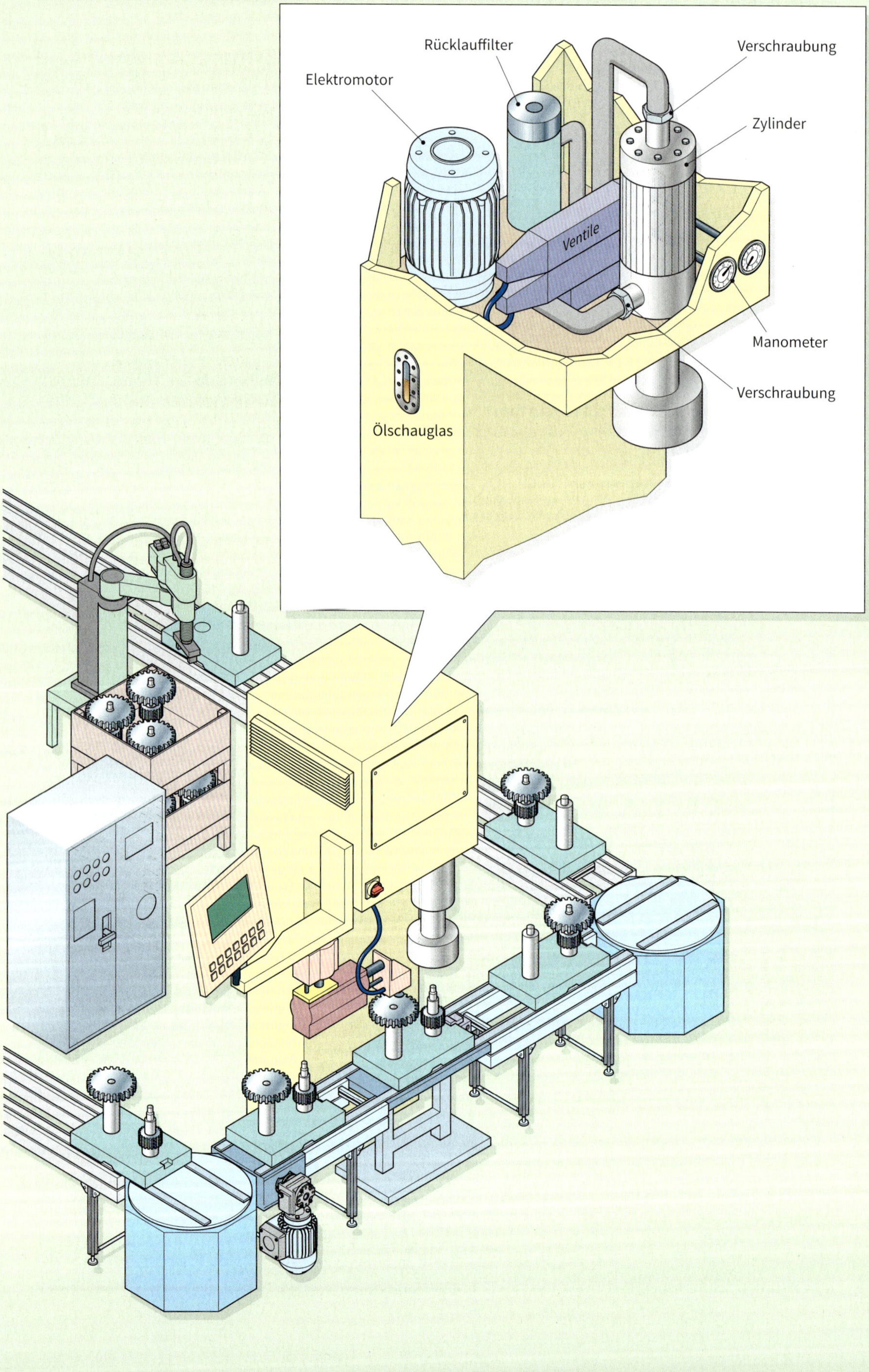

GESAMTAUFTRAG

Das Zahnrad und die Getriebewelle werden durch Aufpressen gefügt. Da dieser Fügevorgang eine große Kraft erfordert, wird eine hydraulische Presse eingesetzt. Die sehr geringe Kompressibilität der Druckflüssigkeit ermöglicht eine unmittelbare Kraftübertragung und dadurch eine genaue Positionierung des Pressenstempels. Die Ausfahr- und Einfahrgeschwindigkeit des Pressenstempels lassen sich exakt einstellen.

Die Presse soll nach den Berechnungen der Arbeitswerte in Betrieb genommen werden. Dabei sind Arbeits- und Umweltschutz einzuhalten.

ANALYSE

Technische Unterlagen

Zum Verständnis des Gesamtsystems wird dieses in überschaubare Teilsysteme zerlegt. Die einzelnen Bauteile der hydraulischen Steuerung können dadurch einzeln betrachtet werden.

Der Hydraulikplan zeigt die einzelnen Teilsysteme der hydraulischen Anlage (Abb. 1).

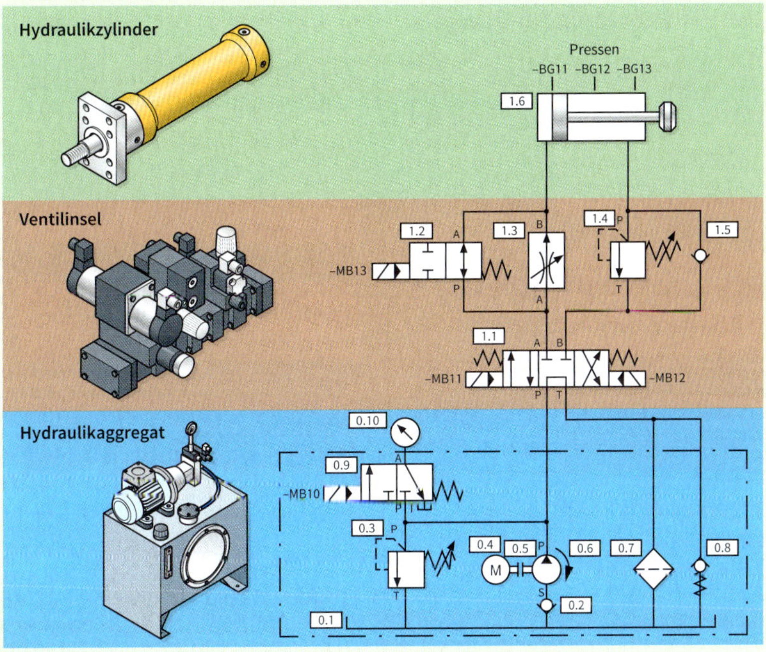

Aufbau der hydraulischen Steuerung

Die hydraulische Anlage der Presse besteht aus den Teilsystemen

- Antriebsteil (Hydraulikzylinder),
- Steuerungsteil (Hydraulikventile) und
- Hydraulikaggregat.

Funktion

Im Antriebsteil wird die hydraulische Energie in mechanische Energie umgewandelt. Diese wird zum Verfahren des Pressenstempels und zum Aufpressen des Zahnrades auf die Getriebewelle genutzt.

Die Steuerung bestimmt die Bewegungsrichtung und die Verfahrgeschwindigkeit des Pressenstempels. Dies erfolgt über die Steuerung des Volumenstroms der Druckflüssigkeit.

Das Hydraulikaggregat dient zur Energieversorgung und zur Aufbereitung der Druckflüssigkeit. Hier wird die elektrische Energie im Elektromotor zuerst in mechanische und dann mittels der Hydraulikpumpe in hydraulische Energie umgewandelt.

5.3 Hydraulische Steuerungen

ARBEITSAUFTRAG

Das Fügen des Zahnrades und der Getriebewelle erfolgt mittels einer hydraulischen Presse. Bei der Presse wird der Zylinder hydraulisch angetrieben und die Ventile elektrisch gesteuert. Die Steuerung ist anhand des Schaltplanes zu analysieren und unter Einhaltung der Arbeitsschutzbestimmungen in Betrieb zu nehmen.

In der Industrie werden bevorzugt elektrohydraulische Steuerungen eingesetzt. Bei elektrohydraulischen Steuerungen werden die Antriebsglieder hydraulisch angetrieben und die Ventile elektrisch gesteuert.

Informieren

5.3.1 Einheiten zur Energieversorgung

Einheiten zur Energieversorgung werden meist als komplette Baueinheiten geliefert. Solche Baueinheiten werden als Hydraulikaggregat bezeichnet.

5.3.1.1 Hydraulikaggregat

Das Hydraulikaggregat besteht meistens aus folgenden Einzelgeräten (Abb. 1). Die Kennzeichnung der Bauteile erfolgt hier nach **DIN EN IEC 81346-2**.

Der Ölbehälter -CM dient zum Aufbewahren und Kühlen der Hydraulikflüssigkeit.

Der Elektromotor -MA treibt über die Kupplung -XN die Pumpe -GP an, mit der die Flüssigkeit aus dem Ölbehälter gesaugt und zum Zylinder gefördert wird.

Das Druckbegrenzungsventil -QN schützt die Anlage vor Überlastung. Es öffnet, wenn der eingestellte Systemdruck einen eingestellten Wert übersteigt, und leitet die Hydraulikflüssigkeit zurück in den Ölbehälter.

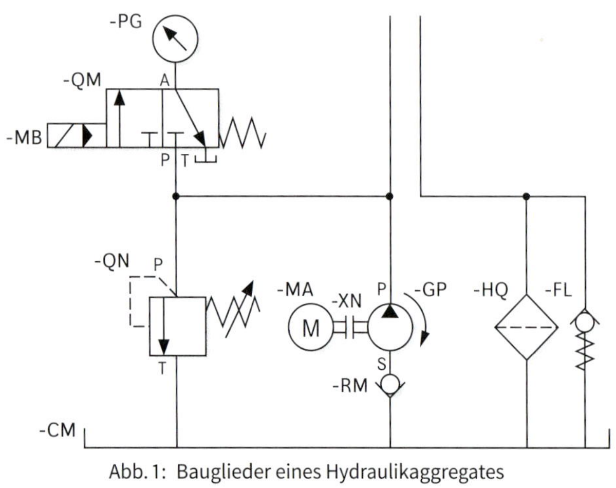

Abb. 1: Bauglieder eines Hydraulikaggregates

Mit dem 3/2-Wegeventil -QM wird das Überdruckmessgerät -PG zur Druckablesung zugeschaltet.
Das Rückschlagventil -RM verhindert ein Leerlaufen der Hydraulikpumpe. Die Pumpe kann somit keine Luft ansaugen.
Der Filter -HQ filtert Schmutzteilchen aus dem Hydrauliköl heraus und schützt die Anlage vor Verschmutzung.
Das federbelastete Rückschlagventil -FL öffnet bei einem zu stark verschmutzten und dadurch verstopften Ölfilter. Die Hydraulikflüssigkeit gelangt dann ungefiltert zurück in den Ölbehälter.

5.3.1.2 Ölfilter

Ölfilter haben die Aufgabe, die Bauteile der Hydraulikanlage vor Verschmutzungen im Hydrauliköl zu schützen. Dadurch wird die Funktion der Bauteile gewährleistet.

Die Filterauswahl ist abhängig von:
- der Viskosität des Hydrauliköls,
- dem Volumenstrom,
- der Filterfeinheit und
- der Anordnung des Filters im Kreislauf.

Die **Filterfeinheit** (Porenweite) ist eine wichtige Kenngröße für den Filter und wird in µm angegeben. Sie ist ein Maß für die größten noch durchgelassenen Partikel.
Rücklauffilter filtrieren das Öl nach dem Durchlauf durch das Hydrauliksystem. Die Anordnung des Filters im Rücklauf ist einfach, preiswert und erfasst den gesamten Volumenstrom der Anlage. Bei dieser Anordnung werden die Verunreinigungen erst am Ende des Kreislaufes herausgefiltert.
Saugfilter sitzen in der Saugleitung der Pumpe. Dadurch gelangt nur gefiltertes Öl in das Hydrauliksystem. Nachteilig bei dieser Anordnung sind die schlechte Zugänglichkeit und Ansaugprobleme bei feinporigen Filtern.
Druckfilter werden nach der Pumpe vor besonders empfindlichen Ventilen, z. B. Servoventilen, eingebaut. Sie müssen ein druckfestes Gehäuse besitzen und sind teuer.
Zur Kontrolle haben viele Filter eine Verschmutzungsanzeige, die den Verschmutzungsgrad des Filters anzeigt (Abb. 2).

Abb. 2: Verschmutzungsanzeige eines Ölfilters

5.3.1.3 Hydraulikpumpen

Hydraulikpumpen wandeln die mechanische Energie des Antriebmotors in hydraulische Energie um. Die Hydraulikflüssigkeit wird von der Pumpe angesaugt und in das Leitungssystem gedrückt, es entsteht ein Volumenstrom.
Hydraulikpumpen funktionieren immer nach dem gleichen Prinzip. Auf der Saugseite wird ein Unterdruck geschaffen. Dadurch füllt sich der Saugraum mit Öl. Dieses Öl wird in den Druckraum der Pumpe gefördert und von dort in die Hydraulikleitungen gedrückt.
Für die Wahl einer geeigneten Pumpe sind der Volumenstrom und der Betriebsdruck entscheidend.
Hydraulikpumpen werden in Konstantpumpen und Verstellpumpen eingeteilt. Konstantpumpen haben einen gleich bleibenden Volumenstrom. Bei Verstellpumpen kann der Volumenstrom verändert werden.

Zahnradpumpen

Zahnradpumpen sind Konstantpumpen. Nach ihrer Bauart werden sie in außenverzahnte und innenverzahnte Zahnradpumpen eingeteilt.

- **außenverzahnte Zahnradpumpen**

Bei *außenverzahnten Zahnradpumpen* greifen zwei Zahnräder ineinander (Abb. 3). Das Zahnrad Z_1 ist mit dem Antrieb verbunden und treibt das Zahnrad Z_2 an. Die Zahnradbewegungen sind gegenläufig und das Öl wird außen am Gehäuse entlang in den Druckraum gefördert. Die Saugseite ist mit dem Ölbehälter verbunden. Über die Druckseite gelangt das Hydrauliköl in die Leitungen der Hydraulikanlage.

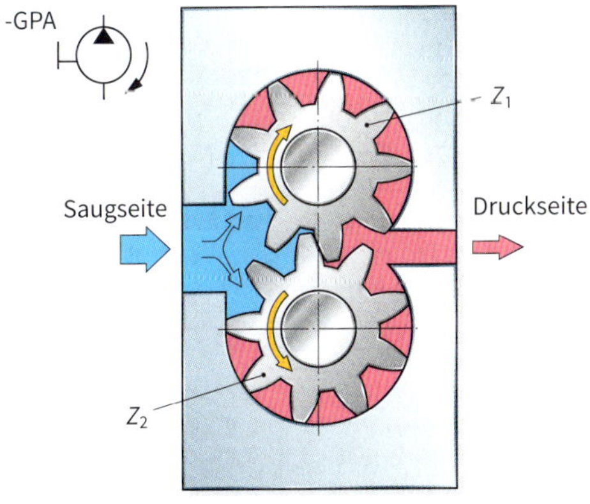

Abb. 3: Zahnradpumpe, außen verzahnt

Außenverzahnte Zahnradpumpen werden vielseitig eingesetzt. Aufgrund ihrer Konstruktion sind sie preiswert in der Herstellung, haben aber bei höheren Drehzahlen eine hohe Geräuschentwicklung.

Schraubenpumpen

Schraubenpumpen sind Konstantpumpen. Zwei oder mehrere Schraubenspindeln drehen sich in einem Gehäuse. Die ineinander greifenden Spindeln bilden mit dem Gehäuse Hohlräume, in denen das Hydrauliköl von der Saugseite zur Druckseite gefördert wird (Abb. 4).

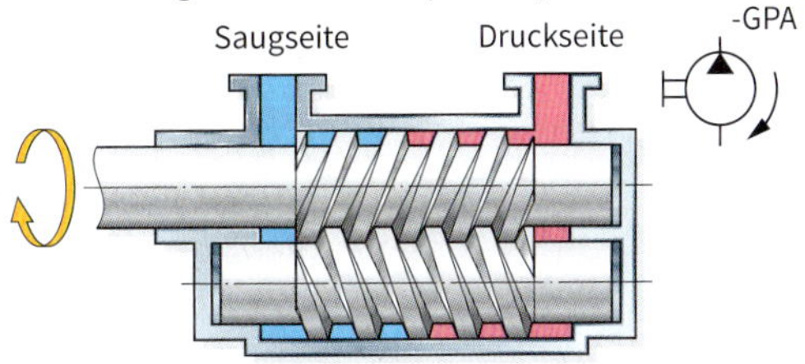

Abb. 4: Schraubenpumpe

Schraubenpumpen zeichnen sich durch eine hohe Laufruhe aus, sind aber aufgrund ihrer Bauart teuer.

Flügelzellenpumpen

Flügelzellenpumpen gibt es in der Ausführung als Konstantpumpen und Verstellpumpen.

- **Verstellflügelzellenpumpe**

Flügelzellenpumpen mit verstellbarem Volumenstrom besitzen statt des elliptischen Statorrings einen kreisförmigen Hubring (Abb. 5). Die Zellen vergrößern sich mit Erreichen des Sauganschlusses und füllen sich über den Sauganschluss mit Öl. Mit Erreichen des größten Zellvolumens gleiten sie in den Bereich der Druckseite, wo sie sich wieder verengen und das Öl über einen Druckkanal in das Hydrauliksystem pressen.

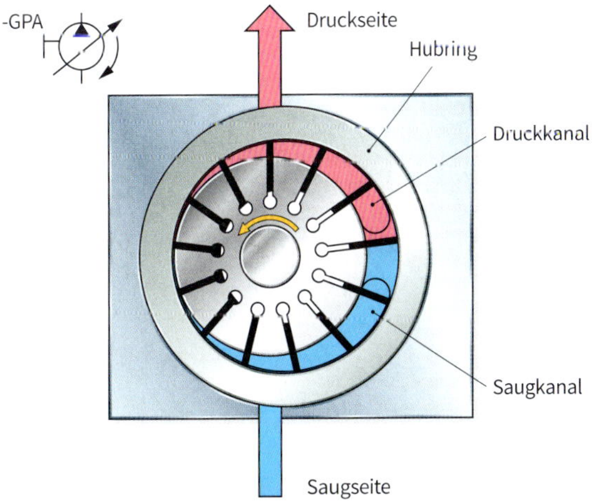

Abb. 5: Flügelzellenpumpe mit veränderlichem Volumenstrom

Mit dem Hubring lassen sich die Exzentrizität und damit der Volumenstrom der Pumpe stufenlos verstellen. Mithilfe des verstellbaren Hubringes lässt sich auch die Förderrichtung umkehren.

Druck

Wird mit einer Kraft F auf die Kolbenfläche A eines Kolbens gedrückt, entsteht ein Überdruck p_e.

$$p_e = \frac{F}{A}$$

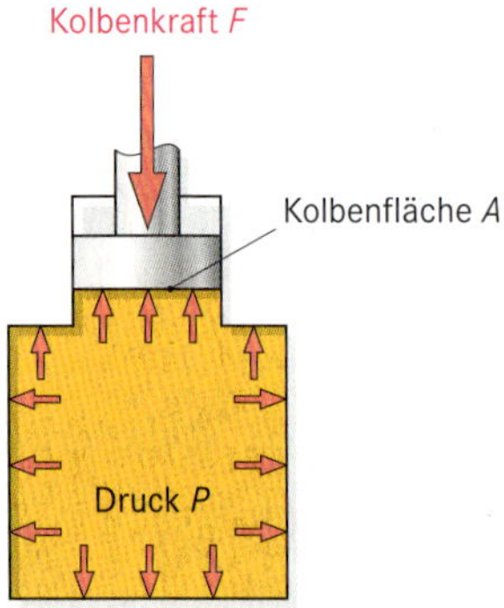

Der Überdruck breitet sich in einem geschlossenen Behälter gleichmäßig aus.
Der Druck wird in bar angegeben.

Umrechnung: $1\ \text{bar} = 0{,}1\ \frac{\text{N}}{\text{mm}^2} = 10\ \frac{\text{N}}{\text{cm}^2}$

Hydraulische Kraftübersetzung

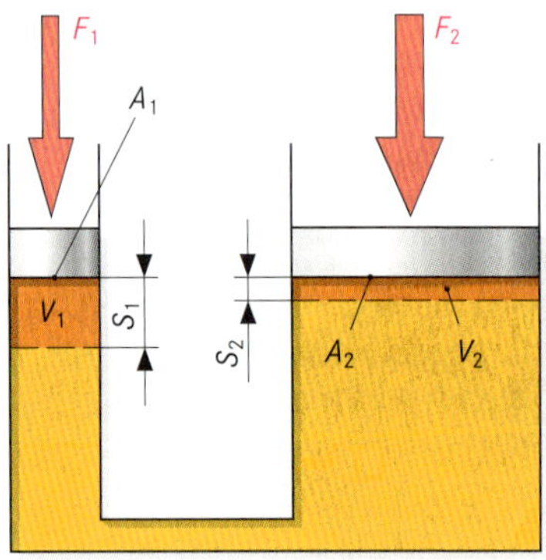

Da in einem geschlossenen System der Druck p_e überall gleich groß ist, gilt:

$$p = \frac{F_1}{A_1} = \frac{F_2}{A_2} \quad \text{Daraus folgt: } \frac{F_1}{F_2} = \frac{A_1}{A_2}$$

Bei konstantem Druck verhalten sich die Kolbenkräfte wie die zugehörigen Kolbenflächen.

Die beim Bewegen verdrängten Volumen V sind gleich groß:

$$V_1 = V_2$$

Mit $V_1 = A_1 \cdot s_1$ und $V_2 = A_2 \cdot s_2$ folgt: $\frac{A_1}{A_2} = \frac{s_2}{s_1}$

Die zurückgelegten Wege verhalten sich umgekehrt wie die zugehörigen Flächen.

Die verrichtete Arbeit W an beiden Kolben ist gleich groß:

$$W_1 = W_2$$

Mit $W_1 = F_1 \cdot s_1$ und $W_2 = F_2 \cdot s_2$ folgt: $\frac{F_1}{F_2} = \frac{s_2}{s_1}$

Die zurückgelegten Wege verhalten sich umgekehrt wie die zugehörigen Kolbenkräfte.

Hydraulische Druckübersetzung

Bei Druckübersetzern sind zwei Kolben mit unterschiedlichen Durchmessern fest mit einer Kolbenstange verbunden.

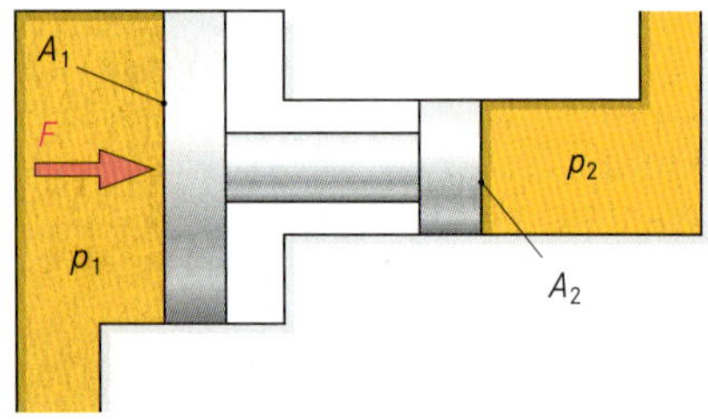

Infolge des Druckes p_{e1} und der Kolbenfläche A_1 entsteht die Kraft F. Diese erzeugt im Zusammenwirken mit der kleineren Kolbenflache A_2 den Druck p_{e2}.

$$F = p_{e1} \cdot A_1 = p_{e2} \cdot A_2 \quad \text{Daraus folgt: } \frac{p_1}{p_2} = \frac{A_2}{A_1}$$

Bei der hydraulischen Druckübersetzung verhalten sich die Drücke umgekehrt wie die Kolbenflächen. Diese konstruktive Anordnung der Kolbenflächen ermöglicht es, niedrige Drücke in hohe Drücke zu übersetzen.

Strömungsgeschwindigkeiten

Als Volumenstrom $\dot{V}$ wird die pro Zeiteinheit t strömende Flüssigkeitsmenge V bezeichnet.

$$\dot{V} = \frac{V}{t}$$

Der Volumenstrom wird in l/min angegeben.

Setzt man für das $V = A \cdot s$, erhält man: $\dot{V} = A \cdot v$
Der Volumenstrom $\dot{V}$ ist gleich dem Rohrquerschnitt A und der Strömungsgeschwindigkeit v.

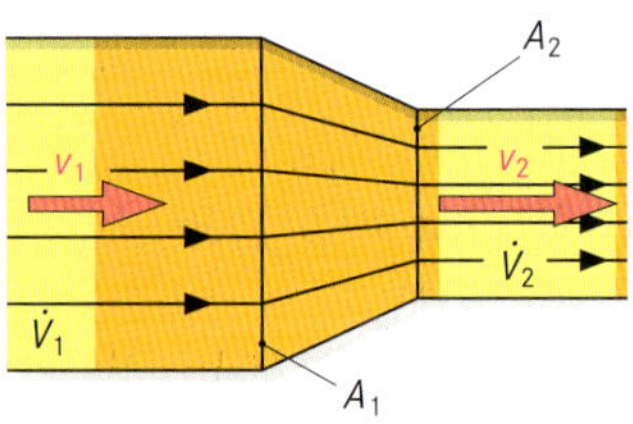

Der Volumenstrom einer Flüssigkeit, die durch ein Rohr mit unterschiedlichen Querschnitten strömt, ist an jeder Stelle gleich groß.

$$\dot{V}_1 = \dot{V}_2$$

Mit $\dot{V}_1 = A_1 \cdot v_1$ und $\dot{V}_2 = A_2 \cdot v_2$ folgt: $\frac{v_1}{v_2} = \frac{A_2}{A_1}$

Die Durchflussgeschwindigkeiten verhalten sich umgekehrt wie die zugehörigen Rohrquerschnitte. Bei einem geringeren Rohrquerschnitt erhöht sich die Durchflussgeschwindigkeit.

Durchflussgeschwindigkeiten werden in m/s angegeben.

5.3.2 Steuerungseinheiten

Der Energiefluss in hydraulischen Anlagen kann über den Volumenstrom oder über den Druck der Flüssigkeit gesteuert werden.

Als Steuerungseinheiten werden Wegeventile, Sperrventile, Stromventile und Druckventile eingesetzt.

5.3.2.1 Wegeventile

Bei hydraulischen Wegeventilen wird der Volumenstrom der Hydraulikflüssigkeit durch Verschieben eines Ventilkolbens gesteuert.

! Wegeventile öffnen und sperren den Durchfluss der Hydraulikflüssigkeit und ändern deren Durchflussrichtung.

Hydraulische Ventile haben im Unterschied zu Ventilen für pneumatische Steuerungen zusätzliche Anschlüsse für Rückleitungen zum Behälter. Die Anschlusskennzeichnung erfolgt in der Regel durch Buchstaben (Tab. 1). Auf den Bauteilen findet sich die gleiche Kennzeichnung.

ch über
eb-Link

Tab. 1: Kennzeichnung von Anschlüssen

Anschlussarten	Bezeichnung
Arbeitsleitungen zum Antriebsglied	A,B,C
Druckleitungen von der Pumpe	P
Rückleitungen zum Behälter (Tank)	T
Leckölleitungen	L
Steuerleitungen	X, Y Z

Häufig werden Wegeventile mit vier Leitungsanschlüssen verwendet.

- **4/2-Wegeventile**

4/2-Wegeventile haben zwei Schaltstellungen. Das dargestellte Ventil wird durch eine Feder in Ausgangsstellung gehalten (Abb. 1). Über einen Elektromagneten wird es in Arbeitsstellung gebracht.

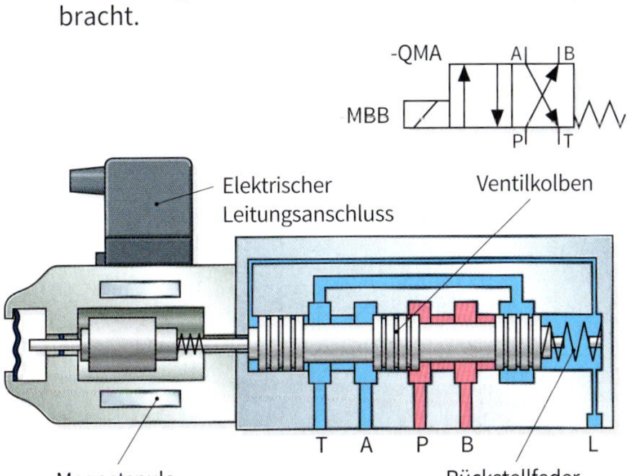

Abb. 1: Elektromagnetisch betätigtes 4/2-Wegeventil

An den Anschlüssen **A** und **B** werden die Arbeitsleitungen zum Zylinder angeschlossen, am Anschluss **P** die Druckleitung von der Pumpe. Über den Anschluss **T** erfolgt die Rückleitung des Hydrauliköls zum Tank.

In der Ausgangsstellung ist der Weg für das Drucköl vom Druckleitungsanschluss **P** zum Anschluss **B** geöffnet. Der Ölabfluss erfolgt vom Anschluss **A** zum Tankanschluss **T**. In Arbeitsstellung ist der Weg für das Drucköl vom Druckleitungsanschluss **P** zum Anschluss **A** geöffnet. Der Ölabfluss erfolgt vom Anschluss **B** zum Tankanschluss **T**.

4/2-Wegeventile werden z. B. zum Ansteuern von doppeltwirkenden Zylindern und von Hydromototen mit Rechts- und Linkslauf verwendet.

- **4/3-Wegeventile**

4/3-Wegeventile besitzen drei Schaltstellungen und werden oft in der Hydraulik verwendet.
Das abgebildete 4/3–Wegeventil wird durch ein elektromagnetisch betätigtes Vorsteuerventil geschaltet (Abb. 2). Das Vorsteuerventil wird über das Hauptventil mit Hydrauliköl versorgt. Leitungen des Vorsteuerventils führen auf die Steuerseiten des Hauptsteuerkolbens. Eingebaute Druckfedern halten beide Kolben in Mittelstellung.

Vorsteuerventile können mit kleinen elektrischen Leistungen große hydraulische Drücke schalten.

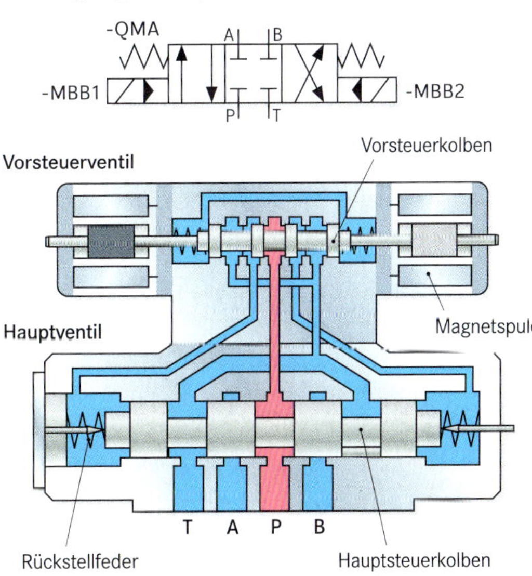

Abb. 2: Vorgesteuertes 4/3-Wegeventil

4/3-Wegeventile gibt es in verschiedenen Ausführungen, die sich in der Mittelstellung (Nullstellung) unterscheiden. Der Vorteil dieser Ventilbaureihe liegt darin, dass unter Verwendung des gleichen Gehäuses durch Veränderung des Steuerkolbens eine Vielzahl unterschiedlicher Durchflussmöglichkeiten in der Mittelstellung realisiert werden können.

5.3.2.2 Sperrventile

Sperrventile lassen den Volumenstrom nur in einer Richtung durch. In entgegengesetzter Richtung sperren sie den Durchfluss.

In der Hydraulik werden Rückschlagventile als Sperrventile verwendet.

Federbelastete Rückschlagventile

Das federbelastete Rückschlagventil besteht im Wesentlichen aus dem Gehäuse, der Feder und der Schließkugel (Abb. 1).

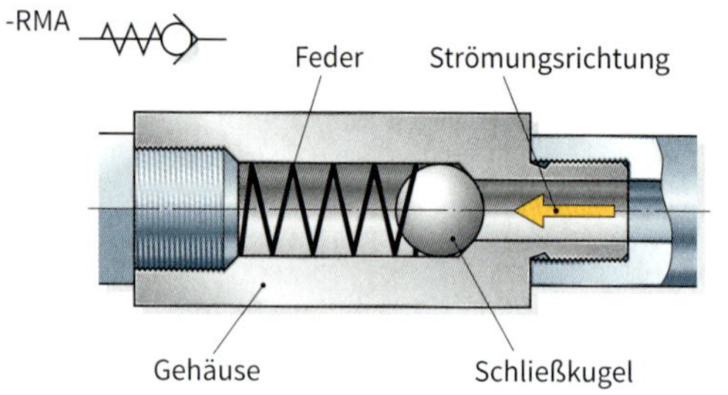

Abb. 1: Rückschlagventil

Im geschlossenen Zustand wird die Kugel von der Feder gegen den Ventilsitz gedrückt. Der Durchfluss erfolgt, wenn die durch den Öldruck erzeugte Kraft in Strömungsrichtung die Federkraft übersteigt. Die Schließkugel wird dann von der Dichtfläche, dem Ventilsitz, weggedrückt.

Entsperrbare Rückschlagventile

Entsperrbare Rückschlagventile können über einen Steueranschluss hydraulisch geöffnet und somit entsperrt werden (Abb. 2). Die Hydraulikflüssigkeit kann dann in beiden Richtungen strömen.

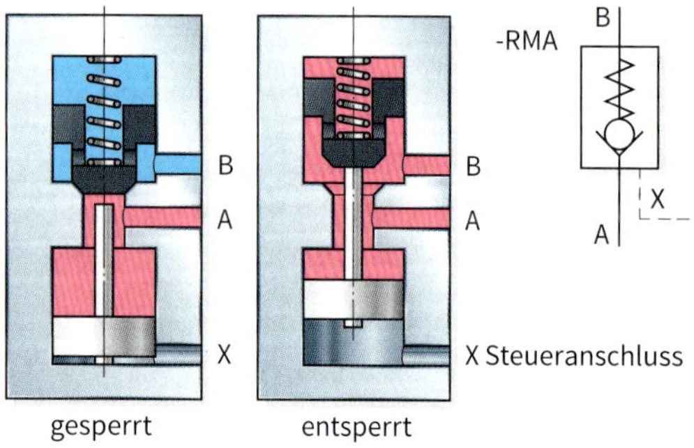

Abb. 2: Entsperrbares Rückschlagventil

Über den Steueranschluss **X** erfolgt eine Druckbeaufschlagung des Kolbens. Dieser drückt mithilfe einer Stößelstange den Ventilkegel nach oben. Die Sperrstellung ist aufgehoben und der Durchfluss ist jetzt in entgegengesetzter Richtung möglich.

Mit entsperrbaren Rückschlagventilen können Zylinder, die durch äußere Kräfte belastet sind, in jeder Stellung stillgesetzt werden.

5.3.2.3 Druckventile

Druckventile regulieren den Druck in hydraulischen Anlagen. Sie öffnen oder schließen Leitungen je nach dem Druckzustand in der Anlage.

Man unterscheidet Druckbegrenzungsventil, Folgeventil und Druckreduzierventil.

Druckbegrenzungsventile

Das Druckbegrenzungsventil ist in Ausgangsstellung geschlossen (Abb. 3). Eine Feder drückt den Schließkegel gegen den Ventilsitz. Der Druck am Anschluss **P** wirkt auf die Stirnflache des Kolbens. Übersteigt der Druck die eingestellte Federkraft, wird der Schließkegel gegen die Feder verschoben. Er öffnet den Weg zum Tankanschluss **T**. Das Hydrauliköl kann drucklos zum Tank abfliesen. Der Druck am Anschluss **P** und damit in der Hydraulikanlage bleibt konstant. Sinkt der Druck am Anschluss **P**., schließt die Federkraft das Ventil wieder.

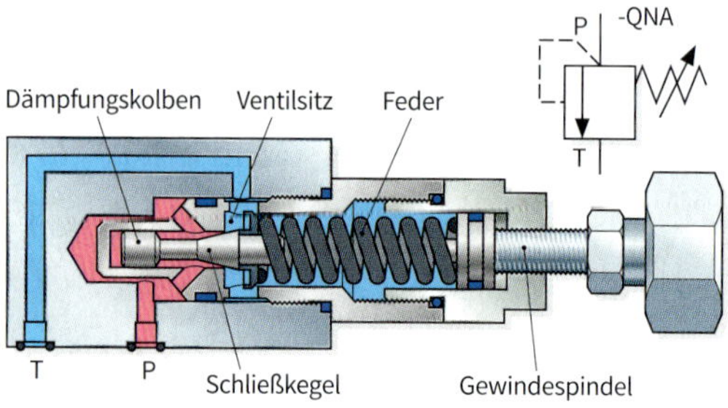

Abb. 3: Aufbau eines Druckbegrenzungsventils

Druckbegrenzungsventile -QNA werden meist als Sicherheitsventil eingebaut. Nicht verstellbare Pumpen -GPA fördern das Hydrauliköl weiter, auch wenn z. B. das Steuerventil -QMA geschlossen ist (Abb. 4). Deshalb muss ein Überlastungsschutz in die Anlage eingebaut werden. Übersteigt der Druck den am Druckbegrenzungsventil eingestellten Druck, öffnet das Ventil und leitet den überschüssigen Volumenstrom in den Tank -CMA ab.

Druckbegrenzungsventile sichern hydraulische Steuerungen gegen unzulässig hohe Drücke ab.

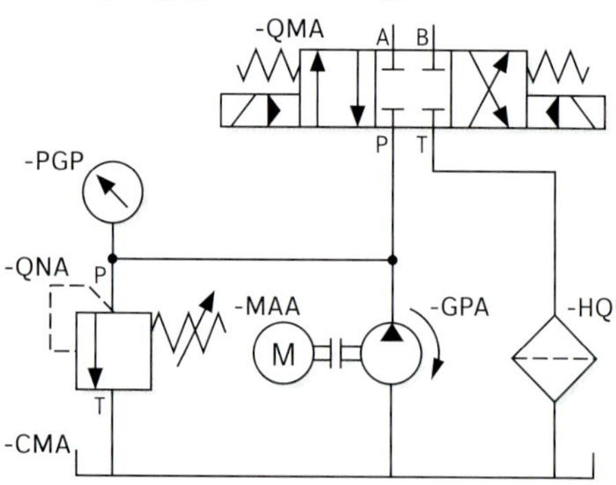

Abb. 4: Druckbegrenzungsventil als Sicherheitsventil

Folgeventile

Folgeventile schalten bei einem eingestellten Druck weitere Zylinder in einer Anlage zu. Sie sind in der Ausgangsstellung geschlossen und öffnen sich, wenn der Druck den eingestellten Schaltdruck erreicht hat.

Druckreduzierventile

Die Aufgabe von Druckreduzierventilen besteht darin, einen eingestellten, reduzierten Druck für einen Teil einer Hydraulikanlage konstant zu halten. Während am Anschluss **P** der Anlagendruck wirkt, wird am Anschluss **A** der reduzierte Druck konstant gehalten.
Druckreduzierventile sind in Ausgangsstellung geöffnet (Abb. 5). Die Durchflussrichtung erfolgt von **P** nach **A**. Der Ausgangsdruck am Anschluss **A** wirkt auf die Stirnfläche des Regelkolbens. Übersteigt der Druck die eingestellte Federkraft, bewegt sich der Regelkolben und verengt oder schließt den Strömungsweg zum Anschluss **A**. Der Druck am Ausgang **A** bleibt konstant.

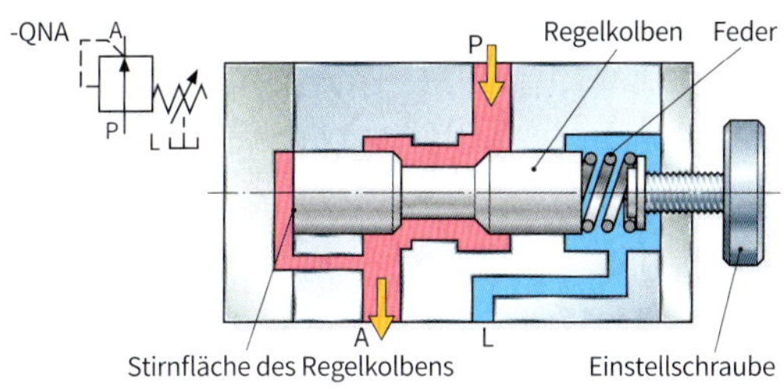

Abb. 5: Zweiwege-Druckreduzierventil

5.3.2.4 Stromventile

! Stromventile steuern den Volumenstrom des Hydrauliköls. Sie dienen zur Geschwindigkeitssteuerung von Antriebsgliedern.

Stromventile werden eingeteilt in Drosselventile und Stromregelventile.

Drosselventile

- **Drosseln und Blenden**

Drosseln und Blenden sind nicht verstellbare Drosselventile. Drosseln haben eine längere, rohrartige Querschnittsverengung. Blenden haben eine kurze Querschnittsverengung (Abb. 6).

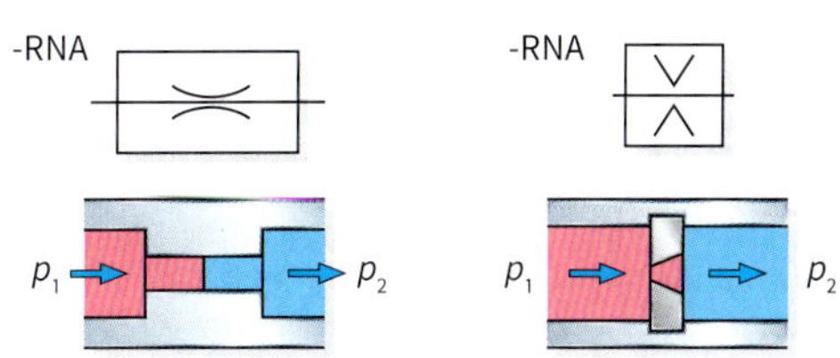

Abb. 6: Drossel und Blende

- **Verstellbare Drosselventile**

Verstellbare Drosselventile bestehen aus dem Ventilgehäuse, der Einstellschraube und der Drosselstelle (Abb. 7). Mit der Einstellschraube kann der Strömungsquerschnitt an der Drosselstelle verändert werden.

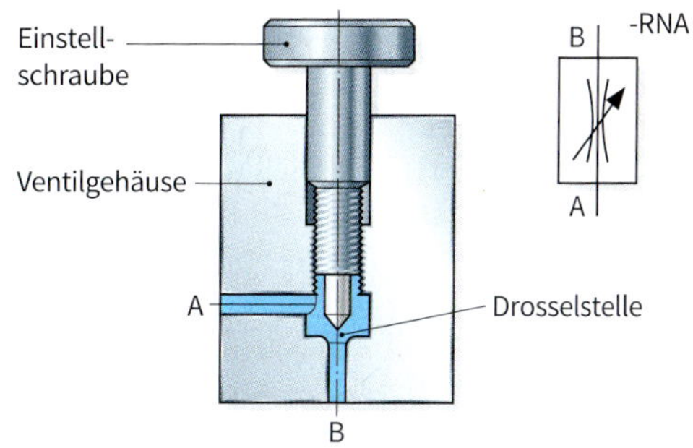

Abb. 7: Verstellbares Drosselventil

Eine Querschnittsvergrößerung hat eine Vergrößerung der Durchflussmenge zur Folge. Dadurch erhöht sich die Ausfahrgeschwindigkeit des Kolbens oder die Umdrehungsfrequenz eines Hydromotors. Die Durchflussmenge ist aber auch vom Druck in der Anlage abhängig.

Stromregelventile

Soll die Ausfahrgeschwindigkeit eines Kolbens oder die Umdrehungsfrequenz eines Hydromotors unabhängig vom Druck sein, werden Stromregelventile verwendet. Stromregelventile sind so aufgebaut, dass sie mithilfe einer mechanischen Regeleinrichtung den Volumenstrom und damit die Verfahrgeschwindigkeit des Kolbens auch bei sich ändernder Belastung konstant halten (Abb. 8).

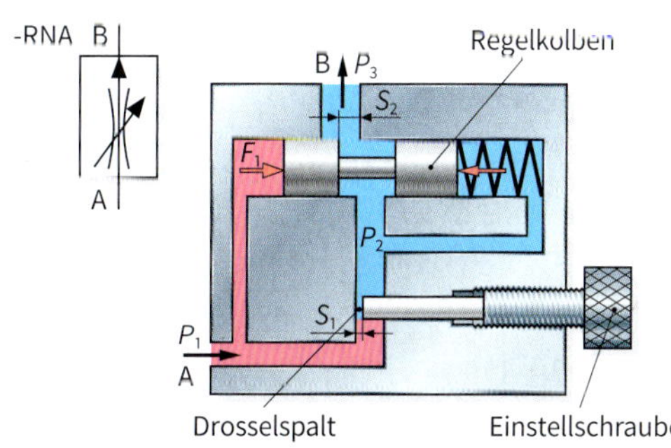

Abb. 8: Zweiwege-Stromregelventil

Das Stromregelventil hat einen einstellbaren Drosselspalt S1 und einen Regelkolben. Die Wirkungen von Drossel und Regelkolben wirken entgegengesetzt. Dadurch lässt das Stromregelventil unabhängig von Druckschwankungen in der Anlage immer den gleichen gedrosselten Volumenstrom strömen.

! Stromregelventile wirken lastunabhängig.

Aufgaben

1. Benennen Sie die Teilsysteme einer hydraulischen Anlage und beschreiben Sie deren Aufgaben.

2. Geben Sie die Vorteile der Hydraulik gegenüber der Pneumatik an.

3. Beschreiben Sie den Einsatz der verschiedenen Filter in einer hydraulischen Anlage.

4. Worin besteht der Unterschied zwischen Antrieben mit Konstantpumpen und Antriebenmit Verstellpumpen?

5. Erklären Sie das abgebildete Wegeventil:

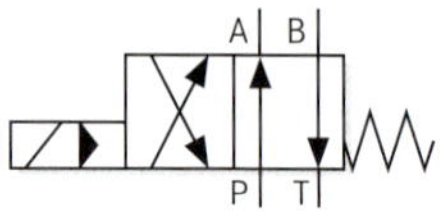

a) Wie heißt das Ventil?

b) Wie wird das Ventil betätigt?

c) Wo führen die Leitungen hin, die an das Ventil angeschlossen werden?

6. a) Geben Sie die Benennung des unten abgebildeten Ventils an.

b) Wie werden die jeweiligen Schaltstellungen geschaltet?

c) Beschreiben Sie die Funktion der Schaltung bei Mittelstellung des Ventils.

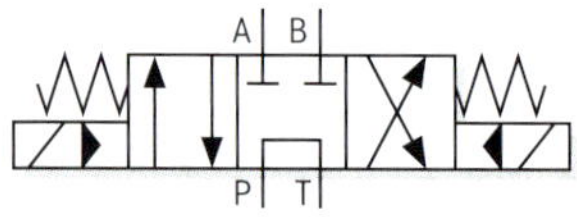

7. Beschreiben Sie die unterschiedliche Wirkung von verstellbaren Drosselventilen und Stromregelventilen.

8. Weshalb werden parallel zu verstellbaren Drosselventilen und Stromregelventilen häufig Rückschlagventile eingebaut?

9. Wofür werden entsperrbare Rückschlagventile eingesetzt?

10. Nennen Sie die verschiedenen hydraulischen Druckventile und beschreiben Sie deren Einsatz in hydraulischen Steuerungen.

11. Beschreiben Sie die Aufgabe von Druckbegrenzungsventilen in hydraulischen Anlagen.

5.3.3 Antriebseinheiten

Antriebseinheiten hydraulischer Steuerungen sind Hydraulikzylinder und Hydromotoren.

Hydraulikzylinder und Hydromotoren formen die Druckenergie der Hydraulikflüssigkeit in Bewegungsenergie um und verrichten mechanische Arbeit.

5.3.3.1 Hydraulikzylinder

Hydraulikzylinder führen geradlinige Bewegungen aus. Wegen der hohen Drücke müssen sie geeignete Dichtungselemente besitzen und stabil gebaut sein. Man unterscheidet einfachwirkende und doppeltwirkende Zylinder.

Aufgrund der geradlinigen Bewegungen werden Hydraulikzylinder auch als Linearmotoren bezeichnet.

Einfachwirkende Zylinder

Bei einfachwirkenden Zylindern wird nur eine Seite mit Druck beaufschlagt (Abb. 1). Sie werden eingesetzt, wenn die Kraftübertragung nur in einer Richtung erforderlich ist. Dies ist z. B. beim Spannen von Werkstücken oder bei hydraulischen Aufzügen der Fall. Das Einfahren erfolgt durch eine Gewichtskraft oder durch eine Rückstellfeder.

Einfachwirkende Zylinder, die durch Gewichtskraft einfahren, nennt man auch Plungerzylinder.

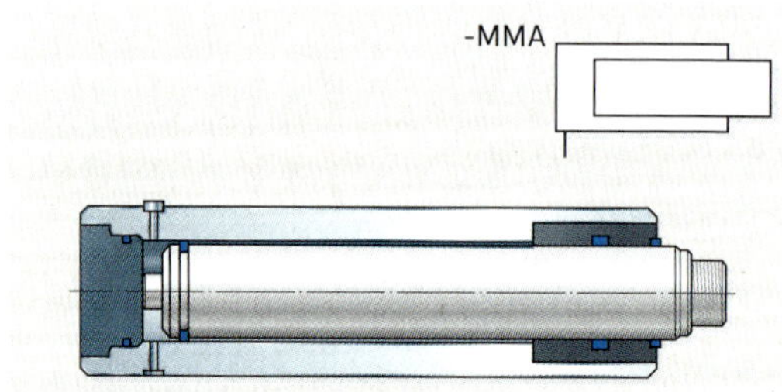

Abb. 1: Einfachwirkender Zylinder (Plungerzylinder)

Eine häufig vorkommende Bauart des einfachwirkenden Zylinders ist der Teleskopzylinder (Abb. 2). Mit ihm können relativ große Hübe bei kleinem Einbauraum realisiert werden.

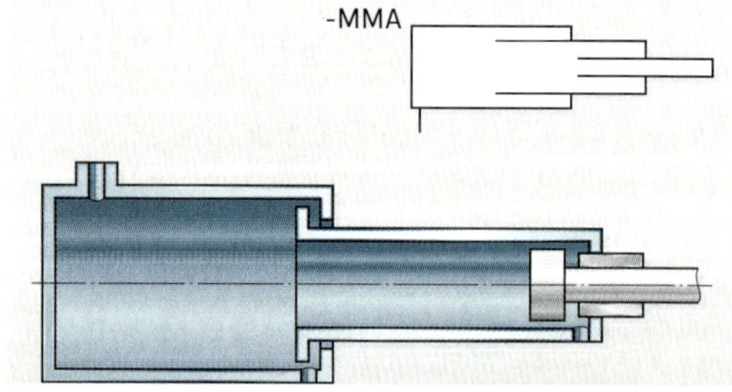

Abb. 2: Teleskopzylinder

Kolbenkräfte

Kolbengeschwindigkeiten

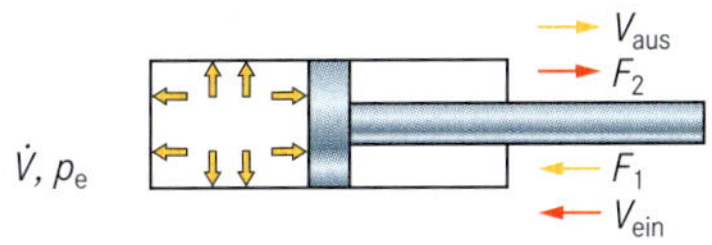

Die Kolbenkraft F ist abhängig vom Druck p_e, der wirksamen Kolbenfläche A und dem Wirkungsgrad η.

$$F = p_e \cdot A \cdot \eta$$

Die Kolbengeschwindigkeit v ist abhängig vom Volumenstrom $\dot{V}$ und der wirksamen Kolbenfläche A.

$$v = \frac{\dot{V}}{A}$$

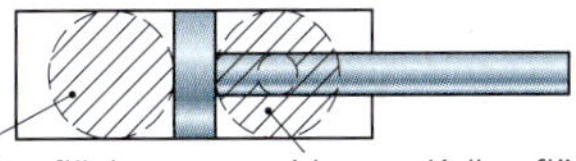

$$A_1 = \frac{\pi}{4} \cdot D^2 \qquad A_2 = \frac{\pi}{4} \cdot (D^2 - d^2)$$

Der Wirkungsgrad η berücksichtigt die Reibung, welche beim Ein- und Ausfahren des Zylinders entsteht.

Der Druck wird in bar angegeben.

Umrechnung: $1\ \text{bar} = 0{,}1\ \frac{\text{N}}{\text{mm}^2} = 10\ \frac{\text{N}}{\text{cm}^2}$

Die Ausfahrgeschwindigkeit ist aufgrund der größeren wirksamen Kolbenfläche kleiner als die Einfahrgeschwindigkeit.

Die Aus- und Einfahrgeschwindigkeit des Kolbens werden in m/min angegeben.

Beispiel:

Ein doppeltwirkender Hydraulikzylinder wird beim Vor- und Rückhub mit einem Druck von 120 bar beaufschlagt. Die Verluste am Zylinder betragen 9 %. Der Kolben hat einen Durchmesser von $D = 50$ mm und die Kolbenstange von $d = 32$ mm. Der Volumenstrom beträgt 25 l/min.

a) Berechnen Sie die Kolbenkräfte beim Ausfahren und beim Einfahren des Zylinders in kN.

b) Ermitteln Sie die Aus- und Einfahrgeschwindigkeit der Kolbenstange.

Geg.: $p = 120\ \text{bar} = 1200\ \text{N/cm}^2$
$D = 50$ mm
$d = 32$ mm
$\eta = 0{,}9$
$\dot{V} = 25\ \text{l/min} = 25\ \text{dm}^3\text{/min}$

Ges.: a) F_1 in kN, F_2 in kN
b) v_{aus} in m/min, v_{ein} in m/min

Lösung:

a) $F_1 = p_e \cdot A_1 \cdot \eta$

$$F_1 = p_e \cdot \frac{\pi}{4} \cdot D^2 \cdot \eta$$

$$F_1 = 1200\ \frac{\text{N}}{\text{mm}^2} \cdot \frac{\pi}{4} \cdot (5\ \text{cm})^2 \cdot 0{,}9$$

$$F_1 = 21195\ \text{N} = \underline{\underline{21{,}2\ \text{kN}}}$$

$$F_2 = p_e \cdot A_2 \cdot \eta$$

$$F_2 = p_e \cdot \frac{\pi}{4} \cdot (D^2 - d^2) \cdot \eta$$

$$F_2 = 1200\ \frac{\text{N}}{\text{cm}^2} \cdot \frac{\pi}{4} \cdot [(5\ \text{cm})^2 - (3{,}2\ \text{cm})^2] \cdot 0{,}9$$

$$F_2 = 12528\ \text{N} = \underline{\underline{12{,}5\ \text{kN}}}$$

b) $v_{aus} = \frac{\dot{V}}{A_1}$

$$v_{aus} = \frac{\dot{V}}{\pi/4 \cdot D^2} = \frac{25\ \text{dm}^3\text{/min}}{\pi/4 \cdot (0{,}5\ \text{dm})^2}$$

$$v_{aus} = 127\ \text{dm/min} = \underline{\underline{12{,}7\ \text{m/min}}}$$

$$v_{ein} = \frac{\dot{V}}{A_2}$$

$$v_{ein} = \frac{\dot{V}}{\pi/4 \cdot (D^2 - d^2)} =$$

$$v_{ein} = \frac{25\ \text{dm}^3\text{/min}}{\pi/4 \cdot [(0{,}5\ \text{dm})^2 - (0{,}32\ \text{dm})^2]}$$

$$v_{ein} = 216\ \text{dm/min} = \underline{\underline{21{,}6\ \text{m/min}}}$$

Doppeltwirkende Zylinder

Doppeltwirkende Zylinder werden auch als Differentialzylinder bezeichnet. Sie können in beide Bewegungsrichtungen eine Kraft übertragen.

Besitzt der Zylinder nur eine Kolbenstange, ergeben sich aufgrund der unterschiedlichen Kolbenflächen unterschiedliche Kräfte und Verfahrgeschwindigkeiten (Abb. 1). Beim Ausfahren sind die Kräfte wegen der größeren Kolbenflache größer als beim Einfahren des Zylinders, bei der die kleinere Kreisringfläche wirkt.

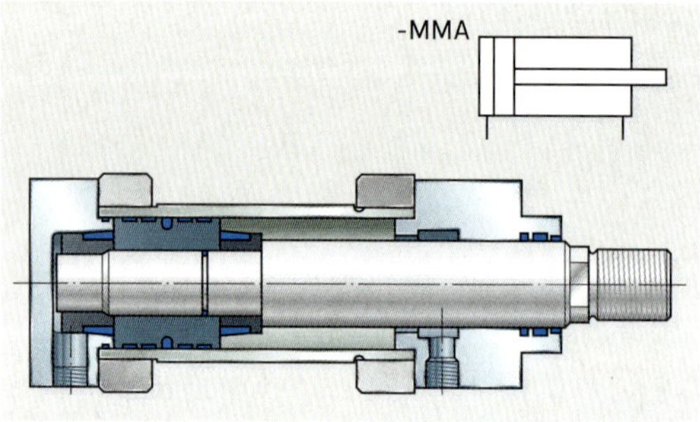

Abb. 1: Doppeltwirkender Zylinder mit einseitiger Kolbenstange

Zylinder mit beidseitiger Kolbenstange werden auch Gleichgangzylinder genannt (Abb. 2). Bei ihnen sind die Kräfte und Geschwindigkeiten beim Ein- und Ausfahren gleich groß.

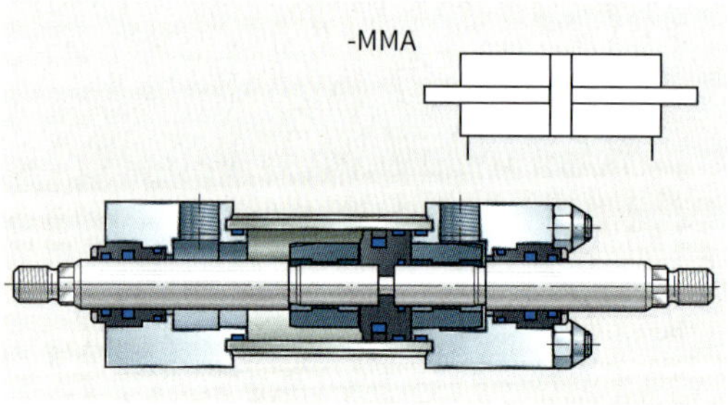

Abb. 2: Gleichgangzylinder

5.3.3.2 Hydromotoren

Die in der Hydraulikflüssigkeit gespeicherte Druckenergie wird durch Hydromotoren in mechanische Bewegungsenergie umgewandelt. Sie erzeugen dabei eine Drehbewegung. Man nennt sie daher auch Rotationsmotoren.

! Hydromotoren wandeln die hydraulische Energie in mechanische Rotationsenergie um.

Hydromotoren ähneln im Aufbau den Hydraulikpumpen. Nach ihrer Arbeitsweise werden Hydromotoren mit konstanter oder veränderlicher Umdrehungsfrequenz unterschieden und Motoren für eine oder für beidseitige Drehrichtung.

Hydromotoren gibt es in den Bauformen:

- außenverzahnte Zahnradmotoren,
- innenverzahnte Zahnradmotoren (Abb. 3),
- Axialkolbenmotoren und
- Radialkolbenmotoren.

Hydromotoren haben ein sehr hohes Startdrehmoment, einen großen Drehzahlbereich und einen gleichförmigen Rundlauf auch bei niedrigen Umdrehungsfrequenzen. Hydromotoren können in explosionsgefährdeten Räumen, wie im Untertagebau, eingesetzt werden.

Das von Hydromotoren erzeugte Drehmoment ist steuerbar und wird vom Druck der Hydraulikflüssigkeit bestimmt. Die Umdrehungsfrequenz ist vom zugeführten Volumenstrom abhängig.

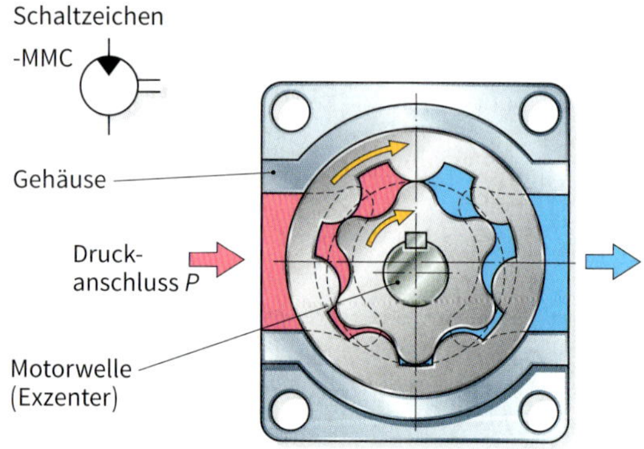

Abb. 3: Innenverzahnter Zahnradmotor

Aufgaben

1. Welches sind die wesentlichen Unterschiede zwischen einem Hydraulikzylinder und einem Pneumatikzylinder?

2. Nennen Sie Einsatzmöglichkeiten für einen Teleskopzylinder.

3. Geben Sie die Vorteile von Hydromotoren gegenüber elektrischen Antrieben an.

4. Beschreiben Sie die Wirkungsweise eines außenverzahnten Hydromotors.

5. Welcher Druck muss am Hydraulikzylinder anliegen, wenn bei einem Kolbendurchmesser von 40 mm und einem Wirkungsgrad von $\eta = 0{,}85$ eine Kolbenkraft von 12000 N erzeugt werden soll?

6. Der Durchmesser eines Hydraulikzylinders beträgt d = 100 mm. Welcher Volumenstrom ist erforderlich, um eine Ausfahrgeschwindigkeit von v = 12 m/min zu erreichen?

7. Durch welche hydraulischen Größen werden bei einem Hydromotor:
a) das Drehmoment und
b) die Umdrehungsfrequenz beeinflusst?

5.3.4 Hydraulische Schaltpläne

In der Industrie werden bevorzugt elektrohydraulische Steuerungen eingesetzt. Bei elektrohydraulischen Steuerungen werden die Antriebsglieder hydraulisch angetrieben und die Ventile elektrisch gesteuert.

Es gelten die gleichen Darstellungsregeln wie für elektropneumatische Schaltpläne. Abbildung 4 zeigt den hydraulischen Teil der Pressenschaltung.

Die Darstellung erfolgt nach **ISO 1219-2** (➡📖).

Bauglieder und Leitungen

Hydraulische Schaltpläne lassen den Ölkreislauf für alle Steuerungsvorgänge und Bewegungsabläufe erkennen. In den Schaltplänen sind alle hydraulischen Bauglieder und Leitungen enthalten. Sie werden mit genormten Symbolen nach **ISO 1219-1** dargestellt (➡📖). Ihre Darstellung erfolgt ohne Berücksichtigung der tatsächlichen räumlichen Lage in der Anlage.

Bauglieder, die zu einer Baueinheit gehören, werden mit einer Strich-Punkt-Linie umrahmt, z. B. die Bauglieder des Hydraulikaggregates.

Die Leitungsanschlüsse an den Bauteilen werden durch Buchstaben gekennzeichnet. Die gleiche Kennzeichnung findet sich auch auf den Bauteilen in der Anlage.

Kennzeichnung der Bauglieder

Jedes Bauglied erhält eine Kennzeichnung nach **ISO 1219-2**, die mit einem Rahmen versehen ist (➡📖). Die Kennzeichnung besteht aus der Anlagenbezeichnung, dem Medienschlüssel, der Schaltkreisnummer und der Bauteilnummer.

Die *Anlagenbezeichnung* kann aus Zahlen oder Buchstaben bestehen, gefolgt von einem Bindestrich.

Der *Medienschlüssel* besteht aus Buchstaben. Er muss angegeben werden, wenn in einer Anlage unterschiedliche Medien verwendet werden. Zur Kennzeichnung hydraulischer Anlagen wird der Medienschlüssel **H** verendet.

Anlagenbezeichnung bzw. Medienschlüssel können entfallen, wenn nur eine Anlage vorhanden ist bzw. nur ein Medium verwendet wird. Die Kennzeichnung besteht dann nur aus der Schaltkreisnummer und der Bauteilnummer (Abb. 4).

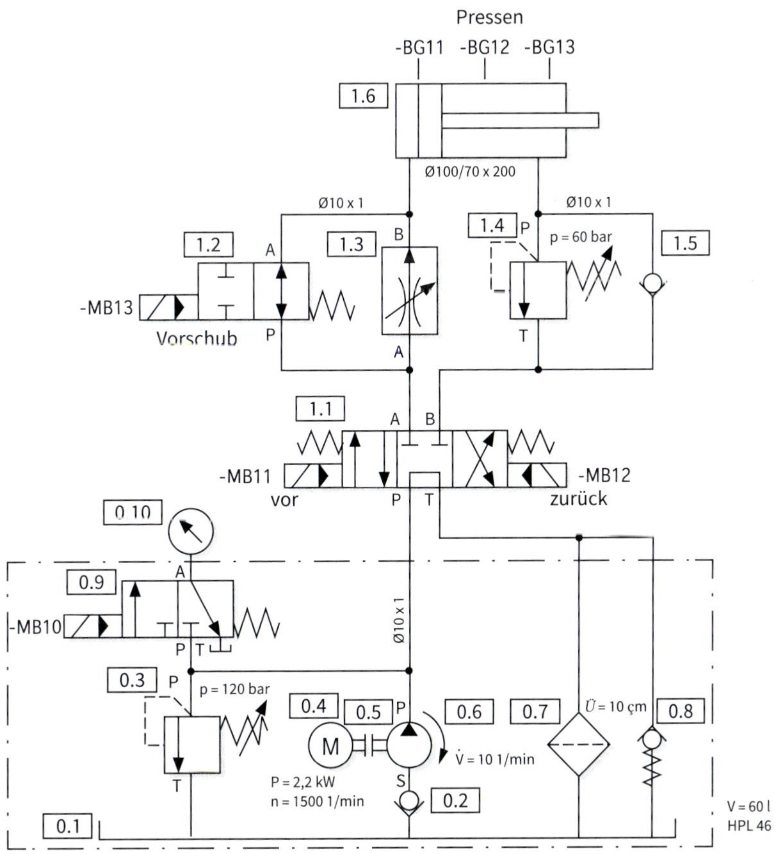

Abb. 4: Hydraulischer Schaltplan

Die Schaltkreise einer Anlage erhalten eine fortlaufende *Schaltkreisnummer*, gefolgt von einem Punkt. Bauglieder der Energieversorgung erhalten die Schaltkreisnummer 0.
Jedes Bauteil eines Schaltkreises erhält zusätzlich eine *Bauteilnummer*. Die Bauteile werden dabei fortlaufend von links nach rechts und von unten nach oben nummeriert, beginnend mit der Zahl 1.

Beispiel **H 1 . 6**

Medienschlüssel — H
Schaltkreisnummer — 1
Bauteilnummer — 6

Kennzeichnung elektrischer Bauteile

Elektrische Bauteile wie Magnetspulen und Endschalter erhalten die gleiche Kennzeichnung wie im elektrischen Schaltplan. Sie erfolgt nach **DIN EN ICE 81346-2** (➜📖).
Diese Norm legt die Kennbuchstaben für Eingangsklassen, für Unterklassen und für Unter-Unterklassen von Bauteilen fest. *Eingangsklassen* gruppieren Bauteile nach deren Funktion und verwenden einen Kennbuchstaben (Tab. 1).

Tab. 1: Eingangsklassen

Kennbuchstabe	Funktion der Bauteile	Beispiele für Bauteile
B	Erfassen und Bereitstellen von Informationen	Endschalter, Sensor
C	Speichern von Energie, Information oder Material	Tank, Behälter
G	Bereitstellen eines Energie- oder Materialflusses	Batterie, Pumpe
K	Verarbeiten und Ausgeben von Informationen	Relais, Steuerventil
M	Ausüben von mechanischer Energie	Elektromotor, Hydraulikzylinder
P	Bereitstellen wahrnehmbarer Informationen	Signallampe, Manometer
Q	Steuern von Zugang oder Durchfluss	Schütz, Wegeventil
R	Begrenzen oder Stabilisieren eines Energie-, Information- oder Materialflusses	Rückschlagventil
S	Erfassen und Umwandeln menschl. Handlung	handbetätigter Taster
W	Leiten von Energie, Signalen oder Materialien	Kabel, Leiter, Rohr, Schlauch
X	Schnittstelle zu anderen Objekten	Klemmenleiste, Schlauchkupplung

Die *Unterklassen* nehmen eine ausführlichere Einteilung der Bauteile vor und verwenden zwei Kennbuchstaben (Tab. 2). Der erste Buchstabe entspricht dabei der Hauptklasse. Der zweite Buchstabe kennzeichnet Objekte nach ihrer Zugehörigkeit zu einem technischen Gebiet.
Die Kennzeichnung mit Unterklassen ist in Schaltplänen anzuwenden, sofern es erforderlich oder hilfreich ist.

Tab. 2: Unterklassen

Kennbuchstabe	Beispiele für Bauteile	Kennbuchstabe	Beispiele für Bauteile
BG	Näherungs-, Endschalter	PG	Manometer, Thermometer
BP	Drucksensor	PF	Meldelampe
CM	Druckspeicher, Tank, Behälter	QA	Leistungsschütz
GP	Pumpe, Öler	QB	Hauptschalter
HQ	Filter	QM	Wegeventil
KF	Relais	RM	Rückschlagventil
KH	Steuerventil	SF	elektrischer Taster
MA	Elektromotor	SJ	handbetätigtes Ventil
MB	Ventilspule, Elektromagnet	WF	Schlauchleitung
MM	Hydraulikzylinder, Hydromotor	WP	Rohrleitung
XD	Klemmenleiste	XM	Schlauchkupplung

Dem Kennzeichen für die elektrischen Bauteile wird ein Vorzeichen vorangestellt.

Beispiel **– MB 10**

Vorzeichen — –
Bauteilartart — MB
Zählnummer — 10

Die **DIN EN ICE 81346-2** kann auch für die Kennzeichnung hydraulischer Bauteile verwendet werden (siehe Beispiele in Tab. 1 und 2).

Technische Angaben

In praxisgerechten Schaltplänen sind die technischen Daten einzutragen:

- oberhalb eines Schaltreises dessen Funktion, z. B. **Pressen**,
- Behältervolumen, z. B. **60 l**,
- Bezeichnung des Hydrauliköls, z. B. **HLP 46**,
- Nennvolumenstrom $\dot{V}$ der Pumpe, z. B. **10 l/min**,
- Nennleistung P und Umdrehungsfrequenz n des Antriebsmotors, z. B. **2,2 kW, 1500 1/min**,
- bei Druckventilen der Einstelldruck p, z. B. **120 bar**,
- bei Ölfiltern die Nennfiltrationsrate β, z. B. **10 µm**,
- bei Überdruckmessgeräten der Druckbereich p in bar, z. B. **150 bar**,
- bei Zylindern der Zylinder- bzw. Kolbenstangendurchmesser und Hub in Millimeter, z. B. **Ø 100/70 x 200**,
- bei Wegeventilen die Funktion der einzelnen Schaltstellungen, z. B. **vor**,
- bei Rohrleitungen der Außendurchmesser und die Wanddicke **Ø 10 x 1**.

5.3.5 Inbetriebnahme

Die Inbetriebnahme hydraulischer Steuerungen erfolgt schrittweise (Abb. 1). Sie beginnt mit der Sichtprüfung der hydraulischen Anlage (Tab. 1). Die Sichtprüfungen müssen bei eingeschaltetem Hydraulikaggregat erfolgen.
Schlauchleitungen sind auf zulässigen Betriebsdruck und Verwendungsdauer zu kontrollieren. Die Verwendungsdauer einschließlich der Lagerdauer sollte sechs Jahre nicht überschreiten. Die Schlauchleitungen sind dazu entsprechend gekennzeichnet.
Es folgen die Inbetriebnahme des Hydraulikaggregates, die Inbetriebnahme der hydraulischen Steuerung und erst dann die Gesamtinbetriebnahme der Anlage.

Hydraulikaggregat

Vor dem Befüllen mit Hydrauliköl muss der Tank gereinigt werden. Auch Filter und Saugleitungen müssen frei von Schmutz und Verunreinigungen sein. Der Hersteller gibt ein zu verwendendes Hydrauliköl vor. Dieses Öl wird über einen Ölfilter eingefüllt. Die Porengröße des Filters sollte gleich oder kleiner als diejenige des eingebauten Ölfilters sein.

Tab. 1: Sichtprüfung einer hydraulischen Anlage

Anlagenteile	Kursinspektion
Gesamtanlage	• äußere Leckagen • Verschmutzung der Anlage • ungewöhnliche Geräusche • Beschädigungen
Hydraulikaggregat	• Ölstand im Behälter • Temperatur
Rohrleitungen	• Dichtheit der Verschraubungen • fester Sitz in den Befestigungen • äußere Beschädigungen • unzulässige Schwingungen
Schlauchleitungen	• Versprödung des Materials • Beschädigungen oder Verformungen • Verwendungsdauer überschritten
Hydraulikfilter	• Verschmutzungsanzeige
Ventile	• Einstellung der Druckventile • Plomben und Typenschilder • Schutzabdeckung elektrischer Stecker und Kabel vorhanden

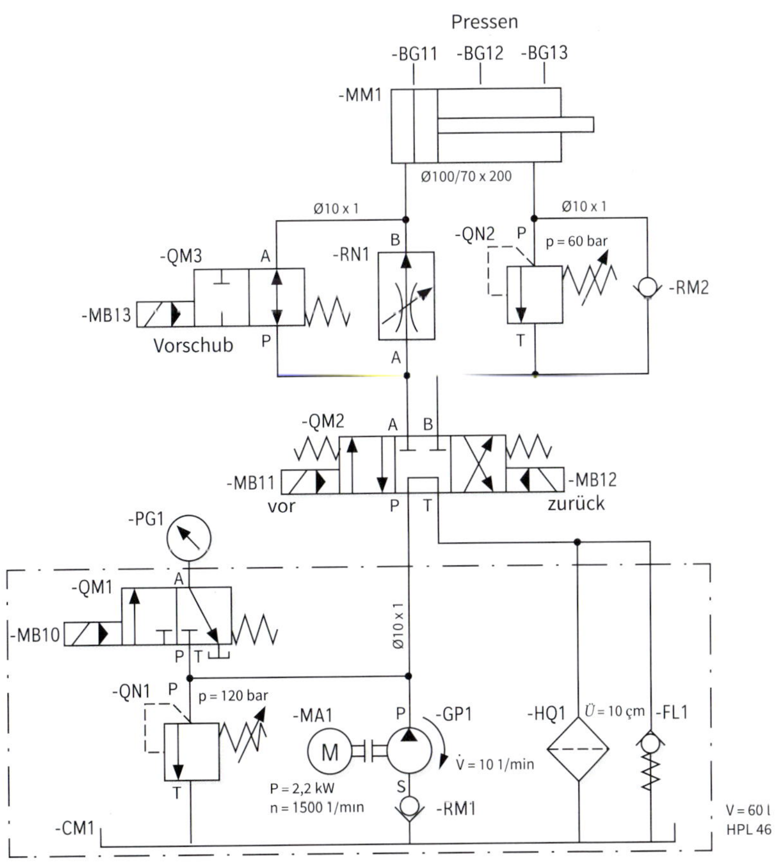

Abb. 1: Hydraulischer Schaltplan der Pressensteuerung mit Referenzkennzeichnung der Bauteile nach **DIN EN ICE 81346-2**

Hydraulische Steuerung

Bei der Inbetriebnahme der Steuerung können Verfahrbewegungen auftreten. Diese müssen durch Handbetätigungen der Ventile kontrolliert werden. Dabei befüllt sich die Hydraulikanlage. Falls erforderlich, müssen Leitungen und Hydraulikzylinder entlüftet werden.

Beim gesamten Inbetriebnahmevorgang ist die Anlage auf Leckagen, Druckpegel, Geräuschentwicklungen und Temperaturentwicklung zu überwachen.

Gesamtinbetriebnahme

Nach der erfolgreichen Inbetriebnahme der einzelnen Teilsysteme erfolgt die Inbetriebnahme der Gesamtanlage. Dazu wird die Anlage über das Bedienfeld gesteuert.

Für den ersten Ablauf wird die Betriebsart Einzelschrittbetrieb gewählt. Die Steuerung wird über den Starttaster Ein eingeschaltet. Die einzelnen Schritte werden über die Taste Start nacheinander aktiviert.

Der Ablauf des Prozesses kann dabei anhand des Funktionsplanes oder eines Weg-Schritt-Diagramms verfolgt und kontrolliert werden.

Der erste Durchlauf wird häufig ohne Werkstück durchgeführt, um unvorhergesehene Kollisionen zu vermeiden.

Wurde der Prozessablauf im Einzelschrittbetrieb mit Werkstück erfolgreich durchlaufen, erfolgt der Testlauf im Automatikbetrieb. Dabei werden die Geschwindigkeiten der Aktoren und die Arbeitsdrücke nochmals überprüft.

Während der Inbetriebnahme werden alle Prüfergebnisse in einer Checkliste festgehalten und dokumentiert.

Arbeitssicherheit

Beim Arbeiten an hydraulischen Anlagen sind folgende Regeln zu beachten:

- Hydraulikpumpe ausschalten.
- Leitungsverschraubungen, Anschlüsse und Geräte nicht lösen, solange die Anlage unter Druck steht.
- Bei allen Arbeiten auf Sauberkeit achten.
- Alle Öffnungen mit Schutzkappen verschließen, damit kein Schmutz in das Hydrauliksystem gelangt.

Tab. 2: Übersicht über die Inbetriebnahme einer hydraulischen Steuerung

Sichtkontrolle der hydraulischen Anlage

- Hydraulikleitungen auf richtige Verlegung und ordnungsgemäßen Anschluss prüfen
- Schlauchleitungen auf zulässigen Betriebsdruck und Verwendungsdauer kontrollieren
- festen Sitz der Bauteile kontrollieren

Inbetriebnahme Hydraulikaggregat

- Behälter und Filter reinigen
- Hydraulikbehälter mit dem vom Hersteller vorgegebenen Hydrauliköl über einen Ölfilter befüllen
- Hydraulikaggregat entlüften
- Probelauf des Hydraulikaggregates im Leerlauf vornehmen, dabei auf Leckagen, Ölstand und Temperatur sowie Laufruhe der Pumpe achten

Inbetriebnahme hydraulischer Steuerung

- Stromventile und Drosselventile öffnen, um vollständiges Befüllen des Systems zu erreichen
- Druckbegrenzungsventil auf geringen Druck einstellen
- Hydraulikanlage auf Druckbetrieb umstellen, Betriebsdruck langsam erhöhen, dabei füllt sich die Anlage mit Hydrauliköl
- Leitungen und Hydraulikzylinder entlüften, danach Ölstand kontrollieren und gegebenenfalls Hydrauliköl nachfüllen
- Arbeitsdrücke und Verfahrgeschwindigkeiten der Hydraulikzylinder über Druckbegrenzungsventile und Drosseln einstellen

Gesamtinbetriebnahme

- Anlage ohne Werkstück im Einzelschrittbetrieb testen, dabei Leckagen, Geräuschentwicklung und Temperaturentwicklung überwachen
- Steuerung unter realen Bedingungen im Automatikbetrieb betreiben

Vergleich von Energiearten in Steuerungen

Steuerungsenergien

	Pneumatik	**Hydraulik**	**Elektrotechnik**
	Druckluft als Energieträger	Hydraulikflüssigkeit als Energieträger	Elektrischer Strom als Energieträger
Vorteile	• In Rohrleitungen verlustfreier Transport über weite Strecken, • Nahezu unempfindlich gegen Temperaturschwankungen, • Hohe Kolbengeschwindigkeiten und kurze Schaltzeiten, • Bauteile bis zum Stillstand belastbar, • In Druckbehältern speicherbar.	• Übertragen von großen Kräften und Leistungen, • Große Schaltgenauigkeit und gleichmäßige Bewegungen erreichbar, • Geschwindigkeiten stufenlos regelbar, • Anfahren unter Belastung.	• In der Anwendung sehr saubere Energieform, • Weitgehend wartungsfrei, • Gute Positionierungsgenauigkeit und geringer Schlupf, • Gut regelbar, • Hoher Wirkungsgrad, • Geringere Energiekosten als bei Hydraulik und Pneumatik.
Nachteile	• Nur bei einem Kraftbedarf von 20 – 30 kN wirtschaftlich, • Keine gleichmäßigen und konstanten Kolbengeschwindigkeiten, • Hohe Geräuschentwicklung durch Abluft.	• Leistungsverluste durch Flüssigkeitsreibung, • Schwingungsneigung mit Geräuschentwicklung, • Temperaturempfindlichkeit und Viskositätsänderung der Hydraulikflüssigkeit.	• Extra Kühlung notwendig, • Brandgefährdung durch Funkenbildung, • Teure Einrichtungen zur Drehzahleinstellung und Regelung.
Einsatzgebiete	• Spannen und Zuführen bei Montagetätigkeiten, • Mess- und Prüfwesen.	• Antriebe in Werkzeugmaschinen, • Pressensteuerungen.	• Antriebe in Werkzeugmaschinen, • Transporteinrichtungen.

Hydraulische Steuerungen

Gesamtsystem, bei dem hydraulische Energie zum Steuern und Antreiben von Anlagen eingesetzt wird.

Energieversorgung

Teilsystem, das die Antriebsenergie in hydraulische Energie umwandelt und der Antriebseinheit zuführt

Einheiten zur Energieversorgung
- Hydraulikaggregat
  - Elektromotor mit Hydraulikpumpe
  - Ölfilter
  - Druckbegrenzungsventil
  - Überdruckmessgerät
  - Hydrospeicher

Energiesteuerung

Teilsystem, das den Energiefluss zur Antriebseinheit über den Volumenstrom und den Druck der Hydraulikflüssigkeit steuert

Steuerungseinheiten
- Wegeventile
- Druckventile
  - Druckbegrenzungsventil
  - Folgeventil
  - Druckreduzierventil
- Stromventile
  - Drosselventil
  - Stromregelventil
- Rückschlagventile
  - federbelastet
  - entsperrbar
- Proportionalventile
- Servoventile

Antriebsteil

Teilsystem, das die hydraulische Energie in mechanische Energie umwandelt und mechanische Arbeit verrichtet

Antriebseinheiten
- Hydraulikzylinder
  - einfachwirkender Zylinder
  - doppeltwirkender Zylinder
  - Teleskopzylinder
  - Gleichgangzylinder
- Hydromotoren
  - Konstantmotoren
  - Verstellmotoren

ANTRIEBSSTATION

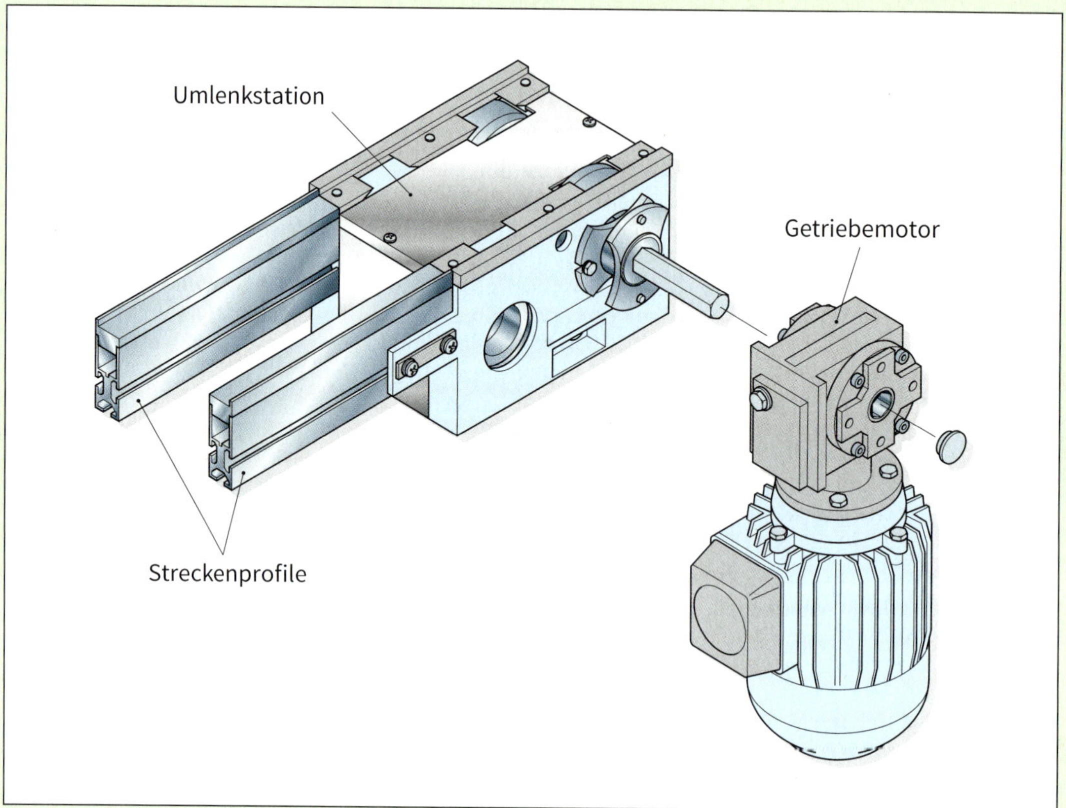

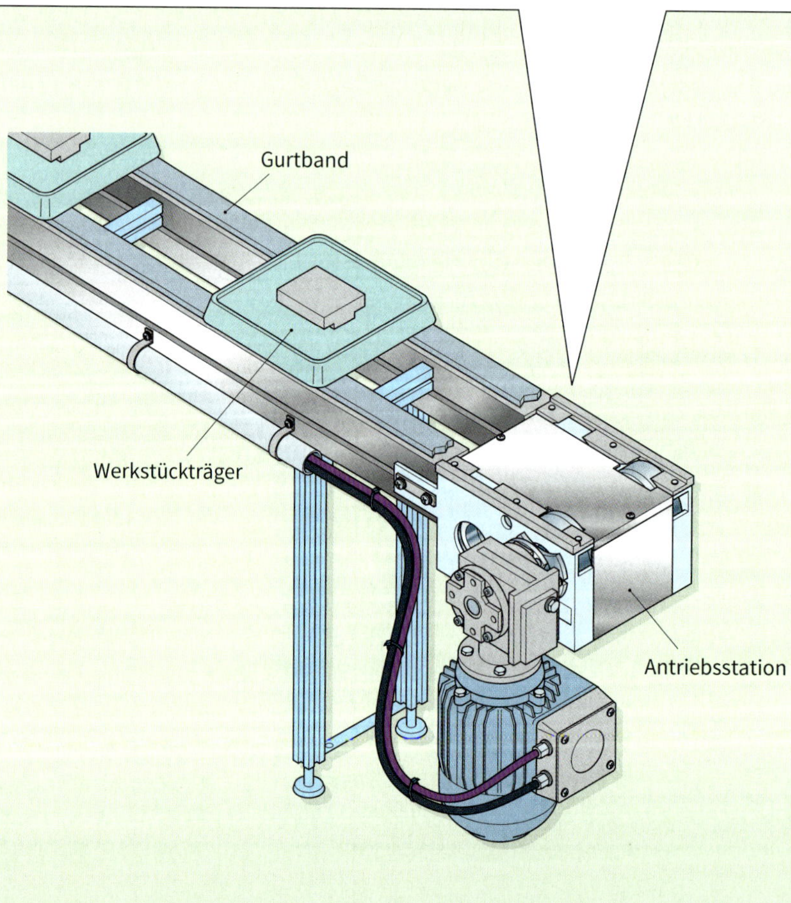

Transportband

GESAMTAUFTRAG

Die Antriebsstation treibt ein Transportband mit Gurtbändern an. Auf den Gurtbändern werden Werkstücke auf einen Werkzeugträger transportiert. Die Antriebstation besteht aus der Umlenkstation und einem Getriebemotor als Antrieb.

Die Antriebsstation wird in Kleinserie gefertigt und montiert. Aus der Serie werden vereinzelt Antriebsstationen herausgenommen und einem Langzeittest unterzogen.

Die Montage der Antriebsstation soll geplant und durchgeführt werden. Nach dem Dauertest soll die Antriebsstation zerlegt und deren Bauteile auf Abnutzung und Verschleiß hin untersucht werden.

ANALYSE

Technische Unterlagen

Für die Montage und Demontage stehen technische Unterlagen in Form von Gesamtzeichnung, Anordnungszeichnung und Stücklisten zur Verfügung.

Aus diesen Unterlagen können Informationen über die Anordnung der Bauteile sowie den Aufbau und die Funktion der Antriebsstation entnommen werden.

Aufbau

Die Antriebsstation besteht aus der Umlenkstation, die durch einen Getriebemotor angetrieben wird. Das Getriebe wird seitlich über den Getriebeflansch (Pos. 6) an das Seitenteil links (Pos. 1) der Umlenkstation geschraubt. Die beiden Seitenteile (Pos. 1 und 2) der Umlenkstation sind über zwei Querverbinder miteinander verschraubt. Zwei Seitendeckel und ein Deckel (Pos. 5) schützen das Innere der Umlenkstation vor Verschmutzung.

An die Seitenteile sind jeweils eine Antriebsrolle (Pos. 9) und eine Umlenkrolle (Pos. 8) montiert. In die Rollen sind Rillenkugellager gepresst. Rollen und Lager bilden eine Einheit. Die Antriebsrollen (Pos. 9) sind mit der Sechskantwelle (Pos. 7) verbunden und durch zwei Sicherungsscheiben (Pos. 15) gegen seitliches Verschieben gesichert. Über das eine Ende der Sechskantwelle wird die Hohlwelle des Getriebes geschoben.

Die beiden Seitenteile der Umlenkstation werden im Betrieb mit Streckverbinder (Pos. 12) an die Streckenprofile des Transportbandes befestigt.

Anordnungsplan

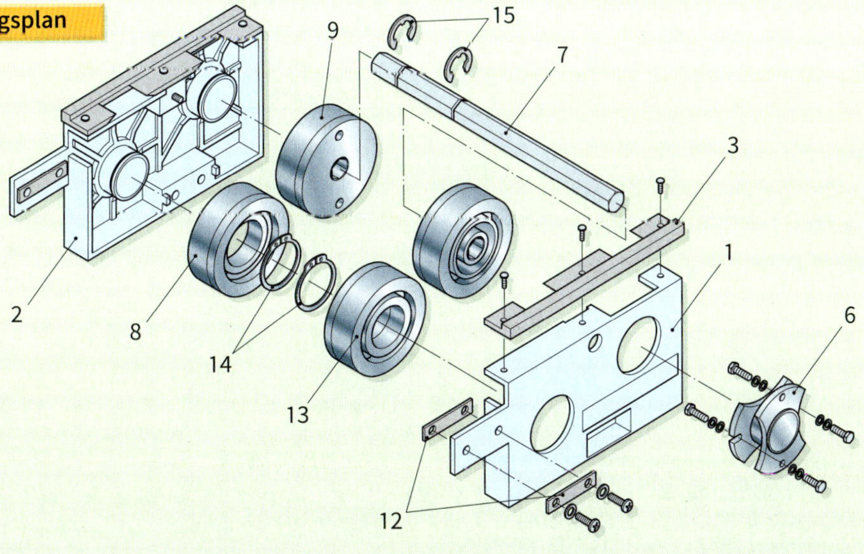

ANALYSE

Technische Unterlagen

Ein Elektromotor treibt die Antriebsstation an. Der Motor als Antriebseinheit wandelt elektrische Energie in mechanische Bewegungsenergie. Die Drehbewegung des Motors wird auf das Getriebe übertragen. Das Getriebe formt die Drehbewegung um. Die Umdrehungsfrequenz der Drehbewegung wird untersetzt und das Drehmoment vergrößert. Über die Hohlwelle des Getriebes wird die Drehbewegung formschlüssig auf die Sechskantwelle (Pos. 7) weitergeleitet. Die Sechskantwelle überträgt die Bewegung auf die beiden Antriebsrollen (Pos. 9). Die Antriebsrollen leiten die Bewegung kraftschlüssig auf die beiden Gurtbänder des Transportbandes. Die Umlenkrollen (Pos. 8) lenken die Gurtbänder des Transportbandes um.

Die Rillenkugellager (Pos. 15) stützen und tragen die Antriebsrollen und die Umlenkrollen. Sie nehmen die Kräfte auf leiten sie auf die Seitenteile (Pos. 1 und 2) der Antriebsstation ab.

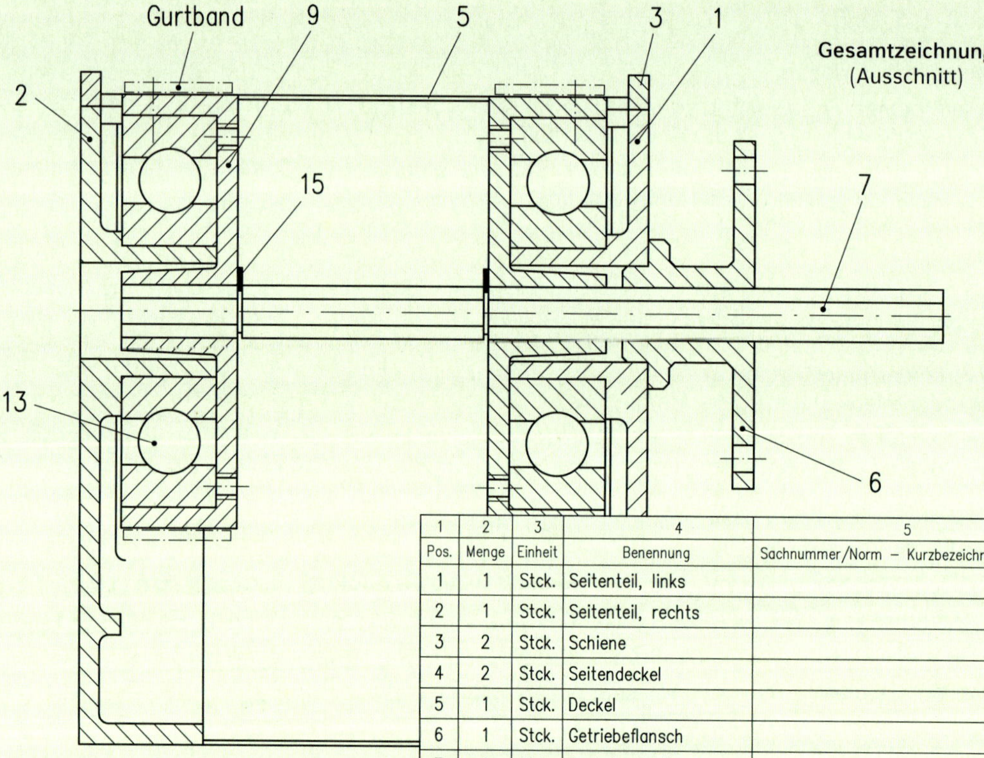

Gesamtzeichnung
(Ausschnitt)

1	2	3	4	5
Pos.	Menge	Einheit	Benennung	Sachnummer/Norm – Kurzbezeichnung
1	1	Stck.	Seitenteil, links	
2	1	Stck.	Seitenteil, rechts	
3	2	Stck.	Schiene	
4	2	Stck.	Seitendeckel	
5	1	Stck.	Deckel	
6	1	Stck.	Getriebeflansch	
7	1	Stck.	Sechskantwelle	
8	2	Stck.	Umlenkrolle	
9	1	Stck.	Antriebsrolle	
10	1	Stck.	Querverbinder,groß	
11	1	Stck.	Querverbinder, klein	
12	4	Stck.	Streckverbinder	
13	4	Stck.	Rillenkugellager	DIN 625 – 6406
14	2	Stck.	Sicherungsring	DIN 472 – 30x1,2
15	2	Stck.	Sicherungsscheibe	DIN 6799 – 10 – FSt

Stückliste
(Ausschnitt)

Bei der Montage müssen die verschiedenen Bauteile so zusammengefügt werden, dass die Funktionsanforderungen erfüllt werden. Die Bauteile müssen die Bewegungen und Kräfte zuverlässig übertragen.

Wellen, Lager und axiale Sicherungen werden häufig in Baueinheiten verwendet. Sie sind standardisierte Bauteile. Bei der Montage und Demontage dieser Bauteile sind bestimmte Tätigkeiten auszuführen. Diese sind dabei unabhängig von der Art des technischen Systems, in dem die Teile verwendet werden.

6.1 Wellen

ARBEITSAUFTRAG

Bei der Montage der Umlenkstation und des Schneckengetriebes sind unterschiedliche Wellen und Welle-Nabe-Verbindungen zu fügen. Die auf den Wellen montierten Bauteile sind dabei durch Sicherungselemente gegen axiales Verschieben zu sichern.

Die Arbeiten sollen geplant und fachgerecht durchgeführt werden. Dabei sind Aufbau und Funktion der zu montierenden Bauteile zu beachten.

Funktion

Bei der Antriebsstation leitet die Sechskantwelle die Drehbewegung des Getriebemotors auf die Antriebsrollen der Umlenkstation (Abb. 1). Die Welle dreht sich mit der Umdrehungsfrequenz n des Getriebemotors. Sie überträgt das Drehmoment M vom Getriebemotor auf die beiden Antriebsrollen. Dabei wird sie auf Torsion beansprucht.

! Wellen tragen Maschinenteile und führen immer Drehbewegungen aus. Sie übertragen dabei stets Drehmomente.

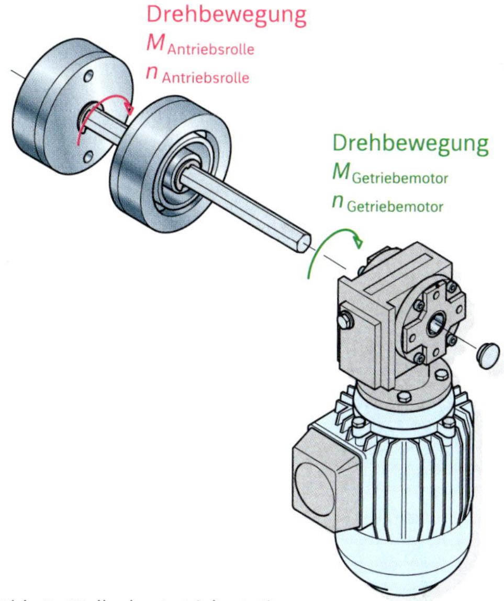

Abb. 1: Welle der Antriebsstation

Arten

Aufgrund unterschiedlicher Anforderungen werden verschiedene Arten von Wellen verwendet (Tab. 1).

Tab. 1: Beispiele für Wellenarten

Wellenart	Anforderungen	Anwendung
Glatte Welle 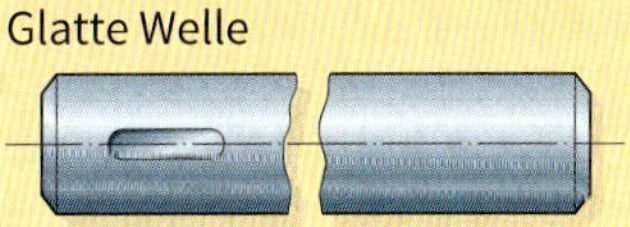	Übertragen von Drehmomenten	Transfersysteme, Krananlagen
Abgesetzte Welle 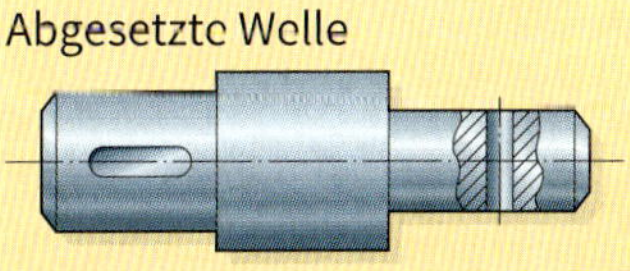	Übertragen von Drehmomenten, Abstützen axialer Positionen von Bauteilen	Getriebe, Elektromotoren, Pumpen
Profilwellenwelle 	Übertragen von wechselnden Drehmomenten bei guten Rundlaufeigenschaften, axial verschiebbare Profilnaben	Wellen in Schaltgetrieben, Wellen in Lamellenkupplungen, Gelenkwellen
Hohlwelle 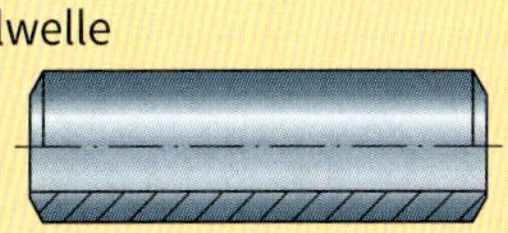	Aufnehmen anderer Bauteile, Durchleiten von Kühl- oder Spülmitteln	Werkzeugspindeln, Getriebe
Gelenkwelle 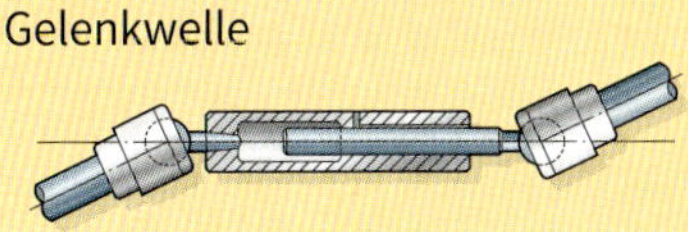	Übertragen von Drehmomenten zwischen zueinander winkelverschobenen Wellen an der Antriebs- und Abtriebsseite	Tischantrieb von Fräsmaschinen, Antrieb von Kraftfahrzeugen

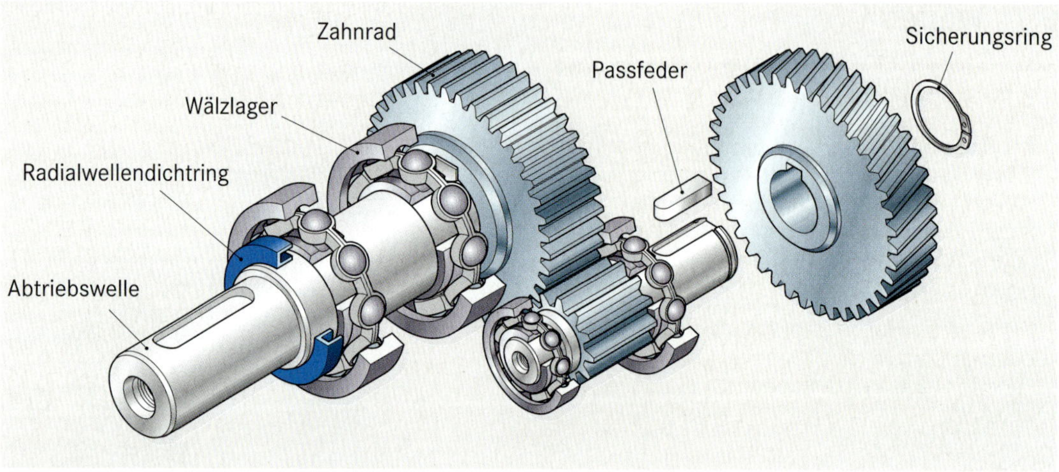

Abb. 1: Wellen in einem Zahnradgetriebe

Aufbau – Montage

Die Abbildung 1 zeigt typische Bauteile, die mit Wellen gefügt werden:

- *Passfedern* verbinden die Wellen mit den Naben der Zahnräder. Passfedern übertragen das Drehmoment von den Zahnrädern auf die Welle.
- *Sicherungsringe* verhindern ein axiales Verschieben der Bauteile auf der Welle.
- Mindestens zwei *Wälzlager* führen und stützen eine Welle. Die Lager nehmen die Kräfte auf, die auf die Welle wirken, und leiten sie auf das Gehäuse ab.
- *Radialwellendichtringe* werden zur Abdichtung von Durchgangstellen zwischen umlaufenden Wellen und dem feststehenden Gehäuse eingesetzt. Radialwellendichtringe verhindern das Eindringen von Verunreinigungen und den Austritt von Schmierstoffen.

Die Wellen sind entsprechend gestaltet, um solche Bauteile aufzunehmen (Abb. 2).

- An den Fügestellen zwischen Nabenbohrung und Welle oder Lagersitz müssen die Durchmesser von Welle und Bohrung zueinander passen. Bohrung und Welle bilden eine Passung.
- Für Passfedern und Sicherungsringe werden entsprechende Nuten in die Welle eingearbeitet. Die Nuten nehmen die Bauteile auf.
- Die Gleitflächen und Montagekanten für die Radialwellendichtringe sind besonders zu gestalten.

Damit die gefügten Bauteile einwandfrei funktionieren und eine lange Lebensdauer haben, müssen sie mit der geforderten Qualität gefertigt und fachgerecht montiert werden.

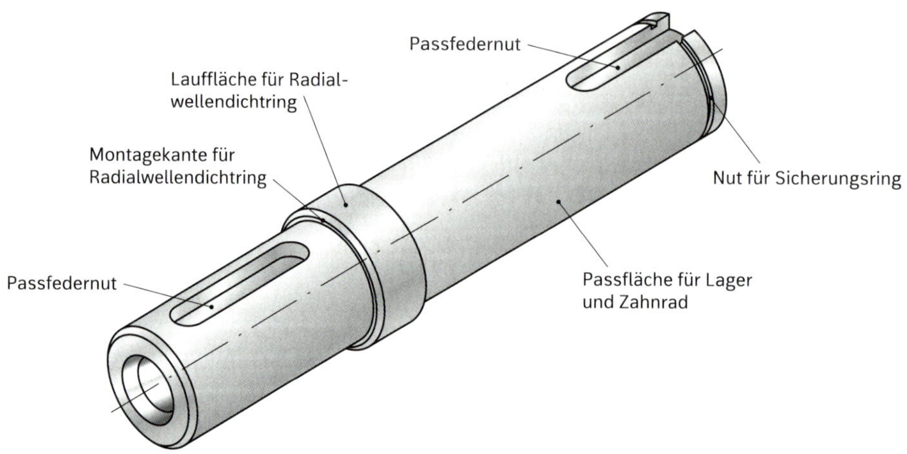

Abb. 2: Formelemente und Funktionsflächen an einer Getriebewelle

6.2 Achsen und Bolzen

Die Umlenkrollen in der Umlenkstation sind auf angegossene und abgedrehte Zapfen an den Seitenteilen montiert (Abb. 3a). Der Innenring des Lagers steht fest und nur der Lageraußenring dreht sich zusammen mit der Rolle.

Funktion

Die Umlenkrollen können auch durch einen Bolzen oder eine Achse gelagert werden.

Die Abbildung 3b) zeigt eine solche Konstruktion mit einem Bolzen. Der Bolzen übernimmt die gleiche Funktion wie der Zapfen am Seitenteil.

Die Abbildung 4 zeigt eine Ausführung mit einer durchgehenden Achse. Die Achse trägt beide Spannrollen. Achse und Bolzen drehen sich nicht, sie stehen fest. Nur der Lagerausring mit der Umlenkrolle dreht sich.

Achsen und Bolzen übertragen keine Drehmomente. Achsen und Bolzen werden durch die wirkenden Kräfte auf Biegung und Abscherung beansprucht.

! Achsen und Bolzen stützen und tragen ruhende, drehende oder schwingende Bauteile. Sie nehmen Querkräfte auf und übertragen keine Drehmomente.

Aufbau – Montage

- **Bolzen**

Bolzen sind Normteile. Es gibt sie in verschiedenen Ausführungen (➔📖). Aus der Normbezeichnung kann man die Form und Maße ermitteln.

Bolzen ISO 2341 - B - 16 x 100 x 4 - St

Bolzen mit Kopf (ISO 2341)
Form B mit Splintloch (B)
Durchmesser (16)
Nennlänge (100)
Splintlochdurchmesser (4)
Werkstoff (St)

Bei der Montage wird der Bolzen durch die Bohrung der Bauteile geschoben. Der Bolzen ist durch Splinte gegen axiales Verschieben zu sichern. Zwischen dem montierten Bauteil und dem Splint wird eine Scheibe montiert. Die Scheibe verhindert, dass die Bauteile beschädigt werden.

Wird ein Bolzen ohne Kopf montiert, ist dieser auf beiden Seiten durch Splinte zu sichern. Nach dem Durchstecken der Splinte sind sie leicht aufzubiegen, um ein Herausfallen zu verhindern.

Bolzen mit Kopf erleichtern die Montage und erfordern nur einen Splint (Abb. 3b).

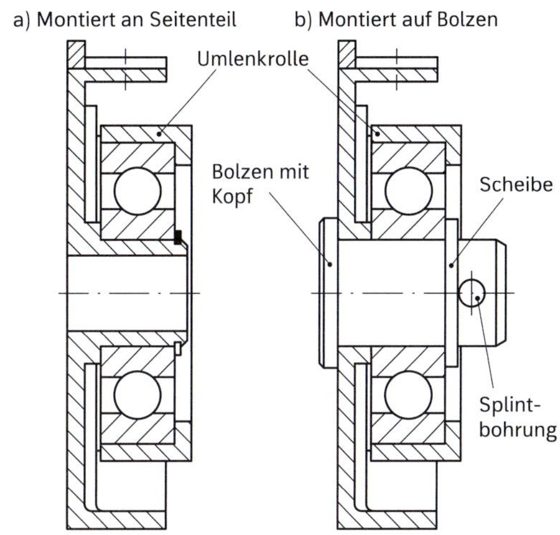

Abb. 3: Montierte Umlenkrolle

- **Achsen**

Achsen sind wie Wellen Fertigungsteile. Je nach Organisation der Montage kann es notwendig sein, sie vor dem Einbau auf Oberflächenbeschaffenheit und Maßhaltigkeit zu prüfen. Sie dürfen keine Beschädigungen aufweisen.

Die Achse wird bei der Montage durch die Bohrungen der Bauteile geschoben. Anschließend ist die Achse gegen axiales Verschieben zu sichern. Das geschieht mithilfe von Sicherungsringen.

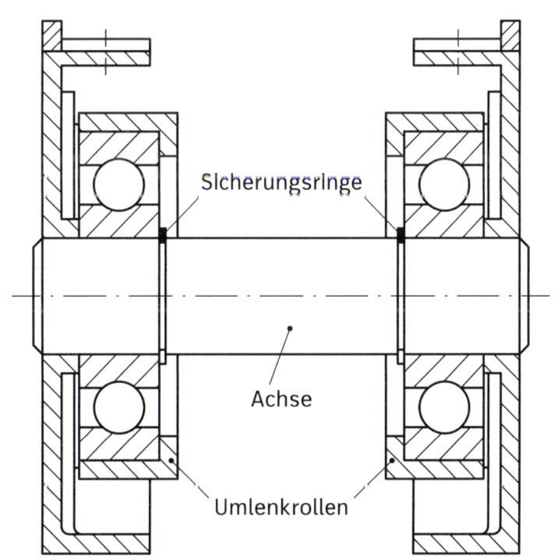

Abb. 4: Lagerung der Umlenkrollen durch eine Achse

Aufgaben

1. Beschreiben Sie die Unterschiede zwischen Achsen und Wellen.

2. Beschreiben Sie die Montage eines Bauteils mit einem Bolzen ISO 2340 – B.

Montieren

6.3 Montageprozess

Der Montageprozess umfasst die Vorgänge Montage und Demontage.

Durch *Montage* werden Bauteile und Baugruppen zu funktionstüchtigen Maschinen und Geräten zusammengefügt. Montagearbeiten fallen an

- beim Zusammenbau eines technischen Systems oder
- nach einer Instandhaltung.

Durch *Demontage* werden technische Systeme teilweise oder vollständig in Baugruppen und Bauteile zerlegt. Anlass für Demontagearbeiten können

- Wartungs- und Inspektionsarbeiten an technischen Systemen oder
- Instandsetzungsarbeiten (Reparaturen) sein.

Montagestufen

Der Montageprozess komplexer technischer Systeme gliedert sich in mehrere aufeinander folgende Montagestufen.

Dabei werden zunächst in der Vormontage Einzelteile zu Baugruppen gefügt. Anschließend werden die Baugruppen, eventuell mit weiteren Einzelteilen, in Stufen zu übergeordneten Baugruppen montiert. In der Endmontage erfolgt der Zusammenbau aller vormontierten Baugruppen zum fertigen technischen System.

Die Gliederung des Montageablaufs in verschiedene Montagestufen ermöglicht einen wirtschaftlichen Montageprozess. Je nach betrieblichen Organisationsformen können die Einzelteile und Baugruppen an unterschiedlichen Orten und zu verschiedenen Zeiten gefertigt und anschließend zu übergeordneten Baugruppen zusammengefügt werden.

Die Montage kann manuell, mechanisiert oder automatisiert erfolgen.

Montagetätigkeiten

Der Montageprozess besteht immer aus den Tätigkeiten (Abb. 1):

- Fügen, Zerlegen,
- Prüfen und
- Handhaben.

Durch *Fügen* werden Verbindungen zwischen Einzelteilen oder Baugruppen hergestellt. Die Verbindungen können lösbare oder unlösbare Verbindungen sein. Lösbare Verbindungen haben den Vorteil, dass sich die verbundenen Bauteile bei einer Demontage ohne Zerstörung wieder zerlegen lassen.

Das *Prüfen* kann vor, zwischen und nach der Montage stattfinden. Art, Anzahl und Beschaffenheit der zu fügenden Bauteile oder Baugruppen müssen kontrolliert werden. Das Prüfen schließt auch die Funktionskontrolle ein. Art und Häufigkeit der Kontrollen hängen von der Organisation des Montageprozesses ab.

Das *Handhaben* umfasst das Lagern, Transportieren und Positionieren der Bauteile und Baugruppen für den Zusammenbau. Je nach Automatisierungsgrad und Beschaffenheit der Teile ergeben sich unterschiedliche Handhabungstätigkeiten. Große, schwere Teile erfordern z. B. Hebezeuge.

Daneben können weitere Tätigkeiten notwendig sein. Solche *Nebentätigkeiten* sind die Oberflächenbehandlung, das Schmieren, das Auswuchten und das Justieren von Teilen. Durch Justieren werden beim Zusammenbau von Bauteilen unvermeidbare Abweichungen der Fertigung ausgeglichen.

Die Montage umfasst immer die Tätigkeiten Fügen, Prüfen und Handhaben. Außerdem können Nebentätigkeiten erforderlich sein.

Abb. 1: Übersicht über Montagetätigkeiten

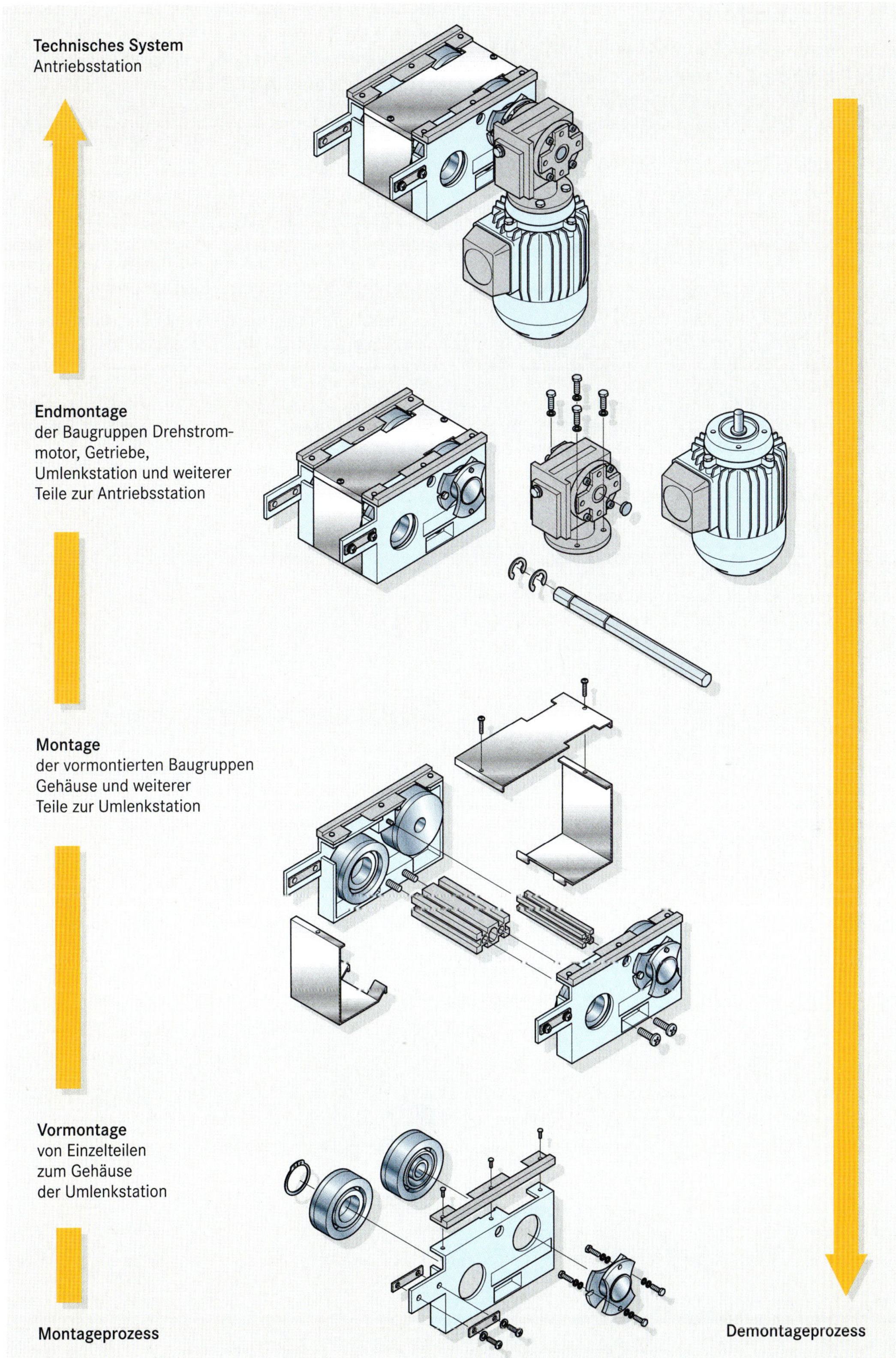

auch über Web-Link

Fügen

6.4 Passungen

Bei der Montage von Bauteilen müssen die Maße der zu fügenden Teile zueinander passen. Zu jeder Passung gehört eine Innenpassfläche und eine Außenpassfläche. Passungen ergeben sich zwischen

- zwei kreisrunden Passflächen wie dem Durchmesser von Welle und Bohrung oder
- zwei parallelen Passflächen wie der Breite von Passfedernut und Passfeder (Abb. 1).

! Eine Passung gibt den Maßunterschied von zwei zu fügenden Teilen an. Die beiden zu einer Passung gehörenden Passteile haben dasselbe Nennmaß.

Der Maßunterschied einer Passung ergibt sich aus der Tolerierung der Nennmaße der beiden Passteile. Bei Passungen erfolgt die Toleranzangabe nach **DIN EN ISO 286-1** durch Toleranzklassen (➜📖).

ISO-Toleranzen

Ein toleriertes Maß setzt sich zusammen aus dem Nennmaß und einer Toleranzangabe. Die Toleranzangabe bezeichnet man im ISO-System als *Toleranzklasse*. Sie wird durch Buchstaben und Zahlen angegeben.

Nennmaß —— **25** **H7** —— **Toleranzklasse**

Grundabmaß (H) Toleranzgrad (7)

Der *Toleranzgrad* wird mit Zahlen angegeben. Er gibt die Größe der geduldeten Maßtoleranz an. Bei der grafischen Darstellung entspricht er der Höhe der Toleranzzone (Abb. 2).

Das *Grundabmaß* wird mit Buchstaben angegeben. Es ist das Abmaß, welches der Nulllinie am nächsten liegt. Bei der grafischen Darstellung kennzeichnet es die Lage der Toleranzzone zur Nulllinie.

Das Grundabmaß wird angegeben:

- für Innenmaße wie bei Bohrungen und Nuten mit Großbuchstaben z. B. 25H7 und
- für Außenmaße wie bei Wellen und Passfedern mit Kleinbuchstaben z. B. 25k6.

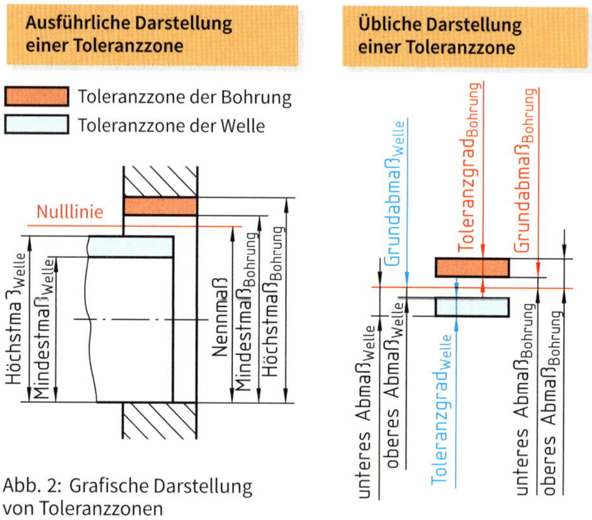

Abb. 2: Grafische Darstellung von Toleranzzonen

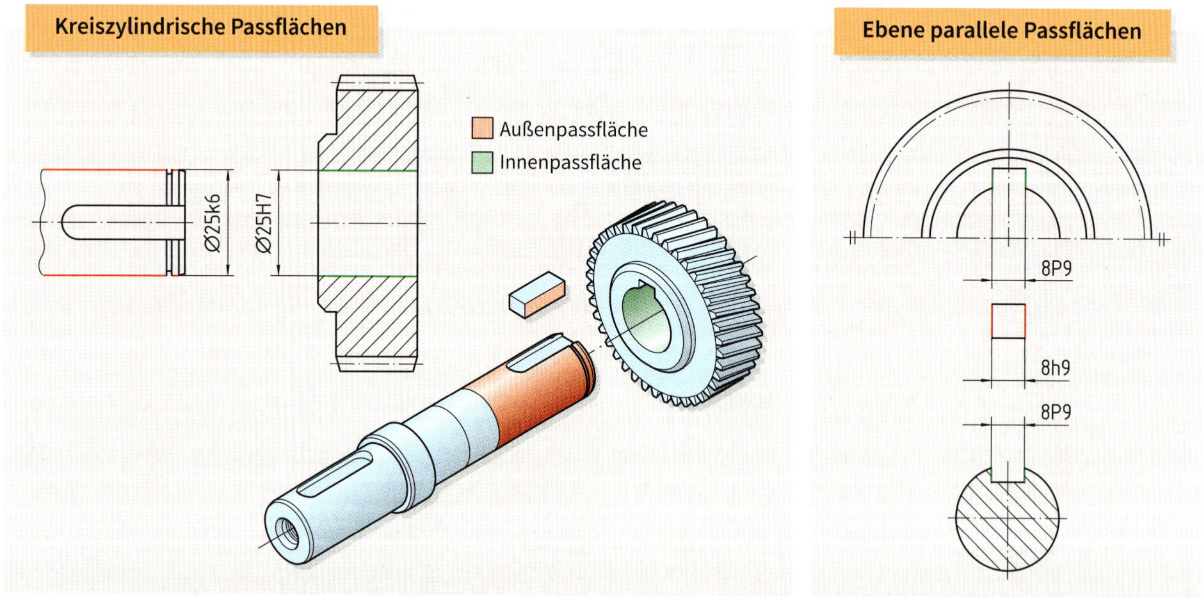

Abb. 1: Passungen beim Fügen eines Stirnrades

Größe der Maßtoleranz

Die Genauigkeit einer Passung wird durch die Größe der Maßtoleranz bestimmt. Die Größe der Toleranz ist abhängig vom Toleranzgrad und vom Nennmaß (Abb. 3).

Im ISO-System sind 20 Grundtoleranzgrade festgelegt: IT 01, IT 0, IT 1 bis IT 18 (→📖). Dabei steht IT 01 für die kleinste und IT 18 für die größte Maßtoleranz. Im allgemeinen Maschinenbau wird üblicherweise nach dem Grundtoleranzgrad IT 5 bis IT 13 gefertigt. Die Buchstaben IT werden in Zeichnungen nicht angegeben, da der Toleranzgrad immer im Zusammenhang mit einem Grundabmaß steht.

Die Maßtoleranz ist außerdem vom Nennmaß abhängig. Innerhalb eines Grundtoleranzgrades z. B. IT 6 gilt: Je größer das Nennmaß, umso größer ist die zugeordnete Maßtoleranz. Die Nennmaße sind dazu in 21 Nennmaßbereiche gegliedert. Die Norm legt die Toleranzgrade für Längenmaße bis 3150 mm fest.

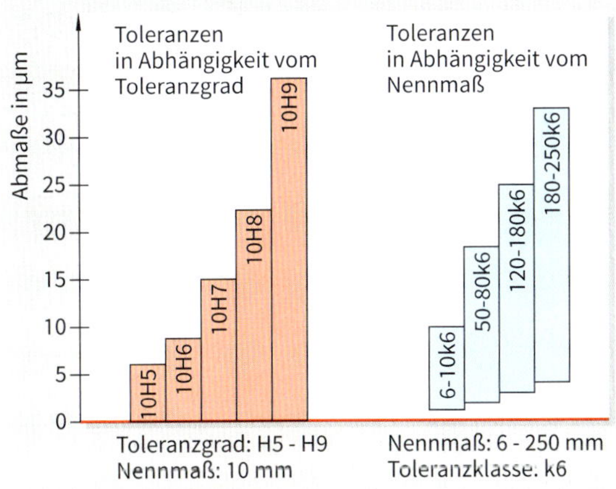

Abb. 3: Einflussgrößen auf die Maßtoleranz

Passungsarten

Je nach Lage und Größe der Toleranzzonen zueinander ergeben sich verschiedene Passungsarten (Abb. 4):

- Spielpassung,
- Übergangspassung oder
- Übermaßpassung.

Bei der *Spielpassung* ergibt sich beim Fügen von Welle und Bohrung ein Spiel. Das Mindestmaß der Bohrung ist größer oder im Grenzfall gleich dem Höchstmaß der Welle.

Bei der *Übergangspassung* kann beim Fügen der beiden Teile ein Spiel oder ein Übermaß entstehen. Die Toleranzzonen von Welle und Bohrung überdecken sich vollständig oder teilweise.

Bei der *Übermaßpassung* liegt beim Fügen von Welle und Bohrung ein Übermaß vor. Das Höchstmaß der Bohrung ist kleiner oder im Grenzfall gleich dem Mindestmaß der Welle.

Übermaßpassungen lassen sich nur unter hohem Druck oder durch Schrumpfen zusammenfügen. Für die Kraftübertragung zwischen den gefügten Teilen ist keine zusätzliche Sicherung in radialer oder axialer Richtung notwendig.

Übergangspassungen müssen in jedem Fall durch zusätzliche Maschinenelemente gegen Verdrehen und in einigen Fällen auch gegen Verschieben gesichert werden. Die Bauteile lassen sich unter geringem Kraftaufwand fügen.

Bei Spielpassungen können die Teile von Hand zusammengebaut werden. Sie lassen sich durch Handkraft gegeneinander verschieben. Spielpassungen wählt man auch bei Teilen, die nach dem Zusammenstecken stoffschlüssig verbunden werden.

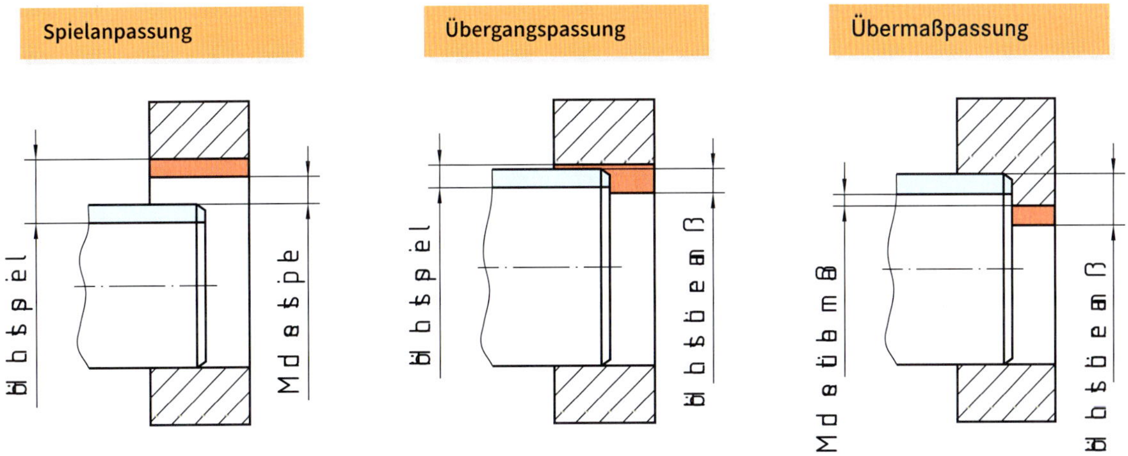

Abb. 4: Passungsarten und Lage der Toleranzzonen

Passungsberechnung

Spielpassung:
Das Höchstspiel P_{SH} ist die Differenz zwischen dem Höchstmaß der Bohrung G_{oB} und dem Mindestmaß der Welle G_{uW}.

$$P_{SH} = G_{oB} - G_{uW}$$

Das Mindestspiel P_{SM} ist die Differenz zwischen dem Mindestmaß der Bohrung G_{uB} und dem Höchstmaß der Welle G_{oW}.

$$P_{SM} = G_{uB} - G_{oW}$$

Übermaßpassung:
Das Höchstübermaß $P_{ÜH}$ ist die Differenz zwischen dem Mindestmaß der Bohrung G_{uB} und dem Höchstmaßmaß der Welle G_{oW}.

$$P_{ÜH} = G_{uB} - G_{oW}$$

Das Mindestübermaß $P_{ÜM}$ ist die Differenz zwischen dem Höchstmaß der Bohrung G_{oB} und dem Mindestmaß der Welle G_{uW}.

$$P_{ÜM} = G_{oB} - G_{uW}$$

Übergangspassung:
Bei Übergangspassungen ist das Höchstspiel P_{SH} und das Höchstübermaß $P_{ÜH}$ zu bestimmen.

Beispiel: Passungsberechnung

Für die Passung zwischen Welle und Bohrung des Stirnrades ist das Höchstspiel und das Höchstübermaß zu berechnen.

Geg.: Passmaß Ø25H7/k6 Ges.: $P_{ÜH}$ in mm, P_{SH} in mm

Tabellenbuch:

Welle Ø25k6:

es = + 15 µm	G_{oW} = 25,015 mm
ei = + 2 µm	G_{uW} = 25,002 mm

Bohrung Ø25H7:

ES = + 21 µm	G_{oB} = 25,021 mm
EI = 0 µm	G_{uB} = 25,000 mm

Rechnung:

Höchstspiel

$P_{SH} = G_{oB} - G_{uW}$

P_{SH} = 25,021 mm − 25,002 mm

$\underline{\underline{P_{SH} = 0{,}019\text{ mm}}}$

Höchstübermaß

$P_{ÜH} = G_{uB} - G_{oW}$

$P_{ÜH}$ = 25,000 mm − 25,015 mm

$\underline{\underline{P_{ÜH} = -0{,}015\text{ mm}}}$

Passungssysteme

Passungssysteme sind planmäßig und systematisch aufgebaute Reihen von Passungen. In den meisten Fällen wird das international einheitliche ISO-System nach **DIN EN ISO 286-1** verwendet (➔📖).

Das *Grundabmaß* gibt die Maßabweichung zum Nennmaß an. Es entspricht bei der grafischen Darstellung der Lage der Toleranzzone zur Nulllinie und wird durch einen oder auch durch zwei Buchstaben gekennzeichnet (Abb. 1):

- Großbuchstaben für Bohrungen (Innenmaße),
- Kleinbuchstaben für Wellen (Außenmaße).

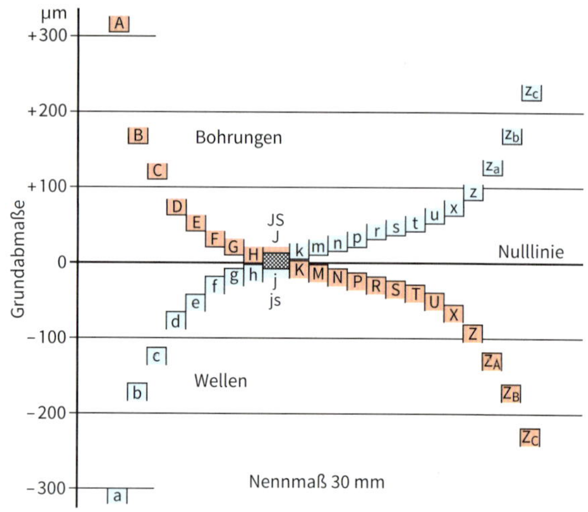

Abb. 1: Grundabmaße und Lage der Toleranzfelder

Toleranzzonen mit Buchstaben vom Anfang und Ende des Alphabetes liegen besonders weit von der Nulllinie entfernt. Die Toleranzzone H bzw. h berührt die Nulllinie. Mit JS bzw. js werden die Toleranzzonen bezeichnet, deren Lage symmetrisch zur Nulllinie ist.

Das ISO-System schreibt vor, dass eines der Passteile mit der Toleranzzone H bzw. h herzustellen ist. Man erhält die Passungssysteme

- System Einheitsbohrung und
- System Einheitswelle.

System Einheitsbohrung

Im System Einheitsbohrung werden alle Bohrungen einheitlich mit einer H-Toleranz hergestellt. Das Mindestmaß der Bohrung entspricht dem Nennmaß. Die H-Toleranzzone liegt im Plusbereich und grenzt an die Nulllinie (Abb. 2, nächste Seite).

Die Art der Passung (Spiel-, Übermaß- oder Übergangspassung) ergibt sich aus der Wahl der Toleranzzonen für die Wellen.

Das Passungssystem Einheitsbohrung wird vor allem im allgemeinen Maschinenbau und im Fahrzeugbau angewendet. Man schränkt dadurch für die Fertigung und Prüfung von Bohrungen den Bedarf an Bohrwerkzeugen, z. B. Reibahlen, und an Prüfmitteln, z. B. Grenzlehrdornen, auf den Toleranzgrad H ein.

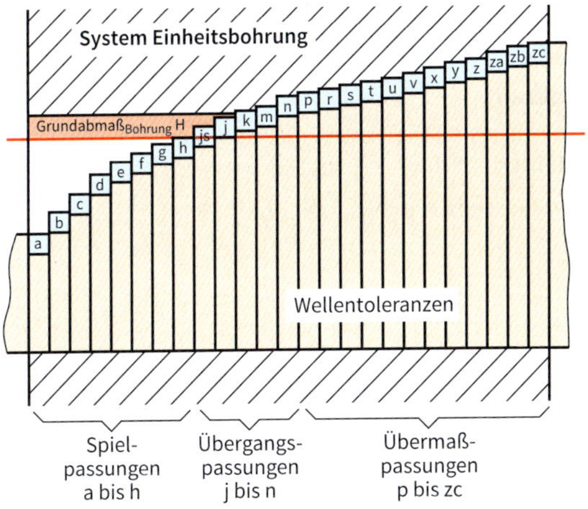

Abb. 2: Passungssystem – Einheitsbohrung

System Einheitswelle

Im System Einheitswelle werden alle Wellen einheitlich mit einer h-Toleranz hergestellt. Das Höchstmaß der Welle entspricht dem Nennmaß. Das h-Toleranzfeld liegt im Minusbereich und grenzt an die Nulllinie (Abb. 3).

Die unterschiedlichen Passungsarten ergeben sich aus der Wahl der Toleranzzonen für die Bohrungen.

Das System Einheitswelle ist dann vorteilhaft, wenn kaltgezogene Wellen (Toleranzzone h9...h11) verwendet werden können, die ohne Nacharbeit einbaufertig sind.

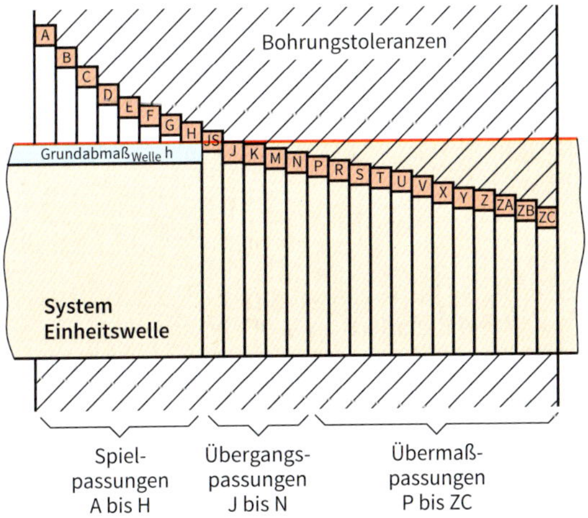

Abb. 3: Passungssystem – Einheitswelle

Durch die einheitliche Normung nach ISO-Toleranzen ist es möglich, Passteile unabhängig voneinander herzustellen und ohne Nacharbeit einzubauen. Eine solche Fertigungsweise ist für eine kostengünstige Serien- und Massenfertigung unerlässlich. Ebenso erfordert eine kostengünstige Reparatur von Maschinen und Geräten die Austauschbarkeit von Passteilen.

Passungsauswahl

Die beliebige Kombination von Toleranzzonen würde zu einer großen Zahl von Passungen führen. Eine wirtschaftliche Fertigung erfordert eine Einschränkung der Zahl möglicher Toleranzzonen.

In **DIN 7157** sind für den allgemeinen Maschinenbau eine Auswahl von Passungskombinationen zusammengestellt (➡📖). Andere Passungen sollten nur in Ausnahmefällen benutzt werden.

Beim Einbau von Wälzlagern gilt diese Passungsauswahl nicht. Grundabmaße für Wellen und Bohrungen zum Fügen von Wälzlagern können nach **DIN 5425-1** bestimmt werden.

Aufgaben

1. Beschreiben Sie typische Montagetätigkeiten.

2. Eine ISO-Toleranzangabe besteht aus Buchstaben und Zahlen. Was geben

a) die Buchstaben und

b) die Zahlen an?

3. Wodurch zeichnen sich die Toleranzzonen H und h aus?

4. Beim Fügen eines Zahnrades auf einer Welle besteht zwischen der Passfeder und der Nut die Passung 8P9/h9.

a) Geben Sie an, welches Passungssystem vorliegt.

b) Geben Sie die Art der Passung an.

c) Berechnen Sie das Höchstübermaß und das Höchstspiel.

5. Eine Distanzbuchse wird auf einer Welle mit der Passung 25H8/d9 gefügt.

a) Geben Sie die Art der Passung an.

b) Ist zum Fügen der Distanzbuchse eine Presskraft erforderlich oder kann sie von Hand auf die Welle geschoben werden?

6. Gehärtete Zylinderstifte nach DIN EN ISO 8734 werden mit der ISO-Toleranz m6 gefertigt. Welche Passung ergibt sich beim Fügen, wenn die Bohrung mit H7 gerieben wurde?

Informieren

6.5 Welle-Nabe-Verbindungen

Zum Übertragen von Drehmomenten müssen montierte Bauteile wie Zahnräder, Riemenscheiben oder Antriebsrollen mit Wellen verbunden werden. Solche Verbindungen nennt man Welle-Nabe-Verbindungen (Abb. 1).

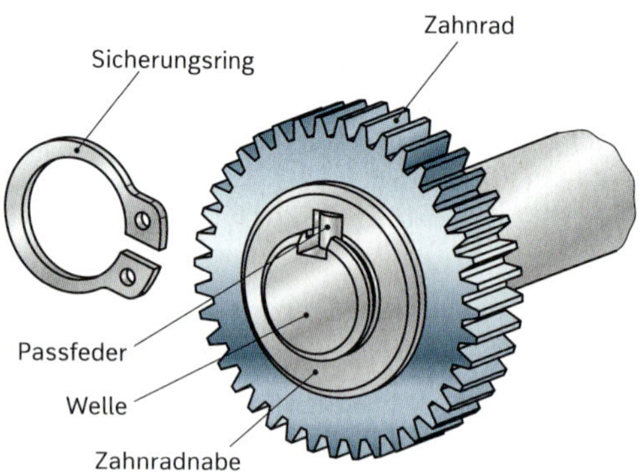

Abb. 1: Welle-Nabe-Verbindung

Wellen und Naben werden meist so verbunden, dass die Verbindungen wieder lösbar sind. *Lösbare Verbindungen* können demontiert werden, ohne die Bauteile zu beschädigen oder zu zerstören.

Werden Bauteile so miteinander verbunden, dass sie nur durch Zerstören der Bauteile demontierte werden können, liegt eine nicht lösbare Verbindung vor.

6.5.1 Federverbindungen

Federverbindungen sind die gebräuchlichsten aller Welle-Nabe-Verbindungen.

Funktion

Für Federverbindungen erhalten Welle und Nabe eine Nut. In der Nut sitzt eine Passfeder, welche das auf der Welle montierte Bauteil mitnimmt (Abb. 1).

Aus diesem Grund bezeichnet man Federverbindungen auch als Mitnehmerverbindungen. Das Drehmoment wird über die Seitenflächen der Feder übertragen.

Zwischen dem Federrücken und dem Nutgrund der Nabe ist Spiel vorhanden.

! Federverbindungen sind lösbare, formschlüssige Welle-Nabe-Verbindungen.

Durch Federverbindungen erfolgt kein Verspannen von Welle und Nabe. Das sichert einen genauen Rundlauf der montierten Bauteile.

Nabenbohrung und Welle werden mit einer Spielpassung gefügt. Deshalb ist die Nabe gegen axiales Verschieben zu sichern. Das erfolgt meist durch eine Wellenschulter in Verbindung mit einem Sicherungselement.

Für stoßartige wechselnde Belastungen sind Federverbindungen nicht geeignet. Solche Belastungen können Feder und Seitenflächen der Nut plastisch verformen und damit zerstören.

Aufbau

Bei den Federn unterscheidet man Passfedern, Gleitfedern und Scheibenfedern.

- **Passfederverbindungen**

Passfedern werden bei zylindrischen Wellen eingesetzt.

Passfedern können beiderseits runde Stirnflächen oder geradlinig begrenzte Stirnflächen haben (Tab. 1). Dabei gibt es Ausführungen, die mit der Welle verschraubt werden, und solche, die zum Lösen der Passfeder zusätzlich ein Abdrückgewinde aufweisen.

Tab. 1: Beispiel für Federarten

	Federn		
	Passfedern nach DIN 6885		
	ohne Bohrungen	mit Bohrung für Halteschraube	mit Bohrungen für Halteschrauben und Gewinde für Abdrückschraube
geradstirnig	Form B 	Form D 	Form F 
rundstirnig	Form A 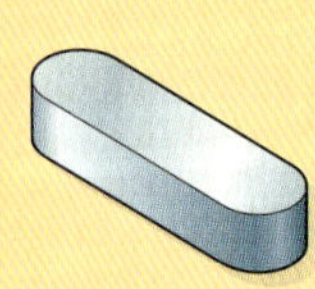	Form C 	Form E 
	Scheibenfedern nach DIN 6885		
		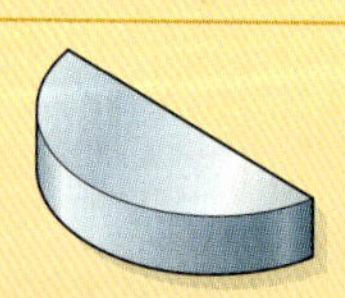	

Grundlagen

Passfedern werden auf Abscherung und Flächenpressung beansprucht. Da die Abscherung gegenüber der Flächenpressung gering ist, kann sie vernachlässigt werden.

Die Flächenpressung p ergibt sich aus der Belastung durch die Umfangskraft F_u auf der Berührungsfläche A zwischen Passfeder und Nabennut bzw. Wellennut. Berechnet wird die Flächenpressung für das Bauteil mit der geringeren Werkstofffestigkeit p_{zul}.

$$p = \frac{F_u}{A} \leq p_{zul}$$

Die Berührungsfläche A ergibt sich vereinfacht aus der halben Passfederhöhe $h/2$ und der nutzbaren Länge l_n.

$$A = \frac{h}{2} \cdot l_n$$

Sind die genormten Passfederabmessungen eingebaut, brauchen Passfederverbindungen nicht berechnet zu werden (➡📖).

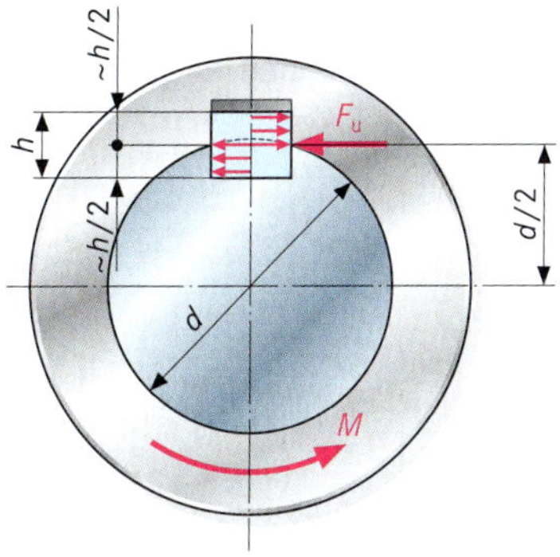

Umfangskraft: $F_u = \frac{M}{d/2}$

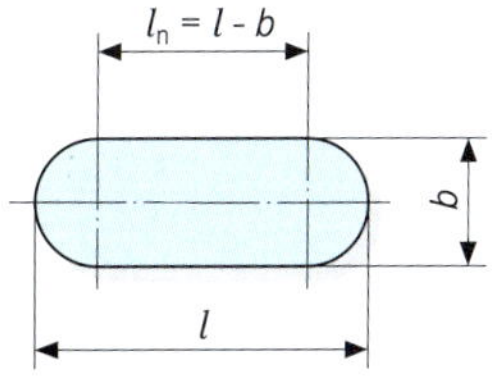

- **Gleitfederverbindungen**

Eine Sonderform der Passfeder stellt die Gleitfeder dar.

Die Passfeder wird so bezeichnet, wenn die Nabe auf der Welle verschiebbar sein soll. Dabei muss Spiel zwischen den Bauteilen vorliegen.

Die Gleitfeder ist mit der Welle zu verschrauben. Dies sichert die Lage der Gleitfeder in der Wellennut (Abb. 2).

In der Mitte der Feder kann eine Gewindebohrung für eine Abdrückschraube vorhanden sein. Diese erleichtert die Demontage der Gleitfeder.

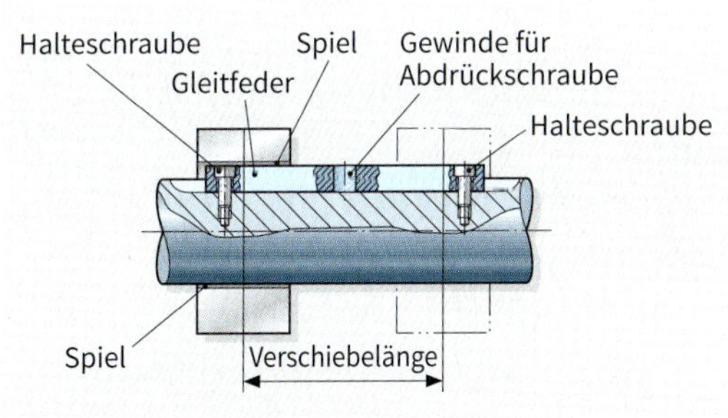

Abb. 2: Gleitfederverbindung

- **Scheibenfederverbindungen**

Scheibenfedern können unterschiedlich eingesetzt werden: Sie können wie eine Passfeder das gesamte Drehmoment übertragen oder nur die Lage eines Bauteils festlegen.

Beispiel:

Eine Passfederbindung überträgt ein Drehmoment von 94 Nm. Berechnen Sie die Flächenpressung zwischen der Abtriebswelle und der Passfeder DIN 6885 – A 8 x 7 x 28 aus E295. Der Durchmesser der Welle beträgt 25 mm. Die zulässige Flächenpressung beträgt 220 N/mm².

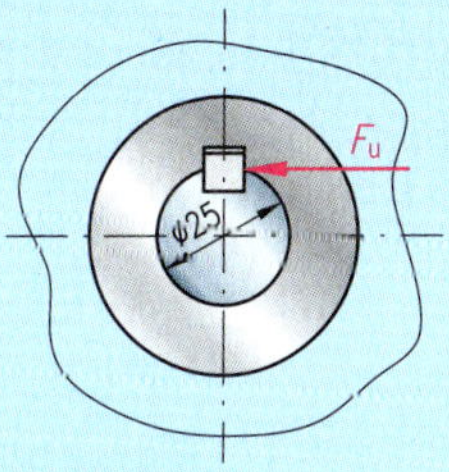

Geg.: $M = 94\,\text{Nm}$; $d = 25\,\text{mm}$; $l_n = l - b = 20\,\text{mm}$; $p_{zul} = 220\,\text{N/mm2}$

Ges.: F_u, p

Rechnung:

$$p = \frac{F_u}{A}$$

$$F_u = \frac{M}{d/2} = \frac{94\,\text{Nm}}{0{,}0125\,\text{m}} = 7520\,\text{N}$$

$$A = \frac{h \cdot l_n}{2} = \frac{7\,\text{mm} \cdot 20\,\text{mm}}{2} = 70\,\text{mm}^2$$

$$p = \frac{7520\,\text{Nm}}{70\,\text{mm}^2} = 108\,\text{N/mm}^2 \leq p_{zul} = 220\,\text{N/mm}^2$$

Zum Festlegen der Lage werden sie vorzugsweise an kegeligen Wellenenden montiert. Das Drehmoment überträgt dann der Kegel durch Reibung (Abb. 1). Die Feder stellt sich bei der Montage selbstständig auf die Nabennut ein.

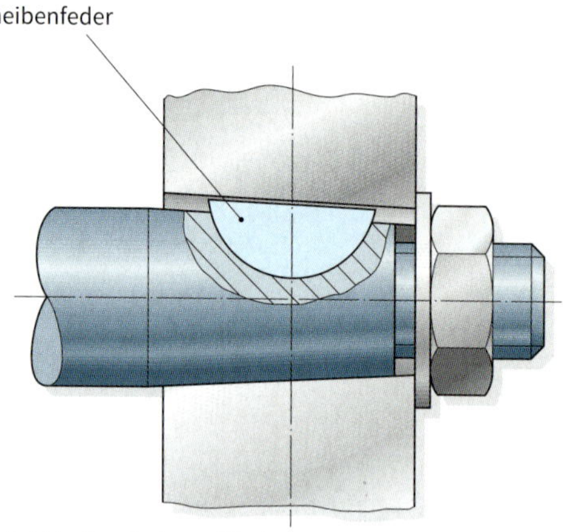

Abb. 1: Scheibenfederverbindung

Der Nachteil von Scheibenfederverbindungen besteht darin, dass die Welle durch die halbkreisförmige Einfräsung geschwächt wird. Es können deshalb nur kleinere Drehmomente übertragen werden.

Fügen

Montage

Vor der Montage sind die Art der Feder und deren Maße mit den Montageunterlagen zu vergleichen. Eine normgerechte Bezeichnung ist folgendermaßen aufgebaut:

Passfeder DIN 6885 – A 12 x 8 x 80

- A: Form der Passfeder (rundstirnig)
- 12: Breite
- 8: Höhe
- 80: Länge

Notwendige Arbeitsschritte bei der Montage und Demontage sind:

- Die Maße von Passfeder, Wellennut und Nabennut überprüfen.
- Kanten von Passfeder und Nut entgraten.
- Sauberkeit der Bauteile überprüfen und falls notwendig herstellen.
- Passfeder vor dem Einlegen einfetten und anschließend eintreiben; dazu einen Kunststoff-, Kupfer- oder Leichtmetallhammer verwenden.
- Nabe ohne zu verkanten auf die Welle aufschieben.
- Montiertes Bauteil gegen axiales Verschieben sichern.
- Bei der Demontage Abziehvorrichtungen verwenden.

Informi

6.5.2 Keilverbindungen

Funktion

Keilverbindungen werden vorwiegend dort eingesetzt, wo große, wechselnde und stoßartige Bestungen auftreten.

Keile haben eine Neigung von 1 : 100. Durch die Neigung wird die Einschlagkraft übersetzt. Die Nabenut muss eine dem Keil entsprechende Neigung besitzen.

Das Eintreiben des Keils zwischen Welle und Nabe verursacht eine Verspannung. Die Kraftübertragung erfolgt bei Keilen auf den unteren und oberen Flächen durch Reibung. Sie haben seitlich Spiel (Abb. 2).

Keilverbindungen sind lösbare, kraftschlüssige Welle-Nabe-Verbindungen.

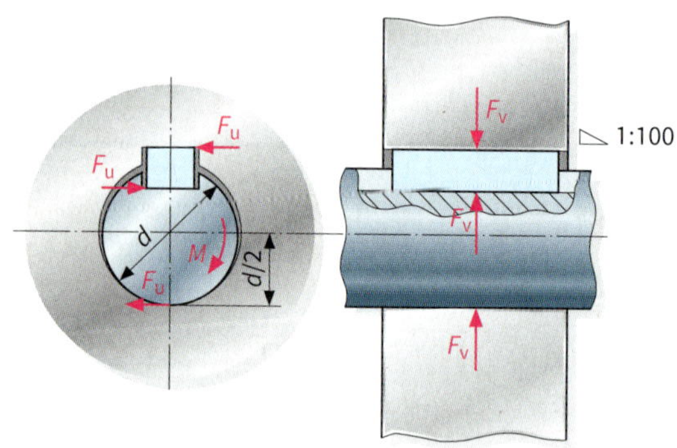

Abb. 2: Keilverbindung

Durch das Verspannen des Keiles beim Eintreiben kann eine Unwucht in der Verbindung entstehen, die dann zu Schwingungen führt. Wegen dieser Unwucht verwendet man Keile vorzugsweise bei langsam laufenden Maschinen. Keilverbindungen kommen zum Einsatz, wenn die Anforderungen an den Rundlauf gering sind. Im Maschinenbau finden Keilverbindungen ihre Verwendung bis zu einer Umdrehungsfrequenz von ca. 150 1/min.

Aufbau

Bei den Keilen unterscheidet man folgende Arten:

Keile

Einlegkeil	Flachkeil	Hohlkeil	Nasenflachkeil
rundstirnig DIN 6886	geradstirnig DIN 6883 DIN 6886	DIN 6881	DIN 6884 DIN 6887

Grundlagen

Durch die Einschlagkraft F_e wird über die Neigung des Keils die Verspannkraft F_V erzeugt.

$$F_V = \frac{F_e}{\tan \alpha}$$

Durch die Neigung des Keils von 1 : 100 ergibt sich eine große Verspannkraft F_V zwischen Welle und Nabe.

Die Verspannkraft bewirkt in Verbindung mit der Haftreibung μ_o eine entsprechende Reibkraft F_R. Die Umfangskraft F_u, die durch eine Keilverbindung übertragen werden kann, darf nicht größer sein als die Reibkraft F_R.

$$F_u \leq F_R = F_V \cdot \mu_o$$

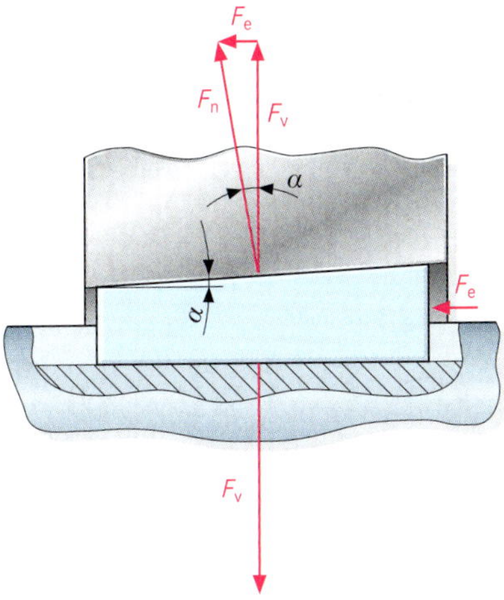

Fügen

Montage

Vor und nach der eigentlichen Montage sind folgende Tätigkeiten durchzuführen:

- Die Keilneigung und die Nuttiefen in Welle und Nabe sind zu überprüfen. Die Deck- und Grundflächen des Keils müssen vollständig in der Wellen- und Nabennut aufliegen.
- Keil und Nut vor dem Eintreiben leicht einfetten.
- Beim Montieren des Keils dürfen weder die Welle, die Nabe noch der Keil beschädigt werden.
- Nach dem Fügen die Rundlaufgenauigkeit der Bauteile prüfen.

Die eigentliche Montage und Demontage erfolgt je nach Keilart unterschiedlich:

- **Einlegkeile**

Einlegkeile werden verwendet, wenn der Platz zum Eintreiben und Austreiben gering ist.

Einlegkeile werden in die Wellennut eingelegt und anschließend wird das Bauteil mit einem Schonhammer auf die Welle aufgetrieben. Die Demontage erfolgt ebenfalls mit einem Hammer oder einer Abziehvorrichtung (Abb. 3a).

- **Treibkeile**

Treibkeile werden mithilfe eines Keiltriebes montiert und demontiert. Sie benötigten viel Platz beim Einbau (Abb. 3b).

- **Nasenkeile**

Nasenkeile werden dort eingesetzt, wo der Keil nur von einer Seite ein- und ausgebaut werden kann. Mit einem Keilzieher, der hinter die Nase des Keils greift, wird der Keil demontiert (Abb. 3c).

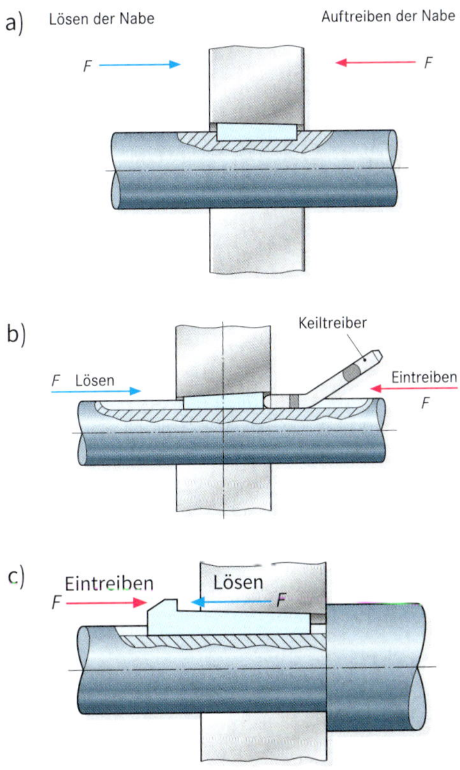

Abb. 3: Montage und Demontage von Keilen

Aufgaben

1. Vergleichen Sie die Kraftübertragung bei Passfederverbindungen und Keilverbindungen.

2. Beschreiben Sie die Montage einer Passfederverbindung.

3. a) Geben Sie den Einsatz von Nasenkeilen an. b) Beschreiben Sie die Montage und Demontage von Nasenkeilen.

6.5.3 Profilwellenverbindungen

Funktion und Aufbau

Profilwellen übertragen das Drehmoment formschlüssig über den gesamten Wellenumfang.

Dadurch werden die Belastbarkeit und die Rundlaufeigenschaften verbessert. Es können große Drehmomente übertagen werden. Welle und Nabe werden mit einem geringen Spiel gefügt.

! Profilwellenverbindungen sind formschlüssige, lösbare Welle-Nabe-Verbindungen.

Genormte Wellenprofile sind Keilwellen, Zahnwellen und Polygonwellen.

Keilwellen werden dort eingesetzt, wo hohe Drehmomente und wechselnde Lastrichtungen auftreten (Abb. 1). Sie eignen sich zum Verbinden von Wellen und Nabe, bei denen die Nabe verschiebbar sein soll, wie in Schaltgetrieben.

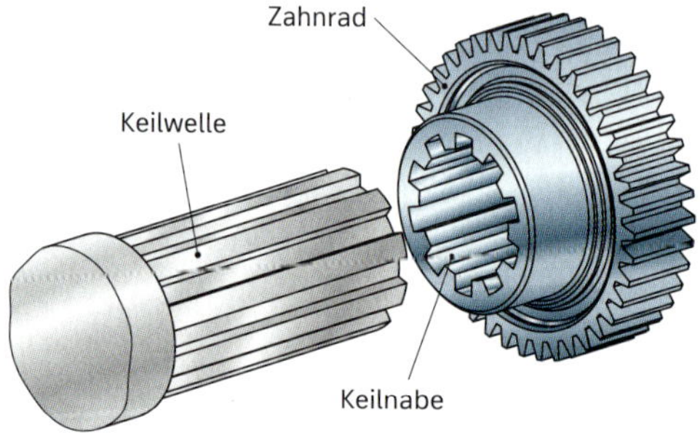

Abb. 1: Keilwelle mit Zahnrad

Zahnwellen eignen sich durch die große Anzahl von Zähnen für große und stoßweise auftretende Belastungen. Aufgrund der geringen Zahntiefe eignen sie sich besonders für kleine Nabendurchmesser und Nabenbreiten. Zahnwellen werden z. B. in Lamellenkupplungen eingesetzt.

Polygonwellen werden für hohe Belastungen und hohe Rundlaufgenauigkeit eingesetzt, z. B. für Antriebswellen von Schleifmaschinen (Abb. 2).

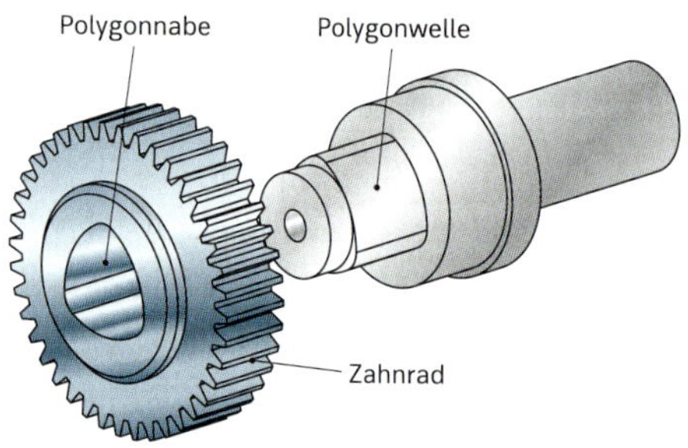

Abb. 2: Polygonwelle mit Zahnrad

Fügen

Montage

Die Nabe wird von Hand auf die Welle geschoben. Um ein Verkanten zu vermeiden, sind Welle und Nabe ohne große Gewalt zu fügen.

6.5.4 Pressverbindungen

Funktion

Bei Pressverbindungen werden Welle und Nabe mit einem Übermaß gefügt. Beim Fügen wird an der Verbindungsstelle die Welle gestaucht und die Nabe gedehnt. Durch die elastische Verformung entstehen Kräfte, die die Bauteile durch Reibung zusammenhalten.

Pressverbindungen können große Drehmomente übertragen. Sie können axiale Kräfte aufnehmen und benötigen keine zusätzlichen axialen Sicherungselemente.

! Pressverbindungen sind kraftschlüssige bedingt lösbare Welle-Nabe-Verbindungen.

Nach der Art des Fügens unterscheidet man folgende Pressverbindungen:

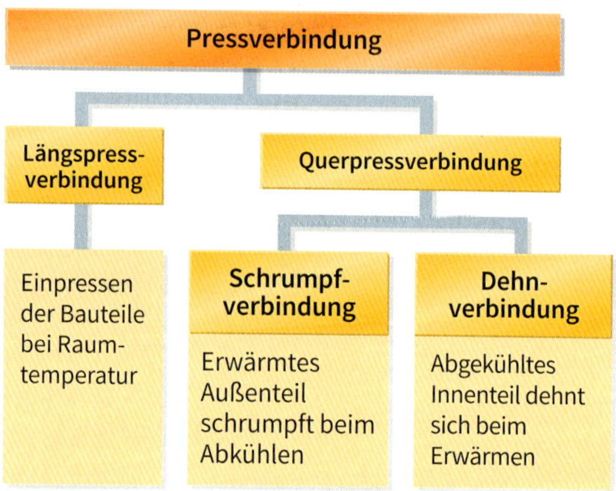

Fügen

Montage

Das Fügen von Welle und Nabe kann durch unterschiedliche Verfahren erfolgen.

- **Längspressverbindungen**

Bei Längspressverbindungen werden Welle und Nabenbohrung bei Raumtemperatur gefügt. Eine Fase von 15° an der Welle erleichtert das Fügen (Abb. 3). Vor dem Fügen sind die Passflächen zu reinigen und einzuölen. Das eigentliche Einpressen der Bauteile erfolgt mithilfe einer Presse.

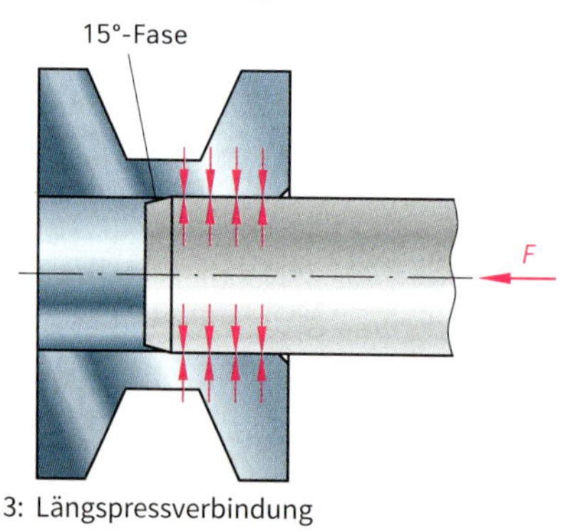

Abb. 3: Längspressverbindung

Welle-Nabe-Verbindungen mit kleinem Durchmesser und geringem Übermaß (Bsp. H7/r6) können durch Hammerschläge gefügt werden.

- **Schrumpfverbindungen**

Die Nabe wird z. B. im Ölbad, durch Brenner oder eine Wärmekammer gleichmäßig erwärmt, wobei sie sich ausdehnt. In diesem Zustand wird sie auf die Welle geschoben. Beim Erkalten auf Raumtemperatur zieht sich die Nabe wieder zusammen und presst sich auf die Welle. Es entsteht ein fester Sitz der Nabe auf der Welle. Die Montage muss schnell erfolgen. Nach dem Abkühlen ist keine Lagekorrektur mehr möglich (Abb. 4).

Der Nachteil dieser Verbindung besteht in eventuell auftretenden Spannungen oder möglichen Gefügeveränderungen im erwärmten Bauteil.

- **Dehnverbindungen**

Die Welle wird im Kühlschrank, mit Trockeneis, flüssigem Sauerstoff oder Stickstoff abgekühlt. Dadurch schrumpft die Welle und die Nabe kann leicht aufgeschoben werden. Beim Erwärmen auf Raumtemperatur dehnt sich die Welle wieder aus und presst sich an die Nabenbohrung an (Abb. 4). Auch hierbei ist eine nachträgliche Korrektur des Nabensitzes nicht möglich.

Diese Verbindung hat den Vorteil, dass keine Gefügeänderungen im Bauteil auftreten können. Sehr niedrige Temperaturen bewirken aber eine Versprödung des Werkstoffes. Stoßartige Belastungen sind deshalb bei der Montage zu vermeiden.

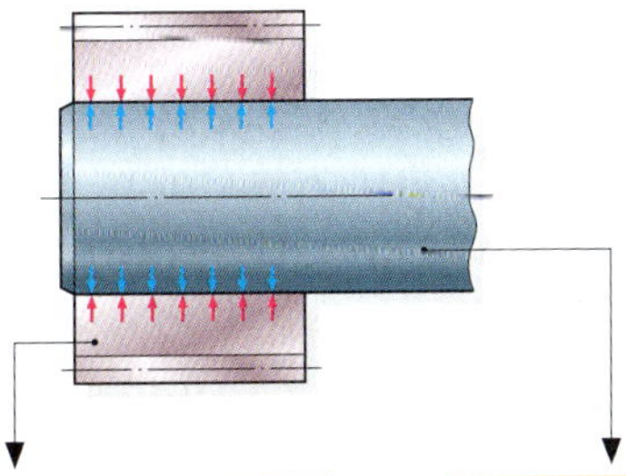

Schrumpfverbindung

Erwärmung der Nabe durch	
Wärmeplatte	100 °C
Ölbad	350 °C … 400 °C
Heißluft	400 °C … 650 °C
gasbeheizten Ofen	700 °C
elektrisch beheizten Ofen	700 °C

Dehnverbindung

Abkühlung der Welle durch	
Kühlschrank	– 40 °C
Trockeneis	– 78 °C
verflüssigter Sauerstoff	– 183 °C
verflüssigter Stickstoff	– 195,8 °C

Abb. 4: Herstellen von Querpressverbindungen

Demontage

Eine Demontage von Pressverbindungen führt zur Beschädigung der Oberflächen von Welle und Nabe.

Arbeitssicherheit

Beim Erwärmen bzw. Abkühlen von Bauteilen sind die Sicherheitsvorschriften zu beachten und die vorgeschriebene persönliche Schutzausrüstung zu tragen.

Beim Umgang mit erwärmten Bauteilen muss geeignete Schutzkleidung getragen werden. Handschuhe, Lederschürze und festes Schuhwerk schützen vor möglichen Verbrennungen.

Beim Umgang mit abgekühlten Bauteilen sind Handschuhe zu tragen.

Wird flüssiger Sauerstoff zum Abkühlen eingesetzt, sind die Bauteile gründlich von Ölen und Fetten zu reinigen. Schmierstoffe sind aus dem Arbeitsbereich zu entfernen. Eine Kombination von Öl oder Fett mit flüssigem Sauerstoff führt zu explosionsartigen Verbrennungen.

Beim Umgang mit flüssigem Stickstoff sind Handschuhe, Schürze und Gesichtsschutz zu tragen.

Beim Einsatz von flüssigem Stickstoff ist für eine ausreichende Belüftung zu sorgen. Ein unkontrollierter Stickstoffaustritt ist sofort zu stoppen. Hohe Stickstoffkonzentrationen können zum Ersticken führen.

Stickstoffbehälter sind sicher zu verschließen und sicher zu lagern.

Aufgaben

1. Beschreiben Sie die Vorteile von Profilwellenverbindungen.

2. Nennen Sie unterschiedliche Profilwellenverbindungen und geben Sie jeweils ein Einsatzbeispiel an.

3. Welche Pressverbindungen werden unterschieden?

4. Beschreiben Sie das Herstellen einer Längspressverbindung.

5. Warum können gehärtete Zahnräder nicht mit einer Schrumpfverbindung montiert werden?

6. Beschreiben Sie, wie die Bauteile beim Abkühlen mit flüssigem Sauerstoff vorzubereiten sind.

7. Welche persönliche Schutzausrüstung ist beim Umgang mit flüssigem Stickstoff zu tragen?

8. a) Beschreiben Sie das Herstellen einer Dehnverbindung.
b) Beschreiben Sie mögliche Abkühlverfahren.

Informieren

6.5.5 Verbindungen durch Spannelemente

Funktion und Aufbau

Bei Spannelementverbindungen werden Welle und Nabe durch konische oder federnde Zwischenglieder gegeneinander verspannt (Abb. 1). Beim Verspannen werden die Zwischenglieder elastisch verformt. Es entstehen Radialkräfte, die die Bauteile aneinanderpressen. Durch Reibung zwischen den Bauteilen können sowohl Drehmomente als auch axiale Kräfte übertragen werden. Spannelementverbindungen können leicht gelöst werden. Die Spannelemente können nach einer Demontage in der Regel mehrfach wiederverwendet werden.

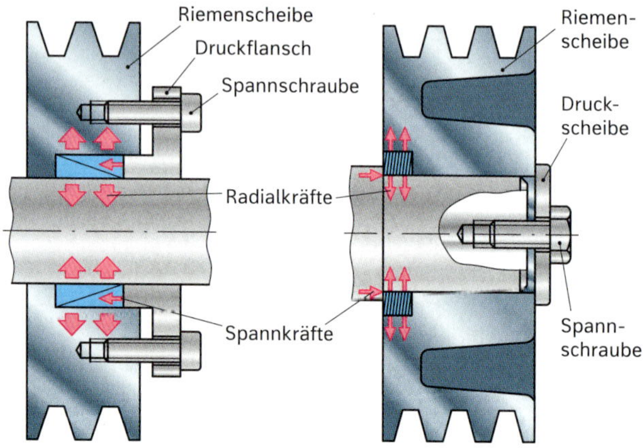

a) Konische Zwischenglieder b) Federnde Zwischenglieder

Abb. 1: Verbindungen durch Spannelemente

! Verbindungen durch konische oder federnde Spannelemente sind kraftschlüssige und lösbare Verbindungen.

Spannelementverbindungen werden auf glatten Wellen und Naben montiert. Dadurch treten keine Kerbwirkungen auf. Die Naben können meist in axialer Richtung und in Umfangsrichtung beliebig verstellbar montiert werden. Aufgrund der guten Zentrierung zwischen Welle und Nabe ergeben sich gute Rundlaufeigenschaften. Die Verbindungen eignen sich für hohe Umdrehungsfrequenzen und wechselnde Drehmomente. Axiale Sicherungen sind nicht notwendig. Als Spannelemente werden unterschiedliche firmenspezifische konische oder federnde Zwischenglieder eingesetzt.

6.5.5.1 Verbindungen mit konischen Zwischengliedern

Zu den Verbindungen mit konischen Zwischengliedern gehören Verbindungen mit Konus-Spannelementen, Spannsätzen und Schrumpfscheiben.

- **Konus-Spannelemente**

Konus-Spannelemente haben einen geringen Platzbedarf. Um das übertragbare Drehmoment zu erhöhen, können bis zu vier Spannelemente hintereinander eingebaut werden (Abb. 2 und 1a).

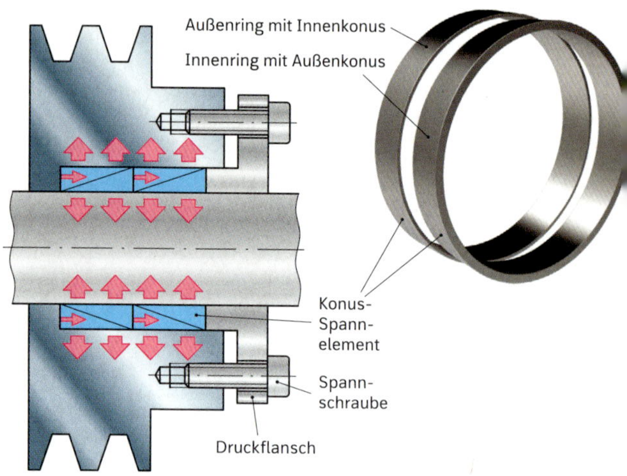

Abb. 2: Verbindung mit zwei Konus-Spannelementen

Fügen

Montage

Kontaktflächen von Welle und Nabe reinigen und leicht einölen. Keine Öle mit reibungsmindernden Zusätzen verwenden.

Nabe auf die Welle aufschieben. Spannelemente einsetzen und Druckflansch auf die Welle schieben.

Spannschrauben stufenweise und gleichmäßig über Kreuz mit einem Drehmomentschlüssel anziehen. Abschließend alle Schrauben im Uhrzeigersinn noch einmal mit dem Anziehdrehmoment kontrollieren.

Demontage

Alle Spannschrauben herausdrehen. Das Spannelement löst sich im Normalfall von selbst und die Verbindung ist frei. Andernfalls mit einem Schonhammer leicht auf die Nabe oder Welle schlagen.

- **Spannsätze**

Spannsätze benötigen mehr Bauraum als Konus-Spannelemente. Dafür sind keine zusätzlichen Bohrungen für die Spannschrauben in Welle oder Nabe erforderlich (Abb. 3).

Montage

Kontaktflächen von Welle und Nabe reinigen und leicht einölen.

Spannschrauben leicht lösen. So viel Spannschrauben, wie Abdrückgewinde vorhanden sind, ganz herausschrauben und in die Abdrückgewindebohrungen eindrehen. Dadurch werden Innen- und Außenring bei der Montage auf Abstand gehalten.

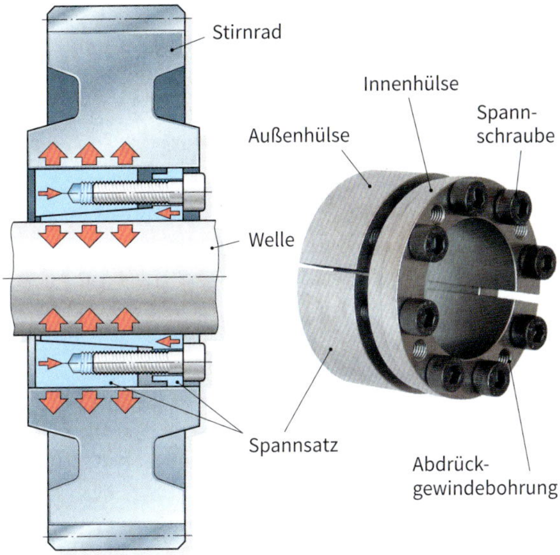

Abb. 3: Spannsatzverbindung

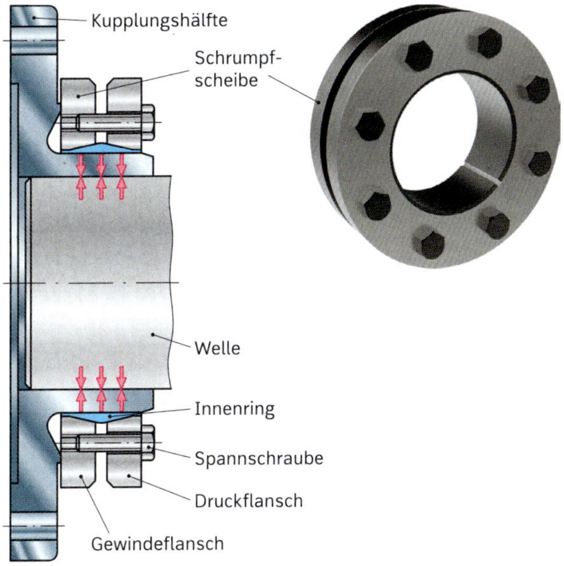

Abb. 4: Schrumpfscheibenverbindung

Spannsatz in die Nabe einsetzen und auf die Welle schieben. Schrauben aus den Abdrückgewindebohrungen herausdrehen und wieder in die Spanngewindebohrungen eindrehen.

Spannschrauben von Hand über Kreuz anziehen, Nabe dabei ausrichten.

Spannschrauben mit einem Drehmomentschlüssel über Kreuz mit dem halbem Anziehdrehmoment anziehen. Abschließend der Reihe nach einmal mit dem halben Anziehdrehmoment und letztendlich mit dem vollen Anziehdrehmoment anziehen.

Demontage

Spannschrauben herausdrehen. Schrauben in Abdrückgewindebohrungen eindrehen. In mehreren Stufen gleichmäßig über Kreuz anziehen, bis sich die Konusringe lösen. Nabe und Spannsatz von der Welle abziehen.

- **Schrumpfscheiben**

Schrumpfscheiben werden außen auf Hohlwellen, z.B. auf die Naben von Kupplungen, montiert. Beim Verspannen der Schrumpfscheibe entstehen Radialkräfte, die die Kupplungsnabe gegen die Welle pressen. Schrumpfscheiben werden auch als Außenspannsatz bezeichnet (Abb. 4).

Montage

Die ungespannte Schrumpfscheibe auf die Nabe der Kupplung (Hohlwelle) aufschieben. Anschließend die Nabe auf die Welle schieben und axial ausrichten.

Zum Verspannen die Spannschrauben der Reihe nach anziehen, bis das Anziehdrehmoment erreicht ist. Das Anziehen erfolgt in mehreren Durchgängen.

Beim Anziehen der Spannschrauben ist daraufzuachten, dass die beiden Flansche planparallel ausgerichtet bleiben.

Demontage

Alle Spannschrauben gleichmäßig und der Reihe nach lösen. Schrauben aus dem Gewinde nicht vollständig herausdrehen. Die Schrumpfscheibe löst sich im Normalfall von selbst.

- **Taper-Spannbuchsen**

Die Taper-Spannbuchse hat eine konische Außenform und einen Längsschlitz. Die Nabenteile müssen die entsprechende Buchsen-Aufnahme aufweisen. Die Spannbuchse wird zwischen Welle und Nabe mit Innenkonus geschoben und über Schrauben gespannt. (Abb. 5). Bei hohen Belastungen kann die Buchse zusätzlich mit einer Passfeder auf der Welle gefügt werden.

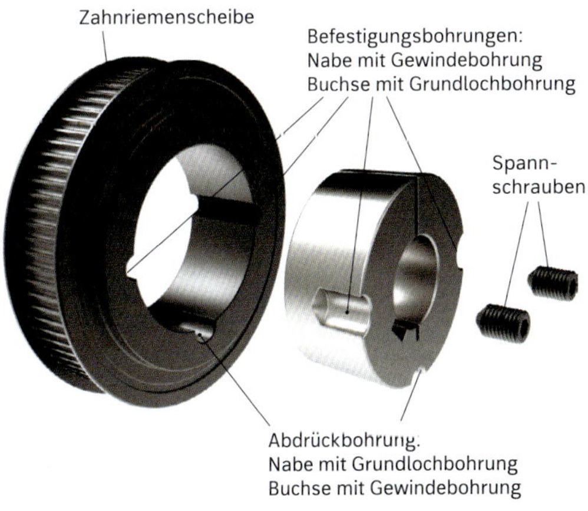

Abb. 5: Verbindung mit Taper-Spannbuchse

Montage

Kontaktflächen reinigen und entfetten. Spannbuchse so in die Nabe einsetzen, dass alle halben Bohrungen fluchten.

Spannschrauben einölen und in die Gewinde lose eindrehen. Falls vorgesehen eine Passfeder in die Welle einlegen.

Bauteil zusammen mit der eingesetzten Buchse auf die Welle schieben und ausrichten. Spannschrauben gleichmäßig bis zum vorgeschriebenen Drehmoment anziehen.

Leere Abdrückbohrungen zum Schutz vor Verschmutzung mit Fett füllen.

Demontage

Schrauben lösen, ganz heraus drehen und in die Abdrückbohrungen eindrehen. Schrauben anziehen, bis sich das Bauteil von der Buchse löst. Bauteil und Buchse von der Welle abnehmen.

6.5.5.2 Verbindungen mit federnden Zwischengliedern

Zu den Verbindungen mit federnden Zwischengliedern gehören Sternscheiben, Druckhülsen und Toleranzringe.

- **Sternscheiben**

Sternscheiben sind platzsparende und kurzbauende Spannverbindungen. Sie werden je nach erforderlichem Drehmoment einzeln oder im Paket bis zu 16 Sternscheiben verwendet (Abb. 1).

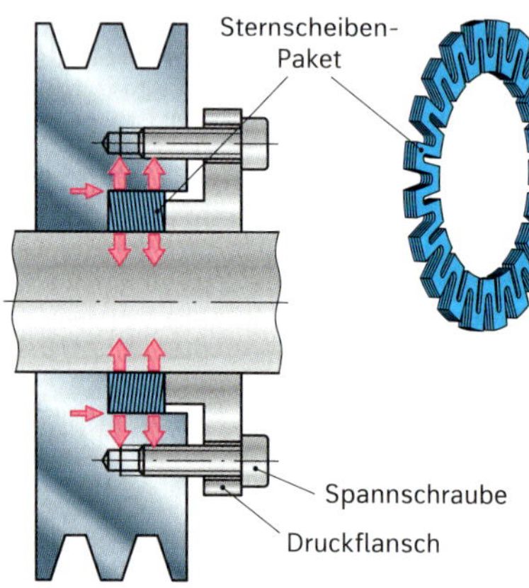

Abb. 1: Sternscheibenverbindung

Montage

Zuerst die Sternscheiben in die Nabe drücken. Dabei Einbaurichtung beachten: Die Scheiben sind mit der gewölbten Seite nach außen in die Nabenbohrung einzusetzen. Zum Eindrücken wird als Hilfswerkzeug eine Hülse mit dem Außendurchmesser der Sternscheibe verwendet.

Anschließend die Nabe auf die Welle schieben. Die Sternscheiben werden durch eine Schraube oder Mutter über den Druckflansch mit dem vorgeschriebenen Anziehdrehmoment gespannt.

Beim Einsatz mehrerer Schrauben muss das Spannen gleichmäßig erfolgen.

Demontage

Schrauben lösen. Dadurch werden die montierten Bauteile entspannt. Die Nabe lässt sich von der Welle abziehen.

- **Druckhülsen**

Druckhülsen werden durch die Spannkräfte in Längsrichtung elastisch zusammengedrückt und dehnen sich radial aus. Sie verspannen so Nabe und Welle (Abb. 2). Druckhülsen sind mehrfach verwendbar.

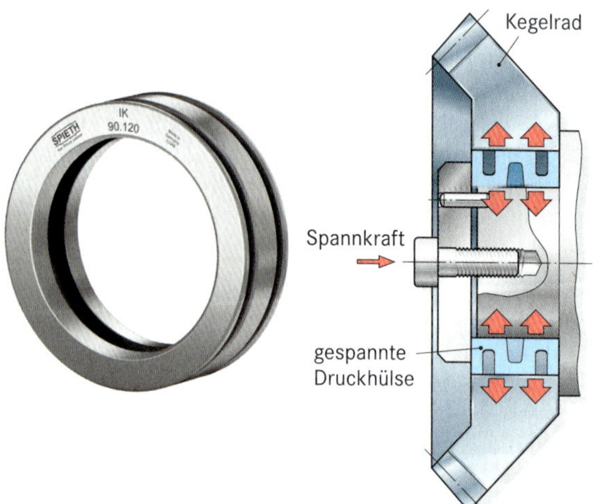

Abb. 2: Druckhülsenverbindung

Montage

Spannelement, Welle und Nabenbohrung säubern und mit Maschinenöl ohne reibungsmindernde Zusätze leicht benetzen.

Druckhülse mit Welle oder Nabe fügen. Spannkraft über Spannschraube mit einem Drehmomentschlüssel aufbringen.

Demontage

Spannschraube lösen. Die Druckhülse entspannt sich und nimmt wieder seine ursprüngliche Form an. Welle und Nabe sind wieder frei beweglich.

- **Toleranzringe**

Toleranzringe sind geschlitzte Ringe aus dünnem Federstahl. In die Ringe ist am Umfang eine große Anzahl von gleichmäßig verteilten Wellungen eingeprägt. Beim Einbau des Toleranzringes in den Spalt zwischen Welle und Nabe verformt sich der Ring federelastisch. Dadurch entsteht eine kraftschlüssige Verbindung (Abb. 3)

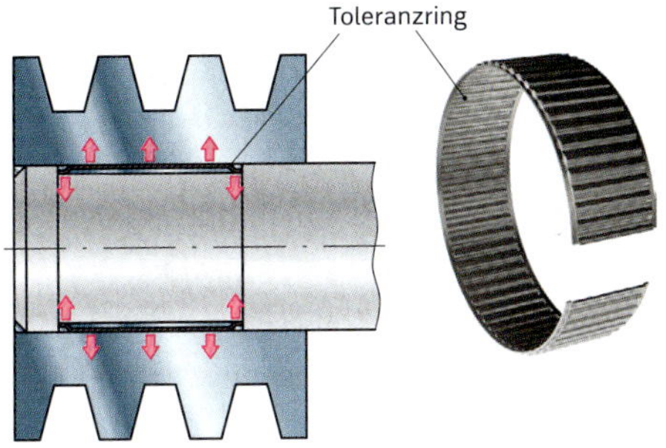

Abb. 3: Toleranzringverbindung

Beim Einbau unterscheidet man freien Einbau und zentrierten Einbau (Abb. 4). Der zentrierte Einbau ergibt eine größere Rundlaufgenauigkeit der gefügten Teile. Er wird auch bei stoßartigen Belastungen verwendet.

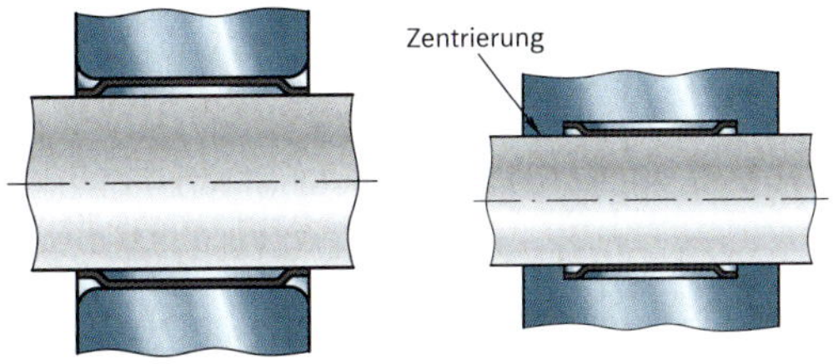

a) Freier Einbau b) Zentrierter Einbau

Abb. 4: Einbauarten von Toleranzringen

Montage

Beim zentrierten Einbau wird der Toleranzring in die Wellen-Nut bzw. Naben-Nut eingelegt. Anschließend wird die Welle in die Nabe eingepresst.

Beim freien Einbau wird je nach Ringform der Toleranzring um die Welle oder in die Nabe gelegt. Beim Einpressen der Welle ist der Toleranzring gegen Verschieben zu sichern. Dabei ist der Ring mit einer Hilfsscheibe bzw. mit einem Hilfsring entgegen der Einpressrichtung abzustützen.

Demontage

Nabe von der Welle abziehen oder Welle aus der Nabe pressen. Demontierte Ringe dürfen nicht wiederverwendet werden und sind zu ersetzen.

Aufgaben

1. Erläutern Sie Aufbau und Funktion von Spannelementverbindungen.
2. Beschreiben Sie die Eigenschaften von Spannelementverbindungen.
3. Beschreiben Sie bei einem Spannsatz
   a) die Montage der Verbindung und
   b) die Demontage der Verbindung.

Zusammenfassung

Welle-Nabe-Verbindungen

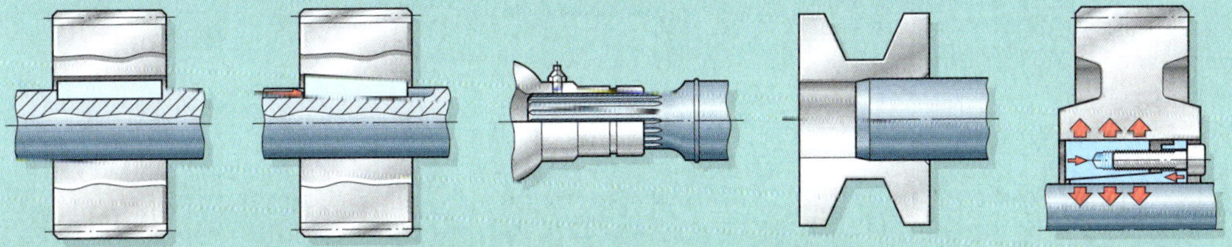

Federverbindungen	Keilverbindungen	Profilwellenverbindungen	Pressverbindungen	Verbindungen durch Spannelemente
• Mitnehmerverbindung	• Verspannen von Welle und Nabe	• Wellenquerschnitt und Innenform der Nabe sind aufeinander abgestimmt.	• Übermaßpassung zwischen Welle und Nabe	• federnde oder konische Spannelemente
• lösbar und formschlüssig	• lösbar und kraftschlüssig	• lösbar und formschlüssig	• bedingt lösbar und kraftschlüssig	• lösbar und kraftschlüssig
Montagetätigkeiten				
• Einlegen der Feder in die Wellennut • Aufschieben der Nabe • axiale Sicherung der Nabe	• Aufschieben der Nabe auf die Welle • Eintreiben des Keils zwischen Welle und Nabe	• Aufschieben der Nabe auf die Welle • axiale Sicherung der Nabe	• Einpressen der Welle in die Nabe *oder* • Fügen der Bauteile durch Erwärmen (Schrumpfverbindung) oder Abkühlen (Dehnverbindung)	• Befestigen des Spannelements • Ineinanderschieben von Welle und Nabe • Verspannen des Spannelements

Informieren

6.6 Elemente zur Sicherung der axialen Lage

Funktion und Aufbau

Um eine Längsverschiebung von Bauteilen wie Zahnrädern, Lagern und Riemenscheiben auf Wellen oder in Bohrungen zu verhindern, sind Sicherungselemente zu verwenden.

Meist werden genormte *Sicherungsringe*, *Sicherungsscheiben* oder *Sprengringe* verwendet (Tab. 1). Entsprechend der Auswahl des Sicherungselements sind Welle oder Nabe zu gestalten. Eine große Anzahl von Sicherungselementen wird in Wellen- oder Bohrungsnuten eingesetzt. Die Auswahl des Sicherungselements erfolgt nach den Angaben der Montageunterlagen.

! Axiale Sicherungselemente sind Normteile. Sie verhindern das Verschieben von montierten Bauteilen auf Wellen oder in Bohrungen.

Fügen

Montieren

- **Sicherungsringe**

Die Sicherungsringe werden in Wellen- oder Nabennuten eingesetzt. Hierzu werden Montagezangen verwendet (Abb. 1). Sicherungsringe für Wellen werden gespreizt und Sicherungsringe für Bohrungen zusammengepresst. So wird es möglich, die Sicherungsringe in Achsrichtung über die Welle zu schieben bzw. in die Nabe einzusetzen. Die Sicherungsringe dürfen bei der Montage nicht überdehnt werden. Nach der Montage ist der freie Sitz des Sicherungselements durch Drehen mit der Zange zu kontrollieren.

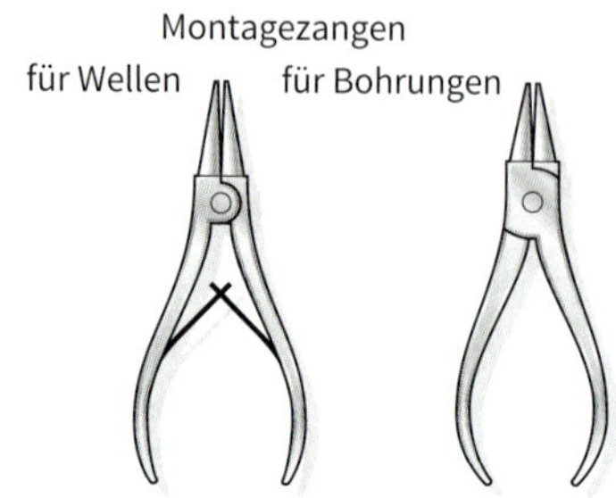

Abb. 1: Montagezangen für Sicherungsringe

- **Sicherungsscheiben**

Sicherungsscheiben werden zur Lagesicherung von Bauteilen auf Wellen verwendet. Die Scheiben werden radial in die Wellennut geschoben. Sie können von Hand montiert werden.

- **Sprengringe**

Sprengringe werden von Hand oder über einen Konus in die Nuten von Welle und Bohrung eingesetzt (Abb. 2).

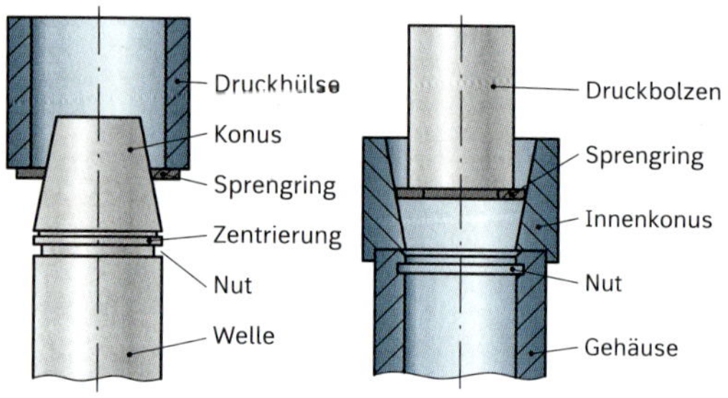

a) Wellenmontage b) Bohrungsmontage

Abb. 2: Montage von Sprengringen

Tab. 1: Axiale Sicherungselemente

Sicherungsringe für Wellen DIN 471	Sicherungsringe für Bohrungen DIN 472	Sicherungsscheibe DIN 6799	Sprengring DIN 7993 für Wellen	Sprengring DIN 7993 für Bohrungen
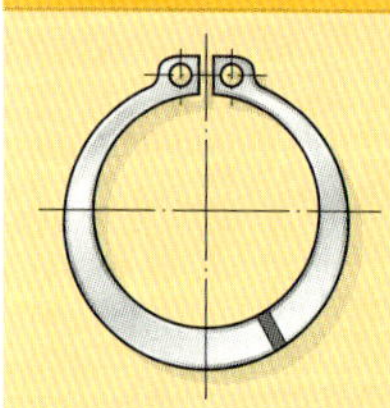	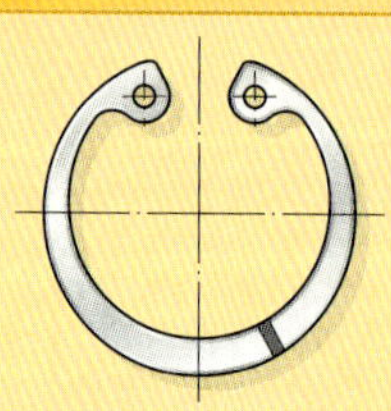	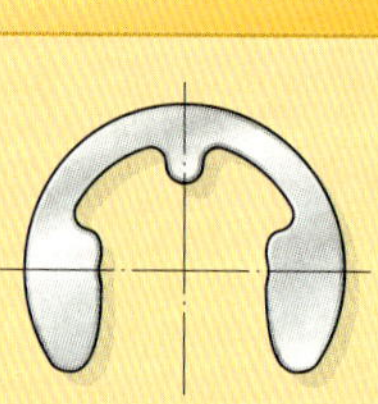	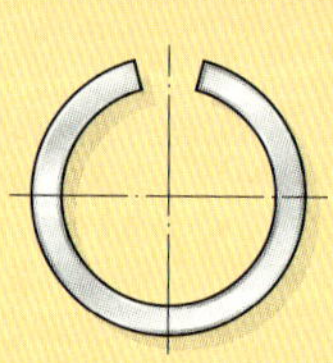	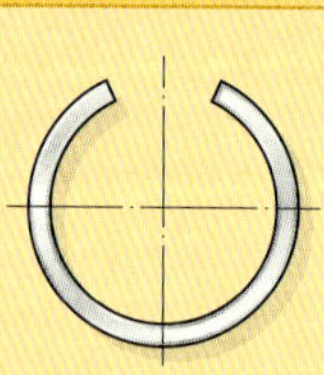
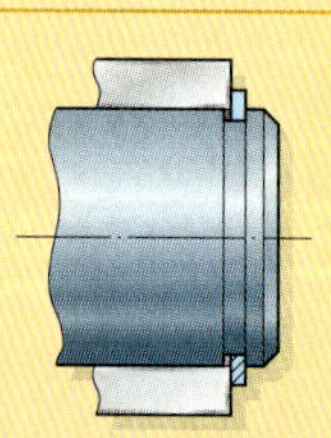	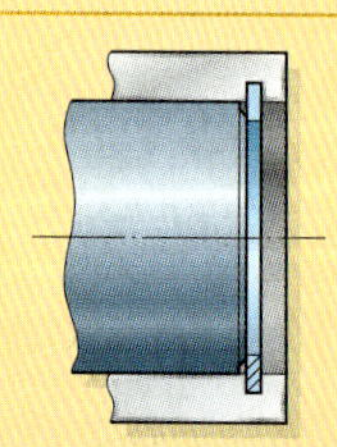	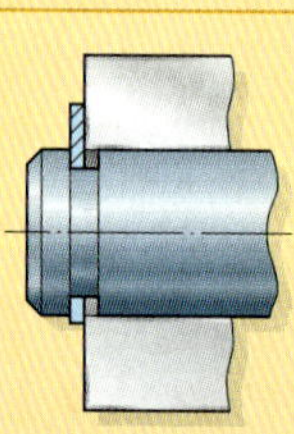	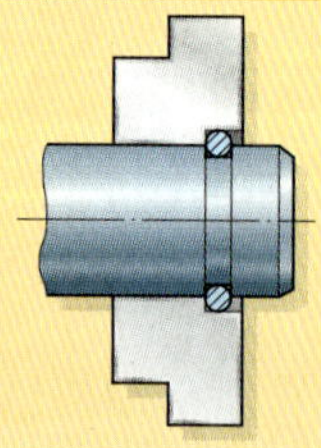	

6.7 Dichtungen

Funktion

Dichtungen verhindern das Eindringen von Staub, Feuchtigkeit und Schmutz in z. B. Getriebe, Lagerstellen oder Führungen sowie den Austritt von Schmiermitteln.

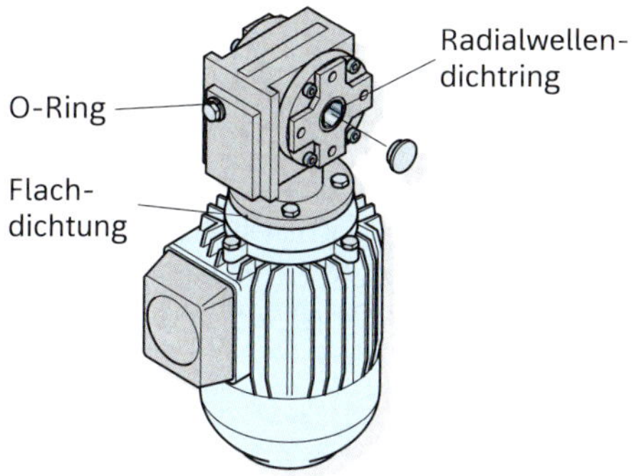

Abb. 3: Dichtungen am Schneckengetriebemotor

Am Schneckengetriebemotor sind verschiedene Dichtungen eingesetzt. Gehäuseteile werden durch Flachdichtungen abgedichtet. Öleinfüllschrauben und Ölablassschrauben werden durch O-Ringe abgedichtet. Während des Betriebes bewegen sich die abgedichteten Bauteile nicht gegeneinander. Dichtungen, die ruhende Bauteile abdichten, sind statische Dichtungen (Tab. 1).

Zum Abdichten der Abtriebswelle ist ein Radialwellendichtring montiert. Die Abtriebswelle dreht sich im Gehäuse. Dichtungen, die sich bewegende Bauteile abdichten, sind dynamische Dichtungen (Tab. 1).

Dichtungen verhindern den Austritt oder das Eindringen von Flüssigkeiten, Gasen und festen Stoffen.

Statische Dichtungen dichten ruhende Bauteile ab. Dynamische Dichtungen dichten sich gegeneinander bewegende Bauteile ab.

6.7.1 Flachdichtungen

Aufbau

Flachdichtungen sind dünne Dichtungen für ebene Flächen. Sie werden durch äußere Kräfte angepresst (Abb. 4). Dadurch verformen sie sich elastisch oder plastisch.

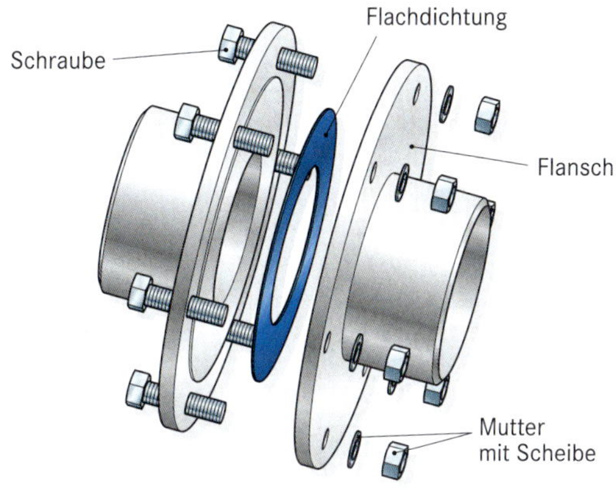

Abb. 4: Flansch mit Flachdichtung

Flachdichtungen gibt es in unterschiedlichen Formen und Werkstoffen, je nach Verwendung.

Tab. 1: Dichtungsarten

Dichtungen		
Statische Dichtungen		**Dynamische Dichtungen**
Dichtflächen bewegen sich nicht gegeneinander		Dichtflächen bewegen sich gegeneinander
Flachdichtung	**O-Ring**	**Radialwellendichtring**

Abdichten großer Flächen	Abdichten kleiner Flächen	Abdichten sich drehender Bauteile

Bei den Werkstoffen werden Hart-, Weich- und Mehrstoffdichtungen unterschieden. Hartstoffe sind meist weiche Metalle wie Kupfer und Aluminium. Zu den Weichstoffen zählen Papier, Pappe, Gummi und Kunststoffe. Mehrstoffdichtungen sind Kombinationen von Weichstoffen und Metall, Fasergewebe oder Spezialgraphit.

Fügen

Montage

Die abzudichtenden Flächen sind von Schmutz und anderen Fremdpartikeln zu reinigen. Die Dichtflächen und die Dichtung dürfen keine Beschädigungen aufweisen.

Die Flachdichtung wird zwischen die abzudichtenden Flächen gelegt, Überstände sind zu entfernen.

Nach dem Einlegen der Flachdichtung sind die Schrauben und Muttern anzuziehen. Dabei ist eine bestimmte Reihenfolge einzuhalten (Abb. 1). Um einen gleichmäßigen Dichtdruck zu erzeugen, wird ein Drehmomentschlüssel verwendet.

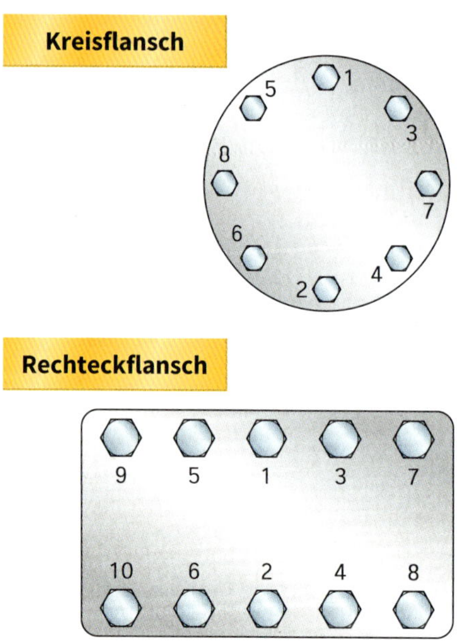

Abb. 1: Verschraubungsfolgen

Flachdichtungen aus Kunststoff mit mineralischen Füllstoffen oder Spezialgraphit als Füllstoff müssen entsprechend den Herstellerangaben nach einer vorgegebenen Betriebsdauer nachgezogen werden.

6.7.2 O-Ringe

Aufbau

O-Ringe sind genormte, runde gummielastische Ringe. Sie werden meist als statische Dichtung verwendet. Eine normgerechte Bezeichnung ist folgendermaßen aufgebaut:

O-Ring DIN ISO 3601-1 - 125 B - 32,99 x 2,62 - N - NBR - 7

- Größenbezeichnung (SC = 125)
- Toleranzklasse (Innendurchmesser d_1)
- Innendurchmesser
- Durchmesser des Querschnittes (Schnurstärke d_2)
- Sortenmerkmal (allgemeine Anforderungen)
- Werkstoff (Nitril-Butadien-Kautschuk)
- Gummihärtegrad (IRHD-Härte)

Montage

Vor der Montage sind die Maße des O-Ringes mit den Montageunterlagen zu vergleichen. Die Bauteile sind von Schmutz und Bearbeitungsrückständen zu reinigen.

Die Montage des O-Ringes muss zügig erfolgen, um eine dauernde Dehnung des Ringes zu vermeiden. Nach dem Einsetzen des O-Ringes sollte er Zeit zur Rückverformung haben.

O-Ringe nicht über scharfe Kanten, Gewinde oder Nuten montieren. Sie sind abzudecken, um Beschädigungen zu vermeiden. Scharfe Kanten sind mit 15° bis 20° anzufasen (Abb. 2).

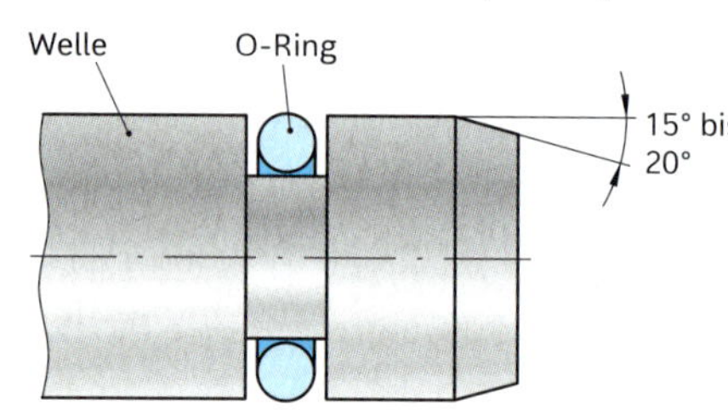

Abb. 2: Einsetzen des O-Rings in eine Wellennut

O-Ringe nicht verdreht in die Aufnahmenut montieren.

Nach dem Einsetzen des O-Ringes erfolgt das Fügen der abzudichtenden Bauteile. Dabei wird der O-Ring verformt und es kommt zur Abdichtung der Bauteile (Abb. 3).

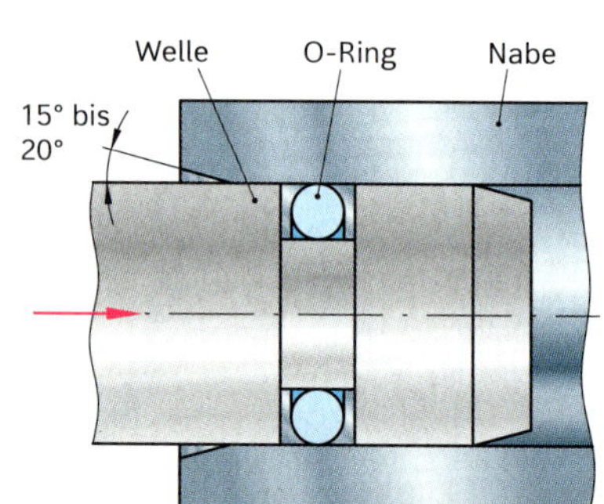

Abb. 3: Fügen der abzudichtenden Bauteile

6.7.3 Radialwellendichtringe

Aufbau

Radialwellendichtringe werden häufig zum Abdichten von umlaufenden Wellen an feststehenden Maschinengehäusen eingesetzt.

Sie bestehen aus einem zylindrischen, metallverstärkten Außenring und einer Dichtlippe aus Elastomer. Der Außenring wird mit festem Sitz in die Gehäusebohrung montiert. Die Dichtlippe wird durch eine ringförmige Zugfeder gegen die Welle gepresst und ist dem abzudichtenden Bereich zugewandt. Sie dichtet die Welle bei Stillstand statisch und bei Bewegung dynamisch ab. Bei Wellendichtringen mit einer zusätzlichen Schutzlippe schützt diese die Dichtstelle gegen Schmutz von außen (Abb. 4).

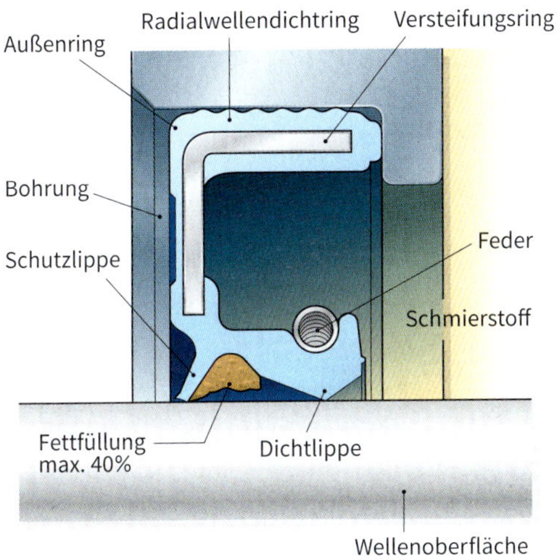

Abb. 4: Aufbau eines Radialwellendichtringes

Radialwellendichtringe sind Normteile. Vor dem Einbau sind die Abmessungen des Wellendichtringes anhand der Montageunterlagen zu überprüfen:

RWDR DIN 3760 - A 25 x 40 x 7 - FKM

- Form (A)
- Wellendurchmesser (25)
- Außendurchmesser (40)
- Breite (7)
- Werkstoff (Fluorkautschuk) (FKM)

Fügen

Montage

Vor einer Montage sind Dichtring und Lauffläche einzufetten.

Bei Wellendichtringen mit einer Schutzlippe (Form AS) ist der Raum zwischen Dicht- und Schutzlippe mit Fett zu füllen. Die Fettmenge darf maximal 40 % des Volumens zwischen Schutzlippe und Dichtlippe betragen.

Wellenschultern und Gehäusebohrungen sollten in Einbaurichtung mit einer Anfasung unter 15°–30° versehen sein und sollten sauber sein.

Das Einpressen der Dichtringe in die Gehäusebohrung erfolgt mit einer mechanischen oder hydraulischen Einpressvorrichtung und geeigneten Einpresswerkzeugen.

Dabei ist grundsätzlich darauf zu achten, dass die Einbaukraft möglichst nahe und gleichmäßig verteilt am Außenmantel des Dichtrings angreift. Es darf keine Schrägstellung des Dichtringes entstehen. Bei bündigem Einpressen muss die Stirnfläche der Gehäusebohrung eine senkrechte Ebene zur Bohrungsachse bilden. Der Außendurchmesser des Werkzeuges muss größer ausgeführt sein als der Durchmesser der Gehäusebohrung (Abb. 5).

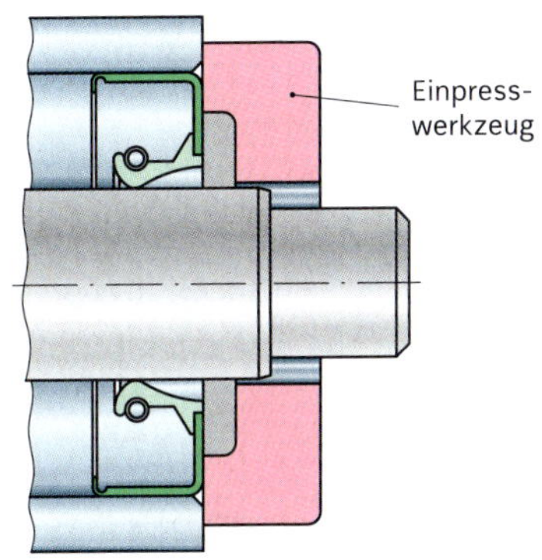

Abb. 5: Bündiges Einpressen eines Wellendichtringes

Die Montage kann auch mit einem Hammer erfolgen. Dabei ist darauf zu achten, dass die Schläge gleichförmig, über den Umfang verteilt aufgebracht werden, um ein Verkanten oder einen schiefen Sitz der Dichtung zu vermeiden. Um die Dichtung nicht zu beschädigen, sollte eine Unterlage oder eine Schlagbüchse verwendet werden.

Beim Einbau von Dichtringen auf abgesetzten Wellen, deren Schulter nicht mit der empfohlenen Anfasung versehen werden kann, muss eine Montagehülse mit dem Durchmesser der Wellenschulter verwendet werden (Abb. 6).

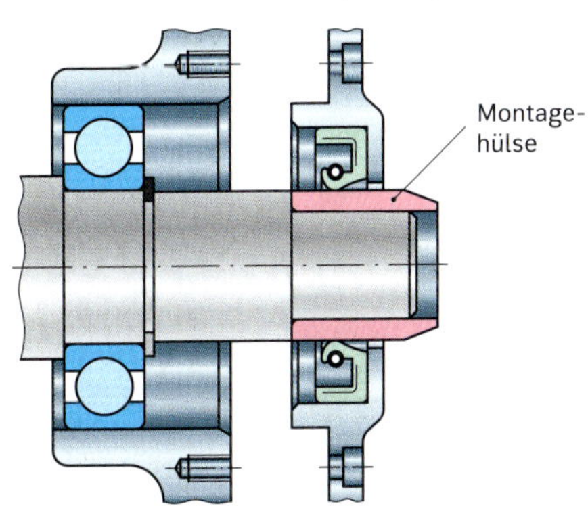

Abb. 6: Montage mithilfe einer Montagehülse

Wenn der Dichtring über Passfedernuten, Gewinde oder eine Verzahnung montiert werden muss, sind dünnwandige Montagehülsen zu verwenden. Sie Schützen die Dichtlippe vor einer Beschädigung (Abb. 1).

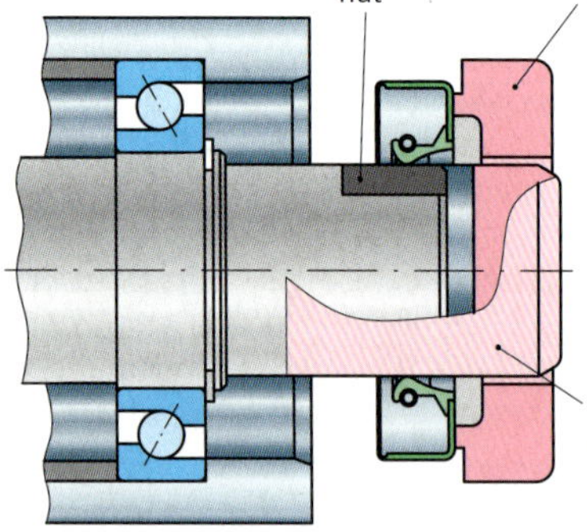

Abb. 1: Montage mit einer Montagehülse

Beim Einpressen von Dichtungen in eine Bohrung gegen eine Schulter ist ein passender Einpressstempel zu verwenden (Abb. 2).

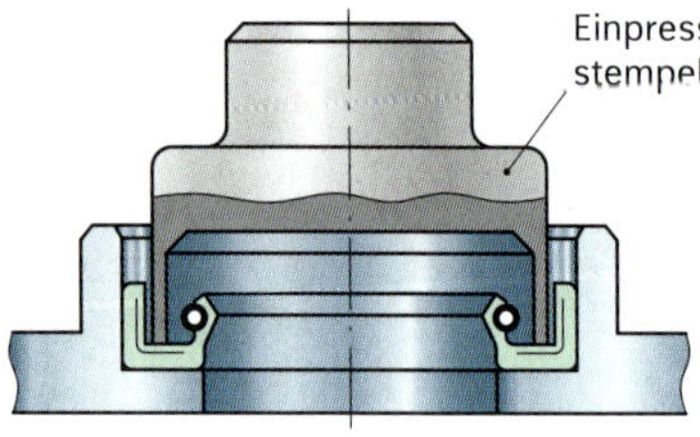

Abb. 2: Einbau in eine Bohrung gegen eine Schulter

Demontage

Bei einer Demontage sind die Bauteile in umgekehrter Montagereihenfolge auszubauen.

Im Reparaturfall werden grundsätzlich alle Dichtungen ausgetauscht. Neue Radialwellendichtringe dürfen nicht auf der Position des alten Dichtringes eingebaut werden. Durch den Einbau von Distanzringen oder Passscheiben wird eine neue Einbauposition bestimmt (Abb. 3).

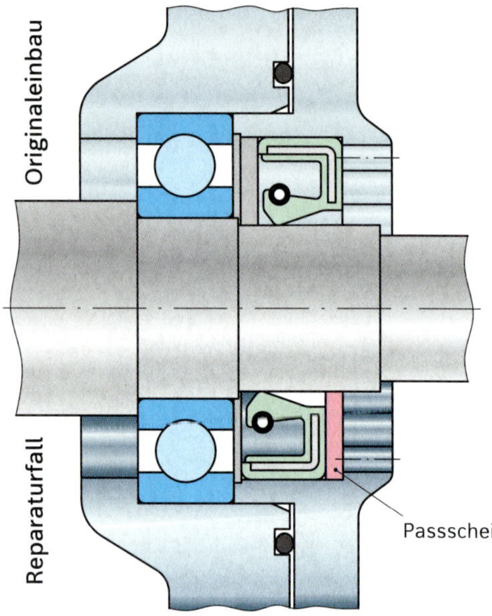

Abb. 3: Einbau im Reparaturfall

Aufgaben

1. An einem runden Flansch ist eine Flachdichtung zu montieren.
a) Beschreiben Sie das Verschrauben.
b) Begründen Sie die Vorgehensweise.

2. Ein O-Ring ist über ein Gewinde auf eine Welle zu montieren. Beschreiben Sie die Montage.

3. In welche Richtung soll die Dichtlippe eines Radialwellendichtrings montiert werden?

4. Es ist ein Radialwellendichtring über eine abgesetzt Welle in eine Gehäusebohrung bündig einzusetzen.
a) Wie ist der Einbau vorzubereiten?
b) Beschreiben Sie die Montage.

Zusammenfassung

Dichtungen

Flachdichtungen	**O-Ringe**	**Radialwellendichtringe**
Abdichten großer Flächen, die sich nicht gegeneinander bewegen	Abdichten kleiner Flächen, die sich nicht gegeneinander bewegen	Abdichten drehender Bauteile, die sich gegeneinander bewegen

Montagetätigkeiten

Flachdichtungen	O-Ringe	Radialwellendichtringe
• Auf Fläche auflegen • Bauteile mit Drehmomentschlüssel verspannen • Überstände entfernen	• Einsetzen in Bohrungs- oder Wellennut • Baugruppe montieren	• Dichtung und Laufflächen einfetten • Dichtung ggf. mit Fett füllen • Dichtung über Welle schieben und in Gehäusebohrung fixieren

6.8 Wälzlager

ARBEITSAUFTRAG

Bei der Umlenkstation und dem Getriebe sind unterschiedliche Wälzlager montiert. Bei der Umlenkstation sind in die Antriebsrollen und die Umlenkrollen Rillenkugellager eingebaut. Bei der Montage müssen die Lager so gefügt werden, dass sie die Bewegungen und Kräfte zuverlässig übertragen.

Die Montage der Lager soll geplant und fachgerecht durchgeführt werden. Dabei sind Aufbau und Funktion der zu montierenden Bauteile zu beachten.

6.8.1 Aufbau und Funktion von Wälzlagern

Wälzlager sind genormte, einbaufertige Maschinenelemente. Sie bestehen aus einem Außenring, einem Innenring und den Wälzkörpern. In das Lager kann ein Käfig eingebaut sein. Dieser hält die Wälzkörper in gleichmäßigem Abstand (Abb. 4).

Ein Lagerring ist mit dem festen Bauteil, z. B. dem Gehäuse, verbunden und steht still. Der zweite Ring dreht sich mit dem Bauteil, z. B einer Welle. Die Wälzkörper rollen auf den Lagerringen ab. Lagerringe und Wälzkörper bestehen aus hochlegiertem Stahl und sind gehärtet.

Durch die Wälzbewegung der Wälzkörper haben Wälzlager eine geringe Reibung und kleine Anlaufkräfte. Wälzlager können deshalb bei sich wechselnden Drehbewegungen und Kraftrichtungen oder bei geringen Umdrehungsfrequenzen eingesetzt werden.

Wälzlager sind jedoch empfindlich gegen Stoßbeanspruchung, gegen große Belastungen im Stillstand, gegen Verschmutzung und gegen hohe Temperaturen.

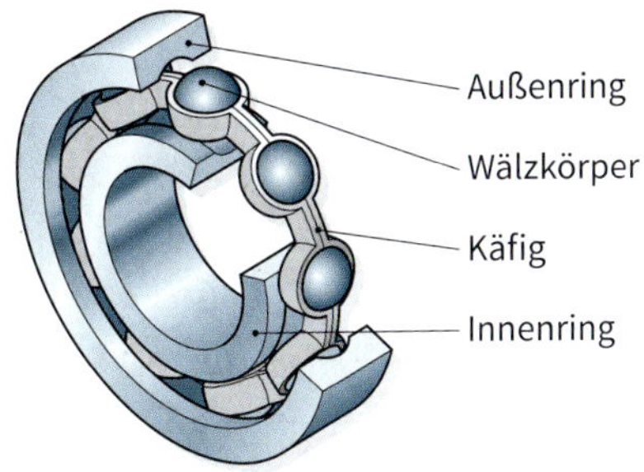

Abb. 4: Aufbau eines Wälzlagers

Wälzlager werden nach der Form ihrer Wälzkörper in Kugellager und Rollenlager eingeteilt. Lager unterteilt man nach der vorwiegenden Belastungsrichtung auch in Radiallager und Axiallager. Es gibt zerlegbare und nicht zerlegbare Lager (Tab. 1).

Tab. 1: Wälzlagerarten

	Radiallager				Axiallager	
Kugellager	Rillenkugellager 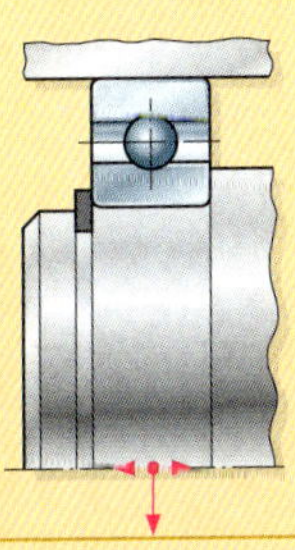 nicht zerlegbar	Schrägkugellager 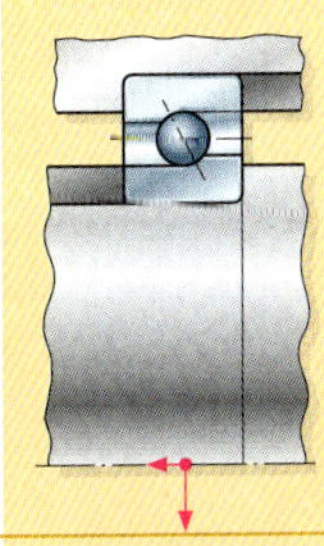 nicht zerlegbar	Schulterkugellager 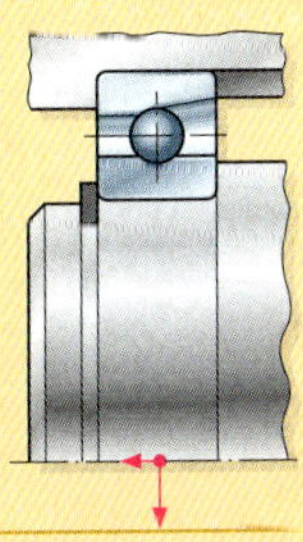 zerlegbar	Pendelkugellager 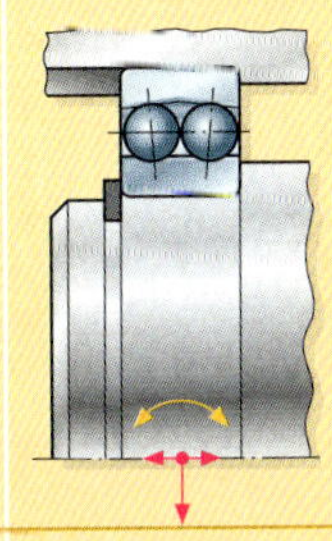 nicht zerlegbar	Rillenkugellager einseitig wirkend 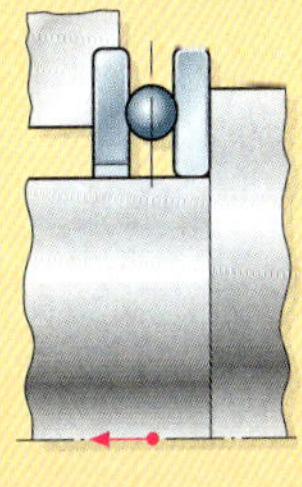 zerlegbar	Rillenkugellager zweiseitig wirkend 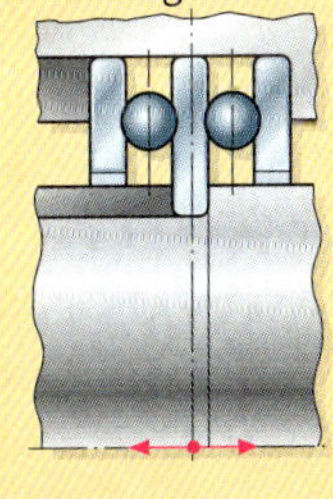 zerlegbar
Rollenlager	Zylinderrollenlager 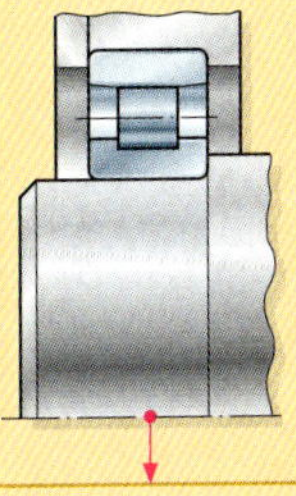 zerlegbar	Kegelrollenlager 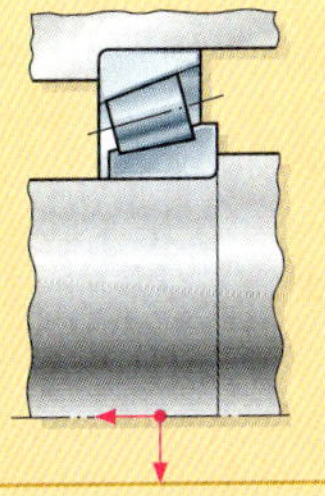 zerlegbar	Pendelrollenlager 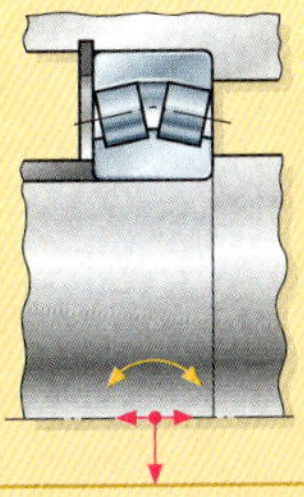 nicht zerlegbar	Nadellager 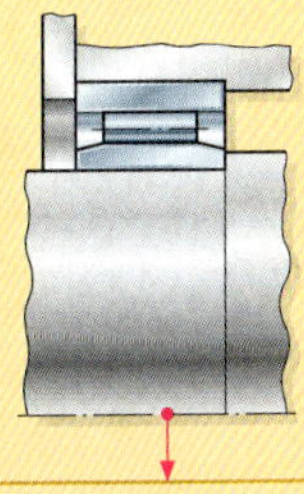 zerlegbar	Pendelrollenlager 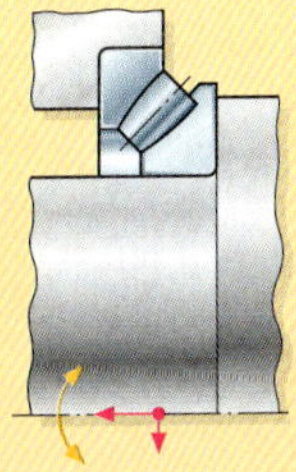 zerlegbar	Zylinderrollenlager 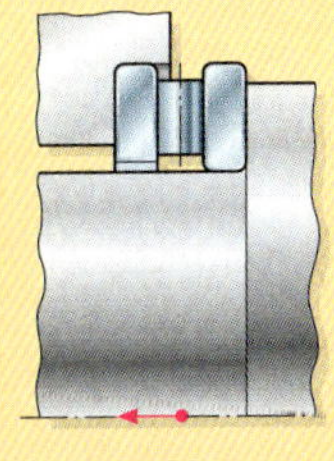 zerlegbar

6.8.2 Zeichnerische Darstellung von Wälzlagern

Wälzlager werden in Gruppen- und Gesamtzeichnungen dargestellt.

- **Bildliche Darstellung**

Die Darstellung der Lager erfolgt meist im Vollschnitt (Abb. 1). Die Lagerringe sind dabei in gleicher Richtung zu schraffieren.

Die Wälzkörper werden nicht schraffiert. Wälzkörper-Käfig, Deck- oder Dichtscheiben sowie Rundungen an den Lagerringen müssen nicht gezeichnet werden (Abb. 1).

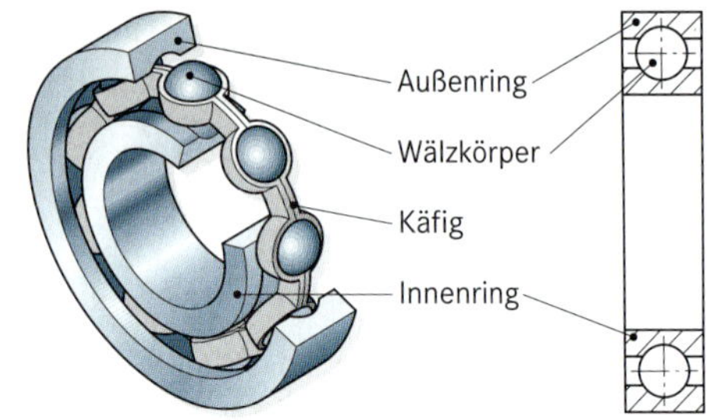

Abb. 1: Darstellung eines Rillenkugellagers

- **Vereinfachte Darstellung**

Wälzlager können nach **DIN ISO 8826** vereinfacht dargestellt werden (Abb. 2).

Bei der vereinfachten Darstellung werden die Umrisse des Wälzlagers allgemein durch ein Rechteck dargestellt. In der Mitte des Rechteckes wird ein freistehendes aufrechtes Kreuz mit breiten Volllinien gezeichnet.

Sollen Einzelheiten über die Ausführung des Wälzlagers in der vereinfachten zeichnerischen Darstellung ersichtlich sein, so verwendet man die detaillierte vereinfachte Darstellung. Genormte Symbole werden dann anstelle des Kreuzes ebenfalls mit breiter Volllinie eingetragen.

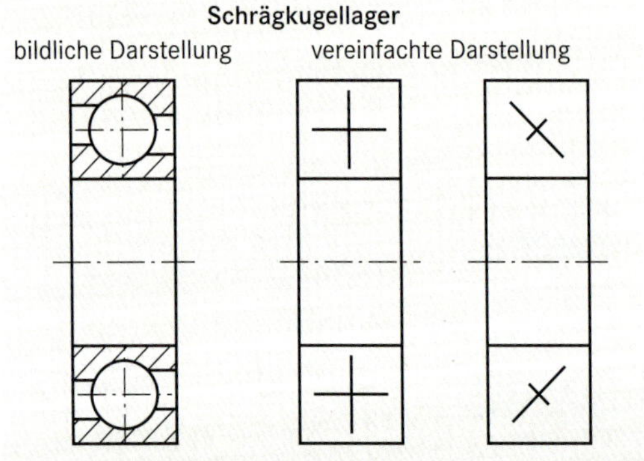

Abb. 2: Vereinfachte Darstellung von Wälzlagern

- **Stücklistenangaben**

Wälzlager werden mit der Benennung, der DIN-Nr. und einem Kurzzeichen in die Stückliste eingetragen (Abb. 3).

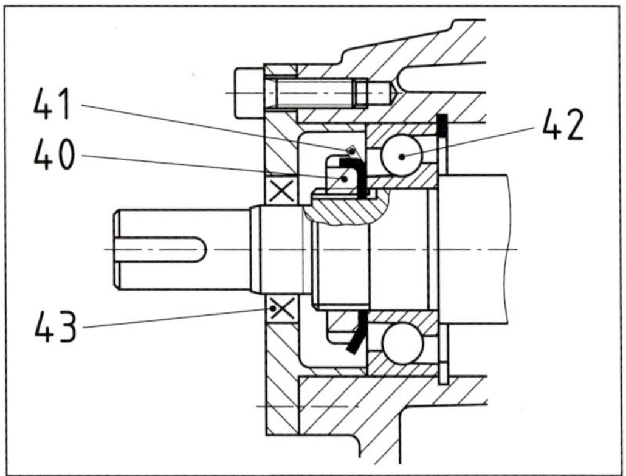

Pos.	Menge	Einh.	Benennung	Sachnummer / Norm-Kurzbezeichnung	Bemerkung
1	2	3	4	5	6
43	1	Stck.	Radial-Wellendichtring	DIN 3760-18×30×7	NBR
42	1	Stck.	Schrägkugellager	DIN 628-7205 B	
41	1	Stck.	Sicherungsblech	DIN 5406-MB 5	
40	1	Stck.	Nutmutter	DIN 981-KM 5	

Abb. 3: Baugruppe mit Stückliste

Das Kurzzeichen besteht aus dem Vorsetzzeichen, dem Basiszeichen und dem Nachsetzzeichen.

Durch Vorsetzzeichen werden in der Regel Einzelteile von Lagern gekennzeichnet. Durch Nachsetzzeichen wird der Aufbau von Lagern wie die Abdichtung, die Käfigausführung oder die Lagerluft gekennzeichnet. Vorsetzzeichen und Nachsetzzeichen müssen nicht angegeben sein.

Aus dem Basiszeichen lassen sich die Lagerart und die wesentlichen Lagermaße bestimmen. Es kann, abhängig von der Lagerart, aus vier oder mehr Ziffern und Buchstaben bestehen.

Pendelrollenlager DIN 635 – 2 2 3 08

Lagerreihe
- Lagerart (Pendelrollenlager)
- Maßreihe
  - Breitenreihe
  - Durchmesserreihe

Bohrungskennzahl ($8 \cdot 5 = 40$ mm Bohrung)

Als letzte Kennziffer im Basiszeichen steht die Bohrungskennzahl. Sie ist zweistellig und ergibt ab der Kennziffer 4, multipliziert mit dem Faktor 5, den Durchmesser der Lagerbohrung.

Hat die Breitenreihe die Kennziffer 0, wird sie bei den meisten Lagern im Basiszeichen nicht angegeben.

6.8.3 Aufbau und Funktion einer Lagerung

Gruppen -Zeichnung

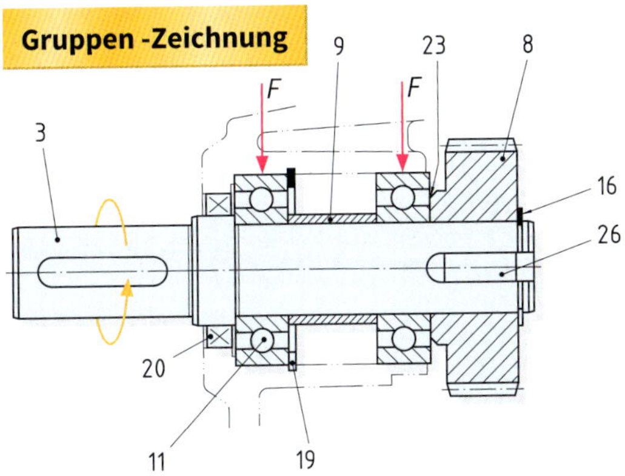

Abb. 4: Abtriebseinheit

Perspektive

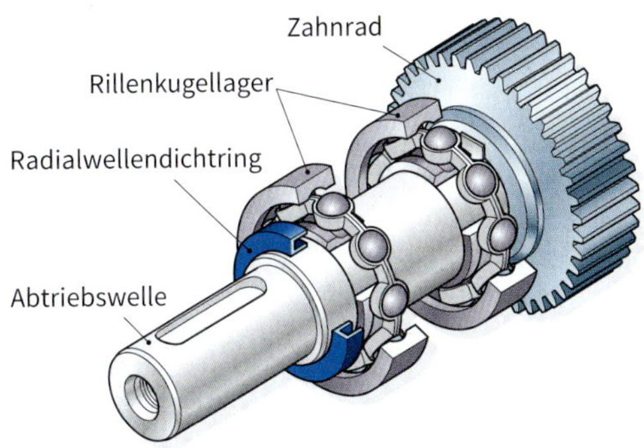

Die Abbildungen 4 zeigt die Abtriebeinheit eines Getriebes, die Abbildung 5 den Antrieb Umlenkstation. Die Abtriebswelle der Abtriebeinheit und Sechskantwelle der Umlenkstation werden jeweils durch zwei Rillenkugellager (Pos. 11 bzw. Pos. 13) gelagert.

! Für die Lagerung einer Welle sind mindestens zwei Lager notwendig.

Die beiden Lager führen und tragen die Abtriebswelle (Pos. 3) bzw. Sechskantwelle (Pos. 7). Sie nehmen die wirkenden Kräfte auf und leiten sie auf das Getriebegehäuse bzw. die Seitenteile (Pos. 1 und 2) der Umlenkstation ab.

! Lager dienen zum Stützen und Tragen von Wellen und Achsen.

Bei der Abtriebseinheit drehen sich die Innenringe der beiden Rillenkugellager (Pos. 11) mit der Abtriebswelle (Pos. 3). Bei einer Umdrehung wird jeder Punkt der Innenringe belastet. Für die Innenringe liegt Umfangslast vor. Bei der Umlenkstation drehen sich die Außenringe der Rillenkugellager (Pos. 13) mit den Antriebsrollen (Pos. 9).

Bei einer Umdrehung wird jeder Punkt der Außenringe durch die Gurtbänder belastet. Für die Außenringe liegt Umfangslast vor.

Um eine einwandfreie Funktion der Lager zu gewährleisten, müssen die Lagerringe mit Umfangslast mit einem festen Sitz eingebaut werden. Dies erfordert eine Übergangspassung oder eine Übermaßpassung.

Bei der Abtriebseinheit bewegen sich die Außenringe der beiden Rillenkugellager nicht. Sie stehen still im Gehäuse. Bei der Umlenkstation bewegen sich die Innenringe der beiden Rillenkugellager nicht. Die Belastung durch Kräfte wirkt immer am gleichen Punkt der Lagerringe. Man spricht von Punktlast.

Lagerringe mit Punktlast werden mit einer Spielpassung oder Übergangspassung eingebaut. Dadurch wird ein ausreichendes Spiel zwischen den Laufringen und den Wälzkörpern gewährleistet.

Bei Umfangslast werden die Lagerringe mit einem festen Sitz eingebaut. Bei Punktlast werden die Lagerringe mit einem losen Sitz eingebaut. **!**

Gruppen -Zeichnung

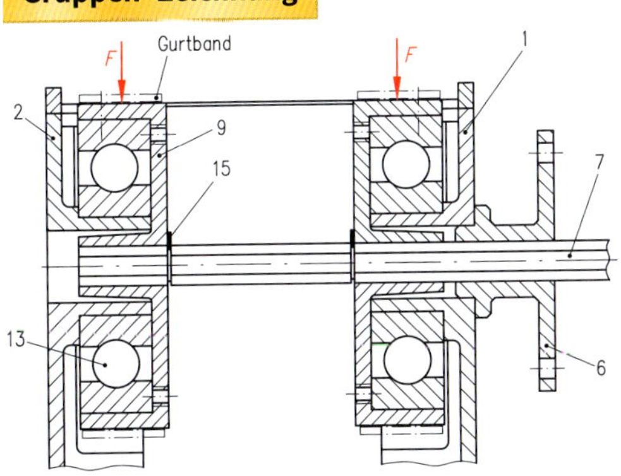

Abb. 5: Umlenkstation

Perspektive

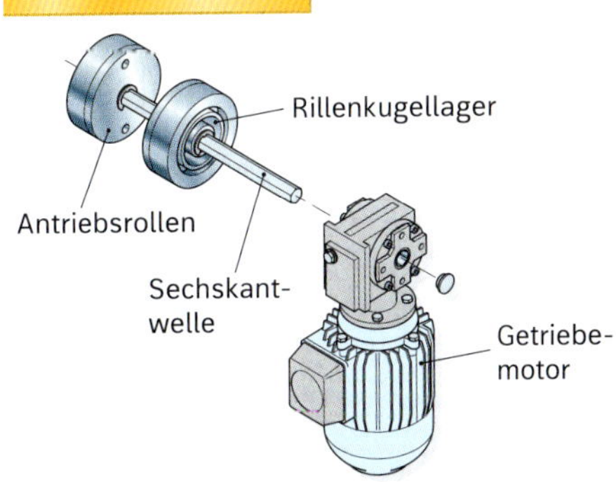

6.8.4 Anordnung von Lagern

Lagerringe werden in der Regel so eingebaut, dass sie an einem Wellenabsatz anliegen. Die Sicherung gegen axiales Verschieben auf der Welle erfolgt häufig durch Sicherungsringe oder durch Nutmuttern mit Sicherungsblech (Abb. 1).

Die Sicherung gegen axiales Verschieben in der Lagerbohrung wird einerseits durch eine Abstufung in der Bohrung und andererseits durch Sicherungsringe oder Lagerdeckel erreicht.

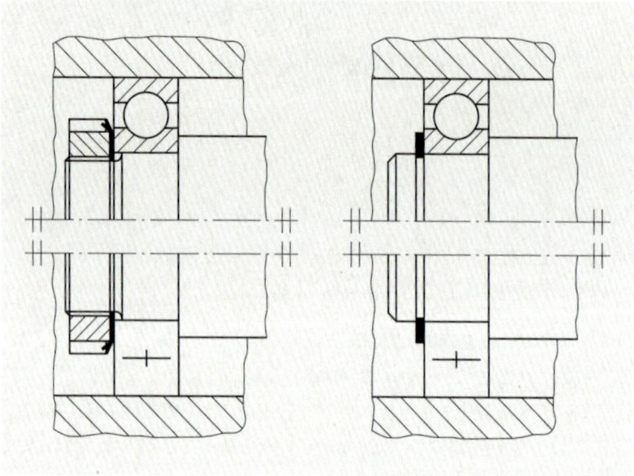

Abb. 1: Axiale Sicherung von Wälzlagern

Für die Lagerung von Wellen sind mindestens zwei Lager erforderlich. Nach der Art des Einbaus unterscheidet man zwischen einer Lagerung mit

- einer Fest-Loslager-Anordnung,
- einer angestellten Lagerung (Stützlagerung) und
- einer schwimmenden Lagerung.

Die Fest-Loslager-Anordnung ist die gängigste Art für eine Lagerung.

- **Fest-Loslager-Anordnung**

Als Festlager bezeichnet man das Lager, das die Welle axial nach beiden Richtungen fixiert. Außen- und Innenring sind gegen Verschieben gesichert. Das Festlager nimmt dabei Radial- und Axialkräfte auf (Abb. 2).

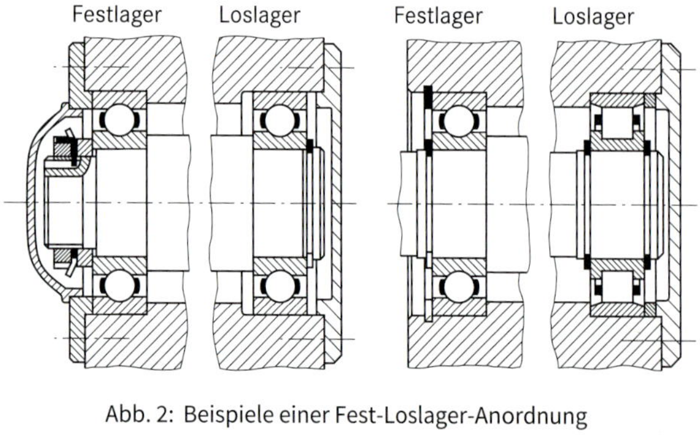

Abb. 2: Beispiele einer Fest-Loslager-Anordnung

Als Loslager bezeichnet man das Lager, das axiale Wärmedehnung ausgleicht. Ideale Loslager sind Zylinderrollenlager der Baureihe N und NU. Hier kann sich der Wälzkörperkranz auf den Laufbahnen des bordlosen Lagerringes verschieben. Alle anderen Lager, wie Rillenkugellager und Pendelrollenlager, können nur dann als Loslager eingesetzt werden, wenn einer der beiden Laufringe eine lose Passung und keine axiale Anlagefläche erhält.

- **Angestellte Lagerung**

Die angestellte Lagerung besteht in der Regel aus zwei spiegelbildlich angeordneten Schrägkugellagern oder Kegelrollenlagern (Abb. 3). Axialspiel, das aufgrund von Fertigungstoleranzen auftritt, kann leicht korrigiert werden. Bei der Montage wird ein Lagerring durch z.B. eine Nutmutter so weit verschoben, bis die Lagerung das gewünschte Spiel hat.

Man unterscheidet zwischen der X-Anordnung und der O-Anordnung der Lager. Durch Wärmedehnung kann sich das eingestellte Lagerspiel verändern. Bei der O-Anordnung führt dies zu einer Spielvergrößerung, während sich bei der X-Anordnung das Spiel verringert.

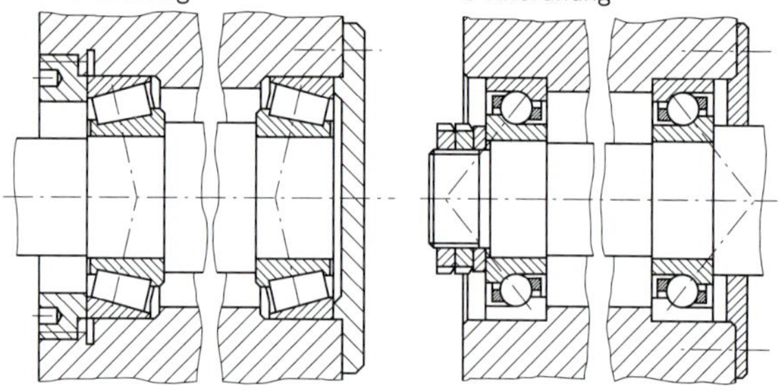

Abb. 3: Beispiele einer angestellten Lagerung

- **Schwimmende Lagerung**

Die schwimmende Lagerung wird angewandt, wenn die Welle axial nicht geführt werden muss. Die Welle kann sich im Gehäuse in axialer Richtung bewegen (Abb. 4). Der Außenring wird dabei im Allgemeinen mit einer losen Passung versehen.

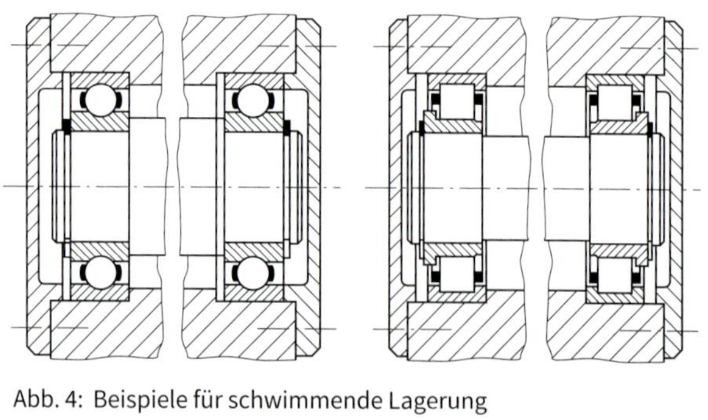

Abb. 4: Beispiele für schwimmende Lagerung

Fügen

6.8.5 Montage von Wälzlagern

Werden Lagerringe mit losem Sitz eingebaut, können sie in der Regel ohne weitere Hilfsmittel montiert werden.

Werden Lagerringe mit festem Sitz eingebaut, müssen besondere Montageverfahren angewendet und Hilfsmittel eingesetzt werden.

Montagekräfte dürfen nicht über die Wälzkörper eingebracht werden.

Beim Einbau nicht zerlegbarer Lager müssen die Montagekräfte immer an dem fest gepassten Ring angreifen. Dieser Ring wird zuerst montiert (Abb. 5).

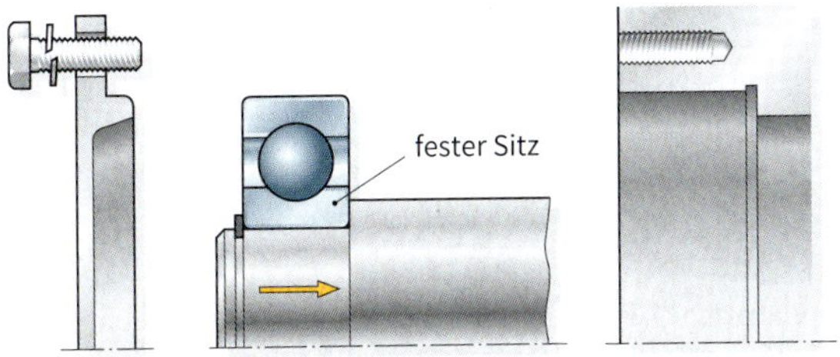

Abb. 5: Einbau nicht zerlegbarer Lager

Beim Einbau zerlegbarer Lager können beide Ringe einzeln montiert werden. Das Lager wird anschließend mit einer schraubenden Drehung gefügt (Abb. 6).

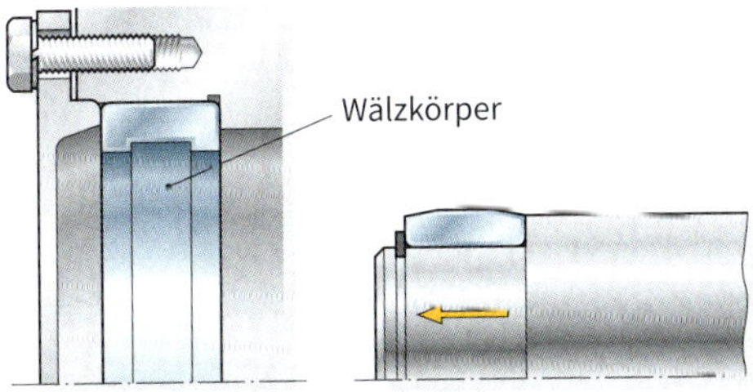

Abb. 6: Einbau zerlegbarer Lager

Wälzlager sind vor Schmutz und Feuchtigkeit zu schützen. Bereits kleinste Teilchen, die in das Lager gelangen, beschädigen die Laufflächen. Dadurch verringert sich die Lebensdauer des Lagers.

Der Montageplatz muss staubfrei und trocken, Welle und Gehäuse müssen sauber sein.

Nach den Angaben der Stückliste ist das richtige Wälzlager auszuwählen. Das Kurzzeichen des Lagers ist auf der Verpackung vermerkt und in die Seitenflächen der Lagerringe gestempelt. Aus dem Kurzzeichen kann man Lagerart, Abmessungen und Angaben für besondere Ausführungen erkennen.

Wellensitz und Gehäusebohrung sind auf Maß-, Form- und Lagegenauigkeit zu überprüfen.

Wälzlager sind in der Originalverpackung mit einem dickflüssigen Korrosionsschutzöl konserviert. Vor der Montage ist dieses Öl an den Sitz- und Anlageflächen abzuwischen.

Nach dem Reinigen wird die kegelige Bohrung mit einem Maschinenöl mittlerer Viskosität dünn benetzt, um einer möglichen Korrosion vorzubeugen.

6.8.5.1 Mechanische Montage

Wälzlager mit zylindrischen Bohrungen

Wälzlager mit zylindrischen Bohrungen werden mechanisch von Hand oder einer Presse montiert.

Kleinere Lager können mit leichten Hammerschlägen auf die Welle getrieben werden. Weil die Lagerringe gehärtet und schlagempfindlich sind, darf man nicht mit dem Hammer unmittelbar auf die Ringe schlagen. Man verwendet eine Schlagbüchse aus weichem Stahl mit einer ebenen Stirnfläche (Abb. 7).

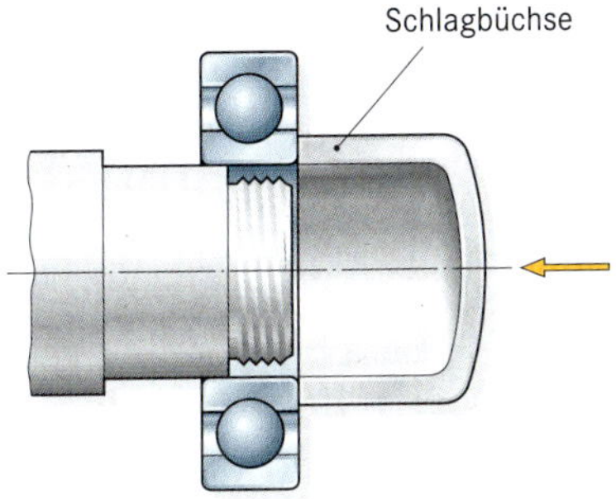

Abb. 7: Einbau einer Schlagbüchse

Der Innendurchmesser der Büchse soll nur wenig größer als der Durchmesser der Lagerbohrung sein. Der Außendurchmesser der Büchse darf nicht größer als der Außendurchmesser des Innenringes sein. Die Schlagkraft muss gleichmäßig am ganzen Umfang angreifen, um das Lager nicht zu beschädigen. Statt eines Einbaus von Hand können die Lager auch einer mechanischen oder hydraulischen Presse montiert werden (Abb. 8).

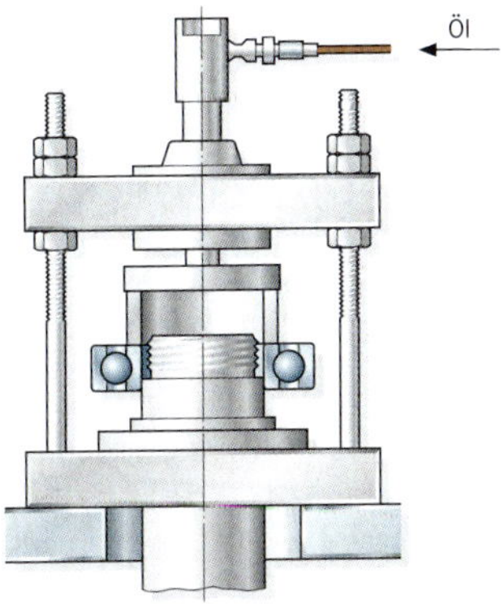

Abb. 8: Einbau einer hydraulischen Presse

Wälzlager mit kegeligen Bohrungen

Wälzlager mit kegeligen Bohrungen werden einer Wellenmutter eingebaut. Ihre Montage erfolgt unmittelbar auf der kegeligen Welle (Abb. 1). Zum Anziehen der Mutter verwendet man einen Hakenschlüssel.

Beim Aufschieben des Lagers auf die kegelige Welle wird der Innenring geweitet und die Radialluft vermindert (Abb. 1a). Die Radialluftverminderung ist die Differenz zwischen der Radialluft vor und nach dem Einbau. Während der Montage ist die Radialluft mit einer Fühlerlehre ständig zu prüfen, bis der vorgeschriebene Wert eingestellt ist (Abb. 1b).

Statt der Radialluftverminderung kann man auch den Verschiebeweg auf dem Kegel messen. Die Werte für die Radialluftverminderung und den Verschiebeweg sind Tabellen der Lagerhersteller zu entnehmen.

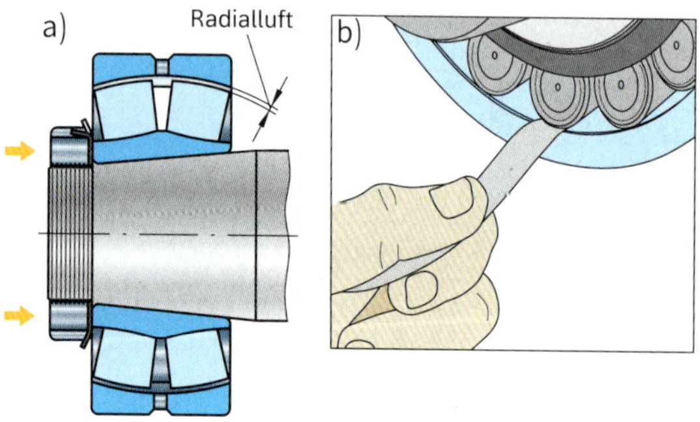

Abb. 1: Radialluft eines Pendelrollenlagers

Auf einer zylindrischen Welle werden Wälzlager mit kegeligen Bohrungen mit einer Spann- oder Abziehhülse montiert. Lager mit Spannhülse werden mit einer Spannhülsenmutter auf den kegeligen Sitz der Hülse geschoben (Abb. 2a) Abziehhülsen werden mit der Wellenmutter in den Spalt zwischen Welle und Innenring gepresst (Abb. 2b).

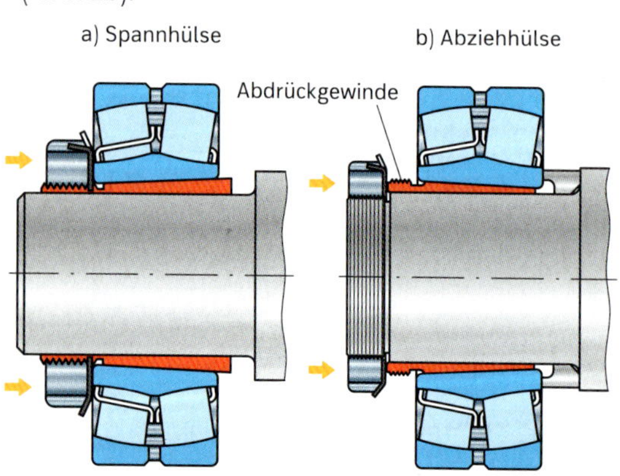

Abb. 2: Montage eins Pendelrollenlagers

6.8.5.2 Thermische Montage

Große zylindrische Lager und zylindrische Lager mit Übermaßpassungen werden thermisch montiert. Die Lager werden auf ca. 100°C erwärmt. Eine Erwärmung auf über 120°C ist nicht zulässig, da sich dann die Werkstoffeigenschaften des Lagers ändern können. Lager mit einer Fettfüllung und mit Dichtscheiben dürfen nur bis 80°C erwärmt werden.

Wälzlager kann man auf einer temperaturgeregelten Heizplatte oder in einem Wärmeofen erwärmen.

Abb. 3: Anwärmen eines Lagers auf einer Heizplatte

Nach dem Erwärmen wird das Lager zügig, mit einer leicht schraubenden Drehung, auf die Welle geschoben. Als Schutz für die Hände verwendet man Schutzhandschuhe.

Sicher und schnell kann man Lager eines induktiven Anwärmgerätes auf Montagetemperatur bringen (Abb. 4). Nach dem Erwärmen ist das Lager des induktiven Anwärmgerätes entsprechend der Betriebsanleitung zu entmagnetisieren.

Abb. 4: Induktives Anwärmgerät

Ist ein fester Sitz des Außenringes eines Lagers vorgesehen, erwärmt man das Gehäuse.

6.8.6 Demontage von Wälzlagern

Wälzlager müssen demontiert werden, bei der Reparatur von Maschinen oder wenn die Lager selber beschädigt sind. Die Demontage muss so geschehen, dass Maschinenteile wie Wellen und Gehäuse nicht beschädigt werden.

Defekte Wälzlager können durch Trennen oder Sprengen der Ringe demontiert werden. Sollen Lager nach der Demontage wiederverwendet werden, darf das Lager nicht beschädigt werden.

Bei nicht zerlegbaren Lagern wird zuerst der lose gepasste Ring ausgebaut. Anschließend wird der fest gepasste Ring demontiert. Die Ringe zerlegbarer Lager lassen sich einzeln ausbauen.

6.8.6.1 Mechanische Demontage

Lager mit zylindrischen Bohrungen

Zum Ausbau kleinerer Lager mit zylindrischer Bohrung werden Abziehvorrichtungen verwendet (Abb. 5). Je nach Platzverhältnissen werden unterschiedliche An-ziehwerkzeuge eingesetzt.

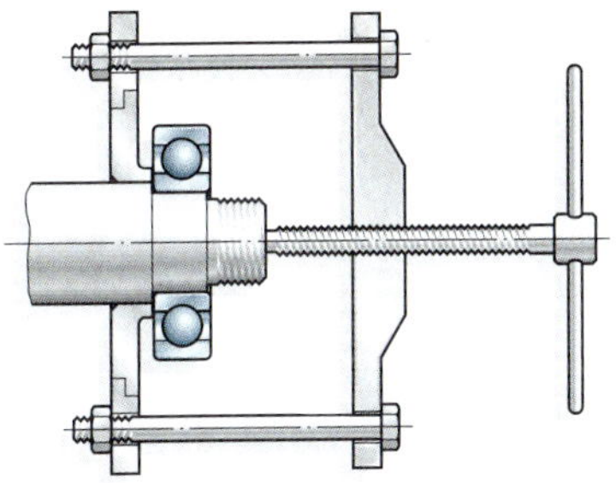

Abb. 5: Demontage mit einem Außenabzieher

Das Abziehwerkzeug muss an dem Lagerring angesetzt werden, der abgezogen werden soll. Damit wird vermieden, dass sich die Wälzkörper in die Laufbahnen eindrücken.

Einfacher ist der Ausbau, wenn zum Abpressen der Wälzlager eine Presse benutzt wird. Dabei unterstützt man den Lagerring mit dem festen Sitz durch eine entsprechende Unterlage (Abb. 6).

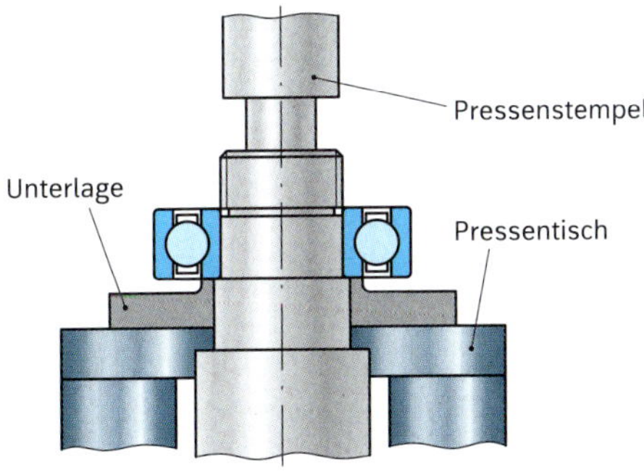

Abb. 6: Ausbau mit einer Presse

Lager mit kegeligen Bohrungen

Beim Ausbau von Lagern, die unmittelbar auf dem kegeligen Wellenende oder auf einer Spannhülse montiert sind, wird zunächst die Wellenmutter gelöst. Wenn ein Abzieher angesetzt werden kann, zieht man damit das Lager ab.

Andernfalls treibt man den Innenring mit leichten Hammerschlägen von der Welle bzw. der Spannhülse. Dazu wird ein weicher Metalldorn verwendet (Abb. 7a).

Lager, die mit Abziehhülsen befestigt sind, werden einer Abdrückmutter ausgebaut (Abb. 7b). Dazu muss vorher die Wellenmutter abgeschraubt sein.

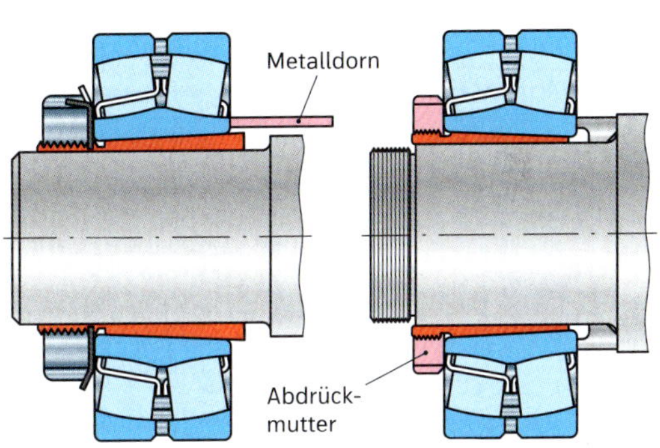

Abb. 7: Demontage eines Pendelrollenlagers

6.8.6.2 Thermische Demontage

Für den Ausbau von Zylinderrollenlager-Innenringen und Nadellager-Innenringen eignen sich Anwärmringe. Die Anwärmringe aus Leichtmetall werden auf einer Heizplatte auf 200 bis 300 °C erwärmt und über den abzuziehenden Innenring geschoben und mit den Griffen verspannt. Wenn der Presssitz aufgehoben ist, werden beide Ringe von der Welle abgezogen (Abb. 8).

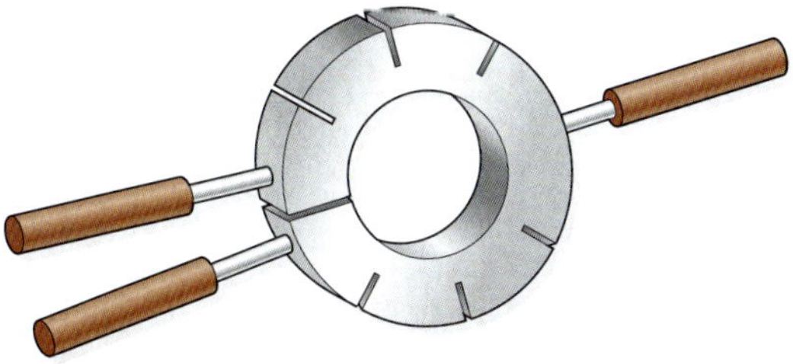

Abb. 8: Anwärmring

Bei größeren Lagern werden anstelle von Anwärmringen induktive Anwärmgeräte eingesetzt.

Aufgaben

1. Nach welchen Gesichtspunkten werden Wälzlager eingeteilt?

2. Beschreiben Sie die Montage eines Zylinderrollenlagers d_i = 40 mm mit Umfangslast auf dem Innenring.

3. Ein Pendelkugellager mit kegeliger Bohrung soll auf ein zylindrisches Wellenende montiert werden. Beschreiben Sie die Montage.

4. Untersuchen Sie bei der Baugruppe Abtriebseinheit die Lagerung:

a) Erläutern Sie, welche Lagerringe Umfangslast bzw. Punktlast haben.

b) Geben Sie an, welche Art der Lageranordnung vorliegt.

5. Beschreiben Sie die Demontage der Abtriebseinheit.

6. Geben Sie an, ob die Rillenkugellager nach der Demontage der Abtriebseinheit wiederverwendet werden können.

Baugruppe: Abtriebseinheit

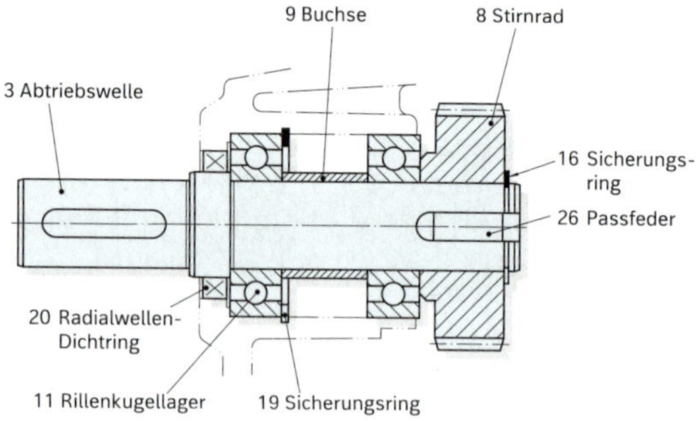

Zusammenfassung

Lagerbefestigung		Montage			Demontage		
		Mechanisch		Thermisch	Mechanisch		Thermisch
Zylindrischer Lagersitz 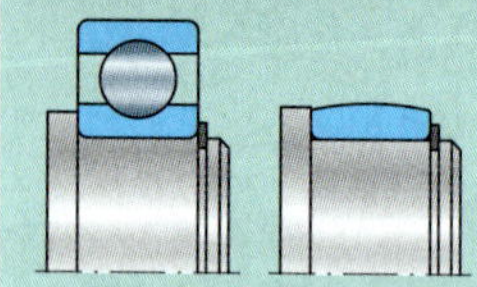	Kleine Lager Mittlere Lager	Schlagbüchse und Hammer	Mechanische oder hydraulische Presse	Heizplatte oder Wärmeofen oder induktives Anwärmgerät	Außenabzieher	Mechanische oder hydraulische Presse	Anwärmring oder induktives Anwärmgerät
	Große Lager						
Kegeliger Lagersitz 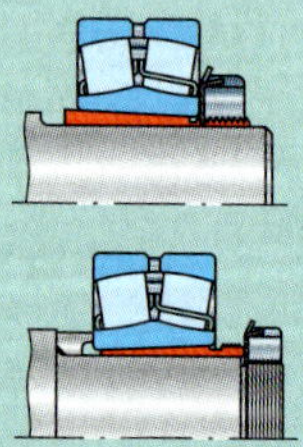	Kleine Lager	Mutter und Schlüssel	–	–	Hammer und Dorn, Außenabzieher	Mutter und Schlüssel	–
	Mittlere Lager						
	Große Lager	–				–	
Gehäuse 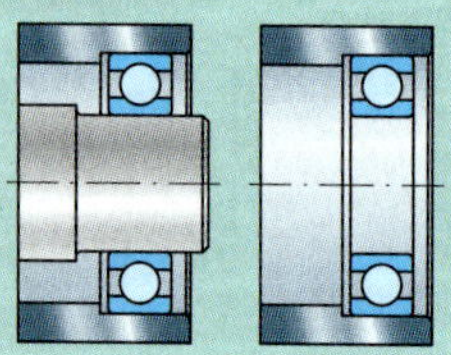	Kleine Lager Mittlere Lager	Schlagbüchse und Hammer	Mechanische oder hydraulische Presse	Anwärmen des Gehäuses	Innenabzieher oder Bohrungsabzieher	–	–
	Große Lager	–			–		

kleine Lager: d_i < 80 mm; mittlere Lager d_i = 80 – 200 mm; große Lager d_i > 200 mm

6.9 Elektrische Komponenten

An den Getriebemotor zum Antrieb des Gurtbandes sind elektrische Leitungen zur Energieversorgung und zur Steuerung anzuschließen. Die Leitungen werden im Klemmkasten an das Klemmbrett des Motors angeklemmt (Abb. 1).

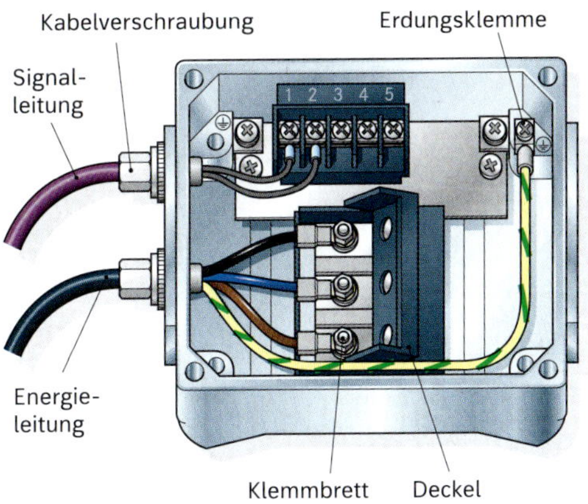

Abb. 1: Klemmkasten eines Elektromotors

An Klemmbretter und Klemmleisten werden Energieleitungen und Signalleitungen zur äußeren Verdrahtung von elektrischen Komponenten ans Stromnetz bzw. der Steuerung angeschlossen.

Von den Klemmbrettern und Klemmleisten aus erfolgt auch die innere Verdrahtung elektrischer Maschinen oder Geräte.

6.9.1 Elektrische Leitungen

Bei elektrischen Leitungen unterscheidet man Energieleitungen und Signalleitungen.

6.9.1.1 Energieleitungen

Energieleitungen dienen zur Übertragung elektrischer Energie. Sie unterscheiden sich je nach Verwendung im Aufbau und in der Isolierung. Der Leiterquerschnitt richtet sich dabei nach der Stromstärke(→📖).

! Als Leitung werden eine oder mehrere Leiter mit einem Leitungsmantel bezeichnet.

Einzelne Leiter mit Isolierung werden Adern genannt.

Leiterarten

Man unterscheidet flexible und massive Leiter. Bei flexiblen Leitern bestehen die Adern aus mehreren miteinander verflochtenen Kupferdrähten (Abb.2a). Sie eignen sich besonders für den Anschluss von beweglichen Objekten z. B. Handbohrmaschinen.

Für die feste Verlegung von Leitungen sind massive Leiter vorgeschrieben. Bis zu einem Querschnitt von 16 mm^2 bestehen die Adern aus einem Draht (Abb. 2b).

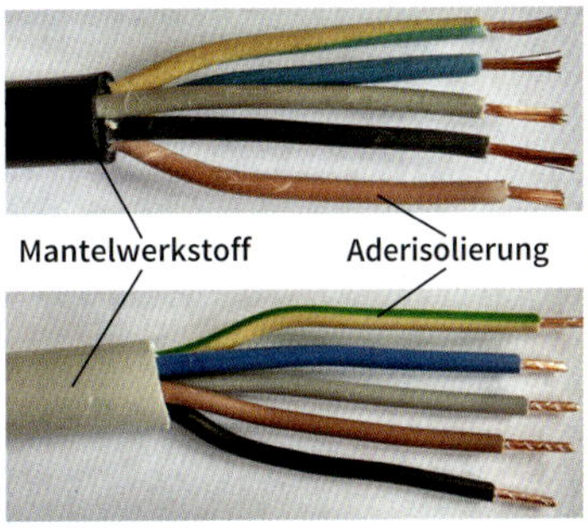

Abb. 2: Arten von Leitungen

Kennzeichnung von Adern

Die Isolierung einzelner Adern dient auch der Kennzeichnung. Die Farbkennzeichnung grün-gelb darf nur für den Schutzleiter (PE) oder Neutralleiter mit Schutzfunktion (PEN) verwendet werden. Der Neutralleiter (N) ist blau gekennzeichnet. Die Farben der Leiter sind grau (L1), braun (L2) und schwarz (L3).

Der grün-gelbe Schutzleiter wird zum Schutz von Personen gegen elektrischen Schlag verlegt. Er verbindet die metallischen Gehäuse von elektrischen Betriebsmitteln über die Potentialausgleichsschiene mit dem Erder der Anlage. Dadurch kann keine gefährliche Fehlerspannung auftreten.

6.9.1.2 Signalleitungen

Die Signalübertragung erfordert nur geringe Ströme und Spannungen, wodurch die Querschnitte gegenüber Energieleitungen gering sind.

Signalleitungen unterscheiden sich nach der Art der Zusammenfassung von Adern und der möglichen Abschirmung.

Leitungsarten

- **Innere Verdrahtung**

Für die innere Verdrahtung von Geräten werden PVC-Einzeladern verwendet (Abb. 3).

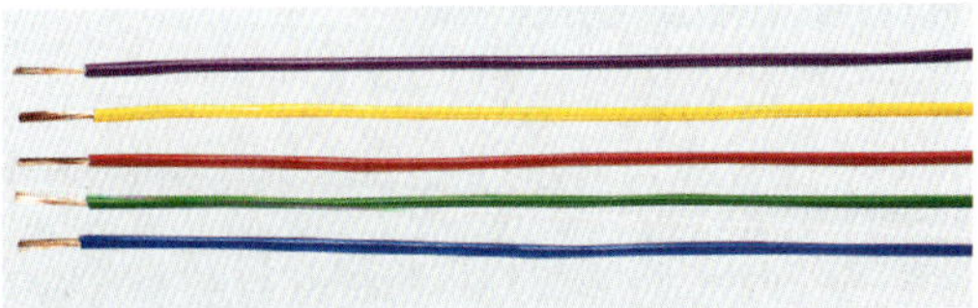

Abb. 3: PVC-Einzeladern

Dabei werden mehrere einzelne Leitungen oft durch Spiralschläuche oder Kabelbinder zu Kabelbäumen zusammengefasst (Abb. 1).

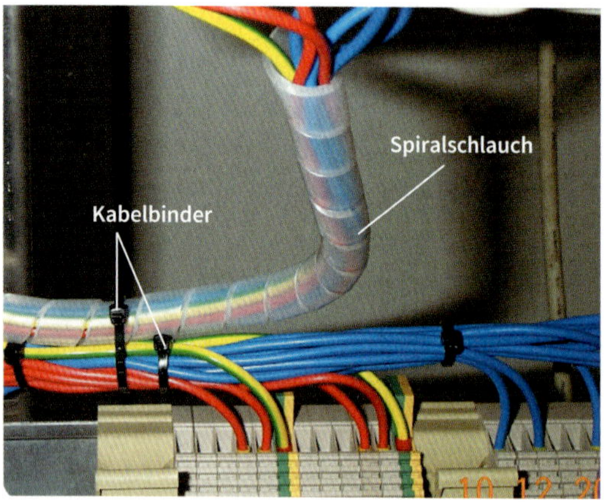

Abb. 1: Einzeladern mit Spiralschlauch und Kabelbinder

- **Äußere Verdrahtung**

Für die *äußere Verdrahtung* zwischen Geräten werden die einzelnen Leiter gebündelt und sind zum Schutz von einem Mantel umschlossen.

Je nach Anforderung werden dabei unterschiedliche Signalleitungen eingesetzt.

Mehradrige ungeschirmte Leitungen werden zum Übertragen analoger Signale verwendet. Zur Unterscheidung werden die einzelnen Adern durch Farben oder aufgedruckte Zahlen gekennzeichnet (Abb. 2a). Solche Leitungen dienen auch zur Versorgung mit Hilfsenergie z. B. für Steuerungen, Meldeleuchten oder Sensoren.

Geschirmte Leitungen werden eingesetzt, um bei störanfälligen Übertragungsstrecken die Signale vor Einflüssen durch elektrische und magnetische Felder zu schützen (Abb. 2b).

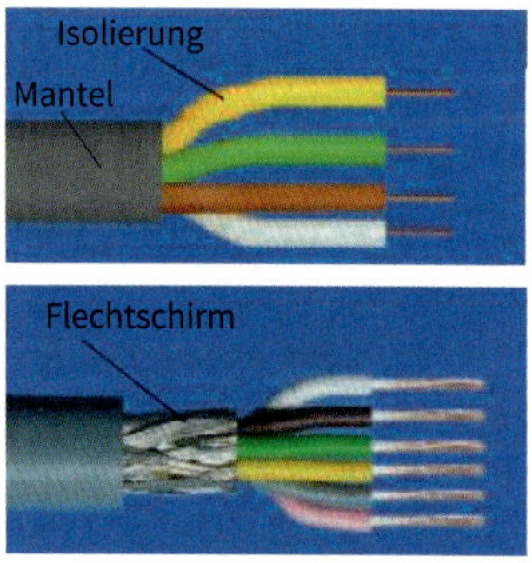

a) ungeschirmte Leitung

b) geschirmte Leitung

Abb. 2: Mehradrige Leitungen

Busleitungen übertragen digitale Signale. Alle angeschlossenen Geräte kommunizieren über eine Leitung. Für manche Bussysteme gibt es spezielle Leitungstypen, die ein einfaches Montieren ermöglichen.

Beim ASI-Bus (Aktuator-Sensor-Interface) können beispielsweise alle Geräte über eine zweiadrige ungeschirmte Flachleitung verbunden werden (Abb. 3).

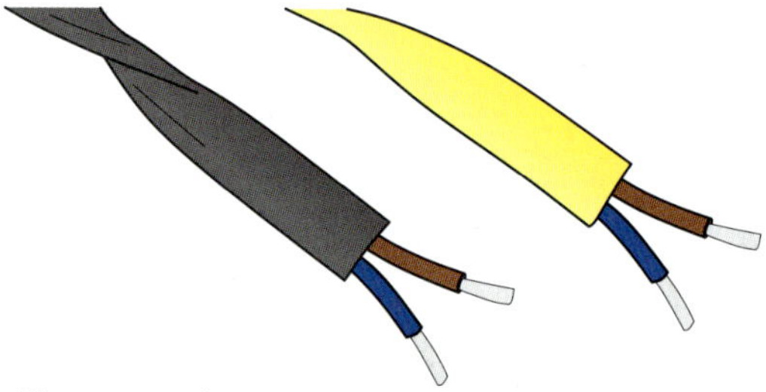

Abb. 3: ASI-Busleitung

Der gleiche Leitungstyp wird auch für die Spannungsversorgung einzelner Aktoren benutzt. Um diese leicht unterscheiden zu können, werden sie unterschiedlich farbig gekennzeichnet (gelb = Bus, schwarz = Hilfsspannung 24 V DC).

6.9.2 Leitungsverlegung

Fügen

Signalleitungen werden mit Abstand zu Energieleitungen verlegt, um mögliche Beeinflussung durch elektromagnetische Felder zu vermeiden.

Damit Leitungen über Klemmverbindungen angeschlossen werden können, müssen sie vorher bearbeitet werden. Das geschieht in folgenden Schritten:

- Ablängen

Um elektrische Signalleitungen anschließen zu können, müssen diese zunächst mit einem Seitenschneider auf die korrekte Länge abgelängt werden.

- Abmanteln

Anschließend muss der Leitungsmantel von Spezialwerkzeugen entfernt werden. Dabei dürfen vorhandene Abschirmung und Aderisolierung nicht beschädigt werden.

- Abisolieren

Die Isolierung der Adern wird mit einer Abisolierzange entfernt.

- Crimpen

Flexible Leitungen, bei denen die Einzeladern mehr drahtig sind, müssen eine Crimpverbindung erhalten. Beim Crimpen wird die metallene Hülse eines Verbinders mit einer Crimpzange um den Leiter gepresst. Je nach Anschlussart werden verschiedene Verbindungen verwendet (Abb. 4).

Leitungen, die aus einem massiven Leiter bestehen, können direkt an die Anschlussklemmen angeschlossen werden.

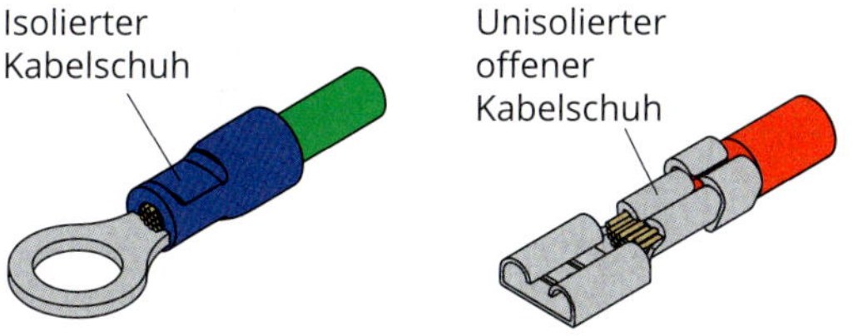

Abb. 4: Crimpverbindungen

Leitungen sind eindeutig und dauerhaft zu kennzeichnen. Die Kennzeichnung erfolgt auf beiden Enden der Leitung. Das Kennzeichnen kann durch z. B. Clips oder Aufkleber erfolgen (Abb. 5).

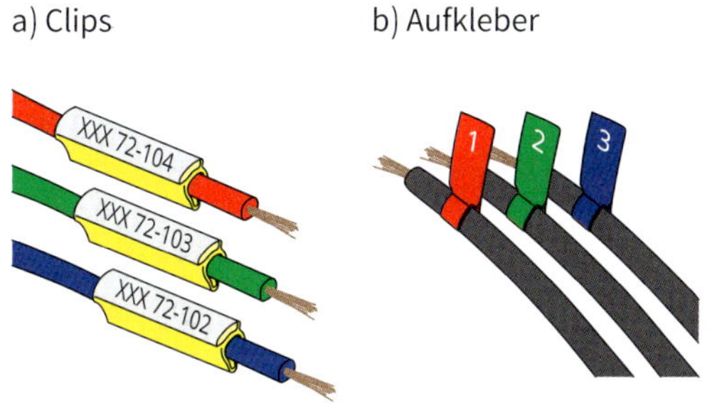

Abb. 5: Kennzeichnung von Leitungen

Zusammenfassung

Elektrische Leitungen

Energieleitungen	**Signalleitungen**
Energieübertragung durch z. B. • Flexible Leitungen • Massive Leitungen	Signalübertragung durch z. B. • PVC-Einzeladern • Ungeschirmte mehradrige Leitungen • Geschirmte Leitungen • ASI-Busleitungen

Aufgaben

1. Beschreiben Sie den Unterschied zwischen flexiblen und massiven Energieleitungen.

2. Erläutern Sie die Funktion von PE-Leitern.

3. Erläutern Sie den Aufbau und die Verwendung der verschiedenen Signalleitungen.

4. Beschreiben Sie die Arbeitsschritte für das Herstellen einer Leitung für eine Klemmverbindung.

6.10 Montage und Demontage der Antriebsstation

Zu Testzwecken soll eine Antriebsstation montiert und in eine Bandstrecke für einen Langzeittest eingebaut werden (Abb. 6).

Nach Ablauf der Testfase soll die Antriebsstation wieder ausgebaut und anschließend demontiert werden, um Abnutzung und Verschleiß der Bauteile zu untersuchen.

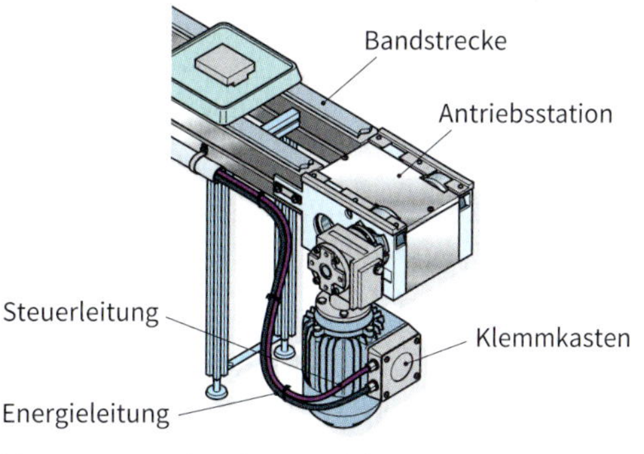

Abb. 6: Transportband mit Antriebsstation

6.10.1 Vorbereiten der Montage

Die Antriebsstation wird an der Werkbank zusammengebaut und anschließend an die Bandstrecke transportiert und dort eingebaut. Beide Arbeitsplätze sind für die Montage entsprechend vorzubereiten.

Für einen effektiven und schnellen Arbeitsablauf sind die folgenden Vorbereitungen zu treffen:

- Technische Unterlagen wie Zeichnungen, Stücklisten, Montageunterlagen und Firmenunterlagen zusammenstellen und lesen,
- Arbeitsplatz herrichten, er sollte sauber, trocken und übersichtlich sein,
- Werkzeuge zusammenstellen,
- Hilfsstoffe und Verbrauchsmaterialien bereitstellen,
- Benötigte Normteile zusammenstellen und anhand der Stückliste überprüfen,
- Zu montierende Bauteile auf mögliche Beschädigungen prüfen.

Für die Arbeiten am Transportband sind Absprachen mit einer Elektrofachkraft zum Anklemmen bzw. Abklemmen des Motors erforderlich. Die Arbeiten am Transportband beginnen mit deren Außerbetriebsetzung.

- Die Anlage ist für die Montage auszuschalten und gegen Wiedereinschalten zu sichern, z. B. durch ein Vorhängeschloss.
- Zusätzlich ist ein Hinweisschild anzubringen, damit die Anlage während der Arbeiten nicht wieder eingeschaltet wird.

6.10.2 Montage der Antriebsstation

Vormontage der Seitenteile

Zuerst werden die Rillenkugellager (Pos. 13) in die Antriebsrollen (Pos. 9) eingepresst. Vorher sind die Lager nach den Angaben des Lagerherstellers mit Fett zu schmieren.

Nun werden die Seitenteile (Pos. 1 u. 2) jeweils mit einer Schiene (Pos. 3) und den Steckverbindern (Pos. 12) verschraubt. Danach wird der Getriebeflansch mit zwei Sechskantschrauben an das Seitenteil (Pos .1) festgeschraubt.

Dann werden die Umlenkrollen (Pos. 8), die mit den Rillenkugellagern eine Einheit bilden, in je ein Seitenteil eingesetzt und mit einem Sicherungsring (Pos. 9) gesichert. Abschließend sind die vormontierten Antriebsrollen in die Seitenteile einzusetzen.

Zusammenbau der Antriebsstation

Die beiden vormontierten Seitenteile werden mit dem großen Querverbinder (Pos. 10) und dem kleinen Querverbinder (Pos. 11) lose verschraubt. Anschließend wird die eingeölte Sechskantwelle (Pos. 7) durch die Sechskantbohrungen der Antriebsräder geschoben und ausgerichtet. Danach werden die Sicherungsscheiben (Pos. 15) in die Nuten der Sechskantwelle eingesetzt. Die Sicherungsscheiben sichern gleichzeitig die axiale Lage der Sechskantwelle und der Antriebsräder.

Die Schrauben der beiden Querverbinder (Pos. 10 u. 11) werden fest angezogen. Dabei darf die Sechskantwelle nicht verspannt werden. Abschließend werden die Seitendeckel (Pos. 4) in den großen Querverbinder eingehängt und mit dem Deckel (Pos. 5) verschraubt.

Einbau der Antriebsstation

Nach dem Transport von Antriebsstation und Getriebemotor zur Bandstrecke kann deren Einbau erfolgen. Die Antriebsstation wird über die Steckverbinder (Pos. 12) mit dem Streckenprofil des Transportbandes verschraubt.

Anschließend erfolgt die Montage des Gurtbandes. Dazu müssen vorher der Deckel (Pos. 5) und die Seitendeckel (Pos. 4) entfernt werden. Die eingelegten Gurtbänder müssen gespannt und verklebt werden. Vor dem Einziehen der Gurtbänder ist der Gurt an den Enden anzuschrägen. Nach der Gurtmontage werden die Seitendeckel wieder eingehängt und mit dem Deckel verschraubt.

Einbau des Getriebemotors

Der Getriebemotor wird auf die Sechskantwelle geschoben und am Getriebeflansch mit zwei Sechskantschrauben fest verschraubt.

Das Anklemmen von Energieleitung und Steuerleitung an den Klemmkasten des Motors muss durch eine Elektrofachkraft erfolgen.

Die getroffenen Sicherheitsvorkehrungen sind nun in der vorgegebenen Reihenfolge aufzuheben.

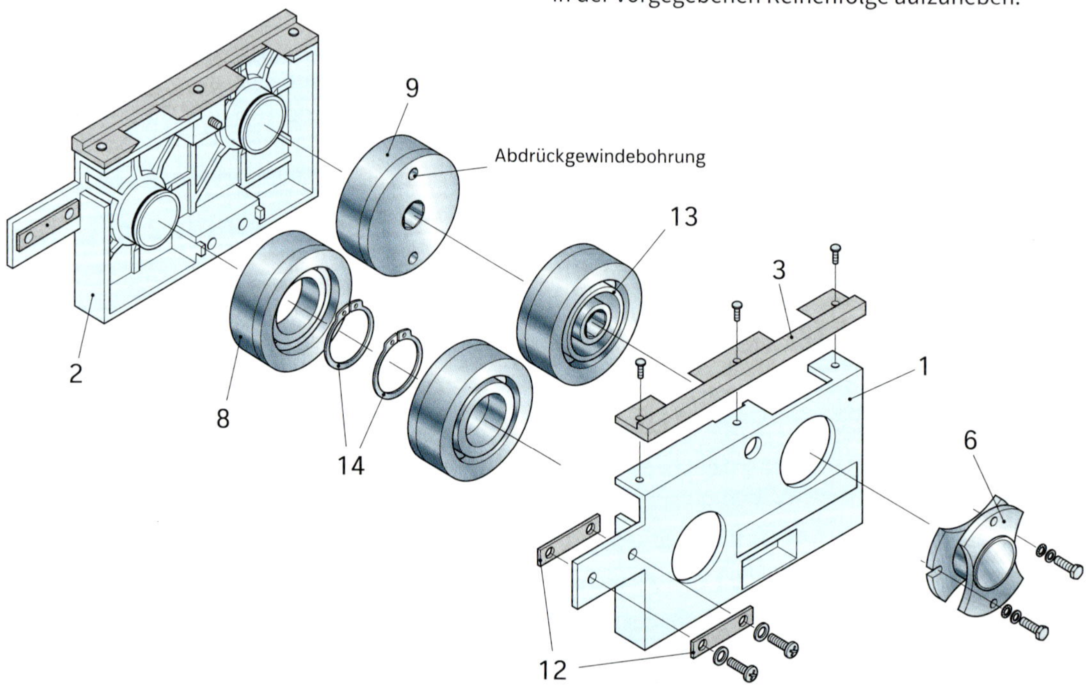

Abb. 1: Montage und Demontage der Seitenteile

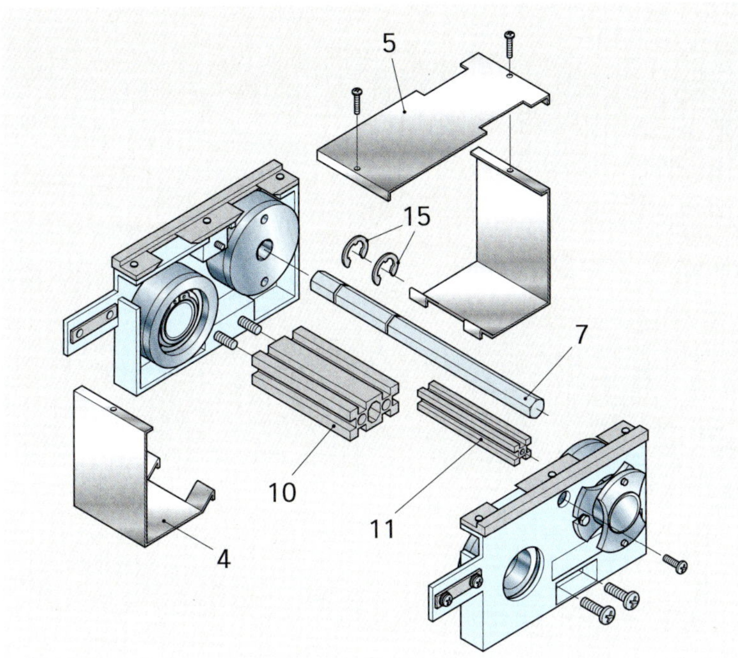

1 Seitenteil, links
2 Seitenteil, rechts
3 Schiene
4 Seitendeckel
5 Deckel
6 Getriebeflansch
7 Sechskantwelle
8 Umlenkrolle
9 Antriebsrolle
10 Querverbinder, groß
11 Querverbinder, klein
12 Streckverbinder
13 Rillenkugellager
14 Sicherungsring
15 Sicherungsscheibe

Abb. 2: Montage und Demontage der Antriebsstation

Inbetriebnahme

Nach Abschluss der Arbeiten wird der Arbeitsplatz geräumt, d. h., alle Werkzeuge, Verbrauchsmaterialien und Abfälle müssen entfernt werden. Dann kann die Inbetriebnahme der Anlage erfolgen.

6.10.3 Demontage der Antriebsstation

Für die Demontage ist die Anlage außer Betrieb zunehmen und gegen Wiedereinschalten zu sichern. Von der Elektrofachkraft wird für das Abklemmen des Getriebemotors der betroffene Stromkreis frei geschaltet und die Spannungsfreiheit mithilfe eines Spannungsprüfers festgestellt.

Dann werden die Energieleitungen und Steuerleitungen am Klemmbrett des Motors gelöst und aus dem Klemmkasten gezogen.

Ausbau des Getriebemotors

Zum Ausbau des Getriebemotors sind die beiden Sechskantschrauben am Getriebeflansch (Pos. 6) abzuschrauben. Anschließend wird der Getriebemotor von der Sechskantwelle abgezogen.

Ausbau der Antriebsstation

Durch Lösen der Schrauben am Deckel (Pos. 5) wird dieser mit den beiden Seitendeckeln (Pos. 4) entfernt. Anschließend werden die Gurtbänder zerschnitten und aus der Bandstrecke entfernt. Nun werden die Schrauben an den Streckverbindern gelöst und die Antriebsstation vom Streckenprofil abgezogen.

Zerlegen der Antriebsstation

Zuerst werden die Sicherungsscheiben (Pos. 15) aus den Wellennuten geschoben und die Sechskantwelle (Pos. 7) aus der Antriebsstation geschoben. Danach werden die Schrauben für die beiden Querverbinder (Pos. 10 u. 11) gelöst und die beiden Seitenteile voneinander getrennt. Anschließend werden die Schienen (Pos. 3) von den Seitenteilen abgeschraubt.

Ausbau der Lager

Zuerst werden die Sicherungsringe (Pos. 14) aus den Seitenteilen herausgehoben. Danach werden die Umlenkrollen (Pos. 8) und die Antriebsrollen (Pos. 9) von den Seitenteilen (Pos. 1 u. 2) abgezogen.

Die Umlenkrollen bilden mit den Rillenkugellagern eine Einheit. Bei den Antriebsrollen werden die Rillenkugellager aus der Bohrung herausgedrückt. Dies erfolgt durch das Eindrehen von Schrauben in die Abdrückgewindebohrungen der Antriebsrollen.

Aufgaben

1. Beschreiben Sie, welche Vorbereitungen notwendig sind, um einen effektiven und schnellen Montageablauf zu ermöglichen.

2. Bei einer Montage wurden die Seitenteile der Antriebsstation mit den Querverbindern fest verschraubt, bevor die Sechskantwelle eingesetzt wurde.

Beschreiben Sie mögliche Folgen.

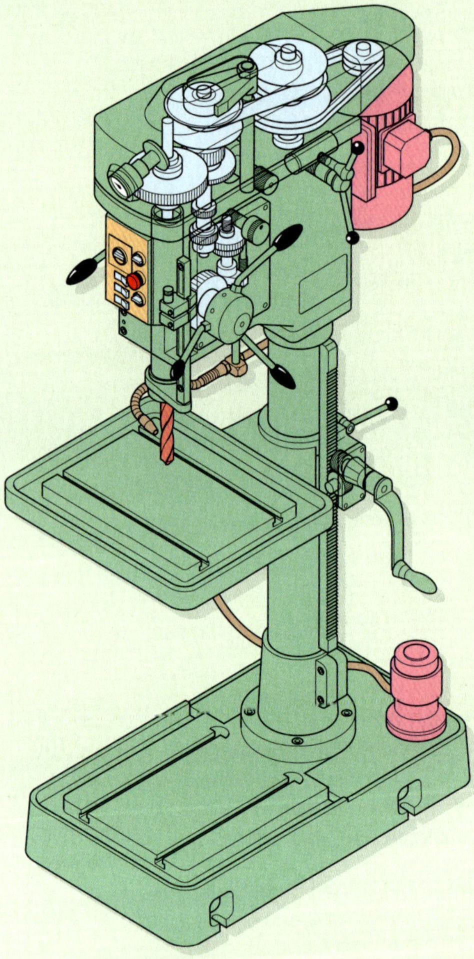

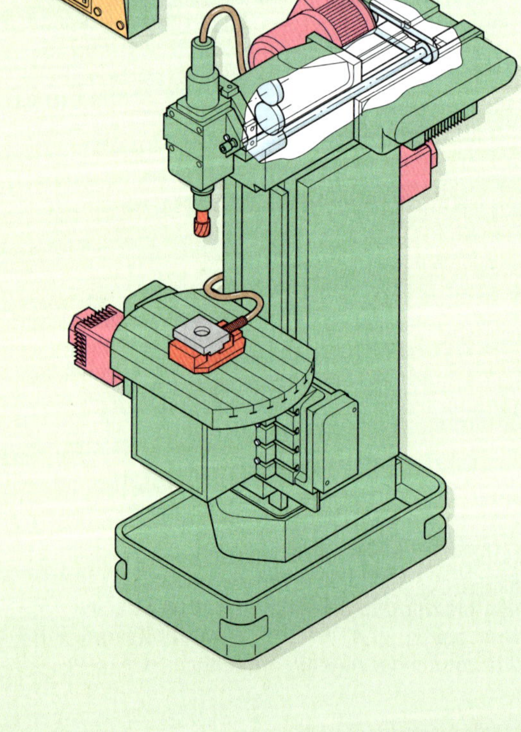

INSTANDHALTEN VON WERKZEUGMASCHINEN

7

GESAMTAUFTRAG

Die Anschaffungskosten von Werkzeugmaschinen sind hoch. Da sich die Investition lohnen muss, wird von ihnen eine lange Lebenszeit und ein störungs- und ausfallfreier Betrieb über ihre gesamte Nutzungsdauer gefordert.
Jede Werkzeugmaschine unterliegt allerdings während der Betriebszeit Abnutzung und Verschleiß. Störungen und Ausfälle lassen sich nicht vermeiden. Durch eine geplante Instandhaltung wird dem entgegengewirkt. Ziel ist die Begrenzung von Ausfallzeiten.
Dazu sind eine vorbeugende, regelmäßige und systematische Instandhaltung notwendig.
Durch die Auswertung der technischen Unterlagen der Hersteller wie Wartungsanleitungen und Schmierpläne und der betriebsinternen Aufzeichnungen werden Instandhaltungspläne aufgestellt, die einen durchgehend sicheren Betrieb der Anlage erlauben.

ANALYSE

Die Durchführung der Instandhaltung setzt eine entsprechende Kenntnis von dem Aufbau und der Wirkungsweise von Werkzeugmaschinen oder Anlagen voraus. Die Hauptfunktion einer Bohrmaschine ist z. B. das Herstellen von Bohrungen. Dies wird durch das Zusammenwirken von Baueinheiten mit entsprechenden Teilfunktionen ermöglicht. Deswegen wird das komplexe System einer Werkzeugmaschine in Teilsysteme zerlegt, um Fehler oder Ausfälle sicher und schnell lokalisieren und beheben zu können.

Funktionseinheiten	Erläuterungen	**Baugruppen u. -elemente**
Antriebseinheiten	Antriebsenergie in geeigneter Form und Menge bereitstellen	Elektromotor
Energieübertragungseinheiten	Energie zwischen Funktionseinheiten weiterleiten und deren Größen, wie Drehmoment und Drehrichtung, umformen oder Drehbewegung in geradlinige Bewegung umformen	Keilriemengetriebe, Vorschubgetriebe
Stütz- und Trageinheiten	Funktionseinheiten zusammenhalten und führen, Kräfte aufnehmen und weiterleiten	Maschinengestell, Führungen, Lager
Arbeitseinheiten	verwirklicht die eigentliche Aufgabe eines technischen Systems	Werkzeug, Spannvorrichtung
Steuerungs- und Regelungseinheiten	Informations- und Signalumsetzung zur Beeinflussung und Überwachung von Energie- und Stoffumsetzungen	Schalter, Drehzahlregler, Wegmesssysteme
Ver- und Entsorgungseinheiten	Funktionseinheiten mit Energie oder Stoff versorgen	Elektrische Leitungen, Schläuche für Kühlschmierstoff

Technische Unterlagen
Zum Durchführen der Wartung und der Inspektion liegen folgende Unterlagen vor:
- Die Betriebsanleitung wird dem Maschinenbesitzer vom Hersteller ausgehändigt. Sie enthält Informationen zum sicheren Umgang mit einer Werkzeugmaschine. Den Angaben der Betriebsanleitung ist unbedingt Folge zu leisten.
- Der Wartungsplan ist vom Hersteller vorgegeben und gibt alle erforderlichen Wartungstätigkeiten an.
- Der Schmierplan gibt an, welche Schmierstellen mit welchem Schmierstoff zu versorgen sind.
- Das Abnahmeprotokoll schreibt die jeweilige Prüfanweisung und die zulässige Abweichung vom Sollwert vor.

Aus den Ergebnissen der Wartung und Inspektion ergeben sich notwendige Instandsetzungsmaßnahmen und gegebenenfalls Verbesserungen.

ANALYSE

Die Instandhaltung nach DIN 31051 umfasst alle Tätigkeiten zur Sicherstellung der Funktion einer einzelnen Maschine oder einer gesamten Anlage. Dabei werden der Istzustand einer Werkzeugmaschine festgestellt und beurteilt sowie die Maßnahmen zur Bewahrung und Wiederherstellung des Sollzustandes beschrieben. Die Instandhaltung gliedern sich in die Maßnahmen zur Wartung, Inspektion, Instandsetzung und Verbesserung.

Instandhaltung			
Alle Maßnahmen zur Erhaltung oder Wiederherstellung eines funktionsfähigen Zustandes eines technischen Systems			
Wartung	**Inspektion**	**Instandsetzung**	**Verbesserung**
Maßnahmen zur Verzögerung des Abbaus des vorhandenen Abnutzungsvorrates	Maßnahmen zur Feststellung und Beurteilung des Ist-Zustandes, Bestimmung von Ursachen von Abnutzung und Ableitung von Konsequenzen für eine künftige Nutzung	Maßnahmen zur Wiederherstellung von Abnutzungsvorräten ohne technische Verbesserung	Maßnahmen zur Steigerung der Funktionssicherheit, ohne die von ihr geforderte Funktion zu ändern

Der *Abnutzungsvorrat* ist der für die Fertigung maßgebliche Bereich, bis zu welchem ein Bauteil abgenutzt werden darf, ohne dass es erneuert bzw. ausgetauscht werden muss. Die Ursache für diese stetige Abnutzung sind u.a. Verschleiß und Alterung.

Beispiel: Abnutzung eines Wälzlagers

Der Zustand eines Wälzlagers verschlechtert sich während des Betriebes ständig. Das Lager nutzt sich während des Arbeitsprozesses ab. Die Abnutzung wird durch Verschleiß herbeigeführt, dessen Verlauf wie folgt dargestellt werden kann.

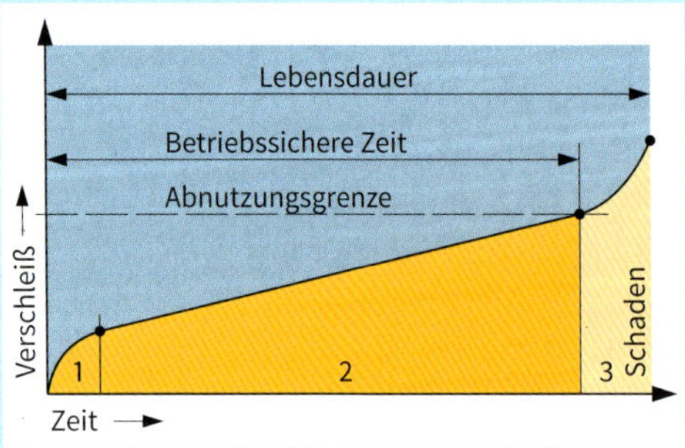

Die Abnutzung des Wälzlagers verläuft in drei Phasen.

Phase 1

Bei Inbetriebnahme des Lagers steigt der Verschleiß relativ rasch an. In dieser kurzen Phase bewirkt der Einlaufverschleiß eine Verbesserung der Oberflächengüte in der Tragzone des Wälzlagers.

Phase 2

Der Verschleiß steigt sehr langsam an. In dieser Phase ist ein Ausfall des Wälzlagers unwahrscheinlich. Durch den kontinuierlich wachsenden Verschleiß ändert sich die Lagergeometrie für den Schmierspalt.

Phase 3

Mit Erreichen der Abnutzungsgrenze verändert der Verschleiß die Geometrie der Laufringe und der Wälzkörper unzulässig. Führungsgenauigkeit und Rundlauf der Welle sind nicht mehr gewährleistet. Eine Funktionsfähigkeit des Lagers ist nicht mehr gegeben. Es sind jederzeit Spontanausfälle möglich.

Die Laufringe und die Wälzkörper des Lagers stellen also einen Abnutzungsvorrat bereit, der durch Verschleiß bis zum Erreichen einer Abnutzungsgrenze aufgebraucht wird. Maßnahmen zum Verzögern des Verschleißes sind:

- ausreichende Schmierung
- Schmierstoffüberwachung
- Nachstellen des Führungsspaltes

Durch den Austausch des Wälzlagers wird der Abnutzungsvorrat wieder hergestellt.

7.1 Warten

ARBEITSAUFTRAG

Im Rahmen einer Instandhaltung ist eine Säulenbohrmaschine zu warten. Dies erfolgt anhand der Angaben der Wartungsanleitung und des Schmierplanes. Bei der Durchführung der Wartung sind die Vorgaben des Arbeits- und Umweltschutzes einzuhalten.

Die Durchführung der Wartung erfolgt anhand technischer Unterlagen.

7.1.1 Technische Unterlagen

Zur Wartung von Werkzeugmaschinen wie Säulenbohrmaschinen stehen in der Regel folgende technische Unterlagen zur Verfügung: Betriebsanleitung, Wartungsanleitung und Schmierplan.

- **Betriebsanleitung**

Die Betriebsanleitung ist die Grundlage für einen sicheren und fachgerechten Umgang mit Werkzeugmaschinen. Es sind die angegebenen Sicherheitshinweise und Handlungsanweisungen einzuhalten.
Die Betriebsanleitung wird vom Hersteller einer Werkzeugmaschine erstellt und bei deren Auslieferung an den Kunden übergeben. Sie muss für das Wartungspersonal jederzeit zugänglich sein.
Sie enthält Informationen über:

- Sicherheit des Bedieners und den Umweltschutz,
- technische Daten, Aufbau und Funktion der Maschine,
- Transport, Installation und Erstinbetriebnahme sowie
- Bedienung, Vorgehensweise bei Störungen und Wartung.

- **Wartungsanleitung**

Die Wartungsanleitung ist Bestandteil der Betriebsanleitung und ist einzuhalten (Tab. 1). Sie enthält Angaben zum Durchführen der Wartung.
Die Nichteinhaltung kann zu Störungen an der Maschine, zu fehlerhaften Produkten und ggf. zum Verlust der Gewährleistung führen.
Die Wartungsintervalle sind in der Regel:

- täglich,
- wöchentlich,
- monatlich und
- jährlich.

Je nach Einsatz der Maschine wird der Wartungsplan betriebsintern angepasst. Dies gilt z. B. für die angegebenen Wartungsintervalle, wenn im Mehrschichtbetrieb gefertigt wird.

! Einfache Wartungstätigkeiten können auch nach entsprechender Unterweisung vom Maschinenbediener selbst durchgeführt werden.

In der betrieblichen Praxis werden häufig Wartungstätigkeiten und einfache Inspektionstätigkeiten in einer gemeinsamen Wartungsanleitung zusammengefasst.
Das ist immer dann sinnvoll, wenn Tätigkeiten sachlich und zeitlich zusammenfallen. Zum Beispiel wenn der Ölstand eines Getriebes überprüft und falls erforderlich nachgefüllt werden soll. Dadurch vermeidet man, dass die Maschine mehrfach stillgesetzt werden muss.

- **Schmierplan**

Der Schmierplan ist ebenfalls Bestandteil der Betriebsanleitung. Er enthält Angaben über die Schmierung eines technischen Systems.
Der Schmierplan (siehe Seite 441) enthält Angaben über:

- Anzahl und Lage der Schmierstellen,
- einzusetzende Schmierstoffe,
- Art der Schmierverfahren,
- Schmiermenge und Schmierhäufigkeit.

Tab. 1: Wartungsanleitung – Auszug

Hersteller Alzmetall	Wartungsanleitung						Maschine: Säulenbohrmaschine
Lfd.Nr.	Auszuführende Arbeiten	Betriebs- und Hilfsstoffe	Häufigkeit[1]				Bemerkungen
			d	w	m	a	
1	• Maschine reinigen, Späne entfernen.	Pinsel und sauberer, trockener Lappen	x				Späne nicht mit bloßen Händen berühren.
2	• Spindel reinigen und einfetten.	Schmierfett K 2 K -20		x			Kein Lösungsmittel oder scharfes Reinigungsmittel verwenden.
5	• Lose Schrauben anziehen • Schutzabdeckungen und Vorrichtungen auf Beschädigungen kontrollieren. • Festen Sitz der Schraube an der Motorriemenscheibe prüfen.				x		

[1] d: täglich, w= wöchentlich, m: monatlich, a: jährlich

7.1.2 Wartungsmaßnahmen

Zu den Wartungstätigkeiten gehören: Reinigen, Schmieren, Ergänzen, Auswechseln, Nachstellen.

Bei Wartungsarbeiten sind stets die Sicherheitsanweisungen der Betriebsanleitung zu beachten. Sie weisen in Form von Symbolen auf mögliche Gefahren hin (Tab. 1) (➔📖).

Um die Arbeitssicherheit zu gewährleisten, sind folgende Regeln einzuhalten:

- Vor Wartungs- oder Instandhaltungsarbeiten die Stromzufuhr unterbrechen.
- Persönliche Schutzausrüstung verwenden, z. B. Schutzbrille tragen und Hautschutz verwenden.
- Späne nicht mit bloßen Händen berühren.

Verschleißteile und Hilfsstoffe sind fachgerecht zu entsorgen, um eine Belastung für die Umwelt zu vermeiden.

Arbeitssicherheit

Bei der Wartung bestehen folgende Gefahren für die durchführende Person:
- Schnittgefahr durch scharfe Werkzeuge,
- Quetschgefahr durch bewegliche Teile,
- Gefahr durch Stromschlag bei defekten elektrischen Leitungen und
- Hautreizungen durch Schmierstoffe.

7.1.2.1 Reinigen

Technische Systeme werden regelmäßig gereinigt, damit der Produktionsprozess nicht behindert oder die Arbeitssicherheit nicht gefährdet wird. Die Häufigkeit der Reinigung ist von dem Produktionsprozess und den vorherrschenden Umgebungseinflüssen abhängig.

Typische Reinigungsstellen an Werkzeugmaschinen sind:

- Bedienelemente, Arbeitsräume und Abdeckungen,
- Führungsbahnen und deren Abstreifer,
- Werkzeuge und Vorrichtungen,
- Auffangbehälter für Späne,
- Siebe und Düsen.

Beim Reinigen werden Verunreinigungen von Fremd- und Hilfsstoffen z. B. durch Saugen, Kehren oder mit Lösungsmitteln entfernt.

Leichte Verunreinigungen werden mit einem nichtfasernden Putztuch und einem Putzöl entfernt, grober Schmutz wird mit einem Pinsel oder einem Handfeger beseitigt.
Ungeschützte Metalloberflächen wie Gleitbahnen sind nach dem Reinigen einzuölen, um sie vor Korrosion zu schützen.

Reinigungsarbeiten an der Säulenbohrmaschine

Die Betriebsanleitung der Säulenbohrmaschine fordert:

- Die Säule und die Zahnstange sind stets sauber zu halten.
- Die Riemenscheibe muss frei von Schmutz sein, da sonst der Keilriemen vorzeitig zerstört wird.
- Verschmutzte Keilriemen werden mit einer Glyzerin-Spiritus-Mischung (1:10) gesäubert.

7.1.2.2 Schmieren und Ergänzen

Durch Schmieren werden Führungen, Lager oder Getriebe vor Reibung und Verschleiß geschützt.
Schmierstoffe erzeugen zwischen den Gleitflächen der sich gegeneinander bewegenden Maschinenteile einen zusammenhängenden Schmierfilm. Dadurch wird die Berührung und somit die Reibung und die Abnutzung der Gleitflächen vermindert und der Wirkungsgrad einer Maschine erhöht.
Ein Schmierplan schreibt die durchzuführenden Arbeiten vor (Tab. 2):
Die erforderlichen Schmiertätigkeiten werden im Schmierplan durch Sinnbilder auf der entsprechenden Zeitleiste angegeben (Abb. 1).
Die Zeitintervalle, in denen die Tätigkeiten zu wiederholen sind, sind in Betriebsstunden angegeben. Eine Bezugslinie weist auf die Schmierstelle hin. Mengenangaben (z. B. 0,75 l) werden im Sinnbild eingetragen.

Tab 2: Sinnbilder für Schmierangaben

Sinnbilder für Wartungsarbeiten				
Bedeutung	Ölen	Fetten	Kontrollieren und Auffüllen	

Tab. 1: Sicherheitszeichen

	Einschalten verboten		Warnung vor gefährlicher elektrischer Spannung		Achten Sie auf den Schutz der Umwelt

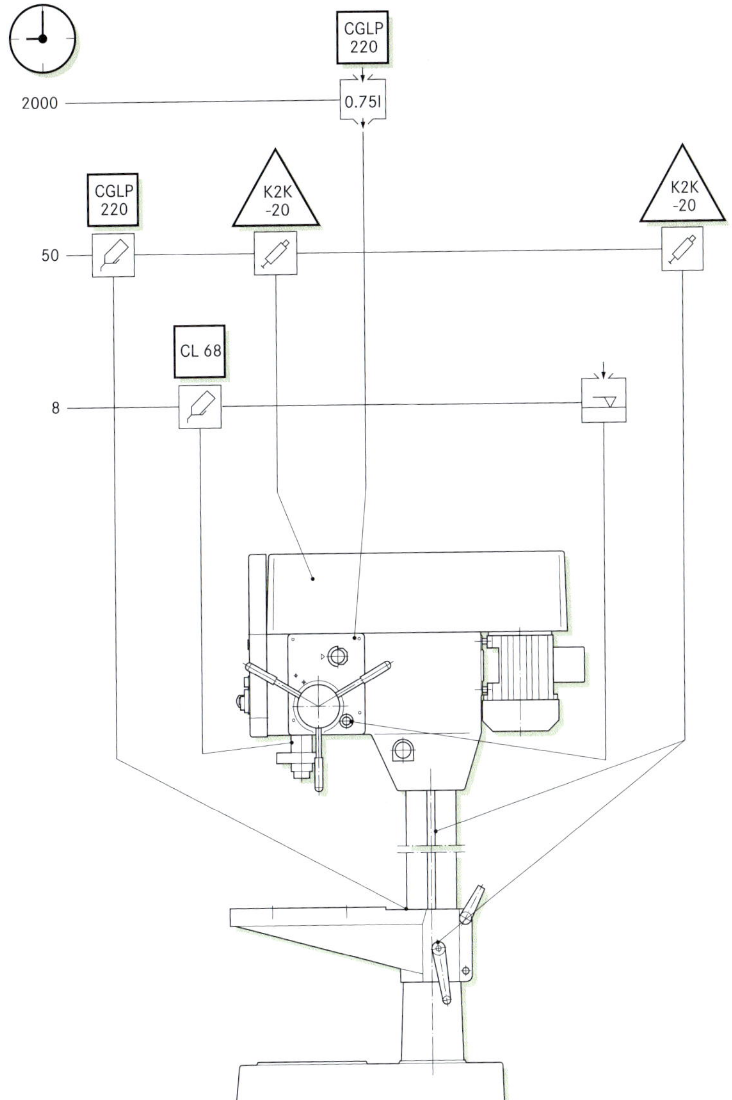

Abb. 1: Schmierplan einer Säulenbohrmaschine

Die Angaben über die erforderlichen Schmierstoffe erfolgen ebenfalls durch Sinnbilder, Kennbuchstaben und Kennzahlen (➡📖).

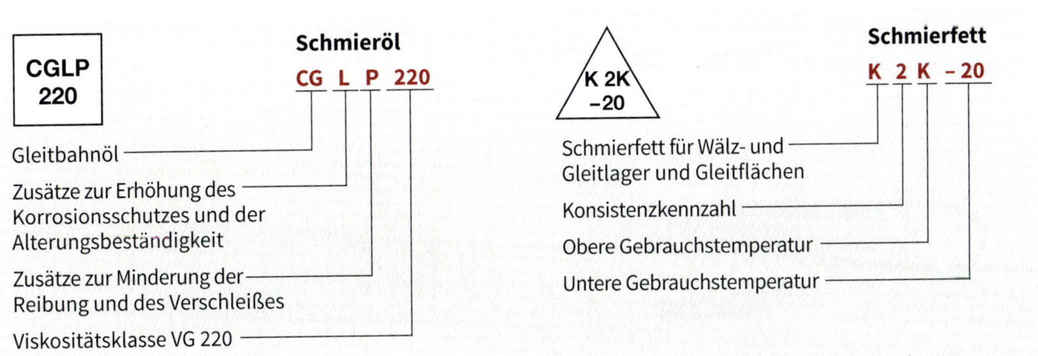

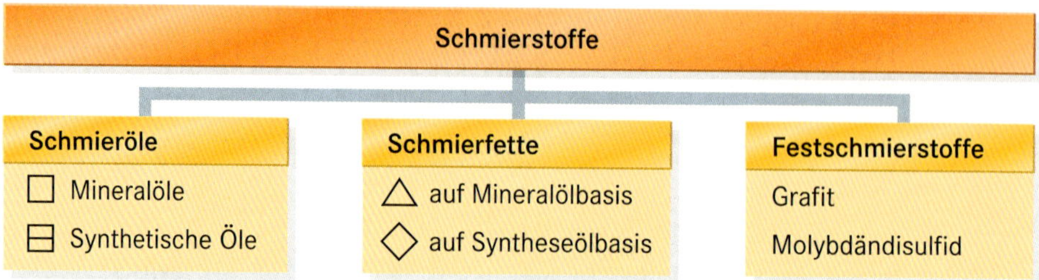

Die Schmierstoffe haben folgende *Aufgaben*:

- einen zusammenhängenden Schmierfilm erzeugen,
- die Abnutzung an Gleitflächen verzögern,
- Wärme abführen,
- Korrosion verhindern und
- Laufgeräusche dämpfen.

Durch Zusätze (Additive) erhalten die Schmierstoffe die für den jeweiligen Verwendungszweck erforderlichen Eigenschaften. Die wichtigsten *Eigenschaf-ten* sind:

• Viskosität

Zähflüssigkeit des Schmierstoffes. Sie ist ein Maß für die innere Reibung des Schmierstoffes, wenn sich geschmierte Berührungsflächen gegeneinander bewegen. Mit zunehmender Temperatur nimmt die Viskosität ab und das Fließverhalten des Schmierstoffes nimmt zu. Je kleiner die Viskosität, desto dünnflüssiger ist das Öl.

• Flammpunkt

Temperatur, bei der der Schmierstoff brennbare Gase bildet.

• Stockpunkt

Temperatur, bei der der Schmierstoff nicht mehr fließt.

Schmierstoffe

- *Schmieröle* werden je nach Herstellungsverfahren in Mineralöle auf Erdölbasis und synthetische Öle aus Kohlenwasserstoff- und Silizium-Verbindungen unterteilt.

  Schmieröle werden meist wegen den hohen Geschwindigkeiten und Temperaturen in Getrieben eingesetzt.
- *Schmierfette* sind verseifte Schmieröle mit pastenartiger Konsistenz auf Mineralöl- oder Syntheseölbasis. Nach ihrer Verformbarkeit (Walkpenetration) werden die Schmierfette in Konsistenzklassen eingeteilt (➡📖). Schmierfette verwendet man bei geringen Gleitgeschwindigkeiten, niedrigen Temperaturen und hohen Lagerkräften. Vorwiegend kommen Fette zum Schmieren von Wälzlagern und Führungen zum Einsatz. Sie eignen sich an Stellen, an denen Öl wegfließen würde.
- *Festschmierstoffe* (z. B. Graphit und Molybdändisulfid) sind plättchenförmige Pulverteilchen, die Unebenheiten der Gleitflächen ausgleichen. Festschmierstoffe kommen bei sehr niedrigen Gleitgeschwindigkeiten sowie bei extrem niedrigen oder hohen Temperaturen zum Einsatz.

Versorgung der Schmierstellen

• Handschmierung

Bei geringen Geschwindigkeiten ist eine Schmierung von Hand ausreichend.
Das Ölen erfolgt mit der Ölkanne, einem Pinsel oder mit einem nichtfasernden Lappen. Das Fett wird mit einem Pinsel aufgetragen oder mit einer Fettpresse zur Schmierstelle gepresst (Abb. 2).

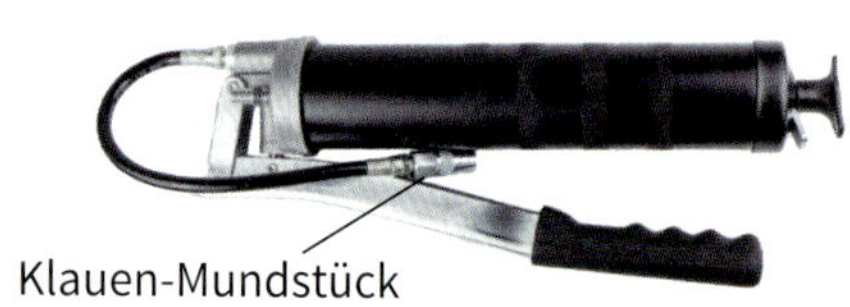

Abb. 1: Fettpresse mit Schmierschlauch

Das Klauen-Mundstück des Schlauches wird auf den Schmiernippel gedrückt (Abb. 2). Dabei ist darauf zu achten, dass das Mundstück zur Größe des Nippels passt. Mehrere Stöße mit dem Hebel drücken das Fett in den Schmierspalt. Die Schmierstellen ist sauber zu halten, damit kein Schmutz in den Schmierkreislauf gelangen kann.

Abb. 2: Schmiernippel an einer Werkzeugmaschine

- **Tauchschmierung**

Getriebe mit geringer Umfangsgeschwindigkeit haben meist eine Tauchschmierung. Ein Zahnrad taucht in das Schmieröl ein und erzeugt einen Sprühnebel, der die anderen Zahnräder und häufig auch die Lager schmiert.
Die Menge des Schmieröles wird dabei durch ein Ölschauglas bei stillstehendem Getriebe kontrolliert (Abb. 3). Der Ölstand muss bis zur Mitte des Ölschauglases reichen.

Abb. 3: Ölschauglas am Vorschubgetriebe

- **Zentralschmierung**

Moderne Werkzeugmaschinen oder größere Anlagen verfügen über eine Zentralschmierung, die die Schmierstellen wie Lager oder Führungen über einen geschlossenen Schmierstoffkreislauf versorgt (Abb. 4).
Eine Pumpe fördert, entweder auf Knopfdruck vom Bediener oder von der Maschinensteuerung automatisch überwacht, den Schmierstoff zu den Schmierstellen. Dies vereinfacht die Schmierung mehrerer Schmierpositionen und erlaubt die Kontrolle des Schmiermittels an einer zentralen Stelle. Das Öl wird durch eine Pumpe in einem Umlauf gefördert. Das abfließende Öl wird gefiltert, gekühlt und der Schmierstelle erneut zugeführt.

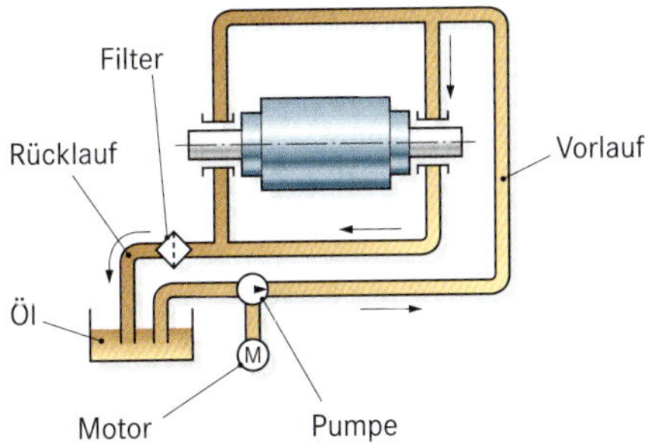

Abb. 4: Zentralschmierung

Stellt man bei einer Kontrolle fest, dass der Ölstand zu gering ist, ist entsprechend Öl aufzufüllen. Mit einem Abschmierprotokoll werden die Schmiertätigkeiten dokumentiert.

Schmierarbeiten an einer Säulenbohrmaschine

Der Schmierplan der Säulenbohrmaschine schreibt Schmierarbeiten an folgenden Bauteilen vor (vgl. Seite 441):

- *Säule:*

Schmieröl CGLP 220, alle 50 Betriebsstunden mit einer Ölkanne auftragen.

- *Pinole:*

Schmieröl CL 68, alle 8 Betriebsstunden mit einer Ölkanne auftragen.

- *Spindelkeilwelle:*

Schmierfett K2K – 20, alle 50 Betriebsstunden mit der Fettpresse auftragen.

- *Vorschubgetriebe:*

Mengenkontrolle über Ölschauglas, alle 8 Betriebsstunden. Schmieröl CGLP 220, alle 2000 Betriebsstunden wechseln, 0,75 l.

- *Tischhubgetriebe / Zahnstange:*

Schmierfett K2K – 20, alle 50 Betriebsstunden mit einer Fettpresse auftragen.

7.1.2.3 Auswechseln

Beim Auswechseln werden bei Bedarf kleine Verschleißteile wie Filter und Leuchtmittel oder entsprechend des Schmierplanes Hilfsstoffe und Schmierstoffe ersetzt. Dabei sind die in der Betriebsanleitung angegebenen Ersatzteile und Schmierstoffe zu verwenden.
Beim Auswechseln handelt es sich um Tätigkeiten, die mit einfachen Werkzeugen oder Vorrichtungen ausgeführt werden können.

Auswechselarbeiten an der Säulenbohrmaschine

Entsprechend der Betriebsanleitung werden folgende Schmierstoffe und Hilfsstoffe ausgewechselt:

- **Öl für Vorschubgetriebe wechseln:**

Jährlich alle 2000 Betriebsstunden ist das Öl für das Vorschubgetriebe zu ersetzen. Über die Ölablassschraube wird das Altöl abgelassen und über die Öleinfüllschraube durch Frischöl ersetzt.

- **Dichtring für Ölablassschraube ersetzen:**

Vor dem Einschrauben der Öleinlassschraube ist der Zustand des Dichtringes zu kontrollieren und falls notwendig zu ersetzen.

- **Kühlschmierflüssigkeit austauschen:**

Die Kühlschmierflüssigkeit ist auszutauschen, wenn bei einer Kontrolle der Kühlschmierflüssigkeit der pH-Wertabfall (> 0,5) oder die Nitritgehaltabweichung (> 20 ppm Nitrit) den jeweils vom Hersteller vorgegebenen Wert überschreitet.

Beim Umgang mit Schmierstoffen ist die Betriebsanweisung einzuhalten (Abb. 1). Sie legt die erforderlichen Schutzmaßnahmen und Verhaltensregeln beim Umgang mit gefährlichen Stoffen fest.

BTA - Nr 0200 16.05.2004	**BETRIEBSANWEISUNG** gemäß §20 GEFSTOFFV	Stand: 04/99 abgezeichnet am:

Betrieb/Gebäude: Halle 5/Sonderfertigung **Geltungsbereich:** Werkzeugmaschinen

GEFAHRSTOFFBEZEICHNUNG

Gleitbahnöl CGLP 220
Castrol Magnaglide - D 220

GEFAHREN FÜR MENSCH UND UMWELT

Intensiver Hautkontakt zerstört den Säureschutzmantel der Haut; kann zu Hautreizungen, mechansicher Beschädigung der Haut und zu Hautinfektionen führen.
Bei Hautkontakt besteht die Möglichkeit allergischer Reaktionen.

SCHUTZMASSNAHMEN UND VERHALTENSREGELN

Behälter an einem kühlen und gut belüfteten Ort aufbewahren.
Nicht in die Kanalisation oder in Gewässer gelangen lassen.

Handschutz: Schutzhandschuhe
Hautschutz: Schutzcreme verwenden

VERHALTEN IM GEFAHRFALL

Löschmittel: CO_2, Sand, Löschpulver, Schaum
ungeeignete Löschmittel: Wasser
Bei Brand kann Kohlenmonoxid (CO) und Kohlendioxid (CO_2) entstehen.

ERSTE HILFE

Hautkontakt: Sofort mit Wasser und Seife abwaschen und gut nachspülen. Mechanisch entfernen, gründlich waschen und spülen.
Augenkontakt: Bei geöffnetem Lidspalt mehrere Minuten unter fließendem Wasser abspülen und Arzt konsultieren.
Verschlucken: Bei anhaltenden Beschwerden Arzt konsultieren.

SACHGERECHTE ENTSORGUNG

Mit Schmierstoff getränkte Tücher und Lappen in besonders gekennzeichneten Behältern sammeln.

Der betrieblichen Abfallentsorgung zuführen; zuständig: Hr. Meyer, K.-St. 2743

Abb. 1: Betriebsanweisung für den Umgang mit Schmierstoffen

7.1.2.4 Nachstellen

Durch das Nachstellen von Maschinenelementen, wie Führungen, werden Abweichungen von der idealen Einstellung ausgeglichen. Gründe für Abweichungen sind z. B. die Längenänderung durch Materialermüdung beim Keilriemen oder die Materialabnutzung von Führungsbahnen einer Werkzeugmaschine.

Durch entsprechende Einstellvorrichtungen können Abweichungen ausgeglichen werden (Abb. 2). Mit Druckschrauben wird die Nachstellleiste an die Führungsbahn gedrückt und somit das Führungsspiel verringert (Abb. 2a). Keilförmige Nachstellleisten werden durch Einstellschrauben gegeneinander verschoben, sodass sich der Führungsspalt verringert (Abb. 2b).

Das Nachstellen von Maschinenelementen ist durch die Konstruktion der Nachstelleinrichtung begrenzt. Ist sie nicht mehr nachstellbar, muss ein Teileaustausch erfolgen.

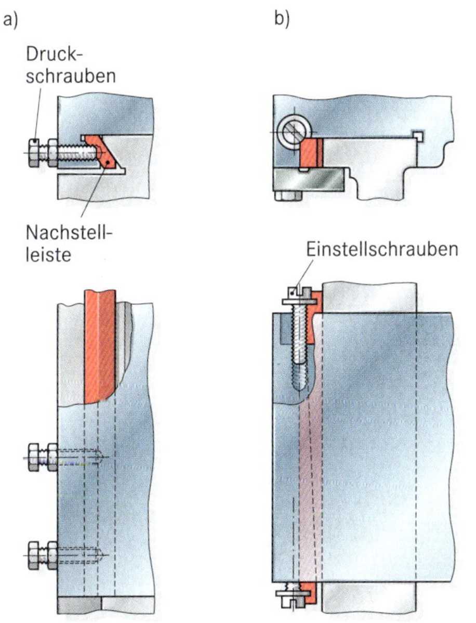

Abb. 2: Nachstellleisten

Keilriemen unterliegen betriebsbedingt einer Ermüdung, so dass die Vorspannkraft regelmäßig zu prüfen und gegebenenfalls nachzustellen ist. Das Nachstellen erfolgt durch die Vergrößerung des Achsabstandes. Bei Keilriemengetrieben wird die notwendige Vorspannkraft und die zugehörige Auslenkung nach Erfahrung eingestellt. Werden höhere Ansprüche an eine Maschine gestellt, wird die Vorspannkraft mit einem Vorspannungsmessgerät überprüft. Ein Aufkleber gibt die entsprechenden Prüfwerte an (Abb. 3).

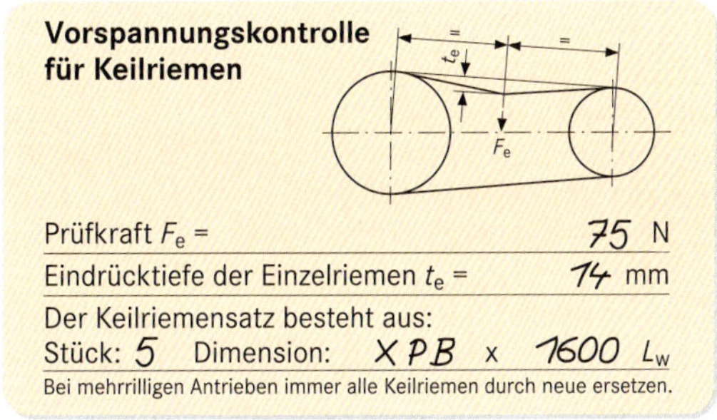

Abb. 3: Aufkleber zur Vorspannkontrolle

Nachstellarbeiten an der Säulenbohrmaschine

Nach der Betriebsanleitung werden folgende Bauteile nachgestellt:

- **Keilriemen**

Die Riemenspannung ist monatlich zu überprüfen und eventuell nachzustellen. Der Keilriemen sollte sich zwischen den Riemenscheiben 2 – 3 cm durchdrücken lassen. Weicht das Prüfergebnis von diesem Wert ab, so ist der Achsabstand des drehbar gelagerten Elektromotors durch die Einstellschraube zu verändern (Abb. 4).

Abb. 4: Einstellvorrichtung Riemenspannung

- **Maschinentischführung**

Je nach Bedarf ist die Maschinentischführung über die Einstellschraube nachzustellen (Abb. 5).

Abb. 5: Nachstelleinrichtung für die Tischführung

Warten

7.1.3 Pflegen von Kühlschmierstoffen

Zur Wahrung der Gebrauchsfähigkeit müssen Kühlschmierstoffe gepflegt werden. Verunreinigungen durch Umgebungseinflüsse und Fehlverhalten von Menschen führen zu einer Veränderung der Zusammensetzung der Kühlschmierstoffe. Durch Filter werden Feststoffe, wie Späne, herausgefiltert. Sie müssen in regelmäßigen Abständen gesäubert oder gewechselt werden.

Man unterscheidet zwischen nichtwassermischbaren und wassermischbaren Kühlschmierstoffen. Bei nichtwassermischbaren Kühlschmierstoffen auf Ölbasis muss das Öl regelmäßig überprüft werden, da Verunreinigungen die Gebrauchseigenschaften verschlechtern (Alterung).

Die wassermischbaren Kühlschmierstoffe bestehen aus einer Wasser-Öl-Emulsion. Sie werden als Konzentrat geliefert und durch Zugabe von Wasser auf die Gebrauchskonzentration gebracht.

Die Gebrauchsfähigkeit von wassermischbaren Kühlschmierstoffen wird kontrolliert durch das Prüfen:

- von wahrnehmbaren Veränderungen (z. B. Geruch, Aussehen),
- der Gebrauchskonzentration,
- des pH-Wertes und
- des Nitritgehaltes.

Prüfen des Geruches

Werden Maschinen selten benutzt, kommt es wegen einer mangelnden Umwälzung des Kühlschmierstoffes zu einer Sauerstoffarmut in der Anlage. Es entstehen Faulgase wie Schwefelwasserstoff. Abhilfe bietet hier eine gute Durchlüftung und Umwälzung des Kühlschmierstoffes.

Prüfen des Aussehens

Durch die Kühlschmierung wird der Schmierfilm der Führungsbahnen abgetragen, sodass Öl auf der Oberfläche im Kühlschmierbehälter aufschwimmt (Abb. 1). Dieses Öl ist mit einem Nasssauger oder Ölabscheider zu entfernen.

Die Prüfung der wahrnehmbaren Veränderungen sollte täglich erfolgen.

Abb. 1: Verunreinigungen im Kühlschmierbehälter

Prüfen der Gebrauchskonzentration

Beim Einsatz von wassermischbaren Kühlschmierstoffen verdampft ein Teil des Wassers durch die hohe Zerspanungstemperatur. Dadurch verändert sich die Konzentration. Mit dem Handrefraktometer kann man das Mischungsverhältnis (Konzentration) von Wasser und Öl des Kühlschmierstoffes bestimmen (Abb. 2).

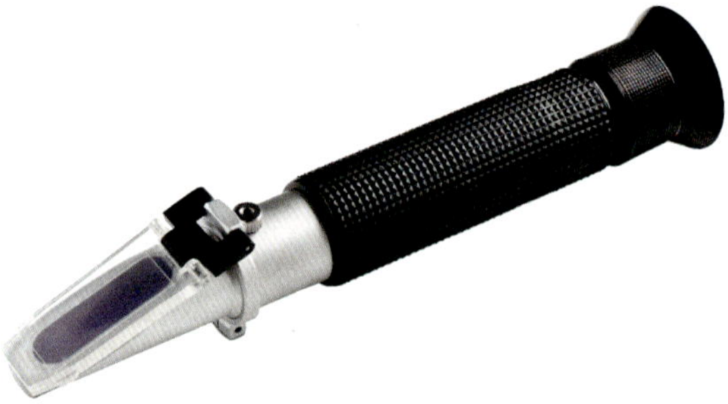

Abb. 2: Handrefraktometer

Messvorgang:

Es werden 1-2 Tropfen Kühlschmierstoff mit einer Pipette auf das Prisma gegeben. Durch das Schließen der Klappe verteilt sich die Flüssigkeit. Danach schaut man durch das Okular und stellt die Skala scharf ein. Der abgelesene Wert wird mit dem Refraktometerwert der zu prüfenden Kühlschmierflüssigkeit multipliziert. Der errechnete Wert ist das Mischungsverhältnis. Liegt der ermittelte Wert über dem vom Hersteller vorgegebenen Wert, muss neuer Kühlschmierstoff mit einer niedrigeren Konzentration zugeführt werden. Reines Wasser würde sich nicht mehr mit dem gebrauchten Kühlschmierstoff vermischen (emulgieren). Liegt die Konzentration unter dem Sollwert, wird eine höhere Konzentration zugemischt.

Die Prüfung der Konzentration sollte wöchentlich erfolgen.

Prüfen des pH-Wertes

Kühlschmierstoffe enthalten meist Zusätze zum Schutz vor Korrosion. Der pH-Wert des Kühlschmierstoffes steigt dadurch auf ca. 9 an. Ein Abfall des pH-Wertes hat ein Nachlassen des Korrosionsschutzes zur Folge.
Der pH-Wert wird wöchentlich mit einem Teststäbchen geprüft, das in der Kühlschmierflüssigkeit geschwenkt wird. Der pH-Wert wird durch entsprechende Verfärbung angezeigt (Abb. 3).

Abb. 3: Teststreifen pH-Wert

Bei Abweichungen ist zu prüfen, ob eine Veränderung der Gebrauchskonzentration den pH-Wert positiv beeinflussen kann. Ansonsten ist der Kühlschmierstoff auszutauschen und der Kühlschmierkreislauf zu reinigen.

Prüfen des Nitritgehaltes

Um Gesundheitsgefährdungen durch eine Nitrosaminbildung zu verhindern, muss der Nitritgehalt des Kühlschmierstoffes überprüft werden. Dies geschieht wöchentlich durch Teststäbchen, die sich entsprechend verfärben. Wird der zulässige Wert überschritten, so muss ein nitrithemmender Wirkstoff zugeführt werden oder ein kompletter Austausch des Kühlschmierstoffes erfolgen.

Belastung durch Mikroorganismen

Wassermischbare Kühlschmierstoffe unterliegen aufgrund ihres Wasseranteiles einem Befall von Mikroorganismen wie Pilze und Bakterien. Je nach dem Wachstumsgrad dieser Keime sinkt die Gebrauchsfähigkeit des Kühlschmierstoffes und steigt die Gesundheitsgefährdung durch Hauterkrankungen. Die Prüfung der Keimzahlbildung ist aufwendig und kann nur durch ein geeignetes Fachpersonal oder durch Fremdlabore durchgeführt werden. In der Praxis werden deswegen die Prüfung des pH-Wertes, der Konzentration und des Nitritwertes zur Zustandsbeschreibung des Kühlschmierstoffes herangezogen. Durch die Zugabe von Konservierungsmitteln wird die Verkeimung des Kühlschmierstoffes gering gehalten. Ist die zulässige Keimzahl trotz Nachkonservierung nicht einzuhalten, muss der Kühlschmierstoff ausgetauscht werden. Der Kühlschmierkreislauf muss gründlich gereinigt werden, um eine Neuverkeimung durch Keimrückstände zu vermeiden.

Umgang mit Kühlschmierstoffen

Beim Umgang mit Kühlschmierstoffen gilt die Betriebsanweisung gemäß der Gefahrstoffverordnung (siehe Abb. 1, S. 444). Es können gesundheitliche Schäden, wie Hauterkrankungen oder Augenreizungen, auftreten. Die Haut wird bei langandauerndem Kontakt mit Kühlschmierstoffen entfettet und entwässert. Das Tragen von Handschuhen und Schürzen sowie die Verwendung von Hautschutzcreme erhöhen den Gesundheitsschutz.

Nach dem Kontakt mit Kühlschmierstoffen müssen die Hände sorgfältig gewaschen und die durchnässte Arbeitskleidung gewechselt werden. Bei Augenkontakt ist sofort ein Augenarzt aufzusuchen.

Weitere Hinweise zum Umgang mit Kühlschmierstoffen können bei der zuständigen Berufsgenossenschaft angefordert werden.

Für die Entsorgung von Kühlschmierstoffen gelten folgende Anweisungen:

- in besonders gekennzeichneten Behältern sammeln,
- nicht mit Lösungsmitteln oder anderen Flüssigkeiten vermischen und
- durch Fachfirmen entsorgen lassen.

Umweltschutz

Die Entsorgung von Schmierstoffen muss nach den gesetzlichen Vorschriften erfolgen. In keinem Fall dürfen Öle in das Abwasser oder Grundwasser gelangen.

Die gebrauchten Kühlschmierstoffe müssen getrennt von anderen Abfällen umweltgerecht gesammelt werden. Gebrauchte Kühlschmierstoffe gelten nach dem Abfallgesetz als Sonderabfall. Sonderabfall ist nachweispflichtig zu entsorgen.

7.1.4 Prüfen, Lagern und Entsorgen von Schmierstoffen

Schmierstoffe müssen hinsichtlich ihrer Verunreinigung, Oxidation, Rückstandsbildung und Alterung kontrolliert werden.

Beurteilen von Schmierölen

Im Einsatz verändert Schmieröl seine Beschaffenheit (Tab. 1).

Tab. 1: Beschaffenheit von Schmierölen

Zustand	Ursache
Trübung	Feuchtigkeit und/oder feinste, in Schwebe befindliche Schmutzteile, feinste Luftbläschen
Verfärbung	Feinster Metallabrieb und/ oder Fremdflüssigkeit Alterungserscheinung
starke Dunkelfärbung	Verunreinigungen durch feste Fremdstoffe wie Abrieb oder Staub Alterung durch Rückstandsbildung oder Überhitzung
sich absetzen des Wasser	Anfallen von Kondenswasser Eindringen von Wasser
feste Fremdstoffe in der Ölprobe	Abrieb von aufeinander reibenden Bauteilen, Verschmutzung von außen Alterungsprodukte

Die Beurteilung der Beschaffenheit ist durch eine Probenentnahme möglich. Dabei werden die Trübung, Verfärbung, das sich absetzende Wasser und der Anteil von festen Fremdstoffen bewertet. Eine Schmierölprobe kann durch eine Sichtprobe oder durch eine Untersuchung im Labor beurteilt werden.
Daraus können Rückschlüsse auf den Zustand des technischen Systems gezogen werden.

Beurteilen von Schmierfetten

Eine Beurteilung von Fetten ist durch eine Sichtprobe möglich. Gealterte Schmierfette sind dunkler gefärbt als Neufette. Kaltverseifte Fette trocknen nach längeren Betriebszeiten aus und werden hart, da sie Wasser enthalten. Sie geben dann nur noch eine ungenügende Menge Schmieröl frei. Lithium-Seifenfette enthalten kein Wasser und sind deshalb alterungsbeständig.

Beurteilung von Festschmierstoffen

Durch eine Sichtkontrolle kann festgestellt werden, ob der Festschmierstofffilm beschädigt ist.

Lagerung von Schmierstoffen

Schmierstoffe behalten ihre Eigenschaften nur, wenn sie fachgerecht gelagert werden. Feuchtigkeit, Frost oder starke Sonneneinstrahlung vermindern die Qualität der Schmierstoffe und sind deshalb zu vermeiden. Die Lagerung von Schmierstoffen unterliegt den Vorschriften aus dem *Gewerbe- und Wasserrecht*, weil sie brennbar und wassergefährdend sind.

Brennbare Flüssigkeiten sind in Gefahrenklassen eingeteilt. Die Festlegung erfolgt in Abhängigkeit vom Flammpunkt (Tab. 2).

Tab. 2: Gefahrenklassen brennbarer Flüssigkeiten

Gefahrenklasse	Flammpunkt
A I	unter 21 °C
A II	21 °C bis 55 °C
A III	55 °C bis 100 °C

Bei den meisten Schmierölen liegt der Flammpunkt über 100 °C, sie werden deshalb keiner Gefahrenklasse zugeordnet.

Alle Schmieröle und Schmierfette sind wassergefährdende Stoffe. Die wassergefährdenden Stoffe werden in drei Wassergefährdungsklassen (WGK) eingeteilt:

- WGK 1: schwach wassergefährdend
- WGK 2: wassergefährdend
- WGK 3: stark wassergefährdend

Altöle und wassermischbare Öle gehören grundsätzlich zur WGK 3.

Entsorgung von Schmierstoffen

Verbrauchte Schmierstoffe sind ausschließlich in dafür zugelassenen Behältern zu sammeln. Dies erfolgt getrennt nach Sorten für verschiedene Kategorien:

- Kategorie 1 – Aufarbeitung
- Kategorie 2 – Weiterverwertung
- Kategorie 3 – Sondermüll

Die Entsorgung von Schmierstoffen nehmen autorisierte Sammelstellen vor. Gealterte und verunreinigte Schmierstoffe müssen restlos beseitigt werden.

Umweltschutz

Die Entsorgung von Schmierstoffen muss nach den gesetzlichen Vorschriften erfolgen. In keinem Fall dürfen Öle in das Abwasser oder Grundwasser gelangen.

esamt-
ufgabe

Die Senkrecht-Fräsmaschine ist anhand der abgebildeten Unterlagen, die der Betriebsanleitung beiliegen, zu warten.

	Schmier- bzw. Wartungsstelle	Häufigkeit	Schmierstoffmenge	Nähere Hinweise
1	Support und Arbeitstischspindel	täglich	mehrere Stöße	mit Ölpresse, Schauglas 1S dient nur der Zufuhrkontrolle (keine Ölstandsanzeige)
2	Senkrechtfräskopf – Kegelräder, Kegelradlager	wöchentlich	einige Stöße	mit Ölpresse
3	Auftriebsspindel	wöchentlich	einige Tropfen	Auftriebsspindel (nach Abnehmen des Schutzbleches reinigen und schmieren) Kegelräder schmieren durch Nut der Nutwelle (mit Ölkanne)
4	Handräder	wöchentlich	einige Tropfen	mit Ölkanne
5	Hauptgetriebe	jährlich	ca. 1,5 l	altes Öl ablassen, Getriebekasten reinigen und durch Spindelbock bis Mitte Schauglas S5 mit frischem Öl füllen

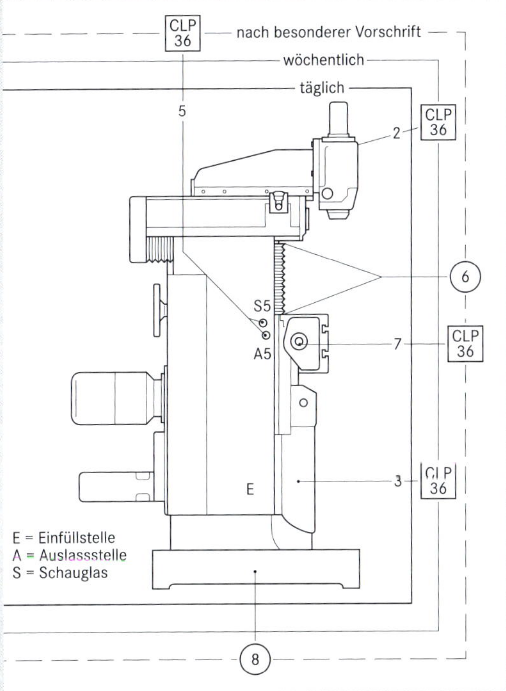

1. Geben Sie die Gründe an, warum die Senkrecht-Fräsmaschine zu warten ist.

2. Nennen Sie drei Bauelemente der Fräsmaschine, die einer Abnutzung unterliegen.

3. Welche Teilmaßnahmen gehören zur Wartung?

4. Nennen Sie die sicherheitstechnischen Maßnahmen, die erforderlich sind, um die Wartung an der Fräsmaschine durchzuführen.

5. Der Arbeitstisch der Fräsmaschine ist von Spänen und Kühlschmierstoffen zu säubern. Nennen Sie die erforderlichen Schritte.

6. Was ist bei der Entsorgung von ölverschmierten Putztüchern zu beachten?

7. Das Führungsspiel des Arbeitsches ist nicht mehr im zulässigen Toleranzbereich. Geben Sie mögliche Gründe und erforderliche Maßnahmen an.

8. Geben Sie die Häufigkeit und die Schmierstoffmenge folgender Schmierstellen an:
- Auftriebsspindel,
- Hauptgetriebe,
- Support und Arbeitstischspindel.

9. Aufgrund der Auftragslage wird die Produktion vom Einschichtbetrieb auf zwei Schichten ausgedehnt. Wie müssen die vorliegenden Unterlagen der Fräsmaschine geändert werden?

10. Welche Aufgaben haben Schmierstoffe?

11. Erläutern Sie die Schmierstoffkennzeichnungen der Schmierstelle Nr. 2 der Fräsmaschine.

12. Welche Aufgaben haben Kühlschmierstoffe?

13. a) Bei der Fräsmaschine kommt ein wassermischbarer Kühlschmierstoff zum Einsatz. Nennen Sie die anzuwendenden Prüfverfahren.
b) Was überprüft man mit den Prüfverfahren?

14. Wie misst man die Gebrauchskonzentration?

15. Warum ist ein Kühlschmierstoff mit einem unzulässigen Befall von Mikroorganismen auszuwechseln?

16. Welche Maßnahmen sind zu ergreifen, wenn es zu einem Kontakt mit Kühlschmierstoffen kommt?

17. Was ist bei der Entsorgung von Kühlschmierstoffen zu beachten?

7.2 Inspizieren

ARBEITSAUFTRAG

Die Werkzeugmaschinen einer Abteilung sollen regelmäßig inspiziert werden. Die Inspektion erfolgt anhand von Inspektionsplänen in vorgeschriebenen Zeitabständen.

Die Ergebnisse der Inspektion sind zu dokumentieren und auszuwerten.

Die fachgerechte Durchführung einer Inspektion setzt entsprechende Kenntnis über Aufbau und Wirkungsweise von Werkzeugmaschinen voraus.

7.2.1 Aufbau und Funktion von Werkzeugmaschinen

Mechanische Baueinheiten zum Energieübertragen und zum Stützen und Tragen müssen Kräfte und Bewegungen von Werkzeugmaschinen aufnehmen und an die Arbeitseinheiten übertragen (Abb. 4).
Dabei unterliegen diese Einheiten aufgrund ihrer mechanischen Beanspruchung der Abnutzung.
Ziel der Inspektion ist es, Abnutzungserscheinungen an den Baueinheiten frühzeitig zu erkennen, um rechtzeitig geeignete Maßnahmen zu veranlassen.
Solche Baueinheiten bestehen häufig aus standardisierten Teilen.

Führungen, Abdeckungen und Abstreifer
Führungen stützen und führen bewegliche Maschinenteile. Die Bewegungen sollen dabei mit geringen Reibungsverlusten übertragen werden. Führungen bestehen aus einem Führungskörper und einem Gleitkörper. Sie werden nach ihrer Form oder der Reibungsart unterschieden. Die Form der Führung kann rund, flach oder prismatisch sein.
Entsprechend der Reibung unterscheidet man Gleit- oder Wälzführungen (Abb. 1).

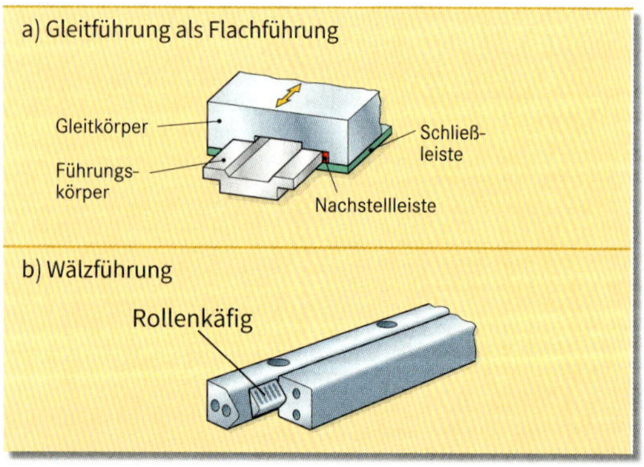

Abb. 1: Arten von Führungen

Mit zunehmender Betriebsdauer erhöhen sich die Abnutzung der Führung und damit auch das Führungsspiel. Das Spiel ist mithilfe einer Fühlerlehre zu prüfen.

Zum Schutz von Führungen gegen Verschmutzung oder Zerstörung durch Späne oder aggressive Kühlschmierstoffe werden Abdeckungen verwendet. Eingesetzt werden Faltenbälge aus Kunststoff und Teleskopabdeckungen aus Stahlblech. Häufig werden Faltenbälge zusätzlich mit Teleskopblechen versehen (Abb. 2).

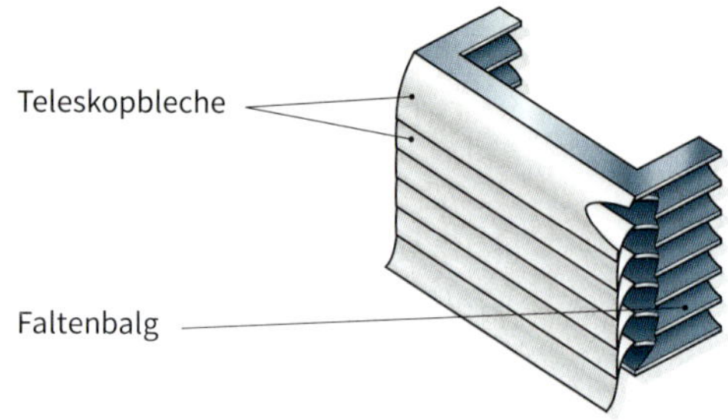

Abb. 2: Faltenbalg mit beweglichen Teleskopblechen

Abdeckungen unterliegen Beanspruchungen, die zu Rissen oder Verformungen führen können. An Führungen und Abdeckungen sind Abstreifer montiert. Die Abstreifer beseitigen Späne und Kühlschmierstoffe von der Oberfläche der Führung oder Abdeckung (Abb. 3).

Abb. 3: Wälzführung mit Abstreifer

Defekte Abstreifer sind an einer Schlierenbildung auf der Führung oder Teleskopabdeckung zu erkennen.

Lager
Lager dienen zum Tragen und Führen von Achsen und Wellen.

Lager müssen die Drehbewegungen mit geringen Reibungsverlusten übertragen. Sie nehmen dabei die vom Getriebe übertragenen Kräfte auf.

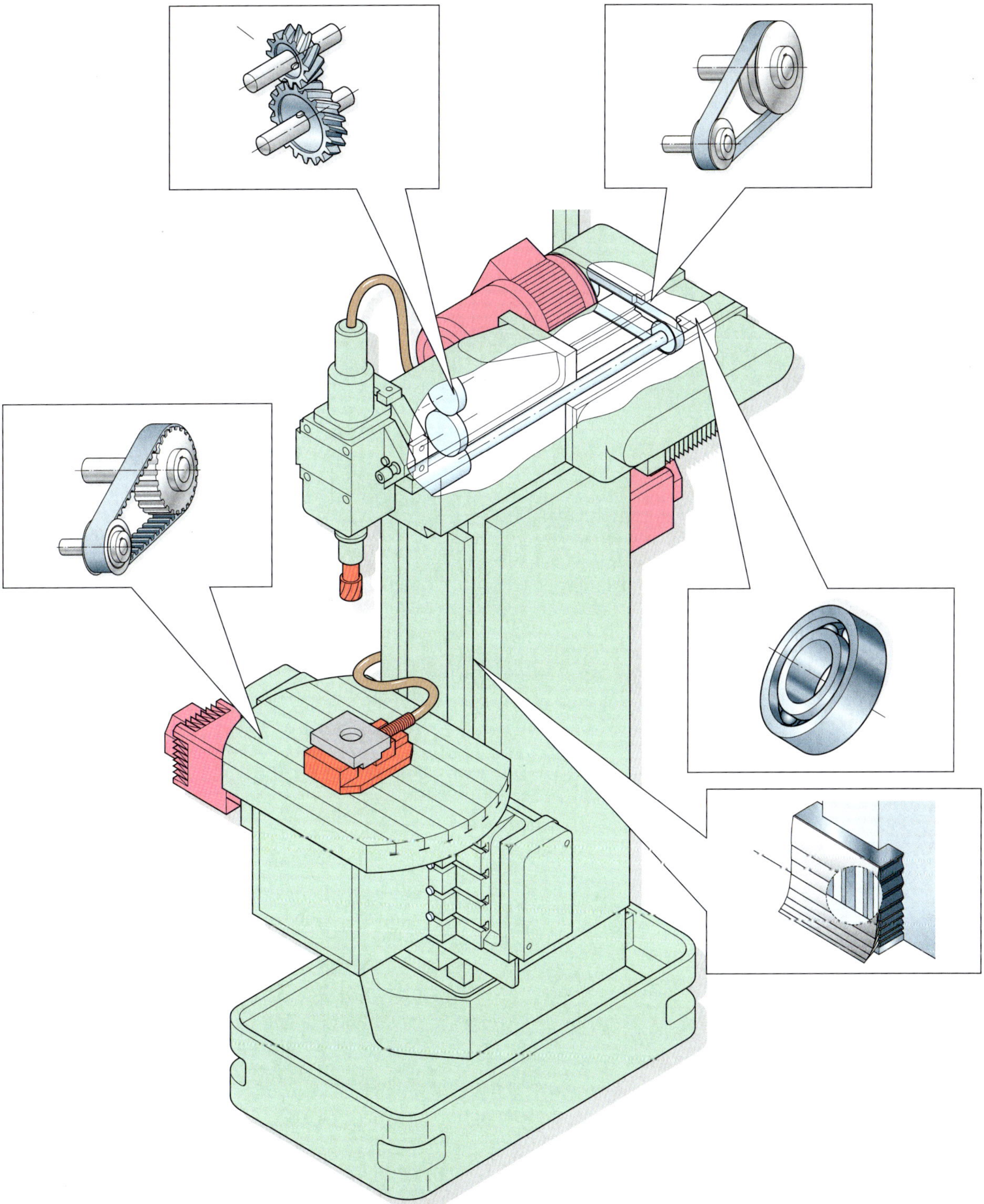

Abb. 4: Baueinheiten einer Fräsmaschine

Wälzlager verschleißen an den Laufflächen der Lagerringe und den Wälzkörpern (Abb. 1). Der Verschleiß begrenzt die Lebensdauer von Lagern. Stoßartige Belastungen können zu frühzeitigen Lagerschäden führen.

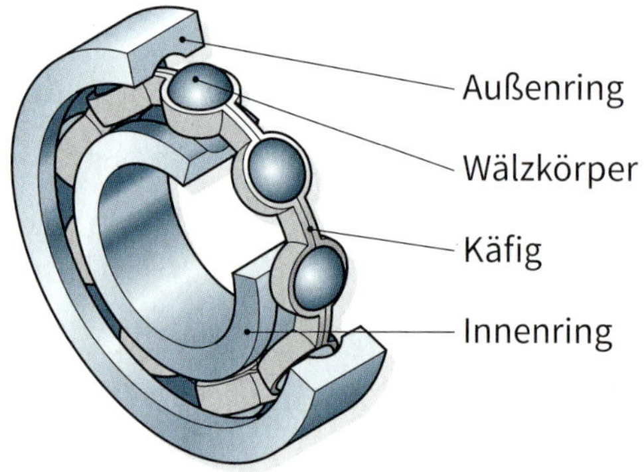

Abb.1: Aufbau eines Wälzlagers

Lagerschäden ergeben einen unruhigen Lauf von Maschinen, schlechter werdende Arbeitsgenauigkeiten oder außergewöhnliche Laufgeräusche und erhöhte Temperaturen an der Lagerstelle.

Zahnradgetriebe
In Werkzeugmaschinen sind unterschiedliche Zahnradgetriebe eingebaut. Die Zahnräder übertragen die Antriebsenergie und Übersetzen Umdrehungsfrequenzen und Drehmomente.

Stirnradgetriebe Kegelradgetriebe

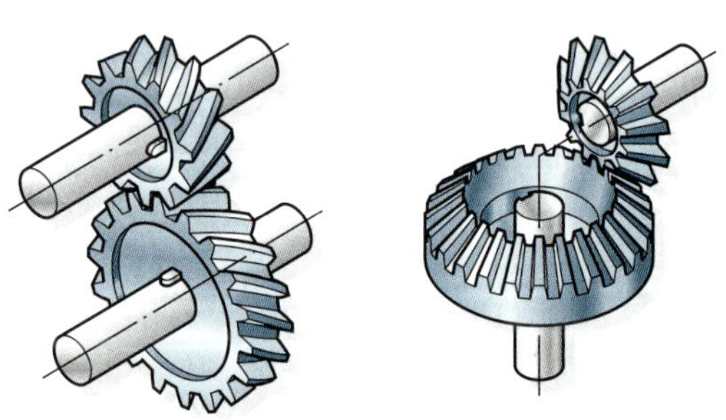

Abb. 2: Zahnradgetriebe

Die Zähne der Zahnräder greifen ineinander und wälzen aufeinander ab. Durch das Abwälzen verschleißen die Flanken der Zähne.

Schäden an Zahnrädern führen ebenfalls zu einem unruhigen Lauf von Maschinen und zu außergewöhnlichen Laufgeräuschen.

Passfedern verbinden die Naben der Zahnräder mit den Wellen. Ausgeschlagene Passfederverbindungen ergeben Vibrationen und ungewöhnliche Laufgeräusche am Getriebe.

7.2.2 Inspektionstätigkeiten

Ziel einer Inspektion ist die Früherkennung von Abnutzungserscheinungen, um rechtzeitig geeignete Maßnahmen zu veranlassen (Abb. 3).

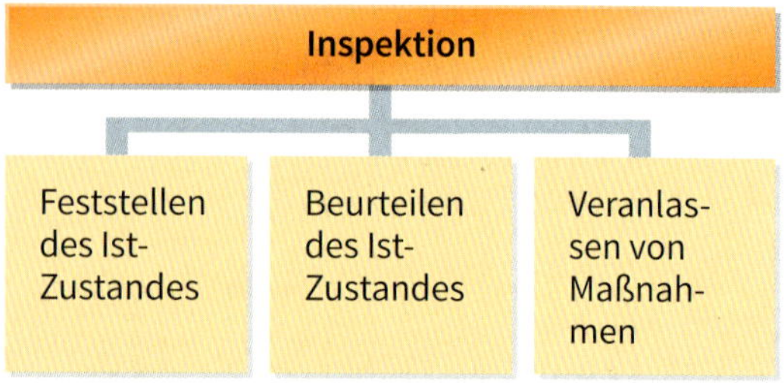

Abb. 3: Inspektionstätigkeiten

Feststellen des Ist-Zustandes
Der Zustand einer Maschine kann durch unterschiedlich aufwendige Methoden ermittelt werden.

- **Subjektive Zustandserfassung**

Beim subjektiven Inspektionsmethoden werden Veränderungen und Unregelmäßigkeiten allein durch die Sinnesorgane ermittelt und lokalisiert:

Sichtbar sind z.B. Risse, Formänderungen, Flüssigkeitsaustritt und Bewegungsänderungen.

Hörbar sind z. B. Knacken, Knirschen, Rauschen.

Fühlbar sind z.B. Temperatur, Vibration, Feuchtigkeit.

Riechbar sind z.B. das Schmoren eines Kabels oder das Austreten von Gasen.

Subjektiv erfassbare Zustandsveränderungen können auch vom Maschinenbediener vor Arbeitsbeginn oder beim Betrieb der Maschine selbst festgestellt werden.

Vorteile dieser Methode sind der geringe Zeitaufwand und die geringen Kosten. Die Inspektionsergebnisse sind jedoch stark von den Erfahrungen des Prüfenden abhängig und liefern keine vergleichbaren Daten.

Hilfsmittel können die Genauigkeit subjektiver Inspektionsmethoden verbessern. Eingesetzt werden beispielweise:

- Stethoskope zum Lokalisieren von Geräuschen (Abb. 4),
- Endoskope zum Betrachten von Maschinenteilen in Gehäusen mit kleinen Öffnungen oder
- Wärmebildkameras zum Feststellen heißer Stellen an elektrischen Kontakten.

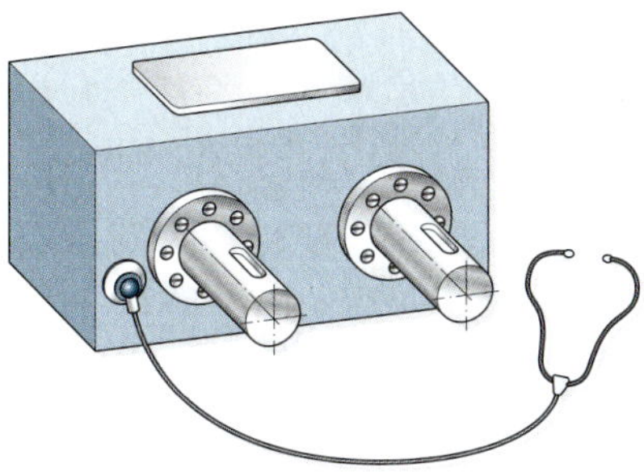

Abb. 4: Überprüfen von Laufgeräuschen mit einem Stethoskop

Elektronische Stethoskope oder Videoendoskope liefern digitale Bilder. Diese können, wie die Bilder einer Wärmebildkamera, elektronisch übertragen werden und auf einem Rechner dargestellt und abgespeichert werden. Der Zustand kann so dokumentiert und mit vorhergehenden Zuständen verglichen werden.

- **Objektive Zustandserfassung**

Die objektive Zustandserfassung erfolgt mithilfe von Messgeräten. Man erhält Messwerte oder Kenngrößen. Sie können mit vorhergehenden Ergebnissen und festgelegten Grenzwerten verglichen werden. Außerdem sind sie unabhängig von Erfahrungen des Prüfenden.

Um aufwendige Demontagearbeiten zu vermeiden, wird der Ist-Zustand von Baueinheiten meist indirekt ermittelt. Dies erfolgt durch messen indirekter Messgrößen. Solche Messgrößen sind z. B.

- Schwingungen zur Überwachung von Getrieben oder
- Temperaturen zum Überwachen von Schmierstoffen oder Lagern (Abb. 5).

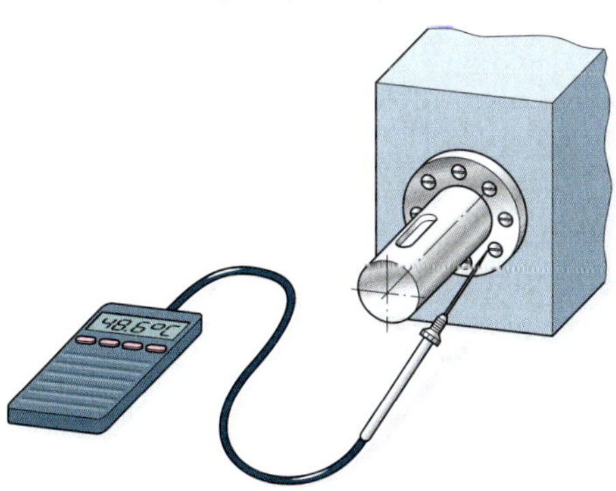

Abb. 5: Messen der Lagertemperatur

Der Zustand einer Maschine kann überwacht werden:

1. durch intervallmäßige Inspektion oder
2. durch automatisierte Überwachungstechnik.

1. Intervallmäßige Inspektion

Intervallmäßige Inspektionen werden mit mobilen Handmessgeräten nach einem aufgestellten Inspektionsplan durchgeführt. Die ermittelten Messergebnisse werden dokumentiert und ausgewertet.

Diese Vorgehensweise wird auch als mobiles Monitoring bezeichnet.

Beim Messen mit mobilen digitalen Handmessgeräten, wie Schwingungsmessgeräte oder digitale Thermometer, besteht die Möglichkeit, die Messwerte auf den Messgeräten zu speichern und für eine spätere Auswertung an einen Rechner mit entsprechender Auswertesoftware zu übergeben.

2. Automatisierte Zustandsüberwachung

Bei der automatisierten Zustandsüberwachung werden die Maschinenzustände mit fest installierten Sensoren und Messgeräten kontinuierlich erfasst (Abb. 6). Während des Betriebes werden beispielsweise die Leistungsaufnahme der Antriebsmotoren und die Schwingungen gemessen.

Die gemessenen Werte werden automatisch an eine Auswerteeinheit übertragen. Diese Verfahren bezeichnet man auch als online Condition Monitoring.

Abb. 6: Festinstallierter Schwingungssensor

Die automatisierte Zustandsüberwachung erfolgt vorwiegend bei funktionswichtigen Bauteilen oder bei Bauteilen mit einer kurzen Zeitspanne zwischen ersten erkennbaren Schäden und einem Ausfall.

Beurteilen des Ist-Zustandes

Subjektive Wahrnehmungen und objektive Messwerte ergeben ein Datenbündel, das die Grundlage für eine eingehende Beurteilung des Ist-Zustandes bildet.

Aus den vorliegenden Daten muss geschlossen werden, welche Bauteile einen Schaden aufweisen und wie weit der Schaden fortgeschritten ist.

Die ermittelten und dokumentierten Zustandswerte werden mit festgelegten Grenzwerten verglichen. Erreichen die ermittelten Zustandswerte die festgelegten Grenzwerte für die Maschine, sind Maßnahmen für eine Instandsetzung einzuleiten.

Liegen die ermittelten Zustandswerte noch innerhalb der zulässigen Grenzwerte, ist ein Weiterbetrieb möglich. Dabei ist zu beachten, wie groß der Abstand der ermittelten Zustandswerte zu den festgelegten Grenzwerten ist und wie groß der Anstieg der jeweiligen Messungen ist.

Liegen die ermittelten Zustandswerte nahe den Grenzwerten oder zeigen sie einen starken Anstieg, müssen zusätzliche Maßnahmen eingeleitet werden. Solche Maßnahmen können eine Verkürzung der Inspektionsintervalle sein oder ein Weiterbetrieb der Maschine mit geringer Leistung.

Beurteilungschritte

Beschädigte Bauteile und Art des Schadens feststellen

Schadensausmaß abschätzen (Soll-Ist-Vergleich)

Schadensverlauf (Trent) beurteilen

Maßnahmenmöglichkeiten bewerten und festlegen:

- Weiterbetrieb
- Weiterbetrieb mit Einschränkungen
- Weiterbetrieb mit verkürzten Inspektionsintervallen
- Sillsetzung und Instandsetzung

Abb. 1: Analysieren und Beurteilen des Ist-Zustandes

- **Automatisierte Datenauswertung**

Bei der automatischen Zustandsüberwachung werden die durch Sensoren aufgenommenen Messwerte zu einer Auswerteeinheit übertragen. Dort werden sie automatisch mithilfe einer Auswertesoftware verarbeitet.

Werden Festgelegte Grenzwerte überschritten, wird ein Alarm ausgelöst. Der Alarm kann eine Meldung beinhalten, die die erkannten Unregelmäßigkeiten beschreibt. Der Alarm kann auf der Maschinensteuerung oder einem Überwachungsrechner am Leitstand erfolgen.

Zwischen dem ersten Alarm und dem tatsächlichen Ausfall eines Elements vergeht in den meisten Fällen noch Zeit. Man kann den Schadensanstieg weiter beobachten und parallel dazu die Instandsetzung organisieren.

Außerdem kann man sich die in der Auswerteeinheit oder auf dem Betriebsserver gespeicherten Daten ansehen, die zu dem Alarm geführt haben. So können Diagnoseexperten die Messdaten analysieren und interpretieren.

Die Diagnose kann durch firmeneigenes Diagnosepersonal erfolgen oder kann durch externe Experten von Serviceanbietern in Ferndiagnose erbracht werden.

In einem Diagnosebericht werden die Diagnoseergebnisse für jedes Maschinenelement festgehalten und auf dem Betriebsserver oder in einer Cloud gespeichert. Die Instandhaltung kann auf die Diagnoseergebnisse bei ihrer Entscheidungsfindung zurückgreifen Der Diagnosebericht enthält u. a. gefundene Unregelmäßigkeiten, einen Schadenstrend und Handlungsempfehlungen (Abb. 2)

Bauteil	Kritisch	Auffällig	OK	Trend	Empfehlung
Bauteil A					
Lager A			X	→	
Lager B			X	→	
Bauteil B					
Lager A		X		↑	Außenring-schaden, Inspektion empfohlen
Lager B			X	→	

Abb. 2: Beispiel eines Diagnoseberichtes

Mit welcher Methode und mit welchen Mittel eine Inspektion durchgeführt wird, hängt neben den betrieblichen Gegebenheiten vor allem auch von der Wichtigkeit der zu inspizierenden Maschine und von wirtschaftlichen Gesichtspunkten ab.

Veranlassen von Maßnahmen

In Abhängigkeit von der Beurteilung des ermittelten Schadens beziehen sich diese Maßnahmen auf das

- Einleiten von Instandsetzungsmaßnahmen,
- Anpassen der Wartungs- und Inspektionspläne und
- Anregen von organisatorischen oder technischen Verbesserungen.

Zusammenfassung

Inspektionsmaßnahmen

Zustand ermitteln

subjektive Zustandserfassung

ohne Hilfsmittel
- Sichtbare Zustände
- Hörbare Zustände
- Fühlbare Zustände
- Riechbare Zustände

mit Hilfsmittel
- Stethoskope
- Endoskope
- Wärmebildkamera

objektive Zustandserfassung

manuell
direkte Messwerte z. B.
- Rundlauf, Spiel

indirekte Messgrößen z. B.
- Temperatur,
- Schwingungen

automatisiert
Erfassen von Maschinengrößen wie
- Schwingungen,
- el. Leistung

Intervalle nach Inspektionsplan
Zustände aufnehmen und dokumentieren

kontinuierlich

Zustand bewerten

manuell oder programmgestützt

programmgestützt

anhand von Inspektionbericht/ Auswertediagramm/Diagnosebericht
Schadensart → Schadensumfang → Schadensverlauf

Maßnahmen einleiten

Maßnahmemöglichkeiten

Einleiten von Instandsetzungsmaßnahmen
Anpassen der Wartungs- und Inspektionspläne
Anregen von Verbesserungen

Aufgaben

1. Geben Sie die Abnutzungserscheinungen für drei Baueinheiten einer Fräsmaschine an.

2. Beschreiben Sie die Auswirkungen von Lagerschäden auf einer Werkzeugmaschine.

3. Geben Sie das Ziel von Inspektionsmaßnamen an.

4. In welche drei Phasen kann man eine Inspektion einteilen.

5. Mit welchen subjektiven Inspektionsmethoden lassen sich Maschinenzuständen erfassen.

6. Geben Sie für folgende Baueinheiten Merkmale an, mit denen sich deren Verschleiß im Betrieb subjektiv erfassen lässt:

a) Abstreifer an einer Führung

b) Passfeder zum Verbinden eines Zahnrades

c) Zahnrad in einem Getriebe.

7. Beschreiben Sie Vorteile und Nachteile objektiver Inspektionsmethoden gegenüber einer subjektiven Inspektionsmethoden.

8. Was versteht man unter der indirekten Erfassung eines Schadens?

9. a) Weshalb werden Maschinenzustände häufig indirekt ermittelt?

b) Geben Sie zwei Beispiele für die indirekte Ermittlung von Maschinenzuständen an.

10. Beschreiben Sie, wie die Messwerte bei einer intervallmäßigen Inspektion ermittelt werden.

11. Wie erfolgt anhand eines Inspektionsberichtes das Bewerten des Maschinenzustandes?

12. Beschreiben Sie, wie eine automatisierte Zustandsüberwachung einer Maschine erfolgt.

13. Was beschreibt ein Diagnosebericht?

14. Der Ist-Zustand einer Maschine nähert sich den festgelegten Grenzwerten.

Geben Sie geeignete Maßnahmen an, die veranlasst werden können, um den Abnutzungsvorrat der Maschine weitgehend auszunutzen.

7.3 Instandsetzen

ARBEITSAUFTRAG

Die Inspektion ergab, dass der Keilriemen vom Motor der Werkzeugmaschine zur Spindel übermäßig verschlissen ist.

Im Rahmen einer Instandsetzung soll der Riemen ausgetauscht werden. Weiter ist der Grund für den vorzeitigen Verschleiß zu analysieren.

Für eine fachgerechte Instandsetzung ist es notwendig, Aufbau und Funktion der instand zu setzenden Baueinheiten zu kennen.

Aufbau/ Funktion

7.3.1 Aufbau und Funktion von Riemengetriebe

Die Antriebsenergie der Elektromotoren wird bei Werkzeugmaschinen durch Riemengetriebe übertragen. Die biegeweichen Riemen umschlingen die Riemenscheiben und nehmen die Umfangskräfte als Zugkräfte auf. Riemengetriebe dämpfen Schwingungen und stoßartige Belastungen.

Bei den Riemengetrieben werden Keilriemengetriebe und Zahnriemengetriebe unterschieden.

Keilriemengetriebe übertragen die Umfangskräfte durch Reibung zwischen den schrägen Flanken von Keilriemen und Keilriemenscheibe (Abb. 1).

Abb. 1: Keilriemengetriebe

Für Antriebe im Maschinenbau werden hauptsächlich Normalkeilriemen und Schmalkeilriemen eingesetzt. Beide gibt es auch als Hochleistungskeilriemen.

Eine normgerechte Bezeichnung für einen Schmalkeilriemen ist folgendermaßen aufgebaut (➔📖):

Schmalkeilriemen DIN 7753 – XPZ 900

Art des Riemenprofils ― XPZ

Richtlänge des Keilriemens ― 900

Bei *Zahnriemengetrieben* greifen die Zähne des Zahnriemens in die Verzahnung der Zahnscheiben ein und übertragen dadurch die Kräfte (Abb. 2).

Abb. 2: Zahnriemengetriebe

Eine normgerechte Bezeichnung für Zahnriemen mit trapezförmigem Profil und Teilung in Millimeter ist folgendermaßen aufgebaut (➔📖):

Riemen DIN 7721 – 10 – T5 x 500

Zahnriemenbreite ― 10

Zahnteilung ― T5

Wirklänge des Zahnriemens ― 500

Die ordnungsgemäße Funktion eines Riemengetriebes hängt im Wesentlichen von der richtigen Vorspannung des Keilriemens bzw. Zahnriemens ab.

Eine zu geringe Vorspannung von Keilriemen führt zu ungenügender Kraftübertragung, Durchrutschen mit erhöhter Geräuschbildung und vorzeitigem Verschleiß der Keilriemenflanken durch Schlupf.

Eine zu geringe Vorspannung von Zahnriemen führt zu Gleichlaufschwankungen und begünstigt das Überspringen der Riemenzähne.

Eine zu hohe Vorspannung von Keil- und Zahnriemen führt zu erhöhter Beanspruchung der Zugstränge sowie zu hoher Belastung der Lager und Wellen.

Erhöhter Riemenverschleiß ergibt sich auch durch fehlerhafte Ausrichtung der Riemenscheiben (Abb. 3). Die Riemenscheiben müssen in einer Ebene zueinander liegen und miteinander fluchten. Fehlerhaft ausgerichtete Riemengetriebe erzeugen außerdem übermäßige Laufgeräusche.

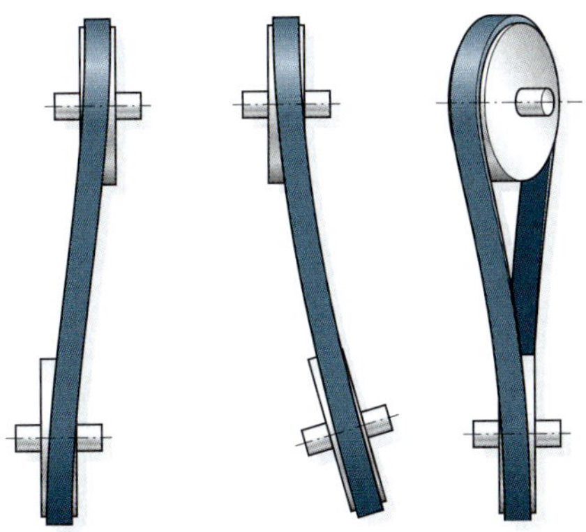

Abb. 3: Ausrichtfehler bei Riemengetriebe

Riemengetriebe erhalten aus Sicherheitsgründen eine Abdeckung. Die Abdeckung soll das Getriebe auch vor Verschmutzung (z. B. durch Späne und Staub) sowie vor Einwirkungen von Kühlschmierstoffen oder Schmierstoffen schützen. Schmierstoffe setzen die Reibung zwischen den Keilriemenflanken herab und greifen das Gewebe der Riemen an. Grobe Schmutzpartikel können Riemen und Riemenscheiben beschädigen.

7.3.2 Instandsetzen von Riemengetrieben

Bei einer Instandsetzung werden abgenutzte oder defekte Bauteile wie Keilriemen ausgetauscht. Durch das Wiederherstellen des Abnutzungsvorrates wird die Werkzeugmaschine wieder in einen funktionsfähigen Zustand versetzt.

Riemengetriebe müssen instand gesetzt werden, wenn bei der Inspektion überhöhte Abnutzungserscheinungen festgestellt wurden. Die Instandsetzung wird dann innerhalb eines für die Produktion günstigen Zeitraumes durchgeführt.

Bei der Instandsetzung sind auch die Abnutzungserscheinungen der Keilriemen oder Zahnriemen zu begutachten und zu beurteilen.

Je nach Zustand des Riemengetriebes muss entschieden werden, ob nur die Keilriemen zu wechseln sind oder ob weitere Instandsetzungsmaßnahmen zu treffen sind (Tab. 1).

Fallen Riemengetriebe aus ungeklärten Ursachen aus, ist eine sofortige Instandsetzung notwendig.

Nach dem Auswechseln von Keilriemen oder Zahnriemen sind

- die Vorspannung der Riemen und
- der Ausrichtzustand der Riemenscheiben

zu prüfen.

Dabei werden je nach Anforderung unterschiedliche Prüfmethoden angewandt.

Nach dem Instandsetzen sind die Ursachen für einen vorzeitigen Verschleiß zu ermitteln und geeignete Maßnahmen für deren Vermeidung zu planen. Dabei können sich auch Vorschläge für eine Verbesserung ergeben.

Tab. 1: Instandsetzungsmaßnahmen an Keilriemengetrieben

Abnutzungserscheinung	Ursachen	Maßnahmen
Keilriemen gerissen	• grober Schmutz in den Keilriemenscheiben • zu große Keilriemenvorspannung	• Keilriemen ersetzen • Fremdmaterial im Getriebe entfernen • Keilriemenvorspannung prüfen
Keilriemenboden gebrochen	• Keilriemen hat Schlupf und wird zu warm, wodurch der Unterbau hart wird • Lauftemperatur zu hoch • abnormale starke Vibrationen	• Keilriemen ersetzen • Vorspannung einstellen • Antrieb belüften • Rundlauf der Keilriemenscheiben kontrollieren
starker Flankenverschleiß an den Keilriemenseiten	• nicht fluchtende Keilriemenscheiben • ständiger Schlupf	• Keilriemenscheiben ausrichten • Keilriemen nachspannen • Keilriemen austauschen
Ummantelung des Keilriemens löst sich und Flanken werden weich und klebrig, Keilriemen aufgequollen	• Öl oder Fett am Keilriemen oder in den Rillen der Keilriemenscheiben	• Keilriemen auswechseln • Verschmutzung beseitigen • Abdeckung ändern

Vorspannung prüfen

Die Vorspannung von Keilriemen und Zahnriemen kann subjektiv durch einfache Methoden erfolgen. Bei Keilriemen wird überprüft, wie weit sich der Riemen durchbiegt, wenn er mit dem Daumen in der Mitte belastet wird (Abb. 1a). Bei Zahnriemen überprüft man, wie weit sich der Riemen verdrehen lässt, wenn er in der Mitte an einer Kante mit dem Daumen belastet wird (Abb. 1b).

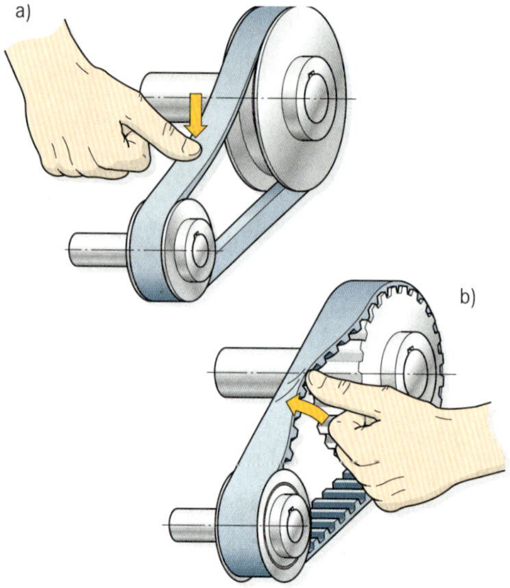

Abb. 1: Subjektive Vorspannungsprüfung

Solche Methoden erfordern viel Erfahrung. Genauer sind Messmethoden. Zum Messen der Vorspannung werden unterschiedliche Verfahren eingesetzt:

- **Durchbiegeverfahren**

Beim Durchbiegeverfahren wird mit einem Vorspannungsmessgerät in der Mitte des Riemens die auftretende Riemenauslenkung bei einer vorgegebenen Prüfkraft gemessen (Abb. 2). Stimmt die Auslenkung mit dem im Inspektionsplan angegebenen Wert überein, ist der Riemen ordnungsgemäß vorgespannt.

- **Frequenzmessverfahren**

Beim Frequenzmessverfahren wird die Eigenfrequenz des durch Anschlagen in Eigenschwingung versetzten Riemens ermittelt (Abb. 3). Diese Eigenfrequenz wird von der Messsonde mittels getaktetem Licht gemessen. Dazu wird die Sonde etwa über die Mitte des Antriebsriemens gehalten. Stimmt die gemessene Frequenz mit der im Inspektionsplan angegebenen Frequenz überein, ist der Riemen ordnungsgemäß vorgespannt.

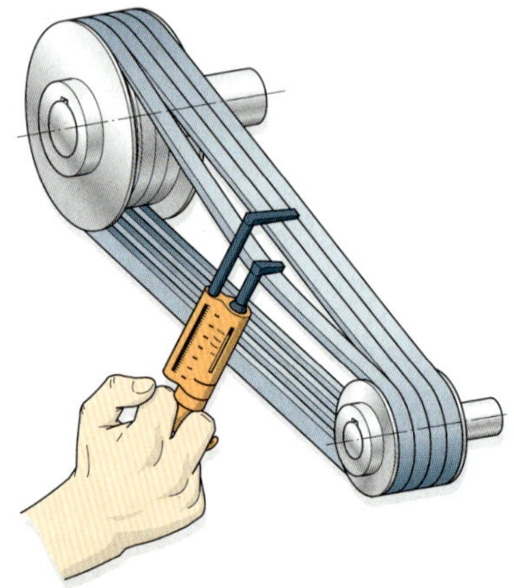

Abb. 2: Durchbiegeverfahren

Abb. 3: Frequenzmessverfahren

Ausrichtzustand der Riemenscheiben prüfen

Das Fluchten der Riemenscheiben kann mit zwei unterschiedlichen Methoden kontrolliert werden:

- **Ausrichten mit Lineal**

Hierbei wird auf die Stirnseiten der Riemenscheiben ein Lineal oder bei größeren Achsabständen ein Stahlband gelegt. Bei fehlerhaftem Ausrichtzustand liegen Lineal oder Stahlband nicht vollständig an den Stirnseiten beider Riemenscheiben an (Abb. 4).

Wellen nicht parallel

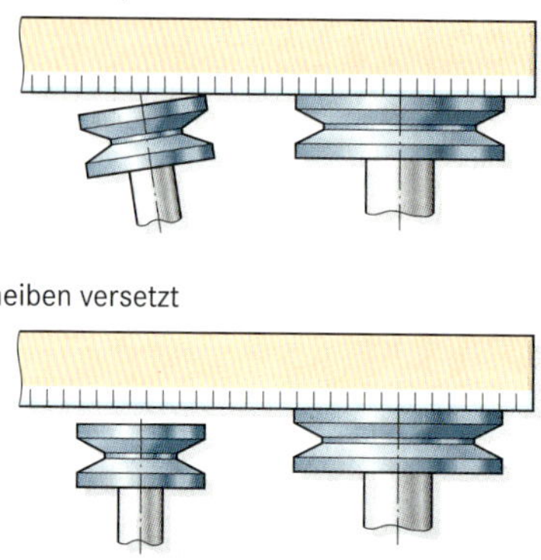

Abb. 4: Ausrichten mit Lineal

- **Ausrichten mit Laser**

An einer Riemenscheibe wird der Laser und an der gegenüberliegenden Scheibe werden zwei Zielmarken mit Haftmagneten befestigt (Abb. 5).

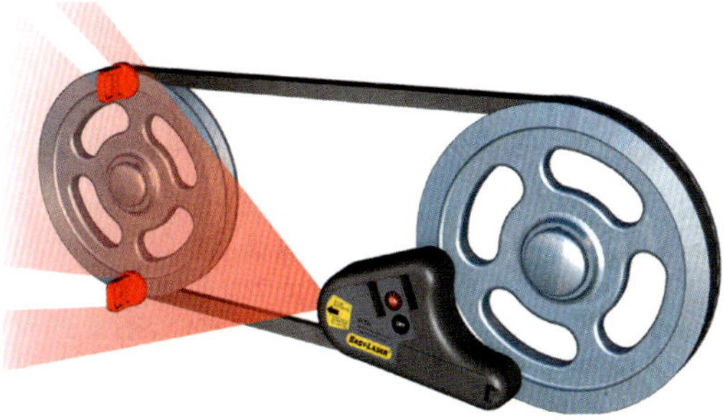

Abb. 5: Anbringen der Messeinrichtung

Die Richtung der Laserlinien auf den Zielmarken zeigt den Ausrichtzustand an. Die Riemenscheiben sind genau ausgerichtet, wenn die Laserlinien auf beiden Zielmarken mittig auftreffen.

Um alle horizontalen und vertikalen Abweichungen festzustellen, sind die Zielmarken einmal hintereinander und einmal übereinander anzuordnen (Abb. 6).

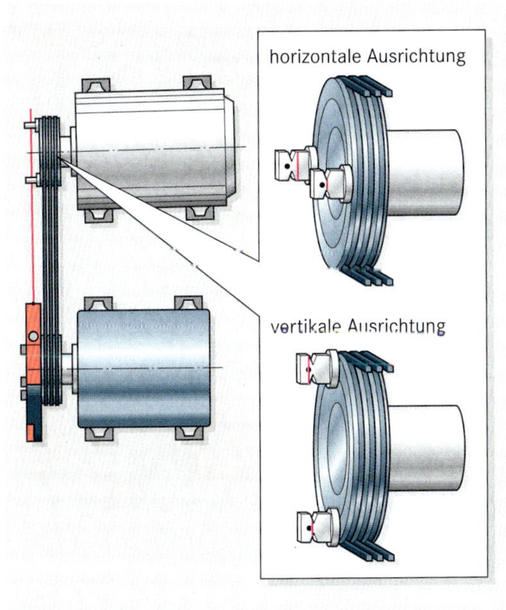

Abb. 6: Messvorgang

Lasermessgeräte können zum Ausrichten von Riemenscheiben und Kettenrädern verwendet werden.

Zusammenfassung

Riemengetriebe

Keilriemengetriebe
- kraftschlüssig
- Abnutzung an den Flanken

Zahnriemengetriebe
- formschlüssig
- Abnutzung an den Zähnen

Instandsetzung
- Riemen ersetzen
- Riemenscheiben ausrichten
- Vorspannung einstellen

Aufgaben

1. Weshalb werden bei Werkzeugmaschinen zwischen Elektromotor und Antriebsstrang Riemengetriebe eingesetzt?

2. Beschreiben Sie jeweils die Folgen einer fehlerhaften Vorspannung bei Keilriemengetrieben und bei Zahnriemengetrieben.

3. Bei einem Keilriemengetriebe steht im Inspektionsplan folgende Angabe:

Prüfkraft $F_e = 80$ N; Eindrücktiefe $t_e = 12$ mm

Beschreiben Sie, wie Sie die Vorspannung des Keilriemens überprüfen.

4. Bei einem Zahnriemengetriebe steht im Inspektionsplan folgende Angabe:

Sollfrequenz $f = 111$ Hz

Beschreiben Sie, wie Sie die Vorspannung für das Zahnriemengetriebe überprüfen.

5. Beim Überprüfen der Keilriemenscheiben erzeugt der Laser auf den Zielmarken folgende Anzeige:

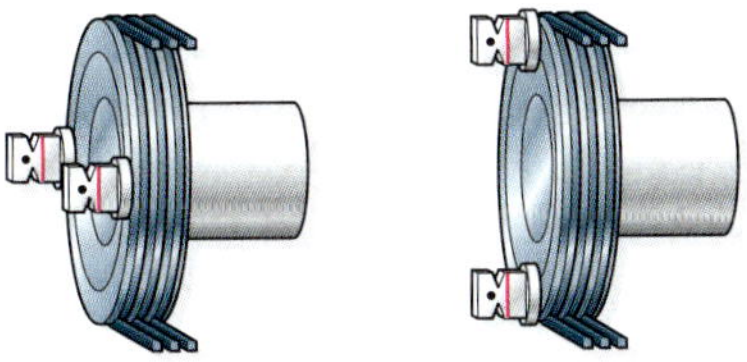

a) Welcher Ausrichtfehler liegt vor?

b) Welche Korrekturen müssen am Riemengetriebe vorgenommen werden?

6. Ein Keilriemen zeigt übermäßigen Verschleiß an den Flanken. Geben Sie mögliche Ursachen dafür an.

7.3.3 Ablauf einer Instandsetzung

Der Ablauf einer Instandsetzung ist davon abhängig, ob die Instandsetzung geplant oder ungeplant erfolgt (Abb. 1).

Ungeplante Instandsetzung

Eine Instandsetzung muss ungeplant erfolgen, wenn an einer Maschine eine Störung auftritt und ein Weiterarbeiten nicht mehr möglich ist.

Wird an einer Maschine eine Störung gemeldet, ermittelt das Instandhaltungspersonal anhand technischer Unterlagen deren Aufbau und Funktionsweise.

Die Maschine wird stillgesetzt und die Ursache für die Störung untersucht. Nachdem die Fehlerquelle gefunden wurde, kann mit der Instandsetzung begonnen werden. Defekte Teile werden ausgetauscht und Einstellungsfehler behoben.

Anschließend werden alle wesentlichen Funktionen der Maschine überprüft. Nachdem die Arbeitsstelle geräumt und die Sicherheitsvorkehrungen beseitigt wurden, wird die Maschine an den Betrieb übergeben. Dies erfolgt durch eine Fertigmeldung des Instandhaltungspersonals.

Die durchgeführten Arbeiten werden z. B. in einer Maschinenstörungsliste erfasst. Die Dokumentation kann handschriftlich auf Papierlisten oder mit einem Rechner erfolgen.

Geplante Instandsetzung

Eine Instandsetzung kann geplant erfolgen, wenn bei einer Inspektion eine erhöhte Abnutzung oder ein Schaden festgestellt wurde bzw. ein Austausch von Teilen nach bestimmten Intervallen erfolgen soll.

In diesem Fall kann man die Instandsetzungsarbeiten rechtzeitig planen und vorbereiten.

Benötigte Ersatzteile können rechtzeitig bestellt werden. Die Stillstandszeit kann mit der Produktion abgestimmt und das benötigte Instandhaltungspersonal eingeplant werden. Dadurch entfallen unnötige Stillstandszeiten.

Dokumentation auswerten

In regelmäßigen Abständen wird die Instandhaltungsdokumentation ausgewertet. Dadurch lässt sich feststellen, ob die Instandhaltungsplanungen für den Betrieb noch optimal sind.

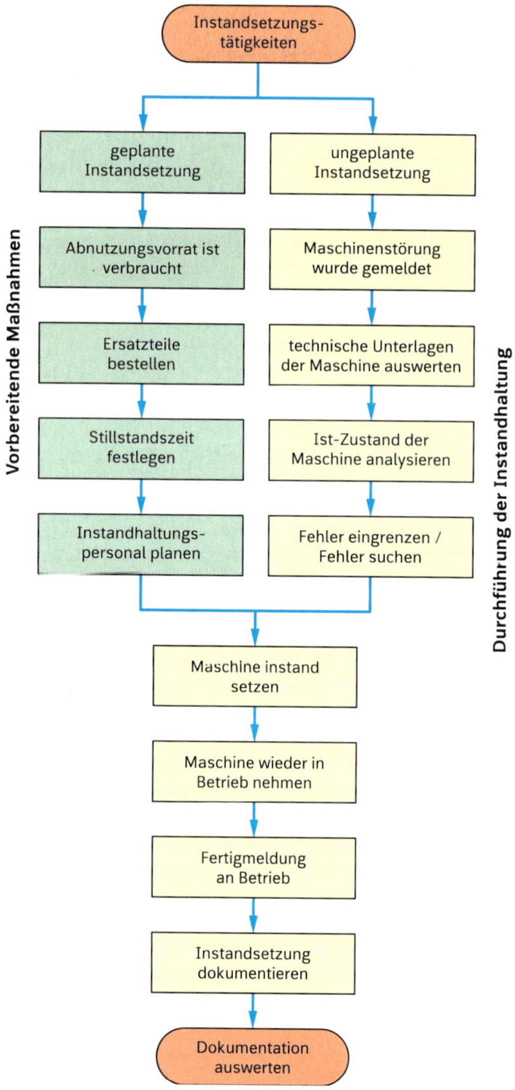

Abb. 1: Ablauf und Tätigkeiten einer Instandsetzung

Aufgaben

1. Geben Sie Bedingungen für eine geplante und eine ungeplante Instandsetzung an.

2. Beschreiben Sie die Vorteile einer geplanten Instandsetzung.

3. Geben Sie die Folgen an, wenn bei einer ungeplanten Instandsetzung das zu ersetzende Bauteil nicht im Betrieb vorrätig ist.

4. Warum ist eine Instandsetzung zu dokumentieren?

7.4 Verbessern

Wenn Bauteile häufig ausfallen oder vorzeitig verschleißen, handelt es sich um eine Schwachstelle. Eine Analyse zeigt, welche Verbesserung möglich, sinnvoll und wirtschaftlich ist.
Verbesserungsmaßnahmen sollen die Schwachstelle beseitigen. Das Verbessern kann technische oder organisatorische Maßnahmen umfassen. Mögliche Verbesserungsmaßnahmen sind:

- Wartungs- und Schmierpläne an die Belastungen anpassen,
- Verschleißteile mit besseren Werkstoffeigenschaften,
- Leistung der Maschine begrenzen und
- ungünstige Umgebungseinflüsse wie Hitze oder Staub reduzieren.

Durch eine technische Verbesserung, wie dem Einsatz von Lagern aus verschleißfesterem Werkstoff, wird der Abnutzungsvorrat gegenüber dem ursprünglichen Abnutzungsvorrat vergrößert.
Instandsetzung und Verbesserung bilden den umfangreichsten und kostenintensivsten Teil der Instandhaltung.

7.5 Instandhaltungsstrategien

Die geeignete Instandhaltungsstrategie für eine Anlage wird so gewählt, dass sich eine möglichst hohe Zuverlässigkeit für die Anlage ergibt. Man unterscheidet zwischen:

- ereignisorientierter Instandhaltung,
- zustandsabhängiger Instandhaltung und
- intervallabhängiger Instandhaltung (Tab. 1).

Welche Instandhaltungsstrategie gewählt wird, hängt unter anderem von folgenden Kriterien ab:

- Entstehen durch einen Schadensfall Sicherheitsrisiken für Mensch, Maschine oder Umwelt?
- Wie wirkt sich eine Störung auf den Produktionsablauf aus?
- Sind bei einem Ausfall Folgeschäden zu erwarten?
- Wie ist das Ausfallverhalten von Bauteilen und ist es messbar?

Tab. 1: Instandhaltungsstrategien

Ereignisorientierte Instandhaltung	Zustandsorientierte Instandhaltung	Intervallabhängige Instandhaltung
Eine Instandsetzung wird erst dann durchgeführt, wenn es zum Anlagenstillstand durch eine Störung kommt. Für Anlagen, die wenig genutzt werden und nur geringe Anforderungen an die Verfügbarkeit stellen	Vorbeugende Instandhaltung, bei der die Abnutzung eines Bauteils direkt oder indirekt gemessen wird Für produktionswichtige Anlagen mit hohem Automatisierungsgrad und statistischer Prozessüberwachung	Vorbeugende Instandhaltung, bei der Bauteile nach festgelegten Intervallen ausgetauscht werden Für Anlagen, deren Bauteile auf keinen Fall versagen dürfen und bei denen das Ausfallverhalten der Bauteile bekannt ist
	Vorteile	
• Die Lebensdauer eines Bauteils wird voll genutzt, da ein Austausch erst nach einem Bauteilversagen erfolgt. • Geringerer Planungsaufwand als bei den vorbeugenden Instandhaltungsstrategien	• Abgenutzte Bauteile können in planbaren Stillstandzeiten ausgewechselt werden. • Der Abnutzungsvorrat wird weitgehend ausgenutzt. • Erkenntnisse über den Verschleißzustand tragen zur Betriebssicherheit bei.	• Produktion und Instandhaltungsarbeiten lassen sich gut aufeinander abstimmen. • Unvorhergesehene Ausfälle werden reduziert und Kosten gesenkt. • Der Ersatzteilbedarf ist absehbar, Ersatzteile können rechtzeitig bestellt werden.
	Nachteile	
• Die Instandsetzung muss oft unter hohem Zeitdruck durchgeführt werden. • Gelagerte Ersatzteile verursachen Lagerhaltungskosten. • Nicht vorrätige Ersatzteile, die nicht kurzfristig beschaffbar sind, können Ausfallkosten verursachen.	• Inspektionen können Kosten verursachen, die höher liegen als Kosten für einen vorbeugenden Teiletausch. • Durch Demontagearbeiten bei Inspektionen können Fehler entstehen.	• Die Lebensdauer von Bauteilen wird nicht voll ausgenutzt. • Der Ersatzteilbedarf ist hoch. • Das Ausfallverhalten von Bauteilen kann nicht ermittelt werden.

7.6 Schadensanalyse

Maschinen, Anlagen und Geräte werden nach wirtschaftlichen Gesichtspunkten für einen funktionssicheren, gefahrlosen und möglichst störungsfreien Einsatz während der geplanten Betriebszeit hergestellt. Das Entstehen von Schäden kann allerdings nicht hundertprozentig ausgeschlossen werden. Wenn ein Schadensfall eingetreten ist, kommt der Schadensanalyse die Aufgabe zu, die Vorgänge, die beim Versagensprozess abgelaufen sind, nachzuvollziehen und Ansatzpunkte für Verbesserungen zu finden. Die Schadensanalyse dient somit der Schadensvorbeugung.

Für die Schadensuntersuchung kommen alle zerstörungsfreien und zerstörende Prüfverfahren zur Werkstoff- und Bauteilprüfung sowie Simulationsprüfungen in Betracht.

Schadensuntersuchungen werden am Bauteil selbst oder an Proben durchgeführt. Die Proben müssen an einer für die Schadensursache aussagekräftigen Stelle entnommen werden. Der Schaden wird nach einem Untersuchungsplan ermittelt. Dieser Plan soll einen sinnvollen und wirtschaftlichen Untersuchungsablauf gewährleisten. Es ist mit einfachen Untersuchungen zu beginnen, bevor aufwendige Verfahren eingesetzt werden.

Informieren

7.6.1 Schadensbilder

Schäden können durch mechanische, thermische, korrosive und tribologische Überbeanspruchung von Bauteilen entstehen. In Tabelle 1 sind die unterschiedlichen Beanspruchungen und Beispiele für die Schadensart zusammengefasst.

Tab. 1: Beanspruchung und Schadensarten

Beanspruchung	Schadensarten
mechanisch	Dauerbruch, Gewaltbruch
thermisch	Warmbruch, Warmrisse, Warmverformung, Verzunderung, Anlaufen, Diffusionsvorgänge
korrosiv/chemisch	Flächenkorrosion, Muldenkorrosion, Kontaktkorrosion, Spaltkorrosion, Spannungsrisskorrosion
tribologisch	Gleit-, Wälz- und Schwindungsverschleiß, Erosion

Ein Schaden bedingt eine Veränderung an einem Bauteil, durch die seine Funktion beeinträchtigt oder unmöglich wird. Die Veränderungen hinterlassen Spuren im Werkstoff bzw. am Bauteil. Diese Spuren werden Schadensbild genannt und sind kennzeichnend für jeden Schaden.

Zur Aufklärung des Schadensverlaufs spielt die Analyse von Schadensbildern eine wichtige Rolle. Eine visuelle Untersuchung mit dem Auge oder mit der Lupe bringt oft schon wichtige Erkenntnisse. Genauere Untersuchungen der Feinstrukturen finden mit Licht- oder Rasterelektronenmikroskopen statt.

Anhand der Schadensbilder und ihrer Merkmale ist es möglich, die jeweiligen Schadensursachen einzugrenzen und geeignete Maßnahmen einzuleiten (Tab. 2).

Tab. 2: Schadensbilder an Wälzlagern

Schadensbild	Schadensursachen	Maßnahmen
Fremdkörpereindrücke	Unsauberkeit beim Einbau, unsauberes Öl, unzureichende Abdichtung	Montageschulung, Ölsystem vor Inbetriebnahme durchspülen, Abdichtung verbessern
Wälzkörpereindrücke, Schürfmarken	fehlerhafte Montage, Überlastung, Stöße, Schwingungen bei Maschinenstillstand	Montageschulung, Schwingungen dämpfen
Fressspuren	Drehbewegung zwischen Lagerring und Welle/Gehäuse	feste Lagersitze, Passflächen trocken halten
Verschleißschäden	Unsauberkeit beim Einbau, Schmierstoffmangel, ungeeigneter Schmierstoff	Schmierstoffzufuhr verbessern, Schmierstoff mit Additiven
Korrosionsschäden	unsachgemäße Lagerung, ungeeigneter Schmierstoff, Versagen der Dichtungen, Kondenswasserbildung	Schmierstoff mit Korrosionsschutzzusätzen, verbesserte Abdichtung
Heißlaufschäden	zu feste Passung oder Vorspannung, zu hohe Umdrehungsfrequenz, Schmierstoffmangel, ungeeigneter Schmierstoff, Überschmierung, hohe Umgebungstemperatur	Lagerluft vergrößern, Schmierung verbessern, Kühlung verbessern
Brüche	fehlerhafte Montage, Unrundheiten im Lagersitz	Montageschulung, bessere Sitzverhältnisse
Passungsrost	Lagerring mit Umfangslast lose, Wellendurchbiegung	feste Lagersitze, biegesteifere Welle, Lagersitze beschichten

Zur Beurteilung werden herangezogen:

- das Aussehen des Schadens, z. B. die Lage und der Ausgangspunkt von Verformungen, Rissen, Brüchen, Korrosions- und Verschleißerscheinungen, sowie
- Merkmale der Oberfläche, z. B. Anlassfarben, Beläge, Korrosionsprodukte, Oxid- und Zunderschichten.

Im Folgenden sollen beispielhaft die Schadensarten durch mechanische Überbeanspruchung betrachtet werden.

Gewaltbruch

Gewaltbrüche treten durch einmalige Überlastung von Bauteilen durch Überschreiten der Festigkeit auf.

An spröden Werkstoffen ist die Gewaltbruchfläche samtartig glatt und zeigt keine Verformung des Querschnitts. Man bezeichnet solche Brüche auch als Spröd- oder Trennbrüche. Da sie ohne erkennbare plastische Verformung auftreten, verursachen sie oft folgenschwere Schadensfälle.

Ein Gewaltbruch an einem zähen Werkstoff hat eine körnige, zerklüftete Bruchfläche, die an den Rändern verformt ist (Abb. 1). Durch vorausgehende sichtbare Verformung des Querschnittes kündigen sich Verformungsbrüche an.

Abb. 1: Gewaltbruchfläche

Dauerbruch

Ein Dauerbruch kann auftreten, wenn Maschinenteile schwellenden oder wechselnden Belastungen ausgesetzt sind. Dabei kann das Bauteil brechen, obwohl die Belastung deutlich unterhalb der Streckgrenze des Werkstoffes liegt.

Ausgangsstellen von Dauerbrüchen sind meist Kerben an der Oberfläche von Bauteilen. Bei ständig wechselnder Belastung bilden sich dort Risse, die im Laufe der Zeit immer tiefer werden. Es entsteht eine glatte Bruchfläche mit typischen Rastlinien. Ist der Restquerschnitt so gering, dass er die Belastung nicht mehr aufnehmen kann, bricht er infolge Überlastung. Der gebrochene Restquerschnitt zeigt die typischen Merkmale eines Gewaltbruches. Er ist körnig und mehr oder weniger stark zerklüftet (Abb. 2).

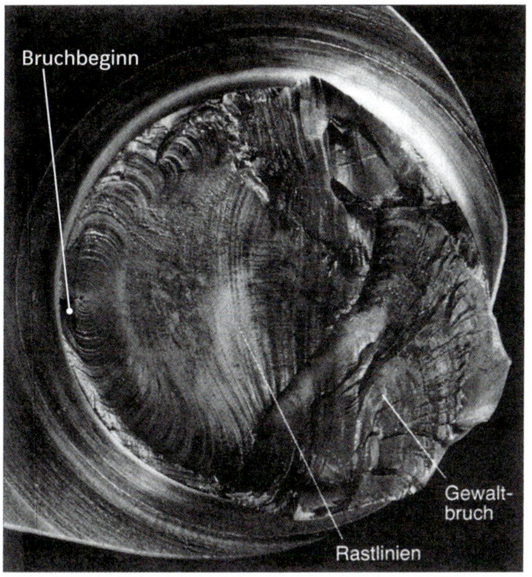

Abb. 2: Dauerbruch mit ausgeprägten Rastlinien

Die Dauerbruchfläche gibt Hinweise auf die Entstehung des Dauerbruches und die aufgetretene Belastung.

Die Art der Belastung ist an der Lage der Dauerbruchzone (D) zur Gewaltbruchzone (G) erkennbar. Bei schwellender Biegebeanspruchung liegt die Dauerbruchzone einseitig, bei wechselnder Biegebeanspruchung oberhalb und unterhalb der Restbruchzone und bei umlaufender Biegebeanspruchung umschließt die Dauerbruchzone die Restbruchzone in der Mitte (Abb. 3).

Der Beginn des Anrisses, als die eigentliche Ursache für den Dauerbruch, kann durch den Beginn der Rastlinien bestimmt werden.

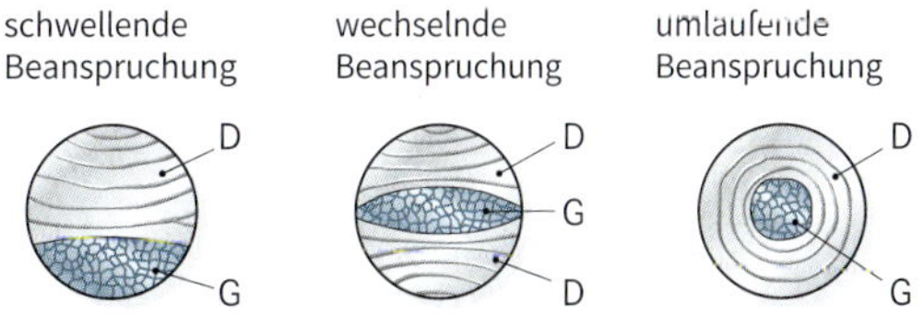

Abb. 3: Bruchflächenarten von Dauerbrüchen

Die Höhe der Belastung ist an der Größe der durch Gewaltbruch entstandenen Restbruchfläche abzuschätzen. Je größer die Gewaltbruchzone, desto höher war die Belastung des Bauteils.

Kerben

Kerben können durch die Konstruktion oder Fertigung eines Bauteils bedingt sein oder auch durch Fehler im Werkstoff entstehen (Tab. 1).

Tab. 1: Ursachen von Kerbwirkungen

Fehlerbereich	Ursachen
Konstruktion	Nuten, Wellenabsätze, Gewinde, Bohrungen
Fertigung	Bearbeitungsriefen, Montageriefen, Schleifrisse, Härterisse, Walzriefen, Schweißspritzer
Werkstoff	Schlackeneinschlüsse, Poren, Lunker, Kristallbaufehler, Korrosionsstellen

Kerben verändern die Spannungsverteilung in einem Bauteil. Entgegen der gleichmäßigen Spannungsverteilung σ_m in einem glatten Bauteil treten Spannungsspitzen σ_{max} an den Rändern der Kerben auf. Je spitzer und scharfkantiger die Kerben sind, desto größer sind die Spannungsspitzen (Abb. 1).

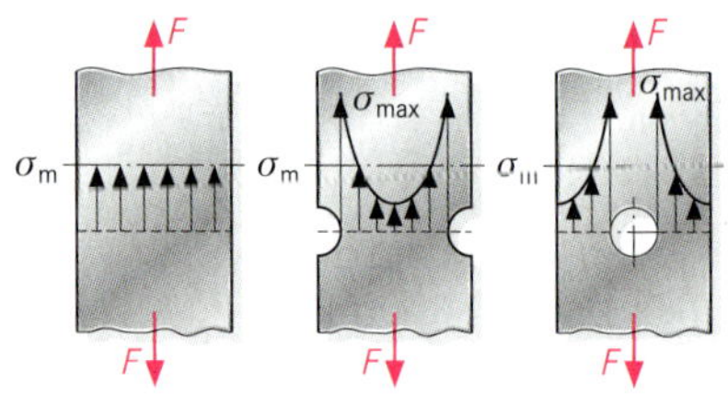

Abb. 1: Spannungserhöhung durch Kerbwirkung

Die formgerechte Gestaltung von Bauteilen verringert die Gefahr von Dauerbrüchen.

So sind scharfkantige Übergänge an gefährdeten Stellen unbedingt zu vermeiden. Bei Wellen und Bolzen sind an den Übergängen Hohlkehlen anzubringen. Dabei ist auf eine riefenfreie Oberfläche zu achten.

Bearbeitungsriefen an stark beanspruchten Teilen lassen sich durch Schleifen oder Polieren vermeiden.

7.6.2 Schadenshäufigkeit

Informieren

Für Verbesserungen ist neben den Schadensursachen auch die Häufigkeit ihres Eintretens wichtig. Die Häufigkeit von Schäden oder Fehlern kann anhand der Instandhaltungsdokumentation ermittelt werden.

Die in Maschinenstörungslisten dokumentierten Schadensursachen und Fehlerarten werden in Fehlersammellisten festgehalten, ausgewertet und grafisch dargestellt.

Mithilfe des Pareto-Diagramms kann man diejenigen Fehlerarten und Schadensursachen herausfiltern, die den größten Einfluss haben. Die Wichtigkeit einer Ursache kann direkt aus dem Diagramm abgelesen werden. So entsteht eine Entscheidungshilfe, in welcher Reihenfolge die Ursachen bekämpft werden sollten.

Grundlagen

Pareto-Diagramm

Das Pareto-Diagramm beruht auf der Erkenntnis, dass oft ein Großteil der Auswirkungen eines Problems (ca. 80 %) auf nur eine kleine Anzahl von Ursachen (ca. 20 %) zurückzuführen sind. Es ist ein Säulendiagramm, das Problemursachen nach ihrer Bedeutung ordnet.

Es werden Kategorien für mögliche Fehlerarten oder Ursachen gebildet. Dann werden die Fehlerarten nach ihrer Häufigkeit des Auftretens oder der Höhe ihrer Kosten bewertet.

Leckage an vorzeitig ausgefallenen Radialwellendichtringen

Nr.	Fehlerart	Häufigkeit in %
1	fehlerhafte Wellenbearbeitung	30 %
2	unsachgemäße Montage	30 %
3	falsche Dichtungsauswahl	10 %
4	Scheinleckage	15 %
5	Schmierstoffunverträglichkeit	5 %
6	Verschmutzung	5 %
7	Schwingungen	2 %
8	sonstige	3 %
	Summe	100 %

Die Fehlerarten werden absteigend nach ihrer Bedeutung sortiert und dann auf der waagerechten Achse von links nach rechts abgetragen. Über jeder Fehlerkategorie wird eine Säule gezeichnet, deren Höhe die Häufigkeit des Auftretens bestimmt. Werden die Säulen von links nach rechts aufeinander gestapelt, ergibt sich die Pareto-Kurve, über die der summierte Prozentwert abgelesen werden kann.

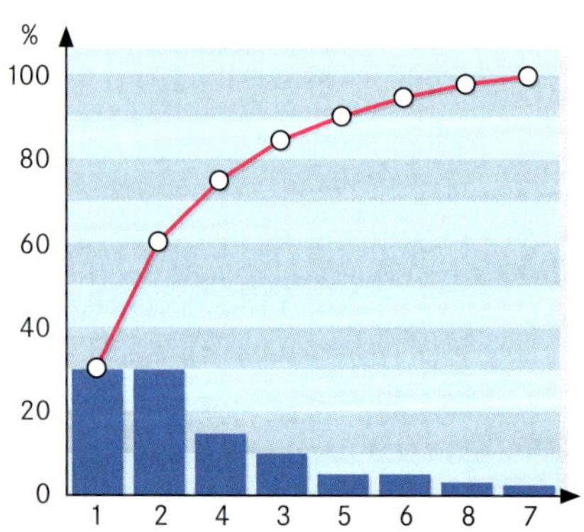

Prüfen

7.7 Werkstoffprüfverfahren

Werkstoffprüfverfahren dienen neben der Aufklärung von Schadensfällen auch der Bewertung von Werkstoffeigenschaften sowie der Produkt- und Fertigungsüberwachung.

Die Werkstoffprüfung soll Aufschluss geben über Art, Eigenschaften und Verhalten der Werkstoffe unter mechanischen, thermischen und chemischen Beanspruchungen. Außerdem können die chemische Zusammensetzung und eventuelle Materialfehler, wie Risse, Lunker oder Schlackeneinschlüsse, festgestellt werden.

Der Prüfvorgang und die Prüfbedingungen der einzelnen Prüfungen sind genormt.

7.7.1 Zerstörungsfreie Prüfverfahren

Bei den zerstörungsfreien Prüfungen wird keine Materialprobe entnommen und das zu prüfende Bauteil nicht beschädigt.

7.7.1.1 Eindringverfahren

Das Eindringverfahren wird angewandt zur Anzeige von zur Oberfläche hin offenen Fehlern, wie Poren, Risse, Bindefehler, Überlappungen und Falten.

Die zu prüfende Oberfläche ist zu reinigen. Sie muss sauber und frei von Öl, Fett, Zunder, Formsand oder anderen Verunreinigen sein (Abb. 2a).

Nach Trocknen der Oberfläche wird ein rot färbendes oder ein fluoreszierendes Eindringmittel auf die Prüffläche aufgesprüht. Es dringt durch Kapillarwirkung in vorhandene Fehlstellen ein (Abb. 2b).

Nach Abschluss des Eindringvorganges wird das überschüssige, an der Oberfläche haftende Eindringmittel mit einem Reinigungsmittel entfernt (Abb. 2c).

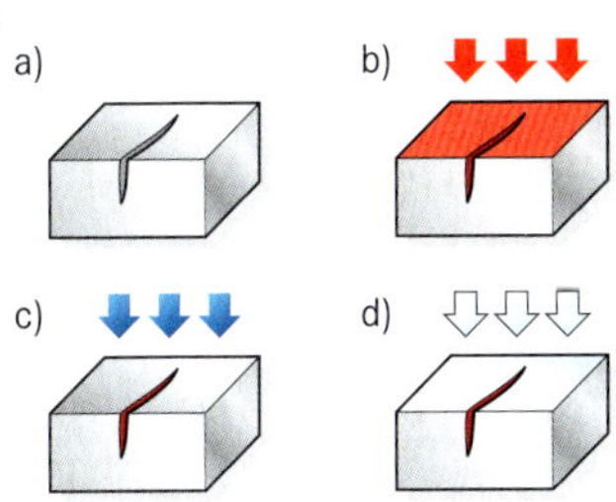

Abb. 2: Verfahrensschritte beim Eindringverfahren

Nach einem Trocknungsvorgang wird eine weiße Entwicklerflüssigkeit aufgesprüht oder aufgestäubt (Abb. 2d). Mit der Zeit werden die Reste des stark kontrastierenden Eindringmittels an der Oberfläche sichtbar (Abb. 3). Bei fluoreszierenden Eindringmitteln erfolgt die Betrachtung des Werkstücks unter UV-Licht (Abb. 4).

Eine Nachreinigung ist erforderlich, wenn Rückstände des Prüfmittels den Verwendungszweck des Bauteils beeinträchtigen könnten, z. B. eine anschließende Lackierung.

Abb. 3: Mit Farbeindringmittel geprüfte rissige Schweißnaht

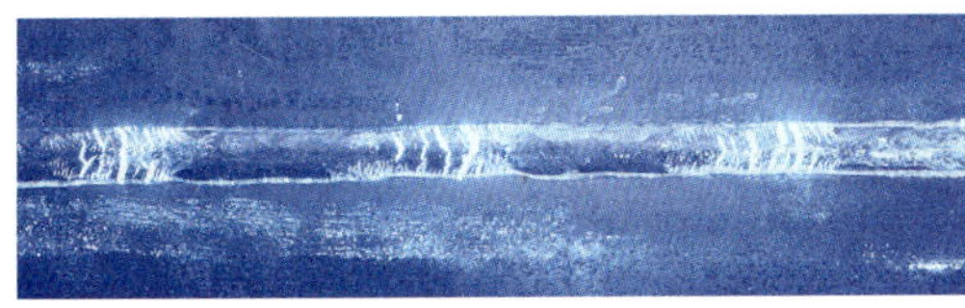

Abb. 4: Mit fluoreszierendem Eindringmittel geprüfte rissige Schweißnaht

Das Eindringverfahren wird vornehmlich bei metallischen Werkstoffen eingesetzt. Es können jedoch auch andere nicht poröse Werkstoffe geprüft werden. Es ist mit geringem Aufwand selbst unter Baustellenbedingungen anwendbar. Das Verfahren ist sehr empfindlich und auch für komplizierte Bauteilgeometrien geeignet.

7.7.1.2 Magnetpulver-Rissprüfung

Die Magnetpulver-Rissprüfung ist ein Verfahren zum Nachweis von Fehlstellen an oder dicht unter der Oberfläche magnetisierbarer Werkstoffe wie ferromagnetische Stähle und Gusseisen (Abb. 5).

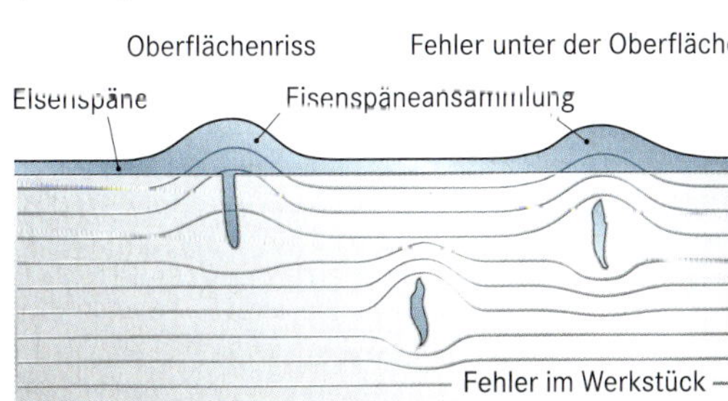

Abb. 5: Schematische Darstellung der Magnetpulver Rissprüfung

Die zu prüfende Oberfläche muss sauber und frei von Öl, Fett, Zunder, Formsand oder anderen Verunreinigen sein.

Das Werkstück wird zunächst im Prüfbereich magnetisiert. Die Magnetisierung kann z. B. mit einem Elektromagneten (Joch oder Spule) oder auch durch Stromdurchflutung erfolgen (Abb. 1, nächste Seite). Die Oberfläche des zu prüfenden Bauteils wird mit eingefärbtem oder fluoreszierendem Eisenpulver besprüht oder übergossen.

Abb. 1: Magnetpulver-Rissprüfung mit Handmagnet

Die magnetischen Feldlinien werden im magnetisch leitenden Werkstoff geführt. Treffen die Magnetfeldlinien auf einen magnetisch schlecht leitenden Bereich, z.B. einen Oberflächenriss, werden die Feldlinien durch den hohen magnetischen Widerstand umgelenkt. Die Umlenkung der magnetischen Feldlinien erzeugt an der Oberfläche des Werkstückes einen Streufluss. Dieser bewirkt eine Ansammlung des Eisenpulvers entlang der Rissgeometrie.

Unter Weißlicht oder unter UV-Licht werden die Fehlstellen sichtbar. Falls notwendig müssen die Werkstücke nach der Prüfung entmagnetisiert werden.

Gefunden werden alle rissartigen Werkstofftrennungen im Oberflächenbereich über 1 µm Breite. Schmale Risse parallel zu den magnetischen Feldlinien werden nicht angezeigt. Daher wird meist nacheinander in zwei Richtungen um 90° versetzt magnetisiert.

7.7.1.3 Ultraschallprüfung

Die Ultraschallprüfung ist ein geeignetes Prüfverfahren bei schallleitfähigen Werkstoffen, wozu die meisten Metalle gehören. Es dient

- zur Auffindung von inneren Fehlern wie Lunker, Poren oder Bindefehler sowie
- zur Schichtdickenmessung z.B. bei Kunststoffbeschichtungen und
- zur Wanddickenmessung z.B. bei Rohren.

Die Prüfung kann manuell, mechanisiert oder automatisch innerhalb der Fertigungsstraßen erfolgen. Dabei wird meist das Impuls-Echo-Verfahren angewandt. Beim Impuls-Echo-Verfahren dient ein Prüfkopf gleichzeitig als Sender und Empfänger.

Auf der Oberfläche des Werkstückes wird ein Koppelmittel (z.B. Gel, Wasser oder Öl) aufgetragen. Mittels des Prüfkopfes wird die zu prüfende Oberfläche abgefahren (Abb. 2).

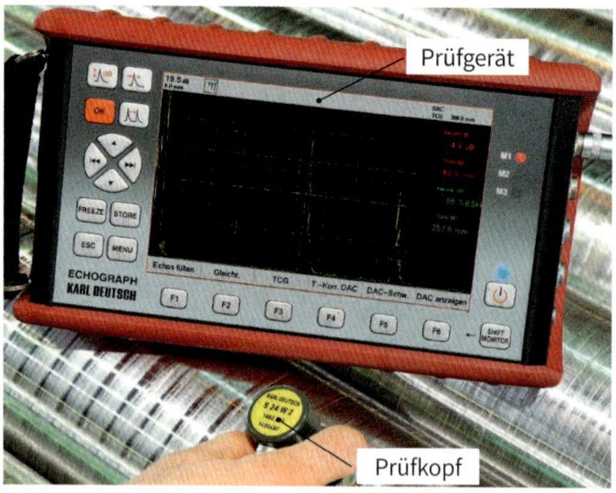

Abb. 2: Ultraschallprüfung

Der Prüfkopf sendet kurze Schallimpulse von 1 bis 10 µs Dauer mit einer Frequenz von 1 bis 10 MHz. Die Schallimpulse durchdringen das Werkstück und werden an der Rückwand sowie von Fehlern im Inneren des zu prüfenden Teils reflektiert und zum Prüfkopf zurückgesendet. Anhand der gemessenen Zeitdifferenz zwischen Senden und Empfangen wird ein Signalbild erzeugt und auf einem Monitor sichtbar gemacht. Es können so die Größe und die Lage des Fehlers bestimmt werden (Abb. 3).

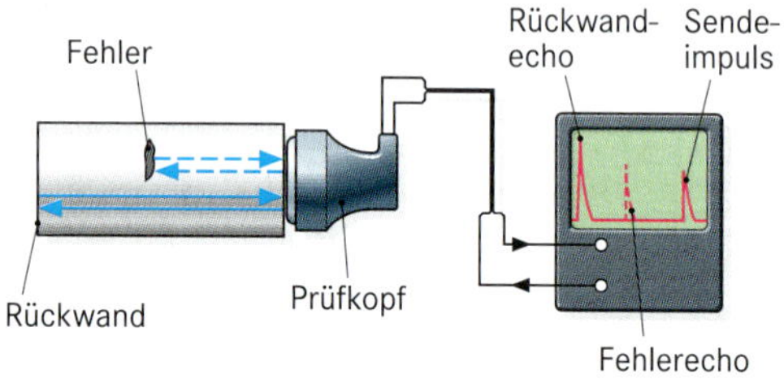

Abb. 3: Verlauf von Ultraschallwellen im Werkstück

Der Bildschirm-Maßstab muss vor dem Messen mithilfe eines Vergleichsnormals aus dem gleichen Werkstoff wie das Prüfstück justiert werden.

Die größten Materialdicken, die üblicherweise geschallt werden, liegen bei 5 m, die kleinsten Dicken bei 1 mm. Parallel zum Schallstrahl liegende Fehlstellen lassen sich nur schwer feststellen, da nur ein geringer Teil des Schalls reflektiert wird. Im Stahl können Fehlstellen ab etwa 0,7 mm Breite festgestellt werden.

7.7.1.4 Durchstrahlungsprüfung

Bei der Durchstrahlungsprüfung werden zur Fehlersuche Röntgen- oder Gammastrahlen verwendet. Diese Strahlen können auch feste Stoffe durchdringen. Bei der Durchstrahlungsprüfung befindet sich die Strahlenquelle auf einer Seite des zu prüfenden Werkstückes und ein Röntgenfilm auf der anderen Seite (Abb. 4).

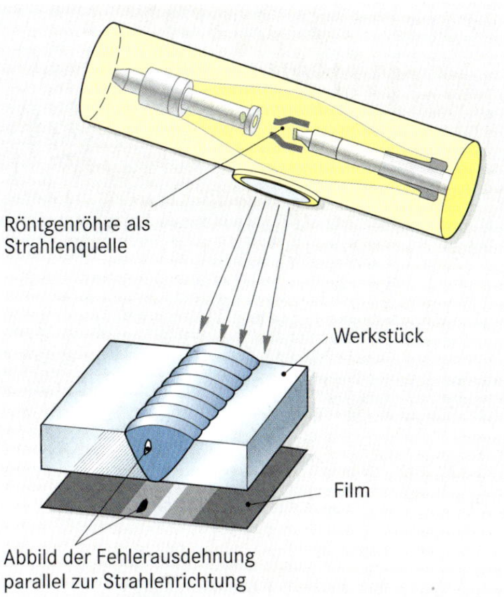

Abb. 4: Röntgenuntersuchung einer Schweißnaht

Beim Durchdringen des Prüfkörpers werden die Strahlen in Abhängigkeit von der Materialdicke unterschiedlich stark geschwächt. Dadurch wird der Film mehr oder weniger belichtet. Fehler wie Risse, Bindefehler oder Einschlüsse erscheinen auf dem Röntgenfilm als dunkle Flecken.

Strahlenschutz beachten

Röntgen und Gammastrahlen können erhebliche gesundheitliche Schäden verursachen. Daher dürfen Durchstrahlungsgeräte nur in strahlengeschützten Räumen oder in abgesperrten Bereichen durch berechtigtes Fachpersonal betrieben werden.

Die Durchstrahlungsprüfung wird zur Beurteilung von Schweißnähten, zur Prüfung von Gussteilen, und zum Auffinden von Korrosion oder Erosion angewendet.

7.7.2 Zerstörende Prüfverfahren

Die zerstörenden Prüfverfahren werden meist an Proben durchgeführt, die in ihren Eigenschaften denen des zu bewertenden Werkstückes entsprechen müssen.

7.7.2.1 Zugversuch

Beim Zugversuch wird eine genormte Zugprobe in einer Universalprüfmaschine bis zum Bruch mit einer gleichmäßigen Geschwindigkeit gedehnt (Abb. 5). Während des Versuchs werden die Zug-kraft und die Probenverlängerung gemessen

und als Kraft-Verlängerungs-Diagramm aufgezeichnet. Aus diesem wird das Spannungs-Dehnungs-Diagramm errechnet. Aus dem Spannungs-Dehnungs-Diagramm lassen sich wichtige Kenngrößen eines Werkstoffes ablesen.

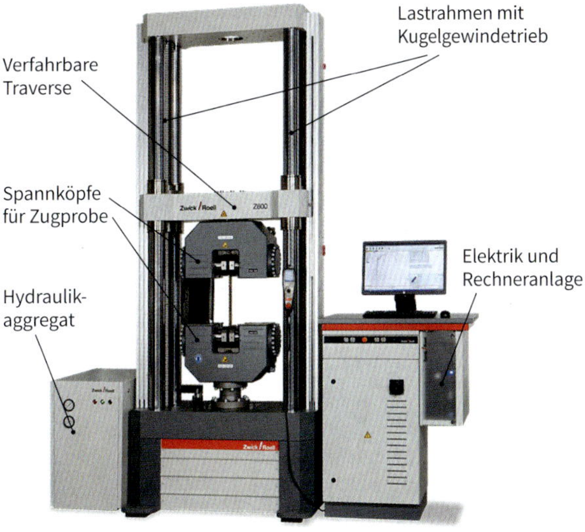

Abb. 5: Universalprüfmaschine

In der Regel verwendet man Rundproben. Aus Blechen werden Flachproben gefertigt.

In der Abbildung 1 (nächste Seite) ist das Spannungs-Dehnungs Diagramm für einen unlegierten Baustahl zu sehen. Zunächst verläuft der Anstieg der Kurve geradlinig. Die wirkende Spannung ist der entstandenen Dehnung proportional. Der Werkstoff verhält sich in diesem Bereich elastisch.

Bei weiterer Steigerung der Zugkraft tritt zusätzlich neben dieser elastischen auch eine plastische Verlängerung auf.

Das Diagramm zeigt im weiteren Verlauf eine Unstetigkeit. Trotz zunehmender Dehnung bleibt die Spannung gleich oder fällt sogar ab. Der Werkstoff „fließt", wodurch eine Verfestigung eintritt.

Man unterscheidet die obere Streckgrenze R_{eH}, bei der das Fließen beginnt, und die *untere Streckgrenze* R_{eL}, bei der dieser Vorgang abgeschlossen ist. Als Werkstoffkennwert wird im Allgemeinen die *obere Streckgrenze* R_{eH} angegeben. Sie dient als Grundlage für die Berechnung und Konstruktion von Bauteilen (→📖).

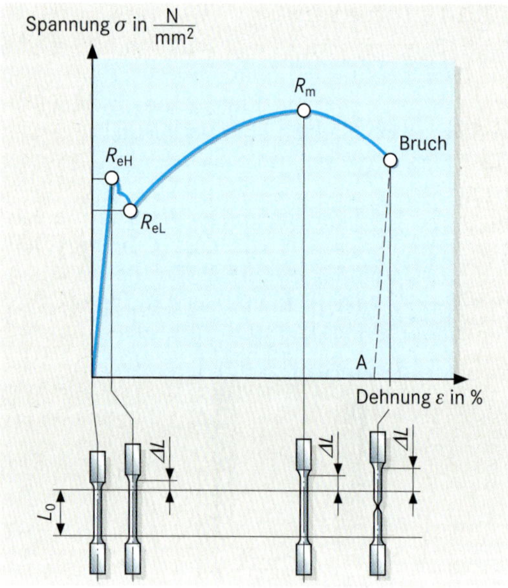

Abb. 1: Spannungs-Dehnungs-Diagramm eines unlegierten Baustahls

Nach Überschreiten der unteren Streckgrenze steigt die Spannung wieder und die Dehnung nimmt rasch zu. Die Kurve erreicht ihren höchsten Spannungswert, die *Zugfestigkeit* R_m. Der Probestab beginnt sich bei weiterer Belastung einzuschnüren, die Kurve fällt deutlich ab. Bei abnehmender Spannung nimmt die Dehnung deutlich ab, bis die Probe zerreißt.

Als Verformungskennwert wird die *Bruchdehnung A* angegeben. Sie ist das Verhältnis aus der Längenzunahme ΔL und der Anfangslänge L_0. Die Längenänderung wird nicht aus dem Diagramm ermittelt, sondern an den zusammengelegten Probenteilen. Die Bruchdehnung dient zur Beurteilung der Verformbarkeit eines Werkstoffes.

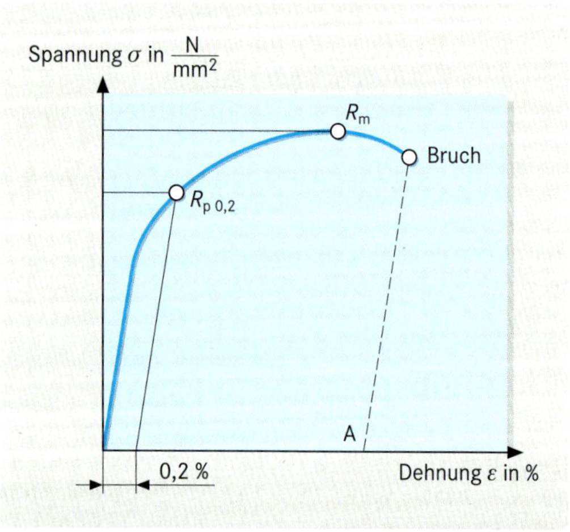

Abb. 2: Spannungs-Dehnungs-Diagramm mit 0,2 %-Grenze

Die oben beschriebene Streckgrenze tritt nur bei zähen Werkstoffen auf. Bei den anderen Metallen gibt man statt der Streckgrenze R_{eH} die 0,2 %-Dehngrenze $R_{p0,2}$ an. Das ist die Spannung, bei der nach Entlastung eine Dehnung von 0,2 % der Anfangslänge zurückbleibt. Das Spannungs-Dehnungs-Diagramm weist hier einen stetigen Übergang vom elastischen in den plastischen Bereich auf (Abb. 2).

7.7.2.2 Kerbschlagbiegeversuch

Zur Prüfung der Zähigkeit von Werkstoffen wird der Kerbschlagbiegeversuch herangezogen. Hierbei wird das Verhalten eines Werkstoffes bei schlagartiger Beanspruchung bei einer bestimmten Temperatur untersucht. Es werden genormte Proben mit einer U-förmigen oder V-förmigen Kerbe verwendet.

Die Probe wird in ein Pendelschlagwerk gegen zwei Widerlager gelegt und mit einem einzigen Schlag entweder durchgebrochen oder durch die Widerlager gezogen (Abb. 3). Der durchschwingende Hammer nimmt einen Schleppzeiger mit, sodass auf einer Skala direkt die verbrauchte Schlagarbeit abgelesen werden kann.

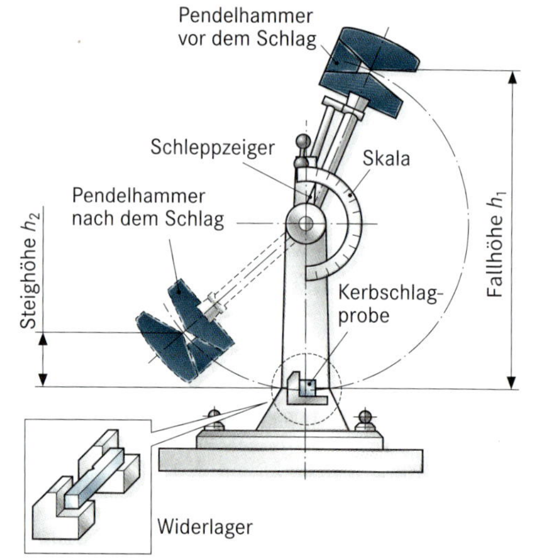

Abb. 3: Pendelschlagwerk mit Probe

Je zäher ein Werkstoff ist, umso mehr wird der Hammer abgebremst und umso größer ist die entsprechende Kerbschlagarbeit. Die *Kerbschlagarbeit* wird in Joule (J) angegeben (➜📖).

Die Kerbschlagarbeit ist auch von der Temperatur des Werkstoffs abhängig. Mit sinkender Temperatur sinkt die Kerbschlagarbeit.

Das Aussehen des Bruches ist ebenfalls ein wichtiges Auswertungskriterium.

7.7.2.3 Härteprüfung

Die Härteprüfung wird meist mit Universal-Prüfmaschinen durchgeführt (Abb. 4). Die Prüfung kann am Werkstück selbst erfolgen, weil nur geringe Eindrücke auf der Werkstückoberfläche entstehen.

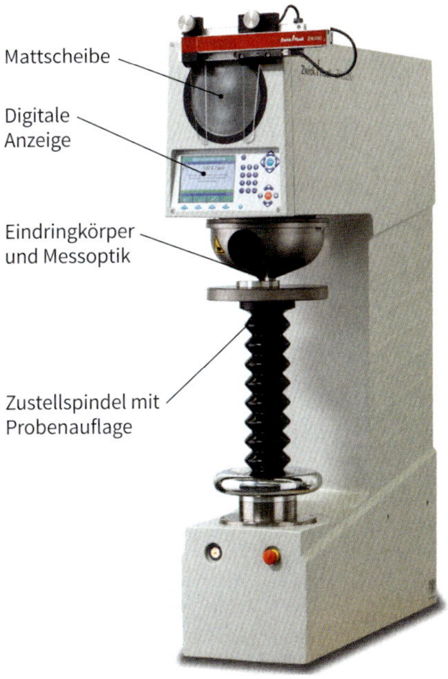

Abb. 4: Universal-Härteprüfmaschine

Härteprüfung nach Brinell

Bei der Härteprüfung nach Brinell wird eine polierte Hartmetallkugel mit einer festgelegten Kraft senkrecht in die ebene, metallisch blanke Oberfläche des Prüfstückes gedrückt (Abb. 5). Der Durchmesser *D* der Kugel ist genormt und beträgt 1 mm, 2,5 mm, 5 mm und 10 mm. Beim Prüfen ist der Kugeldurchmesser so groß wie möglich zu wählen. Bei ausreichender Probendicke sollte der Kugeldurchmesser 10 mm betragen.

Die Prüfkraft *F* soll so gewählt werden, dass der Eindruckdurchmesser $d = 0{,}24 \ldots 0{,}6\ D$ beträgt. Die Prüfkraft ist daher in Abhängigkeit von Werkstoff und Härte des Prüfstückes festzulegen. Das wird durch den Beanspruchungsgrad $= 0{,}102 \cdot F/D^2$ berücksichtigt. Der Beanspruchungsgrad sollte dem Wert 1; 5; 10; 15 oder 30 entsprechen. In Abhängigkeit vom Beanspruchungsgrad kann die Prüfkraft aus Tabellen entnommen werden.

Die Einwirkdauer der Prüfkraft beträgt in der Regel 10 bis 15 Sekunden.

Nach Entlasten wird der Eindruckdurchmesser *d* mithilfe einer optischen Vergrößerung ausgemessen und der Mittelwert aus zwei senkrecht aufeinander stehenden Durchmessern gebildet.

Die Brinellhärte wird aus der Prüfkraft *F* und der Oberfläche des Kugeleindruckes *A* auf der Probe berechnet.

$$\text{HBW} = \frac{0{,}102 \cdot F}{A} = 0{,}102 \cdot \frac{2F}{\pi \cdot D\,(D - \sqrt{D^2 - d^2})}$$

Der angegebene Zahlenfaktor 0,102 ist der Kehrwert der Erdbeschleunigung *g* von 9,81 und dient zur Umrechnung der Kraft.

In der Praxis wird der Härtewert meist aus entsprechenden Tabellen entnommen.

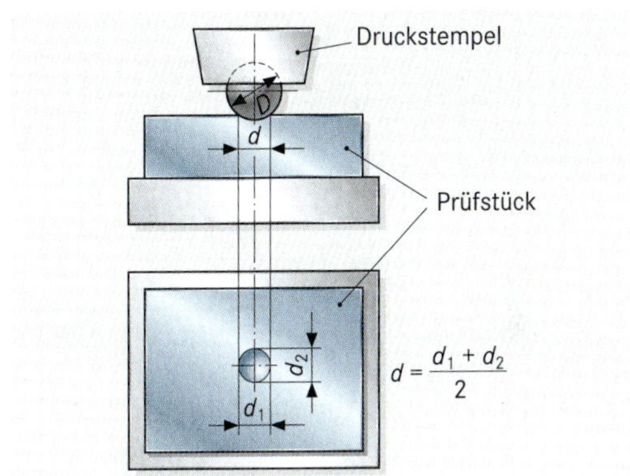

Abb. 5: Härteprüfung nach Brinell

Eine Härteangabe enthält neben dem Härtewert auch die Prüfbedingungen:

350 HBW 5/750/20

- Härtewert
- Brinellhärte
- Kugeldurchmesser 5 mm
- Prüfkraft 7,355 kN (750 · 1/0,102 N ≈ 7355 N)
- Einwirkdauer 20 s (keine Angabe bei der Dauer 10 … 15 s)

Die Härteprüfung nach Brinell eignet sich zur Härtebestimmung von nicht gehärteten Werkstoffen, z. B. unlegierten Baustählen, und Werkstoffen mit ungleichmäßigen Gefügen, z. B. Gusseisen.

Aus der Brinellhärte lässt sich näherungsweise die Zugfestigkeit unlegierter und niedriglegierter Stähle bestimmen.

$$R_m \approx 3{,}5 \cdot \text{HBW} \qquad \text{in N/mm}^2$$

Härteprüfung nach Vickers

Bei der Härteprüfung nach Vickers wird eine vierseitige Diamantpyramide mit einem Spitzenwinkel von 136° mit einer Prüfkraft *F* senkrecht in das Prüfstück eingedrückt (Abb. 1, nächste Seite).

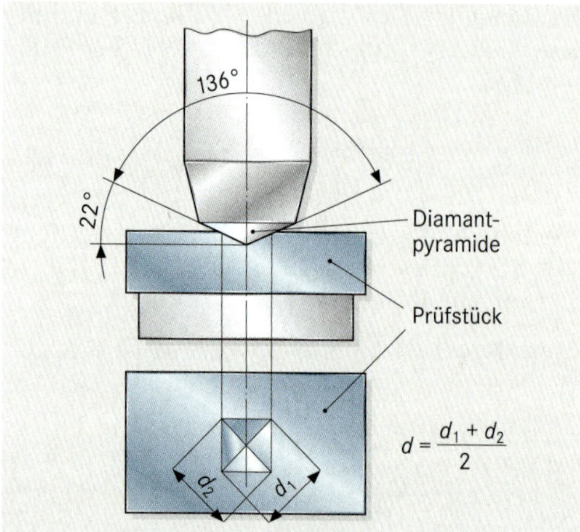

Abb. 1: Härteprüfung nach Vickers

Die Prüfkräfte sind genormt und entsprechend dem zu überprüfenden Härtewert aus Tabellen zu entnehmen (→📖). Nach Entlasten werden die Diagonalen d_1 und d_2 des Eindruckes mithilfe einer optischen Vergrößerung ausgemessen und deren Mittelwert d errechnet.

Die Vickershärte errechnet sich aus der Prüfkraft F und der Eindruckoberfläche A auf der Probe.

$$\mathrm{HV} = \frac{0{,}102 \cdot F}{A} \approx \frac{0{,}1891 \cdot F}{d^2}$$

Der Härtewert wird in der Praxis mithilfe entsprechender Tabellen ermittelt.

Eine Härteangabe enthält neben dem Härtewert auch die Prüfbedingungen:

250 HV 100/30

Härtewert
Vickershärte
Prüfkraft 0,98 kN
(100 · 1/0,102 N ≈ 980,7 N)
Einwirkdauer 30 s
(keine Angabe bei der Dauer 10 … 15 s)

Die Härteprüfung nach Vickers eignet sich zur Härtebestimmung von besonders harten Werkstoffen, dünnwandigen Werkstücken und harten Randzonen.

Härteprüfung nach Rockwell

Bei der Härteprüfung nach Rockwell wird ein Prüfkörper in zwei Stufen in das Prüfstück gedrückt. Zuerst wird die Oberfläche des Prüfstückes mit einer Prüfvorkraft F_0 = 98,07 N vorbelastet und die Skala der Messuhr auf Null gestellt (Abb. 2).

Danach wird der Prüfkörper mit der Prüfzusatzkraft belastet. Nach einer Einwirkdauer von zwei bis sechs Sekunden wird die Prüfzusatzkraft abgehoben, sodass nur noch die Prüfvorkraft wirksam ist.

Die bleibende Eindringtiefe des Prüfkörpers in das Prüfstück ist das Maß für die Rockwellhärte. Die Rockwellhärte wird direkt an der Messuhr abgelesen.

Um verschieden harte Werkstoffe prüfen zu können, werden unterschiedliche Prüfkörper und Prüfzusatzkräfte eingesetzt (→📖).

Für harte Werkstoffe wird ein Diamantkegel mit einem Spitzenwinkel von 120° verwendet, z. B.:

- **HRC** für gehärtete Stähle,
- **HRA** für Hartmetall.

Für weiche Werkstoffe wird eine gehärtete Stahlkugel von 1,5875 mm oder 3,175 mm Durchmesser verwendet, z. B:

- **HRB** für Werkstoffe mittlerer Härte,
- **HRF** für kaltgewalzte Stahlbleche.

Die weiteste Verbreitung in Deutschland hat das Rockwell-C-Verfahren.

Eine Härteangabe besteht aus dem Härtewert und dem Zeichen für das angewandte Verfahren:

50 HRC

Härtewert
Rockwellhärte C

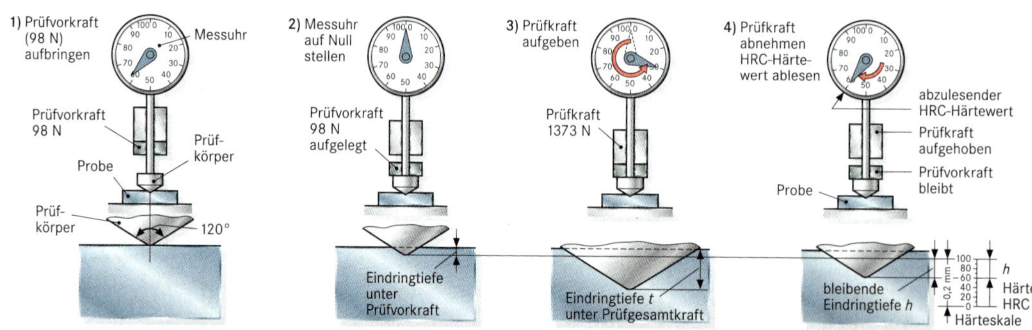

Abb. 2: Härteprüfung nach Rockwell

Mobile Härteprüfung

Bei großen Bauteilen oder an schwer zugänglichen Bauteilstellen wird die Härteprüfung mit kleinen tragbaren Geräten durchgeführt. Gebräuchlich sind zwei unterschiedliche Messverfahren.

Beim *UCI-Verfahren* wird ein Stab in Längsrichtung zu Schwingungen angeregt. An einem Ende sitzt ein Vickersdiamant. Dieser wird durch Federkraft in die zu prüfende Werkstückoberfläche gedrückt. Aus der gemessenen Frequenzänderung wird die Härte des Werkstoffes berechnet und an einem Display angezeigt (Abb. 3).

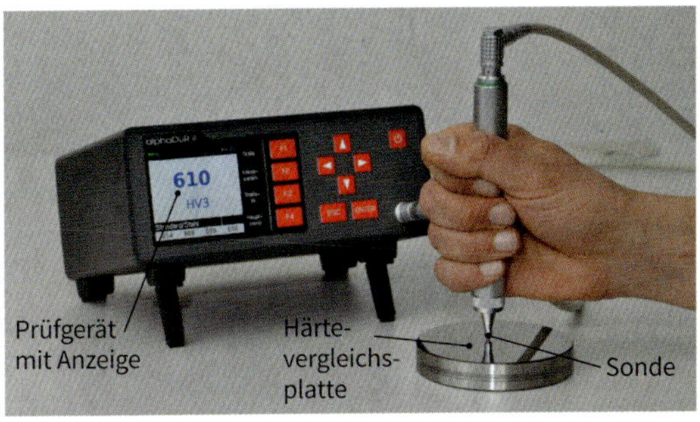

Abb. 3: UCI-Härteprüfgerät

Das UCI-Verfahren eignet sich für die Prüfung von feinkörnigen Materialien mit nahezu allen Formen und Größen. Im Maschinenbau werden damit z. B. Kugellager, Wellen oder Zahnräder geprüft.

Das *Rückprallverfahren* ist ein dynamisches Härtemessverfahren. Über Federkraft wird eine Hartmetallkugel auf die Werkstückoberfläche geschleudert. Aus dem Geschwindigkeitsverlust zwischen Auf- und Rückprall wird der Härtewert berechnet und digital angezeigt (Abb. 4).

Abb. 4: Härteprüfung mit dem Rückprallverfahren

Die Rückprall-Härteprüfung wird vor allem an großen Bauteilen mit rauer Oberfläche, an Schmiedeteilen mit inhomogener Oberflächenstruktur sowie an Gussmaterialien durchgeführt.

Beide Verfahren können in jede Richtung messen. Die Sonde bzw. das Schlaggerät werden auf die Werkstoffoberfläche aufgesetzt und die Messung ausgelöst. Eine automatische Umwertung in andere Härtewerte wie Brinell, Rockwell oder Vickers ist möglich.

Aufgaben

1. Geben Sie die Aufgaben einer Schadensanalyse an.

2. Welchen Zweck hat die Untersuchung von Schadensbildern bei einer Schadensanalyse?

3. Analysieren Sie das in Abschnitt 7.6.2 dargestellte Pareto-Diagramm. Geben Sie zwei geeignete Maßnahmen an, um die Fehlerhäufigkeit deutlich zu verringern.

4. Beschreiben Sie die Unterschiede zwischen einem Trennbruch und einem Verformungsbruch. Bei welchen Werkstoffen treten die Brüche jeweils auf?

5. Beschreiben Sie das Aussehen eines Dauerbruches.

6. Geben Sie mögliche Ursachen für die Kerbwirkung an Bauteilen an.

7. a) Wie kann an einem hoch beanspruchten Wellenabsatz die Kerbwirkung verringert werden?

b) Begründen Sie die Maßnahme.

8. Geben Sie die zerstörungsfreien Prüfverfahren an, mit denen sich folgende Werkstofffehler ermitteln lassen:

a) Härteriss in einem Bolzen,

b) Schlackeneinschlüsse in einer Schweißnaht,

c) Oberflächenriss in einer Schweißnaht,

d) Oberflächenrisse in Aluminiumgussstücken,

e) Korrosion an einer Rohrinnenwand.

9. Beschreiben Sie die Arbeitsschritte zum Prüfen eines Gussgehäuses auf Oberflächenfehler mit dem Eindringverfahren.

10. Welche Werkstoffkennwerte werden mit einem Zugversuch ermittelt? Erläutern Sie die Kennwerte.

11. Ein Zugversuch wurde mit einer Probe von d_0 = 10 mm und einer Anfangslänge L_0 = 50 mm durchgeführt. Die Messergebnisse betrugen:

Höchstzugkraft F_m = 34 542 N

Zugkraft bei der Streckgrenze F_e = 20 620 N

Messlänge nach dem Bruch L_u = 57,3 mm

Berechnen Sie die Werkstoffkennwerte Zugfestigkeit, Streckgrenze und Bruchdehnung.

12. Erläutern Sie die Werkstoffeigenschaften „spröde“ und „zäh“ anhand der Ergebnisse eines Kerbschlagbiegeversuches.

13. Ein Stirnrad soll die Härte 58+3 HRC aufweisen.

a) Wählen Sie ein geeignetes Härteprüfverfahren.

b) Beschreiben Sie den Prüfvorgang.

14. Erläutern Sie die Härteangabe:

100 HBW 2,5/62,5/20.

SCHNECKENRADWELLE

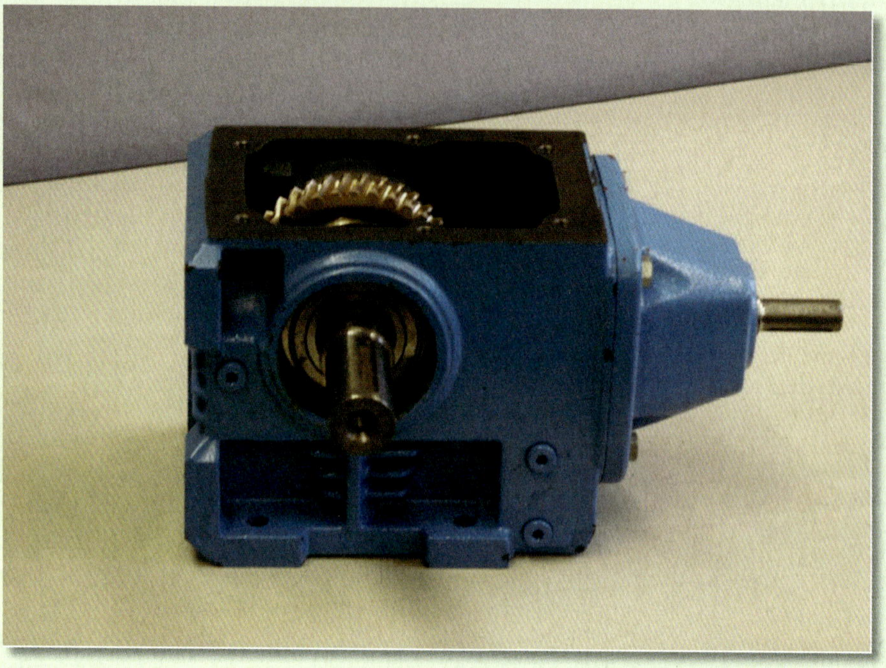

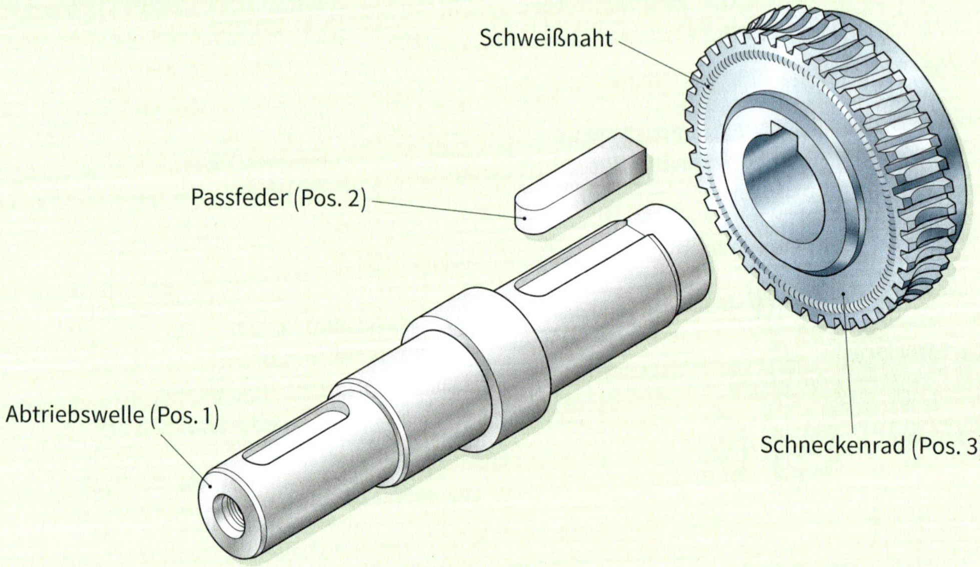

FERTIGEN AUF NUMERISCH GESTEUERTEN WERKZEUGMASCHINEN

8

GESAMTAUFTRAG

Die Abtriebswelle (Pos. 1) des Schneckengetriebes soll neu konstruiert werden, um die aufwendige Schweißkonstruktion des Schneckenrades (Pos. 3) zu vermeiden. Das aus einer Kupfer-Zink-Gusslegierung gefertigte Schneckenrad wird stark auf Verschleiß beansprucht und muss bei einer Instandsetzung ausgetauscht werden können.

Das neue Schneckenrad wird direkt auf die Welle aufgeschraubt. Außerdem soll das abtriebsseitige Wellenende zusätzlich einen Kegelsitz mit Gewinde nach **DIN 1448** erhalten.

Zuerst wird für eine Erprobungsphase ein Prototyp benötigt. Nach der Erprobungsphase soll die Welle dann in Serie hergestellt werden.

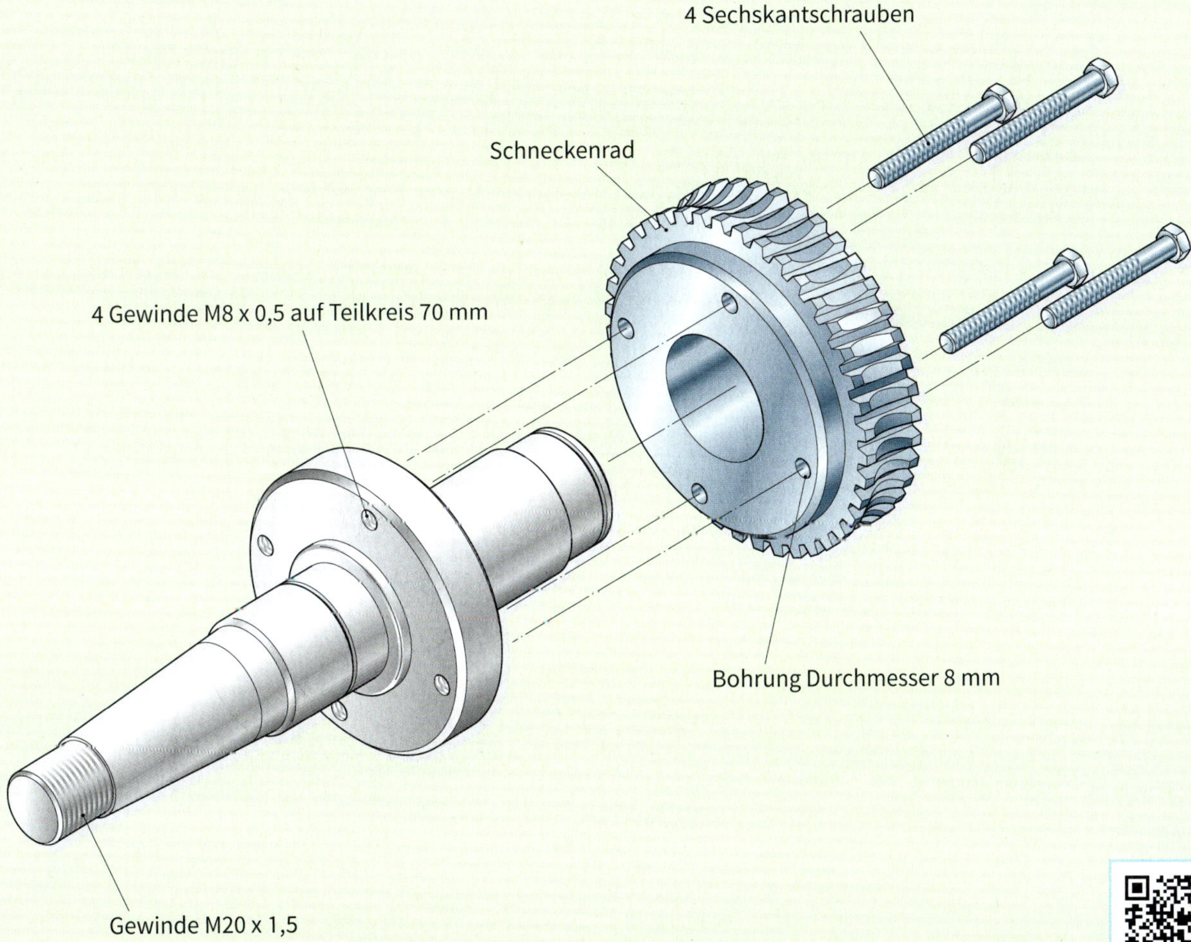

auch über Web-Link

ANALYSE

Aufbau der Schneckenradwelle mit Schneckenrad

Bei der bisherigen Ausführung der Schneckenradwelle wurde das Schneckenrad als Schweißkonstruktion von zwei unterschiedlichen Werkstoffen ausgeführt. Die Nabe des Schneckenrades ist aus **S 235 JO** gefertigt. Dieser Baustahl ist für eine mittlere Belastung bei Wellen ausgelegt und gut schweißbar.

Für die Übertragung von Drehmomenten über eine Passfederverbindung (Pos. 2) ist dieser Werkstoff besser geeignet als der Werkstoff des Schneckenradkranzes. Die auftretende Flächenpressung in der Passfederverbindung führt im Material des Schneckenradkranzes zu Verformungen.

Der Schneckenradkranz ist aus **Cu Zn 16 Si 4 - C** hergestellt. Diese Kupfer-Zink-Gusslegierung bietet hervorragende Gleiteigenschaften und ist daher gut für die Herstellung von Schneckenradkränzen geeignet.

Um die beiden Werkstoffe verbinden zu können, wurde das Verfahren des Elektronenstrahlschweißens angewendet. Elektronenstrahlschweißen ermöglicht das Verbinden unterschiedlicher Metalle und verringert die Gefahr des Wärmeverzugs, da die Wärmeeinflusszone sehr klein ist. Ein Verzug des Schneckenrades würde das Bauteil unbrauchbar machen. Dieses Verfahren ist allerdings aufwendig und teuer.

Neukonstruktion der Schneckenradwelle

An der neuen Schneckenradwelle soll ein Schneckenradkranz zum Einsatz kommen, der ganz aus Cu Zn 16 Si 4 - C gefertigt ist, damit das Elektronenstrahlschweißen entfallen kann.

Dazu ist es notwendig, das Schneckenrad mit vier Schrauben M8 x 0,5 mit der Welle zu verbinden. Es wurde eine Verschraubung gewählt. Dadurch wird aus einer formschlüssigen Verbindung eine kraftschlüssige Verbindung.

Die Verwendung von Schrauben mit Feingewinde sorgt für eine Selbsthemmung im Gewinde und verhindert ein selbstständiges Lösen der Schraubverbindung.

Durch die Änderung in der Konstruktion der Welle benötigt man einen größeren Ausgangsdurchmesser des Rohteils.

Durch die Änderung des Wellenendes von einer Passfederverbindung auf einen Kegelsitz mit Gewinde nach **DIN 1448** wird auch aus dieser formschlüssigen eine kraftschlüssige Welle-Nabe-Verbindung. Dies ermöglicht eine einfache, spielfreie Zentrierung der Nabe. Gleichzeitig können hohe Drehmomente übertragen werden.

8.1 CNC-Drehen

ARBEITSAUFTRAG

Der Prototyp der abgeänderten Getriebewelle ist auf einer CNC-Drehmaschine herzustellen. Nötige Änderungen an der Welle in der Erprobungsphase können so schnell und einfach durch Änderung des Programms berücksichtigt werden. Alle Maße, Toleranzen und Oberflächenangaben für die Fertigung sind der Einzelteilzeichnung zu entnehmen.

8.1.1 Zeichnungsanalyse

Für die Fertigung der Welle liegt eine Einzelteilzeichnung vor (Abb. 1). Die Längenangaben sind mit steigender Bemaßung (Bezugsbemaßung) ausgeführt.

Diese Bemaßung erleichtert die Fertigung des Werkstückes, insbesondere die Programmierung vom Nullpunkt aus (Abb. 2).

Bei steigender Bemaßung gelten folgende Regeln.

① Bei dieser Maßeintragung werden alle Maße von einem gemeinsamen Ursprung aus auf einer Maßlinie angegeben.

② Die Eintragung der Maße kann an den Maßhilfslinien erfolgen. Die Eintragungsrichtung liegt in einem 90° - Winkel zur Maßlinie.

③ Die Maßzahlen dürfen über der zugehörigen Maßlinie in Leserichtung eingetragen werden.

④ Wird auf denselben Ursprung bezogen ein Maß in Gegenrichtung eingetragen, wird die Maßzahl mit einem Minuszeichen versehen.

⑤ Bei Platzmangel dürfen zwei oder mehrere Maßzahlen in einer Richtung nebeneinander eingetragen werden.

⑥ Die steigende Bemaßung kann auch mit abgebrochenen Maßlinien eingetragen werden.

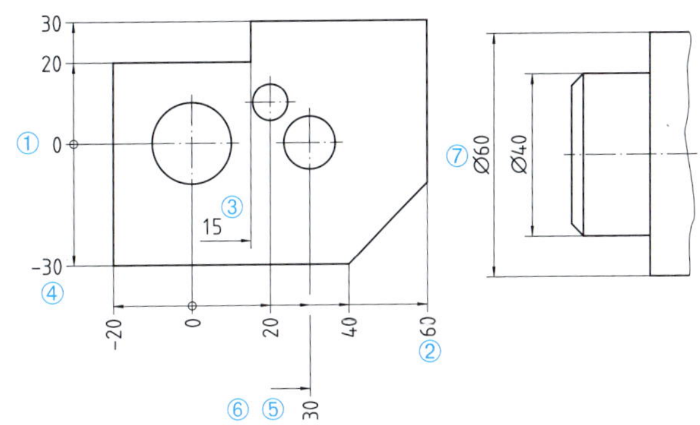

Abb. 2: Steigende Bemaßung

⑦ Durchmesserangaben von Drehteilen werden auch in einer Zeichnung mit steigender Längenbemaßung in Parallelbemaßung eingetragen.

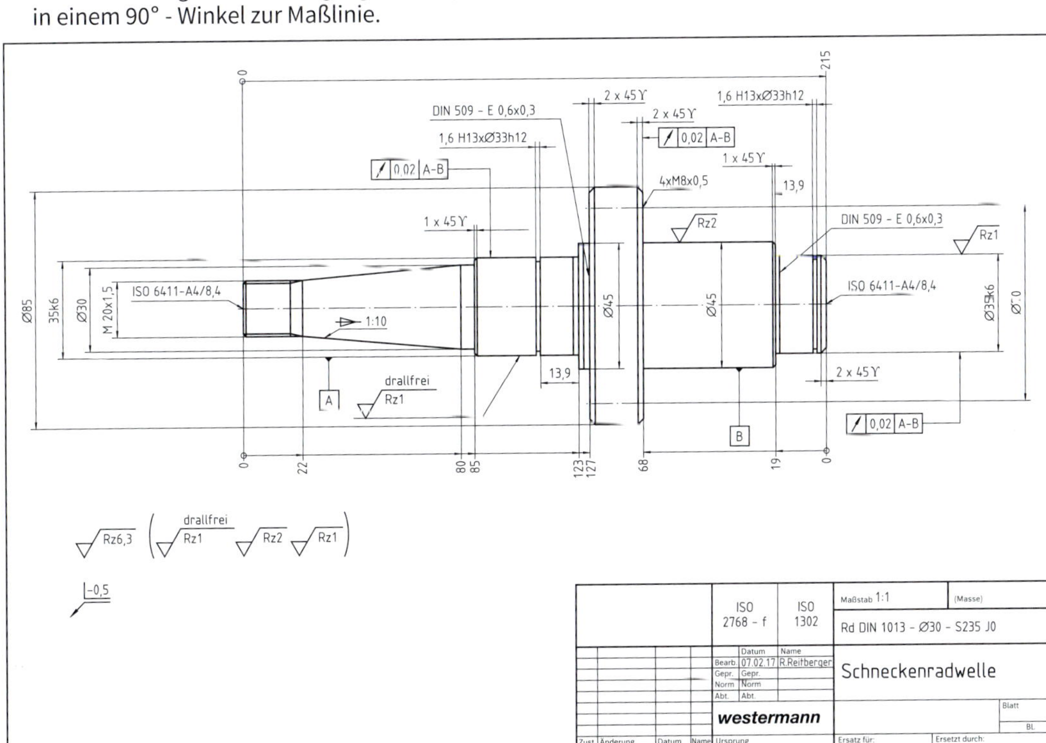

Abb. 1: Schneckenradwelle

Informieren

8.1.2 Begriffe der numerischen Steuerung

Für die Bearbeitung von Werkstücken können CNC-Werkzeugmaschinen verwendet werden, die eine rechnergestützte Steuerung der Bewegungen ermöglichen (Abb. 1).

Numerisch gesteuerte Werkzeugmaschinen verarbeiten buchstaben- und zahlenmäßig eingegebene Informationen. Innerhalb des Bearbeitungsprozesses werden durch Steuern bzw. Regeln bestimmte Positionen zwischen Werkzeug und Werkstück erzielt.

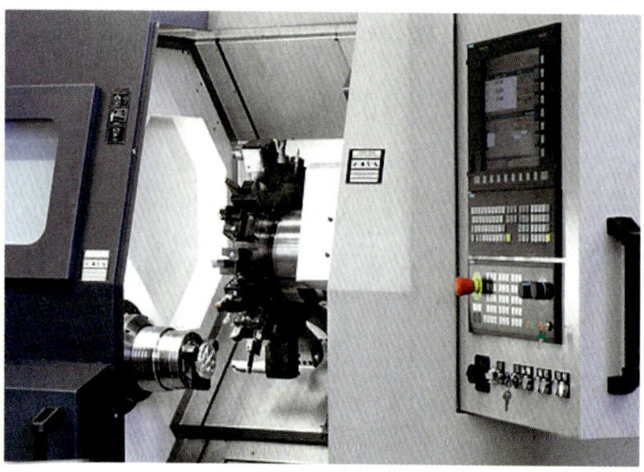

Abb. 1: CNC-Drehmaschine

Begriff NC- und CNC-Steuerung

Der Begriff NC-Steuerung bedeutet numerische Steuerung oder auch Steuern über einen Zahlencode.

N – Numeric
C – Control

Diese Steuerung verfügt nicht über einen eigenen Speicher und ist bei älteren Maschinen zu finden. Der Nachteil bei diesen Maschinen ist, dass jeder Arbeitsschritt in Abschnitten eingelesen und eingearbeitet werden muss.

C – Computerized
N – Numeric
C – Control

Moderne Maschinen verfügen über eine CNC-Steuerung. Ein Rechner kontrolliert das gesamte System zur Fertigung. Während des Bearbeitungsprozesses werden ständig die Sollwerte mit den Istwerten verglichen. Die Sollwerte werden über ein eingegebenes Programm dem Rechner übermittelt.

Die Istwerte werden während der Bearbeitung des Werkstückes durch Wegmesssysteme und Drehzahlgeber ermittelt.

CNC-Steuerungen werden für fast alle Werkzeugmaschinen, so z. B. Dreh-, Fräs-, Stanz-, Biege- und Schleifmaschinen, sowie Brennschneideautomaten eingesetzt.

Fertigen

8.1.3 CNC-Drehmaschinen

Eine CNC-Drehmaschine ist ähnlich einer Universaldrehmaschine aufgebaut. Bei den einzelnen Baueinheiten bestehen allerdings einige Unterschiede.

8.1.3.1 Baueinheiten

Im Gegensatz zu einer konventionellen Drehmaschine kommen bei einer CNC-Drehmaschine mehrere Elektromotoren zum Einsatz. Alle Antriebsmotoren können unabhängig voneinander und unabhängig vom Hauptantrieb gesteuert werden.

Der *Hauptantrieb* besitzt einen eigenen Elektromotor, der über einen Riementrieb mit der Arbeitsspindel verbunden ist (Abb. 3, nächste Seite).

Er kann stufenlos geregelt werden und ermöglicht eine stufenlos einstellbare Schnittgeschwindigkeit.

Dadurch kann z. B. beim Plandrehen die Schnittgeschwindigkeit nahezu konstant gehalten werden, obwohl sich der wirksame Durchmesser ständig ändert.

Die Drehrichtung der Spindel kann im Rechts- oder Linkslauf erfolgen. An der Spindel sitzt die Werkstückaufnahme.

Jeder *Vorschubantrieb* besitzt einen eigenen Elektromotor. Sie gestatten einen stufenlosen Vorschub. Die Vorschubantriebe besitzen einen Kugelgewindetrieb (Abb. 2). Der Kugelgewindetrieb wandelt die Drehbewegung des Vorschubmotors in eine in Längsrichtung spielfreie Bewegung des Werkzeugschlittens bei geringer Reibung um.

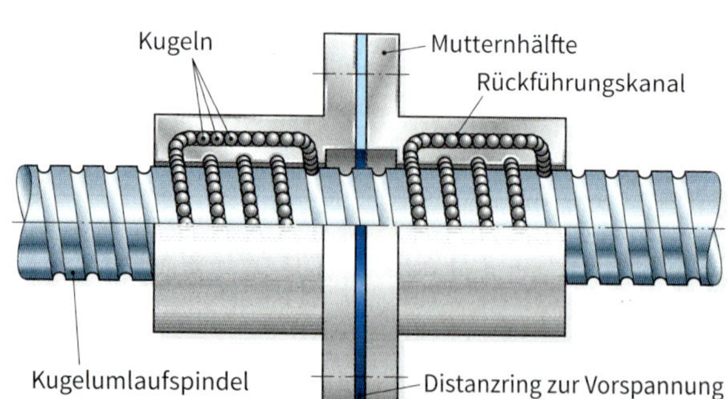

Abb. 2 Kugelgewindetrieb

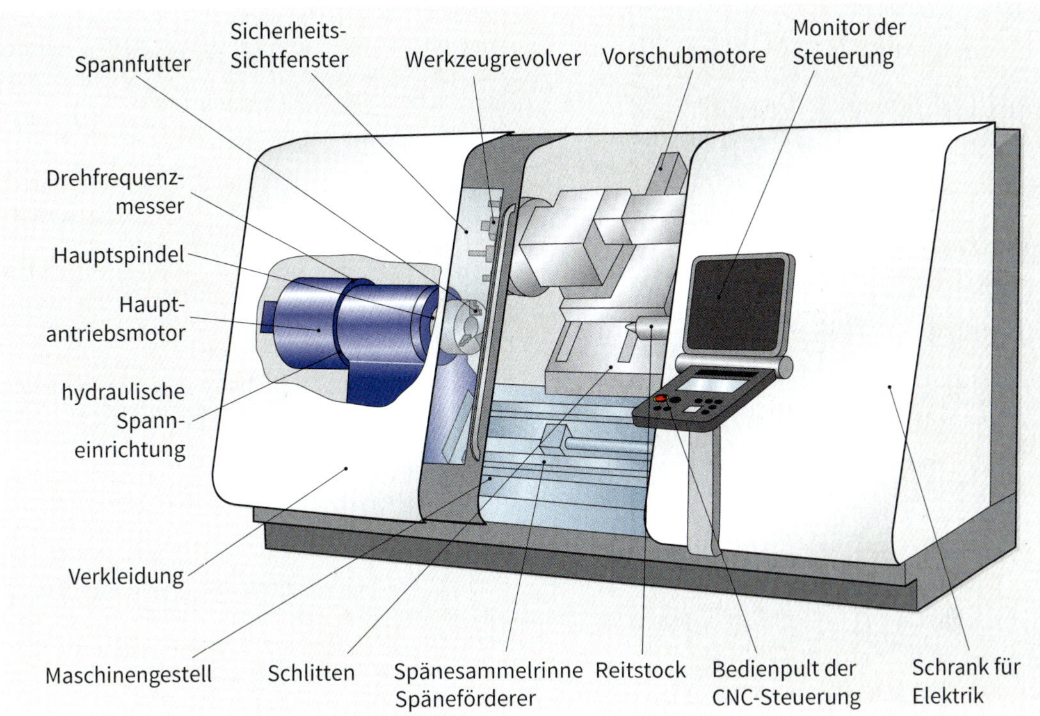

Abb. 3: Aufbau einer CNC-Schrägbettdrehmaschine

Für einen automatischen Fertigungsablauf ist es notwendig, dass die Maschine selbstständig unterschiedliche Werkzeuge einwechseln kann. CNC-Drehmaschinen sind für diesen Zweck mit einem *Werkzeugrevolver* ausgerüstet (Abb. 4).

Im Werkzeugrevolver können auch angetriebene Werkzeuge eingesetzt werden.

Abb. 4: Werkzeugrevolver (Sternrevolver)

Der Werkzeugrevolver sitzt bei CNC-Drehmaschinen in der Regel hinter der Drehmitte. Dadurch wird in Verbindung mit dem als *Schrägbett* ausgeführten Maschinenbett (Abb. 3) ein guter Abfluss von Spänen und Kühlschmierstoffen erreicht. Dies führt zu einer geringen Erwärmung und Wärmeausdehnung der Maschine und ist eine wichtige Voraussetzung für eine hohe Fertigungsgenauigkeit.

In der *Steuerung* werden alle für die Fertigung erforderlichen Daten verarbeitet und an die Maschine weitergegeben. Für die Programmeingabe an einer CNC-Maschine bestehen mehrere Möglichkeiten.

Bei allen Maschinen kann das Programm von Hand durch das Bedienfeld (Abb. 1, nächste Seite) in die Steuerung eingegeben werden.

Meist wird das Programm allerdings über eine Datenleitung direkt an die Maschine gesendet.

Um die Position des Werkzeugschlittens steuern zu können, muss diese genau erfasst werden.

Die von der *Wegerfassung* ermittelten Positionen werden an die Steuerung übermittelt.

Bei konventionellen Drehmaschinen stellt der Bediener die Positionen (Sollwert) des Werkzeuges an der Maschine ein und überprüft durch Ablesen der Messeinrichtung die Position (Istwert). Bei Abweichungen stellt er nach.

Abb. 1: Bedienfeld einer Steuerung

Bei der CNC-Maschine übernimmt die Aufgabe des Bedieners die Steuerung. Sie übermittelt entsprechend dem Programm die Position (Sollwert) des Werkzeugs an die Vorschubantriebe der Maschine.

Durch das Messsystem überprüft die Maschine die Position (Istwert) und regelt bei Bedarf selbstständig nach. Zusätzlich zu den Positionen werden auch alle Geschwindigkeiten (Schnittgeschwindigkeit, Vorschubgeschwindigkeit) auf die gleiche Weise verarbeitet.

Der Informationsfluss bei einer CNC-Maschine geht somit von der Steuerung zu den Antrieben für die Positionen und Geschwindigkeiten über die Messwerterfassung zurück zur Steuerung (Abb. 2).

So entsteht anders als bei der konventionellen Drehmaschine ein geschlossener Regelkreis.

Zum Schutz der Facharbeiter und der Umwelt besitzt die Maschine einen *geschlossenen Arbeitsraum*.

Dadurch werden wegfliegende Späne abgefangen und ein Austritt von Kühlschmierstoffen verhindert. Ein Sichtfenster ermöglicht jederzeit eine Beobachtung des Fertigungsablaufs.

Für eine automatisierte Fertigung können CNC-Drehmaschinen zusätzlich mit einem Stangenvorschub ausgerüstet werden. Dieser führt das Stangenmaterial durch die Hauptspindel zum Futter. Nach der Fertigstellung und der Entnahme des Werkstückes wird der Maschine neues Rohmaterial zugeführt.

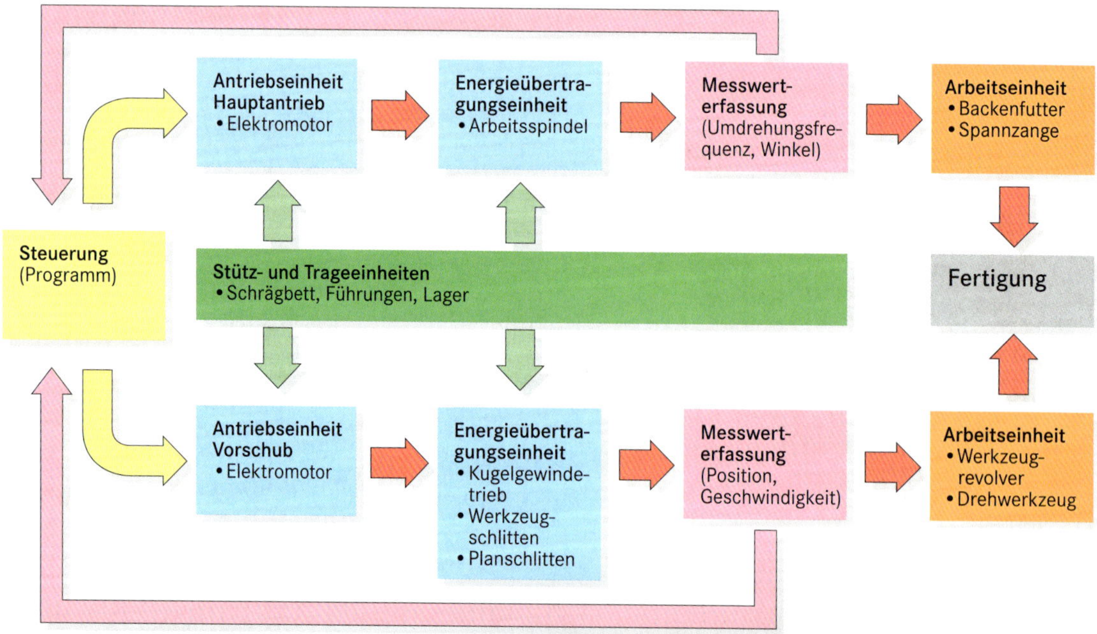

Abb. 2: Energie- und Informationsfluss einer CNC-Drehmaschine

8.1.3.2 Steuerungsarten

Koordinaten

Nach **DIN 66217** verwendet man ein kartesisches Koordinatensystem. Die Koordinatenachsen sind nach den Richtungen der Führungsbahnen ausgerichtet.

Das zweidimensionale Koordinatensystem liegt mit seiner Z-Achse in der Drehachse der Hauptspindel, wobei die positive Richtung vom Futter wegzeigt.

Die X-Achse verläuft in ihrer positiven Richtung von der Drehachse zum Werkzeugträger (Abb. 3).

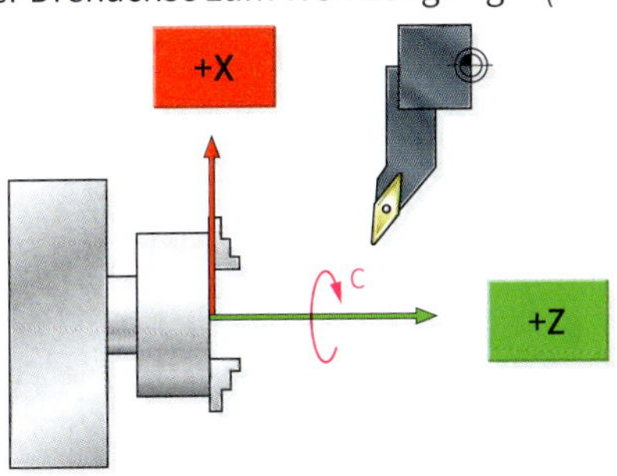

Abb. 3: Lage des Koordinatensystems

Der Drehmeißel der Drehmaschine kann auch vor der Drehmitte liegen (Abb. 4), daher gibt es eine zweite Möglichkeit für die positive Richtung der X-Achse.

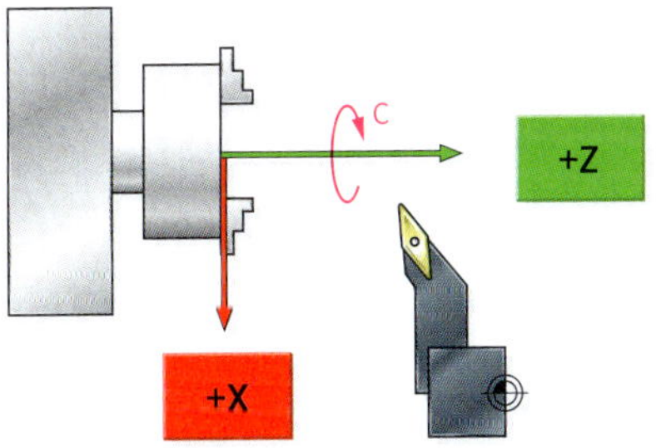

Abb. 4: Meißel vor der Drehmitte

Steuerungen

Bei der CNC-Steuerung von Drehmaschinen kommen 2D-Bahnsteuerungen zum Einsatz. Bei der 2D Bahnsteuerung können die beiden Achsen nacheinander, aber auch gleichzeitig und unabhängig voneinander angesteuert werden.

Dies ermöglicht die Fertigung von zylindrischen, kegelförmigen und kreisförmigen Konturen an Drehteilen (Abb. 5).

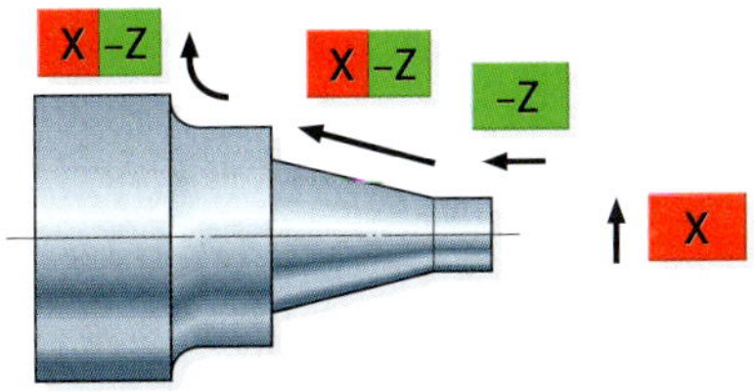

Abb. 5: Konturen an einem Drehteil

8.1.3.3 Spannmittel

In der CNC-Fertigung kommen hauptsächlich Spannmittel für eine automatisierte Fertigung zum Einsatz. Durch sie kann ein automatischer Werkzeugwechsel und eine automatische Zuführung des Rohmaterials erfolgen.

Kraftspannfutter

Häufig werden Dreibackenfutter als Kraftspannfutter eingesetzt (Abb. 6).

Durch sie wird eine sehr genaue Positionierung des Werkstückes bei gleichzeitig hohen Spannkräften erreicht. Diese Futter sind für sehr hohe Drehzahlen geeignet, da sie selbstwuchtend sind. Außerdem sorgt ein Fliehkraftausgleich im Futter dafür, dass eine hohe Spannkraft auch bei hohen Drehzahlen gewährleistet ist.

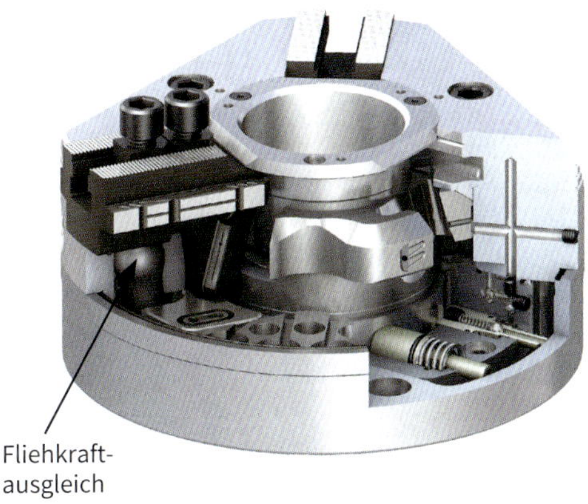

Abb. 6: Kraftspannfutter mit Fliehkraftausgleich

Hydraulische Spannzylinder

Hydraulische Spannzylinder sind gut regelbar. Dadurch kann die Spannkraft dem Werkstück angepasst werden, um z. B. Beschädigungen zu vermeiden. Zusätzlich kann die nachlassende Spannkraft, die durch Fliehkräfte bei hohen Drehzahlen entsteht, nachgeregelt werden. Sie sind nahezu wartungsfrei (Abb. 3.

Abb. 7: Hydraulischer Spannzylinder

Spannzangenfutter

Spannzangenfutter werden überwiegend in der Serienfertigung kombiniert mit einer automatischen Stangenzufuhr eingesetzt. Spannzangenfutter haben meist Schnellwechselzangen. Sie besitzen eine hohe Spanngenauigkeit und eine hohe Wiederholgenauigkeit.

Zusätzlich bieten Spannzangenfutter mit profilierten Innenformen, z. B. ein 6-Kantprofil, ein einfaches und sicheres Spannen von Werkstücken, die von einer zylindrischen Form abweichen (Abb. 1).

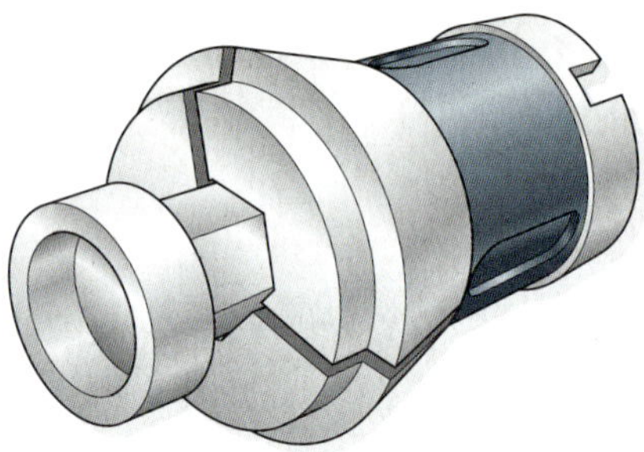

Abb. 1: Spannzange mit profilierter Innenform

Reitstock

Bei CNC-Drehmaschinen besitzt der Reitstock häufig einen eigenen elektrischen Antrieb und kann auf dem Maschinenbett linear verfahren werden. Zusätzlich besitzt die Pinole selbst einen regelbaren hydraulischen Antrieb und kann dadurch automatisch aus- bzw. einfahren.

Werkzeugrevolver

Werkzeugrevolver können als Sternrevolver (Abb. 4, S. 477) oder als Scheibenrevolver (Abb. 2) ausgeführt sein.

Abb. 2: Scheibenrevolver

Werkzeugrevolver enthalten in der Regel sechs bis zwölf Werkzeuge, die von der Maschine selbstständig eingewechselt werden. Sie können außer Drehmeißel auch andere Werkzeuge, wie Bohrer oder Werkzeuge zur Gewindeherstellung, aufnehmen. Diese können auch angetrieben sein.

Wird ein Werkzeug im Revolver von der Steuerung aufgerufen und eingewechselt, werden alle technologischen und geometrischen Daten des Werkzeugs mit aufgerufen und verarbeitet.

Dazu ist es notwendig, die geometrischen Daten des Werkzeuges genau zu kennen. Wichtig ist dabei die Lage der Werkzeugschneide zum Bezugspunkt der Werkzeugaufnahme (Abb. 3).

Die geometrischen Daten des Werkzeugs werden durch Messen erfasst.

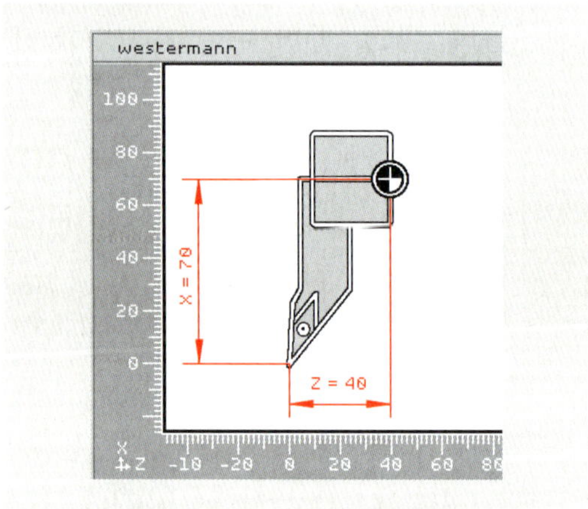

Abb. 3: Lage der Werkzeugschneide zum Bezugspunkt

8.1.3.4 Werkzeugvermessung

Bei der Werkzeugvermessung kommen zwei Verfahren zum Einsatz:

- *interne Vermessung* durch *Messeinrichtung* oder durch Probestück
- *externe Vermessung* durch *Werkzeugvoreinstellgerät*

Interne Werkzeugvermessung

Bei der internen (manuellen) Vermessung wird das in der Maschine eingespannte Werkzeug vermessen.

Bei Maschinen mit einer *optischen Messeinrichtung* wird die Lage der Werkzeugspitze über ein optisches Fadenkreuz ermittelt. Das Werkzeug wird so weit verfahren, bis die Werkzeugspitze richtig im Fadenkreuz liegt (Abb. 4). Dann kann die Lage der Schneide in X-Richtung (Q) und Z-Richtung (L) im Bezug zum Werkzeugeinstellpunkt E ermittelt werden.

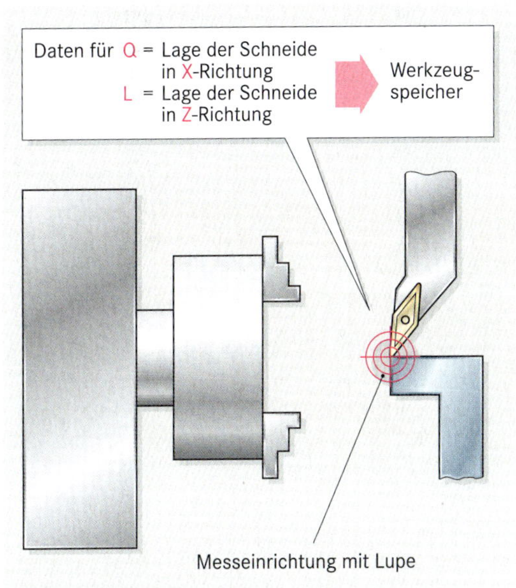

Abb. 4: Lage der Werkzeugschneide im Fadenkreuz

Außer einer optischen Messeinrichtungen können auch *mechanische Messeinrichtungen* zum Einsatz kommen.

Es gibt die Möglichkeit, mit dem Drehmeißel auf eine in der Maschine eingebaute Druckmessdose aufzufahren. Berührt der Meißel die Druckmessdose, wird dies angezeigt und die Werte können in die Steuerung übernommen werden.

Eine andere Möglichkeit ist die Verwendung einer Tasteinrichtung, von der die Schneide abgetastet wird.

Nach der Vermessung der Werkzeugschneide werden die Daten im Werkzeugspeicher abgelegt.

Ist keine der beiden Messeinrichtung verfügbar, wird ein *Probestück* in die Maschine eingespannt und sowohl plan- wie auch längsgedreht. Der entstandene Durchmesser bzw. die entstandene Länge werden gemessen und in die Steuerung eingegeben. Von der Steuerung wird dann die Lage der Werkzeugschneide errechnet. Diese Methode wird auch als *Ankratzmethode* bezeichnet.

Die interne Werkzeugvermessung kommt bei der Einzelteil- bzw. Kleinserienfertigung zum Einsatz. In der Großserienfertigung wird überwiegend die externe Werkzeugvermessung angewendet.

Externe Werkzeugvermessung

Bei der externen Werkzeugvermessung wird ein *Werkzeugvoreinstellgerät* verwendet (Abb. 5).

Das Werkzeug wird in einem genormten Werkzeughalter in das Gerät eingesetzt. Im Messgerät wird die Lage der Werkzeugschneide im Bezug auf den bekannten Bezugspunkt des Werkzeughalters vermessen. Die Vermessung kann optisch erfolgen, aber auch durch einen Tastkopf, der die Lage der Werkzeugschneide abtastet.

Die ermittelten Daten werden manuell in die Steuerung eingegeben oder direkt durch Datentransfer an die Maschine übermittelt.

Der Platz des jeweiligen Werkzeuges im Revolver ist im Werkzeugspeicher unter der Werkzeugnummer abgelegt.

Im Werkzeugspeicher sind auch die geometrischen und technologischen Daten des Werkzeuges abgespeichert (Abb. 6).

Abb. 5: Werkzeugvoreinstellgerät

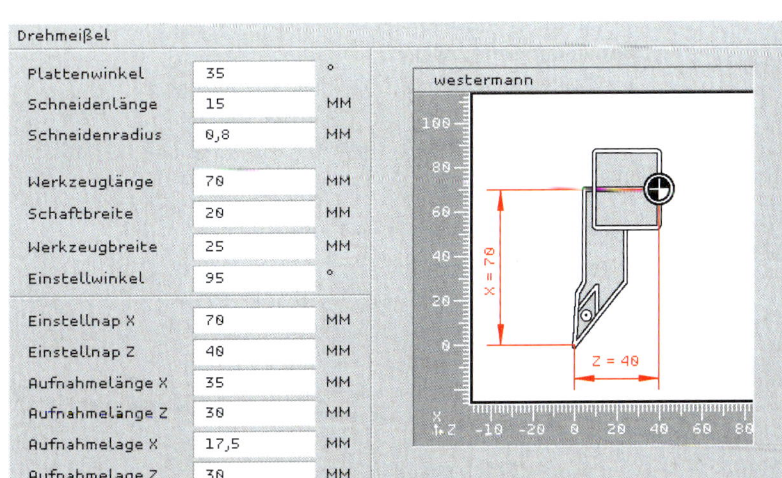

Abb. 6: Geometrische Daten im Werkzeugspeicher

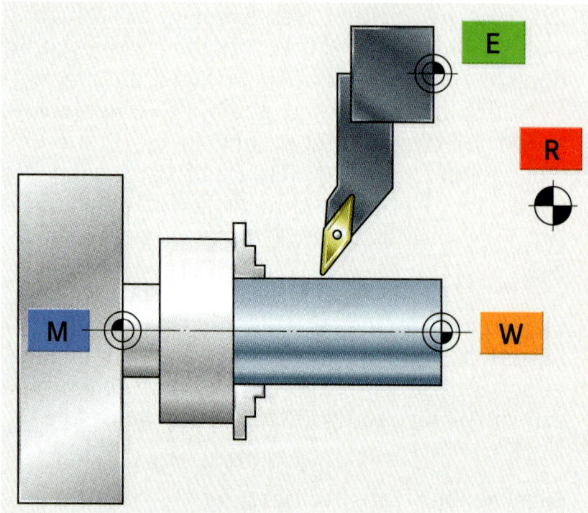

Symbol	Bedeutung	Symbol	Bedeutung
	Maschinen-nullpunkt **M**		Referenz-punkt **R**
	Werkstück-nullpunkt **W**		Werkzeug-einstell-punkt **E**

Abb. 1: Lage der Bezugspunkte

Fertigen

8.1.3.5 Einrichten einer CNC-Drehmaschine

Beim Einrichten einer CNC-Drehmaschine sind folgende Arbeitsschritte auszuführen:

- Spannen des Rohteils,
- Vermessen der Werkzeuge,
- Anfahren des Referenzpunktes,
- Bestimmen des Werkstücknullpunktes und
- Eingabe des Programms.

Bei einer CNC-Drehmaschine werden alle Bewegungen durch das Anfahren von Koordinaten gesteuert. An der Maschine und am Werkstück sind dazu als Bezugspunkte der Maschinennullpunkt **M**, der Referenzpunkt **R**, der Werkstücknullpunkt **W** und Werkzeugeinstellpunkt **E** zu unterscheiden (Abb. 1).

Spannen des Rohteils

Das Spannen des Rohteils geschieht je nach den Anforderungen an die Fertigung durch unterschiedliche Spannmittel (vgl. Kap. 8.1.3.3).

Vermessen der Werkzeuge

Alle Drehwerkzeuge müssen vor ihrem Einsatz vermessen werden, damit die genaue Lage der Schneidenecke bekannt ist. Die Werkzeuge können intern oder extern vermessen werden (vgl. Kap. 8.1.3.4). Die ermittelten Maße beziehen sich auf den Werkzeugeinstellpunkt E.

Anfahren des Referenzpunktes

Nach dem Einschalten der Maschine muss der Referenzpunkt angefahren werden. Dies erfolgt durch das Verfahren der Maschine in der X- und der Z-Richtung. Der Bediener muss hierfür den nötigen Befehl in die Steuerung eingeben. Wenn der Referenzpunkt angefahren wird, stellt sich das Wegmesssystem auf Null. Erst wenn der Referenzpunkt angefahren wurde, können Koordinaten in die Steuerung übernommen werden.

Der Abstand vom Referenzpunkt zum Maschinennullpunkt ist genau festgelegt. Der Maschinennullpunkt stellt den Ursprung des Maschinenkoordinatensystems dar. Der Referenzpunkt ist wie der Maschinennullpunkt vom Hersteller festgelegt und kann vom Bediener nicht verändert werden.

Bestimmen des Werkstücknullpunktes

Im Werkstücknullpunkt liegt der Ursprung des Werkstückkoordinatensystems. Alle Maße, die bei der Programmierung eingegeben werden, beziehen sich auf diesen Punkt. In den meisten Fällen liegt der Werkstücknullpunkt an der Planfläche des Werkstückes.

Um die genaue Lage der Planfläche zu ermitteln, wird mit einem vermessenen Drehmeißel an der Planfläche leicht angekratzt.

Da die meisten Werkstücke plangedreht werden müssen und der Nullpunkt auf der fertigen Planfläche liegen soll, wird der Nullpunkt verschoben (Abb. 2).

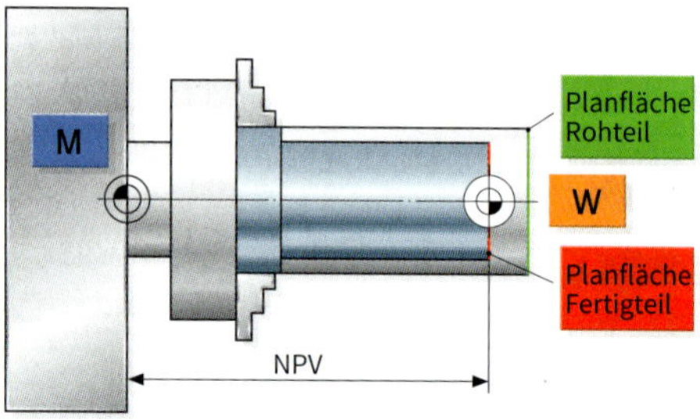

Abb. 2: Nullpunktverschiebung

Eingabe des Programms

Sind alle Einrichtarbeiten abgeschlossen, wird mit der Programmeingabe begonnen. Das Programm kann direkt in die Maschine eingegeben werden, oder es wird an einem Programmierplatz erstellt und an die Maschine übertragen.

ufgaben

1. Bemaßen Sie das folgende Drehteil mit einer steigenden Bemaßung.

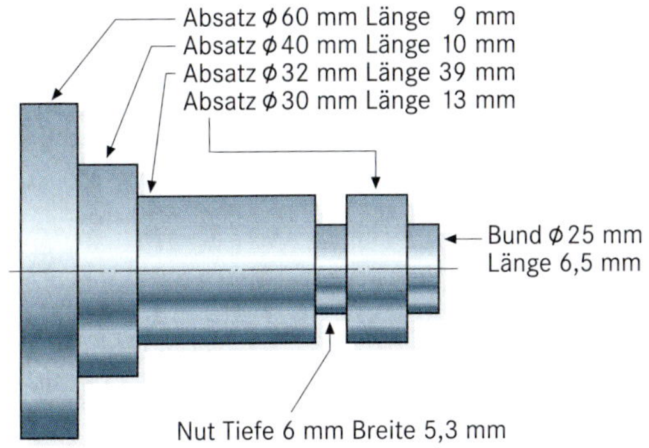

2. Nennen Sie die Vorteile, die eine steigende Bemaßung für die CNC-Fertigung bietet.

3. Beschreiben Sie den Unterschied zwischen einer Universaldrehmaschine und einer CNC-Drehmaschine anhand der folgenden Baueinheiten:

- Hauptantrieb
- Vorschubantriebe
- Gewindespindel für Vorschubantrieb
- Getriebe

4. Welchen Einfluss hat die Lage des Drehmeißels auf die Richtung der Koordinatenachsen?

5. Erklären Sie die besonderen Eigenschaften eines Kraftspannfutters.

6. Welche Arten von Werkzeugrevolvern gibt es?

7. Beschreiben Sie

a) die Möglichkeiten der internen Werkzeugvermessung,

b) die externe Werkzeugvermessung.

8. Welche Maße werden bei der Werkzeugvermessung ermittelt?

9. Weshalb ist es notwendig, nach dem Einschalten der Maschine den Referenzpunkt anzufahren?

8.1.4 Programmierung

Program-mieren

8.1.4.1 Programmaufbau

Für die Erstellung des Programms zur Fertigung der Getriebewelle sind unterschiedliche Befehle notwendig. Der Programmaufbau von CNC-Programmen ist in der **DIN 66025** festgelegt.

Das Programm setzt sich aus Weg- und Schaltinformationen zusammen. *Weginformationen* enthalten die *Wegbedingungen* und alle Angaben, um die Geometrie des Werkstückes durch Verfahren in den Koordinatenachsen der Maschine erzeugen zu können (Abb. 3).

N20	G0	X85	Z1	S800	M04
Satznummer	Wegbedingung	Zielkoordinaten		technologische Daten	Zusatzfunktion
programmtechnische Anwendung	Weginformationen			Schaltinformationen	

N30	G1	Z1	RN 3	F 0,2
Satznummer	Wegbedingung	Zielkoordinaten	optionale Bedingung	Zusatzfunktion
programmtechnische Anwendung	Weginformationen	Geometrieadresse		Schaltinformationen

Abb. 3: Programmaufbau

Schaltinformationen enthalten die notwendigen *technologischen Daten*, wie die Schnittgeschwindigkeit, und *Zusatzfunktionen*, z. B. die Drehrichtung der Arbeitsspindel (➡📖).

Die Weg- und Schaltinformationen in einem CNC-Programm werden in Programmsätzen niedergeschrieben.
Ein *Programmsatz* besteht aus mehreren *Wörtern*. Die Wörter setzen sich aus einem *Adressbuchstaben* und einer *Ziffernfolge* zusammen.

Beispiel:

Wort Wort Wort Wort Wort Wort

N 20 G0 X85 Z1 S700 M04

Ziffernfolge

Adressbuchstabe

Programmsatz

Wegbedingungen

Wegbedingungen haben den Adressbuchstaben **G**. Sie sind entweder modal (selbsthaltend) und bleiben so lange wirksam, bis sie überschrieben werden, oder sie gelten nur für einen Satz.

Bei der Programmierung der Wegbedingungen für den Verfahrweg gibt es drei Möglichkeiten:

- Verfahren im Eilgang (G0)
- Verfahren auf einer geraden Bahn (G1)
- Verfahren auf einer Kreisbahn (G2; G3)

Die einstelligen G-Befehle können auch mit einer Führungsnull ergänzt werden (z. B. G0 → G00).

- **Verfahren im Eilgang**

Bei dieser Wegbedingung wird in allen Achsrichtungen mit maximaler Vorschubbewegung bis zum angegebenen Zielpunkt verfahren. Die Wegbedingung für das Verfahren im Eilgang wird mit dem Befehl **G0** angegeben (Abb. 1). Das Werkzeug ist nicht im Eingriff.

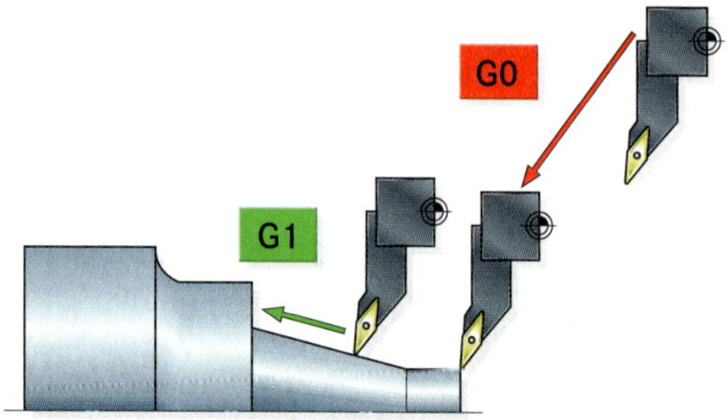

Abb. 1: Verfahren mit den Wegbedingungen G0 und G1

- **Verfahren auf einer geraden Bahn**

Das Verfahren auf einer geraden Bahn wird als *Linearinterpolation* bezeichnet und mit dem Befehl **G1** aufgerufen. Unter der Wegbedingung **G1** verfährt das Werkzeug vom Startpunkt zum Zielpunkt. Dabei berechnet und kontrolliert die Steuerung alle nötigen Konturpunkte, die zwischen dem Startpunkt und dem Zielpunkt auf der sie verbindenden Geraden liegen (Abb. 1).

Für das Verfahren auf einer geraden Bahn gibt es vier Möglichkeiten:

Möglichkeit 1:

Drehen einer Kontur durch Angabe der Länge der Verfahrstrecke in Z-Richtung.

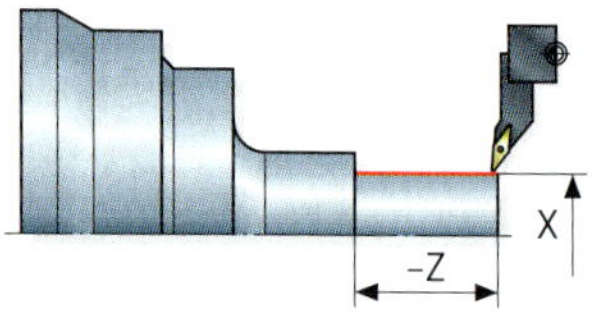

Die Länge der Verfahrstrecke wird bestimmt durch Angabe der Zielkoordinaten in X- und Z-Richtung.

Beispiel: G1 X25 Z-30

Möglichkeit 2:

Drehen einer Kontur mit eingelagertem Radius zwischen zwei Geraden.

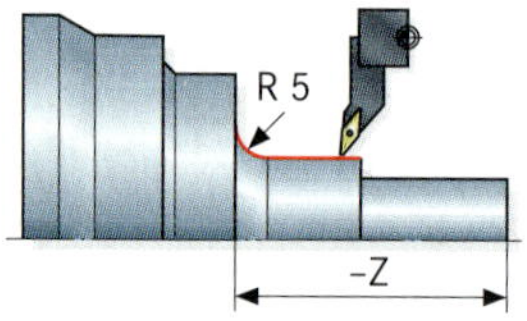

Beispiel: G1 Z-60 RN5

Die Koordinaten in X- und Z-Richtung geben den theoretischen Schnittpunkt an, in dem sich die den Radius einschließenden Geraden schneiden. Mit der Angabe **RN+** (positive Angabe) wird die Größe des Radius R in mm angegeben.

Möglichkeit 3:

Drehen einer Kontur mit eingelagerter Fase von 45° zwischen zwei Geraden.

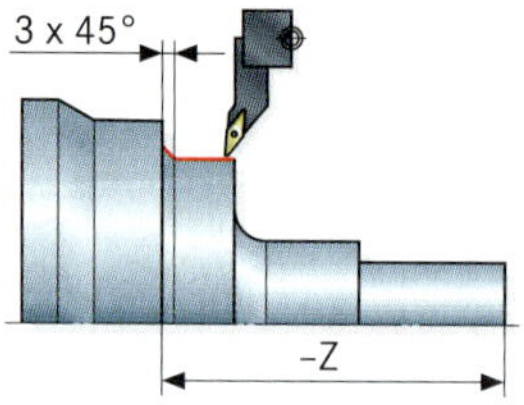

Beispiel: G1 Z-80 RN-3

Die Koordinaten in X- und Z-Richtung geben den theoretischen Schnittpunkt an, in dem sich die Geraden schneiden, welche die Fase einschließen. Mit der Angabe **RN-** (negative Angabe) wird die Größe der Fase in mm angegeben.

Möglichkeit 4:

Drehen einer Kontur mit zwei Geraden unter einem Winkel.

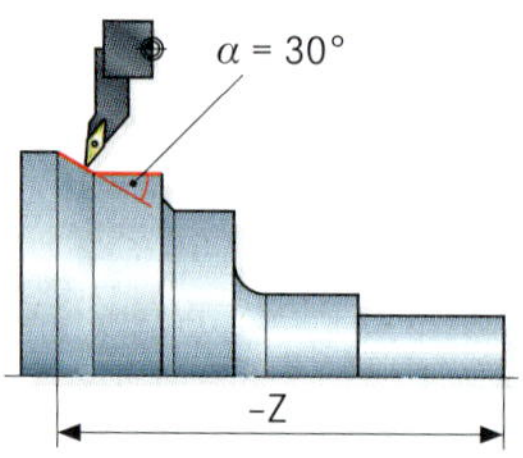

Beispiel: G1 X80 AS150

Die angegebene Schräge wird ab dem Koordinatenpunkt -Z unter einem Winkel von (180° – α) gedreht. Der Bezugsschenkel für den Winkel liegt parallel zur Z-Achse.

Um eine eindeutige Programmierung zu gewährleisten, können maximal zwei der vier Geometrieadressen X, Z, RN bzw. AS programmiert werden.

- **Verfahren auf einer Kreisbahn**

Das Verfahren auf einer Kreisbahn wird als *Kreisinterpolation* bezeichnet. Bei der Kreisinterpolation verfährt das Werkzeug vom Startpunkt zum Zielpunkt auf einer kreisförmigen, von der Steuerung genau berechneten und kontrollierten Bahn. Dabei berechnet die Steuerung alle nötigen Konturpunkte, die zwischen dem Startpunkt und dem Zielpunkt auf der sie verbindenden Kreislinie liegen.

Für das Verfahren auf einer Kreisbahn sind drei Angaben für die Steuerung nötig:

- die Drehrichtung,
- die Koordinaten des Zielpunktes und
- die Koordinaten des Kreismittelpunktes.

Für die *Drehrichtung* gibt es zwei mögliche Wegbedingungen:

→ im Uhrzeigersinn **G2**

→ im Gegenuhrzeigersinn **G3**

Die Lage des Drehmeißels hat keinen Einfluss auf die Drehrichtung bei der Kreisinterpolation. Die Programme sind gleich.

Befindet sich der Drehmeißel vor der Drehmitte, blickt man von „unten“ auf das Werkstück. Ist der Drehmeißel hinter der Drehmitte, blickt man von „oben“ auf das Werkstück (Abb. 2).

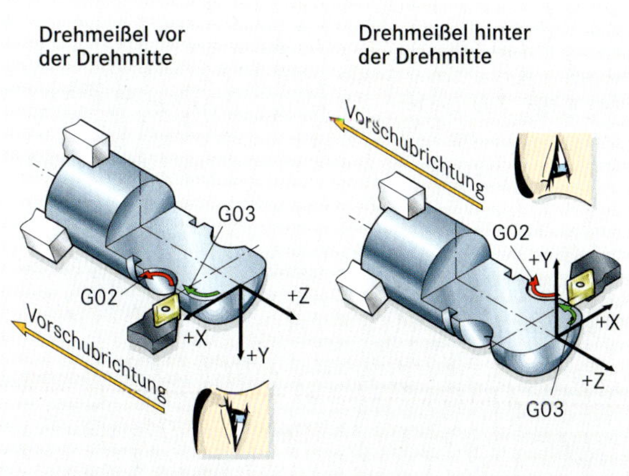

Abb. 2: Lage der Achsen mit Blickrichtung

Die Koordinaten für den Zielpunkt werden im Satz hinter der Weginformation G2 bzw. G3 angegeben.

Beispiel:

G3 X40 Z-30 I 0 K 10

Die Bestimmung des Radius der Kreisbahn kann *inkremental* vom Startpunkt aus durch die Angabe der *Interpolationsparameter I* und *K* für den Mittelpunkt der Kreisbahn erfolgen.

Bei einer inkrementalen Angabe von Punkten wird nicht der Werkstücknullpunkt als Bezugspunkt benutzt, sondern die aktuelle Position. Bei der Kreisinterpolation ist das immer der Startpunkt des Kreises (Abb. 3).

Bei Angabe der Interpolationsparameter sind die Vorzeichen zu beachten.

Die Interpolationsparameter sind den Achsrichtungen X und Z eindeutig zugeordnet:

- **X**-Achse Parameter **I/IA**
- **Z**-Achse Parameter **K/KA**

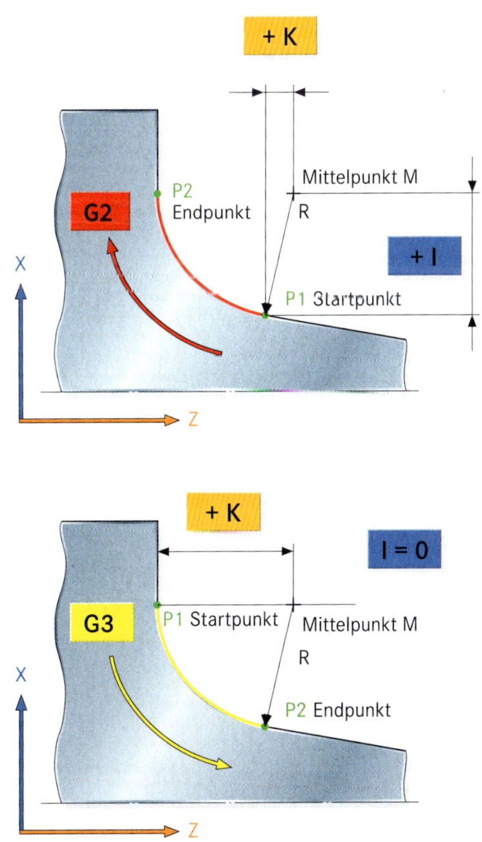

Abb. 3: Interpolationsparameter

Der Mittelpunkt der Kreisbahn kann auch absolut vom Werkstücknullpunkt angegeben werden. Dann werden auch die Parameter I und K absolut vom Werkstücknullpunkt angegeben (Abb. 1).

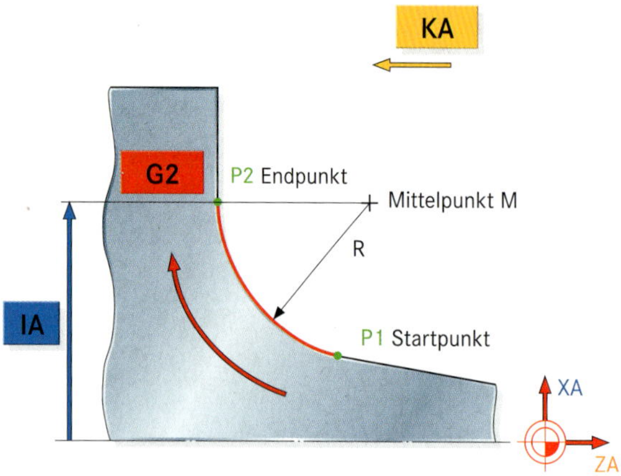

Abb. 1: Absolutangabe der Interpolationsparameter

Alternativ kann der Radius ohne Angabe von **I** und **K** direkt unter der Adresse **R** programmiert werden.

Wird die Adresse **R** mit einem positiven Vorzeichen versehen, erzeugt die Steuerung einen Kreisbogen kleiner 180°. Mit einem negativen Vorzeichen erzeugt die Steuerung einen Kreisbogen größer 180°.

Ein Kreisbogen kann daher auf drei unterschiedliche Arten programmiert werden:

- Angabe der Interpolationsparameter *inkremental*:

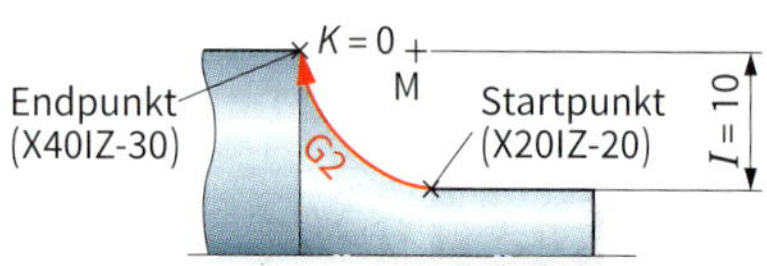

N 50 G2 X40 Z-30 I10 K-0

- Angabe der Interpolationsparameter absolut:

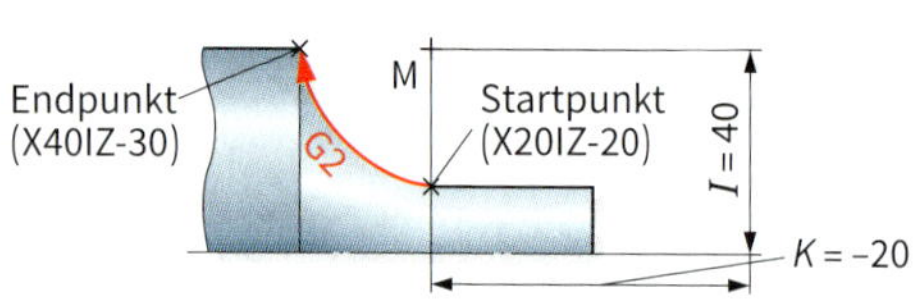

N 50 G2 X40 Z-30 IA40 KA-20

- Angabe des Kreisbogenradius:

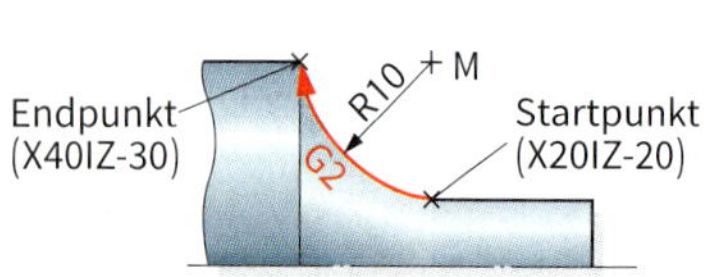

N 50 G2 X40 Z-30 R10

Zusätzlich zu den Wegbedingungen für den Verfahrweg gibt es nach **DIN 66025** noch weitere Funktionen (Tab. 1).

Tab. 1: Beispiele für Wegbedingungen

Wegbedingung	Bedeutung
G74	Referenzpunkt anfahren
G90	Absolutprogrammierung
G91	Relativprogrammierung

Schaltinformationen

Die Schaltinformationen gliedern sich in:

- technologische Daten und
- Zusatzfunktionen.

- **Technologische Daten**

Die technologischen Daten enthalten dem jeweiligen Fertigungsschritt zugeordnete Werte für:

- Umdrehungsfrequenz Adressbuchstabe **S**,
- Vorschub Adressbuchstabe **F**,
- und Werkzeug Adressbuchstabe **T**.

Soll mit konstanter Schnittgeschwindigkeit gearbeitet werden, beginnt der Satz mit der Wegbedingung **G96**.

Statt der Umdrehungsfrequenz wird dann die Schnittgeschwindigkeit in m/min angegeben.

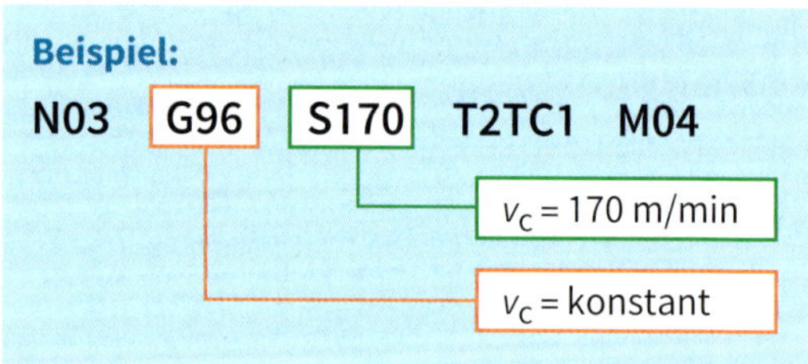

Beim Plandrehen erhöht sich dadurch mit abnehmendem Durchmesser die Umdrehungsfrequenz. Dies führt nahe der Werkstückachse zu sehr hohen Umdrehungsfreqenzen. Um die Maschine nicht zu überlasten, wird mit dem Befehl **G92** die Drehzahl auf einen Maximalwert begrenzt.

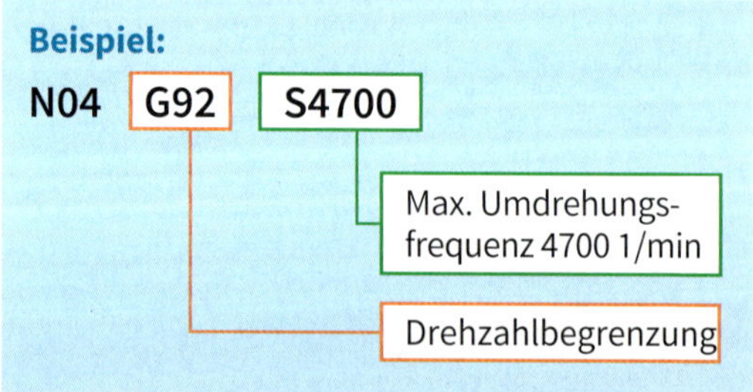

Beim Aufrufen des Werkzeugs wird nach dem Adressbuchstaben eine Ziffernfolge angegeben, die den Platz im Werkzeugrevolver und den zugehörigen Werkzeugkorrekturspeicher angibt (Abb. 2).

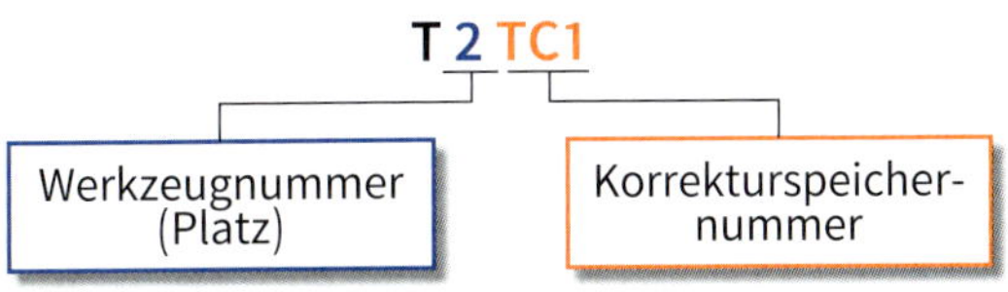

Abb. 2: Programmwort für Werkzeugaufruf

Im Werkzeugkorrekturspeicher sind

- die Werkzeuglänge in X- und Z-Richtung,
- der Werkzeugschneidenradius und
- die Lagekennzahl der Schneide

abgelegt.

Für jedes Werkzeug stehen neun Korrekturspeicher TC1 bis TC9 zur Verfügung (→📖).

Um ein Werkzeug während des Fertigungsprozesses einwechseln zu können (manuell oder automatisch), muss der Werkzeugwechselpunkt angefahren werden.

Dies geschieht mit dem Befehl **G14**. Der Werkzeugwechselpunkt wird im Eilgang angefahren.

Damit der Werkzeugwechselpunkt in einem für die Fertigung optimalen Weg angefahren werden kann, bestehen drei Möglichkeiten, die über den Parameter H festgelegt werden können (Tab. 2):

Tab. 2: Anfahrmöglichkeiten Werkzeugwechselpunkt

Parameter	Auswirkung
H0	Werkzeugwechselpunkt wird in allen Achsen gleichzeitig angefahren
H1	Werkzeugwechselpunkt wird zuerst in X-, dann in der Z-Achse angefahren
H2	Werkzeugwechselpunkt wird zuerst in Z-, dann in der X-Achse angefahren

- **Zusatzfunktionen**

Die Zusatzfunktionen haben den Adressbuchstaben **M** und eine Ziffer. Zusatzfunktionen werden auch als *Maschinenfunktionen* bezeichnet, da mit ihnen festgelegte Funktionsabläufe an Werkzeugmaschinen aufgerufen werden (Tab. 3).

Tab. 3: Beispiele für Zusatzfunktionen

Zusatzfunktion	Bedeutung
M3	Spindel im Uhrzeigersinn
M6	Werkzeugwechsel
M30	Programmende

Für die Wirksamkeit der Zusatzfunktionen bestehen vier Möglichkeiten (Tab. 4):

Tab. 4: Wirksamkeit der Zusatzfunktionen

Wirksamkeit	Beispiel
am Satzanfang – vor dem Abarbeiten des Satzes	M7 Kühlschmierung ein
am Satzende – nach dem Abarbeiten des Satzes	M9 Kühlschmierung aus
nur satzweise – gilt nur für einen Satz	M6 Werkzeugwechsel
modal – gilt bis zur Aufhebung	M5 Spindel Halt

Die Wirksamkeit von Zusatzfunktionen kann auch kombiniert sein (→📖).

Beispiel:

Zusatz-funktion	am Satz-anfang	am Satz-ende	satz-weise	modal	Bedeutung
M03	•			•	Spindel im Uhrzeigersinn

8.1.4.2 Werkzeugbahnkorrektur

Um eine hohe Qualität der Werkstückoberfläche und eine ausreichende Standzeit zu erreichen, ist die Spitze der Werkzeugschneide mit einem kleinen Radius versehen. Die Größe der Radien liegt zwischen 0,2 und 2 mm.

Ohne Schneidenradiuskompensation führt die Steuerung die Werkzeugschneide entlang der Kontur an ihrer *theoretischen Schneidenspitze S*. Dies führt zu Fehlern an der Kontur (Abb. 3).

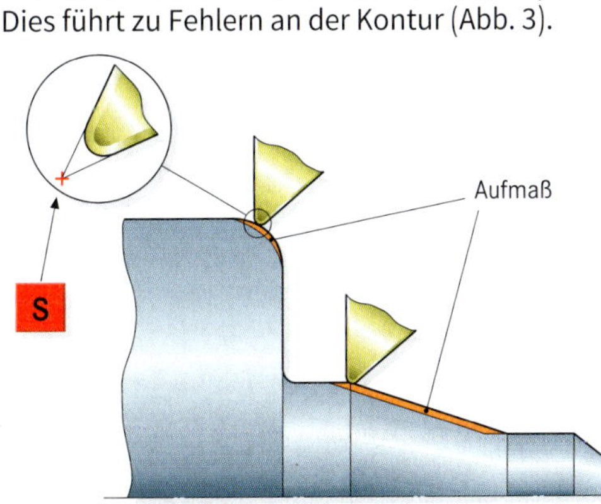

Abb. 3: Konturfehler durch den Radius an der Schneide

Damit die Steuerung der Drehmaschine eine Korrektur des Schneidenradius vornehmen kann, muss der Steuerung mitgeteilt werden, auf welcher Seite der Kontur gearbeitet wird. Es bestehen zwei Möglichkeiten:

Werkzeuglage	**Wegbedingung**
Links der Kontur	G41
Rechts der Kontur	G42

Betrachtet wird dabei das Werkzeug in Vorschubrichtung (Abb. 1).

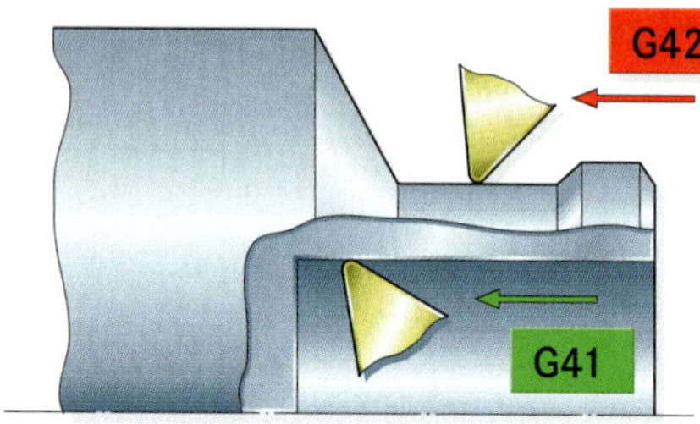

Abb. 1: Werkzeuglage

Die Werkzeugbahnkorrektur kann durch den Befehl **G40** wieder aufgehoben werden.

Schneidenradiuskompensation

Durch die Schneidenradiuskompensation wird erreicht, dass die Steuerung den Radius der Schneide berücksichtigt und die Werkzeugbahn entsprechend korrigiert. Sie errechnet eine *Äquidistante* als Bahn des Schneidenradiusmittelpunktes. Sie verläuft parallel zur Werkstückkontur im Abstand des Schneidenradius (Abb. 2).

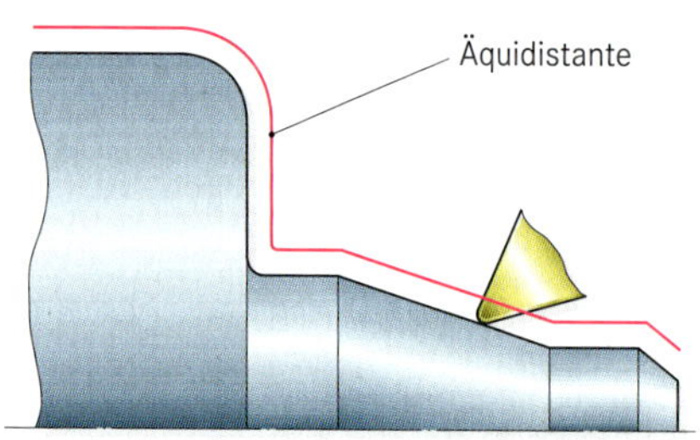

Abb. 2: Verlauf der Äquidistante

Zusätzlich zum Schneidenradius benötigt die Steuerung noch die *Lage der Werkzeugschneide* zur Werkstückkontur, um eine Werkzeugbahnkorrektur durchführen zu können.

Lage der Werkzeugschneide

Die Lage der Werkzeugschneide wird durch die *Lagekennzahlen* der Werkzeugschneide zu einem theoretischen Werkstück (*Werkzeugquadrant*) angegeben (Abb. 3).

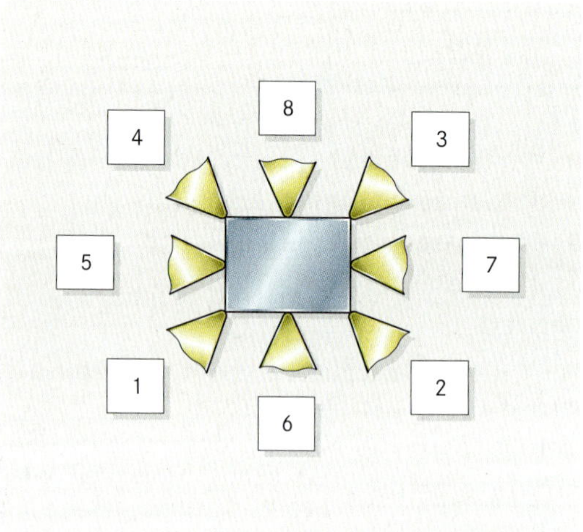

Abb. 3: Lagekennzahlen und Werkzeugquadrant

Im Werkzeugkorrekturspeicher wird zusätzlich zum Werkzeugradius noch die Lagekennzahl angegeben.

8.1.4.3 Zyklenprogrammierung

Um die Programmierung von immer wiederkehrenden Konturelementen zu vereinfachen, werden beim Drehen Bearbeitungszyklen verwendet.

Der Einsatz von Zyklen bietet dem Programmierer einige Vorteile:

- Vereinfachung des Programms, da die Bearbeitung eines Werkstückes bis zur im Programm beschriebenen Kontur mit nur einem Satz programmiert werden kann,
- alle nötigen Zwischenschritte zur Erzeugung der Kontur werden von der Steuerung erstellt,
- höhere Übersichtlichkeit des Programms,
- einfachere Fehlersuche und
- Zeitersparnis beim Programmieren.

Die Zyklen sind in der Steuerung der CNC-Maschine gespeichert und werden mit einem G-Befehl angewählt.

Durch die Anwahl öffnet sich ein Dialogfenster, das vom Programmierer ausgeführt werden muss.

Die Bearbeitungszyklen lassen sich in drei Gruppen einteilen:

Gewindebearbeitung:

- Gewindezyklus (G31)
- Gewindebohrzyklus (G32)
- Gewindestrehlzyklus (G33)

Konturbearbeitung:

- Konturschruppzyklus längs (G81)
- Konturschruppzyklus plan (G82)
- Konturschruppzyklus konturparallel (G83)
- Konturstechzyklus radial (G87)
- Konturstechzyklus (G89)

sonstige Zyklen:

- Bohrzyklus (G84)
- Freistichzyklus (G85)
- Stechzyklus radial (G86)
- Stechzyklus axial (G88)

Bei den Bearbeitungszyklen können in der Programmzeile für den Zyklus der Vorschub (Adresse **F**) und die Drehzahl (Adresse **S**) zusätzlich programmiert werden.

Im Folgenden soll nur eine Auswahl der oben erwähnten Zyklen vorgestellt werden.

Die Zyklen enthalten ein Dialogfenster mit zwei unterschiedlichen Arten von Adressen (Abb. 4), in die der Programmierer entsprechende Werte eingibt (→📖).

- **notwendige Adressen**

Die notwendigen Adressen müssen vom Programmierer angegeben werden. Sie sind die Minimalanforderung für die Bestimmung der Zyklen.

- **optionale Adressen**

Mit den optionalen Adressen kann der Programmierer je nach Bedarf die Aufgaben des Zyklus näher bestimmen. Wie viele von den optionalen Adressen noch verwendet werden, muss der Programmierer der Fertigungsaufgabe anpassen.

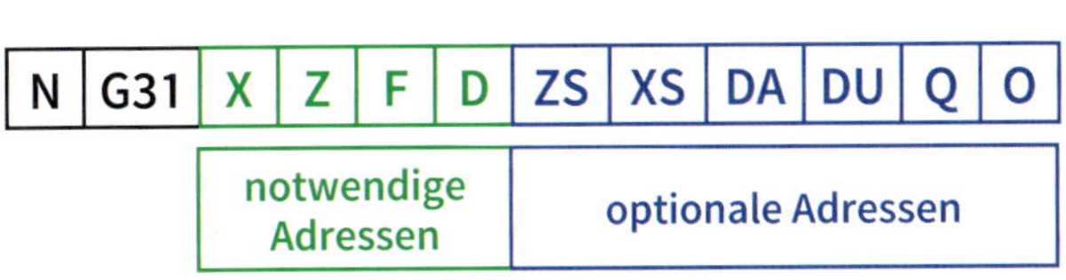

Abb. 4: Dialogfeld Gewindezyklus G31

- **Gewindebearbeitung:**

Gewindezyklus G31

Der Gewindezyklus wird zum Drehen beliebiger Gewinde verwendet. Der Gewindestartpunkt kann entweder im Satz vor dem Zyklus angegeben werden oder im Zyklus in den optionalen Adressen (Abb. 5).

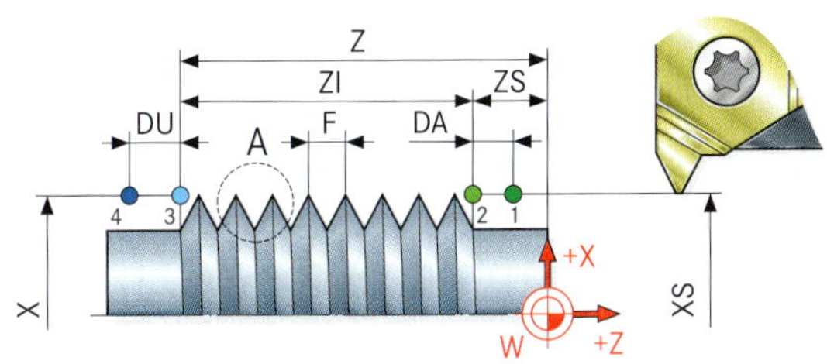

2 ● Gewindestartpunkt
3 ● Gewindeendpunkt
1 ● Gewindestartpunkt mit Gewindeanlauf DA
4 ● Gewindeendpunkt mit Gewindeüberlauf DU

Gewindean- und -überlauf = (2 bis 4) x Gewindesteigung

Adresse	Beschreibung	Art
X/XI/ **XA**	X-Koordinate des Gewindeendpunktes • X absolute **(inkrementale)** Angabe • XI inkrementale **(XA absolute)** Angabe (bezogen auf den Startpunkt)	notwendig bei G90 **bei G91**
Z/ZI/ **ZA**	Z-Koordinate des Gewindeendpunktes • Z absolute **(inkrementale)** Angabe • ZI inkrementale **(ZA absolute)** Angabe (bezogen auf den Startpunkt)	notwendig bei G90 **bei G91**
F	Steigung in Gewinderichtung	notwendig
D	Gewindetiefe	notwendig
ZS	Z-Koordinate des Startpunktes (absolut)	optional
XS	X-Koordinate des Startpunktes (absolut)	optional
DA	Gewindeanlauf (achsparallel zu Z)	optional
DU	Gewindeüberlauf (achsparallel zu Z)	optional
Q	Anzahl der Schnitte	optional
O	Anzahl der Leerdurchläufe	optional
H	Auswahl der Zustellart Restschnitte • H1 ohne Versatz aus • H2 Zustellung linke Flanke aus • H3 Zustellung rechte Flanke aus • H4 Zustellung wechselseitig aus • H11 ohne Versatz ein • H12 Zustellung linke Flanke ein • H13 Zustellung rechte Flanke ein • H14 Zustellung wechselseitig ein Restschnitte aus 1/2, 1/4, 1/8 x (D/Q)	optional
S	Umdrehungsfrequenz/ Schnittgeschwindigkeit	optional
M	Drehrichtung/Kühlmittelschaltung	optional

Abb. 5: Befehle und Adressen im G31-Zyklus

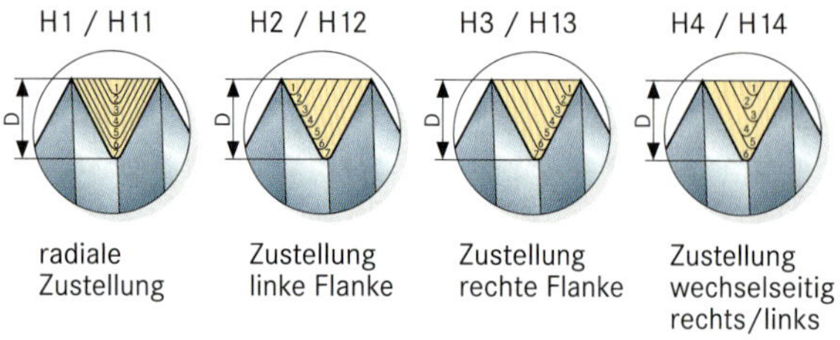

Gewindebohrzyklus G32

Der Gewindebohrzyklus wird zum Bohren von Gewinden mit einem Gewindebohrer auf Drehmaschinen mit angetriebenem Reitstock verwendet. Startpunkt der Zustellbewegung ist die aktuelle Werkzeugposition. Die Zustellbewegung endet bei der programmierten Gewindetiefe (Abb. 1).

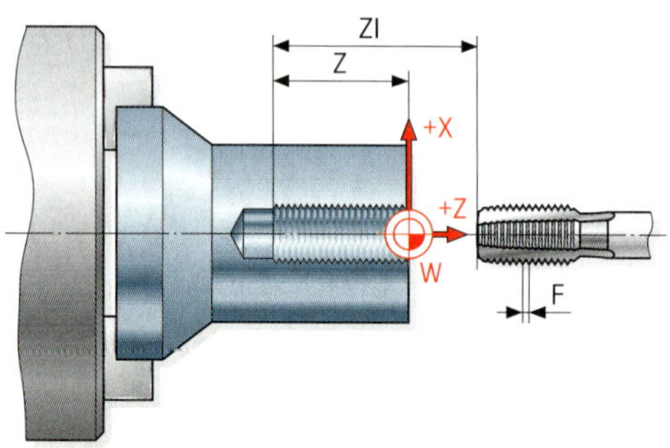

Adresse	Beschreibung	Art
Z/ZI/ **ZA**	Z-Koordinate des Gewindeendpunktes • Z absolute **(inkrementale)** Angabe • ZI inkrementale **(ZA absolute)** Angabe (bezogen auf die aktuelle Werkzeugposition)	notwendig bei G90 **bei G91**
F	Steigung in Gewinderichtung	notwendig
S	Umdrehungsfrequenz/ Schnittgeschwindigkeit	optional
M	Drehrichtung/Kühlmittelschaltung	optional

Abb. 1: Befehle und Adressen im G32-Zyklus

Gewindestrehlzyklus G33

Mit dem Gewindestrehlzyklus können lineare oder konische Gewinde hergestellt werden. Zum Gewindestrehlen wird ein spezielles Werkzeug verwendet, das in Vorschubrichtung über mehrere in ihrer Schnitttiefe gestaffelte Schneidprofile verfügt.

Das Gewinde wird in einem Schnitt erzeugt. Das Dialogfeld für den Gewindestrehlzyklus ist ähnlich dem des Gewindebohrzyklus aufgebaut.

- **Konturbearbeitung:**

Bei allen Konturschruppzyklen (G81, G82, G83, G87, G89) erfolgt im Anschluss an die Zyklusprogrammierung, durch eine frei wählbare Kombination von Wegbefehlen, Programmabschnittswiederholungen und Unterprogrammen, die Konturbestimmung.

Ende Konturzyklus G80

Ist eine Konturbestimmung durch einen Konturbearbeitungszyklus abgeschlossen, so wird der Zyklusaufruf mit dem Befehl **G80** beendet. Der Befehl **G80** steht in einer eigenen Programmzeile.

Konturschruppzyklus längs G81

Der Konturzyklus wird zum Drehen beliebiger Konturen in Längsrichtung verwendet (Abb. 2).

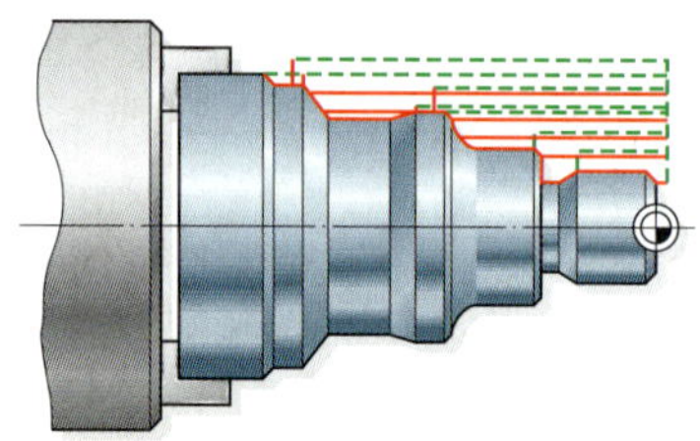

Adresse	Beschreibung	Art
D	Zustellung	notwendig
H	Bearbeitungsart • H1 nur Schruppen, 1x45° abheben • H2 stufenweises Auswinkeln entlang der Kontur • H3 wie H1 mit Konturschnitt am Ende • H4 Schlichten mit programmiertem Aufmaß • H24 Schruppen mit H2, dann Schlichten	optional
AK	Konturparalleles Aufmaß	optional
AZ	Aufmaß in Z-Richtung	optional
AX	Aufmaß in X-Richtung	optional
AE	Eintauchwinkel	optional
AV	Sicherheitswinkelabschlag für AE und AS	optional
O	Bearbeitungsstartpunkt • O1 aktuelle Werkzeugposition • O2 aus der Fertigkontur berechnen	optional
Q	Leerschnittoptimierung • Q1 Optimierung ein • Q2 Optimierung aus	optional
V	Sicherheitsabstand in Z-Richtung	optional
E	Eintauchvorschub	optional
F, S, M		optional

Abb. 2: Befehle und Adressen im G81-Zyklus

Es muss entweder der Wert für **D** oder **H4** programmiert werden. Der Parameter D kann mit **H1**, **H2**, **H3**, oder **H24** ergänzt werden.

Für die Programmierung der Kontur mit **G81** bestehen drei Möglichkeiten:

- Die Kontur kann im Hauptprogramm direkt nach dem Zyklusaufruf beschrieben werden (Abb. 3).

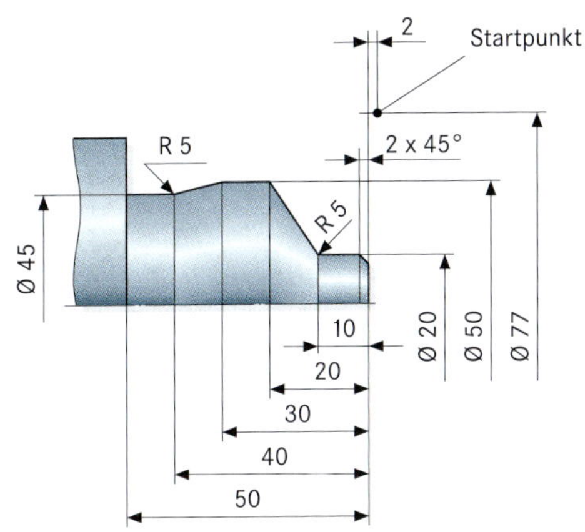

Programmzeile	Bedeutung
N30 …	
N40 X 77 Z 2	Anfahren des Startpunktes
N50 G81 D2.5 H2	Zyklusaufruf
N60 G1 X16 Z0	Start Programmierung der Außenkontur
N70 X20 Z-2	
N80 Z-10 RN5	
N90 X50 Z-20	
N100 Z-30	
N110 X45 Z-40 RN5	
N120 Z-50	
N130 X75	Ende der Außenkontur
N140 G80	Ende des Konturschruppzyklus
N150 …	

Abb. 3: Konturbeschreibung direkt nach G81

- Die Beschreibung der Außenkontur erfolgt nach dem Hauptprogramm. Dann muss direkt nach dem Zyklusaufruf mit **G81** mit **G23** (Programmabschnittswiederholung) der entsprechende Abschnitt aufgerufen werden (Abb. 4).

Programmzeile	Bedeutung
N50 G81 D2.5 H2	Zyklusaufruf
N60 G23 N 100 N 190	Programmabschnittswiederholung der Programmzeilen, in denen die Kontur beschrieben wird

Abb. 4: Programmabschnittswiederholung

- Die Beschreibung der Außenkontur erfolgt in einem eigenen Unterprogramm. Dann muss direkt nach dem Zyklusaufruf mit **G81** mit **G22** (Unterprogrammaufruf) das entsprechende Unterprogramm aufgerufen werden (Abb. 5).

Programmzeile	Bedeutung
N50 G81 D2.5 H2	Zyklusaufruf
N60 G22 L200 H1	Unterprogrammaufruf des Unterprogramms, in dem die Kontur beschrieben wird

Abb. 5: Unterprogrammaufruf

Konturschruppzyklus plan G82

Der Konturzyklus wird zum Drehen beliebiger Konturen in Planrichtung verwendet (Abb. 6).

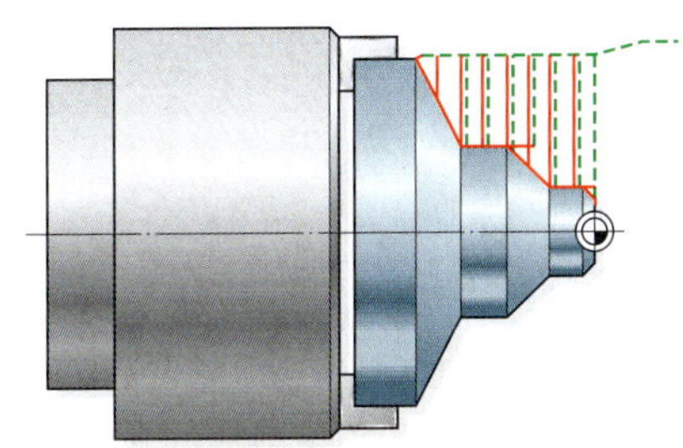

Adresse	Beschreibung	Art
D	Zustellung	notwendig
H	Bearbeitungsart • H1 nur Schruppen, 1x45° abheben • H2 stufenweises Auswinkeln entlang der Kontur • H3 wie H1 mit Konturschnitt am Ende • H4 Schlichten mit programmiertem Aufmaß • H24 Schruppen mit H2, dann Schlichten	optional
AK	Konturparalleles Aufmaß	optional
AZ	Aufmaß in Z-Richtung	optional
AX	Aufmaß in X-Richtung	optional
AE	Eintauchwinkel	optional
AS	Austauchwinkel	optional
AV	Sicherheitswinkelabschlag für AE und AS	optional
O	Bearbeitungsstartpunkt • O1 aktuelle Werkzeugposition • O2 aus der Fertigkontur berechnen	optional
Q	Leerschnittoptimierung • Q1 Optimierung aus • Q2 Optimierung ein	optional
V	Sicherheitsabstand in Z-Richtung	optional
E	Eintauchvorschub	optional
F, S, M		optional

Abb. 6: Befehle und Adressen im G82-Zyklus

Es muss entweder der Wert für **D** oder **H4** programmiert werden. Der Parameter D kann mit **H1**, **H2**, **H3**, oder **H24** ergänzt werden.

- **Sonstige Zyklen:**

Bohrzyklus G84

Der Bohrzyklus wird zur Herstellung von Bohrungen senkrecht zur Planfläche verwendet. Die Bearbeitung kann mit oder ohne Spanbruch und mit oder ohne Spanentleerung durchgeführt werden (Abb. 1).

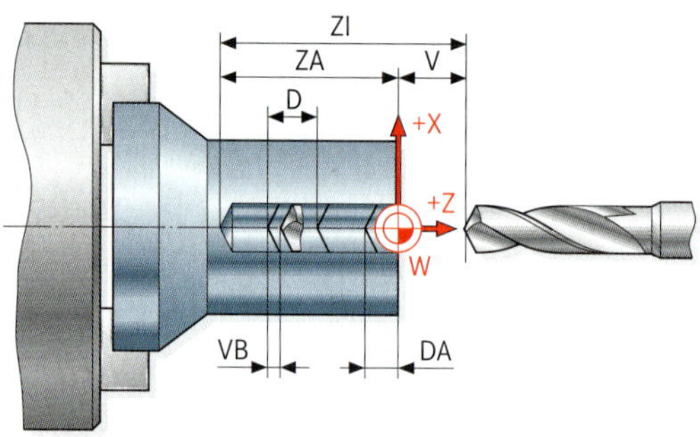

Adresse	Beschreibung	Art
ZI/ZA	Tiefe der Bohrung • ZI inkremental zur aktuellen Werkzeugposition • ZA absolut bezogen auf Werkstücknullpunkt	notwendig
D	Zustelltiefe, ohne Wert für D erfolgt Zustellung bis zur Bohrtiefe	optional
V	Sicherheitsabstand des Werkzeugs zur Werkstückoberfläche	optional
VB	Sicherheitsabstand vor dem Bohrungsgrund	optional
DR	Reduzierwert der Zustelltiefe	optional
DM	Mindestzustellung	optional
R	Rückzugsabstand (normal bis Startpunkt)	optional
DA	Anbohrtiefe	optional
U	Verweildauer	optional
O	Wahl der Verweildauerzeit • O1 Verweilzeit in Sekunden • O2 Verweilzeit in Umdrehungen	optional
FR	Reduzierung der Eilganggeschwindigkeit	optional
E	Anbohrvorschub	optional
F, S, M		optional

Abb. 1: Befehle und Adressen im G84-Zyklus

Freistichzyklus G85

Mit dem Zyklus können Gewindefreistiche und Freistiche nach folgenden DIN - Normen gefertigt werden (Abb. 2):

- Gewindefreistich nach DIN 76
- Freistich nach DIN 509 E
- Freistich nach DIN 509 F

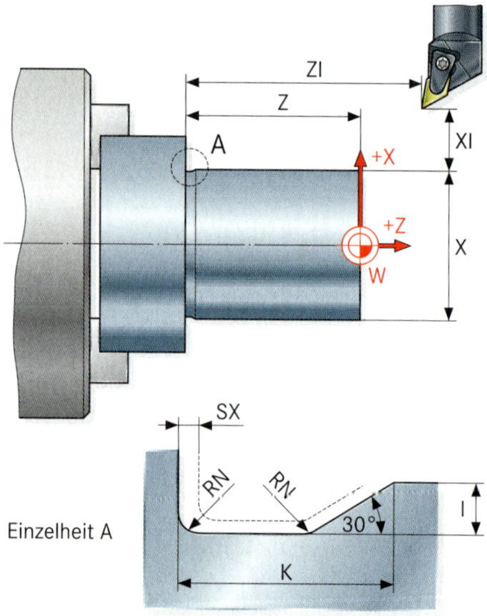

Adresse	Beschreibung	Art
X/XI/ **XA**	X-Koordinaten der Freistichposition • X absolute **(inkrementale)** Angabe • XI inkrementale **(XA absolute)** Angabe	notwendig bei G90 **bei G91**
Z/ZI/ **ZA**	Z-Koordinaten der Freistichposition • Z absolute **(inkrementale)** Angabe • ZI inkrementale **(ZA absolute)** Angabe	notwendig
I	Freistichtiefe	optional (notwendig bei DIN 76)
K	Freistichlänge	optional (notwendig bei DIN 76)
RN	Eckenradius	optional
SX	Schleifaufmaß	optional
H	Form des Freistiches • H1 DIN 76 • H2 DIN 509 Form E • H3 DIN 509 Form F	optional
E	Eintauchvorschub	optional
F, S, M		optional

Abb. 2: Befehle und Adressen im G85-Zyklus

Einstechzyklus radial G86

Mit dem Zyklus werden radiale Einstiche in X-Richtung gefertigt (Abb. 3).

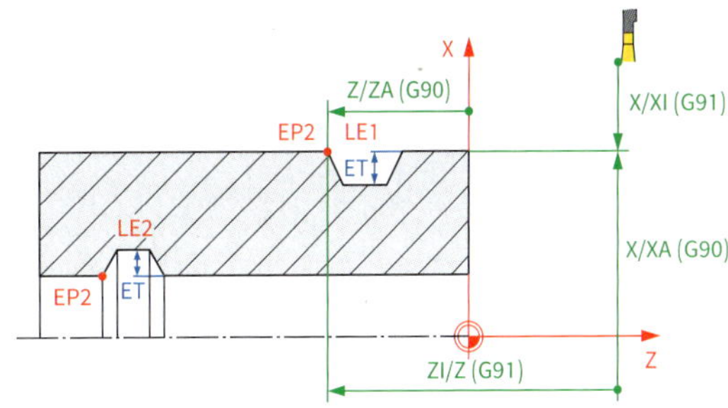

Adresse	Beschreibung	Art
X/XI/ **XA**	X-Koordinaten der Einstichposition • X absolute **(inkrementale)** Angabe • XI inkrementale **(XA absolute)** Angabe	notwendig bei G90 **bei G91**
Z/ZI/ **ZA**	Z-Koordinaten der Einstichposition • Z absolute **(inkrementale)** Angabe • ZI inkrementale **(ZA absolute)** Angabe	notwendig bei G90 **bei G91**
ET	Einstichtiefe	notwendig
LE	Lage des Einstichs 1- Außeneinstich in negativer X-Richtung 2- Inneneinstich in positiver X-Richtung	notwendig
EB	Breite des Einstichs am Einstichgrund	optional
EO	Breite des Einstichs an der Einstichöffnung	optional
D	Zustelltiefe, ohne Wert für D erfolgt Zustellung bis Einstichgrund	optional
AS	Flankenwinkel am Startpunkt	optional
AE	Flankenwinkel am Endpunkt	optional
RO	Verrundung (RO+) oder Fasenbreite (RO–) an der Einstichöffnung in Richtung Z+	optional
LO	Verrundung (LO+) oder Fasenbreite (LO–) an der Einstichöffnung in Richtung Z–	optional
LG	Verrundung (LG+) oder Fasenbreite (LG–) am Einstichgrund in Richtung Z–	optional
RG	Verrundung (RG+) oder Fasenbreite (RG–) am Einstichgrund in Richtung Z+	optional
AK	Konturparalleles Aufmaß	optional
AX	Aufmaß in X-Richtung	optional
EP	Setzpunktfestlegung 1- Einstichecke der Einstichöffnung in Richtung Z+ 2- Einstichecke der Einstichöffnung in Richtung Z- 3- Einstichecke des Einstichgrundes in Richtung Z- 4- Einstichecke des Einstichgrundes in Richtung Z+ 5- Mittelpunkt der Einstichöffnung 6- Mittelpunkt des Einstichgrundes	optional
H	Bearbeitungsart • H1 Vorstechen • H2 Stechdrehen • H4 Schlichten • H14 Vorstechen und Schlichten • H24 Stechdrehen und Schlichten	optional
DB	Zustellung in % der Meißelbreite	optional
V	Sicherheitsabstand über Einstichöffnung	optional
E	Einstechvorschub	optional
F, S, M		optional

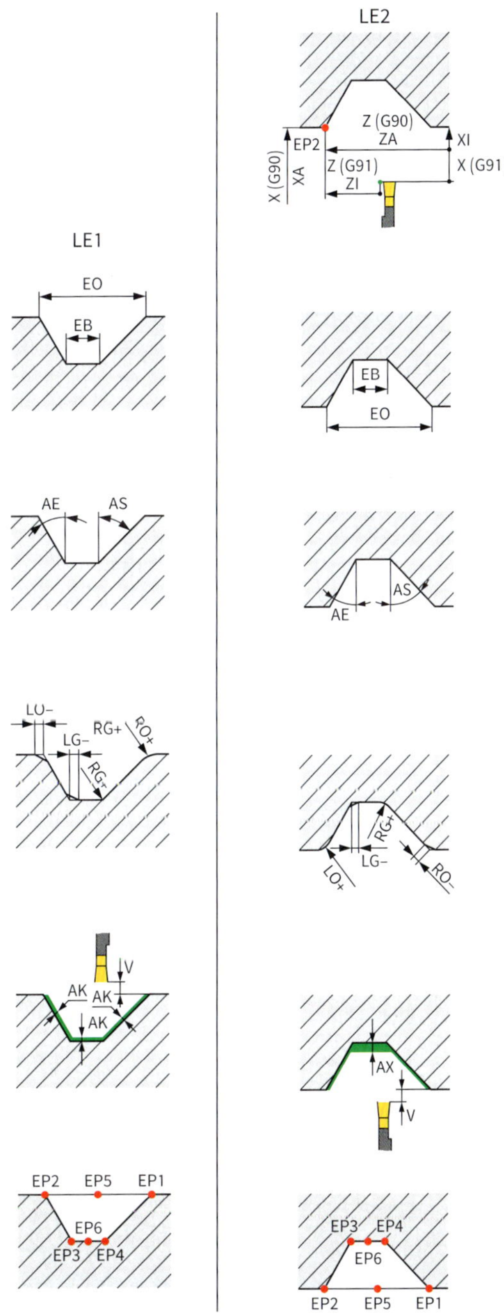

Abb. 3: Befehle und Adressen im G86-Zyklus

Einstechzyklus axial G88

Mit dem Zyklus werden axiale Einstiche in Z-Richtung gefertigt (Abb. 1).

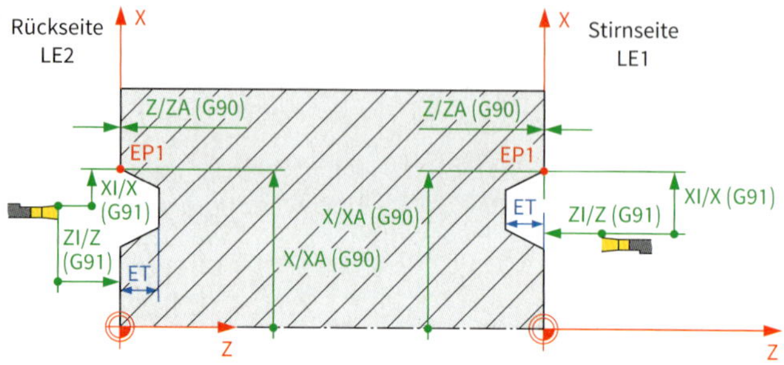

Adresse	Beschreibung	Art
X/XI/ **XA**	X-Koordinaten der Einstichposition • X absolute **(inkrementale)** Angabe • XI inkrementale **(XA absolute)** Angabe	notwendig bei G90 **bei G91**
Z/ZI/ **ZA**	Z-Koordinaten der Einstichposition • Z absolute **(inkrementale)** Angabe • ZI inkrementale **(ZA absolute)** Angabe	notwendig bei G90 **bei G91**
ET	Einstichtiefe	notwendig
LE	Lage des Einstichs LE1-Einstich in negativer Z-Richtung (Stirnseite) LE2-Einstich in positiver Z-Richtung (Rückseite)	notwendig
EB	Breite des Einstichs am Einstichgrund	optional
EO	Breite des Einstichs an der Einstichöffnung	optional
D	Zustelltiefe, ohne Wert für D erfolgt Zustellung bis Einstichgrund	optional
AS	Flankenwinkel am Startpunkt	optional
AE	Flankenwinkel am Endpunkt	optional
RO	Verrundung (RO+) oder Fasenbreite (RO–) an der Einstichöffnung in Richtung X+	optional
LO	Verrundung (LO+) oder Fasenbreite (LO–) an der Einstichöffnung in Richtung X–	optional
LG	Verrundung (LG+) oder Fasenbreite (LG–) am Einstichgrund in Richtung X–	optional
RG	Verrundung (RG+) oder Fasenbreite (RG–) am Einstichgrund in Richtung X+	optional
AK	Konturparalleles Aufmaß	optional
AZ	Aufmaß in Z-Richtung	optional
EP	Setzpunktfestlegung 1- Einstichecke der Einstichöffnung in Richtung X+ 2- Einstichecke der Einstichöffnung in Richtung X- 3- Einstichecke des Einstichgrundes in Richtung X- 4- Einstichecke des Einstichgrundes in Richtung X+ 5- Mittelpunkt der Einstichöffnung 6- Mittelpunkt des Einstichgrundes	optional
H	Bearbeitungsart • H1 Vorstechen • H2 Stechdrehen • H4 Schlichten • H14 Vorstechen und Schlichten • H24 Stechdrehen und Schlichten	optional
DB	Zustellung in % der Meißelbreite	optional
V	Sicherheitsabstand über Einstichöffnung	optional
E	Einstechvorschub	optional
F, S, M		optional

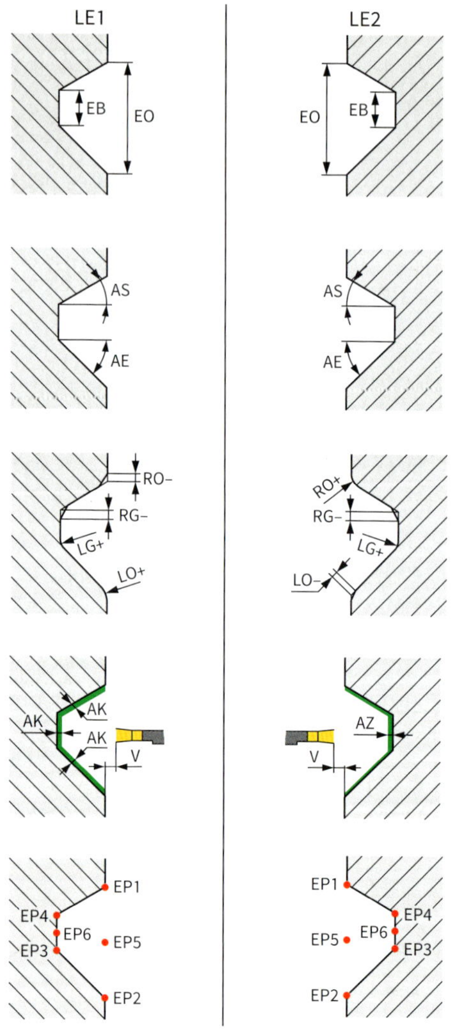

Abb. 1: Befehle und Adressen im G88-Zyklus

Planen/ Doku- mentieren

8.1.5 Arbeitsplan

Durch den Arbeitsplan wird die Struktur des Programms festgelegt (Abb. 2). Zusätzlich finden sich im Arbeitsplan die verwendeten Arbeitsmittel wie Drehwerkzeuge und Spannzeuge.

Da während der CNC-Fertigung nicht geprüft wird, ist die Welle nach dem Fertigungsdurchlauf zu prüfen.

westermann	**Arbeitsplan**	**Blatt-Nr.** 1	**Anzahl** 1
Benennung: Schneckenradwelle	**Zeichn.-Nr. Sach.-Nr.**	**Auftragsnr.:**	**Name:**
Halbzeug: Rd EN 10278-90x225 S235JO		**Stückzahl:** 1	**Klasse/Gr.:**
[X] **Einzelteil**	[ ] **Montage/Demontage**	**Termin:**	**Kontr.-Nr.:**

Lfd. Nr.	Arbeitsvorgang	Arbeitsmittel	Arbeitswerte/ Bemerkungen
1	Spannen	Dreibackenfutter	
2	Zentrieren	Zentrierbohrer T16	n = 2000 1/min; f = 0,2 mm
3	Querplandrehen	Drehmeißel außen links T01	v_c = 300 m/min; f = 0,15 mm
4	Längsrunddrehen rechte Wellenseite		
	Schruppen Außenkontur		Abspanzyklus längs G81
5	Schlichten Außenkontur	Drehmeißel außen links T03	v_c = 320 m/min; f = 0,1 mm
6	Drehen Fase 2 x 45°		
7	Drehen Lagersitz Ø 35k6		Toleranzmitte bei 35,01 mm
8	Drehen Fase 1 x 24°		
9	Drehen Absatz Ø 45		
10	Drehen Absatz Ø 85		
11	Drehen Freistich am Lagersitz		Freistichzyklus G85
12	Einstechdrehen Nut für den Sicherungsring	Einstechmeißel außen T0404	Einstechzyklus G86
13	Umspannen	Dreibackenfutter mit Weichbacken	
14	Zentrieren	Zentrierbohrer T1616	n = 2000 1/min; f = 0,2 mm
15	Querplandrehen	Drehmeißel außen links T0101	v_c = 300 m/min; f = 0,15 mm
16	Spannen	Mitlaufende Zentrierspitze	
17	Längsrunddrehen linke Wellenseite		
	Schruppen Außenkontur		Abspanzyklus längs G81
18	Schlichten Außenkontur	Drehmeißel außen links T03	v_c = 320 m/min; f = 0,1 mm
19	Drehen Gewindefase		
20	Drehen Nenndurchmesser Gewinde M20		
21	Kegeldrehen		
22	Drehen Absatz Ø 35		Toleranzmitte bei 35,01 mm
23	Drehen Absatz Ø 45		
24	Drehen Freistich am Lagersitz		Freistichzyklus G85
25	Drehen Gewindefreistich für M20 x 1,4		Einstechzyklus G86
26	Einstechdrehen Nut für den Sicherungsring	Einstechmeißel außen T04	n = 3000 1/min; f = 0,1 mm
27	Drehen Gewinde M20 x 1,5	Gewindemeißel außen T05	Gewindezyklus
28	Ausspannen und Prüfen		

Abb. 2: Arbeitsplan für das Drehen der Schneckenradwelle

8.1.6 Spannplan

Im Spannplan wird festgelegt, wie das Werkstück zu spannen ist, um die fehlerfreie Herstellung durch das Programm zu ermöglichen.

- **Bearbeitung rechte Seite**

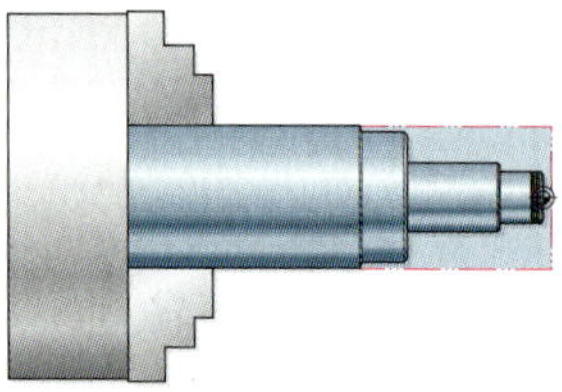

- **Bearbeitung linke Seite**

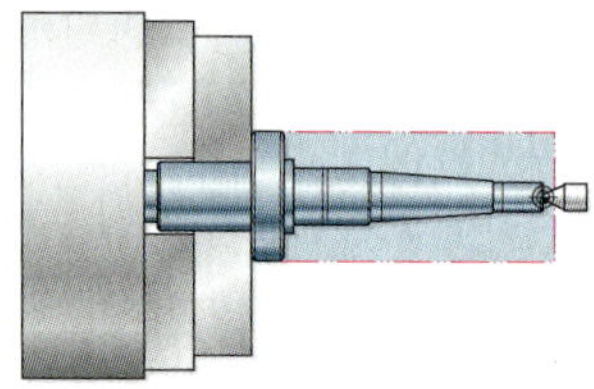

Programmieren

8.1.7 Programm Schneckenradwelle

Das Programm wird entsprechend den im Arbeitsplan festgelegten Schritten und Werkzeugen in die Steuerung eingegeben. Hier wird die rechte Seite der Welle in einem Programm abgearbeitet.

Programm rechte Wellenseite

Programm	Kommentar
`% 1265`	Name des Hauptprogramms
`N1 G74`	Referenzpunkt anfahren
`N2 G54`	Nullpunktverschiebung
`N3 F0.2 S2000 T1616 M4`	Werkzeugaufruf Zentrierbohrer
`N4 G0 X0 Z2`	Zentrieren
`N5 G1 Z-11.5 M8`	
`N6 G1 Z2`	
`N7 G14 H0`	Werkzeugwechselpunkt
`N8 G96 F0.15 S300 T0101 M4`	Werkzeugaufruf Schruppdrehmeißel außen links
`N9 G0 X92 Z0 M8`	
`N10 G1 X-1`	Plandrehen
`N11 G1 Z1`	
`N12 G0 X90`	
`N13 G0 X90`	Startpunkt Abspanzyklus
`N14 G81 D2 H4 AK0.5`	Abspanzyklus außen längs mit konturparallelem Aufmaß
`N15 G0 X31.01 Z1`	Anfang der Beschreibung der Außenkontur
`N16 G1 Z0 M8`	
`N17 G1 X35.01 Z-2`	Fase 2 x 45°
`N18 G1 Z-19`	
`N19 G1 X43`	
`N20 G1 X45 Z-20`	Fase 1 x 45°
`N21 G1 Z-68`	
`N22 G1 X81`	
`N23 G1 X85 Z-70`	Fase 2 x 45°
`N24 G1 Z-89`	Ende der Beschreibung Außenkontur
`N25 G80`	Ende des Konturzyklus
`N26 G14 H0`	Anfahren Werkzeugwechselpunkt
`N27 G96 F0.1 S320 T0301 M4`	Werkzeugaufruf Schlichtdrehmeißel außen links
`N28 G0 X31.01 Z1`	
`N29 G1 Z0 M8`	
`N30 G1 X35.01 Z-2`	Fase 2 x 45°
`N31 G1 Z-19`	
`N32 G1 X43`	
`N33 G1 X45 Z-20`	Fase 1 x 45°
`N34 G1 Z-68`	
`N35 G1 X81`	
`N36 G1 X85 Z-70`	Fase 2 x 45°
`N37 G1 Z-89`	
`N38 G85 X35 Z-19 H2`	Aufruf Freistichzyklus für DIN 509-E
`N39 G14 H0`	Werkzeugwechselpunkt
`N40 G97 F0.1 S3000 T0404 M4`	
`N41 G86 X35 Z-5.1 LE1 ET1 EB1.6 EP2`	Aufruf Einstechzyklus
`N42 G0 X150 Z100 M9`	Werkzeug freifahren
`N43 M30`	Programmende

Prüfen

8.1.8 Prüfplan

Für die Serienfertigung ist ein Prüfplan zu erstellen (Abb. 1). Der Prüfplan enthält eine Zeichnung, in der alle zu prüfenden Maße den Prüfschritten zugeordnet sind.

westermann	**Prüfplan**	**Blatt-Nr.** 1	**Anzahl** 1
Benennung: Schneckenradwelle	**Zeichn.-Nr.** **Sach.-Nr.**______	**Auftragsnr.:** ______	**Prüfer:** ______
☐ **Einzelteil**	☒ **Serienteil**	**Stückzahl:** ______	**Datum:** ______

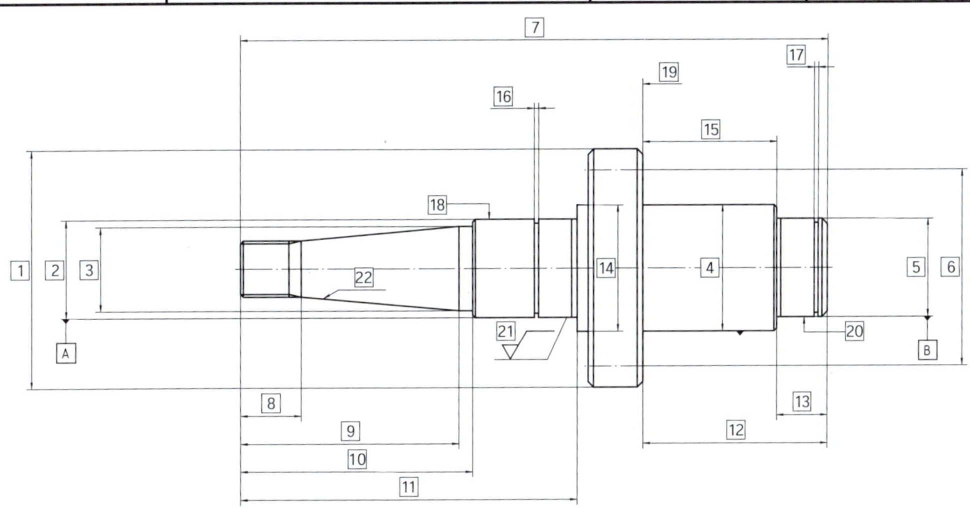

Prüf-schritt	Prüfmerkmal	Maßangabe nach Zeichnung	Grenzabmaße in mm	Prüfgerät
1	Durchmessermaß	85	+/– 0,15	Digitalmessschieber
2	Durchmessermaß	35 k6	+ 0,002 bis + 0,018	Messschraube mit Feinzeiger
3	Durchmessermaß	30	+/– 0,1	Digitalmessschieber
4	Durchmessermaß	45	+/– 0,15	Digitalmessschieber
5	Durchmessermaß	35 k6	+ 0,002 bis + 0,018	Messschraube mit Feinzeiger
6	Durchmessermaß	70	+/– 0,15	Digitalmessschieber
7	Längenmaß	215	+/– 0,2	Digitalmessschieber
8	Längenmaß	22	+/– 0,1	Digitalmessschieber
9	Längenmaß	80	+/– 0,15	Digitalmessschieber
10	Längenmaß	85	+/– 0,15	Digitalmessschieber
11	Längenmaß	123	+/– 0,2	Digitalmessschieber
12	Längenmaß	68	+/– 0,15	Digitalmessschieber
13	Längenmaß	19	+/– 0,1	Digitalmessschieber
14	Durchmessermaß	45	+/– 0,15	Digitalmessschieber
15	Längenmaß	49	+/– 0,15	Digitalmessschieber
16	Längenmaß	1,6 H13	0 bis + 0,14	Maßlehre
17	Längenmaß	1,6 H13	0 bis + 0,14	Maßlehre
18	Rundlauf	0,02	0,02 zu A-B	Rundlaufprüfgerät
19	Planlauf	0,02	0,02 zu A-B	Rundlaufprüfgerät
20	Rundlauf	0,02	0,02 zu A-B	Rundlaufprüfgerät
21	Oberfläche	Rz 1 drallfrei		Tastschnittgerät
22	Kegel			Kegellehre

Abb. 1: Prüfplan

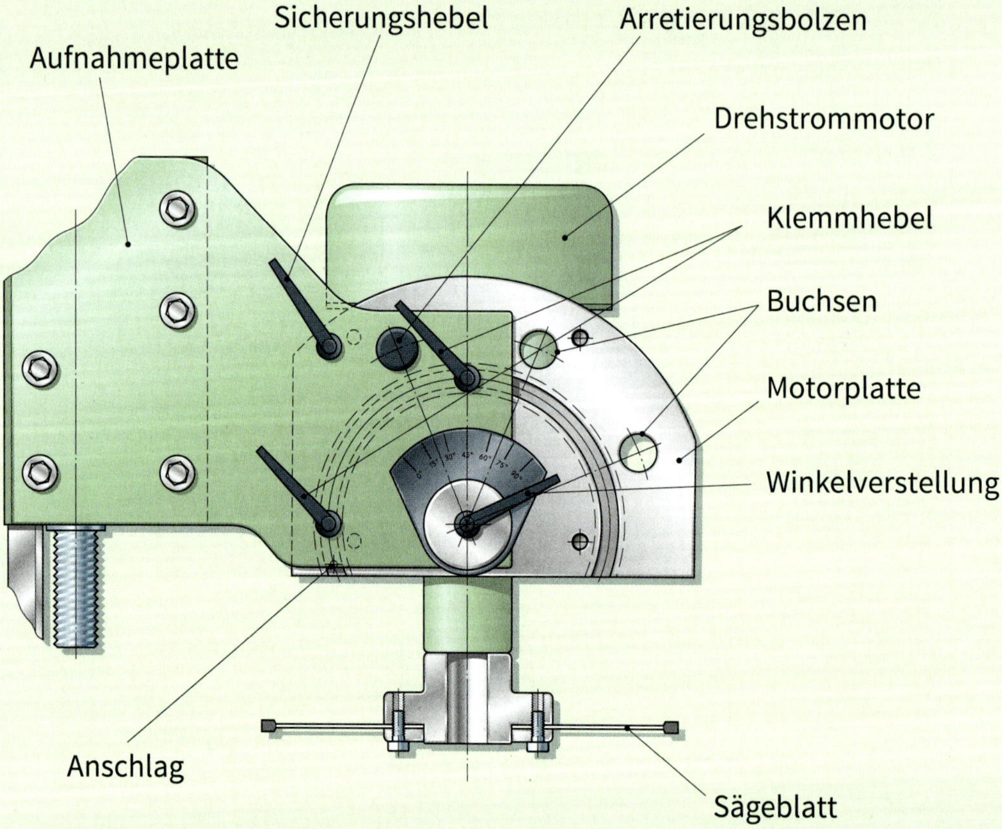
Sicherungshebel
Arretierungsbolzen
Aufnahmeplatte
Drehstrommotor
Klemmhebel
Buchsen
Motorplatte
Winkelverstellung
Anschlag
Sägeblatt

GESAMTAUFTRAG

Für die Schwenkeinrichtung einer Profilsäge ist eine Motorplatte herzustellen. Die Motorplatte soll auf einer CNC-Fräsmaschine gefertigt werden. Dadurch ist eine kostengünstige Fertigung in kurzer Zeit möglich.

Das Rohteil wird aus einer rechteckigen Platte mit den Maßen 220 x 30 x 300 aus E335 durch Brennschneiden hergestellt. Zur Fertigung der Motorplatte sind die notwendigen Bohr- und Fräsarbeiten auszuführen.

ANALYSE

Technische Unterlagen

Von der Motorplatte liegt die Einzelteilzeichnung vor. Ihr können alle Maße, Toleranzen und Oberflächenangaben entnommen werden.

Aufbau und Funktion der Motorplatte

- **Motorbefestigung**

An der Motorplatte ist ein Drehstrommotor befestigt. Dieser erzeugt die benötigte Umdrehungsfrequenz für die Bearbeitung verschiedener Kunststoffe und Nichteisenmetalle. Zur Befestigung des Drehstrommotors sind an der Motorplatte vier Gewindebohrungen M10 vorhanden.

- **Feste Winkelverstellung**

Die Motorplatte ist schwenkbar gelagert. Alle Bohrungen in der Motorplatte mit dem Durchmesser 26H7 dienen zur Einstellung der Winkel von 0°, 45° und 90°. Um diese Winkel einzustellen, wird ein Arretierungsbolzen durch die Aufnahmeplatte in einer der Bohrungen der Motorplatte positioniert.

Um eine schnelle Instandsetzung der drei Bohrungen bei Verschleiß zu gewährleisten, sind in die Motorplatte Buchsen eingepresst. Ist der Arretierungsbolzen in einer Bohrung der Motorplatte fixiert, wird dieser über den Sicherungshebel gesichert.

- **Variable Winkelverstellung**

Über eine Winkelverstellung können unterschiedliche Winkel eingestellt werden. Die Winkelverstellung ist über die Aufnahmeplatte durch einen Gewindebolzen M14 mit der Motorplatte verbunden. Durch das Entfernen des Sicherungshebels, des Arretierungsbolzens und das Lösen der Klemmhebel ist die Einstellung von Winkeln zwischen 0° und 90° möglich. Die gewählte Winkelposition wird über die T-Nut der Motorplatte durch T-Stücke gesichert.

Um bei der Einstellung verschiedener Winkel die Motorplatte nicht über 0° hinaus zu verdrehen, ist ein Zylinderstift als Anschlag in der T-Nut montiert. Für die Montage des Zylinderstiftes ist in der T-Nut der Motorplatte eine Bohrung mit dem Durchmesser 5H7 vorhanden.

ANALYSE

Fertigung der Motorplatte

Die Herstellung der Motorplatte erfolgt durch verschiedene spanende Fertigungsverfahren auf einer CNC-Fräsmaschine.

Es ist eine Außenkontur mit einem Radius R170 und ebenen Flächen herzustellen. In die Motorplatte ist eine T-Nut zu fräsen. Außerdem sind verschiedene Durchgangs- und Gewindebohrungen zu fertigen. Alle Maße, Toleranzen und Oberflächenangaben können der Einzelteilzeichnung der Motorplatte entnommen werden. Entsprechend den Zeichnungsangaben und dem zu verwendenden Werkstoff sind die Fräsverfahren, Spannmittel und Werkzeuge festzulegen.

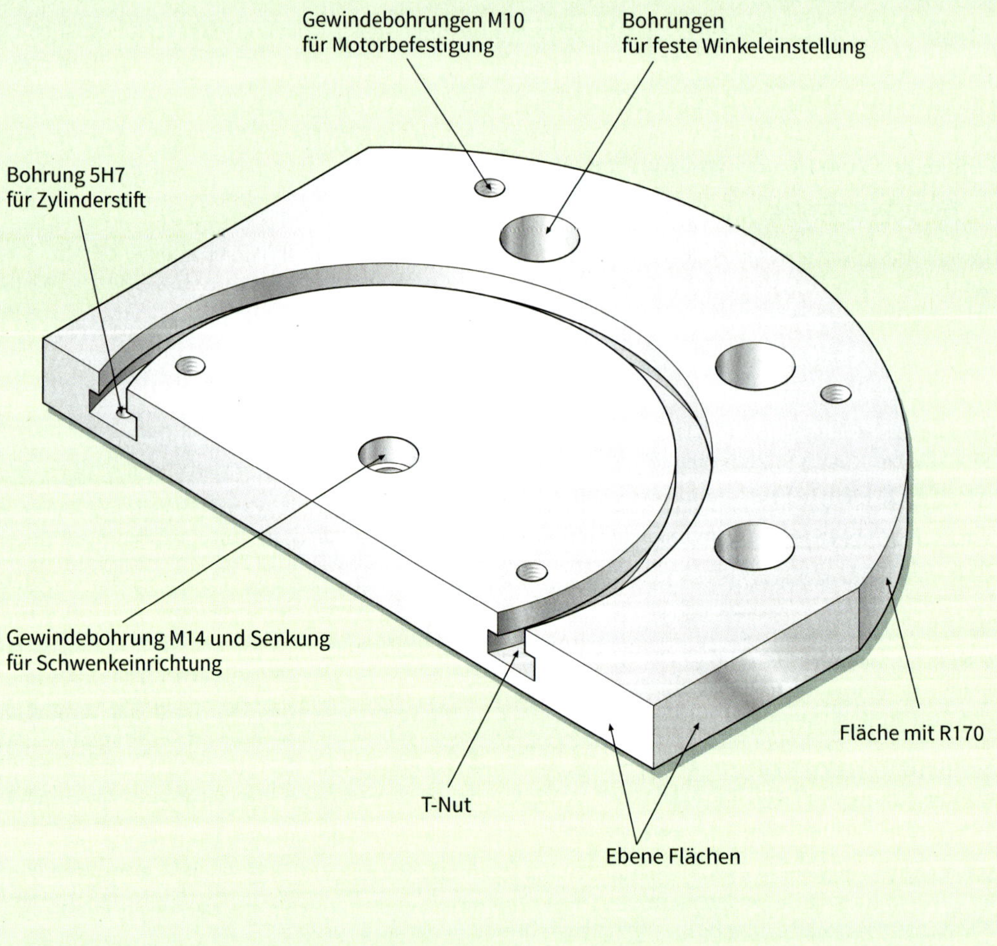

8.2 CNC-Fräsen

ARBEITSAUFTRAG

Die Motorplatte ist aus E335 auf einer CNC-Fräsmaschine herzustellen. Alle Maße, Toleranzen und Oberflächenangaben für die Fertigung sind der Einzelteilzeichnung zu entnehmen.

rmieren

8.2.1 Zeichnungsanalyse

Koordinatenbemaßung

Die Einzelteilzeichnung der Motorplatte (Abb. 1) ist mit einer Koordinatenbemaßung versehen.

Bei der Außenkontur und der Gewindebohrung M14 wird eine steigende Bemaßung verwendet. Die Bohrungen werden durch Kartesische Koordinaten und Polarkoordinaten nach **DIN 406-11** bestimmt (→).

Die verschiedenen Arten der Maßeintragung dürfen miteinander kombiniert werden. Die Koordinatenbemaßung erleichtert die Programmierung von CNC- Fräsmaschinen.

- **Koordinatensysteme**

Man unterscheidet zwei verschiedene Koordinatensysteme:

- das Kartesische Koordinatensystem und
- das Polarkoordinatensystem.

Im *Kartesischen Koordinatensystem* werden die Koordinaten ausgehend von einem Ursprung auf senkrecht zueinander verlaufenden Koordinatenachsen angegeben (Abb. 2).

Die horizontale Koordinatenachse wird als X-Achse bezeichnet. Die vertikale Koordinatenachse wird als Y-Achse bezeichnet. Die Z-Achse wird senkrecht zur Werkstückoberfläche angegeben.

Alle Koordinatenachsen liegen im Kartesischen Koordinatensystem in einem Winkel von 90° zueinander.

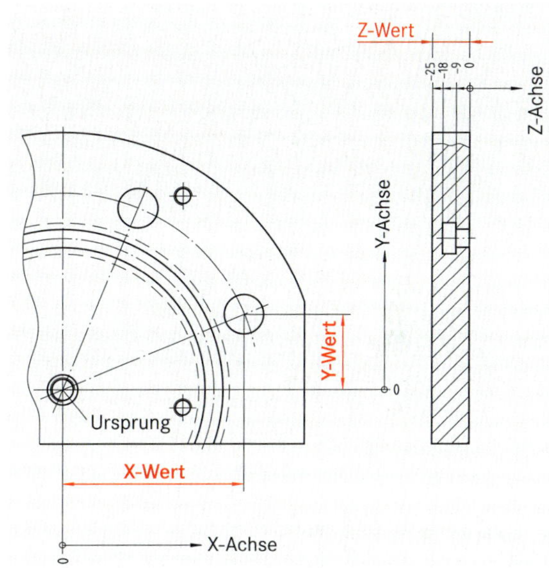

Abb. 2: Kartesisches Koordinatensystem

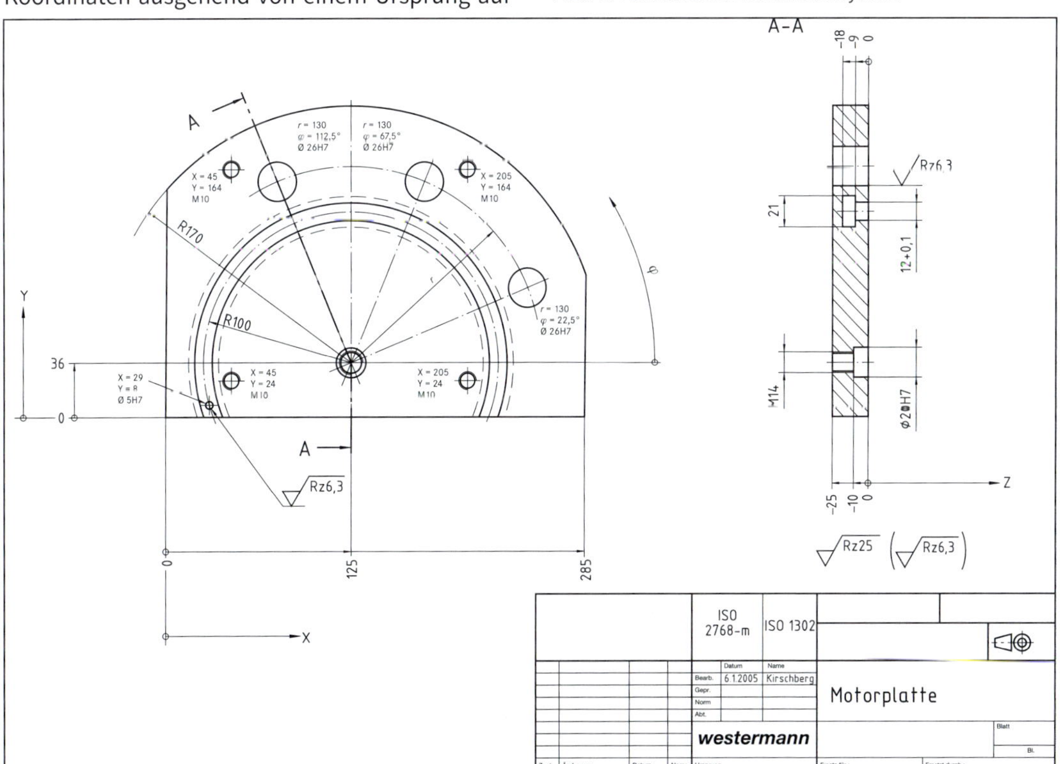

Abb. 1: Einzelteilzeichnung der Motorplatte

Bei der Verwendung von *Polarkoordinaten* wird das in der Zeichnung festgelegte Maß durch einen Radius *r* ① und den Polarwinkel *φ* ② bestimmt (Abb. 1). Beide Maße sind immer positiv und gehen von einem Ursprung aus. Der Polarwinkel wird entgegen dem Uhrzeigersinn angegeben (➜📖). Dabei geht man von der Waagerechten ③ aus.

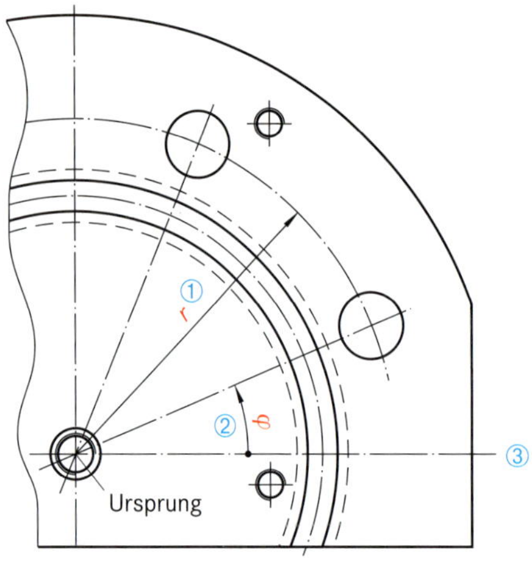

Abb. 1: Polarkoordinaten

Die Angabe der Koordinatenwerte kann direkt in der Zeichnung oder in einer Tabelle erfolgen.

- **Koordinatenwerte in Zeichnungen**

Wenn es die Übersichtlichkeit der Zeichnung zulässt, können die Koordinatenwerte direkt an die Konturpunkte innerhalb der Darstellung eingetragen werden. Dabei wird zuerst der X-Wert und darunter der Y-Wert geschrieben. Weitere Fertigungsangaben, z. B. Bohrungsdurchmesser (Gewindedurchmesser), können zusätzlich angegeben werden. Der Ursprung des Koordinatensystems ist einzuzeichnen und die Achsen zu beschriften (Abb. 1, auf der vorigen Seite).

- **Koordinatenwerte in Tabellen**

Die Konturpunkte erhalten Positionsnummern. Die Positionsnummer ist wie folgt aufgebaut:

Positionsnummer 1 . 1

Koordinatensystem (erste Ziffer)

Zählernummer des Koordinatenpunktes (zweite Ziffer)

Die Nummer des Koordinatensystems wird nur angegeben, wenn mindestens zwei Koordinatensysteme vorhanden sind.

In einer Tabelle werden die Kartesischen bzw. die Polarkoordinaten erfasst. Weitere Angaben für die Fertigung, wie Bohrungsdurchmesser oder Gewindedurchmesser, werden ebenfalls in die Tabelle eingetragen (Abb. 2).

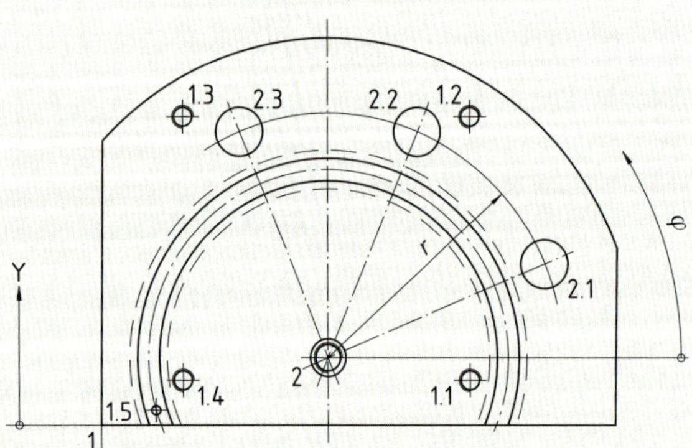

Koordinatentabelle für Bohrungsmittelpunkte

Koordinaten-Ursprung	Pos.	Koordinaten X	Y	r	φ	Bemerkung
1	1	0	0			
1	1.1	205	24			M10
1	1.2	205	164			M10
1	1.3	45	164			M10
1	1.4	45	24			M10
1	1.5	29	8			Ø5H7
1	2	125	36			Ø20H7x 10U M14
2	2.1			130	22,5°	Ø26H7
2	2.2			130	67,5°	Ø26H7
2	2.3			130	112,5°	Ø26H7

Abb. 2: Koordinatenwerte in Tabellen

Fertigen

8.2.2 CNC-Fräsmaschinen

Der Grundaufbau einer CNC-Fräsmaschine ist ähnlich der einer konventionellen Fräsmaschine. Sie unterscheiden sich in der Ausführung einiger Baueinheiten und in der Art der Steuerung (Abb. 3).

8.2.2.1 Baueinheiten

An CNC-Fräsmaschinen werden mehrere *Antriebe* verwendet. Der Hauptantrieb ist ein stufenlos regelbarer Elektromotor. Er treibt die Arbeitsspindel mit dem Werkzeug an. Für jede Vorschubrichtung gibt es einen stufenlos regelbaren Vorschubantrieb in der Längs- und Querrichtung sowie in der Höhe. Die Vorschubbewegungen sind gleichzeitig und unabhängig voneinander möglich. Die Umwandlung der Drehbewegung der Vorschubmotoren in geradlinige Bewegungen erfolgt über spielfreie Kugelgewindetriebe (siehe Kap. 8.1.3). Zunehmend werden an CNC-Fräsmaschinen Linearantriebe verwendet. Sie ermöglichen hohe Vorschubgeschwindigkeiten (Abb. 4).

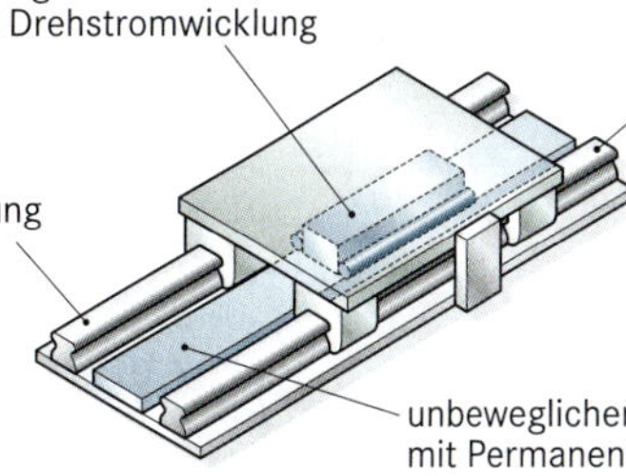

Abb. 4: Linearantrieb

Aufgrund der geforderten hohen Bearbeitungsgenauigkeit und großen Fertigungsgeschwindigkeiten müssen die *Maschinengestelle* eine hohe Steifigkeit, eine hohe Schwingungsdämpfung und eine geringe Wärmeausdehnung besitzen.

Alle für die Fertigung benötigten Daten sind in einem Programm gespeichert. Das Programm kann direkt über das Bedienfeld in die Maschine eingegeben werden (Abb. 1, nächste Seite). Ebenso können Programme von einem Computer über eine Datenleitung an die *Steuerung* der CNC-Fräsmaschine übertragen werden.

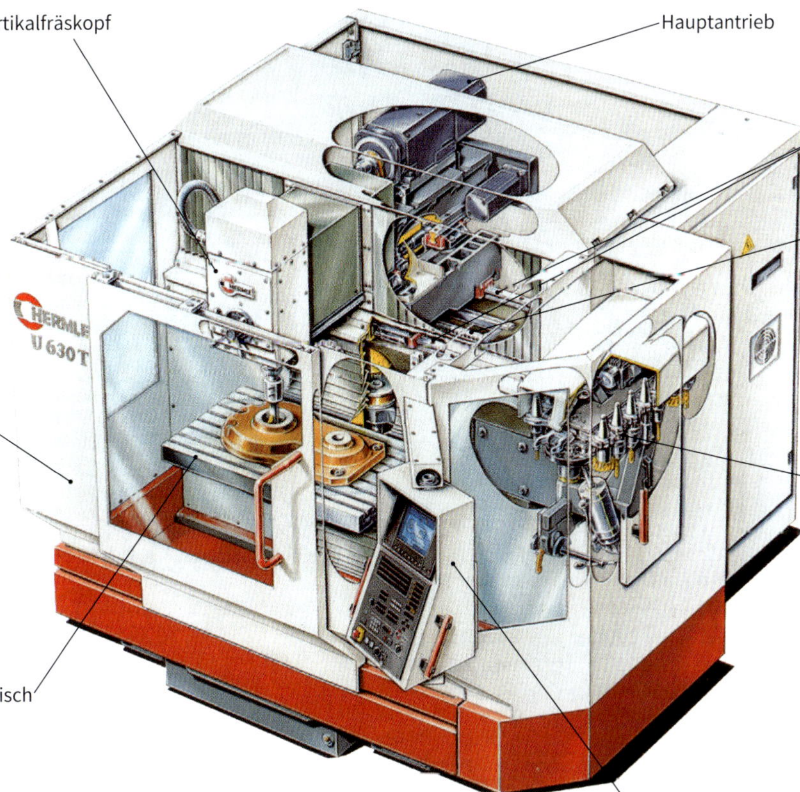

Abb. 3: CNC-Fräsmaschine

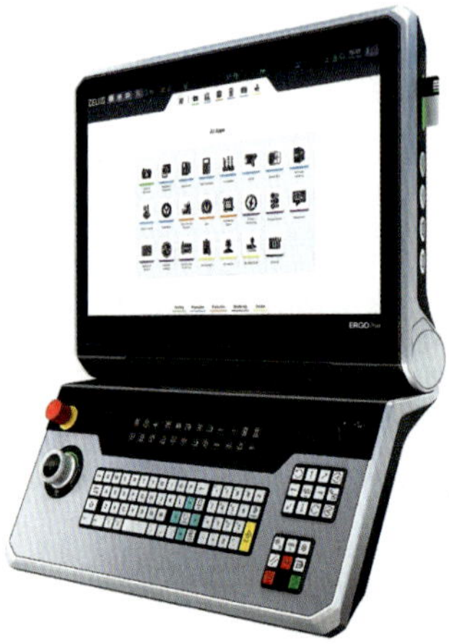

Abb. 1: Bedienfeld

Die Position von Werkzeug und Maschinentisch wird durch ein *Wegmesssystem* erfasst und mit den Daten der Steuerung verglichen (Abb. 2).

Der Vergleich von Soll- und Istwerten führt zu einer genauen Positionierung des Maschinentisches.

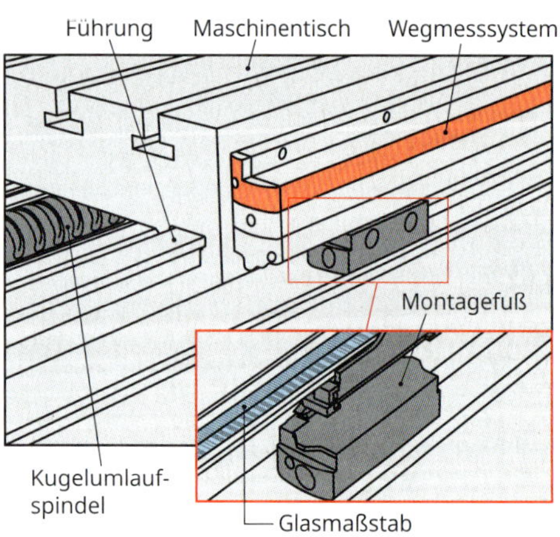

Abb. 2: Wegmesssystem

Die Steuerung regelt auch die Vorschub- und Schnittgeschwindigkeiten.

Für einen automatischen Werkzeugwechsel sind CNC-Fräsmaschinen mit einem Werkzeugwechselsystem ausgestattet. Die Werkzeuge sind in einem Werkzeugmagazin abgelegt. Der Wechsel erfolgt über ein Ringmagazin (Abb. 3), einen Doppelgreifer (Abb. 4) oder einen Roboter (Abb. 5). Greifer werden bei einer großen Anzahl von Werkzeugen eingesetzt, um die Werkzeugwechselzeiten gering zu halten.

Die Schutzverkleidung gewährleistet an einer CNC- Fräsmaschine den Spritz-, Lärm- und Sicherheitsschutz.

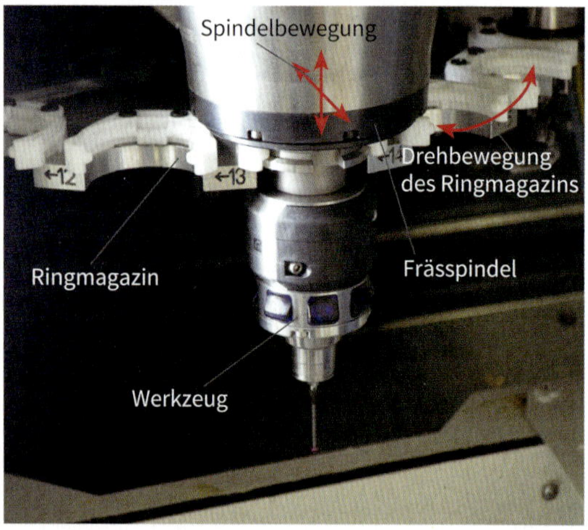

Abb. 3: Werkzeugwechsel über Ringmagazin

Abb. 4: Doppelgreifer

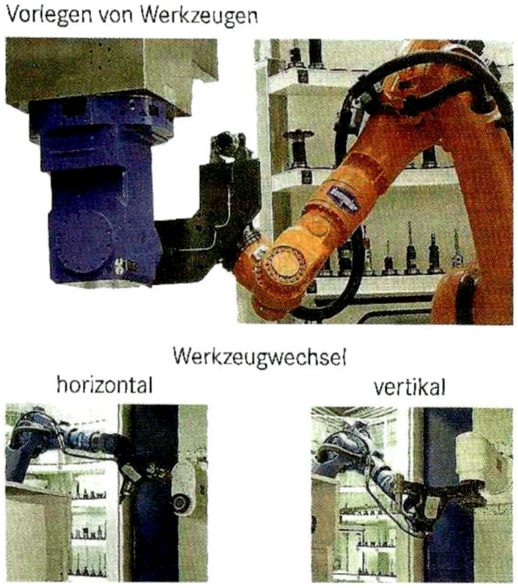

Abb. 5: Werkzeughandling durch Roboter

8.2.2.2 Steuerungsarten

Koordinaten

Nach **DIN 66217** sind die Richtungen und die Lage der Koordinatenachsen an einer Fräsmaschine vorgegeben. Hierzu verwendet man ein Kartesisches Koordinatensystem mit den Koordinatenachsen X, Y und Z (Abb. 6).

Die Koordinatenachsen liegen in Richtung der verschiedenen Führungsbahnen der Fräsmaschine. In Richtung der Arbeitsspindel ist die Z-Achse festgelegt (➜📖). Zur besseren Orientierung im Koordinatensystem einer CNC-Fräsmaschine kann die *Rechte-Hand-Regel* angewendet werden.

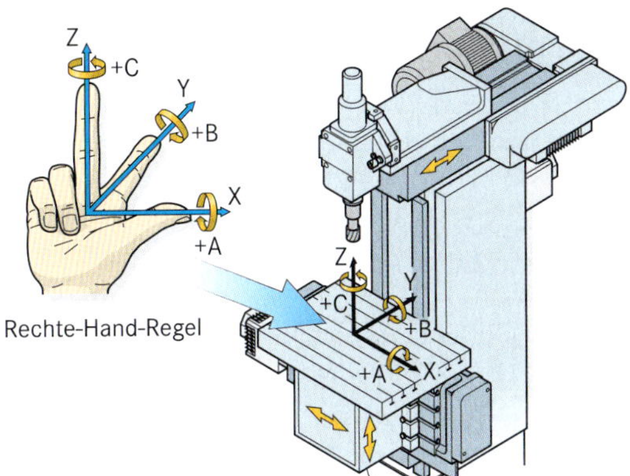

Abb. 6: Koordinaten

Um die verschiedenen Koordinatenachsen sind Drehbewegungen möglich. Es werden Drehbewegungen um die X-Achse, Y-Achse und Z-Achse unterschieden. Diese sind mit A, B und C gekennzeichnet.

Für die Programmierung wird davon ausgegangen, dass das Werkstück stillsteht und nur das Werkzeug bewegt wird.

Bei der Zerspanung dagegen bewegt sich der Fräsmaschinentisch mit dem Werkstück ebenso wie das Werkzeug.

Steuerungen

An CNC-Fräs- und Bohrmaschinen werden verschiedene Steuerungsarten verwendet. Hierbei unterscheidet man *Bahnsteuerungen*, *Punktsteuerungen* und *Streckensteuerungen*.

Üblicherweise werden an CNC-Fräsmaschinen *Bahnsteuerungen* eingesetzt. Bahnsteuerungen ermöglichen während der Zerspanung beliebige Verfahrbewegungen im Arbeitsraum der Fräsmaschine. Entsprechend den steuerbaren Achsen unterscheidet man 2 D -, 2 ½ D - und 3 D-Bahnsteuerungen (Tab. 1).

Wird eine Bearbeitungsmaschine ausschließlich zur Ausführung von Bohrarbeiten verwendet, kommt eine *Punktsteuerung* zum Einsatz. Das Werkzeug wird im Eilgang auf der programmierten Zielkoordinate positioniert. Anschließend erfolgt die Bearbeitung des Werkstückes (Abb. 7).

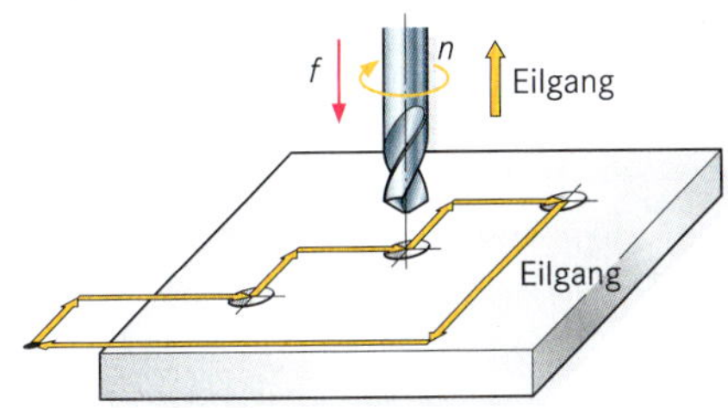

Abb. 7: Punktsteuerung

An älteren Fräsmaschinen werden *Streckensteuerungen* eingesetzt. Diese ermöglichen nur achsparallele Verfahrbewegungen mit verschiedenen Vorschubgeschwindigkeiten.

Tab. 1: Bahnsteuerungen

Bahnsteuerungen		
2 D	**2 ½ D**	**3 D**
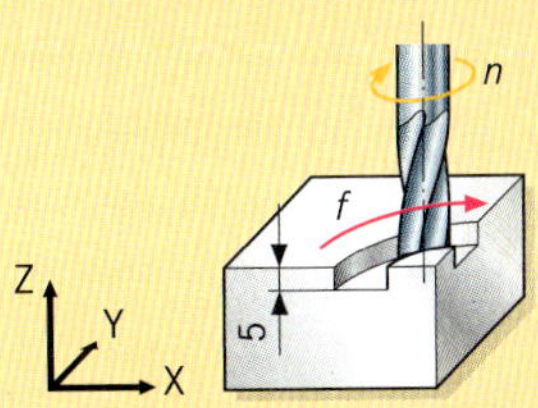	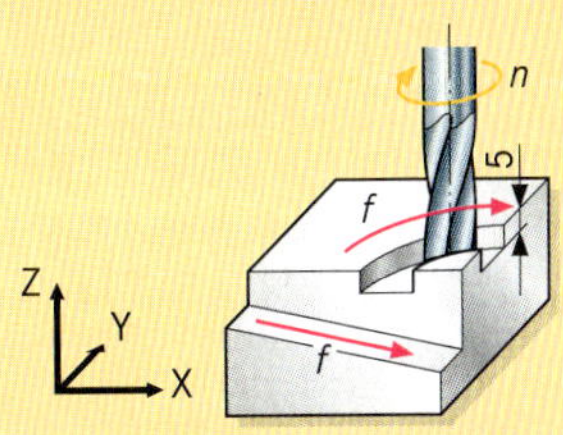	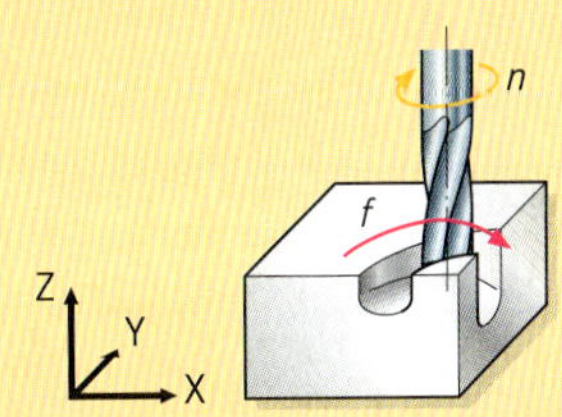
Es kann in zwei vom Hersteller festgelegten Achsen gleichzeitig verfahren werden. Dies können z. B. die X- und die Y-Achse sein.	Es kann in zwei vom Maschinenbediener ausgewählten Achsen gleichzeitig verfahren werden. Dies können z. B. die X- und Y-Achse oder X- und Z-Achse sein.	Es kann in drei Achsen gleichzeitig verfahren werden. Dadurch ist eine gemeinsame Bewegung in der X-, Y- und Z-Achse möglich.

auch über Web-Link

auch über Web-Link

auch über Web-Link

8.2.2.3 Spannmittel

Werkzeugaufnahme

Werkzeugaufnahmen, die auf CNC-Fräsmaschinen eingesetzt werden, sollen folgende Eigenschaften haben:

- geringe Unwucht,
- große Steifigkeit vor allem bei hohen Drehzahlen,
- große Wiederholgenauigkeit bei einem Werkzeugwechsel und
- hohe Rundlaufgenauigkeit.

Die verschiedenen Werkzeugaufnahmen werden in der Arbeitsspindel der Fräsmaschine gespannt. Hierzu werden Hohlschaftkegel (HSK) oder Steilkegel (SK) verwendet (Abb. 1).

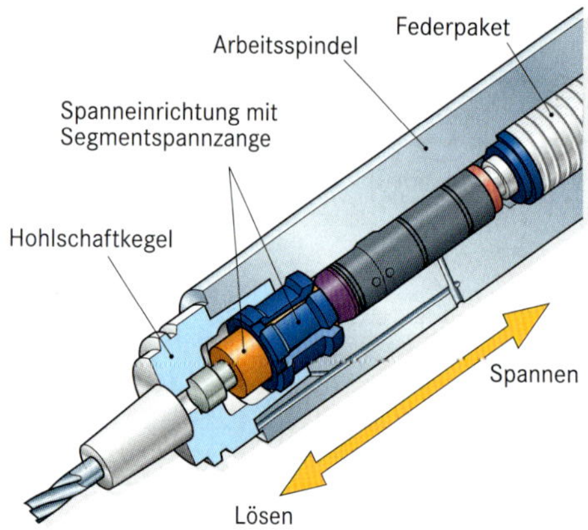

Abb. 1: Spannen von Hohlschaftkegeln

Steilkegel werden in CNC-Fräsmaschinen über einen Anzugsbolzen gespannt. Sie können leicht in der Frässpindel positioniert werden. Das Lösen der Steilkegel aus der Frässpindel erfordert nur geringe Kräfte.

Hohlschaftkegel erfüllen die geforderten Eigenschaften an eine Werkzeugaufnahme besser als Steilkegel.

Zum Spannen von Hohlschaftkegeln wird ein innenliegender Spannkegel eingesetzt.

Beim Spannen schlägt der Hohlschaftkegel an der Planfläche der Arbeitsspindel an. Dadurch wird eine genaue axiale Anlage sichergestellt.

Ebenso wird eine größere Wiederholgenauigkeit bei Werkzeugwechseln gewährleistet.

Zum Spannen der Werkzeuge in der Werkzeugaufnahme gibt es verschiedene Möglichkeiten. Die verschiedenen Spannprinzipien ergeben unterschiedliche Rundlaufgenauigkeiten (Abb. 2).

Häufig werden beim CNC-Fräsen *Hydro-Dehnspannfutter* und *Schrumpffutter* eingesetzt. Diese Werkzeugaufnahmen weisen eine besonders hohe Rundlaufgenauigkeit auf.

Zum Spannen von Werkzeugen mit einem *Hydro-Dehnspannfutter* muss eine Spannschraube verdreht werden (Abb. 3). Dadurch wird über eine Flüssigkeit Druck auf eine Dehnbuchse ausgeübt. In der Dehnbuchse befindet sich das Werkzeug. Dieses wird durch den erzeugten Druck gespannt.

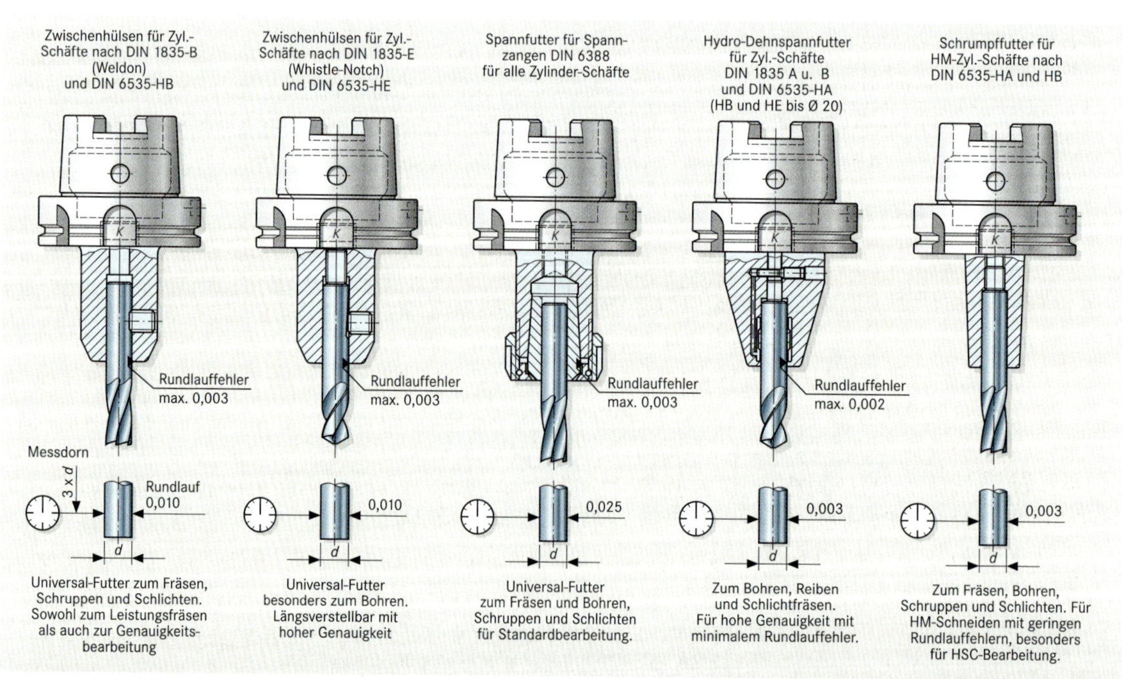

Abb. 2: Spannen von Werkzeugen mit Zylinderschaft

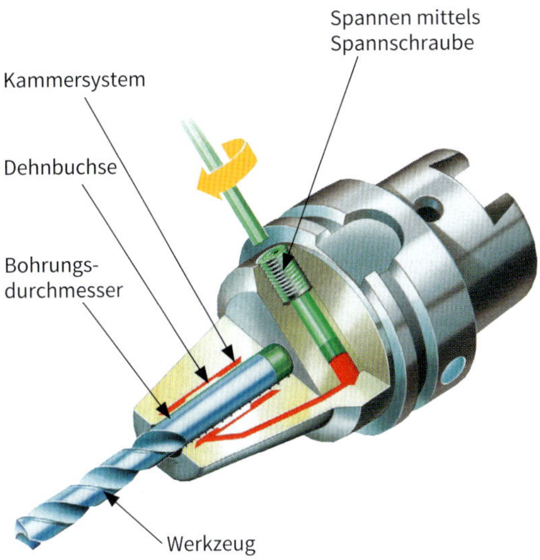

Abb. 3: Hydro-Dehnspannfutter

Bei der Verwendung von *Schrumpffuttern* wird die Wärmeausdehnung zum Spannen von Werkzeugen ausgenutzt (Abb. 4). Das Schrumpffutter wird durch eine Spule induktiv erwärmt (Abb. 5). Aufgrund der Erwärmung dehnt sich das Futter aus. Das Werkzeug wird anschließend in das Futter eingesetzt. Beim Abkühlen zieht sich das Schrumpffutter zusammen und spannt das Werkzeug. Muss das Werkzeug aus dem Futter entfernt werden, wird die Aufnahme wiederum erwärmt. Nach dem Ausdehnen des Schrumpffutters kann das Werkzeug herausgezogen werden.

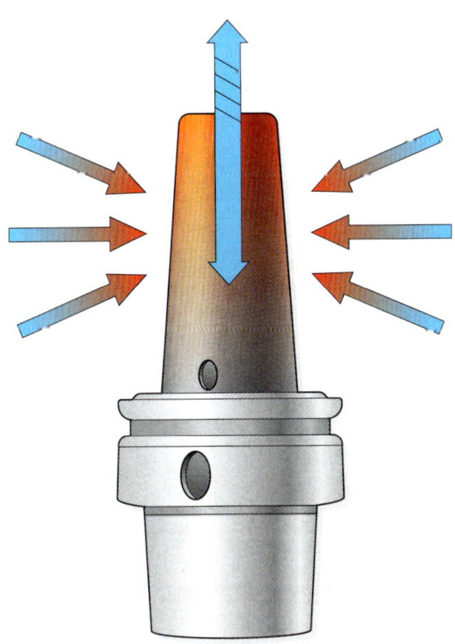

Abb. 4: Schrumpffutter

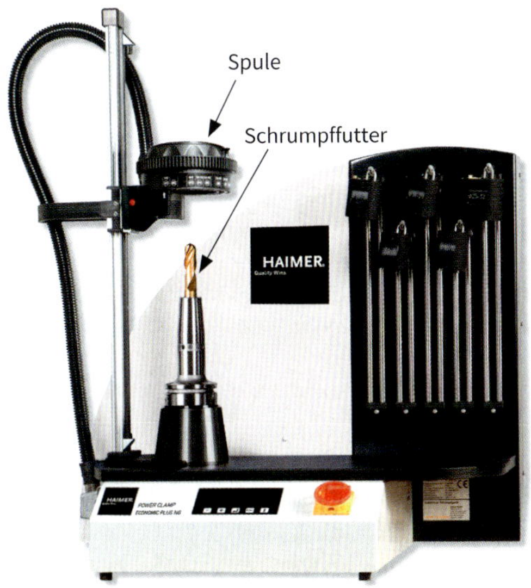

Abb. 5: Schrumpfgerät

Hochdruck-Maschinenschraubstock

Auf CNC-Fräsmaschinen werden vorwiegend Maschinenschraubstöcke mit einer Hochdruckspindel verwendet (Abb. 6). Die Hochdruckspindel erlaubt durch den eingebauten Kraftverstärker eine sehr hohe Spannkraft. Ebenso ist ein genaues Einstellen und Vorwählen der Spannkraft möglich. Durch das Vorwählen der Spannkraft wird das Werkstück vor Beschädigungen geschützt.

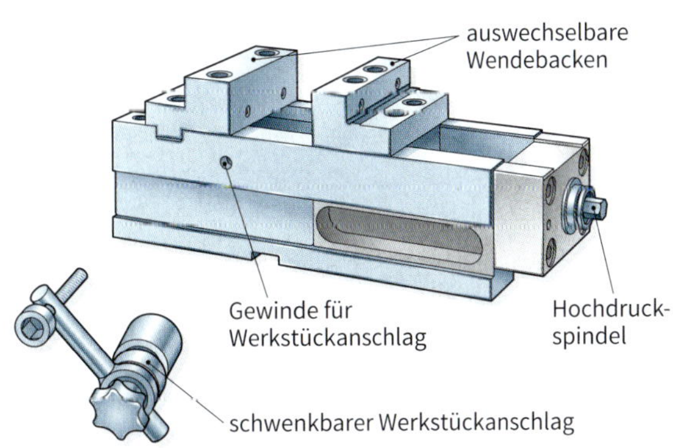

Abb. 6: Hochdruckspanner

Um das Risiko einer Kollision zwischen Spannmittel und Werkzeug zu vermeiden, werden an CNC-Fräsmaschinen vor allem Maschinenschraubstöcke als Unterzugspanner verwendet. Beim Öffnen des Maschinenschraubstocks werden die Spannbacken nicht in den Arbeitsraum hineinbewegt. Zum Spannen verschiedener Werkstückformen können die Spannbacken ausgewechselt werden.

Flexible Spannsysteme

Flexible Spannsysteme werden verwendet, um die Einrichtzeiten bei einem häufigen Umspannen des Werkstückes zu verkürzen (Abb. 1). Diese Spannsysteme bestehen aus Spannzapfen, die z. B. in einem Schraubstock oder direkt im Werkstück befestigt werden. Die Spannzapfen werden in einer Spann-einheit positioniert und pneumatisch gespannt. Die Spanneinheit ist fest mit dem Fräsmaschinentisch verbunden. Somit ist für die verschiedenen Umspannarbeiten ein positionsgenaues Spannen mit einer großen Wiederholgenauigkeit möglich.

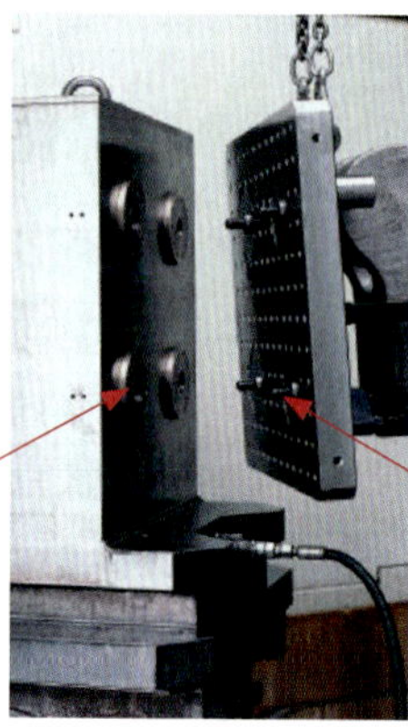

Abb. 1: Flexibles Spannsystem

Zusammenfassung

Spannmittel

für Werkzeuge

Befestigung in der Maschine

- Hohlschaftkegel
- Steilkegel mit Anzugsbolzen

Befestigung des Werkzeuges

- Weldonfutter
- Whistle-Notch
- Spannfutter für Spannzangen
- Hydro-Dehnspannfutter
- Schrumpffutter

für Werkstücke

- Maschinenschraubstock
- Hochdruckspanner
- Flexible Spannsysteme

8.2.2.4 Werkzeugvermessung

Für die Bearbeitung eines Werkstückes auf einer CNC-Fräsmaschine benötigt die Steuerung Angaben über die Abmessungen des Werkzeuges. Hierzu wird vom Werkzeug der Radius *R* und die Länge *Z* ermittelt (Abb. 2). Die Länge des Werkzeuges bezieht sich auf den Werkzeugbezugspunkt.

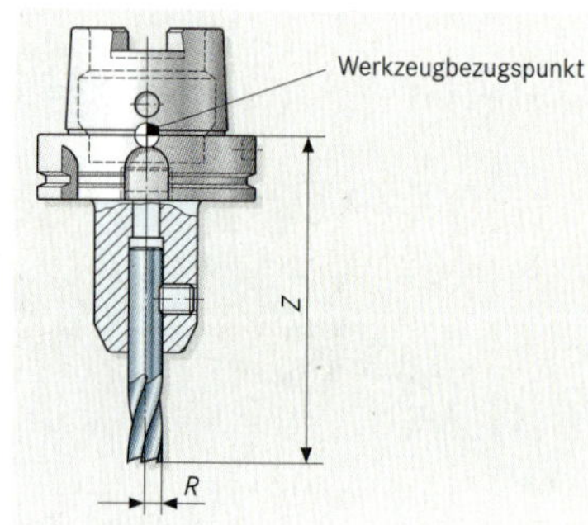

Abb. 2: Werkzeugvermessung eines Fräsers

Die Werkzeugvermessung kann als

- interne Vermessung oder
- externe Vermessung

erfolgen.

8.2.2.5 Einrichten einer CNC-Fräsmaschine

In Abhängigkeit von der Art der Steuerung und der Bauform der Maschine sind verschiedene Arbeitsgänge beim Einrichten auszuführen. Im Einzelnen sind dies folgende Arbeitsschritte:

- Spannen des Rohteils,
- Vermessen der Werkzeuge,
- Anfahren des Referenzpunktes,
- Bestimmen des Werkstücknullpunktes und
- Eingabe des Programms.

Beim Einrichten einer CNC-Fräsmaschine sind verschiedene Bezugspunkte zu beachten (Abb. 3).

Man unterscheidet zwischen Maschinennullpunkt, Referenzpunkt, Werkstücknullpunkt und Anschlagpunkt.

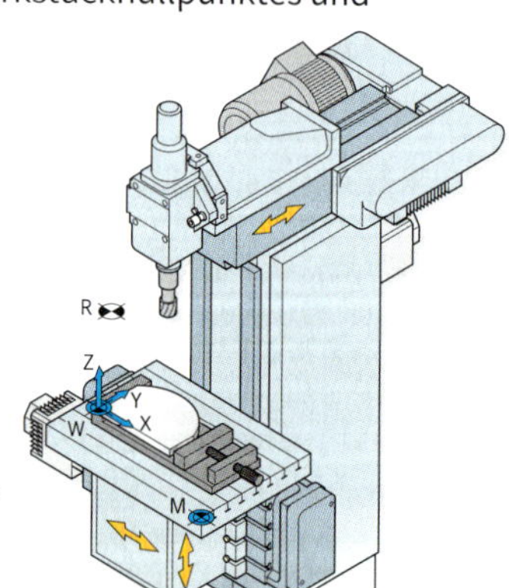

Symbol	Bedeutung	Symbol	Bedeutung
	Maschinennullpunkt M		Referenzpunkt R
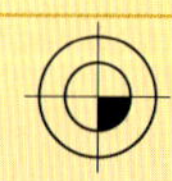	Werkstücknullpunkt W	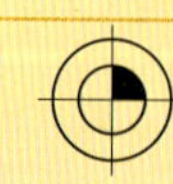	Anschlagpunkt A

Abb. 3: Bezugspunkte

Spannen des Rohteils

Zum Spannen des Rohteils ist das Spannmittel, der Einsatz von Anschlägen und die Lage des zu spannenden Werkstückes festzulegen. Dem vorliegenden Spannplan kann die Lage des Werkstücknullpunktes und des Anschlagpunktes entnommen werden (Abb. 4).

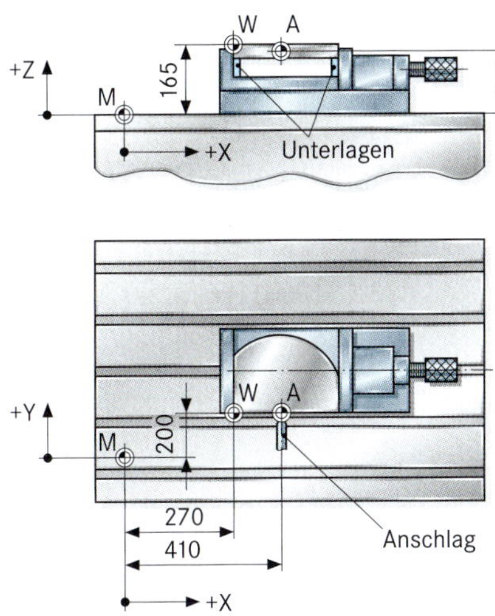

Abb. 4: Spannplan

Vermessen der Werkzeuge

Alle Werkzeuge müssen vor ihrem Einsatz in einer CNC-Fräsmaschine vermessen werden. Dies erfolgt durch eine interne oder externe Vermessung (Kap. 8.1.3.3).

Anfahren des Referenzpunktes

Nach dem Einschalten einer Fräsmaschine muss der Referenzpunkt angefahren werden. Dies erfolgt durch das Verfahren der Maschine in der X-, Y- und Z-Richtung. Der Bediener muss hierzu den Befehl zum Ausführen des in der Steuerung gespeicherten Zyklus geben. Der Referenzpunkt dient zur Nullung des inkrementalen Wegmesssystems. Erst nach dem Anfahren des Referenzpunktes ist die Angabe von Koordinatenwerten auf dem Bildschirm der Steuerung möglich. Die Lage des Referenzpunktes bezieht sich auf den Maschinennullpunkt. Der Maschinennullpunkt stellt den Ursprung des Maschinenkoordinatensystems dar.

Der *Referenzpunkt* wird wie der *Maschinennullpunkt* vom Hersteller vorgegeben und kann vom Bediener nicht verändert werden.

Bestimmen des Werkstücknullpunktes

Der Ursprung des Werkstückkoordinatensystems ist der *Werkstücknullpunkt*. Dieser ist beim Einrichten der Fräsmaschine zu ermitteln.

Das Bestimmen des Werkstücknullpunktes erfolgt durch das Anfahren von Außen- oder Bohrungsflächen des Werkstückes.

Das Ermitteln des Werkstücknullpunktes kann durch

- Ankratzen mit einem Fräser,
- Antasten mit einem Kantentaster oder
- Antasten mit einem 3D-Taster erfolgen.

Verwendet man einen *3D-Taster,* wird dieser in der Arbeitsspindel der Fräsmaschine gespannt (Abb. 5). Anschließend werden mit dem Taster die Werkstückflächen in der X-, Y- und Z-Richtung angetastet. Bei Verwendung von mechanischen 3D-Tastern wird um den Radius des Tasteinsatzes weitergefahren. Dadurch wird der Radius der Tastkugel berücksichtigt und die Mittelachse der Arbeitsspindel über der Kante der Antastfläche des Werkstückes positioniert. Hierzu kann man die Anzeige am Taster verwenden.

Bewegung des Tasters in Richtung der Antastfläche

Taster berührt mit der Tastkugel die Antastfläche, die Anzeige bewegt sich

Taster wird um den Radius der Tastkugel weiterbewegt

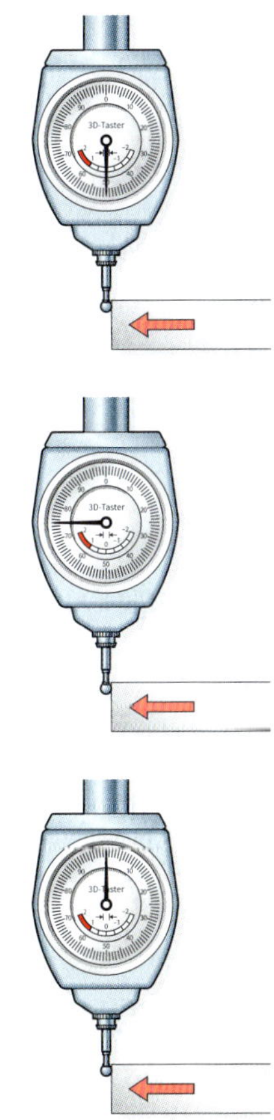

Abb. 5: 3D-Taster

Eingabe des Programms

Wurden alle Einrichtarbeiten ausgeführt, kann das Programm in die Steuerung der Fräsmaschine eingegeben werden. Dies erfolgt direkt an der Maschine durch den Bediener oder durch eine Übertragung des Programms von einem Programmierplatz an die Steuerung.

Program-mieren

8.2.3 Programmierung

8.2.3.1 Programmaufbau

Für die Erstellung des Programms zur Fertigung der Motorplatte sind unterschiedliche Befehle notwendig (Abb. 1).

Das Programm enthält verschiedene Weg- und Schaltinformationen (siehe Kap. 8.1.4). Durch die Weginformationen erhält die Fräsmaschine alle Daten über die Art und Position der notwendigen Bewegungen in der X-, Y- und Z-Richtung. Durch die Schaltinformationen werden die für eine Fräsbearbeitung notwendigen technologischen Angaben und Zusatzfunktionen an die Steuerung übergeben. Hierzu gehören der Vorschub (F), die Umdrehungsfrequenz der Spindel (S) und der Werkzeugaufruf (T). Mit dem Werkzeugaufruf (z. B. T1) wird die Platznummer des Werkzeuges und der Korrekturspeicher unter der angegebenen Nummer aktiviert (z. B. TC1) (➜📖).

Die Zusatzfunktionen bestimmen z. B. die Drehrichtung der Arbeitsspindel (M3) oder das Programmende (M30). Der Programmaufbau von CNC-Fräsprogrammen ist in der **DIN 66025** festgelegt (Abb. 2) (➜📖). Die Ausführung der Wörter und Adressbuchstaben kann zwischen den verschiedenen Steuerungsherstellern unterschiedlich sein und von der DIN abweichen.

Beispiel:

nach DIN	Hersteller	
DIN 66025	**Heidenhain**	**PAL**
G00 X10 Y10	L X+10 FMAX	G0 X10 Y10
G01 X10 Y10 F100	L X+10 Y+10 F100	G1 X10 Y10 F100

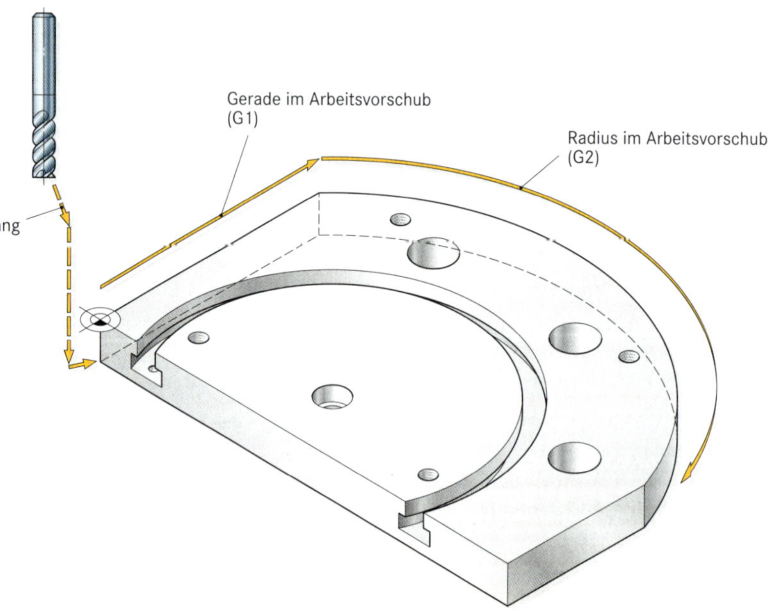

Abb. 1: Motorplatte

Programmtechnische Information	Weginformation							Schaltinformation			
Satz-Nr.	Wegbedingungen	Koordinaten X	Y	Z	Abstand zum Kreismittelpunkt I	J	K	Vorschub F	Umdrehungsfrequenz S	Werkzeug T	Zusatzfunktionen M
N10								F220	S1500	T1TC1	M3
N20	G0	X−10	Y−30	Z50							
N30				Z−25							
N40	G41										
N50	G1	X0	Y0								
N60			Y151,22								
N70	G2	X285	Y93,45		I125	J−115,22					
N80											
...											

Abb. 2: Programmaufbau

Wegbedingungen

Wegbedingungen haben den Adressbuchstaben **G**. Sie sind entweder modal (selbsthaltend) und bleiben so lange wirksam, bis sie überschrieben werden, oder sie gelten nur für einen Satz.

Bei der Programmierung der Wegbedingungen für den Verfahrweg gibt es drei Möglichkeiten:

- Verfahren im Eilgang (G0)
- Verfahren auf einer geraden Bahn (G1)
- Verfahren auf einer Kreisbahn (G2; G3)

Dabei können Koordinaten und Interpolationsparameter absolut oder inkremental programmiert werden.

- **Verfahren auf einer geraden Bahn**

Für das Verfahren auf einer geraden Bahn gibt es fünf Möglichkeiten:

- Fräsen einer Kontur durch Angabe der Länge der Verfahrstrecke. Diese wird bestimmt durch die Koordinaten in X-, Y- und Z-Richtung,
- Fräsen einer Kontur mit eingelagertem Radius zwischen zwei Geraden,
- Fräsen einer Kontur mit eingelagerter Fase zwischen zwei Geraden,
- Fräsen einer Kontur unter einem Winkel oder
- Fräsen einer Kontur durch Angabe von Länge und Winkel.

Das Fräsen einer Kontur unter Angabe von Länge und Winkel erfolgt mithilfe von Polarkoordinaten.

Bei der Programmierung mit Polarkoordinaten wird G0 durch G10 und G1 durch G11 ersetzt (Abb. 3).

- **Verfahren auf einer Kreisbahn**

Zum Verfahren des Fräswerkzeuges auf einer Kreisbahn (Kreisinterpolation) sind folgende Angaben notwendig:

- die Drehrichtung,
- die Koordinaten des Zielpunktes und
- die Koordinaten des Kreismittelpunktes.

Die Drehrichtung wird über die Wegbedingungen G2 oder G3 angegeben. Mit G2 wird auf der Kreisbahn im Uhrzeigersinn verfahren. Durch G3 erfolgt die Bewegung auf der Kreisbahn im Gegenuhrzeigersinn (Abb. 1, nächste Seite).

Nach der Wegbedingung werden die Koordinaten des Zielpunktes bestimmt. Die Lage des Mittelpunktes der Kreisbahn wird inkremental vom Startpunkt (Abb. 1a, nächste Seite) oder absolut vom Werkstücknullpunkt aus angegeben (Abb. 1b, nächste Seite).

Hierzu werden die Interpolationsparameter I, J und K verwendet.

G11 – Gerade im Vorschub

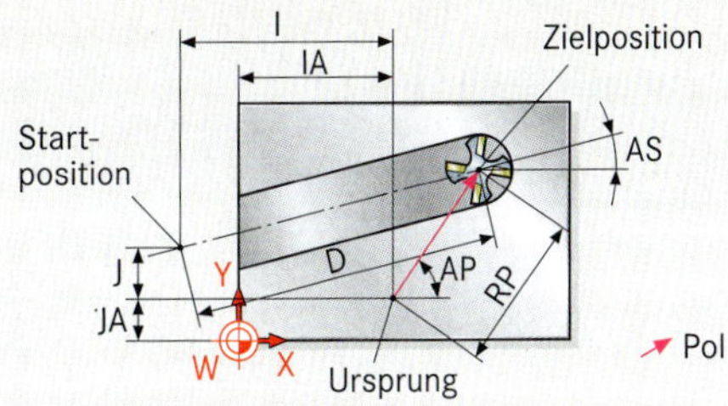

Adresse	Beschreibung	Art
RP	Pollänge	notwendig
AP	Polwinkel (– im Uhrzeigersinn, + entgegen dem Uhrzeigersinn)	notwendig
I, IA	X-Koordinate für den Ursprung des Pols	optional
J, JA	Y-Koordinate für den Ursprung des Pols	optional
Z, ZI, ZA	Z – Koordinate des Zielpunktes ZI – inkrementale Z-Koordinate ZA – absolute Z-Koordinate	optional
RN	Übergangselement (RN+ Verrundungsradius, RN– Fase)	optional
F, S, M, TC	Schaltinformationen	optional

Abb. 3: Verfahren auf einer Geraden über Polarkoordinaten

Die verschiedenen Interpolationsparameter sind den Achsrichtungen zugeordnet (Tab. 1).

Bei der Angabe der Interpolationsparameter sind die Vorzeichen zu beachten.

Tab. 1: Interpolationsparameter

Achse	Interpolationsparameter	
	inkremental	absolut
X	I	IA
Y	J	JA
Z	K	KA

Zusätzlich ist das Fräsen einer Kreisbahn über die Angabe der Zielkoordinaten und des Radius möglich (Abb. 1c, nächste Seite).

Liegen für eine Programmierung des Kreisbogens die Maße in Form von Winkeln und Radien vor, kann eine Kreisinterpolation über Polarkoordinaten erfolgen.

Mit der Wegbedingung **G12** wird eine Drehrichtung im Uhrzeigersinn erzeugt.

Durch den Befehl **G13** wird entgegen dem Uhrzeigersinn auf der Kreisbahn verfahren.

Der Ursprung des Pols liegt im Kreismittelpunkt und wird über die Interpolationsparameter I oder IA bzw. J oder JA angegeben. Dadurch wird der Radius automatisch ermittelt (Abb. 1, nächste Seite).

Kartesische Koordinaten

Kreisbahn im Uhrzeigersinn G2

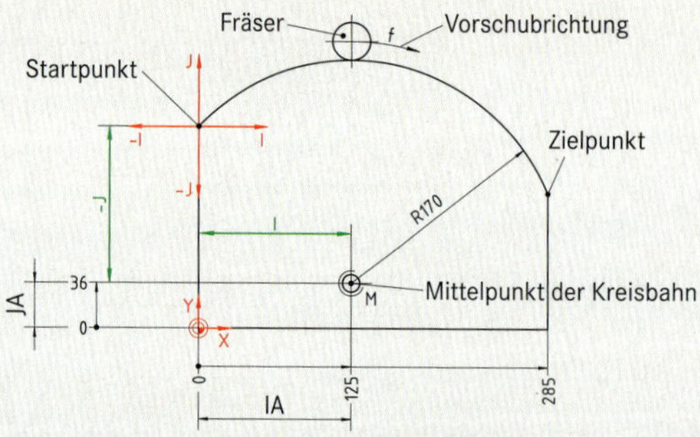

Kreisbahn im Gegenuhrzeigersinn G3

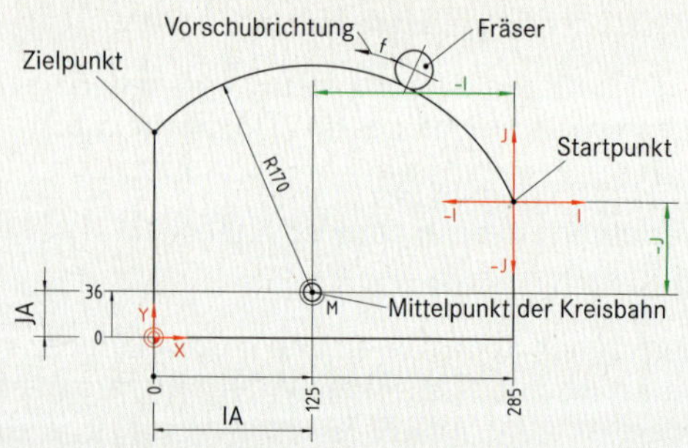

a) inkrementale Angabe der Interpolationsparameter vom Startpunkt des Kreisbogens:

N..
N30 G1 X0 Y151,22 — Startpunkt
N35 G2 X285 Y93,446 I125 J-115,22
N..

Wegbedingung Kreisbogen im Uhrzeigersinn — Zielpunkte in X- und Y-Richtung — Interpolationsparameter in X-Richtung (I) und in Y-Richtung (J)

N..
N30 G1 X285 Y93,446 — Startpunkt
N35 G3 X0 Y151,22 I-160 J-57,466
N..

Wegbedingung Kreisbogen im Gegenuhrzeigersinn — Zielpunkte in X- und Y-Richtung — Interpolationsparameter in X-Richtung (I) und in Y-Richtung (J)

b) absolute Angabe der Interpolationsparameter vom Werkstücknullpunkt:

N..
N30 G1 X0 Y151,22
N40 G2 X285 Y93,446 IA125 JA36
N...

Interpolationsparameter in X-Richtung (IA) und in Y-Richtung (JA)

N..
N30 G1 X285 Y93,446
N40 G3 X0 Y151,22 IA125 JA36
N..

Interpolationsparameter in X-Richtung (IA) und in Y-Richtung (JA)

c) Angabe des Radius:

N..
N30 G1 X0 Y151,22
N40 G2 X285 Y93,446 R170
N...

Radius des Kreisbogens

N..
N30 G1 X285 Y93,446
N40 G3 X0 Y151,22 R170
N..

Radius des Kreisbogens

Polarkoordinaten

Kreisbahn im Uhrzeigersinn G12

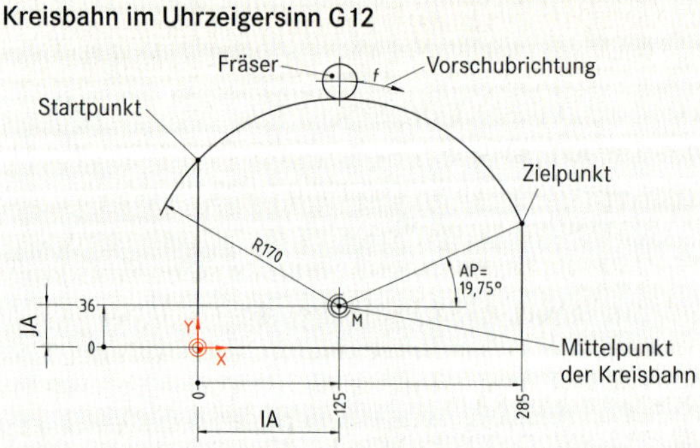

Kreisbahn im Gegenuhrzeigersinn G13

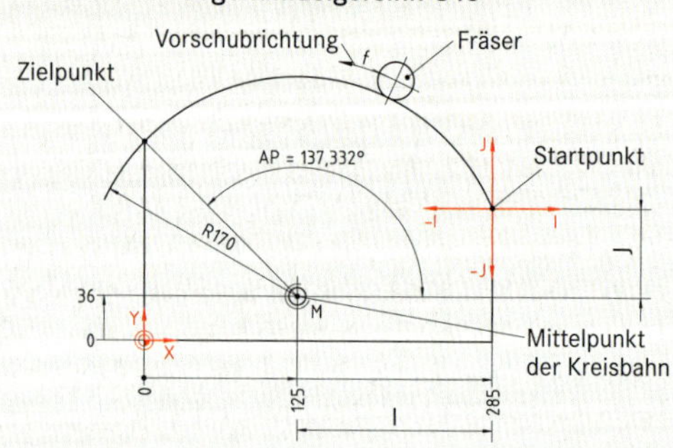

N..
N30 G1 X0 Y151,22 — Startpunkt
N40 G12 IA125 JA36 AP19,75 — Winkel des Pols
N..

Wegbedingung Kreisbogen im Uhrzeigersinn — absoluter Abstand zwischen Startpunkt und Fußpunkt des Drehpols in X-Richtung — absoluter Abstand zwischen Startpunkt und Fußpunkt des Drehpols in Y-Richtung

N..
N30 G01 X285 Y93,446 — Startpunkt
N40 G13 I-160 J-57,446 AP137,332° — Winkel des Pols
N..

Wegbedingung Kreisbogen entgegen dem Uhrzeigersinn — inkrementaler Abstand zwischen Startpunkt und Fußpunkt des Drehpols in X-Richtung — inkrementaler Abstand zwischen Startpunkt und Fußpunkt des Drehpols in Y-Richtung

Abb. 1: Verfahren auf einer Kreisbahn

Bei einer Programmierung von Wegbedingungen können die Koordinaten in der X-, Y- und Z-Richtung durch eine Absolutprogrammierung oder Inkrementalprogrammierung angegeben werden.

- **Absolutprogrammierung (G90)**

In den meisten Anwendungsfällen wird die Absolutprogrammierung mit dem Befehl G90 verwendet (Abb. 2). Bezogen auf den Werkstücknullpunkt werden alle Zeichnungsmaße als Koordinatenwerte angegeben. Die Absolutprogrammierung entspricht dem Einschaltzustand einer Fräsmaschine.

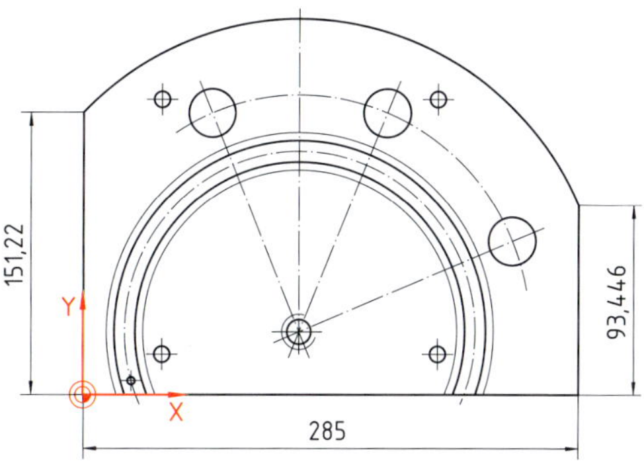

Abb. 2: Maßangabe für Absolutprogrammierung

Bei der Absolutprogrammierung (G90) beziehen sich alle Koordinatenangaben auf einen gemeinsamen Bezugspunkt, den Werkstücknullpunkt.

- **Inkrementalprogrammierung (G91)**

Werden in der Fertigungszeichnung Kettenmaße verwendet, ist eine Inkrementalprogrammierung (Relativprogrammierung) mit dem Befehl G91 zu verwenden. Ein typischer Anwendungsfall für eine Kettenbemaßung ist die Herstellung mehrerer Bohrungen z. B. in einer Bohrplatte (Abb. 3).

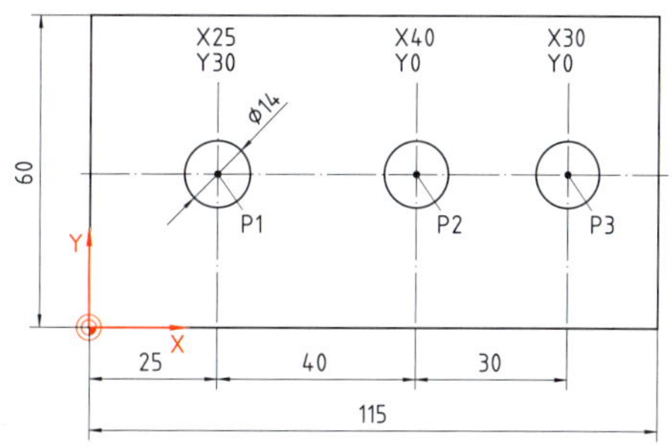

Abb. 3: Maßangabe für Inkrementalprogrammierung

Bei der Inkrementalprogrammierung (G91) beziehen sich alle Koordinatenangaben auf den zuletzt programmierten Punkt.

- **Nullpunktverschiebung**

An der Motorplatte sind zwei Nullpunkte angegeben (Abb. 4). Der Werkstücknullpunkt (W) wird zur Bearbeitung der Außenkontur verwendet. Um Koordinatenberechnungen zu vermeiden, wird der Nullpunkt auf die Position (W1) für die Fertigung der Bohrungen und der T-Nut verschoben.

Man unterscheidet:

- additive (programmierbare) Nullpunktverschiebungen (Tab. 1, nächste Seite) (➡📖) und
- speicherbare (einstellbare) Nullpunktverschiebungen.

Bei einer additiven Nullpunktverschiebung werden die Werte für die Verschiebung mit kartesischen Koordinaten (z. B. G59) oder mit Polarkoordinaten (z. B. G58) angegeben.

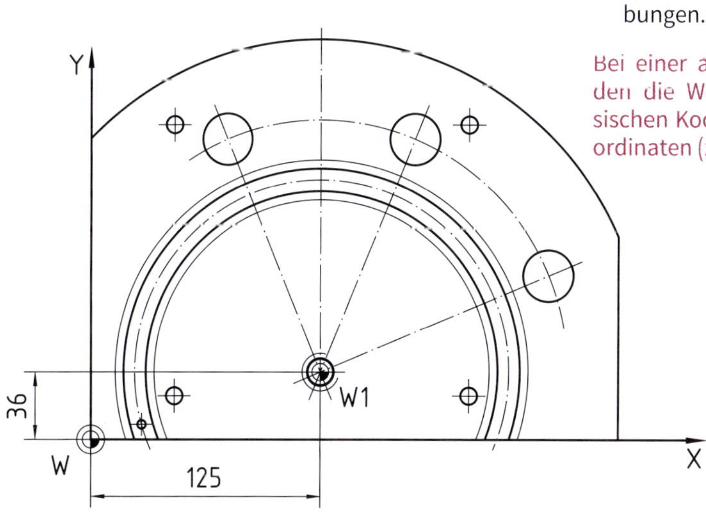

Speicherbare Nullpunktverschiebung

Programmierung:

N..

N5 G54 → **Nullpunktverschieberegister**

		X	Y	Z
N..				
N5	G54	125	36	0

Additive Nullpunktverschiebung

Programmierung:

N..

N5 G59 XA125 YA36

N..

Abb. 4: Speicherbare und additive Nullpunktverschiebungen

Tab. 1: Befehle für Nullpunktverschiebung

Befehl	Bedeutung
G53	Aufheben der Nullpunktverschiebung
G54 ... G59	speicherbare und additive Nullpunktverschiebung

Additive Nullpunktverschiebungen beziehen sich auf den *zuletzt eingegebenen Werkstücknullpunkt* (z.B. W1). Eine additive Nullpunktverschiebung wird z.B. über den Befehl G59 programmiert.

Speicherbare Nullpunktverschiebungen beziehen sich auf den *Werkstücknullpunkt (W)* und verschieben diesen. Auf welche Position er verschoben wird, ist im Nullpunktverschieberegister gespeichert. Im Programm wird nur der Befehl für die Nullpunktverschiebung angegeben (z.B. G54).

Alle Nullpunktverschiebungen wirken modal (selbsthaltend) und werden durch den Befehl G53 aufgehoben.

8.2.3.2 Fräserradiuskorrektur

Beim Fräsen von Außen- oder Innenkonturen führt der Bezug auf die Fräsermittelpunktsbahn zu Konturfehlern. Das geforderte Maß wird um den Fräserradius kleiner oder größer. Um dies auszugleichen, wird der Fräserradius über die Befehle der Fräserradiuskorrektur G41 oder G42 korrigiert (Abb. 1).

Die Bewegung des Werkzeuges beschreibt die *Fräsermittelpunktsbahn* oder *Äquidistante*. Sie bezieht sich auf den Mittelpunkt des Fräswerkzeuges.

Durch den Befehl G40 wird die Fräserradiuskorrektur aufgehoben.

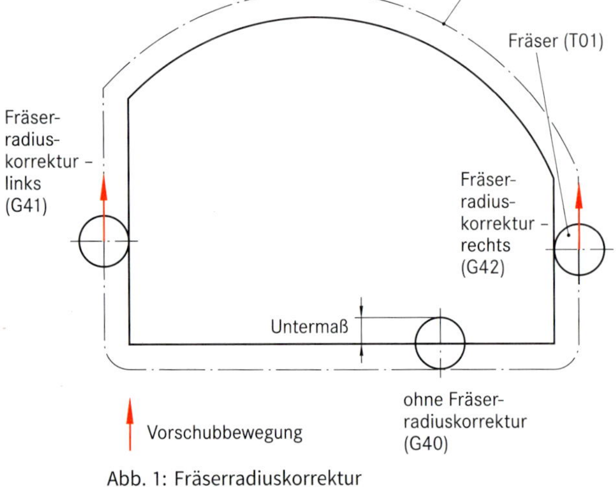

Abb. 1: Fräserradiuskorrektur

8.2.3.3 Auswahl von Arbeitsebenen

Bei der Verwendung von 2 1/2D-Bahnsteuerungen muss vom Maschinenbediener eine Arbeitsebene ausgewählt werden. Die Arbeitsebene legt fest, welche beiden Achsen gleichzeitig verfahren werden (siehe Kap. 8.2.2.2).

Bei der Bearbeitung der Motorplatte ist die XY-Ebene zu wählen (Abb. 2).

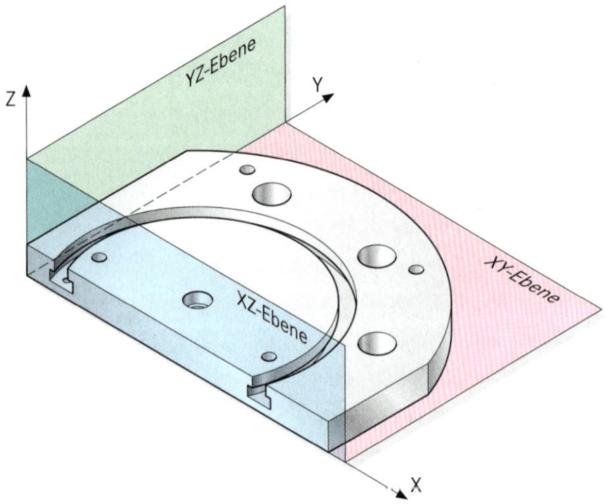

Abb. 2: Arbeitsebenen einer 2 1/2D-Bahnsteuerung

Tab. 2: Befehle für Arbeitsebenen

Befehl	Bedeutung
G17	XY-Ebene
G18	XZ-Ebene
G19	YZ-Ebene

8.2.3.4 Bearbeitungszyklen

Werkstückkonturen bestehen oft aus Formelementen wie Nuten, Kreistaschen, Rechtecktaschen oder Bohrungen (Abb. 3). Für diese Formelemente werden dem Anwender der Steuerung Bearbeitungszyklen zur Verfügung gestellt. Dadurch kommt es zu einer Vereinfachung der Programmierung.

Der Bearbeitungszyklus wird als Wegbedingung in der Steuerung z.B. mit einem G-Befehl aufgerufen. Für eine maßgenaue Umsetzung von Bearbeitungszyklen ist die Fräserradiuskorrektur aufzuheben (G40).

Man unterscheidet Bearbeitungszyklen zur Herstellung von:

- Konturtaschen,
- Bohrungen,
- Bohrbildern und
- Gewinden.

Bei der Programmierung der Bearbeitungszyklen sind die Parameter für den Bearbeitungszyklus (z. B. Rechtecktasche oder Kreistasche) und der Zyklusaufruf zu programmieren.

Konturtaschen

Konturtaschen sind typische Formen an Frästeilen wie *Nuten*, *Rechtecktaschen* oder *Kreistaschen* (Abb. 3).

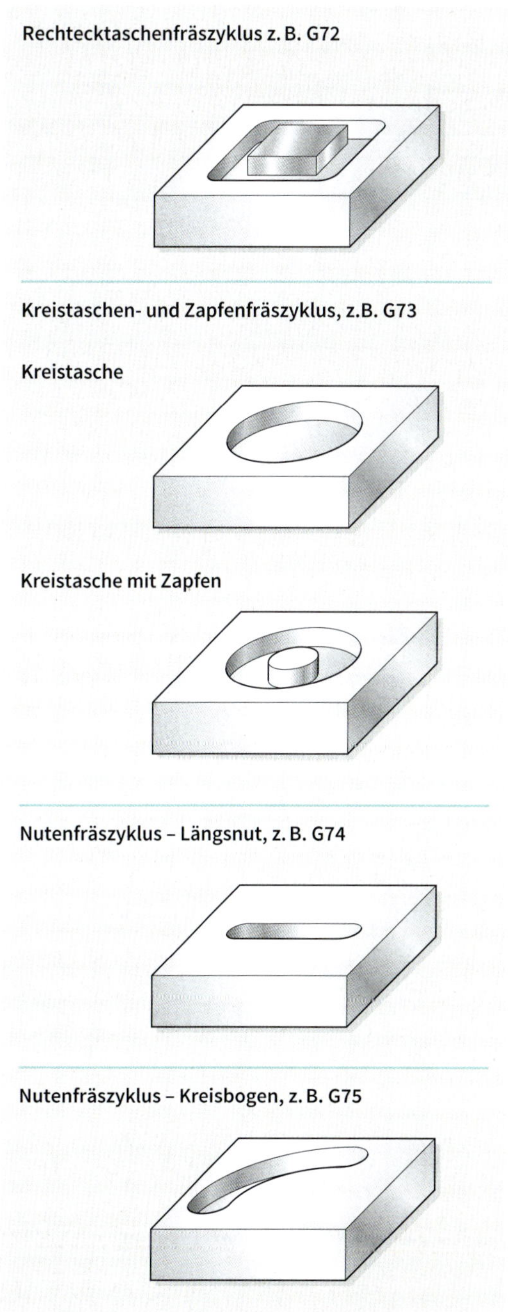

Abb. 3: Beispiele für Konturtaschen

Zyklusaufruf

Der Zyklusaufruf legt die Lage und Anordnung der Fräskontur und die Positionierung der Werkzeuge fest (Abb. 4). Eine Drehung der Fräskontur wird durch eine Winkelangabe (z. B. AR) mit dem Zyklusaufruf festgelegt. Die Parameter für den Bearbeitungszyklus müssen vor dem Zyklusaufruf programmiert werden (Abb. 1, nächste Seite) (➡📖).

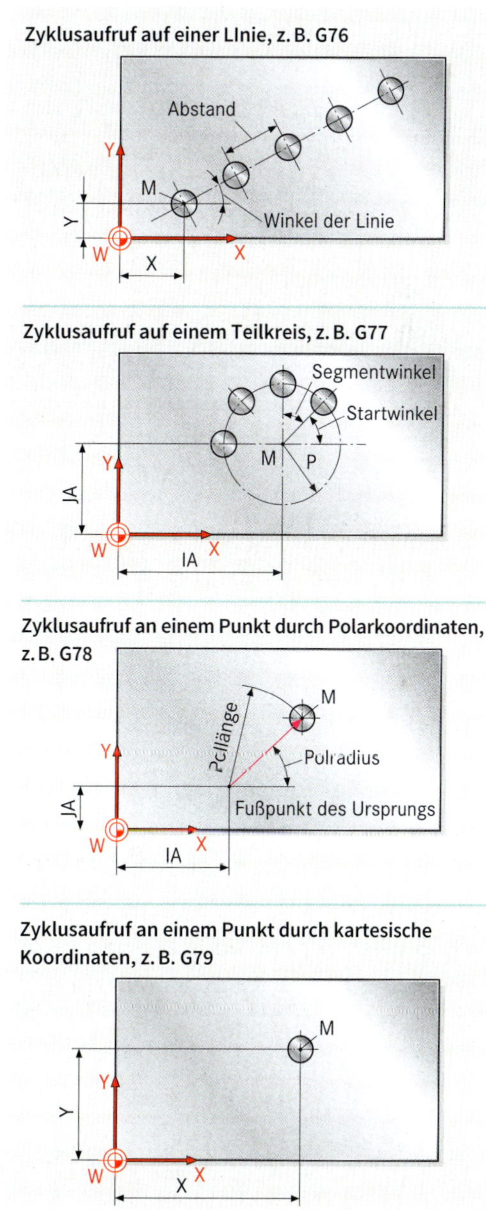

Abb. 4: Zyklusaufrufe

Zur Programmierung von Konturtaschen und Bohrungen wird ein Dialogfenster aufgerufen, in das die geforderten Werte eingegeben werden.

Dialogfenster für Rechtecktaschenfräszyklus – G72

Adresse	Beschreibung	Art
G72	Aufruf des Rechtecktaschenfräszyklus	notwendig
LP	Länge der Tasche (1. Geometrieachse)	notwendig
BP	Breite der Tasche (2. Geometrieachse)	notwendig
ZA oder ZI	Taschentiefe, ZI inkremental ab Taschenoberkante oder ZA absolut, bezogen auf das Werkstückkoordinatensystem	notwendig
V	Sicherheitsabstand	notwendig
D	Maximale Zustelltiefe	notwendig
RN	Eckenradius (Voreinstellung RN0, damit ist der Eckenradius gleich dem Werkzeugradius)	optional
LZ	Länge des Zapfens (1. Geometrieachse)	optional
BZ	Breite des Zapfens (2. Geometrieachse)	optional
RZ	Verrundungsradius des Zapfens	optional
HA/HI	Höhe des Zapfens in der Zustellachse, HI inkremental ab der Werkstückoberkante oder HA absolut, bezogen auf das Werkstückkoordinatensystem	optional
EP	Aufrufpunkt fur den Zyklusaufruf G76 bis G79 (EP0 – Taschenmittelpunkt, EP1 – Eckpunkt im ersten Quadranten; EP2 – Eckpunkt im zweiten Quadranten; EP3 – Eckpunkt im dritten Quadranten; EP4 – Eckpunkt im vierten Quadranten)	optional
W	Rückzugsebene	optional
QM	Bearbeitungsauswahl (0- Überspringen des Zyklus; 1- Bearbeitung ohne Stufen; 2- Bearbeitung mit Stufen; 3- HSC- Bearbeitung ohne Stufen; 4- HSC- Bearbeitung mit Stufen; 5- Messen; -1- Fasen; 2- Stufen)	optional
RM	Bewegungs-Minimalradius in Prozent des Fräserdurchmessers bei trochodialen Schruppbewegungen	optional
CB	Fasenbreite	optional
CM	Arbeitsbereichsmitte des Fräswerkzeuges in Prozent	optional
BA	Stufenbreite	optional
WA	Stufentiefe	optional
H	Bearbeitungsart (H1 – Schruppen; H2 – Planschruppen; H4 – Schlichten erst Rand dann Boden; H5 – Schlichten erst Boden dann Rand; H6 – Schlichten nur Rand; 7- Schlichten nur Boden; 8- Planschlichten; H14 – Schruppen und anschließendes Schlichten mit dem gleichen Werkzeug erst Rand dann Boden; H15 – Schruppen und Schlichten erst Boden dann Rand; 16- Schruppen und Schlichten nur Rand; 17- Schruppen und Schlichten nur Boden; 28- Planschruppen und Planschlichten)	optional
AK	Aufmaß auf dem Taschenrand	optional
AL	Aufmaß auf dem Taschenboden	optional
DB	Fräserbahnüberdeckung	optional
O	Zustellbewegung (O1 – senkrechtes Eintauchen des Werkzeuges; O2 – Eintauchen des Werkzeuges mit Helix-Interpolation; O3 – pendelndes Eintauchen; Zustellung im Eilgang bis auf Sicherheitsabstand zum Aufmaß)	optional
F	Vorschubgeschwindigkeit beim Fräsen in der Bearbeitungsebene	optional
E	Vorschubgeschwindigkeit beim Eintauchen	optional
S	Drehzahl/Schnittgeschwindigkeit	optional
M	Zusatzfunktionen	optional

Weiterhin können Adressen zum Schlichten, zum HSC- Schruppen, zur Optimierung des Vorschubs und der Aufmaßvergrößerung oder Aufmaßreduzierung verwendet werden. Darüber hinaus kann die gefertigte Rechtecktasche bzw. der gefertigte Zapfen über den Kantentaster gemessen werden. Hierzu steht ein integrierter Messzyklus mit verschiedenen Adressen innerhalb des Rechtecktaschenfräszyklus zur Verfügung.

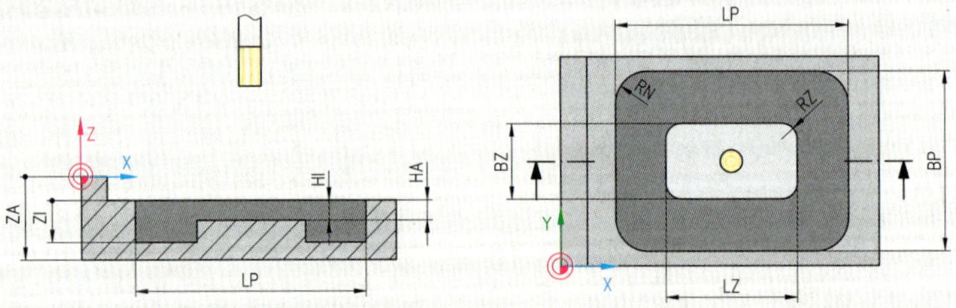

Dialogfenster für Zyklusaufruf an einem Punkt – G79

Adresse	Beschreibung	Art
G79	Zyklusaufruf an einem Punkt	notwendig
X/XI, Y/YI, Z/ZI	Koordinaten bei aktivem G90	notwendig
X/XA, Y/YA, Z/ZA	Koordinaten bei aktivem G91	notwendig
AR	Drehwinkel bezogen auf die positive X-Achse (+ entgegen dem Uhrzeigersinn, – im Uhrzeigersinn)	optional
W	Rückzugsebene (Voreinstellung W = V)	optional

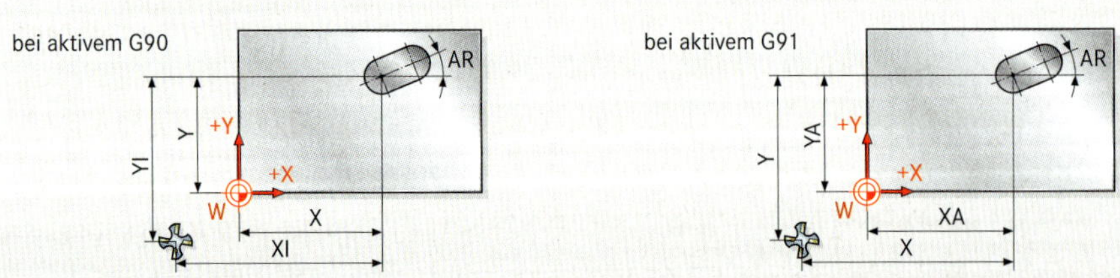

Abb. 1: Dialogfenster mit Parametern

Beispiel: Rechtecktasche

Es ist eine Rechtecktasche 60 mm lang, 40 mm breit und 10 mm tief um 20° verdreht zu fräsen. Zur Bearbeitung wird ein Langlochfräser Ø 6 mm mit einer zulässigen Schnitttiefe von 3 mm verwendet. Für die geforderten Werte ist ein Rechtecktaschenfräszyklus zu programmieren.

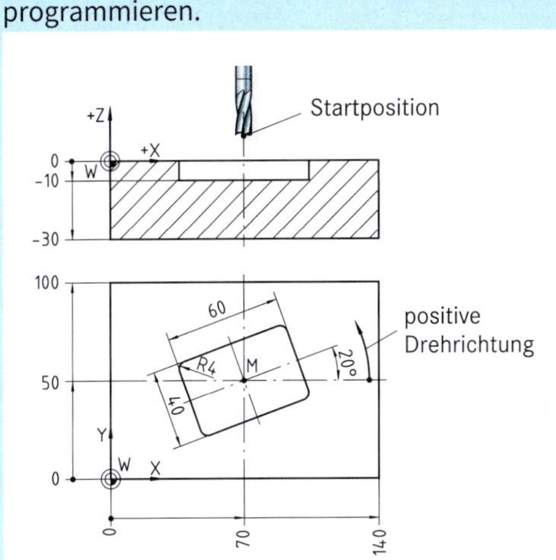

N..
N60 G72 ZA-10 LP60 BP40 D2 V1 W4
RN4 AK0 AL0 EP0 DB80 O1 Q1 H1
(Bearbeitungszyklus)
N70 G79 X70 Y50 Z0 AR20 (Zyklusaufruf)
N..

Bohrzyklen

Bohrzyklen werden zum *Bohren*, *Gewindeschneiden*, *Aufbohren* und *Reiben* verwendet (Abb. 2). Die programmierten Arbeitsbewegungen wirken satzweise oder modal (selbsthaltend).

- **Bohren**

Der Bohrer verfährt im Eilgang bis auf einen Sicherheitsabstand, fertigt im Arbeitsvorschub die Bohrung und verfährt zurück auf den Startpunkt.

Beim Bearbeiten langspanender Werkstoffe wird ein *Bohren mit Spanbruch* notwendig. Dazu stoppt der Bohrzyklus kurzzeitig den Vorschub und fährt den Bohrer zurück. Dadurch werden Fließspäne vermieden, die zu Produktionsstörungen, Verletzungen und Qualitätsminderungen führen können.

Bei *tiefen Bohrungen* kann es notwendig werden, den Bohrer mehrfach aus der Bohrung zurückzuziehen. Der Grund hierfür ist das Überschreiten der zulässigen Bohrtiefe. Durch das Zurückziehen des Bohrers werden die Späne aus der Bohrung entfernt (Ausspänen).

Beispiel: Bohren mit Bohrzyklus G81

Es ist eine Bohrung mit einem Durchmesser von 8 mm und einer Tiefe von 40 mm herzustellen. Hierzu ist ein Bohrzyklus ohne Spanbruch und Ausspänen zu programmieren.

Die Position der Bohrung ist auf der Zeichnung in X-Richtung mit 70 mm und in Y-Richtung mit 50 mm angegeben.

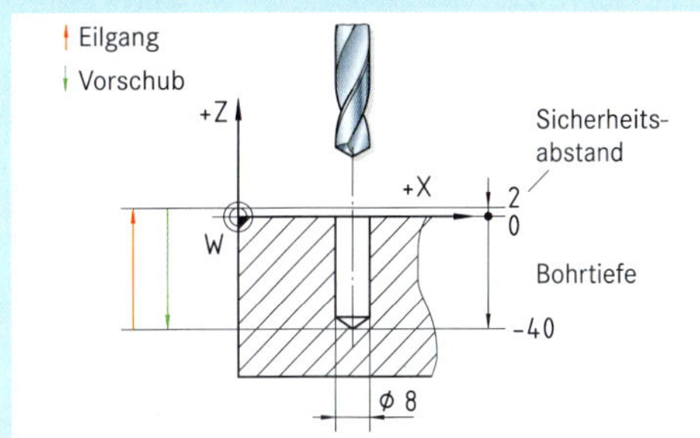

Aufruf Bohrzyklus | Bohrtiefe | Sicherheitsabstand | Rückzugsebene

N..
N60 G81 ZA-40 V2 W4 F200 S1200 (Bohrzyklus)

Vorschub | Drehzahl

N70 G79 X70 Y50 Z0 (Zyklusaufruf)
N..

Koordinaten des Punktes

Zyklusaufruf an einem Punkt

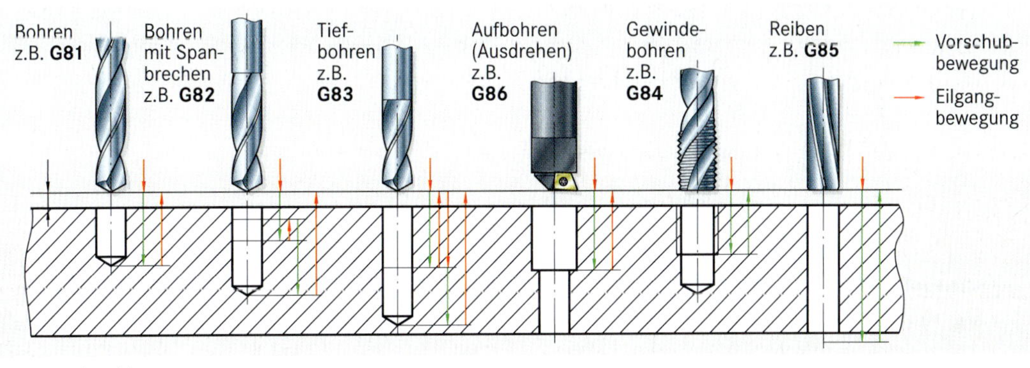

Abb. 2: Bohrzyklen

- **Gewindebohren**

Beim Gewindebohren sind folgende Größen festzulegen:

- der Sicherheitsabstand,
- die Drehrichtung des Gewindebohrers (M3 oder M4) und
- der Vorschub in Abhängigkeit von der Gewindesteigung (Abb. 1).

Dialogfenster für Gewindebohrzyklus – G84

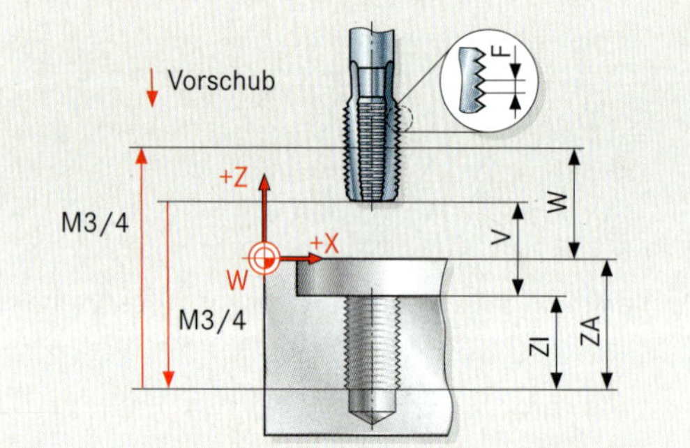

Adresse	Beschreibung	Art
G84	Aufruf des Gewindebohrzyklus	notwendig
ZA oder ZI	Tiefe des Gewindes in der Zustellachse (ZA – absolut, ZI – inkremental)	notwendig
F	Gewindesteigung in mm/ Umdrehung	notwendig
M	Drehrichtung des Werkzeuges beim Eintauchen (M3 – Rechtsgewinde, M4 – Linksgewinde)	notwendig
V	Sicherheitsabstand	notwendig
W	Rückzugsebene	optional
S	Drehzahl	optional
M	weitere Zusatzfunktionen	optional

Nach der Programmierung des Gewindebohrzyklus erfolgt ein Zyklusaufruf G76, G77, G78 oder G79.

Abb. 1: Dialogfenster mit Parametern

- **Bohrfräsen**

Zyklen zum Bohrfräsen (z. B. G87) werden zur Herstellung großer Bohrungen verwendet.

Die Bohrung kann mit einem Schaftfräser hergestellt werden. Dabei wird die Vorschubbewegung als Schraubenlinienbewegung (Helix-Bewegung) ausgeführt (→📖).

- **Anbohren**

Das Anbohren erfolgt in der Regel mit einem NC-Anbohrer, um das nachfolgende Bohrwerkzeug zu zentrieren.

Zusätzlich kann durch das Anbohren eine Senkung mit 90° oder 120° hergestellt werden. Dazu ist die Bohrtiefe zu berechnen.

Beispiel: Ermittlung der Bohrtiefe für einen NC-Anbohrer

Mit einem NC-Anbohrer Ø 10 mm soll eine 90° Senkung 1,1 mm tief hergestellt werden.

Hierzu ist die Bohrtiefe für den NC-Anbohrer zu ermitteln.

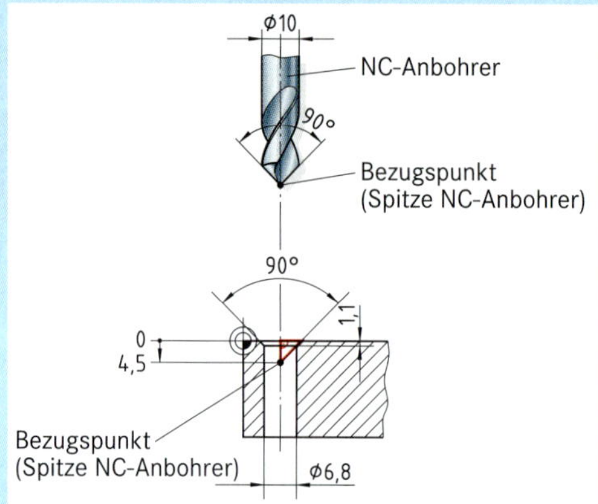

Geg.: Spitzenwinkel $\delta = 90°$ Ges.: Bohrtiefe Z
Senkungstiefe $t = 1{,}1$ mm
Bohrungsdurchmesser $d = 6{,}8$ mm

Lösung:

Senkungsdurchmesser

$$D = d + 2 \cdot t$$

$$D = 6{,}8\text{ mm} + 2 \cdot 1{,}1\text{ mm} = \underline{\underline{9\text{ mm}}}$$

Bohrtiefe

$$\tan\alpha = \frac{a}{b} \qquad \tan\alpha = \frac{\frac{D}{2}}{Z}$$

$$Z = \frac{\frac{D}{2}}{\tan\alpha} = \frac{4{,}5\text{ mm}}{\tan 45°}$$

$$Z = \frac{4{,}5\text{ mm}}{1} = \underline{\underline{4{,}5\text{ mm}}}$$

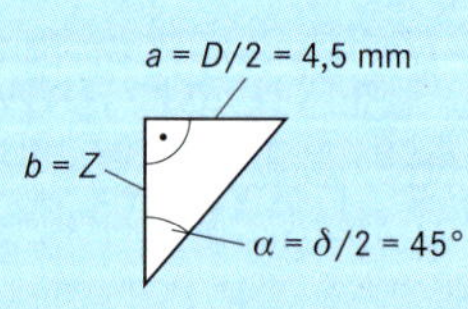

Besitzt der NC-Anbohrer einen Spitzenwinkel von 90°, entspricht die Bohrtiefe Z dem halben Senkungsdurchmesser.

Bohrbilder

Bohrungen können auf einem Teilkreis, Rechteck, einer Matrix oder einer Linie angeordnet sein.

Die Bohrbilder Teilkreis (G77), Linie (G76 Q0), Rahmen (G76 Q1) und Gitter (G76 Q2) werden durch den Zyklusaufruf bestimmt (Abb.2) (→📖).

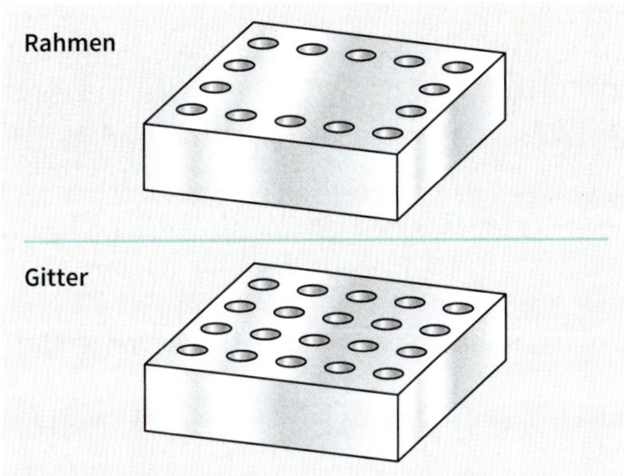

Abb. 2: Bohrbilder

Beispiel: Bohrbild Teilkreis-Gewindebohrzyklus

Es sind vier Gewindebohrungen M8, 10 mm tief herzustellen. Die Bohrungen liegen um 90° versetzt auf einem Teilkreis mit dem Durchmesser von 25 mm.

Es ist ein Gewindebohrzyklus zu programmieren und durch einen Zyklusaufruf zu ergänzen, der die Anordnung der Bohrungen festlegt.

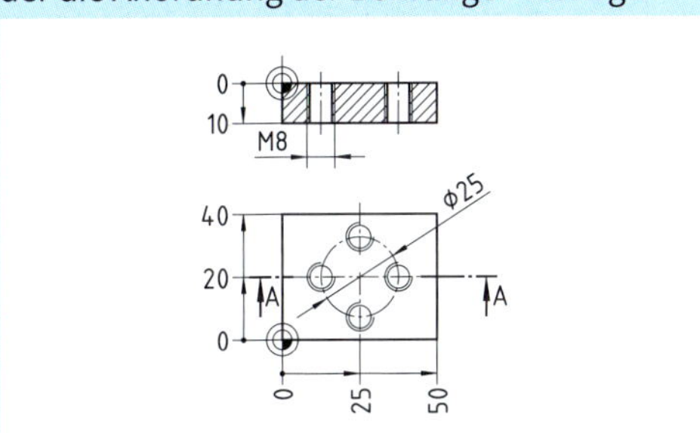


```
N..
  (Gewindebohrzyklus)
N60 G84 ZA-14 F1,25 M3 V4 W10
  (Zyklusaufruf auf einem Teilkreis)
N70 G77 R12,5 AN0 AI45 O4 I25 J20 Z0
N..
```

8.2.3.5 Anfahren und Abfahren

Außen- und Innenkonturen sind so an- und abzufahren, dass keine Bearbeitungsspuren an der Werkstückoberfläche entstehen.

In der Regel erfolgt dies durch ein lineares An- und Abfahren (Abb. 3).

Ist dies z. B. aufgrund der Aufspannung nicht möglich, erfolgt das An- und Abfahren auf einer Kreisbahn (Abb. 4).

Damit entsteht ein tangentialer Übergang.

Die Weginformationen zum tangentialen An- und Abfahren werden in der Steuerung aufgerufen (Viertelkreis G46, Halbkreis G47).

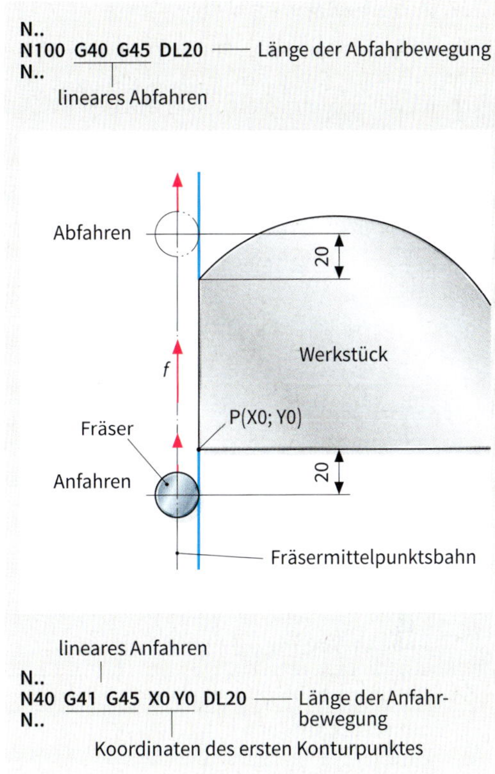

Abb. 3: Lineares An- und Abfahren

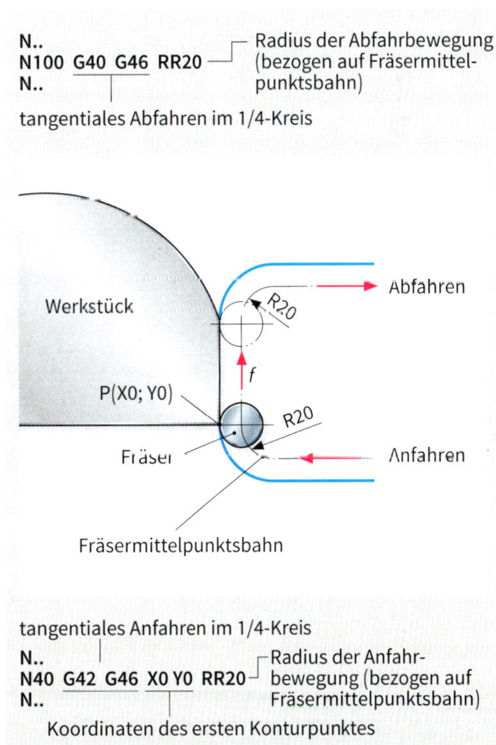

Abb. 4: Tangentiales An- und Abfahren

Planen/ Dokumentieren

8.2.4 Arbeitsplanung Motorplatte

Entsprechend dem Gesamtauftrag soll die Motorplatte auf einer CNC-Fräsmaschine gefertigt werden. Die Motorplatte wird mit den Maßen 220 x 25 x 300 bereitgestellt.

Als Material wird der Maschinenbaustahl E335 verwendet. Die Losgröße von einem Stück schließt die Verwendung von Sondervorrichtungen zum Spannen aus.

Spannplan

Die Außenkontur der Motorplatte wird in drei Aufspannungen hergestellt. Eine vierte Aufspannung ist zum Herstellen der Bohrungen und der T-Nut notwendig. Zum Spannen werden Parallelunterlagen und Spanneisen eingesetzt. Die Spanneisen sind in einer gekröpften Ausführung zu verwenden, um genügend Raum für die Werkstückbearbeitung sicherzustellen.

Zur Lagesicherung werden Anschläge verwendet.

Arbeitsplan

Um die Struktur des CNC-Programms festlegen zu können, sind die einzelnen Bearbeitungsschritte in einem Arbeitsplan festzulegen (Abb. 1, Abb. 2).

westermann	**Arbeitsplan**	**Blatt-Nr.** 1	**Anzahl** 2
Benennung: Motorplatte	**Zeichn.-Nr.** **Sach.-Nr.**	**Auftragsnr.:**	**Name:**
Halbzeug: 220x25x300 – E335		**Stückzahl:** 1	**Klasse/Gr.:**
☒ **Einzelteil**	☐ **Montage/Demontage**	**Termin:**	**Kontr.-Nr.:**

Lfd. Nr.	Arbeitsvorgang	Arbeitsmittel	Arbeitswerte/ Bemerkungen
1	Rohteilmaße prüfen		
2	Werkstück spannen	Spanneisen, Parallelunterlagen	**Aufspannung 1**
3	Werkstücknullpunkt festlegen		
4	Umfangsfräsen Seite 1	Schaftfräser Ø 20 Typ NF,	v_c = 64 m/min;
		HSS beschichtet	f_z = 0,053 mm
		Anzahl Schneiden: 4	
5	Ausspannen und Entgraten		
6	Werkstück spannen	Spanneisen, Parallelunterlagen	**Aufspannung 2**
7	Werkstücknullpunkt festlegen		
8	Umfangsfräsen Seite 2 und Seite 3	Schaftfräser Ø 20 Typ NF,	v_c = 64 m/min;
	Ecken für den Radius R170 freifräsen	HSS beschichtet	f_z = 0,053 mm
		Anzahl der Schneiden: 4	
9	Lagesicherung des Werkstückes in X-Richtung	Anschlag	
10	Umspannen	Spanneisen, Parallelunterlagen	**Aufspannung 3**
11	Umfangsfräsen Radius R170	Walzenfräser Ø 40 Typ NF,	v_c = 68 m/min;
		HSS beschichtet	f_z = 0,080 mm
		Anzahl Schneiden: 6	
12	Lagesicherung des Werkstückes in X-Richtung	Anschlag	
13	Umspannen	Spanneisen, Parallelunterlagen	**Aufspannung 4**
14	Fräsen der Nut Breite 12	Schaftfräser Ø 12 Typ NF	v_c = 64 m/min;
		HSS beschichtet	f_z = 0,032 mm
		Anzahl der Schneiden: 4	
15	Fräsen der T-Nut	T-Nutenfräser Ø 21 x 9	v_c = 23 m/min;
		HSS unbeschichtet	f_z = 0,053 mm
		Anzahl der Schneiden: 8	

Abb. 1: Arbeitsplan Motorplatte – Blatt-Nr. 1

westermann	**Arbeitsplan**	**Blatt-Nr.** 2	**Anzahl** 2
Benennung: Motorplatte **Zeichn.-Nr. Sach.-Nr.** **Halbzeug:** 220x25x300 – E335	**Auftragsnr.:** **Stückzahl:** 1 **Termin:**	**Name:** **Klasse/Gr.:** **Kontr.-Nr.:**	
[X] **Einzelteil** [ ] **Montage/Demontage**			

Lfd. Nr.	**Arbeitsvorgang**	**Arbeitsmittel**	**Arbeitswerte/ Bemerkungen**
16	Kreistasche Ø 20 H7	Langlochfräser Ø 10 Typ NF,	v_c = 64 m/min;
		HSS beschichtet	f_z = 0,024 mm
		Anzahl der Schneiden: 2	
17	Anbohren, Senken und Zentrieren der	NC-Anbohrer Ø 16	n = 597 1/min;
	Bohrungen M10, M14	HSS unbeschichtet, 90°	f = 0,24 mm
18	Anbohren und Zentrieren der Bohrungen	NC-Anbohrer Ø 10	n = 955 1/min;
	Ø 26 H7, Ø 5 H7	HSS unbeschichtet, 90°	f = 0,15 mm
19	Kernloch bohren für M10	Spiralbohrer Ø 8,5 Typ N	n = 1124 1/min;
		HSS unbeschichtet	f = 0,2 mm
20	Kernloch bohren für M14	Spiralbohrer Ø 12 Typ N	n = 796 1/min;
		HSS unbeschichtet	f = 0,25 mm
21	Gewindebohren M10	Maschinen-Gewindebohrer	v_c = 15 m/min;
		M10 HSS unbeschichtet	P = 1,5 mm
22	Gewindebohren M14	Maschinen-Gewindebohrer	v_c = 15 m/min;
		M14 HSS unbeschichtet	P = 2 mm
23	Vorbohren Ø 26 H7	Spiralbohrer Ø 18 Typ N	n = 530 1/min;
		HSS unbeschichtet	f = 0,25 mm
24	Aufbohren Ø 26 H7	Aufbohrer Ø 25,7 Typ N	n = 382 1/min;
			f = 0,35 mm
25	Reiben Ø 26 H7	Maschinen-Reibahle Ø 26 H7	n = 89 1/min;
			f = 0,25 mm
26	Vorbohren Ø 5 H7	Spiralbohrer Ø 4,8 Typ N	v_c = 30 m/min;
		HSS unbeschichtet	f = 0,16 mm
27	Reiben Ø 5 H7	Maschinen-Reibahle Ø 5 H7	n = 446 1/min;
			f = 0,1 mm
28	Ausspannen		
29	Entgraten		
30	Prüfen der Motorplatte		

Abb. 2: Arbeitsplan Motorplatte – Blatt-Nr. 2

Program-
mieren

8.2.5 Programmabschnitt Motorplatte

Programm		Kommentar
N1	G59 X7.5	Nullpunktverschiebung, *Aufspannung 2*
N2	G0 X350 Y250 Z100	Startpunkt
N3	G94 F216 G97 S1019 T1 M3	Werkzeugaufruf Schaftfräser D=20
N4	G0 X300	
N5	G0 Z-26	
N6	G41	Fräserradiuskorrektur – links
N7	G0 X285 Y225	
N8	G1 X285 Y210 M7	Anfahren an Seite 3, Kühlmittel – Ein
N9	G1 Y-20	Seite 3
N10	G40 M9	Fräserradiuskorrektur - Abwahl, Kühlmittel – Aus
N11	G0 Z5	
N12	G0 X-10	
N13	G0 Z-26	
N14	G41	Fräserradiuskorrektur – links
N15	G1 X0 Y0 M7	Anfahren an Seite 2, Kühlmittel – Ein
N16	G1 Y225	Seite 2
N17	G40 M9	Fräserradiuskorrektur – Abwahl, Kühlmittel – Aus
N18	G1 X50 M7	Freifräsen der linken oberen Ecke
N19	G1 Y210	
N20	G1 X-25 M9	
N21	G0 Z20	
N22	G0 X320	Freifräsen der rechten oberen Ecke
N23	G0 Z-26	
N24	G1 X230 M7	
N25	G1 Y225	
N26	G0 X310 M9	
N27	G0 Y190	
N28	G1 X250 M7	
N29	G1 Y225	
N30	G0 X320 M9	
N31	G0 Y180	
N32	G1 X260 M7	
N33	G1 Y225	
N34	G0 X320 M9	
N35	G0 Z100	
N36	G0 X350 Y250	
N37	M0	Programmierter Halt, Umspannen, *Aufspannung 3*
N38	G94 F260 G97 S542 T2	Werkzeugwechsel, Walzenstirnfräser D=40
N39	G0 X-30 Y135	
N40	G0 Z-26	
N41	G41	Fräserradiuskorrektur – links
N42	G1 X-10 Y151.22 M7	
N43	G1 X0 Y151.22	Startpunkt für den Kreisbogen – R170
N44	G2 X285 Y93.446 I125 J-115.22	Kreisbogen – R170
N45	G1 X300 Y60 M09	
N46	G40	Fräserradiuskorrektur – Abwahl
N47	G0 Z100	
N48	G0 X350 Y250	
N49	M0	Programmierter Halt, Umspannen, *Aufspannung 4*
N50	G94 F218 G97 S1700 T3	Werkzeugwechsel, Schaftfräser D=12
N51	G0 X35 Y-30	
N52	G0 Z-18	
N53	G0 X31.704 Y-8	
N54	G1 X31.704 Y0 M7	Startpunkt Kreisbogen – R100
N55	G2 X218.295 Y0 R100	Kreisbogen – R100
N56	G1 Y-30 M09	
N57	G0 Z100	
N58	G0 X350 Y250	
N59	G94 F148 G97 S349 T4	Werkzeugwechsel, T-Nutenfräser 21 X 9
N60	G0 X35 Y-30	
N61	G0 Z-18	
N62	G0 X31.704 Y-15	

Programm		Kommentar
N63	G1 X31.704 Y0 M7	Startpunkt Kreisbogen – R100
N64	G2 X218.295 Y0 R100	Kreisbogen – R100
N65	G1 Y-30 M09	
N66	G0 Z100	
N67	G0 X350 Y250	
N68	G94 F100 G97 S2040 T5	Werkzeugwechsel, Langlochfräser D=10
N69	G73 ZA-10 R10.01 D2 V2 W100 M7	Zyklus Kreistasche – D=20H7
N70	G79 X125 X36 Z0	Zyklusaufruf für die Kreistasche
N71	G0 Z100 M9	
N72	G0 X350 Y250	
N73	G94 F143 G97 S597 T6	Werkzeugwechsel, NC-Anbohrer D=16
N74	G81 ZA-17 V2 W10 M7	Anbohren – Gewinde M14 Bohrzyklus G81; Kühlmittel eingeschaltet
N75	G79 X125 Y36 Z0	Zyklusaufruf – Anbohren M14
N76	M9	Kühlmittel Aus
N77	G81 ZA-5 V2 W10 M7	Anbohren – Gewinde M10; Kühlmittel eingeschaltet
N78	G79 X45 Y24 Z0	Zyklusaufruf (kartesische Koordinaten) – Anbohren M10
N79	G79 X45 Y164 Z0	Zyklusaufruf (kartesische Koordinaten) – Anbohren M10
N80	G79 X205 Y164 Z0	Zyklusaufruf (kartesische Koordinaten) – Anbohren M10
N81	G79 X205 Y24 Z0	Zyklusaufruf (kartesische Koordinaten) – Anbohren M10
N82	G0 Z100 M9	Verfahren im Eilgang und Kühlmittel Aus
N83	G0 X350 Y250	
N84	G94 F145 G97 S955 T7	Werkzeugwechsel, NC-Anbohrer D=10
N85	G81 ZA-4 V2 W10 M7	Bohrzyklus G81; Bohrung D=26H7 – Anbohren; Kühlmittel eingeschaltet
N86	G78 IA 125 JA 36 RP130 AP22,5	Zyklusaufruf (Polarkoordinaten) – Anbohren D=26 H7
N87	G78 IA 125 JA 36 RP130 AP67,5	Zyklusaufruf (Polarkoordinaten) – Anbohren D=26 H7
N88	G78 IA 125 JA 36 RP130 AP112,5	Zyklusaufruf (Polarkoordinaten) – Anbohren D=26 H7
N89	G0 Z100 M9	Verfahren im Eilgang und Kühlmittel aus
N90	G0 X350 Y250	
N91	G94 F225 G97 S1124 T8	Werkzeugwechsel, Spiralbohrer D=8,5
N92	G81 ZA-28 V2 W10 M7	Bohrzyklus G81, Kernloch-Gewinde M10; Kühlmittel eingeschaltet
N93	G79 X45 Y24 Z0	Zyklusaufruf (kartesische Koordinaten) – Kernloch-Gewinde M10
N94	G79 X45 Y164 Z0	Zyklusaufruf (kartesische Koordinaten) – Kernloch-Gewinde M10
N95	G79 X205 Y164 Z0	Zyklusaufruf (kartesische Koordinaten) – Kernloch-Gewinde M10
N96	G79 X205 Y24 Z0	Zyklusaufruf (kartesische Koordinaten) – Kernloch-Gewinde M10
N97	G0 Z100 M9	Verfahren im Eilgang und Kühlmittel Aus
N98	G0 X350 Y250	
N99	G94 F199 G97 S796 T9	Werkzeugwechsel, Spiralbohrer D=12
N100	G81 ZA-29 V2 W10 M7	Bohrzyklus G81, Kernloch-Gewinde M14; Kühlmittel eingeschaltet
N101	G79 X125 Y36 Z0	Zyklusaufruf (kartesische Koordinaten) – Kernloch-Gewinde M10
N102	G0 Z100 M9	Verfahren im Eilgang und Kühlmittel Aus
N103	G0 X350 Y250	
N104	G94 F100 G97 S478 T10	Werkzeugwechsel, Gewindebohrer M10
N105	G84 ZA-30 F1,5 M3 V3 M7	Gewindebohrzyklus G84; Gewinde M10; Kühlmittel eingeschaltet
N106	G79 X45 Y24 Z0	Zyklusaufruf (kartesische Koordinaten) – Gewinde M10
N107	G79 X45 Y164 Z0	Zyklusaufruf (kartesische Koordinaten) – Gewinde M10
N108	G79 X205 Y164 Z0	Zyklusaufruf (kartesische Koordinaten) – Gewinde M10
N109	G79 X205 Y24 Z0	Zyklusaufruf (kartesische Koordinaten) – Gewinde M10
N110	G0 Z100 M9	Verfahren im Eilgang und Kühlmittel aus
N111	G0 X350 Y250	
N112	G94 F100 G97 S478 T11	Werkzeugwechsel, Gewindebohrer M14
N113	G84 ZA-30 F2 M3 V3 M7	Gewindebohrzyklus G84; Gewinde M14; Kühlmittel eingeschaltet
N114	G79 X125 Y36 Z0	Zyklusaufruf (kartesische Koordinaten) – Gewinde M14
N115	G0 Z100 M9	Verfahren im Eilgang und Kühlmitel Aus
...		
N147	M30	Programmende

Zusammenfassung

Programmaufbau

- **Programmtechnische Informationen**
  - **Satznummern**
    z. B. N10
- **Weginformationen**
  Weginformationen enthalten alle Angaben zur Erzeugung der Werkstückgeometrie.
  - **Wegbedingungen**
    z. B.
    G0 – Verfahren im Eilgang
    G1 – Verfahren auf einer geraden Bahn
    G2 – Verfahren auf einer Kreisbahn im Uhrzeigersinn
    G81 – Bohrzyklus
    G72 – Rechtecktaschenfräs-zyklus
  - **Wegbedingungen**
    z. B.
    X, V, Z – Kartesische Koordinaten
    I – inkrementaler Abstand zum Kreismittelpunkt in X-Richtung
    J – inkrementaler Abstand zum Kreismittelpunkt in Y-Richtung
    K – inkrementaler Abstand zum Kreismittelpunkt in Z-Richtung
    IA – absoluter Abstand zum Kreismittelpunkt in X-Richtung
- **Schaltinformationen**
  Schaltinformationen enthalten alle notwendigen technologischen Daten zur Fertigung von Werkstücken.
  - **Vorschub F**
    z. B. F100
  - **Umdrehungsfrequenz S**
    z. B. S1500
  - **Werkzeug T**
    z. B. T1TC1
  - **Zusatzinformationen M**
    z. B.
    M3 – Spindel im Uhrzeigersinn einschalten
    M5 – Spindel im Uhrzeigersinn ausschalten
    M8 – Kühlmittelpumpe einschalten

Aufgaben

1. Das dargestellte Drehteil soll gefertigt werden. Schreiben Sie das vollständige Programm. Verwenden Sie alle notwendigen Zyklen.

Werkzeug: Schrupp- und Schlichtmeißel T02
Gewindedrehmeißel T03

Schnittwerte:
Vorschub 0,1 mm/Umdrehung
Schnittgeschwindigkeit 250 m/min

Werkstücknullpunkt: rechte Planseite

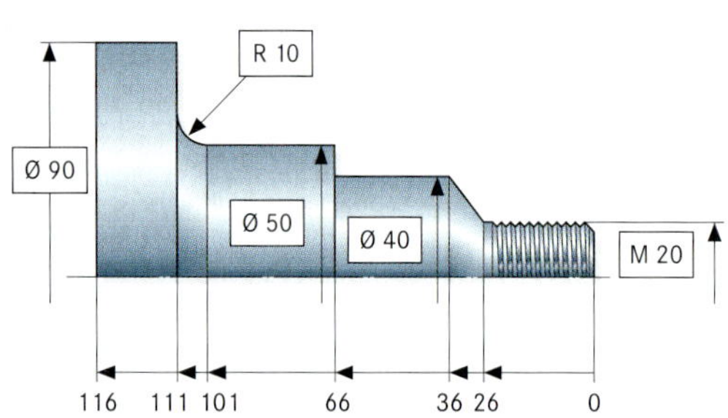

2. Erläutern Sie die Funktion der Schneidenradiuskompensation.

3. Beschreiben Sie vier Möglichkeiten, welche für das Verfahren auf einer geraden Bahn bestehen.

4. Erklären Sie, wie sich die Lage des Drehmeißels auf die Programmierung der Drehrichtung G2 und G3 auswirkt.

5. Nennen Sie Maßnahmen, durch die ein bestehender Fertigungsprozess optimiert werden kann.

6. Was wird bei der Programmierung von CNC-Drehmaschinen unter dem Begriff Lagekennzahlen verstanden?

7. Beschreiben Sie drei Möglichkeiten, an welcher Stelle die Fertigkontur für den Konturschruppzyklus G81 beschrieben werden kann.

8. Bei der Zyklenprogrammierung gibt es zwei unterschiedliche Arten von Programmadressen. Stellen Sie den Unterschied dar.

9. Schreiben Sie für das Drehen der Radien die Programmsätze N60 und N80, wenn die Kreisinterpolation inkremental mit I und K programmiert wird.

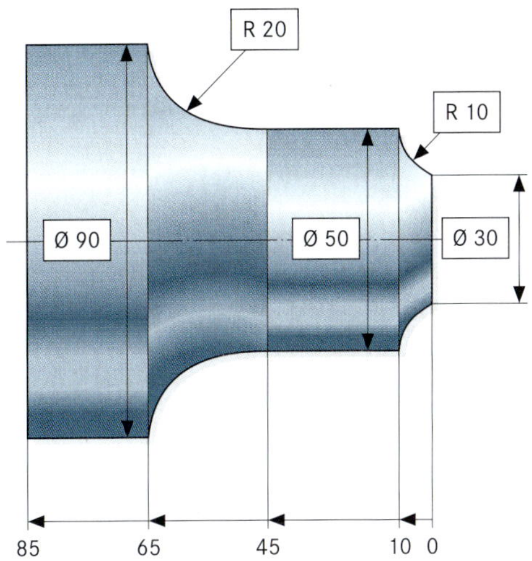

...

N50	X30	Z0
N60		
N70	X50	Z-31
N80		
N90	X80	Z-85

...

10. Erläutern Sie, welche Vorteile sich aus dem Einsatz von Zyklen bei der Erstellung von CNC-Drehprogrammen ergeben.

CNC-Fräsen

11. Beschreiben Sie zwei Möglichkeiten des automatischen Werkzeugwechsels an CNC-Fräsmaschinen.

12. Erläutern Sie die Funktion des Wegmesssystems an CNC-Fräsmaschinen.

13. Welche Vorteile bieten Werkzeugaufnahmen mit Hohlschaftkegel gegenüber Aufnahmen mit Steilkegel?

14. Beschreiben Sie den Aufbau und die Wirkungsweise eines flexiblen Spannsystems.

15. Erläutern Sie die Eigenschaften eines Werkzeuges, das auf einer CNC-Fräsmaschine eingesetzt werden soll.

16. Das abgebildete Werkstück ist parallel bemaßt. Für eine CNC-Fertigung ist eine Koordinatenbemaßung notwendig.

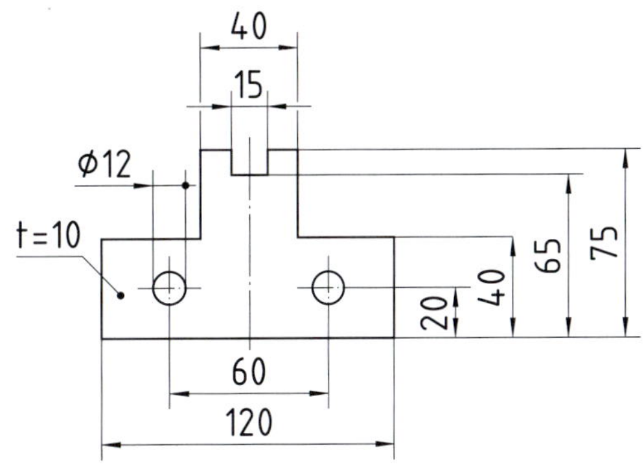

a) Zeichnen Sie das Werkstück und geben Sie die Koordinatenwerte in der Zeichnung an.

b) Zeichnen Sie das Werkstück und geben Sie die Koordinatenwerte in einer Tabelle an.

17. Werkzeuge müssen für den Einsatz auf CNC-Fräsmaschinen vermessen werden.

a) Welche Abmessungen werden von einem Fräswerkzeug ermittelt?

b) Beschreiben Sie zwei verschiedene Verfahren zur Werkzeugvermessung.

18. An CNC-Maschinen kommen verschiedene Steuerungsarten zum Einsatz. Wodurch unterscheiden sich diese Steuerungsarten?

19. Erläutern Sie den Unterschied zwischen einer 2D-, 2½ D- und 3D-Bahnsteuerung.

20. Ein CNC-Programm besteht aus Weginformationen und Schaltinformationen. Erläutern Sie den Unterschied zwischen beiden Informationsarten.

21. Erläutern Sie die Befehle G41, G42 und G40.

22. Beschreiben Sie mithilfe der Wegbedingungen G1, G2 und G3 den Bearbeitungsweg für die Kontur. Die Bearbeitung soll im Uhrzeigersinn am Punkt P0 beginnen und enden.

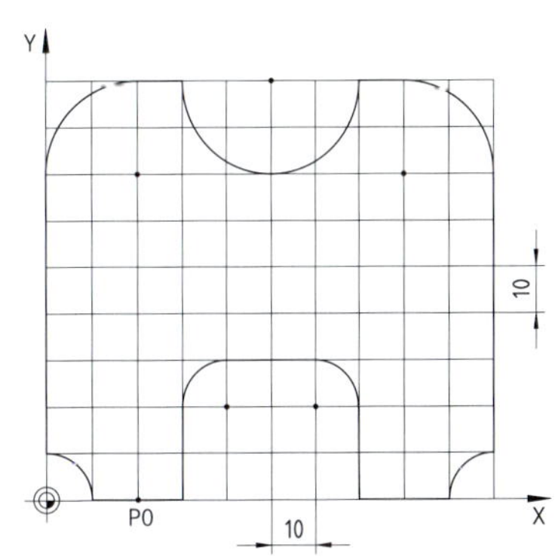

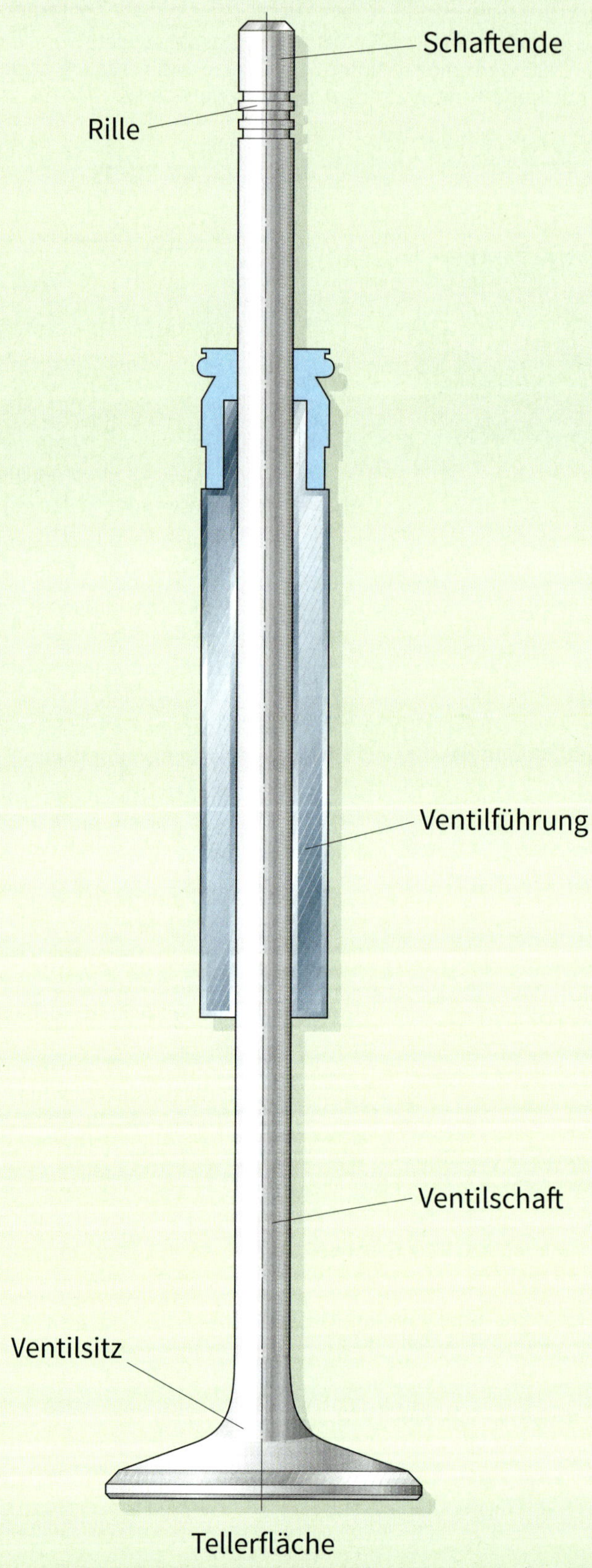
Schaftende
Rille
Ventilführung
Ventilschaft
Ventilsitz
Tellerfläche

GESAMTAUFTRAG

Die Ventile für Verbrennungsmotoren werden auf einer Fertigungsstraße in Massenfertigung hergestellt. Um die Qualität des Ventils sicherzustellen, werden die einzelnen Bearbeitungsstationen durch eine statistische Prozesskontrolle überwacht. Die Fertigungsqualität der Bearbeitungsstation *Drehen der Tellerfläche* wird überprüft.

Außerdem muss nach Instandsetzungsarbeiten der Bearbeitungsstation *Schleifen des Ventilschaftes* die Maschinenfähigkeit der Bearbeitungsstation erneut durch Prüfungen nachgewiesen werden.

ANALYSE

Aufbau und Funktion des Ventils

Die Ventile dichten die Ein- und Auslassöffnungen zum Brennraum des Motors ab. Um diese Funktion zu erfüllen, werden hohe Anforderungen an die Maß- und Formgenauigkeit des Ventils gestellt.

Das Ventil wird in einer Ventilführung geführt. Eine hohe Oberflächengüte des Ventilschaftes bewirkt eine gute Gleiteigenschaft. Das Härten des Ventilschaftes dient der Verschleißminderung und der Erhöhung der Zugfestigkeit gegen Abreißen.

Mit der kegeligen Ventilsitzfläche erfolgt die Abdichtung zum Brennraum. Die Rille am Schaftende nimmt den Halter für die Ventilfeder auf. Die Feder erzeugt die erforderliche Kraft, um das Ventil zu schließen.

Die Fertigung des Ventils erfolgt anhand einer Fertigungszeichnung. Die zeichnerische Darstellung einzelner Elemente weicht von der Norm ab.

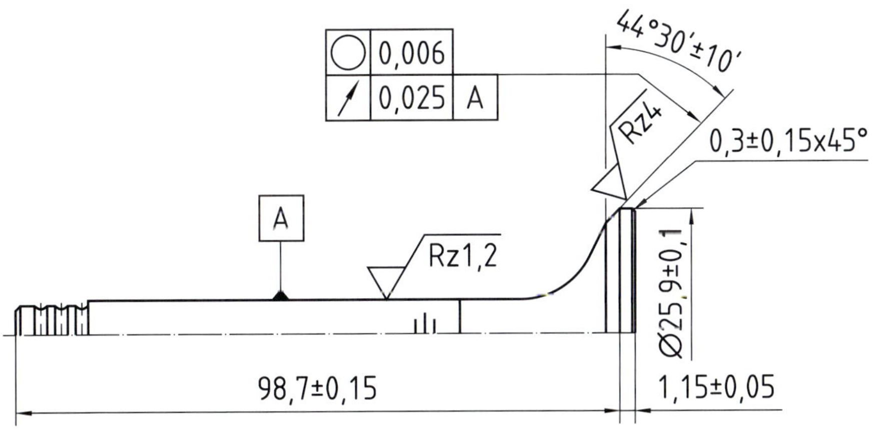

ANALYSE

Messen und Dokumentieren

Nach den jeweiligen Bearbeitungsstationen werden die in der Zeichnung vorgegebenen Prüfgrößen mit den entsprechenden Prüfmitteln aufgenommen. Der Prüfvorgang wird durch Prüfanweisungen beschrieben. Die ermittelten Messwerte werden anschließend in ein Messprotokoll eingetragen und ausgewertet.

Prüfmerkmale Maße	Messprotokol						Sichtkontrolle	Prüfintervalle
	manuell messen	Anzahl Teile	SPC Messgerät	Prüf-intervall	autom. Messgerät	Überprüfung Messgerät		
Sitz/Schaftende > Δ*	X	5	X	60 min			Schleifqualität	30 min
Tellerrandhöhe > Δ*	X	5	X	60 min				
Sitz – Schlag	X	5	x-R. Karte	60 min			Oberflächenbeschädigung am gesamten Ventil	30 min
Sitz – Winkel	X	1		8 Std.				
Sitz – Rundheit > Δ*	X	1		8 Std.				
Rauigkeit	X	3		8 Std.				

Fertigungsprozess

Wareneingangsprüfung

Als Ausgangswerkstoff für die Ventilfertigung wird ein härtbarer Rundstahl verwendet. Bei der Wareneingangsprüfung ist der Durchmesser mit einem Messschieber und der Werkstoff anhand der Werkstoffnummer auf dem Lieferschein zu kontrollieren. Kommt es zu Abweichungen, so wird die Warenannahme verweigert.

Transport

Vom Rohteil zum Fertigteil durchläuft das Ventil hintereinander angeordnete Bearbeitungsstationen mit den entsprechenden Bearbeitungsverfahren. Die Übergabe des bearbeiteten Teils zwischen den Stationen erfolgt entweder durch Container und Vereinzelner oder durch Druckluftförderer.

Prüfen

Stichprobe

Durch Prüfstationen werden die jeweiligen Bearbeitungstoleranzen überwacht. Bei einer Stichprobenprüfung werden nach jeder Stunde fünf aufeinander folgende Teile geprüft. Die vorher gefertigten Teile werden zwischengelagert und erst dann für die Weiterbearbeitung freigegeben, wenn die Stichprobe in Ordnung ist.

100 %-Prüfung

Bei einer 100 %-Prüfung werden die Prüfmerkmale durch Prüfsensoren automatisch erfasst und von einem Rechner dokumentiert. Weicht der Messwert vom Sollwert ab, wird die Fertigung unterbrochen und der Maschinenbediener zum Eingreifen aufgefordert.

9.1 Statistische Prozessüberwachung

ARBEITSAUFTRAG

Der Bearbeitungsstation *Drehen der Tellerfläche* sollen während der laufenden Produktion Stichproben entnommen werden. Pro Stunde werden von fünf Bauteilen die Prüfwerte in die Regelkarte eingetragen. Anhand des Kurvenverlaufes wird die Fertigungsqualität beurteilt.

Die Fertigung der Ventile zeichnet sich durch einen hohen Automatisierungsgrad aus. Die Aufgabe des Facharbeiters besteht hauptsächlich im Einrichten und im Überwachen der Anlage. Die ständige Überwachung der Produktion ermöglicht bei fehlerhafter Fertigung ein schnelles Eingreifen in den Prozess. Dadurch werden Kosten durch Ausschuss oder Nacharbeit vermieden.

rmieren

9.1.1 Zeichnungsanalyse

Die Bemaßung des Ventils erfolgt durch eine prüfbezogene Maßeintragung (Abb. 1). Alle Maße, die für die Prüfung erforderlich sind, werden so eingetragen, dass der Prüfer sie direkt mit dem jeweiligen Messwert vergleichen kann. ISO-Toleranzen werden zusätzlich mit dem Höchst- und Mindestmaß versehen oder in einer Abmaßtabelle angegeben (→📖).

Prüfen

9.1.2 Prüfen von Merkmalen

Beim Prüfen des Ventils werden verschiedene Merkmale aufgenommen.

Variable und attributive Merkmale

Variable Merkmale lassen sich durch einen Zahlenwert ausdrücken. Sie werden durch Messgeräte erfasst.

Die Tellerrandhöhe und die Rauheit der gedrehten Fläche am Ventil sind variable Merkmale.

Attributive Merkmale beschreiben den Zustand eines Gegenstandes, zum Beispiel die Beschädigung der Oberfläche.

Das Prüfergebnis lautet *in Ordnung* (*i. O.*) oder *nicht in Ordnung* (*n. i. O.*).

Attributive Merkmale werden durch eine subjektive Prüfung erfasst. In der Regel werden alle Teile geprüft.

Die Oberfläche des Ventils wird durch eine Sichtkontrolle auf Kratzer überprüft.

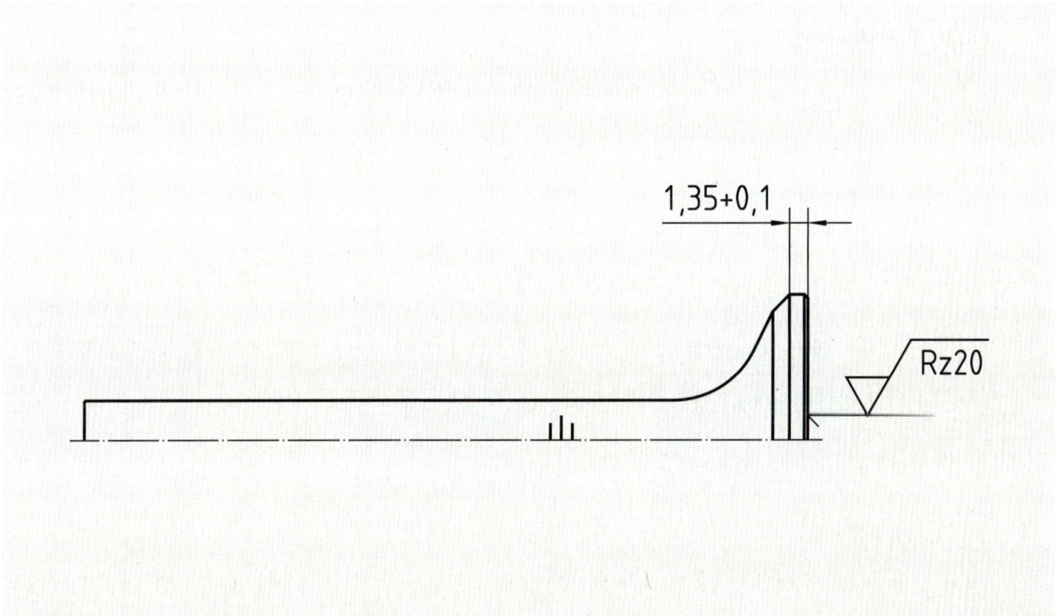

Abb. 1: Prüfmerkmale Tellerfläche

Zufällige und systematische Einflüsse

Bei der Fertigung können unterschiedliche Einflüsse wie Temperaturschwankungen und Werkzeugverschleiß zu einer Abweichung am Werkstück führen.

Nach der Art der Abweichung unterscheidet man (Tab. 1):

- zufällige Einflüsse und
- systematische Einflüsse (gleichbleibend, stetig zunehmend).

Zufällige und systematische Einflüsse können gleichzeitig auftreten (Abb. 1).

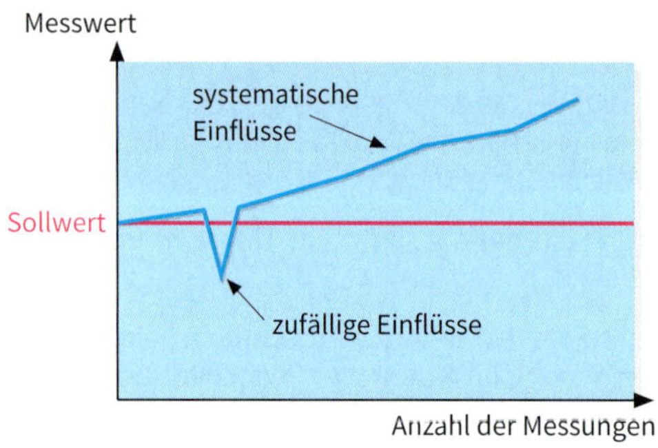

Abb. 1: Überlagerung von zufälligen und systematischen Einflüssen

Prüfarten

Durch das Prüfen wird die Produktqualität in der Massenfertigung gewährleistet. Andererseits müssen die Kosten für die Prüfung angemessen sein. Aus diesen Bedingungen wird der wirtschaftlich vertretbare Prüfaufwand für ein Produkt ermittelt.

Prüfungen werden über den ganzen Fertigungsprozess hinweg durchgeführt. Entsprechend den jeweiligen Prozessphasen unterscheidet man:

- Eingangsprüfung,
- Zwischenprüfung und
- Endprüfung.

Die *Eingangsprüfung* erfolgt bei der Warenannahme. Dadurch wird sichergestellt, dass die Lieferung den Anforderungen entspricht. Diese Prüfung entfällt, wenn der Zulieferer eine Warenausgangsprüfung durchführt.

Die *Zwischenprüfung* erfolgt bei einer komplexen Fertigung mit hintereinander angeordneten Bearbeitungsstufen. Dadurch werden fehlerhafte Teile erkannt und aussortiert. Das schnelle Eingreifen in den Prozess verhindert, dass fehlerhafte Teile weiter bearbeitet werden.

Die *Endprüfung* erfolgt am Ende der Fertigung. Dadurch wird sichergestellt, dass alle ausgelieferten Produkte die gestellten Anforderungen erfüllen.

Tab. 1: Zufälliger und systematischer Einfluss

	Zufälliger Einfluss	Systematischer Einfluss	
		Gleichbleibende Abweichung	Stetig steigende Abweichung
Verlauf der Abweichung	Zufällig auftretende Umgebungseinflüsse bewirken eine einmalige Abweichung. 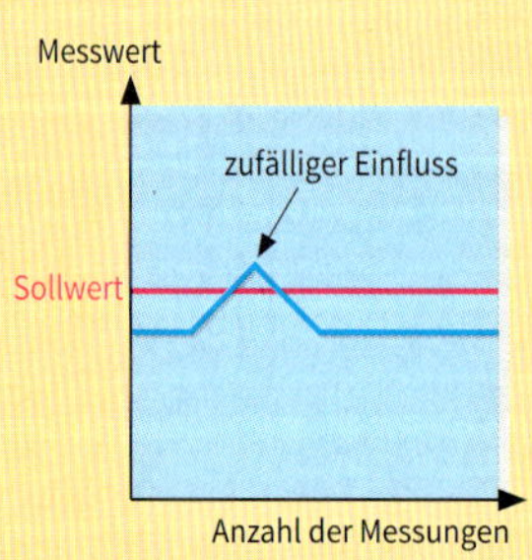 	Die Abweichung ist bei allen geprüften Teilen gleichbleibend. 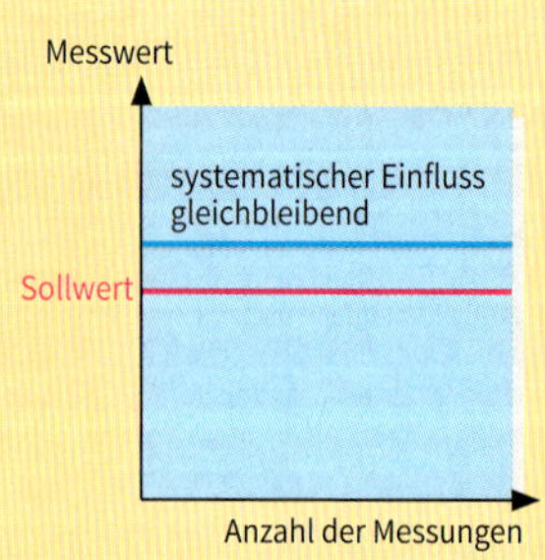 	Die Abweichung steigt stetig mit der Anzahl der gefertigten Teile. 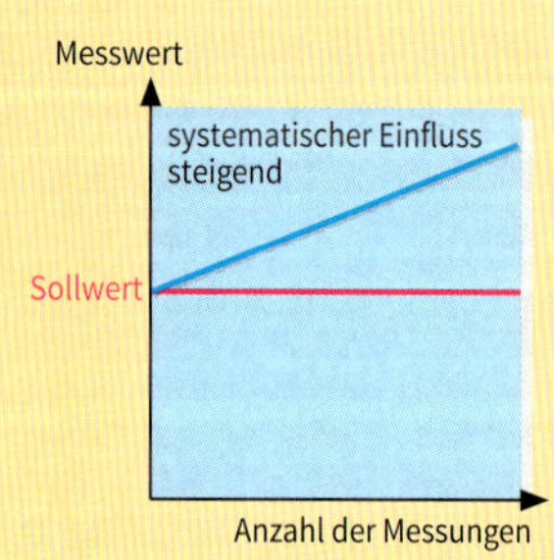
Abweichungen am Ventil	Gefügefehler im Werkstoff führen zu einem lokalen Härteverlust am Schaftende.	Der Drehmeißel ist fehlerhaft eingespannt. An allen Ventilen ist die Tellerrandhöhe zu groß.	Durch die Abnutzung der Drehmeißelschneide wird der Schaftdurchmesser immer größer.

Prüfumfang

Je nach der möglichen Fehlerart und der Auswirkung auf die weitere Produktion unterscheidet man in der Massenfertigung eine 100 %-Prüfung und Stichprobenprüfung.

Bei einer *100 %-Prüfung* werden alle Teile geprüft. Sie ist erforderlich, wenn ein möglicher Fehler durch spätere Nacharbeit nicht mehr zu beheben ist. Die 100 %-Prüfung ist kostenintensiv, aber dafür werden alle fehlerhaften Teile aussortiert.

Nach dem Sitzschleifen werden alle Ventile überprüft. Dabei wird die Rauheit geprüft. Sie ist die Voraussetzung für die Dichtheit des Ventils.

Bei der *Stichprobenprüfung* werden in regelmäßigen Abständen Prüflose kontrolliert. Ein Prüflos besteht aus mehreren nacheinander gefertigten Bauteilen. Die Größe der Abstände und der Prüflose hängt unter anderem von der Fehlerwahrscheinlichkeit ab.

Die Stichprobenprüfung ist kostengünstig, jedoch kann durch sie die Produktion von fehlerhaften Teilen nicht ganz ausgeschlossen werden.

Innerhalb eines Fertigungsprozesses können beide Prüfungen eingesetzt werden, um die jeweiligen Vorteile zu verbinden.

Prüfvorrichtungen

Das Prüfen in der Serienfertigung erfolgt mithilfe von Prüfvorrichtungen. Dadurch vereinfacht sich der Prüfvorgang und die zufälligen Fehler werden minimiert. Je nach der Form des Prüfstückes und dem Prüfmerkmal wird die Vorrichtung aus Vorrichtungsnormalien erstellt. Die Vorrichtungen bestehen meist aus folgenden Elementen (Abb. 2):

- Grundplatte, auf die die Vorrichtungsnormalien aufgebaut werden,
- Auflager, die das Werkstück stützen und positionieren,
- Anschlag, der das Werkstück positioniert und
- Stativ mit Messwertaufnehmer, um an der gleichen Stelle zu messen.

Abb. 2: Prüfvorrichtung

Die Position des Prüfstückes wird bei prismatischen Körpern durch eine Drei-Punkt-Auflage mit zusätzlichen Anschlägen bestimmt. Drehteile werden in Prüfprismen gelegt. In einer Vorrichtung können gleichzeitig mehrere Prüfmerkmale aufgenommen werden. Die Messwertaufnahme erfolgt durch Ablesen und Eintragen in ein Prüfprotokoll oder durch einen angeschlossenen Rechner.

Die Prüfbedingungen sind in den Prüfanweisungen enthalten.

Prüfmittelüberwachung

Die Genauigkeit der Prüfmittel muss regelmäßig kontrolliert werden. Dadurch werden mögliche Fehler durch fehlerhafte Prüfmittel ausgeschlossen. Diesen Vorgang bezeichnet man als Kalibrieren.

Eine Bügelmessschraube wird mit Kalibrierendmaßen kalibriert. Hierbei werden mehrere Maßüberprüfungen über den ganzen Messbereich der Bügelmessschraube durchgeführt. Der Vergleich des jeweiligen Sollwertes der Endmaße mit den Ablesewerten der Bügelmessschraube ergibt die Abweichung. Mit einem Diagramm werden die Abweichungen über den Messbereich dargestellt (Abb. 3).

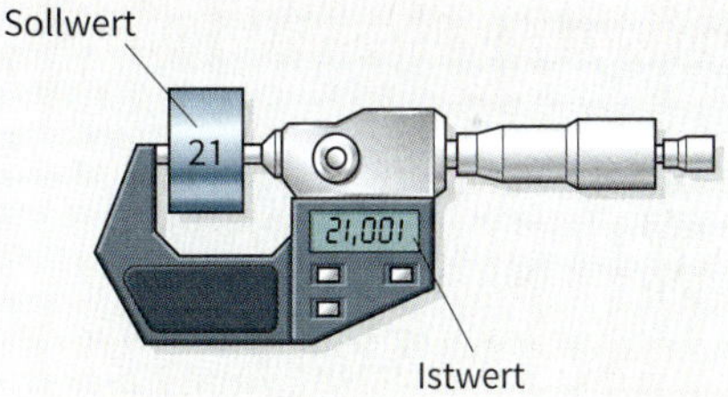

Sollwert	Abweichung *A*	Korrektur *K*
3,600 mm	−2 µm	+2 µm
5,800 mm	0	0
8,500 mm	+1 µm	−1 µm
11,700 mm	+1 µm	−1 µm

Abweichungsdiagramm

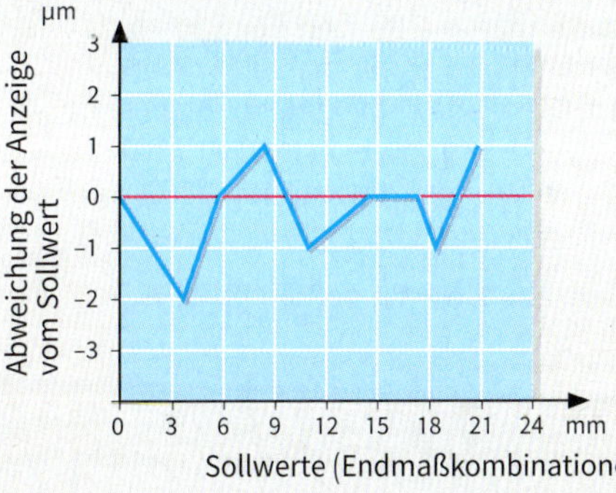

Abb. 3: Kalibrierung einer Bügelmessschraube

Grundlagen

Voraussetzung für eine Stichprobe

Der abgebildete Bolzen wird in einer Massenfertigung unter gleichbleibenden Bedingungen hergestellt. Der gedrehte Absatz besitzt einen Durchmesser von Ø 15 ± 0,05 mm. Die Toleranzgrenzen von 14,95 mm und 15,05 mm dürfen nicht überschritten werden.

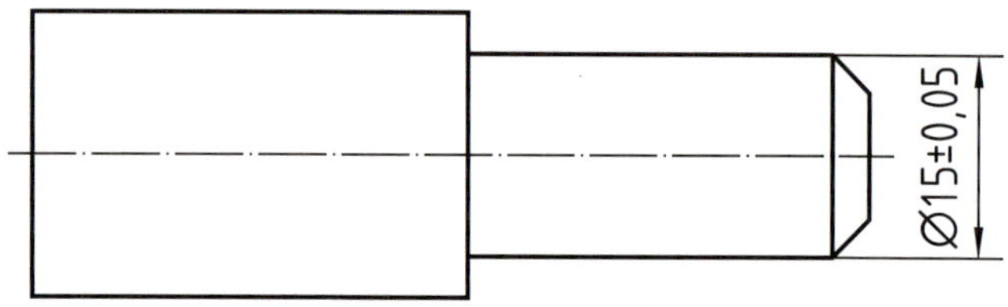

Die Prüfung von 50 Bolzen ergab folgende Messwerte für den Absatz:

Messprotokoll (Maße in mm)									
14,98	14,96	15,01	14,99	15,01	15,00	15,00	14,98	15,00	15,00
14,99	14,99	14,99	15,01	14,99	15,01	15,01	15,00	14,98	15,00
15,01	15,03	14,96	14,99	15,00	14,99	14,97	15,02	15,00	14,99
14,97	14,98	15,02	15,02	15,04	15,01	14,97	15,00	15,00	15,00
15,01	15,02	15,03	15,03	14,98	14,99	15,00	15,01	15,00	15,02

Alle Messwerte liegen im Toleranzbereich. Aufgrund der gleichbleibenden Fertigungsbedingungen schwankt der Durchmesser des Absatzes um einen Mittelwert. Um die Schwankungen der Messwerte besser darstellen zu können, ermittelt man die Häufigkeit gleicher Messwerte. In einer Tabelle wird eingetragen, wie oft ein Messwert vorkommt.

Messwert	14,95	14,96	14,97	14,98	14,99	15,00	15,01	15,02	15,03	15,04	15,05
Häufigkeit	0	2	3	5	9	13	9	5	3	1	0

Trägt man die Häufigkeiten der Messwerte als Säule in ein Diagramm ein, so erhält man die Häufigkeitsverteilung (Histogramm) für den Durchmesser Ø 15 ± 0,05 mm. Die meisten Werte liegen um den Messwert 15,00 mm. Zu den Toleranzgrenzen hin nimmt die Häufigkeit stark ab.

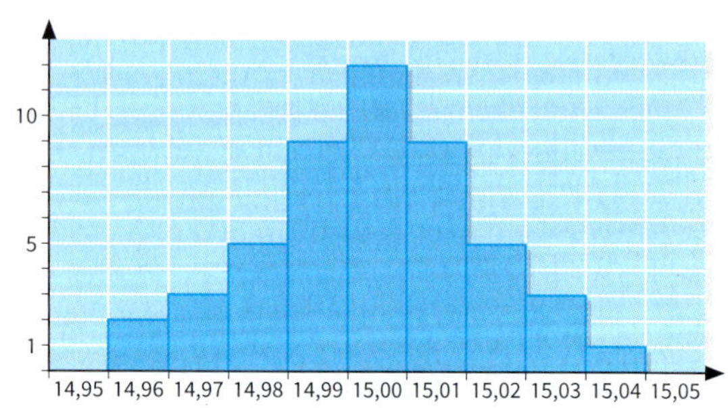

Verbindet man die Spitzen der Säulen des Histogramms, so erhält man einen Kurvenverlauf. Dieser Kurvenverlauf wird auch als Normalverteilung bezeichnet. Der höchste Punkt der Kurve entspricht dem Messwert mit der maximalen Häufigkeit.

Er gilt als Mittelwert $\overline{x}$ der Stichprobe.

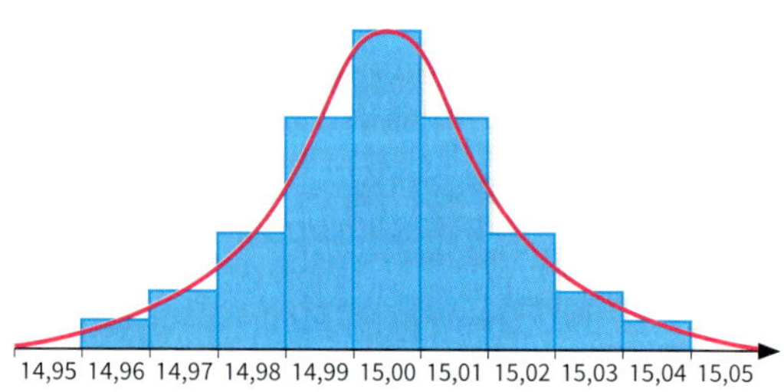

$\overline{x}$ = 15,00 mm

! Eine Normalverteilung der Messwerte ist die Voraussetzung für eine Stichprobenprüfung.

Der Durchmesser des Absatzes ist um den Mittelwert $\overline{x}$ = 15,00 mm normalverteilt. Somit ist die Voraussetzung für eine Stichprobenprüfung gegeben.

Die Größe der Prüfabstände und der Prüflose hängt unter anderem von der Größe der Maßabweichungen vom Mittelwert ab. Als Maß für diese Streuung gilt die Standardabweichung *s*.

Sie ist der Abstand vom Mittelwert zum jeweiligen Wendepunkt der Kurve. Die Streuung ist kleiner, wenn die Kurve steiler verläuft, und größer, wenn die Kurve flacher verläuft. Je größer die Streuung, umso größer muss der Prüfumfang gewählt werden.

Weiter hängt der Umfang einer Stichprobenprüfung von der Wichtigkeit des Bauteils und der Erfahrung über den Fertigungsprozess ab.

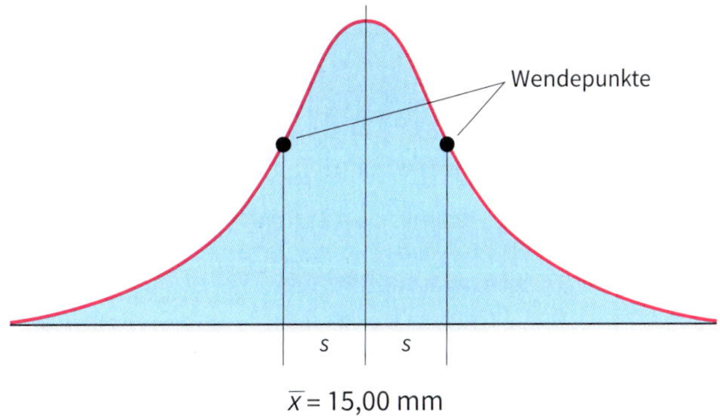

Normale Streuung	Kleine Streuung	Große Streuung
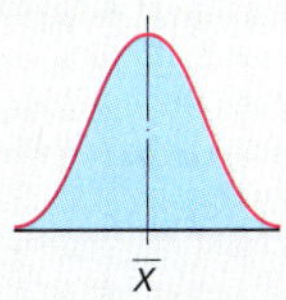	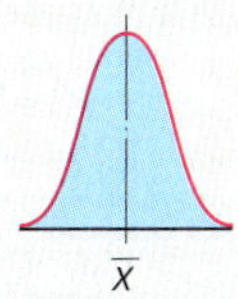	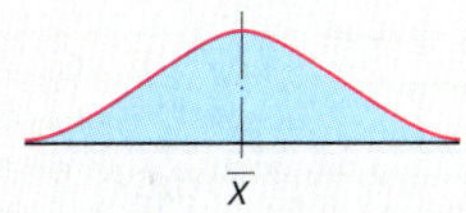
Normaler Verlauf, Messwerte sind normal verteilt.	Steiler Verlauf, Messwerte liegen dicht am Mittelwert.	Flacher Verlauf, Messwerte sind über den gesamten Toleranzbereich verteilt.

Aufgaben

1. Was bedeutet die Aussage: „Qualität ist zu erzeugen und nicht zu überprüfen?“

2. Welche Aufgabe besitzt die statistische Prozess überwachung?

3. Welche Anforderungen werden an eine prüfbezogene Bemaßung gestellt?

4. Geben Sie an, ob es sich bei den Prüfungen um variable oder attributive Merkmale handelt:

- Winkel 62° 45', Universalwinkelmesser,
- Härtewert HB 300 + 50, Prüfverfahren nach Brinell,
- Gewinde M 6 mit einem Gewindelehrring.

5. Ordnen Sie folgende Abweichungen den zufälligen oder systematischen Einflüssen zu:

- Maßabweichung durch eine Aufbauschneide,
- Abnutzung einer Schleifscheibe,
- kurzzeitiger Spannungsabfall beim Induktionshärten.

6. Erklären Sie den Unterschied zwischen einem systematischen und zufälligen Einfluss.

7. Wie wirkt sich die geforderte Produktqualität auf den Prüfaufwand aus?

8. Wann kann man auf eine Wareneingangsprüfung verzichten?

9. Nennen Sie die Vorteile einer

a) 100%-Prüfung,

b) Stichprobenprüfung.

10. Warum müssen Prüfmittel kalibriert werden?

11. Was sagt ein Histogramm aus?

12. Welche Voraussetzungen müssen für eine Stichprobenprüfung gegeben sein?

13. Was sagt die Standardabweichung aus?

14. Von welchen Faktoren hängt der Umfang einer Stichprobe ab?

Dokumentieren

9.2 Qualitätsregelkarte

Nach der Bearbeitungsstation *Drehen der Tellerfläche* werden die Ventile stichprobenartig überprüft. Stündlich wird an fünf aufeinander folgenden Ventilen der Messwert für die Tellerrandhöhe der gedrehten Fläche aufgenommen.

Die Überwachung dieses Fertigungsprozesses kann mit einer Qualitätsregelkarte erfolgen, da folgende Voraussetzungen erfüllt sind:

- immer gleich ablaufende Fertigung,
- regelmäßige Stichprobenentnahme,
- gleichbleibender Stichprobenumfang und
- gleichbleibender Prüfvorgang.

Qualitätsregelkarten werden zur ständigen Prozessüberwachung eingesetzt. Regelmäßig werden Messwerte eingetragen und ausgewertet. Zuerst wird kontrolliert, ob der jeweilige Messwert in dem vorgegebenen Toleranzbereich liegt. Weiter kann man anhand des Verlaufes der Messwerte erkennen, wie sich der Prozess entwickelt. Steigt der Messwert zum Beispiel kontinuierlich an, kann davon ausgegangen werden, dass er demnächst die Toleranzgrenze überschreitet. Um dies zu verhindern, muss rechtzeitig der Prozess korrigiert werden.

Aufbau der Qualitätsregelkarte

Jede Qualitätsregelkarte (Abb. 1) besitzt

- einen Datenkopf,
- eine Messwerttabelle und
- ein Mittelwert- und Spannweiten-Diagramm.

Im Datenkopf werden Angaben zum Fertigungsprozess gemacht. Für die Bearbeitungsstation *Drehen der Tellerfläche* sind die fertigungstypischen Angaben schon eingetragen. Zum Beispiel sind das Merkmal Tellerrandhöhe ① und die Prüfhäufigkeit 60 Min. ② schon ausgefüllt. Der Prüfer trägt nur noch die aktuellen Angaben, z. B. Name, Datum und Zeit ein ③.

In der Messwerttabelle werden die Messwerte $x_1 - x_5$ der jeweiligen Stichprobe eingetragen ④. Für jede Stichprobe wird die Summe Σ der fünf Messwerte und der Durchschnittswert $\bar{x}$ ermittelt ⑤⑥.

Zusätzlich wird die Spannweite R eingetragen ⑦. Sie ist der Unterschied zwischen dem größten Messwert x_{max} und dem kleinsten Messwert x_{min}. Die Spannweite gibt an, wie groß die Streuung der einzelnen Messwerte einer Stichprobe ist.

Beispiel:

Die am 28.08. um 18.00 Uhr entnommene Stichprobe ergibt für die Tellerrandhöhe folgende Abweichungen:

$x_1 = 0{,}05\ \text{mm}; x_2 = 0{,}02\ \text{mm}; x_3 = 0{,}06\ \text{mm};$

$x_4 = 0{,}04\ \text{mm}; x_5 = 0{,}01\ \text{mm};$

Es sind $\sum, \bar{x}$ und R zu bestimmen.

Die Summe aller Messwerte beträgt:

$$\sum = x_1 + x_2 + x_3 + x_4 + x_5$$

$$\sum = 0{,}05\ \text{mm} + 0{,}02\ \text{mm} + 0{,}06\ \text{mm} + 0{,}04\ \text{mm} + 0{,}01\ \text{mm}$$

$$\underline{\underline{\sum = 0{,}18\ \text{mm}}}$$

Der Mittelwert $\bar{x}$ beträgt:

$$\bar{x} = \frac{x_1 + x_2 + x_3 + x_4 + x_5}{5}$$

$$\bar{x} = \frac{(0{,}05 + 0{,}02 + 0{,}06 + 0{,}04 + 0{,}01)\ \text{mm}}{5}$$

$$\underline{\underline{\bar{x} = 0{,}04\ \text{mm}}}$$

Die Spannweite R beträgt:

$$R = x_{max} - x_{min}$$

$$R = 0{,}06\ \text{mm} - 0{,}01\ \text{mm}$$

$$\underline{\underline{R = 0{,}05\ \text{mm}}}$$

In das Mittelwert-Diagramm wird der errechnete Mittelwert $\bar{x}$ der jeweiligen Stichprobe eingetragen. Anschließend werden die Punkte zu einem Kurvenverlauf verbunden.

Das Mittelwert-Diagramm wird durch eine obere Eingriffsgrenze ⑧ und eine untere Eingriffsgrenze ⑨ begrenzt. Die Eingriffsgrenzen werden so festgelegt, dass sie noch eine Reserve zur Toleranzgrenze besitzen. Somit bedeutet ein Überschreiten der Grenze nicht ein fehlerhaftes Maß. Der Maschinenbediener muss jedoch unverzüglich in den Prozess eingreifen. Dies kann zum Beispiel durch das Nachstellen eines Werkzeuges erfolgen.

Im Spannweiten-Diagramm ⑩ werden für alle Stichproben die Spannweiten R eingetragen. Eine obere Eingriffsgrenze zeigt an, wann die Spannweite einen kritischen Wert erreicht. Beim Überschreiten dieser Eingriffsgrenze müssen die einzelnen Messwerte der Stichprobe kontrolliert werden.

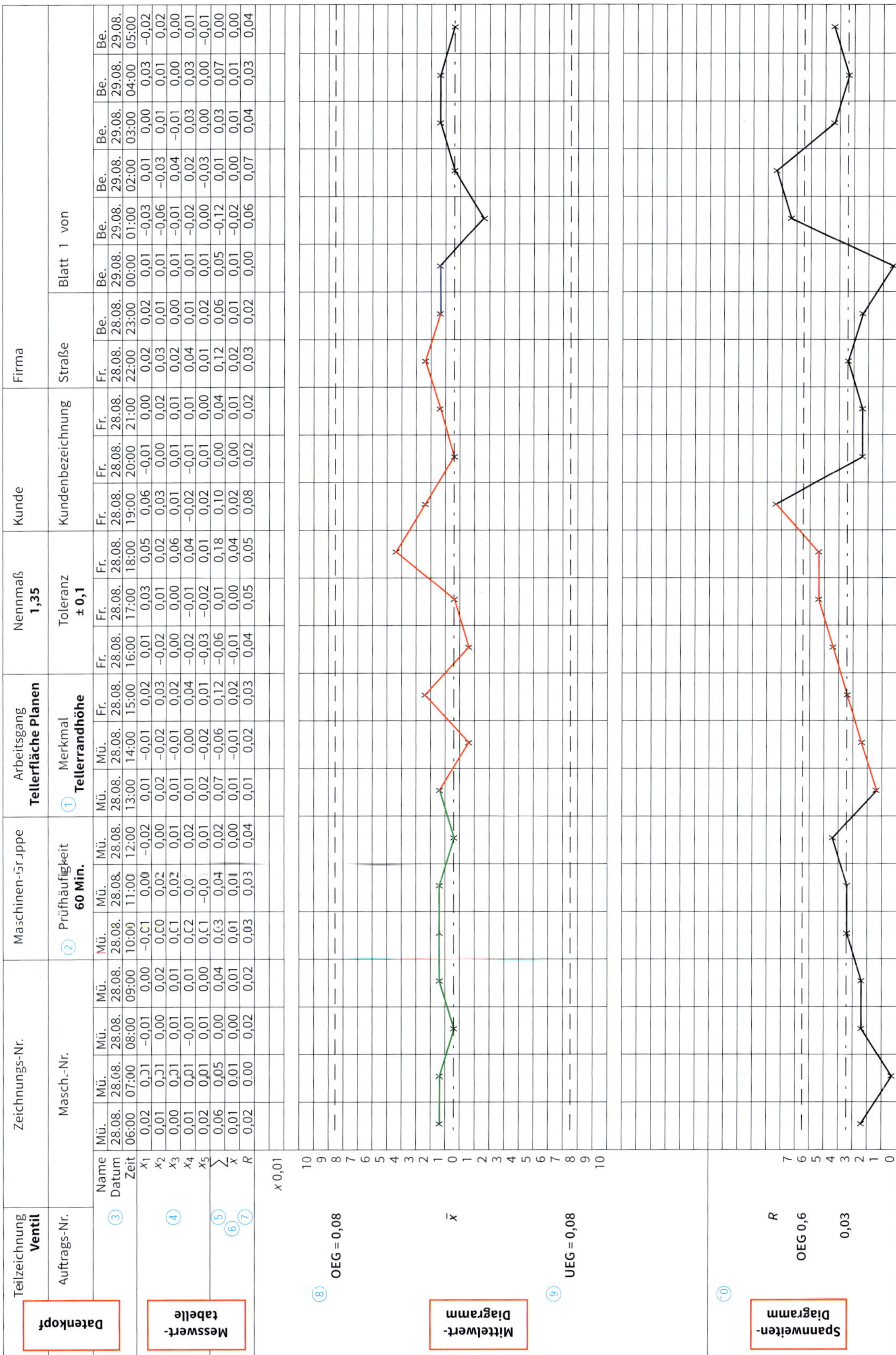

Name	Mü.	Mü.	Mü.	Mü.	Mü.	Mü.	Mü.	Mü.	Mü.	Fr.	Fr.	Fr.	Fr.	Fr.	Fr.	Fr.	Fr.	Be.	Be.	Be.	Be.	Be.	Be.	Be.
Datum	28.08.	28.08.	28.08.	28.08.	28.08.	28.08.	28.08.	28.08.	28.08.	28.08.	28.08.	28.08.	28.08.	28.08.	28.08.	28.08.	28.08.	28.08.	29.08.	29.08.	29.08.	29.08.	29.08.	29.08.
Zeit	06:00	07:00	08:00	09:00	10:00	11:00	12:00	13:00	14:00	15:00	16:00	17:00	18:00	19:00	20:00	21:00	22:00	23:00	00:00	01:00	02:00	03:00	04:00	05:00
x_1	0,02	0,01	-0,01	0,00	-0,01	0,00	-0,02	0,01	-0,01	0,02	0,01	0,03	0,05	0,06	-0,01	0,00	0,02	0,02	0,01	-0,03	0,01	0,00	0,03	-0,02
x_2	0,01	0,01	0,00	0,02	0,00	0,02	0,00	0,02	-0,02	0,03	-0,02	0,01	0,02	0,03	0,00	0,02	0,03	0,01	0,01	-0,06	-0,03	0,01	0,01	0,02
x_3	0,00	0,01	0,01	0,01	0,01	0,02	0,01	0,01	-0,01	0,02	0,00	0,00	0,06	0,01	0,01	0,01	0,02	0,00	0,01	-0,01	0,04	-0,01	0,00	0,00
x_4	0,01	0,01	-0,01	0,01	0,02	0,0	0,02	0,01	0,00	0,04	-0,02	-0,01	0,04	-0,02	-0,01	0,01	0,04	0,01	0,01	-0,02	0,02	0,03	0,03	0,01
x_5	0,02	0,01	0,01	0,00	0,01	-0,01	0,01	0,02	-0,02	0,01	-0,03	-0,02	0,01	0,02	0,01	0,00	0,01	0,02	0,01	0,00	-0,03	0,00	0,00	-0,01
$\sum$	0,06	0,05	0,00	0,04	0,03	0,04	0,02	0,07	-0,06	0,12	-0,06	0,01	0,18	0,10	0,00	0,04	0,12	0,06	0,05	-0,12	0,01	0,03	0,07	0,00
$\bar{x}$	0,01	0,01	0,00	0,01	0,01	0,01	0,00	0,01	-0,01	0,02	-0,01	0,00	0,04	0,02	0,00	0,01	0,02	0,01	0,01	-0,02	0,00	0,01	0,01	0,00
R	0,02	0.00	0,02	0,02	0,03	0,03	0,04	0,01	0,02	0,03	0,04	0,05	0,05	0,08	0,02	0,02	0,03	0,02	0,00	0,06	0,07	0,04	0,03	0,04

Abb. 1: Qualitätsregelkarte

Auswerten

Auswertung der Qualitätsregelkarte

Der Verlauf des Mittelwertes zeigt, wie sich der Prozess *Drehen der Tellerfläche* entwickelt. Bei einem natürlichen Verlauf liegen 2/3 der Mittelwerte im mittleren Drittel zwischen der oberen und unteren Eingriffsgrenze. Der Prozess kann ohne Eingriff weiterlaufen.

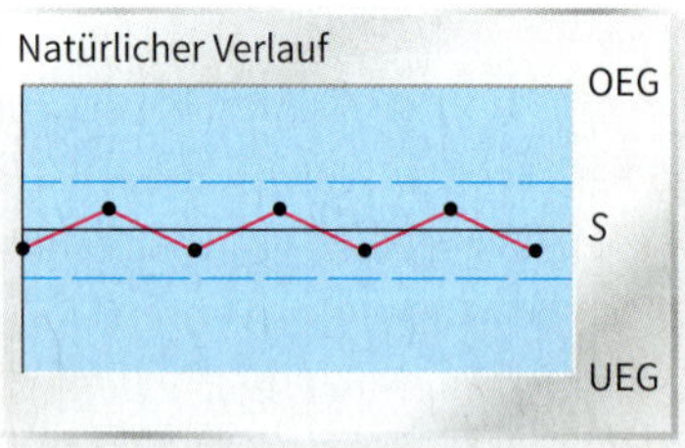

Der Prozess ist gestört, wenn:

- eine Eingriffsgrenze überschritten wird.

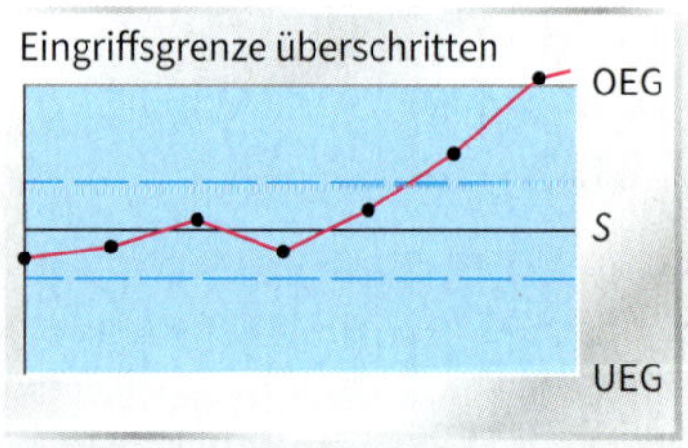

- mehr als ein Drittel der Mittelwerte nicht im mittleren Drittel (Middle Third) liegen.

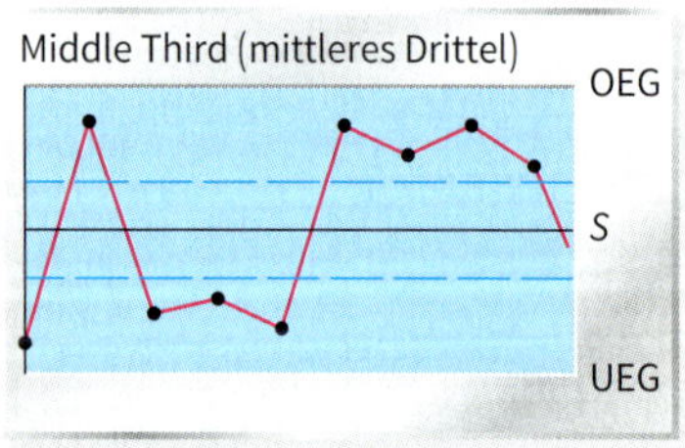

- mehr als 6 aufeinander folgende Werte auf einer Seite der Mittellinie (Run) liegen.

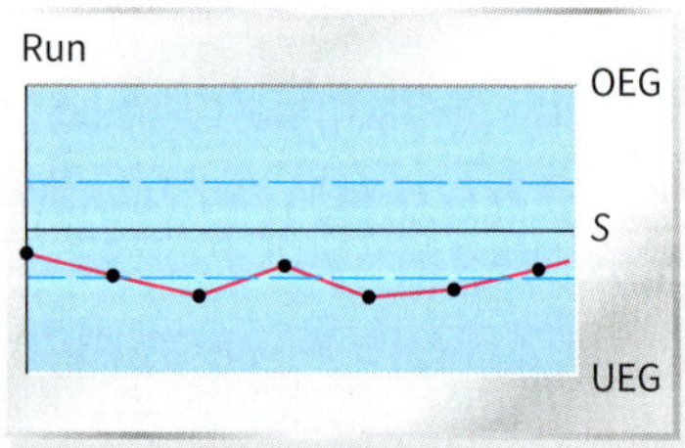

- mehr als sechs aufeinander folgende Werte eine steigende oder fallende Tendenz (Trend) zeigen.

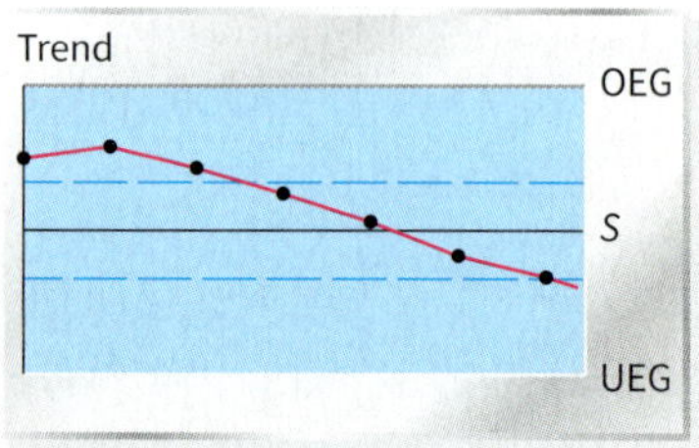

In diesen Fällen muss der Maschinenbediener sofort weitere Stichproben entnehmen, den Prozess korrigieren und fehlerhafte Teile aussortieren.

Auswerten der Qualitätsregelkarte Tellerrandhöhe

28.08. ab 6.00 Uhr bis 13.00 Uhr
Der Mittelwert-Verlauf zeigt, dass acht Werte über oder auf der Mittellinie liegen (Run). Durch ein Eingreifen in den Prozess wurde für den weiteren Verlauf eine gleichmäßige Verteilung erreicht.

28.08. ab 13.00 Uhr bis 19.00 Uhr
Die Spannweite steigt (Trend) und die Messwerte besitzen eine große Streuung. Der Maschinenbediener muss in den Prozess eingreifen.

28.08. 18.00 Uhr
Der Mittelwert steigt und es besteht die Gefahr, dass er die obere Eingriffsgrenze erreicht. Gleichzeitig weist die Spannweite eine hohe Streuung auf. Durch eine Prozesskorrektur wird die Abweichung verringert.

28.08. 19.00 Uhr
Die obere Eingriffsgrenze für die Spannweite wird überschritten. Der Mittelwert liegt jedoch im geforderten Bereich. Ein Einschreiten ist nicht erforderlich.

28.08. ab 23.00 Uhr bis 00.00 Uhr
Es liegt ein optimaler Verlauf vor, der eine geringe Abweichung und eine kleine Spannweite aufweist. Jedoch wird die zur Verfügung stehende Toleranz nicht ausgenutzt. Eine Überprüfung der Fertigungsbedingungen ist ratsam.

29.08. 2.00 Uhr
Der Mittelwert liegt auf der Nulllinie, die Spannweite besitzt einen hohen Wert. Die vorhandenen Abweichungen neutralisieren sich. Ein Einschreiten ist nicht erforderlich.

9.3 Qualität in der Produktion

9.3.1 Einbindung des Mitarbeiters in das Unternehmen

Die Organisation eines Unternehmens bedarf einer klaren Struktur, die die Kompetenzen und Aufgabenbereiche der einzelnen Abteilungen festlegt (Abb. 1).

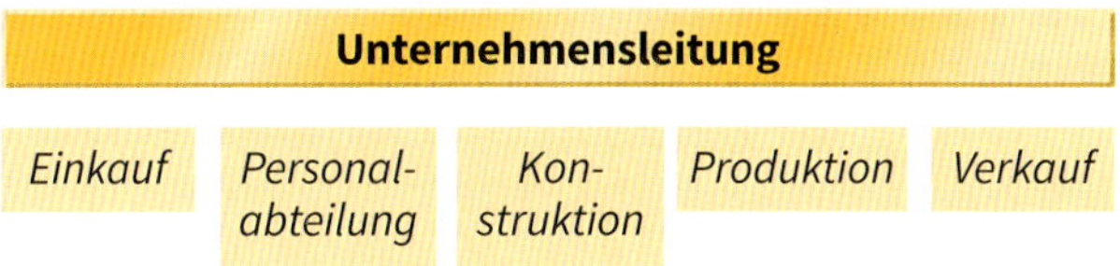

Abb. 1: Unternehmensstruktur

Der Facharbeiter ist mit seiner Werkzeugmaschine ein Teil der Produktion. Sein Fachwissen, seine Fähigkeiten und seine Einstellung beeinflussen die Produktion.

Da ein Produkt meist aus vielen Bauteilen besteht, sind an ihrer Herstellung mehrere Facharbeiter beteiligt. In der Gruppenarbeit sind alle Mitglieder der Gruppe für das Gesamtergebnis verantwortlich. Bei dieser Teamarbeit sind neben dem Fachwissen folgende Kompetenzen erforderlich:

- Teamfähigkeit,
- Kritikfähigkeit,
- Kommunikationsfähigkeit
- Flexibilität und
- Bereitschaft zur Weiterbildung.

Unterstützt werden die einzelnen Produktionsteams zum Beispiel durch die Arbeitsvorbereitung und die Instandhaltung (Abb. 2). Durch festgelegte Informationsstrukturen in Form von Formularen wie Materialanforderungsscheine oder Fehlerprotokolle erfolgt die Kommunikation zwischen den unterschiedlichen Produktionsabteilungen.

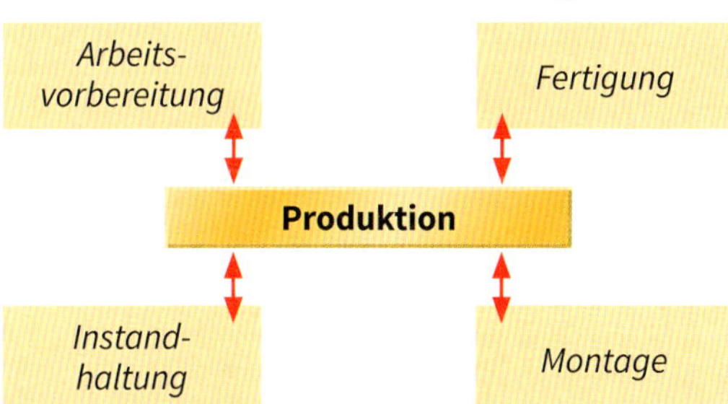

Abb. 2: Produktionsbereiche

Das hergestellte Produkt wird dem Kunden über die Verkaufsabteilung ausgeliefert. Weiter bestehen zwischen der Produktion und den Abteilungen Einkauf, Personal und Konstruktion Beziehungen (Abb. 3).

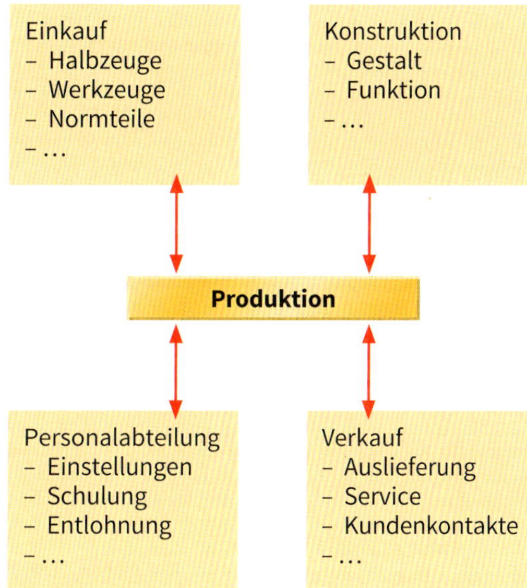

Abb. 3: Beziehungen zwischen Unternehmensbereichen

Jede Abteilung beeinflusst über ihre Tätigkeit das Gesamtergebnis. Die Aufgabe der Unternehmensleitung besteht darin, strategische Entscheidungen zu treffen und die einzelnen Abteilungen bei ihrer Zusammenarbeit zu unterstützen.

Das Ziel eines Unternehmens sind zufriedene Kunden und das Erzielen von Gewinn.

9.3.2 Qualitätsmanagement

Der Kunde verlangt ein Produkt, das seine vorher im Auftrag festgelegten Anforderungen erfüllt. Ist dies der Fall, spricht man von Qualität. Die Qualität eines Produktes wird zum Beispiel bestimmt durch:

- ein fehlerfreies Produkt,
- Liefertreue,
- guten Service und
- Preisstabilität.

Alle beteiligten Personen sind für die Qualität eines Produktes verantwortlich. Durch ein Qualitätsmanagement-System werden Normen (DIN EN ISO 9000 bis 9004) zur Qualitätssicherung festgeschrieben. So legt die ISO 9001 für Prozesse u. a. folgende Qualitätskriterien fest:

- Prozesse erkennen, messen und analysieren,
- Lenken von Dokumenten und fehlerhaften Produkten,
- Nachweise führen über Entwicklung und ständige Verbesserung,
- Bewusstsein fördern für die Wichtigkeit von Kundenanforderungen und
- Sichern der Ressourcenverfügbarkeit.

Diese Kriterien geben im Allgemeinen die Bedingungen an, um den Qualitätsbegriff zu erfüllen. Hierbei wird der Informationsfluss des gesamten Unternehmens anhand von Anweisungen bewertet (Abb. 2).

Für den Facharbeiter bedeutet dies zum Beispiel das Ausfüllen von Materialentnahmescheinen und Prüfanweisungen.

Abb. 1: Beispiel für ein Prüfzeichen

Das Einführen eines Qualitätsmanagement-Systems wird von einem externen Sachverständigen überprüft. Werden die Kriterien erfüllt, erhält das Unternehmen ein Zertifikat. Dieses Zertifikat ist oft für die Auftragsvergabe erforderlich (Abb. 1).

Dadurch wird dem Kunden ein gleichbleibender Qualitätsstandard garantiert.

Durch ein Qualitätsmanagement-System ergeben sich folgende Vorteile:

- Prozesse werden in einem Unternehmen transparenter,
- Steigerung der Produktivität,
- Fehlerrate wird reduziert,
- zufriedene Mitarbeiter durch mehr Verantwortung und
- Vertrauensbildung beim Auftraggeber.

Das Einhalten der Kriterien wird jährlich überprüft.

umfasst	Verteiler		Beschreibung
ganzes Unternehmen	intern: Unternehmensleitung, Abteilungsleiter extern: wenn erforderlich	QM-Handbuch	Grundsätze, Aufbau- und Ablauforganisation, betriebsumfassende Zusammenhänge, Verantwortlichkeiten, Kompetenzen, organisatorisches Firmen-Know-how, Hinweise auf Richtlinien und Arbeitsanweisungen
Teilbereiche des Unternehmens	ausschließlich intern, Abteilung	Verfahrensanweisungen Qualifikation, Dokumentenfluss, Verantwortlichkeit, Ablaufbeschreibung	Teilgebiete des QM-Systems detailliert beschrieben, enthält organisatorisches und technisches Firmen-Know-how
Sachgebiete, einzelne Tätigkeiten	ausschließlich intern, Arbeitsplatz	Arbeits- und Prüfanweisungen Tätigkeitsbeschreibungen, Richtlinien, Checklisten	Regelung von Einzelheiten, Detailanweisungen, enthält technisches Firmen-Know-how

Abb. 2: Dokumentationsmittel im QM-System

Aufgaben

1. Ein Unternehmen besteht aus mehreren Abteilungen.

a) Nennen Sie die verschiedenen Abteilungen.

b) Wählen Sie zwei Abteilungen aus und beschreiben Sie ihre Tätigkeit in dem Unternehmen.

2. Von einem Facharbeiter werden unterschiedliche Kompetenzen verlangt.

a) Nennen Sie die erforderlichen Kompetenzen.

b) Wählen Sie zwei Kompetenzen und erklären Sie ihre Bedeutung für das Unternehmen.

3. Nennen Sie die Aufgaben und Ziele einer Unternehmensleitung.

4. Wann erfüllt ein Produkt aus der Sicht eines Kunden den Begriff „Qualität"?

5. Ein Unternehmen produziert Antriebswellen. Aufgrund einer höheren Festigkeit soll die Welle aus einem neuen Werkstoff gefertigt werden. Welche Produktionsabteilungen sind von dieser Änderung betroffen? Begründen Sie Ihre Auswahl.

6. Nennen Sie die Qualitätskriterien, die ein Qualitätsmanagement-System zur Qualitätssicherung fordert.

7. Welche Gründe sprechen für die Einführung eines Qualitätsmanagement-Systems?

C

D

G

N

O

P

Q

R

S

T

U

V

Bildquellenverzeichnis

|ABB STOTZ-KONTAKT GmbH, Heidelberg: 68.3. |Alamy Stock Photo (RMB), Abingdon/Oxfordshire: Dorling Kindersley ltd 446.2; Starikov, Anton 447.1. |AMF - ANDREAS MAIER GmbH & Co. KG, Fellbach: 205.1, 208.5. |Astrofoto, Sörth: NASA 36.2. |BAQ GmbH, Braunschweig: 471.1. |BC GmbH Verlags- und Medien-, Forschungs- und Beratungsgesellschaft, Ingelheim: 350.1, 350.2, 350.3, 350.4, 350.5, 350.6, 351.3, 440.3, 440.5. |BOEHLERIT GmbH & Co KG, Kapfenberg: 170.5, 170.6, 172.2, 172.3, 172.4. |CERATIZIT S.A, Kempten: 173.5, 173.6. |DALEX Automation & Welding GmbH, Wissen: 312.1, 312.5. |deckermedia GbR, Rostock: 3.1, 15.1, 15.2, 15.3, 17.1, 18.1, 18.2, 19.1, 19.2, 19.3, 19.5, 20.1, 20.2, 21.1, 21.2, 21.3, 21.4, 21.6, 22.1, 22.2, 22.3, 22.4, 22.5, 23.1, 23.2, 23.3, 25.1, 26.3, 28.2, 28.3, 29.1, 30.2, 30.3, 30.4, 32.3, 36.3, 42.4, 43.2, 43.3, 44.2, 44.4, 45.1, 46.1, 53.1, 53.2, 53.3, 53.4, 53.5, 53.6, 53.7, 53.8, 54.1, 54.2, 54.4, 55.1, 55.4, 56.3, 61.2, 63.2, 64.1, 64.2, 65.1, 65.3, 65.4, 69.4, 69.5, 69.6, 70.1, 70.2, 71.3, 77.4, 81.2, 83.1, 84.1, 86.1, 86.2, 87.1, 87.3, 87.5, 88.1, 90.1, 96.4, 101.2, 101.3, 101.5, 102.1, 102.2, 102.3, 102.5, 103.4, 104.2, 106.2, 107.2, 110.1, 110.3, 113.1, 113.3, 114.2, 116.4, 116.5, 126.4, 127.2, 127.3, 128.2, 129.1, 129.3, 130.1, 130.3, 131.1, 131.2, 133.1, 133.4, 134.4, 135.2, 136.2, 136.3, 138.4, 140.1, 140.3, 141.1, 141.2, 142.3, 144.1, 145.1, 146.2, 147.1, 147.3, 147.4, 148.1, 148.2, 148.3, 148.5, 149.3, 149.4, 150.2, 150.4, 151.2, 151.3, 152.1, 152.2, 152.3, 152.4, 155.1, 159.2, 161.2, 163.1, 166.2, 167.2, 168.1, 168.2, 175.2, 175.3, 179.1, 179.2, 179.3, 185.2, 194.2, 197.1, 198.3, 199.2, 199.3, 199.4, 200.1, 200.2, 201.1, 201.4, 201.7, 205.4, 206.1, 206.3, 206.4, 206.5, 206.6, 206.7, 207.2, 207.5, 208.1, 208.4, 211.2, 211.8, 211.11, 213.3, 214.1, 215.1, 219.2, 227.4, 230.1, 230.5, 232.1, 232.3, 239.2, 241.3, 241.4, 261.2, 263.1, 264.6, 265.1, 265.9, 265.10, 266.1, 268.2, 268.3, 268.6, 269.2, 270.1, 270.4, 272.6, 272.7, 273.7, 273.8, 274.2, 275.2, 280.2, 281.5, 282.4, 285.2, 285.4, 286.4, 287.2, 288.2, 292.1, 294.1, 294.2, 295.1, 295.2, 296.3, 296.4, 297.1, 297.2, 298.1, 298.2, 300.1, 300.2, 301.1, 301.2, 301.3, 301.4, 301.5, 302.1, 302.2, 302.3, 302.4, 302.5, 302.6, 302.7, 303.1, 303.5, 303.6, 303.7, 304.1, 305.2, 305.3, 305.4, 305.5, 305.7, 306.2, 307.4, 308.1, 308.2, 308.3, 308.4, 308.5, 308.6, 309.1, 309.2, 309.3, 309.4, 309.5, 310.1, 310.2, 312.2, 312.3, 312.4, 314.4, 315.6, 316.1, 317.1, 318.1, 318.3, 318.4, 318.5, 319.1, 319.2, 319.3, 319.4, 320.1, 321.2, 322.1, 322.2, 322.3, 322.4, 323.1, 323.2, 323.3, 323.4, 324.2, 327.1, 327.2, 328.3, 328.4, 329.1, 329.2, 329.5, 331.4, 331.5, 332.1, 332.3, 332.4, 333.3, 334.3, 335.2, 336.2, 338.2, 338.3, 339.1, 340.1, 340.2, 341.2, 341.3, 342.1, 342.2, 343.1, 343.2, 343.3, 343.4, 344.1, 345.1, 345.2, 345.3, 345.5, 345.7, 346.2, 346.3, 346.4, 346.5, 348.1, 348.2, 349.3, 350.7, 351.1, 351.2, 351.5, 351.6, 352.2, 353.2, 354.1, 354.2, 355.3, 356.3, 357.2, 357.3, 358.1, 358.2, 358.3, 358.4, 358.5, 358.6, 358.8, 359.2, 359.5, 360.1, 360.3, 361.1, 361.2, 362.1, 364.1, 364.2, 364.3, 365.1, 365.2, 365.3, 366.1, 366.3, 368.2, 369.2, 369.4, 370.2, 371.1, 371.2, 371.3, 371.4, 371.6, 371.7, 372.1, 372.2, 372.3, 373.1, 374.1, 374.2, 375.1, 376.1, 376.2, 377.1, 377.2, 378.1, 378.2, 378.3, 382.1, 385.1, 385.2, 386.4, 388.1, 388.3, 388.4, 388.6, 390.2, 391.4, 393.1, 401.2, 402.2, 403.3, 404.2, 405.1, 406.1, 407.2, 418.4, 423.2, 424.1, 424.3, 424.4, 425.1, 426.1, 426.2, 426.3, 426.4, 429.3, 430.1, 438.1, 438.2, 440.1, 440.4, 441.2, 441.3, 442.1, 442.2, 444.1, 445.1, 448.1, 450.4, 456.1, 456.3, 457.2, 459.1, 459.3, 467.1, 469.1, 473.2, 478.2, 480.2, 481.2, 482.2, 482.3, 482.4, 482.5, 482.6, 497.1, 501.1, 501.3, 502.2, 502.3, 505.4, 505.8, 505.9, 507.3, 507.4, 508.3, 508.5, 508.6, 508.7, 508.8, 509.2, 509.3, 509.4, 512.1, 513.1, 513.2, 513.4, 514.2, 518.3, 519.4, 525.1, 525.3, 529.1, 538.2, 553.1, 554.1, 555.1, 555.2, 555.3. |Demag Cranes & Components GmbH, Wetter: 347.1, 347.2, 347.3, 347.4, 347.5. |DEMMELER Maschinenbau GmbH & Co. KG, Heimertingen: 504.5. |Di Gaspare, Michele (Bild und Technik Agentur für technische Grafik und Visualisierung), Bergheim: 27.2, 67.2, 67.3, 71.1, 72.1, 73.1, 116.1, 116.2, 116.3, 116.6, 116.7, 163.2, 163.3, 163.4, 163.5, 163.6, 163.7, 183.1, 190.1, 201.9, 210.1, 233.2, 233.3, 244.1, 247.1, 249.2, 272.2, 303.3, 303.4, 304.2, 305.1, 305.6, 305.8, 311.2, 320.2, 326.1, 326.2, 330.2, 349.1, 349.2, 398.1, 399.1, 399.4, 399.5, 399.6, 400.2, 401.1, 401.3, 408.1, 409.3, 412.1, 412.2, 412.3, 414.1, 414.2, 415.1, 415.3, 416.3, 417.1, 417.2, 417.3, 418.2, 418.3, 419.1, 420.1, 420.2, 420.3, 420.4, 421.1, 421.3, 422.1, 422.2, 422.3, 425.3, 425.4, 428.2, 428.4, 428.6, 429.1, 429.4, 430.2, 430.3, 430.4, 430.5, 432.2, 433.1, 433.3, 433.4, 434.1, 435.1, 456.2, 456.4, 460.1, 504.4, 515.3, 516.1, 519.1, 519.3. |DIN Media GmbH, Berlin: 67.4, 67.5, 351.4, 444.2, 444.3. |DMG MORI AKTIENGESELLSCHAFT, Bielefeld: 504.1. |DR. JOHANNES HEIDENHAIN GmbH, Traunreut: 232.2. |Druwe & Polastri, Cremlingen/Weddel: 31.2, 60.1, 62.2, 95.1, 119.2, 122.4, 122.5, 122.6, 127.6, 127.7, 128.3, 128.4, 128.5, 128.6, 128.7, 128.8, 137.2, 137.3, 137.4, 137.6, 137.7, 211.3, 211.10, 264.2, 264.3, 264.4, 265.2, 265.3, 265.4, 265.5, 265.6, 265.7. |Dzieia, Michael Dr., Darmstadt: 432.1. |Easy-Laser GmbH, Kempen: 459.2. |Eaton Industries GmbH, Bonn: 369.5, 369.6. |EMUGE-Werk Richard Glimpel GmbH & Co KG, Lauf: 232.4. |Europäische Kommission, Berlin: © Europäische Union, 1995-2018 69.3. |Evoset AG, Steg: 481.3. |Fehmer, Sabine, Grafik & Layout, Cremlingen: 37.1, 39.1, 39.4, 146.1, 147.2, 148.4, 149.1, 149.2, 150.1, 156.5, 170.7, 171.2, 173.4, 193.4, 195.1, 198.1, 198.2, 213.16, 213.17, 219.1, 225.1, 225.2, 225.3, 225.5, 225.6, 233.1, 391.1, 391.2, 391.3, 392.1, 409.2, 431.4, 467.3, 468.4, 470.2, 470.3, 483.2, 487.1, 487.2, 489.2, 501.2, 502.1, 505.1, 510.1, 510.3, 513.3, 515.1, 518.4, 518.5. |Festo SE & Co. KG, Esslingen: 355.2, 357.4, 357.5, 357.6, 358.7, 359.1, 359.7, 369.7. |FORKARDT Deutschland GmbH, Reutlingen: 155.2, 155.3, 156.2, 479.4. |fotolia.com, New York: BG 67.1; casi 41.3; JFsPic 38.1; Kathrin39 68.4; Kruck, Wolfgang 42.2; Menzl, Günter 68.1; PIRML Titel. |Future Mindset 2050 GmbH, Gehrden: 477.1. |Gedore Tool Center GmbH & Co. KG, Remscheid: 333.1, 333.2. |Gieseke, Friedrich-Wilhelm, Burgdorf: 329.3, 329.4, 330.1, 330.3, 331.1, 331.2. |Gießerei Heunisch GmbH, Bad Windsheim: 32.5. |Haimer GmbH, Igenhausen: 231.1, 507.2. |Handelsagentur Baxmeier, Neustadt: 328.5. |Hans Kaltenbach Maschinenfabrik GmbH & Co. KG, Lörrach: 328.2. |HAZET-WERK Hermann Zerver GmbH & Co. KG, Remscheid: 274.3. |Helukabel GmbH, Hemmingen: 431.5. |Hilger u. Kern GmbH - Industrietechnik, Mannheim: 458.3. |Hörmann KG Verkaufsgesellschaft, Steinhagen: 324.1. |iStockphoto.com, Calgary: AlexandruRosu 18.3; nikom1234 478.1; Nordroden 36.1; peekeedee 273.2; Photology1971 245.1; SafakOguz 30.1; vladimir_n 34.2; zorabcde 19.4. |Kaese, Jürgen, Dossenheim: 431.1, 431.3, 463.2. |KARL DEUTSCH Prüf- und Messgerätebau GmbH + Co KG, Wuppertal: 466.1, 466.2; Bäldle, Gunnar 465.1, 465.2. |KERN & SOHN GmbH, Balingen-Frommern: 471.2. |Kirschberg, Uwe Dr., Ohrdruf: 204.3, 207.1, 208.3, 252.1, 463.1, 504.2, 504.3, 508.2. |Krüper,

Werner, Steinhagen: 314.1, 314.2. |KUNZMANN Maschinenbau GmbH, Remchingen-Nöttingen: 203.1. |Langanke, Lutz, Hannover: 50.3, 69.1, 142.1, 442.3, 443.1, 445.3, 445.4, 446.1, 498.1, 531.2. |LEMO Elektronik GmbH, München: 432.3, 432.4, 432.5. |Lithos, Wolfenbüttel: 12.1, 14.1, 16.1, 26.2, 28.1, 30.6, 30.7, 30.8, 32.1, 32.2, 32.4, 38.2, 41.2, 41.4, 45.2, 47.1, 51.1, 52.1, 54.3, 55.3, 55.5, 56.2, 68.2, 69.2, 71.2, 72.2, 84.2, 85.1, 93.1, 100.1, 101.1, 101.4, 105.1, 105.2, 105.3, 109.1, 111.2, 112.1, 114.3, 117.1, 132.3, 134.1, 134.3, 134.5, 135.1, 135.3, 135.4, 139.2, 201.2, 201.3, 201.5, 201.6, 201.8, 202.1, 202.2, 205.5, 212.4, 217.2, 236.5, 237.2, 238.2, 238.3, 243.1, 244.2, 246.2, 248.1, 248.2, 248.3, 248.4, 249.3, 250.1, 250.2, 250.3, 251.1, 251.2, 251.3, 252.2, 253.1, 253.2, 253.3, 254.1, 254.2, 254.3, 254.4, 259.1, 262.3, 264.1, 272.3, 276.2, 281.3, 282.3, 283.4, 288.3, 289.1, 290.1, 297.4, 299.1, 307.1, 334.2, 335.1, 335.5, 337.1, 337.2, 337.3, 341.1, 342.3, 344.2, 345.4, 345.6, 346.1, 354.3, 354.4, 363.1, 363.2, 363.3, 363.4, 395.1, 402.1, 403.1, 405.2, 406.2, 407.1, 407.3, 475.1, 475.2, 493.1, 493.2, 493.3, 493.4, 493.5, 493.6, 493.7, 493.8, 493.9, 493.10, 493.11, 493.12, 494.1, 494.2, 494.3, 494.4, 494.5, 494.6, 494.7, 494.8, 494.9, 494.10, 494.11, 527.1, 528.1, 529.2, 530.1, 530.2, 530.3, 530.4, 532.3. |Mahr GmbH, Gammertingen: 78.4, 78.5, 183.2, 186.3, 189.2, 190.2, 192.4, 192.5, 193.3. |mauritius images GmbH, Mittenwald: imagebroker 42.1. |Messer SE & Co. KGaA, Bad Soden am Taunus: 315.1, 315.2, 315.3. |Metabowerke GmbH, Nürtingen: 64.3, 328.1. |Mitutoyo Deutschland GmbH, Neuss: 80.2, 188.3, 191.3, 192.1, 193.1. |MP Filtri Germany GmbH, St. Ingbert: 382.2. |PantherMedia GmbH (panthermedia.net), München: kev 442.4; surasakib99 296.1. |Picture-Alliance GmbH, Frankfurt a.M.: Stratenschulte, Julian 249.1. |PRÜFTECHNIK Condition Monitoring GmbH, Ismaning: 453.2. |PWA HandelsgesmbH, Linz: 99.2. |RAS Reinhardt Maschinenbau GmbH, Sindelfingen: https://www.ras-online.de/ 91.5, 296.2. |Reitberger, Robert, Gerzen/ Lichtenhaag: 472.1. |Renishaw GmbH, Pliezhausen: 192.2, 192.3. |Robert Bosch Power Tools GmbH, Leinfelden-Echterdingen: 65.2. |RÖHM GMBH SONTHEIM, Sontheim: 155.4, 155.5, 155.7. |ROTHENBERGER Werkzeuge GmbH, Kelkheim: 89.2. |Rubert & Co Ltd, Cheadle, Cheshire: 186.1. |Sandvik Coromant, Düsseldorf: 24.3, 181.1, 181.2, 181.3, 181.7, 211.9, 212.1, 212.2, 212.3, 212.5, 214.2, 214.3, 215.3, 229.1, 229.2, 229.3, 230.2, 230.3, 230.4, 231.2. |Sauter Feinmechanik GmbH, Metzingen: 477.2, 480.3. |Schneeberger AG, Roggwil: 450.2. |Schröder Group/Hans Schröder Maschinenbau GmbH, Wessobrunn-Forst: 91.1. |SCHUNK GmbH & Co. KG, Lauffen/Neckar: 479.2. |Shutterstock.com, New York: a_v_d 273.1; Artit Buasuk 34.1; Axtem 33.2, 273.5; Bondarenko, Ihor 273.6; Cara Kate 40.1; except_else 273.4; Funtay 318.2; hxdbzxy 246.1; KPixMining 27.1; Krashenitsa Dmitrii 39.3; pramot 46.2; Safaniuk, Maksim 31.3; Sukpaiboonwat 249.4; sylv1rob1 34.4; Titus Group 338.1; Value ho 245.2; VG photo studio 26.1; Yousefsh 250.4. |sia Abrasives Industries AG, Frauenfeld: 331.3. |Siemens AG, München: 24.1, 476.1. |SKF GmbH, Schweinfurt: 428.1, 428.5. |Spieth-Maschinenelemente GmbH & Co KG, Esslingen: 416.2. |STARK Spannsysteme GmbH, Rankweil: 206.2. |stock.adobe.com, Dublin: arsdigital 24.2; art_zzz 35.2; Berg, Martina 34.3; demarco 38.3; DigitalGenetics 35.3; digitalstock 42.5; Globalflyer 24.4; Insp.Clouseau 39.2; Kara 37.2; Lantelme, Jörg 336.3; okinawakasawa 42.3; Palmer, Arthur 334.1; pixelrobot 35.1; Race, Dan 24.5; sveta 20.3; viperagp 30.5. |Stürmer Maschinen GmbH, Hallstadt: 91.3, 102.4. |Tiedt, Günter, Wunstorf: 30.9, 31.1, 31.4, 40.2, 41.1, 62.1, 88.3, 99.3. |Timmer GmbH, Neuenkirchen: 366.2. |TUNGALOY GERMANY GMBH, Monheim, Monheim: 173.1, 173.2, 173.3. |TÜV SÜD Product Service GmbH Zertifizierstelle, München: 538.1. |Valentinelli, Mario, Rostock: 17.2, 24.6, 32.6, 33.1, 37.3, 43.1, 44.1, 44.3, 48.1, 48.2, 48.3, 49.1, 49.2, 49.3, 49.4, 50.1, 50.2, 55.2, 56.1, 57.1, 57.2, 57.3, 57.4, 58.1, 58.2, 59.1, 59.2, 60.2, 60.3, 61.1, 62.3, 62.4, 63.1, 63.3, 63.4, 66.1, 70.3, 70.4, 75.1, 76.1, 76.2, 77.1, 77.2, 77.3, 78.1, 78.2, 78.3, 79.1, 79.2, 79.3, 79.4, 80.1, 80.6, 80.7, 81.1, 82.1, 83.2, 83.3, 83.4, 86.3, 87.2, 87.4, 88.2, 89.1, 89.3, 89.4, 90.2, 90.3, 91.2, 91.4, 92.1, 92.2, 92.3, 94.1, 95.2, 96.1, 96.2, 96.3, 97.1, 97.2, 98.1, 98.2, 98.3, 99.1, 103.1, 103.2, 103.3, 104.1, 106.1, 107.1, 108.1, 110.2, 111.1, 113.2, 114.1, 115.1, 115.2, 118.1, 119.1, 120.1, 121.1, 121.2, 122.1, 122.2, 122.3, 123.1, 123.2, 124.1, 124.2, 125.1, 125.2, 126.1, 126.2, 126.3, 127.1, 127.4, 127.5, 128.1, 129.2, 130.2, 130.4, 132.1, 132.2, 133.2, 133.3, 134.2, 136.4, 137.1, 137.5, 137.8, 138.1, 138.3, 139.1, 140.2, 142.2, 150.3, 151.1, 151.4, 151.5, 152.5, 152.6, 153.1, 155.6, 156.1, 156.4, 157.1, 158.1, 158.2, 158.3, 159.1, 159.3, 160.1, 161.1, 161.3, 162.1, 162.2, 163.8, 164.1, 164.2, 165.1, 165.2, 165.3, 166.1, 166.3, 166.4, 166.5, 167.1, 167.3, 169.1, 169.2, 169.3, 170.1, 170.2, 170.3, 170.4, 171.1, 171.3, 171.4, 171.5, 172.1, 174.1, 174.2, 174.3, 174.4, 174.5, 174.6, 174.7, 175.1, 175.4, 175.5, 176.1, 176.2, 176.3, 176.4, 177.1, 177.2, 177.3, 177.4, 177.5, 178.1, 178.2, 178.3, 178.4, 178.5, 180.1, 180.2, 180.3, 181.4, 181.5, 181.6, 181.8, 181.9, 182.1, 184.2, 184.3, 185.1, 185.3, 186.2, 187.1, 187.2, 188.1, 188.2, 189.1, 189.3, 190.3, 191.1, 191.4, 191.5, 193.2, 194.1, 194.3, 195.2, 195.3, 199.1, 202.3, 202.4, 202.5, 202.6, 204.1, 204.2, 204.4, 204.5, 204.6, 205.2, 205.3, 207.3, 207.4, 208.2, 208.6, 209.1, 209.2, 209.3, 209.4, 209.5, 209.6, 210.2, 211.1, 211.4, 211.5, 211.6, 211.7, 211.10, 213.2, 213.5, 213.7, 213.9, 213.11, 213.13, 213.15, 213.19, 214.4, 216.1, 216.2, 217.1, 218.1, 218.2, 219.3, 219.4, 220.1, 220.2, 220.3, 220.4, 221.1, 221.2, 221.3, 221.4, 221.5, 221.6, 221.7, 221.8, 221.9, 222.1, 222.2, 222.3, 222.4, 222.5, 223.1, 223.2, 223.3, 223.4, 223.5, 225.4, 227.1, 227.2, 227.3, 227.5, 228.1, 229.4, 231.3, 231.4, 231.5, 231.6, 231.7, 234.1, 234.2, 234.3, 234.4, 234.5, 234.6, 234.7, 234.8, 234.9, 234.10, 234.11, 234.12, 234.13, 235.1, 235.2, 235.3, 235.4, 235.5, 236.1, 236.2, 236.3, 236.4, 237.1, 238.1, 239.1, 240.1, 240.2, 240.3, 241.1, 241.2, 242.1, 242.2, 242.3, 242.4, 256.1, 261.1, 262.1, 262.2, 263.2, 263.3, 264.5, 264.7, 265.8, 266.2, 267.1, 267.2, 268.1, 268.4, 268.5, 269.1, 269.3, 270.2, 270.3, 271.1, 271.2, 271.3, 272.1, 272.4, 272.5, 274.1, 274.4, 275.1, 275.3, 276.1, 277.1, 277.2, 278.1, 278.2, 278.3, 278.4, 279.1, 279.2, 280.1, 280.3, 280.4, 281.1, 281.2, 281.4, 282.1, 282.2, 283.1, 283.2, 283.3, 285.1, 285.3, 285.5, 286.1, 286.2, 286.3, 287.1, 287.3, 288.1, 297.3, 306.1, 306.3, 306.4, 307.2, 307.3, 311.1, 311.3, 313.1, 314.3, 315.4, 315.5, 332.2, 335.3, 335.4, 335.6, 335.7, 336.1, 352.1, 353.1, 355.1, 355.4, 355.5, 356.1, 356.2, 357.1, 359.3, 359.4, 359.6, 360.2, 368.1, 369.1, 369.3, 370.1, 371.5, 380.1, 38[illegible]1, 383.1, 383.2, 383.3, 384.1, 384.2, 384.3, 384.4, 385.3, 386.1, 386.2, 386.3, 387.1, 387.2, 387.3, 387.4, 388.2, 388.5, 389.1[illegible].2, 390.1, 390.3, 390.4, 390.5, 396.1, 396.2, 397.1, 399.2, 399.3, 399.7, 400.1, 403.2, 404.1, 404.3, 405.3, 408.2, 409.1, 409[illegible] 410.1, 410.2, 411.1, 411.2, 411.3, 411.4, 413.1, 415.2, 416.1, 417.4, 418.1, 418.5, 418.6, 418.7, 418.8, 418.9, 418.10, 418.11, 41[illegible]12, 418.13, 419.2, 419.3, 419.4, 419.5, 421.2, 423.1, 423.3, 423.4, 424.2, 425.2, 427.1, 427.2, 427.3, 427.4, 428.3, 429.2, 431.2, 433.[illegible]36.1, 436.2, 440.2, 441.1, 442.5, 443.2, 445.2, 449.1, 450.1, 450.3, 451.1, 451.2, 451.3, 451.4, 451.5, 451.6, 452.1, 452.2, 452.3, 453.1, 453.3, 457.1, 458.1, 458.2, 458.4, 459.4, 459.5, 463.3, 464.1, 464.2, 465.3, 465.4, 466.3, 468.1, 468.2, 468.3, 469.3, 470.1, 470.4, 472.2, 473.1, 476.2, 479.1, 479.3, 479.5, 480.1, 481.1, 482.1, 483.1, 484.1, 484.2, 484.3, 484.4, 484.5, 485.1, 485.2, 486.1, 486.2, 486.3, 486.4, 487.3, 488.1, 488.2, 488.3, 489.1, 490.1, 490.2, 490.3, 491.1, 491.2, 492.1, 492.2, 496.1, 496.2, 498.2, 500.1, 503.1, 505.2, 505.3, 505.5, 505.6, 505.7, 506.1, 506.2, 508.1, 508.4, 509.1, 510.2, 511.1, 514.1, 515.2, 515.4, 515.5, 515.6, 515.7, 515.8, 515.9, 515.10, 516.2, 517.1, 517.2, 517.3, 518.1, 518.2, 519.2, 519.5, 524.1, 525.2, 526.1, 531.1, 532.1, 532.2, 533.1, 533.2, 533.3, 533.4, 536.1, 536.2, 536.3, 536.4, 536.5. |Wefringhaus, Klaus, Braunschweig: 21.5, 303.2, 321.1. |WEILER Werkzeugmaschinen GmbH, Emskirchen/Mausdorf: 154.1. |ZwickRoell GmbH & Co. KG, Ulm: 467.2, 469.2. |© Hoffmann SE, 2024, München: 80.3, 80.4, 80.5, 136.1, 138.2, 140.1, 140.4, 140.5, 156.3, 184.1, 191.2, 213.1, 213.4, 213.6, 213.8, 213.10, 213.12, 213.14, 213.18, 214.5, 215.2, 230.6, 273.3; © Hoffmann GmbH Qualitätswerkzeuge, 2019 503.2, 507.1.